群氓 CHEERS

与最聪明的人共同进化

HERE COMES EVERYBODY

彩图 1　可见光谱

物体的颜色也称色相，主要由波长决定，其中短波长位于可见光谱的蓝色端，长波长位于红色端。

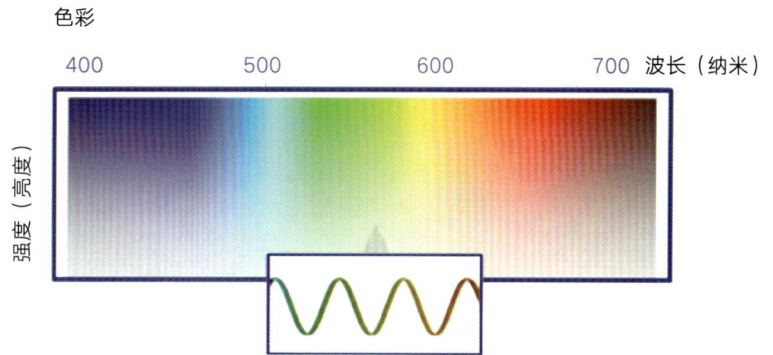

色彩

400　　500　　600　　700　波长（纳米）

强度（亮度）

彩图 2　视神经交叉

来自左侧视网膜颞侧的信息传到左侧枕叶，而来自右侧视网膜鼻侧的信息传到大脑左半球。来自双眼的视神经组织连接在一起形成左（右）视束，然后进入外侧膝状体、视辐射和左（右）侧枕叶。

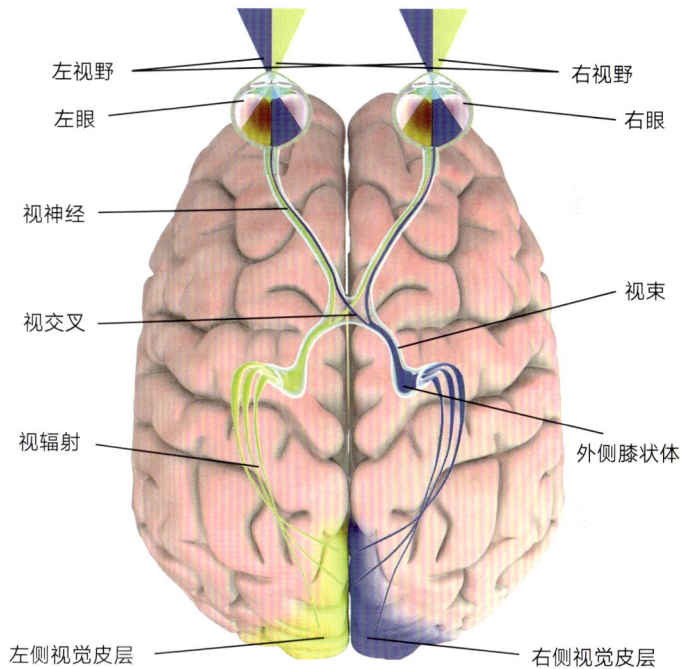

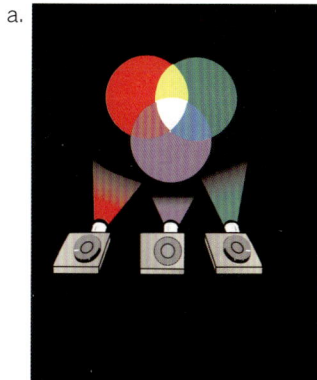

左视野　　　　　　　　　　右视野
左眼　　　　　　　　　　　右眼

视神经

视交叉

视束

视辐射

外侧膝状体

左侧视觉皮层　　　　　　右侧视觉皮层

a.

b.

彩图 3　混合光

直射光的混合不同于反射光的混合。红光、蓝光和绿光的混合是相加的，能产生白光（a）；而多种颜色的颜料（反射光）的混合是相减的，能产生深灰色或黑色（b）。

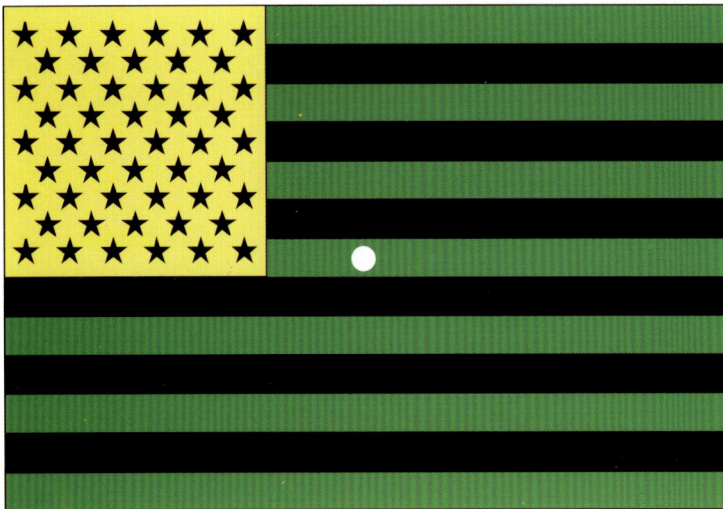

彩图 4　视觉后像

请盯着图中间的白点看 30 秒到一分钟，然后再看向一面空白的墙壁，你会看到什么？

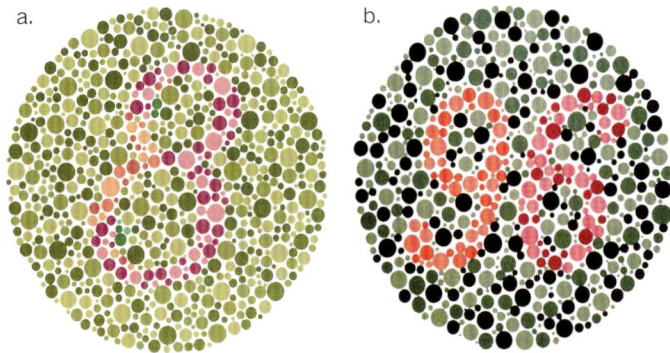

彩图 5　色盲测试

对于左侧 a 图的圆圈，只有色觉正常的人可看出图中的数字 8。对于右侧 b 图的圆圈，视力正常的人能看出图中的数字 96，而红绿色盲的人只能看到一堆圆点。

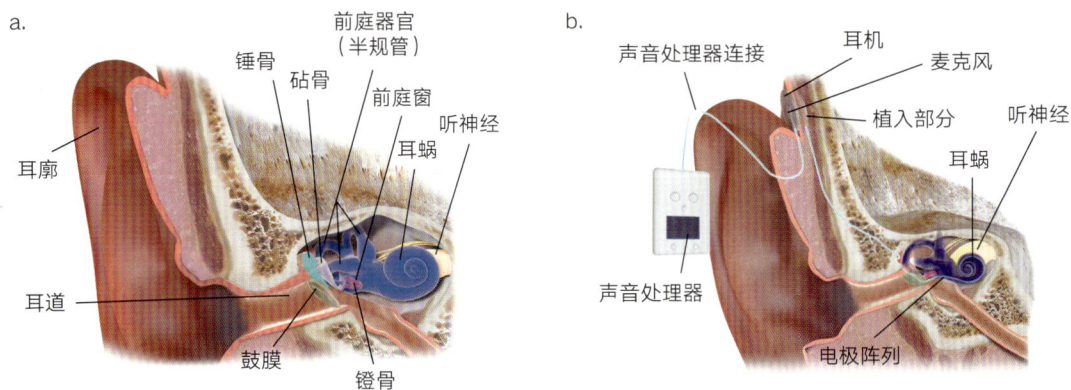

a.

前庭器官（半规管）
锤骨
砧骨
前庭窗
听神经
耳蜗
耳廓
耳道
鼓膜
镫骨

b.

声音处理器连接
耳机
麦克风
植入部分
听神经
耳蜗
声音处理器
电极阵列

彩图 6　耳朵的结构及人工耳蜗

使用人工耳蜗时，耳朵后被植入麦克风，用来收集声音。与之相连的声音处理器佩戴在身体外部，选择和组织从麦克风处接收到的声音。植入部分本身就是发送器兼接收器，能将来自声音处理器的信号转换成电信号，传到位于耳蜗中的电极阵列，然后传入大脑。

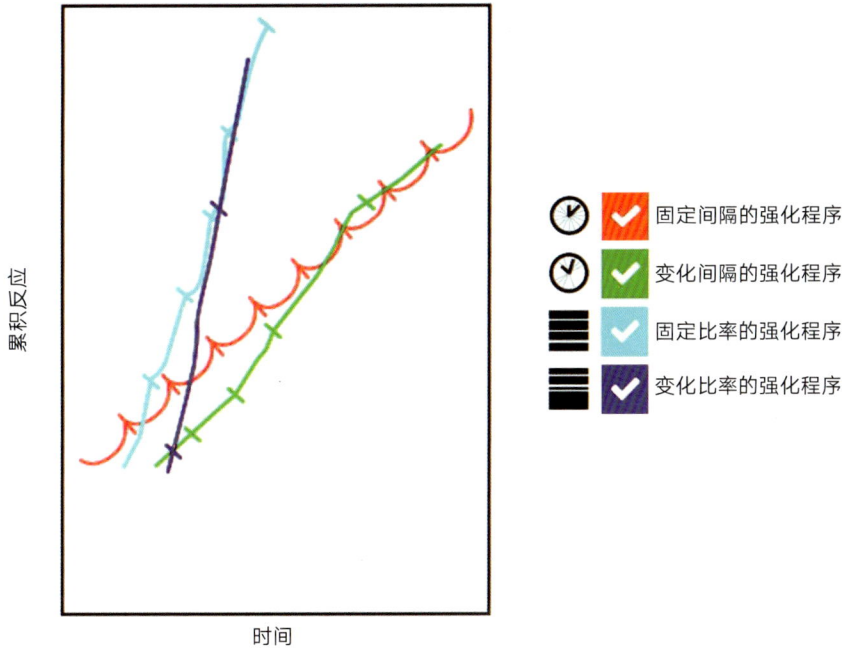

彩图 7　强化程序

图中的反应是累积的，即新的反应将累加到之前的反应上，所有的图形都是在学习模式建立后制作的。短斜线代表进行强化。在固定间隔的强化程序和固定比率的强化程序曲线上，在每次强化后都有一个"停顿"，表示学习者简短地"休息"。在变化间隔的强化程序和变化比率的强化程序曲线上，由于强化无法预测，因此未发生停顿。

图例：
- 固定间隔的强化程序
- 变化间隔的强化程序
- 固定比率的强化程序
- 变化比率的强化程序

坐标轴：累积反应（纵轴）、时间（横轴）

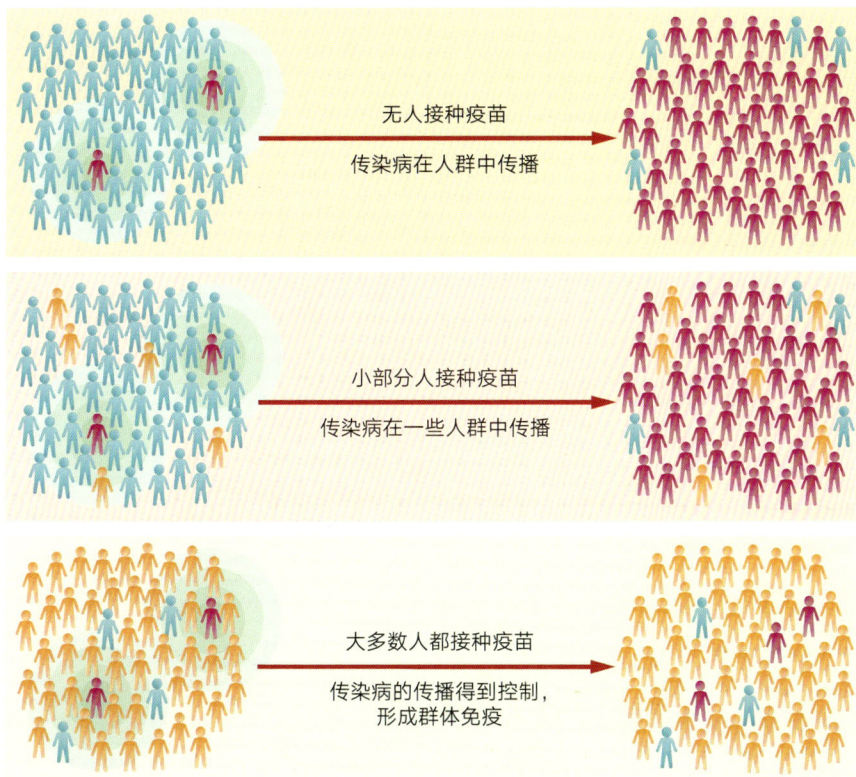

图例：
- 未接种疫苗、健康
- 接种疫苗、健康
- 未接种疫苗、患病、具有传染性

无人接种疫苗
传染病在人群中传播

小部分人接种疫苗
传染病在一些人群中传播

大多数人都接种疫苗
传染病的传播得到控制，形成群体免疫

彩图 8　疾病传播和群体免疫的过程

群体免疫指的是一个群体对特定疾病的免疫力，通常是因为该群体的大多数成员通过接种疫苗获得了免疫力。

Author
Introduction
作者
简介

桑德拉·切卡莱丽

- 巴拿马市湾岸州立学院心理学荣誉教授，发展心理学博士，美国心理协会和心理科学协会成员。
- 热爱教学，有 30 余年的教学生涯，主讲心理学导论和人的毕生发展，擅长将趣闻轶事和案例融入课堂。
- 曾为多部心理学导论和发展心理学书籍撰写过大量辅助教学和学习材料。

诺兰·怀特

- 米利奇维尔市佐治亚学院与州立大学心理学教授，咨询心理学博士，曾获其学校的杰出教学奖。
- 教授心理学导论、行为神经科学、临床与咨询心理学、心理学研究方法、高级研讨课等多项专业课程，领导一个聚焦生理心理学的高级研究方法小组。
- 致力于探索如何在大学课堂内外整合各种技术以促进学生的学习效率，曾为其他希望在课堂上加强技术应用的教师提供指导。

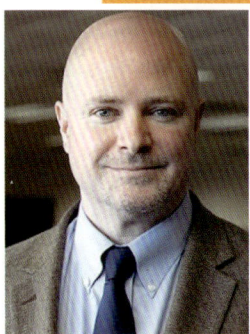

周仁来

- 南京大学心理系主任、教授，江苏省哲学与社会科学重点基地（社会与行为科学实验中心）主任，南京大学"登峰人才计划"A 学者。
- 在工作记忆测评与训练、航天员在轨飞行情绪与记忆变化、女性月经周期情绪变化、考试焦虑的诊断与干预、情绪调节的神经生理机制等研究领域取得了系列成果。
- 先后在国内外刊物发表学术论文约 240 余篇，其中 SCI、SSCI 索引论文 100 余篇。出版教材、译著等著作 10 多部。获批软件著作权多项。

Translator
Introduction
译者
简介

心理学
最佳入门

原书第5版

[加] 桑德拉·切卡莱丽（Saundra K. Ciccarelli） 著
诺兰·怀特（J. Noland White）

周仁来 等 译

5th Edition
PSYCHOLOGY

中国纺织出版社有限公司

建立正确的学习目标，实现最佳学习效果

学习目标

根据美国心理协会（American Psychological Association，APA）的建议，本书每章都会围绕详细的学习目标展开（如下表所示）。所有的教学资源也都围绕这些目标组织起来，因此，本书和书中的资源是一个集合性的学习系统。这些资源都具有灵活性，教师可以指定哪些学习目标比较重要以及希望学生关注哪些内容。

学 习 目 标	
5.1 了解学习的定义	5.8 解释与操作性条件反射相关的概念
5.2 了解巴甫洛夫经典实验中的经典条件反射的关键要素	5.9 描述操作性条件反射改变动物和人类行为的方式
5.3 用经典条件反射来解释恐惧症、味觉厌恶和药物依赖	5.10 解释潜伏学习的概念
5.4 了解桑代克和斯金纳对操作性条件反射概念的贡献	5.11 描述苛勒的研究如何证明动物可通过顿悟来学习
5.5 区分初级强化物和次级强化物以及正强化和负强化	5.12 概括塞利格曼关于习得性无助的研究
	5.13 描述观察学习的过程
5.6 了解强化的 4 种程序	5.14 熟悉观察学习的 4 种要素
5.7 了解惩罚对行为的影响	5.15 描述现实世界中利用条件反射的例子

目标与标准

近年来，许多心理学系都在关注核心能力和评估方法如何能更好地促进学生的学习。对此，美国心理协会从 2008 年开始为心理学本科专业制定了一套"推荐学习目标"，共包含 10 个目标，并在 2013 年进行了再次修订，重新调整为 5 个目标，为每个目标制定了具体的学习成果要求，还就如何更好地将评估实践与目标联系起来提出了建议。在撰写本书时，我们将 APA 推荐的学习目标和学习成果评估建议（下文框中左框）作为构建内容和整合教学与家庭作业材料（下文框中右栏）的指导原则。

APA 学习目标与本教材学习目标的对比

1. 心理学知识库

学生应展示心理学的基本知识和对主要概念、理论观点、历史趋势和实证研究结果的理解，以讨论如何用心理学原理来解释行为现象。预科生应展示自己的知识广度，并通过心理学思想来解决简单问题；本科生应展示自己的知识深度，并通过心理学概念和框架来解决更复杂的问题。

1.1	描述心理学中的关键概念、原则和主要主题	**导 论** 导论 1
		第 1 章 1.1～1.5 和 1.10；在日常生活中应用心理学：对批判性思维的批判式思考
1.2	培养心理学内容领域的工作知识	**第 2 章** 2.1～2.13；在日常生活中应用心理学：关注注意缺陷多动障碍
1.3	描述心理学的应用	**第 3 章** 3.1～3.11；3.13；3.14；在日常生活中应用心理学："烟雾和镜子"背后——魔术中的心理科学和神经科学
		第 4 章 4.1～4.10；在日常生活中应用心理学：鬼魂、外星人和其他在夜晚出现的事物
		第 5 章 5.1～5.8；5.9～5.14；在日常生活中应用心理学：你真的能训练猫上厕所吗
		第 6 章 6.1～6.13；在日常生活中应用心理学：健康与记忆
		第 7 章 7.1～7.4；7.6～7.10；在日常生活中应用心理学：身心训练与认知健康
		第 8 章 8.2～8.5；8.7～8.11；在日常生活中应用心理学：跨文化死亡观
		第 9 章 9.1～9.10；在日常生活中应用心理学：动机不足时怎么办
		第 10 章 10.1～10.9
		第 11 章 11.1～11.10；在日常生活中应用心理学：正念冥想如何影响应对压力
		第 12 章 12.1～12.15；在日常生活中应用心理学：窥视社交大脑
		第 13 章 13.1～13.15；在日常生活中应用心理学：人格的生物学基础
		第 14 章 14.1～14.15；在日常生活中应用心理学：消除考试焦虑
		第 15 章 15.1～15.11；在日常生活中应用心理学：虚拟现实疗法

2. 科学探究与批判性思维能力

该目标包括科学探究和问题解决能力的发展，以及制定有效的研究方法。预科生应通过解释行为、研究、应用研究设计原则得出有关行为的结论，并学习基本的技能和概念；本科生应注重理论运用，并设计与执行研究计划。

2.1	利用科学推理解释心理现象	**第 1 章** 1.6～1.12；科学探究与批判性思维：样本实验案例；在日常生活中应用心理学：对批判性思维的批判式思考
2.2	展示心理学的信息素养	**第 2 章** 2.4；2.8；2.14；科学探究和批判性思维：菲尼亚斯·盖奇与神经可塑性；心理学经典研究：通过窥镜看世界——空间忽视症
2.3	参与创新性思考与综合性思考以及问题解决	**第 3 章** 在日常生活中应用心理学："烟雾和镜子"背后——魔术中的心理科学和神经科学；科学探究和批判性思维：知觉对元认知的影响
2.4	解释、设计和实施心理学基础研究	**第 4 章** 4.10；在日常生活中应用心理学：鬼魂、外星人和其他在夜晚出现的事物；体重增加与睡眠
2.5	在科学探究中融入社会文化因素	**第 5 章** 5.2～5.14；心理学经典研究：操作性条件反射的生物学局限；科学探究和批判性思维："不打不成器"对吗
		第 6 章 心理学经典研究：斯珀林的图像记忆测试；心理学经典研究：伊丽莎白·洛夫特斯和目击者；科学探究和批判性思维：补充剂对记忆的影响；在日常生活中应用心理学：健康与记忆
		第 7 章 7.2～7.5；科学探究与批判性思维：双语者的认知优势；心理学经典研究：特曼的"特曼人"；在日常生活中应用心理学：身心训练与认知健康

第8章	8.1；8.7；8.10；心理学经典研究：视崖实验；心理学经典研究：哈洛和舒适接触；科学探究和批判性思维：疫苗接种和群体免疫
第9章	心理学经典研究：愤怒和快乐的人；科学探究和批判性思维：用表扬来激励孩子的文化差异
第10章	10.7；心理学经典研究：第一项人类性反应观察研究；科学探究和批判性思维：色情短信和青少年性行为
第12章	12.16；心理学经典研究：棕眼睛和蓝眼睛
第13章	13.9；心理学经典研究：吉尔特·霍夫斯塔德的文化人格四维度；科学探究和批判性思维：人格、家庭和文化
第14章	科学探究和批判性思维：科学思考有关心理障碍的更多信息
第15章	科学探究和批判性思维：心理治疗有效吗
附录A	

3. 伦理与社会责任

该目标包括职业和个人环境中道德和社会责任行为的发展。预科生应熟悉管理心理学职业道德的正式规定，并开始接受有助于在工作和社会中取得积极成果的价值观；本科生应利用更多机会来证明自己对专业价值观的坚持，这将有助于优化自己的贡献。

3.1	将伦理标准应用于心理科学和实践	第1章	1.10
		第5章	5.3
3.2	建立以及加强人际关系	第7章	7.9；7.10；心理学经典研究：特曼的"特曼人"
		第8章	8.4；8.11
3.3	接受在地方、国家和全球各级水平建立社区的价值观	第9章	9.3；9.5；9.10；心理学经典研究：愤怒和快乐的人
		第10章	10.5
		第11章	11.6；11.9
		第12章	12.4；心理学经典研究：棕眼睛和蓝眼睛；在日常生活中应用心理学：窥视社交大脑
		第13章	13.12

4. 交流

学生应具备书面、口头和人际沟通的能力。预科生应该写出具有说服力的科学论据，用科学方法呈现信息，参与心理学概念的讨论，解释他人的观点，以及清晰地表达自己的观点；本科生应该从事研究或其他心理学项目，解释科学成果，并向专业人员呈现信息。此外，学生还应该发展出灵活的人际交往方式，优化信息交流和关系发展。

4.1	展示多种格式的有效写作	导论	导论6
		第7章	7.11
4.2	以多种形式展示有效的表达技巧	第8章	8.8；在日常生活中应用心理学：跨文化死亡观
		第9章	9.3
4.3	与他人进行有效的互动	第10章	10.5
		第12章	12.2～12.3；12.8～12.9，12.12；在日常生活中应用心理学：窥视社交大脑

5. 职业发展

该目标指的是提高学生毕业后就业、进入研究生院或职业学校的准备能力。重点包括心理学特定内容和技能的应用、有效的自我反思、项目管理能力、团队合作能力和职业准备。这些能力可以在传统的学术环境和课外活动中得到发展和完善。此外，可以招募职业专业人员来支持职业规划和追求。

5.1	将心理学知识和能力应用于专业工作	**导　论** 导论1～导论7
		第1章 1.4；1.12
5.2	展现出自我效能感和自我调节能力	**第7章** 在日常生活中应用心理学：身心训练与认知健康
		第9章 9.1；9.3～9.4；9.10；在日常生活中应用心理学：动机不足时怎么办
5.3	提高项目管理能力	**第10章** 10.5
5.4	增强团队合作能力	**第11章** 11.7～11.10
5.5	为毕业后的生活规划出有意义的职业方向	**第12章** 12.1～12.3；12.8～12.9
		附录B

第4章 意识 130

第5章 学习 164

第 6 章 记忆 202

第 7 章 认知 240

第 8 章 毕生发展 278

第 9 章 动机和情绪 317

第 13 章　人格理论　440

第 14 章　心理障碍　472

第 15 章　心理治疗 509

附录 A　心理学中的统计 544

附录 B 应用心理学与心理学职业生涯 556

心理学研究出的高效学习法，你了解多少？

- 关于听讲和记笔记，以下哪个方法最有效?

  A. 上课前在阅读章节的同时记笔记

  B. 上课时在教材中划重点

  C. 确保上课前没有读过相关章节，这样材料会更新鲜、更难忘

  D. 将幻灯片作为笔记来使用

- 专家建议了一种有效的学习方法，就是在卡片上用自己的话写出要点，然后背诵，并用便签强调要点，同时对人物和图像进行描述。这种学习方法属于____。

  A. 听觉学习法

  B. 视觉学习法

  C. 行为学习法

  D. 言语学习法

- 如果你在参加考试时被一道题难住了，以下哪种做法能帮你以更轻松自信的心态完成考试?

  A. 继续做这道题，直到想出答案为止

  B. 先做其他题，也许能找到解答这道题的线索

  C. 猜猜正确答案，无论如何，你可能会解答出来

  D. 从已经解答的问题中找线索答案

导论　大学生存和成绩提高的秘密

批判式思考　根据你现有的知识，你会给一名大学新生什么样的建议？

◐ 为什么要学习如何学习

很多学生都形成了一套记笔记、阅读教材、备考的习惯，这在中小学阶段可能效果不错，但在大学里可能就不起作用了，因为大学老师的期望更高，大学里的学习任务也更重。学生只有在以下方面培养自己更强的技能，才更有可能在大学课程中表现优异：学习技巧、时间管理、有效阅读、积极倾听、高效记笔记、备考方法、记忆策略、论文写作。真正优秀的学生最终面临的一个考验是如何做到德才兼备，例如，如何利用好自己找到的论文材料而又不触犯知识产权等相关法律。

本部分内容将介绍各种学习技巧，旨在最大限度地帮学生提高以上 8 个方面的知识和技能。每个方面都涉及 APA 学习目标的诸多内容。

学 习 目 标

导论 1　了解 4 种学习方法

导论 2　描述时间管理的一些策略

导论 3　描述如何阅读教材，以便从中取得最大的收获

导论 4　了解记笔记和听课的最佳方法

导论 5　描述如何备考

导论 6　解释如何使用记忆策略帮助提高对事实和概念的记忆

导论 7　描述撰写大学论文的关键步骤

导论 8　了解学习时要面对的关键道德问题

学习技巧

导论1　了解4种学习方法

💬 我想取得更好的成绩，但有时似乎无论怎样努力，考题对我来说都很难且难以理解，最后的成绩都不怎么好。取得好成绩有什么诀窍吗？

许多学生可能都会说考试成绩并不是他们期望的。他们可能已经很努力了，但似乎仍然无法获得自己期望的好成绩。很大一部分原因在于，尽管他们都有许多不同的教育经历，但他们很少接受学习指导。

在生活中，我们会学习很多不同种类的知识，仅仅使用一种学习方法可能并不适合所有人。学生可能对某一特定的学习方法有偏好，也可能会发现将不同的方法结合使用更有效。第一种方法是言语学习法，它是指使用文字、通过书面或口头表达来学习。例如，当你读到某个题目后，你可以用自己的话来表达，或者将你在课堂上记的笔记写得更详细。第二种方法是视觉学习法，它是指利用图片或图像来学习。利用这种方法的学生可以通过查看或创建图表和图形来掌握内容。有一些人更喜欢通过倾听信息来学习，即听觉学习法。听课堂录音就是一个很好的例子。此外，还有一些人会利用身体活动来帮助记忆关键信息，即行为学习法。例如，你可以构建3D模型来理解某个题目。

有些学生觉得除了阅读内容外，听内容也很有帮助。学习一门新语言时尤其如此。

表0-1列出了一些可以用来学习的方法。这些方法适用于希望提高自己对某一科目的理解和考试成绩的学生。

批判式思考　还可以通过哪些方式将不同学习方法结合起来使用？

表0-1　复合学习方法

言语学习法 （说或写）	视觉学习法 （图片和图像）	听觉学习法 （听）	行为学习法 （身体活动）
使用卡片识别要点或关键术语	制作带有图形或图表的卡片，来帮助回忆关键概念	加入或组织一个学习小组，或找学习伙伴，来讨论概念和想法	坐在教室前排。如果是在线学习的话，在学习时给自己留出足够的空间，边走边学
用自己的语言完整地描述或背诵关键信息	绘制图表，用表格总结信息	学习时，大声朗读要点	通过绘制图形或图表来记笔记，帮助记忆关键术语和观点
看图表时，写下对它的描述	使用不同颜色的荧光笔对文本、电子文本或笔记中的不同信息进行标记	发表演讲	
使用便签提醒自己注意关键术语和信息，并将它们放在笔记本或电子文本（电子便签）中，或放在自己经常使用的物品上	将图表和图形可视化	在获得允许的情况下，录制课堂内容。同时单独做笔记，然后通过录音来补充遗漏的内容	

续表

言语学习法 （说或写）	视觉学习法 （图片和图像）	听觉学习法 （听）	行为学习法 （身体活动）
练习拼写单词或重复要记住的事实 通过记忆重写	追踪字母和单词，帮助记忆关键事实 通过记忆重画	将笔记、教材内容或各种学习资料读出来，录进数码录音机里，在进行锻炼或做家务时回放 用自己的话大声陈述或解释信息 将音乐节奏作为记忆的辅助手段，或将信息编成某个调子或曲子	边走边朗读 创建 3D 模型 锻炼时，听一些关键信息信息的录音 去实验室、博物馆或历史古迹获取

概念地图 导论 1

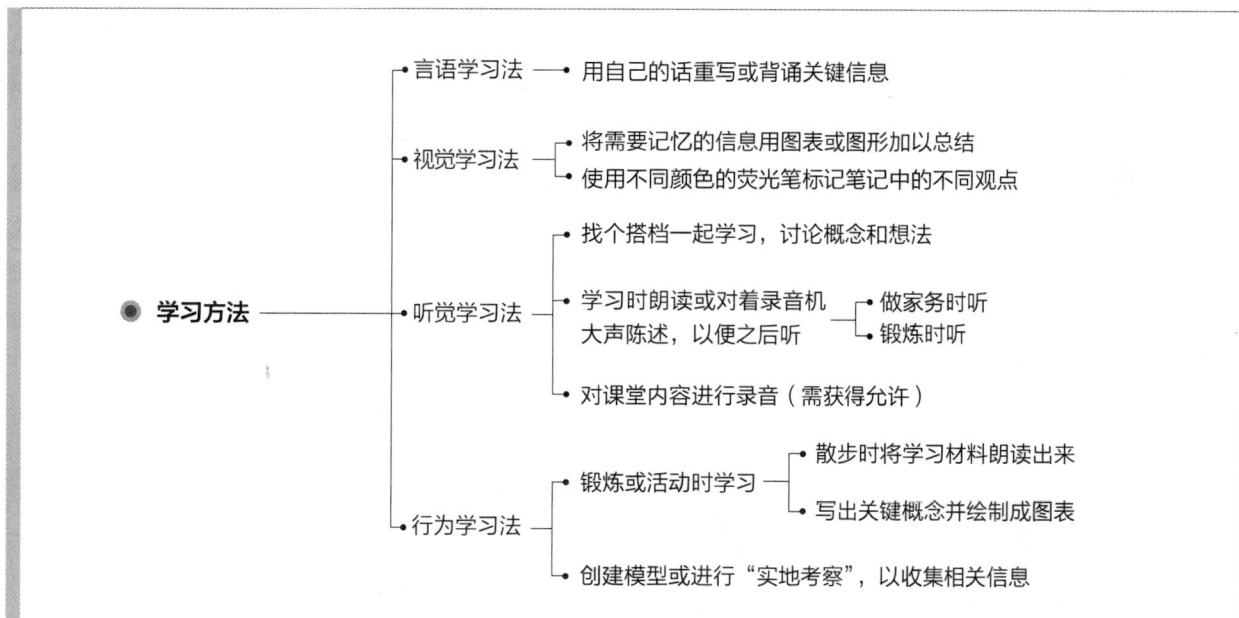

随堂小考

1. 在某个颇受欢迎的电视节目的一集中，一名侦探用餐桌上的各种食物"重建"了犯罪现场。例如，他用玉米穗代表汽车，用土豆泥代表路边等。哪种学习方法最适合描述这名侦探思考犯罪事件的方法？

A. 言语学习法　　　　B. 听觉学习法

C. 视觉学习法　　　　D. 行为学习法

2. 有位学习专家建议吉尔伯特学习一些技巧，比如在卡片上用自己的话写出要点，然后背诵，用便签强调要点，以及对人物和图像进行描述。这位专家建议的学习方法属于____。

A. 听觉学习法　　　　B. 视觉学习法

C. 行为学习法　　　　D. 言语学习法

扫描左侧二维码，即可获取全书测试题的参考答案。

时间管理

导论2　描述时间管理的一些策略

　　与其他许多人一样，大学生存在的最主要的问题之一是为学习任务进行时间安排。例如，有拖延症的学生会将学习任务推迟，永远完成不了。拖延症是时间管理的一个大敌。以下是克服拖延症的一些策略（The College Board，2011）：

- 绘制一张长期目标地图。如果你从某处开始，那么你需要知道通过哪种途径才能到达最终目标。

- 用日历记录上课时间、学习时间、写论文时间、工作时间、社交活动等。使用手机或计算机上的日历应用程序，或两种日历同时使用。

- 上床睡觉之前，为第二天做好计划，从起床开始算起，并为第二天的学习任务排好优先

次序。做任务时将它们标记出来。

- 保证充足的睡眠。充足的睡眠是管理任务的必要条件。此外，健康饮食以及在做任务的间隙散散步或做伸展运动，也是不错的方法。

- 如果任务量大，将其分解成更小、更易于管理的部分。例如，如果要写一篇论文，可以将这一任务分成几个小的部分，如列一个提纲或写一个介绍性的段落。想想我们是怎么吃大餐的？一次吃一口嘛。

- 在空闲时间里，如坐公交车时，做些小事情，如做个随堂小考或只写论文的第一段。

- 定期安排游戏时间。只工作不玩耍，你在时间安排上很可能会失败。不妨将游戏时间作为完成任务的奖励。

- 如果未能按时间表执行，不要惊慌，第二天重新开始。要知道，即使最好的时间管理者也有做得不到位的时候。

©2016 ZITS Parternship.Dist.by King Features.

　　时间管理的另一个大敌是一个经久不衰的迷思：我们可以有效地同时处理多项任务。在当今技术相互关联的世界里，人们倾向于相信自己可以一次性完成多项学习任务。但事实上，人类的思维并不适合同时进行多项任务，这样做不仅会导致交通事故和其他灾难等状况，还可能会导致个人处理不同类型信息的方式发生变化——当然不是变得更好。某项研究要求大学生进行包含任务转换、选择性注意和工作记忆等任务的实验（Ophir et al.，2009）。研究人员的预期是，有多任务处理经验的学生会比没有多任务处理经验的

学生表现得更好，但结果恰恰相反："长期多任务处理者"在以上3项任务中都惨遭失败。研究结果暗示，频繁地从事多项任务的人的大脑效率较低，即使是专注于其中一项任务时也无法改变。另一项研究发现，学生如果在学习期间同时进行多项任务，那么他们的平均成绩会受到负面影响（Junco & Cotton，2012）。

　　研究人员还发现，自认为擅长多任务处理的人实际上并非如此（Sanbonmatsu et al.，2013）；另一项研究表明，电子游戏玩家经常觉得在游戏方面取得成功能训练自己在生活其他领域也会成为优秀的

多任务处理者，如开车时发短信或交谈，但实际上他们在多任务处理方面与非电子游戏玩家一样不成功（Donohue et al., 2012）。简而言之，在进行另一项任务之前，最好将精力集中在手头的一项任务上，并在短时间内只完成这一项任务，而不是同时做两项或多项任务。

概念地图 导论2

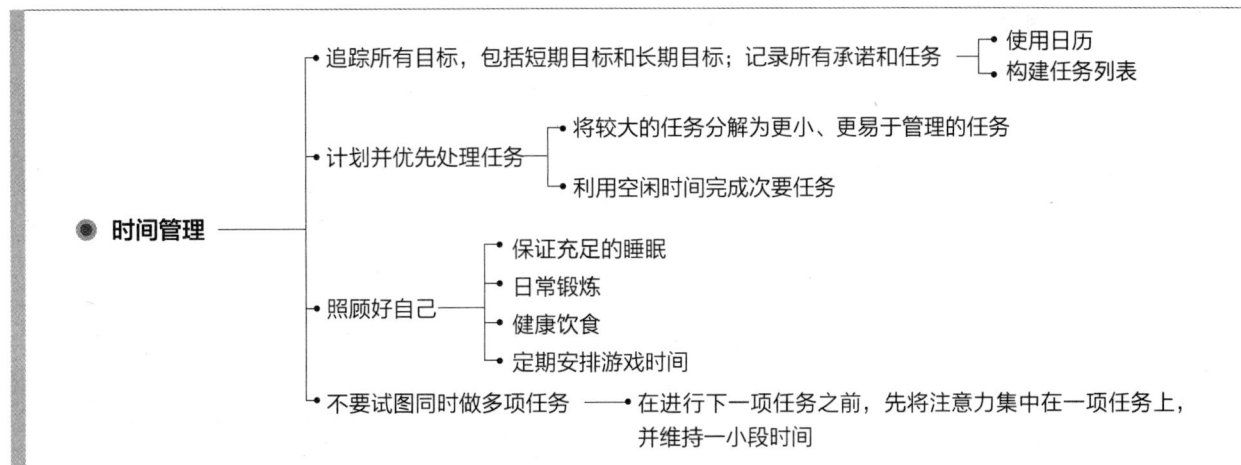

时间管理
- 追踪所有目标，包括短期目标和长期目标；记录所有承诺和任务
  - 使用日历
  - 构建任务列表
- 计划并优先处理任务
  - 将较大的任务分解为更小、更易于管理的任务
  - 利用空闲时间完成次要任务
- 照顾好自己
  - 保证充足的睡眠
  - 日常锻炼
  - 健康饮食
  - 定期安排游戏时间
- 不要试图同时做多项任务 —— 在进行下一项任务之前，先将注意力集中在一项任务上，并维持一小段时间

随堂小考

1. 为了最大限度地提高学习效率，以下哪项不是学生应该问自己什么问题？
   A. 阅读教材时，怎样才能有效地突出重点
   B. 怎样提高对事实和概念的记忆
   C. 怎样才能更好地管理时间，避免拖延症
   D. 怎样才能写出优秀的学期论文

2. 以下哪项建议可以帮助掌握时间管理技能？
   A. 当有一个大项目要完成时，试着一次完成，而不是将它分解成小部分，这样就不会将它推迟到很晚
   B. 试着只关注短期目标，因为着眼于长期目标可能会失败和令人不安

   C. 增加游戏时间，作为完成学习任务的奖励
   D. 如果日程安排有问题，一定要紧张起来

3. 前文中的多任务处理研究说明了什么问题？
   A. 长期一心多用的人已经发展出了更有效的大脑使用策略
   B. 长期多任务处理可能与处理不同类型信息的低效方式有关
   C. 多任务处理是有效的，前提是将任务数限制在5项以内
   D. 电子游戏玩家在生活的各个领域都擅长多任务处理

有效阅读

导论3　描述如何阅读教材，以便从中取得最大的收获

无论采用何种学习方法，学生必须阅读教材或其他指定的材料，这样才能将课程学好。虽然这对一些人来说是显而易见的事，但如今，许多学生似乎认为，仅仅在课堂上记笔记或用幻灯片演示就足够了。本节内容将讨论如何阅读纸质教材或电子教材，而不仅仅是通读教材。

学生在阅读教材时常犯两个错误。第一个错误是，很多学生在上课之前都懒得翻书。在没有预习教

材的情况下，试图从课堂上获得任何知识，就像人在不使用 GPS 或没有任何指导的情况下寻找一个新的、不熟悉的地点，是很容易迷路的。事实的确如此，因为大多数教师在备课时都会做出一种假设：他们理所当然地认为学生已经预习好了。然后，教师会在课堂上详细介绍学生从阅读中获得的信息。如果学生没有预习好，老师的课就没有意义了。

第二个错误是，很多学生试图以阅读小说的方式来阅读教材：从头开始，不停地阅读。如果是一本小说，这很容易做到，因为小说的故事情节通常很有趣，人们想知道接下来会发生什么，所以会继续阅读下去。

人们没有必要记住每一个细节，只需要记住主要情节要点即可。有人可能会说，小说就像肉馅面包，有肉和很多配料，吃起来很快，甚至不用长时间咀嚼。

教材中的内容可能也很有趣，但它们与小说的有趣方式不同。教材更像一块又大又厚的牛排，全是肉，没有配料。就像牛排要多咀嚼才能享用，才会对身体有益一样，教材中的内容要用头脑"咀嚼"。必须慢慢读，注意每一句话的含义。

如何才能做到呢？最著名的阅读方法之一可能是 SQ3R，弗朗西斯·罗宾逊（Francis P. Robinson）在 1946 年的一本书《有效学习》（*Effective Study*）中首次提出了这种方法。SQ3R 分别代表的是：

纵览（Survey） 查看要阅读的章节。先阅读大纲、学习目标或其他基本材料，然后纵览要读的章节，阅读各节标题，看图表，并快速阅读章节摘要。

这听起来可能需要很多时间，实际上只需略读即可，几分钟就够了。为什么要这么做？纵览，或者说"预览"，正如一些专家所说，有助于在头脑中形成一个框架，当详细阅读章节内容时，可以围绕这个框架组织其中的信息。组织是提高对信息记忆的主要方法之一【连接学习目标 6.5】。

提问（Question） 预习章节内容后，阅读第一个小标题。就第一个！试着提出一个基于这一标题的问题，当你接下来阅读时，这一板块的内容应该能解答这个问题。例如，在本书第 1 章中有一个小标题为"巴甫洛夫、华生和行为主义的曙光"，你可以自问："巴甫洛夫和华生为心理学做了什么？"或问："什么是行为主义？"章节行文中也凸显了一些学生的提问，它们有同样的作用。记住，阅读时，你不仅仅是在阅读，更是通过阅读在寻找答案。这样一来，知识点往往更容易记住。

阅读（Read） 阅读这一板块的内容，寻找上一步提出的问题的答案。阅读时，通过要点和关键术语的提纲来记笔记。这也是一些学生会犯大错的一个方面。学生认为划重点与记笔记的效果一样好。

本书作者以前的一名学生对二者之间的区别进行了研究，结果发现：在阅读课文或听课时，记笔记的学生的考试成绩明显高于只划重点的学生（Boyd & Peeler，2004）。划重点不需要真正的脑力劳动，换句话说，不需要"咀嚼"，而将重点写下来需要深入阅读并理解它们。在研究记忆的章节，你将学到更多关于深入加工信息的价值【连接学习目标 6.2】。

在阅读教材中的任何一章之前，通过阅读大纲和章节标题来纵览这一章。

背诵（Recite） 大声背诵刚读过的一节中能记住的内容，是另一种更深入、更完整地处理信息的好方法。这听起来有点傻，但这种方法的确很有效。例如，你有多少次以为自己理解了某件事，但当你向他人解释时，发现自己一无所知？背诵会迫使你将信息"写在"自己的文字里，就像写在笔记里一样。将它们写下来，它们可以进入你的视觉记忆；将它们背诵出来，它们可以进入你的听觉记忆。如果你曾经通过教别人而学得很好，那么你就应该知道背诵的价值了。如果你觉得自言自语很有意思，那就对着数码录音机说，这是将来复习的一个好方法。

现在重复提问、阅读、背诵这三个步骤，完成每两三个标题下的内容后休息几分钟。为什么要休息？当你试图对信息形成永久记忆时，你的大脑必须经历一个过程，这个过程需要一点时间。每隔10～20分钟休息一次，会给大脑完成这一过程留出时间。另外，休息可以帮助你避免一个常见的问题，那就是阅读时一遍又一遍地读同一个句子。出现这种情况时就说明你的大脑负荷太重了，无法记住刚刚读到的内容。

回忆 / 复习（Recall/Review） 如果你已经通过前面提到的步骤、方法读完了整章，那此时只需要将这一章再过一遍即可，而不用在整个学期甚至考试之前一遍一遍地阅读。每读完一章，就抽几分钟的时间尽量记住你在阅读时学到的知识。做随堂小考就是个好办法。本书每章都会有若干个随堂小考。如果没有找到随堂小考，或做腻了随堂小考的题，那就请详细阅读每章总结，确保自己理解其中的所有内容。如果有困惑之处，那就再回到那一版块，再读一遍，直到理解为止。

现在，教育专家和研究人员增加了第四个"R"：反思（Reflect）。反思需要学生批判式思考自己读到的内容，将概念与已知的内容联系起来，思考如何在自己的生活中运用这些信息，并找出自己感兴趣的主题，进而寻找关于该主题的更多信息（Richardson & Morgan，1997）。比如，你已经了解了抑郁症的基因基础，那你可能会更容易理解为什么有的家庭会出现这种疾病【连接学习目标 14.9】。

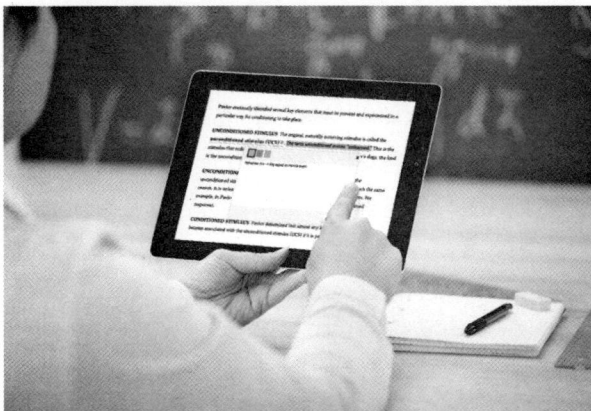

阅读时，记笔记，写下关键术语，并试着总结章节的每一段和每一节的要点。这些笔记在以后复习时会很有用。

以 SQ3R 法阅读教材意味着当期末考试来临时，你要做的就是仔细复习笔记并积极备考，而不必再将整本教材通读一遍。是不是很节省时间？最近的研究表明，这种方法最重要的步骤是 3 个"R"：阅读、背诵和回忆 / 复习。通过对大学生进行的两项实验，研究人员发现，与重读和记笔记等其他学习方法相比，使用"3R"法对材料的回忆效果更好（McDaniel et al.，2009）。

读完一章后，花点时间思考一下其中的信息的含义，以及它们与现实世界的关系。

概念地图 导论3

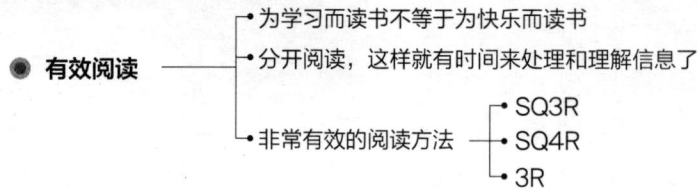

有效阅读
- 为学习而读书不等于为快乐而读书
- 分开阅读，这样就有时间来处理和理解信息了
- 非常有效的阅读方法
  - SQ3R
  - SQ4R
  - 3R

随堂小考

1. SQ3R 中的"S"代表什么？
  A. 纵览
  B. 综合
  C. 学习
  D. 站立

2. 阅读教材时，你应该____。
  A. 使用荧光笔划重点，这样就不用浪费时间记笔记了
  B. 阅读时不要记笔记，这样就可以集中精力阅读教材了

  C. 概述要点和关键术语
  D. 一次读完整章

3. 坎迪斯对某一章的教材内容进行了纵览，提出了需要考虑的问题，并开始阅读内容以找到问题的答案。她下一步该怎么办？
  A. 大声背诵她在刚读过的那一板块中记住的内容
  B. 再读一遍教材内容
  C. 复习她读过的那一章的教材内容
  D. 记忆教材内容

充分利用课堂

导论4　了解记笔记和听课的最佳方法

如前文所述，要想掌握课程内容，你必须去上课。即使是网络课程，你也必须进行浏览或观看。但仅仅这么做是不够的，你还须处理听到的信息，就像必须处理教材内容一样。为了充分利用课堂，你需要对内容记笔记，而不仅仅是写下教师说的话或打印幻灯片。

你需要记住一个非常重要的事实：幻灯片根本不是用来记笔记的，而只是帮助教师按特定顺序授课的谈话要点。通常情况下，教师会对幻灯片上的每一点展开讲解，这才是学生该听和该写的信息。表 0-1 中建议使用不同颜色的荧光笔并不是为了代替记笔记，

而是为了进行补充。

那么，应该怎样记笔记呢？如前文所述，你应该在听课之前阅读章节内容时记笔记，并尽量用自己的话写下要点和关键术语。这会促使你思考你在读什么，你思考得越多，概念就越有可能成为你永久记忆的一部分【连接学习目标 6.5】。

不过，在听课时记笔记是一个稍微不同的过程。你应该先将之前阅读时记的笔记放在面前，并在每行之间留出足够的空间来添加课堂笔记。许多学生犯的一个主要错误是没有预习就来上课，这一点很糟糕。如果你毫无准备地去上课，那么你就不知道哪些需要记下来，哪些只是教师的离题话和评论。预习可以让你很好地了解课堂的要点，减少笔记量。

批判式思考　不依赖教师的幻灯片可能有助于信息存储在记忆中，为什么？

真正倾听他人是一门艺术，这通常被称为积极倾听。积极倾听者会与说话者进行眼神交流，他们会坐在一个很容易听到和看到说话者的地方并时刻注视说话者。积极倾听者关注的是说话者所说的话，而不是说话者的样子或声音——当然这并不容易。当他们不明白某件事或需要澄清时，他们会提问。在课堂上提问是积极处理说话者信息的一个好方法。

询问教师是否可以带数码录音机上课录音，得到允许后，就可以在课堂上边听讲边录音，之后再通过录音记笔记了。一些学生可能更希望在记笔记的同时草草记下图表和其他视觉辅助材料。如果在阅读教材和听课时很好地记了笔记，那么备考的辅助材料也就准备好了。下一节将讨论备考的最佳学习方法。

教师希望看到两样东西：学生专注的眼神和课堂笔记。对于只靠听课就能学得很好的学生来说，数码录音机可以帮助他们以后复习课程。那么，学生上课前应该如何准备呢？

概念地图 导论4

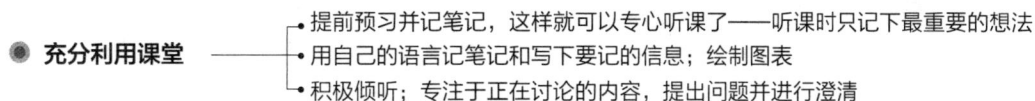

● **充分利用课堂** ——
- 提前预习并记笔记，这样就可以专心听课了——听课时只记下最重要的想法
- 用自己的语言记笔记和写下要记的信息；绘制图表
- 积极倾听；专注于正在讨论的内容，提出问题并进行澄清

随堂小考

1. 为了取得最佳效率，胡安应该使用以下哪种记笔记的方法？
   A. 尽量用自己的话记笔记
   B. 将课堂上的幻灯片上的每个字都写下来
   C. 划重点而不是自己记笔记
   D. 确保笔记中的单词与教师所说的一模一样

2. 艾弗里在听课时会与教师保持眼神交流。她坐在自己可以看到和听到教师的位置。此外，她上课时听的是教师讲的内容，而不是专注于教师的长相或穿着。艾弗里是一名____。
   A. 有成就感的学生　　B. 积极倾听者
   C. 消极倾听者　　　　D. 社交听众

备考方法
导论5　描述如何备考

教师不可避免地会想要一些确凿的证据来证明你至少确实从一些接触过的材料中学到了什么。不管你信不信，备考是有法可寻的。在备考时，无论是随堂小考、期中考试还是期末考试，都要记住以下几点（Carter et al., 2005；Reynolds，2002）：

　　• 时间就是一切：学生做的最糟糕的事情之一，

就是等到最后一分钟才备考。还记得"咀嚼"牛排的比喻吗？牛排需要多咀嚼才能享用，才会对身体有益，教材也要用头脑"咀嚼"。同样的概念也适用于备考：你得给自己留足够的时间。如果你已经阅读了教材，并且按前面说过的方法记好了笔记，就可以在考试前节省大量的时间。不过，你仍然需要给自己留足够的时间来复习所有的笔记。前文介绍的时间管理策略有助于确定学习任务的先后顺序。

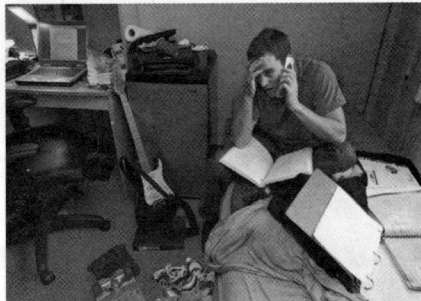

你会这样吗？资料四处散落，频繁地给同学或教师打电话，满脸紧张和担忧。这些体现了一种被神化但无用的传统做法——临时抱佛脚。别让这件事发生在你身上。

- 尽可能多地了解试题类型及其涵盖的内容。试题类型会影响学习的方式。例如，多项选择题或判断题等客观性试题通常与教材内容相当接近，因此你需要熟知课本中的相关概念和定义的措辞，尽管这不是记住大量学习材料的一个好的建议，但它对处理某些题目是很有用的。这种试题包括以下 3 种类型的问题：

事实性问题：要求记住教材中的特定事实。如："谁建立了第一个心理实验室？"它要求你回答一个人名。（答案是威廉·冯特。）

应用性问题：要求利用文本中提供的信息。例如，考虑以下问题：

安吉丽卡自从小时候被狗吓到以后，一直害怕所有的狗。那么，安吉丽卡不仅害怕吓到自己的狗，也害怕所有类型的狗，这属于____。

A. 刺激泛化

B. 辨别刺激

C. 自然恢复

D. 塑造

这个问题要求你选出正确的概念（本题答案是 A），并将其应用于实例中。

概念性问题：要求思考文本中提出的想法或概念，并通过回答问题来证明你已经理解了。例如，"弗洛伊德研究的是____，而华生研究的是____。"答案可能会有所不同，但比较好的答案应该分别是"无意识"和"可观察到的行为"。

需要注意的是，记忆事实可能对第一类问题有帮助，但对后两类问题却毫无帮助。记忆对事实性问题也不总是有用，因为问题的措辞有时与教材有很大的不同。理解这些信息比不理解就"吐回去"要好得多。"吐故纳新"是记忆，理解才是真正的学习【**连接**学习目标 6.5】。

此外，还应对要学习的信息进行不同层次的分析，分析的层次越高，记住的可能性就越大（Anderson et al., 2001；Bloom, 1956）。事实性问题是分析的最低层次：知识。应用性问题是一个较高的层次，通常是教师的首选。如果你没有真正理解信息，就很难成功地应用它们。概念性问题是一种分析，比前两种类型的问题都高一个层次。对于概念性问题，你不仅要理解其中的概念，还要理解得足够好，以便与其他概念进行比较。这些问题可能很难回答，但从长远来看，就真正的学习而言，你会收获良多。

主观题，如论文测试和简答题，不仅要求你能够回忆和理解课程中的信息，还要求你能够用自己的语言组织信息。为主观题而学习需要你熟悉学习资料，并且能够写下来。为笔记列提纲，重写阅读笔记和课堂笔记，制作卡片和图表。练习将卡片按顺序排列、朗读或与他人一起学习，并讨论论文测试中可能出现的问题。你可能会发现这些方法中只有少数几种适合自己，但尝试学习的方法越多，在需要时就越容易更好地检索信息。这听起来像是对时间的巨大投资，不过，大多数学生都大大低估了学习所需的时间，在预习和听课时，他们没有意识到许多策略都是可以用的。记住：别死记硬背！

你也可以找找以前的试卷，看看通常都有什么样的问题。如果不可行的话，一定要密切关注第一次考试中提出的问题，这样你就知道将来如何备考了。另外，给自己命题，就像你是教师一样，这不仅会促使你思考考试中材料的出题方式，还能为你提供很好的复习工具。以下是其他一些有用的建议：

- 利用 SQ3R：你可以通过与阅读教材相同的方法来复习笔记。纵览笔记，试着思考可能的试题，背诵主要的思想和术语的定义。要么朗读，要么用数码录音机录音，要么读给朋友或学习小组成员听。通过概述各个章节内容，列提纲或用卡片来复习，你可以更好地掌握重要的概念。

- 使用**概念地图**（concept map）。在纵览章节时，请务必查看所有概念地图。在本书中，它们出现在每节主要内容之后，即随堂小考之前。概念地图是关键概念、术语和定义的视觉呈现，这些概念、术语和定义可在每一节中找到，它是了解各种概念如何联系在一起的一种极佳方法（Carnot et al.，2001；Novak，1995；Wu et al.，2004）。一旦你读完相关内容，它们也是一个很好的复习途径，以帮助检查你是否理解了。如果你理解不了概念地图，那么肯定错过了一些知识，你就需要重看相关内容。当然，你也可以自己绘制概念地图，用上自己记的笔记。

- 利用好各种练习题和复习材料。练习确实有帮助，大多数教材都有学习指南或网站。这些材料通常都附有练习题，可以根据图表和图片中的信息进行自我测试。回答的练习题越多，越能成功解释考试中的问题，也会对需要复习的章节有更深的理解。记住，这样的提取练习，也就是通过测试和测验来检测记忆力，是提高长期学习能力的一个好方法（Karpicke，2012；Karpicke & Blunt，2011），即使只在脑海中思考或复述信息（Smith et al.，2013）也有效！这样的提取练习比简单地重新学习的效果更好。练习题能测试你对信息的甄选能力，而不是对信息的再认能力。

- 充分利用资源。如果你发现自己在理解某些概念上有困难，那么考试前要找教师帮忙。你必须要管理好学习时间，这样就不会在考试前的几个小时内手忙脚乱了。

许多备考的学生忽视了他们能接触到的最有价值的资源之一：教师。大多数教师都乐于解答问题或为理解有困难的学生抽出时间。

- 不要忽视生理需求。研究表明，睡眠不足对记忆和学习过程都不利（Stickgold et al.，2001；Vecsey et al.，2009）。尽量在睡前一小时左右停止学习，让身体充分放松。尽量保证充足的睡眠。不要服用诱导睡眠的药物或饮酒，因为这些物质会干扰正常的睡眠阶段，包括对记忆和学习最有用的阶段产生影响（Davis et al.，2003）。记得吃早餐，因为饥饿对记忆力和精神状态有害。富含蛋白质和低碳水化合物的早餐对集中注意力和记忆最有利（Benton & Parker，1998；Dani et al.，2005；Pollitt & Matthews，1998；Stubbs et al.，1996）。

疲惫时，强撑着看书对学习并没有帮助。充足的睡眠有助于提高记忆力和考试成绩，所以每次考试前记得好好睡一觉。

- 明智地利用考试时间。考试时，不要一直纠结在一个暂时无法解答的问题上。如果解答不了，先跳过，解答其他问题。在完成所有能轻松解答的问题后，回到之前跳过的问题上，再次尝试解答。这样做等于完成了以下几件事：在解答自己能解答的问题时获得了成功，这会让你感到更加自信和放松；考试中的其他问题可能会作为记忆线索，为跳过的问题提供确切的信息；一旦放松下来，你可能会发现跳过的问题的答案变得清晰了——没有了焦虑，找出答案也就没有了障碍。这是一种通过处理其他问题来减压的方法，很有效【连接学习目标 11.7】。

批判式思考　　许多中小学都会为学生提供早餐。你知道哪些食物对孩子最有益吗？为什么？

概念地图 导论5

⊙ **备考方法** ——
- 合理安排学习时间（分散练习）比临时抱佛脚（集中练习）更有效；尽早开始！
- 了解试题类型可以帮助指导学习
- 提取练习，通过测试或测验来检测记忆力，比简单地重读、重新学习或再认的效果要好得多
- 在学习和考试时使用有效的时间管理策略
- 保证充足的睡眠和营养早餐等，照顾好自己

随堂小考

1. 以下这道判断题属于哪种类型的问题？

   判断：心理学是研究行为和心理过程的学科。

   A. 事实性问题

   B. 概念性问题

   C. 应用性问题

   D. 批判性问题

2. 以下哪种问题属于最高层次的分析，往往被认为是测试中最难回答的问题？

   A. 事实性问题

   B. 概念性问题

   C. 应用性问题

   D. 判断题

3. 汤姆正在为第一次心理学考试备考。他应该怎么做来确保自己记住所学的一切？

   A. 等到考试前再学习，这样他的脑海中的信息会更清晰

   B. 考试前通宵学习，考试后可以大睡

   C. 记住尽可能多的信息

   D. 提前几天开始学习，让大脑有时间记忆材料，并反复检测信息提取能力

4. 提取练习有什么用？

   A. 有助于增加长时记忆

   B. 让学生有更多的学习机会

   C. 仅仅有助于为以论文为基础的考试备考

   D. 没有研究证明提取练习有效

5. 在考试中，仅仅简单地输出信息可能更多地意味着____，而真正理解信息则更多地意味着实际的____。

   A. 记忆；学习

   B. 学习；记忆

   C. 行为；行动

   D. 过程；天分

记忆策略

导论6 解释如何使用记忆策略帮助提高对事实和概念的记忆

每个人时不时都需要一些记忆策略的帮助。即使是记忆专家也会使用一些策略来完成不同寻常的记忆任务。这些策略对于个人来说可能独一无二，但也有很多非常简单的记忆窍门，任何人都可以学习和使用。这种帮助人们记忆的记忆技巧或策略被称为记忆术，来源于希腊语中表示"记忆"的单词。图0-1中所示的是一种比较流行的记忆术。

图0-1 联结法——一种流行的记忆术

- 联结法：串一条线，使需要记住的事物以某种方式联系在一起。例如，假如你想记住太阳系中八大行星的顺序，你可以将八大行星的名称串在一起，就像如下这样：水星是信使之神，他给金星带来了很多爱的音符；金星是从地球的海洋中诞生的一位美丽女神，她嫁给了自己的兄弟火星，这令她父亲木星或者木星的父亲土星很不高兴，而他的叔叔天王星则向海神海王星抱怨。这听起来好像有很多名称，但一旦以这种方式联系起来，你就能很容易地将八大行星的名称按正确顺序回忆起来了。

- 字钉法（peg-word method）。使用这种方法时，首先需要记住一系列的"peg（钉）"单词，这些被赋予了数字的单词可以作为记忆相关事物的关键。以下是一系列典型的peg单词：

1是小面包	6是砖
2是鞋	7是天堂
3是树	8是门
4是门	9是线
5是蜂巢	10是母鸡

要想使用这种方法，需要将每个要记住的事物与一个固定词相关联，并形成一幅图像。例如，如果你想记住神经系统的各个部分，你可能会设想出以下的图像：将大脑夹在汉堡包里；脊髓从鞋子里长出来或者将鞋子挂在上面；周围神经是树枝。

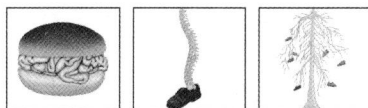

- 位置记忆法：使用这种方法时，人们会描绘一个非常熟悉的房间或一栋房子，或其他建筑物中的一系列房间。随后将每一点的信息绘制成一幅图像，并在心理上将其"放置"在房间的某些位置。例如，如果有一点是关于军费开支的，那么图像可能是一名士兵站在房子的门口将钱扔到街上。每一点都有自己的位置，人们要做的就是在房子中进行"精神漫步"，以找回记忆。

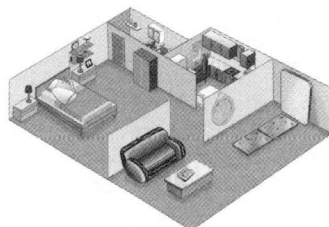

• 言语 / 节奏组织法：你如何拼写 relief（解脱）这个单词？如果在拼写带有 ie 或 ei 的单词时，你使用了以下这一古老的口诀："I 在 E 之前，除非前面出现 C，或听起来像 A（比如 neighbor 或 weight）"，那么你使用的就是言语 / 节奏组织法。再比如另一个例子："一个月三十天的有九月，还有四月、六月和十一月……"① 将信息放进节奏中有助于记忆，它可以使用语言线索、押韵词和诗歌本身的韵律来帮助提取。有时，这种方法是通过造句来实现的，即用每个单词的第一个字母来记忆，然后将它们变成新单词。例如，可以将彩虹的颜色说成是 ROYG.BIV，每个字母分别代表红色（red）、橙色（orange）、黄色（yellow）、绿色（green）、蓝色（blue）、靛蓝色（indigo）和紫色（violet）。五

线谱中每条线的音符从上到下分别是 EGBDF，可以用以下方式来记忆："Every Good Boy Does Fine"（"每个好男孩都做得很好"）。这种例子数不胜数。

R O Y G B I V

• 音乐法。音乐法是节奏法的一种。有些人成功地用熟悉的曲调编了一些歌曲，以此来记住具体的信息。最好的例子就是字母歌。

概念地图 导论6

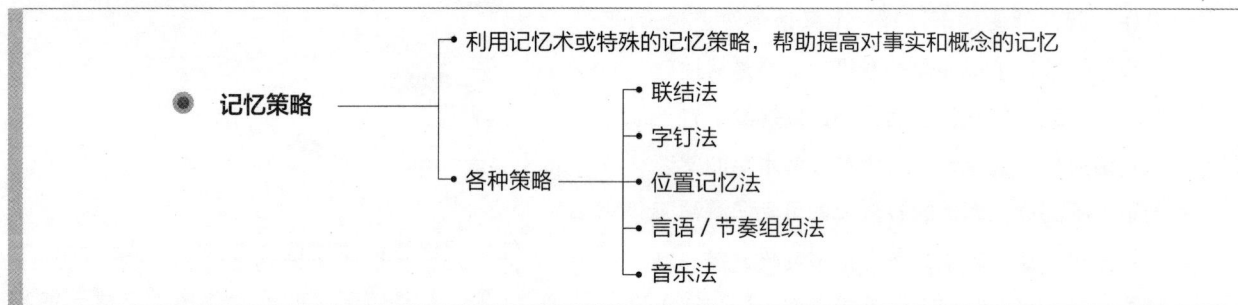

记忆策略
— 利用记忆术或特殊的记忆策略，帮助提高对事实和概念的记忆
— 各种策略
　• 联结法
　• 字钉法
　• 位置记忆法
　• 言语 / 节奏组织法
　• 音乐法

随堂小考

1. 以下哪项不属于本章描述的记忆策略之一？

　A. 位置记忆法　　　　　B. 死记硬背

　C. 联结法　　　　　　　D. 字钉法

2. "我非常优秀的母亲刚刚为我们端来 9 块比萨饼"

　（My very excellent mother just served us nine pizzas）

是一种用来记忆太阳系中九大行星（包括冥王星）顺序的记忆术。它属于哪种记忆术？

　A. 位置记忆法　　　　　B. 联结法

　C. 字钉法　　　　　　　D. 言语 / 节奏组织法

---

① 英文原句为 "Thirty days hath September，April，June，and November..."，其中 September（九月）与 November（十一月）押尾韵。——编者注

论文写作

导论7　描述撰写大学论文的关键步骤

写论文需要几个步骤，无论是短篇论文还是长篇论文。学生应该在论文交稿的截止日期之前开始以下所有步骤，而不是到截止日期前一天晚上才开始：

1. 选题

为论文选择一个主题。在某些情况下，老师会提供一个可选列表，这样选择起来会更简单。如果老师不提供，你可以在办公时间大胆地去找老师，与其聊一些可能的主题，并试着选择一个自己感兴趣的、想深入了解的主题。学生最常犯的错误就是选择的主题太宽泛，如"孤独症"这个主题，实际上这个主题可以写一本书。如果聚焦一下，可以详细地讨论孤独症的其中一种形式。当然，老师也可以帮助学生缩小主题的选择范围。

2. 做研究

寻找关于论文主题的信息来源，越多越好。不要局限于教材。可以去学校图书馆，向图书管理员求助，让他们给你介绍一些好的关于论文主题的科学期刊。也可以上网搜索，但要非常小心，因为网上的信息并非所有的都正确，而且它们也不一定全是由真正的专家写的，远离"百科"式的网站，这些网站可以任意填写和更新。

3. 记笔记

在阅读主题时，仔细记笔记，记住要点，并写下阅读时的参考资料。心理学论文的参考文献通常需要按照 APA 要求列出。记笔记有助于避免写作时与找到的材料形式完全一致或雷同，如果出现雷同的情况，则可视为剽窃。

4. 确定论题

论题是论文的中心信息，即你想传达给他人的信息，可能是向你的老师传达，或向你的同学传达，或二者兼而有之，这取决于论文的性质。例如，有些论文是说服性的，它试图劝说读者接受某种观点，如"孤独症不是由免疫引起的"；有些论文是信息性的，主要向之前可能并不知情的读者提供关于某个主题的信息，如"已经确定了几种类型的孤独症"。

5. 撰写提纲

利用所有阅读材料的笔记，写一个论文提纲——一个关于论文进展的"路线图"。从摘要开始，如孤独症的简单定义和讨论，然后决定论文的主体是什么。例如，如果你的论文讨论的是某种特定类型的孤独症，那么提纲可能会包括关于此种孤独症可能的原因。提纲的最后一部分是结论，如建议孤独症儿童的父母如何更好地帮助孩子全面发展。

过去，正式发表论文之前，人们通常需要手写或打印第一稿、第二稿乃至第三稿。现在，有了带有文字处理程序的计算机，可以直接进行简单的编辑和修改了，大大减少了木材的使用。但这也意味着，你没有借口再说自己无法完成论文初稿和校对了。

6. 写初稿

以提纲和笔记为指导开始写论文。如果按照 APA 的写作要求，那么就需要在所有引用的陈述和论点中注明出处。出处指向的是信息来源的特定参考文献，不注明出处也是许多学生常犯的错误。正如第 3 步所提到的，避免剽窃是非常重要的。使用信息源时，你应该用自己的话解释正在使用的信息，并标明引用的信息源，如下例所示：

"在一项关于同卵双胞胎和异卵双胞胎的比较研究中，研究人员发现 SRRS 中列出的应激性生活事件是抑郁症发作的极好的预测因子（Kendler & Prescott，1999）。"

该篇论文的参考文献部分要注明以下出处："肯

德勒、K.S. 和普雷斯科特，C.A.（1999）。以人群为基础的双生子研究：男性和女性终生抑郁症。《普通精神病学文献》，56（1），39-44。"其中，第二个括号前面的数字 56 是期刊的卷数，括号里面的数字 1 是期刊号，逗号后的数字是文章所在的页码。①

7. 将论文放一放

将论文放一边，几天之内不看它，当然前提是不影响之后写论文的进度。然后再拿出来读一读，标出那些听起来不对劲的内容，这些内容往往需要做更多的解释、引证或其他调整。实际上，将论文放几天之后再写就容易多了，重写的必要性也就显现出来了。

8. 写修订稿

有些人不止写一篇初稿，有些人只写初稿和终稿。无论哪一种，都应该仔细修改初稿，并确保认真检查过引文出处和用词！

概念地图 导论7

论文写作
- 高质量的论文的几个步骤：选题、做研究、记笔记、确定论题、撰写提纲、写初稿、将论文放一放以及写修订稿
- 别忘了使用拼写和语法检查器，做好校对工作

随堂小考

1. 塔米卡选好了一个论文主题，下一步她该怎么办？

A. 开始写论文初稿

B. 将初稿当终稿一样开始写

C. 先列一个提纲作为路线图，再按路线图写论文

D. 开始写初稿前先放几天

2. 对于学期论文，下列哪个题目更容易写？

A. 心理疾病　　　　　B. 学习

C. 精神分裂症的病因　　D. 人的发展

3. 写好了论文初稿以后该怎么办？

A. 交给教师，因为初稿通常是最好的

B. 先放几天，然后再进行修改

C. 立即写第二稿或终稿，以免材料变得太陈旧，记不起当初写的原因

D. 写论文提纲，一旦论文写好了就更容易了

学生的道德责任

导论8　了解学习时要面对的关键道德问题

许多学生在接受教育的过程中很想走捷径。走捷径的其中一种形式就是剽窃，即抄袭别人的观点或完整的表述，或模仿他人的用词，将其当作自己的。在论文中引用他人的作品时，你必须要在文中进行说明，否则你就犯了剽窃罪，无论有意与否，这就是一种偷窃。如今，教师掌握了各种各样的工具，可以很容易地发现剽窃行为。你可能会觉得尊重他人作品的同时对自己是一种伤害，仿佛自己损失了很多，但其实恰恰相反，若不尊重他人，你什么也学不到，如果你不用自己的话来说，那就说明你还没有真正理解它，这意味着你没有给自己机会来掌握在未来职业生涯中所需的技能和知识。此外，你也丢失了正直和诚实的品格。剽窃是对他人的不尊重——人们做了自己的工作，并期望你也这样做（Pennsylvania State University，2014）。

那么，该如何避免剽窃或抄袭呢？首先要记住，如果你想使用查到的词句，应该将它们用引号引起来，并注明参考文献或索引以及页码。如果你想使用这些想法，但又不想抄袭，可以试着对源材料做简短

① 中国学生撰写论文的格式规范请遵照学校老师的要求及国内论文写作规范执行。——编者注

的批注和解释，最好多参考几种源材料，然后通过注释而非源材料，用自己的话将观点表述出来。可以通过一些免费的在线工具来检查论文是否剽窃或抄袭。

另外，网上也有一些很好的资料可以让你清楚哪些属于剽窃和如何避免剽窃。

不作弊也是学生的一个道德责任。大多数学校都设置了有关于学术诚信的准则，任何形式的作弊都是不可容忍的。作弊也包括在考试前偷取试卷答案、在考试过程中抄袭他人的答案以及找人替考等。可悲的是，作弊在学校仍然很普遍。2012 年，约瑟夫森青少年伦理品格研究所对 23 000 多名来自私立和公立

以及特许学校的美国高中生进行了一项调查，结果发现，超过 50% 的学生承认自己至少有一次考试作弊，超过 25% 的学生承认自己不止一次作弊。学院或大学层面的作弊现象也很频繁，即使是最负盛名的大学也不例外。例如，2012 年，哈佛大学查处了 125 名本科生的剽窃和其他形式的作弊行为（Galante & Zeveloff，2012）。

剽窃和作弊有很多相同的问题。你没有努力学习，教师和同学就不会尊重你。从长远来看，剽窃和作弊带来的伤害远大于你从中得到的任何暂时的"解脱"。

概念地图 导论8

- **学生的道德责任** ——— ┌ 维护自己和他人的学术诚信；对自己的学习和教育经历负责；不走捷径
  └ 做好自己的工作，确保自己明白什么是学术不诚信；不抄袭，不剽窃，不作弊

随堂小考

1. 迈克尔正在写一篇心理学论文。他的资料来源之一出现了以下文本的陈述：

   当一种极度抑郁的情绪突然出现，或对当时的情况来说过于严重，或没有任何外部原因导致悲伤时，就被称为重度抑郁障碍。

   迈克尔在论文中使用这段材料时，以下哪项是不可接受的？

   A. 将整个句子用引号引起来，并注明作者和来源等信息

   B. 用自己的话概括句子的意思

   C. 只使用部分信息，但确保用自己的语言来表达

   D. 以上均可接受

2. 在约瑟夫森青少年伦理品格研究所的调查中，有多少学生至少作弊一次？

   A. 约 25%　　　　　　B. 50% 以上

   C. 75% 以上　　　　　D. 调查未发现作弊行为

⊙ 本章总结

学习技巧

导论1　了解 4 种学习方法

- 研究表明，运用多种学习方法进行学习是一种有效的学习策略。
- 4 种常见的学习方法分别是：言语学习法、视觉学习法、听觉学习法和行为学习法。

时间管理

导论2　描述时间管理的一些策略

- 制作或使用优先任务日历，将任务分解成更小、更易于管理的任务，以及避免多任务处理，是改善时间管理的几种常用方法。

有效阅读

导论 3　描述如何阅读教材，以便从中取得最大的收获

- 教材的阅读方式必须不同于小说或通俗读物。
- SQ3R 是一种很好的阅读教材的方法，包括纵览、提问、阅读、背诵、回忆 / 复习。

充分利用课堂

导论 4　了解记笔记和听课的最佳方法

- 用自己的语言写出来，不要只划重点。
- 记笔记时，应该将读到的笔记放在面前；你可能会从讲座录音和记笔记中受益。

备考方法

导论 5　描述如何备考

- 不要等到最后一刻才开始学习。
- 了解考试的题型。
- 使用概念地图、SQ3R 和测试材料。
- 进行提取练习，经常测试自己对内容的回忆，而不仅仅是再认。

- 保证充足的睡眠和营养早餐，最好包含富含蛋白质的食物。

记忆策略

导论 6　解释如何使用记忆策略帮助提高对事实和概念的记忆

- 利用记忆术，即通过意象、押韵、联结甚至音乐来记忆。

论文写作

导论 7　描述撰写大学论文的关键步骤

- 写研究论文的关键步骤分别是：选题、做研究、记笔记、确定论题、撰写提纲、写初稿、将论文放一放以及写修订稿。

学生的道德责任

导论 8　了解学习时要面对的关键道德问题

- 应做到不抄袭，不剽窃，不作弊。

◉ 章末测试

1. 科迪只要看到摆在他面前的东西，他就能学得很好。他使用卡片和概念地图，经常根据记忆重新"绘制"图表。这么看来，科迪更喜欢哪种学习方法？

　A. 言语学习法　　　　B. 听觉学习法

　C. 视觉学习法　　　　D. 行为学习法

2. 以下哪项不属于克服拖延症的策略之一？

　A. 画一张长期目标图

　B. 使用日历

　C. 熬夜赶作业

　D. 将大任务分解成更小、更易于管理的任务

3. 以下哪项有助于学生更有效地阅读和记忆？

　A. 章节总结　　　　　B. SQ3R

　C. 概念地图　　　　　D. 随堂小考

4. 以下哪项不是学生在记笔记时常犯的错误？

　A. 上课前在阅读章节的同时记笔记

　B. 上课时在教材中划重点

　C. 确保上课前没有读过相关章节，这样材料会更新鲜、更难忘

　D. 将幻灯片作为笔记来使用

5. 以下哪种问题需要对材料有很好的理解，从而能够将其与其他材料进行比较？

　A. 事实性问题　　　　B. 应用性问题

　C. 概念性问题　　　　D. 判断题

6. 妈妈想让你在参加第一次心理学考试前吃点早餐，你可能会对她说什么？

　A. 不用了，谢谢妈妈。一顿大餐可能会让我睡着

　B. 好啊，我想吃点麦片和吐司

C. 我只想喝咖啡。咖啡因能让我做到最好

D. 非常感谢妈妈。我想要一些火腿和鸡蛋，再加一小片面包

7. 塔比莎在参加心理学考试时被一道题难住了。她该怎么办？

　　A. 继续做这道题，直到想出答案为止

　　B. 先做其他的题，也许能找到解答这道题的线索

　　C. 猜猜正确答案，无论如何，她可能会解答出来

　　D. 从已经解答的问题中找线索

8. 哪种记忆术需要先记住一系列有编号的单词？

　　A. 联结法　　　　　　　　B. 字钉法

　　C. 位置记忆法　　　　　　D. 言语 / 节奏组织法

9. 学生在准备论文选题时最常犯的错误是什么？

　　A. 选题太宽泛　　　　　　B. 选题太狭窄

　　C. 选题不清　　　　　　　D. 选题没有研究做支持

10. 基拉已经在论文交稿截止日期前两周完成了论文初稿。她现在该怎么办？

　　A. 检查前先放几天

　　B. 在脑子还记忆犹新时，立即完成最后的修订稿

　　C. 将初稿当作终稿交上去，因为大多数学生在修改论文时往往会将论文改得更糟

　　D. 重新开始，因为提前完成的论文往往写得不好

第1章 心理科学

如何定义心理学？在学习这门课程之后，你想从中获得什么？

为什么要学习心理学

心理学（psychology）不仅能够帮助你理解人和动物为什么做某事，还能帮助你更好地理解自己以及自己与他人的关系。此外，心理学还能帮助你理解大脑和身体是如何联系的，帮助你理解如何提高学习能力和记忆力以及如何应对生活中的各种压力。学习心理学很重要的一点是要理解心理学家使用的研究方法，因为研究可能会存在漏洞，了解了研究方法就可以发现漏洞。另外，心理学及其研究方法可以提升你的**批判性思维**（critical thinking）能力，有了这种能力，你不仅可以理性地评价科学研究，还可以理性地评价包括政客和广告商在内的各种人所表达的主张。

学 习 目 标

1.1 描述早期心理学先驱的贡献	1.8 确定实验设计步骤
1.2 概述格式塔、精神分析和行为主义等早期学派的基本思想和重要人物	1.9 了解实验中两个常见问题的来源及控制其影响的方法
1.3 概述 7 种现代心理学视角的基本思想	1.10 确定进行人类研究的共同伦理准则
1.4 了解心理学领域的各类专业人士	1.11 解释心理学家在研究中使用动物的原因
1.5 了解科学方法的 5 个步骤	1.12 了解人们在日常生活中使用批判性思维的基本标准
1.6 比较描述行为的不同方法	
1.7 解释研究人员如何利用相关研究来探究两个或多个变量之间的关系	

心理学的历史

有些人认为心理学只研究人类及人类行为的心理动机。心理学家确实研究人类，但也研究动物。为了更好地理解是什么激发了某种行为，心理学家不仅研究人和动物做了什么，还研究他们的身体和大脑在行为过程中发生了哪些变化。心理学研究不仅对心理学家很重要，而且是科学的枢纽，心理学的研究成果被广泛引用并应用于众多其他领域，如癌症研究、健康研究，甚至气候变化（Cacioppo，2013；McDonald et al.，2015；Roberto & Kawachi，2014；Rothman et al.，2015；van der Linden et al.，2015）。

心理学是对行为和心理过程的科学研究。"行为"包括我们所有外在的或公开的行动和反应，如交流、面部表情和动作。"心理过程"一词指的是我们头脑中所有内部和内隐的活动，如思考、感觉和记忆。为什么说心理学是"科学"？为了研究人类和动物的行为和心理过程，研究人员必须进行观察。当观察任何人或事物时，观察者有可能只看到他期望看到的东西。心理学家不希望这些可能的偏见导致他们做出错误的判断。他们想要精确地并尽可能仔细地进行测量，所以他们会使用系统的方法对心理学进行科学研究。

💬　心理学有多少年的历史了？

心理学是一个相对较新的科学领域，仅有 140 年左右的历史。不过，这并不代表之前没有人思考过为什么人和动物会做某些事情，哲学家、医生和生理学家都思考过。

柏拉图、亚里士多德和笛卡儿等哲学家都曾试图理解或解释人类的思想及其与身体的联系（Durrant，1993；Everson，1995；Kenny，1968，1994）。医生和生理学家想知道身体和大脑之间的物理联系。例如，德国心理学家古斯塔夫·费希纳（Gustav Fechner）通常被看作是早期科学实验的先驱，他所做的实验奠定了心理学实验的基础；而德国物理学家兼生理学家

赫尔曼·冯·亥姆霍兹（Hermann von Helmholtz）在视觉和听觉感知方面进行了开创性的实验【连接学习目标 3.2、3.6 和 3.8】。

开端：冯特、铁钦纳和詹姆斯

1.1　描述早期心理学先驱的贡献

心理学研究的开端源于 1879 年德国莱比锡的一个实验室。正是在这里，生理学家威廉·冯特（Wilhelm Wundt）试图将科学原理应用于人类思维研究。在他的实验室里，来自世界各地的学生在老师的带领下研究人类大脑的结构。冯特认为，意识即对外部事件的感知状态，可以分解为思想、经验、情感等基本要素。为了检验这些非物质要素，学生必须学会客观地分析自己的思想，毕竟他们还很难读懂他人的思想。冯特将这一过程称作**客观反省**（objective introspection），即客观地审视和衡量自己的思想和心理活动的过程（Rieber & Robinson，2001）。例如，冯特可能会将石头等物体放在一名学生的手里，然后让该学生描述自己的感觉，因为该学生手里拿着石头，其所有的感觉都来自石头的刺激。客观性很重要，因为科学家需要保持公正。观察需要保持清晰和精确，且不能受观察者个人信仰和价值观的影响。

这是第一次有人将客观性和可测量性引入心理学概念中来。对客观性的关注，以及建立了第一个真正具有实验性的心理学实验室，使得冯特被称为"心理学之父"。

铁钦纳和建构主义　爱德华·铁钦纳（Edward Titchener）是冯特的学生，是位英国人，他最终将冯特的观点带到了纽约伊萨卡的康奈尔大学。铁钦纳对冯特的思想进行了拓展，并将自己的新观点称为**建构主义**（structuralism），因为他研究的重点是心理结构。铁钦纳认为，每一次个人经历都可以分解为情感和感觉（Brennan，2002）。虽然铁钦纳同意冯特的观点，即意识可以分解成其他的基本要素，但他同时也

认为客观反省既可用于思想，也可用于躯体感觉。例如，铁钦纳可能会让学生去想蓝色的事物，而不是给学生一个蓝色的物体，并要求他们对它做出反应。这样的练习可能会引发以下思考："什么是蓝色？""蓝色的事物如天空或鸟的羽毛。""蓝色给人的感觉是凉爽和宁静。""蓝色让人感觉平静……"等。

1894 年，铁钦纳的一位女学生因成为第一位获得心理学博士学位的女性而闻名（Goodman，1980；Guthrie，2004）。她叫玛格丽特·沃什伯恩（Margaret F. Washburn），她是那一年铁钦纳唯一的一名研究生。1908 年，沃什伯恩出版了一本关于动物行为的书《动物心灵》（*The Animal Mind*），这本书被认为是那个时代重要的心理学著作（Washburn，1908）。

在心理学发展早期，建构主义一直占据主导地位，但最终它在 20 世纪初消亡了，因为建构主义者正忙于争论哪种关键的经验要素最重要。在冯特的实验室成立不久，建构主义传入美国之后，出现了另一种对立的观点。

建构主义者一定会对图中这位女士闻草莓时经历的所有记忆和感觉感兴趣。

威廉·詹姆斯和机能主义　19 世纪 70 年代末，哈佛大学是美国第一所开设心理学课程的学校。课程由哈佛大学最杰出的导师之———威廉·詹姆斯（William James）教授。詹姆斯开始时教授解剖学和生理学，但随着他对心理学兴趣的增加，他后来只

教授心理学（Brennan，2002）。他那本关于心理学的综合性教材《心理学原理》（*Principles of Psychology*）写得非常好，直至现在仍在不断再版（James，1890，2015）。

与冯特和铁钦纳不同的是，詹姆斯对意识在日常生活中的重要性更感兴趣，而不仅仅关注对意识的分析。他认为，对意识本身的科学研究还不可能实现。有意识的想法犹如一条不断变化的溪流，一旦你开始思考刚才在想什么，你正在思考的就不再是你所想的了，而是变成你在思考你在想什么。听上去是不是有点晕？但无论如何，你应该明白他说的是什么意思了。

詹姆斯专注于探究心智如何使得人们在现实世界中运作，即人们如何工作、玩耍和适应周围环境，这就是他所谓的**机能主义**（functionism）。詹姆斯深受达尔文自然选择理论的影响，即通过自然选择，有助于动物适应环境和生存的生理特征会被遗传给后代。如果生理特征有助于动物生存，那么为什么行为特征不能起到同样的作用呢？动物和人类的行为帮助他们各自生存下来，他们通过教导或通过某种遗传机制将这些特征遗传给后代。例如，在电梯里避免与他人进行眼神交流这一行为可以被看作是保护个人空间的一种方式，其根源可能在于保护自己的家园以及食物和水源不受入侵者的侵害（Manusov & Patterson，2006），或者也可能是一种避免与他人进行挑战的方式（Brown et al.，2005；Jehn et al.，1999）。

有趣的是，詹姆斯早期的一名学生玛丽·惠顿·柯尔金斯（Mary Whiton Calkins）完成了每一门课程，并达到了博士学位的要求，但由于她是一名女性，当年哈佛大学拒绝授予她学位，她只能以旁听生的身份上课。后来，柯尔金斯在韦尔士利学院建立了一个心理学实验室。她是最早研究人类记忆和自我心理学领域的人之一。1905 年，柯尔金斯成为美国心理学会第一位女性主席（Furumoto，1979，1991；Zedler，1995）。与沃什伯恩不同的是，尽管柯尔金斯是一位成功的教授兼研究员，但她从未获得博士学位（Guthrie，2004）。

在心理学发展早期，很多做出贡献的少数群体代表人物同样引人瞩目。例如，1920 年，弗朗西斯·塞西尔·萨姆纳（Francis Cecil Sumner）获得克拉克大学心理学博士学位，成为第一位获得心理学博士学位的非裔美国人。他后来成为霍华德大学心理学系主任，并被许多人认为是"非裔美国人心理学之父"（Guthrie，2004）。肯尼思·克拉克（Kenneth Clark）和玛米·克拉克（Mamie Clark）夫妇致力于揭示学校种族隔离对非裔美国儿童的负面影响（Lal，2002）。20 世纪 40 年代，西班牙裔美国心理学家豪尔赫·桑切斯（Jorge Sanchez）在智力测验领域进行了研究，重点研究了智力测验中的文化偏见（Tevis，1994）。少数族裔的著名学者还包括：查尔斯·亨利·汤普森（Charles Henry Thompson）博士，他是第一位获得教育心理学博士学位的非裔美国人（1925 年）；阿尔伯特·悉尼·贝克哈姆（Albert Sidney Beckham）博士，他是 20 世纪 30 年代位于伊利诺伊州青少年研究所的全美心理卫生委员会心理学高级副研究员；罗伯特·普伦蒂斯·丹尼尔（Robert Prentiss Daniel）博士，他曾是北卡罗来纳州萧尔大学的校长，最后成为弗吉尼亚州立学院院长；伊内兹·贝弗利·普罗瑟（Inez Beverly Prosser，1897—1934）博士，她是第一位获得教育心理学博士学位的非裔美国女性；霍华德·黑尔·朗（Howard Hale Long）博士，他曾是俄亥俄州威尔伯福斯州立学院的行政院长；露丝·霍华德（Ruth Howard）博士，她是 1934 年获得明尼苏达大学心理学（非教育心理学）博士学位的第一位非裔美国女性（Guthrie，2004）。

自那时起，少数群体对心理学的贡献一直都在增加，不过与多数群体相比，比例仍然很小。美国心理协会少数族裔事务办公室将著名的心理学家列入《美国种族与健康序列》（*Ethnicity and Health in America*）。他们的网站上有少数族裔心理学家的简短传记和工作或研究重点介绍，尤其是关于非裔美国人、亚裔美国人、拉美裔美国人和美洲土著人等几个少数族裔人群长期健康状况的研究进展。

💬 机能主义仍然是心理学的重要视角吗？

在新的心理学领域，机能主义为建构主义者提供了另一种视角。但就像许多早期心理学视角一样，机能主义不再是一个主要的视角。人们可以在现代教育心理学（研究心理学概念在教育中的应用）和工业与组织心理学（研究心理学概念在企业、组织和工业中的应用）以及心理学的其他领域发现机能主义的要素【在线学习目标 B.6】。此外，机能主义还与一个更现代的视角有关，即进化心理学，后文将展开讨论。

三大学派：格式塔、精神分析和行为主义

1.2 概述格式塔、精神分析和行为主义等早期学派的基本思想和重要人物

当建构主义者和机能主义者相互争论时，其他心理学家也在以新的方式看待心理学。

格式塔心理学：整体大于部分之和　马克斯·韦特海默（Max Wertheimer）与詹姆斯一样，也反对建构主义的观点，但他是出于不同的原因。韦特海默认为，知觉和感觉等心理事件一旦被分解成较小的要素，就不能被正确理解了，这和智能手机被拆开后就不再是智能手机而是一堆没有"关系"的零件和碎片一样。再比如，旋律是由一个个音符组成的，只有当音符之间的"关系"正确时，才能被人正确理解。知觉只能以一个整体或整个事件的形式来理解。因此，人们认可的是"整体大于部分之和"。韦特海默等人认为，人们会自然而然地在可用的感觉信息中寻找一种"整体"模式。

韦特海默等人致力于从**格式塔心理学**（Gestalt psychology）这一新的视角来研究感觉和知觉。Gestalt 是一个德语词，意思是"有组织的整体"或"结构"，它很适用于研究整体模式，而不是研究其中的小部分。格式塔知觉示例可见图 1-1。如今，格式塔心理学已成为认知心理学研究的一部分，该领域不仅关注知觉，还关注学习、记忆、思维过程和问题解决。在这一新的领域，基本的格式塔知觉组织原则仍然出现

在如今的心理学课堂上（Ash，1998；Kohler，1925，1992；Wertheimer，1982）【连接学习目标 3.14】。格式塔视角在心理治疗中也有影响，已成为格式塔疗法的基础【连接学习目标 15.3】。

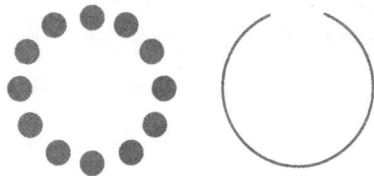

图1-1 格式塔知觉

眼睛倾向于"填补"图中的空白，并将图中两个图形均看成是圆，而不是一系列的点或一条断开的曲线。

弗洛伊德的精神分析理论 显然，心理学并不是在特定地点和特定时间开始的。持有不同观点的人试图在世界各地推广自己的观点，以研究人类的心理和行为。到目前为止，本章的讨论主要集中在对心理学感兴趣的生理学家身上，他们的关注点主要是对意识的理解，对其他方面的研究甚少。医学界则对心理学进行了完全不同的探索。

> 提到心理学，不能不提弗洛伊德。弗洛伊德究竟是谁？谈论心理学时，每个人都会谈到他。人们还在使用他的观点吗？

弗洛伊德全名西格蒙德·弗洛伊德，是奥地利的一名著名医生。当建构主义者争论不休，机能主义者注重专业化，格式塔心理学家着眼于大局时，弗洛伊德还是一位神经科医生，专门研究神经系统紊乱，他和同事一直在寻找一种方法，以便理解求助的患者。

弗洛伊德的患者都有神经系统紊乱症状，他和其他医生都无法找到任何生理原因。因此，他们认为，病因必定出在头脑中，于是弗洛伊德开始进行探索。他提出，人存在着无意识（无法觉察）的心理活动，充斥着被压抑或被压迫的充满威胁性的欲望和冲动。他认为，当这些被压抑的欲望浮现时，便会导致患者的神经紊乱（Freud et al.，1990）【连接学习目标

13.2】。

弗洛伊德强调了童年早期经历的重要性，他认为人格是在人生的最初 6 年形成的。如果人出现严重的问题，那么这些问题一定是从人生早期阶段就开始的。

弗洛伊德的著名追随者包括阿尔弗雷德·阿德勒、卡尔·荣格、凯伦·霍尼（Karen Horney）和他的女儿安娜·弗洛伊德（Anna Freud）。安娜·弗洛伊德开启了心理学中的"自我运动"，培养了人格发展研究中最著名的心理学家之一——埃里克·埃里克森（Erik Erikson）【连接学习目标 8.8】。

弗洛伊德的思想在今天仍然有影响力，但形式有所改变。除了那些已经成名的追随者之外，弗洛伊德还有其他的一些追随者，其中许多人通过改变他的理论来让自己的观点站住脚，但他的基本思想仍在被不断讨论和辩论【连接学习目标 13.3】。

虽然有些人可能认为弗洛伊德是第一个与精神障碍患者打交道的人，但事实上，精神疾病有着相当悠久但并不美好的历史【连接学习目标 14.1】。

精神分析（psychoanalysis）是基于弗洛伊德思想的理论和治疗发展而来的，它是许多现代心理治疗的基础。在现代心理治疗的过程中，受过训练的心理专业人员会帮助人们洞察和改变自己的行为。不过，另一个主要的、与之竞争的观点在整个心理学领域则更具影响力。

巴甫洛夫、华生和行为主义的曙光 伊万·巴甫洛夫（Ivan Pavlov）和弗洛伊德一样，并不是心理学家。他是一位俄罗斯生理学家，证明了无意识反应——反射可能是由于对以前不相关的刺激的反应而引起的。巴甫洛夫在研究狗时观察到，狗吃东西时产生的唾液反射可能是在一种全新的刺激下产生的，即铃声。在实验开始时，巴甫洛夫会响铃，随后给狗吃东西，狗就会流口水。几次重复之后，在提供食物之前，狗会随着铃声流口水，这是一种习得性反应，或称条件性反应（Klein & Mowrer，1989）。这个过程被称为条件反射【连接学习目标 5.2】。

到 20 世纪初，心理学家约翰·华生（John B.

Watson）厌倦了建构主义者之间的争论，他用自己的"行为科学"或称**行为主义**（behaviorism）（Watson, 1924）来挑战机能主义和精神分析。华生想让心理学重回科学探究的路途上来，他认为唯一的方法就是完全忽略意识问题，只关注可观察到的行为，即可以直接看到和测量的行为。他读过巴甫洛夫的著作，认为条件反射可以作为他新的行为主义观点的基础。

美国心理学家约翰·华生，被人尊称为"行为主义之父"。行为主义只关注可观察的行为。

华生自然也知道弗洛伊德的工作和他对无意识压抑的看法。弗洛伊德认为所有的行为都源于无意识的动机，华生则认为所有的行为都是习得的。弗洛伊德曾说过，恐惧症是一种非理性恐惧，实际上是一种潜在的、压抑的冲突症状，如果不进行多年的精神分析来揭示和理解，那么这种症状就无法得到治愈。

华生相信恐惧症是通过条件反射的过程习得的，并开始为之寻找证据。华生和同事罗萨莉·雷纳（Rosalie Rayner）一起，以一个名叫"小阿尔伯特"的婴儿为对象，教他害怕白鼠：看到白鼠时发出巨大、可怕的声音。后来，"小阿尔伯特"一看到白鼠就哭泣并变得害怕。尽管"小阿尔伯特"一开始并不害怕白鼠，但这个实验效果很好，以至于后来他似乎还害怕其他带毛的东西，包括兔子、狗和海豹皮大衣【**连接**学习目标 5.3】。

💬 这听起来很奇怪。吓唬婴儿和心理学有什么关系呢？

华生想证明所有的行为都是刺激－反应关系的结果，就像巴甫洛夫描述的那样。由于弗洛伊德及其关于无意识动机的观点在当时正成为一种主导力量，华生认为有必要向世界展示一个更简单的解释。虽然吓唬婴儿听起来有点残忍，但华生认为，用婴儿相对短暂的不适换来行为科学的进步是值得的。

华生的一名研究生玛丽·科弗·琼斯（Mary Cover Jones）后来决定重复华生和雷纳的研究，但增加了训练，以"消除"婴儿对白鼠的恐惧反应。她用另一个婴儿"小彼得"重复了"小阿尔伯特"的研究，并成功地让"小彼得"对一只白兔感到害怕（Jones, 1924）。然后，她开始了一个反条件反射的过程，在这个过程中，当"小彼得"吃真正喜欢的食物时，白兔会从远处暴露在他面前。"小彼得"对食物的享受超过了对远处兔子的恐惧。一天又一天，情境重演，白兔每次都被拉近一些，直到"小彼得"不再害怕白兔。琼斯后来成为行为疗法的早期先驱之一。行为主义仍然是当今心理学的一个主要视角。它还影响了其他领域的发展，如认知心理学。

玛丽·科弗·琼斯，行为疗法的早期先驱之一，在华生的指导下获得了硕士学位。她有着漫长而令人钦佩的职业生涯，并在1952年发布了世界上第一期儿童发展教育的电视课程。

概念地图 1.1～1.2

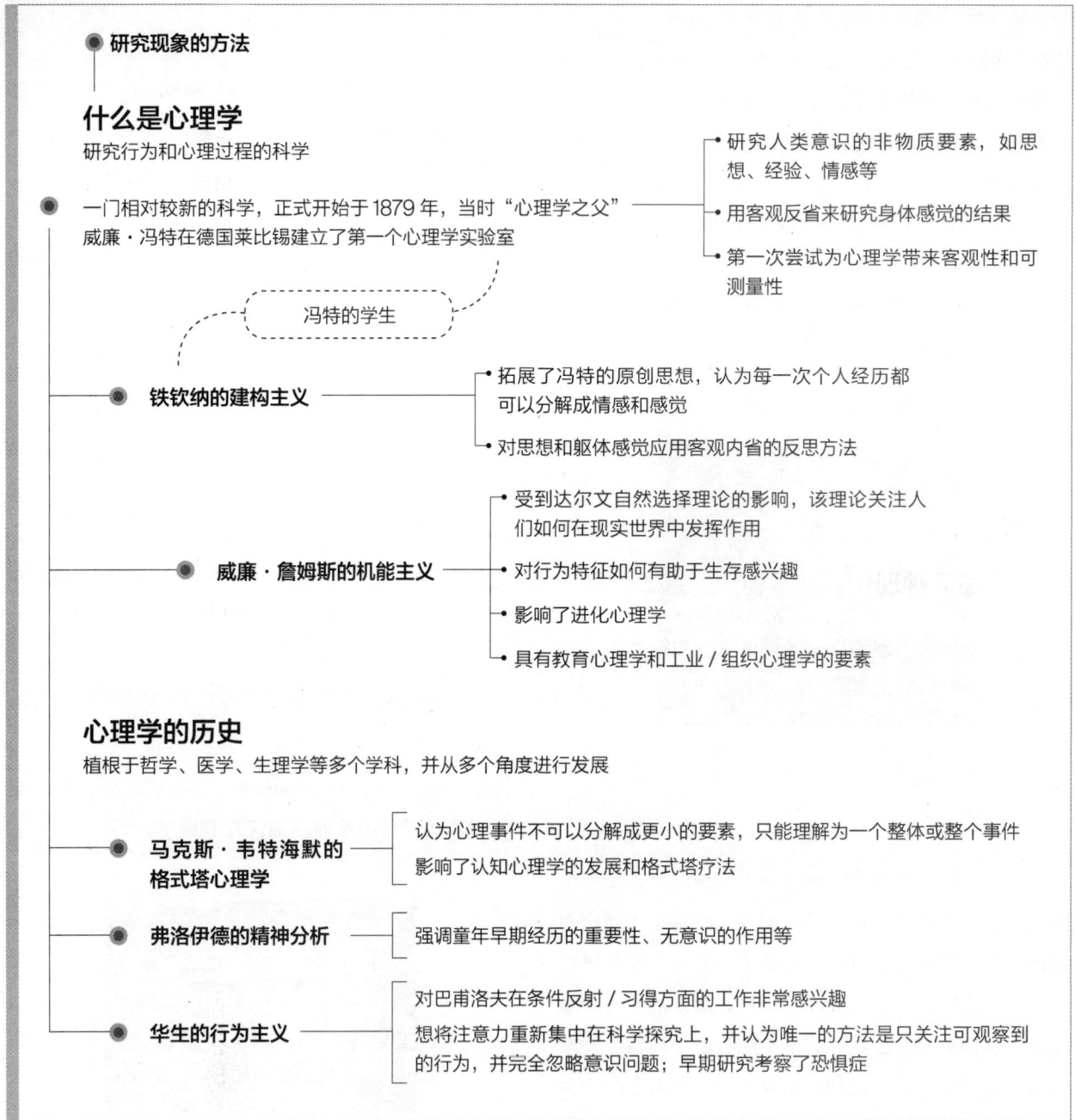

- **研究现象的方法**

什么是心理学
研究行为和心理过程的科学

- 一门相对较新的科学，正式开始于 1879 年，当时"心理学之父"威廉·冯特在德国莱比锡建立了第一个心理学实验室
  - 研究人类意识的非物质要素，如思想、经验、情感等
  - 用客观反省来研究身体感觉的结果
  - 第一次尝试为心理学带来客观性和可测量性

（冯特的学生）

- **铁钦纳的建构主义**
  - 拓展了冯特的原创思想，认为每一次个人经历都可以分解成情感和感觉
  - 对思想和躯体感觉应用客观内省的反思方法

- **威廉·詹姆斯的机能主义**
  - 受到达尔文自然选择理论的影响，该理论关注人们如何在现实世界中发挥作用
  - 对行为特征如何有助于生存感兴趣
  - 影响了进化心理学
  - 具有教育心理学和工业 / 组织心理学的要素

心理学的历史
植根于哲学、医学、生理学等多个学科，并从多个角度进行发展

- **马克斯·韦特海默的格式塔心理学**
  - 认为心理事件不可以分解成更小的要素，只能理解为一个整体或整个事件
  - 影响了认知心理学的发展和格式塔疗法

- **弗洛伊德的精神分析**
  - 强调童年早期经历的重要性、无意识的作用等

- **华生的行为主义**
  - 对巴甫洛夫在条件反射 / 习得方面的工作非常感兴趣
  - 想将注意力重新集中在科学探究上，并认为唯一的方法是只关注可观察到的行为，并完全忽略意识问题；早期研究考察了恐惧症

随堂小考

1. 在心理学的定义中，心理过程指的是____。

　A. 内在的、隐蔽的过程

　B. 无意识的过程

　C. 外在的或公开的行为和反应

　D. 人类的行为

2. 最早尝试将客观性和可测量性引入心理学概念的心理学家是____。

　A. 威廉·冯特　　　　B. 威廉·詹姆斯

　C. 约翰·华生　　　　D. 西格蒙德·弗洛伊德

3. 以下哪位心理学家最有可能同意如下说法："对大

脑的研究应该集中在它的日常生活功能上"?

A. 威廉·冯特　　　B. 威廉·詹姆斯

C. 约翰·华生　　　D. 西格蒙德·弗洛伊德

4. 第一位完成哈佛大学博士学位课程的女性是谁?

A. 玛丽·惠顿·柯尔金斯

B. 玛丽·琼斯

C. 玛格丽特·沃什伯恩

D. 露丝·霍华德

5. 试图通过忽视意识的研究以回归对科学探究关注的是哪种心理学视角?

A. 行为主义　　　B. 机能主义

C. 精神分析　　　D. 格式塔心理学

现代心理学领域

即使在 21 世纪,也没有一个单一的心理学视角可以用来解释人类所有的行为和心理过程。实际上心理学目前存在 7 种现代视角。

现代视角

1.3　概述 7 种现代心理学视角的基本思想

有两种现代心理学视角是精神分析和行为主义的更新版本,其他视角则侧重于人的目标、思维过程、社会和文化因素以及生物学和遗传学。

心理动力视角　现在,许多心理学专业人士在治疗情境中仍然会使用弗洛伊德的理论,但没有几十年前那么普遍了,而且他们也会适当修改弗洛伊德的理论,以便更适用。更为现代的**心理动力视角**(psychodynamic perspective)主要关注的依然是无意识及其对有意识行为和童年早期经历的影响,但较少强调性和性动机,更多的是强调自我意识、社会意识和人际关系的发展,以及个人行为背后的其他动机【连接学习目标 13.3】。一些现代心理动力视角的实践者甚至建议应更深入地探讨神经生物学(研究大脑和神经系统)与心理动力概念之间的联系(Glucksman,2006)。

行为主义视角　与现代精神动力视角一样,行为主义依然很有影响力。当行为主义的主要支持者华生后来转向广告界时,斯金纳(B.F. Skinner)成为该领域的新领导者。

斯金纳不仅继续研究经典条件反射,他还提出了操作性条件反射理论,用来解释如何学会有意识行为(Skinner,1938)。该理论认为,伴随愉悦结果的行为反应会得到加强或强化。例如,孩子通过哭得到了"回报",即引起了母亲的注意,他在以后将会再次哭泣。斯金纳的研究详见后文【连接学习目标 5.4】。除了心理动力视角和行为主义视角外,还有 5 种比较新的视角,它们是在过去的 60 年中发展起来的。

行为主义学家斯金纳正在用老鼠进行实验。将动物研究信息应用于人类行为可能会带来哪些挑战呢?

人本主义视角　人本主义视角(humanistic perspective)被称为心理学的"第三力量",它实际上是对精神分析理论和行为主义的一种反映。20 世纪初至中叶,当时的心理学家要么是精神分析学家,要么是行为学家,没有任何视角可以与精神分析理论和行为主义视角匹敌。

精神分析专注于性发展，行为主义专注于外部力量引导人格发展，而与此相反，一些专业人士开始提出人本主义视角，使人们能够专注于指导自己的生活。人本主义者认为，人们有自由意志，因此可以自由地选择自己的命运，努力实现自我，以及挖掘自己的全部潜力。此视角最早、最著名的两位创始人分别是亚伯拉罕·马斯洛（Abraham Maslow）和卡尔·罗杰斯（Carl Rogers）。现在，人本主义以一种旨在自我理解和自我完善的心理治疗形式存在【连接学习目标 15.3】。

认知视角　认知心理学关注的重点是人们如何思考、记忆、存储和使用信息，它在 20 世纪 60 年代成为心理学的主要力量。它并不是一种新的想法，因为格式塔心理学家原本就支持研究学习的心理过程。计算机（很好的人类思维模型）的发展和生物心理学的发现激发了人们研究心理过程的兴趣。以记忆、智力、知觉、思维过程、问题解决、语言和学习为重点的**认知视角**（cognitive perspective）已成为心理学的主要力量【连接第 7 章】。

从认知视角的角度来看，**认知神经科学**（cognitive neuroscience）的新领域包括研究大脑和神经系统在进行记忆、思维和其他认知过程中的生理活动。认知神经科学家利用磁共振成像、功能性磁共振成像和正电子发射断层扫描等方法对活脑的结构和活动进行成像【连接学习目标 2.9】。脑成像领域的不断发展在认知过程研究中起着重要的作用。

社会文化视角　心理学的另一个现代视角是**社会文化视角**（sociocultural perspective），它实际上结合了两个研究领域：一是社会心理学，即对群体、社会角色以及社会行为和关系规则的研究；二是文化心理学，即对研究文化规范、价值观和期望的研究。这两个研究领域是相互关联的，因为它们探讨的都是单独个体或群体（如某种文化）中人与人之间的相互影响（Peplau & Taylor，1997）【连接第 12 章】。想一想：你对家人的行为与你对朋友的行为一样吗？你在国外的行为与你在国内的行为一样吗？俄罗斯心理学家列

夫·维果茨基（Lev Vygotsky）也曾利用社会文化概念来建立他的儿童认知发展社会文化理论【连接学习目标 8.7】。

社会文化视角之所以重要，是因为它提醒人们，人们的行为方式甚至思维方式不仅受自身孤独与否、与朋友在一起与否以及在人群或群体中与否的影响，还受自身所在的特定文化的社会规范、时尚、阶级差异和种族认同的影响。跨文化研究也与这一视角相一致。跨文化研究至少会比较两种或两种以上的文化中的行为或问题。这类研究有助于阐明环境（文化和训练）与遗传（遗传学或基因对行为的影响）的不同影响。

例如，在一项经典研究中，研究人员约翰·戴利（John Darley）博士和比卜·拉达内（Bibb Latané）博士发现，其他人的在场实际上会减少处于困境中的人获得帮助的机会。这种现象被称为旁观者效应，它被认为是责任分散的结果。责任分散是一种倾向，即当其他人在场时，认为他人有责任采取行动。这种效应会出现在其他文化中吗？印度曾发生过符合旁观者效应标准的事件：2002 年，在一列火车上，一名男子酒后对一名患有精神障碍女孩进行了性侵犯，而周围其他 5 名乘客没有采取任何措施予以阻止；2012 年，一名 20 岁的女性在古瓦哈提的一家酒吧外遭人猥亵长达 30 分钟，而周围的很多目击者无人予以援手。不同的社会或文化环境的人类行为如何表现得不同或相似，这正是社会文化视角需要并试图通过跨文化研究来回答的问题。

生物心理学视角　生物心理学，即对行为和心理过程的生物学基础的研究，并不像人们想象的那样是一种新的视角。生物心理学又被称为心理生物学或行为神经科学，是神经科学的一部分，它研究的是神经系统的物理结构、功能和发育。另外，前文讨论过的认知神经科学领域与生物心理学常有重叠。

从**生物心理学视角**（biopsychological perspective）来看，人类和动物的行为都被视为反应的直接结果。激素、遗传、脑化学物质、肿瘤和疾病是行为和精神

事件的一些生物学原因【连接第 2 章】。生物心理学家研究的主题包括睡眠、情绪、攻击性、性行为、学习和记忆以及精神障碍。虽然精神障碍可能由多种原因导致，如家庭问题、压力或创伤，但生物心理学研究清晰地表明，生物学因素是众多原因之一。

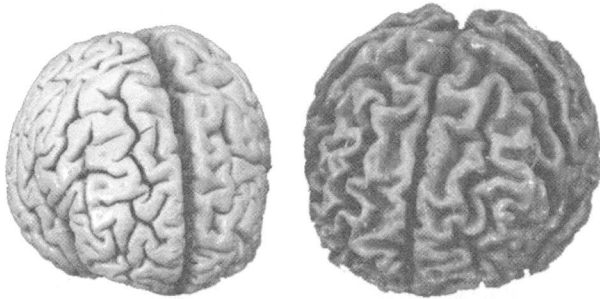

比较图上两个大脑。左侧的大脑来自正常人，右侧的大脑来自被诊断患有阿尔茨海默病的人。可以看出，右侧的大脑的脑回（隆起）变窄，脑沟（凹槽）变宽。这是阿尔茨海默病引起的进行性脑细胞凋亡造成的。对于阿尔茨海默病和其他进行性疾病，生物心理学视角的一个焦点是研究思维和行为如何随时间的推移和大脑的变化而变化。另外，图中两个大脑的大小也不一样，这是由个体之间的微小差异以及个体标本对保存和塑化过程的反应导致的。

例如，研究表明，人类尤其是女性的性取向可能与其在子宫发育过程中接触睾酮有关（Breedlove，2010；Grimbos et.al.，2010），男孩的性取向则可能与出生顺序有关（Puts et.al.，2006）。研究表明，男孩的哥哥越多，他就越有可能具有同性恋倾向（Puts et.al.，2006）【连接学习目标 10.8】。生物心理学视角在帮助我们理解其他领域的心理现象方面起着更大的作用。有明确的证据表明，遗传在精神分裂症的发展中起着作用。精神分裂症是一种精神障碍，涉及妄想（虚假信仰）、幻觉（虚假感官印象）和极度扭曲的思维。最近的一项研究表明，遗传基因变异的人患病风险更高，这种基因变异在消除大脑中神经元之间的额外联系方面扮演着重要角色（Flint & Munafò，2014；Schizophrenia Working Group of the Psychiatric Genomics，2014；Sekar，et al.，2016）【连接学习目标 2.1 和 14.13】。此外，与阿尔茨海默病相关的脑改变可能始于痴呆症状出现的 20 多年前（Bateman et

al.，2012）。到目前为止，还没有找到治愈阿尔茨海默病的方法，治疗也只是暂时帮助改善一些认知和行为症状。早期识别和跟踪阿尔茨海默病风险个体的认知表现，是研究人员努力确定这种破坏性疾病的潜在干预和治疗方法的重要手段（Amariglio et al.，2015）。

进化视角　进化视角（evolutionary perspective）集中在人类普遍的心理特征的生物学基础上。它试图解释一般的心理策略和特征，如我们为什么要撒谎，吸引力如何影响择偶，为什么对蛇的恐惧如此普遍，以及为什么人们普遍喜欢音乐和舞蹈。这种视角也可能与生物心理学视角和社会文化视角有重叠。

从进化视角来看，心理学家会对图中这对夫妇为何选择彼此作为伴侣感兴趣。

从这个视角来看，大脑被视为一组信息处理机器，其设计过程与达尔文首次提出的自然选择理论一样，允许人类解决进化早期面临的问题，即早期猎人和采集者的问题。例如，进化心理学家（研究人类行为进化的起源）会将人类不食用苦味物质（如有毒植物）的行为视为一种适应性行为，这种行为是由早期人类接触这种苦味植物后慢慢进化出来的。吃了苦味植物的人会死，而那些将它们吐出来的人活了下来，

并将"我不喜欢这种味道"的基因遗传给后代，后代
会将这些基因遗传给自己的后代等，很长一段时间之
后，人们自然就会避免吃这种苦味物质。

> 💬 这就解释了为什么人们不喜欢苦味的东西，比
> 如橘络。这确实与生理有关。那么，进化视角
> 如何帮助我们理解一些与心理有关的东西呢，
> 如人际关系？

两性关系是进化心理学家研究的众多领域之一。
在一项研究中，研究人员调查了年轻人与异性的关
系，询问被试有多大的可能性原谅对方身体出轨或情
感出轨（Shackelford et al.，2002）。根据进化原理预
测，男性原谅与他人发生性关系的女性比原谅只与他
人有情感关系的女性更困难，因为男性要确认女性所
生的孩子是自己的（Geary，2000，2012）：为什么
要将所有的精力都花在抚养可能是他人后代的孩子身
上呢？女性则应该更难原谅对方情感上的不忠，因为
她们总是确信自己所生的孩子是自己的，但从进化视
角来看，她们需要男性的情感忠诚，以此来供养孩子
（Buss et al.，1992；Daly et al.，1982；Edlund et al.，
2006）。研究结果支持了这一预测，即男性更难原谅
伴侣与他人发生性行为，更有可能做出与之分手的决
定，而如果伴侣只是情感上的不忠则不会；对女性来
说，结果则相反。其他研究发现，女性似乎会通过男
性的接吻能力来确定其作为潜在配偶的价值（Hughes
et al.，2007；Walter，2008），而男性似乎更喜欢身
体曲线明显的女性，可能是因为这样的女性更有能力
承受怀孕的体重（Lewis et al.，2015）。

当读到各种视角的观点时，你可能会意识到没有
一种视角能解答所有的问题。一些视角更科学，如行
为主义视角和认知视角，另一些视角更多的是基于对
人类行为的思考，如心理动力视角和人本主义视角。
有些视角，如社会文化视角、生物心理学视角和进化
视角，是相互关联的。心理学家通常会采用**折中法**
（eclectic），即采用一些看起来最适合特定情况的视

角的"零碎部分"。

心理学专业人员和专业领域

1.4　了解心理学领域的各类专业人士

心理学是一个很广的领域，许多专业人士受过不
同的专业训练，有着不同的关注点，而不同的心理学
家还可能有不同的目标。

心理学家（psychologist）通常都没有接受过医
学训练，但都拥有博士学位。心理学家会接受高强度
的学术训练，并在择业之前了解心理学的许多不同领
域。他们职业生涯的关注点可能会很不同，因此会在
不同的职业环境中工作。图 1-2a 展示了心理学家的
工作环境。需要注意的是，并不是所有的心理学家都
会做咨询，也不是所有的心理学家都是顾问。从事心
理咨询的心理学家必须获得许可才能营业。

相比之下，**精神科医生**（psychiatrist）通常都
拥有医学学位，是从事心理障碍诊断和治疗（包括
开处方药）的专业医生。**精神问题社工**（psychiatric
social worker）接受社会工作方面的培训，通常拥有
该学科的硕士学位。这些专业人士主要关注对精神疾
病产生影响的环境条件，如贫困、人口密度过大、压
力和药物滥用。持有专业证书的专业顾问和婚姻家庭
治疗师可能会在不同领域拥有硕士或博士学位，并
提供与其培训领域相关的咨询服务【连接学习目标
B.3】。

> 💬 你可能会说不是所有的心理学家都做咨询，但
> 我认为心理学家做的都是咨询，不然呢？

虽然许多心理学家确实会向需要帮助的人提供治
疗，但也有同样多的心理学家从事其他事务，如研
究、教学、设计设备和工作场所以及发展教育方法。
此外，并不是每个心理学家都对人类或动物行为的同
一领域感兴趣，大多数心理学家都在自己感兴趣的几
个不同的领域工作，如图 1-2b 所示。

a. 心理学家的工作环境

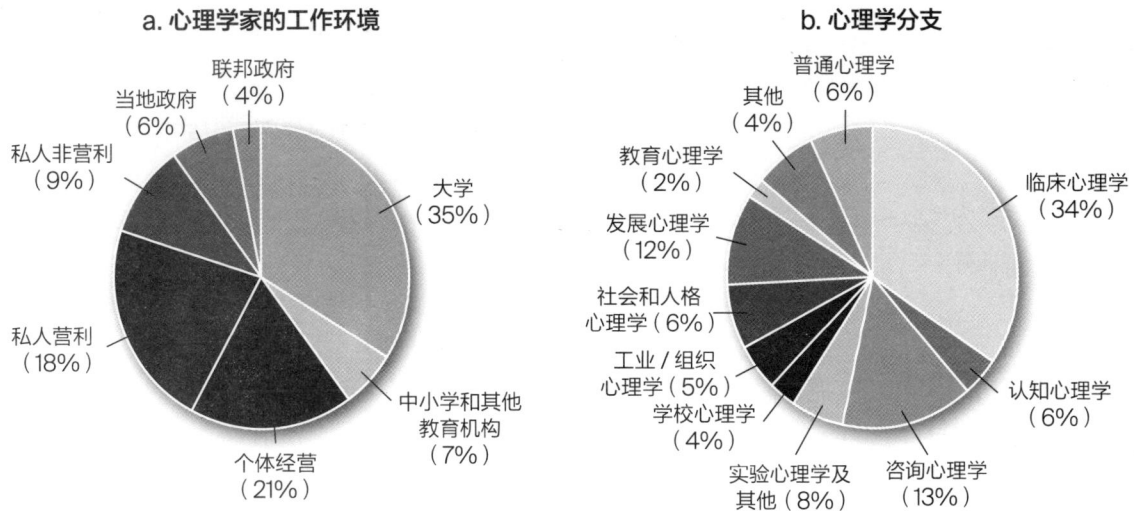

- 联邦政府（4%）
- 当地政府（6%）
- 私人非营利（9%）
- 大学（35%）
- 私人营利（18%）
- 中小学和其他教育机构（7%）
- 个体经营（21%）

b. 心理学分支

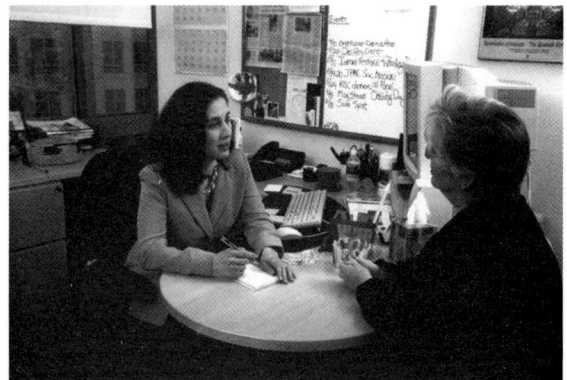

- 普通心理学（6%）
- 其他（4%）
- 教育心理学（2%）
- 发展心理学（12%）
- 社会和人格心理学（6%）
- 工业/组织心理学（5%）
- 学校心理学（4%）
- 实验心理学及其他（8%）
- 临床心理学（34%）
- 认知心理学（6%）
- 咨询心理学（13%）

a. 心理学家的工作环境。实际上许多心理学家的工作环境不止一个，例如，临床心理学家可能在医院工作，同时也在大学或学院任教（Michalski et al., 2011）。b. 心理学分支。饼图显示的是最近获得博士学位的心理学家的专业领域（APA，2014）。

图 1-2　工作环境和心理学分支

研究型心理学家从事的研究包括两种类型：**基础研究**（basic research）和**应用研究**（applied research）。基础研究是为了获得科学知识而进行的研究，如研究人员可能想知道人一次能在记忆中保存多少"东西"。应用研究旨在回答现实世界和实际的问题。应用研究人员可以从基础研究人员的记忆研究中获取信息，从而为学生开发新的学习方法。图 1-2b 中的一些心理学分支倾向于基础研究，如实验心理学和认知心理学，另一些则可能更多地关注应用研究，如教育心理学、学校心理学和工业/组织心理学。

此外，心理学还可用于许多其他的专业领域，如健康、体育表演、法律、商业，甚至包括设备、工具和家具设计等。

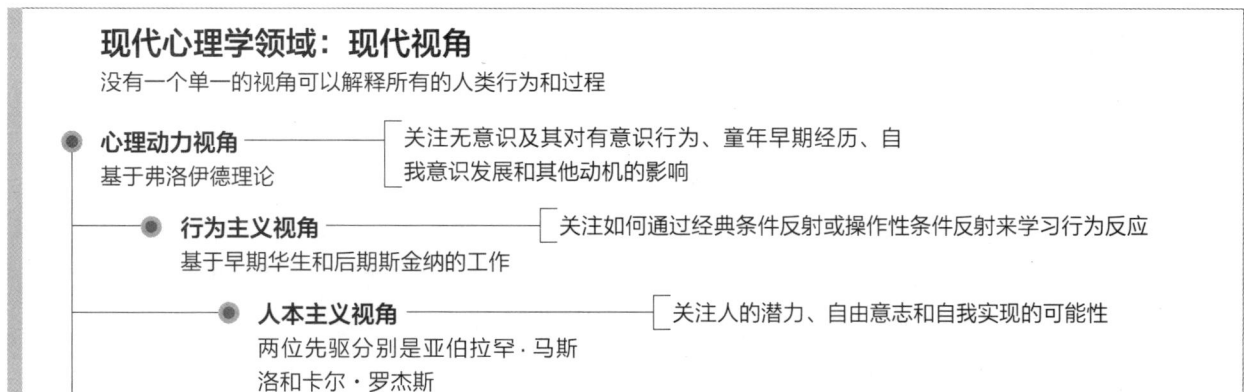

精神问题社工会为不同的人提供帮助。图中右侧的这位女士可能正在经历离婚或丧偶引发的心理不适。

概念地图 1.3 ~ 1.4

现代心理学领域：现代视角

没有一个单一的视角可以解释所有的人类行为和过程

- **心理动力视角**——关注无意识及其对有意识行为、童年早期经历、自我意识发展和其他动机的影响
  基于弗洛伊德理论

- **行为主义视角**——关注如何通过经典条件反射或操作性条件反射来学习行为反应
  基于早期华生和后期斯金纳的工作

- **人本主义视角**——关注人的潜力、自由意志和自我实现的可能性
  两位先驱分别是亚伯拉罕·马斯洛和卡尔·罗杰斯

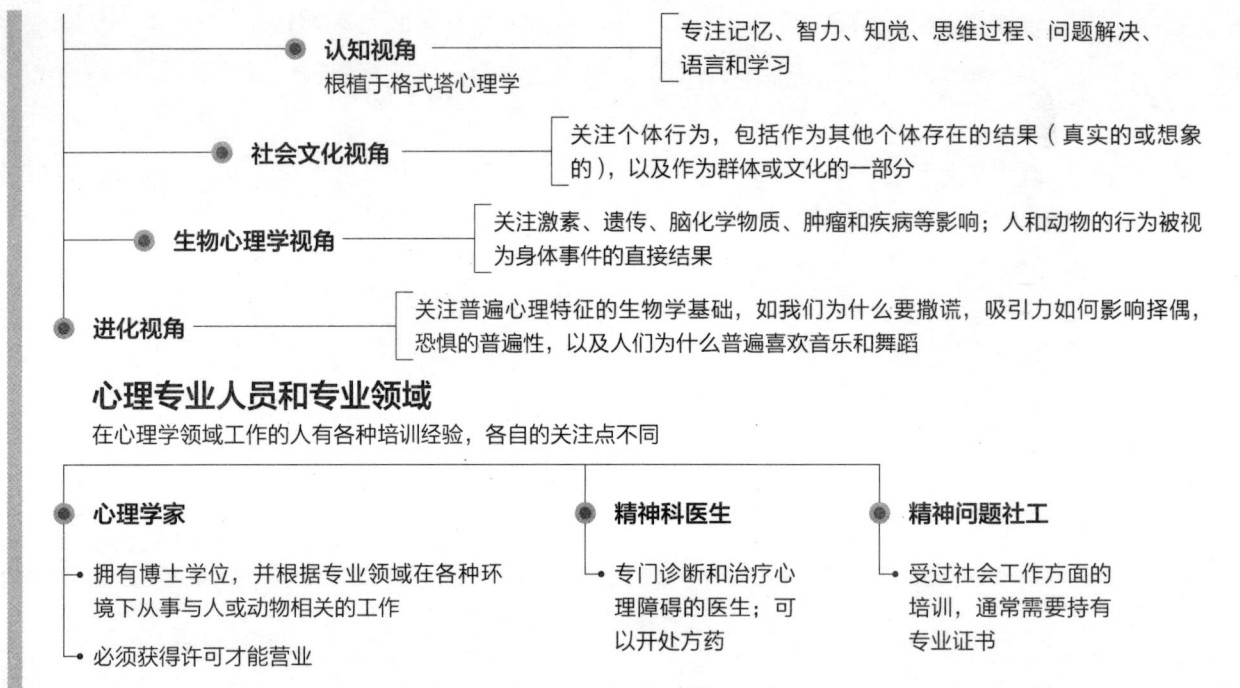

认知视角 —— 专注记忆、智力、知觉、思维过程、问题解决、
根植于格式塔心理学 语言和学习

社会文化视角 —— 关注个体行为，包括作为其他个体存在的结果（真实的或想象
的），以及作为群体或文化的一部分

生物心理学视角 —— 关注激素、遗传、脑化学物质、肿瘤和疾病等影响；人和动物的行为被视
为身体事件的直接结果

进化视角 —— 关注普遍心理特征的生物学基础，如我们为什么要撒谎，吸引力如何影响择偶，
恐惧的普遍性，以及人们为什么普遍喜欢音乐和舞蹈

心理专业人员和专业领域

在心理学领域工作的人有各种培训经验，各自的关注点不同

心理学家

- 拥有博士学位，并根据专业领域在各种环
  境下从事与人或动物相关的工作
- 必须获得许可才能营业

精神科医生

- 专门诊断和治疗心
  理障碍的医生；可
  以开处方药

精神问题社工

- 受过社会工作方面的
  培训，通常需要持有
  专业证书

随堂小考

1. 以下哪种心理学视角侧重于普遍心理特征的生物学
   基础？
   A. 人本主义视角　　　B. 行为主义视角
   C. 精神动力视角　　　D. 进化视角

2. 哪种心理学视角对精神分裂症的解释最佳？
   A. 心理动力视角　　　B. 行为主义视角
   C. 生物心理学视角　　D. 人本主义视角

3. 韦斯利知道，如果他在公共场合与母亲在一起时哭
   的话，母亲经常会给他买新玩具或糖果，以便让他安
   静下来。以下哪种心理学视角能解释韦斯利的行为？
   A. 心理动力视角　　　B. 行为主义视角
   C. 认知视角　　　　　D. 生物心理学视角

4. 如果一名研究人员正在研究某客户的童年经历和由
   此产生的自我发展，他会采取哪种心理学视角？
   A. 心理动力视角　　　B. 认知视角
   C. 行为主义视角　　　D. 进化视角

5. 以下哪种心理学专业人士拥有博士学位，但并非医
   学专业？
   A. 精神科医生　　　　B. 精神科护士
   C. 精神问题社工　　　D. 心理学家

6. 如果斯瓦西博士和大多数心理学家一样，她可能会
   在哪里工作？
   A. 大学　　　　　　　B. 个体经营
   C. 联邦政府　　　　　D. 地方政府

◉ 科学研究

　　你玩过"机场游戏"吗？即当你坐在机场，或公
交站、购物中心及任何其他人来人往的地方，你会试
图根据人们的外貌猜测其职业吗？虽然这个游戏很有
趣，但很少有人能猜准。人们的猜测有时会揭示出他
们对外貌的某些偏见，如留长发的男性是音乐家，穿
西装的人是公司高管等。心理学要做的是确定事实，
以减少不确定性和偏见。

科学方法

1.5　了解科学方法的 5 个步骤

在心理学领域，研究人员只想看到真正的东西，而不是偏见引导他们看到的东西。这可以通过**科学方法**（scientific approach）来实现，科学方法旨在减少数据测量中出现偏差和误差的可能性。

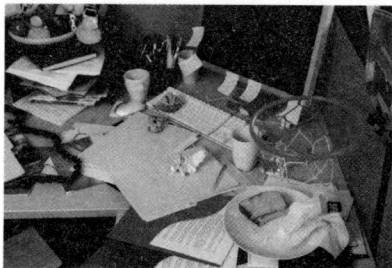

图中的工作环境是你想要的吗？研究人员想知道你的回答是否会受性别的影响。

心理学目标　所有的科学都有一个共同的目标，即掌握事物是如何运作的。旨在揭示人类和动物行为奥秘的心理学目标包括描述、解释、预测和控制。科学方法是实现这些心理学目标的方法之一。

描述：发生了什么　理解事物的第一步是对其进行描述。描述包括观察行为，并关注行为的一切：正在发生哪种行为，发生的地点，发生在谁身上，以及在什么情况下它可能会再次发生。

例如，心理学家可能会思考为什么计算机科学家大多是男性，并进一步进行观察，然后注意到许多非技术人员刻板地认为计算机科学家的生活和环境都围绕着计算机转，整天就是玩电子游戏、吃垃圾食品和买各种电子设备。这些加起来构成了一种非常男性化的氛围。

这就是似乎正在发生的事情。心理学家的下一个目标是解释为什么女性似乎会避免进入这种环境。

解释：为什么会发生　心理学家通过观察可能会试图得出一个假设性的解释，如"女性觉得自己不适合这种刻板的男性环境"。换句话说，心理学家试图理解或找到一个解释，为什么这一领域的女性比例较低。寻找对某种行为的解释是形成行为理论过程中非常重要的一步。理论是对一组观察或事实的一般性解释。描述有助于观察，解释有助于建立理论。

上文刚提到的例子来自心理学家萨帕娜·切利安（Sapna Cheryan）和她的同事进行的一个真实实验（Cheryan et al., 2009）。切利安在西雅图华盛顿大学教授心理学，她为 250 多名非计算机专业的男女学生设计了 4 项实验。在第一项实验中，学生走进一间教室，教室里有两套物品之一：一套是《星际迷航》的电影海报、电子游戏盒和可乐罐；另一套是自然景观海报、艺术品、字典和咖啡杯等。切利安告知学生要忽略这些物品，他们会与另一个班级的学生共用此教室，接着，学生在教室里待了几分钟。坐在教室里时，学生要填写一份问卷，询问他们对计算机科学的态度。男学生在两种环境中的态度并无不同，而与那些暴露在非定型环境中的女学生相比，暴露在男性化环境中的女学生对计算机科学的兴趣较低。其他 3 项类似的实验得到了相同的结果。后来的研究发现，当女性接触到根据计算机科学刻板形象打扮和行事的榜样人物时，她们对将计算机科学作为职业的兴趣降低，对该领域成功的期望也会降低（Cheryan et al., 2011；Cheryan et al., 2013）。后续对高中生进行的两项类似的研究发现，为青少年女性提供一个不符合当前计算机科学刻板观念的教育环境，似乎会增加她们对计算机科学课程的兴趣（Master et al., 2015）。

预测：什么时候会再次发生　预测是测定未来会发生什么。在切利安等人最初的研究中，预测很明确：如果想让更多的女性进入计算机科学领域，必须改变环境或改变与该领域相关的环境知觉。

控制：如何改变　控制的重点是改变某些行为，将不受欢迎的行为（如女性避开某一学术专业）改为受欢迎的行为（如职业平等）。切利安建议，改变计算机科学的形象可能有助于增加选择进入该领域的女性人数。

当然，并不是所有的心理调查都会试图达到所有的这些目标。在某些情况下，主要的目标可能是描述和预测，就像一名人格理论学家想要知道人们是什么样子的（描述），以及人们在某些情况下可能会做什么（预测）。另一些心理学家对描述和解释都很感兴趣，如实验心理学家，他们会通过设计研究来寻找对观察到的（描述的）行为的解释。治疗师可能对控制或影响行为和心理过程更感兴趣，当然其他 3 个目标对实现这一目的也很重要。

科学方法步骤　任何调查的第一步都是有问题要调查，对吧？因此，科学方法的第一步就是找出问题。

1. 找出问题

当你注意到周围发生的一些趣事后，你会想要一个解释。例如，你注意到，当你的孩子在星期六早上看了一个特别暴力的儿童动画节目后，他似乎变得更有侵略性了。于是，你想知道动画节目中的暴力镜头是否会促使孩子表现出攻击性行为。这一步对应第一个心理学目标："描述：发生了什么"。

一旦找出了问题，你就想要答案。下一个逻辑步骤是对你看到的行为形成一个试探性的解释或答案。这个试探性的解释即被称为**假设**（hypothesis）或假说。

科学方法可以用来确定观看暴力动画节目的儿童是否比不看的儿童更有可能具有攻击性。

2. 形成假设

基于对周围环境中发生的事情的初步观察，你会对自己的观察结果形成一个有根据的猜测，并将其转化为一种能以某种方式进行测试的陈述形式，这就是假设。检验假设是所有科学研究的核心，也是形成理论支持的主要方式。事实上，好的理论应该引导出假设——基于该理论的预测。不妨思考一个"如果……那么……"的例子，可能会有所帮助。例如，如果世界是圆的，那么一个人应该能够朝一个方向沿直线环游世界，最后回到最开始的地方。"如果世界是圆的"是理论部分，这一理论是基于观察者收集到的许多观察和事实，比如看到一艘船向地平线航行时，它似乎从下往上地"消失"，这表明水面是有曲度的。"那么"之后的部分是假设，是一种基于该理论的具体的、可检验的预测。如果我们对观察到的一切的假设总是正确的，那就太好了，但这是不可能的，也不一定是我们想要看到的事情。科学方法要求我们必须寻找信息，即使它们可能与我们认为会发现的结果不一致。假设必须是可检验的，这听起来可能很奇怪，即必须有一种方法，不仅能证明某个假设成立，也能证明某个假设不成立。这就是"可检验"的意思，即必须能知道假设成立与否。在上文刚提到的例子中，"那么"之后的部分是可检验的——正如哥伦布所做的那样，实际上你也可以沿着一条直线航行，看看你的预测准不准。我们再回到前面的儿童攻击性例子上，你可能会说："如果暴露于暴力环境会导致儿童的攻击性增加，那么观看暴力动画节目的儿童将会变得更具攻击性。"这句话中"那么"之后的部分是有待检验的假设。基于观察形成的假设通常与描述和解释的目标有关。

那么，研究人员如何检验假设呢？通常，人们倾向于只关注与自己的看法一致的事情，这种选择性感知被称为证实性偏差【连接学习目标 7.4】。例如，如果一个人确信所有长发男性都吸烟，那么这个人往往只会注意到那些吸烟的长发男性，而忽略所有不吸烟的长发男性。正如上一段所述，科学方法的目的在于克服只关注能证实人们偏见的信息的倾向，以促使人们积极寻找与他们的偏见或假设可能相矛盾的信息。因此，当你检验自己的假设时，你其实是在试图确定自己怀疑的因素是否能产生影响，以及结果并不是由于运气或机会造成的。这就是为什么心理学家一遍一遍地做研究——为了获得更多的证据，以证明假设成立或不成立。当有一堆假设成立时，你可以基于观察建立自己的理论。

3. 检验假设

用来检验假设的方法取决于你认为自己可能会得到什么样的答案。你可以进行进一步的观察；或者做调查，询问更多的人；或者设计实验，你在实验中会有意地改变一些东西，看它是否会导致相应行为的变化。对于观看暴力动画节目的儿童是否会变得更具攻击性，最好的检验方法可能是做个实验：选择一群孩子，让其中一半的孩子看充斥暴力内容的动画节目，另一半的孩子看没有暴力内容的动画节目，然后在这两组中找出一些衡量攻击性行为的方法。

当然，检验假设的目的是为了得到对行为的解释，这就又到了下一步。

4. 得出结论

一旦你知道了假设检验的结果，你会得到两种结论：要么假设成立——实验奏效了，测量结果支持你最初的观察；要么假设不成立——你需要重新审视之前的假设，并提出另一种可能的解释。例如，可能是孩子们在星期六早晨更具攻击性，或者孩子的攻击性是由星期六的早餐引起的。

任何形式的假设检验结果都不仅仅是原始数字或测量。任何来自检验过程的数据都需要利用某种统计方法进行分析，这些方法有助于组织和细化数据【 连接 附录 A】。结论可能与预测的目标有关：如果假设成立，你可以对未来类似的场景进行有根据的猜测。

5. 报告结果

根据调查结果得出结论后，你需要让其他研究人员知道你发现了什么。

💬 既然实验失败了，为什么还要告诉别人发生了什么？

通过实验或研究没有发现支持假设的证据，并不意味着假设不成立。也许是研究设计得很差，或

者可能存在一些无法控制的因素干扰了研究。为什么要告诉别人发生了什么事呢？因为他们需要知道你发现了什么，这样他们就可以继续进行调查，并丰富相关的知识。即使你的调查没有按计划进行，调查报告也会很有用，它能提示其他研究人员将来不用做的事情。因此，任何科学调查的最后一步都是报告结果。

至此，你应该会想要写下自己做了什么，你为什么要这么做，你是如何做的，以及你发现什么了。如果其他人可以**复制**（replicate）你的研究，即再次做完全相同的研究，并得到相同的结果，这会为你的发现提供更多的支持。其他人可以根据你的发现来预测行为，并通过这些发现的结果来修正或控制行为，这是心理学的最终目标。不过，复制某个研究结果并不总是一件容易的事情。有证据表明，同行评审期刊的编辑总体上倾向于发表积极的研究结果，而不是直接复制"旧"知识的研究（Nosek et al.，2012）。即使有直接复制的研究得到发表，有些研究成果也并非很显著或没有达到与原稿相同的统计学意义的水平（Open Science Collaboration，2015）。这些现象被称为心理学中的可复制性危机，目前人们正在积极应对这一挑战。研究人员继续集中精力在检验和再次检验"我们自认为知道的事情"上，复制研究为众多领域提供了更多的证据，也提醒我们，心理学在其他方面还有很多工作要做（Open Science Collaboration，2015）。

从复制研究的角度，可以很好地区分能进行科学研究或经验研究的问题与不能进行科学研究或经验研究的问题。例如，"生命的意义是什么？"这个问题无法用科学方法或经验方法来研究。而经验性问题则可以通过直接观察或经验来测量、检验，如："火星上曾经存在过生命吗？"这是科学家试图通过测量、实验、土壤样本和其他方法来回答的问题，最终，他们将以某种程度的信心说，火星上可能存在生命，也可能不存在生命。这是一个经验性问题，因为人们可以通过收集真实的证据予以支持或反驳所提出的假设。然而，"生命的意义是什

么？"对每个人来说都是信念问题。人的信念并不需要证据，而科学家研究的问题则需要证据来证明或解答。因此，涉及信仰和价值观的问题最好留给哲学和宗教。

在心理学领域，研究人员希望找到实证问题的答案，他们可以利用各种研究方法，而这取决于要解答的科学问题。

描述性方法

1.6　比较描述行为的不同方法

调查研究问题的答案有许多不同的方法，研究人员使用哪种方法取决于他们想要解答的问题。如果他们只想收集关于已经发生或正在发生的事情的信息，他们会选择以下几种能提供详细的描述的方法。

自然观察　有时，研究人员需要知道一群动物或人正在做什么。观察动物行为或人类行为的最佳方法是观察他们在正常环境中的行为。这就是为什么动物研究人员会去动物居住的地方，观察它们在自然环境中如何进食、玩耍、交配和睡眠。对于人类，研究人员可能需要去人们的工作场所、家里或室外来观察。例如，如果研究人员想知道青少年在社交场合中如何与异性相处，那么他们可能会在周末晚上去购物中心观察。

自然观察有什么优点呢？研究人员通过自然观察能了解某种行为是如何发生的，因为他们实际上是在自然环境中观察这种行为的。在受控环境中，如实验室，他们可能会观察到不自然的行为，而不是真实的行为。因此，必须采取预防措施。观察者应该有明确且具体的行为清单来记录，他们可以使用手机、平板电脑或特殊的手持计算机来记录所有的数据。在许多情况下，得知自己被监视后，动物或人不会表现出正常行为，即**观察者效应**（observer effect）。所以，观察者往往必须隐藏在被观察者的视野之外。研究人类时，隐藏起来往往是一件困难的事情。对于上文提到的去购物中心观察青少年，研究人员发现假装看书是一种很好的伪装，尤其是戴上眼镜来隐藏眼睛运动会

更好。通过这样的场景，研究人员将会观察到青少年之间发生了什么，而青少年并不知道自己正在被观察。在其他情况下，研究人员可能会通过单向玻璃或作为参与者进行观察，这种方法被称为**参与观察**（participant observation）。

图中的研究人员正在研究一群猫鼬的行为。这属于自然观察吗？为什么？

图中的研究人员正透过一面单向玻璃观察孩子的行为。这种观察只是心理学家研究行为的众多方法之一。为什么研究人员必须在单向玻璃后面呢？

自然观察有缺点吗？当然有，它的缺点之一就是可能会出现**观察者偏差**（observer bias）。当观察者对自己期望看到的事物有特定的想法时，就会发生这种情况。此时，他们可能只承认那些支持先入为主的期望的行为，而忽略与之不一致的行为。例如，假如你认为女孩开始调情了，那么你可能"看不到"那些开始调情的男孩。避免观察者偏差的一种方法是让"盲观察者"进行观察。盲观察者指的是那些不知道研究问题是什么的人，因此他们对自己"应该"看到什么没有先入为主的概念。另外，选择多名观察者也是一种比较好的方法，这样可以比较不同观察者的观察结果。

自然观察的另一个缺点是，每种自然观察的设置都会与众不同。某种设置中的观察在另一段时间内可能不成立，即使设置是相似的；因为条件不会一直相同——研究人员无法控制自然界。例如，著名的大猩猩研究人员戴安·福西（Diane Fossey）就不得不与在她的观察范围内设置动物陷阱的偷猎者进行斗争（Mowat，1988），因为偷猎者的存在和活动影响了福西观察的大猩猩的正常行为。

实验室观察　有时，在自然环境中观察动物行为或人类行为是不切实际的。例如，研究人员可能想要观察婴儿对自己镜像的反应，并通过安装在单向玻璃后面的相机来记录。但这种设备在自然环境中可能很难设置。这就需要进行实验室观察。研究人员会将婴儿带到实验室的设备上，控制婴儿的数量和年龄以及实验室里发生的一切。

如前所述，实验室设置的缺点是可能导致不自然的行为，即动物和人在实验室中的反应往往与其在现实世界中的反应不同。这种方法的主要优点在于观察者能对实验室环境进行一定程度的控制。

自然观察和实验室观察都会导致假设的形成，这些假设可以在以后进行测试。

个案研究　另一种描述方法就是**个案研究**（case study），即对单独个体进行详细的研究。在个案研究中，研究人员会竭尽所能地了解被试。例如，弗洛伊德将整个精神分析理论建立在他对患者进行个案研究的基础上，他收集了患者童年时期的信息以及他们从生命起始到现在与他人的关系的信息【连接学习目标 13.2】。

个案研究的优点是它能提供大量的细节，这也可能是获取某些信息的唯一途径。例如，菲尼亚斯·盖奇（Phineas Gage）的研究就是一个著名的个案研究。在一次事故中，盖奇的头被一根巨大的金属棒穿破，但他幸存了下来，不过，他的人格和行为发生了重大变化（Damasio et al.，1994；Ratiu et al.，2004；Van Horn et al.，2012）。研究人员不能用自然观察或实验室观察来研究这一问题。例如，想象一下，假如大家看到以下广告会做何反应：

招募 50 名愿意经受非致命脑损伤的志愿者，以进行脑科学研究。我们会支付所有的医疗费用。

个案研究是研究罕见事物的好方法。

当然个案研究也有缺点，缺点之一是研究人员不能真正地将结果应用于其他类似的人身上。换句话说，他们不能假设有同样经历的其他人长大后会成为与个案研究中一样的人。每个人都是独一无二的，生活中有太多复杂的因素，无法进行预测。因此，研究人员在某种情况下发现的东西不一定适用于其他人。个案研究的另一个缺点是，与在自然观察或实验室观察中可能发生观察者偏差一样，个案研究也容易受到研究人员的偏见的影响。

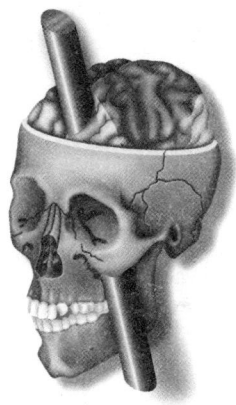

菲尼亚斯·盖奇被一根金属棒穿过头部后幸免于难。金属棒从他的口腔左上部进入，穿过左侧额叶后从头盖骨顶部出来。

调查　有时，心理学家想了解一些相当私人的事情，如人们在性关系中做了什么。而了解私人（隐私）行为的唯一方法是调查。

通过调查，研究人员将就研究主题提出一系列问题。调查可以通过面谈、电话、网络或问卷的形式进行。在面谈或电话中提出的问题可能有所不同，但调查过程中的问题对所有回答问题的人来说通常都是一样的。这样一来，研究人员可以问很多问题，并对数百人进行调查。

除了能获得私人信息外，研究人员可以得到一大群人的数据，这也是调查的一大优势。当然，调查也有缺点。研究人员必须谨慎选择调查人群。例如，如果想知道美国大学新生对政治的看法，研究人员不可能询问全美每一名大学新生，但他们可以选择一个**代表性样本**（representative sample），如随机从美国几所不同的大学中选择一定数量的大学新生。为什么要随机选择？因为样本必须代表**群体**（population），即研究人员感兴趣的整个群体。假如研究人员只从常春藤联盟学校挑选大学新生，那么他们肯定会得到与社区大学的新生不同的政治观点。而如果他们选择了多所大学，并随机选择被试作为研究的一部分，他们肯定会得到普通大学新生通常会给出的答案。

不过，获得代表性样本并不容易（Banerjee & Chaudhury，2010）。许多研究人员使用的是现成的样本，过去更是如此。由于许多研究人员在教育环境中工作，所以他们经常选择大学生。即使像刚才的例子那样抽样调查许多不同学校的大学新生，他们也不是大众的绝佳代表——他们大多是白人，受过良好的教育，而且在心理学早期发展阶段，几乎所有研究的样本都是男性。很明显，这无法代表大众。有时，要想获得真正的代表性样本，最好的方法是从一大本电话簿中挑选名字：打开电话簿，随机翻页，闭上眼睛，用手指指一个名字。然后从这个名字开始，每次都选择之后的第 10 个名字，以此类推。这种方法就相当随机了。

调查的另一个主要缺点是，人们并不总会提供准确的答案。事实上，人们往往会忘记一些事情，歪曲真相，甚至可能撒谎，即使调查是匿名问卷。而且，记忆有时并不可靠，尤其是当人们认为自己可能听起来不太合群或不适合社交时。有些人会故意给出自认为"社会正确"的答案，而不是他们的真实观点，以免冒犯他人，这被称为礼貌偏差。研究人员必须对调查结果保持怀疑态度，因为它们可能没有期望的那样准确。

此外，调查问题的措辞和顺序都会影响结果。实际上很难找到能被所有人完全理解的措辞。问题的措辞可以使得所需答案更加明显，但通常会导致礼貌偏差式的答案。例如，"新的课程注册程序太复杂，你同意吗？"这个问题显然是在寻求认同；而对于"你对新的课程注册程序有何看法？"这个问题，答案则

更为开放。调查中的问题顺序为什么也很重要呢？例如，关于"公共安全应该花多少钱"的问题，在调查开始时得到的答案与在一长串关于犯罪和犯罪活动的问题之后得到的答案，可能大不相同。

"下一个问题：我认为生活需要不断的平衡：在欢乐和悲伤的循环模式下，在道德和必要性之间频繁权衡，形成一条苦乐参半的记忆之路，直到人不可避免地步入死亡。你同意吗？"
© The New Yorker Collection 1989 George Price from cartoonbank.com

相关

1.7　解释研究人员如何利用相关研究来探究两个或多个变量之间的关系

到目前为止，讨论的方法只提供行为描述。实际上，只有两种方法可以让研究人员了解更多的事情，其中之一是**相关**（correlation）。相关实际上是一种统计方法，是组织数字信息的一种特殊方式，以便更容易在信息中查找模式。相关是关于寻找关系的。事实上，刚刚讨论的描述方法中的数据通常是通过相关来进行分析的。

©The New Yorker Collection 1994 Leo Cullum from cartoonbank.com

相关是关于两个或多个变量之间关系的测量。变量是任何可以改变的事物，如考试成绩、房间温度、性别等。例如，研究人员可能很想知道吸烟是否与预期寿命有关。研究人员显然不能在吸烟者周围闲逛，等着看他们什么时候死亡。找出吸烟行为与预期寿命是否相关的唯一方法是调用死者的医疗记录。为了保护隐私，研究人员应删除姓名、社保编号等个人信息，只提供年龄、性别、体重等信息。研究人员将从记录中查找两个事实：死者每天吸烟的数量和死亡年龄。

现在，研究人员拥有被试的两组数字，然后通过一个数学公式【连接学习目标 A.6】，可以得出一个**相关系数**（correlation coefficient）。相关系数包含两个方面：关系的方向和强度。

💬 方向？数学关系怎么会有方向？

当研究人员谈论两个变量相互关联时，其真正的意图是通过一个变量的值来预测另一个变量的值。例如，如果研究人员发现吸烟和预期寿命确实有关，那么，当他们知道一个人一天吸多少根烟后，应该就能够预测这个人可能活多久。不过，这种预测该如何指

向呢？也就是说，如果一个人吸了很多烟，他会活得更长还是更短呢？随着吸烟数量的增加，预期寿命是上升还是下降呢？这就是所谓的相关的方向。

研究人员通过相关系数的公式得到的数字要么是正数，要么是负数。

如果是正数，那么两个变量在相同的方向上会增减一致：一个增加，另一个也随之增加；一个减少，另一个也随之减少。如果为负数，那么两个变量就存在反向关系，即一个变量增加，另一个变量会随之减少。如果研究人员发现一个人吸烟越多，这个人死亡年龄越小，那么就意味着这两个变量之间的相关是负的——随着吸烟量的上升，预期寿命会降低。

变量之间关系的强度则是由实际数值本身决定的。这个数值的范围是 −1.00 ～ +1.00。

它之所以不能大于 +1.00 或小于 −1.00，是因为它与公式和数据点聚集的图形（散点图）上的虚线有关（见图 1-3）。如果关系很强，数值将接近 +1.00 或 −1.00。例如，+0.89 代表非常强的正相关，它可能代表 SAT 成绩和智商测试之间的关系。−0.89 代表的相关性同样很强，但为负相关，它更可能代表吸烟与死亡年龄之间的关系。

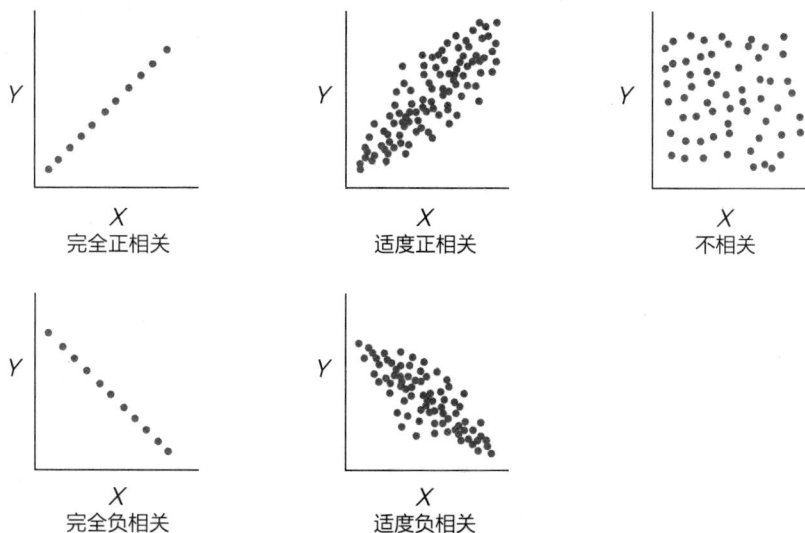

图1-3 相关散点图

这些散点图显示了相关的方向和强度。需要注意的是，完全相关，无论是正相关还是负相关，在现实世界中很少发生。

数值越接近于 0，变量之间的关系就越弱。例如，研究人员可能会发现，人的体重与雀斑数量之间的相关系数几乎接近于 0。

💬 回到吸烟的问题上来。如果发现吸烟和预期寿命之间的相关性很高，是否意味着吸烟会导致预期寿命缩短？

不完全是。人们对相关的最大误解是认为一个变量是另一个变量的原因。要记住，相关并不能证明二者之间存在因果关系。尽管吸烟对健康有不利影响，如仅在美国，每年就约 48 万人因吸烟死亡，但这并不能证明吸烟与死亡之间存在因果关系（U.S. Department of Health and Human Services，2014）。也就是说，仅仅依据两个变量相关，研究人员不能假设其中一个会导致另一个发生，因为它们都有可能与其他变量有关。例如，吸烟与预期寿命之间的关系可能只是因为吸烟者不太在意通过健康饮食和锻炼来改善健康，而不吸烟者可能比吸烟者更倾向于健康饮食和锻炼。

综上所述，相关可以提示变量之间是否存在关系，关系有多强，以及关系朝哪个方向发展。如果研究人员知道一个变量的值，他们就可以预测另一个变量的值。例如，如果研究人员知道某人的智商分数，他们可以大致预测这个人在 SAT 考试中的分数，当然并非十分准确，只是一个合理的估计。此外，尽管相关不能证明因果关系的存在，但它可以提供一个起点，之后可以通过另一种研究来检验因果关系，这种研究即实验。

实验

1.8　确定实验设计步骤

除相关外，**实验**（experiment）是研究人员了解更多事情的另一种方法，也是确定行为起因的唯一方法。在实验中，研究人员故意操纵（以某种有目的的方式改变）他们认为会引起某些行为的变量，同时

确保所有其他可能干扰实验结果的变量不变。这样一来，如果他们观察到行为上的改变（一种效应），那么他们就知道这些改变一定源于被操纵的变量。还记得对科学方法步骤的讨论吗？当时讨论的是如何研究观看暴力动画节目对儿童攻击性行为的影响。研究这种特殊关系最合乎逻辑的方法就是实验。那么该如何进行呢？通常有以下几个步骤。

筛选被试　研究人员可能会从选择孩子开始。最好的方法是从研究人员确定的人群中随机选择儿童样本。理想情况下，研究人员会决定他们想要研究的孩子的年龄，比如 3 ～ 4 岁的孩子。然后，研究人员将前往各种日托中心，随机选择一定数量的处于该年龄范围的儿童。当然，这不包括那些不在日托中心的孩子。另一种获得样本的方法可能是让儿科医生联系该年龄范围的孩子的父母，然后从这些孩子中随机选择样本。

确定变量　另一个重要步骤是确定研究人员想要操纵的变量（可能导致行为变化的变量）和想要测量的变量，检验是否有任何变化（操纵对行为的影响）。通常，在选择被试之前，要先决定实验变量。

在研究攻击性行为和儿童暴力动画节目之间是否存在关联的例子中，研究人员认为导致攻击性行为变化的变量是动画节目中的暴力内容，他们希望以某种方式操纵这一点。为了做到这一点，他们必须确定"暴力动画"一词的含义。之后，他们需要寻找或创作包含暴力内容的动画节目。然后，他们会向被试播放节目，并尝试测量其攻击性行为。在测量攻击性行为时，研究人员必须准确地描述他们所说的攻击性行为是什么意思，这样才能测量它。这种描述被称为**操作化**（operationalization），它专指的是实验者用来控制或测量实验变量的操作步骤或过程（Lilienfeld et al.，2015）。攻击性行为的操作化可能是一个非常具体的行为清单，如击打、推等，观察者可以在儿童做清单上的项目时标记出来。如果只告知观察者寻找攻击性行为，那么很容易得出不相关的结果，因为研究人员对什么是攻击性行为可能会有不同的解释。

在实验中，被操纵的变量被称为**自变量**（independent variable），因为它独立于被试所做的任何事情。研究中的被试不能选择或改变自变量，他们的行为根本不影响这一变量。在前面的例子中，动画节目中是否存在暴力内容是自变量。

相互攻击行为可能是攻击性行为操作化清单中的一种行为。

被试对自变量操纵的反应与自变量存在一种因果关系，因此被测量的被试的反应被称为**因变量**（dependent variable）。如果假设成立，那么他们的行为应该取决于他们是否暴露在自变量中。在这个例子中，衡量儿童攻击性行为的指标是因变量。因变量总是被测量的事物，如被试的反应或某个动作的结果，以观察自变量的影响。

💬 如果研究人员做完实验后发现孩子的行为是攻击性行为，他们能说攻击性行为是由动画节目中的暴力内容引起的吗？

不能，到目前为止，描述还不够。研究人员可能会发现，观看暴力动画的儿童具有攻击性，但如何知道他们的攻击性行为是由动画节目引起的，或者只是那些特定儿童表现出来的自然攻击水平，又或者只是特定时间内的观察结果？这些相互干扰并对其他相关变量可能会产生影响的混杂变量是研究人员必须控制的。

例如，如果本实验中的大多数儿童的家庭背景恰好都相当激进，那么实验中的暴力动画可能对儿童行为产生的影响都可能与家庭背景可能产生的影响混淆。研究人员不知道孩子们是因为看了动画还是因为他们喜欢玩攻击性游戏而变得具有攻击性。

控制混杂变量的最佳方法是安排两组被试：一组是观看暴力动画的儿童，另一组是在相同时间内观看非暴力动画的儿童。然后，研究人员将测量两组被试的攻击性行为。如果观看暴力动画的儿童中，攻击性行为在统计上更明显，那么研究人员可以说，在本实验中，观看暴力动画会导致更明显的攻击性行为。

暴露在自变量下的组被称为**实验组**（experimental group），因为它会接受实验操纵。另一组要么得不到同样的处理，要么得到某种不应该产生效果的处理，如观看非暴力动画的一组，这组被称为**对照组**（control group），因为它被用于严格控制其他可能导致实验效果的因素。如果研究人员发现，观看暴力动画的那一组的儿童和观看非暴力动画的那一组的儿童同样具有攻击性，那么他们不得不假设暴力内容根本不会影响儿童的行为。

随机选择　如前文所述，随机选择是选择被试进行研究的最佳方式。被试必须被分配到实验组或对照组。将被试随机地分配到某种条件下无疑是确保控制其他干扰或无关变量的最佳方法，即**随机分配**（random assignment），此时，每个被试被分配到每种条件下的机会均等。对于孩子攻击性行为的研究中，如果研究人员将来自日托中心或儿科医生建议的所有孩子都安排在实验组，将其他孩子安排到对照组，那么研究就有可能会产生偏差。例如，一些日托中心的孩子可能更具攻击性，或者一些儿科医生有特殊的客户群，这些客户的孩子非常被动。因此，研究人员希望将整个被试群体进行随机分配。

实验的偏差与控制

1.9　了解实验中两个常见问题的来源及控制其影响的方法

任何实验都可能出现问题，即使有对照组，并采取了随机分配。当研究的是人而不是动物时，更有可能出现问题，因为人经常受到自己的想法或对实验中发生之事的偏见的影响。

安慰剂效应和实验者效应 假设有一种新药，可以改善阿尔茨海默病早期患者的记忆【连接学习目标6.13】，研究人员想测试这种药物是否真的有助于改善记忆，他们会采集阿尔茨海默病早期患者的样本，然后将他们分成两组，为其中一组提供这种药物，以测试记忆改善情况。研究人员可能需要在给药前和给药后对患者进行记忆测试，这样才能测量出记忆的改善程度。

💬 这样说对吗：获得药物的组是实验组，而未获得药物的组是对照组？

对。服用或不服用药物是自变量，记忆改善测量是因变量。但这么做依然存在问题。如果研究人员确实发现实验组的记忆力比对照组有更大的改善，他们真的能说这是药物促使病情好转的吗？或者说，服用药物的被试是否知道了他们应该改善记忆，并为此做出了很大的努力？实际上，这种改善更多地可能与被试对药物的信念有关，而不是药物本身，这种现象被称为**安慰剂效应**（placebo effect），即被试的期望和偏见会影响他们的行为。在医学研究中，通常会给予对照组一种无害的药物替代品，如糖丸或盐水注射液，这种替代品（没有医学效应）被称为安慰剂。如果存在安慰剂效应，对照组将显示出因变量的变化，即使该组被试只接受安慰剂。

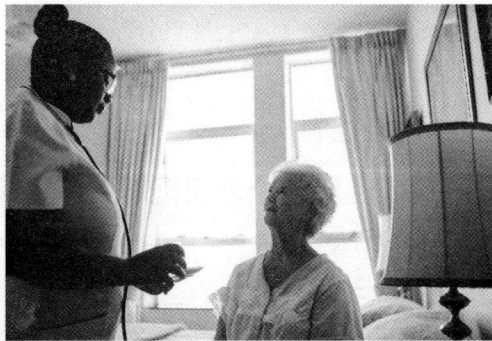

图中这位老年女性患有阿尔茨海默病，它会导致严重的近期记忆丧失。如果让这位女性在疾病早期阶段服用一种新药，以改善她的记忆，那么在这种情况下，研究人员无法确定所有的改善是由该药引起的，还是由她相信该药会起作用的信念引起的。在实验研究中，任何人的期望都会影响研究结果，这就是安慰剂效应。

对实验结果的期望会影响实验结果的另一种方式是**实验者效应**（experimenter effect），哪怕被试是动物而不是人类时，也会发生。这与实验者的期望有关，而与被试无关。正如前面关于自然观察的板块所讨论的，有时观察者对期望看到的事物存在偏见。观察者偏见也可能发生在实验中。当研究人员测量因变量时，他们有可能通过使用肢体语言、语调甚至眼神交流，向被试提供该如何反应的线索。虽然研究人员不是故意的，但这种情况确实会发生。前文提到的改善记忆的药物的例子中可能会出现以下情况：患有阿尔茨海默病的你，在服药后，正在实验者的办公室进行第二次记忆测试。实验者似乎非常关注你和你在测试中给出的每一个答案，所以你觉得自己应该有很大的进步。于是，你更加努力，而你的任何改善可能都只源于你自己的努力，而不是由药物引起的。这是实验者效应的一个例子：实验者的行为导致被试改变了自己的反应模式。

单盲研究和双盲研究 有什么办法来控制这些影响呢？避免安慰剂效应的经典方法是为对照组提供真正的安慰剂——某种根本不影响行为的治疗。在药物实验中，安慰剂必须是某种糖丸或生理盐水，并且看起来和真正的药物一样。实验组和对照组的被试都不知道自己是否得到了真正的药物或安慰剂。这样一来，如果被试的期望对实验结果有任何影响，实验者可以通过观察对照组的结果并将其与实验组进行比较来判断。如果药物确实有效，那么即使对照组有一些改善，实验组也应该有更大的改善。这被称为**单盲研究**（single-blind study），因为只有被试对自己所接受的治疗"视而不见"。

很长一段时间以来，单盲研究是心理学研究人员进行的唯一一种实验。但研究人员后来发现，当告知老师一些学生的成功潜力很大，而另一些学生的成功潜力很小时，学生在标准化考试中的表现会根据他们应该具备的潜力显著提高或降低（Rosenthal & Jacobson，1968）。实际上，这些学生是随机选择的，被随机分为"高""低"两组，他们在考试中的表现受到了老师对其潜力的态度的影响。这项研究与之后的类似研究表明，实验者和被试都需要"视而不见"，即要进行**双盲研究**（double-blind study）。在双盲研究中，实验者和被试都不知道谁得到了什么。这就是为什么双盲实验中的每个元素都以某种方式进行编码，以便在进行完所有测量之后，才能确定谁在实验组，谁在对照组。

概念地图 1.5～1.9

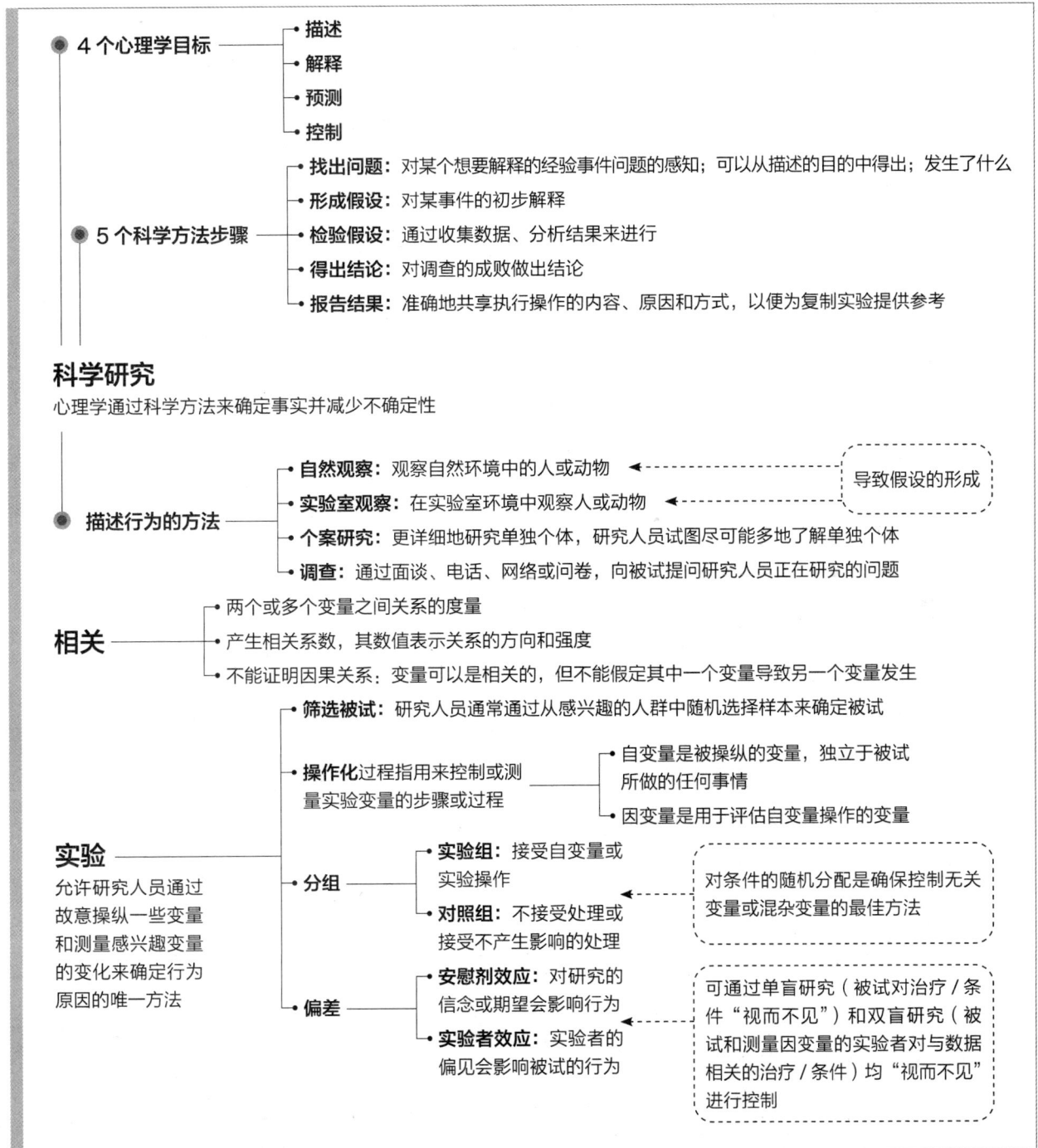

- ● **4 个心理学目标**
  - ▸ **描述**
  - ▸ **解释**
  - ▸ **预测**
  - ▸ **控制**

- ● **5 个科学方法步骤**
  - ▸ **找出问题**：对某个想要解释的经验事件问题的感知；可以从描述的目的中得出；发生了什么
  - ▸ **形成假设**：对某事件的初步解释
  - ▸ **检验假设**：通过收集数据、分析结果来进行
  - ▸ **得出结论**：对调查的成败做出结论
  - ▸ **报告结果**：准确地共享执行操作的内容、原因和方式，以便为复制实验提供参考

科学研究
心理学通过科学方法来确定事实并减少不确定性

- ● **描述行为的方法**
  - ▸ **自然观察**：观察自然环境中的人或动物 ◂------┐
  - ▸ **实验室观察**：在实验室环境中观察人或动物 ◂------┤ 导致假设的形成
  - ▸ **个案研究**：更详细地研究单独个体，研究人员试图尽可能多地了解单独个体
  - ▸ **调查**：通过面谈、电话、网络或问卷，向被试提问研究人员正在研究的问题

相关
- ▸ 两个或多个变量之间关系的度量
- ▸ 产生相关系数，其数值表示关系的方向和强度
- ▸ 不能证明因果关系：变量可以是相关的，但不能假定其中一个变量导致另一个变量发生

实验
允许研究人员通过故意操纵一些变量和测量感兴趣变量的变化来确定行为原因的唯一方法

- ▸ **筛选被试**：研究人员通常通过从感兴趣的人群中随机选择样本来确定被试
- ▸ **操作化**过程指用来控制或测量实验变量的步骤或过程
  - ▸ 自变量是被操纵的变量，独立于被试所做的任何事情
  - ▸ 因变量是用于评估自变量操作的变量
- ▸ **分组**
  - ▸ **实验组**：接受自变量或实验操作
  - ▸ **对照组**：不接受处理或接受不产生影响的处理

  ◂---- 对条件的随机分配是确保控制无关变量或混杂变量的最佳方法

- ▸ **偏差**
  - ▸ **安慰剂效应**：对研究的信念或期望会影响行为
  - ▸ **实验者效应**：实验者的偏见会影响被试的行为

  ◂---- 可通过单盲研究（被试对治疗／条件"视而不见"）和双盲研究（被试和测量因变量的实验者对与数据相关的治疗／条件）均"视而不见"进行控制

随堂小考

1. 怀特博士注意到，随着期中考试的临近，学生的行为发生了一些奇怪的变化。他决定记录下这一行为，以查明究竟发生了什么，以及学生周围的环境。他的目标显然是____。

 A. 描述　　　　　　　　B. 解释

 C. 预测　　　　　　　　D. 控制

2. 以下哪项属于观察者偏差？

 A. 要求同学参与一项成人记忆的研究

 B. 要求教会的人参与一项关于家庭价值观的研究

 C. 对期望在实验中看到的事物有自己的看法

 D. 允许学生仅仅因为无聊而放弃实验

3. 调查的主要优点是____。

 A. 只需访问少量的被试

 B. 可以收集大量的数据

 C. 实验者出错的可能性被消除了

 D. 被试不知道自己是在对照组还是在实验组

4. 以下哪项数值表明关系最弱，从而接近完全随机性？

 A. +1.04　　　　　　　B. −0.89

 C. +0.01　　　　　　　D. −0.98

5. 在一项研究睡眠剥夺对完成拼图的影响的实验中，其中一组被试需要睡眠 8 小时，而另一组被试需要保持清醒。在这个实验中，对照组是____。

 A. 睡眠组　　　　　　　B. 保持清醒组

 C. 拼图　　　　　　　　D. 每组完成拼图的时间差

6. 在____研究中，被试不知道自己是在对照组还是在实验组，只有实验者知道每个小组中都有谁。

 A. 安慰剂效应　　　　　B. 单盲

 C. 双盲　　　　　　　　D. 三盲

科学探究和批判性思维

样本实验案例

落实 APA 学习目标 2.4：解释、设计和进行基础心理学研究

 在美国，很多人对大学生运动员的学术能力存在一些负面的刻板印象，即认为他们是根据运动成绩而不是课堂表现来排名和晋升的。确实有证据表明，与大学中的非运动员相比，运动员在学业测试中的表现较差（National Collegiate Athletic Association, 2002；Purdy et al., 1982；Upthegrove et al., 1999）。但是，这种消极的表现到底是学习能力差的结果，还是负面刻板印象本身的影响呢？下面的实验（Jameson et al., 2007）旨在检验后一种可能性。

 该实验旨在对美国某高校运动队 72 名男大学生运动员进行智力测试。一半的运动员在考试前回答了一份简短的问卷，另一半在考试后回答同样的问卷。

调查问卷提出了 3 个问题，其中第三个问题是："评估你在没有体育招生帮助的情况下被大学录取的可能性"。设置这个问题的目的是希望将运动员（"哑巴运动员"）的负面刻板印象带入学生们的脑海中，并将此刻板印象设置或"高威胁"。两组被试在智力测验前的"威胁"水平差异是本实验的自变量。

 研究人员发现，智力测验前回答"高威胁"问题的学生（实验组）在测验（因变量测量）中的得分明显低于测验后回答问题的学生（对照组）。此外，学生暴露在"高威胁"刻板印象中与智力测验的准确性之间存在相关性：很多学生认为自己进入大学主要是因为自己在体育方面的能力（根据他们对第三个问题的评价），他们在随后的测试中表现得也较差。研究人员得出结论：高等教育中明显的负面偏见可能是导致大学生运动员在学业上表现不佳的一个重要原因。

心理学研究伦理

💬 华生博士对"小阿尔伯特"和白鼠所做的研究似乎很残酷。今天的研究人员还在做那种研究吗?

实际上,随着心理学领域和范围的扩大,人们进行了越来越多的人类和动物研究,心理学家开始意识到有些保护必须实施到位。没有人想被看成是"疯子科学家",而且,如果允许进行可能会伤害人或动物的研究,心理学可能很快就会消亡了【连接学习目标 5.3 和 12.3】。

人类研究指南

1.10 确定进行人类研究的共同伦理准则

其他研究领域的科学家也意识到,必须以某种方式确保被试接受人道对待。当然,这意味着自愿参与研究的人有权利期望自己免受身心伤害。

美国的大学通常都有伦理审查委员会、心理学家小组或其他专业人员,会对每一项研究进行审查,并根据其安全性和对被试的考虑来做出判断。审查委员会会审查研究的各个方面,从解释研究的书面材料到潜在被试,再到可能用于研究本身的设备。

以人类为主题的研究存在相当多的伦理问题。以下是一些最常见的伦理准则:

1. 被试的权利和福祉必须优先于科学研究价值。换句话说,人第一,研究第二。

2. 必须允许被试就研究有知情权。研究人员必须向被试解释所做的研究,并在他们要求被试做任何事情之前加以解释,且必须使用被试能够理解的术语。如果研究人员需要婴儿或儿童的参与,婴儿或儿童的父母必须知情并予以同意,即法律中的知情同意。即使是单盲研究或双盲研究,也必须告诉被试,他们可能属于实验组或对照组,他们只会在实验结束后才知道自己属于哪个组。

3. 欺骗必须要有正当理由。在某些情况下,研究人员需要欺骗被试,因为这可能是确保研究有效的唯一方法。例如,如果研究人员打算在实验结束时为被试做记忆测试,但不想让他们事先知道测试的情况,研究人员就必须对此保密。研究结束后,研究人员必须告知被试欺骗的重要性。这叫作汇报(debriefing)。

4. 被试可随时退出研究。被试可以无理由退出。例如,在一些研究中,有时人们对学习感到厌烦,觉得没有时间或不喜欢他们必须做的事情。参与学习的孩子经常决定停止"玩耍"(孩子学习的一个常见部分),研究人员必须"释放"他们,自己再想办法重新招募其他被试。

5. 必须保护被试免受风险或明确告知被试风险。例如,如果研究人员需要用到任何类型的电气设备,那么他们必须注意确保不会对被试造成任何身体上的冲击。

6. 研究人员必须听取被试的汇报,并说明研究的真实性质和对结果的期望。这在所有类型的研究中都很重要,尤其是涉及欺骗的研究。

7. 数据必须保密。弗洛伊德在他那个时代就已经认识到了信任的重要性,他在书中和文章中提到患者时,都用了假名。今天,心理学家和其他研究人员倾向于只报告一组结果,而不是某个人的结果,这样就保护了被试。

8. 如果研究对被试造成了意料之外的后果,研究人员有责任予以检测并消除或纠正。有时,尽管研究人员尽了最大努力防止对被试产生任何负面影响,还是会有对实验操作做出意想不到的反应。如果发生这种情况,研究人员必须想方设法帮助被试克服(American Psychological Association,2002)。

批判式思考　假设你正在试验一种治疗致命疾病的新药，在实验结束之前，你发现药效非常好，实验组的被试将会完全康复。这时，你应该停止实验并将药物用于对照组的被试吗？

动物研究指南

1.11　解释心理学家在研究中使用动物的原因

　　心理学家也研究动物以了解它们的行为，并经常将动物的行为与相似条件下人类的行为进行比较。

"他说自己需要一位律师。"

© The New Yorker Collection 1999 Tom Chalkley from cartoonbank.com。

💬　为什么不先研究人类呢？

　　有些研究问题虽然非常重要，但很难或不可能通过人类被试来研究。相对而言，动物的寿命较短，因此更适合用来研究长期效应，而且动物也更容易控制。科学家可以控制动物的饮食、生活作息，甚至遗传方面的操作。实验室中的白鼠已经成为一种公认的不同于普通老鼠的物种，几十年来它们一直与自己的同类交配，每只白鼠基本上都是其他白鼠中的遗传"双胞胎"。动物的行为也比人类简单得多，因此更容易观察控制效果。但研究人员在研究中使用动物的最主要原因是，某些研究永远无法在人类身上进行。例如，科学家花了很长时间才证明烟草中的焦油和其他有害物质致癌，由于对人只能进行相关研究，因此实验研究需要在动物身上进行。研究人员可以对动物做很多不能在人身上做的事情。这乍听起来可能很残酷，但细想一下就会发现，如果不进行动物研究，就不会研究出致命疾病的疫苗、治疗糖尿病的胰岛素治疗法及器官移植等。所以说，动物研究的价值和对人类的益处远远超过动物经受的伤害。不过，一些动物权利活动家并不同意这种观点。

　　与人类的相关研究一样，动物研究也存在伦理上的考虑。不同的是，对于动物，重点是让它们免受任何不必要的痛苦。所以，如果动物研究中需要进行手术，那么应该在麻醉条件下进行。如果必须处死动物并进行尸检以研究某些药物的药效或治疗效果，那么必须以人道的方式处死动物。事实上，大约只有7%的心理学研究需要用到动物（Committee on Animal Research and Ethics，2004）。

概念地图 1.10～1.11

心理学研究伦理
心理学家的首要目标是保护动物或人类被试的健康和福祉

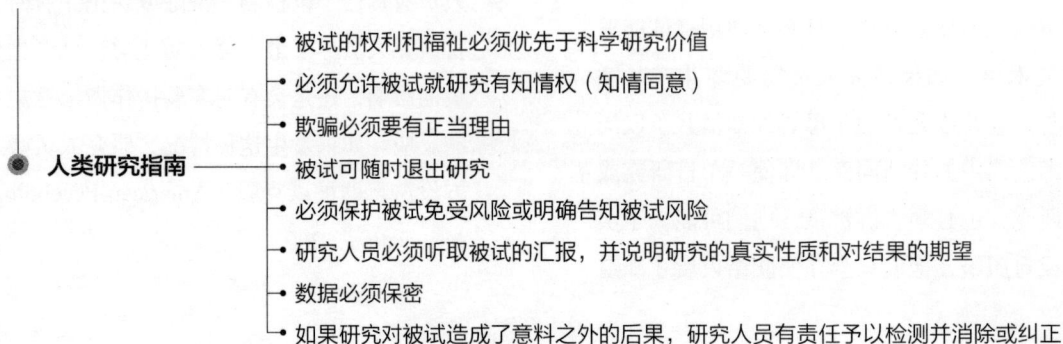

人类研究指南
- 被试的权利和福祉必须优先于科学研究价值
- 必须允许被试就研究有知情权（知情同意）
- 欺骗必须要有正当理由
- 被试可随时退出研究
- 必须保护被试免受风险或明确告知被试风险
- 研究人员必须听取被试的汇报，并说明研究的真实性质和对结果的期望
- 数据必须保密
- 如果研究对被试造成了意料之外的后果，研究人员有责任予以检测并消除或纠正

```
动物研究指南 ──┬── 任何动物研究都包括在伦理考虑之中：主要是避免任何不必要的痛苦
               │
               │                    ┌── 一些研究问题很重要，但无法在人类被试
               └── 为什么用动物做实验 ──┤      身上进行研究：可能很难或者存在危险
                                    ├── 动物更容易控制
                                    └── 动物的寿命较短，因此更适合研究长期效应
```

随堂小考

1. 在人类研究的最重要的指导方针是什么？
   A. 被试必须知情同意
   B. 欺骗不能用于任何与人类有关的研究
   C. 被试的权利和福祉必须放在第一位
   D. 数据必须保密

2. 当研究结果导致被试不快时，应该怎么办？
   A. 被试已签署了知情同意书，因此必须冒险
   B. 研究人员必须找出方法来帮助被试处理负面影响
   C. 被试不得不接受进一步的研究
   D. 研究人员只在研究结果的报告中添加说明即可

3. 在研究中使用动物的最主要的原因是什么？
   A. 动物的行为简单，很容易观察到变化
   B. 动物的寿命没有人类的长
   C. 可以对动物做一些不能对人类做的事情
   D. 动物更容易控制

4. 在研究中使用动物时，以下哪项是出于伦理的考虑？
   A. 使动物免受不必要的痛苦
   B. 在实验过程中动物不能被杀死
   C. 在实验过程中动物不能经受任何痛苦
   D. 在研究中使用动物时没有任何伦理考虑

在日常生活中应用心理学
对批判性思维的批判式思考

1.12　了解人们在日常生活中使用批判性思维的基本标准

💬 关注科学和研究对我有什么好处？我生活在现实世界中，不是实验室。

现实世界中到处都需要科学思考。不妨想一想电视上关于减肥、头发修复或关节炎、抑郁症和大众身心问题的草药疗法的广告。能知道有多少广告值得相信难道不好吗？难道你不想知道如何评价这种广告，并尽可能地为自己节省时间、精力和金钱吗？而这正是批判性思维能够帮助解决的"现实世界"问题。

批判性思维需要做出理性判断（Beyer，1995）。"理性"一词的意思是人们的判断应该有逻辑且经过深思熟虑。此外，批判性思维还包括在正确时间提出和寻求批判性问题答案的能力（Browne & Keeley，2009）。不妨举一个批判性问题的相关例子："有人付钱给你做这项研究吗？存在利益冲突吗？"或"你有任何可靠的证据证明你的论断吗，还是说你只是在发表意见？"批判性思维还可以帮助我们避免错误的信念，而这些信念可能会导致错误的决定，甚至对我们的身心健康有害。

虽然"批判性"一词通常被认为有"消极"的意

思，但在此处并不是这个意思。它更多的是与"标准"一词有关，就像是思维符合某些高标准一样（Nosich，2008）。批判性思维有4个基本标准，人们在面对周围世界的陈述时，应该牢记住这些标准（Browne & Keeley，2009；Gill，1991；Shore，1990）：

1. 很少有"真理"不需要经过检验

人们可能会接受宗教信仰和个人价值信念，但生活中的其他一切都需要证据的支持。那些可以实证调查的问题应该用既定的科学方法来检查。

人不应该接受任何表面的东西，而应该时常提问："你是怎么知道的？证据是什么？你能说得更具体些吗？"例如，许多人仍然认为，占星术可以用来预测婴儿的性格及其成长过程中的生活事件。但科学研究一再向我们表明，占星术没有任何真实依据或科学事实依据（Dean & Kelly，2000；Hines，2003；Kelly，1980；Wiseman，2007）。

2. 并非所有的证据都有效

对于批判性思维，最重要且常被忽视的一个步骤是，应当在判定证据为某观点提供良好支持之前，对证据是如何被收集的进行评估。例如，有的实验做得并不好，有基于相关而非实验的错误假设、无法重复的研究，以及没有对照组或未控制安慰剂效应或实验者效应的研究等。还有一些研究被故意操纵，以期产生研究人员或付钱给研究人员的人希望得到的结果。例如，如果研究人员由药物生产公司支付报酬，那么应该马上对药物有效性的研究结果进行怀疑。批判性思考者应该意识到，说法越疯狂，证据就应该越理想。例如，我还没有看到任何能让我信服外星人来访或绑架的证据！

3. 权威人士或拥有丰富专业知识的人的观点不一定都是正确的

人应该相信证据，而不是盲目地听信专家的话。需要思考：证据是否合理？有其他的解释吗？另一种解释更简单吗？如果某种现象存在两种解释，而这两种解释都能很好地解释这种现象，那么，最简单的解释往往是最佳解释，这就是所谓的节约律（law of parsimony）。以麦田怪圈为例，人们在农田里不时地会发现呈几何图案的扁平麦秸。麦田怪圈有两种可能的解释：一是许多所谓的专家认为的由外星人制造，二是人为制造的恶作剧。

许多人认为麦田怪圈是由外星人制造的，尽管有明显的证据表明麦田怪圈是人为制造的恶作剧。

哪种解释更简单？很明显，人为制造的恶作剧的解释最简单，而对20世纪70年代末和80年代出现在英国的麦田怪圈来说，这种解释也是正确的：两个英国人——戴维·鲍尔（David Bower）和道格·乔利（Doug Chorley）承认，麦田怪圈是他们在一个酒吧里想出来的恶作剧，他们的目的是想取笑那些相信外星人的人（Nickell，1995；M.Ridley，2002；Schnabel，1994）。

4. 批判性思维需要开放的思想

虽然有一些怀疑精神是好的，但不应该对真正可能发生的事情保持缄默。此外，拥有开放的思想虽是好的，但不能开放过度，不然易上当受骗，容易相信任何事情。批判性思维需要在怀疑主义和考虑可能性（甚至可能与先前的判断或信仰相矛盾）的意愿之间保持微妙的平衡。例如，科学家还没有找到任何令人信服的证据能证明火星上曾经存在生命。但这并不意味着科学家完全否定了这个观点，只是还没有找到令人信服的证据而已。

深入讨论一下

1. 如何用批判性思维来思考全球气候变化的问题？

2. 有些人（甚至非常聪明的人）有时会避免批判性地思考政治、超感知能力的存在或超自然现象等问题，对此你有何看法？

⬤ 本章总结

心理学的历史

1.1 描述早期心理学先驱的贡献

- 心理学是对行为和心理过程的科学研究。

- 心理学开始作为一门科学始于 1879 年冯特在德国建立了心理实验室。他提出了客观内省。

- 冯特的学生铁钦纳将建构主义心理学带到了美国。20 世纪初建构主义消失了。

- 威廉·詹姆斯提出了机能主义视角，强调了大脑对适应的重要性。

- 心理学的许多早期先驱属于少数群体，如西班牙裔美国人和非裔美国人，尽管他们受到偏见和种族主义的困扰，但对人类和动物行为的研究同样做出了重要的贡献。

- 机能主义影响了教育心理学、进化心理学和工业 / 组织心理学。

1.2 概述格式塔、精神分析和行为主义等早期学派的基本思想和重要人物

- 韦特海默和其他人研究了感觉和知觉，称其为格式塔心理学。

- 弗洛伊德在他的精神分析理论中提出，无意识的思维控制着许多有意识的行为。

- 华生提出了行为主义视角，只专注于对可观察到的刺激和反应的研究。

- 华生和雷纳证明，恐惧症可以通过使婴儿害怕白鼠习得。

- 玛丽·科弗·琼斯是华生的学生之一，她在行为主义和儿童发展方面很有名，证明了习得性恐惧症可以被消除。

现代心理学领域

1.3 概述 7 种现代心理学视角的基本思想

- 安娜·弗洛伊德、荣格和阿德勒等现代弗洛伊德主义者，将弗洛伊德原始理论中的重点转变为新弗洛伊德学派，即心理动力视角。

- 斯金纳对有意识行为的操作性条件反射成为 20 世纪的主要力量。他把强化的概念引入了行为主义视角。

- 人本主义视角侧重于自由意志和人类的潜力，是由马斯洛和罗杰斯等人发展起来的，作为对行为主义和精神分析的确定性的反应。

- 认知视角是关于记忆、智力、知觉、思维过程、问题解决、语言和学习等方面的研究，包括认知神经科学领域。

- 社会文化视角关注单独个体或群体中人与人间的相互影响，结合了社会心理学和文化心理学两个领域。

- 生物心理学视角专注于行为的生物学基础，如激素、遗传、脑化学物质等影响。

- 进化视角中，进化原理和目前关于进化的知识被用于研究大脑的运作方式及缘由。行为被视为具有适应性或生存价值。

1.4 了解心理学领域的各类专业人士

- 心理学家拥有博士学位，可以从事咨询、教学和研究，并可能专门从事众多心理学领域中的任何一个。

- 心理学有许多不同的专业领域，包括临床心理学、咨询心理学、发展心理学、社会和人格心理学等。

- 精神科医生主要为心理障碍患者提供诊断和治疗。
- 精神问题社工受过关于环境对精神疾病影响的培训。
- 除了社会工作者以外，其他心理学专业人员，如持有执照的心理学专业顾问及婚姻与家庭治疗师，可能只需要硕士学位即可。

科学研究

1.5　了解科学方法的 5 个步骤

- 4 个心理学目标分别是：描述、解释、预测和控制。
- 科学方法是在观察行为时确定事实及控制错误和偏见的可能性的一种方法。主要包括 5 个步骤：找出问题、形成假设、检验假设、得出结论及报告结果。

1.6　比较描述行为的不同方法

- 自然观察是在自然环境中观察动物或人，缺点是很难控制。
- 实验室观察包括在人工控制的情况下观察动物或人，如在实验室内。
- 个案研究是对某一单独个体的详细调查，包括对具有代表性的兴趣群体样本的大量人群提出标准化问题。从个案研究中获得的信息不能用于其他案例。
- 接受调查的人不一定总会说真话，他们记住的信息也不一定正确。

1.7　解释研究人员如何利用相关研究来探究两个或多个变量之间的关系

- 相关是一种统计方法，研究人员可以通过它发现和预测兴趣变量之间的关系。
- 当某一变量的增加伴随另一变量的增加，那么二者之间存在正相关；当某一变量的增加伴随另一变量的减少，那么二者之间存在负相关。
- 相关不能用于证明因果关系。

1.8　确定实验设计步骤

- 实验需要对变量进行严格控制，以便研究人员能够确定因果关系。
- 实验中的自变量会受到实验者的有意操纵，用于观察被试的行为或反应是否会发生相应的变化。实验组被试接受自变量。
- 实验中的因变量是测量到的被试的行为或反应。
- 对照组要么接受安慰剂治疗，要么不接受任何处理。
- 将被试随机分配到实验组，有助于控制组内和组间可能会干扰实验结果的个体差异。

1.9　了解实验中两个常见问题的来源及控制其影响的方法

- 被试不知道自己是否属于实验组或对照组的实验是单盲研究，而实验者和被试都不知道分组信息的实验是双盲研究。
- 研究负面刻板印象对运动员考试成绩影响的实验发现，考试前暴露于负面刻板印象的运动员比在考试后暴露于负面刻板印象的表现差。

心理学研究伦理

1.10　确定进行人类研究的共同伦理准则

- 人类研究的伦理准则包括：被试的权利和福祉必须优先于科学研究价值；必须允许被试就研究有知情权；欺骗必须有正当理由；被试可随时退出研究；必须保护被试免受风险或明确告知被试风险；研究人员必须听取被试的汇报；数据必须保密；如果研究对被试造成了意料之外的后果，研究人员有责任予以检测并消除或纠正。

1.11　解释心理学家在研究中使用动物的原因

- 心理学研究中的动物可以制作有用的模型，因为动物比人类更容易控制，它们的行为更简单，而且可以按照一些不允许对待人类的方式对待它们。

1.12　了解人们在日常生活中使用批判性思维的基本标准

- 批判性思维是做出理性判断的能力。批判性思维有 4 个基本标准：很少有"真理"不需要经过检验；并非所有的证据都有效；权威人士或拥有丰富专业知识的人的观点不一定都是正确的；批判性思维需要开放的思想。

◆ 章末测试

1. 在心理学的定义中，"行为"一词是指____。
   - A. 内在的、隐蔽的过程
   - B. 外在行为
   - C. 公开的行动和反应
   - D. 动物的行为

2. 谁被认为是非裔美国人心理学之父？
   - A. 查尔斯·亨利·汤普森
   - B. 罗伯特·格思里
   - C. 弗朗西斯·塞西尔·萨姆纳
   - D. 霍华德·黑尔·朗

3. 弗洛伊德的精神分析主要研究____。
   - A. 可观察的行为　　　B. 格式塔知觉
   - C. 反省　　　　　　　D. 童年早期的经历

4. 哪位心理学家敢于忽视整个意识问题，通过关注可观察的行为而回归科学探究的研究？
   - A. 伊凡·巴甫洛夫
   - B. 约翰·华生
   - C. 西格蒙德·弗洛伊德
   - D. 威廉·詹姆斯

5. 哪一种心理学视角通常被称为心理学的"第三力量"，侧重于个人在决定其行为时的选择自由？
   - A. 生物心理学视角　　B. 行为主义视角
   - C. 认知视角　　　　　D. 人本主义视角

6. 哪种心理学视角最能解释旁观者效应，即由于他人的在场，个人不太可能帮助需要帮助的人？
   - A. 心理动力视角　　　B. 行为主义视角
   - C. 认知视角　　　　　D. 社会文化视角

7. 如果拜尔斯博士在儿童临床治疗中采用折中法，她在做什么？
   - A. 主要依靠某种心理学视角来治疗所有患者
   - B. 对所有患者用药，尤其是抑郁症患者
   - C. 主要依赖弗洛伊德的心理动力视角来帮助有异常行为的孩子
   - D. 正综合运用各种观点来对待不同的人

8. 科尔顿博士认为自己属于心理学领域的最大分支。那么他是哪种心理学家？
   - A. 咨询心理学家　　　B. 临床心理学家
   - C. 学校心理学家　　　D. 实验心理学家

9. 米卡最近被诊断患有某种心理疾病，一开始最好进行药物治疗。他最好先咨询____。
   - A. 精神科医生　　　　B. 精神分析师
   - C. 精神问题社工　　　D. 心理学家

10. 某心理学家很想找出已婚夫妇在结婚几年后开始看起来像对方的原因。这位心理学家最感兴趣的目标是____。
    - A. 描述　　　　　　　B. 解释
    - C. 预测　　　　　　　D. 控制

11. 科学方法的哪一步骤源于描述的目标？
    - A. 报告结果　　　　　B. 找出问题
    - C. 得出结论　　　　　D. 形成假设

12. 布里安想在研究中找到解释实验室老鼠行为的方法。她目前关注的是科学方法的哪一步？
    - A. 检验假设　　　　　B. 找出问题
    - C. 得出结论　　　　　D. 报告结果

13. 菲尼亚斯·盖奇的研究属于____。
    - A. 实验室研究　　　　B. 相关研究
    - C. 个案研究　　　　　D. 调查

14. 某研究人员发现，随着被试锻炼时间的增加，其体重也随之下降。这属于____。
    - A. 正相关　　　　　　B. 负相关
    - C. 不相关　　　　　　D. 因果关系

15. 某研究人员想研究发短信对驾驶的影响：要求A组被试在计算机游戏中驾驶一辆虚拟车，看看他们发生了多少虚拟事故；B组被试驾驶同一辆虚拟车，但他们必须回复并发送至少3条短信。然后对每组的虚拟事故数量进行测量。这项研究中的自变量是什么？
    - A. 虚拟车　　　　　　B. 发短信
    - C. 虚拟事故数量　　　D. 小组分配

16. 某研究人员请一位助手做一项研究。她特别告诉

助手只能匿名分享结果，不要将被试的名字和成绩泄露出去。这样的实验属于____。

A. 双盲实验　　　　B. 单盲实验

C. 相关研究　　　　D. 实验室观察

17. 双盲研究控制的是____。

A. 安慰剂效应

B. 实验者效应

C. 安慰剂效应和实验者效应

D. 外在动机

18. 在运动员的刻板印象研究中，谁属于对照组？

A. 在智力测验前完成调查的学生

B. 在智力测验后完成调查的学生

C. 不需要完成智力测验的学生

D. 未参与研究的学生

19. 卡尔文博士只需要一名被试就可以完成实验。丽莎是卡尔文博士的学生，几乎已经完成了实验，但她突然宣布想退出，因为她觉得实验很无聊。

卡尔文博士有何选择？

A. 可以要求丽莎完成实验，因为丽莎无权放弃实验

B. 可以要求丽莎完成实验，因为"无聊"不是退出的可接受理由

C. 可以让丽莎留下来，因为丽莎是她的学生，她可以要求学生参与自己的实验

D. 必须允许丽莎退出，可以另找一名被试

20. 某著名高尔夫球手为一款新的高尔夫手镯做代言，这种手镯有助于减少打球时的疲劳。贝萨妮决定订购这款手镯，因为她认为知名人物代言的产品应该有效。贝萨妮犯了哪种错误？

A. 很少有"真理"不需要经过检验

B. 并非所有的证据都有效

C. 权威人士或拥有丰富专业知识的人的观点不一定都是正确的

D. 批判性思维需要开放的思想

第2章 生物学视角

批判式思考　如何看待大脑对于行为的意义？你觉得自己的行为在多大程度上受到了神经系统中的激素和化学物质的影响？

◉ 为什么要研究神经系统和腺体

如果不了解身体中导致我们做出行为、进行思考和做出反应的神奇器官，我们怎么可能理解自己呢？大脑、神经和腺体是通过相互作用来控制感觉、思维和行为的机制的，理解了这一点，我们就可以开始真正地理解人这种复杂的生物了。

学 习 目 标

2.1　认识神经元的结构及其功能

2.2　解释动作电位产生的原理

2.3　描述神经元通过神经递质相互传递信息及与躯体进行联系的机制

2.4　描述脑和脊髓的相互作用及二者对外界刺激的反应

2.5　了解躯体神经系统和自主神经系统的差异

2.6　解释垂体被称为"主宰腺"的原因

2.7　了解内分泌腺的功能

2.8　解释通过损伤和脑刺激来研究大脑的原理

2.9　了解多种神经成像技术在呈现大脑结构和功能方面的区别

2.10　了解后脑的结构和各个部位的功能

2.11　认识与情绪、学习、记忆和动机有关的各个脑区

2.12　认识大脑皮层上控制不同感觉和躯体运动的区域

2.13　认识大脑皮层上控制语言等高级思维的区域

2.14　了解左右脑分工的差异

2.15　了解引发注意缺陷多动障碍的潜在因素

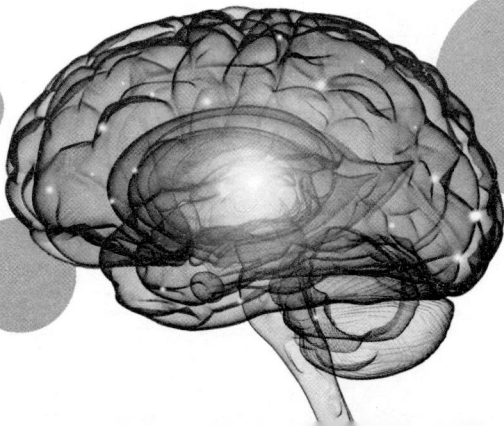

⊙ 神经元和神经：建立网络

本章将要讨论一个复杂系统，它由细胞、器官和化学物质组成，它们通过协同作用使我们做出行为、进行思考和做出反应。这个复杂系统的第一个组成部分就是**神经系统**（nervous system）。神经系统是一个由细胞组成的巨大网络，传递和接收来自身体各个部位的信息。

神经科学（neuroscience）是生命科学的一个分支，研究的是脑、神经元和神经，以及神经系统中的神经组织结构和功能。而**生物心理学**（biological psychology）或称**行为神经科学**（behavioral neuroscience），则是神经科学的一个分支，研究的是心理反应、行为和学习的生物学基础，它与生物心理学视角关系密切。

神经元：神经系统的组成部分

2.1 认识神经元的结构及其功能

1887 年，神经组织学家圣地亚哥·拉蒙 - 卡哈尔（Santiago Ramón y Cajal）首次提出神经系统是由单独的细胞构成的（Ramón y Cajal，translation，1995）。尽管整个身体都是由细胞组成的，但每一种类型的细胞都有特殊的用途和功能，因此它们都具有特殊的结构。举例来说，皮肤细胞呈扁平状，肌细胞则长而有弹性。大部分细胞都有 3 个相同的组成部分：细胞核、胞体和细胞膜，它们共同构成一个整体。**神经元**（neuron）是神经系统中的特化细胞，负责接收和传递神经系统中的信息。神经元是身体的信使之一，它们拥有非常特殊的结构（见图 2-1）。

神经元中接收来自其他细胞信息的结构被称为**树突**（dendrite）。单词 dendrite 的原意是"像树一样"或"像树枝一样"，这一结构看起来也确实像树枝。树突与**胞体**（soma）相连，胞体中含有细胞核，维持整个细胞的活性和运行。**轴突**（axon，源于希腊语"axis"，意思是轴）是连接胞体的纤维，它的作用是将信息从胞体传递出去。轴突的末端向外伸展，形成一些膨大或鼓起的小节，我们称之为**轴突末端**（axon terminal），也可以称之为突触前终末、终端纽或突触小结，它的功能是与其他神经元交流信息。

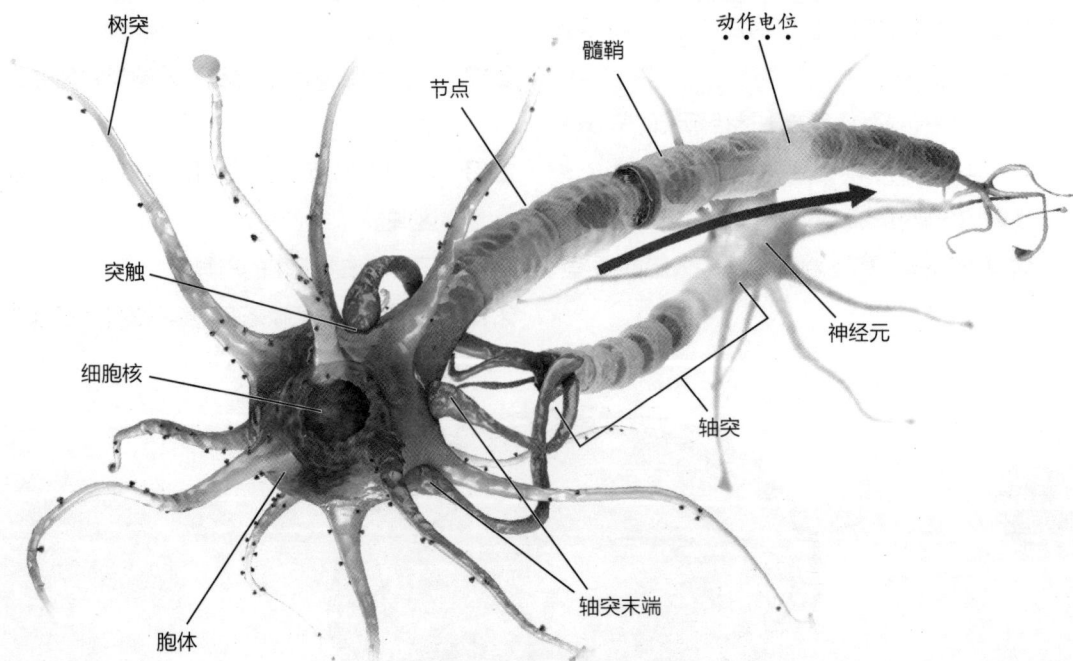

图 2-1　神经元的结构

虽然脑主要是由神经元构成的，但是我们的思维、学习、记忆和感知，以及促使我们成为独特个体的方方面面，并不完全取决于神经元。另一种发挥重要作用的细胞是神经胶质（glia），或者叫**胶质细胞**（glial cell）。传统观点认为胶质细胞是神经元的支持细胞，目前，胶质细胞的其他功能正在不断地被发掘。虽然胶质细胞的功能是帮助维持神经系统的内稳态，但是它们并不仅仅只是一种支持细胞，更像是一种"伴侣细胞"（Kettenmann & Ransom, 2013; Verkhratsky et al., 2014）。在神经元的发育和运作过程中，一些胶质细胞起着固定神经元的作用，如在大脑发育早期，放射状胶质细胞协助指挥牵引神经元形成大脑外层。其他胶质细胞能为神经元提供营养、清理死亡神经元残留物、与神经元和其他胶质细胞联系，以及赋予某些神经元的轴突绝缘功能。

胶质细胞影响着神经元的功能和结构，一些特定类型的胶质细胞还具有类似于干细胞的特性，它们在胎儿发育阶段和在成年哺乳动物身上能够发展成为新的神经元（Bullock et al., 2005; Gotz et al., 2015; Kriegstein & Alvarez-Buylla, 2009）。此外，科学家正在探讨胶质细胞在各类神经发育疾病（如孤独症）、神经退行性疾病（如阿尔茨海默病）和精神障碍（如抑郁、精神分裂）中发挥的作用（Molofsky et al., 2012; Peng et al., 2015; Sahin & Sur, 2015; Verkhratsky et al., 2014; Yamamuro et al., 2015）【连接学习目标 8.7、14.9 和 14.14】。此外，胶质细胞能通过影响突触连接和促进特定神经网络中的神经元联系，来发挥调控学习、行为和神经可塑性的重要作用（Hahn et al., 2015; Martín et al., 2015）。

有两种特殊类型的胶质细胞能产生一层被称为**髓鞘质**（myelin）的脂肪物质，它们分别是少突胶质细胞和施万细胞（Schwann cell）。少突胶质细胞为大脑和脊髓（中枢神经系统）的神经元产生髓鞘质，而施万细胞则为躯体（周围神经系统）的神经元产生髓鞘质。髓鞘质包裹在轴突的轴上，形成一个绝缘保护壳。由髓鞘质包裹的轴突聚集成束，像电缆一样穿行在中枢神经系统中，被称为神经束；而在周围神经系统中，类似的结构被称为**神经**（nerve）。施万细胞产生的髓鞘质还有一种特质，即它能发挥隧道一般的功能，受损的神经纤维可以通过它进行重新连接和自我修复。这就是为什么及时将断掉的脚趾缝好，脚趾可能会恢复一些功能和知觉。脑和脊髓中的神经元的轴突则没有这种特质，因此更容易受到永久性损伤。

髓鞘是神经元的一个非常重要的组成部分，它不仅为神经元提供绝缘和保护功能，还能提高神经信息在轴突上的传递速度。如图 2-1 所示，轴突上的髓鞘彼此相连，而髓鞘相互接触的部位被称为节点，这一部分在轴突上所占的空间很小，且未被髓鞘包裹。轴突上有髓鞘包裹（髓鞘化）和没有髓鞘包裹（未髓鞘化）的截面的电学性质略有不同。此外，每个节点上存在着很多离子通道。这两种特质共同影响了电信号在轴突上的传递速度。当作为神经信息的电脉冲传递到包裹着髓鞘质的轴突时，电脉冲会在节点处重新产生，并以"跳跃"的方式在轴突的节点间传递（Koester & Siegelbaum, 2013; Schwartz et al., 2013）。脑内神经元在有髓鞘包裹的轴突上传递的速度要比沿着没有髓鞘包裹的轴突传递的速度快很多。有一种疾病名为多发性硬化，患者的髓鞘会受到破坏，原因可能是受到患者自身免疫系统的攻击，从而导致受损细胞部分或完全丧失功能。多发性硬化的早期症状包括疲劳、视力下降、平衡性减弱、肢体麻木、刺痛感或手臂及下肢肌无力。随着我们对胶质细胞的其他功能的了解逐渐深入，我们对髓鞘的结构和功能的认知也逐渐扩大，不再只将其视为轴突的绝缘层。髓鞘质的厚度可以发生变化，轴突上的髓鞘质的分布也并不均匀，这种特点可能会影响这些神经元之间的信息传递特性，并影响更大的神经网络（Fields, 2014; Tomassy et al., 2014）。

神经冲动：神经元中的信息产生

2.2 解释动作电位产生的原理

💬 "电信息"在细胞中是如何工作的呢？

神经元在没有诱发神经冲动或信息的静息状态下同样带电。细胞内外都是半流体溶液，像果冻一样，有带电的粒子或离子。虽然细胞内外都有带正电和带负电的离子，但由于**扩散**（diffusion）和静电力作用，细胞内的离子主要带负电，细胞外的离子主要带正电。扩散是指离子从高浓度的区域流向低浓度的区域，而静电力则是指离子在静息状态下电荷量的相对平衡。细胞膜本身呈半渗透性，因此某些分子能自由地穿过细胞膜，而另一些分子则不能。细胞外的一些物质能够通过细胞膜上的微型蛋白质开口或通道流入细胞内，细胞内的一些物质也可以通过相同的通道流出细胞外。许多通道都是门控型的，它们的开闭取决于细胞膜的电势。细胞内含有体积较小、带正电的钾离子和体积较大、带负电的蛋白质离子。不过，由于带负电的蛋白质离子体积过大而无法流出细胞外，因此在静息状态下，细胞内主要呈负电位。细胞外含有带正电的钠离子和带负电的氯离子，但由于介导二者进入细胞的离子通道在静息状态下是关闭的，因此它们无法流入细胞。正是由于细胞膜外的钠离子带正电，而细胞膜内的离子带负电，极性相反的离子相互吸引，使得钠离子聚集在细胞膜附近。这种电位变化即为电势。

不妨将细胞内的离子想象成正在体育馆（细胞壁）内进行棒球比赛的棒球手。此时，细胞外的钠离子就像场外的"球迷"，它们希望进入馆内观看比赛。当细胞处于静息状态时——此时的电位被称为**静息电位**（resting potential），"球迷"被卡在门外。在静息状态下，细胞外的钠离子无法流入细胞内，因为即便细胞膜上所有的通道都存在，但对体积较大的钠离

子开放的特定通道并未打开。当这个细胞从其他细胞的树突或胞体等部位接收到足够强的刺激后，细胞膜上的特定通道就会打开，并允许钠离子流入细胞。这样一来，当第一个通道打开后，细胞内主要带正电，而细胞外主要带负电，因为此时带正电的钠离子主要在细胞内。这一电位逆转发生在轴丘，即最接近胞体的轴突起始的位置，并以链式反应的方式沿着轴突进行下去。我们可以以将其想象成一个长长的走廊，里面有许多门，第一扇门打开后第二扇门紧跟着打开，一直到走廊的尽头。这种电位逆转被称作**动作电位**（action potential），此时，电位处于活动状态而非静息状态。每一个动作电位仅需要 0.001 秒，因此神经信息的传递非常迅速——最慢的神经元约为每小时3.2 千米，最快的可达每小时 430 千米（见图 2-2）。

当动作电位沿着轴突传递到轴突末端时，细胞中的信息就会传递给下一个细胞。此时，已经产生过动作电位的细胞怎么样了呢？它们会如何将钠离子送出细胞外呢？实际上，产生动作电位以后，细胞在通道打开时膜内呈正电位，而膜外呈负电位。一些情况正好能使得细胞恢复到静息状态。首先，动作电位产生以后，钠离子通道会迅速关闭，使得其他钠离子无法流入。而细胞膜同样将钠离子送出细胞外，直到下一个动作电位产生，然后再次打开通道。其次，由于这一过程有些慢，因此另一种离子会参与进来，即钾离子。动作电位产生后，细胞内体积较小、带正电的钾离子会迅速流出细胞外，使得细胞内迅速带负电。此时，细胞内带负电，细胞外带正电，神经元可以发出其他信息。当钠离子泵停止泵出钠离子时，神经元会恢复到完全静息电位，等待下一次激活。

也就是说，细胞被激活后，第一个通道打开，通道内的电位发生逆转，接着第二个通道打开，电位再次逆转，同时第一个通道会关闭，使得电位恢复到静息状态——动作电位就是细胞轴突上打开的离子通道的序列。

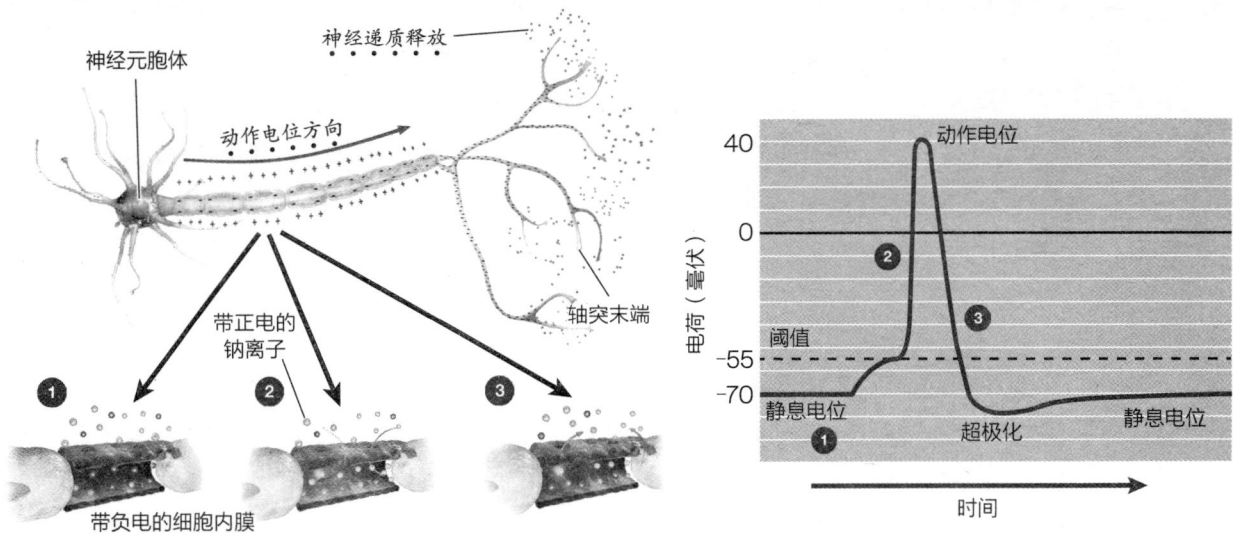

图 2-2　神经冲动动作电位

图中所示的是 2～3 毫秒内特定轴突节点的电荷。初始为静息状态，受到足够的刺激后会达到激发阈值，继而诱发动作电位。这一过程中发生的快速去极化、复极化和短暂超极化以及恢复到静息电位，都同时伴随有细胞膜上钠离子和钾离子的流动。

💬 刺激足够强时，神经元的激活程度是否会高于刺激微弱时的激活程度？

其实，神经元的激活存在阈值，刺激只要达到这一阈值，就足以激活神经元。不妨简单了解一下它的运作：每个神经元会从其他神经元那里接收许多信号。一些信号会激活神经元，另一些信号则会阻止这一过程。通常，神经元会将刺激信号的效果相加，而将无刺激信号的效果相减。当刺激信号足够强且超过阈值时，神经元就会被激活。神经元被激活会以**"全或无"**（all-or-none）的方式进行，即神经元要么全部被激活，要么全部都不被激活，不存在"部分"神经元被激活的情况。就像按电灯的按钮一样，不是"开"就是"关"：处于"开"时，灯就会亮；处于"关"时，灯就会灭。

那么，强刺激和弱刺激如何区分呢？通常，强刺激会使神经元更快速地被激活，就像有人快速地按电灯开关按钮一样。而且它会激活更多的神经元，就像控制着很多盏灯一样，而不是只有一盏灯。

神经传递

2.3　描述神经元通过神经递质相互传递信息及与躯体进行联系的机制

💬 信息沿着细胞的轴突传递，当动作电位到达轴突末端时，会发生什么现象呢？

当神经信号到达神经元的轴突末端时，会出现一些现象，这些现象会促进神经元之间的信息交流。而这一过程是由神经元内部和相邻神经元表面的关键结构决定的。

突触：给其他细胞发送信息　图 2-3 显示的是一个膨大的轴突末端。可以看出，突触末端并不是空的，里面有一些囊状物质，被称为**突触小泡**（synaptic vesicle）。突触小泡内有一些悬浮在液体中的化学物质，被称为**神经递质**（neurotransmitter），属于分子物质。神经递质这个名称的含义清晰明了——它们存在于神经元内，能传递信息。传统观点认为，神经元中只包含一种神经递质，但目前的普遍观点是：神经元可能会释放不止一种神经递质。为简单起见，除了某些特殊的情况，本章假设神经元只释放一种重要的神经递质。

与突触小体相邻的是另一个神经元的树突（见图2-3）。二者之间存在一个液体性的空间，即**突触**（synapse）或**突触间隙**（synaptic gap）。轴突末端的囊泡不仅带电，还包含神经递质分子；相邻轴突的树突表面即突触后膜，含有离子通道，通道上有**受点**（receptor site），是一种蛋白质，只允许具有特定形状的特殊分子与之结合，就像专用钥匙才能插入锁孔一样。突触也出现在突触后的细胞的胞体上，而胞体的膜表面也存在受点。

那么，神经递质是如何通过突触间隙的呢？想一想神经元被激活后动作电位沿轴突传递的过程。动作电位或电荷到达突触小泡后，突触小泡会将神经递质释放入突触间隙，这些分子会沿着突触流动，许多分子会固定在受点上，使得离子通道打开，钠离子随之内流，激活下一个细胞。这一激活行为会刺激或释放细胞中的动作电位。需要注意的是，下一个细胞可能

是一个神经元，也可能是一个肌细胞或腺细胞。肌肉和腺体有特殊的含有受点的细胞，与神经元的树突或胞体一样。

刚刚提到，突触的神经递质总会引发下一个细胞激活其动作电位，或引发肌肉或腺体收缩或分泌化学物质。神经元既然能被激活，也应该能被抑制，否则，当人的手指被烫伤后，神经元的疼痛信号只有在烫伤痊愈后才会停止传递，而实际上并不需要等这么久。肌肉会接到指令以收缩或舒张，腺体则会释放或停止释放化学物质。神经系统中各种突触的神经递质既可以激活细胞（兴奋效应），也可以抑制细胞激活（抑制效应），这取决于突触的类型。有人将激活细胞的神经递质称为兴奋性神经递质，将抑制细胞激活的神经递质称为抑制性神经递质，但将它们分别**称为兴奋性突触**（excitatory synapse）和**抑制性突触**（inhibitory synapse）更合适。换句话说，激活或抑制细胞的并非神经递质本身，而是特定突触的受点上神经递质的激活或抑制效应。

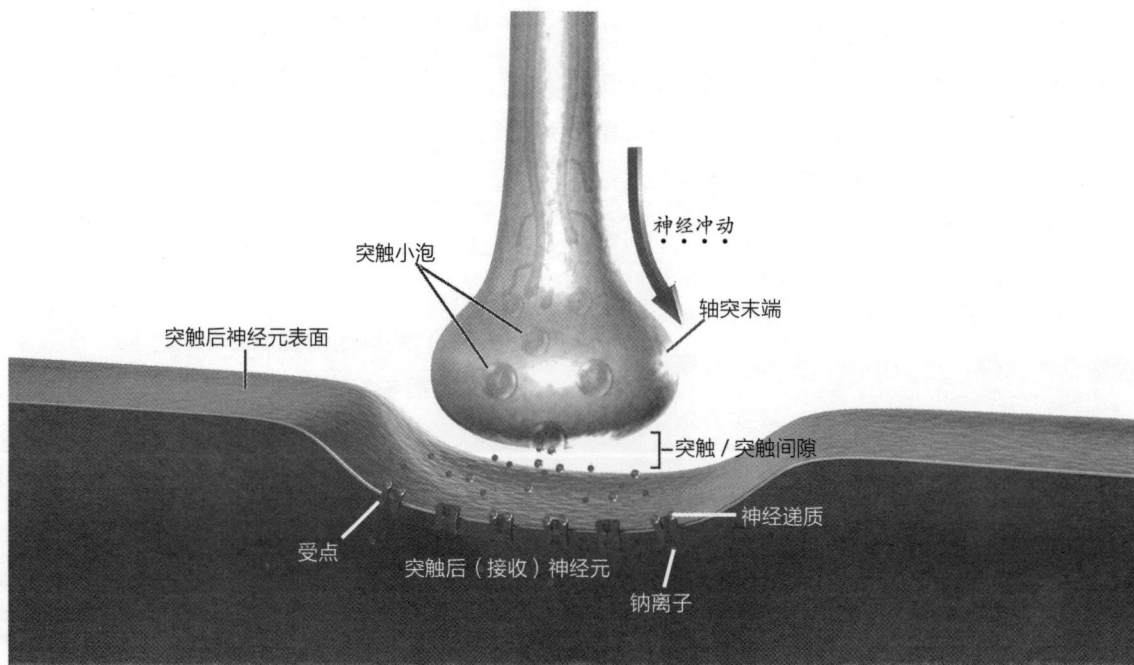

图2-3　突触

神经冲动传递到轴突末端后，会触发突触小泡释放神经递质。神经递质穿过突触间隙并与受点结合后，离子通道打开，钠离子内流。

神经递质：脑网络的信使　乙酰胆碱是最先被识别的神经递质，它们存在于神经元和肌细胞之间的突触中。乙酰胆碱能够激活骨细胞的收缩，并降低心肌的收缩。在某种程度上，肌细胞上的乙酰胆碱受点一旦被阻断，乙酰胆碱就无法到达受点，肌肉便不能收缩，人就会瘫痪。例如，南美印第安人用在吹箭上的药物箭毒，进入神经系统后，就会导致这种情况。箭毒的分子可以与受点进行很好的结合，不需要真正激活细胞，因此，箭毒成为乙酰胆碱的**拮抗剂**（antagonist），即阻碍或减少细胞对神经递质产生反应的化学物质。

如果神经元释放太多的乙酰胆碱，会出现什么样的情况？与被黑寡妇蜘蛛咬过之后的情况一样。黑寡妇蜘蛛的毒液会刺激大量的乙酰胆碱释放，从而导致惊厥乃至死亡。黑寡妇蜘蛛的毒液是乙酰胆碱的**激动剂**（agonist），即能够模仿或增强神经递质反应的化学物质。

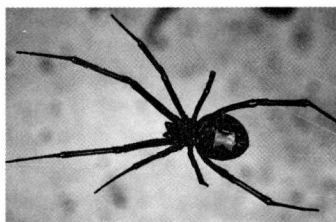

黑寡妇蜘蛛的毒液会导致大量乙酰胆碱释放到人体的肌肉系统中，引起抽搐。

乙酰胆碱对记忆、觉醒和注意力能起到关键的作用。举例来说，科学家在海马中也发现了乙酰胆碱。海马是大脑中的一个区域，其作用是形成新的记忆。乙酰胆碱水平低与最常见的痴呆——阿尔茨海默病有关【连接学习目标 6.13】。对于拮抗剂和激动剂，后文将会详细介绍。

大脑中的另一种神经递质是多巴胺，它与其他神经递质一样，发挥的效应同样取决于位置。比方说，如果大脑某个部位释放的多巴胺太少，会导致帕金森病，演员迈克尔·福克斯（Michael J. Fox）正同这种病做斗争，曾经的拳击世界冠军穆罕默德·阿里（Muhammad Ali）也遭受了此种疾病的折磨（Almasay，2016；Ahlskog，2003）。如果大脑某个部位释放的多巴胺过多，导致的结果可能就是精神分裂症的症候群（Akil et al.，2003）【连接学习目标 14.13】。

在脑的下部发现的神经递质 5- 羟色胺，既有兴奋效应，也有抑制效应，这取决于突触的类型。它与睡眠、情绪和食欲有关。例如，5- 羟色胺水平低与抑郁有关【连接学习目标 14.9】。

尽管乙酰胆碱是首个被发现的对突触有兴奋效应的神经递质，但神经系统主要的兴奋性神经递质是谷氨酸。与乙酰胆碱一样，谷氨酸在学习和记忆过程中起着重要的作用，且与神经系统发育和突触可塑性（大脑改变神经元连接方式的能力）有关。但是，谷氨酸过多会导致活动过度和神经元损伤，这种损伤可能与卒中或脑损伤、阿尔兹海默病、亨廷顿病等退行性疾病后发生的细胞死亡有关（Julien et al.，2011；Siegelbaum et al.，2013）。

另一种神经递质是 γ- 氨基丁酸，或称为 GABA。谷氨酸是产生兴奋效应的主要神经递质，而 GABA 则是在脑中产生抑制效应的最常见的神经递质。GABA 能通过将受镇静剂和酒精影响的受体结合在一起等方式帮助缓解焦虑。酒精会增强 GABA 的效应，这会导致与醉酒有关的神经系统受到广泛的抑制。因此，酒精是 GABA 的激动剂【连接学习目标 4.13】。表 2-1 列举了一些神经递质及其功能。

表 2-1　一些神经递质及其功能

神经递质	功能
乙酰胆碱	兴奋或抑制；与记忆、觉醒和注意力以及肌肉收缩控制有关
去甲肾上腺素	主要为兴奋；与觉醒和情绪有关
多巴胺	兴奋或抑制；与运动控制和愉悦感有关
5- 羟色胺	兴奋或抑制；与睡眠、情绪、焦虑和食欲有关
γ- 氨基丁酸	主要的抑制性神经递质；与睡眠和运动抑制有关
谷氨酸	主要的兴奋性神经递质；与学习、记忆形成、神经系统发育和突触可塑性有关
内啡肽	抑制性神经调质；与疼痛缓解有关

此外，神经肽这种物质也可以发挥神经递质的作用，或者转化成影响其他神经递质效应的激素（Schwartz & Javitch, 2013）。你也许听说过一种神经肽，即内啡肽，它是身体内控制疼痛的化学物质。人受伤以后，发出疼痛信号的神经递质就会释放。大脑获得这一信息后，便会开始释放内啡肽。内啡肽与受体结合，打开轴突上的离子通道，使得细胞无法激活疼痛信号，因此痛感会最终减轻。例如，当你撞到了肘部，刚开始会觉得特别痛，但是痛感很快便会减轻。运动员在活动中可能会受伤，但只有在内啡肽水平降低时他们才会感觉到疼痛。

内啡肽的英文写作 endorphin，源于 endogenous morphine（内源性吗啡）。endogenous 的意思是"区域内天然具有的"，在此意为"体内自然产生的"。科学家在研究神经系统时发现了可以与吗啡分子完美结合的受点，于是，他们认为人体内一定存在一种性质与吗啡一样的天然物质。内啡肽的存在可以解释为什么海洛因和一些从鸦片提取的药物具有成瘾性——服用吗啡或海洛因后，身体会停止分泌内啡肽。当药物在体内代谢完后，身体便无法对抗疼痛，由此导致的后果非常严重。疼痛是导致大多数人想要使用更多海洛因的原因之一，而这导致了药物滥用的成瘾性循环【连接学习目标 4.11】。

💬 神经递质到达突触间隙并与受点结合，在完成任务后它们将会如何？

再摄取与酶：清理突触　在下一个刺激产生之前，神经递质会与受点分离。最终，少部分神经递质会通过扩散过程消失，而大部分神经递质则会回到突触小泡中，这一过程被称为**再摄取**（reuptake），就像一个小型吸入管将化学物质吸回突触小泡中。身体通过这种方式为下一次神经递质的释放清理突触。可卡因等药物可以通过阻断再摄取过程来影响神经系统。图 2-4 显示的是可卡因对多巴胺的机制影响。

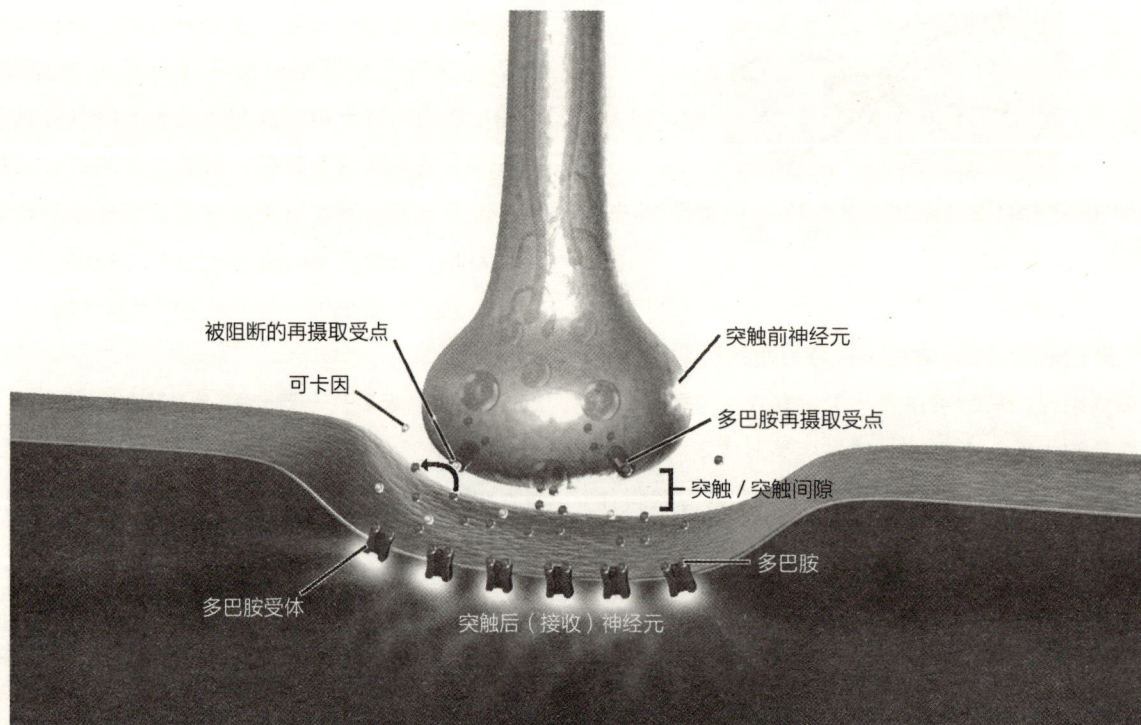

图 2-4　神经递质多巴胺的再摄取

不过在此过程中，有一种神经递质并没有回到突触小泡中，即乙酰胆碱。由于乙酰胆碱控制肌肉活动，而肌肉活动需要迅速且持续发生，因此无法等待"吸吮"的过程。因此，专门设计用来分解乙酰胆碱的酶可以对突触间隙进行快速清理，这一过程被称为**酶催降解**（enzymatic degradation）。有些酶也可以分解其他的神经递质。

💬 我认为自己已经了解了突触和神经递质，但怎样才能将这些知识与现实生活联系起来呢？

了解了药物如何及为何会影响我们，能帮助我们理解医生为什么会开一些特定的药物，也能了解为什么某些药物具有危险性，应该避免使用它们。各种药物的分子如果与神经递质的形状很像，它们就能像神经递质那样与接收神经元的受点结合，药物便能够成为激动剂或拮抗剂。激动剂是一种化学物质，能够模仿或增强神经递质在下一个细胞受点上的效应，导致接收细胞的活性增强或减弱（这取决于原始神经递质的效应是兴奋还是抑制）。如果原始神经递质是兴奋性的，激动剂就会增强兴奋效应。如果原始神经递质是抑制性的，激动剂就会增强抑制效应。此外，利用某种神经递质的神经元在神经系统中所处的位置进行调控，也是一种重要方式。

例如，一些抗焦虑药物（如地西泮）属于苯二氮䓬类药物【连接学习目标 15.10】，也是 GABA 的激动剂，而 GABA 是脑内重要的抑制性神经递质。某些大脑区域，包括杏仁核、眶额皮层和脑岛（LeDoux & Damasio，2013；Zilles & Amunts，2012），在控制焦虑、激动和恐惧方面发挥着重要作用。苯二氮䓬类药物通过增强 GABA 的抑制功能（Julien et al.，2011；Preston et al.，2008），能够直接减弱特定脑区的活动。

另一些药物可作为拮抗剂，即阻断或降低细胞对其他化学物质或神经递质产生反应的化学物质。尽管拮抗剂听上去只有抑制功能，但如果神经递质的拮抗效应本身就是抑制性的，那么实际上的效果则是使得正常情况下会被抑制的细胞活性增强，即拮抗剂阻断了抑制效应。

此外，有些药物会通过影响突触中神经递质的数量来发挥兴奋性功能或抑制性功能。它们通过干预常规的再摄取过程和酶催降解来发挥这种作用。神经递质 5- 羟色胺有助于调节人的情绪，但对有些人来说，正常的调节过程无法正常进行。一些用于治疗抑郁症的药物被称为选择性 5- 羟色胺再摄取抑制剂（SSRI），它们能阻断 5- 羟色胺的再摄取，使得更多的 5- 羟色胺与突触中的受点结合。数周之后，患者的情绪会得到改善。尽管这种情绪改善的原因并不像传统认为的那么简单（如认为 5- 羟色胺水平低等同于情绪低落），且人们对背后的机制也还未理解透彻，不过 5- 羟色胺再摄取抑制剂对抑郁症、焦虑和强迫症的确有治疗效果（Hyman & Cohen，2013；Julien et al.，2011；Stahl，2013）。

本节主要讲述了神经元之间进行联系的方式，下一节会将这一问题置于更大的框架内——神经系统本身。

概念地图 2.1～2.3

● 神经系统是一个细胞网络，向身体的所有部位传递信息；神经科学研究的是大脑结构和神经系统结构

神经元和神经

● 大脑由神经元和胶质细胞组成

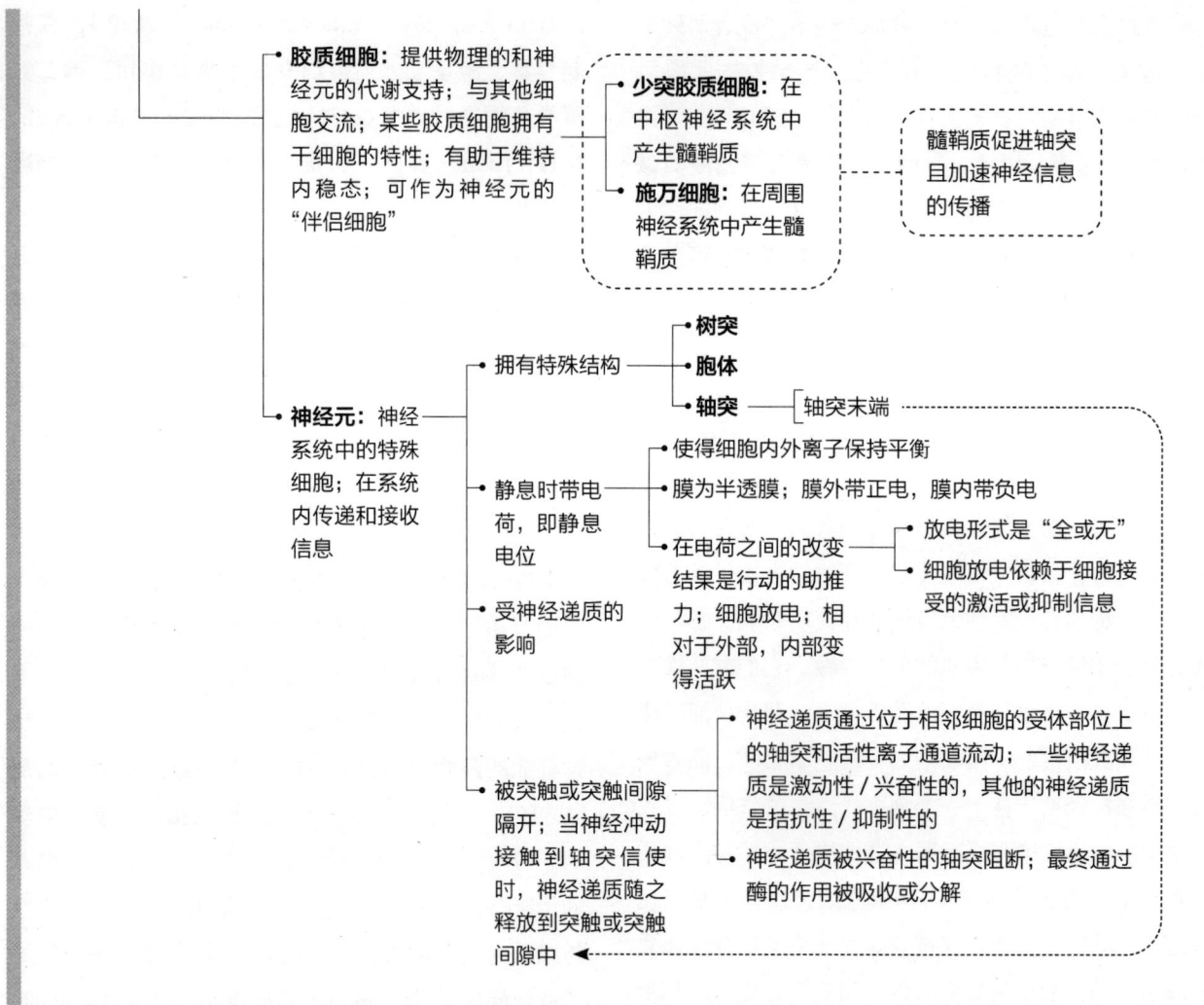

胶质细胞： 提供物理的和神经元的代谢支持；与其他细胞交流；某些胶质细胞拥有干细胞的特性；有助于维持内稳态；可作为神经元的"伴侣细胞"

- **少突胶质细胞：** 在中枢神经系统中产生髓鞘质
- **施万细胞：** 在周围神经系统中产生髓鞘质

> 髓鞘质促进轴突且加速神经信息的传播

神经元： 神经系统中的特殊细胞；在系统内传递和接收信息

- 拥有特殊结构
  - **树突**
  - **胞体**
  - **轴突** ── 轴突末端

- 静息时带电荷，即静息电位
  - 使得细胞内外离子保持平衡
  - 膜为半透膜；膜外带正电，膜内带负电
  - 在电荷之间的改变结果是行动的助推力；细胞放电；相对于外部，内部变得活跃
    - 放电形式是"全或无"
    - 细胞放电依赖于细胞接受的激活或抑制信息

- 受神经递质的影响

- 被突触或突触间隙隔开；当神经冲动接触到轴突信使时，神经递质随之释放到突触或突触间隙中
  - 神经递质通过位于相邻细胞的受体部位上的轴突和活性离子通道流动；一些神经递质是激动性 / 兴奋性的，其他的神经递质是拮抗性 / 抑制性的
  - 神经递质被兴奋性的轴突阻断；最终通过酶的作用被吸收或分解

随堂小考

1. 神经元的哪一部分将信息传递给其他细胞?
   - A. 轴突
   - B. 树突
   - C. 胞体
   - D. 髓鞘质

2. 以下哪项不属于胶质细胞的功能?
   - A. 绝缘轴突
   - B. 加速神经信息的传递
   - C. 保护神经纤维以防伤害
   - D. 帮助再摄取

3. 当神经元产生静息电位时，神经元内部____。
   - A. 带正电
   - B. 带负电
   - C. 同时带正电和负电
   - D. 呈中性

4. 神经递质从轴突末端传递到下一个树突，需要通过一个充满液体的空间，叫作____。
   - A. 突触
   - B. 神经元
   - C. 再摄取抑制剂
   - D. 胶质细胞

5. 黑寡妇蜘蛛的毒液是作为____来模仿乙酰胆碱的效应的。
   - A. 激动剂
   - B. 主要参与者
   - C. 拮抗剂
   - D. 胶质细胞

6. 以下哪种物质与疼痛缓解有关?
   - A. 乙酰胆碱
   - B. 5- 羟色胺
   - C. 谷氨酸
   - D. 内啡肽

神经系统

前面介绍了神经系统的细胞构成及其加工和交流信息的方式。图 2-5 显示了神经系统各个部分的组织方式，有助于理解所有不同的组成部分是如何协作来发挥作用的。

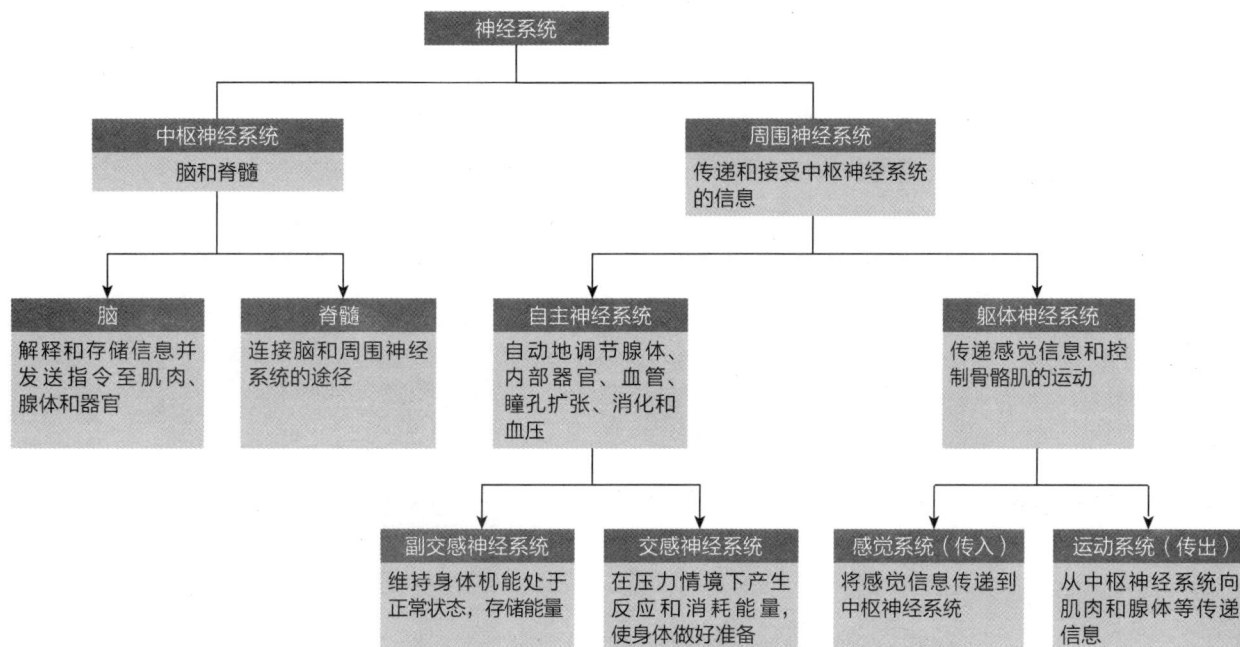

```
                          神经系统
              ┌──────────────┴──────────────┐
        中枢神经系统                      周围神经系统
         脑和脊髓                  传递和接受中枢神经系统
                                          的信息
      ┌──────┴──────┐          ┌──────────┴──────────┐
      脑          脊髓        自主神经系统            躯体神经系统
  解释和存储信息并  连接脑和周围神经  自动地调节腺体、      传递感觉信息和控
  发送指令至肌肉、  系统的途径      内部器官、血管、      制骨骼肌的运动
  腺体和器官                    瞳孔扩张、消化和
                              血压
                      ┌────────┴────────┐  ┌──────────┴──────────┐
                  副交感神经系统    交感神经系统  感觉系统（传入）  运动系统（传出）
                  维持身体机能处于  在压力情境下产生  将感觉信息传递到  从中枢神经系统向
                  正常状态，存储能量  反应和消耗能量，  中枢神经系统    肌肉和腺体等传递
                                使身体做好准备                信息
```

图 2-5　神经系统总览

中枢神经系统：中央处理单元

2.4　描述脑和脊髓的相互作用及二者对外界刺激的反应

中枢神经系统（central nervous system，CNS）包括脑和**脊髓**（spinal cord），二者都是由神经元和胶质细胞组成的，控制着机体的生命维持功能以及思维、情感和行为。

脑　脑是神经系统的核心，能赋予感觉信息意义、做决定、发送命令至肌肉和身体其他部位。脑的不同区域指挥着人体在接收信息后做出合适的反应，此外还负责认知和思想，包括学习、记忆和语言。本章的后续部分将更具体地探讨脑。现在需要知道的是，脑被分成不同的区域，每个区域都有重要的功能。尽管不同区域的神经元的工作方式大同小异，但真正影响脑特定区域的多种功能的，其实是细胞群与大脑其他部位的连接以及脑与神经系统其他部分的连接，此外还有我们的经历（Amaral & Strick，2013；Heimer，1995；Squire & Kandel，2009）。

脊髓　脊髓是一束神经元的集合，对神经系统有重要作用。图 2-6 显示的是脊髓的横截面。它看上去好像被分成了两个部分：外周的浅色部分和中央的深色部分。如果是真的脊髓，外周部分看上去呈白色，中央部分呈灰色。这是因为外周部分主要由轴突和神经构成，二者都呈白色，而中央部分主要由神经元胞体构成，胞体呈灰色。外周部分的功能是将躯体接收的信息传递给脑并将脑发送的信息传递给躯体。这类似于一个简单的信息通道。

中央部分由胞体构成，被胶质细胞分开，实际上它是"脑"的一个原始类别。这一部分的脊髓的作用是负责特定的反射——迅速且生死攸关的反射。要想理解脊髓的反射机制，有 3 种基本的神经元需要了解：**传入（感觉）神经元**（afferent/sensory neuron），将感觉信息传递至脊髓；**传出（运动）神经元**（efferent/motor neuron），将脊髓的信息传递至肌肉和腺体；**中间神经元**（interneuron），连接感觉神经元和运动神经元，同时也是脊髓的中央部分和脑的构成部分（见图2-6）。例如，用手指碰火苗或烫的火炉时，传入神经元会将疼痛信息传递至脊柱，疼痛信息通过脊柱进入脊髓的中央部分。随后，中央部分的中间神经元会接收到这一信息并沿传出神经元发出反应，人就会缩回手指。这一过程发生得非常迅速。在做出反应之前，如果疼痛信息必须沿着各种途径进入脑，那么反应时间就会明显延长，会对手指造成更大的伤害。所以，由于脊髓单独控制的此类**反射弧**（reflex arc）的存在，反应时间非常快。最终，疼痛信息会进入脑，使得其他运动反应被激发，如发出"哎呀！"的声音并将手指放进嘴里。

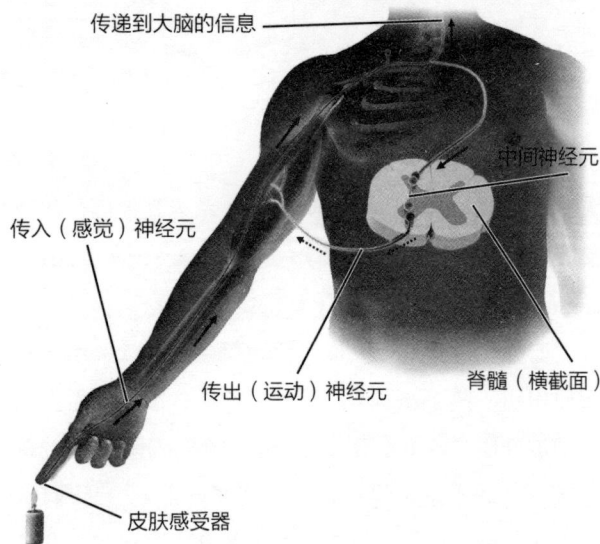

图2-6　脊髓反射

点燃的蜡烛火焰导致的疼痛感激活传入神经纤维，并将信息传递给脊髓中央的中间神经元。随后，中间神经元通过传出神经纤维发送信息，促使手迅速抽离。

中枢神经系统损伤、神经可塑性和神经发生　中枢神经系统损伤曾被认为是永久性的。脑和脊髓中的神经元好像无法进行自我修复。例如，人们曾认为，

卒中的恢复源于健康的脑细胞取代了损伤的脑细胞的功能。如今，科学家都认为，某些中枢神经系统损伤能够通过身体系统进行修复，最近几年，脊髓损伤修复也有了长足的进步。脑实际上有很强的**神经可塑性**（neuroplasticity），可以改变脑中很多细胞的结构和功能，从而对身体的创伤或经历做出反应（Neville & Bavelier，2000；Rossini et al.，2007；Sanders et al.，2008）。例如，当人们在生活中学习新事物时，至少大脑某些区域内的树突会生长，新的突触会形成（Sanes & Jessell，2013a，2013b）。

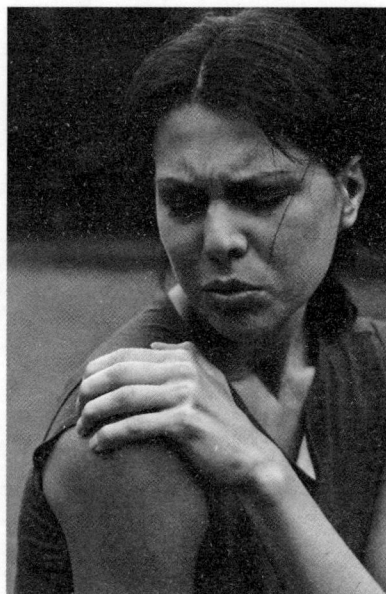

图中这位年轻女士的面部表情清楚地表明，她的肩膀疼痛。疼痛是一种警示信号，表明身体出了问题。那么，从来感觉不到疼痛的人会遇到什么问题呢？

另外，大脑也会通过**神经发生**（neurogenesis）进行改变。神经发生是指新的神经元形成。它是神经系统发育过程中相当重要的一步。神经发生最剧烈的阶段发生在出生前。尽管之后的神经发生的剧烈程度不如这一阶段，但大多数哺乳动物将会持续不断地产生新的神经元，直到成年，这些神经元主要产生于海马和嗅球中。但人类是一个例外：随着年龄增长，我们的嗅球中不会产生任何新的神经元（Bergmann et al.，2012）。不过，在成年阶段，我们的海马中仍然

会产生新的神经元，但产生的数量会随年龄增长出现轻微的下降（Spalding et al.，2013）。最近，研究人员发现了有力但初步的证据，证明成年人的纹状体中仍然存在着神经发生（Ernst et al.，2014；Ernst & Frisen，2015）。纹状体是一个重要脑区，与运动控制、自主活动和其他功能相关。

科学家正在探索促进神经发生以及神经可塑性的方法。致力于脊髓损伤修复的科学家尝试着运用参与新神经元发育和存活以及维持已生成神经元（Harvey et al.，2015）的特殊蛋白质。也有研究人员在探索将周围神经系统的施万细胞移植到中枢神经系统，用以辅助治疗脊髓损伤（Deng et al.，2013）。

研究人员一直在探索修复大脑的新方法，其中一条路径就是探究将**干细胞**（stem cell）移植到受损或病变的脑组织中。干细胞可以转变成体内的各种细胞，或许它在治疗帕金森病和阿尔茨海默病以及修复受损的脊髓和脑组织方面有不错的前景。如果将干细胞移植到大脑受损区域，新生的神经元可以承担受损神经元无法发挥的功能。除了移植，也有研究人员正探索利用电刺激来激活干细胞的可行性（Huang et al.，2015）。

另外，科学家也想方设法促进神经发生和神经可塑性，以帮助神经系统的恢复，同时还探索了其他众多的领域，如睡眠、认知训练、药物干预和体育活动。动物研究表明，持续的有氧运动可以促进海马内的神经发生，至少有一部分在基因层面从有氧运动中获益的倾向（Nokia et al.，2016）。体育运动也有益于神经可塑性（Mueller et al.，2015；Prakash et al.，2015）。睡眠也是一个重要因素。在被试进行某些特定的学习过程后的睡眠阶段，研究人员通过记录被试的脑电波活动变化发现，睡眠阶段的脑电波变化与一些心理障碍症状的脑电波变化相似（Tesler et al.，2016；Wilhelm et al.，2014）。

尽管表观遗传并不是一种康复手段，但一些研究正在探索神经可塑性和神经系统功能如何受到它的影响，也有研究人员正在研究基因与影响基因表达的环境因素之间的交互作用。这些环境因素包括物理环境、营养状况和生活经历。我们无法逆转时间，但新的生活经历可以塑造我们的大脑，改变我们未来的行为，影响我们的复原力和应对生活挑战的能力（Caldji et al.，1998；Goossens et al.，2015；McEwen et al.，2015；Tammen et al.，2013）。

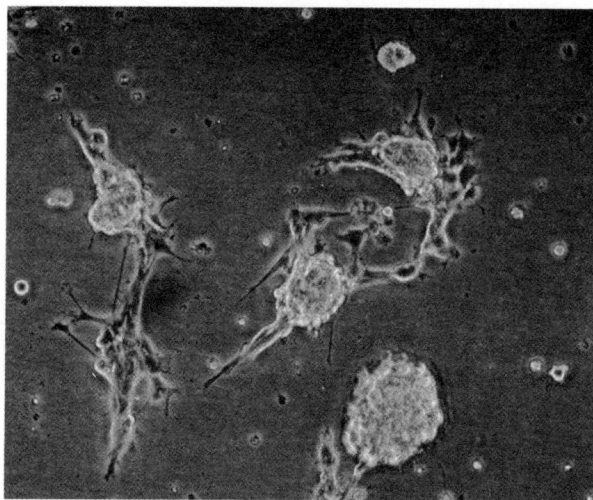

该电子显微照片显示的是干细胞转化成神经元的过程。

周围神经系统：边缘的神经

2.5　了解躯体神经系统和自主神经系统的差异

💬 中枢神经系统是如何与身体其他部位相联系的？

组成**周围神经系统**（peripheral nervous system，PNS）的神经或神经元在脑和脊髓中并不存在（见图 2-7，也可见图 2-6）。"周围"一词指的是未处在中央或处在中央的边缘。正是于是周围神经系统的存在，脑和脊髓才能与眼睛、耳朵、皮肤和嘴的感觉系统相联系，并且能够控制肌肉和腺体。周围神经系统分为两个主要部分：**躯体神经系统**（somatic nervous system，SNS）和**自主神经系统**（autonomic nervous system，ANS）。前者包含控制随意肌的神经，后者包含控制不随意肌、器官和腺体的神经。

躯体神经系统　躯体神经系统由**感觉通路**（sensory

pathway）和**运动通路**（motor pathway）构成。前者由将感觉信息传递到中枢神经系统的神经（包含传入神经元）组成，后者则由将中枢神经系统的信息传递到身体的随意肌或骨骼肌的神经（由传出神经元构成）构成。人们行走、举手、闻花香、将视线转向正在交谈的人或看优美的图片时使用的就是躯体神经系统。

尽管一些肌肉被称为随意肌，但当反射反应发生时，它们仍然可以不由自主地运动。之所以被称为随意肌，是因为这些肌肉受意识的控制，但又不局限于这种运动。

而不随意肌，如组成心脏、胃、肠及肾上腺和胰腺等腺体的肌肉，都受脊柱内部或脊柱附近的神经元控制。脊柱内部的神经元属于中枢神经系统而非周围神经系统，而脊柱附近的大量神经元则构成自主神经系统。

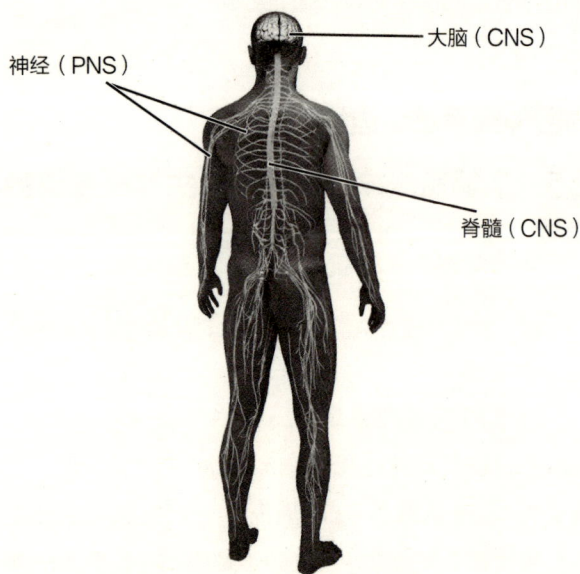

图 2-7　周围神经系统

自主神经系统　"自主"一词意味着该系统的功能或多或少地呈现出自动性，这种说法基本上是正确的。自主神经系统分为两个部分：**交感神经系统**（sympathetic division）和**副交感神经系统**（parasympathetic division），见图 2-8。

交感神经系统　交感神经系统主要位于脊柱的中央——从胸腔近顶端至腰部。可以通过以下表达方式更简单地理解"交感神经"这一术语：交感神经系统主要负责"声援"你的情绪。事实上，交感神经系统通常被称为"战斗或逃跑系统"，它能帮助人和动物应对各种应激事件【**连接**学习目标11.4】。在这类事件中，人的情绪感受可能表现为愤怒（因此要准备"战斗"）或恐惧（因此要"逃跑"），或表现为很愉快或很兴奋——愉快也属于应激。交感神经系统的作用是让身体做好处理应激的准备。许多人在一生中至少会遇到一次"战斗或逃跑"的经历。

那么，交感神经系统是通过哪种途径让身体做好准备的呢？

如图 2-8 所示，瞳孔看上去会变大，也许是为了让更多的光线进入，以获取更多的信息。心脏越跳越快、越跳越有力，使得血液从皮肤等非关键性器官离开，所以一开始人会变得苍白；有时血液甚至会离开大脑，此时，人可能会头晕。在进入肌肉前，血液需要大量的氧气，因此肺过度负荷，人可能会呼吸加快。特定的腺体会接受特别的指令。例如，肾上腺一旦被激活，就会释放与应激有关的化学物质进入血流，其中的一大类化学物质是激素。这些应激激素会流向身体的各个部位，但只会影响特定的靶器官。与神经递质和细胞的受点相结合一样，应激激素的分子会与不同靶器官的受点结合，尤其是心脏、肌肉和肺，以激活这些器官，使它们能更好地运行。

但并非所有器官或系统都能被交感神经系统活动激活。例如，在处理应激情况时消化食物和排泄废物并不重要，因此这些系统会被关闭或抑制。消化时，唾液会迅速变干，胃里的食物通常会堆积在一起。在这种情况下，人们通常不会内急，但如果一个人感到十分恐惧，他的膀胱或肠道可能会排空，这就是为什么人在极度应激的情况下死亡时，如缢死或电死，人会排尿或排便。此外，交感神经系统还需要身体消耗大量的能量或血糖。

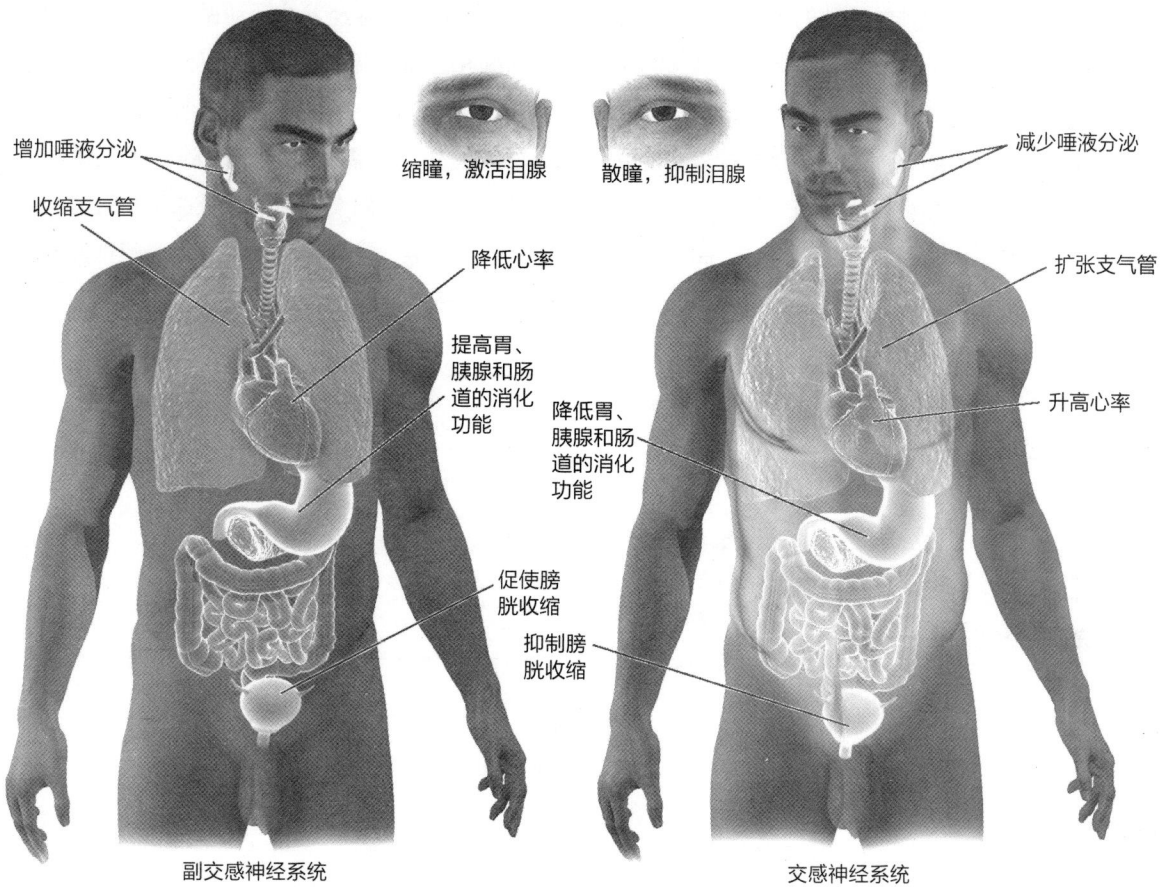

增加唾液分泌

收缩支气管

缩瞳，激活泪腺

散瞳，抑制泪腺

减少唾液分泌

降低心率

扩张支气管

提高胃、胰腺和肠道的消化功能

降低胃、胰腺和肠道的消化功能

升高心率

促使膀胱收缩

抑制膀胱收缩

副交感神经系统

交感神经系统

图 2-8　副交感神经系统和交感神经系统的功能

　　所有这些生理唤醒都发生在应激情况下。一旦应激结束，交感神经系统的活动就会被副交感神经系统的活动取代。如果应激持续时间过长或过于强烈，人可能会瘫倒，就像鹿在被其他动物追捕时可能会瘫倒一样。瘫倒源于副交感神经过度响应交感神经活动的抑制，这种情况下，心跳减慢，血管扩张，颅内压降低，就会导致晕厥，继而瘫倒。

　　副交感神经系统　交感神经系统如果被称作"战斗或逃跑系统"，那么副交感神经系统可以被称作"吃－喝－休息系统"。该系统的神经元位于脊柱的顶部和底部，而交感神经系统的任何一边都有神经元。副交感神经系统的英文写作 parasympathetic division，其中的 para 的意思是"上方的，靠近的"，此处是指它位于交感神经系统的神经元边缘。

对很多人来说，在公共场合演讲都很有压力。此时，演讲者的自主神经系统的哪一部分最有可能在高速运行？

在图 2-8 中，副交感神经系统的作用似乎与交感神经系统相反，但实际上也不是那么简单。副交感神经系统的作用是促使身体在应激结束后恢复正常功能。心跳和呼吸减缓，瞳孔缩小，消化和排泄功能恢复。向肾上腺发送的信号会停止，因为副交感神经系统与肾上腺没有联系。从某种意义上来说，副交感神经系统使得身体消耗的能量得以恢复，这就是为什么人在应激之后通常会感到饥饿。

除了对交感神经系统活动做出反应外，副交感神经系统在大部分普通、日常的躯体功能中也起着作用，如规律性的心跳和平时的呼吸与消化。在一天的 24 小时之中，人需要花很多时间吃喝、睡觉、消化和排泄，因此，副交感神经系统通常是被激活的。在特定的情况下，交感神经系统或副交感神经系统会决定人是处于唤醒状态还是放松状态。

概念地图 2.4～2.5

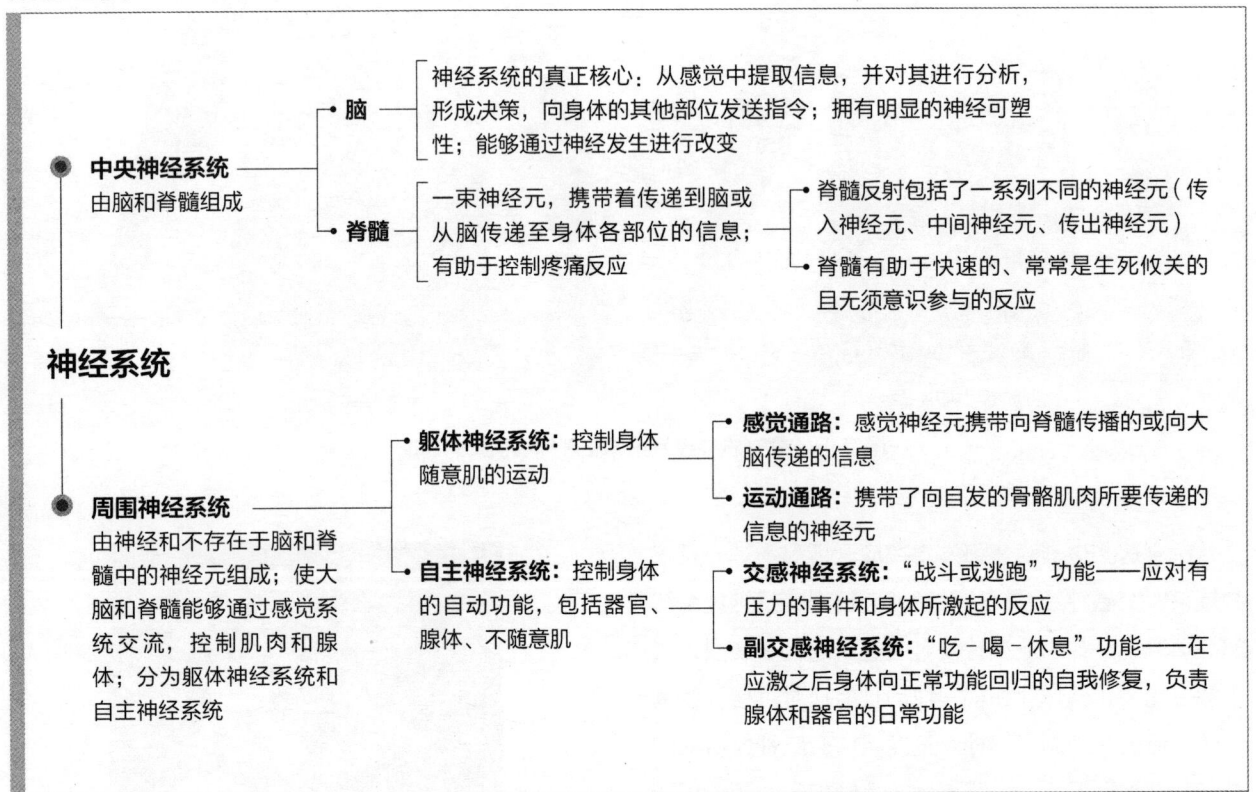

神经系统

中央神经系统
由脑和脊髓组成

- **脑** —— 神经系统的真正核心：从感觉中提取信息，并对其进行分析，形成决策，向身体的其他部位发送指令；拥有明显的神经可塑性；能够通过神经发生进行改变

- **脊髓** —— 一束神经元，携带着传递到脑或从脑传递至身体各部位的信息；有助于控制疼痛反应
  - 脊髓反射包括了一系列不同的神经元（传入神经元、中间神经元、传出神经元）
  - 脊髓有助于快速的、常常是生死攸关的且无须意识参与的反应

周围神经系统
由神经和不存在于脑和脊髓中的神经元组成；使大脑和脊髓能够通过感觉系统交流，控制肌肉和腺体；分为躯体神经系统和自主神经系统

- **躯体神经系统**：控制身体随意肌的运动
  - **感觉通路**：感觉神经元携带向脊髓传播的或向大脑传递的信息
  - **运动通路**：携带了向自发的骨骼肌肉所要传递的信息的神经元

- **自主神经系统**：控制身体的自动功能，包括器官、腺体、不随意肌
  - **交感神经系统**："战斗或逃跑"功能——应对有压力的事件和身体所激起的反应
  - **副交感神经系统**："吃－喝－休息"功能——在应激之后身体向正常功能回归的自我修复，负责腺体和器官的日常功能

随堂小考

1. 如果你触摸热炉，脊髓会提示你缩手，而不用将信息一直发送到脑。这是科学家所称的____。
   A. 反射弧　　　　　　B. 神经可塑性
   C. 副交感神经系统　　D. 交感神经系统

2. 在响应创伤、损伤甚至学习时，脑细胞结构和功能的改变过程是什么？
   A. 轻度损伤　　　　　B. 重度损伤

   C. 细胞再生　　　　　D. 神经可塑性

3. 感觉通路的神经元包含____。
   A. 传出神经元
   B. 传入神经元
   C. 传出神经元和传入神经元
   D. 随意肌纤维

4. 伊冯娜能够触及并拿起书本，很大程度上依赖于

____神经系统中的____通路的功能。

A. 躯体；感觉　　　　B. 躯体；运动

C. 周围；自主　　　　D. 自主；副交感神经

5. 发生车祸时，以下哪一系统会变得活跃？

A. 交感神经系统　　　B. 副交感神经系统

C. 躯体神经系统　　　D. 运动神经系统

内分泌腺：遥远的连接

💬 腺体如何参与到整个系统的活动中？除了肾上腺之外，还有其他腺体吗？如果有，它们如何影响我们的行为？

前面的内容已经介绍了神经元和神经递质，以及神经递质如何被释放到突触中与突触后神经元进行信息交流。这种化学信息交流具有很高的特异性，会对邻近的神经元产生重要的影响，这种影响迅速且直接。其他的一些结构也能利用化学物质进行信息交流，它们的反应速度并没有这么快，但影响范围更广。举例来说，唾液腺和汗腺等腺体分泌的化学物质会通过微型管道或导管直接进入身体组织。这类腺体属于外分泌腺，会影响身体机能，但并不会影响行为。**内分泌腺**（endocrine gland）则没有管道，分泌的化学物质会直接进入血液（见图 2-9）。内分泌腺分泌的化学物质被称为**激素**（hormone）。与前文提到的交感神经系统一样，激素会进入血液，随血液流向靶器官。这些分子与靶器官上的受体结合，然后发挥作用，影响行为。与突触交流相比，内分泌交流总体上更慢，因为在这个过程中激素需要迁移到靶器官上，因此它们影响的行为和反应可能要在数小时、数周，甚至数年后才能显现出来。

激素会通过控制肌肉、器官和其他腺体来影响行为和情绪。一些情绪理论表明，某些激素的激增会诱发情绪反应【连接学习目标 9.9】。一些内分泌腺分泌的激素还会影响脑的活动，产生兴奋或抑制效应（Schwartz & Javitch，2013）。

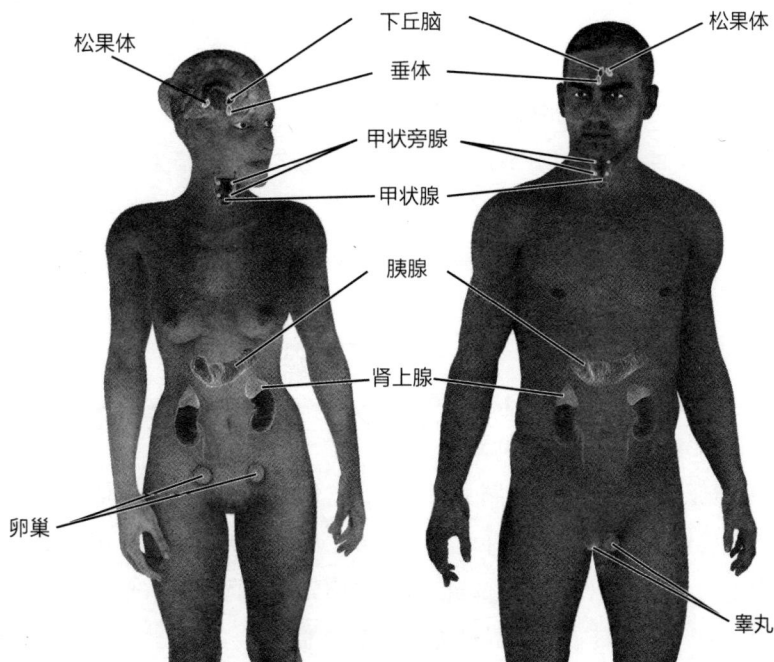

图 2-9　内分泌腺

内分泌腺会直接将激素分泌到血液中，血液将激素运输到相应的器官，如心脏、胰腺和性器官。

垂体：激素的主人

2.6　解释垂体被称为"主宰腺"的原因

　　垂体（pituitary gland）位于脑中，下丘脑的正下方。下丘脑通过影响垂体来控制腺体系统，因为垂体是主宰腺，控制或影响着所有其他的内分泌腺。

　　垂体的某些部分会分泌一些激素，能影响其他腺体的活性，其中最重要的是生长激素，它能控制和调节人从婴儿到成人的成长，也能刺激性腺（卵巢和睾丸）释放雌激素或雄激素，而这又会影响生殖器官的发育和功能、青春期第二性征的发育以及一般的生殖行为【**链接**学习目标 10.1】。随着年龄的增长，男性和女性体内的性激素水平改变会导致认知变化。研究发现，老年男性雄激素水平低与认知能力下降之间存在相关性（Hsu et al.，2015）；而对女性而言，在绝经后有限的时间内进行激素治疗，可能会降低生命后期患轻度认知障碍的风险（Scott et al.，2012）。

　　此外，垂体还与妊娠和体内水含量的控制有关。

　　批判式思考　有人认为服用人类生长激素补充剂有助于逆转衰老的影响。如果真的如此，你希望在新闻媒体或医学期刊上看到什么？你期望这种补充剂如何上市销售？

　　控制怀孕各个方面的激素被称为**催产素**（oxytocin），它以多种方式参与生殖和教养行为。催产素能刺激分娩时子宫收缩——oxytocin 一词源于希腊语 oxys（快速）和 tokos（分娩）。注射催产素通常被用来诱导或加速分娩。催产素也控制溢乳反射，包括乳腺细胞的收缩以释放供养哺乳期婴儿的乳汁。控制体内水含量的激素被称为加压素，它实质上是一种抗利尿剂，可帮助人体储存水。

　　催产素有时也被称为"爱的激素"或"信任激素"，正在引发大量研究。虽然科学家已经证明催产素和加压素在田鼠等动物的社会纽带形成中发挥着作用，但二者在人类社会行为中的确切作用仍处于研究之中（Ferguson et al.，2001；Lim & Young，2006；Miller，2013；Stoesz et al.，2013；Winslow et al.，1993）。

　　事实上，从对受体基因的研究到对社会行为的直接影响，催产素和加压素都引起了广泛的关注（Donaldson & Young，2008；Poulin et al.，2012；Scheele et al.，2012）。有研究表明，一夫一妻制关系中的男性在使用催产素后的初次约会中，更有可能与有吸引力的女性保持较远的距离（Scheele et al.，2012）。该研究结果表明，催产素可能有助于异性恋一夫一妻制中的男性对伴侣保持忠诚。

　　其他证据表明，催产素在不同条件下对不同个体可能具有不同的作用。例如，接受催产素鼻腔给药后，社交能力较差的男性在共情准确度方面的表现会变好，而社交能力较强的男性则没有变化（Bartz et al.，2010）。鉴于人们越来越关注催产素在治疗多种影响社会行为的精神异常行为（如孤独症、社交焦虑）上的潜在作用，研究人员需要意识到催产素在不同的情况下对不同个体可能会产生的不同影响（Bartz et al.，2011）。催产素的影响取决于人们对他人的看法以及对建立紧密社会关系的看法（Bartz et al.，2015）。一些研究人员还认为，除了研究最多的亲社会影响之外，催产素可能会增加社交刺激对个体的重要性。因此，催产素的给药与攻击性反应的增加有关（Ne'eman et al.，2016）。

其他内分泌腺

2.7　了解内分泌腺的功能

　　作为主宰腺，垂体是反馈系统非常重要的组成部分，反馈系统还包括下丘脑和众多激素的靶器官。整个内分泌系统的激素平衡是靠各个器官相互之间的反馈来维持的。

　　松果体　松果体（pineal gland）位于大脑中，

脑干的正上方，在多种生物节律中起重要作用。松果体可以分泌褪黑素，该激素有助于"追踪"日长和季节变化，它还会影响某些动物的季节性行为，如繁殖和蜕皮。对人类而言，褪黑素在调节睡眠－觉醒周期方面发挥着更大的影响【连接 学习目标 4.3 】。

甲状腺 甲状腺（thyroid gland）位于颈内部，分泌调节生长和代谢的激素，其中一种叫作甲状腺激素，它可以调节人体的新陈代谢。此外，甲状腺在身体发育和大脑发育方面也起着关键作用。

胰腺 胰腺（pancrea）通过分泌胰岛素和胰高血糖素来控制体内血糖水平。胰腺分泌的胰岛素过少，会导致糖尿病；分泌的胰岛素过多，会导致低血糖，患者在任何时候都感到饥饿，继而导致肥胖【连接 学习目标 9.6 】。

生殖腺 生殖腺（gonad）即性腺，包括女性的**卵巢**（ovary）和男性的**睾丸**（testis）。生殖腺分泌调节性行为和生殖的激素，但并不控制所有的性行为。确切地说，脑本身是性系统的主导——人类的性行为并不像动物那样全由本能和腺体活动控制，它还受吸引力等心理因素的影响【连接 学习目标 10.1 】。

肾上腺 每个健康人都有两个**肾上腺**（adrenal gland），位于肾脏的上方。每个肾上腺分为两部分：肾上腺髓质和肾上腺皮质。当人处于应激状态时，肾

上腺髓质会释放肾上腺素和去甲肾上腺素，以唤醒交感神经系统。肾上腺皮质能产生 30 多种激素，这些激素被统称为肾上腺皮质激素，也被称为类固醇，它们能调节盐类的吸收，帮助启动和控制应激反应，也是除性腺分泌之外的性激素来源。最重要的肾上腺激素之一是皮质醇，通常在身体体验应激时释放，包括生理应激，如疾病、手术、冷热刺激，以及心理应激，如心情低落。皮质醇的重要性在于能在应激时帮助释放葡萄糖进入血液，为脑提供能量，并能促进脂肪细胞分泌脂肪酸，为肌肉提供能量。

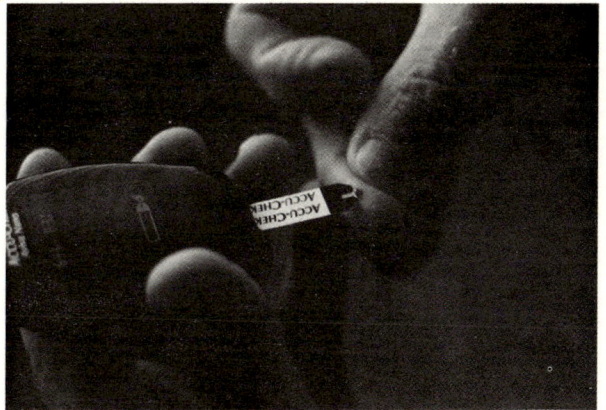

当胰腺无法分泌足够的胰岛素时，就会导致糖尿病。糖尿病患者必须密切关注自己的血糖水平。有些患者每天测血糖不止一次，而有些患者仅需一周测几次。使用图中的设备检测血糖比前些年要容易得多，患者的痛苦程度也大大减轻了。

概念地图 2.6 ~ 2.7

腺体：身体中分泌化学物质的器官；一些腺体影响身体功能而非行为；其他腺体对身体和行为都具有广泛的影响

内分泌腺：遥远的连接

内分泌腺：向血液分泌的化学物质被称为激素；通过影响大脑活动而影响行为和情绪，同时还起到控制肌肉和心脏、胰腺、性器官等器官活动的作用

- 垂体
- 松果体
- 甲状腺
- 胰腺
- 生殖腺
- 肾上腺

随堂小考

1. 梅利莎患有糖尿病。她会定期查血，以确保血糖水平不会过高或过低。内分泌系统中哪种腺体负责调节血糖水平？

　　A. 胰腺　　　　　　　　B. 垂体

　　C. 甲状腺　　　　　　　D. 肾上腺

2. 安德鲁个子不高。医生告诉他的父母，由于他的____没有分泌足够的生长激素，导致他个子矮小。

　　A. 垂体　　　　　　　　B. 肾上腺

　　C. 甲状腺　　　　　　　D. 胰腺

3. 尽管催产素与爱和信任等多种亲社会行为有关，但一些研究人员认为，对于人类，催产素实际上可能会增加____。

　　A. 心率和共情　　　　　B. 一些社会刺激的重要性

　　C. 负性配对　　　　　　D. 社会懈怠

4. 哪种腺体支配着内分泌系统的其他部分？

　　A. 生殖腺　　　　　　　B. 胰腺

　　C. 松果体　　　　　　　D. 垂体

◉ 窥视大脑

科学家不能确定活人的颅骨内脑组织的真实外观，也不能确定其外观与解剖桌上的大脑是否相同。那么，科学家如何才能知道大脑是完好无损还是部分缺失或损坏，以及大脑各个部分的功能又是什么？

研究大脑特定区域的方法

2.8　解释通过损伤和脑刺激来研究大脑的原理

研究人员能够通过意外损坏的大脑或有意操纵大脑组织来了解大脑；在适当的情况下，还可以通过损伤或刺激方法来实现。

损伤　了解各个脑区的功能的一种方法是研究动物或研究脑区受损的人。动物研究可能需要研究人员有意破坏动物大脑的一部分，然后对动物进行测试，以观察其能力的变化。在此类实验中，对动物进行麻醉并注射止痛药后，可以通过外科手术将一根电极插入动物的大脑之中，然后通过导线尖端发送足以杀死靶向神经元的电流。此过程被称为**损伤**（lesioning）。

当然，研究人员无法破坏活人的大脑，但他们可以研究和测试脑损伤的人。不过，这不是研究大脑的理想方法。没有哪两个个案研究会出现同一脑区的损伤，也不会出现完全相同的损伤面积。

脑刺激　脑刺激与损伤相反，它是研究大脑的一种危害较小的方法，主要通过电刺激暂时破坏或增强特定脑区的正常功能，以研究行为或认知的变化。刺激特定脑区的过程与损伤的过程几乎相同，但其电流要温和得多，对神经元没有损害。它确实会使神经元做出反应——就像收到信息一样。这被称为脑电刺激（ESB），它已成为心理学领域的一项重要技术，它在动物及特殊情况下的人类，身上的运用，如手术前对癫痫发作的患者进行测试，已为我们提供了众多研究领域的信息，包括新的治疗方向。

侵入性技术：从内部进行刺激　已有研究证明，深层脑刺激（DBS）这种特定类型的脑电刺激对治疗人类某些疾病非常有效。在进行深层脑刺激的过程中，神经外科医生会将电极置于特定的深层脑区，然后将电极线路接到类似起搏器的脉冲发生器上，该设备可以通过外科手术植入锁骨下。脉冲发生器会将脉冲发送到植入的电极，以刺激特定脑区。深层脑刺激已被广泛用于帕金森病的治疗，并且可能在癫痫发作、慢性疼痛和某些精神疾病中起重要作用（Fisher et al., 2010; Rabins et al., 2009; Weaver et al., 2009）。此外，通过深层脑刺激治疗特定疾病，研究人员可了解深层脑刺激对大脑可能产生的其他影响，如对个人情绪或记忆的影响。应当指出，深层脑刺激等侵入性技术通常仅在所有非侵入性治疗均无效或不良反应明显的情况下才可使用。例如，有研究人员正在研究深层脑刺激在其他治疗均无效的神经性厌食治疗中的效果（Lipsman et al., 2013）。

光控遗传修饰技术是大脑刺激研究中最新、发展最快的领域之一，可以通过光而不是电来激活神经元。尽管目前科学家仅在动物模型中使用这一技术，但它已被广泛用于各个领域，用来增强我们对大脑、认知和行为的理解（Burguière et al., 2013; Miocinovic et al., 2013）。此外，该技术不仅被用于完善现有的深层脑刺激方法，而且还与功能性磁共振成像等其他方法结合，以进一步增强我们对正常行为和异常行为中的脑功能的理解（Creed et al., 2015; Ferenczi et al., 2016）。

非侵入性技术：从外部进行刺激　多种刺激脑的非侵入性技术都可以促进研究和对大脑的了解。经颅磁刺激（TMS）通常会使用被置于头部上方的特殊铜线圈将电磁脉冲施加于大脑皮层。产生的磁场会刺激大脑皮层目标区域的神经元。当以重复方式施用脉冲时，会产生更持久的刺激，被称为重复经颅磁刺激（rTMS）。另一种是经颅直流电刺激（tDCS），这种技术通常使用头皮电极将极低幅值的直流电传递至大脑，以改变电极正下方的皮层神经元的兴奋性。

重复经颅磁刺激和经颅直流电刺激都被评为认知研究的研究工具，如记忆提取和决策制定（Boggio et al., 2010; Boggio et al., 2009），并作为包括创伤后应激障碍在内的多种心理障碍以及因卒中而导致的抑郁和身体不适的可能性治疗方法（Boggio, Rocha, et al., 2009; Nitsche et al., 2009; Williams et al., 2010）。

需要牢记的是，刺激大脑皮层可能促进特定的功能或行为，但同时也可能会损害其他功能或行为。例如，如果某人正从 1 数到 20，对其大脑运动皮层的相应区域给予刺激，那么这个人的言语就会受到干扰，而刺激额叶的其他区域可能会帮助这个人更好地数数。此外，大脑中存在广泛的联系，因此刺激某个脑区可能会影响其他脑区。在某项研究中，对左侧前

额叶皮层的抑制性刺激引起了前额叶皮层左右两侧的血液氧合减少（Tupak et al., 2013）。

需要注意的是，经颅直流电刺激与电休克疗法（ECT）不同，后者是对整个大脑施加更高水平的电流，从而引发癫痫发作及与抑郁症有关的大脑中化学物质的变化，从而达到治疗的目的【连接学习目标15.11】。

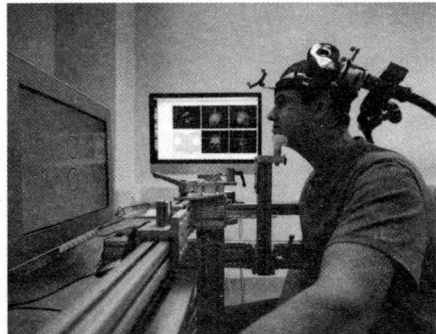

图中这位男士正参与一项与重复经颅磁刺激有关的研究。此过程会使用电磁脉冲来刺激大脑皮层的特定区域。重复经颅磁刺激既用于认知研究，也用于探索各种心理障碍的新潜在疗法。

神经成像技术

2.9　了解多种神经成像技术在呈现大脑结构和功能方面的区别

虽然所有刺激方法都会产生有关大脑和行为的重要信息，但它们无法让我们看到整个大脑的状况，取而代之的是各种神经成像技术，如我们可以通过直接对大脑结构或功能进行成像来实现。不过，这些技术的空间分辨率（查看空间细节的能力）和时间分辨率（对记录的事件进行时间锁定的能力）的程度各有不同。

描绘结构　如前所述，除了观察人的行为外，科学家必须等到人死后，才能彻底调查人的大脑是否发生变化或受损。幸运的是，现代神经成像技术已经可以使我们在人活着时对其大脑结构进行成像。

电子计算机断层扫描　有几种方法可以在观察人脑内部时不会对人造成伤害。一种方法是在计算机的辅助下拍摄一系列大脑 X 光片。这是在**电子计算机断层扫描**（computed tomography，CT），即通过计算

机绘制大脑"切片"期间完成的。CT 扫描可显示卒中损伤、肿瘤、受伤和脑部异常结构（见图 2-10a）。当身体中存在金属（如子弹或手术夹）时，CT 扫描可用来进行结构成像，用于对可能的颅骨骨折进行成像（见图 2-10b）。

磁共振成像　与 CT 扫描一样，**磁共振成像**（magnetic resonance imaging，MRI）可以对颅骨进行成像，但不能显示出大脑中很小的细节。相对较新的磁共振成像技术则可以呈现出更多的细节（见图 2-10 的 c 和 d），医生可以观察到轻度卒中的影响。将要进行 MRI 扫描的个体会被送入核磁共振仪内部，该机器会产生强大的磁场，使得脑组织中通常以随机方式旋转的氢原子重新排列，然后使用无线电脉冲使氢

原子以特定频率向特定方向旋转。在氢原子恢复正常自旋的时间里，计算机可以创建大脑的三维图像，并在屏幕上显示该图像的"切片"。

基于 MRI，研究人员已经开发了多种新技术，以便研究大脑的其他方面。例如，磁共振波谱（MRS）能够估计大脑中特定化学物质和神经递质的浓度。另一种引人入胜的技术是弥散张量成像（DTI）。弥散张量成像在 MRI 技术的基础上，通过对大脑中的白质束成像来测量大脑的连通性。弥散张量成像还被用于研究正常的大脑功能，如与不同水平的记忆表现有关的结构变化以及阿尔茨海默病、多发性硬化和颅脑外伤等疾病和状况（Hayes et al.，2016；Ly et al.，2016；Muthuraman et al.，2016；Wang et al.，2016）。

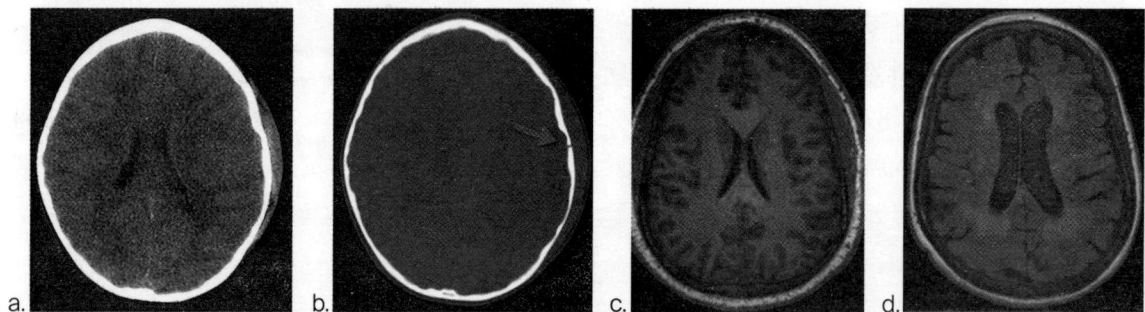

a：一名 5 岁女孩的头部损伤伴有颅骨骨折的 CT 扫描图像，显示了大脑内部及与损伤相关的肿胀情况。b：CT 扫描突出显示的是女孩的颅骨骨折（箭头所指）。c：另一个成年人的 MRI 扫描图像，可与图 a 的大脑细节进行对比。注意，扫描是在水平方向进行的，即将大脑分为上下两部分。d：皮层细胞丢失（萎缩）和白质改变的成年人的 MRI 扫描图像：与图 c 相比，其脑室扩大，外皮层的凹槽（脑沟）变宽。这 4 张图均采用 OsiriX 软件创建；CT 和 MRI 数据由 N. 怀特（N. White）提供。

图 2-10　大脑结构成像

描绘功能　除了对大脑的不同区域进行成像以了解可能存在或可能不存在的问题外，探索大脑功能对理解行为和心理过程也很重要。

脑电图　与了解大脑结构成像一样，了解大脑不同区域的功能也很重要。一种无害的研究活脑活动的方法是使用脑电图仪来记录颅骨下方皮层的电活动。人类的第一次**脑电图**（electroencephalogram，EEG）记录是由汉斯·伯格（Hans Berger）于 1924 年完成的（Niedermeyer，2005）。记录脑电图需要使用直接置于头皮上的小金属盘或海绵状电极，并用特殊的方

法来帮助传导来自下方皮层的电信号。电极连接到放大器，再连接到计算机，通过计算机来查看信息。产生的电流输出会形成波，可以提示睡眠阶段、癫痫发作甚至肿瘤的存在等信息。脑电图还可用于帮助确定在涉及记忆和注意力的心理任务过程中的大脑活跃区域。脑电活动可以根据其外观和频率进行分类，不同的波与不同的脑活动相关。例如，脑后方的 α 波是放松觉醒的标志（见图 2-11a 的底部两行）。有关脑电图波形的详细阐述，可见后文相关板块【连接学习目标 4.5】。

另一种基于脑电图的常见技术是事件相关电位技术（ERP）。在该技术研究中，在通过脑电图进行记录期间，会测量一次刺激的多次呈现，然后取平均值，以消除脑电图记录期间大脑活动变动的影响。测量结果反映的是大脑对于刺激事件的反应，即事件相关电位。事件相关电位技术可以帮助我们研究认知过程的不同阶段。例如，通过事件相关电位技术，研究人员能够研究患有或不患有精神分裂症的不同个体在识别面部表情时的大脑加工差异（Lee et al.，2010）。此外，有人正在研究将事件相关电位技术作为测谎手段的可行性（Hu et al.，2013；Labkovsky & Rosenfeld，2014；Rosenfeld et al.，2008）。

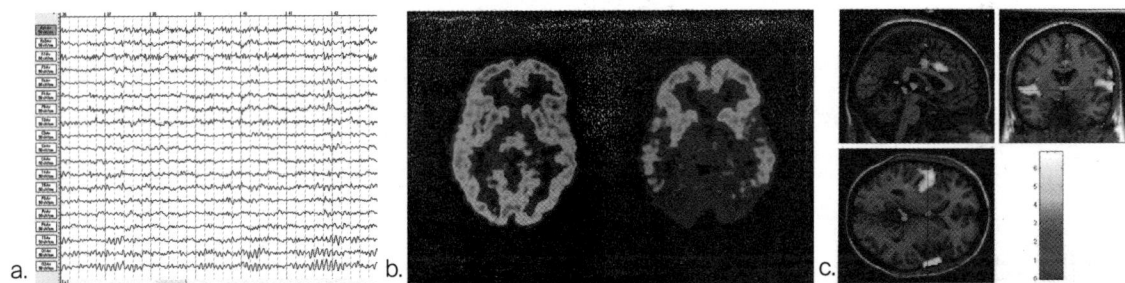

a：脑电图记录。b：PET 扫描图像。c：fMRI 研究。图 a 中的数据和图像由 N. 怀特提供。

图 2-11　脑功能成像

脑磁图　EEG 不能直接识别大脑的激活区域，但与其紧密相关的技术则可以，**脑磁图**（magnetoencephalography，MEG）就是其一，它利用对磁场非常敏感的设备，即超导量子干涉设备，该设备包含在被置于头部上方的头盔状设备中。MEG 应用广泛，如可用于区分痴呆症和探索孤独症的认知过程等（M.A.Williams & Sachdev，2010）。

正电子发射断层扫描　到目前为止，上文讨论的功能性神经影像学方法依赖于大脑的电活动。还有一些技术则利用了大脑活动的其他指标，包括能量消耗或血氧水平变化。如果大脑区域处于活跃状态，则很可能使用能量和氧气。这项技术即**正电子发射断层扫描**（positron emission tomography，PET）进行 PET 时，会向人体内注射放射性葡萄糖。计算机会查看哪些脑细胞正在消耗放射性葡萄糖并将该活动的图像投影到监视器上，以检测脑细胞的活动。计算机会使用不同的颜色来指示不同程度的大脑活动。例如，颜色较浅可能表示活动较多（见图 2-11b）。通过这种方法，研究人员实际上可以使人执行不同的任务，而计算机则可以显示人在执行任务期间的大脑活动。还有一种与 PET 相关的技术，即单光子发射计算机断层扫描（SPECT），该技术可测量脑血流量，其所使用的放射性示踪剂比 PET 所用的放射性示踪剂更易获得（Bremmer，2005）。

功能性磁共振成像　传统的 MRI 扫描仅能显示结构，而**功能性磁共振成像**（functional MRI，fMRI）则可以提供有关大脑功能的信息：计算机可以跟踪血氧变化（见图 2-11c）。通过大脑结构图像再加上关于大脑中氧气利用的信息，研究人员可以确定在执行特定任务期间哪些脑区最活跃。通过对一段时间内拍摄的此类图像进行组合，可以制作出关于大脑功能的某种影片（Lin et al.，2007）。fMRI 能提供更多的细节，比 PET 扫描更清晰，是研究大脑功能非常有用的技术。例如，功能性磁共振成像研究证明，与没有阿尔茨海默病遗传风险的老年人相比，具有阿尔茨海默病遗传风险的老年人的与语义知识和单词检索相关的脑区更为活跃。这一发现在未来可能会帮助临床医生和研究人员在疾病过程中更早地识别出患有阿尔茨海默病的人（Wierenga et al.，2010）。此外，个人还可以使用 fMRI 来学习如何调节自己的大脑过程。例如，精神分裂症患者可以使用实时功能性磁共振成像（rt fMRI）来学习如何控制大脑，以帮助识别面部表情（Ruiz et al., 2013）。功能性神经影像学则可以帮助研究人员了解各种治疗方法如何影响患有各种疾病的大脑（Ball et al., 2014; Fournier & Price, 2014; Miller et al., 2015）。

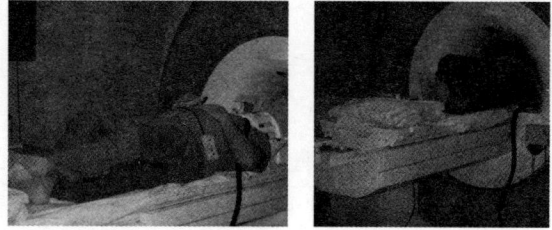

本书的一位作者参与了 fMRI 研究：配备了耳机、角镜和手响应垫。在研究过程中，该作者能够通过耳机听到音频指令和刺激，通过角镜观察到投射到扫描仪外部后屏幕上的任务项目。手响应垫用于指示各项任务的答案。

批判式思考　你可能会在新闻或网上看到很多有关脑功能成像的研究。回顾第 1 章（学习目标 1.6 ~ 1.11）中讨论的研究方法及伦理，在确认这些结果有效之前，对于这些研究，你会提出什么样的问题？

概念地图 2.8 ~ 2.9

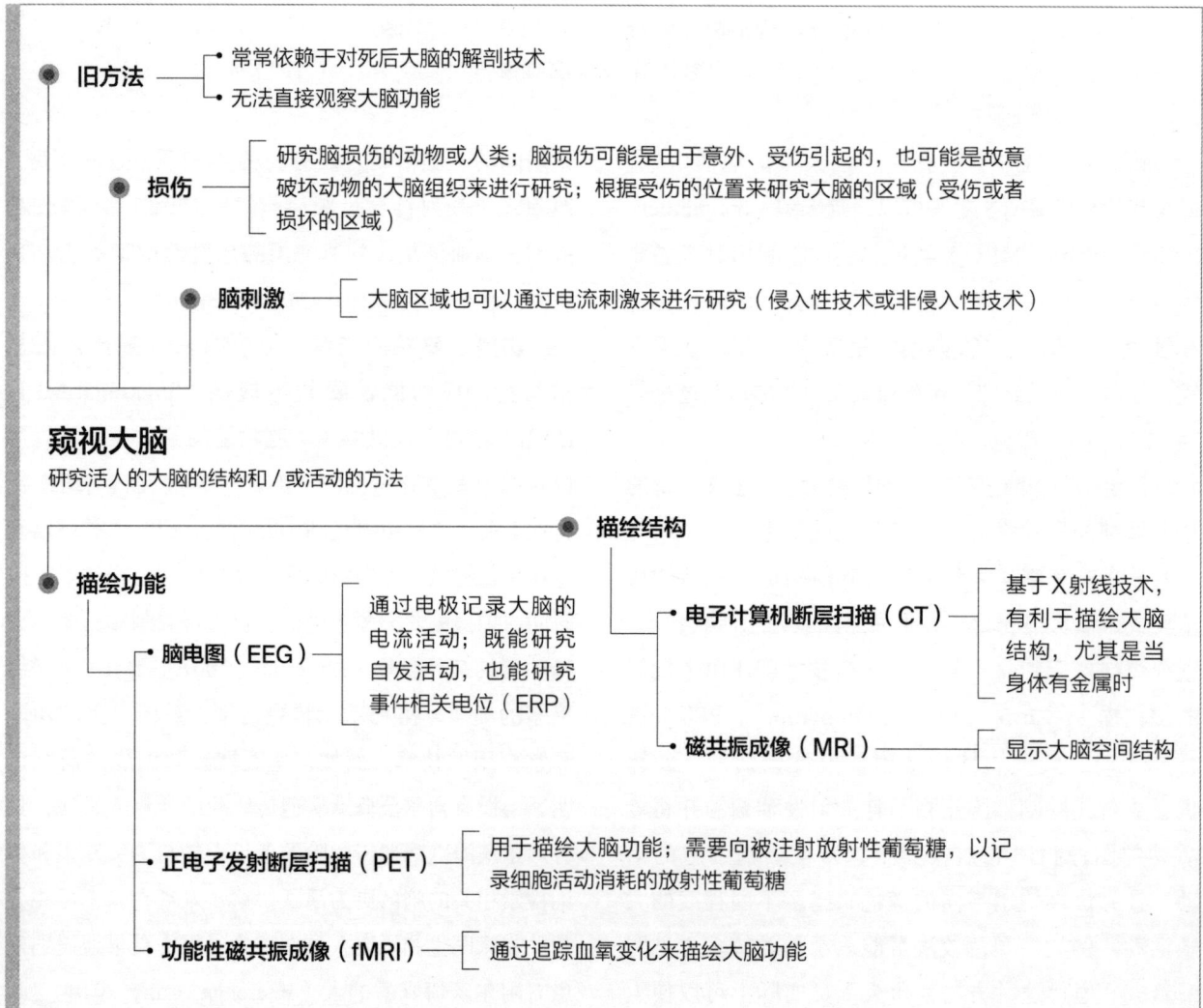

● **旧方法**
- 常常依赖于对死后大脑的解剖技术
- 无法直接观察大脑功能

● **损伤**——研究脑损伤的动物或人类；脑损伤可能是由于意外、受伤引起的，也可能是故意破坏动物的大脑组织来进行研究；根据受伤的位置来研究大脑的区域（受伤或者损坏的区域）

● **脑刺激**——大脑区域也可以通过电流刺激来进行研究（侵入性技术或非侵入性技术）

窥视大脑
研究活人的大脑的结构和 / 或活动的方法

● **描绘结构**

● **电子计算机断层扫描（CT）**——基于 X 射线技术，有利于描绘大脑结构，尤其是当身体有金属时

● **磁共振成像（MRI）**——显示大脑空间结构

● **描绘功能**

● **脑电图（EEG）**——通过电极记录大脑的电流活动；既能研究自发活动，也能研究事件相关电位（ERP）

● **正电子发射断层扫描（PET）**——用于描绘大脑功能；需要向被注射放射性葡萄糖，以记录细胞活动消耗的放射性葡萄糖

● **功能性磁共振成像（fMRI）**——通过追踪血氧变化来描绘大脑功能

随堂小考

1. 在大脑中通上轻微电流以激活某些结构而不损坏它们，这属于以下哪种技术？

　A. ECT　　　　　　　B. MRI

　C. PET　　　　　　　D. ESB

2. 以下哪种技术可以通过分析血氧水平来观察大脑功能？

　A. EEG　　　　　　　B. CT

　C. fMRI　　　　　　　D. PET

3. 罗尔博士正在进行一项研究，她想通过对被试的白质成像来测量其大脑中的物理连通性。她会使用以下哪种技术？

　A. DTI　　　　　　　B. MRI

　C. fMRI　　　　　　　D. CT

4. 如果你患有神经系统疾病，而神经科医生想对你的大脑及其电功能进行研究，那么以下哪种技术最合适？

　A. PTI　　　　　　　B. PET

　C. EEG　　　　　　　D. DTI

从下到上认识大脑结构

💬 目前我们已经对如何观察脑内部有了更多的了解，那么脑内部到底有什么呢？

是时候查看一下大脑的各种结构了：从底部一直到顶部。本文不会讨论大脑的所有部分，只是讨论心理学家感兴趣的主要脑区。此外，尽管不同性别可能存在大脑和行为的差异，但几乎没有证据表明人的大脑是"女性脑"还是"男性脑"（Joel et al., 2015），因此我们不能以这种方式对人脑进行分类。

后脑：延髓、脑桥、网状结构和小脑

2.10　了解后脑的结构和各个部位的功能

在人的发育初期，大脑可分为 3 个主要部分，然后再细分为较小的部分。3 个主要部分分别是前脑、中脑和后脑。前脑包括皮层、基底神经节和边缘系统；中脑对感觉和运动功能起着重要作用；后脑包括延髓、脑桥和小脑。

延髓　延髓（medulla）位于脊柱顶端。图 2-12 中脊髓顶端的第一个膨大部分，正好位于脑的最底端。这是脑中最不能受伤的部位，因为它控制着人的心跳、呼吸和吞咽等生命维持功能。在延髓处，来自身体两侧的感觉神经会进行交叉，因此来自身体左侧的感觉信息会被传递到右侧大脑，而来自右侧的感觉信息则被传递到左侧大脑。

脑桥　脑桥（pons）位于延髓上方，是一个更大的膨大部分。之所以使用了"桥"这个词，是因为脑桥的确是连接小脑和大脑上层区域的桥梁。在此处，运动神经将脑中的信息传递给身体，脑桥得以协调身体左右两侧的运动。此外，脑桥还影响睡眠、做梦和觉醒，更多探讨可见后文相关板块【连接学习目标 4.7】。

网状结构　网状结构（reticular formation，RF）是由穿过并超过延髓中部和脑桥的神经元组成的区域。这些神经元在人们对环境中特定类型信息的选择性注意方面起着重要作用。一般来说，网状结构会使人们忽视平常不变的信息，如空调的噪声；而对信息的变化则很敏感，如空调关了，大部分人很快就会注意到。

网状结构还可以帮助人们保持警觉和觉醒。网状结构的其中一部分被称为网状激活系统，能激活脑的上部，使人保持觉醒和警觉。例如，当你在开车时忽然发现有人超车，网状激活系统会使你全神贯注于这一突发事件。另外，晚上在被各种噪声包围的情况下睡觉的母亲能听见孩子的哭声，也是这一系统的功劳。脑扫描研究还表明，网状结构与注意缺陷多动障碍有关，患有这种疾病的儿童和成人很难将注意力保持在单项任务上（Durston，2003）。

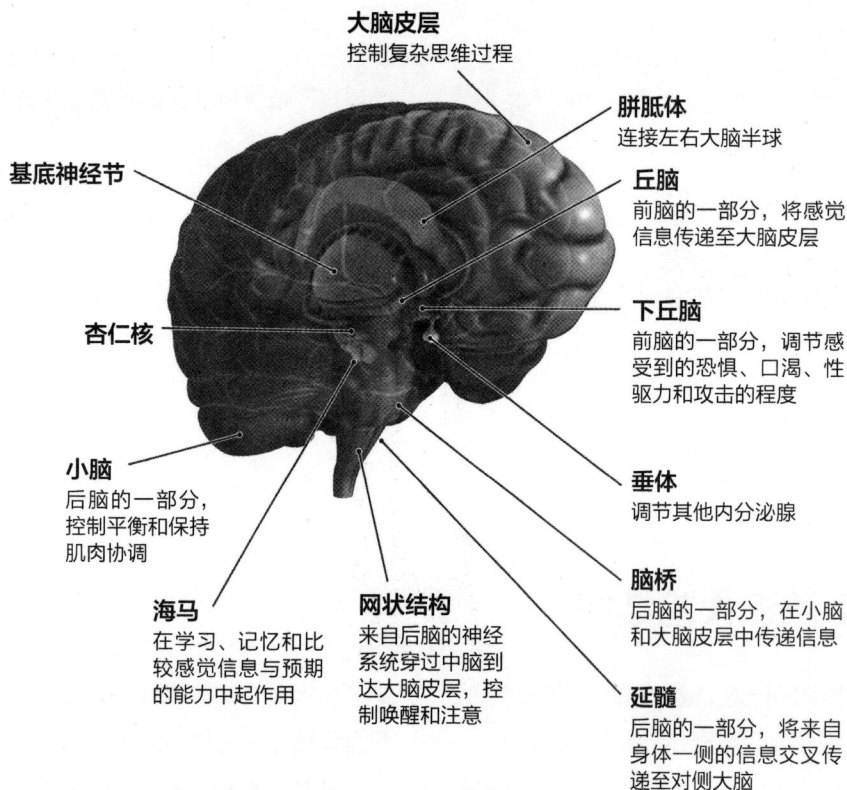

大脑皮层
控制复杂思维过程

基底神经节

胼胝体
连接左右大脑半球

丘脑
前脑的一部分，将感觉
信息传递至大脑皮层

杏仁核

下丘脑
前脑的一部分，调节感
受到的恐惧、口渴、性
驱力和攻击的程度

小脑
后脑的一部分，
控制平衡和保持
肌肉协调

垂体
调节其他内分泌腺

海马
在学习、记忆和比
较感觉信息与预期
的能力中起作用

网状结构
来自后脑的神经
系统穿过中脑到
达大脑皮层，控
制唤醒和注意

脑桥
后脑的一部分，在小脑
和大脑皮层中传递信息

延髓
后脑的一部分，将来自
身体一侧的信息交叉传
递至对侧大脑

图 2-12　人脑的主要结构

研究表明，在老鼠睡觉时刺激其网状系统，它们会立刻醒来。如果老鼠的网状结构受损，如深度损伤，它们会处于一种昏睡状态且醒不过来（Moruzzi & Magoun，1949；Steriade & McCarley，1990）。此外，网状结构还与人类的昏迷有关。

小脑　在颅骨底部、脑桥后面的大脑主要结构下方，有一个像小型的脑一样的结构，这就是**小脑**（cerebellum）。小脑控制不随意、快速及精细的活动。例如，小脑控制着所有小型肌肉，这样人才能够笔直地坐在椅子上而不会掉下来。小脑还能协调需要快速且连续发生的随意运动，如行走、跳水、滑冰、体操、跳舞、打字、演奏乐器，甚至是言语动作。此外，习得的反射、技巧和习惯同样存储在小脑中，小脑可以使这些行为趋于自动化。正是因为有了小脑，人们才无须一直思考自己的姿势、肌张力和平衡。

💬　如果小脑受损，人是不是会变得非常不协调？

是的。有一种疾病被称为脊髓小脑变性症，患者最开始的症状包括震颤、走路不稳、言语不清、头晕以及肌无力，最终无法行走、站立，甚至无法将勺子放进嘴里（Schöls et al.，1998）。这些症状看上去与酒精中毒的表现相同。

目前，研究人员和科学家仍在为更好地了解小脑功能而努力。研究表明，小脑不仅负责运动控制，而且可能涉及多种更高级的功能，如在感觉运动任务期间，小脑的一部分区域会被激活，而认知或情感任务则与小脑的其他区域有关（Stoodley & Schmahmann，2009）。研究人员一直在研究小脑在此类和其他任务的作用，这曾经被认为是大脑其他区域的作用，其中主要是通过探查小脑与其他功能区域之间的联系及特定任务期间的大脑激活模式来进行的（Strick et al.，2009；Voogd & Ruigrok，2012）。通过功能性磁共振成像研究，研究人员已经调查了语言和工作记忆等高级认知功能以及视觉注意力等感知任务的时间安排（Kellermann et al.，2012；Stoodley et al.，2012）。尽管需要进行更多的研究，但目前有证据表明，小脑与知觉过程及以精神分裂症和孤独症谱系障碍等知觉障碍为特征的疾病有关（Baumann et al., 2015）。

图中这位体操运动员必须依靠小脑来帮助维持平衡及协调多种精细运动指令，这样她才能够在狭窄的横木上保持平衡。还有哪些职业非常依赖于小脑的活动呢？

边缘系统：皮层下结构

2.11　认识与情绪、学习、记忆和动机有关的各个脑区

前脑包括两个大脑半球，其中包括大脑皮层和位于大脑皮层下的众多重要结构。这些皮层下结构在思维和行为方面都起着重要作用。皮层下结构影响着运动控制和运动技能学习而基底神经节和白质纤维通路将皮层连接到大脑和脊髓的其他部位，本节的重点将讨论皮层下结构——**边缘系统**（limbic system），见图 2-13。

边缘系统位于大脑上部和脑干之间，包括丘脑、下丘脑、海马、杏仁核和扣带回皮层。通常，边缘系统控制着情绪、动机、记忆和学习。

丘脑　丘脑（thalamus）在某些方面类似于分诊护士，它位于大脑中心，是一种类似圆形的结构，充当着传入感觉信息的中继站。丘脑可能会对感觉信息进行处理，然后再将其发送至处理听觉、视觉、触觉或味觉等感觉的皮层区域。丘脑损伤可能会导致这些感觉中的任何一种全部或部分丧失。最近的研究表明，丘脑可能会影响皮层中特定任务区域的功能。例如，一项针对阅读障碍儿童的研究发现，丘脑与大脑区域之间的异常连接与阅读行为有关（Fan et al., 2014）。

嗅觉比较特殊，因为窦腔神经元发出的信号会直接进入位于大脑前下方的特殊区域，即**嗅球**（olfactory bulb）。嗅觉是唯一不需要先通过丘脑的感觉。

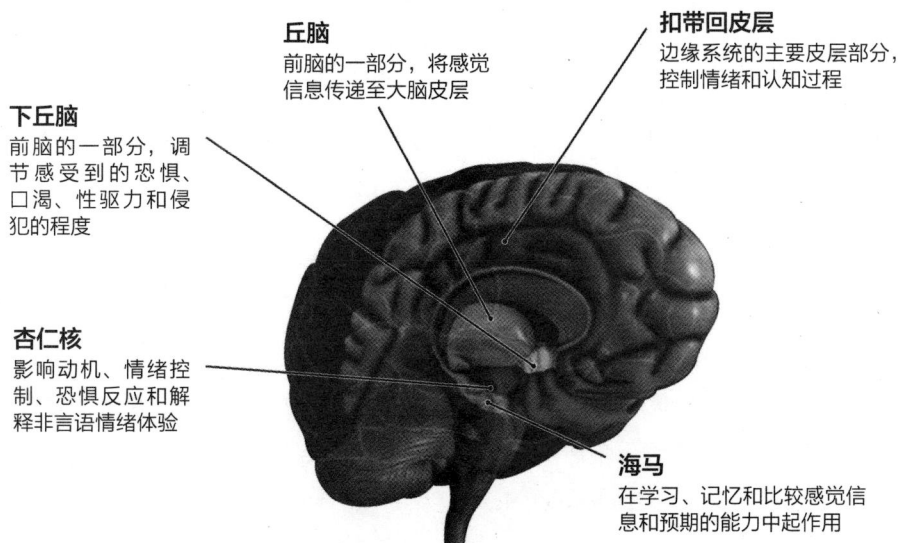

下丘脑
前脑的一部分，调节感受到的恐惧、口渴、性驱力和侵犯的程度

丘脑
前脑的一部分，将感觉信息传递至大脑皮层

扣带回皮层
边缘系统的主要皮层部分，控制情绪和认知过程

杏仁核
影响动机、情绪控制、恐惧反应和解释非言语情绪体验

海马
在学习、记忆和比较感觉信息和预期的能力中起作用

图 2-13　边缘系统

下丘脑 位于丘脑前下部、垂体正上方有一个体积非常小却极其强大的部分，即**下丘脑**（hypothalamus），见图2-13。下丘脑调节体温、口渴、饥饿、睡眠、行走、性行为和情绪。垂体之所以被称为"主宰腺"，是因为它控制着所有其他内分泌腺的功能，而下丘脑控制着垂体，所以下丘脑是激素的终极调节器。

海马 海马（hippocampus）是基于其外观而命名的。之所以被称为"海马"，是因为最早解剖大脑的科学家认为它看起来像海洋动物海马。海马位于大脑两侧的颞中叶内。研究表明，海马有助于长期（永久）陈述性记忆的形成，然后将其存储在大脑的其他区域（Squire & Kandel，2009）【连接学习目标6.12】。如前文所述，参与肌肉控制的神经递质乙酰胆碱也参与海马的记忆功能。例如，阿尔茨海默病患者海马中的乙酰胆碱水平要比正常人低得多，而患者通过药物可以提高乙酰胆碱的水平。

杏仁核 杏仁核（amygdala）同样是以其形状和外观而命名的。它位于海马附近，参与恐惧反应和恐惧记忆。由于感觉信息在大脑上部尚未参与之前就会进入杏仁核，因此人们可以非常快速地对危险做出反应，有时甚至发生在人们有意识地意识到正在发生的事情之前。1939年，研究人员发现，摘除了包括杏仁核在内的大面积颞叶的猴子完全不惧怕蛇和人类，而通常蛇和人类都是引发猴子恐惧的刺激（Klüver & Bucy，1939），这被称为克吕弗－布西综合征（Klüver-Bucy Syndrome）。将杏仁核受损的老鼠放到猫旁边，它们也不会恐惧（Maren & Fanselow，1996）。对杏仁核受损的人进行的个案研究也显示出与恐惧反应减弱有关（Adolphs et al.，2005）。尽管杏仁核在形成情感记忆中起着至关重要的作用，但目前仍不清楚记忆是否存储在杏仁核中（Squire & Kandel，2009）。有研究表明，杏仁核中的活动通过促进海马的结构变化来影响海马的神经可塑性，而这可能是应激对恐惧记忆的潜在影响（Giachero et al.，2015）。

扣带回皮层 扣带回皮层实际上是在大脑皮层中发现的边缘结构。它位于**胼胝体**（corpus callosum）上方，可分为4个区域，在处理情绪、认知和自主神经信息方面起着不同的作用（Vogt & Palomero-Gallagher，2012）。扣带回皮层在多种认知任务中都会表现出活跃性，如选择性注意、书面文字识别和工作记忆（Cabeza & Nyberg，2000），且与多种心理和精神障碍有关，包括注意缺陷多动障碍（Bush et al.，1999；Bush et al.，2008）以及精神分裂症、重度抑郁症和躁郁症（Fornito et al.，2009；Maletic et al.，2007）。

口渴受下丘脑的调节。

大脑皮层

2.12 认识大脑皮层上控制不同感觉和躯体运动的区域

大脑皮层（cortex）是脑最外面的部分，由紧密相连的神经元构成，看上去之所以呈煤灰色，是因为紧密相连的胞体呈灰色，而一些小血管呈粉色。大脑皮层是非常好辨认的表面解剖学结构，布满褶皱。

💬 为什么大脑皮层布满褶皱？

有了大脑皮层的褶皱，更多的皮层细胞才能存在于狭小的颅骨内。假如将大脑皮层取出来展平，并对其进行测量，它的面积为 0.2 ～ 0.3 平方米。在人出生之前，大脑就已经开始发育了，并形成了光滑的表皮，覆盖于其他脑结构之上。可能是由于大脑的体积越来越大且越来越复杂，大脑皮层随之出现了更多的褶皱。褶皱的增加被称为皮层化。

大脑半球 大脑皮层分为两部分，即**大脑半球**（cerebral hemisphere），由胼胝体这种神经纤维（轴突）的坚韧带束缚在一起。大脑左右半球通过胼胝体相互联系。根据大脑半球表面上较深的褶皱或裂缝，可以大致将每个大脑半球分为 4 个部分或称 4 个叶（lobe），并以覆盖它们的颅骨命名（见图 2-14）。大脑皮层的另一个组织特征是，对于特定区域，每个半球负责身体的对侧——既可以控制对侧，也可以从对侧接收信息。例如，运动皮层控制身体对侧的肌肉，如果我们用右手书写，那么大脑左半球的运动皮层负责控制右手的运动。这种特征被称为对侧组织，它在信息从感官传递到大脑以及源自大脑的运动指令传递到身体其他部位等方面发挥着作用。

此外，来自身体的信息也可以传递至大脑的两侧，如听觉和视觉，或仅传输到大脑的一侧，如味觉和嗅觉。这在研究大脑偏侧化方面很重要，更多信息可详见后文。不过，为什么身体对某些功能有这种安排而对其他功能并没有？对此目前还不清楚，但至少对于某些信息，它有助于识别信息的环境来源。例如，将听觉信息投射到两个大脑半球，我们可以通过比较来自两只耳朵中的不同信息来定位声音。

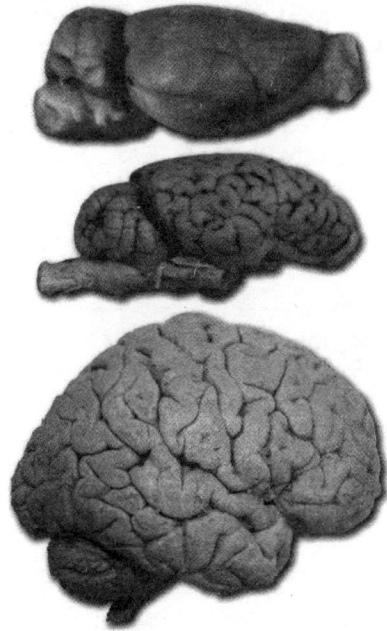

从上至下分别是大鼠的大脑、绵羊的大脑和人的大脑。需要注意的是，这 3 个大脑的皮层或褶皱量不同。过多的皮层化与尺寸和复杂性的增加有关。

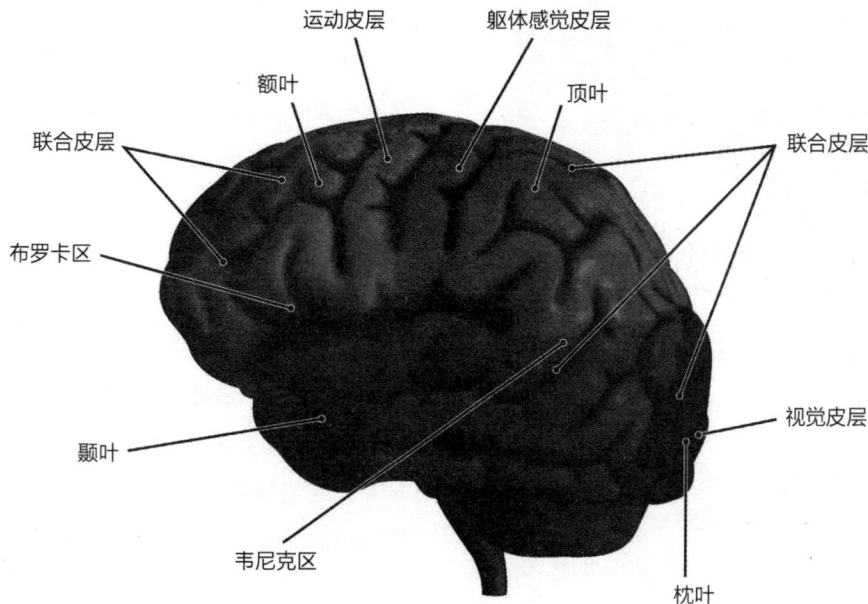

运动皮层　躯体感觉皮层
额叶　顶叶
联合皮层　联合皮层
布罗卡区
颞叶
视觉皮层
韦尼克区
枕叶

图 2-14　脑叶和大脑皮层

枕叶 枕叶（occipital lobe）位于大脑皮层的底部，朝向大脑的后部。该区域处理来自初级视觉皮层中来自眼睛的视觉信息。在枕叶及颞叶和顶叶部分区域的视觉联合皮层有助于识别和理解来自眼睛的视觉信息。著名的神经科医生奥利弗·萨克斯（Oliver Sacks）曾经接待过一位右侧枕叶区域患有肿瘤的患者。这位患者虽然仍然可以看到物体，甚至可以用物理术语来描述，但他不能仅凭视觉来识别它们。例如，当给这位患者一朵玫瑰时，他开始将其描述为某种带有绿色管状突起的红色花朵。只有当他将花朵放在鼻子下（刺激嗅觉）时，他才能辨认出它是玫瑰（Sacks，1990）。大脑皮层的每个区域都有这种联合区域，可以帮助人们理解感觉信息。

顶叶 顶叶（parietal lobe）位于脑的后上部。该区域有**躯体感觉皮层**（somatosensory cortex），即每侧大脑顶叶前部的神经元（见图2-15）。该区域加工触觉、温觉和身体位置觉等来自皮肤和身体内部受体的信息。躯体感觉皮层的分布形状非常有趣：脑上部的细胞接收来自身体下部的信号，而下部区域接收的信号则来自身体的上部，仿佛有一个倒立的小人位于这一细胞区域。

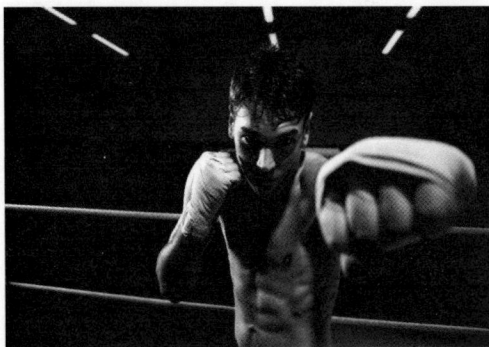

拳击手必须依靠顶叶来感知身体在拳击台的位置和对手，这样枕叶才能"看到"目标，额叶则可以引导他的手和手臂出拳。

颞叶 颞叶（temporal lobe）的起点位于太阳穴后面，包含初级听觉皮层和听觉联合区域。对于大多数人而言，左侧颞叶还有一个涉及语言的区域。此外，颞叶的某些区域也可以帮助我们处理视觉信息。

额叶 额叶（frontal lobe）位于大脑的前端，主要负责大脑的高级心理功能，包括计划、人格、记忆存储、复杂决策和语言（大多数人位于大脑左半球）。额叶还可以通过与边缘系统的连接来帮助控制情绪。额叶最前面的部分被称为前额叶皮层。朝向中心的中间区域即内侧前额叶皮层，以及眼睛上方的眶额皮层，与边缘系统紧密相连。再次回顾一下前文提到的菲尼亚斯·盖奇，他在事故中遭遇左侧额叶受损（Ratiu et al.，2004）。事故发生后不久，由于前额叶皮层和眶额皮层的损坏以及与边缘系统结构的联系障碍，盖奇失去了情绪控制能力。总体而言，他的大脑额叶皮层与其他许多大脑区域之间的连接受损（Van Horn et al.，2012）。额叶受损的人在执行智力或运动任务时可能还会遇到问题，如卡在某个步骤或测试中的某一错误答案上，并一遍一遍地重复，或者反复进行相同的动作（Asp & Tranel，2013；Luria，1965）。

额叶还包含**运动皮层**（motor cortex），即位于每个脑叶后部的神经元带（见图2-15）。这些细胞通过向躯体神经系统发出指令来控制人体随意肌的运动。运动皮层的分布与躯体感觉皮层一样，紧邻顶叶。这一大脑区域一直是研究的重点，它与一类特殊类型的神经元作用有关，这类神经元被称为**镜像神经元**（mirror neuron），在动物执行某种动作时会被激活，而当动物观察到其他动物也在进行相同动作时，其大脑中的这类神经元也会被激活。先前对人类进行的脑成像研究表明，人类大脑的这一区域也存在镜像神经元（Buccino et al.，2001；Buccino et al.，2004；Iacoboni et al.，1999）。然而，人类的单细胞和多细胞记录表明，具有镜像功能的神经元不仅存在于与运动有关的脑区，还存在于与视觉和记忆有关的部分脑区，这表明，这类神经元提供的信息要比我们以前认为的多得多（Mukamel et al.，2010）。这些发现可能有助于理解或治疗特定的临床症状，这些临床症状据称与大脑的镜像系统故障有关，如孤独症（Oberman & Ramachandran，2007；Rizzolatti et al.，2009）【**连接**学习目标8.7】。

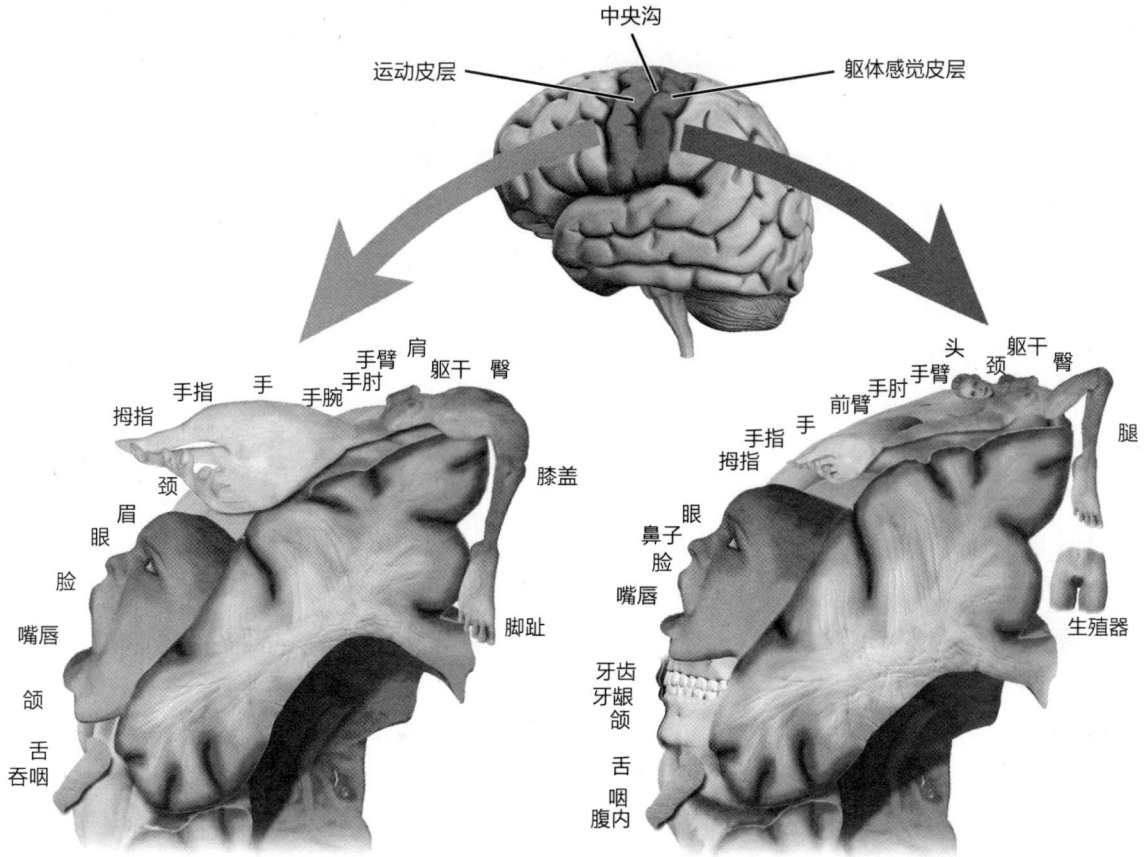

图 2-15 运动皮层和躯体感觉皮层

额叶的运动皮层控制着身体的随意肌。运动皮层顶部的细胞控制身体底部的肌肉，而运动皮层底部的细胞控制身体顶部的肌肉。根据控制身体部位的皮层细胞数量，面积会放大或缩小。例如，手部有很多小肌肉，因此需要较大面积的皮层细胞来控制。躯体感觉皮层位于运动皮层后方的顶叶，其组织方式与运动皮层几乎相同，并能接收有关触觉和身体位置觉的信息。

皮层联合区

2.13 认识大脑皮层上控制语言等高级思维的区域

💬 前文提到很多次联合皮层，其他脑叶也包含联合皮层吗？

联合区 联合区（association area）是由大脑皮层中的神经元构成的，连接进入大脑的感觉信息及存储记忆、图像和知识。也就是说，人们通过联合区赋予感觉输入以意义。除了枕叶和颞叶的联合区，其他大部分的联合皮层位于额叶。

当图中的男孩模仿父亲的刮胡子动作时，他脑中的特定区域会被更强地激活，这些区域控制着刮胡子这一动作。而即使男孩只是看着父亲刮胡子，这些特定区域也会被激活——实际上，男孩脑中的神经元能够对他看到的父亲的动作形成镜像。

布罗卡区 大多数人的左侧额叶中，存在着与言语产生有关的大脑区域。更具体地说，一个人可以流畅地讲话缘于这一区域。19世纪，神经病学家保罗·布罗卡（Paul Broca）首次提供了得到广泛接受的临床证据，表明该区域的损坏会导致口语不流畅和口齿不清（Finger，1994），于是他将该区域称为布罗卡区。然而，布罗卡区并不负责语音本身的产生，而是负责语音产生的额叶、颞叶和运动区域之间的相互作用（Finger，1994）。布罗卡区的损坏会导致人无法以顺畅、连贯的方式说话，在这种情况下，人可能知道自己想说什么，也能理解听到的话，但是无法控制自己的说话，经常发错音，如将"clock"发成"cot"，或将"nine"发成"none"等，还会将某些词完全省略，如"the"或"for"。种情况被称为**布罗卡失语症**（Broca's aphasia）。失语症是指无法使用或理解书面语或口头语（Goodglass et al.，2001）。另

外，口吃是说说话困难而不会出现发音错误或单词遗漏，但也可能与布罗卡区有关。

韦尼克区 大多数人的左侧颞叶有一个特殊区域，被称为韦尼克区，得名于与布罗卡同一时期的生理学家卡尔·韦尼克（Carl Wernicke）。韦尼克是对该区域损伤造成的问题进行研究的第一人。该区域与词义理解有关。患有**韦尼克失语症**（Wernicke's aphasia）的人能够流畅地说话，且发音正确，但用词却是错误的。有一个叫艾尔西的患者，由于颞叶卒中损伤了韦尼克区。当护士为她量血压，待袖带鼓起后，艾尔西说："噢，太星期六紧了。"（Oh，that's so Saturday hard.）艾尔西认为自己说的话是有意义的。此外，艾尔西在理解他人对她说的话时也存在障碍。再比如，有一个名叫厄内斯特的人，他在80岁时发生卒中并发展为韦尼克失语症。他会让妻子"从空调中拿一些牛奶"——想法没问题，但用词错误。

心理学经典研究
通过窥镜看世界——空间忽视症

拉玛钱德朗（V. S. Ramachandran）博士在其著作《脑中的幽灵》（*Phantoms in the Brain*）中记录了一位患有怪病的女性的案例。这名女性患者叫埃伦，有一天她的儿子来看她时，被她的面容吓到了：蓬头垢面、妆容奇怪。埃伦以前是非常优雅和讲究的一个人，常为自己的美貌自豪，并且经常整理头发、修剪指甲。而现在，埃伦左侧的头发没有梳理；右肩整齐地搭着一条绿色的围巾，但围巾的另一头却拖在地上；她的嘴唇只有右半边涂着口红，且左脸完全没有化妆！眼线和睫毛膏也都只用在了右脸上。

到底怎么回事呢？她的儿子寻问医生后得知，埃伦由于卒中患了一种名叫**空间忽视症**（spatial neglect）的病，其大脑皮层的右侧顶叶和枕叶受损，这导致她忽视了左侧视野内的所有事物。额叶和颞叶损伤同样会造成这种结果。空间忽视症也会影响大脑左半球，但并不多见，且比大脑右半球忽视的症状轻得多。

当图中这位女士化右脸的妆时，她真的能"看到"左侧吗？如果她患有空间忽视症，那么她就看不到，此时，尽管她的眼睛功能正常，但由于大脑右半球受损，因此她无法注意到左侧视野。

医生检查时，试图通过在左侧拿起一面镜子来吸引埃伦的注意。埃伦并没有瞎，只是无法注意左侧的任何东西，除非有人提醒她。当被问及镜子是什么时，埃伦能准确地回答，还能准确地描述自己的面容。但当助手在她左侧能够够得到的地方举起一只

笔，并用镜子照向左侧，埃伦却试图用右手穿过镜子去拿这支笔。当医生告诉她，他希望她去拿真正的笔而不是镜子里的笔时，她告诉医生笔就在镜子后面，甚至试图绕过镜子去拿笔。

显然，患有空间忽视症的人并不是完全看不见，他们只是无法像其他人那样感知世界。对于这些人来说，左侧的物体、身体和空间需要"通过窥镜"来看。

深入讨论一下

1. 如果空间忽视症患者只吃碟子中右侧的食物，照护人员该怎样帮助他们？

2. 空间忽视症患者还可能会做哪些正常人不会做的奇怪之事呢？他们无法做的事还可能有哪些？

左脑和右脑

2.14　了解左右脑分工的差异

💬 我听说一些人是右脑型的人，另一些人是左脑型的人。左右脑真的很不同吗？

通常，人们会认为大脑两个半球是双胞胎，但实际上并非如此。大脑两侧都有 4 个脑叶，且都以相同的方式排列，但 90% 的人只通过大脑左半球控制言语（Toga & Thompson，2003）。**大脑**（cerebrum）的两个半球各自还参与哪些特定的任务？研究人员又是如何知道的？

裂脑研究　罗杰·斯佩里（Roger Sperry）是大脑半球特定性研究领域的先驱。他曾因研究大脑左半球和右半球的不同活动和结构而获得了诺贝尔生理学或医学奖。当时，为了寻找癫痫的治疗方法，斯佩里曾将患者的胼胝体进行了切断。对于早期的动物研究，这种方法很有效，且看似并没有不良反应。第一批接受此种治疗的患者的癫痫症状的确减轻了，但测试表明，从某种意义上来说，他们有了两个脑。

在测试中，信息只被传递到了一侧脑中，如今我们知道，原因是胼胝体被切断了。大家应该记得，大脑每个半球在很大程度上负责控制或接收来自身体对侧的信息。图 2-16 显示的是裂脑实验。对于裂脑患者来说，如果图中屏幕右侧闪过一张球的图片，球的图像会被传递到左侧枕叶，那么，患者能说出自己看到了一个球。如果屏幕左侧闪过一张铁锤的图片，那么，患者无法口头说出铁锤是什么或不确定自己看到的是什么。但如果用左手（大脑右半球控制），患者

就能指向他"看不见"的铁锤。事实上，右侧枕叶能清楚地"看到"铁锤，只是他无法口头说出来。

通过这类研究，研究人员发现，大脑左半球在语言、言语、书写、计算、时间和节奏感知以及需要分析的各种思维方面起着特殊作用；而大脑右半球更趋向于整体加工，与知觉、视觉、空间知觉以及模式、面孔、情绪、旋律和面部识别等有关。此外，大脑右半球还能理解简单的语言，不过无法产生语音（见表 2-2）。

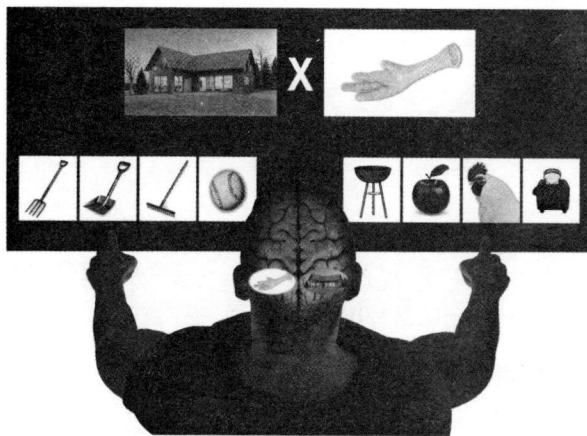

图 2-16　裂脑实验

图中所示是由罗杰·斯佩里、迈克尔·加扎尼加（Michael Gazzaniga）和约瑟夫·勒杜（Joseph LeDoux）开发的构建方法，通过同步概念测试来深度研究大脑左右半球的功能。

通常，大脑左半球以序列的方式加工信息，擅长将事物分解成小的部分来分析。相反，大脑右半球则以同步的方式加工信息，这是一种更全面或整体性的加工风格。还记得建构主义者和格式塔心理学家吗？我们可以认为，大脑左半球是想将每件事分解成

小部分的建构主义者，而大脑右半球是只想进行整体学习的格式塔心理学家（见表2-2）。

表2-2　两个大脑半球的特性

左半球	右半球
控制右手	控制左手
口头语言	非言语
书面语言	视觉空间知觉
数学计算	音乐和艺术加工
逻辑思考加工	情绪思维和再认
细节分析	整体加工
阅读	模式识别
	面部识别

💬 这么说，真的存在左脑型的人和右脑型的人？

实际上，除非一个人是裂脑患者，否则大脑两侧始终是作为一个整体来运作的。例如，大脑右半球可能会认出某人的脸，而大脑左半球可能会想起该人的名字。人们并不是真正的左脑型的人或右脑型的人，而是全脑型的人。罗杰·斯佩里的学生之一迈克尔·加扎尼加是大脑不对称和认知神经科学领域的长期研究员，他在脑偏侧化方面的不懈努力加速了该领域对整合思想的洞察，他的相关研究领域还包括人类意识、知觉和神经伦理学（Gazzaniga，2006，2009）。

利手　很多人容易将大脑左右半球的独立功能与利手（handeness）或用一侧手进行大多数精细运动的倾向相混淆。大约90%的人是右利手，利手在很大程度上似乎受遗传影响（Corballis，2009；Ocklenburg et al.，2013）。尽管大多数右利手的人的大脑左半球也能控制其他精细运动技能，如语音，大脑左半球在控制右手方面也占主导地位，但一些右利手的人的大脑右半球实际上也具有语言功能。有相当一部分左利手的人，尽管其大脑右半球在运动控制方面占主导地位，但他们的语言功能仍位于大脑左半球。有研究表明，约4%右利手的人、约15%双手灵巧的人以及约27%左利手的人，其大脑右半球都具有语言功能（Knecht et al.，2000）。

概念地图 2.10～2.14

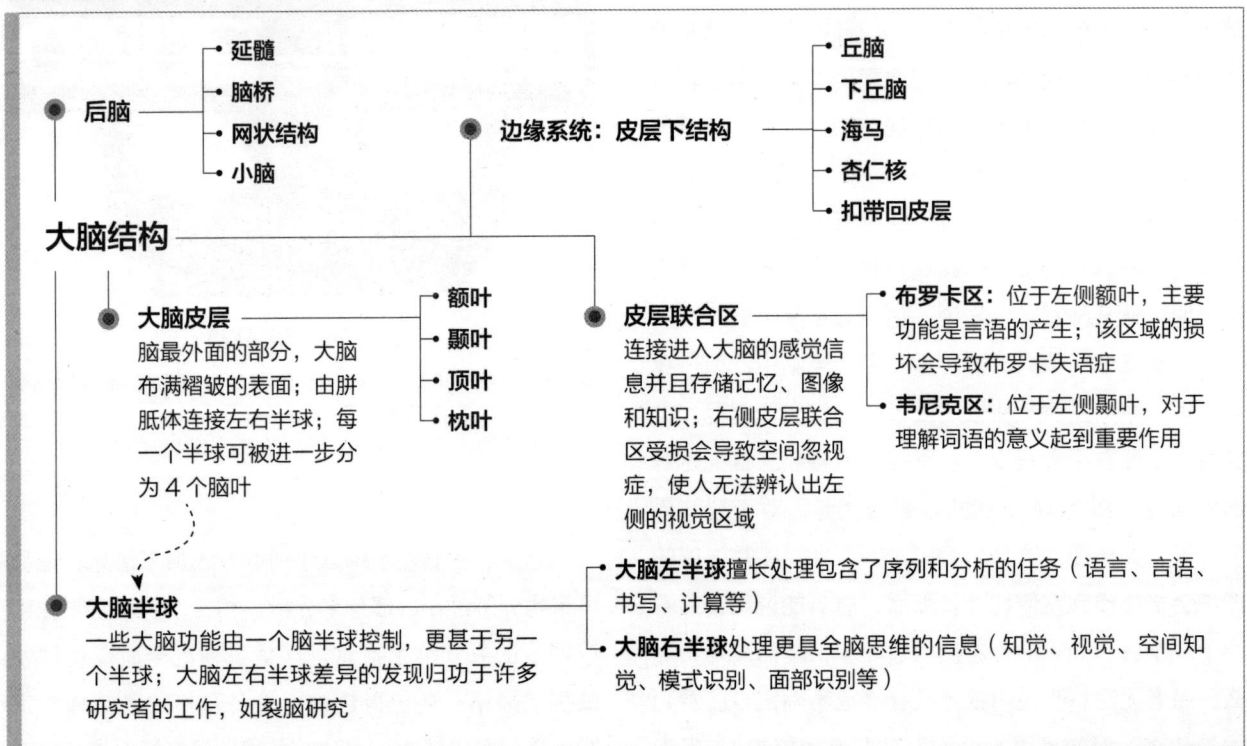

- **后脑**
  - 延髓
  - 脑桥
  - 网状结构
  - 小脑
- **边缘系统：皮层下结构**
  - 丘脑
  - 下丘脑
  - 海马
  - 杏仁核
  - 扣带回皮层

大脑结构

- **大脑皮层**
  脑最外面的部分，大脑布满褶皱的表面；由胼胝体连接左右半球；每一个半球可被进一步分为4个脑叶
  - 额叶
  - 颞叶
  - 顶叶
  - 枕叶

- **大脑半球**
  一些大脑功能由一个脑半球控制，更甚于另一个半球；大脑左右半球差异的发现归功于许多研究者的工作，如裂脑研究

- **皮层联合区**
  连接进入大脑的感觉信息并且存储记忆、图像和知识；右侧皮层联合区受损会导致空间忽视症，使人无法辨认出左侧的视觉区域
  - **布罗卡区**：位于左侧额叶，主要功能是言语的产生；该区域的损坏会导致布罗卡失语症
  - **韦尼克区**：位于左侧颞叶，对于理解词语的意义起到重要作用

- **大脑左半球**擅长处理包含了序列和分析的任务（语言、言语、书写、计算等）
- **大脑右半球**处理更具全脑思维的信息（知觉、视觉、空间知觉、模式识别、面部识别等）

随堂小考

1. 哪个大脑结构能使我们注意到特定刺激而忽视其他刺激？

    A. 延髓　　　　　　　　B. 网状结构

    C. 小脑　　　　　　　　D. 脑桥

2. 哪个大脑结构转接输入的感觉刺激？

    A. 丘脑　　　　　　　　B. 网状结构

    C. 下丘脑　　　　　　　D. 脑桥

3. 假如你无法记住某些恐惧的情境、动物或事件，那么你的大脑的哪一区域最有可能已经受损？

    A. 扣带回皮层　　　　　B. 下丘脑

    C. 丘脑　　　　　　　　D. 杏仁核

4. 大脑的哪个区域有时被称为"外皮"或外壳？

    A. 丘脑　　　　　　　　B. 延髓

    C. 胼胝体　　　　　　　D. 大脑皮层

5. 初级视觉皮层位于大脑皮层的哪个脑叶？

    A. 额叶　　　　　　　　B. 顶叶

    C. 颞叶　　　　　　　　D. 枕叶

6. 你做了一个梦。在梦中，当你醒来时，发现周围的人正在用毫无意义的词。当你说话时，你的朋友似乎并不明白你说的话。某一时刻，你的母亲告诉你今天差点忘了带树枝（tree limb），对此你相当困惑。当她将饭盒（lunchbox）拿给你并重复说："你的树枝。"你梦中的困境与患了以下哪种疾病最相似？

    A. 韦尼克失语症　　　　B. 布罗卡失语症

    C. 失用症　　　　　　　D. 空间忽视症

科学探究和批判性思维

菲尼亚斯·盖奇和神经可塑性

落实 APA 学习目标 2.2：陈述心理学信息的能力

前文介绍了神经可塑性并在菲尼亚斯·盖奇的案例中了解了额叶的作用。毫无疑问，在发生事故并出现脑部损伤之后，盖奇的行为和人格可能发生了重大变化。根据你对大脑、盖奇的受伤状况、神经可塑性以及恢复的了解，你可能会对盖奇受伤前后及他的生命后期的行为和人格产生哪些疑问呢？关于最初的变化，报道称他从一个通情达理、充满活力、聪明的商人变成了一个健壮、无礼且不耐烦的人，认识他的人说他"不再是盖奇了"（Harlow，1848）。而包括许多心理学教材在内的心理学报告都曾暗示盖奇的行为和人格已发生了永久性的改变（Griggs，2015；Macmillan，2000；Macmillan & Lena，2010）。此外，在那个时代，人们对脑功能和损伤方面的知识知之甚少，而对从脑损伤中恢复的知识知之更少。也就是说，人们对大脑的实际损害程度了解得不多。

直到最近，通过对盖奇的颅骨实施重建术和其他方法进行的调查，确定了盖奇最可能出现脑损伤的区域。这些研究揭示了左侧额叶的损伤，主要是前额叶和眶额区域，以及左侧额叶与大脑其他部位之间的白质连接（Ratiu et al.，2004；Van Horn et al.，2012）。由于这些脑区参与了目标定向行为、计划、性格、情绪控制，并与其他脑区相联系，因此我们很容易想象出最初盖奇行为中的显著变化。

盖奇后来的生活又如何呢？尽管人们一直认为他发生了永久性的改变，但一些证据表明，他有了相当明显的康复。在一段时间内，盖奇至少两次展示了自己打铁的过程，他还游遍了美国新英格兰地区，并在一家马厩中工作过，后来驾着一辆马车前往智利工作（Harlow，1868；Macmillan & Lena，2010）。这不是一辆轻便马车，而是一辆由 6 匹马拉的载有乘客和行李的马车。有些人可能会认为这种活不需要技巧，但由于盖奇不得不照顾马匹，顾及乘客的需求以及了解当地习俗，因此肯定会有一些挑战（Macmillan & Lena，2010；Van Horn et al.，2012）。

左下图（a）是后来发现的一张盖奇的照片，拍摄时间不详。从这张照片中，你可以看出哪些关于盖奇的自信、举止的信息？

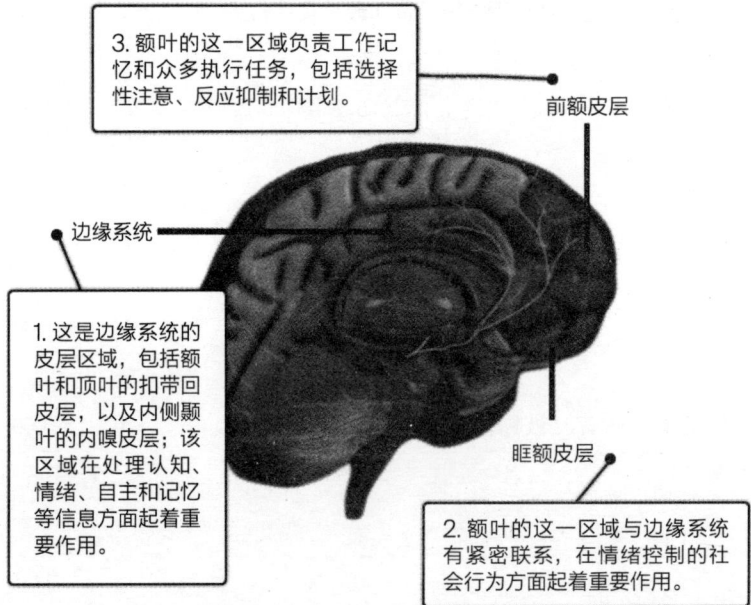

3. 额叶的这一区域负责工作记忆和众多执行任务，包括选择性注意、反应抑制和计划。

前额皮层

边缘系统

1. 这是边缘系统的皮层区域，包括额叶和顶叶的扣带回皮层，以及内侧颞叶的内嗅皮层；该区域在处理认知、情绪、自主和记忆等信息方面起着重要作用。

眶额皮层

2. 额叶的这一区域与边缘系统有紧密联系，在情绪控制的社会行为方面起着重要作用。

a. 菲尼亚斯·盖奇的一张照片。b. 事故发生后，菲尼亚斯·盖奇很快就出现了行为和人格的改变。探索一些可能损伤或被损伤影响的脑区。

批判式思考　从以上信息和目前你对心理学的了解，你可以回答以下问题吗？

1. 在参考个案研究时，你应该问自己什么样的问题？根据个案研究的性质——是现代的还是历史的，你问的问题是否会有所不同？

2. 根据可能帮助盖奇恢复事故后的工作，何种支持和方法可以提供给盖奇？

3. 现代心理学研究如何帮助我们更好地理解历史上的其他个案研究？

在日常生活中应用心理学
关注注意缺陷多动障碍

2.15　了解引发注意缺陷多动障碍的潜在因素

　　注意缺陷多动障碍（ADHD）是一种发育障碍，包括注意力不集中、冲动和多动等行为和认知方面的问题。多年来，很多人已了解到，这种疾病并不是由于不良的育儿方式、吃过多的垃圾食品或某些食用色素等引起的，其症状也可能会发生一些变化，不过，人们仍然没有摆脱它。ADHD 是一种生物学疾病，与遗传、环境影响以及大脑结构和功能的变化有关。

　　以前，ADHD 曾被称为注意障碍（ADD），但目前的《精神障碍诊断和统计手册（第五版）》（DSM-5）中对该疾病有 3 种诊断类型，包括主要表现为 ADHD 的多动 / 冲动、以 ADHD 为主的注意力不集中和 ADHD 综合表现（American Psychiatric Association, 2013）。尽管 ADHD 最常见于儿童，但该疾病会持续到青春期和成年。成年人经常出现注意力不集中和冲动的感觉，而活动过度的症状则会随着年龄的增长而减轻。成年人中与 ADHD 相关的问题涵盖从与家人、朋友或其他重要人的紧张关系到药物滥用、交通事故或工作不稳定（Barkley et al., 2008）。有研究发现，一群在童年期被诊断为 ADHD 的成年男性更有可能在各个领域出现问题。与未患有 ADHD 的人相比，患有 ADHD 的男性的平均年龄为 41 岁，他们在教育、职业、经济和社会成果方面表现更差，离婚率更高（Klein et al., 2012）。

ADHD 本身不仅存在持续的问题，而且也存在药物治疗的问题。在美国，人们越来越担心大学校园内滥用处方药，例如，没有患 ADHD 的学生会试图通过药物来提高自己在学习时的注意力或专注力。此外，ADHD 确诊和兴奋药物处方的数量不断增加，似乎与在其他方面健康的儿童和青少年将 ADHD 药物用作"神经增强剂"相吻合。因此，美国神经病学学会已发表立场文件来抵制这种行为（Graf et al., 2013）。

参与 ADHD 的行为和认知特征的脑区通常分为两部分：负责调节注意力和认知控制的脑区，以及负责警觉和动机的脑区（Nigg, 2010）。在 ADHD 的神经影像研究中，涉及的大脑皮层和大脑皮层下脑区较小，包括前额叶皮层（主要位于右侧）、基底神经节、小脑和胼胝体（Giedd et al., 2015; Nigg, 2006）。

由于 ADHD 涉及多种行为和认知方面，因此研究经常集中于寻找可能导致疾病真正原因的特定标志物。这些标志物可能是生物学指标、认知或行为方面的指标（Nigg, 2010）。为了评估个体标志物，研究人员可以在静息状态或执行特定认知任务（如各种注意力测试）的同时，对患有 ADHD 的个体进行神经成像和电生理研究。一些研究会使用 EEG 或 ERP（Clarke et al., 2007; Loo et al., 2009; Missonnier et al., 2013; van der Stelt et al., 2010; White et al., 2005），其他研究则使用 MRI、fMRI 或 PET（Bush et al., 2008; Mostert et al., 2016; Volkow et al., 2007）。

一些研究表明，ADHD 患者的注意力的某些方面实际上是正常的。ADHD 患者真正存在问题的注意力维度是警觉。另外，受损的认知脑区能够有效地控制认知过程，如坚持任务、保持努力或进行自我控制（Nigg, 2010）。

这些发现促使研究人员重新审视 ADHD 的病因，也表明导致 ADHD 的病因可能不止一种，也有不止一条路径会导致 ADHD。研究人员正在对多个领域展开研究，包括环境因素，如低水平的铅暴露、遗传影响、遗传和家族因素的作用以及人格因素（Forster & Lavie, 2016; Nigg, 2010; Nigg et al., 2016）。此外，一些研究人员在持续研究引起 ADHD 的原因，变量包括睡眠、昼夜节律和环境中光暴露的影响（Arns et al., 2013），以及诊断 ADHD 症状的特征方式。尽管其中一些研究领域并不是全新的，之前已有人进行过探索，但与当前的 ADHD 研究相比，多重原因及其相互作用的可能性尚未得到仔细研究。

深入讨论一下

1. 心理学专业人士如何帮助父母或老师理解与 ADHD 相关的神经影像技术和脑区？

2. 如果一名大学生患有 ADHD，那么与警觉或认知控制相关的问题可能会影响其学校生活或个人生活的哪些方面？

3. 在没有 ADHD 实际症状的情况下，服用 ADHD 治疗药物的人可能会出现哪些问题？

◉ 本章总结

神经元和神经：建立网络

2.1 认识神经元的结构及其功能

- 神经系统是一个复杂的细胞网络，可将信息传递至身体的各个部位。

- 大脑由两种类型的细胞组成，即神经元和神经胶质细胞。

- 神经元有 4 个主要组成部分：树突（接收信息）、体细胞或胞体、轴突（将神经信息传递至其他细胞）和轴突末端（释放神经递质）。

- 胶质细胞能够分离、支持和隔离某些神经元的轴突；影响思维、记忆和其他形式的认知。

- 髓鞘质可绝缘并保护某些神经元的轴突。一些轴突集结成束存在于神经中。髓鞘质还可以加速神经信息的传递。

- 神经元含有带电粒子或离子。静息状态下，神经元内部带负电，外部带正电；当受到刺激时，会发生逆转，并通过允许带正电的钠离子流入来传导电流。这就是动作电位。

- 神经元以"全或无"的方式传递信息。传递速度和放电的神经元数量能够显示出刺激的强度。

2.2 解释动作电位产生的原理

- 轴突末端的突触小泡将神经递质释放到两个神经元之间的突触或突触间隙中。神经递质与下一个神经元的受点结合，从而刺激或抑制该神经元放电。神经递质可以是兴奋性的，也可以是抑制性的。

2.3 描述神经元通过神经递质相互传递信息及与躯体进行联系的机制

- 第一个被发现的神经递质是乙酰胆碱，它能刺激肌肉并帮助形成记忆。

- γ- 氨基丁酸是主要的抑制性神经递质；人在饮酒时会释放高浓度的 γ- 氨基丁酸。

- 5- 羟色胺与睡眠、情绪和食欲有关。

- 多巴胺与帕金森病和精神分裂症有关。

- 内啡肽是控制疼痛反应的神经调节物质。

- 大部分神经递质通过再摄取过程回到突触小泡。

- 乙酰胆碱会被能够破坏分子的酶从突触清除。

神经系统

2.4 描述脑和脊髓的相互作用及二者对外界刺激的反应

- 中枢神经系统由脑和脊髓组成。

- 脊髓具有两种功能：外周部分与大脑之间相互传递信息，中央部分控制逃生反射，如疼痛反应。

- 脊髓反射涉及传入神经元、中间神经元和传出神经元，从而形成简单的反射弧。

- 神经可塑性是指大脑由于经历或损伤而改变结构和功能的能力。

2.5 了解躯体神经系统和自主神经系统的差异

- 周围神经系统包括不属于脑和脊髓的所有神经元和神经，它们延伸至全身。

- 周围神经系统包含两个系统：躯体神经系统和自主神经系统。

- 躯体神经系统包含感觉通路，即向中枢神经系统传递信息的神经元，以及运动通路，即将信息从中枢神经系统传递至随意肌的神经元。

- 自主神经系统由交感神经系统和副交感神经系统组成。交感神经系统是"战斗或逃跑系统"，能对应激做出反应；副交感神经系统是"吃－喝－休息系统"，能恢复并维持器官的正常功能。

内分泌腺：遥远的连接

2.6 解释垂体被称为"主宰腺"的原因

- 内分泌腺将激素直接分泌到血液中，影响肌肉和器官的活动。

- 垂体位于下丘脑下方，具有多种功能，可帮助身体储存水并控制催产素——一种参与分娩和泌乳的激素。垂体还能调节生长激素并影响其他腺体的活性。

2.7　了解内分泌腺的功能

- 松果体位于大脑中，它能根据光线变化分泌褪黑素——一种调节睡眠 - 觉醒周期的激素。
- 甲状腺位于颈内部，通过分泌甲状腺素来控制新陈代谢。
- 胰腺通过分泌胰岛素和胰高血糖素来控制血糖水平。胰岛素分泌过多会导致低血糖，而胰岛素分泌过少会导致糖尿病。
- 生殖腺包括女性的卵巢和男性的睾丸。它们能分泌激素，调节性发育、活动和繁殖。
- 肾上腺通过肾上腺髓质分泌肾上腺素和去甲肾上腺素来控制应激反应。肾上腺皮质能分泌 30 多种激素，控制着盐类的摄入、应激和性发育。

窥视大脑

2.8　解释通过损伤和脑刺激来研究大脑的原理

- 可以通过破坏性技术破坏实验动物的某些脑区，或通过电刺激来研究大脑。
- 可以通过人脑损伤的个案研究来了解大脑功能，但不能轻易地将其从一个案例推广到另一个案例。
- 重复经颅磁刺激和经颅直流电刺激是刺激大脑的非侵入性技术。

2.9　了解多种神经成像技术在呈现大脑结构和功能方面的区别

- 多种神经成像方法能够用于研究活脑的结构或功能。
- 通过脑电图仪可以用放置在头皮上的电极来观察脑电图或大脑表面的电活动，然后将其放大并通过计算机查看。通过事件相关电位技术可以观察认知过程发生的时间和进程。
- CT 扫描是一种由计算机辅助的大脑 X 射线，能显示颅骨和大脑结构。
- MRI 扫描使用磁场、无线电脉冲和计算机为研究人员提供有关大脑结构的更详细的图像。
- PET 扫描通过注入血液中的放射性葡萄糖来跟踪脑细胞的活动，该活动可以通过计算机进行增强和颜色编码。SPECT 可以对脑血流进行成像。
- 通过 fMRI 可以观察一段时间内的大脑活动。

从下到上认识大脑结构

2.10　了解后脑的结构和各个部位的功能

- 延髓位于大脑底部、脊柱顶部，它控制着维持生命的功能，如呼吸和吞咽。来自身体各侧的神经在延髓处交叉。
- 脑桥位于延髓上方，充当着小脑和大脑之间的桥梁。它影响着睡眠、做梦、觉醒和身体两侧的协调运动。
- 网状结构贯穿延髓和脑桥，控制着人体的注意力和唤醒的整体水平。
- 小脑位于大脑后下部，协调精细、快速的运动以及习得性反射、姿势和肌张力。也可能与某些认知和情感功能有关。

2.11　认识与情绪、学习、记忆和动机有关的各个脑区

- 边缘系统由丘脑、下丘脑、海马和杏仁核组成。
- 丘脑是将感觉信息发送到大脑皮层适当区域的中继站。
- 下丘脑调节体温、口渴、饥饿、睡眠、行走、性行为和情绪，同时还控制着垂体。
- 海马是大脑中负责形成长期陈述性记忆的结构。
- 杏仁核控制人体的恐惧反应和对恐惧刺激的记忆。

2.12　认识大脑皮层上控制不同感觉和躯体运动的区域

- 大脑皮层是大脑的外部覆盖层，由紧密堆积的神经元层组成。大脑皮层的褶皱或称皮层化，可增加大脑皮层的面积以及大脑的复杂性。
- 大脑皮层分为两个大脑半球，由胼胝体相连。
- 枕叶位于每个大脑半球的后部和底部，包含初级视觉皮层。
- 顶叶位于大脑皮层的顶部和背部，包含躯体感觉皮层，处理触觉、温觉和身体位置觉等信息。
- 颞叶包含初级听觉区域，也参与语言理解。
- 额叶包含运动皮层，该皮层控制着随意肌，也是所

有高级心理功能发生的位置，如计划、语言和复杂决策等。

2.13　认识大脑皮层上控制语言等高级思维的区域

- 所有脑叶中都有皮层联合区，尤其是额叶。这些区域可帮助人们理解从初级感觉区域和大脑下部接收到的信息。
- 左侧额叶含中有布罗卡区，对于产生流畅且易懂的言语至关重要。如果该区域受损，人会患布罗卡失语症，导致说话不连贯且发音不正确。
- 左侧颞叶含有韦尼克区，该区域对于理解语言很重要。如果该区域受损，人会患韦尼克失语症，言语流畅但无意义，同时用词错误。

2.14　了解左右脑分工的差异

- 在裂脑研究中，患者的胼胝体被切断以治疗癫痫。研究表明，大脑左半球似乎控制着语言、言语书写、计算等能力。此外它也按顺序处理信息。
- 大脑右半球全局处理信息，并控制着知觉、视觉、空间知觉模式等。仅显示在大脑左半球的信息可以被口头表达，但仅发送给大脑右半球的信息则不能。

2.15　了解引发注意缺陷多动障碍的潜在因素

- 注意缺陷多动障碍多发生于儿童身上，可能会持续到成年。原因可能有多种，包括遗传因素和环境因素，以及大脑结构和功能的多种差异。

● 章末测试

1. 在神经元的结构中，____从其他细胞中接收信息。
   - A. 轴突
   - B. 树突
   - C. 胞体
   - D. 髓鞘质

2. 少突胶质细胞和施万细胞生成的脂质物质叫____。
   - A. 神经胶质
   - B. 胞体
   - C. 髓鞘质
   - D. 神经膜

3. 以下哪种物质可以绝缘并将神经元轴突保护起来，同时还能促进电脉冲的传递？
   - A. 突触小体
   - B. 受点
   - C. 髓鞘质
   - D. 神经调质

4. 当神经元处于静息电位时，它的____带负电，____带正电。
   - A. 内部；外部
   - B. 外部；内部
   - C. 顶部；底部
   - D. 底部；顶部

5. 以下哪种神经递质能够刺激肌细胞的收缩，并能减缓心肌细胞的收缩？
   - A. 乙酰胆碱
   - B. γ- 氨基丁酸
   - C. 5- 羟色氨
   - D. 内啡肽

6. 海洛因模拟内啡肽的运转，抑制疼痛的电信号并创造出一种"高潮"的感受，因此海洛因是一种____。

   - A. 主导剂
   - B. 拮抗剂
   - C. 激动剂
   - D. 胶质细胞

7. 不随意肌受____神经系统的控制。
   - A. 躯体
   - B. 自主
   - C. 交感
   - D. 副交感

8. 当你记笔记时，心脏保持着正常的跳动节奏，呼吸正常，胃在缓慢地消化着上一顿饭。这时起作用的是____神经系统。
   - A. 交感
   - B. 副交感
   - C. 自主
   - D. 躯体

9. 罗伯特入睡困难已超过半年，他的身体似乎分不清白天黑夜了。医生认为问题在于罗伯特的内分泌系统。那么医生会集中关注哪个腺体？
   - A. 垂体
   - B. 肾上腺
   - C. 甲状腺
   - D. 松果体

10. 在内分泌系统中，哪一腺体影响着所有其他的腺体？
    - A. 松果体
    - B. 垂体
    - C. 甲状腺
    - D. 肾上腺

11. 丹妮拉正参与一项关于记忆和问题解决的研究。研究人员通过直接置于她头皮之上的铜线圈，用磁脉冲刺激她的大脑。这属于以下哪项技术?

A. 侵入性技术

B. 非侵入性技术

C. EEG

D. PET

12. 以下哪种大脑研究技术需要向患者体内注射放射性葡萄糖?

A. EEG　　　　　　B. CT

C. MRI　　　　　　D. PET

13. 玛丽亚经常睡得很香且几乎从未被任何外部噪声吵醒过。然而,她的孩子一哭泣却能立即将她吵醒。玛丽亚大脑的哪一区域在呼应这一响动?

A. 延髓　　　　　　B. 脑桥

C. 网状结构　　　　D. 小脑

14. 妮科尔和卡米尔两人都是花样游泳运动员。她们经常在一起长时间地训练,以确保常规动作能够合拍。她们俩必须依赖大脑的哪一区域来完成这一动作?

A. 延髓　　　　　　B. 脑桥

C. 网状结构　　　　D. 小脑

15. 某心理学教授援引了"大脑最大的中继站"这一说法,他指的是____。

A. 丘脑　　　　　　B. 下丘脑

C. 海马　　　　　　D. 杏仁核

16. 大脑的哪一区域涉及记忆的创建,且经常与阿尔兹海默病联系在一起?

A. 海马　　　　　　B. 丘脑

C. 下丘脑　　　　　D. 杏仁核

17. 玛迪逊在一场柔道比赛中被摔出去后,她的后脑勺受了严重的一击,枕叶受损。她的哪种感觉最有可能受到影响?

A. 听觉　　　　　　B. 触觉

C. 味觉和嗅觉　　　D. 视觉

18. 贾梅的祖父最近卒中了,从那以后他的语言能力就出现了困难。他最有可能受损的是哪个脑区?

A. 大脑右后方　　　B. 大脑左前方

C. 大脑左后方　　　D. 大脑右前方

19. 费利西娅的大脑受了伤。她虽然能流利地说话,但是总会用错词。有一次,在一位朋友的生日派对中,她说:"我想喝点东西,能给我来点电池吗?"费利西娅得的是____。

A. 空间忽视症　　　B. 视觉失认症

C. 布罗卡失语症　　D. 韦尼克失语症

20. 下列选项中,关于大脑半球及其功能的配对,哪一项是错误的?

A. 大脑左半球——控制右手的动作

B. 大脑右半球——控制右手的动作

C. 大脑右半球——面部识别

D. 大脑左半球——阅读

第3章　感觉和知觉

　你最依赖哪种感觉？不同的社会背景或环境下，你认为某些感觉会比其他感觉更重要吗？

● 为什么要研究感觉和知觉

假如没有感觉，我们就不会知道精神世界之外还存在什么，我们将完全生活在自我的头脑中，与他人彼此分离，无法找到食物或其他任何维持生命的基本物质。可以说，感觉是我们了解周围世界的窗口。而

假如没有知觉，我们将无法理解所有的感觉意味着什么。知觉是"解释"感觉的过程，有了知觉，我们就能对感觉采取相应的行动。

学 习 目 标

3.1　描述将外界信息输入大脑的方式

3.2　描述差别阈限和绝对阈限

3.3　解释感觉信息被忽略的原因

3.4　描述光穿过眼睛不同部位的方式

3.5　解释光信息到达视觉皮层的途径

3.6　比较两种主要的色觉理论，解释色觉缺陷发生的原理

3.7　了解声音的本质及其在耳朵中的传播方式

3.8　概述大脑处理音高信息的3种理论

3.9　确定听觉障碍的类型及治疗方案

3.10　解释味觉的工作原理

3.11　解释嗅觉的工作原理

3.12　描述触摸、压力、温度和疼痛的体验

3.13　描述负责身体平衡、位置和运动的系统

3.14　描述知觉恒常性和格式塔知觉组织原则对共同知觉体验的解释原理

3.15　解释通过单眼线索和双眼线索感知深度的原理

3.16　举出常见的视错觉的例子及其感知影响因素

3.17　描述关于魔术的神经科学研究如何帮助人们解释视错觉和认知错觉

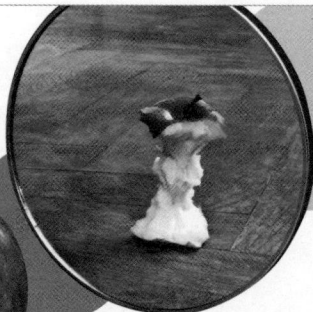

○ 感觉概述

世界上的各种信息必须通过某种方式进入大脑，之后，大脑会利用这些信息来决定行为和反应。信息进入大脑是通过感觉器官和感觉过程来实现的。

换能

3.1　描述将外界信息输入大脑的方式

当感觉器官中的特殊感受器——眼睛、耳朵、鼻子、皮肤和味蕾等被激活，各种形式的外界刺激就会成为大脑中的神经信号，此时，**感觉**（sensation）就会产生。这种将外界刺激转化为神经活动的过程被称为**换能**（transduction）。

感受器是神经元的特殊形式。感受器不会从其他细胞那里接收神经递质，而是会被不同的能量刺激。例如，光能够刺激眼睛中的光感受器，振动会激活耳朵中的听觉感受器，压力或温度能够刺激触觉感受器，化学物质则能够触发味觉感受器和嗅觉感受器。每种感受器都以不同的方式将物理信息转换成电信息，之后，电信息要么使细胞去极化，要么使细胞超极化；根据从环境中探测到的信息的时间和强度，细胞会不同程度地被激活（Gardner & Johnson，2013）。

有些人能够以不同寻常但迷人的方式处理感觉信息。如有一名糕点师通过体验音乐、色彩、形状和情感来品尝食物；一名侍酒师以颜色和形状来体验气味；另一名信息技术顾问则是将声音、文字和颜色当作味道和纹理来体验（Carlsen，2013.3.18）。这 3 个人其实都有**联觉**（synesthesia），联觉的字面意思是"联合感觉"。研究表明，世界上至少有 4% ~ 5% 的人可能会经历某种形式的联觉（Hubbard & Ramachandran，2005；Simner，2013；Simner et al.，2006）。联觉的原因目前仍处于研究中，不过，似乎在某些形式的联觉中，来自眼睛或耳朵等感觉器官的信号要么到达原本不该到达的大脑区域，要么被特殊处理。总的来说就是：感觉区域之间的"交流"越来越多，导致联觉者对世界的感受不同于常人。

感觉阈

3.2　描述差别阈限和绝对阈限

恩斯特·韦伯（Ernst Weber）曾经做过研究，试图确定可以觉察到的两种重量之间的最小差异。他的研究后来被称作**最小可觉差**（just noticeable difference，jnd），或**差别阈限**（difference threshold）。最小可觉差是两种刺激之间最小的差异，有 50% 的概率可以觉察到。根据韦伯定律，无论刺激之间的差异是什么，它总是一个常数。例如，假如一个人想让已加了 5 匙糖的咖啡变甜，他需要再添加 1 匙糖，即检测最小可觉差所需的变化百分比为 20%（1/5）。因此，如果咖啡里已经加了 10 匙糖，他必须再加 20%，即 2 匙糖，才能有 50% 的概率让人品尝到咖啡变甜了。

在美国的某些地区，"普通咖啡"通常含有两种奶油和两种糖。在你看来，还需要加多少糖才能品尝出不同呢？

古斯塔夫·费希纳对韦伯的工作进行了拓展，并将其研究称为**绝对阈限**（absolute threshold）（Fechner，1860）。绝对阈限是指一个人有 50% 的概率有意识地觉察到的最低刺激水平。例如，假如在一个非常安静的房间中，你的听力正常，那么另一个人坐多远，你能在 50% 的试次中听到他的指针式手表的滴答声？关于各种感觉的绝对阈限的例子，可见表 3-1。

表 3-1　绝对阈限示例

感觉	绝对阈限
视觉	在明朗的夜里看到 48 千米外的一根点燃的蜡烛
听觉	在安静条件下听到 6 米外的手表走针声
嗅觉	闻出一滴香水扩散到三室一厅的整个空间的香水味
味觉	品尝出 7.6 升水中加入一匙糖的甜味
触觉	感受到蜜蜂翅膀从 1 厘米高度落在面颊上的感觉

💬 我听说人们会受到影视作品的影响，自己却意识不到。这是真的吗？

低于意识水平的刺激被称为阈下刺激。这些刺激的强度虽然足以激活感受器，但不足以让人们有意识地觉察到。许多人认为这些刺激作用于无意识的头脑，会在阈下知觉的过程中影响行为。

有一段时间，许多人认为一位叫詹姆斯·维卡里（James Vicary）的市场研究员证明了阈下知觉在广告中的力量。1957 年，维卡里声称，在为期 6 周的时间里，新泽西州福特·李电影院的 45 699 名观众在观看电影《野餐》（Picnic）时，看到了两条广告信息："吃爆米花"和"喝可口可乐"，而且这两条广告信息每 5 秒钟内会闪烁 3 毫秒。维卡里称，在 6 周的时间里，爆米花的销量增长了 57.7%，可口可乐的销量增长了 18.1%。但直到 5 年后，维卡里终于承认他从未真正进行过这一研究（Merikle，2000；Pratkanis，1992）。许多研究人员收集了科学证据，证明阈下知觉在广告中不起作用（Bargh et al.，1996；Broyles，2006；Moore，1988；Pratkanis & Greenwald，1988；Trappey，1996；Vokey & Read，1985）。

但这并不是说阈下知觉不存在——实际上，越来越多的证据表明，人会在没有意识的情况下处理一些刺激，尤其是那些令人害怕或有威胁性的刺激（LeDoux & Phelps，2008；Öhman，2008）。研究人员曾通过事件相关电位技术和功能性磁共振成像来验证实验室条件下阈下知觉和相关学习的存在（Babiloni et al.，2010；Bernat et al.，2001；Fazel-Rezai & Peters，2005；Sabatini et al.，2009）【连接学习目标 2.9】。

感觉系统可以检测到研究中使用的刺激，但是这些刺激低于意识感知的水平。被试没有意识到或没有觉察到自己已经暴露于由于掩盖或操纵注意力而产生的刺激。此外，刺激还会影响自主反应，如面部紧张度增加，而不会直接影响有意识行为，如去买广告上的商品。

另一种分析人对何种刺激做出反应的有效方法是基于信号检测理论。信号检测理论常用于比较人在不确定条件下的判断或决策。检测物理刺激的能力是基于刺激的强度以及个人在身心上的准备情况。信号检测理论最初是为了帮助解决实验中与被试猜测相关的问题而开发的，它是一种测量准确度的方法（Green & Swets，1966；Macmillan & Creelman，1991）。

例如，刺激可以存在，也可以不存在。反过来，人既可以在刺激出现时检测到它，即"击中"，也可以说它不存在，即"漏报"。另外，人也可以错误地报告实际上并不存在的刺激，即"虚报"，或者准确地说刺激不存在，即"正确否定"。

习惯化和感觉适应

3.3　解释感觉信息被忽略的原因

大脑低级中枢能够过滤感觉刺激，并忽略或阻止不变的刺激被知觉注意到。大脑主要对变化的信息感兴趣。这就是人们通常听不到空调噪声的原因，除非突然断电；人们也听不到教室里的噪声，除非教室里突然安静下来或有人提醒。虽然人们实际上听到了，但也并没有谁注意到。这叫作**习惯化**（habituation），是大脑处理环境中不变信息的方式【连接学习目标 2.10】。

💬 当我刚回家时，有时我能闻到厨房垃圾桶的气味，但过一会儿，这种气味似乎消失了。这也属于习惯化吗？

这种情况不属于习惯化，而是**感觉适应**（sensory adaptation），它是另一种过程，通过它，来自感受器的恒定不变的信息会被有效地忽略。在习惯化过程中，虽然感受器仍然对刺激有反应，但大脑低级中枢并未将这些感受器发出的信号传递到大脑皮层。感觉适应的过程与习惯化不同，因为感受器细胞自身对不变的刺激（包括垃圾气味）的反应很弱，而且感受器不再向大脑发送信号。

例如，当你吃东西的时候，刚开始会觉得它们尝起来味道很浓，但当你吃一阵后，会发觉味道有所减弱。一般来说，我们所有的感觉都会受到感觉适应的影响。

你可能会想：如果盯着某样东西看足够长的时间，它可能也会消失。但实际上眼睛有些不同。眼睛后部的感受器会适应并对持续的视觉刺激反应迟钝，但在正常情况下，眼睛并不是静止不动的，眼睛一直在不断地动，即被称为"微眼动"或"扫视运动"的

微小振动，不过人们无法意识到。这些振动会导致眼睛无法适应看到的东西。其实这是一件好事，否则很多人无疑会因为发呆发愣而变成盲人。

图中这位年轻女性感觉不到她耳朵和鼻子上的金属环——感觉适应使得她忽略了恒定不变的金属环的刺激。除此之外，她身上的其他哪些饰品还可以引起感觉适应呢？

概念地图 3.1～3.3

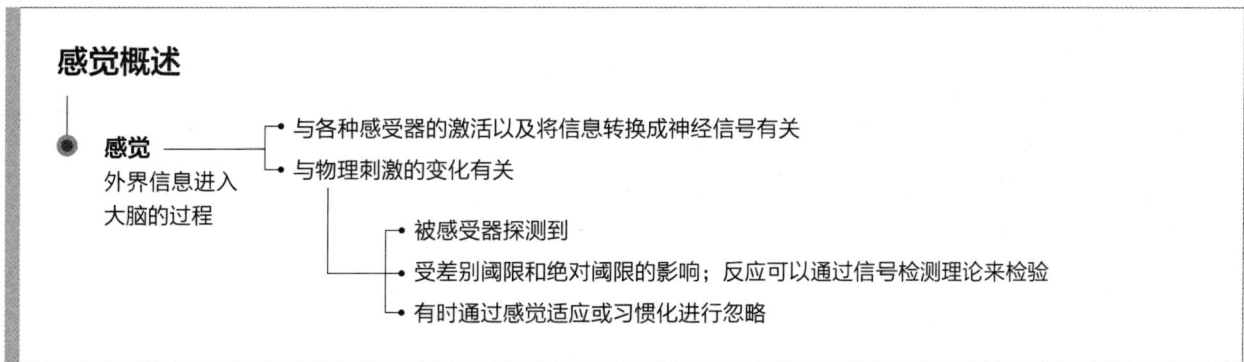

感觉概述

感觉 —— 与各种感受器的激活以及将信息转换成神经信号有关
外界信息进入 —— 与物理刺激的变化有关
大脑的过程
　　├ 被感受器探测到
　　├ 受差别阈限和绝对阈限的影响；反应可以通过信号检测理论来检验
　　└ 有时通过感觉适应或习惯化进行忽略

随堂小考

1. ＿＿＿包括觉察来自环境中的物理刺激，并通过激活特定的受体细胞而成为可能。

　　A. 知觉　　　　　　　B. 升华

　　C. 适应　　　　　　　D. 感觉

2. 两个刺激之间有 50% 的概率察觉到的最小差异叫作＿＿＿。

　　A. 绝对阈限　　　　　B. 最小可觉差

　　C. 感觉　　　　　　　D. 感觉适应

3. 在课堂上待了一段时间后，如果没人提醒你，你听不到头顶灯嗡嗡作响的声音，这可能是＿＿＿。

　　A. 调节　　　　　　　B. 适应

　　C. 升华　　　　　　　D. 习惯化

4. 你正在喝一杯特别苦的浓咖啡，过了一会儿，咖啡的味道不像你刚开始喝时那么浓了，原因在于＿＿＿。

　　A. 感觉适应　　　　　B. 阈下知觉

　　C. 习惯化　　　　　　D. 知觉防御

◉ 视觉：如何"看见"的科学

💬 有人说光是一种波，也有人说光是由粒子组成的。哪一种说法是对的？

光是一种复杂的现象。尽管科学家对光的本质争论已久，但他们最终一致认为光具有波和粒子的双重属性。接下来要简单介绍科学家是如何阐明光的奥秘的。

光和眼睛

3.4　描述光穿过眼睛不同部位的方式

爱因斯坦首次提出了光实际上是微小的"波束"。这些"波束"被称为光子，它们具有特定的波长（Lehnert，2007；van der Merwe & Garuccio，1994）。

人在体验到光的物理特性时，并没有真正意识到光的双重属性：既像波又像粒子。而从光的心理属性来看，人对光的感知有3个方面：明度、颜色和饱和度。

明度是由光的振幅决定的，振幅指的是波的最高点或最低点的大小。波的振幅越大，光线看起来越亮；振幅越小，光线看起来越暗。

颜色，也称色相，很大程度上是由波长决定的。短波长（以纳米为单位）位于可见光谱的蓝色端，属于人眼可见的整条光谱的一部分（见彩图1）；长波长则位于光谱的红色端。

饱和度指的是人们感知的颜色纯度。高饱和度的红色只反射红色波长的光，而低饱和度的红色可能反射多种波长的光。当孩子用海报颜料中的红色颜料绘画时，涂在纸上的颜料看起来像纯红色，而如果混入一些白色颜料，颜料看起来就会是粉红色——色相仍然是红色，但由于反射的红色波长中混入了白色波长，因此它不再是饱和的红色。混入黑色或灰色也会降低色彩的饱和度。不过，当组合不同的颜色时，光的作用不同于颜料或油漆，相关差异可见后文关于颜色知觉的探讨。

眼睛的结构　谈论眼睛如何处理光的最佳方式，就是谈论当图像中的光子穿过眼睛时，图像发生什么。图3-1显示了图像被处理的路径。

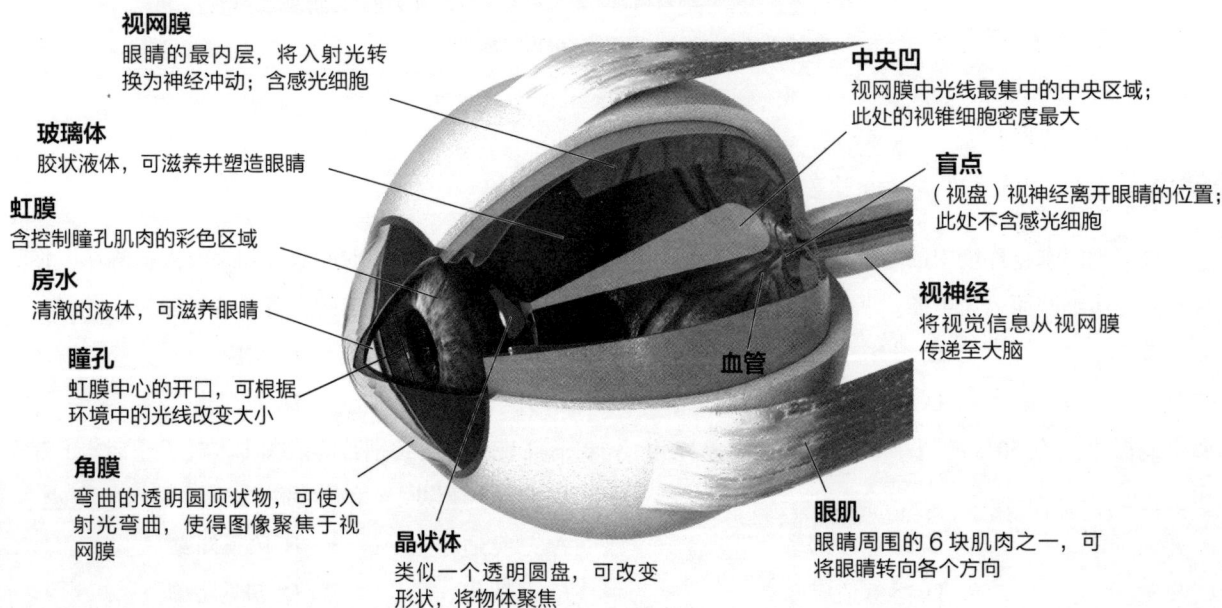

视网膜
眼睛的最内层，将入射光转换为神经冲动；含感光细胞

玻璃体
胶状液体，可滋养并塑造眼睛

虹膜
含控制瞳孔肌肉的彩色区域

房水
清澈的液体，可滋养眼睛

瞳孔
虹膜中心的开口，可根据环境中的光线改变大小

角膜
弯曲的透明圆顶状物，可使入射光弯曲，使得图像聚焦于视网膜

晶状体
类似一个透明圆盘，可改变形状，将物体聚焦

中央凹
视网膜中光线最集中的中央区域；此处的视锥细胞密度最大

盲点
（视盘）视神经离开眼睛的位置；此处不含感光细胞

视神经
将视觉信息从视网膜传递至大脑

血管

眼肌
眼睛周围的6块肌肉之一，可将眼睛转向各个方向

图 3-1　眼睛的结构

光线通过角膜和瞳孔进入眼睛。虹膜控制瞳孔的大小。光通过瞳孔穿过晶状体到达视网膜，然后被转换成神经冲动。神经冲动沿着视神经传递至大脑。

从前到后：眼睛的各个部分 光可以直接从光源（如太阳）进入眼睛，也可以通过物体反射间接进入眼睛。从光源发出的光或由物体反射的光必须穿过眼睛，最后聚为一点到达视网膜，这样人才能看清楚。光在穿过不同密度的物质时会发生弯曲，这一过程被称为折射。举例来说，当你透过装有半杯水的透明杯子侧面看插在水中的吸管时，你会发现吸管看起来在水面上弯曲或折断了。这种视错觉就是由光的折射引起的。眼睛的结构在收集和聚焦光线方面起着至关重要的作用，使得我们可以看得很清楚。

这张照片说明了光线折射造成的光学错觉。吸管尽管看起来折断了，但实际上它并没有折断。

眼睛的表面覆盖着一层透明薄膜，叫作角膜。角膜不仅能保护眼睛，也能聚焦进入眼睛的大部分光线。角膜有固定的曲率，像一台没有调焦选项的相机。而通过改变角膜形状的视觉改善技术，可以改变它的曲率。例如，眼科医生可以通过光性屈光性角膜切削术（PRK）和激光原位角膜磨镶术（LASIK）去除角膜的一小部分，改变其曲率，从而改变眼睛中的焦点。

角膜之后是一层透明的水状液体，被称为房水。这种液体能够不断补充，为眼睛提供营养。视觉图像反射的光通过瞳孔进入眼睛内部，瞳孔位于虹膜的圆形肌肉中。虹膜可以改变瞳孔的大小，调节进入眼睛的光线量，这有助于聚焦图像。有时，人们会通过眯眼来达到同样的目的。

虹膜后面是晶状体，由肌肉支撑，可进行灵活的屈曲，负责完成开始于角膜的聚焦过程。通过**视觉调**节（visual accommodation），晶状体可以变薄或变厚以改变形状，聚焦近处或远处的物体。晶状体厚度的变化使得它能在视网膜上投射出清晰的图像。随着年龄的增长，晶状体会逐渐变硬，人们会失去视觉调节的能力，即老花眼。近视的人可能会出现视觉调节，但由于眼睛形状的改变，导致焦点落在视网膜之前。而对于远视的人而言，焦点落在了视网膜之后（见图 3-2）。戴矫正眼镜、隐形眼镜，或通过矫正手术，如 PRK 和 LASIK，可以纠正这些问题。

近视

远视

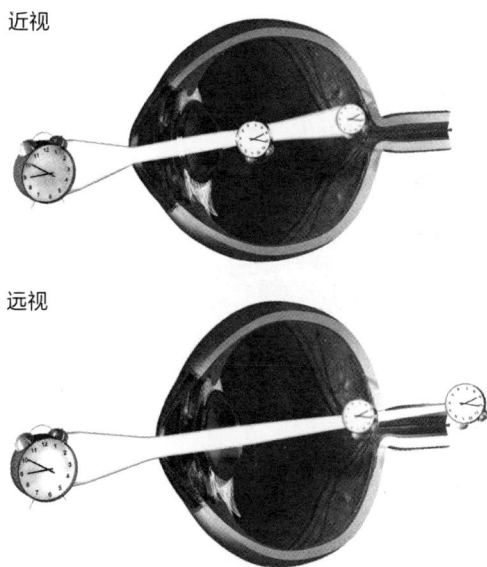

图 3-2 近视和远视的示意图

通过晶状体后，光会穿过一个大的开放空间，里面充满了透明的胶状液体，被称为玻璃体液。这种液体与房水一样，也能滋养眼睛并影响其形状。

视网膜、视杆细胞和视锥细胞 光在眼睛中的最后一站是视网膜，它是眼睛后部的感光区域，包含 3 层：神经节细胞、双极细胞、**视杆细胞**（rod）和**视锥细胞**（cone），后两种细胞是能够对不同波长的光做出反应的特殊感受器细胞，即光感受器或感光细胞。

虽然视网膜负责吸收和处理光信息，但视杆细胞和视锥细胞才是视网膜的工作端。视网膜实际上接收光的光子并将其转化为大脑的神经信号，将它们发送到双极细胞，然后是神经节细胞，神经节细胞的轴突组成视神经。双极细胞是一种中间神经元，之所以用"双极"这个词，是因为它们的一端有树突，另一端有轴突【连接学习目标2.1】。

视杆细胞和视锥细胞负责视觉的不同方面。人的每只眼睛约有600万个视锥细胞（每个视锥细胞都有一个双极细胞），其中有5万个与视神经单独连接。这意味着视锥细胞是视觉敏锐度（清晰度）的感受器，或者说是眼睛能看到细节的所在。视锥细胞遍布视网膜，但集中在视网膜的中心，此处没有视杆细胞，被称为中央凹。视锥细胞比视杆细胞需要更多的光，所以视锥细胞在强光下运行得最好，此时，人们看东西最清楚。视锥细胞对不同波长的光也很敏感，因此它们也负责色觉。

除了中央凹，视网膜其他各处都有视杆细胞，每只眼睛约有1亿个视杆细胞，主要集中在视网膜外周。视杆细胞对亮度变化敏感，但对光的波长变化不

敏感，所以它们只能看到黑色和白色以及灰色阴影。许多视杆细胞与一个双极细胞相连，非常敏感，所以即使只有一个视杆细胞受到光子的刺激，大脑也会认为这些视杆细胞所在的整个区域都受到了刺激。但由于大脑不知道该区域的哪一部分（哪个视杆细胞）在传递信息，所以视觉敏锐度相当低。这就是为什么人在弱光下看到的东西是模糊和灰色的，比如在黄昏或光线昏暗的房间。另外，由于视杆细胞位于视网膜的外周，因此它们也负责外周视觉。

在正常情况下，由于扫视运动，眼睛无法适应持续的刺激。但是，如果人们用一只眼睛盯着一个点足够长的时间，慢慢穿过视野的小物体可能会在某一点处短暂"消失"，因为在视网膜上有一个"洞"，在此处，神经节细胞的所有轴突离开视网膜成为视神经——视盘。此处没有视杆细胞或视锥细胞，被称作**盲点**（blind spot）。按图3-3中的指示，你可以找到自己的盲点。

图3-3　寻找盲点

将本书放在面前。闭上右眼，用左眼盯着图中狗，然后慢慢地将书靠近你的脸。某一时刻，图中的猫会"消失"，因为猫所在之处的光线正好落在了你左眼的盲点上。如果找不到，移动书的时候再慢一些。右眼盲点同理。

视觉通路

3.5　解释光信息到达视觉皮层的途径

在阅读本节之前，先看一下彩图2。进入眼睛的光可以分成左右视野。来自右视野的光落在每只眼睛视网膜左侧，而来自左视野的光则落在每只眼睛视网膜右侧。光以直线穿过角膜和晶状体，与视野相比，投射在视网膜上的图像实际上是上下颠倒、左右翻转的，而大脑可以弥补这一点。

视网膜可以分成两个区域，朝向头部太阳穴的区域被称为颞侧视网膜，朝向中央或鼻子的区域被称为鼻侧视网膜。再次查看彩图2。请注意，来自左视野的信息（落在每个视网膜右侧）到达右视皮层，而来自右视野的信息（落在每个视网膜左侧）到达左视皮层。这是因为来自每个视网膜颞侧的轴突会投射到大脑同侧的视觉皮层，而来自鼻侧的轴突则会穿过大脑对侧的视觉皮层。视交叉即是视神经相交叉的点。

由于视杆细胞在光线水平较低的情况下也能良好地运作，因此它们也是促使眼睛适应低水平光线的细胞。从明亮环境进入黑暗环境时，眼睛会恢复其视觉能力，这源于**暗适应**（dark adaptation），使得我们看见东西的光敏色素能够在黑暗中再生或"充电"。光线越亮，视杆细胞适应新的低水平光线所需的时间就越长（Bartlett，1965）。这就是为什么在夜里迎面驶来的汽车的明亮前灯会让人在汽车经过后的一段时间内看不见东西。好在这种情况通常很短暂，因为明亮的灯光亮的时间很短，视杆细胞相对较快地适应了黑夜。完全的暗适应则通常发生在从更稳定的光线进入黑暗之中，如关掉卧室的灯，这一过程大约需要 30 分钟。随着年龄的增长，这一过程所需的时间会更长，所以许多老年人在晚上和黑暗的房间里看不到东西（Klaver et al.，1998）。这种与年龄相关的变化会导致夜盲症，在这种情况下，人在晚上开车或在黑暗的房间走动时会出现明显的视力障碍。有研究表明，在某些情况下，服用维生素 A 等补充剂可以逆转或缓解这种症状（Jacobson et al.，1995）。当从黑暗的房间走到明亮的房间时，相反的过程即**明适应**（light adaptation）会发生。视锥细胞必须适应更高水平的光线，它们完成明适应的速度比视杆细胞适应黑暗的速度要快得多，通常最多需要几秒钟（Hood，1998）。

虽然图中的这只鹿在晚上能看得相对清楚，但迎面而来的汽车前灯会使其短暂"失明"。明适应虽然可能只需要几秒钟，但在适应之前，鹿无法完全看清楚，所以它无法走动。

颜色感知

3.6　比较两种主要的色觉理论，解释色觉缺陷发生的原理

💬 前文提到视锥细胞用于感知色觉。世界上有这么多种颜色，有检测每种颜色的视锥细胞吗？还是所有的视锥细胞都能检测所有的颜色？

虽然相关专家研究颜色及其本质已经很多年了，但直到现在，关于视锥细胞在色觉中的作用仍然处于理论探讨阶段。

三色说　关于人们如何看待颜色有两种理论，它们最初是在 19 世纪被提出的。第一种叫作**三色说**（trichromatic theory）。该理论最初是由托马斯·杨（Thomas Young）于 1802 年提出，后来赫尔曼·冯·海姆霍茨（Hermann von Helmholtz）于 1852 年对其进行了修正，他认为存在 3 种视锥细胞：红色视锥细胞、蓝色视锥细胞和绿色视锥细胞，每一种对应光三原色的一种。

大多数人可能认为三原色是红色、黄色和蓝色，但这些是色彩三原色，而不是光三原色。颜料能反射光，但反射光混合的方式不同于光直接混合的方式。例如，如果一名艺术家将红色、黄色和蓝色的颜料混合在一起，结果会是一片发黑的混乱色。颜料的混合（反射光）是减色的，即当你混合更多的颜色时，会去除更多的光。当所有的颜色混合时，更多的光波会被吸收，于是我们会看到黑色。但是，如果一名艺术家将红光、绿光和蓝光混合在一起，并将这 3 种颜色的光聚焦在一个共同的点上，我们将会看到白色，而不是黑色（见彩图 3）。直射光的混合是相加的，能产生更浅的颜色及更多的光；当将红色、蓝色和绿色混合时，我们会看到白色——整个视觉光谱的反射。

三色说认为，不同色调的颜色对应 3 种视锥细胞各自接收的不同光量。视锥细胞会向大脑的视觉中枢发送信息。视锥细胞及其发射速度的组合决定了一个人将会看到何种颜色。例如，如果红色视锥细胞和绿色视锥细胞以足够快的速度对刺激做出反应，那么人

看到的就是黄色；如果红色视锥细胞和蓝色视锥细胞发射得足够快，人就会看到洋红色。如果蓝色视锥细胞和绿色视锥细胞发射速度足够快，人就会看到青色，即蓝绿色。

1964 年，保罗·布朗（Paul K. Brown）和乔治·沃尔德（George Wald）确定了视网膜中 3 种类型的视锥细胞，每种都对一定范围内的波长敏感，以纳米为单位，并且峰值灵敏度大致对应 3 种不同的颜色。当然，颜色可以根据亮度和饱和度而变化。不过，他们发现的视锥细胞对光最敏感的峰值波长与托马斯·杨

和冯·海姆霍兹最初的 3 种对应颜色略有不同：短波长视锥细胞检测蓝紫色（约 420 纳米），中波长视锥细胞检测绿色（约 530 纳米），长波长视锥细胞检测黄绿色（约 560 纳米）。有趣的是，布朗和沃尔德发现的视锥细胞没有对光敏感的一个峰值，在这一峰值，通常大多数人看到的是红色（约 630 纳米）。不过，每个视锥细胞对不同波长的光都有反应，而不仅仅是其峰值灵敏度的波长。如图 3-4 所示，根据光的强度，中波长视锥细胞和长波长视锥细胞都会对红色的光做出反应。

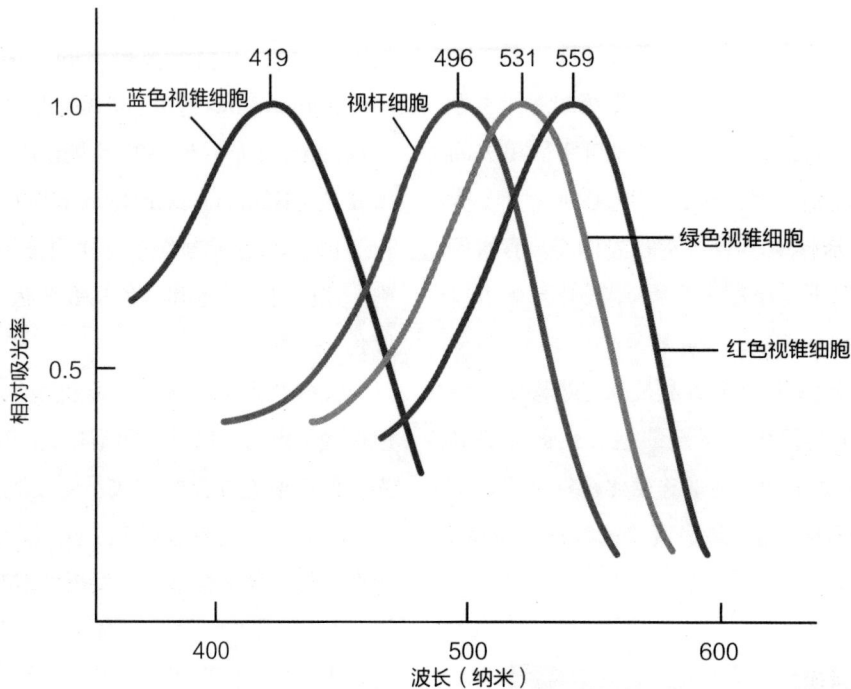

图 3-4　视杆细胞和 3 种视锥细胞的吸光率

视杆细胞和视锥细胞对不同波长的光的吸收率（灵敏度）不同；而不同的视锥细胞对不同波长的光的吸收率也不相同。

对立加工理论　乍一听，三色说似乎足以解释人们如何感知颜色。但这个理论无法解释另一个有趣的现象（见彩图 4）：假如你盯着美国国旗的照片看一会儿，比如 30 秒到一分钟，然后看向一面空白的白色墙壁或一张白纸，你会"看到"照片的残影。这就是**视觉后像**（afterimage），它发生在视觉刺激持续一小段时间后，即使刺激被移除了。此外，你很快会注意到残影中的照片颜色都是错的——绿色成了红

色，黑色成了白色，黄色成了蓝色。

💬　美国国旗的视觉后像果然变成正常的颜色了！为什么会这样？

颜色的视觉后像现象需要通过**对立加工理论**（opponent process theory）来解释，这是第二种关于色觉的理论（De Valois & De Valois，1993；Hurvich & Jameson，

1957），它基于爱德华·黑林（Edwald Hering）在 1874 年首次提出的一个想法（Finger，1994）。对立加工理论认为存在 4 种原色：红色、绿色、蓝色和黄色。这些颜色成对排列，每一对颜色都是相对的。红色与其相对的绿色配对，蓝色与其相对的黄色配对。如果一对颜色中的一种颜色被激活，那么另一种颜色就会被抑制，无法工作，所以不存在红绿色和蓝黄色。

那么这种配对是如何产生视觉后像的呢？从视网膜的双极细胞和神经节细胞水平一直到丘脑，再到大脑的视觉皮层，一些神经元或神经元群会受到来自视觉光谱一部分光的刺激，同时受到来自光谱另一部分光的抑制。例如，假设我们的视网膜中有一个红绿神经节细胞，当暴露在白光下时，它的基线活性相当弱。然而，红光增加了细胞的活性，所以我们感受到了红色。如果用红光刺激细胞足够长的时间，细胞就会疲劳。如果将红光用白光替换，疲劳细胞的反应甚至比最初的基线活性还要弱。此时我们会感受到绿色，因为绿色与这个细胞反应性的降低有关。

那么，哪种理论是正确的呢？其实，这两种理论在认识色觉方面都有用。三色说可以解释原始刺激发生了什么，不同波长的光的实际检测情况；而对立加工理论可以解释最初检测到环境中的光之后出现的视觉后像和视觉感知的其他方面。除了视网膜双极细胞和神经节细胞之外，"对立加工"细胞还包含在丘脑内的外侧膝状体。外侧膝状体是视觉信息到达枕叶的途径的一部分。当视网膜中的视锥细胞通过视网膜双极细胞和神经节细胞发送信号时，我们会看到红绿色对和蓝黄色对。与视网膜细胞一起，外侧膝状体中的细胞负责色觉和视觉后像的对立加工。

哪种理论可以用来解释色盲呢？我听说有两种色盲：红绿色盲和黄蓝色盲。

色盲 一提到红绿色盲和黄蓝色盲，人们都会想到对立加工理论。但实际上，色盲是由视网膜中存在缺陷的视锥细胞引起的，如果选一个表达更全面、更准确的术语，最佳选择为"色觉缺陷"，因为大多数色盲患者有两种视锥细胞仍然在发挥作用，可以看到多种颜色。

事实上，存在 3 种色觉缺陷。其中一种非常罕见的类型是全色盲，这种人要么没有视锥细胞，要么其视锥细胞根本不起作用。从本质上来讲，如果他们有视锥细胞，他们也只有一种类型，因此在大脑看来，一切都是一样的灰色阴影。其他两种类型的色觉缺陷，或称双色视觉，也是由同样的问题引起的，即某种视锥细胞不能正常运作。因此，拥有双色视觉的人体验到的世界本质上是两种视锥细胞或颜色的组合，而不是以基于 3 种视锥细胞或颜色组合的正常视觉来体验世界的。一种是红绿色觉缺陷，它是由于缺乏功能性红色视锥细胞或绿色视锥细胞引起的。此时，人会混淆红色和绿色，体验到的世界主要以蓝色、黄色和灰色为主。举一个真实世界的例子，2015 年 11 月，在一场美国职业橄榄球比赛中，其中一队身穿绿色队服，另一队身穿红色队服。这种组合产生了问题——一些观众无法区分两个队！另一种是由功能性蓝色视锥细胞的缺乏引起的，相对不太常见，即蓝黄色觉缺陷。这些人体验到的世界主要以红色、绿色和灰色为主。

如果想要了解色盲测试，可见彩图 5。

为什么大多数色觉缺陷的人都是男性？

色觉缺陷是以伴性遗传的模式遗传的。色觉缺陷的基因是隐性基因。如果遗传隐性特征，通常需要两个基因：父母双方各提供一个【**连接**学习目标 8.3】。色觉缺陷的基因附着在一条特殊的染色体上，即性染色体。男性有一条 X 染色体和一条更小的 Y 染色体，女性有两条 X 染色体。Y 染色体上携带的基因少于 X 染色体上的基因，缺少的一个就是抑制色觉缺陷的基因。对于女性来说，她们必须遗传两个隐性基因，才会成为色觉缺陷，即从双亲处各取一个；而男性只需要从母亲那里遗传一个有缺陷的 X 染色体即可。相对来说，后一种情况发生的概率更大。因此，色觉缺陷的男性比女性要多很多。

概念地图 3.4～3.6

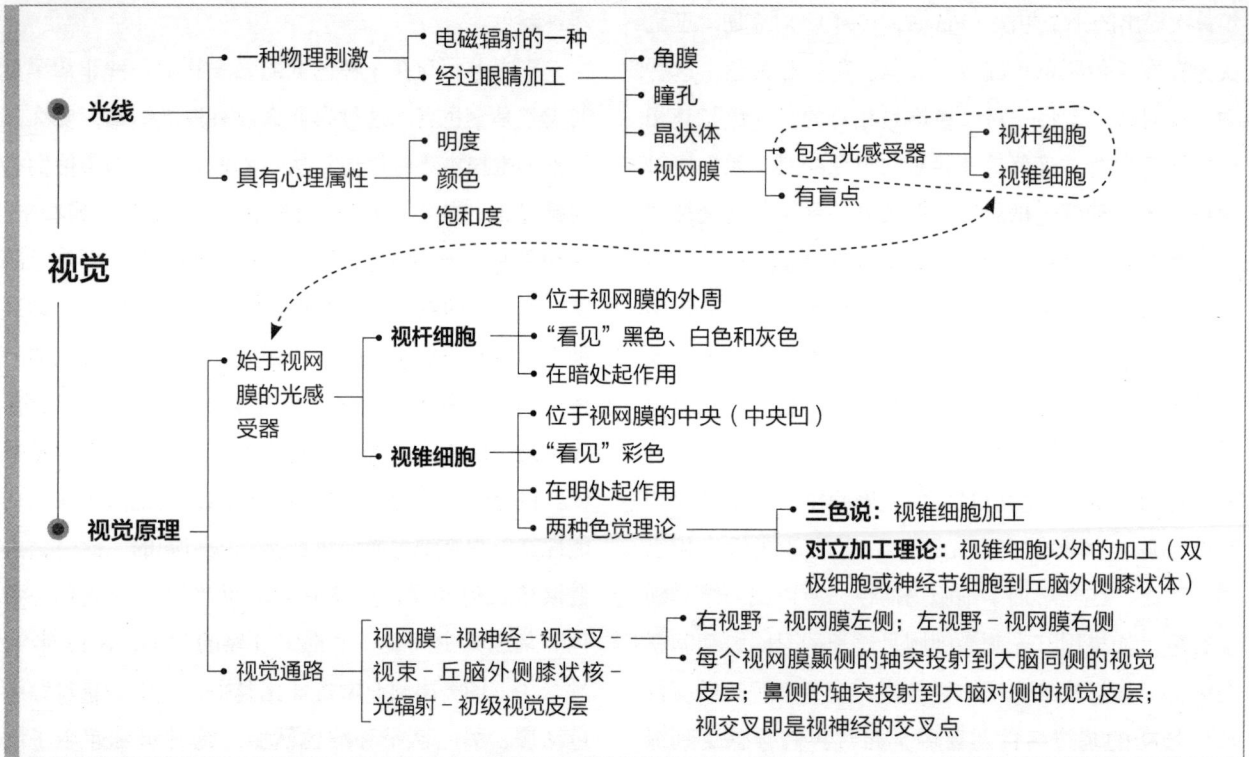

```
                  ┌─ 一种物理刺激 ─┬─ 电磁辐射的一种                     ┌─ 角膜
        ┌─ 光线 ─┤                └─ 经过眼睛加工 ─┬─ 瞳孔               ┌─ 视杆细胞
        │         │                              ├─ 晶状体    ╭┈包含光感受器┤
        │         └─ 具有心理属性 ─┬─ 明度          └─ 视网膜 ─┤        └─ 视锥细胞
        │                          ├─ 颜色                     └─ 有盲点
        │                          └─ 饱和度
   视觉 ┤
        │                          ┌─ 位于视网膜的外周
        │         ┌─ 视杆细胞 ─────┼─ "看见"黑色、白色和灰色
        │         │                └─ 在暗处起作用
        │  始于视网│
        │  膜的光感─┤
        │  受器    │                ┌─ 位于视网膜的中央（中央凹）
        │         └─ 视锥细胞 ─────┼─ "看见"彩色
        │                          ├─ 在明处起作用                ┌─ 三色说：视锥细胞加工
   视觉原理─┤                       └─ 两种色觉理论 ───────────────┤
        │                                                        └─ 对立加工理论：视锥细胞以外的加工（双
        │                                                           极细胞或神经节细胞到丘脑外侧膝状体）
        │
        │                 ┌─ 视网膜 - 视神经 - 视交叉 -   ┌─ 右视野 - 视网膜左侧；左视野 - 视网膜右侧
        └─ 视觉通路 ──────┤  视束 - 丘脑外侧膝状核 -      ┼─ 每个视网膜颞侧的轴突投射到大脑同侧的视觉
                          └─ 光辐射 - 初级视觉皮层        │  皮层；鼻侧的轴突投射到大脑对侧的视觉皮层；
                                                          └─ 视交叉即是视神经的交叉点
```

随堂小考

1. 以下哪项主要由光的波长决定？

　　A. 颜色　　B. 明度　　C. 饱和度　　D. 持续时间

2. 除了晶状体，对____的损坏会影响眼睛的聚光能力。

　　A. 虹膜　　B. 角膜　　C. 瞳孔　　D. 视网膜

3. 远视眼也叫____，焦点位于视网膜的____。

　　A. 老花眼；上方　　　　B. 近视；下方

　　C. 远视；后方　　　　　D. 老花眼；前方

4. 克琳只用一只眼睛盯着卧室的一个固定位置。过一会儿，她的视力会怎么样？

　　A. 任何缓慢穿过她视野的小物体都可能在某一点消失

　　B. 她聚焦的任何物体都会开始旋转，先是顺时针，然后是逆时针

　　C. 她盯着物体的时间越长，物体越集中

　　D. 她盯着的时间越长，物体会变得越扭曲

5. 三色说提出的三原色分别是什么？

　　A. 红色、黄色、蓝色　　B. 红色、绿色、蓝色

　　C. 白色、黑色、棕色　　D. 白色、黑色、红色

6. 以下哪项最能解释视觉后像？

　　A. 三色说　　　　　　　B. 对立加工理论

　　C. 色觉缺陷　　　　　　D. 单色色盲

◐ 听觉：现在你能听到我吗

💬 既然光能像波一样发挥作用，那么声波也会有相似的特性吗？

声音的属性确实与光相似，因为听觉与视觉都依赖于波。但相似之处也仅限于此，声音的物理性质与光完全不同。

声波和耳朵

3.7　了解声音的本质及其在耳朵中的传播方式

声波并不是像光波一样通过光子束传播的，声波是由空气分子简单的振动引起的。声波确实具有与光波相同的特性，也有波长、振幅和纯度。大脑将声波的波长"解读"为频率或音高，有高、中和低的区别，并将振幅"解读"为音量——有弱和强的区别（见图 3-5）。而与光的饱和度或纯度相对应的是声音的音色，即声音语调的丰富程度。就像人们在世界中很少看到纯色一样，人们也很少能听到纯音，这是由于周围的日常噪声造成的。

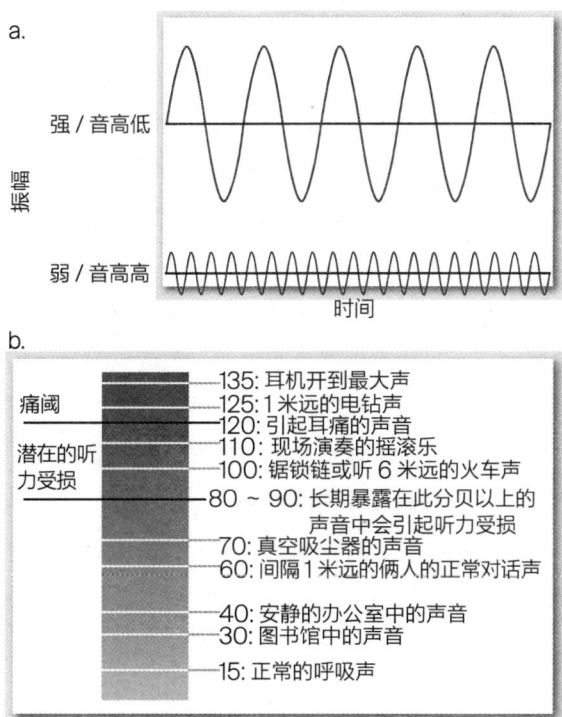

a. 两种声波。波越高，声音越强；波越低，声音越弱。如果波与波之间靠得很近（频率高），音高就会被知觉为高音；波与波之间离得很远（频率低），则会被知觉为低音。b. 不同分贝的刺激。分贝是声音响度的单位。心理学家会研究噪声对压力、学习、表现、侵略性、心理和生理的影响。

图 3-5　声波和分贝

正如人的视觉为可见光谱所限，人的听觉则为声音的频率所限。频率是以每秒的周期数或**赫兹**

（Hertz，Hz）来衡量的。人耳能听到的声音频率范围为 20 ～ 20 000Hz，最大灵敏度为 2 000 ～ 4 000Hz，这对研究人与人的交谈效果非常有用。相比之下，狗能听的声音频率范围为 50 ～ 60 000Hz，海豚能听到的声音的最高频率可达 200 000Hz。要想在 iPod 或 iPhone 上听到一段音乐的较高和较低频率，则需要增加振幅或音量。

耳朵的结构：跟随振动　耳朵包括一系列的结构，每一个结构都会发挥作用，如彩图 6 所示。

外耳　耳郭（pinna，又称耳廓）是耳朵的外部可见部分，起集中器的作用，能将声波从外部汇集到耳朵的结构中。耳郭也是**耳道**（auditory canal）的入口，耳道是通向鼓膜或耳膜的短通道。当声波撞击鼓膜时，会导致中耳的 3 块小骨振动。

中耳　中耳有 3 块小骨，分别叫作锤骨、砧骨和镫骨，每块骨头的名字都源于其形状。它们被统称为听小骨，是人体内最小的骨头。这 3 块小骨的振动会放大鼓膜的振动。位于听小骨链最后的镫骨会引起覆盖在内耳开口处的一层膜的振动。

内耳　内耳开口处有一层膜，这层膜叫作前庭窗，它的振动在内耳中会引发连锁反应。内耳呈蜗牛状的结构叫作**耳蜗**（cochlea），里面充满了液体。前庭窗的振动会导致耳蜗中的液体振动。这种液体围绕在穿过耳蜗中间的膜，叫作基底膜。

基底膜是柯蒂氏器的基座，上面有听觉感受器细胞。基底膜的振动会带动柯蒂氏器振动，导致覆盖在其上的一层膜运动。柯蒂氏器上有特殊的细胞，叫作毛细胞，它们就是听觉感受器。当这些听觉感受器相对于其他膜运动而发生弯曲变形时，它们就会产生神经信息，通过**听神经**（auditory nerve）传递至大脑，大脑的听觉皮层会对这些声音进行"解读"，即将声音振动转换成神经信息。外部世界的声音越大、振动越强烈，引起形变的毛细胞越多，大脑会将其解读为声音强。

💬 刚讲的这些都是在解释大脑如何感知外界声音的强弱，那么，我们是如何听到不同声音的呢，如高低音？

音高

3.8　概述大脑处理音高信息的 3 种理论

声音的高低即**音高**（pitch）。例如，在墙壁上敲打的音是低音，两岁小孩的尖叫声是高音。关于大脑是如何接收音高信息的，目前有以下 3 种主要理论。

位置理论　3 种理论中最古老的一种是**位置理论**（place theory），它基于海姆霍茨于 1863 年提出的一个想法，并由格奥尔格·冯·贝凯希（Georg von Békésy）加以阐述和修改，始于 1928 年首次发表的实验（Békésy，1960）。该理论认为，人听到的音高是由柯蒂氏器上被激活的毛细胞的部位决定的。比如，人听到了一个音高很高的声音，那么前庭窗附近所有的毛细胞都会被激活；如果听到的声音音高很低，那么位于柯蒂氏器远端的毛细胞则被激活。

频率理论　频率理论（frequency theory）是由欧内斯特·卢瑟福（Ernest Rutherford）于 1886 年提出的，该理论指出，音高与基底膜的振动频率有关。基底膜振动得越快，音高就越高；振动得越慢，音高越低。该理论还认为，所有的听神经会同时被激活。

那么，这两个理论哪一个是正确的呢？结果证明，每个理论在特定情况下都是正确的。研究人员发现，当基底膜的振动不均衡时，位置理论是正确的，满足此条件的声音频率需要在 1 000Hz 以上。而当与毛细胞相连的神经元随着基底膜的振动快速反应时，频率理论是正确的，满足此条件的声音频率需在 1 000Hz 以下，因为神经元本身的激活频率不会超过 1 000Hz，而由于不应期，神经元的最大放电频率约为 1 000Hz。

齐射理论　频率理论适用于低音调，位置理论适用于中高音调，那么中间部分的声音呢？它是由第三种理论来解释的，被称为**齐射理论**（volley principle）。该理论是由欧内斯特·韦弗（Ernest Wever）和查尔斯·布雷（Charles Bray）提出的（Wever，1949；Wever & Bray，1930），它似乎能解释约 400～4 000 Hz 的音调。该理论认为，听神经并不会全部马上反应，而是轮流在一个叫作齐射的处理过程中做出反应。如果人听到声音音高大约为 3 000Hz，这意味着有 3 组神经元轮流向大脑传递信息：第一组传递前 1 000Hz，第二组传递中间 1 000Hz，以此类推。

听觉障碍

3.9　确定听觉障碍的类型及治疗方案

听觉障碍指的是听力困难。人的听力可能部分受损或完全受损，听力受损的治疗因受损原因的不同而有所差异。

传导性听觉障碍　传导性听觉障碍是指外耳或中耳的机械性问题，此时声音振动不能从鼓膜传递到耳蜗，原因可能是鼓膜受损或由感染引起的中耳骨骼受损。这种损伤往往可以得到治疗，如戴助听器可能对恢复此种听觉障碍有一定的作用。

神经性听觉障碍　神经性听觉障碍的问题要么出在内耳，要么出在听觉通路或大脑皮层。这是最常见的永久性听力损伤。正常的老化会导致耳蜗毛细胞的损失，毛细胞暴露在噪声中会受损。有些人会出现耳鸣，它是用来形容令人极其讨厌的声音在耳朵里不停地回响，它可能是由感染或声音过大造成的，包括戴耳机大声听音乐。长时间暴露在嘈杂的噪声中会进一步导致永久性听力损伤和听力损失，所以最好将立体声或个人音乐播放器的声音调小。

由于损伤是针对神经或大脑的，因此戴普通的助听器通常对神经性听觉障碍无助，或者说仅仅戴助听器是不够的，因为助听器基本上只是声音放大器。一项新技术可以帮助神经性听觉障碍患者改善听力，它利用了一种叫作人工耳蜗的电子装备。该装备从外耳穿入中耳再到内耳，通过挂在耳后的麦克风将声音信号传到别在腰带或放在口袋里的声音处理器上，这种声音处理器会将声音信息转换成电信息，再将电信息传到植入在耳蜗内的一系列电极中，通过换能来达到刺激听神经的作用（见彩图 6），之后，大脑会将电信息处理成声音。

批判式思考　刚出生就完全丧失听力的人会对听见声音产生什么反应？

概念地图 3.7～3.9

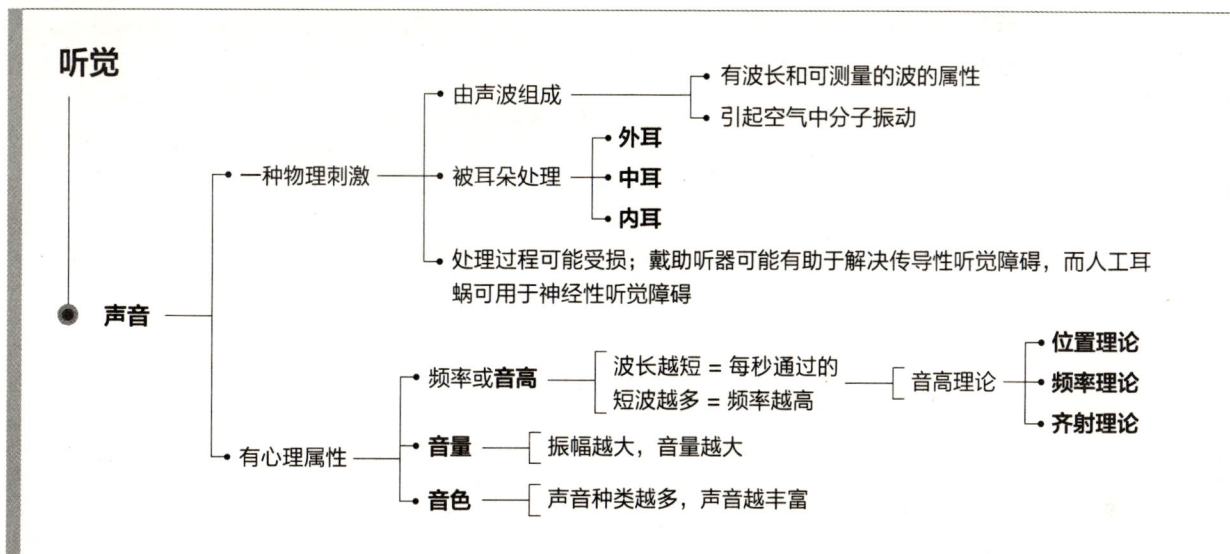

听觉

声音
- 一种物理刺激
  - 由声波组成
    - 有波长和可测量的波的属性
    - 引起空气中分子振动
  - 被耳朵处理
    - **外耳**
    - **中耳**
    - **内耳**
  - 处理过程可能受损；戴助听器可能有助于解决传导性听觉障碍，而人工耳蜗可用于神经性听觉障碍
- 有心理属性
  - 频率或**音高**
    - 波长越短 = 每秒通过的
    - 短波越多 = 频率越高
    - 音高理论
      - **位置理论**
      - **频率理论**
      - **齐射理论**
  - **音量**——振幅越大，音量越大
  - **音色**——声音种类越多，声音越丰富

随堂小考

1. 耳朵的可见部分叫作____。
   - A. 耳郭
   - B. 前庭窗
   - C. 柯蒂氏器
   - D. 耳蜗

2. 前庭窗位于耳朵的哪个部位？
   - A. 外耳
   - B. 中耳
   - C. 内耳
   - D. 前庭窗不是耳朵的结构

3. 哪种理论不能充分解释 1 000Hz 以上的音高？
   - A. 位置理论
   - B. 频率理论
   - C. 齐射理论
   - D. 适应性理论

4. 良彦左耳的中耳骨骼受到了轻微的损伤。哪种治疗可能有助于恢复他的听力？
   - A. 助听器
   - B. 人工耳蜗
   - C. 助听器和人工耳蜗
   - D. 这种伤害是永久性的，无法补救

5. 最常见的永久性听力损伤是哪一种？
   - A. 心因性听力损伤
   - B. 传导性听觉障碍
   - C. 频率性听力损伤
   - D. 神经性听觉障碍

◉ 化学感觉：尝起来很好，闻起来更好

味觉，即对食物的味道的感觉，而不是对衣服或朋友身上的味道的感觉。味觉与嗅觉密切相关。研究人员艾伦·赫希（Alan Hirsch）博士解释到，大约 90% 的味觉其实是嗅觉。你有没有注意到，鼻子阻塞时，味觉也会受影响？这是因为味觉实际上是对味道和气味的感觉的结合。如果没有鼻子的信息输入，口腔中实际上只会有 4 种或可能有 5 种味觉感受器。

味觉

3.10 解释味觉的工作原理

我们对食物的偏好或厌恶，很早就开始形成了。味觉是我们最早发展起来的感觉之一。研究表明，发育中的婴儿会接触到母亲吸入或消化的物质，这些物质会增加羊水的味道，婴儿会摄入羊水。随着出生后在生命早期接触不同的口味，这些经历可能会影响我们对食物的选择和营养状况。也就是说，在未来很长的一段时间内，我们会选择某些食物而不是其他食物，都源于这些经历（Beauchamp & Mennella，2011；Mennella & Trabulsi，2012）。

味蕾 味蕾是味觉感受器细胞的通称，是口腔中负责味觉的特殊神经元。大多数味蕾分布于舌头上，少数味蕾则分布于上颚、脸颊、舌下和咽喉处。人对各种口味的敏感程度取决于味蕾的数量：有些人只有约 500 个，而有些人差不多有 10 000 多个。后者叫作超级味觉者，与味蕾较少的人相比，他们只需轻轻一尝就能知道食物的味道（Bartoshuk，1993）。

💬 当我们仔细看舌头时，能看到一些小突起，这些就是味蕾吗？

不是，这些小突起叫作乳头状突起，味蕾围绕着它们排列（见图3-6）。

每个味蕾约有 20 个感受器，与突触接收神经元上的受点很相似【连接学习目标2.3】。事实上，二者的工作原理也非常相似——接收各种物质的分子，并与之结合，就像钥匙插进锁孔。

味觉常被称作化学感觉，因为它处理人所吃食物的化学分子的形式与神经元受体处理神经递质的形式一致。食物被唾液分解之后会化学分子会与感受器细胞结合，然后向大脑发送信号，大脑随即对其进行"解读"，继而产生味觉。

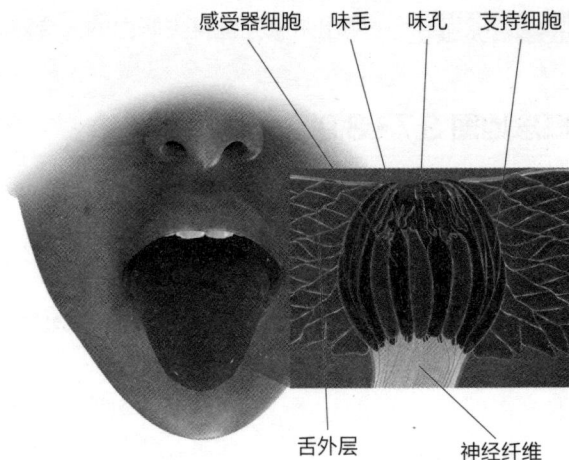

感受器细胞　味毛　味孔　支持细胞

舌外层　　　神经纤维

图3-6　舌头和味蕾

味蕾位于乳头状突起内部，由很多小细胞组成。当食物分子刺激这些小细胞时，就会产生信号并传递到大脑。

💬 舌头烫伤后，味蕾会怎么样？它们会自动修复吗？当我烫到舌头的时候，我会暂时尝不出食物的味道，过一阵就好了。

一般来说，味觉感受器负担很重，每 10 ～ 14 天就要更换一次（McLaughlin & Margolskee，1994）。当舌头烫伤后，受损细胞无法继续工作。随着时间的推移，这些细胞会被替换，味觉会逐渐恢复。

5 种基本味道 1916 年，一位名叫汉斯·赫宁（Hans Henning）的德国心理学家提出存在 4 种主要的味道：甜味、酸味、咸味和苦味。之后，贝恩德·林德曼（Bernd Lindemann）又发现了支持第 5 种味觉感受器细胞存在的证据，它们能感受肉汤一样的味道，这种味道存在于鸡汤、金枪鱼、海藻、奶酪、豆制品以及其他一些食物中。林德曼建议将第 5 种味道称为"鲜味"，这是一个日语词，由东京帝国大学的池田菊苗（Kikunae Ikeda）博士于 1908 年首创。池田博士成功地从海带中分离出了能产生谷氨酸鲜味感的物质（Beyreuther et al.，2007）【连接学习目标2.3】。谷氨酸盐不仅存在于刚提到的食物中，也存在于母乳中，它也是味精能为食物增加美味的原因。此外，尽管目前尚未达成共识，但研究人员最近提出可能还存在另一种基本味道。有人建议将这种潜在的第 6 种味道称作油味，即食物中脂肪酸的味道（Running et al.，2015）。

　　尽管研究人员曾认为某些味道被舌头的某些部位感知，但现在人们都已知道，所有的味道都是在舌头上处理的（Bartoshuk，1993）。味觉信息被发送到位于前脑岛和额盖的味觉皮层（见图 3-7）。这些区域与味道的有意识感知有关，而食物的质地或口感则是在顶叶的躯体感觉皮层中处理的（Buck & Bargmann，2013；Pritchard，2012；Shepherd，2012）。这些味道与气味和食物的质地、温度和"热度"一起产生了成千上万种味道，而文化、个人期望和过去的学习经历也会进一步影响这些味道。例如，煮花生在美国南部的一些地区是一种常见小吃，但这种温热、柔软、糊状、略带咸味的花生在美国其他地区可能并不吸引人。大脑的味觉皮层也会投射到边缘系统中，这有助于解释为什么味觉可用于正强化和负强化（Pritchard，2012）【连接学习目标 5.5】。

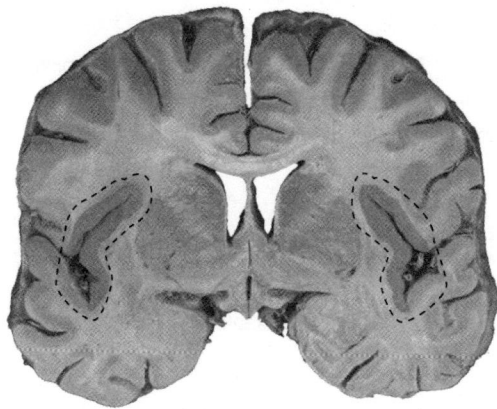

图 3-7　味觉皮层

味觉皮层位于前脑岛和额盖。脑岛是一个被皮层褶皱覆盖的皮层区域，每层褶皱都犹如一个盖。该图是人脑的冠状面，味觉皮层位于图中的虚线区域。

　　个人和团体既可以基于食物偏好而不同，也可以基于感知的甜味水平而不同。例如，研究发现，肥胖的人比不肥胖的人感受到的甜味要少，所以甜食和高脂肪食物往往对肥胖的人特别有吸引力（Bartoshuk et al.，2006）。由于存在这种差异以及超级味觉者这

样的基因变异人群，食物偏好的直接比较也因此变得复杂起来。一种可能的解决方案是，让个人根据已知强度的不相关的"标准"感觉体验来评价味觉，如光的亮度或声音的响度，或根据所有愉快体验的偏好，而不仅仅根据味觉（Bartoshuk et al.，2005；Snyder & Bartoshuk，2009）。

　　现在，让我们将注意力转回到个人对食物味道的感知上来。你有没有注意到，当你感冒时，食物尝起来很淡？一切都变得平淡无味，因为你只能品尝到甜味、咸味、苦味、酸味和鲜味；另外，由于感冒引发鼻塞，你感觉不到所有来自嗅觉的气味变化。

嗅觉

3.11　解释嗅觉的工作原理

　　与味觉一样，**嗅觉**（olfaction/olfactory sense）也是一种化学感觉，它指的是闻到气味的能力。

　　鼻子外部对气味的作用与耳郭和耳道对声音的作用一样：两者仅仅只是收集感觉信息并将其传递到身体的某个部位，从而将其转化为神经信号。

　　嗅觉系统的换能装置，即将气味分子转换成大脑能接收的神经信号的结构，位于鼻腔顶部，分布有嗅觉感受器细胞，其面积只有 6 ～ 7 平方厘米。每个鼻腔包含约 1 000 万个嗅觉感受器细胞。

　　嗅觉感受器细胞　每个嗅觉感受器细胞都有约 6 ～ 12 根嵌入鼻腔内的细毛，被称为纤毛。与味蕾一样，纤毛上也有很多受点，当受到气味分子刺激时，它们就将信号传递到大脑。

　　💬　意思就是说，当我能闻到像臭鼬一样难闻的味道时，说明有一些臭鼬气味的分子在我的鼻子里？

　　是的。当人们闻到某种气味时，不管是什么，都会有一些气味分子进入鼻子和鼻腔。如果是烤面包、苹果派、鲜花等气味，会让人欢喜，这是一种很美好的体验；而如果是臭鼬、烂鸡蛋、动物尸体的气味，

那就不好闻了。

此外，每 5～8 周，新的嗅觉感受器细胞会将旧的细胞替换掉。然而与味蕾不同的是，嗅觉感受器不止 5 种，实际上至少有 1 000 种。

视觉、听觉、味觉和触觉的信息都要经过丘脑，再到处理这些特定信息的大脑皮层，但经过嗅觉感受器的信号在鼻腔内的传导过程不同，嗅觉在大脑中有特殊的通路——嗅球。

嗅球 嗅球位于大脑两侧额叶的正下方、鼻腔的正上方（见图 3-8）。嗅觉感受器将神经信号直接传递到嗅球上，绕过丘脑——其他感觉信息的中继站。嗅觉信息随后从嗅球传递到高级皮层区域，包括初级嗅觉皮层（梨状皮层）、眶额皮层和杏仁核【连接学习目标 2.11 和 2.12】。

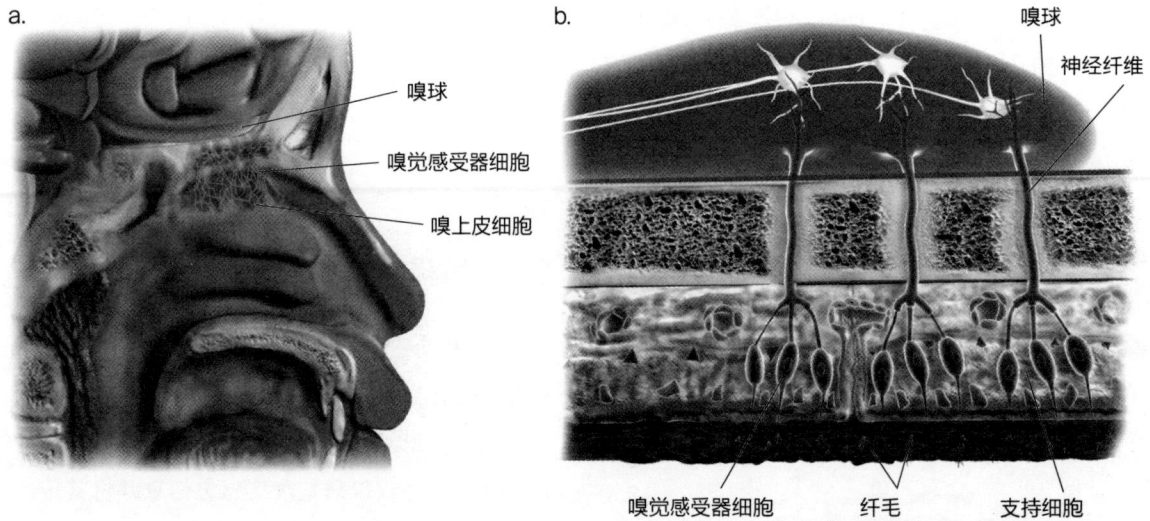

a. 鼻子和口腔的横断面。该图显示了鼻腔内的神经纤维，它们将气味信息直接传递到位于大脑前额皮层下面的嗅球。b. 鼻子中处理气味的细胞示意图。嗅球位于上方，纤毛伸入鼻腔中，它们是气味的感受器。

图 3-8　嗅觉感受器

概念地图 3.10～3.11

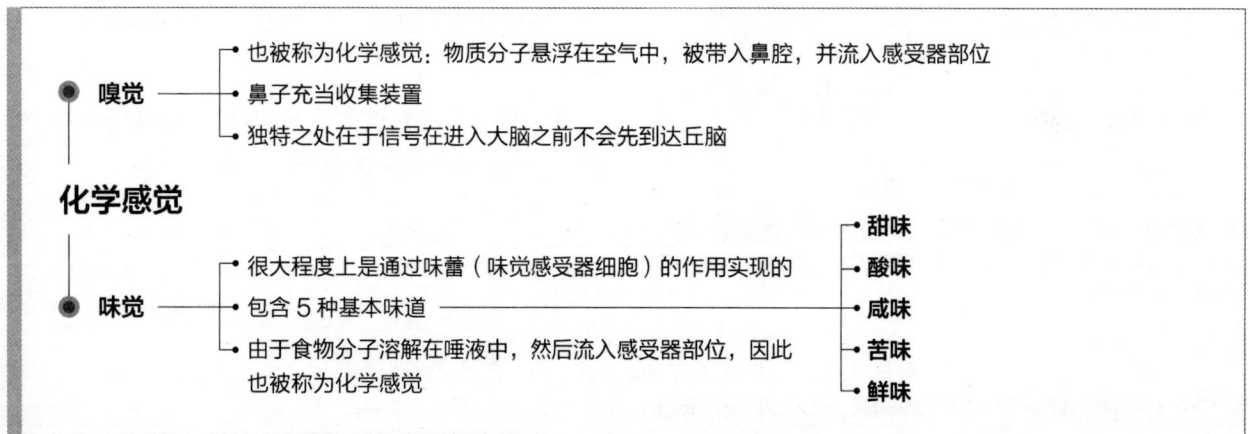

随堂小考

1. 味觉通常被称作_____感觉，因为它与人们所吃的食物分子一起"工作"。

   A. 物理　　　　　　　　B. 心理

   C. 化学　　　　　　　　D. 电

2. 研究发现，味觉信息会被发送到_____。

   A. 脑桥和延髓　　　　　B. 视交叉上核

   C. 小脑和顶叶　　　　　D. 脑岛和额盖

3. 新的嗅觉感受器取代旧的多久会发生一次？

   A. 12～24 小时　　　　B. 2～3 天

   C. 30 天　　　　　　　D. 5～8 周

4. 嗅觉感受器直接投射到_____，其独特之处在于信号不会先到达丘脑。

   A. 枕叶　　　　　　　　B. 嗅球

   C. 下丘脑　　　　　　　D. 味觉皮层

● 其他感觉：身体知道什么

到目前为止，本章已经探讨了视觉、听觉、味觉和嗅觉，接下来要探讨的是触觉。触觉实际上包含多种感觉，起源于身体的不同部位。触觉更准确的说法应该是**躯体感觉**（somesthetic sense），或身体感觉。

躯体感觉

3.12　描述触摸、压力、温度和疼痛的体验

皮肤同样是一种器官，其面积约有 1.86 平方米，它不仅负责吸收和排除体液和细菌，还可以从外界接收和传递信息到中枢神经系统，尤其是躯体感觉皮层【连接学习目标 2.12】。关于轻触、深层压力、热、冷甚至疼痛等信息都是由皮肤各层的特殊感受器收集的。

皮肤感受器的类型　在皮肤的各层大约有 6 种类型的感受器（见图 3-9），其中一部分只能对一种感觉做出反应，如位于表皮下的环层小体只对压力做出反应。毛囊的末端覆盖着神经末梢，所以当人用镊子拔眉毛或头发时能感觉到毛发的存在，而这些神经末梢对疼痛和碰触都很敏感。还有一些游离神经末梢位于表皮下，它们对温度变化、压力和疼痛敏感。

💬 痛觉的机制到底是什么？为什么有时我感到体内深处非常痛？那里也存在痛觉感受器吗？

盲人通过触觉用手指"阅读"盲文书籍。他们的指尖对细微的手感差异非常敏感，能够区分代表字母表中不同字母的小点。

是的。内脏器官中存在痛觉神经纤维和压力感受器，要不然人们怎么会感觉到胃痛和腹痛，又怎么通过感觉压力得知自己吃得很饱或膀胱已经充盈了呢？

疼痛也有不同的类型，有的感受器能辨别器官疼痛，即内脏痛。皮肤、肌肉、肌腱和关节处的疼痛是由较大的神经纤维控制的，即躯体痛。躯体痛是对身体的一种警告，提示身体的某个部位可能已经受损或即将受损，而且这种损伤正在加剧。另一种躯体痛是由较小的神经纤维控制的，痛感比较缓慢，也比较轻

微，它也是对身体的一种警告，通过让人感觉到身体已经受损来防止身体受到更大的伤害。比如，假如你用锤子敲打自己的拇指，会立刻感觉到直接的疼痛，这种痛感非常剧烈，来得迅速而直接。过一会儿，淤青处还能感觉到痛，这是在提醒你要善待自己的拇指。

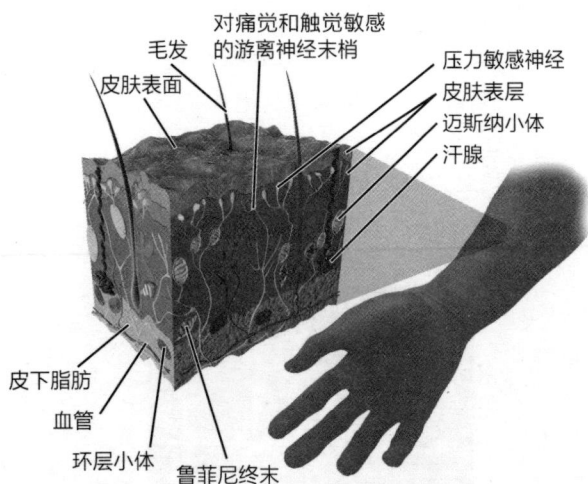

图 3-9　皮肤及其感受器

皮肤由几种处理疼痛、压力和温度的细胞组成。其中一些细胞被包裹在皮肤上的毛发末端，它们对触摸毛发本身很敏感；另一些细胞位于表皮附近，还有一些位于皮肤表层下方。

疼痛：阀门控制理论　对痛觉机制的一种解释是阀门控制理论，它最初是由罗纳德·梅尔扎克（Ronald Melzack）和帕特里克·沃尔（Patrick Wall）于 1965 年提出的，后来逐渐得到完善和发展（Melzack & Wall，1996）。该理论认为，疼痛信号必须通过位于脊髓的"阀门"。来自脊髓的非疼痛信号和来自大脑的信号可以关闭阀门的活动。这种阀门不是一种生理结构，而是脊神经在神经活动中寻找体外接收信息和大脑传入信息之间的一种相对平衡。有研究显示，大脑中继中心的活动也会受到影响，确切位置和机制仍处于研究中。

疼痛感受器细胞受到刺激时会释放一种化学物质，叫作 P 物质，当它被释放到脊髓中后，会激活其他神经元，这些神经元会将痛觉信息传递到阀门

（由疼痛信号启动），然后通过脊髓到达大脑，继而激活丘脑中的细胞以及位于前额叶的躯体感觉皮层和边缘系统。大脑随即会对痛觉信息进行"解读"，同时将信息传递给阀门，决定是否要进一步打开这个阀门以引起更大的痛感，或关闭阀门以抑制痛感。当然，大脑做出的决定也受引起疼痛刺激的心理作用的影响。焦虑、恐惧和无助会增强痛感，欢笑、分心和控制感则可以减轻痛感。这就是为什么人在专注于某事时可能连擦伤也不知道。另外，疼痛也受其他相互竞争的皮肤感觉的影响，这就是为什么揉痛处可以减轻痛感。

这些心理层面的表现也会影响内啡肽的释放【**连接**学习目标 2.3】。内啡肽可以阻止疼痛信号在大脑内传递，同时还可以阻止 P 物质在脊髓中的释放。

💬　我一直听说女性比男性更能忍受疼痛。真的是这样吗？

事实上正好相反。研究表明，女性比男性会更强烈地感到疼痛，而且她们比男性报告疼痛的频率也高（Chesterton et al.，2003；Faucett et al.，1994；Norrbrink et al.，2003）。已有证据证明，男性能更好地应对多种疼痛，原因可能是男性通常比女性更坚信自己能或应该通过努力来控制疼痛（Jackson et al.，2002）。

疼痛障碍　虽然人们可能不喜欢疼痛，但疼痛可以作为预警系统，这一点至关重要。有些人生来就没有感受疼痛的能力，这样的罕见病症包括先天性镇痛和先天性无痛无汗症。患有此类疾病的儿童在割伤或擦伤自己时感觉不到疼痛，如果伤口得不到治疗，会增加感染的风险（Mogil，1999）。这样的儿童什么也不怕，但这对他们的父母和老师来说很可怕。究其原因，这些疾病影响了传递疼痛和冷热感觉的神经通路。先天性无痛无汗症患者身体的冷热感应排汗系统存在障碍，即无汗症，因此无法通过出汗来冷却身体。

还有另一种情况，叫作幻肢痛，即手臂或腿被切除的人有时会"感觉到"缺失肢体的疼痛（Nikolajsen

& Jensen，2001；Woodhouse，2005）。50% ～ 80% 的
截肢患者会有各种感觉：烧灼痛、放射痛或截肢部位
的刺痛。人们一度认为这是一种心理问题，而现在
一些人认为，它是由截肢时对神经的创伤而造成的
（Ephraim et al.，2005）。其他研究表明，幻肢痛可能
是由于适应不良的神经可塑性导致，或由于躯体感觉
皮层某些区域的重组导致（Flor et al.，1995；Karl et
al.，2001；Raffin et al.，2016）。也有人认为，幻肢
痛可能不是患者疼痛的原因，至少不是所有的患者都
如此（Makin et al.，2015）。

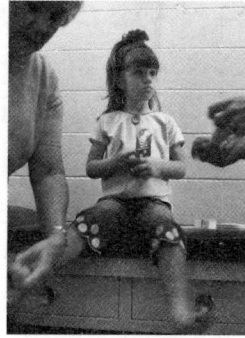

图中这名 5 岁的小女孩叫阿什林，她患有先天性无痛无汗症，这种罕
见的遗传病导致她感觉不到疼痛。放学后她必须接受仔细检查，以确
认是否有擦伤或割伤，因为她在受伤时感觉不到，因此她有感染的危
险。随着年龄的增长，阿什林和她的父母可能会面临哪些问题？

批判式思考　假如你突然感觉不到疼痛，你认为自己的生活会发生什么样的改变？

身体运动和位置

3.13　描述负责身体平衡、位置和运动的系统

　　除了前面讲过的感觉之外，还有一些能反映身体
状况的其他感觉，如运动觉和本体感觉，它们分别是
对身体运动和位置的感知，同样基于一些感觉信息。
影响身体平衡的信息来自前庭系统，这一系统能告知
我们关于头部和全身的运动和位置。

　　运动觉和本体感觉　位于肌肉、肌腱和关节中的
特殊感受器能提供关于身体运动以及手臂、腿等相对
于彼此的运动和位置的信息。部分感受器会提升我们
对身体运动的感觉，即运动觉。随着身体部位的移
动，皮肤拉伸的变化也能提供关于运动觉的信息。

　　此外，这些特殊感受器也能提供关于本体感受的
信息，通知我们身体的各个部位在哪里和它们的空间
位置。这种意识叫作**本体感觉**（proprioception）。例
如，当你闭上眼睛，将手举过头顶时，你知道手在哪
里，因为本体感受器能告诉你关节运动或肌肉伸缩的
情况。

　　如果你曾经由于乘坐移动交通工具而恶心，这种
情况与本体感受器无关，罪魁祸首实际上是耳朵中的
一种特殊结构，它能告诉我们身体相对于地面的位置
以及构成。接下来讨论的是另一种平衡感觉。

　　前庭觉　前庭觉（vestibular sense）的结构位于

耳朵的最内层，即前庭器官，包括两种：耳石器官和
半规管。

　　耳石器官是位于耳蜗上方的小囊状物，含有一种
类似明胶的液体，悬浮着微小的晶体，很像果冻里面
的水果粒。当头部移动时，这些晶体会导致液体振
动，触发小囊内壁上纤毛状的感受器，从而告诉人是
在前进、后退、倾斜还是上下移动。这与耳蜗的工
作原理很像，但此时的刺激是运动，而不是声波的
振动。

　　半规管由 3 个近似环形的小管组成，里面充满了
液体，旋转时会刺激纤毛状的感受器。3 个小管可以
感知 3 个平面的运动，与几何课上学习的 x 轴、y 轴
和 z 轴代表的 3 个平面一致，身体可以通过这 3 个平
面进行旋转，继而触发半规管内的感受器。你小时候
试过像陀螺那样旋转吗？当你停下来时，由于水平半
规管内的液体还在旋转，所以你会感到眩晕，因为
此时身体告诉你你还在动，但眼睛却告诉你你已经
停下来了。水平耳道也能帮助我们在环境中进行导
航，因为它们提供了关于我们面对的方向的重要信息
（Valerio & Taube，2016）。

　　眼睛看到的和身体感受到的之间的不一致正是导
致晕动病的所在：在行驶的车辆中，尤其是在不规律
运动的车辆中，人往往会感到恶心。正常情况下，前
庭感觉与其他感觉相协调，但对于一些人来说，来自

眼睛的信息可能会与前庭器官产生过多的冲突，导致头晕、恶心和迷失方向等情况。这种对晕动病的解释被称为**感觉冲突理论**（sensory conflict theory）（Oman，1990；Reason & Brand，1975）。头晕是导致恶心最可能的原因。许多有毒物质会使人头晕目眩，从进化角度来说，此时最需要做的事情就是排毒。在有晕动病的情况下，即使没有任何有毒物质，人依然会感到恶心（Treisman，1977）。

应对晕动病的一种方法是将注意力集中在远处的某个点或某个物体上，这能提供给人一种关于自己是如何运动的视觉信息，以便躯体感觉信息与视觉信息达成一致。这也是芭蕾舞演员和花样滑冰运动员在快速、多次旋转后努力不让自己眩晕的方法——他们每次旋转后都会将视线固定在某一点上。

此外，宇航员在无重力条件下运动时也可能会产生一种类似的感觉，叫作空间运动病。60%的宇航员会受此影响，尤其是在进入太空的第一周内。经过一段时间的调整，宇航员就能习惯这种情况，症状也会减轻。经常暴露在引起晕动病的环境中，如太空、汽车、火车或其他交通工具中，其实是克服晕动病的最佳方法。

概念地图 3.12～3.13

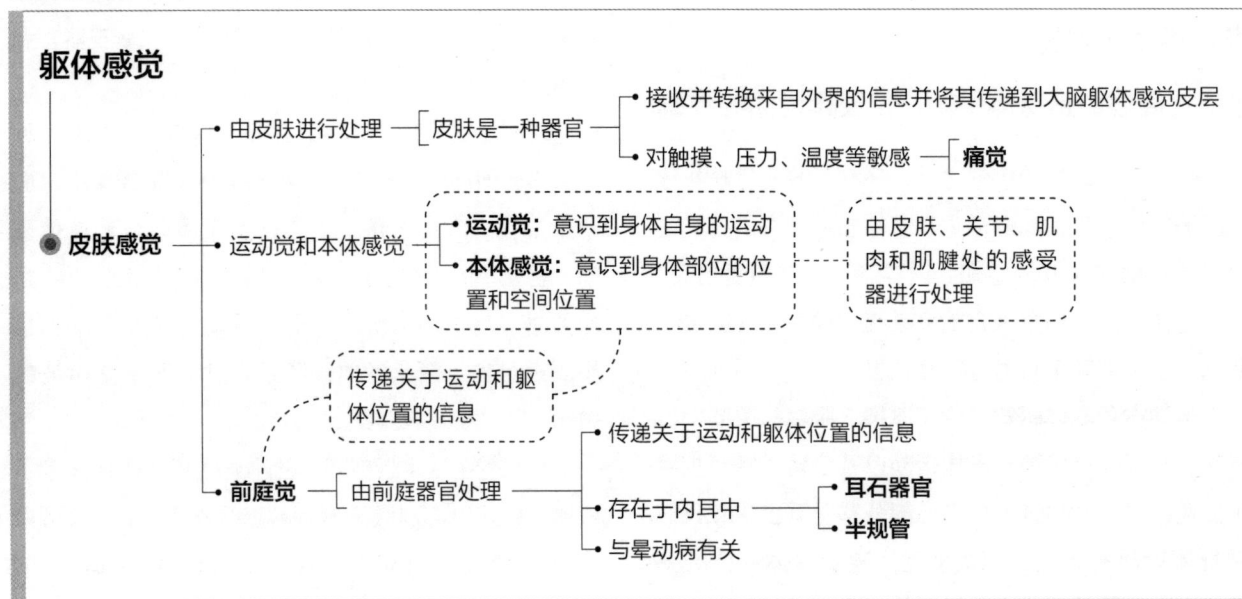

躯体感觉

- 皮肤感觉
  - 由皮肤进行处理 —— 皮肤是一种器官
    - 接收并转换来自外界的信息并将其传递到大脑躯体感觉皮层
    - 对触摸、压力、温度等敏感 —— **痛觉**
  - 运动觉和本体感觉
    - **运动觉**：意识到身体自身的运动
    - **本体感觉**：意识到身体部位的位置和空间位置
    - 由皮肤、关节、肌肉和肌腱处的感受器进行处理
    - 传递关于运动和躯体位置的信息
- 前庭觉 —— 由前庭器官处理
  - 传递关于运动和躯体位置的信息
  - 存在于内耳中
    - **耳石器官**
    - **半规管**
  - 与晕动病有关

随堂小考

1. ＿＿＿是位于皮肤下方的触觉感受器，能对压力变化做出反应。

　A. 少突胶质细胞　　　　B. 游离神经末梢

　C. 触觉间神经元　　　　D. 环层小体

2. 阀门控制理论认为，P 物质＿＿＿。

　A. 打开疼痛的脊髓之门

　B. 关闭疼痛的脊髓之门

　C. 与疼痛无关

　D. 在功能上与内啡肽相似

3. 当你闭上眼睛，将手举过头顶时，你会知道手来自哪里，这源于＿＿＿的信息。

　A. 耳石器官　　　　　　B. 水平耳道

　C. 本体感受器　　　　　D. 半规管

4. 晕动病常常是由来自＿＿＿和＿＿＿的相互矛盾的信号引起的。

　A. 眼睛；前庭器官　　　B. 大脑；内脏

　C. 意识；无意识　　　　D. 四肢；大脑

知觉概述

知觉（perception）是大脑获取人在任何特定时刻将所有感觉提取为个人经验并允许其以某种有意义的方式进行解释的方法，它具有一定的个体性。例如，两个人可能在看同一朵云，一个人认为它的形状像一匹马，另一个人可能认为它更像一头牛——虽然两人看到的是同一朵云，但他们对云的知觉不同。

知觉的组织方式

3.14 描述知觉恒常性和格式塔知觉组织原则对共同知觉体验的解释原理

尽管知觉具有个体性，但人们知觉周围世界的方式仍存在一些相似之处。因此在某些情况下，不同的人似乎在以几乎相同的方式自动感知刺激物，即知觉恒常性。

恒常性：大小、形状和明度 知觉恒常性的第一种形式是**大小恒常性**（size constancy），这种倾向会将某物体总是认定为相同的大小，而不管它与观察者的距离，或它投射在视网膜上的图像大小。因此，如果一个 1.83 米高的物体投射在视网膜上的成像非常小，那么观看者就会感知到该物体离自己很远。

第二种恒常性叫作**形状恒常性**（shape constancy），是指对一个物体形状的知觉总是恒定的，无论它在视网膜上的成像是什么样子。例如，由于具有形状恒常性，因此人们在看到一个倾斜的硬币时依然会将其感知为圆形，即使此时硬币在视网膜上的成像是椭圆形的。再比如，桌上的餐盘通常也被知觉为圆形，即使从某个角度看过去它是椭圆形的（见图 3-10）。

第三种知觉恒常性叫作**明度恒常性**（brightness constancy），是指即使在光线条件发生变化时，对某物体明度的知觉总是恒定的。比如，假如某个人穿着黑色裤子和白色衬衫，在明亮的白天，衬衫看起来会比裤子更明亮；如果厚厚的云层遮住了太阳，此时裤子和衬衫比之前反射的光线要少，但衬衫看起来仍然比裤子明亮很多，这是因为每块不同衣料反射的光线

量的差异仍然与之前的差异一致（Zeki，2001）。

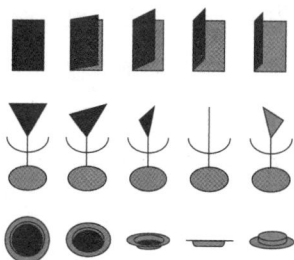

图 3-10 形状恒常性

图中显示了形状恒常性的 3 个例子。开着的门（上）实际上呈现出多种不同的形状，但在我们看来它仍然是一个标准的长方形的门。三角形（中）和圆形（下）也都是同样的道理——尽管我们从不同的角度看，它们在视网膜上的投影各不相同，但由于形状恒常性，我们仍然会将它们分别感知为三角形和圆形。

格式塔知觉组织原则 还记得前文讲过的格式塔理论家吗？我们正在讨论的就是这些理论家曾经研究的概念，即人类知觉的基本元素。我们在如今的基本原理中仍然能看到他们最初的观点，比如认为人有一种将自己看到的任何事物作为整体来认识的倾向。

图形 - 背景关系 先看图 3-11 中的立方体。你认为立方体的哪一面在前面？再看一次，你能观察到面和角在变换吗？

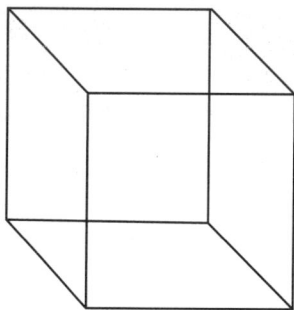

图 3-11 内克尔立方体

这是一个可逆图形的例子。我们也可以将其描述为一个模糊图形，因为不清楚哪个模式应该占主导地位。

这个立方体叫作内克尔立方体，自 1832 年瑞

士科学家路易斯·阿尔伯特·内克尔（Louis Albert Necker）在他发表的论文中首次描绘出晶体结构以来，这一立方体就已经正式存在了。这个立方体的问题在于，它与深度线索存在冲突，所以观看者无法确切地知道哪一面或哪一边在前，哪些在后——这个立方体的视觉呈现一直在不断地变换。

从图 3-12 中可以看出另一种类似的错觉。在这幅图中，人的知觉将在图形和背景中来回转换，所以人一会儿会看到两张相对的面孔，一会儿又会看到一只高脚杯。在这幅图中，到底哪一部分是背景、哪一部分是图形呢？

图形 - 背景关系（figure-ground）是指在知觉物体或图形时，人有一种将它们放在一个背景下进行认识的倾向。人从出生时就显示出了一种区分背景和图形的偏好，这也是白内障患者恢复视力后掌握的第一种与视觉相关的能力。图 3-11 和图 3-12 所示的错觉图都是**可逆图形**（reversible figure），即这种图形的图形和背景可以来回转换。

图 3-12　图形 - 背景错觉

当你看这张图片的时候，你看到了什么：是一只高脚杯，还是两张对视的面孔？这是一个关于图形和背景不停转换的例子。

图 3-13 展示的是不同的格式塔原则。这些是人在对独立的刺激进行分组时的一种倾向，包含 5 种特征：邻近性、相似性、封闭性、连续性和同域原则。

邻近性　知觉的另一个特性被称作**邻近性**（proximity），是指人容易将空间上彼此接近的部分知觉为

一个整体，可见图 3-13a。在该图中，左侧的点可看作水平排列的，也可看作竖直排列的，二者都没有占主导地位。但当改变点与点之间的邻近性后，如右侧两个例子所示，我们会认为中图中的点是竖直排列右图的点是水平排列。

相似性　**相似性**（similarity）是指人容易将相似的物体知觉为一个整体。例如，运动队里的所有成员都穿着相同颜色的制服，这么做是为了向观众展示他们属于同一个队，即使他们散布在运动场的各个角落。

还可以通过图 3-13b 来理解：图中相似的颜色会让你将这些点知觉为灰色的方形和黑色的方形，而不是两排灰黑相间的点。

封闭性　**封闭性**（closure）是指将未封闭的图形知觉为封闭图形的倾向。例如，一位有才华的艺术家只用寥寥几笔就能让人"感觉出"一张完整的面孔，因为观看者会自动"填充"空白处。也可以通过图 3-13c 来理解：即使图中的线是断的，我们仍然会将这些图形分别看作圆形和方形。这是将图形封闭或将丢失部分填满的一个例子。

a. 邻近性
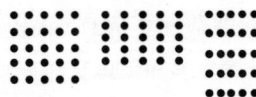

b. 相似性

c. 封闭性

d. 连续性
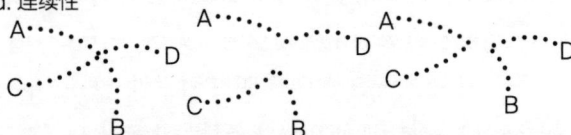

e. 同域原则

图 3-13　格式塔原则

连续性　连续性（continuity）不太好解释，但很容易直观地理解，它是指将事物简单地知觉为连续的整体而不是复杂、断开的模式。图 3-13d 展示了一个能体现连续性的例子：对于左图，相较于将其看作中图和右图那种断开的部分之和，你是不是把更容易将它看作两条虚线相交呢？实际上，由于连续性的作用，我们更容易将左图看作两条线交叉，即 A 到 B 和 C 到 D，而不会看成 A 到 D 和 B 到 C，或 A 到 C 和 B 到 D。

接近原则　接近原则（contiguity）不仅包括空间上的邻近性，而且包括时间上的接近性。接近原则是指将两个先后发生的临近的事件知觉为存在关联的倾向。人们通常会认为先发生的事件是后发生的事件的原因。例如，口技艺人常会利用此原理：他们自己不动嘴而是让木偶动嘴，使得声音好像不是由他们发出，而是由木偶发出，这在很大程度上就是接近原则的体现。

此外，还有一个知觉原则不属于上述任何一个原则，即同域原则，它是由斯蒂芬·帕尔默（Stephen Palmer）于 1992 年添加的。同域原则是指将位于同一区域或同一范围内的物体知觉为一个整体。在图 3-13e 中，根据相似性原则，人们会将星星知觉为一个整体，将圆圈知觉为另一个整体；而当加上了有颜色的背景后，根据同域原则，人们会将它们知觉为 3 个不同的整体，其中一组既有星星又有圆圈。

深度知觉

3.15　解释通过单眼线索和双眼线索感知深度的原理

从三维角度看世界的能力被称为**深度知觉**（depth perception）。这种能力很有用，因为没有它，人将很难判断物体的远近。那么，人类多早就发展出深度知觉了呢？如果它在出生时并不存在，那么它似乎是在婴儿早期发展出来了。如果一个人天生失明，那么即便他恢复了视力，也几乎没有能力感知深度。深度知觉就像恒常性一样，似乎在婴儿很小的时候就存在了【连接学习目标 8.6】。

世界上深度知觉的线索多种多样。有些只需要通过一只眼睛就能发现，即**单眼线索**（monocular cue），有些是通过两只眼睛的视野存在的稍有不同的视觉模式的结果，即**双眼线索**（binocular cue）。

单眼线索　单眼线索通常也叫作**图形深度线索**（pictorial depth cue），因为艺术家可以利用这些线索在绘画上制造深度错觉。下文将举例讨论这些线索。

线条透视　当你站在一条很长的铁轨上观察时，会发现两条轨道在远处好像汇聚在一起了。两条平行线看起来好像汇聚到一起的现象叫作**线条透视**（linear perspective）。它在绘画中经常出现，因为人们认为绘图与真实世界一样，两条线汇聚到一起，表示这两条线的"端点"离观看者的位置非常远。

两排树木和道路两边在远处似乎汇聚在一起了。这是线条透视的例子。

相对大小　相对大小（relative size）与大小恒常性原则有关：当人们确切地知道一个物体的实际大小时，如果它看起来很小，就会认为它离得很远。电影制作者经常利用这条线索将小模型摆在离摄像机很近的地方，这样它们看起来会很巨大。

遮挡　如果一个物体遮住了另一个物体，那么人们会认为被遮住的物体位于后面，因此被遮住的物体离得更远。这条线索叫遮挡（overlap）或插入（interposition）。

空气透视　一个物体离得越远，它看起来就越朦胧，这种知觉线索叫作**空气透视**（aerial/atmospheric perspective）。这就是为什么远处的山看起来总是朦胧的，远处的建筑比近处的建筑看起来更模糊。

相对大小的深度线索如图所示，远处的花看起来比近处小很多。相对大小使得观察者认为看起来很小的物体离自己很远。

在空气透视中，越远的物体看起来越模糊，因为观察者和物体之间的空气中存在很多细小的颗粒。图中近处的路和农舍看起来很清晰，而远处的山看起来则模糊而朦胧。

纹理梯度　如果你附近有一大片鹅卵石、岩石或有图案的道路，如鹅卵石铺成的道路，不妨观察一下：离你很近的鹅卵石有很明显的纹理，但当你看远处的鹅卵石时，它们的纹理变得很小，而且有规则。这就是**纹理梯度**（texture gradient），是艺术家常在绘画中使用以制造深度错觉的另一个深度线索。

运动视差　下次你乘车时，不妨注意一下窗外，你会发现，离得很近的物体飞驰而过，而离得远的物体在缓慢地移动，如山峰。这种通过运动来区分物体

远近的线索即为**运动视差**（motion parallax）。

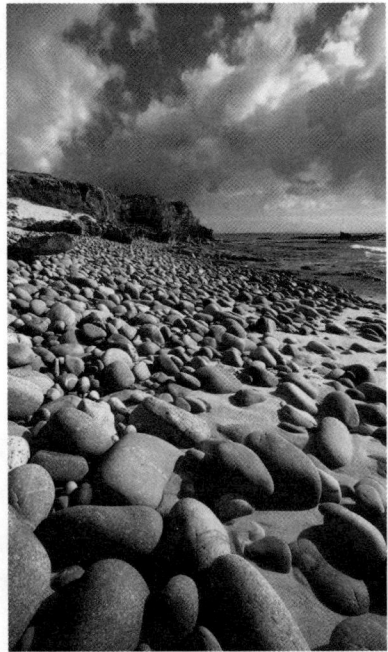

位于近处的鹅卵石看起来很大，而远处的看起来很小。由于纹理梯度，观察者会认为鹅卵石看起来越小，离我们就越远。

调节　调节（accommodation）这种单眼线索不属于图形线索，它发生于眼睛内部。眼睛的晶状体可以发生形变，由一系列肌肉控制。前文提到了视觉调节的处理过程，即通过晶状体改变自身的性状，通过变薄或变厚来观看远处或近处的物体。大脑可以将这种调节信息作为深度知觉的线索。调节也叫作肌肉线索。

双眼线索　顾名思义，双眼线索需要两只眼睛的共同作用。

辐合　辐合（convergence）是另一种肌肉线索，它是指两只眼睛为了对一个物体聚焦而在眼眶中的旋转过程。如果物体离得很近，辐合就很大，大到眼睛几乎转了一圈；如果物体离得很远，辐合就很小。例如，将拇指竖起来放在鼻子前面，离远一点后再移动回来，你感受到的就是眼睛中的肌肉在辐合（见图3-14a）。

双眼视差　双眼视差（binocular disparity）是一种科学的说法，因为两眼之间存在几厘米的距离，因此它们看到的图像并不是完全相同的。大脑会根据视网膜上的图像来判断物体与眼睛的距离：如果两个视

网膜上的图像差很多，那么物体一定离得非常近；如果图像几乎相同，那么物体一定离得非常远，使得双眼视差非常小。你可以自行体验一下这种线索：在鼻子前面摆一个物体，闭上一只眼睛，标记出物体的位置，然后睁开这只眼睛，闭上另一只眼睛，你会发现看到的物体有一些差别。但如果你将物体摆到房间的另一头，你看到的就不会"跳开"或移到一边（见图 3-14b）。

尽管存在这么多的知觉线索，但即使最有经验的知觉者也不一定能完全知觉世界的本质。

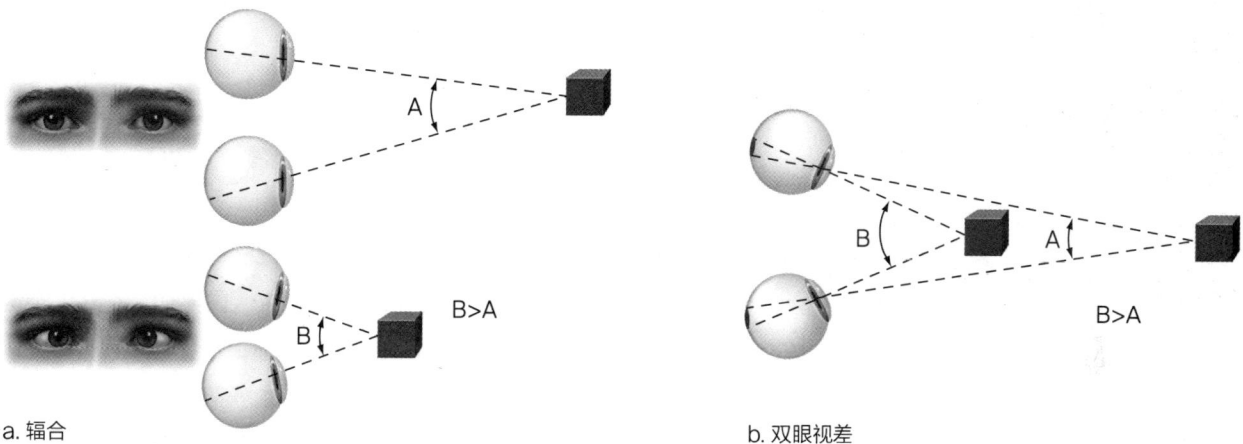

a. 辐合   b. 双眼视差

a. 辐合是一种需要眼睛肌肉参与的双眼线索。物体离得远时，眼睛肌肉更放松；物体离得近时，眼睛肌肉会辐合在一起。b. 由于人的双眼之间存在几厘米的间隔，所以物体在两只眼睛上的成像是不同的。图中情境 A 的物体足够远，双眼视差较小；情境 B 的物体非常近，双眼视差非常大。大脑会将这一信息解读为物体离人眼的距离。

图 3-14　深度知觉的双眼线索

知觉错觉

3.16　举出常见的视错觉的例子及其感知影响因素

💬 前文多次提到了"错觉"这个词。到底什么是错觉？为什么我们这么容易被它愚弄？

错觉是一种与现实不相符的感觉：当现实不存在某些事物时，人们仍然认为自己看到了一些事物。对错觉的另一种思维方式是它作为视觉刺激来愚弄眼睛。需要注意的是，错觉与幻觉不同：错觉是对真实存在的事物的扭曲感知；幻觉则源于大脑，而非现实。

错觉研究对心理学家和神经科学家都非常有帮助，这些研究经常提供很有价值的关于感觉感受器和感觉器官如何工作以及人如何解读感觉输入的信息。

有时，错觉是基于早期感觉过程、后续加工或大脑视觉系统做出的更高层次假设（Eagleman，2001；Macknik et al.，2008）。

前文讨论了颜色的视觉后像这种视错觉，它是由于视杆细胞和视锥细胞检测到光信息后，视网膜或丘脑外侧膝状体中出现了相反的过程。接下来要介绍另一种视错觉：赫尔曼栅格错觉（Hermann Grid Illusion）。

赫尔曼栅格错觉　先看一看图 3-15 中的正方形矩阵。当你看着图的不同位置，尤其是白线的交叉点时，你看到了什么？你会看到灰色斑点或小方块，但当你试图直视它们时，你发现它们却逐渐消失或完全消失了。这就是赫尔曼栅格错觉。

图 3-15　赫尔曼栅格错觉

看看图中的矩阵。你注意到白线交叉点存在一些有趣的东西了吗？如果将视线直接集中在某个交叉点，你又会看到什么？

对赫尔曼栅格错觉的一种解释是，初级视觉皮层的神经元对特定方向的光柱反应最佳（Schiller & Carvey，2005）。这种神经元叫作简单细胞，是由戴维·胡贝尔（David Hubel）和托斯滕·威塞尔（Torsten Wiesel）在 1959 年首次发现的。他们还发现了其他细胞，包括对方向和运动做出反应的复杂细胞，以及对拐角、弯曲或突然出现的边缘做出最佳反应的末端停止细胞。这些细胞被统称为特征检测器，因为它们能对刺激的特定特征做出反应。由于在视觉系统方面的突出贡献，胡贝尔和威塞尔后来获得了诺贝尔生理学或医学奖。对赫尔曼栅格错觉的其他研究证明，直边是产生这种错觉的必要条件，因为当栅格线的边缘稍微弯曲时，错觉就会消失，而这进一步表明，错觉可能是基于视觉系统加工信息的独特功能（Geier et al.，2008）。

缪勒－莱尔错觉　缪勒－莱尔错觉（Müller-Lyer Illusion）是最著名的视错觉之一，见本页右上图。当你试图确定图中间两条线的长度是否完全相等时，你就会产生错觉。中间的两条线长度相等，但两端的角朝外的线看起来比朝内的线要长。

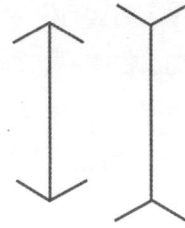

缪勒－莱尔错觉中的两条线，一条看起来比另一条长，实际上这两条线的长度相等。

为什么这种错觉如此强大？对此的解释是，我们大多数人都生活在一个有很多建筑的世界中。建筑物都有角，当人处在建筑物外面时，建筑物的角离得更近，人会感觉墙壁在远离自己，就像角度向内的线。而当人处在建筑物内时，人会感觉建筑物的角在远离自己，而墙壁在接近自己，就像角度向外的线。人倾向于将朝向内部的角当作建筑物的外墙角，并感觉到自己在靠近它们；同时倾向于将朝向外部的角当作建筑物的内墙角，并感觉到自己在远离它们。（Enns & Coren，1995；Gregory，1990）。

马歇尔·西格尔（Marshall Segall）及其同事（Segall et al.，1966）发现，西方文化背景下的建筑物多是木质建筑，有很多直线和角，他们将其称为"木匠世界"；而非西方文化背景下的建筑物多为圆形，角较少，他们将其称为"非木匠世界"。"木匠世界"中的人通常更容易受到缪勒－莱尔错觉的影响。理查德·格雷戈里（Richard Gregory）发现，祖鲁人就很少受到缪勒－莱尔错觉的影响，因为他们大多住在圆形的房屋内，房屋也排成圆形，使用的是弯曲的工具，玩的玩具也是弯曲的，他们的世界里很少有直线和角。

月亮错觉　另一个常见错觉是月亮错觉，即地平线附近的月亮看起来比天上的月亮更大一些（Plug & Ross，1994）。对此的一种解释是，天上的月亮是孤立的，周围没有任何深度知觉线索；而地平线附近会出现在树木和房屋后，因此有深度知觉线索，会让人感觉地平线离自己很远很远，而月亮被认为位于这些事物后面，因此人会感觉月亮离自己更远。此外，人们知道，如果离自己很远的物体看起来很大，那么它就真的很巨大，所以人会在脑中将月亮"放大"——一种对大小恒常性的误用。这种对月亮错觉的解释被称作表面距离假说，它源于公元 2 世纪，最先由古希腊天文学家托勒密（Ptolemy）提出，后被 11 世纪的阿拉伯天文学家阿尔哈曾（Al-Hazan）发展。

当月亮在夜空中高高升起时，人们不会觉得它很大。但当它出现在地平线上时，看起来要大得多。月亮在天空中时，周围没有可以比较的物体；但在地平线上时，像图中这棵树一类的物体会被认为位于非常大的月亮前面。

运动错觉　有时，人们会错误地将静止不动的物体看成是运动的物体。这就是运动错觉，典型的例子是在著名的从众实验中发现的，即游动效应。该效应指的是，在一个黑暗的房间中存在一个小而固定的光点，但它看起来在运动，或者说它在漂移，因为它周围没有任何线索表明它是固定不动的。另一个例子是频闪运动，即快速呈现一系列静止的图片时，这些图片看起来就像是在运动。另外，假如你在笔记本每页的边缘画一些小图像，然后快速翻动笔记本，你也会看到运动错觉现象。

另一种与频闪运动有关的运动错觉是似动现象，即按顺序打开一列灯，灯光看起来像是在运动。例如，在一个黑暗的房间中，一盏灯亮起后随即熄灭，紧接着另一盏离得很近的灯亮起随即熄灭，看起来就好像是一盏灯从某一位置移动了一小段距离到了另一个位置。剧院常将这种现象应用在大型招牌上，让它们看起来像是一系列灯在按顺序上下移动；此外，人们也常将其应用于一排装饰灯上，如节日期间挂在房子上的频闪灯。

那么，在静态图像中看到运动会怎么样？以下几个例子，既有经典的也有现代的，都是在静态图像中

感知到的虚幻运动或表面运动。关于对此种错觉原因的争论，无论是源于眼睛还是大脑，已经持续了至少200 年（Troncoso et al.，2008）。

请看图 3-16，你看到了什么？

图 3-16　运动感知

当你的眼睛在该图片上移动时，你发现了什么？图像并没有移动，但你会看到图中的圆圈在动，部分原因在于你的眼睛在动。

对于此类运动错觉有各种各样的解释，如从图像亮度和 / 或颜色排列因素到大脑处理这些信息可能存在的时间差异。当通过功能性磁共振成像和用于追踪眼球运动的设备来调查被试对相似错觉的知觉时，研究人员发现，对运动敏感的视觉区域的大脑活动增强了。然而，当伴随着引导眼球运动时，这种活动最强烈，这表明眼球运动在知觉错觉中起着重要的作用（Kuriki et al.，2008）。

此外，人们还发现，眼球运动是图像中出现运动错觉的主要原因。图 3-17 是根据 1981 年伊西娅·黎凡特（Isia Levant）的一幅油画《谜》（Enigma）拍摄的。当你注视图的中心时，你发现了灰色圆环中的东西了吗？许多人会看到光环开始闪耀或旋转。为什么会出现这种情况？通过可记录微眼动的特殊眼球追踪设备，研究人员发现，微眼动与这种运动知觉有直接的联系，并且至少是产生错觉的一种可能原因（Troncoso et al.，2008）。

这两项研究突出了研究人员在研究与视知觉相关的问题方面取得的一些进展。此外，研究人员还对魔术中视错觉进行了研究，更多信息可参见本章末尾的在日常生活中应用心理学。

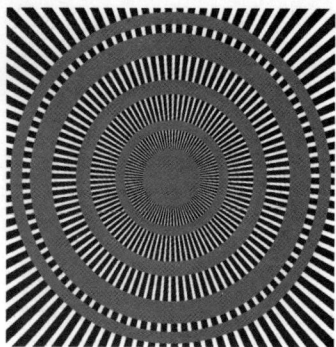

图 3-17 《谜》的新解

你在这张静态图像中看到的运动源于你的眼睛的运动，且更多的是源于微眼动。

该图由巴罗神经研究所马丁内斯 - 康德实验室的豪尔赫·奥特罗 - 米兰（Jorge Otero-Millan）创建并提供。

影响知觉的其他因素　人类对世界的知觉显然受到文化和对线索的误解等因素的影响，但不止于此。以下是其他一些因素。

人们经常误解他人对自己说的话，因为人们希望听到别的话。人们倾向于以某种方式知觉事物，因为人们受以前的经历或期望的影响，这种倾向叫作**知觉定势**（perceptual set）或**知觉期待**（perceptual expectancy）。尽管期待在解释某些刺激时可能有用，但它们也会将人们引向错误的道路。你看到的取决于你期待看到的。

人对自己知觉到的事物的解释也会影响其知觉。例如，人们可以试图通过使用已拥有的信息来理解自己知觉的事物，与知觉期待的情况一样。但是，如果没有与新信息相关的现有信息，人们就会查看自己知觉的每种特征，并试图将它们整合成一个整体。

玩过拼图的人都知道，如果有一张已经拼好的图作指导，那么拼图就会容易很多。以前拼过图也有帮助，因为拼过图的人已经知道图最终的样子。在知觉领域，这叫作**自上而下加工**（top-down processing），即利用现有知识将个体特征组织成一个统一的整体，它也是知觉期待的一种形式。

如果某人以前从来没有拼过图，或者他把图纸弄丢了，他可能会从小部分开始拼，然后逐渐拼接，直到出现可以辨认的形状。这种对较小特征的分析

和对完整感知的构建叫作**自下而上加工**（bottom-up processing）（Cave & Kim，1999）。在这种情况下，由于没有知觉期待来帮忙，因此自下而上加工在某些方面更加困难。幸运的是，在感知周围世界时，以上两种加工方法经常一起运作。

那么，不同文化的人会由于期待不同而对事物产生不同的看法吗？一些研究表明这是真的。图 3-18 的图形通常被称作"魔鬼三叉戟"，欧洲人和北美人总是将这个图形看成三维的，所以他们在观看时存在障碍，因为如果用三维角度去看，这种图形是不可能存在的。但来自科技导向较少的文化背景的人在看这个图形时就很容易，而且他们画出来也很容易，因为他们会将它视为二维图形，也就是一些很简单的线条和圆圈的组合，而不是一个固体的实物。相比之下，如果让欧洲人和北美人画一张倒置的面孔，他们会画得很准确，因为倒置的面孔对他们来说只是"一些线条和圆圈的组合"。换句话说，他们会按照自己实际看到的光影来画，而不是根据他们的三维知识"理解"的那样来画。

图 3-18 "魔鬼三叉戟"

第一眼看的时候，图中似乎是一个传统的三叉图形。但仔细一看就会发现，图中的三个叉不可能真的存在。不妨沿着顶端的路线一路看下去，看看究竟是哪里出了问题。

埃姆斯房间幻觉。这种错觉受过去的经历和期待的影响。观看者会认为图中的房间是长方形的，但实际上它是梯形的，而且墙壁和地板都是倾斜的。

概念地图 3.14~3.16

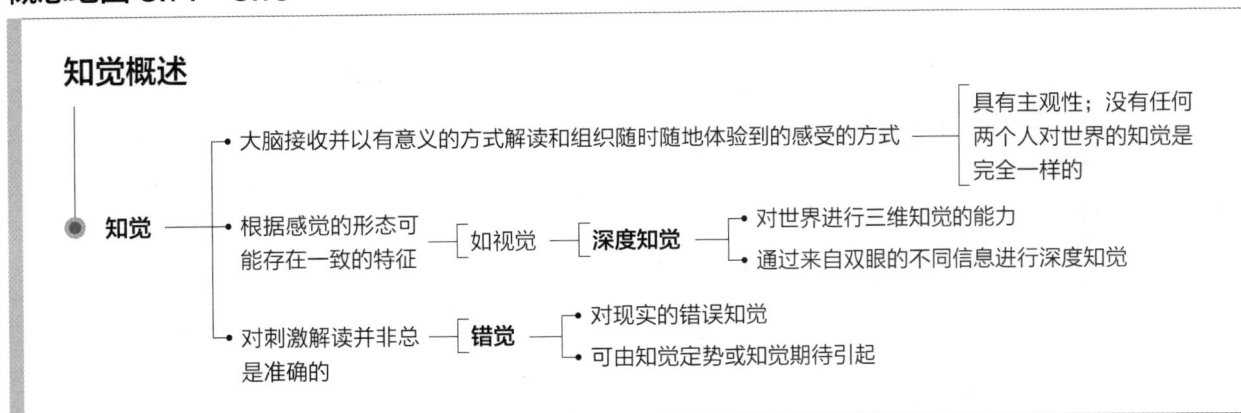

知觉概述

- **知觉**
  - 大脑接收并以有意义的方式解读和组织随时随地体验到的感受的方式 —— 具有主观性；没有任何两个人对世界的知觉是完全一样的
  - 根据感觉的形态可能存在一致的特征 —— 如视觉 —— **深度知觉**
    - 对世界进行三维知觉的能力
    - 通过来自双眼的不同信息进行深度知觉
  - 对刺激解读并非总是准确的 —— **错觉**
    - 对现实的错误知觉
    - 可由知觉定势或知觉期待引起

随堂小考

1. 打开一扇门时，视网膜上的真实图像会发生剧烈的变化，但你仍然会感觉到门是一个长方形。这源于____。

   A. 大小恒常性　　　　　B. 形状恒常性

   C. 颜色恒常性　　　　　D. 明度恒常性

2. 穿着迷彩服以便融入周围环境的猎人依赖于哪种感知原则?

   A. 形状恒常性　　　　　B. 知觉期待

   C. 图形 - 背景关系　　　D. 深度知觉

3. 哪种单眼深度线索最能解释铁轨在远处看起来是连在一起的?

   A. 辐合　　　　　　　　B. 线条透视

   C. 遮挡　　　　　　　　D. 纹理梯度

4. 缪勒 - 莱尔错觉最常见于____。

   A. 儿童

   B. 男性

   C. 生活在西方文化中的人

   D. 生活在贫困中的人

5. 杰森的叔叔声称他在高速公路旁的树上看到了一只黑豹，但其他人并没有看到它。杰森知道叔叔多年来一直在寻找黑豹，他将叔叔的"看到"归因于____。

   A. 知觉定势　　　　　　B. 知觉防御

   C. 自下而上加工　　　　D. 认知趋同

6. 梅根第一次在新家安装吊扇花了很长时间。但后来，当她帮助最好的朋友安装吊扇时，她很快就安装好了。她的速度和技巧的提高部分归功于____。

   A. 自下而上加工　　　　B. 自上而下加工

   C. 知觉期待　　　　　　D. 知觉定势

科学探究和批判性思维

知觉对元认知的影响

落实 APA 学习目标 2.3：参与创新和综合思维，解决问题

我们知觉到的真实事物与呈现出的实际视觉刺激并不总是相匹配的，而且知觉信息会影响我们对给定物体的思考，如许多人认为大的物体比小的物体更重。此外，物体的颜色也会产生影响（De Camp，1917）。人们通常认为，颜色较深的物体比颜色较浅的可比物体更重（Walker et al.，2010）。以上两个都是刺激对知觉期待影响的例子。但刺激对认知任务的期待有什么影响呢，如评估记忆能力有多强？

　　元认知是对思维的思考，包括意识到我们自己的思维过程，如评估我们实际理解某事物的程度或记忆某事物的程度。例如，给定单词的字体大小似乎就有影响。在某项研究中，用较大字体印刷的单词比用较小字体印刷的单词更容易记忆（Rhodes & Castel，2008）。换句话说，当作为以下这个句子的一部分进行评估时，人们可能会认为心理学比宏观经济学更难忘，至少本书作者之一在大学期间的确是

这么认为的。尽管最初对记忆性进行了评级，但之后的测试表明，字体大小并没有对回忆产生显著的影响（Rhodes & Castel，2008）。

　　研究还表明，学生会经常报告自己使用学习策略，如主要关注教材中的**粗体字**或*斜体字*（Gurung，2003，2004），或过度依赖凸显等策略。这些方法对记忆材料的整体积极影响较小，尤其是与更强有力的学习和记忆策略相比【**连接**导论 6 和学习目标 6.5、6.6】。

在日常生活中应用心理学

"烟雾和镜子"背后——魔术中的心理科学和神经科学

3.17 描述关于魔术的神经科学研究如何帮助人们解释视错觉和认知错觉

　　许多人喜欢在现场或在电视上观看魔术表演。人们可能会被克里斯·安杰尔（Criss Angel）表演的《思维怪胎》（*Mindfreak*）或佩恩和泰勒（Penn & Teller）前卫的滑稽动作表演所震撼。如果你是其中一员，你很可能目睹了一场包含许多不同错觉的表演。与许多人一样，你可能会在演出的某个时刻想："他们是怎么做到的？"你认为那些把戏是由于某种特殊装置，还是由于它们是通过"烟雾和镜子"实现的，或者魔术师在做其他事情以消除错觉的同时用某个动作分散了观众的注意力？其实，魔术师会通过许多技巧来利用或操纵我们对眼前发生之事的实际认知水平，或操纵我们的注意力。

　　虽然魔术不是心理学感兴趣的新课题，但近年来又重新引起了人们的兴趣，尤其是对魔术的神经科学研究。有观点表明，研究人员可以和魔术师一起工作，这样不仅可以研究魔术背后的感官或物理机制，甚至心理解释，还可以通过研究大脑中发生的事

情，更好地理解各种认知和知觉过程（Macknik & Martinez-Conde，2009）。

　　巴罗神经研究所的斯蒂芬·麦克尼克（Stephen L. Macknik）博士和苏珊娜·马丁内斯·康德（Susanna Martinez-Conde）博士都是神经科学家，他们与专业魔术师合作，研究魔术师的技术和技巧，试图更深入地理解错觉背后的大脑机制以及实验室的研究人员如何使用这些信息。他们已经确定了几种类型的错觉，这些错觉可以单独使用或与其他人结合使用，来作为各种魔术的基础，其中的两种分别就是视错觉和认知错觉（Macknik et al.，2008）。

　　前文提到，当个体知觉与物理刺激不匹配时，就会产生视错觉，它是由于大脑中的组织或加工偏差造成的。此外，我们从知觉中的大脑活动与物理刺激相关的大脑活动无法直接匹配（Macknik et al.，2008）。麦克尼克博士和马丁内斯－康德博士举了一个例子，它与我们在小学时表演的一种把戏很相似，就是拿着铅笔或钢笔的中间，然后上下摇动或摆动它。如果你做得正确，铅笔或钢笔看起来会弯曲或好像由橡胶制成。魔术师在将固体物"弄弯"时会用到

这种错觉，如勺子。那么，大脑如何来解读呢？大脑视觉皮层中有特殊的神经元，即终止神经元，它们对运动和边缘都很敏感。如果某个物体快速地上下跳动或移动，这些神经元会产生不同的反应，使得我们感觉到勺子或铅笔好像弯曲了。

　　另一个基于视觉系统功能的效果或技巧，是魔术师使某个物体消失，如让一个球消失在空中，或某个助手的装备突然改变。魔术师通过向观众展示目标物体，如球或装备，然后非常迅速地将其从视野中移除，而由于视觉暂留，物体看起来仍然还在。这是由视觉神经元中的后放电反应造成的，这种反应会在去除刺激后产生一个持续长达 100 毫秒的视觉后像（Macknik et al.，2008）。类似的把戏还有很多，如拿着点燃的火花或打开的手电筒在黑暗中快速转动，会留下一道光迹。

深入讨论一下

1. 上述讨论中的例子是基于视错觉，你能想到基于不同的感官错觉的魔术或表演的例子吗？
2. 第 2 章讨论的神经成像方法中，哪种方法最适合检查观看魔术表演的人的大脑活动？为什么？

佩恩和泰勒共同表演已有 30 多年了，他们与神经科学家合作，努力研究魔术背后的大脑机制。

本章总结

感觉概述

3.1　描述将外界信息输入大脑的方式

- 感觉是基于眼睛、耳朵、皮肤、鼻腔和舌头的感受器的激活。
- 感受器是神经元的特殊形式，由不同的刺激激活，如光和声音。

3.2　描述差别阈限和绝对阈限

- 最小可觉差是指有 50% 的概率察觉到的导致感觉差异的刺激之间的最小差异。
- 韦伯定律指出，两个刺激之间的最小可觉差总是恒定的。
- 绝对阈限是指有 50% 的概率察觉到的最低刺激水平。

3.3　解释感觉信息被忽略的原因

- 阈下刺激刚好位于意识水平以下，人们并未发现它会对日常行为产生影响。
- 当大脑忽视某个恒定刺激时，就会产生习惯化。

- 当感受器对恒定刺激不再起反应时，就会发生感觉适应。

视觉：如何"看见"的科学

3.4　描述光穿过眼睛不同部位的方式

- 光波的振幅反映的是明度，波长反映的是颜色。
- 饱和度是对波长的心理解释：波长相同的光，其饱和度高；波长差异很大的光，其饱和度低。
- 光线进入眼睛，通过角膜进行聚焦，之后穿过房水，再通过由虹膜肌肉控制的瞳孔。
- 晶状体将光线汇聚到视网膜上，然后通过神经节细胞和双极细胞来刺激视锥细胞和视杆细胞。

3.5　解释光信息到达视觉皮层的途径

- 视觉通路 = 视网膜→视神经→视交叉→视束→丘脑外侧膝状核→光辐射→初级视觉皮层。
- 来自右视野的光线投射到每个视网膜左侧；来自左视野的光线投射到每个视网膜右侧。

- 每个视网膜颞侧的轴突投射到大脑同侧的视觉皮层；每个视网膜鼻侧的轴突投射到大脑对侧的视觉皮层；视交叉是交叉点。

3.6　比较两种主要的色觉理论，解释色觉缺陷发生的原理

- 视杆细胞负责检测明度变化，但无法分辨颜色，也无法在低明度条件下很好地工作。它们对不同的颜色无法做出反应。除了视网膜中心即中央凹外，视杆细胞分布在视网膜其他的所有部位。

- 视锥细胞对颜色很敏感，且在明亮的条件下能很好地工作；它们还负责视觉信息的清晰度。视锥细胞位于中央凹。

- 三色说认为存在 3 种视锥细胞：红色视锥细胞、绿色视锥细胞和蓝色视锥细胞。所有的颜色感知都是这 3 种视锥细胞共同作用的结果。

- 对立加工理论认为存在红色、绿色、蓝色和黄色等 4 种原色。4 种颜色是成对排列的，当一对颜色中的一种颜色被激活时，另一种就会被抑制。

- 色盲是指完全缺乏色觉，而色觉缺陷是指色觉主要局限于黄色和蓝色或红色和绿色。

听觉：现在你能听到我吗

3.7　了解声音的本质及其在耳朵中的传播方式

- 声音有 3 种属性：音高（频率）、音量和音色（纯度）。
- 声音经由耳郭传入，通过鼓膜进入中耳，然后刺激 3 块听小骨。
- 镫骨作用于前庭窗，导致耳蜗和基底膜随声音发生振动。
- 基底膜上的柯蒂氏器包含听觉感受器，当听觉感受器发生振动时，它们会将声音信息传递给大脑。

3.8　概述大脑处理音高信息的 3 种理论

- 位置理论认为，不同频率的声音会激活柯蒂氏器上不同部位的毛细胞。该理论适用于频率在 1 000Hz 以上的声音。
- 频率理论认为，声音频率不同，基底膜振动的速度也不同。该理论适用于 1 000Hz 以下的声音。

- 齐射理论认为，神经元轮流对 400 ～ 4 000Hz 之间的声音做出反应。

3.9　确定听觉障碍的类型及治疗方案

- 传导性听觉障碍是由于外耳或中耳结构受损引起的，而神经性听觉障碍是由于内耳或大脑中的听觉通路受损引起的。
- 助听器可用于传导性听觉障碍的患者，而人工耳蜗可使神经性听觉障碍患者恢复部分听力。

化学感觉：尝起来很好，闻起来更好

3.10　解释味觉的工作原理

- 味觉是对味道的知觉。舌头上的味蕾接收物质的分子，这些分子能与感受器结合。
- 味觉是一种化学感觉，包括检测溶解在唾液中的化学物质。
- 5 种基本味道分别是：甜味、酸味、咸味、苦味和鲜味。

3.11　解释嗅觉的工作原理

- 嗅觉是对气味的知觉。嗅觉感受器位于鼻腔之上，能接收物质的分子并产生神经信号，然后传递到额叶下的嗅球。
- 嗅觉是一种化学感觉，包括检测悬浮在空气中的化学物质。

其他感觉：身体知道什么

3.12　描述触摸、压力、温度和疼痛的体验

- 皮肤感觉是躯体感觉的一部分。
- 环层小体能对压力做出反应，毛囊终端覆盖着的神经末梢能对疼痛和压力做出反应，游离神经末梢能对疼痛、压力和温度做出反应。
- 痛觉的阀门控制理论指出，当激活痛觉感受器时，神经递质 P 物质会释放到脊髓中，通过开启脊髓的"阀门"来激活其他痛觉感受器，并向大脑传递信息。

3.13　描述负责身体平衡、位置和运动的系统

- 运动觉让大脑"知道"身体的运动。

- 本体感觉，或关于身体及其各部位与地面关系的信息，来自对关节和肢体运动做出反应的特殊感受器的活动。
- 前庭觉通过耳石器官和半规管的激活帮助躯体感知空间方向。
- 晕动病可以通过感觉冲突理论来解释。该理论认为，眼睛信息和躯体感觉发生了冲突，从而引起恶心。

知觉概述

3.14　描述知觉恒常性和格式塔知觉组织原则对共同知觉体验的解释原理

- 知觉是对感觉的解释和组织。
- 大小恒常性是指人总是将某物体的大小知觉为恒定，无论它离得远近。
- 形状恒常性是指人总是将某物体的形状知觉为恒定，即使该物体在视网膜上的成像发生了改变。
- 明度恒常性是指人总是将物体的明度知觉为恒定，即使外界的明度发生了变化。
- 格式塔心理学家提出了几种知觉原则来解释视觉刺激。这些原则分别是：图形－背景关系、邻近性、相似性、封闭性、连续性、接近原则和同域原则。

3.15　解释通过单眼线索和双眼线索感知深度的原理

- 深度知觉是指对三维空间的观察能力。
- 深度知觉的单眼线索包括线条透视、相对大小、遮挡、空气透视、纹理梯度、运动视差和调节。
- 深度知觉的双眼线索包括辐合和双眼视差。

3.16　举出常见的视错觉的例子及其感知影响因素

- 错觉是与现实不符的知觉，或视觉刺激紊乱。
- 知觉定势或知觉期待指的是由于先前的经验，人以特定的方式感知物体和情境的倾向。
- 自上向下加工包括利用现有知识将单个特征组织成统一的整体。
- 自下而上加工包括对较小特征进行分析，以形成完整的认知。

3.17　描述关于魔术的神经科学研究如何帮助人们解释视错觉和认知错觉

- 魔术师是利用视觉系统的一些众所周知的特性来完成各种魔术的。
- 通过与魔术师、心理学家和神经科学家进行合作，我们可以了解更多关于魔术和负责感知魔术的大脑过程的知识。

章末测试

1. 当你在为家庭聚会做一大锅辣椒时，你发现自己必须在已混合了 5 颗洋葱的辣椒锅里再加入 1 颗洋葱才能闻出不同。根据韦伯定律，如果你用 10 颗洋葱配 2 倍的辣椒，你需要再添加多少颗洋葱才能闻出不同？

   A.1　　　　　　　　B.2

   C.4　　　　　　　　D.5

2. 据称由詹姆斯·维卡里进行的一项研究告诉我们，潜意识的力量及其对广告的影响是什么？

   A. 潜意识广告可以深刻影响消费者的决策过程

   B. 潜意识广告影响消费者的决策过程，但只有当它涉及爆米花和汽水等令人愉悦的食物时才有效

   C. 潜意识广告对相信潜意识力量的人有效

   D. 潜意识广告的效果从未得到支持，因为维卡里最终承认他从未真正地进行过此类研究

3. 当你走进家具店时，你会闻到雪松的强烈气味。然而，在里面待了一会儿后，你就再也闻不到气味了。这一过程叫作____。

   A. 感觉适应　　　　　B. 知觉恒常性

   C. 习惯化　　　　　　D. 调节

4. 下列哪个术语是指光波的振幅，用来描述光波的高低？

   A. 颜色　　　　　　　B. 明度

C. 音高   D. 色相

5. 当眼科医生通过光性屈光性角膜切削术和激光原位角膜磨镶术矫正患者的视力时，医生要调整的是患者的____。

   A. 角膜   B. 晶状体

   C. 视网膜   D. 虹膜

6. 随着年龄的增长，眼睛的哪一部分会变硬，从而导致老花眼？

   A. 视杆细胞   B. 视锥细胞

   C. 晶状体   D. 玻璃体

7. 一头鹿无法对一辆接近的汽车的前灯做出快速的反应，其原因在于以下哪种感觉现象？

   A. 暗适应   B. 明适应

   C. 视觉后像   D. 对立加工理论

8. 锤骨、砧骨和镫骨位于____。

   A. 外耳   B. 中耳

   C. 内耳   D. 耳蜗

9. 约翰多年来一直在大声演奏音乐。在他20多岁时，他发现自己的双耳一直在响。约翰可能得了什么病？

   A. 耳鸣，这是一种神经疾病，没有永久性的治疗方法

   B. 传导型听觉障碍，助听器可能会有所帮助

   C. 耳郭损伤，可以通过手术矫正

   D. 无论何种疾病，约翰最终都需要人工耳蜗

10. 研究表明，味觉偏好通常始于____。

   A. 出生之前   B. 出生后3～6个月

   C. 1岁时   D. 幼儿园期间

11. 裘德患了重感冒。他的鼻子已经堵了好几天。感冒可能会对裘德的味觉产生什么样的影响？

   A. 裘德的味觉会增强，因为他没有从嗅觉中获得额外的感觉输入

   B. 裘德的味觉会变迟钝，因为味觉和嗅觉经常一起发挥作用

   C. 裘德的味觉会变好，但要等到他失去嗅觉的48小时以后

   D. 裘德的味觉不会变好或变坏，因为味觉和嗅觉是完全分开的

12. 为什么患有先天性痛觉缺失的孩子在户外玩耍时要小心？

   A. 因为他们经常听不到声音，除非他在声源1米以内

   B. 因为他们感觉不到疼痛，甚至会在不知情的情况下受伤

   C. 因为他们缺乏应对危险情况的能力

   D. 因为他们的嗅觉不正常

13. 塔比莎坐在车上闭上眼睛，仍然可以判断出车在动。这是____的微小晶体在发挥作用？

   A. 外耳   B. 耳蜗

   C. 耳石器官   D. 中耳

14. 孩子有时会玩快速转圈的游戏。当他们停下来时，他们经常感觉自己的头还在旋转。这种感觉是由什么引起的？

   A. 流体仍在半规管中旋转

   B. 本体感受器

   C. 耳石器官受压

   D. 耳石晶体破裂

15. 小卡拉和妈妈在码头等爸爸从海军基地回来。当船还有一段距离时，妈妈对小卡拉说："爸爸的船在那儿。"小卡拉很困惑，她不明白爸爸怎么会在那么小的船上，她举起拇指就能盖住整艘船。可以肯定的是，卡拉还不明白____。

   A. 大小恒常性   B. 形状恒常性

   C. 明度恒常性   D. 颜色恒常性

16. XX XX XX   XXXXXX

    XX XX XX   XXXXXX

    XX XX XX   XXXXXX

   左边的三列XX和右边的三行X可以用格式塔知觉组织原则中的____来解释。

   A. 封闭性   B. 相似性

   C. 邻近性   D. 连续性

17. 根据经验，你知道商用喷气式飞机通常以每小时800多千米的速度在万米高空飞行。而当你看着一只苍蝇高高地飞过头顶时，它似乎在慢慢地掠

过。哪种单眼深度线索能解释这一点？

A. 运动视差　　　　B. 线条透视

C. 遮挡　　　　　　D. 纹理梯度

18. 缪勒－莱尔错觉主要受＿＿的影响。

A. 年龄　　　　　　B. 性别

C. 智力水平　　　　D. 文化

19. 艾莉森打开了新拼图，但她很快意识到自己小时候也组过同样的拼图。凭借过去的经验，艾莉森

可能会用＿＿来帮助自己重新组合拼图。

A. 自下而上加工　　B. 自上而下加工

C. 知觉期待　　　　D. 知觉定势

20. 基普喜欢玩烟火。他总喜欢看着朋友带着火花奔跑和身后仿佛遗留的短暂光迹。视觉系统的哪一方面能解释这种光迹？

A. 侧抑制　　　　　B. 微眼动

C. 视觉暂留　　　　D. 色盲

第 4 章　意识

批判式思考　你一天中的多任务处理方式有哪些？多任务处理是如何影响你的意识或工作质量的？

○ 为什么要了解意识

实际上，了解意识就是了解"我成为我"意味着什么。不了解意识状态可能会给我们的生活带来诸多不便。举例来说，清醒、睡觉、做梦、做白日梦和其他意识感知构成了我们的主要体验。如果睡眠不足，就会导致患糖尿病的风险增加，扰乱青春期，降低记忆力等，还可能会导致体重增加。由此不难理解，理解意识的运作方式对我们的身心健康至关重要。

学 习 目 标	
4.1　了解意识的定义	4.9　解释催眠影响意识的机制
4.2　了解不同层次的意识之间的差异	4.10　比较认为催眠有用的两种理论
4.3　描述睡眠‐觉醒周期的生理过程	4.11　区分药物的生理依赖和心理依赖
4.4　解释人为什么要睡觉	4.12　认识兴奋剂的影响和危害
4.5　了解睡眠的不同阶段	4.13　认识镇静剂的影响和危害
4.6　了解多种睡眠障碍	4.14　认识致幻剂的影响和危害
4.7　比较对"人为何做梦"的两种解释	4.15　描述用意识的运作方式解释超自然经历的原理
4.8　确定梦的内容的共性和差异	

什么是意识

💬 "意识"一词到底是什么意思？我经常听到它，但我不确定是否真正了解它。

大多数人都认为自己理解**意识**（consciousness），但当有人要求他们对意识下定义时，他们却犯了难。科学家、心理学家、神经科学家、哲学家甚至计算机科学家都试图为意识下定义，因此，各个意识研究领域几乎都有关于意识的定义。

意识的定义

4.1　了解意识的定义

丹尼尔·丹尼特（Daniel Dennett）[①]在其 1991 年的著作《意识的解释》（*Consciousness Explained*）中提出了与威廉·詹姆斯在 1894 年出版的著作相反的观点：不存在单一的意识流，而是有多个"通道"，每个通道都在处理自己的任务（Dennett，1991）。所有通道都是并行运行的，共同构成了一种意识混沌。因此，人们必须以某种方式组织所有有意识的经历，不过，这种组织方式会受到特定的社会群体和文化的影响。

那么，动物会以与人相同的方式体验意识吗？这个问题过于复杂，现在难以给出肯定的回答，但许多研究动物行为、语言和认知的专家都有理由提出，尽管动物意识的组织方式可能天生就与人类意识不完全相同，但至少某些动物存在意识（Block，2005；Browne，2004；Hurley & Nudds，2006；Koch & Mormann，2010）。本书第 7 章对动物语言进行了讨论，其中涉及关于意识的一些问题【连接学习目标 7.14】。

💬 我们可以去哪里寻找意识的有效定义呢？

为了贴合我们的目的，关于意识更合适的定义可能如下：意识是人在任何给定时刻对周围以及脑海中正在发生的一切事物的感知，人可以通过它来组织自己的行为（Farthing，1992），也包括思维、感觉和感受。认知神经科学认为，意识是由神经元交流中的一系列动作电位产生的，这些动作电位足以在我们的认知中产生特定的知觉、记忆或体验（Crick & Koch，1990，2003；Koch & Mormann，2010）。例如，当你的眼睛看到了一只狗后，视神经通路到枕叶视觉皮层的神经元会被激活，随后视觉联合皮层被激活，并将这种外部刺激识别为"狗"。这就是意识！【连接学习目标 2.12】。

意识改变状态

4.2　了解不同层次的意识之间的差异

人大部分时间都处于**清醒意识状态**（waking consciousness），在这种状态下，人的思维、感觉和感受清晰而有条理，同时人也很警觉。但在日常活动和生活中，很多时候人们会经历一种与此不同的意识状态，即**意识改变状态**（altered state of consciousness）。

当人的心理活动质量或方式发生变化时，意识状态就会发生变化。人的思维可能变得模糊不清、混乱不堪，也可能会变得不那么警觉，甚至可能会像梦中一样经常发生怪异的转变。有时，处于意识改变状态的人警觉性可能会提高，如使用兴奋剂后。例如，当你开车上班或上学时，你可能会将自己的意识分散开来，之后你会想自己是如何到达的——可能一层意识感知在关注开车，而另一层意识感知在思考第二天的事情。许多尝试同时开车和打电话的人已经发现，这种意识改变状态可能很危险。通常，人们注意不到自己有两种思维过程，即受控过程和自动过程（Bargh

---

[①] 认知科学领域的知名学者，他在《直觉泵和其他思考工具》这部著作中融通心理学、神经科学、计算机科学、语言学等，倾囊相授各种思考工具。本书已由湛庐引进、浙江教育出版社出版。——编者注

et al.，2012；Huang & Bargh，2014）。受控过程指的是需要我们有意识地高度关注的过程，如开车、进行对话或在课堂上记笔记等。而自动过程所需的意识水平要低得多，我们在意识水平较低的情况下就能察觉到某些行为，如梳头、步行或骑自行车等熟练行为。沿着熟悉的道路开车会变得相当自动化，因此会出现开车到某地但不知如何到达的情形——开车实际上是一个受控过程，而不是自动过程，但是我们经常忘记关注这一事实。虽然开车或进行对话等受控过程只能单独执行，但我们可以同时进行自动过程和受控过程而不会造成太多麻烦，如一边梳头一边打电话，但一边开车一边打电话则不行。研究表明，一边开车一边打电话，即使是免提电话，也会使人处于与酒驾相同等级的危险之中（Alm & Nilsson，1995；Briem & Hedman，1995；Strayer & Drews，2007；Strayer & Johnston，2001；Strayer et al.，2006，2014）。另外，一边开车一边发短信不仅仅是冒险行为，甚至是很危险的行为（Centers for Disease Control，2015d；Eastern Virginia Medical School，2009；Wang et al.，2012）【连接学习目标导论 2】。

意识改变状态存在多种形式，如白日梦、催眠或达到冥想状态【连接学习目标 11.10】。受咖啡因等特定药物及烟草或酒精影响的状态绝对是意识改变状态。在过去的几十年中，美国使用兴奋剂的人数明显增加。医生通常会为患有注意缺陷多动障碍的儿童和青少年开具兴奋剂，但大学生和成年人也会使用兴奋剂，他们认为这些药物会给他们带来"边缘感"（Partnership for Drug-Free Kids，2014；Szalavitz，2009；Zuvekas & Vitlielo，2012）。不过，人们经历最普遍的意识改变状态是花费人生约 1/3 的时间在夜晚进行的睡眠。

图中这名司机的注意力正在被 3 项相互竞争的任务瓜分：打电话、听乘客的说辞以及开车。如果这名司机想将自己和乘客安全地带到目的地，还想在开车时处理多项任务，那么他肯定是在冒险，他之后甚至可能不记得这次旅行。他可能正在意识改变状态下开车。

概念地图 4.1 ~ 4.2

什么是意识

人在任何给定时刻对自己周围以及脑海中正在发生的一切事物的感知，可以通过它来组织自己的行为，包括思想、感觉和感受

意识改变状态出现在人的心理活动质量或方式发生变化之时；警觉性、思考内容及注意力都会发生很大改变

随堂小考

1. 心理活动质量或方式的变化，如警觉性提高或意识分散，被称为____。

   A. 清醒意识状态　　　　B. 意识改变状态

   C. 意识短暂状态　　　　D. 幻觉

2. 在以下哪种理论中，意识可以被定义为神经元之间发生的一系列动作电位？

   A. 行为主义理论　　　　B. 认知神经科学理论

   C. 社会文化理论　　　　D. 进化理论

3. 以下哪项属于自动过程？

   A. 开车　　　　　　　　B. 打电话

C. 做数学题　　　　　　D. 刷牙

4. 以下哪项叙述是错误的？

　A. 只要是免提电话，一边开车一边打电话就是安全的

　B. 一边梳头一边打电话很容易做到

C. 一边开车一边发短信比一边开车一边打电话更危险

D. 一边开车一边打电话与酒驾一样危险

⬤ 睡眠

你有没有想过，人类为什么一定需要睡觉？如果不用睡觉，人们就可以做更多的事情，并且将有更多的时间玩耍和做有创意的事情，岂不更好？

睡眠生物学

4.3　描述睡眠 - 觉醒周期的生理过程

睡眠曾经被称为"温柔的暴君"（Webb，1992）。人们可以尝试保持清醒状态，有时一段时间不睡觉也没问题，但最终必须入睡。造成这种情况的原因之一是睡眠是人体的生物节律之一，它是人体必须经历的自然活动周期。有些生物节律每月一次，如女性的月经周期，另一些则要短得多，如心跳。实际上，人体内每天都有许多生物节律发生，如血压和体温的升降或某些化学物质的产生（Moore-Ede et al.，1982），其中最为人所知的是睡眠 - 觉醒周期（Baehr et al.，2000）。

昼夜节律：生命的节律　睡眠 - 觉醒周期是一种**昼夜节律**（circadian rhythm），该术语中的 circadian 实际上来自两个拉丁语词汇，即 circa（"大约"）和 diem（"天"）。因此，昼夜节律是一个需要"大约一天"才能完成的周期。

对大多数人来说，这意味着每 24 小时至少要经历几小时的睡眠。睡眠 - 觉醒周期主要受大脑控制，尤其受下丘脑中某一区域的影响，下丘脑是大脑中影响腺体系统的区域【连接学习目标 2.11】。

💬 几年前，人们曾对褪黑素大惊小怪——褪黑素不是帮助人入睡的吗？

韦伯曾说，睡眠是"温柔的暴君"。如上图所示，当人渴望睡觉时，无论何时何地都难以抗拒。你能想到何时或何地自己本不想睡但还是睡着了？你为什么认为自己真的睡着了？

下丘脑的作用：可怕的小东西　前几年，很多英国人都购买了褪黑素补充剂，希望自己服用后能睡得更好，甚至期望它能产生延缓衰老的作用（Folkard et al.，1993；Herxheimer & Petrie，2001；Young，1996）。褪黑素的释放受下丘脑内部结构视交叉上核的影响，视交叉上核像体内的一个时钟，能"通知"人们何时该醒来以及何时该入睡（Gandhi et al.，2015；Quintero et al.，2003；Yamaguchi et al.，2003；Zisapel，2001）。视交叉上核对光的变化敏感：随着日光的消逝，它会通知松果体分泌褪黑素（Bondarenko，2004；Delagrange & Guardiola-Lemaitre，1997）。当褪黑素越来越多时，人会感到困倦；而如果进入眼睛的光线增加，视交叉上核会通知松果体停止分泌褪黑素，让身体苏醒。

褪黑素补充剂通常用于治疗时差反应，在这种情况下，身体的昼夜节律会由于到达一个新时区而受到干扰。有证据表明，褪黑素可能与更健康的新陈代谢

有关（Cardinali et al., 2013；Gandhi et al., 2015）。褪黑素可以帮助因轮班工作而出现睡眠问题的人。轮班工作导致的睡眠问题通常归因于对抗自然的昼夜节律进行轮班，如从白班转变为夜班，然后回到晚班，这会导致事故发生率的增加，通常还会导致因病缺勤率增加及生产率降低（Folkard & Tucker, 2003；Folkard et al., 1993；Folkard et al., 2005）。除了服用褪黑素补充剂外，研究人员还发现，根据一天的自然周期逐渐改变轮班制，可以大大减少这些问题（Czeisler et al., 1982；Folkard et al., 2006），如从白班到晚班，再到夜班，而不是直接从白班到夜班。

此外，还有几种神经递质与清醒和睡眠调节有关，包括 5- 羟色胺。有人曾认为 5- 羟色胺会导致发作性睡病，但事实并没有那么简单。产生 5- 羟色胺的神经元在清醒时最活跃，在深度睡眠时不活跃，在通常有梦境的睡眠类型中相对不活跃（Elmenhorst et al., 2012；Hornung, 2012；Siegel, 2011）。此外，效果差异取决于哪些产生 5- 羟色胺的细胞正在发送信息，以及哪些大脑结构正在接收这些信息。某些 5- 羟色胺受体具有兴奋性，而另一些则具有抑制性。例如，某些昼夜节律受体能促进某些阶段的睡眠，而另一些则抑制其他阶段的睡眠（Siegel, 2011；Zhang et al., 2015）。

体温在诱导睡眠方面也发挥着作用。视交叉上核控制着人的体温，体温越高，人越警觉；体温越低，人越困。晚上入睡时，人的体温处于最低水平。需要注意的是，关于 5- 羟色胺和体温对睡眠影响的研究仅仅是相关的，因此不能假设其中存在因果关系，因为睡眠涉及许多不同的因素【连接学习目标 1.7】。

在某项研究中，被试在几天内无法获得白天或黑夜的时间信息，结果他们的睡眠－觉醒周期延长了（Czeisler, 1995；Czeisler et al., 1980）。他们的身体的日常活动是在 25 小时内发生的，而非 24 小时内，如睡觉、醒来、产生废物和血压升降等。由于视交叉上核的关系，我们的昼夜节律与昼夜周期保持一致，一天 24 小时同步，视交叉上核会从对光产生反应的视网膜神经节细胞那里接收直接输入（McCormick & Westbrook, 2013）。

在相同的研究中，即使没有光照，被试的体温也会持续下降（Czeisler et al., 1980）。随着体温下降，被试开始进入睡眠。这进一步支持了体温在睡眠调节中的重要性。

睡眠的原因

4.4　解释人为什么要睡觉

睡多长时间才算足够？答案因人而异，它取决于人的年龄和可能的睡眠需求（Feroah et al., 2004），但大多数年轻人每 24 小时需要约 7 ~ 9 小时的睡眠才能正常工作（见图 4-1）。有的人睡眠时间短，只需要 4 ~ 5 小时；而有的人睡眠时间长，需要 9 小时以上（McCann & Stewin, 1988）。随着年龄的增长，我们每天晚上的睡眠时间似乎越来越少，直到平均睡眠时间仅为 6 小时。睡眠研究员杰里·西格尔（Jerry Siegel）博士曾说，睡眠量会影响我们的健康。

尽管人们可以暂时不睡觉，但却不能完全不睡觉。在一项实验中，研究人员将大鼠放在水上移动的跑步机上，使它们无法正常入睡，因为如果它们睡着了，随后就会掉入水中并被唤醒。不过，这些大鼠反复进入了**微睡眠**（microsleep），即仅能持续数秒钟的短暂迂回性睡眠（Goleman, 1982；Konowal et al., 1999）。人也可能会有微睡眠，但如果在开车时发生微睡眠，那显然并不好（Akerstedt et al., 2013；Dinges, 1995；Lyznicki et al., 1998；Thomas et al., 1998）。毫无疑问，当司机睡眠很少时，他们常会进入微睡眠，而微睡眠正是导致许多车祸的原因。

💬 睡眠对我们有什么用？我们为什么要睡觉？

睡眠理论　很显然，睡眠对生活至关重要。对于人为什么需要睡眠，目前存在以下几种理论。

适应性理论　**适应性理论**（adaptive theory）认为，睡眠是进化的产物（Webb, 1992）。该理论提出，动物和人类进化出不同的睡眠方式，是为了避免在捕食者的正常狩猎时间内出现，通常在晚上。例如，假如一个人或一只猎物在晚上出门，那么他们被吃掉的风险更大。但在活跃的狩猎时间内，猎物如果能在安全的地方睡觉并保存能量，那么很可能不会受到伤害。根据这一理论，人或猎物会期望猎食动物比捕食动物更容易在晚上睡觉，且睡眠时间更短；同时希望捕食者能在白天睡觉，且越长越好。对于像狮子这样的掠食性动物来说，情况似乎确实如此，因为捕食狮子的天然食肉动物很少。狮子每天要睡近 15 小时，而像瞪羚（狮子的猎物）这样的动物每天只睡 4 小时，通常是小睡。负鼠这样的夜间动物可以在白天睡觉，在夜间活动，因为它们可以高高地睡在树上，不会受到掠食者的袭击（见图 4-2）。

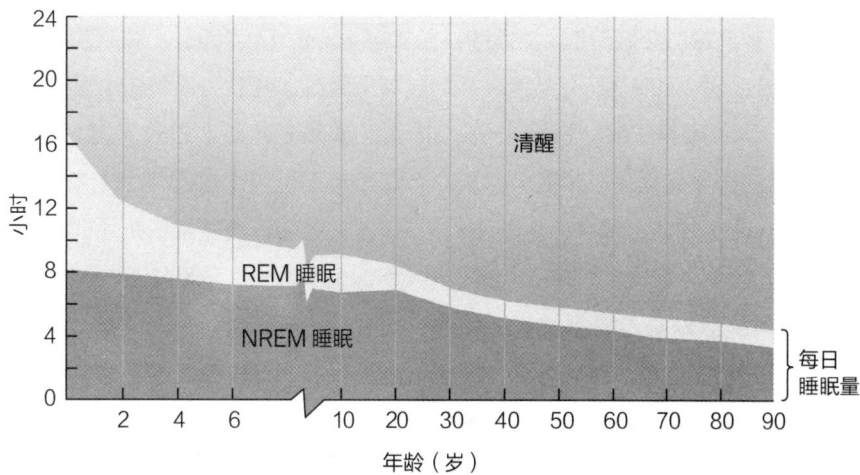

图 4-1　不同年龄阶段的睡眠模式

与年龄较大的儿童和成年人相比，婴儿需要更多的睡眠。快速眼动睡眠（REM 睡眠）和非快速眼动睡眠（NREM 睡眠）在生命的前 10 年都会急剧减少，快速眼动睡眠的减少量最明显。婴儿的睡眠中有将近 50% 是快速眼动睡眠，而正常健康的成年人只有 20%。

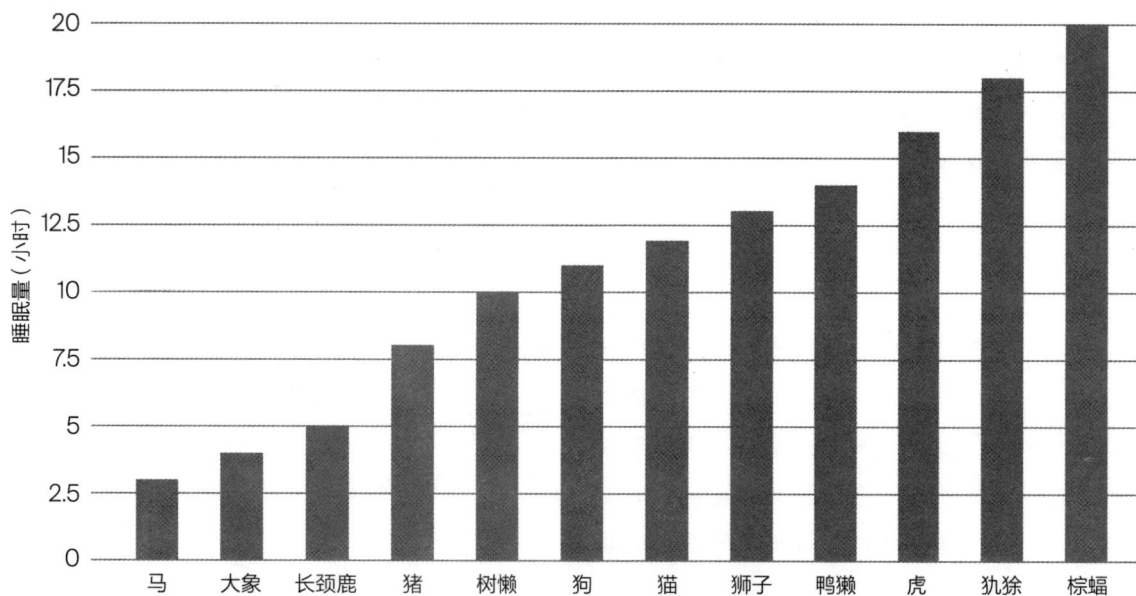

图 4-2　动物与睡眠适应性理论

恢复理论　关于人为什么需要睡眠的另一种主要理论是**恢复理论**（restorative theory），该理论指出，睡眠对身体健康是必需的。在睡眠期间，一天的活动中消耗的化学物质会得到补充，过多分泌的其他化学物质会被清除，如果它们遗留在体内会变得有毒；此外，睡眠期间，损伤的细胞会得到修复（Adam，1980；Moldofsky，1995；Xie et al.，2013）。如前文所述，睡眠可以增强大脑可塑性，且有证据表明，人体的生长和修复大都发生在最深的睡眠阶段，此时相关的酶会大量分泌（Saper et al.，2001）。

此外，睡眠对记忆的形成也很重要。研究表明，当我们形成记忆时，大脑的物理变化会在睡眠中得到加强，尤其是儿童（Racsmány et al.，2010；Wilhelm et al.，2013）【连接学习目标6.14】。毫无疑问，这种记忆效应至少在一定程度上是基于以下发现：睡眠增强了神经元之间的突触连接，从而增强了大脑可塑性，即大脑适应经验的能力（Aton et al.，2009；Bushey et al.，2011；Cirelli et al.，2012；Frank & Benington，2006）。睡眠还可能会导致与遗忘相关的神经元活动减少，从而维持记忆力（Berry et al.，2015），如在入睡前学习某些任务的人能够回忆并执行这些任务，且会比学习后没有睡觉的人做得更好（Kurdziel et al.，2013；Stickgold & Ellenbogen，2008）【连接学习目标2.4】。

以上两种理论哪一个是正确的呢？实际上，要了解为什么睡眠会以这种方式发生，这两种理论都很重要。适应性理论解释了人为什么会在该睡觉时入睡，而恢复理论——包括记忆形成的重要功能，解释了人为什么需要入睡。

睡眠剥夺　前文讨论了睡眠的重要性和微睡眠的危险，但在开始出现严重问题之前，人究竟会出现多少睡眠不足？例如，仅仅一个晚上不睡觉会给人带来什么样的损失？对大多数人来说，一个晚上不睡觉会导致注意力不集中，且无法执行通常无须思考的简单任务，如将 DVD 装入播放器。比起这些简单任务，解决数学问题等更复杂的任务遭受的痛苦要小一些，因为人们知道自己必须专注于复杂任务（Chee & Choo，2004；Lim et al.，2007）。

即使这样，许多人并没有意识到，**睡眠剥夺**（sleep deprivation）或睡眠不足是一个严重的问题。例如，有些学生可能会熬夜学习以应对第二天的考试。但这样一来，他们会失去更多的信息，因为一夜安眠对记忆和思考能力至关重要（Gillen-O'Neel et al.，2012）【连接学习目标导论5】。几个晚上的睡眠不足会严重影响身心功能（Jackson et al.，2013；Van Dongen et al.，2003）。睡眠剥夺的一些典型症状包括双手颤抖、注意力不集中、发愣、眼睑下垂和全身不适（Naitoh et al.，1989），以及情绪症状，如烦躁不安，甚至沮丧【连接学习目标14.9】。此外，睡眠剥夺还可会导致胰岛素抵抗风险增加，这会导致糖尿病（Matthews et al.，2012），甚至还可能会导致青春期的延迟（Shaw et al.，2012）。还有研究发现，遭受睡眠剥夺的人往往会产生更多的负面言论，而这是心理问题风险增加的征兆（McIver et al.，2015）。事实上，睡眠剥夺的一个常见原因是睡眠－觉醒周期受到了干扰，这是大学生常见的问题之一。

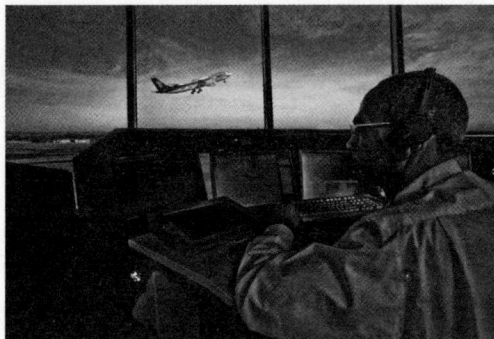

研究人员发现，与同等时间的白班或晚班相比，在午夜工作8小时的空中交通管制员的工作效率受到的损害更大。

睡眠阶段

4.5　了解睡眠的不同阶段

💬 睡眠有不同的方式吗？人从清醒到睡着，再到做梦，是一瞬间的事吗？

睡眠实际上有两种，即**快速眼动睡眠**（R；REM）和**非快速眼动睡眠**（N；NREM）。当人出现梦境时，REM 睡眠在心理上相对更活跃，而 NREM 睡眠则会从较轻的阶段过渡到更深、更宁静的阶段。在 REM 睡眠中，随意肌受到抑制，因此处于 REM 睡眠状态的人很少移动；而在 NREM 睡眠中，人的身体可以自由地移动，所以人有时会踢床上的伴侣！人每晚会经历几个不同的睡眠阶段，其中都会出现 REM 睡眠和 NREM 睡眠。科学家可以通过脑电图仪来记录人经过睡眠各个阶段时的脑电波活动，还可以确定人进入了哪种睡眠模式（Aserinsky & Kleitman，1953）。

清醒且精神活跃的人的脑电图上会显示出 β **波**（beta wave）的脑波模式。β 波非常小且非常快。当人放松并昏昏欲睡时，会出现稍大且较慢的 α **波**（alpha wave）。之后，α 波会被更慢、更大的 θ **波**（theta wave）取代。在最深的睡眠阶段，会出现最大和最慢的脑波，即 δ **波**（delta wave）。

值得一提的是，近年来，现在用于各种类型和睡眠阶段的术语已经发生了变化，取代了可追溯至 20 世纪 60 年代的旧术语（Carskadon & Dement，2011；Iber et al.，2007；Rechtschaffen & Kales，1968）。如果你阅读较早的睡眠研究文章，你会看到 REM（现为 R）、NREM（现为 N）或 NREM 睡眠的 4 个阶段（现为 3 个阶段）等术语。不过，为了方便起见，本书依然采用 REM 和 NREM 等术语。

N1 阶段：浅睡眠　随着 θ 波活动的增加和 α 波活动的消失，人会进入 N1 阶段，或称浅睡眠。此阶段的睡眠中可能会发生一些相当有趣的事情，例如，假如人在此时醒来，可能会不相信自己实际上已经睡着了，而且还可能会经历睡前幻象或幻觉等视觉事件（Kompanje，2008；Mavromatis，1987；Mavromatis & Richardson，1984；Vitorovic & Biller，2013）现在，许多研究人员认为，这些幻觉可能最容易解释一些人的"幽灵"之旅，或被外星人绑架以及近乎死亡的经历（Kompanje，2008；Moody & Perry，1993）。有关

睡前经历及其可能的影响，可参阅本章结尾的在日常生活中应用心理学。

更常见的一种情况被称为临睡肌跃症（Cuellar et al.，2015；Mahowald & Schenck，1996；Oswald，1959）。此时，人会在昏昏入睡时感到膝盖、腿或整个身体发生强烈的抽搐。尽管专家并没有确凿的证据来说明为什么会发生这种情况，但许多人认为，这可能与我们的祖先睡在树上有关：当人进入睡眠状态时，肌肉松弛，这会引起跌落的感觉，此时，身体会抽搐起来，防止从假想树上跌落（Coolidge，2006；Sagan，1977）。

N2 阶段：睡眠主轴　随着进一步进入睡眠状态，人的体温会持续下降，心率减慢，呼吸变得更浅且更不规律，通过脑电图可以观察到睡眠纺锤波的最初迹象，这种短暂的活动仅持续一两秒钟。在这一阶段，δ 波仍然占主导地位，但如果在此阶段将睡着的人唤醒，对方会意识到自己刚才已经入睡。

N3 阶段：δ 波加入　在睡眠的第三阶段，最慢和最大的 δ 波会出现。在此阶段，δ 波从占大脑总活动的约 20% 增至 50% 以上。此时，人处于睡眠的最深阶段，通常被称为慢波睡眠，或称深睡眠（Carskadon & Dement，2011）。

正是在这个阶段，生长激素从垂体释放出来并达到峰值；而机体功能处于最低水平。最终，δ 波成为此睡眠阶段的主要大脑活动。图 4-3 显示的是一夜之中整个睡眠阶段的进展，包括大脑活动。

处于深睡眠状态的人很难被唤醒。如果他们被某事唤醒了，那么一开始他们可能会非常困惑和迷惘。有的人在这种情况下醒来后，只能听到雷声并意识到暴风雨即将到来，这并不罕见。在深睡眠状态下，孩子比成人更难以醒来。深睡眠是身体生长的阶段，这可能解释了为什么处于快速成长时期的儿童需要更多的睡眠，也有助于解释为什么经历家庭暴力等情况而导致睡眠中断的儿童容易发育迟缓（Gilmour & Skuse，1999；Saper et al.，2001；Swanson，1994）。

a.

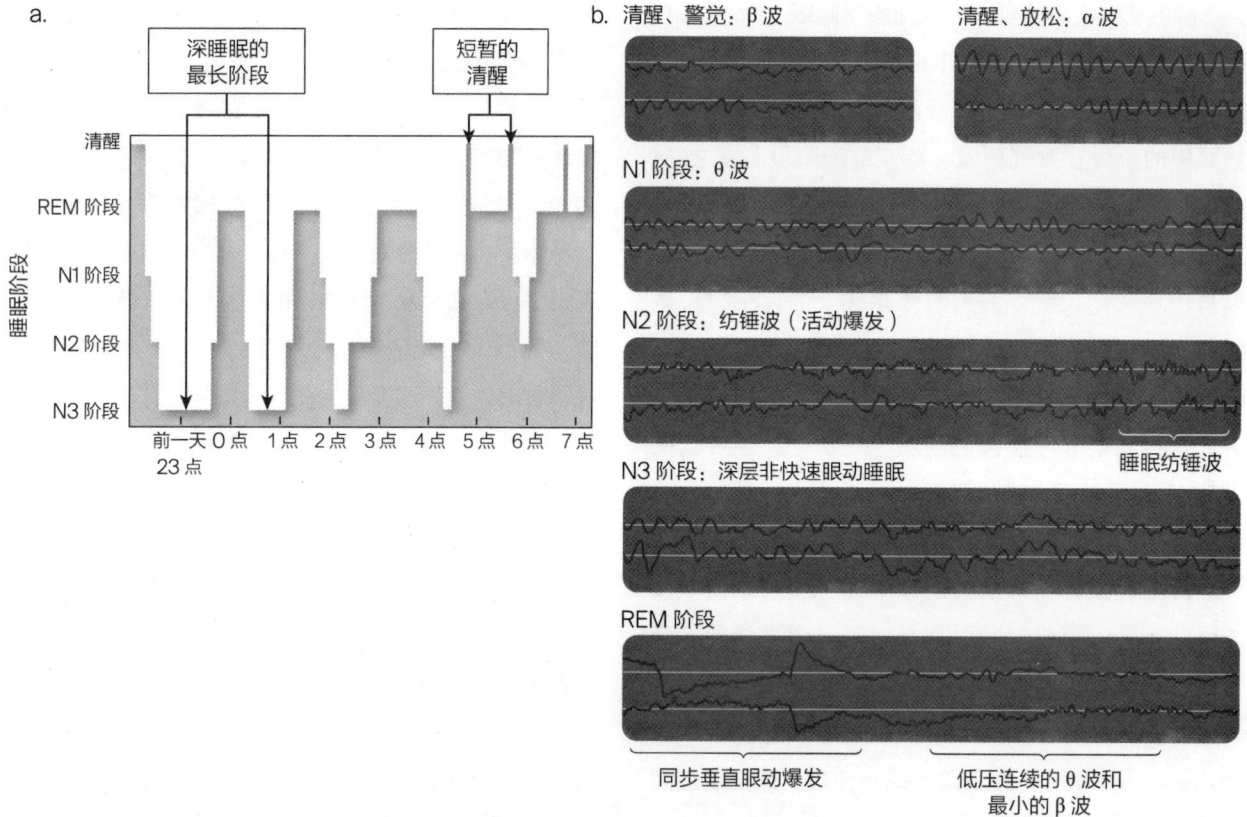

b.

图 4-3　不同睡眠阶段及大脑活动

脑电图反映了清醒和睡眠期间的大脑活动。该活动会根据清醒时的警觉水平（b 图最上两个部分）和睡眠阶段而变化。N3 阶段的特征是存在 δ 波的活动，该活动要慢得多，即图中显示的较大、较慢的波。REM 睡眠具有类似警觉性清醒的活动，但除了快速眼动以外，几乎没有肌肉活动。该图显示了一整夜的 N1 ～ N3 和 REM 阶段的典型进程。REM 睡眠周期在整个晚上约每 90 分钟出现一次（Dement, 1974）。图中的 EEG 数据和图像由莱斯剎·舍林（Leslie Sherlin）博士提供。

此外，孩子通常睡得很深，这一事实可能解释了为什么某些睡眠障碍在童年时期更常见。例如，由于男性的睾酮水平相对较高，因此男孩比女孩睡得更多，男孩出现睡眠障碍也比女孩更常见（Miyatake et al., 1980; Thiedke, 2001）。

REM 阶段：快速眼动阶段　在 N3 阶段中度过一段时间后，熟睡的人会回到 N2 阶段，体温会升高到接近觉醒水平，眼睛会快速移动，心跳加速，脑波像 β 波，它是一种通常用来预示觉醒的大脑活动。此时人仍处于睡眠状态，但却处于 REM 睡眠阶段，有时也称为异相睡眠。

REM 睡眠：可以做梦吗　当人处于 REM 阶段时被唤醒，他几乎总是会声称自己处于梦境状态（Shafton, 1995）。因此，REM 睡眠与梦境有关，实际上 90% 的

梦境发生在 REM 睡眠中。人在其他 NREM 睡眠阶段确实也做梦，但 REM 睡眠的梦境比 NREM 睡眠更生动、更详尽、更长、更离奇。NREM 睡眠的梦境往往更像是对日常事件的思考，且比 REM 睡眠的梦短得多（Foulkes & Schmidt, 1983; Takeuchi et al., 2003）。不过在正常情况下，身体无法对梦境做出反应，因为在 REM 睡眠过程中，随意肌"瘫痪"了，这种情况被称为**睡眠麻痹**（sleep paralysis）。这就是为什么有时你想在梦里奔跑或移动，但你无法做到——你应该已经意识到了睡眠麻痹。

REM 睡眠的目的是什么　为什么存在两种形式的睡眠？当身体几乎清醒且大脑活跃时，为什么 REM 睡眠被认为是宁静的？REM 睡眠似乎与 NREM 睡眠有不同的功能。经过劳累的一整天之后，人处于

NREM 睡眠的时间会比平常更久。但如果一整天情绪紧张，那么这会导致 REM 睡眠时间增加（Horne & Staff，1983）。也许，人们在 REM 睡眠中的梦境是应对一天中的压力和紧张的一种方式，而由于体力活动，身体需要更多的时间在 NREM 睡眠中恢复。此外，如果 REM 睡眠被剥夺，如服用安眠药或其他镇静剂，那么，人在第二天晚上的 REM 睡眠量就会大大增加，这种现象被称为 REM **回弹**（REM rebound）（Lo Bue et al.，2014；Vogel，1975，1993）。

　　一项关于 REM 睡眠剥夺的早期研究（Dement，1960）暗示，REM 睡眠被剥夺的人会变得偏执，可能会由于缺乏 REM 睡眠而患精神病。这被称为 REM 神话，因为后来的研究未能产生可靠的相同结果（Dement et al.，1969）。

　　其他早期研究试图将 REM 睡眠与存储近期习得的记忆时发生的物理变化联系起来，但今天的证据表明，没有发现哪个特定的睡眠阶段会出现这种记忆过程。相反，有证据表明，睡眠通常是形成记忆的必要条件（Ellenbogen et al.，2006；Kurdziel et al.，2013；Maquet et al.，2003；Seehagen et al.，2015；Siegel，2001；Stickgold et al.，2001；Walker，2005）。

　　此外，婴儿的 REM 睡眠与成人的 REM 睡眠有以下几个方面：首先，婴儿有 50% 的睡眠时间是 REM 睡眠，而成人仅为 20%；其次，EEG 记录的成人脑电波模式与婴儿的 REM 睡眠并不完全相同；此外，与成人的 REM 睡眠记录相比，婴儿在 REM 睡眠期间可以且确实会移动很多（Carskadon & Dement，2005；Davis et al.，2004；Sheldon，2002；Tucker et al.，2006）。对这些差异的解释是：当婴儿处于 REM 睡眠时，他们不是在做梦，而是在形成新的神经元连接（Carskadon & Dement，2005；Davis et al.，2004；Seehagen et al.，2015；Sheldon，2002）。婴儿的大脑有很高的可塑性，而且大脑的生长发育大都发生在 REM 睡眠期间【链接学习目标2.3】。婴儿的大脑在 5～6 岁时接近成人大小，其 REM 睡眠的比例也会下降到了成人的 REM 睡眠与 NREM 睡眠的比例。对婴儿而言，入睡可能会使得突触增加。

婴儿入睡时，REM 睡眠量会增加，使得他们的大脑能够形成新的神经连接。婴儿开始进入 REM 睡眠大约在睡眠的中间时刻。

睡眠障碍

4.6　了解多种睡眠障碍

　　睡眠如果出现问题该怎么办？本节将介绍几种常见的睡眠障碍。

　　💬 如果将我们的梦付诸实践会发生什么？会像梦游一样吗？

　　梦魇和 REM 行为障碍　将自己的梦付诸实践，尤其是**梦魇**（nightmare），比梦游更危险。梦魇很不好，有些还可能非常可怕。如前所述，儿童的梦魇比成人多，因为他们在 REM 睡眠状态下的睡眠时间更多。随着年龄的增长，梦魇减少，因为机会减少了。不过，有些人成年后仍会遭受梦魇的折磨。

　　有些人患有一种罕见的疾病，即 **REM 行为障碍**（REM behavior disorder），这种疾病会导致正常抑制随意肌的大脑机制失效，人会四处乱动，甚至起床进行梦魇表演。REM 行为障碍是一种相当严重的疾病（Nihei et al.，2012；Shafton，1995），常见于 60 岁以上的男性，也可见于年轻的男性和女性。研究人员发现，REM 行为障碍中神经功能的破坏可能是未来神经元退化的警示信号，这会导致阿尔茨海默病和帕金森病等脑部疾病（Peever et al., 2014）。因此，REM 行为障碍对这些疾病的早期检测和治疗具有积极意义。

被怪物或类似的可怕生物追逐的梦魇很常见，尤其在童年时期。

夜惊　夜惊（night terror）通常被认为是一种罕见病，不过在 1 岁半至 13 岁的儿童中，有多达 56% 的人患有夜惊，其中 1 岁半以下儿童的患病率最高，达 34.4%，但会随着儿童的成长迅速降低：5 岁时为 13.4%，13 岁时为 5.3%（Petit et al., 2015）。夜惊本质上是在熟睡时感到恐慌的一种状态。出现夜惊的人可能会坐起来、尖叫、在房间里跑来跑去，或者向一些看不见的攻击者猛扑。人在这种状态下无法呼吸，这也是一种常见的现象。考虑到夜惊发作的人处于深睡眠和浅呼吸状态，因此可以理解为什么他们在突然活跃起来时似乎会出现呼吸困难。大多数人并不记得自己夜惊发作时发生的事情，但少数人可以生动地记住自己经历的情景和恐怖场景。

💬 夜惊听起来好像与梦魇的描述一样，二者有什么区别呢？

梦魇和夜惊之间存在一些实质性的差异。通常，经历梦魇的人醒来后能立即记起梦中的情景，他们实际上可以被唤醒并能立即谈论它，但经历夜惊的人则不能。二者最明显的区别是，梦魇发生在 REM 睡眠阶段，而非 NREM 睡眠阶段，夜惊则发生在 NREM 睡眠阶段。所以，经历梦魇的人不会像经历夜惊的人

那样在做梦时会四处走动。

梦游　真正的**梦游（梦游症）**（sleepwalking/somnambulism）主要发生在 2 岁半至 13 岁的儿童身上，约占 29%，最有可能发生在 10～13 岁，约占 13%（Petit et al., 2015）。梦游部分是由遗传引起的，因此，父母如果是梦游者或曾经梦游过，那么孩子得梦游症的风险会大大增加（Kales et al., 1980；Petit et al., 2015）。例如，父母没有梦游史的孩子得梦游症的概率为 22.5%；父母中有一人有梦游史的孩子得梦游症的概率为 47.4%；而父母都是梦游者的孩子得梦游症的概率可高达 61.5%。通常，父母有梦游史的孩子成为梦游者的可能性是其他孩子的 3～7 倍（Petit et al., 2015）。大多数梦游者可能只是从床上坐起来，但不会做什么，有的梦游者则可能会在房间里走来走去，或盯着冰箱、进餐，甚至上车。大多数梦游者第二天通常不记得自己经历的情形。例如，曾有一名学生说，她的哥哥会在睡眠中走动。有一天早上，家人发现他在车库中家用车的方向盘后面睡着了，好在他在睡眠中没找到车钥匙。

许多患有梦游症的孩子到了青春期就不再梦游了。许多父母发现，防止睡眠不足会减少梦游的发生。这很可能是由于更深的 N3 阶段在睡眠不足期间会变得更深，因此人更难完全醒来（Pilon et al., 2008；Zadra et al., 2008, 2013）。对于梦游者，家属唯一应采取的真正预防措施是清除地上的障碍物，并在门上安装不容易触及的锁。尽管梦游者被唤醒后通常没有危险，但他们可能会在被唤醒前失控。

"慢着！叫醒他会很危险。"

此外，一些自称处于梦游状态（更可能是 REM 行为障碍）的人实施了暴力甚至杀人行为（Mahowald et al.，2005；Martin，2004；Morris，2009）。在美国，某些情况下，梦游辩护会使得被告无罪释放。

批判式思考　你认为梦游对伤人者或凶手是充分辩护吗？法院是否应强制对梦游伤人者采取预防措施，如在卧室的门上安装专用锁？这么做会对此人的安全产生何种影响，如发生火灾时？

失眠　大多数人认为**失眠**（insomnia）就是无法入睡，这其实只是该术语的字面意思，实际上，失眠不仅包括无法入睡，还包括无法保持睡眠或获得良好的睡眠质量（Kryger et al.，1999；Mayo Clinic Staff，2014）。失眠的原因有很多，包括心理上的和生理上的。心理原因包括担忧、努力入睡或感到焦虑等；生理原因包括咖啡因摄入过多、消化不良或疼痛等。

人们可以采取几个步骤来帮助入睡。其中一点就是不要喝任何含咖啡因的饮料，睡前不要吃会引起消化不良的食物。另外，尽量在白天处理好焦虑，服用药物止痛，而不要到晚上才处理。说出来容易，做到就没那么容易了。以下是其他一些有用的提示（Kupfer & Reynolds，1997；Mayo Clinic Staff，2014；National Sleep Foundation，2009）：

1. 只在感到困倦时才去床上。如果在床上躺了 20 分钟仍然睡不着，那就起床去读书或做一些其他的轻度活动，但不能看电视或玩电脑，直到感到困倦，然后再回到床上。
2. 不要在床上做睡觉之外的任何事情。床应该是用来睡觉的，而不是用来学习或看电视的。用床作为睡觉的提示是经典条件反射的例子，或称线索和自动反应配对【连接学习目标 5.2】。研究表明，电子屏幕，尤其是电子阅读器发出的光可能会破坏自然睡眠周期（Chang et al.，2015），影响睡眠。
3. 不要太刻意地入睡，尤其不要看表算时间。这么做只会增加紧张感，使你更难以入睡。
4. 保持规律的作息。即使不上班或不上课，也要按时上床睡觉，按时起床。
5. 不要服用安眠药，不要饮酒，也不要服用其他减慢神经系统活动的药物。这类药物会迫使你进入深睡眠，而无法进行 REM 睡眠或轻睡眠。如果第二天晚上不服用这些药物，你会经历 REM 回弹，隔天你会感到疲倦和困倦。REM 回弹是体验失眠的一种方法：失眠的人虽然睡了，但睡得不好。
6. 适量运动。运动不仅有益于身体健康，也有益于睡眠质量。运动对于对抗导致失眠的睡眠过度或白天嗜睡非常有效（Rethorst et al.，2015）。

如果以上方法都不起作用，那么可以去睡眠诊所，找睡眠专家来帮忙。比睡眠药物更有效的治疗方法可能就是认知行为疗法，这种疗法强调理性思维和行为控制（Bastien et al.，2004；Ellis & Barclay，2014；Irwin et al.，2006；Morin et al.，2006）【连接学习目标 15.5】。

睡眠呼吸暂停综合征　打鼾相当普遍，发生在人的呼吸道被阻塞时。大多数人只在感冒或出现偶发状况时才会打鼾，而有些人每晚都会打鼾，且声音很大。这种打鼾通常与**睡眠呼吸暂停**（sleep apnea）有关，在这种情况下，人会停止呼吸 10 秒钟或更长的时间。当睡眠者呼吸暂停时，会出现突然的沉默，随后，他们会在用力地将空气吸入肺部时会发出喘息声。他们通常不会醒来，但由于呼吸暂停，他们无法获得良好而安宁的睡眠。

睡眠呼吸暂停是一个严重的问题。根据美国国家卫生研究院（NIH）2011 年的数据，美国有 5%～25% 的成年人患有睡眠呼吸暂停综合征。睡眠呼吸暂停会导致心脏病和睡眠质量差以及抑郁（Edwards et al.，2015；Flemons，2002；National Institute of Neurological Disorders and Stroke，2015）。如果某人怀疑自己出现了睡眠呼吸暂停，首先应该去看医生进行确诊，继而再接受治疗。有些人可以通过戴鼻腔撑开器、减肥（肥胖通常是睡眠呼吸暂停的主因）或使用喷鼻剂使鼻组织收缩而缓解，其他人入睡时则必须使用能在适度压力下提供持续空气流的装置，即持续气道正压通气设备。还有一些人可能会进行简单的手术，如将悬雍垂和周围的一些软组织切除。

脑干发育不成熟的小婴儿也会经历一种睡眠呼吸暂停。这些婴儿通常被放置在监护仪上，当他们出现呼吸暂停时，监护仪会发出警报，提醒看护人员帮助婴儿重新开始呼吸。尽管婴儿的睡眠呼吸暂停通常与婴儿猝死综合征有关，但婴儿猝死综合征不一定是由睡眠呼吸暂停引起的：许多死于婴儿猝死综合征的婴儿从未被诊断出患有睡眠呼吸暂停综合征（Blackmon et al., 2003）。

发作性睡病　每 2 000 人中就有 1 人患**发作性睡病**（narcolepsy），它是一种睡眠性癫痫发作。有发作性睡病的人的一个症状是可能会在白天突然进入 REM 睡眠，尤其是当他情绪激动时。发作性睡病的另一个症状是白天过度嗜睡，即在不当的时间和不当的地点整天入睡（Overeem et al., 2001）。这些睡眠

发作可能多次发生，如果没有警告，发作性睡病患者在开车或操作其他机器时会非常危险。由于会发生猝倒，即肌肉张力突然丧失，突然的 REM 发作十分危险。如果患者发作时站立，这种睡眠麻痹可能会造成伤害。发作性睡病患者也可能出现 N1 阶段伴随的睡前幻象。目前，研究人员正在开发一种用于治疗发作性睡病的新药物，尽管仍处于动物试验阶段，但似乎有一定的前景（Nagahara et al., 2015）。表 4-1 中列举了一些常见的睡眠障碍。

表 4-1　常见的睡眠障碍

睡眠障碍	主要症状
梦游	在睡梦中坐起、行走或做出复杂的行为
夜惊	在睡梦中感到害怕、激动或尖叫
不宁腿综合征	腿部不适导致的腿部运动和睡眠缺乏
夜间腿抽筋	小腿或足部肌肉出现痛性抽筋
失眠	白天过度嗜睡
昼夜节律障碍	睡眠 - 觉醒周期紊乱，如经历时差和轮班
遗尿	睡觉时在床上小便

概念地图 4.3~4.6

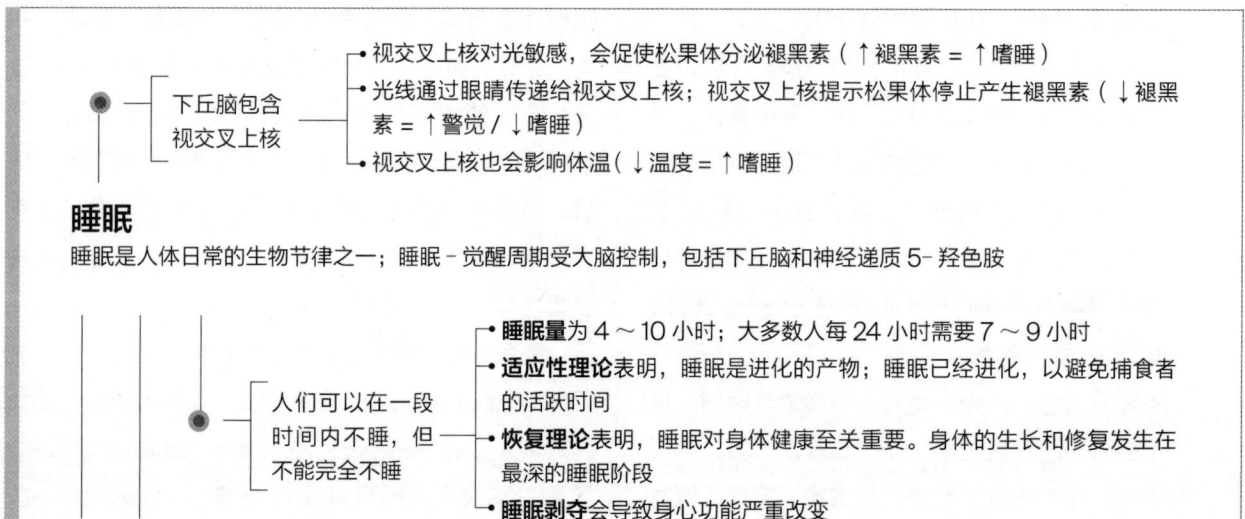

- 下丘脑包含视交叉上核
  - 视交叉上核对光敏感，会促使松果体分泌褪黑素（↑褪黑素 = ↑嗜睡）
  - 光线通过眼睛传递给视交叉上核；视交叉上核提示松果体停止产生褪黑素（↓褪黑素 = ↑警觉 / ↓嗜睡）
  - 视交叉上核也会影响体温（↓温度 = ↑嗜睡）

睡眠
睡眠是人体日常的生物节律之一；睡眠 - 觉醒周期受大脑控制，包括下丘脑和神经递质 5- 羟色胺

- 人们可以在一段时间内不睡，但不能完全不睡
  - **睡眠量**为 4～10 小时；大多数人每 24 小时需要 7～9 小时
  - **适应性理论**表明，睡眠是进化的产物；睡眠已经进化，以避免捕食者的活跃时间
  - **恢复理论**表明，睡眠对身体健康至关重要。身体的生长和修复发生在最深的睡眠阶段
  - **睡眠剥夺**会导致身心功能严重改变

N1 阶段：虽然醒着（主要是 β 波活动），但随着人的放松会出现更多 α 波，N1 阶段的睡眠发作与 α 波被 θ 波代替有关

N2 阶段：EEG 出现睡眠纺锤波；α 波活动占主导地位；体温持续下降，心律和呼吸减慢

N3 阶段：最深的睡眠阶段；δ 波活动占 EEG 活动的 20% 至 50% 以上；机体活动处于最低水平，人很难觉醒；此阶段会发生梦游、夜惊等睡眠障碍

REM 阶段：人会做梦，包括梦魇；眼睛快速移动；EEG 显示存在 β 波，但由于睡眠麻痹，身体通常保持静止；REM 行为障碍发生在身体静止或做梦时，常见于 60 岁以上的男性

包括 REM 睡眠和 NREM 睡眠；REM 睡眠相对活跃，而 NREM 睡眠更深层和宁静。不同的睡眠阶段可以根据脑电图（β 波、α 波、θ 波、δ 波）测量的大脑活动水平来定义；睡眠周期由每晚重复 4～5 次的各个阶段睡眠组成

睡眠障碍包括各种可能干扰睡眠的问题

- **梦魇**是 REM 睡眠发生的不好的或可怕的梦
- **夜惊**是睡眠者在熟睡时感到恐慌的一种状态
- **梦游**部分由遗传引起，且大多数梦游者不记得自己经历的情形
- **失眠**是指无法入睡、无法保持睡眠或无法获得良好的睡眠
- **睡眠呼吸暂停**包括打鼾和呼吸暂停现象
- **发作性睡病**包括在清醒时间突然出现 REM 睡眠

随堂小考

1. 睡眠 – 觉醒周期通常持续 24 小时，受____控制。
   - A. 小脑
   - B. 额叶
   - C. 垂体
   - D. 视交叉上核

2. 松果体从____处获得释放____的指令。
   - A. 丘脑；多巴胺
   - B. 枕叶；5- 羟色胺
   - C. 视交叉上核；褪黑素
   - D. 脊髓；乙酰胆碱

3. 确定何时该入睡涉及以下哪一方面？
   - A. 姿势
   - B. 体温
   - C. 消化
   - D. γ – 氨基丁酸

4. 哪种睡眠理论认为睡眠是进化的产物？
   - A. 恢复理论
   - B. 反应理论
   - C. 适应性理论
   - D. REM 理论

5. 以下哪项是 N3 阶段或慢波睡眠的特征？
   - A. 随意肌麻痹
   - B. 心跳加快
   - C. 最深层次的睡眠
   - D. 体温升高

6. 梦游发生在睡眠的____阶段，而梦魇发生在睡眠的____阶段。
   - A. N1；N2
   - B. REM；N3
   - C. N2；N1
   - D. N3；REM

科学探究和批判性思维
体重增加与睡眠

落实 APA 学习目标 2.1：利用科学推理解释心理现象

在美国，许多人都听说过，年轻人刚上大学后体重会增加，对此甚至有一个专有名词："新生 15"（大一新生在大学第一年内会增重 15 磅左右，约 6.8 千克）。人们引用"常识"推理来解释体重增加的一些原因，包括第一次出门在外（离开父母的监督）、学习少而聚会多，以及经常吃垃圾食品等。但正如我们已经看到的，常识并不总会准确地描述正在发生的事情。为了准确起见，我们需要确定科学如何对"新生 15"进行评价。

首先我们要提问：大学一年级新生的体重在校第一年真的增加了吗？答案似乎是肯定的，但远不如谣传所言。大一新生的实际体重增加往往约为 1.6～2.7 公斤（Holm-Denoma et al.，2008；Roane et al.，2015）。要相信科学，不要相信常识。

那么，是什么原因导致他们体重增加了呢？通常，大学生可能无法获得专家建议的每晚 9 小时的睡眠时间（Dahl & Lewin，2002；Hirshkowitz et al.，2015）。睡眠剥夺会导致人吃得更多，而且有证据表明，青少年的睡眠被剥夺后，他们往往会选择热量高、营养低的甜食（Simon et al.，2015）。

究竟是他们的睡眠时间少还是能获得的睡眠时间减少了？学生在学校时通常要比在家里睡得晚很多。一项研究表明，入睡时间每推迟 1 小时，体重指数就会增加约 2 个点（Asarnow et al.，2015）。

最近的一项研究表明，除了以上这些因素以外，许多大一新生的体重增加也可能是睡眠不规律造成的：不仅睡眠时间减少，入睡时间推迟，且由于上课时间和社交活动的不同，不同的学生会在不同的时间睡觉。上班族会有时间表：几点起床，几点睡觉。但学生没有，他们可能会在午夜上床睡觉，早上 7 点起

床；或者在夜里 2 点上床睡觉，早上 9 点起床。布朗大学的一项研究显示，尽管两晚都睡 7 小时，但日程安排的改变仍可能会导致更多的睡眠剥夺症状（Roane et al.，2015 年）。当睡眠 - 觉醒周期每天轮换 2～3 小时，就好像每天都有时差，与轮班工人和飞行常客一样。

因此，"新生 15"虽然是真实存在的，但更准确地说应该是"新生 5"，其原因并不像常识说的那么简单。睡眠剥夺的症状不仅会由睡眠少引起，而且由于睡眠周期的频繁变化会导致疲劳，继而导致运动减少，人会吃更多的甜食以尽快增加能量，最终导致体重增加。在布朗大学的研究中，被试在仅仅 9 周的时间内体重增加了 2.7 公斤！

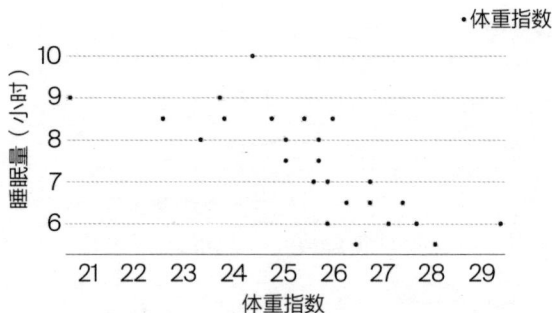

◐ 梦

莎士比亚在《哈姆雷特》第二幕中写道："To sleep，perchance to dream"（睡去，但在睡眠中可能有梦），这一段著名的台词经常被引用。那么，做梦究竟有多么重要？做梦又是为了什么呢？

做梦的原因

4.7　比较对"人为何做梦"的两种解释

长期以来，人类一直对梦充满了好奇。古人曾试图在梦中寻找意义。有些人将梦视为预言，有些人则将梦视为灵魂的信息。真正对梦的过程进行调查始于弗洛伊德的《梦的解析》（The Interpretation of Dreams）。

弗洛伊德的诠释：愿望实现　弗洛伊德曾认为，他的患者的问题源于童年以来隐藏在潜意识中的冲突和事件。早期创伤被认为是导致患者成年后出现行为问题的原因，弗洛伊德的患者曾患有无生理基础的麻痹或仪式性的反复洗手的症状。弗洛伊德获取患者早期记忆的方法之一是检查他们的梦，他认为，过去的冲突、事件和愿望会以象征性的形式在梦中表现出来。弗洛伊德还认为，对他的患者来说，梦是一种愿望实现【连接学习目标 13.1】。

梦本身的实际内容被称为梦的显性内容。例如，如果某人做了一个梦，他在梦中试图从浴缸里爬出来，那么梦的显性内容就是这个人试图从浴缸里爬出来。

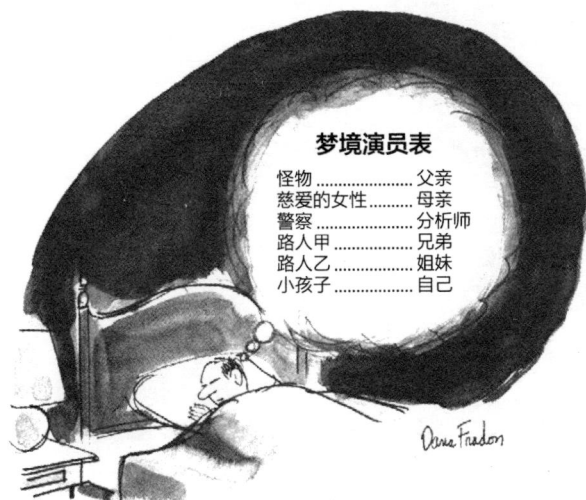

梦境演员表

怪物	父亲
慈爱的女性	母亲
警察	分析师
路人甲	兄弟
路人乙	姐妹
小孩子	自己

Dana Fradon

© The New Yorker Collection 1973 Dana Fradon from cartoonbank.com.

当然，弗洛伊德无疑会在这个人的梦中找到更有意义的解释。他认为梦的真正含义是隐藏的，或称潜在内容，仅以符号表达。在梦中，浴缸里的水可能象征着羊水，而浴缸本身可能象征着母亲的子宫。按照弗洛伊德的解释，这个人可能在做关于出生的梦。

💬 这听起来有点夸张。难道没有更多其他可能的解释了吗？

当然有。如今，许多专业人士不再像以前那样热衷于相信弗洛伊德对梦的分析。不过，仍然有人坚持认为梦具有象征意义。例如，梦见在公共场所裸体很普遍，大多数梦境分析家都将其解释为感到开放和暴露，认为它是在表达童年的天真，或者在表达渴望性行为。梦的确切解释取决于梦的其他特征和人在清醒时发生的事情。

随着观察大脑结构和活动的技术发展【连接学习目标 2.9 】，人们掌握了比弗洛伊德的分析更具体的

梦的解释。

激活 – 整合假说　研究人员通过 PET 等脑成像技术发现了梦是脑桥活动的证据（Hobson，1988；Hobson & McCarley，1977；Hobson et al.，2000；Weber et al.，2015）。脑桥这一低级脑区会抑制神经递质，而该神经递质支配随意肌运动，同时向解读视觉、听觉等信息的大脑皮层区域发送随机信号（见图 4-4）。

在清醒意识状态，当来自脑桥的信号"轰击"大脑皮层时，大脑皮层的联合区域会将这些信号解读为视力和听力等。由于这些信号来自现实世界，因此这一过程可带来现实体验。但当人处于睡眠状态时，来自脑干的信号是随机的，不一定与实际的外部刺激有关联，而大脑又必须以某种方式解读这些随机信号，因此它会从记忆和其他存储信息中整合出对皮层激活的解释。

这一理论被称为**激活 – 整合假说**（activation-synthesis hypothesis），最初是由艾伦·霍布森（Allan Hobson）和罗伯特·麦卡利（Robert McCarley）提出的。该假说认为，梦只是人在睡眠状态时产生的另一种思维。这种思维不太现实，因为它并非来自现实的外部世界，而是来自人过去的记忆和经历。通常，人在白天思考时会使用额叶，而在做梦时，额叶或多或少地处于关闭状态，这也解释了为什么梦通常不切实际且离奇（Macquet & Franck，1996）。

💬 梦可能真的很奇怪，但有时它们又很普通或似乎意味着什么。梦可以变得更有意义吗？

激活 – 信息 – 模式模型　有专家提出，梦可能比艾伦·霍布森和罗伯特·麦卡利的激活 – 整合假说解释的更有意义。举例来说，一项对被试梦境内容的调查结果显示，梦境的许多内容是有意义的，在时间上保持着一致性，且与过去和现在的情感关注相对应，它们并不离奇，也并非无意义和随意（Domhoff，1996，2005）。

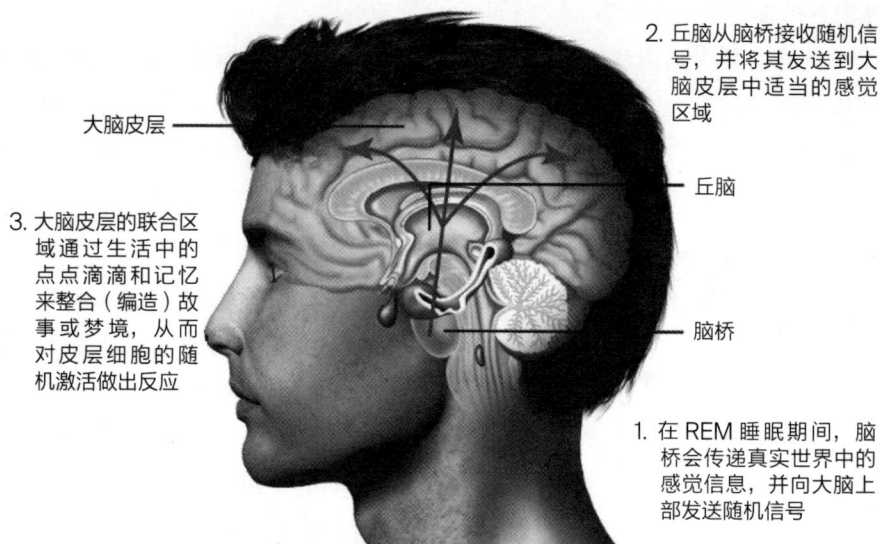

图 4-4　大脑与激活 – 整合假说

根据激活 – 整合假说，在 REM 睡眠期间，脑桥会向大脑上部发送随机信号。这些随机信号会穿过丘脑，然后，丘脑会将信号发送到大脑皮层中适当的感觉区域。信号进入大脑皮层后，大脑皮层的联合区域会通过生活中的点点滴滴和记忆来整合（编造）故事或梦境，从而对皮层细胞的随机激活做出反应。

霍布森及其同事重新设计了激活 – 整合假说，以反映对梦境意义的关注，并称其为**激活 – 信息 – 模式模型**（activation-information-mode，AIM）（Hobson et al.，2000）。这一较新的理论认为，人在清醒时获得的信息可能会影响梦的整合。换句话说，当大脑"编造"一场梦来解释自身的激活时，它会利用前一天或前几天中有意义的点点滴滴，而不仅仅是记忆中的随机事件。

不同的梦境

4.8　确定梦的内容的共性和差异

根据美国心理学家卡尔文·霍尔（Calvin Hall）的梦的认知理论，梦只是睡眠期间发生的另一种认知过程或思维过程（Hall，1953）。霍尔记录了 10 000多个梦，并得出结论，大多数的梦反映了日常生活中发生的事件（Hall，1966）。尽管大多数人的梦都是彩色的，但在黑白电视时代长大的人有时会做黑白的梦。此外，梦的内容存在性别差异，无论这些差异是否由激素或遗传影响、社会文化影响或多种影响综合引起的。威廉·多姆霍夫（William Domhoff）博士在

他的《寻找梦的意义》（*Finding Meaning in Dreams*）一书中得出结论，在许多文化中，男性更常梦见其他男性，而女性则倾向于"平等"地梦见男性和女性。在各种文化中，男性比女性更容易在梦中进行身体攻击，女性在梦中往往更容易遭受身体攻击。多姆霍夫还发现，不同的文化中梦的内容存在差异，而文化特征使得差异有了意义。例如，与荷兰文化相比，美国文化被认为相当具有侵略性；两种文化中梦的激进内容也反映了这种差异：与美国人的梦的内容相比，荷兰人的梦的侵略程度较低。

此外，女孩和成年女性往往会梦见自己认识的人，对个人容貌的关注以及与家庭有关的问题。男孩和成年男性往往会在梦中表现出更多的男性角色，通常处于室外或陌生的环境中，可能涉及武器、工具、汽车和道路等。此外，男性的性梦比女性多，且通常是与陌生人或有吸引力的伴侣发生关系（Domhoff，1996；Domhoff & Schneider，2008；Foulkes，1982；Horikawa et al.，2013；Van de Castle，1994）。

在梦中，人们会奔跑、跳跃、说话，还会做在日常生活中所做的所有动作。霍尔记录的梦中有近50% 与性有关，不过在后来的研究中，与性有关的梦

减少了（Van de Castle，1994）。然后是有关飞行、跌倒、试图做某事而失败的梦，这些梦都非常普遍，包括在其他文化中（Domhoff，1996）。经常在公开场合裸体的梦也是如此。

概念地图 4.7～4.8

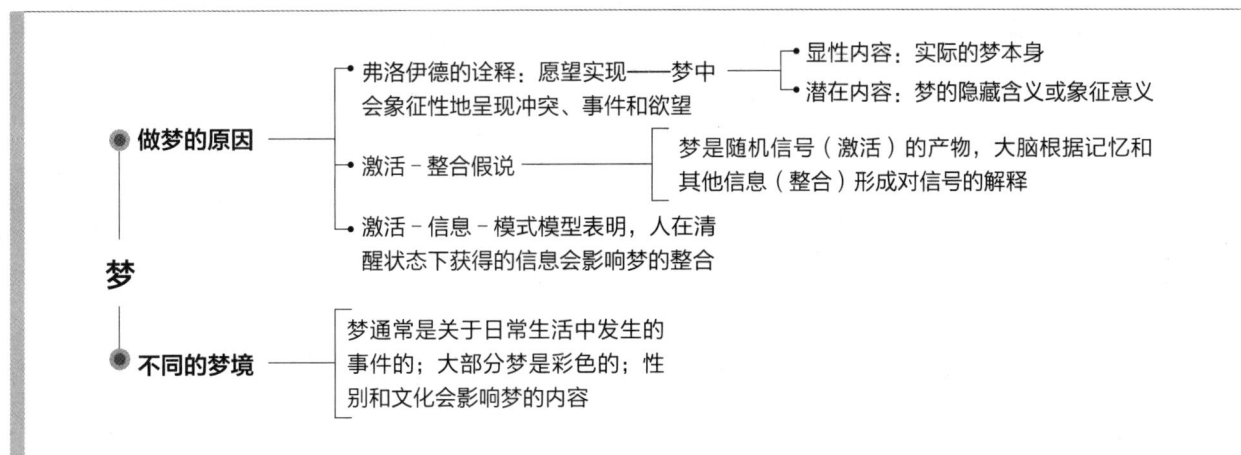

梦

- **做梦的原因**
  - 弗洛伊德的诠释：愿望实现——梦中会象征性地呈现冲突、事件和欲望
    - 显性内容：实际的梦本身
    - 潜在内容：梦的隐藏含义或象征意义
  - 激活 - 整合假说
    - 梦是随机信号（激活）的产物，大脑根据记忆和其他信息（整合）形成对信号的解释
  - 激活 - 信息 - 模式模型表明，人在清醒状态下获得的信息会影响梦的整合
- **不同的梦境**
  - 梦通常是关于日常生活中发生的事件的；大部分梦是彩色的；性别和文化会影响梦的内容

随堂小考

1. 在弗洛伊德的理论中，梦的实际内容被称为____。

   A. 显性内容　　　　　B. 潜在内容

   C. 象征性内容　　　　D. 隐藏内容

2. 迈克尔发现，自己大部分的梦看似只是被置于奇怪故事情节中的随机图像而已。哪种梦的解释理论能很好地解释这一点？

   A. 弗洛伊德的理论　　B. 梦的生存理论

   C. 激活 - 整合假说　　D. 梦的认知理论

3. 根据卡尔文·霍尔的说法，大多数梦是关于____的。

   A. 日常生活　　　　　B. 未实现的幻想

   C. 恐怖事件　　　　　D. 童年

4. 研究表明，大多数人____。

   A. 做黑白的梦　　　　B. 做彩色的梦

   C. 只做噩梦　　　　　D. 根本不做梦

🌀 催眠

我们经常会在电影或电视上看到，被催眠的人一直在发呆，但实际上并非如此（Lynn et al.，2015）。**催眠**（hypnosis）只是一种意识状态，在这种情况下，人特别容易受暗示的影响。尽管人们对催眠存在很多误解，但如果使用得当，催眠可能很有用。

催眠的运作方式

4.9　解释催眠影响意识的机制

诱导催眠有 4 个关键步骤（Druckman & Bjork，1994）：

1. 催眠师告诉被催眠者专注于所讲的内容。
2. 催眠师告诉被催眠者放松并感到疲倦。
3. 催眠师告诉被催眠者释放自我并轻松地接受建议。
4. 催眠师告诉被催眠者发挥生动的想象力。

催眠的真正关键似乎在于高度的暗示性。人们在活跃和警觉的情况下也可以被催眠，前提是他们愿意被催眠。只有 80% 的人可以被催眠，且只有 40% 的人容易被催眠。被催眠的能力可能源于大脑的运作方式。研究人员使用脑部扫描技术发现，与无法被催眠的人相比，能够被深度催眠的人其大脑中与决策和注意力相关的两个脑区更加活跃，相互联系也更多（Hoeft et al., 2012）。

催眠易感性测试，即成为好的被催眠者的程度的测试，通常会使用一系列有序建议。被催眠者响应的命令列表中的建议越多，就越容易被催眠。表4-2列举了典型的催眠易感性项目示例。

表4-2　催眠敏感性量表中的项目示例

1. 身体来回运动
2. 闭上双眼，且无法睁开
3. 手指锁在一起
4. 一只手臂锁定在某一位置
5. 对催眠建议的回应
6. 在某段时间内对于事件的记忆缺失
7. 无法说出自己的名字
8. 看到或听到不存在的刺激

资料来源：Based on Hilgard, E, Hypnotic Susceptibility, 1965。

💬　人在催眠状态下真的会做出在正常情况下永远不会做的事情吗？

普遍的观点认为，被催眠者的行为是无意识的，但事实上，催眠师可能只是引导人进入更放松的状态，而被催眠者实际上在催眠自己（Kirsch & Lynn, 1995）。人不能违背自己的意愿而被催眠。这种好像自己的行为是自动的且不受控制的趋势被称为基本暗示效应（Kihlstrom, 1985），它为人们提供了做自己原本不会做的事情的借口，因为为自己的行为负责的重任落在了催眠师身上。

实际上，在治疗中，催眠被用于帮助人们恢复被认为是被压抑的记忆，这一点同样存在争议【连接学习目标6.9】。

通常，催眠是一种帮助人们放松和/或控制疼痛的简便方法。主观体验很大程度上会受人们的心理影响，因此，催眠并非实现主观体验的唯一方法，不需要任何催眠提示也可以获得相同的效果，如幻觉、疼痛减轻和记忆力减退等（Lynn et al., 2015）。实际的身体行为很难改变，这就是为什么催眠不能有效地改变饮食习惯或帮助人们戒烟（Druckman & Bjork, 1994）。催眠有时被用于心理治疗，以帮助人们应对焦虑、贪食或药物成瘾。简要了解催眠能做什么和不能做什么，可参阅表4-3。

表4-3　关于催眠的事实

催眠能做什么	催眠不能做什么
至少在短时间内，对催眠过程中发生的任何事件产生失忆（Bowers & Woody, 1996）	给予人超人的力量。人在催眠状态下可能会充分利用自己的力量，但也只是自己本身在催眠之前拥有的力量
通过消除人在疼痛时的意识来缓解疼痛（Holroyd, 1996）	明显地增强记忆。由于可能会出现催眠状态，因此错误记忆提取的风险会增加
改变感官知觉。催眠会影响嗅觉、听觉、视觉、时间感知以及视错觉的能力。	让人回到童年时代。即会使人表现得像个孩子，但人们会使用孩子不会的语言来表达
帮助人们在通常会造成压力的情况下放松身心，如乘飞机（Muhlberger et al., 2001）	使人回归前世。没有科学证据证明人能回归前世（Lilienfeld et al., 2004）

催眠理论

4.10　比较认为催眠有用的两种理论

催眠为何会起作用，目前有两种理论。一种理论强调了**解离**（dissociation）的作用，即解离理论，它

是指意识觉醒存在分裂；另一种观点强调了社会角色扮演的影响。

解离状态下的催眠：隐藏的观察者　欧内斯特·希尔加德（Ernest Hilgard）认为，催眠只能作用于一个人的直觉上，而人的一部分心智（"隐藏的

观察者"）仍然知道周围正在发生的一切（Hilgard & Hilgard，1994）。例如，当人们开车到熟悉的地方，然后想知道自己如何到达那里时，就会发生解离。心智中有意识的部分正在考虑晚餐或约会之类的东西，而另一部分则在关注实际的开车行为。人们到达目的地时，实际上并不记得实际的行程。同样，希尔加德认为，即使心智中被催眠的部分恰好未意识到，但心智中的隐藏部分却非常清楚被催眠者的活动和感觉。

在一项研究（Miller & Bowers，1993）中，被试被催眠后需要将手臂放在冰水中，并被告知不要感到疼痛。事实上，这种行为肯定会带来痛苦，就像大多数人即使感觉不到痛苦也无法从冰柜中取出冰块。但被试却声称自己一点儿也不痛苦，他们还报告说，他们想象自己在海边或其他可以让自己摆脱疼痛的地方。

作为社会角色扮演的幻想：社会认知理论　催眠为什么会起作用的另一种理论是**催眠的社会认知理论**（social cognitive theory of hypnosis），它始于一项实验，在该实验中，未接受催眠的被试需要表现得像被催眠一样（Sarbin & Coe，1972）。这些被试毫不费力地复制了许多以前认为需要在催眠状态才能完成的动作，如完全悬于两把椅子之间。研究人员还发现，不熟悉催眠且不知被催眠者的角色是什么的被试无法被催眠。

除了这些发现以外，之后的发现还表明，被催眠者的期望在其反应和在催眠状态下的行为方面起着重要作用（Kirsch，2000）。催眠的社会认知理论认为，被催眠者并没有处于意识改变状态，而只是在这种情况下扮演着人们期望的角色。他们可能会认为自己被催眠了，但实际上，这一切只是很好的表演而已，由于表演得太好以至于他们自己都没有意识到自己在扮演某种角色。社会角色对行为的影响非常强大，任何穿过制服的人都能理解——制服代表着一种非常容易扮演的特殊角色（Zimbardo，1970；Zimbardo et al.，2000）【连接学习目标 12.14】。

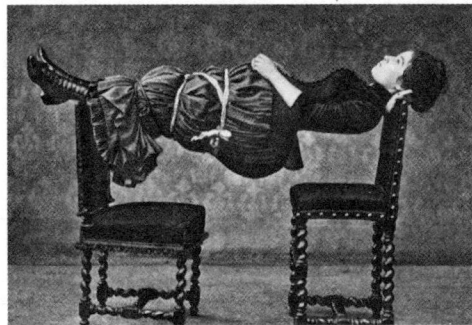

舞台催眠师经常会利用人们的意愿，即相信平凡的事物是非凡的。图中这名女性已经被催眠，当原本支撑着她身体的人走开后，她悬在了两把椅子之间。催眠师使观众相信，除非经过催眠，否则她无法做到这一点，但实际上，任何人在完全清醒的情况下都可以做到这一点。

概念地图 4.9~4.10

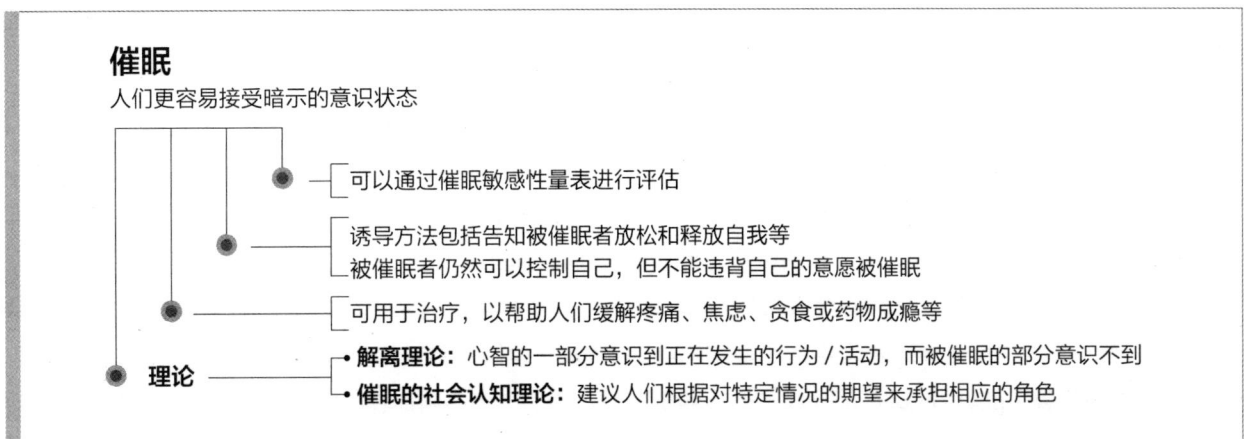

催眠
人们更容易接受暗示的意识状态

- 可以通过催眠敏感性量表进行评估
- 诱导方法包括告知被催眠者放松和释放自我等
  被催眠者仍然可以控制自己，但不能违背自己的意愿被催眠
- 可用于治疗，以帮助人们缓解疼痛、焦虑、贪食或药物成瘾等
- 理论
  - **解离理论**：心智的一部分意识到正在发生的行为/活动，而被催眠的部分意识不到
  - **催眠的社会认知理论**：建议人们根据对特定情况的期望来承担相应的角色

随堂小考

1. 催眠的关键在于找到____的人。
   A. 容易接受暗示　　　B. 想象力丰富
   C. 非常疲倦　　　　　D. 容易分心

2. 一些研究人员认为，催眠之所以行之有效，是基于人对被催眠的感觉的期望和人在特定社会环境中扮演特定角色的能力。哪种催眠理论最适合解释被催眠时的个人行为？
   A. 解离理论　　　　　B. 期望理论
   C. 催眠的社会认知理论 D. 生物学理论

3. 朋友告诉你，说她要去向一位想利用催眠作为治疗手段的治疗师问诊。但是她担心自己可能会在不知

情的情况下被催眠。你会如何对她说？
   A. 你要当心！催眠师会在催眠时控制你
   B. 不用担心。催眠师只能控制人大约 40% 的行为
   C. 实际上是你在催眠自己，人不能违背自己的意愿而被催眠
   D. 不用担心。催眠只是一种错觉，起不到真正的作用

4. 哪种催眠理论包含"隐藏的观察者"的概念？
   A. 催眠的社会认知理论 B. 生物学理论
   C. 期望理论　　　　　D. 解离理论

⚫ 警惕精神药物

有些人在睡眠、做白日梦、冥想甚至催眠时会寻求意识改变状态，而另一些人则试图走捷径。他们会使用**精神药物**（psychoactive drug），即改变思维、知觉、记忆或这些能力的某种组合的化学物质。以下要讨论的许多药物，最初是为了帮助人们而研制的。一些药物能促使人入睡，这样就可以执行原本不可能执行的手术和程序；另一些药物能帮助人们应对伤痛或疾病；还有一些药物可以用于帮助控制各种状况，如儿童和成人的睡眠障碍或注意缺陷多动障碍。

药物依赖

4.11　区分药物的生理依赖和心理依赖

虽然这些药物很有用，但我们也要警惕药物的误用或滥用。使用这些药物取乐、寻求"高峰"体验，或减轻精神痛苦，或者在没有合格的医疗专业人员的监督下使用时，可能会对人的健康构成严重威胁，甚至导致死亡。此类药物的危险之一是它们可能会造成**生理依赖**（physical dependence）或**心理依赖**（psychological dependence），这两种情况都可能

导致终身药物滥用以及服用剂量越来越大的风险，继而导致药物过量。不仅非法药物可导致药物过量，即使所谓的天然补品中的某些添加剂也会产生致命的影响。一项调查发现，在美国，每年超过 23 000 例急诊可归因于膳食补充剂的使用和滥用（Geller et al., 2015）。

生理依赖　能引起生理依赖的药物会让使用者的身体对该药物成瘾（Abadinsky, 1989；Fleming & Barry, 1992；Pratt, 1991）。在使用药物一段时间后，如果没有继续使用该药物，身体将无法正常运行。人就会变得对药物依赖或成瘾，这种情况通常被称为生理依赖。

生理依赖的一个迹象是**耐药性**（drug tolerance）的产生（Pratt, 1991）。一个人如果持续使用药物，他所需的药物剂量会越来越大，这样才能达到相同的药物初始效果。

生理依赖的另一个迹象是，使用者在失去药物后会出现**戒断反应**（withdrawal），反应症状范围可能从头痛、恶心和烦躁不安到剧痛、绞痛、震颤和危险的血压飙升。身体出现这种反应是因为它正尝试适应

药物缺乏的状况。许多使用者会服用更多的药物来缓解戒断反应，这又会使得整个情况更加恶化。这实际上是负强化的一个例子。负强化是一种持续某种行为的倾向，而这种行为会导致不良环境或感觉的消除或解脱。负强化是一种非常强大的激励因素，数十种药物依赖使用者的实例正是生动体现了负强化的力量【连接学习目标 5.3】。

这种习得的行为效应导致了基于行为疗法的非药物疗法的产生，如应急管理疗法这种操作性条件反射策略。通过这种疗法，患者的药物测试转阴（Tusel et al.，1994）。这些行为疗法包括住院和门诊治疗【连接学习目标 15.4】。而通过认知行为干预，则可以改变人对生活中应激事件的思考方式，并对应激源做出反应，从而在不使用药物的情况下努力提高应对效率。

大脑本身在药物依赖中也起着重要的作用。导致依赖的药物会促使中脑边缘系统通路的多巴胺释放，该通路起于中脑区域，它位于脑桥上方，也被称为腹侧被盖区。该区域是大脑的奖赏回路之一，与边缘系统相接，包括杏仁核、海马和伏隔核，并延伸至前额叶皮层中部（Hnasko et al.，2010；Salgado & Kaplitt，2015；Schmitt & Reith，2010）【连接学习目标 2.11】。

当一种药物进入人体后，它会迅速进入这一区域，从而导致多巴胺的释放和强烈的愉悦感（见图 4-5）。大脑试图通过减少多巴胺突触受体的数量来适应大量的多巴胺。使用者再次服用药物时，由于受体数量减少，他们会需要更多的药物才能获得相同的愉悦感。这样一来，耐药性就产生了（Koob & Le Moal，2005；Laviolette et al.，2008；Salamone & Correa，2012）。

奖赏回路中的这一结构系统是大脑中与所有成瘾形式相关的神经元的最重要途径，且可能与某些情绪障碍中发生的抑郁有关（Glangetas et al.，2015；Mahr et al.，2013；Russo & Nestler，2013）【连接学习目标 14.9】。

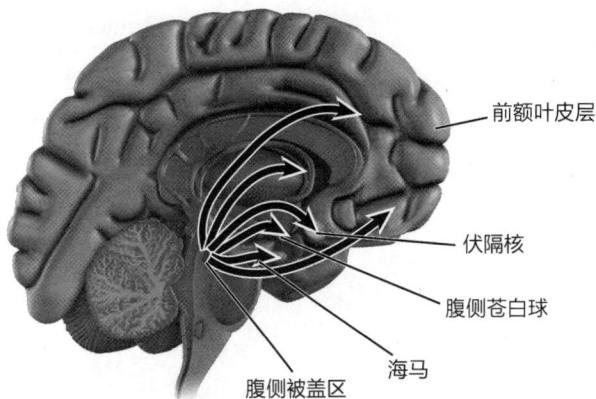

图 4-5　大脑的奖赏回路

在中脑多巴胺通路中发现的一个愉悦中心。该通路中的细胞通过神经递质多巴胺进行通信。腹侧被盖区和伏隔核之间的通路很可能是自然奖赏（如饮食、性爱）和药物作用（如欣快、愉悦）的奖赏作用部位。

💬 并非所有的药物都会产生生理依赖吧？比如有人说自己不会对大麻产生生理依赖。如果是这样的话，为什么有些人很难戒烟呢？

心理依赖　并非所有的药物都会引起生理依赖，但其中一些会导致心理依赖，即认为需要药物才能继续保持情绪或心理健康，而这正是持续用药的重要因素。身体可能不需要或不渴望这种药物，人也可能不会经历身体戒断反应或耐受症状，但他们会继续使用该药物，因为他们认为自己需要。在这种情况下，使用药物的有益特性会导致依赖的产生。这是正强化的一个例子，即当产生令人愉悦的结果时，某种行为就会有增强的倾向【连接学习目标 5.5】。负强化此时也会起作用，因为服用药物会降低焦虑水平。

尽管并非所有的药物都会产生生理依赖，但任何药物都可能成为心理依赖的焦点。实际上，很多人由于没有戒断反应经历或无法恢复，因此心理依赖可以永远持续下去。例如，几十年前放弃吸食大麻的人仍然会说，对大麻的渴求感会时不时地袭来（Roffman et al.，1988）。

特定药物的效果取决于其所属类别及其影响的特定神经递质【连接学习目标 2.3】。接下来，本书将介绍几种主要的药物类别，包括**兴奋剂**（stimulant，增强神经系统功能的药物）、**镇静剂**（depressant，降低神经系统功能的药物）和**致幻剂**（hallucinogenic，改变知觉并可能引起幻觉的药物）。

精神药物的危险之一是，它们可能会导致生理依赖或心理依赖。

兴奋剂

4.12 认识兴奋剂的影响和危害

兴奋剂是一类引起交感神经系统或中枢神经系统（或二者同时）至少暂时性地出现功能水平增加的药物。简而言之，兴奋剂会加速神经系统活动，如心跳加快或大脑运作加快。

安非他明 安非他明（amphetamine）是在实验室中合成（制造）的兴奋剂，而不是在自然界中发现的。安非他明类药物包括安非他明、甲基安非他明和右旋安非他明。相关化合物甲基安非他明有时用于治疗注意缺陷多动障碍或发作性睡病。冰毒是一种可以吸的结晶形式，被一些人用于获得某种愉悦体验。

与其他兴奋剂一样，安非他明会导致交感神经系统过度运转【连接学习目标 2.5】。如一些卡车司机在长时间工作时会使用它来保持清醒状态。兴奋剂不会给人带来任何额外的能量，但会导致人消耗掉其拥有的任何能量储备。人的食欲会受到抑制——交感神经系统的一种功能。以前，许多医生会将这些药作为减肥药来开具。今天，兴奋剂仅允许在短期和严格的医学监督下使用，通常用于治疗注意缺陷多动障碍（Safer, 2015）。而柜台出售的减肥药中通常还含有另一种相对温和的兴奋剂：咖啡因。

当能量储备耗尽或药物耗尽时，崩溃就不可避免了，此时人会服用更多的药物以恢复活力。服药的人会发现，服用越来越多的药物只能获得与上一次相同的刺激作用（耐药性）。恶心、呕吐、高血压和卒中都可能会发生，这就是所谓的安非他明精神病。在这种情况下，上瘾者会产生妄想，即失去与真实事物的联系，以及偏执。他们会认为人们会来抓自己，因此会出现暴力这种不利的行为（Dickinson, 2015; Kratofil et al., 1996; Paparelli et al., 2011）。

可卡因 与安非他明不同，**可卡因**（cocaine）是在古柯植物的叶片中发现的一种天然药物。它会使人产生欣快感（一种极大的幸福感）、充满能量和力量以及愉悦感。它还可以减轻疼痛和抑制食欲。在19世纪末和20世纪初，医生们都在广泛地使用可卡因，如牙医在给患者拔牙之前会先用它来麻醉患者的嘴，这种状况一直持续到可卡因因其成瘾性的致命影响而"出名"之时。当时，许多获得专利的药物都含有微量的可卡因，可口可乐这种流行的软饮料中也含有，它最初是作为神经补品销售的。不过，即使在1902年，一瓶可口可乐中的可卡因含量也不足以伤害一只苍蝇。到1929年，可口可乐中便不再含有可卡因了（Allen, 1994）。

可卡因不仅具有成瘾性，而且是一种高危的药物。初次使用后，有些人会抽搐，甚至可能会死亡（Lacayo, 1995）。女性使用可卡因可能会对以后所生的孩子产生毁灭性的影响，孩子出现学习障碍的风险会增加，同时会出现语言发展迟缓，且无法有效应对压力等（Cone-Wesson, 2005; Eiden et al., 2009; Kable et al., 2008; Mor row et al., 2006）。动物实验发现，实验动物会按压杠杆获取可卡因，而不是进食或饮水，即使它们饿到临界点或者死亡（Chahua et al., 2015; Glangetas et al., 2015; Iwamoto & Martin, 1988; Ward et al., 1996）。

尽管可卡因的使用者不会经历与海洛因、酒精和其他成瘾药物的使用者相同的身体戒断反应，但他会会经历严重的情绪低落，即崩溃，然后感到极度疲劳、神经质、无法享受愉悦感和产生妄想。由于药物引起的化学变化，身体产生了对可卡因的渴求，而大脑也是其中的重要部位（Glanetas et al.，2015；Hurley，1989；Schmitt & Reith，2010）【连接学习目标 2.3】。

除了可卡因之外，还有一种更具成瘾性的兴奋剂，那就是尼古丁（nicotine）。大多数专家似乎都认为，75% 的使用强效可卡因[①]的人产生了成瘾，而 99% 的使用尼古丁的人产生了成瘾（Benowitz，1988；Centers for Disease Control and Prevention [CDC]，2002，2004；Franklin，1990；Henningfield et al.，1991；Hilts，1998；Jamal et al.，2015；Perrine，1997）。

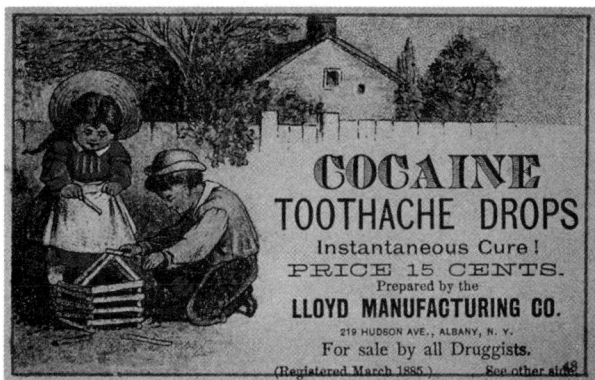

可卡因绝不是非法的，它曾经被用于许多健康饮料和药物的制作中，如图中这种 19 世纪初期使用的牙痛药中就含有可卡因。

💬 尼古丁难道不是受到了不良媒体的不公正对待吗？毕竟，尼古丁是合法的，与可卡因和海洛因不同。

尼古丁 每年，美国有近 48 万人死于与吸烟有关的疾病，造成的医疗损失和生产力损失超过 3 000 亿美元，比死于机动车、酒精、可卡因、海洛因和其他药物滥用以及艾滋病、自杀和凶杀的人数总和还多（Jamal et al.，2015；Department of Health and Humar Services，2010）。在美国，可卡因、海洛因、吗啡和

许多其他目前受管制的物质或非法药物曾经都是合法的。有人可能会想，如果当时有如此多的人从这些药物中赚钱，就像今天那些种植、生产和分销烟草产品的人那样，那么他们的命运将会如何？

尼古丁是一种相对温和但同样有毒的兴奋剂，它能升高血压、导致心跳加速，同时使人产生轻微的冲动或唤醒感，并通过刺激肾上腺素的释放将糖带入血液中，提高大脑奖赏回路中的多巴胺水平（Kovacs et al.，2010；Rezvani & Levin，2001）。与许多兴奋剂一样，可卡因对大多数人也会起到放松作用，并且似乎还能减轻压力（Pormerleau & Pormerleau，1994）。

在美国，吸烟的人数目前有所减少——从 20 世纪 60 年代的 40% 下降至约 17%。通常，男性吸烟比女性更常见，男性的吸烟率约为 19%，女性约为 15%（CDC，2015b）。吸烟最多的人群约占吸烟人数的 20%，主要集中在 25 ～ 44 岁的成年人。考虑到尼古丁的毒性时，我们必须提高警惕：在 20 世纪二三十年代，尼古丁被用作杀虫剂，当时人们认为它毒性大和起效快（Gosselin et al.，1984；Mayer，2014）。尽管香烟中的尼古丁含量很低，但初次吸烟的人在吸了几口烟后，经常会感到恶心，这其实就源于尼古丁的毒性作用。

为什么戒烟很困难？除了尼古丁具有强烈的成瘾性外，它所引起的身体戒断反应可能与酒精、可卡因或海洛因滥用引起的症状一样严重（Epping-Jordan et al.，1998）。人们认为尼古丁不像可卡因或海洛因那样可怕，因为尼古丁是合法的且易获得，但就其成瘾性而言，它比海洛因或酒精更强大（CDC，2010；Henningfield et al.，1990；Jamal et al.，2015）。使用无烟烟草，如电子烟，实际上可能更有害，因为有研究发现，与普通烟草制品使用者相比，使用无烟烟草的人，烟碱和毒素的暴露水平更高（Rostron et al.，2015）。

[①] 强效可卡因，又称"快克"，在欧美等国家的街头发现的一种纯度较低、较廉价的可卡因。

批判式思考 如果尼古丁产品变成非法的，那么将会怎么样？

咖啡因 许多人可能永远不会使用安非他明或服用可卡因，有的人则永远不会吸烟或成功戒烟，但几乎每个人都会使用另一种兴奋剂，而且许多人每天都在使用，那就是**咖啡因**（caffeine）。咖啡、茶、大多数苏打水、能量饮料和巧克力，甚至许多非处方药都含有咖啡因。

咖啡因也是一种天然物质，与可卡因和尼古丁一样。咖啡因存在于咖啡豆、茶叶、可可坚果和至少60种其他类型的植物中（Braun，1996）。它是一种温和兴奋剂，有助于让人保持机敏，且可以提高某些止痛药的药效，如阿司匹林。因此，咖啡因经常被添加到止痛药中，是让人保持清醒的药物中的关键成分。

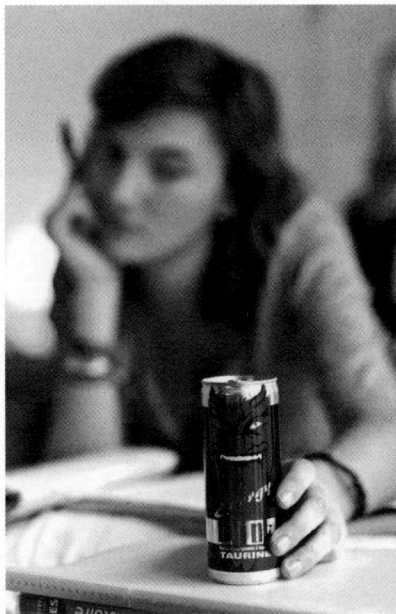

大多数人可能以咖啡或含咖啡因饮料的形式摄入咖啡因，但许多人正在转向咖啡因含量高的能量饮料，如图中所示。使用如此高甜度的饮料可能会导致哪些问题呢？

与普遍的看法相反的是，咖啡实际上无助于让人保持清醒，因为它只能让人清醒地醉着。一些宿醉的人想利用咖啡来解酒，但咖啡的酸性较强，宿醉者的胃是不需要酸的。谈到这个话题，其实多喝酒或"以毒攻毒"只会带来更多的问题。治疗宿醉最好的方法是大量饮水，补充因饮酒从身体中排出的液体，然后睡觉。

研究表明，每天大概喝两杯咖啡，实际上可能会对人有益。另外，喝咖啡与降低2型糖尿病风险和整体死亡风险有关（Ding et al.，2014，2015）。

镇静剂

4.13 认识镇静剂的影响和危害

另一类精神药物是镇静剂，它们能减缓中枢神经系统的运作。

主要镇静剂和次要镇静剂 巴比妥类药物（barbiturate）通常被称为主要镇静剂，即具有强抑制作用的药物，或被称为安眠药，具有镇静作用，如诱导睡眠，但过量服用会导致呼吸和心跳停止，从而导致死亡。

次要镇静剂的镇静作用相对温和，包括**苯二氮䓬类药物**（benzodiazepine）。这些药物可用于降低焦虑和减轻压力，最常见的有安定、阿普唑仑、三唑仑、劳拉西泮和氯氮卓等。

主要镇静剂和次要镇静剂均可能成瘾，而大剂量镇静剂以及与酒精或其他药物的相互作用也可能会造成危害（Breslow et al.，2015；Olin，1993）。

酒精 最常用和滥用的镇静剂是**酒精**（alcohol），它是各种植物物质经发酵或蒸馏产生的化学物质。在美国，任何一个地区都有一二千万人患有酒精中毒。2014年，18岁以上的美国人中有近25%的人表示自己在过去一个月内参加了饮酒派对。酒精除了对肝脏、大脑和心脏带来明显的健康风险外，它还与工作时间减少、失业和经济不稳定相关。

许多美国人都酗酒，但他们否认这一事实。他们认为醉酒是成年人该有的习惯，尤其是在大学里。许多大学生甚至老年人都酗酒，他们会在短时间内喝四五种含酒精的饮料。狂饮会迅速导致醉酒，而醉酒是酗酒的重要标志。酗酒的其他危害征兆还包括：对饮酒、"喝酒是为了戒酒"及独自饮酒感到内疚，对别人提到喝多少酒感到敏感，喝得太多以至于对自己说的话或做的事感到后悔。此外，喝得太多还会导致昏厥、失忆、撒谎。

　　滥用酒精的危害至今没能得到足够的重视。美国疾病控制与预防中心（CDC，2011，2015a）的数据显示，2006 年至 2010 年，与酒精有关的死亡人数约为 88 000 人。这一数字不包括因滥用酒精引起的事故和凶杀造成的死亡人数，仅仅是由于人体无法代谢酒精而引起的死亡人数。美国国家酒精滥用和酒精中毒研究所（NIAAA，2016）的统计数据显示，在美国，每年约有 88 000 万人的死亡与酒精有关，这一数字很可能包括事故和凶杀，使得酒精成为美国第四大死亡原因。

演员科里·蒙蒂斯（Cory A.M. Monteith）因在电视剧《欢乐合唱团》（Glee）中扮演芬恩·哈德森而为人所知。在与成瘾进行了长期斗争之后，2013 年 7 月 13 日，他死于过量服用海洛因与酒精混合物。

　　孕妇绝对不该饮酒，因为酒精会损害胚胎，导致其精神发育迟滞和身体畸形，即胎儿酒精综合征（Truong et al.，2012；Williams & Smith，2015）【连接 学习目标 8.5】。另外，骨质疏松症和心脏病风险增

加也与酒精中毒有关（Abbott et al.，1994）。以上只是酒精可能引起的众多健康问题中的一部分。

尽管许多年轻人将饮酒视为成年的一种习惯，但很少有人能意识到狂饮或在短时间内喝四五种酒精饮料的危害：导致做出错误的决定，如酒驾。在美国某些大学校园中流行的狂饮活动，也可能导致酗酒。

💬　我的一些朋友坚持认为酒精是一种兴奋剂，因为他们喝酒时会感到自己更加不受抑制。那么，为什么酒精会是一种镇静剂呢？

　　人们经常将酒精与兴奋剂相混淆。许多人认为原因在于酒精会使人感到兴奋和欣快（快乐）。实际上，酒精是一种给人以刺激错觉的镇静剂，因为它首先抑制的就是人的自然抑制，即不应该的行为。抑制是人习得的社会规则，可以使自己与他人友好相处并在社会中发挥作用。它还会阻止人们随意脱衣服或在酒吧的桌子上跳舞——抑制是件好事。

　　许多人不知道如何定义"饮料"。表 4-4 对此进行了解释，并列举了多种饮料对行为的影响。酒精会间接刺激神经递质 γ - 氨基丁酸的释放，而 γ - 氨基丁酸是大脑的主要镇静剂（Brick，2003；Santhakumar et al.，2007），它会减慢或阻止神经活动。随着更多 γ - 氨基丁酸的释放，大脑功能实际上会越来越受抑制，甚至降低。而首先受到酒精影响的大脑区域是控制社会抑制的脑区，因此，酒精由于模拟了 γ - 氨基丁酸，会抵制大脑的抑制作用。之后，人的运动技能、反应时间和言语都会受到影响。

表 4-4　血液中酒精含量以及与酒精含量有关的行为

在美国，任何酒精饮料中都含有约 15ml 的酒精。

"喝一杯"意味着——

· 1 罐啤酒（355ml；4% ~ 5% 的酒精含量）

· 1 杯红酒（118ml；12% 的酒精含量）

· 1 杯普通烈酒（15ml；40% ~ 50% 的酒精含量）

有时，"喝一杯"实际上意味着喝不止一种酒，如当你购买的饮料中含多于一杯酒的酒精含量时，或先喝一杯之后再喝一罐啤酒。

平均饮酒量（杯）	血液中的酒精含量（%）	影响
1 ~ 2	0.05	感到幸福、奔放，判断力下降，开车时的协调能力和机敏性下降
3 ~ 5	0.10	肌肉控制、视力和语言表达反应迟钝，发生事故的可能性大大增加
6 ~ 7	0.15	反应时间明显延长
8 ~ 10	0.20	失去平衡与良好的运动技能，可能导致失眠，且无法开车到 10 小时
10 ~ 14	0.20 ~ 0.25	出现明显的运动障碍
10 ~ 14	0.30	对周围的事物无反应
10 ~ 14	0.35	手术麻醉剂量；可导致一部分人死亡
14 ~ 20	0.40	50% 人的致死剂量；严重的循环 / 呼吸抑制；酒精中毒 / 酒精滥用

资料来源：改编自威斯康星大学奥克莱尔分校 2004 年的《适度饮酒技巧学习指南》（*Moderate: Drinking Skills Study Guide*）。

有些人可能会感到惊讶：一种饮料竟然能产生如此强烈的效果。通常，不饮酒的人比经常饮酒的人能更快地感受到酒精的影响。此外，女性比男性能更快地感受到这种影响，因为女性的身体处理酒精的方式与男性不同。

阿片剂：我感到很痛苦　阿片剂（opiate）也是一种镇静剂，通过结合并刺激神经系统的内啡肽天然受点即阿片受体来抑制疼痛感。内啡肽是一种神经递质，可使疼痛感自然减弱（Levesque，2014；Olin，1993）。由于它们还会减慢神经系统的运作，因此很可能发生与酒精和其他麻醉品药物的相互作用，这种作用甚至可能是致命的。所有阿片剂都是植物性物质鸦片的衍生物。

鸦片　鸦片（opium）是由罂粟制成的，具有缓解疼痛和使人产生欣快感的特性，这种特性至少在两千年前已为人所知了。鸦片具有高度成瘾性，可模拟神经系统"天然止痛药"内啡肽的作用，导致神经系统减缓或停止产生内啡肽。当药物消失后，人没有任何对抗疼痛的保护措施，从而导致与药物相关的严重戒断反应。直到 1803 年，鸦片才被德国的一位医生开发用作药物。鸦片的新形式吗啡被誉为"上帝自己的药"（Hodgson，2001）。

吗啡　吗啡（morphine）是通过将鸦片溶于酸中，然后用氨水中和而产生的。吗啡曾被认为是一种神奇的药物，但其成瘾性很快成为医师和患者的关注焦点。如今，吗啡仍被用于控制剧痛，但使用剂量要经过严格控制，且使用时间要短。

海洛因　海洛因（heroin）一开始被誉为一种新的神奇药物，它是吗啡的衍生物，但它不像吗啡那样会导致多种不良反应。人们曾认为，海洛因是药物的更纯粹的形式，而吗啡中的杂质是产生不良反应的物质。但没多久，医生和其他人都意识到，海洛因比吗啡和鸦片更容易成瘾。尽管海洛因不再被当作药物使用，但许多人仍在用。

在美国，不同年龄段和收入水平的男女性使用海洛因的情况有所增加。人们不仅使用海洛因，还将其与其他药物结合使用，尤其是可卡因和含有鸦片剂的止痛药，这导致过量服用药物的死亡人数大大增加。2002—2013 年，与海洛因相关的过量用药死亡率翻了两番。

其他阿片剂如美沙酮、丁丙诺啡和纳曲酮等药物可用于控制抽搐症状并帮助治疗鸦片成瘾（Kahan & Sutton，1998；Kakko et al.，2003；Ward et al.，1999）。当药物成瘾的人戒掉这些药物后，其体内的天然内啡肽系统就会开始正常发挥作用。

致幻剂

4.14　认识致幻剂的影响和危害

致幻剂实际上会导致大脑改变对感觉的解读（Olin，1993），并产生与联觉非常相似的感觉扭曲。拥有联觉的人，其感觉会相互交叉，如颜色带有声音，声音带有气味等【连接第 3 章】。虚假的感觉被称为幻觉，尤其是在使用强效致幻剂时。致幻剂有两种基本类型：一种是在实验室产生的，另一种源于自然。

人工合成药　有几种药物是在实验室中研制出来的，而不是在自然界中发现的。也许由于这些药物是人工制造的，因此它们通常比在自然界中发现的药物更有效。

LSD　LSD（**麦角酸二乙胺**）是由麦角真菌合成的。麦角真菌通常生长在黑麦谷物上，也可以生长在其他谷物上。LSD 于 1938 年首次得到生产，它是最有力、最强大的致幻剂之一（Johnston et al.，2007；Lee & Shlain，1986），少量的 LSD 就可以使人产生明显的幻觉。

使用 LSD 的最大危害之一是，它会影响人感知现实的能力。在 LSD 制造的幻觉中迷失的人可能不会注意到世界上的实际危险和危害，在这种药物的影响下，人可能会做出错误的决定，如试图在兴奋状态下开车。使用过 LSD 的人即使在服药数年后仍可能出现闪回，即自发幻觉，而长期使用会发展为致幻剂持续性知觉障碍，这是一种不可逆的状况，此时，人可能反复出现幻觉和对现实的知觉改变，并伴有抑郁和身体不适（Brodrick & Mitchell，2016；Lerner et al.，2002）。

PCP　PCP 即五氯苯酚，是一种合成药物，非常危险，仅作为镇静剂用于兽药。PCP 可能有多种不同的作用。根据剂量的不同，它可能是致幻剂、兴奋剂、镇静剂或止痛药。与 LSD 一样，PCP 的使用者也可能会出现幻觉、扭曲的感觉和不良后果。PCP 还可能导致针对他人的暴力行为或自杀行为（Brecher，1988；Cami et al.，2000；Johnston et al.，2007；Morris & Wallach，2014）。此外，使用者甚至可能会在无意中伤害自己，因为他们感觉不到疼痛的警示信号。

MDMA　MDMA 被称为摇头丸，它是一种特制毒品，与 PCP 都被归为**兴奋性致幻剂**（stimulatory hallucinogenic），这些药物能产生精神运动性兴奋剂和致幻剂的混合效应（National Institute on Drug Abuse，2016；Shuglin，1986）。MDMA 会引起大量 5- 羟色胺的释放，会阻止 5- 羟色胺的再摄取（Hall & Henry，2006；Liechti & Vollenweider，2001；Montgomery & Fisk，2008；United Nations Office on Drugs and Crime [UNODC]，2014）。有证据表明，MDMA 可能会破坏 5- 羟色胺受体，从而导致抑郁。此外，它还会导致严重的脱水和体温升高，继而导致使用者过量摄入液体，从而可能会导致致命的后果（Laws & Kokkalis，2007；Leccese et al.，2000；Meyer，2013；UNODC，2014）。

非人工合成药：大麻　大麻（marijuana）是最广为人知且最常被滥用的致幻剂之一，它是从大麻叶中提取的物质。通常，大麻对人的信息处理能力、注意力和记忆力都可能产生不同程度的损害。

此外，使用非医用大麻可能会导致交通事故、慢性支气管炎或其他肺部疾病以及心血管疾病风险增加，使用者的心理社会发展、教育程度和心理健康都可能会受到不利影响（Borgelt et al.，2013；Gordon et al.，2013；Hall & Degenhardt，2009；Hirvonen et al.，2011；Horvonen et al.，2011；Madras，2014），还可能出现精神健康问题，如出现精神病症状和精神障碍的风险会明显增加（Hall & Degenhardt，2009；Hirvonen et al.，2011；Madras，2014；Moore et al.，2007）。

不过，大麻也有一些合法的医疗用途。除了用于治疗癌症和艾滋病的化学疗法引起的恶心外，医用大麻已被证明在治疗慢性疼痛、抑郁症和创伤后应激障碍中有良好的前景（Greer et al., 2014；Haj-Dahmane & Shen, 2014；Ware et al., 2015）。

表 4-5 总结了多种类型的药物，包括其通用名和对人类行为的影响。

表 4-5　精神药物对意识的影响

药品分类	通用名	主要作用	不良反应
兴奋剂		刺激、兴奋	
安非他明	甲基安非他明、速溶、派甲酯、右旋安非他明		成瘾、卒中、致命性心脏病、精神病等
可卡因	可卡因、快克		成瘾、卒中、致命性心脏病、精神病等
尼古丁	烟草		成瘾、癌症
咖啡因	咖啡、茶、能量饮料		成瘾、高血压
镇静剂		放松	
巴比妥类药物（主要镇静剂）	戊巴比妥钠、司可巴比妥		成瘾、脑损伤、死亡
苯二氮䓬类药物（次要镇静剂）	安定、阿普唑仑等		单独使用时，滥用和成瘾风险较低
酒精	啤酒、红酒、烈酒		酗酒、健康问题、抑郁、事故风险增加、死亡
阿片剂	鸦片、吗啡、海洛因	产生欣快感	成瘾、死亡
致幻剂	LSD、PCP、MDMA、大麻	意识扭曲、知觉改变	可能的永久性记忆问题、不良体验、自杀、滥用、死亡

概念地图 4.11～4.14

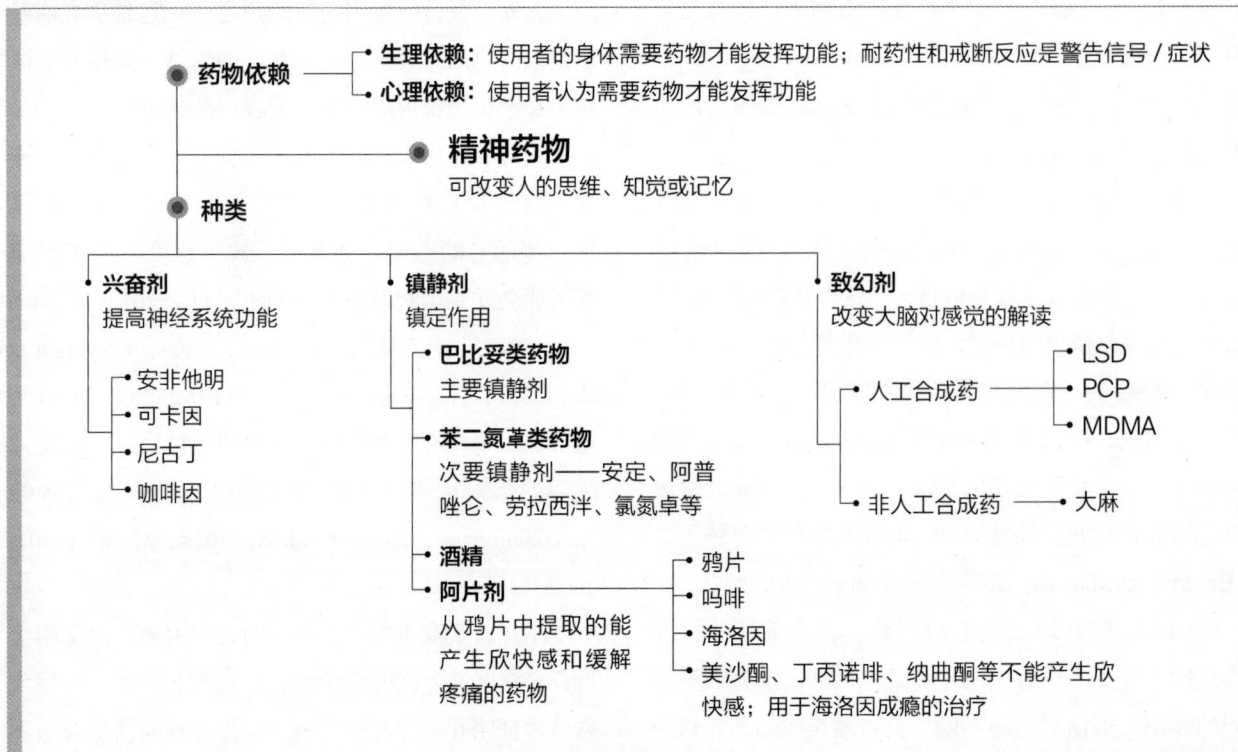

随堂小考

1. 停止用药会导致头痛、恶心、震颤和血压升高，这被称作____。

 A. 戒断反应　　　　　B. 成瘾

 C. 心理依赖　　　　　D. 安非他明毒性

2. 哪种药物导致的身体戒断反应包括明显的情绪波动（"崩溃"）、妄想症、极度疲劳和无法获得愉悦感？

 A. 海洛因　　　　　　B. 咖啡因

 C. 酒精　　　　　　　D. 可卡因

3. 下列有关尼古丁的说法，哪项是正确的？

 A. 在成瘾方面，尼古丁比海洛因和酒精更强大

 B. 尼古丁会使心跳减慢，从而产生放松感

 C. 总体而言，美国的吸烟人数正在增加

 D. 总体而言，女性和青少年的吸烟人数正在减少

4. 通常，阿片剂能够____。

 A. 引起强烈的幻觉　　B. 抑制疼痛

 C. 刺激使用者　　　　D. 导致严重的抑郁症

5. 大多数研究发现，大麻____。

 A. 会产生明显的心理依赖

 B. 会产生明显的生理依赖

 C. 会产生强烈的戒断反应

 D. 很容易导致滥用

在日常生活中应用心理学

鬼魂、外星人和其他在夜晚出现的事物

4.15 描述用意识的运作方式解释超自然经历的原理

很久以前，人们都认为幽灵、鬼魂和其他各种神秘访客都曾拜访过自己，或者至少他们相信这一点。后来，人们相信这些事是外星人所为，这些外星人可能会对人进行某种体检或绑架人，之后只是将人送回床上。由于人经常被送回床上，因此这种拜访通常是人躺在床上时经历的。那么，这些经历有没有更简单的解释呢？

如本章前文所述，在人进入 N1 阶段时，会发生睡前幻觉（Lana-Peixoto，2014；Ohayon et al.，1996；Siegel & West，1975）。如果你还记得 N1 阶段的人醒来后会否认自己已经睡着了这一点，那么对所谓的超自然访客的解释就简单多了。睡前幻觉本质上不是如梦幻一般的，相反，对于经历催眠幻觉的人来说，幻觉是非常真实的。最常见的是幻听，即人可能听到有声音在呼唤自己的名字，但并非所有的声音都不寻常，且可能大多数时间人们都记不住。

但请想象一下：当催眠幻觉是关于某个你知道已经死亡或生病的人，或奇怪且令人恐惧的图像，也许还带有同样奇怪而令人恐惧的声效。你会记住它，尤其是当你立即醒来且完全确信自己在幻觉期间已经醒了。许多人会将这种经验和自然倾向结合起来，并相信存在来世，或相信有其他拥有知觉的生命形式会访问我们的星球，如幽灵、鬼魂、外星人等。

人们有时会以非常真实的感觉惊醒，并认为有外星人、幽灵、恶魔甚至天使来拜访过。更合乎逻辑的解释是，人们在睡觉时某一时刻会因睡前幻觉或醒前幻觉而惊醒。

有时，人们在深夜也有类似的经历。人们醒来后发现自己瘫痪了，并且有东西站在面前，如幽灵、恶魔、外星人，还对自己无助的身体做奇怪的事情。当幻觉发生在一个人处于 REM 睡眠且尚未完全清醒的中间状态时，这种幻觉就被称为醒前幻觉。以上提到的拜访并不罕见，但只有那些令人印象深刻、令人恐惧或不寻常的才会被记住（Cheyne，2003；

Greeley，1987；Mantoan et al.，2013；Ohayon et al.，1996）。

深入讨论一下

1. 你曾经有过上文提到的任何一种经历吗？你现在能否理解这种你记得的经历呢？

2. 与朋友或家人谈论类似的经历，找出更简单的解释。

● 本章总结

什么是意识

4.1　了解意识的定义

- 意识是人对任何给定时刻发生的一切的觉察。人大多数醒着的时间都处于清醒意识状态。

4.2　了解不同层次的意识之间的差异

- 意识改变状态是心理活动质量或方式的转变。
- 受控过程是那些需要较高意识水平的任务，而自动过程可以在较低的意识水平下完成。

睡眠

4.3　描述睡眠 – 觉醒周期的生理过程

- 睡眠是一种昼夜节律，是下丘脑、褪黑素、5- 羟色胺和体温的活性产物。

4.4　解释人为什么要睡觉

- 适应性理论指出，睡眠是为了节省能量并保护动物免受夜间掠食者的攻击而发展出来的一种方式。
- 恢复理论指出，睡眠为身体提供了恢复白天消耗的化学物质以及细胞组织生长和修复的机会。
- 大多数成年人在每 24 小时内平均需要睡眠 7 ～ 9 小时。

4.5　了解睡眠的不同阶段

- N1 阶段是浅睡眠。
- N2 阶段出现睡眠纺锤波的活动爆发，可在 EEG 上观察到。

- N3 阶段的第一个表现是 δ 波的出现，即最慢和最大的脑波，此时人体处于最低的功能水平。
- REM 睡眠每晚发生四五次，在经过 N1 ～ N3 的整个周期后取代 N1，然后恢复到较轻的睡眠阶段。它伴随有随意肌瘫痪，但眼睛会快速转动。

4.6　了解多种睡眠障碍

- 在慢波睡眠阶段，梦游和梦呓发生在 N3 阶段。
- REM 睡眠阶段会出现随意肌麻痹。
- 梦魇是 REM 睡眠阶段发生的不好或可怕的梦。
- 夜惊是睡眠者在熟睡时受到极度恐惧的冲击。
- 梦游部分是由遗传引起的，且大多数梦游者不记得自己经历的情形。
- 失眠是指无法入睡、无法保持睡眠或充足的睡眠。
- 当一个人呼吸暂停 10 秒钟或更长的时间时，就会发生睡眠呼吸暂停综合征。
- 发作性睡病是一种遗传病，患者会突然在没有任何警告的情况下直接进入 REM 睡眠。

梦

4.7　比较对"人为何做梦"的两种解释

- 梦的显性内容指的是实际的梦及其事件。弗洛伊德认为，梦的潜在内容是象征性内容。
- 在没有外部感觉信息来解释脑桥附近大脑皮层的脑细胞激活的情况下，大脑皮层的联合区域会整合成一个故事或一场梦，以解释激活 – 整合假说所说的激活。

- 激活－整合假说的修订版，即激活－信息－模式模型指出，人在清醒时获得的信息会影响梦的整合。

4.8 确定梦的内容的共性和差异

- 卡尔文·霍尔认为，梦只是睡眠期间发生的另一种认知过程，被称为梦的认知理论。
- 常见的梦境内容包括人在清醒时进行的正常活动，以及飞行或公开裸露等更奇特的行为。

催眠

4.9 解释催眠影响意识的机制

- 催眠是一种意识状态，此时人特别容易受到暗示的影响。
- 催眠师会告诉被催眠者要专注于所讲的内容，放松并感到疲倦，释放自我并轻松地接受建议，以及发挥生动的想象力。
- 催眠不能增加力量，无法可靠地增强记忆力或使人重回早年阶段，但它可以引起健忘症、减轻疼痛并改变人的感觉。

4.10 比较认为催眠有用的两种理论

- 希尔加德认为，被催眠的人正处在解离状态，此时，人意识的一部分被催眠并易于被暗示，而另一部分则能意识到发生的一切。
- 其他理论家认为，被催眠者只是在扮演一种社会角色，这被称为催眠的社会认知理论。

警惕精神药物

4.11 区分药物的生理依赖和心理依赖

- 成瘾药物会导致使用者的身体渴望该种药物。当被剥夺药物时，使用者将出现生理戒断反应。
- 当使用者的身体适应药物水平时，就会出现耐药性。一段时间后，使用者必须服用越来越多的药物才能获得相同的效果。

- 对于心理依赖，使用者认为自己需要药物才能更好地发挥身体的功能并保持幸福感。任何药物均可产生心理依赖。

4.12 认识兴奋剂的影响和危害

- 兴奋剂是增加神经系统活动的药物，尤其是交感神经系统和中枢神经系统。
- 安非他明是合成药，可以帮助人们保持清醒状态，降低食欲，但极易成瘾。
- 可卡因具有很强的成瘾性，某些初次使用者会出现抽搐，甚至死亡。
- 尼古丁是一种温和的兴奋剂，很容易成瘾。
- 咖啡因是最常用的兴奋剂，存在于咖啡、茶、巧克力和许多苏打水中。

4.13 认识镇静剂的影响和危害

- 巴比妥类药物也被称为主要镇静剂，具有镇静作用，可用作安眠药。
- 次要镇静剂包括苯二氮䓬类药物，如安定、阿普唑仑等。
- 酒精是最常用和滥用的镇静剂。可以与其他镇静剂相互作用。过量使用酒精会导致酒精中毒、健康问题、失控甚至死亡。
- 阿片剂是镇静剂中的止痛药，源自罂粟。
- 鸦片具有很强的成瘾性，因为它能直接刺激内啡肽的受点，导致内啡肽的自然产生减少。
- 吗啡是鸦片的精良版，极易成瘾。
- 海洛因曾被认为是一种较纯的吗啡形式，成瘾性较低，但实际上它的成瘾性更强。
- 美沙酮等具有控制海洛因或吗啡戒断反应的能力，使人不会出现欣快或兴奋。

4.14 认识致幻剂的影响和危害

- 致幻剂是一种能改变大脑对感觉的解读并导致幻觉的药物。
- 大麻含有的物质可能致癌，并损害学习能力和记忆。

4.15 描述用意识的运作方式解释超自然经历的原理

- 在N1阶段发生的生动逼真的幻觉被称为睡前幻觉，常被误认为是幽灵或其他超自然现象。

- 从 REM 睡眠中醒来时发生的类似幻觉被称为醒前幻觉。

● 章末测试

1. 简知道自己正在上心理课，而当下已经快到午餐时间了；她还意识到自己熬夜看电影后有多么疲倦。因此，如果简知道自己周围正在发生的事和她身体正在发生的事，那么可以肯定地说她处于____。

 A. 意识清醒状态　　　B. 意识改变状态

 C. 无意识状态　　　　D. 潜意识状态

2. 大脑的哪一部分对决定何时入睡有影响？

 A. 海马　　　　　　　B. 下丘脑

 C. 丘脑　　　　　　　D. 额叶

3. 随着太阳开始下山，温斯顿发现自己变得越来越困倦。哪种结构对光敏感且影响入睡和醒来的时间？

 A. 胼胝体　　　　　　B. 枕叶

 C. 丘脑　　　　　　　D. 视交叉上核

4. 卡洛斯在熬夜准备第二天的一个重要的心理测验。根据研究，当卡洛斯考试的前一晚不睡觉，他的记忆会出现什么结果？

 A. 卡洛斯将保留熬夜的信息，前提是测验在清晨进行

 B. 保留信息的能力可能会受到光照的影响。因此，如果阳光明媚，卡洛斯将比阴天记得更多

 C. 如果卡洛斯前一天晚上不睡觉，他实际上记得的会更少

 D. 如果卡洛斯只醒着学习一个晚上，那么他的记忆不会受到任何影响

5. 卡尔最近退休了，他说自己的睡眠不如年轻时好了。之前，他通常会睡 7～8 小时，但现在他 60 多岁了，每晚的睡眠时间往往只有 5～6 个小时。这说明了什么问题？

 A. 睡眠剥夺似乎是衰老的常见现象

 B. 随着年龄的增长，睡眠剥夺是不正常的，因为研究表明，随着年龄的增长，人需要更多的睡眠

 C. 随着年龄的增长，睡眠剥夺会很危险。人们应该寻求医疗干预以帮助自己入睡

 D. 睡眠剥夺与晚年的精神健康问题有关。卡尔应该考虑咨询心理医生

6. 你发现自己深夜正在开车。开车时，你意识到自己实际上已经进入睡眠几秒钟了。这种现象被称为____。

 A. 微睡眠　　　　　　B. 白日梦

 C. 昼夜节律　　　　　D. 临睡肌跃症

7. 研究发现，某些有助于修复受损细胞的化学物质只在睡眠期间才能发挥作用。哪种理论最能解释这一点？

 A. 昼夜节律理论　　　B. 适应性理论

 C. 恢复理论　　　　　D. 睡眠剥夺理论

8. 睡眠纺锤波出现在哪个睡眠阶段？

 A. N1　　　　　　　　B. N2

 C. N3　　　　　　　　D. REM

9. 约瑟夫过得很辛苦。尽管他的工作没有多大的生理挑战性，但往往会使他精神枯竭。约瑟夫可能需要更多的____阶段的睡眠？

 A. N1　　　　　　　　B. N2

 C. N3　　　　　　　　D. REM

10. 杰拉尔德很难入睡。哈雷可以轻松入睡，但常常会早起。戴尔通常会睡 10 小时。假如这 3 个人都累了，起床后没有休息，谁更有可能失眠？

 A. 杰拉尔德　　　　　B. 哈雷

C. 戴尔 D. 三个人都可能

11. 患有睡眠呼吸暂停综合征的婴儿可能更容易罹患婴儿猝死综合征。为什么这些婴儿会出现呼吸困难？

A. 许多婴儿都肥胖，因此容易出现呼吸道阻塞

B. 他们的脑干尚未完全发育成熟

C. 鼻腔中的组织可能会阻碍气流

D. 尚未有确切的医学解释

12. 比尔在白天突然无意识地进入 REM 睡眠状态。他经常倒地，难以唤醒。比尔可能患上了____。

A. 睡眠呼吸暂停综合征

B. 失眠

C. 发作性睡病

D. 癫痫

13. 卡尔文梦见自己一直在寻找自己的狗史努比，但一直找不到。实际上，史努比在被汽车撞倒后已经死去了。根据弗洛伊德的说法，卡尔文梦到狗属于____，而他十分想念自己的狗属于____。

A. 愿望实现；显性内容

B. 潜在内容；愿望实现

C. 潜在内容；显性内容

D. 显性内容；潜在内容

14. 唐妮的梦似乎常常从一个场景随机跳到另一个场景，且毫无意义，她为此而感到困惑。哪种理论最能解释她的梦？

A. 激活 - 整合假说 B. 生存理论

C. 社会文化理论 D. 弗洛伊德的理论

15. 安东尼的治疗师正通过催眠来帮助安东尼回忆"被外星人绑架"的那个夜晚。丹尼的治疗师正通过催眠帮助丹尼为牙科手术做准备，因为丹尼对止痛药过敏。帕特里克的治疗师正通过催眠帮助帕特里克戒酒戒烟。这 3 个人中谁获得成功的机会最大？

A. 安东尼 B. 丹尼

C. 帕特里克 D. 三人都可以从中受益

16. 鲍比同意在一档喜剧节目中被催眠。催眠时，他站在椅子上，像公鸡一样鸣叫。后来，当朋友问他为什么这样做时，鲍比回答说自己不知道，肯定是因为他被催眠了。哪种理论最能解释鲍比的行为？

A. 催眠的隐藏观察者理论

B. 催眠的社会认知理论

C. 催眠的生物学理论

D. 催眠的行为理论

17. 杰姬发现，尝试戒酒时，她会头疼、盗汗且无法控制地颤动。这样的反应是____的例子。

A. 心理依赖 B. 药物滥用

C. 戒断反应 D. 习得性行为

18. 最常用和滥用的镇静剂是以下哪一种？

A. 酒精 B. 百忧解

C. 镇静剂 D. 咖啡因

第5章 学习

批判式思考 为了改变自己或他人的行为，你曾经用过什么样的好点子？

为什么要研究学习

如果不学习，人类早就灭绝了。通过学习，我们适应了周围世界不断变化的环境。我们会不断地改变行为，直到能够生存并获得回报；同时，我们也在不断地淘汰过去那些不成功的行为。可以说，没有学习，就没有高楼大厦、农耕技术和救命药，也就没有人类文明。

学 习 目 标

5.1 了解学习的定义	5.8 解释与操作性条件反射相关的概念
5.2 了解巴甫洛夫经典实验中经典条件反射的关键要素	5.9 描述操作性条件反射改变动物和人类行为的方式
5.3 用经典条件反射来解释恐惧症、味觉厌恶和药物依赖	5.10 解释潜伏学习的概念
5.4 了解桑代克和斯金纳对操作性条件反射概念的贡献	5.11 描述苛勒的研究如何证明动物可通过顿悟来学习
5.5 区分初级强化物和次级强化物以及正强化和负强化	5.12 概括塞利格曼关于习得性无助的研究
5.6 了解强化的4种程序	5.13 描述观察学习的过程
5.7 了解惩罚对行为的影响	5.14 熟悉观察学习的4种要素
	5.15 描述现实生活中利用条件反射的例子

学习的定义

5.1　了解学习的定义

当我们用实际语言进行描述时，**学习**（learning）这一概念就会变得非常清晰。"学习就是认识一些东西。""学习就是了解怎样去做事情。"更实用的概念是：学习是由经历或实践引起的相对永久性的行为改变。

💬 "相对永久性"是什么意思？经历又是如何改变我们的行为的？

"相对永久性"是指人们在学习时，某些脑区会发生改变，以此来记录已学到的东西。这实际上是记忆的过程，假如没有记忆能力，人就无法学习任何事情。虽然目前仍没有确切的证据，但有研究表明，一旦人们学习了某些事情，它们就会印在人的记忆之中（Barsalou，1992；Smolen et al.，2006）。人可能无法

"触碰"它们，但它们确实存在【连接学习目标6.5】。

想要理解学习的定义中的经历和实践，不妨想一想最近一次你做的非常痛苦的一件事，你还会再做吗？答案很可能是否定的。你不想再次经历痛苦，所以为了避免这种痛苦，你改变了自己的行为。这就是为什么儿童能够学会不去触碰滚烫的炉子。相反，如果一个人做的事情带来了令人愉悦的结果，那么这个人就有极大的可能会重复做这件事情。这同样是一种行为改变，可以通过效果律加以解释，我们将在后文展开描述。

不过，并非所有的改变都伴随着学习，如身高或大脑大小的改变，它们是由基因控制的另一种改变。这种改变被称为成熟，是由生理引起的，而不是经历。例如，孩子单靠实践本身是学不会走路的。他们之所以能够走路，是因为他们的神经系统、肌肉强度、平衡感都达到了走路所需的程度，而所有的这些因素都由成熟控制。一旦达到成熟，经历和实践就会开始发挥重要作用了。

◎ 经典条件反射：它使你流口水

19 世纪初期，科学家对于将心理学聚焦于心理活动很有意见【连接学习目标1.2】。许多人期盼着心理学能够更加客观和科学。俄罗斯生理学家巴甫洛夫率先对一种特殊学习的基本原理进行了实证研究。

巴甫洛夫和分泌唾液的狗

5.2　了解巴甫洛夫经典实验中经典条件反射的关键要素

为了研究狗的消化系统，巴甫洛夫制作了一个装置：当喂给狗一定量的食物时，这个装置能够准确地测量出狗分泌的唾液量。正常情况下，当食物被置于人和动物的口中时，唾液腺会自动开始分泌唾液来帮助咀嚼和消化。这是一种正常的反射，即不需要学习的、无意识的反应，且不需要人为控制和选择，人和动物都会出现这种反射。食物诱发了一种特定的反

应，即分泌唾液。引起机体反应的任何物体、事件或经历。都可以被称为刺激。对巴甫洛夫而言，食物是刺激，唾液分泌是反应。

巴甫洛夫很快发现，在狗还不该分泌唾液时，它们就开始分泌唾液了。一些狗在实验助理带来食物时就开始分泌唾液，另一些则是在听到从厨房传来的盘子的撞击声时开始分泌唾液，还有一些则是在吃饭的时间开始分泌唾液。后来，巴甫洛夫用剩下的职业生涯来研究他所谓的**经典条件反射**（classical conditioning），即学习使个体除了对原始的、自然的能引起反应的刺激做出反应外，也能对其他的刺激做出反应。

经典条件反射的要素　为了使条件反射能够发生，巴甫洛夫最终明确了几个关键要素，这些要素必须以特定的方式存在和体验。

巴甫洛夫和他的学生正在实验室中工作。巴甫洛夫是俄罗斯生理学家，他是研究并提出经典条件反射基本原理的第一人。

无条件刺激　原始的、自然发生的刺激叫作**无条件刺激**（unconditioned stimulus，UCS）。"无条件"指的是"不用学习"，它强调刺激会自然地引起有意识反应。对巴甫洛夫的狗而言，食物就是无条件刺激。

无条件反应　无条件刺激引起的反应叫作**无条件反应**（unconditioned response，UCR）。由于神经系统中神经纤维的传导作用，无条件反应是不用通过学习就能够发生的。如在巴甫洛夫的实验中，食物引起的唾液分泌就属于无条件反应。

条件刺激　巴甫洛夫认为，如果刺激与无条件刺激配对出现的次数足够多，那么几乎所有的刺激都能与无条件刺激相联系。例如，在巴甫洛夫最初的研究中，在提供食物之前，盘子本身就能成为一种引起唾液分泌的刺激。每次得到食物时，狗会自然地分泌唾液，因为它们看到了盘子。盘子被称为**中性刺激**（neutral stimulus，NS），因为它对唾液分泌无影响。与食物这一刺激相比，盘子也许是一种微弱的刺激，但与食物配对出现多次后，盘子也能够引起狗产生相同的唾液分泌反应。也就是说，当先前的中性刺激与无条件刺激多次重复配对出现后，中性刺激单独就能引起相同的有意识反应，此时，学习发生了。先前的中性刺激现在成了**条件刺激**（conditioned stimulus，CS）。

条件反应　由条件刺激引起的反应被称为**条件反应**（conditioned response，CR），通常，条件反应不如无条件反应强烈，但它们实质上并无不同。

巴甫洛夫关于狗的经典实验：全部拼凑起来　巴甫洛夫曾做了一个经典实验。在该实验中，他让铃声和食物配对出现，看狗最终能否听到铃声就能分泌唾液。通常情况下，铃声无法使狗分泌唾液，因此在任何条件反应发生前，铃声是中性刺激。中性刺激与无条件刺激的重复配对通常被称为习得，因为此时有机体处于学习的过程中。图 5-1 显示了巴甫洛夫实验中条件反射的形成过程。

我们注意到，条件反应和无条件反应非常相似，即唾液分泌，它们的不同之处在于强度以及引起反应产生的刺激。无条件反应总是伴随着无条件刺激，条件反应总是伴随着条件刺激。

这是一种艰深的科学吗？不是的，这种经典条件反射实际上是一种简单的学习形式。由于它太简单了，因此人们常常意识不到。例如，当你看到电视上出现自己喜爱的食物广告时，你会流口水吗？当你听到牙钻高分贝的嗡嗡声时，你会感到焦虑吗？这是经典条件反射的两个例子。看牙医几次以后，患者在接受牙痛治疗（无条件刺激）时，常常会将恐惧感或焦虑感（无条件反应）与牙钻的声音（条件刺激）联系起来，因此，不管他们是坐在椅子上还是在候诊室里，牙钻的声音都能使他们产生焦虑感（条件反应）。

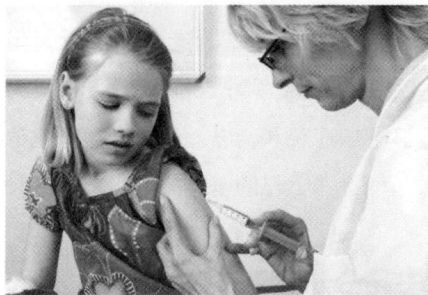

如果你发现自己一看到针头就害怕，那么你的害怕就是对针头这种条件刺激的条件反应。打针时的疼痛是最初的无条件刺激。

巴甫洛夫和他的研究员做了很多关于狗的实验。除了铃声，他们也使用了口哨、音叉、钟声和各种视觉刺激（Thomas，1994）。虽然经典条件反射非常容易发生，但巴甫洛夫等人仍然发现了一些基本原则，不过其中一些原则有些例外。

1. 条件刺激必须在无条件刺激之前出现。如果巴甫洛夫在给狗提供食物后再响铃声，铃声就不能导致狗产生条件反应。

2. 条件刺激和无条件刺激必须在时间上相接近——理想的情况是前后相差 5 秒以内。巴甫洛夫曾试着延长潜在的条件刺激和无条件刺激之间的时间到几分钟，但两个刺激之间没有发生联系。过长的时间间隔可能会导致许多事情发生，这可能会干扰条件反射（Pavlov, 1926；Ward et al., 2012；Wasserman & Miller, 1997）。研究发现，刺激间隔时间，即条件刺激和无条件刺激之间的间隔，依赖条件

反射任务的性质，甚至是条件反射的机制。在这些研究中，对条件反射而言，刺激间隔时间短于 0.5 秒比较理想（Polewan et al., 2006）。

3. 在条件反射发生之前，中性刺激与无条件刺激必须配对出现多次。

4. 条件刺激需要很特殊，或有别于其他竞争性刺激。例如，铃声这种刺激在实验室中并不常见，因此它很特殊（Pavlov, 1927；Rescorla, 1988）。

条件反射前

中性刺激（铃声）　　　　　　　　　　　无唾液分泌

条件反射中

中性刺激（铃声）　　无条件刺激（食物）　无条件反应（唾液分泌）

条件反射后

条件刺激（铃声）　　　　　　　　　　　条件反应（唾液分泌）

图 5-1　经典条件反射

条件反射发生前，铃声是一种中性刺激，不能引起狗分泌唾液。在条件反射进行期间，铃声仅仅在食物出现之前响起。食物能够引起狗分泌唾液。在铃声与食物多次配对出现之后，条件反射发生了，铃声开始引起狗分泌唾液。这就是学习，其中铃声是条件刺激，而铃声引起的唾液分泌是条件反应。

● 听起来很简单，但我很好奇：巴甫洛夫的狗听到其他铃声后也会分泌唾液吗？

刺激泛化与刺激分化　巴甫洛夫发现，声音相似的铃声能够引起狗产生相同的条件反应。他和他的同

事还发现，狗对声音相似的铃声的反应强度不如原始的铃声强烈，但铃声的音调与原始的铃声越相似，狗的反应强度则越相似（Siegel，1969），见图5-2。对仅仅与原始的条件刺激相似的刺激做出反应的倾向被称为**刺激泛化**（stimulus generalization）。例如，假如一个人对牙钻的声音产生了轻微的焦虑反应，那么他对某些发出相似声音的机器也可能会产生轻微的焦虑反应，如咖啡研磨机。

当然，在相似的铃声响起之后，巴甫洛夫不会给狗任何食物。只有在原始的条件刺激出现后，狗才能获得食物。过不了多久，狗就会停止对这种"虚假"铃声做出反应（泛化）。因为只有原始的条件刺激出现后才会有食物，狗学会了区分其中的差异，即在"虚假"铃声和原始铃声之间进行辨别，这一加工过程被称为**刺激分化**（stimulus discrimination）。在机体学习到对不同刺激做出不同反应时，刺激分化就会发生。例如，虽然对牙钻感到厌恶的人会由于咖啡研磨机的声音而产生焦虑，但经历几次之后，这种声音就不会再引起焦虑了，因为它与牙痛并没有联系。

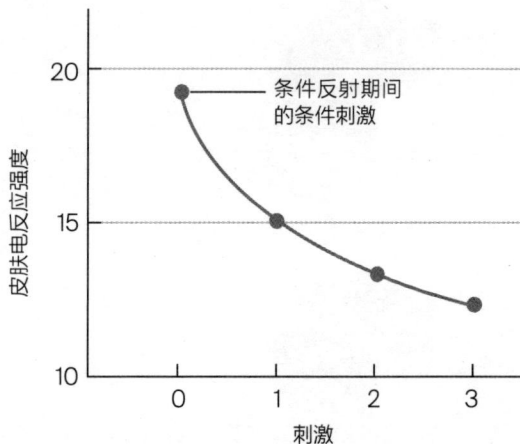

图5-2　泛化反应的强度

刺激泛化示例。无条件刺激为电击，无条件反应为皮肤电反应，这是一种与焦虑相关的测量。被试最初在特定频率的条件刺激（0音调）下出现条件反应。在用原始音调和3种不同频率的音调进行测试时，被试会出现明显的泛化反应。测试音调越接近0音调，被试的皮肤电反应幅度就越大。

消退与自然恢复　假如在原始的条件刺激之后停止给狗食物，那么将会发生什么呢？实验之后，巴甫洛夫发现，狗在听到铃声之后渐渐停止分泌唾液。即在无条件刺激缺失的情况下重复响铃时，狗不会再继续分泌唾液，这一过程被称作**消退**（extinction）。

为什么去除了无条件刺激会导致条件刺激的消退呢？有理论认为，仅仅呈现条件刺激就可以引起新的学习。在消退的过程中，由于条件刺激无法再预测无条件刺激，因此学习到的二者之间的联系就会减弱。以巴甫洛夫的狗为例，通过消退，它们学会了不随铃声来分泌唾液，因为铃声无法预测食物是否会到来。

回看图5-1。条件反射一旦形成，在原始的无条件刺激之前，条件刺激和条件反应就会出现。无条件刺激在条件刺激和条件反应的联系之后出现，可以作为条件刺激与条件反应之间联系的助力器，或称为强化物。去除该强化物，其增强的条件反应将会减弱并至少会消失一段时间。

"消退"这个词意味着原始的条件反应已消失，不再出现。但请记住，学习是相对永久性的改变，事实上，只要人们学会一些事物，再忘掉是不可能的。人们可能会学习一些可替代的新事物，记不起习得的事物，但它们仍然存在于记忆中。事实上，经典条件反射仍然很容易被启动。

在狗产生的条件性唾液反应消退之后，巴甫洛夫又等了几周，最终放弃了进行条件刺激。狗不再接受训练，也不再暴露于铃声之下，但当巴甫洛夫重新摇响铃声时，狗又开始分泌唾液，不过此时的反应非常弱，且持续时间不长。这种条件反应的短暂恢复被称为**自然恢复**（spontaneous recovery），这表明条件反应仍然存在，因为学习是相对永久性的。由于与食物的无条件刺激联系的缺失，因此条件反应被抑制。随着时间的流逝，抑制会减弱，尤其是在原始的条件刺激暂时无法呈现的情况下。自然恢复后，当原始的条件刺激再次出现时，条件反应能够再次出现，但这种反应通常比较微弱和短暂。有关消退和自然恢复，可见图5-3。

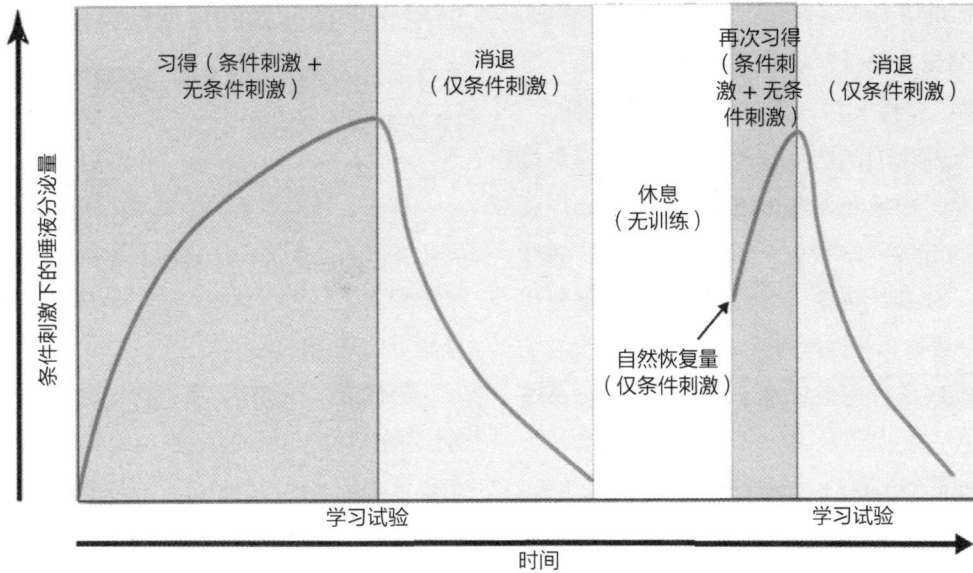

图 5-3　消退与自然恢复

图中显示的是条件性唾液反应的习得、消退、自然恢复和再次习得。通常情况下，条件反射的测量值是每次试验中条件刺激引起的唾液分泌量。需要注意的是，在消退后的一天，条件刺激的首次出现能够诱发强烈的反应，这种反应是由于自然恢复而产生的。

高级条件反射　高级条件反射（higher-order conditioning）是经典条件反射中的另一个概念，如图 5-4 所示，它通常发生在强的条件刺激和中性刺激配对出现时。强的条件刺激实际上是无条件刺激的一部分，而先前的中性刺激则变成了次级条件刺激。

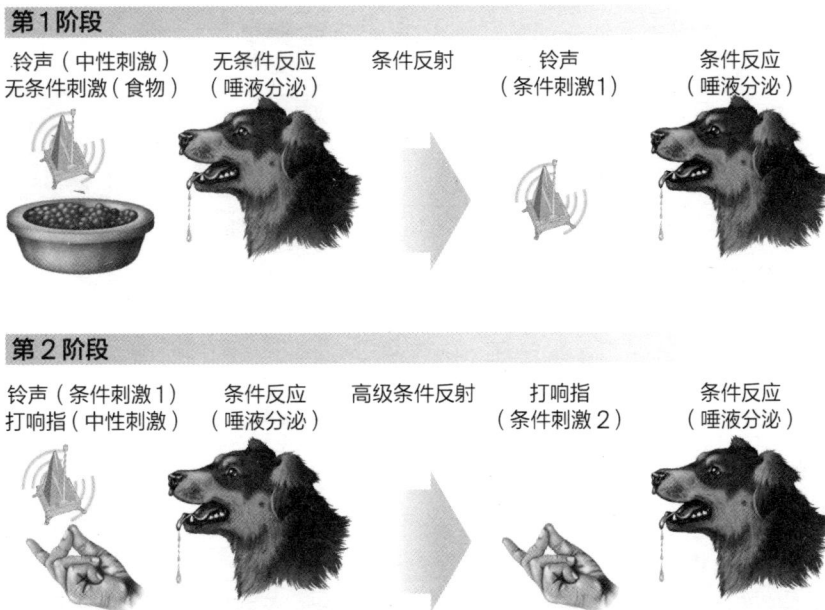

图 5-4　高级条件反射

第 1 阶段，铃声（条件刺激 1）能够导致强的唾液分泌反应。第 2 阶段，打响指（中性刺激）与铃声（条件刺激 1）配对重复出现，直到狗仅听到打响指（变成条件刺激 2）就开始分泌唾液。一种条件刺激引起一种更高级的条件刺激，即为"高级"条件反射。

再回到巴甫洛夫的实验上来。假如在摇铃之前，巴甫洛夫打响指会怎样？也就是"响指—铃声—分泌唾液"，即"中性刺激—条件刺激—条件反应"。如果这种情况发生的次数足够多，那么打响指最终也能诱发狗分泌唾液。通过相同的加工过程，即就像原本的食物与铃声的联系一样，响指与铃声相联系，成为另一种条件刺激。当然，必须每次都提供给狗食物，以维持其对铃声的原始条件反应。没有无条件刺激，高级条件反射就难于维持，最终将渐渐消失。

经典条件反射为什么会起作用 巴甫洛夫认为，条件刺激通过与无条件刺激在时间上形成紧密联系，可激活动物大脑中最初由无条件刺激激活的同一区域。他称这一过程为刺激替代。但如果仅需时间上的联系，那为什么当条件刺激在无条件刺激之后立即出现时，条件反射就不再发生呢？

罗伯特·雷斯科拉（Robert Rescorla）发现，为了实现条件反射，条件刺激必须提供一些关于无条件刺激即将到来的信息。也就是说，条件刺激必须能预测无条件刺激的到来。在一项研究中，雷斯科拉让一组大鼠听一种音调。音调开始后，当音调仍然可以听到时，研究人员会在呈现某些音调时对大鼠进行电击。很快，在音调呈现后，大鼠变得焦虑不安并表现出恐惧反应，它们开始颤抖和尖叫，这是一种条件性情绪反应。而对于另一组大鼠，雷斯科拉只在音调停止后才对大鼠进行电击，而不是在它们听到音调时。这一组老鼠对音调停止会表现出恐惧。

第二组大鼠的音调提供了与第一组不同的信息。对于第一组大鼠，音调表示电击即将来临，而对于第二组大鼠，音调在响着时表示无电击。通过将音调或音调缺失与电击配对，使得大鼠产生了特殊的期望，从而决定了它们的特殊反应。由于这种解释涉及有意识地期待某事发生的心理活动，因此它是解释认知视角的经典条件反射的一个例子。

适用于人类行为的经典条件反射

5.3　用经典条件反射来解释恐惧症、味觉厌恶和药物依赖

后来，科学家采纳了巴甫洛夫的条件反射的概念并对其进行了拓展，不仅用它来解释动物行为，也用来解释人类行为。其中的一项早期研究表明，情绪反应也可能是条件反射。

恐惧症 在前文，我们曾讨论了约翰·华生关于"小阿尔伯特"和白鼠的经典实验。这项实验是关于恐惧症这种非理性的恐惧反应经典条件反射的一次证明（Watson & Rayner，1920）。华生将白鼠和噪声进行配对呈现给婴儿，虽然婴儿最初并不害怕白鼠，但他对噪声自然是害怕的，因此他在一开始会哭喊。在噪声与白鼠配对出现了 7 次以后，每当婴儿再看到白鼠时，他就会开始哭喊。用条件反射的术语来讲，噪声是无条件刺激，对噪声的恐惧是无条件反应，白鼠成了条件刺激，对白鼠的恐惧（恐惧症）成了条件反应（见图 5-5）。当然，现在没有任何伦理委员会会支持这一实验，因为它让婴儿承受了很大的心理压力。

图 5-5 "小阿尔伯特"的条件反射

在"小阿尔伯特"对一只白鼠形成条件反射后，他又开始对兔子、狗、海豹皮大衣等感到恐惧。不过，这种刺激泛化是否发生并不确定，因为这种恐惧是针对单只兔子或狗的。你能想出某个你经历的情绪反应属于经典条件性情绪反应的例子吗？

"小阿尔伯特"至今仍然是许多心理学研究人员和学生感兴趣的话题。有研究人员曾表示，"小阿尔伯特"的真实身份是道格拉斯·梅里特（Douglas Merritte），是当初研究所在医院的一名奶妈的儿子

（Beck & Irons，2011；Beck et al.，2009）。如果真的如此，更多的研究表明，道格拉斯在接受华生和雷纳的测试时由于脑积水、脑部感染和严重的过敏反应出现了神经功能受损，并在 6 岁时死亡（Fridlund et al.，2012）。华生和雷纳的研究引发了好奇和争议，而最近的调查也引发了争议，因为并非所有人都相信"小阿尔伯特"的身份已经明了了（Harris，2011；Powell，2010；Reese，2010）。

恐惧症的学习是一种特定类型的经典条件反射的绝佳例子，即**条件性情绪反应**（conditioned emotional response，CER）。条件性情绪反应是经典条件反射中最容易出现的一种，生活中到处都有。我们很容易想到，人们可能会产生的恐惧是有条件的或是习得的，如孩子对医生办公室的恐惧，小狗对卷起的报纸的恐惧，或过去被狗袭击的人对狗的恐惧等。然而，其他情绪也能形成条件反射。

甚至，仅仅通过观看他人对刺激的反应，也能形成经典条件反射，这一过程被称为**替代性条件反射**（vicarious conditioning）（Bandura & Rosenthal，1966；Hygge & Öhman，1995；Jones & Menzies，1995）。例如，本书的一位作者从小就看到母亲对任何流浪狗都反应恶劣。这位作者的母亲被狗咬过，不得不注射狂犬病疫苗，因此她的恐惧可以理解。这位作者从来没有被狗咬过，也没有被狗攻击过，但由于她观察了母亲的反应，因此她对所有的狗也产生了一种无理由的、强烈的恐惧。

下次看电视的时候，留意一下广告。广告商常常在广告中通过某种客体或人使得观众产生一种特殊的情绪反应，并希望这种情绪反应能与他们的产品联系起来。可以说，性感模特、可爱的婴儿、惹人怜的小狗都是广告商用来触动我们心弦的刺激实例。此外，广告商也使用替代性经典条件反射，他们经常在广告中显示人们对产品的情绪反应，无论是积极的还是消极的。他们希望观众在商店货架上看到同样的产品时，会习惯于体验同样的情绪。

好消息是，同样的学习原则可以用于治疗恐惧症和焦虑症。

条件性味觉厌恶　经典条件反射中的某些联系似乎比其他联系更容易建立。例如，你是否曾由于一些不好的经历而不再吃某种食物了？无论你相信与否，你对食物的反应也是一种经典条件反射。

众多实验显示，实验室老鼠可以产生**条件性味觉厌恶**（conditioned taste aversion），因为在感到厌恶之前，它们要吞咽某液体或者食物长达 6 小时之久。研究人员（Garcia et al.，1989；Garcia & Koelling，1966）发现，首先给老鼠一种甜味液体，然后再给它们注射可导致恶心的药物或让它们暴露于可导致恶心的辐射中，它们就不愿再接触这种液体了。利用相似的方式，在酒精成瘾的人饮酒时，给他们使用一种导致恶心的药物，他们将不再喝任何酒精饮料。癌症患者接受的化疗药物也能引起恶心，这会导致他们形成对化疗前吃的任何食物的味觉厌恶（Berteretche，2004）。

💬 我原以为需要多次与刺激配对出现才能引起条件反射。经典条件反射为什么这么快就会发生？

举例来说，依靠视力发现食物的鸟类会避免任何容易引起恶心的物体或昆虫，这一点很有趣。有一种蛾子，它们的颜色类似于黑脉金斑蝶，这种蝴蝶对鸟类来说是有毒的，但这种蛾子并没有毒。蛾子的这种拟态伪装能使自己避免被鸟类吃掉，即使它们看起来非常秀色可餐。研究人员发现，某些刺激和反应之间的一些联系更容易形成，这在动物和人类身上都成立。这叫作**生理准备**（biological preparedness）。哺乳动物对将味觉与疾病联系在一起早有生理准备，而鸟类则是对将视觉和疾病联系在一起有生理准备（Shapiro et al.，1980）。

至于恐惧症，它是一种自然的情绪反应，与生存息息相关。我们需要记住引起恐惧的刺激是什么，这样我们在以后才能安全地避开它们。厌恶和恐惧都属于帮助生物体存活下来并传递遗传物质的无意识反应，因此，在刺激与这些反应之间建立快速而有力的联系的先天倾向具有重要的进化意义。

对危险事物产生的生物准备对生存很有意义，但当事物不是典型的危险物时，就很难对这些事物产生的恐惧产生条件反射了。在一项研究中，猴子通过观看其他猴子对刺激做出可怕反应的视频，很容易学会害怕玩具蛇或鳄鱼，这也是经典替代性条件反射的绝佳例子。不过，猴子从来没有学会用同样的方法害怕花或玩具兔子（Cook & Mineka, 1989），因为蛇和鳄鱼是掠食者，而花和兔子不是。

药物依赖 使用药物所带来的兴奋，无论是来自阿片剂、兴奋剂，还是酒精等镇静剂，通常都发生在特定环境中，同时会有某些特定的人在场，甚至可能会用到特定的物品，如可卡因成瘾者会使用小勺子。这些人、环境和事物可成为与药物高度相关的条件刺激，并能产生条件性的兴奋反应。这些线索的存在会使人们更难抗拒药物，因为身体和大脑已对药物与线索的联系形成了经典条件反射。

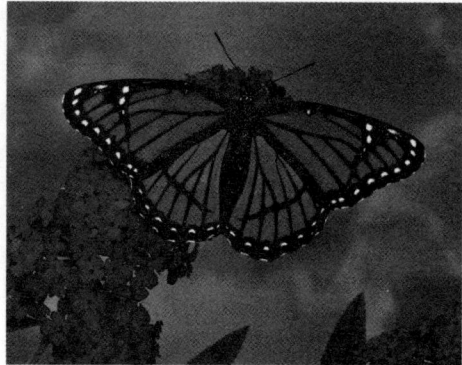

自然界中的条件性味觉厌恶的例子。图中这种蛾子对鸟类来说是没有毒的，但它们的颜色类似于黑脉金斑蝶，而黑脉金斑蝶对鸟类来说是有毒的，所以鸟类不会吃这种蛾子。鸟类是通过视觉寻找食物的，因此它们不会吃任何类似黑脉金斑蝶的东西。

批判式思考 你认为人类和其他动物一样受生理控制吗？为什么？

概念地图 5.1~5.3

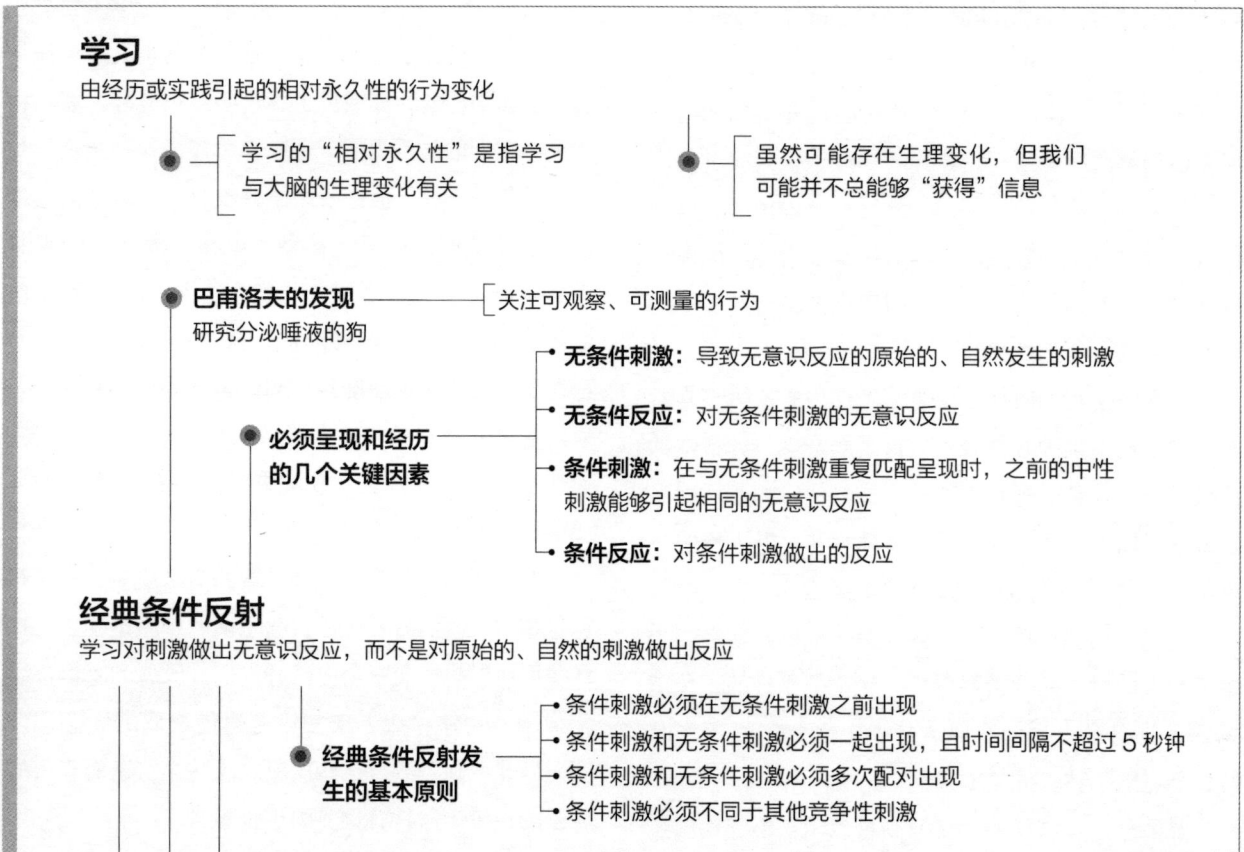

学习
由经历或实践引起的相对永久性的行为变化

- 学习的"相对永久性"是指学习与大脑的生理变化有关
- 虽然可能存在生理变化，但我们可能并不总能够"获得"信息

- **巴甫洛夫的发现** —— 关注可观察、可测量的行为
  研究分泌唾液的狗

- **必须呈现和经历的几个关键因素**
  - **无条件刺激**：导致无意识反应的原始的、自然发生的刺激
  - **无条件反应**：对无条件刺激的无意识反应
  - **条件刺激**：在与无条件刺激重复匹配呈现时，之前的中性刺激能够引起相同的无意识反应
  - **条件反应**：对条件刺激做出的反应

经典条件反射
学习对刺激做出无意识反应，而不是对原始的、自然的刺激做出反应

- **经典条件反射发生的基本原则**
  - 条件刺激必须在无条件刺激之前出现
  - 条件刺激和无条件刺激必须一起出现，且时间间隔不超过 5 秒钟
  - 条件刺激和无条件刺激必须多次配对出现
  - 条件刺激必须不同于其他竞争性刺激

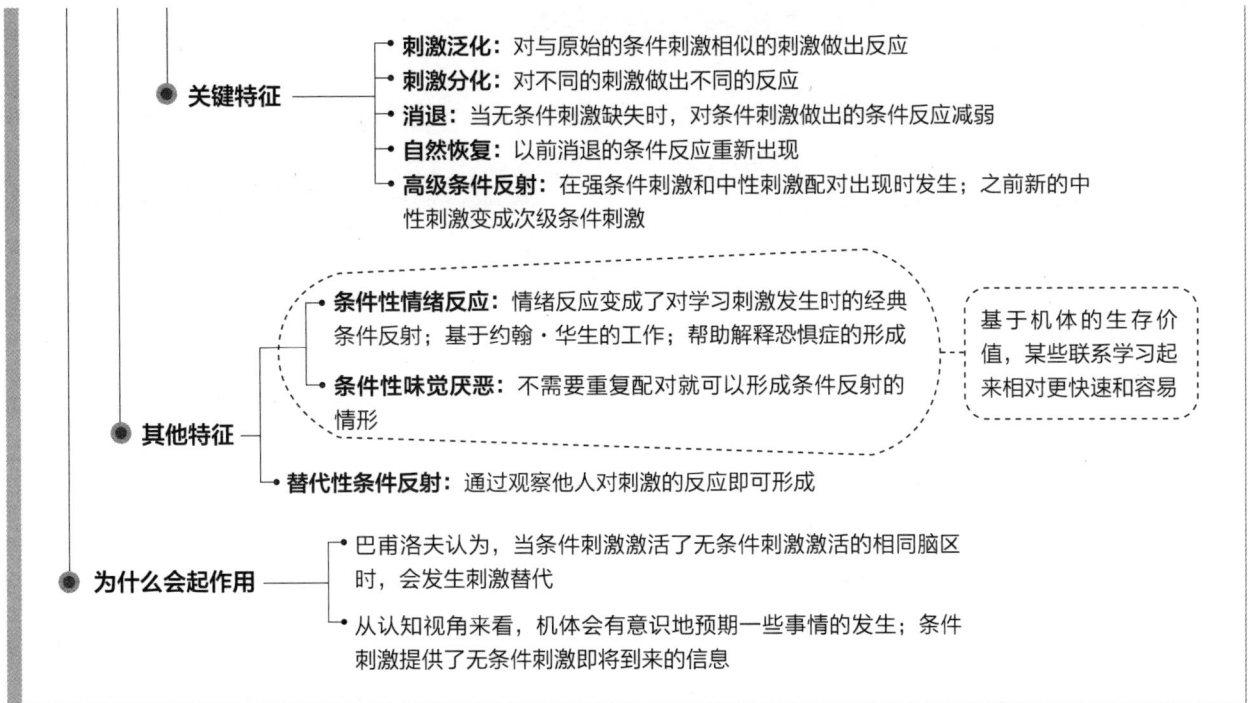

关键特征
- **刺激泛化**：对与原始的条件刺激相似的刺激做出反应
- **刺激分化**：对不同的刺激做出不同的反应
- **消退**：当无条件刺激缺失时，对条件刺激做出的条件反应减弱
- **自然恢复**：以前消退的条件反应重新出现
- **高级条件反射**：在强条件刺激和中性刺激配对出现时发生；之前新的中性刺激变成次级条件刺激

其他特征
- **条件性情绪反应**：情绪反应变成了对学习刺激发生时的经典条件反射；基于约翰·华生的工作；帮助解释恐惧症的形成
- **条件性味觉厌恶**：不需要重复配对就可以形成条件反射的情形

基于机体的生存价值，某些联系学习起来相对更快速和容易

- **替代性条件反射**：通过观察他人对刺激的反应即可形成

为什么会起作用
- 巴甫洛夫认为，当条件刺激激活了无条件刺激激活的相同脑区时，会发生刺激替代
- 从认知视角来看，机体会有意识地预期一些事情的发生；条件刺激提供了无条件刺激即将到来的信息

随堂小考

1. 迈克尔注意到，每当他移动狗的食物盘时，狗就会走进厨房，表现出饥饿和兴奋。迈克尔推测，由于他用食物盘喂狗，因此食物盘的声音成了____。
   A. 无条件刺激　　　　B. 条件刺激
   C. 无条件反应　　　　D. 条件反应

2. 安吉丽卡在小时候被狗吓坏后，她不仅害怕吓坏自己的狗，也害怕所有的狗，这属于____。
   A. 消退　　　　　　　B. 自然恢复
   C. 刺激泛化　　　　　D. 刺激分化

3. 在约翰·华生的"小阿尔伯特"实验中，条件刺激是____。
   A. 白鼠　　　　　　　B. 巨大的噪声
   C. 对白鼠的恐惧　　　D. 对噪声的恐惧

4. 下面哪项属于经典替代性条件反射？
   A. 托尼在小时候注意到，姐姐们一看到蜘蛛就跳来跳去并尖叫，因为她们非常害怕蜘蛛。随后，托尼一看到蜘蛛也会感到害怕
   B. 汤米的密友告诉他一种新产品，他决定自己去买

   C. 猫对铃声做出反应，因为铃声和它在电视上听到的铃声相似
   D. 托尼娅看着祖父检查她的自行车轮胎气压，然后用手摇泵给轮胎打气。后来，托尼娅可以自己检查轮胎气压并给轮胎打气

5. 辛迪在一家餐馆吃了奶酪玉米卷，后来她病得很重，出现了恶心、呕吐。基于条件性味觉厌恶研究，我们可以预测：____。
   A. 辛迪可能会对奶酪玉米卷产生强烈的兴趣
   B. 辛迪很吃到奶酪玉米卷后可能不会感到恶心
   C. 辛迪下次吃奶酪玉米卷时可能会感到恶心
   D. 辛迪可能会继续吃奶酪玉米卷，除非她觉得恶心

6. 罗伯特·雷斯科拉发现，对于条件反射的发生，条件刺激必须____。
   A. 取代无条件刺激
   B. 在无条件刺激之后出现
   C. 与无条件刺激同时出现
   D. 能够预测无条件刺激

◯ 操作性条件反射：它对我有什么好处

💬 到目前为止，所有的学习似乎都只涉及无意识行为，但我知道自己不仅仅是在进行自动反应。人们做事是有目的的，这种行为也是习得的吗？

所有机体都能做出以下两种行为：无意识行为和有意识行为。例如，当一只小虫靠近伊内兹的眼睛时，如果她闭上眼睛，那么这就是一种反射，也是一种无意识行为；但如果她通过拍打来吓唬小虫，那么这就是有意识行为。伊内兹不得不眨眼，但她可以选择拍打小虫。

经典条件反射是一种发生在自动的无意识行为中的学习。在本节中，我们将描述适用于有意识行为的学习类型，它与经典条件反射存在诸多异同。

桑代克和斯金纳的贡献

5.4 了解桑代克和斯金纳对操作性条件反射概念的贡献

经典条件反射包括无意识的、自动反应的学习，而**操作性条件反射**（operant conditioning）是关于有机体如何学习有意识反应的。操作性条件反射是基于爱德华·桑代克（Edward Thorndike）和 B.F. 斯金纳的研究发展而来的。

令人沮丧的猫：桑代克的迷箱和效果律 爱德华·桑代克是第一批探讨和尝试构建学习有意识反应定律的研究人员之一，不过当时并不叫操作性条件反射。桑代克将一只饥饿的猫放在一只迷箱中，猫唯一逃脱的途径是按压箱底的一个控制杆。桑代克又在迷箱外放了一盘食物，因此猫有很强的逃脱动机。桑代克观察到，猫在迷箱中来回移动，对迷箱又推又抓，努力想逃出去。后来，猫偶然按压到了控制杆，打开了门。逃出来后，猫吃到了迷箱外的那盘食物。控制杆是刺激，按压控制杆是反应，结果是逃出来（好的结果），以及得到食物（更好的结果）。

猫并没能立即学会按压控制杆逃出迷箱。在迷箱中经过多次试错后，猫能越来越快地去按压控制杆（见图 5-6）。需要特别说明的是，我们不能假设猫"懂得"了控制杆和自由之间的联系。桑代克不断地将控制杆调到不同的位置，而猫必须重新学习整个过程。猫只是简单地在最终能得到食物和自由的大致区域内继续推抓，每次逃出来并得到食物的速度会快一些。

基于这一研究，桑代克提出了**效果律**（Law of Effect），即如果某一行为会带来愉悦的结果，那么该行为会得到重复；而如果某一行为会带来不愉悦的结果，那么该行为不会得到重复。这是有意识行为学习的基本原则。在猫待在迷箱的情形中，按压控制杆会带来愉悦的结果（逃出来并得到食物），所以，猫会重复按压控制杆。

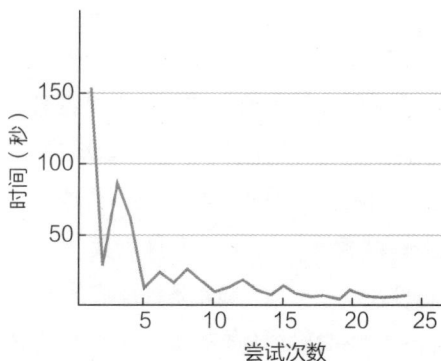

图 5-6 桑代克实验中的学习时间曲线图

在条件反射的实验研究史上，该图是最早的"学习曲线图"之一。桑代克的猫逃出迷箱的时间随尝试逃出次数的增加而逐渐减少，但经历了明显的反复。

B. F. 斯金纳：行为主义者中的行为主义者 B. F. 斯金纳被认为是继约翰·华生之后在该领域处于领导地位的行为主义心理学家。与华生相比，斯金纳甚至更坚定地认为心理学家应该研究可测量的、可观察的行为。除了关于巴甫洛夫经典条件反射的知识外，斯金纳还在桑代克的研究中发现了解释作为学习结果的所有行为的一种方法。他甚至赋予了有意识学习一个特别的名称，即操作性条件反射。有意识行为指的是人和动物在世界上可操作的行为。在执行有意识行为时，人能够做自己愿意做的事情，并回避不愿意做的事情。因此，在斯金纳看来，有意识行为是**操作性行为**（operant），而对这种行为的学习即是操作性条件反射。

操作性条件反射的核心是关于行为结果的效果的。回顾一下经典条件反射的内容，学习无意识行为实际上依靠的是反应前的刺激，即无条件刺激和即将成为条件刺激的事物。这两种刺激都是先行刺激——先行意味着某些事情出现在另一些事情之前。而在操作性条件反射中，学习依赖于反应后发生的事，即结果。从某种意义上来讲，操作性条件反射可以概括为：如果我做这件事，那么我能得到什么？

强化的定义

5.5　区分初级强化物和次级强化物以及正强化和负强化

"我能得到什么"体现了**强化**（reinforcement）这一概念，强化也是斯金纳对行为主义的主要贡献之一。强化的本意是"加强"，斯金纳将其定义为：伴随某反应的任何事物都能造成该反应更有可能再次出现。这通常意味着，强化是一种结果，对有机体来说，这种结果在某些方面是愉悦的，这与桑代克的效果律相关。这种愉悦的结果是有机体可以得到的。例如，愉悦的结果可能类似于在饥饿时得到食物、在需要钱时得到钱等，也可以是回避一些令人厌烦的琐事，如洗碗、扔垃圾等，比如"为了不用洗碗，让我做什么都行！"

再来回顾桑代克的迷箱研究：猫能得到什么呢？猫从迷箱中逃出来，并能在逃出来之后得到食物，二者都是按压控制杆反应的强化。每当猫逃出迷箱，它都会得到强化。在斯金纳看来，这种强化是猫能学会任何事情的原因。对于操作性条件反射而言，强化是学习的关键。

斯金纳也有自己的迷箱，即斯金纳箱，或称操作性条件反射箱。他在早期常常将一只老鼠放在箱子里，然后训练老鼠按压控制杆以得到食物。

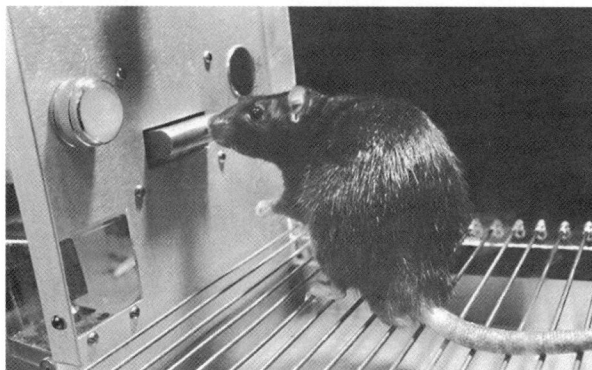

为了得到食物，图中的这只老鼠在笼子的一侧学习按压杠杆。按压一次，左下角的食槽中会出现几丸食物。在某些情况下，左上侧的灯可能变亮，提示按压杠杆将得到食物，或警示笼子的底部格栅上将出现电击。

初级强化物和次级强化物　用于强化行为的事件或物品并不都一样。比如，假设你的一个朋友想让你帮他将车上的书搬到他的二楼公寓，他会给你 25 美元或一块糖。除非你最近遭受脑损伤，否则你一定会选择钱，对不对？25 美元可不止能买到一块糖。

现在，假设你的朋友与一个 3 岁的孩子做相同的"交易"，孩子搬一些书可以得到 25 美元或一块糖。这个孩子会选择哪个奖赏呢？大多数 3 岁的孩子可能没有钱的概念，因此他们可能会选择糖。钱和糖属于两种基本的**强化物**（reinforcer）。钱的强化特征必须得到学习，而糖能够以味觉和满足饥饿的形式提供基本奖赏。

像糖这种能够满足饥饿等基本需求的强化物，被称为**初级强化物**（primary reinforcer）。初级强化物可以是任何食物（饥饿驱动）、液体（口渴驱动）或接触（愉悦驱动）。婴儿、初学走路的儿童、学龄前儿童和动物都比较容易通过初级强化物进行强化。不过，用强化物作为奖赏并不总是好的，如去除疼痛也是一种初级需求，因此当疼痛被去除时，疼痛本身也是一种初级强化物。疼痛的去除完成了一种基本需求，正如饥饿时吃东西满足了饥饿需求。

而钱则属于**次级强化物**（secondary reinforcer），

需要与过去的初级强化物相联系。过去曾得到钱的孩子意识到"这张纸"能用来买糖果和零食（初级强化物），因此钱本身变成了强化物。如果一个人在拍孩子的头时（拍头的动作是一种初级强化物）表扬了他，那么表扬本身最终会使孩子感到愉悦。

💬 这听起来非常熟悉，是不是与经典条件反射相关？

次级强化物确实能从经典条件反射过程中得到强化的力量。毕竟，人在吃饭、喝水或做背部按摩时感到愉悦是一种自动反应，而任何自动反应都可以成为发生新刺激的经典条件反射。以前文提到的搬书为例，糖是愉悦（无条件反应）的一个无条件刺激，在获得糖之前，钱被呈现出来。钱变成了愉悦的一个条件刺激，当人得到很多钱时，他们确实会感到愉悦，难道不是吗？

对于孩子而言，爱抚是无条件刺激，得到触摸和爱抚时感到的愉悦是无条件反应。赞扬，更具体地说是音调，变成了愉悦的条件刺激。虽然经典条件反射和操作性条件反射常常会同时发生，如在形成次级强化物时，但二者是两个不同的过程。表5-1展示了这两种条件反射的差异。

表5-1 两种条件反射的比较

操作性条件反射	经典条件反射
结果是增加已发生的反应的速度	最终结果是对刺激形成新的反应，而该刺激通常无法引发这种反应
反应是有意识的，由有机体发出	反应是无意识和自动的，由刺激引起
结果对联系的形成非常重要	先行刺激对联系的形成非常重要
强化应是即时的	条件刺激需要在无条件刺激之前即时发生
强化的预期结果是形成正确的反应	无条件刺激的预期结果是紧随条件刺激

学习的神经基础 随着大脑和神经元工作研究

的新方法的发展，研究人员正在研究经典条件反射和操作性条件反射的神经基础（Gallistel & Matzel，2013）。学习涉及的一个重要脑区是前扣带回皮层（ACC），它位于胼胝体前上侧的额叶内（Apps et al.，2015）。前扣带回皮层也与伏隔核相连。还记得前文有关药物依赖和奖赏回路的讨论吗？【连接学习目标4.11】。伏隔核是该回路的一部分，大脑的这两个区域都参与多巴胺的释放（Gale et al.，2016；Morita et al.，2013；Yavuz et al.，2015）。

鉴于多巴胺在放大某些输入信号和降低伏隔核其他信号强度方面所起的作用（Floresco，2015），多巴胺参与强化过程很有意义。想一想当你收到一条新信息时听到手机发出的特定声音会发生什么情况。我们很喜欢接收信息，甚至常常忽略与我们在一起的人去查看信息。有没有人说过你手机"上瘾"了？如果你仔细想一想，那点声音，无论是钟声、叮当声，还是其他任何声音，都变成了条件刺激。我们发现，查看信息本身令人愉悦，因此信息可以被看作是愉悦的一种无条件刺激，而声音则成为愉悦的条件反应的条件刺激。但当你听到声音后进行有益的活动时，大脑中的一些区域会出现兴奋性活动，同时伴随着多巴胺活动的增加，以表明这种活动是有益的，并会再次这样做。正如多巴胺和奖赏回路与药物依赖有关一样，它们似乎与我们习得的成瘾行为也密切相关。

正强化和负强化 强化物的使用途径也可能不同。大多数人很容易理解，伴随愉悦结果（如奖赏）的反应将会使得重复该反应的概率增加。这被称为**正强化**（positive reinforcement），通过增加或体验愉悦的结果来强化反应，如奖赏或赞赏性地拍人后背。

但很多人很难理解相反的情况也是正确的：随着移除或摆脱不愉悦的事情而做出的反应也会增加该反应得到重复的可能性。这一过程被称为**负强化**（negative reinforcement）。还记得这种观点吗：如果疼痛被消除，它可以成为初级强化物？如果某个行为使得疼痛消失，那么人很可能会再次做同样的行为，这也是人们可能会对止痛药成瘾的部分原因。

让我们来思考每种强化类型的几个例子。工作挣钱是一个正强化的例子，因为人通过工作这种行为能挣钱——额外的、愉悦的结果。对此，每个人都能理解。但为了避免被罚款而按时上交个人所得税申报表呢？这其实是一个负强化的例子，因为这种行为（在最后期限前提交）会避免不愉悦的刺激，即惩罚。因此，当负强化增加一个人的某种行为的可能性时，这个人再次这样做的可能性也会增加，如在以后按时提交个人所得税申报表。非常重要的一点是，正强化和负强化都会增加行为发生的可能性，它们都具有加强或强化行为的效果。区分这两种强化的差异的最佳方法是举实例。请尝试从下列例子中找出哪些属于正强化，哪些属于负强化：

1. 佩德罗的父亲唠叨着让他去洗车，佩德罗讨厌唠叨，他只好乖乖地去洗车，好让父亲能停止唠叨。

2. 杰克发现，以一种有趣的声音说话能够吸引同学的注意，因此他现在常常用这方式说话。

3. 艾伦是餐厅的服务员，总是保持微笑和愉快的表情，因为这样做似乎能得到更多的小费。

4. 安娜在截止日期前将论文交给了老师，因为如果晚交一天，得分就会降一个等级。

答案分别是：

1. 佩德罗通过洗车得到负强化，因为他这么做时，父亲的唠叨（不愉悦的刺激）会停止。

2. 杰克以吸引同学注意的方式得到正强化。

3. 艾伦的微笑和愉快的表情被小费正强化。

4. 安娜通过及时上交论文回避了不愉悦的刺激（得分等级降低），这属于负强化。

批判式思考　想一想，在你上小学时，哪种强化方法最有效：正强化还是负强化？上高中以后有变化吗？

强化程序

5.6　了解强化的 4 种程序

强化的时机会导致明显的差异，包括学习发生的速度和习得反应的强度。然而斯金纳发现，从持久学习的角度来讲，强化每种反应未必是最佳强化方案。

"记住，每次给你一颗小丸时，都要通过拉动杠杆来强化这种行为。"
©New Yorker Collection 2005 Joe Dator from cartoonbank.com. All Rights Reserved.

部分强化效应　请思考以下情形：艾丽西亚的母亲每晚给艾丽西亚 25 美分，只要她记得将脏衣服放进衣篮里；比安卡的母亲每周末会给比安卡 1 美元，只要她每天将脏衣服放进衣篮里。相对于比安卡来说，艾丽西亚学习得更迅速，因为她的反应每次都能得到强化，反应便更容易发生且能被迅速习得。那么，当两位母亲停止给钱后，哪个孩子会更快地停止将脏衣服放进衣篮里呢？

答案可能令人惊讶：很可能是艾丽西亚，因为她期望在每个反应后得到强化（25 美分）。一旦强化停止，行为就会消退。比安卡期望在 7 个正确反应后得到一次强化，强化停止后，比安卡可能会继续将脏衣服放进衣篮里，这样连续几天或一周，希望强化（1 美元）最终能出现。与艾丽西亚相比，比安卡可能学习得比较慢，但一旦学习到将脏衣服放进衣篮与得到 1 美元之间的联系，她停止这样做的可能性更小，甚至在母亲停止给钱时也会如此。

比安卡的行为反映了**部分强化效应**（partial reinforcement effect）（Skinner，1956）：某个反应在一些

（非全部）正确反应之后得到强化，那么，正确反应将比接受到**连续强化**（continuous reinforcement）的反应更难消退。连续强化即每个正确反应都得到强化。虽然连续强化更有助于某个行为的形成，但部分强化不仅难以抑制，且更现实。想象一下：你每做一顿饭或每提交一次报告都会获得酬劳，会怎么样呢？在现实生活中，对于工作，人们倾向于接受部分强化而非连续强化。

部分强化可以基于不同的模式或程序来执行。它可以是一段重要的时间间隔，如办公室保险柜只能在一天的某一确切时间打开，其他时间不管努力多少次，都打不开。另外，它也可以是重要的反应次数，比如必须买一定数量的彩票才可能得奖。当反应时间更关键时，这被称为间隔程序；而当反应次数更关键时，这被称为比率程序，因为每个强化物都需要一定数目的反应，如买 50 张彩票奖。强化程序可能有其他的不同方法，关键在于反应次数或间隔时间是否固定，即在每个事件中都一样，或者会发生变化。因此，强化程序可能是固定的间隔程序，也可能是变化的间隔程序、固定的比率程序或变化的比率程序。

固定间隔的强化程序 如果每周收到一张工资支票，你就会对所谓的**固定间隔的强化程序**（fixed interval schedule of reinforcement）感到熟悉，它是指在确定的且固定的时间间隔进行强化。例如，假如康纳教授正在教一只老鼠按压控制杆以得到食物，她在老鼠按压杠杆 2 分钟后给予一丸食物。不管老鼠按压控制杆多少次，它只能在按压 2 分钟后得到一丸食物。这是在间隔结束时得到强化的首个正确反应。

如彩图 7 所示，这种强化程序无法产生快的反应速度（图中的橙线无法像蓝线那样快速上升）。由于至少在这一时间间隔做出一个反应更关键，因此速度并不重要。最终，随着时间间隔结束，老鼠开始按压控制杆，产生如彩图上所示的扇形效应。反应速度仅仅在强化之前上升，之后立即下降，直到接近下一次提供食物的时间。这类似于工厂工人在发薪日前会加快生产速度，而在发薪日后会放慢生产速度的方式（Critchfield et al.，2003）。

人们经历的固定强化方式并非只有发工资这一种。例如，你在什么时候学习最刻苦：是不是考试之前？当你知道快考试了，就像有一个固定的时间间隔是可预测的，在快考试之前你会付出最多的努力。但这可不同于在考试前临时抱佛脚！另一个固定间隔的强化程序的例子是，大多数人在检查牙齿前几天会疯狂刷牙。在这种情况下，人们可能希望得到负强化。在检查之前牙齿越干净，人们待在牙医诊所的时间可能就越少。

💬 这么说，如果规定考试属于固定间隔的强化程序，那么突击测验应该就属于变化间隔的强化程序？

变化间隔的强化程序 突击测验无法预测。学生不知道何时会有突击测验，最好的策略就是当天学习以防第二天有测验。突击测验属于**变化间隔的强化程序**（variable interval schedule of reinforcement）的一个绝佳的例子。时间间隔从这一次到下一次是处于变化之中的，有机体为了获得强化物（如在测验中获得好成绩）必须做出反应。在更基础的实验中，老鼠可能平均每 5 分钟获得一丸食物，有时 2 分钟，有时 10 分钟，但老鼠必须在时间间隔内按压控制杆来得到食物。由于老鼠无法预测这一时间间隔有多长，因此它们需要或多或少地连续按压控制杆（见彩图 7 中的绿线）。另外，由于速度并不重要，因此反应速度缓慢而平稳。

另一个例子是钓鱼：人们将鱼竿放在水里，一直等，直到鱼上钩——如果幸运的话。只要将鱼竿放到水里，人们就不愿提起来，因为担心在提起鱼竿时，一条大鱼正游过来。

打经常占线的电话号码也属于这种情况，由于不知道何时才能打通，因此要一遍一遍地打电话。

固定比率的强化程序 在比率程序中，重要的是反应次数。对于**固定比率的强化程序**（fixed ratio schedule of reinforcement），接受每种强化物的反应次数通常是相同的。

在钓到鱼之前，人们不知道何时该起竿。这是一个变化间隔的强化程序的例子，可以解释为什么有人不愿打包回家，比如图中这对父子。

彩图 7 中的蓝线有两个特点：一是反应速度非常快，尤其是与图中的橙线相比；二是在给出一个强化物后，反应模式上立即出现了一个"停顿"。反应速度快是因为老鼠想尽可能快地得到下一个强化物，而按压控制杆的次数是一定的。在强化以后出现停顿，是因为老鼠知道按压控制杆一定次数后才能得到下一个强化物，因为次数通常是一样的。无论是固定比率的强化程序还是固定间隔的强化程序，都是可预测的，因此可以出现"休息"时间。

对于人类而言，那些在得到工资之前必须完成一定数目任务的人，都会被固定比率的强化程序强化。再比如，卖三明治的商店可能每次会给消费者一张穿孔卡片，当卡片上的孔达到 10 个时，消费者就能得到一个免费的三明治。

变化比率的强化程序　彩图 7 中的紫线上升得同样非常快，与绿线一样，它非常平滑。二者为什么这么相似呢？

在**变化比率的强化程序**（variable ratio schedule of reinforcement）中，此次到下一次之间的反应次数是变化的。如在实验中，老鼠可能预期平均按压控制杆 20 次才能得到强化。也就是说，它们有时在得到强化物之前按压控制杆 10 次，有时则需要按压 30 次或更多次。

彩图 7 中的紫线与表示固定比率的强化程序的蓝线的上升速度一样快，其原因可能是反应次数仍旧是关键所在。但由于老鼠一直没有休息间隔，因此紫线更加平滑。老鼠不休息是因为它不知道需要按压多少次控制杆才能得到下一丸食物。老鼠尽可能快地按压控制杆，并在按压的同时吃得到的食物。变化比率的强化程序的不可预测性使得反应或多或少是连续的，与变化间隔的强化程序一样。

对于人类而言，将钱投进赌博机的人正被变化比率的强化程序强化——人们希望如此。人们将钱投进赌博机（反应），但不知道在强化（中奖）来临之前需要投多少次。人们会坐在那儿，直到中奖或花光所有的钱。人们不敢停下来，因为"下一个"可能会中大奖。买彩票也是一样的道理。人们不知道要买多少彩票，但由于害怕如果不买的话，可能会错失能够中奖的彩票，因此会持续购买。

赌博机根据变化比率的强化程序以钱的形式提供强化，对大多数人来说，这十分诱人。人们不想停下来，幻想着下一次拉杆时可能就"走运"了。

无论用哪种强化程序，有两种因素能保证行为强化尽可能地有效。第一种因素是时间：在期望的行为之后，应立即给予强化。延迟的强化很难起作用，尤其是对动物和幼儿而言。大一点的孩子和成人能够想到未来的强化，如存钱买自己极度渴望的物品，因此延迟强化对他们是有效的；当他们考虑未来的购买行为时，省钱是一种强化。第二种因素是只强化期望的行为。这显而易见，但我们都会犯错。例如，许多家长会错误地给予没有完成家务的孩子承诺，完全阻碍了孩子对家务或任务的学习。对没有真正做到这一点的宠物，有谁没善待过它们吗？

惩罚的作用

5.7　了解惩罚对行为的影响

💬 我认为自己掌握了强化，那惩罚呢？惩罚如何融入大局？

让我们回到正负强化的讨论上来。这些策略对于增加目标行为再次发生的可能性非常重要，但对于我们不想重蹈覆辙的行为又会怎样呢？

定义惩罚　在这个世界上，人会接触两种事物：一种是喜欢的事物，如食物、金钱、糖果、性、赞美等；另一种是不喜欢的事物，如被打屁股、被骂、经历痛苦等。而人经历这两种事物有两种方式：要么直接经历，如工作挣钱或行为不端被骂；要么没有经历过，如行为不端失去津贴或通过谎报行为不端以逃避责骂。表5-2 对这些结果进行了总结。

表5-2　改变行为的方式

	强化	惩罚
正性 （增加）	珍视或想要的事物	不愉悦的事物
	正强化（如由于在学校表现良好得到小红花）	实施式惩罚（如因为不服从被打屁股）
负性 （消除或回避）	令人不愉快的事物	珍视或想要的事物
	负强化（如系好安全带以防警报响起）	消除式惩罚（如损失某种特权，比如不能与朋友出去玩）

从表5-2中可以看出，**惩罚**（punishment）实际上是强化的反面，即任何事件或刺激伴随某一反应时，会导致该反应不太可能再次发生。人们常常将负强化和惩罚相混淆，因为"负"听起来并不好，就像一种惩罚。实际上，强化都会加强反应，无论是正强化还是负强化；而惩罚则会削弱反应。

强化有两种方式，惩罚也有两种方式。

当将不愉悦的事物添加或应用到情境中时，如被打屁股、被责骂或其他不愉悦的刺激，**实施式惩罚**（punishment by application）就会发生。这是大多数人听到惩罚这个词时所想到的惩罚。许多儿童发展专家强烈建议家长避免惩罚孩子，因为惩罚很容易升级为虐待（Dubowitz & Bennett，2007；Durrant & Ensom，2012；Straus，2000；Trocmé et al，2001）。如果家长只是用手拍两三下，这种打屁股的方式可能对身体无害，但如果因愤怒打屁股或用皮带或其他工具打屁股，就会变成身心虐待。

另一种惩罚方式**消除式惩罚**（punishment by removal），人们常常将它与负强化相混淆。对于这种惩罚，在某种行为发生后，会通过拿走愉悦的事物或期望得到的事物对人进行惩罚。例如，禁足就是剥夺了青少年做自己想做之事的自由，它是消除式惩罚的一个例子。其他消除式惩罚的例子包括"计时孤立"孩子（让家里其他人暂时不理他）、对不守法的人进行罚款（拿走钱）、通过取消看电视等"特权"来惩罚孩子的攻击性行为等。这种惩罚容易被儿童心理发展专家接受，因为它没有身体攻击，避免了许多攻击性惩罚带来的问题。

负强化和消除式惩罚容易混淆，很有必要对它们进行区分。当某个反应伴随着不愉悦刺激的消除时，负强化就会发生。如果不愉悦的事物因为该反应而消失，该反应难道不会一次次地发生吗？如果反应增加，结果必须是一种强化。问题在于，负强化这个词听起来像是某种惩罚。当人们理解负强化时，确实容易出现这种问题。通过消除一些不愉悦的事物，人们能够得到混有惩罚的负强化，例如，当你造成了一场车祸后，你的驾照会被拿走。因为在这两种情况下，消除（拿走）一些事物后，人们会认为它们都会产生惩罚效应，或减弱反应。二者的不同在于被消除（拿走）的是什么：对于负强化而言，被消除（拿走）的是不愉悦的刺激；对于惩罚而言，被消除（拿走）的是愉悦的或渴望的事物。许多教材都将实施式惩罚称为积极惩罚，而将消除式惩罚称为消极惩罚。尽管从技术上来讲这些术语都是正确的，但它们只会让理解变得更复杂，因此，本书选择保留更具描述性的术语。有关负强化和消除式惩罚的实例对比，请参见表 5-3。

表 5-3　负强化 vs. 消除式惩罚

负强化	消除式惩罚
红灯亮时停车，避免发生车祸	由于发生过太多交通事故，失去了开车的权利
系好安全带，让恼人的警告信号停止	由于没系安全带，不得不交罚款
在父母数到"3"之前服从，避免被责备	由于不守规矩而被禁足，失去自由

图中这个女孩的父亲正通过强迫她剪掉信用卡来实施消除式惩罚。

惩罚存在的问题　虽然惩罚在减少或减弱行为方面很有效，但它也存在其他缺点。例如，相对于强化而言，惩罚更难于实施。在使用强化的过程中，人必须增强已存在的反应，而惩罚是被用来减弱反应的，通常摆脱已存在的反应并不容易。此外，多次惩罚只能暂时压制或抑制行为。例如，惩罚孩子通常并不能使他们的不良行为彻底消失。随着时间的流逝，惩罚会被忘记，不良行为会以一种旧行为自然恢复的方式再次出现，通常这种行为对儿童而言可能是愉悦的。

回顾表 5-2 中的惩罚一栏，实施式惩罚可能十分严厉，而严厉的惩罚确实非常有效：行为立即消失（Bucher & Lovaas，1967；Carr & Lovaas，1983）。虽然惩罚可能无法永久性地阻止某种行为，但至少会让它暂时消失。在一些情况下，儿童可能会做一些危险或自残的事情，此时，惩罚相对来说是可接受的（Duker & Seys，1996）。例如，如果一个孩子突然跑向车流飞驶的马路，父母可能会大声让孩子停下来，然后轻打几下孩子的屁股。如果这不是父母常做的行为，那么孩子很可能再也不会朝马路跑了。

除了能立即阻止危险行为，严厉的惩罚有太多的缺点，且效果并不好（Berlin et al.，2009；Boutwell et al. 2011）。不应鼓励惩罚，因为它有可能导致虐待（Dubowitz & Bennett，2007；Hecker et al.，2014；Gershoff，2000，2010；Lee et al.，2013；McMillan et al.，1999；Trocmé et al.，2001），如：

- 严厉的惩罚会造成儿童（或动物）回避惩罚者，而不是回避被惩罚的行为，因此儿童（或动物）会学到错误的反应。
- 严厉的惩罚可能会鼓励为了回避惩罚行为而说谎（一种负强化），这同样不是我们想要的。
- 严厉的惩罚可能导致恐惧、焦虑和无法促进学习的情绪反应。如果惩罚的目的是为了教育，那么这种结果毫无益处。
- 严厉的惩罚（如打孩子）本身就提供了攻击性的模仿对象。

最后一点尤其值得注意。在使用攻击性惩罚时，如打屁股，成年人事实上正在模拟演示，即呈现某种行为让儿童进行模仿。最终，成年人会通过攻击性从儿童那里得到想要的东西。而在接受这种惩罚时，儿童有时也会想通过攻击性得到自己想要的东西。因此，成年人失去了展现处理亲子矛盾的更恰当方法的绝佳机会。由于攻击性惩罚倾向于至少能够暂时阻止不想要的行为，实施惩罚的父母实际上正经历一种负强化：打孩子屁股时，不愉悦的感觉正在远离。这可能会增强实施攻击性惩罚而非其他惩罚的倾向，最终可能会导致虐待孩子。此外，一些孩子由于很渴望父母的注意，因此他们会故意调皮捣蛋。这种惩罚也是一种注意的形式，孩子会努力争取他们能够得到的任何注意，甚至是负面的注意。

许多家长和教育者很少反对消除式惩罚，在许多公立学校，这也是唯一的一种惩罚。但这种惩罚也存在缺点——它只教孩子不要做什么，但没有教孩子要做什么。消除式惩罚和实施式惩罚都只能暂时地对某种行为有效，一段时间过后，这种行为很可能会随着人对惩罚记忆的减弱而回归，即自然恢复。

💬　如果惩罚不能很好地起作用，那么家长应该怎样阻止孩子的不良行为呢？

想让惩罚更有效，记住以下几条规则：

1. 惩罚应该紧随需要被惩罚的行为。如果在行为发生很长时间之后才进行惩罚，那么惩罚将无法同该行为产生联系。对强化来说也是如此。

2. 惩罚应该具有一致性。这实际上包含两层意思。首先，如果家长说要对孩子的某种行为进行惩罚，那么家长必须付诸行动，履行承诺。其次，对于特殊行为的惩罚应该保持相同的强度或轻微增加，而不是降低。例如，如果孩子因为第一次在床上跳而被责骂，那么当这个行为再次发生时，他同样应该受到责骂或更强烈的惩罚，比如拿走他喜爱的玩具。但如果以打屁股作为第一次错误行为的惩罚，而第二次仅以责骂来进行惩罚，那么孩子就学会了对可能的惩罚抱有侥幸心理。

3. 在任何可能的情况下，对错误行为的惩罚应该与正确行为的强化配对出现。例如，父母不要因为两岁孩子用手抓饭吃而对他大喊大叫，而应该轻轻地帮孩子将手放到盘子边上，同时进行一些指导，如"不能用手吃饭，应该用叉子吃饭"。然后将叉子放在孩子手里，并为他用叉子吃饭而给予赞扬："宝贝能用叉子吃饭了，我真为你感到骄傲。"当惩罚和强化一起出现时，即使父母使用更轻的惩罚，结果仍然是有效的。而且，这能让孩子学习父母期望的行为，而不仅仅是压制父母不希望看到的行为。

操作性条件反射的其他方面

5.8　解释与操作性条件反射相关的概念

我们已经讨论了先行刺激在经典条件反射中的作用，以及消退、泛化和自然恢复等概念。这些概念在操作性条件反射中也很重要，但略有不同。

刺激控制：减慢速度，有警察　从汽车后视镜中看到一辆警车时，你会自动减速，即使你没有超速；在红灯亮时，你会停车。当你进入一家商店，快走到门口时，你会推拉门把手。减速、停车和推拉门把手，所有这些反应都是通过学习学会的。但你怎么知道该选择哪种已学过的反应？何时该做出反应？警车、红绿灯、门把手都是线索，能提示你何种反应将会使你得到自己想要的。

辨别刺激　辨别刺激（discriminative stimulus）指的是任何能为有机体提供为获得强化而做出某一反应的线索的刺激。例如，警察是开车减速的辨别刺激，红绿灯是停车的线索，因为这两种行为常常都伴随着负强化——人们可以不用得到罚单或者不会被车撞。而门把手是提示如何成功地打开门的线索：如果是门把手，人们常常是转动它；而如果是门摇把，人们常常按压它。这两种开门的装置会导致人们产生不同的反应，而奖赏是相同的，即打开门。

操作性条件反射中的消退、泛化和自然恢复 在经典条件反射中，消退包含无条件刺激的消除，无条件刺激最终作为条件刺激－条件反应联系的强化物。而在操作性条件反射中，消退应该包含强化的去除，这一点毫不奇怪。例如，你看到过孩子因为想得到糖果或玩具而在收银台前闹脾气的情形吗？许多恼怒的家长可能会妥协，然后给孩子买，这对闹脾气这一行为而言是一种正强化。而且，家长也因妥协被负强化了，因为孩子不再闹脾气了。让闹脾气这一行为停止的唯一方法是消除强化，也就是不给孩子买，也不理睬孩子。在孩子闹脾气时，这么做不仅很难，而且在它消退之前，孩子闹脾气会越来越厉害。

对于孩子闹脾气，其中一种处理方法就是不予理睬。缺乏对闹脾气这一行为的强化，最终会导致它消退。

与经典条件反射一样，操作性条件反射也可以被泛化为与原始刺激类似的刺激。例如，当正在学习称呼物体和人物的孩子看到爸爸出现喊"爸爸"时，孩子的爸爸可能会很开心，而爸爸的喜悦和关注又会产生强化作用。但在一开始，当孩子将自己的喊"爸爸"反应泛化到任何男性身上时，孩子的爸爸可能会感到尴尬不安。而当其他男性无法强化这种反应时，孩子会学会区别对待他人和"爸爸"，并只喊爸爸为"爸爸"。这样，爸爸这位男性就变成了一种辨别刺激，就像前文提到的红绿灯或门把手一样。

自然恢复也会随着操作性反应而发生。任何曾经训练过动物做把戏的人都知道，第一次学习一种新把戏时，大多数动物都会试图通过表演旧把戏来获得强化物。

应用：塑造和行为修饰

5.9 描述操作性条件反射改变动物和人类行为的方式

操作性条件反射不仅仅是简单反应的强化，事实上它可以用来改变动物和人类的行为。

💬 马戏团的驯兽师是如何让动物做那些复杂的把戏的？

塑造 当你看到马戏团中或动物园里的动物表演特技时，你看到的是对动物使用条件反射规则后的结果，包括经典条件反射和操作性条件反射。然而，复杂的特技需要经过操作性条件反射的一个过程，即**塑造**（shaping）。通过塑造，小的目标逐渐被强化，直到完成最终目标。

例如，如果乔迪想要训练他的狗罗弗跳圆环，他应该从训练狗做自己能够做的行为开始，再慢慢塑造狗进行"跳"这种狗能够做但本身不会主动去做的行为。乔迪先将圆环放到地上，然后让罗弗通过圆环，并以食物作为诱饵。在罗弗逐步通过圆环后（获得食物的最佳途径），乔迪应该给予它食物（正强化）。然后将圆环提高一点，当罗弗再次通过圆环后，再次给予食物奖赏，以此类推，再次提高圆环，奖赏它，直到罗弗能够跳过圆环得到食物。目标是通过强化逐次渐进（successive approximation），即一个接一个的越来越接近目标的小步骤而实现的。这一过程即为塑造（Skinner，1974）。再比如，通过将口哨声或敲击声等声音与食物的初级强化物配对，驯兽师可以将声音用作次级强化物，从而避免过度喂养动物。

虽然动物可以通过操作性条件反射来学习多种行为，但似乎并非每只动物都能学会。更多关于这一主题的信息，请参见下文关于生物学局限的内容。

心理学经典研究
操作性条件反射的生物学局限

浣熊是一种相当聪明的动物，有时会被用来进行学习方面的研究。在一个经典实验中，行为主义心理学家通过塑造和强化来教浣熊一项特技，比如可能是让浣熊拣几枚硬币，并将硬币扔进金属容器中。研究人员会对浣熊的这种行为给予食物奖赏。行为主义心理学家从强化浣熊拣一枚硬币开始，之后搬出金属容器。此时，为了得到强化，浣熊需要将硬币扔进金属容器的插孔中。

但实际上，操作性条件反射好像不起作用了，因为浣熊没有将硬币扔进插孔中，而是将硬币在插孔中放进放出，并在金属容器中摩擦，最后会在放进去之前握紧硬币几秒钟。变成两枚硬币后，浣熊会花几分钟揉搓硬币，然后将它们轻轻放进金属容器，而不是扔进去。尽管轻放和揉搓等行为没有得到强化，但结果却越来越糟，最终使得条件反射无法形成。

在训练浣熊时，布里兰夫妇（Keller and Marian Breland）发现，这个问题并不限于浣熊（Breland & Breland，1961）。他们在猪中也发现了相似的问题：训练猪叼起 5 枚木制硬币，然后将其放进"小猪储钱罐"。刚开始虽然成功了，但几周后，猪"执行"任务的速度变得越来越慢。当硬币掉下来，它会用鼻子拱，叼起来后又掉了，再继续去拱。这种行为一直持续了一整天，事实上那只猪当天未得到足够的食物。

布里兰夫妇总结到，浣熊和猪又恢复了它们的本能行为。本能行为由基因决定，不受学习的影响。显然，即使这些动物刚开始学会了特技，但随着硬币同食物的联系越来越密切，动物开始转回本能行为模式——过去它们是通过这一模式获得真正的食物的：浣熊用爪子搓食物，并在水里浸泡几下；猪在吃食物之前会先用鼻子拱食物。后来，布里兰夫妇将这种恢复到基因控制模式的倾向称作**本能漂移**（instinctive drift）。

布里兰夫妇在他们 1961 年的论文中描述了本能漂移的诸多例子，并认为：

1. 动物到达实验室之前并非是一块白板，因此无法教它们做任何事情。

2. 动物之间的物种差异在确定行为是否能进行条件反射方面很重要。

3. 并非所有的反应都能同等地对任何刺激形成条件反射。

以上 3 点与斯金纳的原始观点完全相反。正如布里兰夫妇进行的动物研究所揭示的，显然，每只动物来到世界上（或实验室）时，都已带有某种由基因决定的本能行为模式，而且不同物种之间并不相同。因此，无论条件反射如何，有一些反应是无法训练的。

深入讨论一下

1. 动物在学习中会受到什么样的限制？

2. 人们做的何种行为可能会阻止条件反射？

3. 动物行为的研究结果如何才能泛化到人类行为上来？

浣熊在吃食物之前会把它们吞进吞出。这种"清洗"行为是由本能控制的，因此通过操作性技术很难控制。

行为矫正　多年来，强化和塑造等操作性条件反射原理一直被用于改变动物和人类的不良行为，以及创造令人满意的反应，尤其是在小学生中，如**行为矫正**（behavior modification），它是通过操作性条件反射（有时是经典条件反射）来实现这种改变的。

例如，如果老师想通过行为矫正来帮助学生集中注意力，老师可能会做以下事情：

1. 选择一个目标行为，比如让学生与自己保持眼神接触。

2. 选择一个强化物。如可以在墙上的表格栏里给学生贴小红花。

3. 将计划付诸行动。学生每进行一次眼神接触，就给他一朵小红花。对学生的不当行为（如上课走神儿）则不通过小红花进行强化。

4. 一天结束时，对于获得一定小红花的学生给予特殊待遇或奖赏。该奖赏是先前决定好的，且与学生讨论过。

小红花可以被看作是代币，代币指的是能与其他强化物进行交换的次级强化物。在行为矫正中，代币的使用被称为**代币制**（token economy）【连接学习目标 15.4】。在本例中，学生在一天结束时将小红花收集起来去"购买"特殊待遇。想一想，其实整个金融系统基本上就是一种代币制。人们通过工作得到金钱奖励，然后再用金钱来买食物和保障等。信用卡公司鼓励人们使用他们的信用卡，并提供奖励积分，人们

可以交换渴望的商品和服务；航空公司则会提供飞行常客里程；许多快餐店都提供打孔卡或邮票，当满足一定条件时，顾客可凭打孔卡或邮票免费兑换食品。以上这些都属于代币制。

行为主义心理学家用来矫正行为的另一个方法即计时孤立。它是消除式惩罚的一种轻微的形式，此时，行为失当的动物、儿童或成人会被置于一旁，无人注意。从本质上来讲，此时的有机体被"消除"了以注意形式带来正强化的任何可能性。在应用于儿童时，不论何种年龄段，计时孤立的时间应该在 1～10 分钟；如果超过 10 分钟，儿童可能会忘记自己为什么会被计时孤立。

应用行为分析　行为矫正的一种现代形式即**应用行为分析**（applied behavior analysis，ABA），它通过当前行为分析和行为技术来解决与社会相关的问题。通过应用行为分析，将技术分解为最简单的步骤，然后通过强化系统将其教给孩子。当孩子正在学习技术或拒绝合作时，会根据需求给予提示，如将孩子的脸转回老师或任务上。随着孩子掌握一项技术，他们会得到奖励或表扬等形式的强化，随后提示渐渐被收回，直到孩子能够独立完成技术。

应用行为分析是一个新兴领域，在美国，许多大学都提供此专业的本科学位和研究生学位。毕业生可以在学校或其他机构当心理咨询师，也可以开私人咨询室。应用行为分析的特殊用处在于帮助心理障碍的儿童、受训动物，并发展出对任何心理能力水平的儿童和成人都有效的教学方法（Baer et al., 1968；Du et al., 2015；Klein & Kemper, 2016；Mohammadzaheri et al., 2015）。

应用行为分析的一个实例是如何在孤独症患者中通过塑造来构建期望的、社会认可的行为。孤独症患者在与他人交流时存在很大的困难，常常拒绝与他人进行眼神交流；他们也可能根本学不会说话，而且通常不喜欢被人触摸【连接学习目标 8.7】。应用行为分析是从 O. 伊瓦尔·洛瓦茨（O. Ivar Lovaas）博士及其同事的工作开始的，之后斯金纳首先建构出了这种基本技术。洛瓦茨用糖果作为强化物，教孤独症儿

童社交技能和语言。其他行为矫正技术也已得到了发展，因此，通常被看作是无意识的行为，如血压、肌肉紧张度、多动等都能进行有意识的控制。近 60 年来，科学家已经知道如何通过一个人的生理信息（如心率）反馈来创造放松的状态（Margolin & Kubic, 1944），即**生物反馈**（biofeedback）。生物反馈是一个传统术语，主要用于描述生理信息的反馈。通过生物反馈，许多问题能够得缓解或控制。

神经反馈（neurofeedback）则是一种相对较新的生物反馈技术，科学家通过它试图改变大脑活动【连接学习目标 2.4】。虽然这项技术使用的是最新科技，但其背后的基本原理要古老得多。从传统意义上来讲，这项技术是基于对大脑电活动进行记录，即脑电图。为了记录脑电图，人必须与一台独立的脑电图仪相连。现代的生物反馈和神经反馈放大器常常与计算机相连，计算机能记录和分析大脑的生理活动。此外，神经反馈还可以与类似电子游戏的程序集成，个人可以通过这些程序学习如何产生与特定认知或行为相关的脑电波或特定类型的大脑活动，如提高注意力、保持专注、放松意识等。个体可以通过操作性条件反射的原理学习做出这些改变（Sher lin et al., 2011）。神经反馈在注意缺陷多动障碍等特殊疾病以及控制慢性疼痛（Arns et al., 2009；Jensen et al., 2013）和治疗癫痫（Koberda, 2015；Micoulaud-Franchi et al., 2014；Strehl et al., 2014）等新领域中的研究仍在继续。最近，研究人员将其他神经反馈研究与磁共振成像或功能性磁共振成像结合，以检查基于脑电图的神经反馈对大脑的影响（Ghaziri et al., 2013；Ros et al., 2013）。在一些研究中，功能性磁共振成像本身就是一种神经反馈方法（Ruiz et al., 2013；Scharnowski et al., 2012；Stoeckel et al., 2014；Sulzer et al., 2013）。

概念地图 5.4～5.9

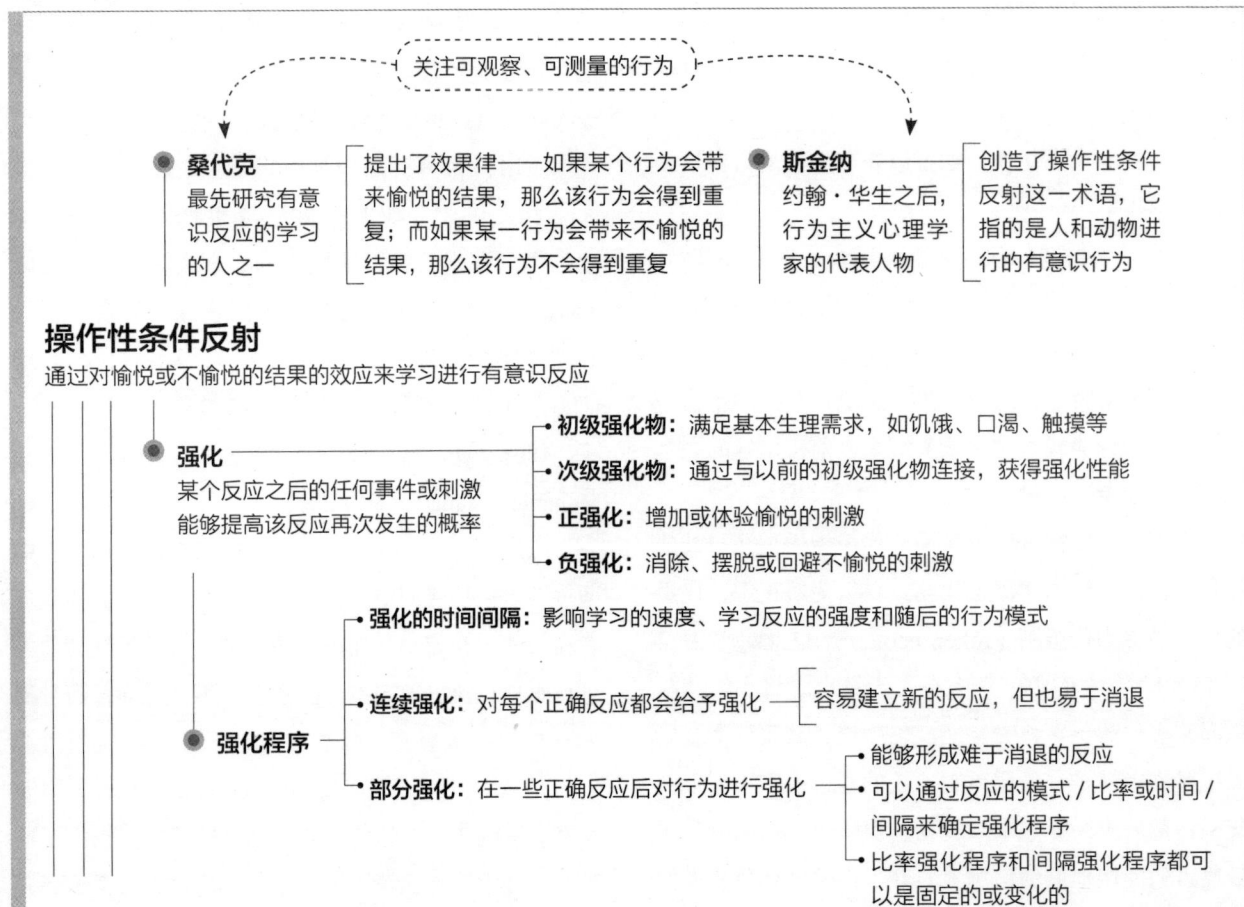

关注可观察、可测量的行为

桑代克
最先研究有意识反应的学习的人之一

提出了效果律——如果某个行为会带来愉悦的结果，那么该行为会得到重复；而如果某一行为会带来不愉悦的结果，那么该行为不会得到重复

斯金纳
约翰·华生之后，行为主义心理学家的代表人物

创造了操作性条件反射这一术语，它指的是人和动物进行的有意识行为

操作性条件反射
通过对愉悦或不愉悦的结果的效应来学习进行有意识反应

强化
某个反应之后的任何事件或刺激能够提高该反应再次发生的概率

- **初级强化物**：满足基本生理需求，如饥饿、口渴、触摸等
- **次级强化物**：通过与以前的初级强化物连接，获得强化性能
- **正强化**：增加或体验愉悦的刺激
- **负强化**：消除、摆脱或回避不愉悦的刺激

强化程序

- **强化的时间间隔**：影响学习的速度、学习反应的强度和随后的行为模式
- **连续强化**：对每个正确反应都会给予强化 —— 容易建立新的反应，但也易于消退
- **部分强化**：在一些正确反应后对行为进行强化
  - 能够形成难于消退的反应
  - 可以通过反应的模式/比率或时间/间隔来确定强化程序
  - 比率强化程序和间隔强化程序都可以是固定的或变化的

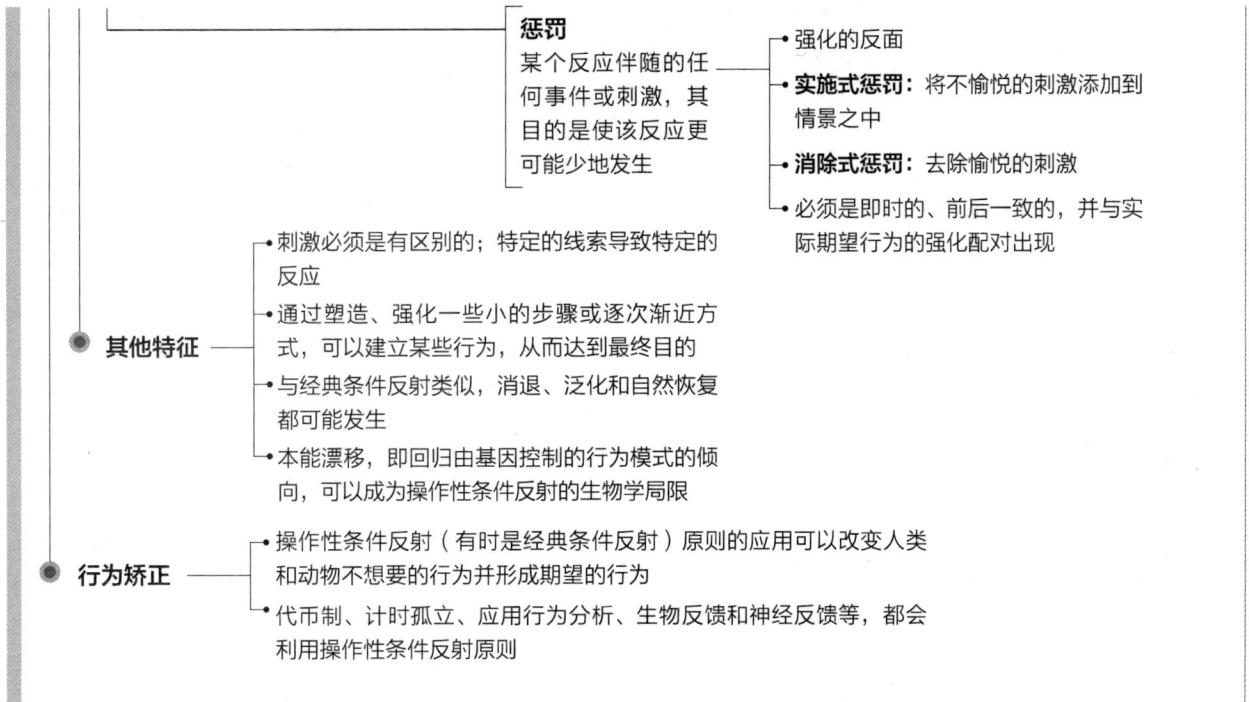

惩罚
某个反应伴随的任何事件或刺激，其目的是使该反应更可能少地发生

- 强化的反面
- **实施式惩罚**：将不愉悦的刺激添加到情景之中
- **消除式惩罚**：去除愉悦的刺激
- 必须是即时的、前后一致的，并与实际期望行为的强化配对出现

其他特征
- 刺激必须是有区别的；特定的线索导致特定的反应
- 通过塑造、强化一些小的步骤或逐次渐近方式，可以建立某些行为，从而达到最终目的
- 与经典条件反射类似，消退、泛化和自然恢复都可能发生
- 本能漂移，即回归由基因控制的行为模式的倾向，可以成为操作性条件反射的生物学局限

行为矫正
- 操作性条件反射（有时是经典条件反射）原则的应用可以改变人类和动物不想要的行为并形成期望的行为
- 代币制、计时孤立、应用行为分析、生物反馈和神经反馈等，都会利用操作性条件反射原则

随堂小考

1. 对狗来说，____是初级强化物，而____是刺激强化物。
   A. 薪水；钱　　　　B. 狗粮；飞盘
   C. 狗粮；狗粮　　　D. 小红花；糖果

2. 埃德加无法入睡，因为他非常担心自己的研究论文，于是他决定起床继续写论文。他一直熬夜到凌晨 3 点，终于放心了，因为论文写完了，所以他很快就睡着了。将来，埃德加更有可能在睡前完成工作，这样他就可以不用担心和失眠了。这一行为属于____。
   A. 正强化　　　　　B. 负强化
   C. 惩罚　　　　　　D. 经典条件反射

3. 乔开了一家维修店。每天，他都会查看邮件，看看是否有客户给他邮寄款项。有时，乔会收到一两张支票；有时，他要等上几天才能拿到一笔钱。很明显，此处的强化程序是____。
   A. 固定间隔的强化程序 B. 固定比率的强化程序
   C. 变化间隔的强化程序 D. 变化比率的强化程序

4. 吉米的母亲发现要求多次后吉米仍然没有捡起积木，她很不高兴。第二天早上，吉米发现所有的积木都被捡起来放进冰箱顶上的袋子里了。吉米的母亲告诉吉米接下来的两天里他不能玩积木。吉米的母亲使用了____原则。
   A. 负强化　　　　　B. 实施式惩罚
   C. 消除式惩罚　　　D. 正强化

5. 塔比莎注册了一张新的信用卡，每次购物都能得到奖励里程。塔比莎打算尽可能多地购物，这样她就可以积累足够多的里程，以便在春节假期旅行。这属于____。
   A. 代币制　　　　　B. 塑造
   C. 强化程序　　　　D. 负强化

6. 以下哪项属于应用行为分析的最佳示例？
   A. 蒂芙尼通过询问孩子们想要完成什么目标，然后通过不同形式的经典条件反射来帮助他们完成
   B. 贝萨尼让孩子们反复观察她，以了解该如何完成任务。一旦他们观察完毕，贝萨尼就会要求孩子们模仿自己的行为
   C. 阿加莎通过观察学生，看看破坏性的课堂行为的目的，并确定新的替代行为。然后，阿加莎为新

的行为实施了培训计划，通常在最简单的层面进行强化，并在学生独立演示时逐渐消除强化物

D. 卡米尔希望孩子们学习一种新的行为，并将惩罚作为行为改变的基础

科学探究和批判性思维
"不打不成器"对吗

落实 APA 学习目标 2.1：利用科学推理解释心理现象；APA 学习目标 2.2：展示心理学的信息素养；APA 学习目标 2.5：在科学探究中融入社会文化因素

打还是不打，多年来一直是一个有争议的问题。过去在许多文化中，打孩子屁股是一种公认的纪律形式，但随着人们对虐待儿童的认识和虐待儿童发生率的提高，人们需要批判式地思考一个问题：它有效吗？是利大于弊，还是弊大于利？

芬兰是世界上第二个（第一个为瑞典）颁布法律以禁止对儿童进行任何形式体罚的国家，包括父母在内。这项法律于 1983 年生效。近 30 年后，研究人员对 4 609 名年龄在 15 ～ 80 岁的男性和女性进行了一项调查，结果显示，在法律生效后出生的被试中，有关体罚的报告（如被殴打或被掌掴）明显减

少。被杀的儿童也少得多。那些比一般人遭受过更多体罚的参与者更有可能酗酒，患抑郁症等心理健康问题，也更有可能离婚或企图自杀（Österman et al., 2014）。在禁止体罚的其他国家，虐待儿童的现象也有所减少（Zolotor & Puzia, 2010）。在这种情况下，打屁股这样的体罚显然会造成更大的伤害。

过去的 40 多年里，在美国，将打屁股作为管教孩子手段的现象已经减少了，但仍有约 80% 的学龄前儿童的父母会使用。除了芬兰和瑞典，还有其他一些国家也陆续正式禁止体罚（见表 5-4），但在许多文化中，打屁股仍然很普遍（Runyan et al., 2010; Zolotor & Puzia, 2010; Zolotor et al., 2011）。研究发现，在收入较低、父母受教育程度较低的地区，无论该地区的人原籍为何，打屁股和其他形式的严厉体罚更为常见（Runyan et al., 2010）。

表 5-4　禁止体罚的国家

国家	颁布年份	国家	颁布年份	国家	颁布年份
圣马力诺	2014	摩尔多瓦	2008	冰岛	2003
巴西	2014	列支敦士登	2008	土库曼斯坦	2002
阿根廷	2014	哥斯达黎加	2008	保加利亚	2000
马耳他	2014	多哥	2007	德国	2000
玻利维亚	2014	乌拉圭	2007	以色列	2000
洪都拉斯	2013	荷兰	2007	克罗地亚	1999
马其顿	2013	西班牙	2007	拉脱维亚	1998
佛得角	2013	葡萄牙	2007	丹麦	1997
南苏丹	2011	委内瑞拉	2007	塞浦路斯	1994
阿尔巴尼亚	2010	新西兰	2007	奥地利	1989

续表

国家	颁布年份	国家	颁布年份	国家	颁布年份
突尼斯	2010	希腊	2006	挪威	1987
刚果（金）	2010	匈牙利	2005	芬兰	1983
波兰	2010	罗马尼亚	2004	瑞典	1979
肯尼亚	2010	乌克兰	2004		
卢森堡	2008				

资料来源：The Global Initiative to End All Corporal Punishment of Children, 2016。

认知学习理论

对于早期的行为主义，华生、斯金纳和他们的许多追随者最初关注的是可观察、可测量的行为。他们对于在学习期间发生在人或动物头脑中的任何事情都不感兴趣，因为这些事情无法直接测量。然而，其他的一些心理学家仍然对思想影响行为很感兴趣。例如，格式塔心理学家研究人类思想，试图将一种模式强加到周围世界的刺激上【连接学习目标 1.2】。20世纪五六十年代，人们对思想的持续兴趣转移到了对人类思想与迷人的"思想机器"计算机之间的比较上。不久，对认知的兴趣主导了实验心理学领域。认知指的是人在进行某种行为时头脑中发生的心理事件。许多行为心理学家无法再对存在于头脑中的想法、感觉和期望视而不见，因为它们可以影响可观察的行为。最终，行为心理学家提出了认知学习理论，以弥补传统的学习理论（Kendler, 1985）。早期对认知学习理论的发展起关键作用的理论家有 3 位，他们分别是格式塔心理学家爱德华·托尔曼（Edward Tolman）、沃尔夫冈·苛勒（Wolfgang Köhler）和当代心理学家马丁·塞利格曼（Martin Seligman）①。

托尔曼迷宫中的老鼠：潜伏学习

5.10　解释潜伏学习的概念

爱德华·托尔曼最著名的学习实验是教 3 组老鼠走同一个迷宫，一次一组。托尔曼将第一组老鼠放在迷宫一头，用食物进行强化，诱使它们走到另一头。然后，托尔曼再将老鼠放回迷宫，再次强化，直到老鼠能毫无差错地走出迷宫（见图 5-7）。

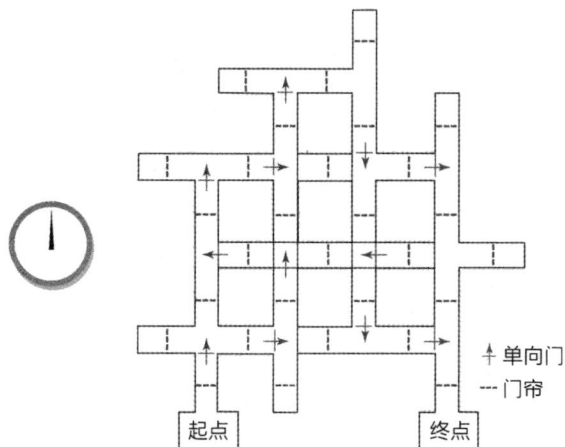

图 5-7　典型的迷宫

图中这一迷宫与托尔曼在潜伏学习实验中使用过的类似。将一只老鼠放在迷宫的起点，当它走出迷宫时，实验结束。

———————————

① "当代心理学之父"，美国心理协会终身成就奖获得者，他将心理学带入了一个新的时代，引领了当代心理学的转向。他在首部自传《塞利格曼自传》中呈现了自己传奇的一生。本书已由湛庐引进、浙江教育出版社出版。——编者注

第二组老鼠与第一组情形一样，但对于如何走出迷宫，它们未受到任何强化。它们只是一次次被放回，直到实验第 10 天。在这一天，第二组老鼠开始接受强化。

第三组老鼠是对照组，在整个实验过程中不接受任何强化。

严格的斯金纳行为主义心理学家可能会预测，只有第一组老鼠能够成功学会走出迷宫，因为学习依赖强化的结果。乍一听，的确是这么回事。第一组老鼠在尝试一定次数后确实走出了迷宫，而第二组和第三组的老鼠则是绕着迷宫毫无目的地溜达，偶然发现迷宫出口。

然而在第 10 天，发生了一件用斯金纳的基本定义很难解释的事情。第二组老鼠在第一次接受强化后，应该像第一组老鼠那样花同样多的时间走出迷宫，但事实却是：第二组老鼠几乎立即就能走出迷宫（见图 5-8）。

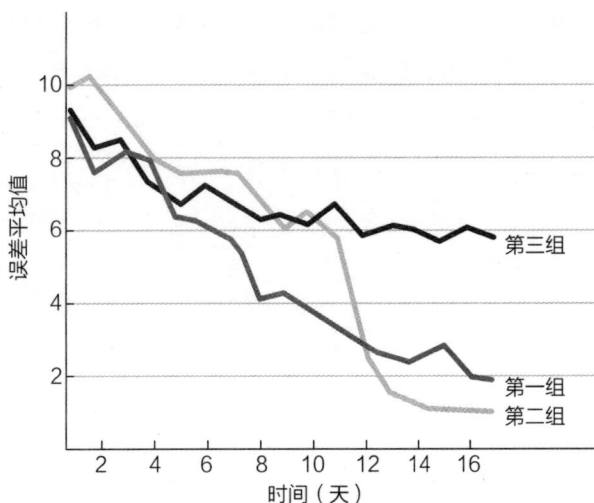

图 5-8　3 组老鼠的学习曲线

关于潜伏学习的经典研究结果中，第一组老鼠每天得到奖赏（强化），第二组在第 10 天首次得到奖赏，第三组一直得不到奖赏。注意，在第 12 天，第二组老鼠的行为立即发生了明显改变。

托尔曼得出结论：虽然第二组老鼠在实验前 9 天只是到处走动，但它们的确熟悉了所有的死胡同、错误的拐弯和正确路径，并将这些知识以"心理地图"的形式存储起来，或者可以说是将迷宫的实际布局

以"认知地图"的形式存储起来。它们已经学习并在头脑中存储了学到的东西，但并没有表现出来，因为没有必要。认知地图一直处于隐蔽而潜伏的状态，直到老鼠有了为得到食物需要证明自己已存储了相关知识的理由。托尔曼将这种学习称作**潜伏学习**（latent learning），它不需要强化就能发生。这一观点影响了后来的有关行为的观点，而传统的操作性条件反射对此无法解释。

"浴室？沿着大厅左边走到头，然后向右走、向左走、再向左走，再往前向左走，再向左走，然后向右走，在右边第三个走廊的尽头就能找到了。"
©New Yorker Collection 2005 Pat Byrnes from cartoonbank.com.
All Rights Reserved.

苛勒的聪明黑猩猩：顿悟学习

5.11　描述苛勒的研究如何证明动物可通过顿悟来学习

另一个对学习认知的探索是偶然得来的，来自沃尔夫冈·苛勒。苛勒是一位格式塔心理学家，他在第一次世界大战爆发时被困于北非沿海的加纳利群岛上。当初，他被岛上的灵长类动物研究实验室所吸引，后来被困，他转而开始研究动物学习。

在一个比较著名的研究中，苛勒通过黑猩猩萨尔顿（Sultan）开始研究问题解决。萨尔顿面对的问题是如何拿到笼子外面自己够不到的香蕉。萨尔顿相对容易地解决了这个问题：它先试着用手臂拿到香蕉，然后用放在笼子里的一根木棍将香蕉拨到笼子里。由于黑猩猩天生会使用工具，因此这么做毫不奇怪，仍

旧是简单的尝试错误学习。

随后，问题难度加大了。香蕉被放在仅用手臂和手中的木棍够不到的地方。此时，笼子里有两根木棍，它们连成一根可以够到香蕉。萨尔顿首先尝试用一根木棍，之后又试了另一根（简单的尝试错误过程）。大约一小时后，萨尔顿似乎突然灵光一闪，它将其中一根木棍推得离笼子尽可能远，并且朝向香蕉，之后在第一根木棍后面又推第二根。当然了，在它试着拉回木棍时，只能将手中的那根木棍拉回来。萨尔顿跳上跳下，非常激动。苛勒又给了它一根木棍，它坐在地上，非常仔细地观察这两根木棍，然后将一根木棍插到了另一根木棍中，够到了香蕉。

苛勒将萨尔顿快速的"关系感知"称为**顿悟**（insight），并认为，顿悟无法通过单独的尝试错误获得（Köhler，1925）。虽然桑代克和早期的学习理论家认为无法证明动物能呈现顿悟，但苛勒的研究似乎论证，顿悟需要在灵光一闪的时刻将问题的所有元素突然集合到一起，而传统的动物学习理论对此无法进行预测【连接学习目标 7.3】。很多最新研究已经发现了动物顿悟的证据（Heinrich，2000；Heyes，1998；Zentall，2000），但如何理解这些研究结果仍然存在争论（Wynne，1999）。

苛勒的另一只黑猩猩格兰德（Grande）解决了如何通过叠放箱子得到香蕉的问题。这满足顿悟的标准吗？还是说它只是简单的尝试错误学习？

塞利格曼的抑郁狗：习得性无助

5.12 概括塞利格曼关于习得性无助的研究

塞利格曼是积极心理学领域的奠基人。积极心理学是重新看待心理健康和心理治疗概念的新领域，它侧重于人类经验的适应性创造性和更令人满意的心理层面，而不是精神障碍。在 20 世纪 60 年代中晚期，塞利格曼及其同事在用狗做经典条件反射实验时，偶然发现了一个意想不到的现象，塞利格曼称之为**习得性无助**（learned helplessness），它指的是由于过去屡次失败而无法采取行动来摆脱困境的倾向。他们本来是想研究逃脱和回避学习的：塞利格曼及其同事为一组狗呈现一个音调，之后伴随无害但会引起疼痛的电击（Overmier & Seligman，1967；Seligman & Maier，1967）。这些狗由于被束缚住了，因此无法逃脱电击。研究人员假设狗能够学会对音调产生恐惧，然后会尝试在听到电击之前响起的音调后逃脱。

实验组中的狗被置于一个特殊的箱子里，箱子的栅栏较低，被分成两个隔间；对照组的狗则没有经过条件反射训练。实验组中的狗现在没有被束缚住，它们能够很容易地看到栅栏之外，如果它们愿意，也可以跳过去——没有条件反射的狗在电击时都会这么做（见图 5-9）。但研究人员惊奇地发现，在音调响起时，以前经过条件反射训练的狗并没有跳过栅栏，而是仍然待在那儿。事实上，虽然这些狗表现得很痛苦，但在电击发生时它们仍然没有试着跳过栅栏。

图 5-9 塞利格曼的实验装置

在塞利格曼对习得性无助的研究中，狗被置于一个双侧箱子里。以前没有"无法躲避电击"经验的狗会迅速跳过箱子中央的障碍物，然后落在"安全"的一侧。先前已经学习到"无法躲避电击"的狗会留在出现电击的箱子一侧，它们甚至不会尝试跳过障碍。

经过条件反射训练的狗在接受电击时为什么不跑呢？因为在经过条件反射训练时，那些被束缚的狗明显已经在原始的"音调－电击"情境中学习到无论自己做什么都无法逃脱电击。因此，当它们被置于可以逃脱的情境中，它们仍然什么也不做，因为它们学习到了"无助"，它们认为自己无法逃脱，因此不会做任何尝试。

最近，塞利格曼的同事兼早期研究的共同研究人员史蒂文·梅尔（Steven F. Maier）从神经科学的角度重新审视了习得性无助这一现象，并提供了一些新的见解。梅尔和其他人研究了这一现象背后的大脑机制，并专注于释放 5- 羟色胺并在激活杏仁核方面起重要作用的脑干区域，该区域也参与降低负责"战斗或逃跑"反应激活的脑区活动。这种恐惧或焦虑增加与不愿逃脱或呆滞的结合与习得性无助相关。这一区域即中缝背核，是较为古老的脑区，无法确定哪种应激是可控的。他们的研究表明，额叶的高级区域腹内侧前额叶皮层（vmPFC）能够帮助确定哪些是可控的。反过来，腹内侧前额叶皮层会抑制脑干区域，使得杏仁核的反应平静下来，从而使动物能够有效地应对应激源并表现出控制能力（Amat et al., 2005; Maier et al., 2006; Maier & Watkins, 2005）。也就是说，早期研究中的狗，而不是学习到了无助的狗，很可能没有学会如何放松和控制局面。梅尔及其同事建议，为了让动物学会如何控制，训练和来自腹内侧前额叶皮层的输入都是必要的（Maier et al., 2006）。

💬 我认识一些人，他们的行为就像实验中的狗一样——他们生活在可怕的环境中，但不想离开。这是同一回事吗？

塞利格曼后来对习得性无助的概念进行拓展，以解释抑郁的一些行为特征。抑郁的人看起来缺乏正常情绪，变得有些冷漠，常常待在令人不愉快的工作情境、婚姻或关系中，但又不尝试着逃脱或选择更好的环境。塞利格曼提出，抑郁行为是习得性无助的一种形式。抑郁的人过去已经学习到，他们可能无法控制自身所发生的事（Alloy & Clements, 1998）。无力量感和无助感是抑郁的人共有的，塞利格曼的狗应该也是处于这种状态。梅尔最近的研究也有一定的启示，尤其是对学习如何放松和展示控制所需部分的关注，即来自腹内侧前额叶皮层的输入和训练（重复暴露于应激源）。这种结合不仅提供了理解快速恢复能力的机制，而且还有助于人们培养这种能力，以避免焦虑或情绪障碍，如创伤后应激障碍或抑郁症（Maier et al., 2006）【连接学习目标 14.6 和 14.9】。梅尔及其同事正在继续研究习得性无助的大脑基础，以及与控制和可控性相关的因素如何影响即刻事件及未来的应激事件（Amat et al., 2010; Rozeske et al., 2011; Varela et al., 2012）。

再来探讨一下习得性无助在其他情境中的影响。感知控制或习得性无助在应对急慢性健康问题方面可能起着重要作用，无论是对有障碍的人，还是为所爱之人做出医疗决定的家属（Camacho et al., 2013; Sullivan et al., 2012）。那么学生呢？举例来说，由于过去在数学方面存在问题，许多学生感觉自己数学能力很差。有没有可能是信念造成了他们不尽全力学习呢？这种想法是否也属于习得性无助？或者说这些学生可能根本没有足够的成功经验或控制经验呢？

概念地图 5.10～5.12

认知学习理论
关注学习中的认知或思维加工过程

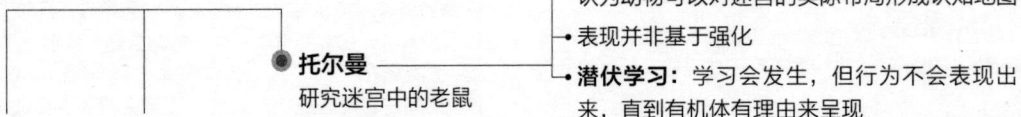

● **托尔曼**
研究迷宫中的老鼠

- 认为动物可以对迷宫的实际布局形成认知地图
- 表现并非基于强化
- **潜伏学习：**学习会发生，但行为不会表现出来，直到有机体有理由来呈现

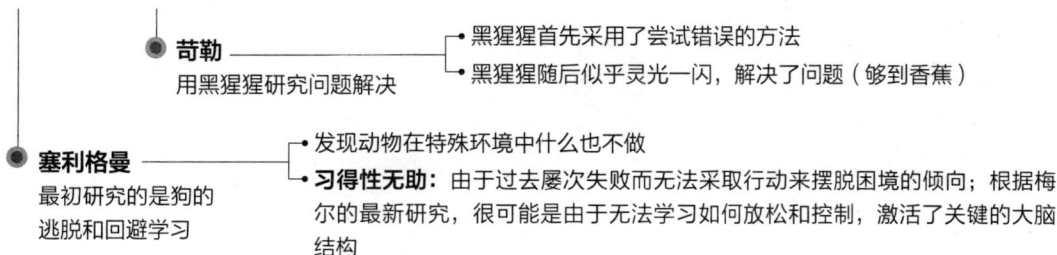

苛勒 ————→ ► 黑猩猩首先采用了尝试错误的方法
用黑猩猩研究问题解决　► 黑猩猩随后似乎灵光一闪，解决了问题（够到香蕉）

塞利格曼 ————→ • 发现动物在特殊环境中什么也不做
最初研究的是狗的
逃脱和回避学习　► **习得性无助：** 由于过去屡次失败而无法采取行动来摆脱困境的倾向；根据梅尔的最新研究，很可能是由于无法学习如何放松和控制，激活了关键的大脑结构

随堂小考

1. 在托尔曼的迷宫研究中，一组老鼠在第 10 天接受强化，另一组老鼠从第一天就接受强化。前一组老鼠能够更快地走出迷宫，这说明这组老鼠____。

   A. 比另一组老鼠聪明

   B. 在前 9 天已经学会了如何走出迷宫

   C. 可以通过观察其他老鼠来作弊

   D. 非常饿，因此学得更快

2. 丽莎的父母决定去欧洲旅行，因此，丽莎的母亲将无法为即将到来的烘焙促销制作馅饼了，于是她鼓励丽莎自己烤馅饼。起初，丽莎很慌张，但后来她发现，自己知道如何将食谱组合起来。丽莎将食谱组合起来的这种能力属于____。

   A. 潜伏学习　　　　B. 习得性无助

   C. 顿悟　　　　　　D. 发现学习

3. 以下哪种理论通常被称为"灵光一闪"现象？

   A. 托尔曼的潜伏学习理论

   B. 苛勒的顿悟理论

   C. 塞利格曼的习得性无助理论

   D. 班杜拉的观察学习理论

4. 史蒂文·梅尔的研究表明，习得性无助可能是源于大脑中的高级区域____，该区域有助于人们确定哪些是可控的。

   A. 杏仁核　　　　　B. 海马

   C. 中缝背核　　　　D. 腹内侧前额叶皮层

◉ 观察学习

观察学习（observational learning）是通过观察行为模型即他人正在做的行为，来学习新的行为。有时这种行为是可取的，有时则不是。

班杜拉和波波玩偶

5.13　描述观察学习的过程

在观察学习的经典研究中，阿尔伯特·班杜拉（Albert Bandura）让一名学龄前儿童待在一个房间里，一名实验人员和一名成人榜样在儿童面前玩房间里的玩具（Bandura et al., 1961）。在其中一个情境中，榜样以一种非攻击性的方式玩其他玩具，完全忽视了其中的波波玩偶。在另一个情境中，榜样变得对波波玩偶非常具有攻击性，并踢它，向它大叫，将它扔在空中，还用锤子敲打它。

当将儿童单独留在房间时，他可以玩波波玩偶。此时，一架摄像机通过单向镜观察到，暴露于攻击性榜样击打波波玩偶的儿童完全模仿了榜样的行为（见图 5-10）；而看到榜样忽视波波玩偶的儿童对玩偶没有攻击行为。显然，表现出攻击性的儿童仅仅观察榜样就学习了攻击行为，而不必进行强化。学习能够在没有实际表现潜伏学习的情况下发生，这被称为**学习差异 / 表现差异**（learning/performance distinction）。

图 5-10　班杜拉的波波玩偶实验

在阿尔伯特·班杜拉著名的波波玩偶实验中，研究人员通过玩偶来观察成年榜样表现出攻击性行为对儿童之后的攻击性行为的影响。

💬 如果榜样受到惩罚，那么儿童还会模仿他吗？榜样行为的结果是否会造成不同的影响？

在之后的研究中，班杜拉播放了一段榜样击打波波玩偶的影片。在一个情景中，儿童看到榜样得到了奖赏；而在另一个情境中，榜样受到了惩罚。当将儿童置于一个有玩偶的房间时，第一组儿童击打了玩偶，而第二组儿童没有击打。不过，当班杜拉告诉第二组儿童，如果他们按影片中榜样的行为去做，他们会得到奖赏时，每个儿童都重复了榜样的行为。两组儿童都从观察榜样的行为中进行了学习，但仅仅观看到成功榜样（得到奖赏）的儿童会毫不犹豫地模仿攻击行为（Bandura，1965）。显然，在鼓励儿童（或成年人）模仿特别的榜样时，结果很关键。鉴于这些研究发现，一些影视节目让通过暴力攻击他人的人成为"英雄"特别令人困惑。事实上，班杜拉一开始进行这项研究是为了调查暴露于暴力电视节目的儿童与对他人的攻击性行为之间的关系。

一项针对全美青少年的研究发现，8 ~ 18 岁的人每天平均花 7.5 小时在媒体上，如电视、电脑、视频游戏、音乐、手机、印刷品和电影等。虽然并非所有的媒体都是暴力性质的，但很容易想象，其中一些媒体具有暴力性质。

在近 30 年，成千上万的被试参与了数百项研究，结果有力地表明，媒体暴力与儿童和年轻人攻击性水平提高之间存在着联系（Anderson et al.，2015 Bushman & Huesmann，2001；Huesmann & Eron，1986）【连接学习目标 1.7】。虽然其中一些研究涉及相关，而相关并不能证明在媒体上观看暴力是暴力增加的原因，但人们仍不禁担心，尤其是考虑到年轻人的媒体消费在持续增长以及年轻人与媒体互动方式的多样性。尽管对某些人来说，接触媒体暴力仍然是一个充满争论性的话题（Boxer et al.，2015；Ferguson，2015；Gentile，2015；Rothstein & Bushman，2015），但似乎有大量证据表明，接触媒体暴力确实会产生直接的、长期的影响，能增加攻击性言论和身体行为以及攻击性思维和情绪的可能性，这会影响儿童、青少年和成人（Anderson et al.，2003，2015）。

此外，旨在帮助他人的亲社会行为也被证明受到了媒体消费的影响。研究表明，当儿童观看模拟帮助行为的媒体时，他们的攻击性行为会减少，亲社会行为会增加（Anderson et al.，2015；Prot et al.，2014）【连接学习目标 12.15 和 12.16】。

批判式思考　你认为在电视上观看暴力会导致观众的暴力和攻击性增加吗？为什么？

观察学习的 4 种要素

5.14　熟悉观察学习的 4 种要素

班杜拉从自己和他人的研究中得出结论，观察学习需要以下 4 种要素：

注意　首先，要通过观察来学习，即**注意**（attention），学习者必须要观察榜样。例如，在盛大的晚宴上，如果想知道用哪种餐具，就必须观察那些看起来会用的人的行为。榜样的某些特征可能更容易吸引他人的注意。例如，人们可能更容易观察那些看上去与自己类似的人和更有吸引力的人。

记忆　其次，学习者必须能够保留已形成的**记忆**（memory），如记住首次在烹饪节目上看到的某道菜的准备步骤。

模仿　再者，学习者必须能够再现和**模仿**（imitation）榜样的行为。例如，两岁大的孩子可能通过观察他人系鞋带，然后记住大多数步骤，但他们胖嘟嘟的小手指可能缺乏真正系鞋带所需的灵巧性。再比如，脚踝无力的人可能会观看并记住一些芭蕾舞步，但他们无法再现这种舞步。也可以说，镜像神经元可能有意去做，但肉体太脆弱【**连接**学习目标 2.12】。

渴望　最后，学习者必须有执行某种行为的**渴望**（desire）或动机。例如，在盛大的晚宴上，有人可能对用哪把叉子或刀比较合适并不关心。同样，一个人在过去得到过某种奖赏，或已经得到承诺将来会拿到奖赏（如班杜拉研究中的第二组儿童），又或看到榜样得到了奖赏（如班杜拉研究中的第一组儿童），如果他期望得到奖赏的话，那么他更可能会模仿自己观察到的行为。成功的榜样是人们模仿的绝佳对象，而对于失败的人或受到惩罚的人，人们很少去模仿他们。

有一个简单的方法可以用来记忆这 4 种要素，即记住字母 AMID，它们分别代表四要素对应的英文单词。这是一种通过策略来提高记忆的绝佳例子【**连接**学习目标导论 6】。

概念地图 5.13～5.14

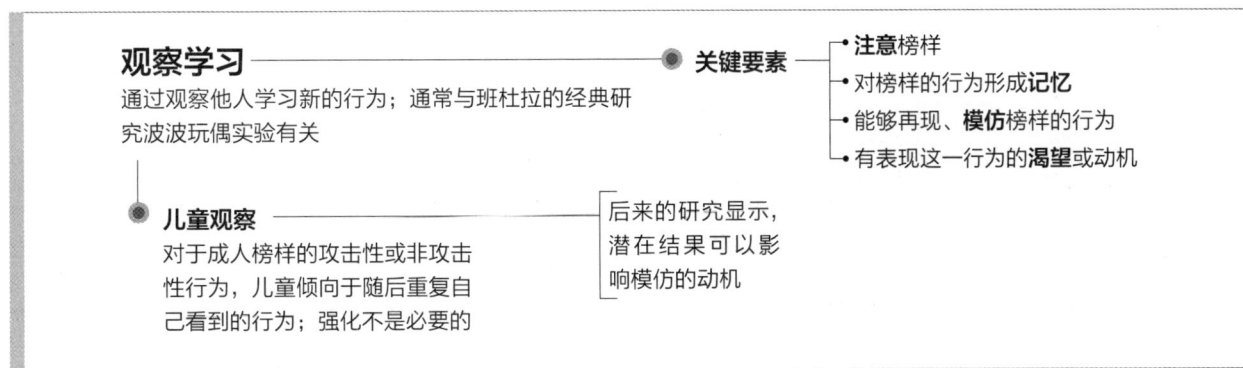

观察学习
通过观察他人学习新的行为；通常与班杜拉的经典研究波波玩偶实验有关

儿童观察
对于成人榜样的攻击性或非攻击性行为，儿童倾向于随后重复自己看到的行为；强化不是必要的

关键要素
- **注意**榜样
- 对榜样的行为形成**记忆**
- 能够再现、**模仿**榜样的行为
- 有表现这一行为的**渴望**或动机

后来的研究显示，潜在结果可以影响模仿的动机

随堂小考

1. 班杜拉的研究发现，学习可以在没有实际表现的情况下进行。这属于____。
   A. 学习差异 / 表现差异　B. 基于顿悟的学习
   C. 观察学习要素　　　　　D. 认知学习

2. 以下哪种说法是错误的？

   A. 观看暴力媒体与年轻人攻击性行为的增加之间有密切联系
   B. 观看 / 播放亲社会媒体对亲社会行为有积极影响
   C. 年轻人每天花 7 个多小时观看各种形式的媒体
   D. 成年人不会受到观看或播放暴力媒体的负面影响

3. 观察学习的 4 种要素的正确顺序是什么？

    A. 注意，模仿，渴望，记忆

    B. 注意，记忆，模仿，渴望

    C. 渴望，注意，记忆，模仿

    D. 记忆，注意，渴望，模仿

4. 莱蒂西亚想帮父亲准备早餐。她曾仔细观察父亲是怎么做的，多次看见父亲将鸡蛋打在碗里。但当莱蒂西亚自己打鸡蛋时，蛋壳成了碎片。以下哪种观察学习的要素是莱蒂西亚的问题所在？

    A. 注意   B. 记忆

    C. 模仿   D. 渴望

在日常生活中应用心理学
你真的能训练猫上厕所吗

5.15 描述现实生活中利用条件反射的例子

    该篇文章，出自作家兼了不起的猫训练专家卡拉恩·朗（Karawynn Long）。

    你想象不到，众多书籍和文章都在探讨如何训练猫如厕。1989 年的夏天，我家的米沙还是一只小猫，它有一双大耳朵，能够发出响亮的喵喵叫。我搜出一些文章，读了五六篇。然后，我自己开始尝试训练米沙，但我发现了一些文章中没有提及的事情……以下是我训练米沙如厕的过程。

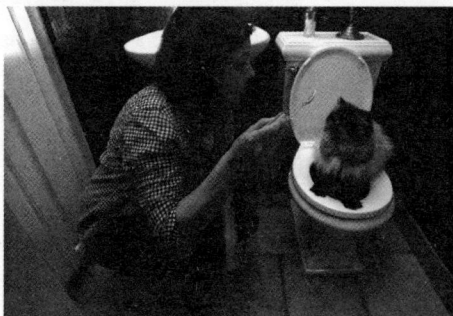

图中这只猫正接受本节讨论的学习技巧训练来学习如厕。

    需要明确的关键点是，从猫砂盘到厕所的过渡需要一系列阶段来完成，即塑造。你做出一些小的改变，并在做出另一些改变之前给猫留出适应的时间。如果哪天猫放弃了所有努力，又回到了老样子，说明你操之过急了。你需要倒回前一两个阶段，再慢慢进行更多的尝试。

    需要牢记的是：马桶盖起来，马桶圈下去。如果你、室友或客人记不住的话，在门后或马桶盖上留个提示。如果你习惯于在没人洗澡时关闭洗澡间的门，你必须打破这个习惯。因为在操作性条件反射中，这是"准备训练场地"的部分。

    首先，将猫当前使用的猫砂盘移到厕所旁。确保猫知道猫砂盘的位置且会使用它。休息一阵儿，即在一天或一周之内什么都不做，时间长短取决于猫的活跃度。然后，在猫砂盘下面放一些东西，如一叠报纸、一本电话簿或一只卡纸箱。让它抬高，比如抬高 30 厘米……休息一阵儿。再用另一只箱子或另一本电话簿，让猫砂盘再升高一点儿，以此类推，直到猫砂盘的底部和马桶圈的上部持平。训练米沙时，我每天将猫砂盘升高 5 厘米左右。要注意，这一过程正是塑造中通常使用的。

    开始时，猫只是走到猫砂盘中，后来，它开始跳进猫砂盘中，直到某一时刻，它可能先跳到厕所马桶圈上，然后再走到猫砂盘中。抬起马桶圈，测量其顶端最宽处的直径，然后买一只与之直径相等的合金盆。不要用塑料盆（经验之谈），因为塑料盆支撑不了猫的重量，它可能倾倒，让排泄物溅得到处都是，当然还会吓着猫。

    接下来，将猫砂盘降低，这样猫可以直接坐在马桶圈上。如果猫对这些改变流露出不满情绪，可以将其分成两个阶段：先降低一半的高度，然后再将猫砂盘直接放到地上。拿走用来垫的东西，然后休息一阵儿。再次提醒：将每个过程都分解为更小的步骤，这是塑造的关键——步子迈太大可能会使这个进程失败。

高潮部分来了：整个拿走猫砂盘！将合金盆放进马桶中，降低马桶圈。在合金盆中放大约 5 厘米厚的猫砂。当然，如果有可以舀出来冲掉的猫砂颗粒，就简单多了。

不过，任何使用这个马桶的人都想移走合金盆，如厕后再放回去。接下来的一两周，如厕过程可能会令人心烦。如果你一开始认为不值得，不妨想一想：你再也不用清扫猫砂盘了。

观察猫用合金盆如厕。数一数它用合金盆如厕的次数（与它用猫砂盘的次数相比）。它用的次数越多，你越幸运，你也将越轻松。

下一步，你必须教猫正确的蹲姿。尽量在它每次如厕时都抓住它，指导它腿该怎么放。将它的脚提起来，再放到马桶圈上——前腿在中间，后腿在外边。如果一开始它将三条腿甚至四条腿都放在合金盆里，就先将它的前两条腿拿出来。每次它做出这种姿势时，都要表扬它——表扬是正强化，每次有进步都该用。

米沙在某些方面与狗类似，非常渴望得到认同和赞扬。如果你的猫不一样，可以用食物来奖励它；当它如厕的行为比较固定后，再停止食物奖励。记住，一个小奖励就够了，且不要太频繁，因为如果奖励太频繁的话，在将来行为比较固定不需要奖励时，奖励就很难终止了。

当猫在如厕时可以有规律地伸出前腿时（有些猫会自然而然地采取这种姿势），开始提出它的一条后腿，并将其放在前腿的外侧。猫很可能会觉得这个姿势很难，并重新将脚放回合金盆里。你一定要坚持这么做，即连续地提它的后腿，直到它能坚持住，然后表扬它或给予奖励。

对它的另一条腿重复这一过程，直到猫学会通过这个姿势能保持平衡。只要猫能将四条腿有规律地放在马桶圈上，以后就简单了。

训练猫上厕所的一部分可能包括学习按冲水手柄。

到这一步算是幸运的，最令人不愉快的是最后一步。我建议你推迟这一步骤，除非你最少有一周或几天的闲暇时间，可以保证每天的大多数时间都待在家里。我当初用了两天的时间完成了这一步，希望你的猫也能进展迅速。

开始减少合金盆里的猫砂。只要猫配合，这一过程越快越好。因为随着猫砂减少，气味会增大。这时，你一定要留在家里，这样就能及时表扬猫，并在它完事后立即倒掉合金盆里的东西，这么做既能减少难闻的气味，也能避免猫为了减小气味而可能试着用已不存在的猫砂去掩盖，并在屋子其他地方留下污迹气味源。

当合金盆底只剩一小勺猫砂时，邻居可能已经清楚你的猫何时在上厕所。当然这是最糟糕的情况。下一次冲洗合金盆时，在盆底放一点儿水。之后每次增加一点水，水量与减少的猫砂量一样。只要猫对任何改变显得紧张，放弃这一切努力，又跑到门后解决问题，那么你需要后退一两步，再次慢慢进行尝试。塑造需要耐心，它取决于要塑造的行为和接受塑造的动物或人的学习能力。

当合金盆里的水深 10 厘米左右，而你的猫对一切习以为常时，最后的奇迹时刻来临了：拿走合金盆，让猫直接用马桶如厕。

深入讨论一下

1. 为什么这一技术可能对狗不起作用？

2. 在用这个方法训练猫的过程中，有没有一些安全方面的注意事项？

3. 在训练过程中，有可能会出现其他困难吗？

● 本章总结

学习的定义

5.1　了解学习的定义

- 学习是由经历或实践引起的相对永久性的行为改变，与由基因控制的成熟不同。

经典条件反射：它使你流口水

5.2　了解巴甫洛夫经典实验中经典条件反射的关键要素

- 巴甫洛夫偶然发现，一个刺激与另一个刺激配对出现，能够产生相似的反应。他将这种现象称为经典条件反射。

- 无条件刺激是自然发生的，能引起反应或自动无条件反应，由于这些刺激不用学习，因此被称为无条件刺激。

- 条件刺激一开始是中性刺激，但与无条件刺激配对出现后，最终它本身就能产生无意识的自动反应。对条件刺激产生的反应被称为条件反射，这种刺激和反应都是习得的。

- 巴甫洛夫将声音和食物配对后向狗呈现，发现了经典条件反射的一些基本原则，如条件刺激必须在无条件刺激之前出现及中性刺激与无条件刺激必须配对出现多次等。

- 经典条件反射的其他重要方面包括：刺激泛化、刺激分化、消退、自然恢复、高级条件反射。

5.3　用经典条件反射来解释恐惧症、味觉厌恶和药物依赖

- 华生通过将一名婴儿暴露于白鼠和噪声中，使这名婴儿对白鼠产生条件性恐惧，由此证明了恐惧症这种情绪障碍能够通过经典条件反射进行学习。

- 有机体在吃到令自己厌恶的食物后会作呕，结果会产生条件性味觉厌恶。

- 由于生理准备，某些条件反应比其他条件反应更容易学习。

- 巴甫洛夫认为，中性刺激通过时间上的联系，会变成无条件刺激的替代物。

- 认知视角认为，条件刺激必须按照条件反射发生的顺序提供无条件刺激即将到来的信息或期望。

操作性条件反射：它对我有什么好处

5.4　了解桑代克和斯金纳对操作性条件反射概念的贡献

- 桑代克提出了效果律，即导致愉悦的结果的反应将得到重复，导致不愉悦的结果的反应不会得到重复。

- 斯金纳将有意识反应的学习称为操作性条件反射，因为有意识反应是人们用来操作周围世界的。

5.5　区分初级强化物和次级强化物以及正强化和负强化

- 斯金纳提出了强化的概念，即导致愉悦的、可得奖赏结果的反应的加强过程。

- 初级强化物指的是能够满足基本的、自然驱力的事物，如食物、水等；次级强化物指的是在仅仅与初级强化物配对呈现后才变成强化物的事物。

- 在正强化中，反应会带来愉悦的刺激呈现；在负强

化中，反应会导致不愉悦的刺激消除或回避。

5.6　了解强化的 4 种程序

- 连续强化指的是每个正确反应都得到强化。
- 部分强化是指某个反应在一些正确反应之后得到强化，它难以消退。这被称为部分强化效应。
- 在固定比率的强化程序中，强化之前的反应次数是固定的。
- 在变化比率的强化程序中，获得强化的反应次数是变化的。
- 在固定间隔的强化程序中，强化的时间间隔中必须做出一个正确的反应。
- 在变化间隔的强化程序中，跟随着第一个正确反应的强化机会的时间间隔是变化的。

5.7　了解惩罚对行为的影响

- 惩罚是某种反应后的任何可导致该反应更可能少地发生的事件或刺激。
- 在实施式惩罚中，反应伴随着不愉悦刺激的增加或经历，比如打屁股。
- 在消除式惩罚中，反应伴随着愉悦刺激的消除，比如因孩子行为不端而拿走他的玩具。
- 利用打屁股等攻击性惩罚的人能够成为攻击性行为的"榜样"。这会增加被惩罚对象的攻击性行为，人们不期望看到这种反应。
- 两种惩罚对行为的效应仅仅是暂时的。
- 保证即时性和一致性，并通过将不期望的行为的惩罚与期望的行为的强化配对呈现，可以使惩罚变得更有效。

5.8　解释与操作性条件反射相关的概念

- 辨别刺激是一种提示，如警车上的闪光灯或店门上的"营业中"的标志，它提供了关于为了获得强化所做反应的信息。
- 操作性条件反射中的其他概念还包括辨别刺激、消退、泛化以及自然恢复等。

5.9　描述操作性条件反射改变动物和人类行为的方式

- 操作性条件反射可用于动物和人类的许多场景，以

改变或矫正行为。这被称为行为矫正，包括使用强化和塑造来改变行为。

- 塑造是指连续接近最终目标的强化，使得行为可以从有机体目前拥有的简单行为开始。
- 本能漂移是通过操作性条件反射训练的动物回归本能行为模式的倾向，而不是维持训练后的行为。
- 代币制是一种行为矫正，它利用了次级强化物和代币。
- 应用行为分析是行为矫正的现代版本，主要通过功能分析和行为技术来改变人类的行为。
- 神经反馈是生物反馈的改良版本，通过神经反馈，人会学习改变自己的大脑活动。

认知学习理论

5.10　解释潜伏学习的概念

- 认知学习理论认为，学习需要认知或有机体思维过程的影响。
- 托尔曼发现，实验老鼠在没有强化的前提下会在迷宫中到处走动，但只要实施强化，老鼠将显示出已经学习的证据。他将这种隐藏的学习称为潜伏学习，它是认知学习的一种形式。

5.11　描述苛勒的研究如何证明动物可通过顿悟来学习

- 苛勒在黑猩猩身上发现了顿悟的证据，即对问题要素关系的瞬间知觉。

5.12　概括塞利格曼关于习得性无助的研究

- 塞利格曼发现，当被置于无法逃脱情境中的狗可以逃脱时，它们也不会逃脱，而是继续待在痛苦的环境中，好像自己无力逃脱。塞利格曼将这种现象称为习得性无助，并发现了习得性无助与抑郁之间的相似性。

观察学习

5.13　描述观察学习的过程

- 观察学习是指通过观察他人的表现、榜样或某种行为而进行的学习。

- 班杜拉著名的波波玩偶实验证明，即使在没有强化的前提下，儿童仍然能够模仿榜样的攻击性行为。

5.14 熟悉观察学习的 4 种要素

- 班杜拉认为，观察学习有要素：注意、记忆、模仿

和渴望。

5.15 描述现实生活中利用条件反射的例子

- 作家卡拉恩·朗通过塑造、强化和经典条件反射来训练她的猫在坐便器上上厕所，而不是在猫砂盘里。

📀 章末测试

1. 有一天，希拉在街角差点被车撞到，因为当时她正忙着发短信。从那天起，每当希拉走到街角前，她会开始张望一下。希拉的行为改变是____作用的结果。

   A. 学习　　　　　　B. 记忆
   C. 动机　　　　　　D. 感觉和知觉

2. 每次当你准备遛狗时，你会将狗皮带上的链子弄得嘎嘎作响。几次之后，你会发现，当你拿起皮带并将它放回衣柜时，狗也会跑到门前。在这个例子中，条件刺激是____。

   A. 遛狗　　　　　　B. 链子的声音
   C. 前门　　　　　　D. 狗跑向前门

3. 通过经典条件反射可以使孩子害怕白鼠，如果孩子也害怕白兔，这种现象叫作____。

   A. 刺激泛化　　　　B. 刺激分化
   C. 自然恢复　　　　D. 消退

4. 在寒冷的冬天，你不再遛狗了。更重要的是，狗已经习惯了如下事实：当你不小心拨弄皮带，他不会出去，他也不会跑到前门。发生了什么事？

   A. 刺激泛化　　　　B. 刺激分化
   C. 自然恢复　　　　D. 消退

5. 有一天晚上，朗达在鱼里加了塔塔酱。第二天，她一整天都在呕吐。下次她有机会吃鱼时，她会感到反胃，会拒绝。朗达一想到带塔塔酱的鱼就恶心，可能是由于____造成的。

   A. 高级条件反射　　B. 条件性味觉厌恶
   C. 刺激替代　　　　D. 刺激泛化

6. 凯特琳在心理学系的实验室工作。她在研究中发

现，许多老鼠只经过一次实验就会对某些食物产生条件性味觉厌恶。这是____的经典例子。

   A. 生理准备　　　　B. 心理准备
   C. 本能漂移　　　　D. 刺激替代

7. 布莱克发现，如果他在出门前洗车，会有更多的朋友想与他一起骑车。哪种理论最能解释布莱克出门前总是洗车的意愿？

   A. 桑代克的效果律
   B. 斯金纳的操作性条件反射
   C. 巴甫洛夫的经典条件反射
   D. 苛勒的顿悟

8. 在经典条件反射中，行为通常是____，而在操作性条件反射中，行为通常是____。

   A. 得到奖励的；会受到惩罚的
   B. 生物学的；内部的
   C. 有意识的；无有意识的
   D. 无有意识的；有意识的

9. 次级强化物是从哪里得到能量的？

   A. 经典条件反射　　B. 效果律
   C. 观察理论　　　　D. 顿悟理论

10. 正强化会导致目标行为的____，而负强化会导致目标行为的____。

    A. 增加；减少　　　B. 增加；增加
    C. 减少；减少　　　D. 减少；增加

11. 贝琳头痛得很厉害。如果她服用阿司匹林，头痛会消失，这属于____。

    A. 正强化　　　　　B. 负强化
    C. 惩罚　　　　　　D. 泛化

12. 本尼每两周领一次薪水。在一个为期两周的周期内，他有时共工作 20 小时，有时工作 50 小时。无论本尼每周工作多长时间，他都是每两周得一次薪水。这属于____的强化程序。

A. 固定比率　　　　B. 变化比率

C. 固定间隔　　　　D. 变化间隔

13. 丹尼丝因宵禁后回家而被停职。她的父母在一个月前已经将她的手机拿走了。失去手机属于____。

A. 负强化　　　　　B. 实施式惩罚

C. 消除式惩罚　　　D. 习得性无助

14. 负强化和惩罚之间的关系是什么？

A. 二者都倾向于强化反应

B. 二者都倾向于弱化反应

C. 负强化可以强化反应，而惩罚会弱化反应

D. 负强化可以弱化反应，而惩罚会强化反应

15. 以下哪项属于操作性条件反射中的消退？

A. 母亲无视孩子闹脾气，孩子最终会不再闹脾气

B. 母亲为了满足孩子对糖果的需求，给孩子买了巧克力，以便让孩子安静下来

C. 母亲在孩子闹脾气时打孩子

D. 母亲在孩子要求吃巧克力之前先给他吃，这样孩子就不会闹脾气了

16. 布里兰夫妇的研究发现，许多动物都表现出本能漂移。这意味着什么？

A. 这些动物即使通过强化也学不到任何技能

B. 这些动物将通过强化学习技能，但最终会恢复到由基因控制的行为模式中

C. 这些动物会通过强化来学习技能，无论得到多少次强化，它们都会保持这种方式

D. 这些动物只能学习与从自然界中发现的类似的技能

17. 乔斯躺在床上，突然意识到自己可能知道如何处理某项快到截止日期的任务。后来，当同事问乔斯是如何想到点子时，他说："我就是突然想到了。"心理学家将这称作____。

A. 潜伏学习　　　　B. 习得性无助

C. 顿悟　　　　　　D. 观察学习

18. 乔迪的大学代数屡次不及格，后来，她放弃了，并认真考虑辍学。有一天，乔迪最好的朋友对她就，如果她再次报名上大学代数课，会亲自帮助她，但乔迪拒绝了。哪种概念可以解释乔迪的拒绝行为？

A. 潜伏学习　　　　B. 习得性无助

C. 顿悟　　　　　　D. 观察学习

19. AMID 分别代表什么？

A. 注意，记忆，目的，滞留

B. 注意，记忆，模仿，渴望

C. 询问，记忆，模仿，发展

D. 关联，记忆，模仿，渴望

20. 达拉注意到，一些朋友每天会锻炼一两个小时来减肥。然而，达拉未模仿朋友的行为。班杜拉的观察性学习模型的哪一部分可以解释达拉没有开始类似的减肥计划的原因？

A. 达拉在潜意识中不相信自己能做得到

B. 达拉没有动力，也没有动机开始这个计划

C. 达拉必须先重视自己的自尊

D. 达拉的不情愿可能是精神失常的征兆

第 6 章 记忆

批判式思考 你对事情的记忆如何？你有没有发现自己对过去发生之事的记忆与当时在场的人不同？

为什么要了解记忆

没有记忆，我们如何学东西？学习能力是我们生存的关键，但只有当我们能记住之前发生的事情后，才能学习。当然，也要了解遗忘，因为如果我们能了解自己遗忘的方式，就可以运用这种方式，从而减少遗忘的发生。

学 习 目 标

6.1 了解记忆的 3 个过程

6.2 解释不同记忆模型的运作方式

6.3 描述感觉记忆的过程

6.4 描述短时记忆，区分短时记忆与工作记忆

6.5 描述长时记忆的过程

6.6 了解线索对记忆提取的影响

6.7 区分回忆和再认的提取过程

6.8 描述记忆自动编码为长时记忆的方式

6.9 描述记忆提取的建构加工观点如何解释遗忘和虚假记忆

6.10 描述什么是遗忘曲线

6.11 了解遗忘的常见原因

6.12 了解大脑记忆的生物学基础

6.13 了解遗忘的生物学基础

6.14 了解睡眠、运动和饮食影响记忆的方式

记忆的定义

记忆（memory）是一个场所，还是一个过程？要回答这个问题其实并不容易。阅读完本章，你将会清楚地认识到，记忆是一个过程，但同时它在大脑中也有一个"场所"。也许，记忆的最佳定义是：记忆是一个主动系统，从感官接收信息，然后将信息变成可用的形式，并在存储信息时对其进行组织，最后再从存储中提取信息（Baddeley，1996，2003）。

记忆过程

6.1　了解记忆的 3 个过程

尽管存在几种不同的记忆运作模式，但它们都包含 3 个相同的过程：将信息输入记忆系统，存储信息，以及提取信息。

编码：输入信息　记忆系统中的第一个过程是将物体、声音等感觉信息转换成大脑可用的形式，这一过程叫作**编码**（encoding）。编码是人对感觉信息进行的一系列心理操作，最终将这些信息转换成可用于大脑存储系统的形式。例如，当人听到声音后，人耳会将空气中的振动转化为听神经的神经信息（换能），使大脑能够解读声音【连接学习目标 3.1】。

💬 记忆的编码原理听起来和感觉一样。它们之间有什么区别吗？

编码并不仅仅是将感觉信息转化为大脑信号。在记忆的 3 种不同的存储系统中，编码的实现方式各不相同。例如，在其中一个系统中，编码可能涉及反复"排练"信息以将其保存在记忆中，而在另一个系统中，编码则可能包含详细地"说明"信息的定义。

存储：保存信息　记忆的下一步是**存储**（storage），即将信息保存一段时间。存储的时间长短不同，这取决于使用的记忆系统。例如，在其中一个记忆系统中，人对信息的存储时间可能只够用来处理信息，约 20 秒；而在另一个记忆系统中，人或多或少地可能

会永久性地存储信息。

提取：获取信息　很多人面临的最大问题是对信息的**提取**（retrieval），也就是获取所知的信息。例如，你有没有在交了语文考卷后，才想起其他想写的内容？

记忆模型

6.2　解释不同记忆模型的运作方式

记忆究竟是如何运作的？存储时，信息会流向何处？为什么？对此，记忆专家提出了几种不同的研究记忆的方法。许多研究人员曾经认为，**信息加工模型**（information-processing model）是最全面的一种研究方法，且在过去的几十年里可能是最有影响力的。这种方法关注的是 3 种不同的记忆系统处理或加工信息的方式。编码、存储和提取等过程被视为该模型的一部分。

虽然人们通常分别将信息加工模型的 3 个系统称为记忆的不同阶段，但阶段这一术语似乎更意味着一系列事件。尽管记忆形成的许多方面可能遵循着一系列步骤或阶段，但也有人认为，记忆的创造和存储是同时进行的，主要是通过一系列"延伸"在大脑中的心理网络来实现的（McClelland & Rumelhart，1988；Plaut & McClelland，2010；Rumelhart et al.，1986）。通过这种平行处理方式，人们一次可以提取记忆的不同方面，从而更快地进行反应和决策。这种记忆模型源于人工智能发展研究，被称为**平行分布加工模型**（parallel distributed processing model，**简称 PDP**）。在人工智能领域，平行分布加工模型与连接主义有关，即通过人工神经网络来解释人类的心理能力的一种理论（Bechtel & Abrahamsen，2002；Clark，1991；Marcus，2001；Schapiro & McClelland，2009）。

根据信息加工模型，记忆的时长取决于记忆的存储阶段。其他研究人员提出，记忆的持续时间取决于信息加工或编码的深度，即大脑为理解意义所做

的努力（Cermak & Craik，1979；Craik & Lockhart，1972）。例如，如果在屏幕上闪现"BALL"（球）这个单词，并要求人们说出它是大写还是小写，那么人们对这个单词本身无须进行太多的加工或处理，只要有意识地注意它的视觉特征即可。但如果让人们用这个单词造句，那么人们就必须考虑它是什么以及如何使用它。人们必须加工、理解这个单词的意义，因此需要更多的脑力劳动，而不仅仅是加工它的"外观"。这种记忆模型被称为**加工水平模型**（levels-of-processing model）。大量实验表明，思考某事物的意义是一个更深层次的加工过程，会使得单词的保留时间延长（Cermak & Craik，1979；Craik & Tulving，1975；Paul et al.，2005；Watson et al.，1999）。

💬　那么，哪种模型是正确的呢？

不应该问："哪种模型是正确的呢？"而应该问："哪种模型能解释研究人员对记忆如何运作的发现？"这个问题的答案是，3种模型都可以用来解释一些研究结果。每一种关于记忆运作的观点都可以被看作是对记忆不同方面的论述。例如，信息加工模型可以提供一个"全局"视图，解释各种记忆系统如何相互关联以及"记忆机器"如何运作。而平行分布加工模型较少涉及记忆的机制，它更多涉及的是记忆过程的连接和定时。信息加工的深度可看作是3个记忆系统的平行连接强度，随着加工程度的加深，记忆的强度和持续时间都在增加。

虽然记忆研究人员当前不再将信息加工模型看作记忆过程的主要方式，但它在历史上具有重要意义，它提供了一种讨论记忆如何运作的便捷方式。在本章中，我们将探讨很多有关记忆的概念，并将在信息加工模型的框架中进行研究，因为用其中的术语来谈论这些概念会稍微容易一些。如果你决定专攻记忆研究，了解其产生的历史观点，无疑将帮助你更好地掌握最新的记忆理论。

概念地图　6.1～6.2

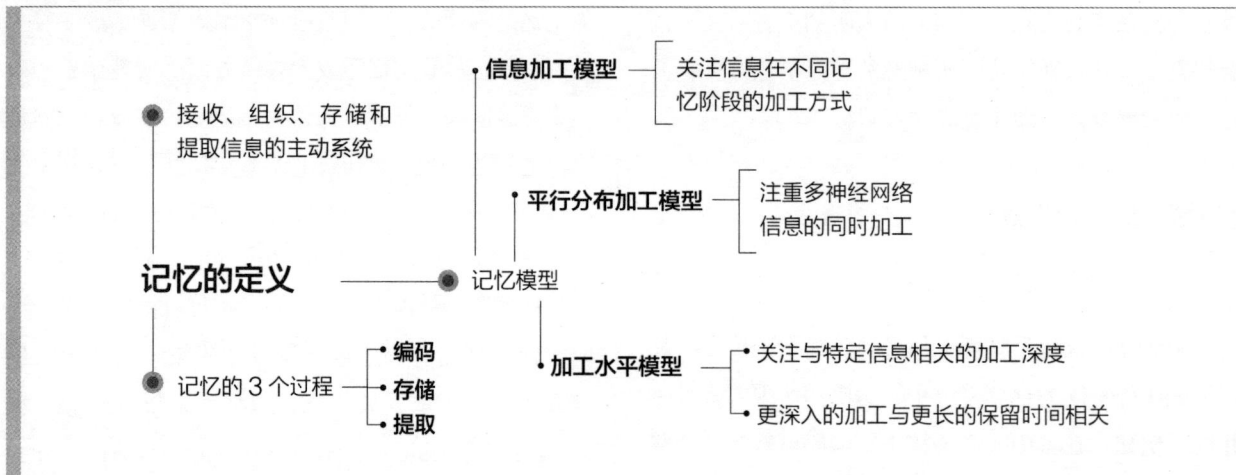

随堂小考

1. 人类的记忆是由多个系统组成的，这些系统能够在一段时间内存储信息，从＿＿到＿＿。

   A. 数秒；数小时　　　B. 数秒；一生

   C. 数分钟；几十年　　D. 数小时；一生

2. 露丝写完研究论文后交了上去。走出教室时，她才意识到自己应该多写一些内容。露丝的问题出在＿＿上。

   A. 编码　　B. 存储　　C. 提取　　D. 保留

3. 哪种记忆模型表明记忆过程在整个神经网络中会同时发生？

A. 加工水平模型 B. 平行分布加工模型

C. 信息加工模型 D. 三阶段模型

4. 研究表明，如果一个人想某个特定单词的含义、使用方法，并举例说明它的用法，就可以增强对该单词的记忆。哪种记忆模型能最好地解释这种现象？

A. 加工水平模型 B. 平行分布加工模型

C. 信息加工模型 D. 三阶段模型

⬤ 信息加工模型：3 种记忆系统

　　第 1 章简要论述了认知心理学与信息加工理论的联系。信息加工理论着眼于记忆和其他思维过程的运作方式，并将对应的人类思维模型建立在计算机运作方式的基础上（Massaro & Cowan，1993）。对数据进行编码后，计算机能够理解和使用数据。计算机将这些信息存储在磁盘、硬盘或存储卡上，然后根据需要将数据从存储器中提取出来。信息加工理论学家也提出存在 3 种记忆系统：感觉记忆、短时记忆和长时记忆（Atkinson & Shiffrin，1968），见图 6-1。

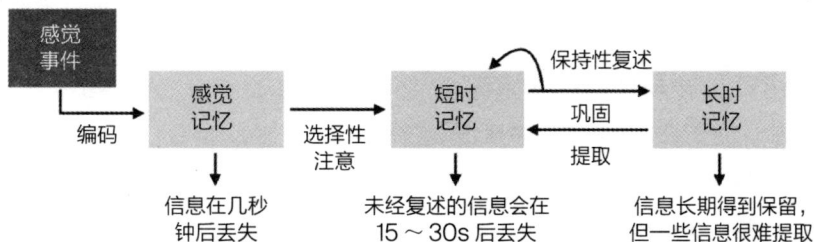

图 6-1　记忆加工的 3 个阶段

信息通过感觉系统进入，暂时被记录在感觉记忆中。通过选择性注意大脑会将信息过滤到短时记忆中；当注意力（复述）继续时，信息会被存储在短时记忆中。如果信息得到足够多的复述（维护或精心设计），那么它将进入并被存储在长时记忆中。

感觉记忆：人们为什么会"反应慢半拍"

6.3　描述感觉记忆的过程

　　感觉记忆（sensory memory）是记忆过程中的第一个系统，在此系统中，信息通过眼睛、耳朵及其他感觉系统进入神经系统。可以将它想象成一扇可以暂时打开的门，透过这扇门，人可以看到许多人和物体，但只有其中一部分人或物体能真正通过门本身。可以说，感觉记忆是通向世界的一扇门。

　　信息是作为神经系统中的神经信号被编码到感觉记忆中的。只要这些神经信号在神经系统中传递，就可以说人们对这些信息有"记忆"，如果需要的话，人们可以"访问"它们。例如，想象一下伊莱娜正在街上开车，她观察着两旁的人和车。突然她回过神来：不对，刚才那个人穿裤子了吗？于是，她回头看了看。伊莱娜是如何知道要回头看的？她的眼睛已经从可能没穿裤子的人身上移开，但她的大脑的某个区域刚刚一定加工了她看到的东西。这一区域很可能是网状结构，它注意到了新的重要信息，这被称为"愣了一会儿才恍然大悟"（double take），而伊莱娜只能用她所见事物的记忆来解释，不管这种记忆多么短暂【连接学习目标 2.10】。

通常，人们广泛研究的感觉记忆有以下两种。

图像感觉记忆　看到可能没穿裤子的人是视觉系统工作方式的一个例子。视觉系统通常被称为**图像记忆**（iconic memory），它只持续不到一秒钟。乔治·斯珀林（George Sperling）通过几个经典实验中对图像记忆进行了研究，可见下文的心理学经典研究。

心理学经典研究
斯珀林的图像记忆测试

乔治·斯珀林在早期研究中发现，当他用一台快速显示器显示一个字母网格时，不管显示多少个字母，被试都只能记住大约四五个字母。

斯珀林开始相信，用这种方法来衡量图像记忆能力并不准确，因为人们倾向于自上而下阅读，且需要足够长的时间，所以当人们"阅读"了网格顶部的字母时，网格底部的字母可能已经从人们的记忆中消失了。后来，斯珀林发展了一项被称为部分报告法（partial report method）的技术，通过这种技术，他展示了一个类似于图 6-2a 中的字母网格，在网格闪现后，立即发出了高音、中音或低音。如果被试听到高音，他们需要报告最上面一行字母，如果听到的是中音，则报告中间一行，以此类推。由于被试直到网格消失后才能听到声音，因此他们不能提前看某一行字母。

通过这种技术，斯珀林发现，被试可以准确地报告 3 行字母中的任何一行。这意味着整个网格都存在于图像记忆中，可供被试使用。图像记忆的能力是人一次所看到的一切。

斯珀林还发现，如果他在约一秒钟后将声音推迟一小段时间，那么在整个报告过程中，被试再也无法更好地回忆起网格中的字母了。也就是说，在那短暂的一小段时间里，图像信息已经完全从感觉记忆中消失了。

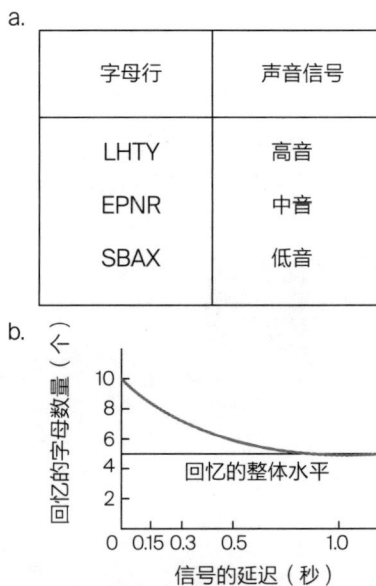

字母行	声音信号
LHTY	高音
EPNR	中音
SBAX	低音

图 6-2　图像记忆测试

本图是斯珀林对图像记忆测试的字母网格范例。为了确定整个网格是否存在于图像记忆中，斯珀林在网格闪现之后发出与每一行字母相关的声音。被试能够回忆起自己听到声音的那一行字母。图表显示，随着发出声音的延迟增加，被试回忆起的字母数量会减少。

深入讨论一下

1. 对于来自不同文化的人来说，从右到左或从上到下读取文本时，部分报告法的结果可能会有什么不同？

2. 如果使用信息更详细的图片而不是字母，结果会不同吗？

在现实生活中，刚刚进入图像记忆的信息很快会被新信息"挤出"，这一过程被称为掩蔽（Cowan，1988）。研究表明，仅仅经过 0.25 秒，旧信息就会被新信息取代。

但有些人拥有所谓的**遗觉象**（eidetic imagery）能力，即能够在很长一段时间内获得视觉记忆，但这种情况较罕见。虽然人们常用"摄影记忆"这个词来表达这种罕见的能力，但有些自称拥有摄影记忆的人实际上只是想说他们的记忆力非常好。记忆力很好与拥有遗觉象能力是两件非常不同的事情。有遗觉象能力的人可能会快速地看完一页书，然后转向一堵空白的墙或一张白纸，他们能"读"出那些仍然留在感觉记忆中的图像上的字。虽然听起来拥有这种能力在大学考试时很不错，但实际上并没有优势，因为这就像是参加开卷考试：如果学生不明白试卷上写的是什么，那么打开书并没有用。目前，人们还不清楚为什么有些人会拥有这种能力。这种能力在儿童中更为普遍，不过往往会在青春期或成年早期逐渐减弱（Haber，1979；Leask et al，1969；Stromeyer & Psotka，1971）。

毕加索是他那个时代最有创造力的艺术家之一。如图所示，他正用手电筒在空中"画"关于一位女性的抽象派艺术作品——通过相机多次曝光实现。毕加索在头脑中"保持"光的图像足够长的时间以完成抽象艺术作品，这种能力能告诉我们关于他的视觉记忆的哪些知识？

💬 既然图像记忆持续的时间这么短，那它对我们有什么用呢？

实际上，图像记忆在视觉系统中起着非常重要的作用。第 3 章曾提到了微眼动，它使得视觉无法适应持续的视觉刺激，因而导致被注视的物体不会慢慢消失。图像记忆有助于视觉系统将周围环境看作连续且稳定的，而微眼动则是不连续的。此外，图像记忆还使得脑干有足够的时间来决定信息重要与否，以及能否将其带入意识之中。

声象感觉记忆　另一种感觉系统是**声象记忆**（echoic memory），即人对听到的事物的短暂记忆。有关声象记忆的一个很好的例子是"你刚说什么"现象。

例如，当你坐在沙发上在看书或专心看电视时，你的父母、室友或朋友可能会走过来对你说些什么，过了一两秒钟后你才反应过来，接着会说："你刚说什么？哦，好的，我马上就来。"实际上你并没有立刻对对方所说的话进行加工。你听到了对方的话，但你的大脑并没有立即解读。相反，你在几秒钟后才意识到：（1）对方说了什么；（2）对方的话可能很重要；（3）自己最好能记住。如果你在 4 秒钟内（声象记忆的持续时间）意识到这一切，你很可能会"听到"头脑中的回声，类似于"即时回放"。

通常，声象记忆的能力被限制在任何时刻都必须听到的范围内，而且比图像记忆的能力要弱，不过它的持续时间长，约 2 ～ 4 秒（Schweickert，1993）。

当人们想要与他人进行有意义的对话时，声象记忆是非常有用的。通过它，人能记住他人所说的话，且只需足够长的时间就能识别出短语的意思。与图像记忆一样，声象记忆也能使人将传入的听觉信息保持足够长的时间，以便大脑低级中枢来确定是否需要由大脑高级中枢进行加工。例如，正是依靠声象记忆，音乐家才能够调谐乐器。音叉音调的记忆在声象记忆中停留的时间足够长，使得调音的人能调准音高。

一旦钢琴的琴弦连接到调音针上，就可以为钢琴调音了。为钢琴调音需要利用声象感觉记忆。你能否想到还有哪些职业需要良好的声象记忆呢？

短时记忆：更爱编码听觉信息的记忆

6.4 描述短时记忆，区分短时记忆与工作记忆

如果传入的感觉信息很重要，并进入意识，那么该信息将从感觉记忆转移到下一个记忆过程，即**短时记忆**（short-term memory，STM）。短时记忆与感觉记忆不同，它可以持续 30 秒的时间，也可以通过保持性复述持续更长的时间。

选择性注意：信息如何进入　　**选择性注意**（selective attention）是指在所有感觉输入中，只关注其中一个刺激的能力（Broadbent，1958）。信息正是通过选择性注意进入短时记忆系统的。唐纳德·布罗德本特（Donald E. Broadbent）博士最初的过滤器理论认为，感觉记忆过程与短时记忆过程之间存在一种"瓶颈"。只有足够"重要"的刺激，即由脑干中的注意力中心完成的"预分析"决定，才能越过这一瓶颈，并能有意识地在短时记忆中分析其意义。当人积极地思考信息时，信息会被认为是有意识的，并且也处于

短时记忆中【<u>连接</u>学习目标 4.1】。

不过，用布罗德本特的过滤器理论来解释知觉和注意力研究中早已确立的鸡尾酒会效应，通常会有些困难（Bronkhorst，2000；Cherry，1953；Handel，1989）。聚会通常是很吵闹的，大家都在交流对话，但当有人叫你的名字时，你仍然能够听出来，这就是鸡尾酒会效应。在这种情况下，与参与选择性注意有关的脑区必须正常工作，即使你并没有意识到这一点。当重要的信息即你的名字响起时，这些脑区会以某种方式将这些信息过滤到你的意识中，而此时你并没有有意识地注意到其他背景噪声（Hopinger et al，2000；Mesgarani & Chang，2012；Stuss et al，2002）。

安妮·特瑞斯曼（Anne M. Treisman）博士曾提出选择性注意有两个阶段的过滤过程（Treisman，2006；Treisman & Gelade，1980）：在第一阶段，感觉记忆中的传入刺激根据简单的物理特征进行过滤，这与布罗德本特最初的想法类似。然而，与选择的刺激相比，未选择的刺激的"信号强度"会衰减，而不是转移到短时记忆中或丢失。在第二阶段，只有满足特定重要性阈值的刺激才能得到加工。由于衰减的刺激在第二阶段仍然存在，因此一些主观上很重要的事物（如自己的名字）也许能从衰减的传入刺激中被"摘"出来。即使在深睡眠时，选择性注意这种过滤器并未处于峰值水平，但它仍然能起作用。例如，在火车轰鸣声等较大的、不太重要的声音中熟睡的母亲，也会在听到婴儿的哭声时醒来（LaBerge，1980）。

那么，当信息通过选择性注意过滤器进入短时记忆时，会发生什么？短时记忆往往主要以听觉（声音）形式来编码。这仅仅意味着人们倾向于在自己的头脑里"说话"。虽然有些图像以一种视觉空间"画板"的形式存储在短时记忆中（Baddeley，1986），但听觉存储在短时记忆的编码中占有很大的比重。例如，舞蹈家在脑海中设计出舞蹈动作后，她们不仅会将这些动作形象化，而且在设计时很可能会在脑海中"口头描述"这些动作。艺术家在设计绘画时当然拥有短时记忆中的视觉信息，但也可能主要运用听觉

式的"内部对话"。一项要求被试回忆数字和字母的研究表明，被试在回忆听起来像目标数字或字母的数字或字母时几乎总是出错，而当要回忆的数字或字母看起来像目标时却不会出错（Acheson et al., 2010; Conrad & Hull, 1964）。

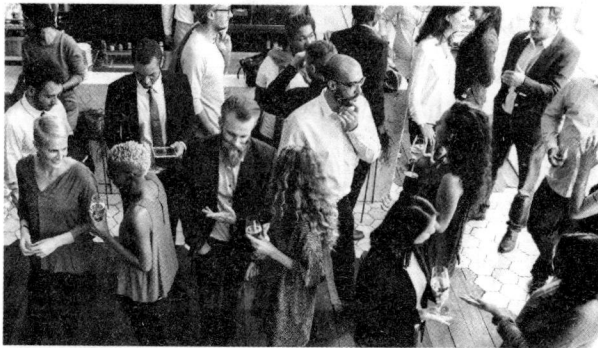

参加聚会的每个人都参与了与他人的对话中，周围的人同时也在进行着诸多类似的对话。当其他对话中的某人提到不同组中某个人的名字时，被提名字的那个人会选择性注意自己的名字。这就是所谓的鸡尾酒会效应。

工作记忆 一些记忆理论家将工作记忆（working memorg）这一术语用作短时记忆的另一种说法，他们认为这两个概念没有区别。另一些人则认为二者有很大的不同。在接下来的讨论中，我们将使用短时记忆来指代与信息存储和加工相关的简单存储和工作记忆（Baddeley, 2012）。传统观点认为，短时记忆是一种事物或置入信息的场所。正如前文提到的，当前的记忆研究人员更喜欢将记忆当作一个更为连续的系统，在这个系统中，信息从一种表示形式"流动"到另一种表示形式，而不是一系列的"盒子"组合。因此，工作记忆被认为是一种主动系统，处理短时记忆中存在的信息。通常，人们认为工作记忆由 3 个相互关联的系统组成：控制和协调其他两个系统的中央执行系统，前文提到的某种视觉空间"画板"，以及一种听觉动作"记录器"或称语音环路（Baddeley, 1986, 2012; Baddeley & Hitch, 1974; Baddeley & Larsen, 2007; Engle & Kane, 2004）。中央执行系统同时充当视觉信息和听觉信息的解释者，而视觉信息和听觉信息本身包含在短时记忆中。例如，当

人在阅读一本书时，"画板"将收集正在阅读的特定段落的人物和事件的图像，"记录器"则在人的脑海中"播放"对话，而中央执行系统帮助解释来自前两个系统的信息，并将其整合在一起。因此，在某种意义上，短时记忆可以被视为工作记忆系统的一部分（Acheson et al., 2010; Bayliss et al., 2005; Colom et al., 2006; Kail & Hall, 2001）。

思考短时记忆的另一种方式是将它比作办工桌。你可能会从存储器中取出一些"文件"（永久性记忆），或者有人可能会递给你一些"文件"（感觉输入）。当"文件"放在你的办公桌上时，你可以看，可以阅读，也可以使用它们（工作记忆）。这些"文件"现在是有意识的材料，只要它们被放在桌子上，就会一直保持这种状态。其中不太重要的"文件"可能会被"扔掉"（由于未被注意到而被遗忘），而更重要的"文件"可能会被存储起来（永久性记忆），直到再次被提取出来——从办公桌上拿出来，它们才会被意识到。

记忆容量：魔法数字 7，或 5，或 4 乔治·米勒（George Miller）想知道人类一次能在短期记忆中存储多少信息，于是他回顾了几项记忆研究，其中一些研究使用了一种名为数字广度测试（digit-span test）的记忆测试。在这项测试中，研究人员会为被试读一系列数字，然后要求他们按顺序回忆。每个数字系列都会变得越来越长，直到被试记不起任何序列的数字。

结果发现，大多数人都能通过前两个数字序列的测试，有些人会在 6 位数跨度上出错，大约一半的人会在 7 位数跨度上出错，而对于 9 位数跨度很少有人不出错。由此米勒得出结论，短时记忆的容量大约是 7±2 项或 7±2 条信息，即 5～9 位（bit）信息。米勒称 7±2 为"神奇的数字"。自从米勒回顾了早期的研究及随后关于短时记忆容量的结论以来，记忆研究方法得到了改进，使得我们对记忆过程的认识和理解也有所改善。目前的研究表明，如果没有使用某种记忆策略，年轻人一次可以掌握 3～5 项信息。而当信息的形式太长、听起来相似或不常见时，短时记忆的容量就会减少，直到只剩 4 项为止（Cowan,

2001；Cowan et al.，2005；Palva et al.，2010）。

有一种方法可以"愚弄"短时记忆，使其比通常情况下存储更多信息。此时可以将其看作是在办公桌上"堆放"相关"文件"。如果将信息位组合成有意义的单元或组，则可以在短时记忆中存储更多信息。例如，如果有人将数字序列"6547893217"重新编码为"654-789-3217"，它就不再是 10 个独立的信息位，那么这一数字序列将变成读起来像电话号码的 3 个数字"组"。这一重新编码或重新组织信息的过程被称为分组。任何在数字跨度测试中可以轻松记住八九位以上数字的人都有可能将数字重新记录成组。

为什么叫"短时记忆" 短时记忆的"短时"究竟有多长？研究表明，短时记忆在没有排练的情况下会持续约 12 ～ 30 秒（Atkinson & Shiffrin，1968；J. Brown，1958；Peterson & Peterson，1959），之后，记忆似乎会迅速"衰退"或消失。事实上，一项对老鼠的研究结果表明，为了形成新的记忆，旧的记忆必须通过新的神经元的形成来予以"擦除"（Kitamura et al.，2009）。大脑中海马的存储空间只有那么大，纵然许多记忆将被转移到大脑其他区域以进行更持久的存储，但未得到复述的记忆会随着新的神经元和新的记忆添加到神经回路中而衰退。

💬 复述是什么意思？如果进行复述，那么短时记忆能持续多久？

大多数人会意识到，在脑海中一遍一遍地说一些自己想记住的事情有助于记得更牢。有时，我们会长时间一遍一遍地说自己想记住的名字或电话号码，以便将它们保存到手机通信录中。这个过程即被称为**保持性复述**（maintenance rehearsal）。通过保持性复述，人只会持续关注要存储在记忆中的信息。由于注意就是指信息最初进入短时记忆的方式，因此复述起到了相当好的作用（Atkinson & Shiffrin，1968；Rundus，1971）。通过这种复述，信息将保持在短时记忆中，直到复述停止。当复述停止时，记忆会迅速衰退并被遗忘。如果有任何事物干扰了保持性复述，

那么记忆也很可能会丢失。例如，当有人正通过大声背诵数字来计数项目时，另一个人向这个人询问时间并干扰其计数过程，那么正在计数的这个人可能会忘记最后一个数字是什么，他之后不得不重新开始。短时记忆有助于人们记录计数等事情。

如果短时记忆中要存储的信息量超出其容量，那么短时记忆也可能会受到干扰。已经存在于短时记忆中的信息可能会被"挤出"，以便为新的信息腾出空间。这就是为什么你可能会记住在聚会上遇到的前几个人的名字，而当记忆的名字越来越多时，之前被记住的名字就会被后来的名字取代。记人名的一个更好的方法是将名字与人的外表相关的事物联系起来，这一过程可能有助于将名字从短时记忆转移到更持久的记忆存储过程中。而这种更持久的存储过程就是长时记忆过程。

图中左侧的服务生在为右侧的女士点单时并没有用笔写下来。他利用的是哪种记忆系统？你认为他的这一系统的记忆能力会比那些不经常记的人强吗？

工作记忆是一个重要的研究领域，不仅对理解智力有帮助，而且对学习、注意缺陷多动障碍等注意障碍，以及各种与痴呆症相关的记忆问题也有影响（Alloway et al.，2009；Kensinger et al.，2003；Martinussen et al.，2005）。研究人员曾训练小鼠以改善它们的工作记忆，之后发现，随着工作记忆的改善，小鼠变得更聪明了（Light et al.，2010）。其他研究人员则发现，工作记忆有助于解决数学问题，但实际上可能会损害解决创造性问题的能力（Wiley & Jarosz，2012）。创造性问题的解决似乎得益于一种不

那么集中的途径，而不是发生在工作记忆中的集中性注意。

长时记忆：记忆容量究竟有多大

6.5 描述长时记忆的过程

记忆的第三个阶段是**长时记忆**（long-term memery，LTM），所有信息都被置于这一系统中，它们或多或少地被永久性地存储于此。就容量而言，长时记忆在所有实际用途上似乎都是无限大的（Bahrick，1984；Barnyard & Grayson，1996）。事实上，研究人员现在认为，人的脑容量可能比之前估计的大 10 倍（Bartol et al.，2015）。想想看，会不会真有那么一天，你的头脑里再也容不下一条信息了呢？比如当你什么都学不到的时候？如果人类的寿命更长的话，长时记忆的容量可能会有限。不过在实际操作过程中，总有提供更多信息的空间。

持续时间 对于长时记忆的持续时间，"长时"这个词说明了一切。当记忆形成时，大脑本身会发生相对永久性的物理变化。这意味着，人们存储了相当长时间的记忆，它们可能还在，甚至可追溯到孩提时期。但这并不意味着人们总能找回那些记忆。这些记忆可能是可用的，但无法"访问"，也就是说它们仍然存在，但由于各种原因，人们无法"接近"它们——就像知道自家厨房橱柜顶层的架子后面有一件东西，但没有梯子或踏板可以用来够到它。东西仍然在那里（可用），但无法够到它（无法"访问"）。

"长时"并不意味着所有的记忆都是永久性存储的。例如，我们的个人记忆由于太多而无法永久性地保留；我们也不会将发生在自己身上的每一件事都存储起来。我们只存储对自己有意义且重要的事件和概念的长时记忆。

💬 我曾经一遍一遍地背诵一首诗。这就是保持性复述吧？因为我还记得这首诗的大部分内容，所以它一定属于长时记忆。保持性复述是让信息进入长时记忆的一种好方法吗？

实际上，经过足够长时间复述的信息可能会进入长时记忆。而这也正是大多数人学习记忆社保号码和字母表的方式，当然，人们在记字母表时会做一些调整，如将字母表编成曲子，这样提取起来会更容易。大多数人倾向于通过保持性复述来学习诗歌和乘法表，也就是所谓的死记硬背（rote learning），就像是在脑海中"旋转"（rotate）信息，并反复地说。但是，保持性复述并不是将信息放入长时记忆中最有效的方式，因为要将信息提取出来，人们必须准确地记住它们进入记忆时的模样。例如，英文字母表的第 15 个字母是什么？你是否必须背诵或唱字母表歌曲才能知道第 15 个字母是什么？

图中这些学生正在为音乐会排练。他们将使用保持性复述，一遍一遍地重排演音乐段落，直到他们可以完美地演奏。他们的手指在乐器上的动作将被存储在长时记忆中。这种长时记忆与演员记台词有什么不同？

尽管许多长时记忆被编码成图像、声音、气味或味道（Cowan，1988），但总的来说，长时记忆是以有意义的形式进行编码的，这种形式是人们想记住的词语、概念和所有事件的意义的"心理仓库"。即使是事件中涉及的图像、声音、气味和味道，它们也有某种意义，因此也具有足够的重要性，可以得到长期存储。如果将短时记忆看作办公桌或工作台，那么长时记忆则可以被看作办公桌后面的巨大"文件柜系列"，其中的"文件"根据意义被有组织地存储着。"文件"必须以某种有组织的方式放在橱柜里才能有用，如果"文件"没有按一定的顺序进行排列，那么人们怎么可能很快记住信息呢？以有组织的方式将信息编码到长时记忆中的最佳方式，是通过另一种复述使其产生意义。

精细复述　精细复述（elaborative rehearsal）是一种通过将新信息与已知事物联系起来以增加信息**提取线索**（retrieval cue，有助于记忆的刺激）数量的一种方式（Craik & Lockhart，1972；Postman，1975）。例如，法语单词 maison 的意思是"房子"。人们可以一遍一遍地说"Maison 是房子，Maison 是房子"来记忆。但如果人们简单地想："Maison 听起来像泥瓦匠（mason），泥瓦匠盖房子"，那就容易记多了，效率也会提高很多。通过这种方式，将单词的意思与人们已知的事物联系在一起，有助于记忆单词。在旧版本的概念中，精细复述被视为将信息从短时记忆传递到长时记忆的一种方式，但听起来这两种形式的记忆像盒子一样。"记忆像盒子那样存储"的观点是对信息加工模型的主要批评之一，因为这听起来好像短时记忆和长时记忆之间不存在任何东西，而事实并非如此。研究表明，在积极关注某项经验及其永久性存储的过程中，信息可以存在于任何场所（Raaijmaker，1993；Raaijmaker & Shiffrin，2003）。

弗格斯·克雷克（Fergus Craik）和罗伯特·洛克哈特（Robert Lockhart）的理论认为，信息经过更加"深度地加工"或根据其含义加工，而不仅仅只加工单词的声音或物理特征，它们会更有效地、更长久地被记忆。正如加工水平模型预测的那样，与保持性复述相比，精细复述是一种更深层次的加工，因此可以进行更好的长期存储（Craik & Tulving，1975）。

💬 我能记起很多童年时的事情。有些是我在学校学到的，有些是更个人化的，比如开学第一天的情景。这是两种不同的长时记忆吗？

长时信息的类型　长时记忆包括一般事实和知识、个人事实，甚至包括可操作的技能。技能记忆是一种**非陈述性记忆**（nondeclarative memory），也叫**内隐记忆**（implicit memory），因为技能必须得到证明，而不是报告。对事实的记忆被称为**陈述性记忆**（declarative memory），也叫**外显记忆**（explicit memory），因为事实是已知的，可以得到声明。这两种类型的长时记忆有很大的不同，下文将对此进行解释。

非陈述性记忆/内隐记忆　对于人们知道如何做的事情的记忆，比如系鞋带和骑自行车，这种长时记忆就属于非陈述性记忆或内隐记忆。例如，对于人们知道如何系鞋带这一事实，从人们实际上会系鞋带的事实中就可以看出。非陈述性记忆还包括情感联想、习惯和简单的条件反射，它们可能是有意识的，也可能是无意识的，通常这种记忆往往非常强烈（Schacter & Wagner，2013；Squire & Kandel，2009）【连接学习目标 5.2、5.3 和 5.5】。根据第 2 章的知识，杏仁核是情感联想最可能的区域，比如恐惧；而小脑则负责存储条件反应、技能和习惯的记忆（Dębiec et al.，2010；Kandel & Siegelbaum，2013；Squire et al.，1993）。

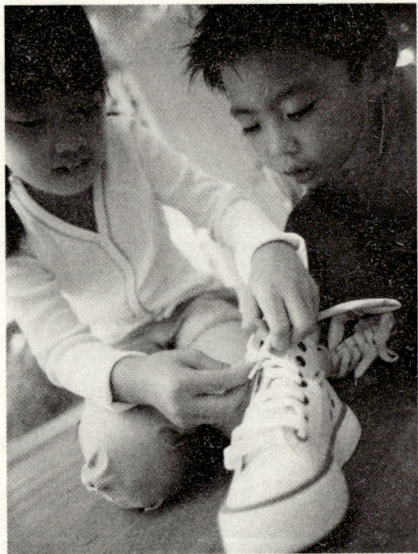

像系鞋带这样的非陈述性知识，通常必须通过实践来学习，因为它们很难用语言来表达。一旦孩子学会了如何系鞋带，这些知识就会一直存在于他们的大脑中。

不同脑区控制非陈述性记忆的证据来自对海马损伤的人的研究。这种损伤会导致人们出现**顺行性遗忘**（anterograde amnesia），从而无法形成新的长时陈述性记忆。2000 年的电影《记忆碎片》（*Memento*）中的莱尼这一角色相当准确地反映了这种记忆障碍。还有一位更著名的顺行性遗忘患者 H.M.，本章后文将对其进行详细讨论。

在一项关于非陈述性记忆的研究中（Cohen et al.，1985），研究人员教授顺行性遗忘患者如何玩一种叫作河内塔（Tower of Hanoi）的益智游戏（见图 6-3）。尽管患者能够学习玩河内塔所需的一系列动作，但当稍后被带回检查室时，他们不记得自己以前曾见过它，也不记得见过研究人员。然而，即使他们声称自己以前从未见过它，他们也能解开它。他们关于如何玩河内塔的非陈述性记忆显然形成并存储于大脑的某个区域，而该区域与他们不能再形成的记忆的控制区域是分开的。同样，即使是患有顺行性遗忘的阿尔茨海默病患者，也不会忘记如何走路、说话、穿衣服，甚至系鞋带，不过他们确实会失去运动能力，因为他们的大脑最终无法发出适当的信号。这些都是隐性的、非陈述性的记忆。事实上，我们很难找到失去非陈述性记忆的人。从字面上来讲，这些都是人们"永生难忘"的记忆。

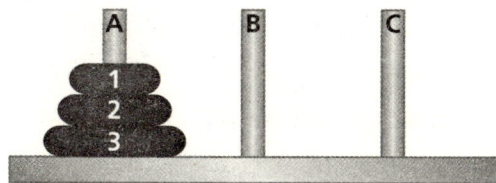

图 6-3　河内塔

河内塔是一种益智游戏：一次移动一个圆盘，通过一系列步骤来解决谜题，目标是将所有磁盘从柱 A 移动到柱 C，规则是较大的磁盘不能移动到较小的磁盘之上，如果上面有其他磁盘，则不能移动磁盘。遗忘症患者能够学习玩河内塔的程序，但不记得自己知道如何玩。

事实上，非陈述性记忆恢复到有意识状态并不容易。例如，你有没有试过不做手势就能告诉别人怎么系鞋带？河内塔研究中的被试也提供了一个很好的例子：他们可以玩河内塔，但意识不到自己是如何做到的。这样的知识存在于人们的记忆中，人们会使用

这些信息，但人们往往意识不到（Roediger，1990）。例如，童年早期被狗吓到的记忆，在童年后期可能不会成为有意识的记忆，但可能仍然是年龄较大的孩子怕狗的原因。此外，对童年事件的有意识记忆通常被认为是一种不同类型的长时记忆，即陈述性记忆。

陈述性记忆 / 外显记忆　非陈述性记忆是关于人们可以做的事情，而陈述性记忆则是关于人们可以知道的所有事情，即构成知识的事实和信息。人们都知道一些事情，比如太阳系中八大行星的名称，2 加 2 等于 4，"名词"指的是人、地点或事物的名称，这些都是普遍的事实。人们也知道发生在自己身上的事情，例如，你知道今天早餐吃了什么，上班路上看到了什么，但你不知道别人早餐吃了什么或可能看到了什么。实际上，陈述性记忆存在两种类型（Nyberg & Tulving，1996）。

陈述性记忆的一种类型是任何人都有能力知道的常识，这些信息大部分是人们在学校或书本中学到的，这种记忆被称为**语义记忆**（semantic memory）。"语义"这个词指的是意义，所以这种知识是对词语、概念、术语以及事物名称、数学技能等意义的认识，它们经常会在《危险边缘》（*Jeopardy*）等游戏节目中出现。语义记忆和非陈述性记忆一样，都是相对永久性的。但这种记忆有可能"丢失"，就像后面关于遗忘的部分所讨论的那样。

陈述性记忆的另一种类型是每个人对自己的日常生活和个人史的个人知识，它是一种自传体记忆（LePort et al.，2012），如对每天所发生之事的记忆，对生日的记忆，对特殊周年纪念日的记忆，对童年往事的记忆等，它们被称为**情景记忆**（episodic memory），因为它们代表了人们的生活片段。与非陈述性记忆和语义记忆等长时记忆不同的是，情景记忆往往会或多或少地不断被更新和修改。例如，你可能还记得今天早餐吃了什么，但对两年前这一天早餐吃了什么，你很可能已经不记得了。特别有意义的情景记忆，比如第一天上学或第一次约会的记忆，更有可能被保存在长时记忆中，不过这些记忆可能并不像

人们认为的那样准确。更新过程是一种生存机制，因为尽管语义记忆和非陈述性记忆在持续进行的情况下很有用，也很有必要，但没人真的需要记住每一天的所有细节。正如后来所呈现的那样，忘记某些信息的能力也非常必要。

情景记忆和语义记忆都属于外显记忆，因为它们很容易变得有意识，并且是从长时记忆被带入短时记忆的。语义记忆的知识，如词义、科学概念等，可以从"文件柜"中拿出来，由此会变得清晰明了。个人的情景记忆通常也是如此。

💬 有时我记不住太阳系八大行星的名称或昨天早餐吃了什么。这些记忆是不是可能是内隐的而不是外显的？

非陈述性记忆（如在自行车上保持平衡）和陈述性记忆（如为行星命名）之间的区别在于，将非陈述性记忆带入意识是不可能的，或者是极其困难的。陈述性记忆可以被遗忘，但总有被唤醒的可能。例如，当有人提醒你前一天早餐吃了什么时，你会记得自己一直都有这方面的知识，你只是暂时"放错了位置"。要了解所有的长时记忆之间的联系，可见图6-4。

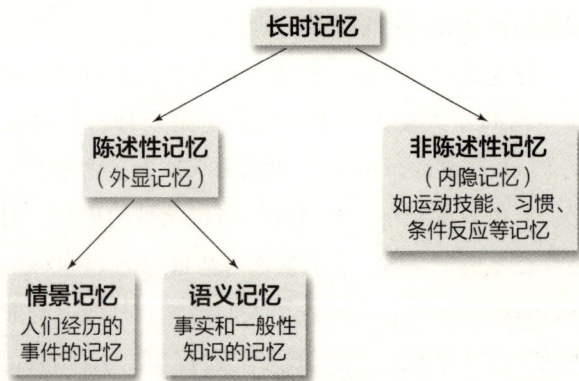

长时记忆

陈述性记忆
（外显记忆）

非陈述性记忆
（内隐记忆）
如运动技能、习惯、
条件反应等记忆

情景记忆
人们经历的
事件的记忆

语义记忆
事实和一般性
知识的记忆

图6-4　长时记忆的类型

长时记忆可分为陈述性记忆和非陈述性记忆。前者是事实记忆，通常包括有意识（外显）的记忆；后者则包括典型的无意识（内隐）的技能、习惯和条件反应等记忆。陈述性记忆又分为情景记忆（如个人经验）和语义记忆（如常识）。

长时记忆组织　如前文所述，长时记忆必须组织得相当好才能快速地被提取。例如，你还记得小学一年级的老师叫什么名字吗？如果记得，你花了多长时间将老师的名字从长时记忆中提取出来并放入短时记忆中？你很可能几乎没有花多长时间。

研究表明，长时记忆是根据相关的意义和概念组织起来的（Collins & Loftus，1975；Collins & Quillian，1969）。在最初的研究中，艾伦·柯林斯（Allan Collins）和 M. 罗斯·奎利恩（M.Ross Quillian）要求被试尽可能快地对"金丝雀是鸟类"和"金丝雀是动物"等句子做出判断。在图6-5中，相关信息明显存在于一种网络中，相关信息的节点以一种层次结构相互链接。要验证"金丝雀是鸟类"这一说法，只需移动一个节点，而要验证"金丝雀是动物"，则需移动两个节点，且所需时间更长。基于这一研究结果，研究人员提出了**语义网络模型**（semantic network model）。该模型假设，信息以一种联结的方式存储于大脑中，相互关联的概念在物理层面比关联度不高的概念存储得更接近（Collins & Quillian，1969）。

前文讨论的平行分布加工模型（Rumelhart et al.，1986）可以用来解释访问网络上不同节点的速度有多快。尽管上述研究解释了不同响应时间的原因，移动特定类别内的节点（如鸟类）可能以串行方式进行，但整个网络中的移动可能以并行方式进行，从而允许同时定位几个不同的概念，如可以同时考虑"鸟类""猫科""树木"等。

也许，思考长时记忆中的信息是如何组织的最好方式是与互联网相联系。人可以访问某个网站，并从该网站链接到许多其他相关的网站。每个相关网站都有特定的信息，但同时也会链接到许多其他的相关网站，人也可以同时打开多个网站。这与大脑组织在长时记忆中存储信息的方式可能非常相似。实际上，相互关联的概念在物理层面比没有高度关联的概念存储得更接近。

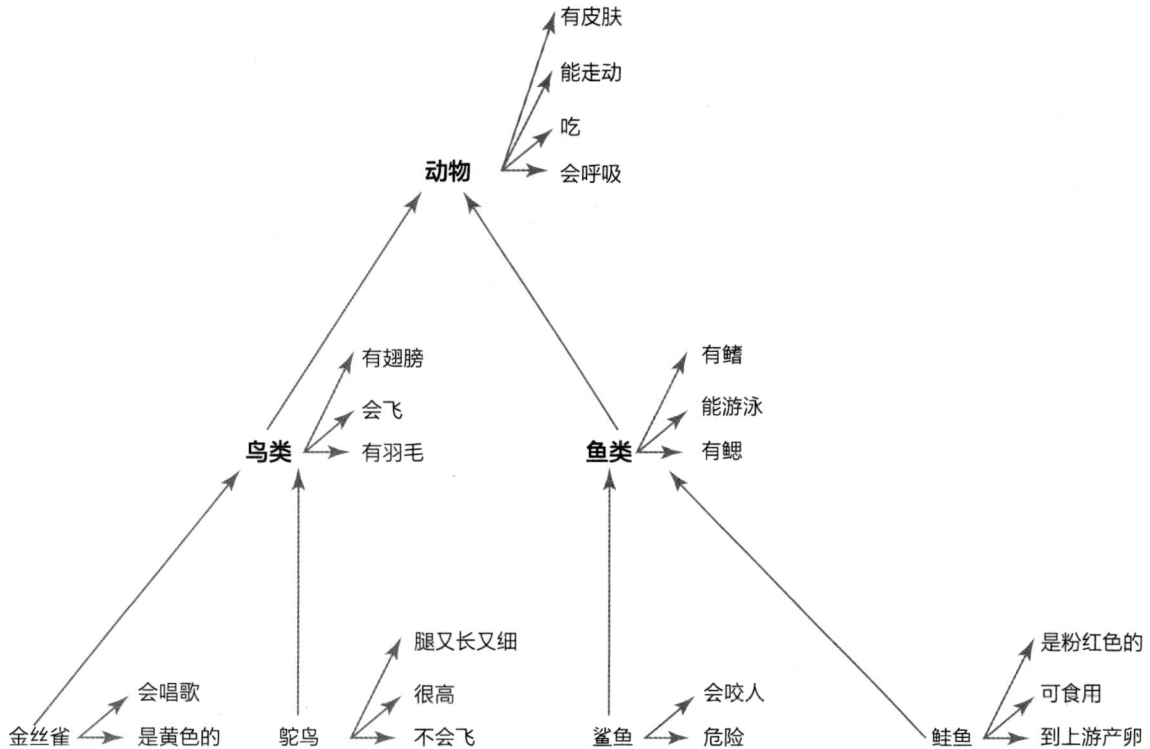

图 6-5 语义网络示例

在记忆的语义网络模型中，意义相关的概念被认为在物理层面彼此接近地存储于大脑中。如图所示，金丝雀和鸵鸟存储在"鸟类"的概念节点附近，而鲨鱼和鲑鱼存储在"鱼类"的概念节点附近。但是，"金丝雀是黄色的"这一事实是直接与该概念一起得到存储的。

批判式思考　　平时，你是如何使用不同类型的记忆的，如非陈述性记忆、情景记忆和语义记忆？

概念地图 6.3~6.5

信息加工模型

假设记忆的 3 个阶段在持续时间和容量上是不同的，信息必须在前一个阶段进行有效加工才能进入下一个阶段

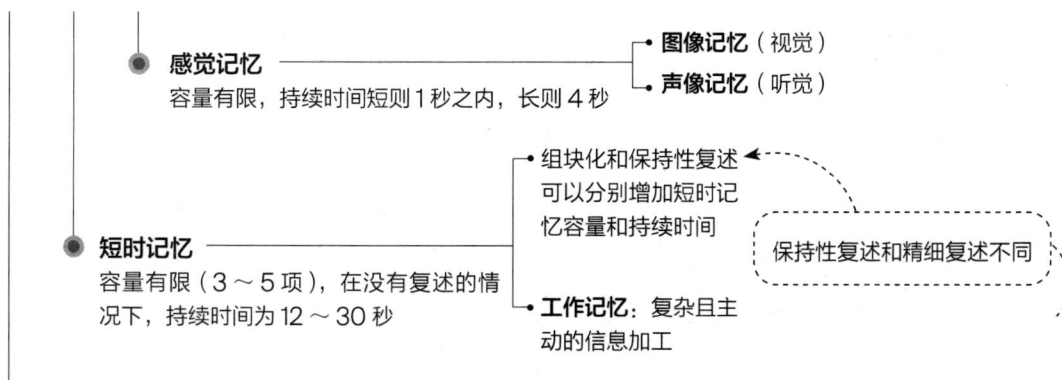

感觉记忆
容量有限，持续时间短则 1 秒之内，长则 4 秒

- **图像记忆**（视觉）
- **声像记忆**（听觉）

短时记忆
容量有限（3~5 项），在没有复述的情况下，持续时间为 12~30 秒

- 组块化和保持性复述可以分别增加短时记忆容量和持续时间
- **工作记忆**：复杂且主动的信息加工

保持性复述和精细复述不同

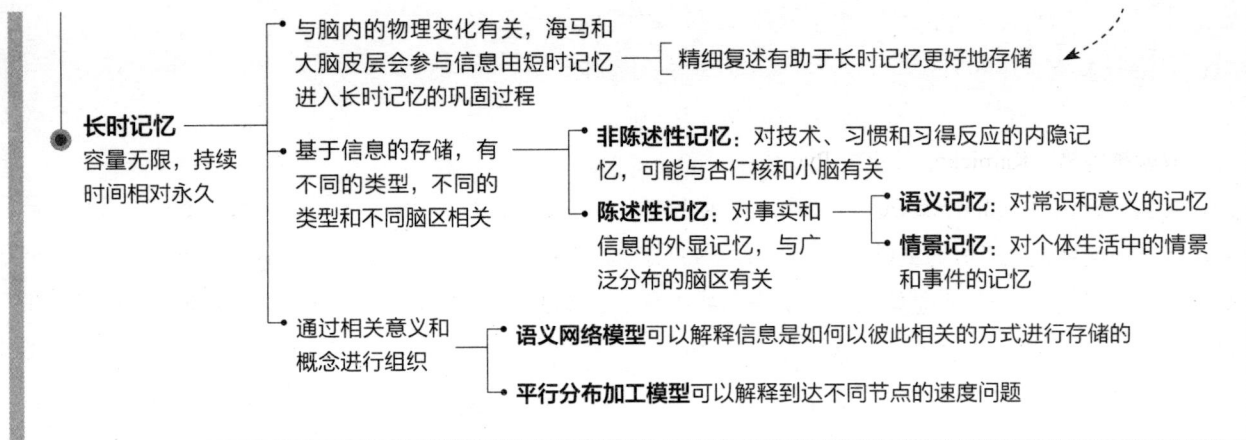

与脑内的物理变化有关，海马和大脑皮层会参与信息由短时记忆———［精细复述有助于长时记忆更好地存储
进入长时记忆的巩固过程

长时记忆
容量无限，持续
时间相对永久

基于信息的存储，有
不同的类型，不同的
类型和不同脑区相关

非陈述性记忆：对技术、习惯和习得反应的内隐记忆，可能与杏仁核和小脑有关

陈述性记忆：对事实和信息的外显记忆，与广泛分布的脑区有关

语义记忆：对常识和意义的记忆

情景记忆：对个体生活中的情景和事件的记忆

通过相关意义和
概念进行组织

语义网络模型可以解释信息是如何以彼此相关的方式进行存储的

平行分布加工模型可以解释到达不同节点的速度问题

随堂小考

1. ＿＿＿记忆被认为会在脑海中停留几秒钟，让人们有机会跟上谈话节奏，并记住刚才所说的话。
   A. 图像　　　　　　　　　B. 声像
   C. 短时　　　　　　　　　D. 长时

2. 信息通过＿＿＿进入短时记忆。
   A. 近因效应　　　　　　　B. 首因效应
   C. 选择性注意　　　　　　D. 重复

3. 以下哪项与长时记忆的概念最相似？
   A. 硬盘　　　　　　　　　B. 鼠标
   C. 显示器　　　　　　　　D. 键盘

4. 安柏在聚会上遇到一个叫卡森的人。她想确定自己记住了他的名字，所以她提醒自己，他和内华达州首府卡森市同名。这种从短时记忆到长时记忆的信

息转移属于哪种复述？
   A. 重复性复述　　　　　　B. 表象复述
   C. 精细复述　　　　　　　D. 保持性复述

5. 当你参加心理学期末考试时，你肯定需要提取哪种类型的记忆来解答问题？
   A. 非陈述性记忆　　　　　B. 语义记忆
   C. 情景记忆　　　　　　　D. 工作记忆

6. 布伦达从 4 岁起就可以系鞋带了，但她现在很难向自己的弟弟解释该如何系鞋带，不过，她可以很容易地为他演示。布伦达对系鞋带的记忆属于＿＿＿。
   A. 陈述性记忆　　　　　　B. 语义记忆
   C. 情景记忆　　　　　　　D. 非陈述性记忆

🌀 长时记忆的提取

💬 我的问题不在于如何将信息输入大脑，而在于如何在以后找到它。

事实上，令人感到奇怪的一件事是，大多数人在将存储在长时记忆中的信息提取出来时遇到的问题，与他们如何将这些信息存储在长时记忆中有关。

提取线索

6.6　了解线索对记忆提取的影响

还记得前面关于保持性复述与精细复述的讨论吗？保持性复述并非将信息带入长时记忆的好方法，主要原因之一是反复说某事只能提供一种提取线索，即单词或短语的声音。当人们试图通过思考信息的

含义及其如何与自己已知的信息相匹配来记住信息时，除了声音之外，人们还会给自己提供多种含义的线索。与信息一起储存的提取线索越多，对该信息的提取就越容易（Karpicke，2012；Pyc et al.，2014；Roediger，2000；Roediger & Guynn，1996），而这就是精细复述增强记忆形成的主要原因【连接学习目标导论 6】。此外，我们并不总能意识到记忆与哪些线索相关联。从非陈述性记忆的讨论中可知，当与信息或概念相关的经历能够促进随后的表现时，启动（priming）就会发生。而在许多情况下，我们意识不到改善已经发生了。

虽然大多数人可能会认为提取线索必须与正在研究的概念直接相关，但事实上，周围的几乎任何事物都有可能成为提取线索。例如，如果你通常一边吃花生一边看某个特定的电视节目的话，那么下次当你吃花生时，你可能会发现自己正在想曾经观看的节目。环境和记忆信息之间的这种联系属于一种编码的特性。

编码特异性：情景依赖学习　你是否曾经不得不在不同的教室参加考试，而不是在你上课的教室？你是否认为自己在某次考试中的表现由于身处不同的环境而受到了影响？研究人员已经发现了**编码特异性**（encoding specificity）这一概念的有力证据，即如果提取条件与信息编码条件相似，那么，任何类型信息的记忆倾向都会得到改善（Tulving & Thomson，1973）。这些条件或线索可以是内部的，也可以是外部的，如情境依赖学习，它可能会涉及人在学习特定信息时所处的物理环境。例如，编码特异性会预测参加化学考试的最佳地点是在上课的教室。再比如，进入一个房间并知道有自己想要的东西很常见，但为了记住它，你必须回到开始所在的房间，并将周围的环境作为回忆线索。

在一项研究中，研究人员要求在游泳池里学习水肺潜水的被试学生在游泳池外及水下时同时学习一系列单词（Godden & Baddeley，1975），并要求他们记住两种情况下的两个单词表。当被试学生离开游泳池时，他们对在游泳池外学到的单词记得更牢；而如果他们在水下努力记忆，那么他们在水下学到的单词更容易被回忆起来。

编码特异性：状态依赖学习　事实上，编码记忆时的物理环境并不是唯一能帮助提取记忆的线索。在另一种被称为状态依赖学习的编码特异性形式中，在特定生理状态或心理状态下形成的记忆在相似状态下更容易被记起。例如，当你与某人吵架时，记住对方做过的所有坏事要比记住美好的时光容易得多。在一项研究（Eich & Metcalfe，1989）中，研究人员要求被试尝试记住自己在听音乐时读过的单词：在听悲伤的音乐（导致他们产生悲伤的情绪）时读一组单词，在听愉快的音乐时读另一组单词。在回忆单词的时候，研究人员再次"操控"了被试的情绪。结果发现，如果被试被"操控"的情绪同样是快乐的，那么被试在心情愉快时读的单词会被记得更牢；但如果被试情绪悲伤，那么他们的记忆效果就会差得多。反之亦然。

研究结果表明，对于在水下学习的单词，当人在水下进行提取时，其提取率较高。类似地，对于在陆地上学习的单词，人在陆地上相应环境中会以更高的速度将其提取出来。

当图中这对新人在婚姻生活中一起跳舞时，他们能回忆起自己在婚礼上一起跳舞的那一刻，以及他们当时感受到的幸福。状态依赖学习能使人更容易回忆起存储于特定情绪状态（如幸福）中的信息，前提是回忆发生在类似的情绪状态中。

回忆和再认

6.7　区分回忆和再认的提取过程

💬　为什么多项选择题看起来比作文要容易得多？

记忆提取分为两种：**回忆**（recall）和**再认**（recognition）。正是由于这两种记忆提取方法存在差异，使得某些类型的考试看起来比其他的更难。回忆时，人是在很少或没有外部线索的情况下提取记忆的，比如在申请表上填空；而再认则包括看或听信息，并将其与记忆中已存在的信息进行匹配。单词搜索游戏就是再认的例子，在这个游戏中，单词已经被写在网格中，只需圈出来即可。

回忆：让我想想　当有人被问到"你在哪里出生的？"等问题时，问题即是提取答案的线索，这是回忆的例子。再比如，论文、简答题和填空题等也都是用来测试人对信息的记忆的（Borges et al., 1977；Gillund & Shiffrin, 1984；Raaijmakers & Shiffrin, 1992）。

每当人们发现自己在努力寻找答案时，回忆就不起作用了，至少暂时不起作用。有时，答案似乎非常接近于有意识的思想，感觉就像"在舌尖上"，如果人们再努力一些那么就可以说出来，但当下就是说不上来，这种现象有时被称为舌尖现象或舌尖效应（Brown & McNeill, 1966；Burke et al., 1991）。虽然人们可以说出单词的长度，或者说出单词开头或结尾的字母，但人们无法提取单词的声音或实际的拼写，因此无法将其放入短时记忆的听觉"记录器"中，无法完全提取单词。随着年龄的增长，这种特殊的记忆问题会变得越来越普遍，当然它不属于痴呆的征兆，除非这种状况来得很突然（Osshera et al., 2012）。

那么，该如何克服舌尖现象呢？最好的解决办法似乎众所周知：忘记它。当你"忘记它"时，大脑显然会继续进行提取。一段时间后，当你看到一个发音相似的单词时，原本记不起的单词或名称也许就会"蹦出来"。这会很有趣，因为当这一特定单词"蹦出

来"时，它通常与当前的对话没有多大关系。

此外，回忆还常常受到记忆提取的某种"偏见"的影响，此时，列表开头和结尾的信息，如诗歌或歌曲，往往更容易且能更准确地被记住。这就是所谓的**系列位置效应**（serial position effect）（Murdock, 1962）。

关于这种现象的一个绝佳证明就是指导人们去听，并让他们试着记住每隔四五秒读给他们听的单词，人们通常会通过在大脑中重复每个单词来进行保持性复述。然后，要求人们尽可能多地写下自己能记住的单词。如果用图表表示列表中每个单词的回忆频率，那么结果几乎总是与图 6-6 类似。

列表开头的单词往往比列表中间的单词更容易被记住，这种效应被称为**首因效应**（primacy effect），这是因为当倾听者的短时记忆中没有任何东西干扰其复述时，前几个单词会比中间的单词得到更多的复述时间，而中间的单词经常被列表上的下一个单词替代（Craik, 1970；Murdock, 1962）。

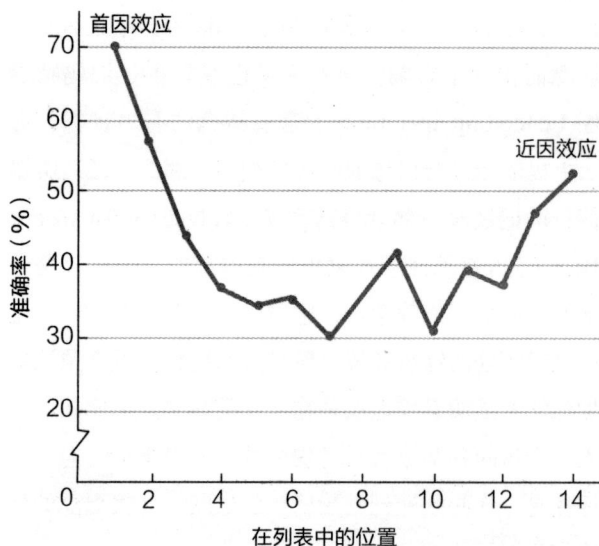

图 6-6　系列位置效应

在系列位置效应中，列表开头的信息会比列表中间的信息以更高的速率被调用（首因效应），因为开头的信息能被更多的复述且可能进入长时记忆。列表结尾的信息也会以较高的速率（近因效应）被提取，因为列表结尾的信息仍处于短时记忆中，后面没有信息来干扰记忆提取。

在曲线的末尾，回忆率又会再次提高，这就是**近因效应**（recency effect），它通常源于这样一个事实，即最后一两个单词刚被听到，且仍然处于短时记忆中，因此便于提取，且没有新的单词输入进来将最近的一个或多个单词从记忆中挤出去（Bjork & Whitten，1974；Murdock，1962）。

系列位置效应适用于许多不同类型的信息。事实上，商学院经常教导学生在面试求职时尽量不要"居中"。通常，在面试过程中，第一个或最后一个面试更有可能让面试官记住。

关于系列位置效应的知识可以帮助学生记住上课所需的信息吗？可以，学生可以利用近因效应在考试前复习笔记。既然信息列表的中间部分更容易被遗忘，那么学生更应该注意中间部分，而且将学习过程分成更小的部分有助于减少混乱状况。学生也可以通过记忆策略来帮助克服这一记忆问题【连接学习目标导论 6】。

对学生和上课来说，记忆提取练习显然是非常重要的学习过程。在教育领域，这通常被称为测试效应。事实上，当学生练习提取要学习的信息时，其长时记忆会增强（Karpicke & Blunt，2011；Karpicke，2012；Pyc et al.，2014；Roediger & Karpicke，2006）。记忆提取练习本质上就是一种考试，所以即使你对教师布置的考试有所抱怨，也要心存感激——这一切都是为了你的记忆好！

图中这些人正等着试演一出戏。先试镜的人和最后试镜的人在导演选择时被记住的概率最高。由于系列位置效应，中间试镜的演员通常给人的印象不会很令人难忘。

再认：我们是不是在哪儿见过　记忆提取的另一种形式就是再认，即将信息或刺激与记忆存储的图像或事实相匹配的能力（Borges et al.，1977；Gillund & Shiffrin，1984；Raaijmakers & Shiffrin，1992）。再认通常比回忆要容易得多，因为线索是实际的物体、单词或声音等，所以人们只需检测出熟悉和已知的事物即可。与再认相关的题型有选择题、连线题和判断题：答案就在那里，只需与记忆中已有的信息相匹配即可。

对于图像，尤其是人脸，再认往往非常精确。在一项研究中，研究人员将 2 500 多张照片以 10 秒一张的速度展示给被试，之后再向被试一次展示两张照片，其中一张是其先前展示过的。结果，被试再认先前照片的准确率为 85% ～ 95%（Standing et al.，1970）。

然而，再认并不是万无一失的。有时，尚未存在于记忆中的刺激与存在于记忆中的刺激之间有极高的相似性，这会导致假阳性（Muter，1978）。例如，当一个人认为自己已经认出（甚至回忆起）某件事或某个人，但实际上他的记忆中并没有那件事或那个人时，就会出现假阳性。

在某些情况下，假阳性可能会导致灾难性的后果。例如，在当年美国特拉华州发生的一系列武装抢劫案中，有消息透露，警方寻找的嫌疑人可能是一名牧师。当警察将伯纳德·帕加诺神父列入目击者辨认队列时，由于他是队列中唯一戴着神父项圈的人，7名目击者"认出"他就是抢劫犯，但实际上并不是他。好在真正的抢劫犯在帕加诺神父受审的中途承认了自己的罪行（Loftus，1987）。目击者的再认很容易出现假阳性，尽管大多数人似乎认为"眼见为实"。

心理学经典研究
伊丽莎白·洛夫特斯和目击者

伊丽莎白·洛夫特斯（Elizabeth Loftus）是加州大学尔湾分校的一位著名的社会生态学教授、法学教授兼认知科学教授。30多年来，洛夫特斯在记忆领域一直是世界知名研究人员之一。她一直关注的是回忆的准确性，或者更确切地说，回忆提取的不准确性。她在数百场审判中担任过专家证人或顾问，包括对最终在佛罗里达州被处决的连环杀手泰德·邦迪（Ted Bundy）的审判（Neimark，1996）。

伊丽莎白·洛夫特斯在目击证词准确性方面是国际知名专家。她经常受邀到法庭作证。

洛夫特斯和其他人一次次地证明，记忆不是一个不变的、稳定的过程，而是一个不断变化的过程。人们不断地更新和修改自己对事件的记忆，却意识不到自己正在这么做，而且人们会对在真实事件之后获得的信息进行整合，无论信息正确与否。

以下是洛夫特斯关于目击者证词如何受有关事件发生后提供的信息影响的经典研究摘要（Loftus，1975）。

在一项实验中，洛夫特斯向被试展示了一段3分钟的视频。在这段视频中，8名示威者冲进一间教室，打断了教授的讲座，之后离开了。在视频的最后，洛夫特斯发放了两份问卷，其中包含一个关键问题和90个填空题。一半被试的关键问题是："冲进教室的4名示威者中领头的是男性吗？"另一半学生的关键问题则是："冲进教室的12名示威者中领头的是男性吗？"一个星期后，洛夫特斯向所有的被试提出了一组新的问题，其中的关键问题是："你看到有多少示威者冲进教室？"之前被"错误地"问到4名示威者的被试的平均回忆人数为6.4人，而那些被"错误地"问到12名示威者的被试的平均回忆人数为8.9人。洛夫特斯的结论是，被试试图用后来的信息来"破坏"其对实际看到的8名示威者的记忆。这项研究，加上帕加诺神父案和其他许多研究，清楚地证明了洛夫特斯研究的核心：人们在事后看到和听到的事件很容易影响其对该事件记忆的准确性。

深入讨论一下

1. 为嫌疑人录口供的警务人员如何避免从目击者那里获得不准确的资料？

2. "清白计划"（The Innocence Project）是一项帮助嫌疑人通过DNA测试来证明自己清白的计划。美国已有300多人通过这项测试并获释，他们获释前在监狱服刑的平均时间为13年。这么看来，目击证人的证词就足够了吗？还是应该要求提供DNA测试证据后，才能将人关进监狱？

自动化编码：闪光灯式记忆

6.8 描述记忆自动化编码为长时记忆的方式

虽然有些长时记忆需要进行大量的保持性复述，或以精细复述的形式从短时记忆进入长时记忆进行编码，但许多其他类型的长时记忆似乎是以一种**自动化编码**（automatic encoding）的方式进行永久存储的，这种方式很少或根本不费力（Kvavilashvili et al., 2009; Mandler, 1967; Schneider et al., 1984）。人们可以无意识地注意到且似乎能够记住很多事情，如时间的流逝、物理空间知识和事件发生的频率。例如，一个人可能不费吹灰之力就能记住自己的车在街上行驶了多少次，但当被问及究竟有多少次时，他可能会回答"经常""比平时多"或"几乎没有"。

当一个人生活中的意外事件或片段与强烈的情绪，比如害怕、恐惧或喜悦联系在一起时，就会发生一种特殊的自动化编码。人对高度情绪化事件的记忆往往生动而详细，就像人的大脑及时拍摄了一张瞬间的"闪光图片"。这种记忆被称为**闪光灯式记忆**（flashbulb memory）（Hirst & Phelp, 2016; Kraha & Boals, 2014; Neisser, 1982; Neisser & Harsch, 1992; Winningham et al., 2000）。

许多人都体会过某些闪光灯式记忆。例如，美国"婴儿潮一代"，即出生于 1946—1964 年的人清楚地记得，当肯尼迪总统被枪杀的消息传来时，或者阿姆斯特朗第一次踏上月球表面的那一刻，他们身处何地。美国年轻一代可能还记得"9·11"事件和卡特里娜飓风。当然，个人的闪光灯式记忆也是存在的，这些记忆往往是积极或消极的重大情感事件，如初次约会、毕业典礼、令人尴尬的事件或特别难忘的生日聚会等。

为什么闪光灯式记忆如此生动和准确？其关键在于事件发生时人感受到的情绪。情绪反应会刺激激素的释放，这种激素已被证明能促进长时记忆的形成（Dolcos et al., 2005; McEwen, 2000; McGaugh, 2004; Sharot et al., 2004）。但是，这种记忆真的有那么准确吗？虽然一些研究人员已经找到证据证明

闪光灯式记忆对重大事件的记忆的准确性很高，如 2012 年 11 月奥巴马的总统连任或 2014 年演员罗宾·威廉姆斯（Robin Williams）的自杀，但另一些研究人员则发现，尽管闪光灯式记忆常常令人信服，但它们与其他类型的记忆一样，也容易随着时间的推移发生衰退和改变（Neisser & Harsch, 1992）。事实上，对高压力事件的记忆，如经历犯罪，已被证明比其他记忆更不准确（Loftus, 1975）。显然，随着时间的流逝，没有一种记忆是完全准确的。

罗宾·威廉姆斯于 2014 年 8 月 11 日去世。他的自杀震惊了众人。对于许多人来说，这样的事件如此情绪化，以至于人们对事件的记忆被自动存储起来，就好像大脑及时地拍下了当时的"闪光"照片。这种闪光灯式记忆看似非常准确，但实际上并不比任何其他记忆更准确。

记忆重建：回忆有多可靠

6.9 描述记忆提取的建构加工观点如何解释遗忘和虚假记忆

💬 我自认为记忆力很好，但我和哥哥经常为小时候的事情的记忆争吵。为什么我们的记忆不完全一样呢？我们俩可是都在场啊！

人们倾向于认为自己的记忆是准确的，而事实上，记忆几乎都会被修改、编辑和改变。记忆发生

变化的原因与记忆形成的方式以及提取记忆的方式有关。

记忆的建构加工　许多人都认为，当他们进行回忆时，就像是在经历"即时回放"。当新的记忆在长时记忆中产生时，旧的记忆可能会"丢失"，但它们更有可能以某种方式发生变化（Baddeley，1988）。在现实中，记忆从来都不是很准确的，包括那些非常生动的闪光灯式记忆，而且时间越久，不准确之处就越多。20世纪早期的记忆图式理论家弗雷德里克·巴特利特（Frederic Bartlett）认为，记忆过程更类似于创造一个故事，而不是阅读一个已经写好的故事。他认为记忆是一种问题解决活动，在这一活动中，人们试图利用现有知识并通过证据推断来创造记忆，以此来提取过去某件事或某个问题的细节（The Solution；Kihlstrom，2002）。

伊丽莎白·洛夫特斯和其他研究人员（Hyman，1993；Hyman & Loftus，1998，2002）一起为记忆提取的**建构加工**（constructive processing）观点提供了充足的证据。根据建构加工的观点，人们可以从编码过程中存储的信息中真正地"构建"或重建记忆。每次提取记忆时，人们都可以以某种方式对其进行更改或修订，以涵盖新的信息或排除可能在新的重建中遗漏的细节。

当人们在了解特定事件的细节后修改记忆以反映自己"一直都知道"的感觉时，就会发生记忆重建。人们将丢弃实际获得的任何不正确的信息，并用事后获得的更准确的信息来代替。人们误认为自己在没有事先被告知的情况下会准确预测结果的倾向，被称为**事后诸葛亮偏差**（hindsight bias）（Bahrick et al.，1996；Hoffrage et al.，2000）。例如，一些马后炮的人经常说，他们一直都知道谁会赢得比赛，实际上，他们都存在事后诸葛亮偏差。

批判式思考　想想上一次你和家人就年轻时发生之事争吵的情形。事后诸葛亮偏差是如何影响你对事情的记忆的？

记忆提取问题　有些人声称自己能"回忆起所有的事情"，通常他们的意思是，他们觉得自己的记忆比别人更准确。但你现在应该很清楚，任何人都不太可能回忆起所有的事情，原因可能包括以下几方面。

误导信息效应　警方调查人员有时会试图阻止犯罪或事故的目击者相互交谈，原因在于，如果一个人告诉另一个人自己看到的东西，另一个人之后可能会"记住"同样的细节，即使他当时实际上并没有看到。这种虚假记忆是由事后接触信息的人造成的。这种误导性信息可能会成为实际记忆的一部分，影响记忆准确性（Loftus et al.，1978），这就是所谓的**误导信息效应**（misinformation effect）。除了对目击者证词的研究外，伊丽莎白·洛夫特斯还做了几项类似的研究，证明了误导信息效应的影响。在一项研究中，被试观看了交通事故的幻灯片。实际的幻灯片中包含一个"停车"标志，但在书面摘要中，该标志被替换成"让行"标志。在观看幻灯片后，接收误导性信息的被试对当前出现的标志的记忆远不如未接收此类信息的被试准确。基于这项研究洛夫特期提出了一个有趣的观点：不仅是原始事件之后出现的信息，甚至是以完全不同的格式（如书面信息而非视觉信息）出现的信息，都可能导致人们对事件的记忆进行错误地重建。

虚假记忆综合征　当人处于清醒意识状态、警觉或努力找回信息的状态时，如果记忆被编辑和改变，那么当受到他人的影响或处于意识改变状态（如催眠）时，人的记忆会发生多大的变化呢？这就涉及另一个问题，即虚假记忆综合征，它是指人在催眠状态下，通过他人的建议而形成不准确或虚假的记忆（Frenda et al.，2014；Hochman，1994；Laney & Loftus，2013；Roediger & McDermott，1995）。

图中这几个人可能会事后诸葛亮，因为他们事后才会回忆起这场比赛。他们事后从电视、报纸或朋友那里得到的信息可能会改变他们对比赛的记忆。

例如，研究表明，虽然催眠可以使人很容易回忆起一些真实的事件，但也更容易让人产生虚假记忆。人们还发现，催眠能增加人们对记忆的信心，不管这些记忆是真是假（Bowman，1996）。在催眠治疗过程中，治疗师的建议意外地导致了虚假记忆的产生【链接学习目标 4.9】。

研究表明，虚假记忆在大脑中的形成方式与真实记忆的形成方式大致相同，尤其是当涉及视觉图像时（Gonsalves et al.，2004）。研究人员利用功能性磁共振成像扫描，对观看真实视觉图像的被试的大脑活动进行了研究，然后要求被试想象自己在观看之前的视觉图像。他们发现，当要求被试记住哪些图像是真实的或哪些是想象的时，被试之后往往无法区分真实的图像和想象的图像。这可能解释了为什么询问人们是否在犯罪现场看到了某人（促使人们想象那个人的形象），可能会影响人们在稍后被询问时对罪犯的记忆——他们很可能会记错人。其他证据表明，虚假记忆与痴呆相关的记忆障碍患者的虚构（编造并非为了骗人的故事）有很多相似之处，而且这两种形式的虚假记忆都与额叶中与怀疑和怀疑主义相关脑区的活动水平低有关（Mendez & Fras，2011）。显然，如果没有从其他来源获得的确凿证据，那么，通过催眠获得的记忆就不应该被认为是准确的。

💬 我听说有人在催眠状态下记得自己小时候被猥亵过。这些记忆有时候不是真的吗？

有些人在某些条件下会恢复虚假记忆，"记起"自己小时候曾被猥亵过，但事实可能并非如此。但这并不意味着猥亵儿童的事情不会发生，也不意味着被猥亵的人可能不会将不需要的记忆从有意识的思维中抹去。以性骚扰为例，保守估计，在美国近 20% 的女性和 7% 的男性在童年时期曾经历过性骚扰（Abel & Osborn，1992）。许多治疗师和心理专家非常擅长帮助客户记忆过去的事件而不暗示可能的虚假记忆，而客户也确实记起了真实的、能够被证实的但以前无法获得的信息（Dalenberg，1996）。虚假记忆综合征不仅对直接相关的人有害，而且会使真正的性骚扰受害者在恢复童年痛苦创伤的记忆时更难获得他人的信任。

那么，我们能完全相信自己的记忆吗？有证据表明，虚假记忆不可能仅仅针对任何一种记忆内容。根据认知心理学家兼记忆专家凯茜·佩兹德克（Kathy Pezdek）的研究，这些记忆至少必须是可信的。凯茜及其同事做了几项研究，证明了儿童对创造不可信的虚假记忆的抵抗力（Hyman et al.，1998；Pezdek et al.，1997；Pezdek & Hodge，1999）。

当图中这位年轻女士观察窗外的活动时，她正在记忆中存储一些自己看到的东西，而忽略了其他东西。如果她目击了一项犯罪事件，那么，当调查人员询问时，他们如何知道她对犯罪事件的记忆是否准确？催眠能帮助她回忆吗？为什么？

在 1999 年的研究中，佩兹德克等人要求孩子们阅读 5 段不同的童年事件摘要。事件中有 2 个是虚假的，而这 2 个虚假事件中只有一个是可信的（如迷路）。虽然所有的孩子都被告知所有的事件都发生在他们小时候，但结果表明，与不可信的虚假事件相比，看似虚假的事件更有可能被"记忆"为虚假记忆。另一项研究（Pezdek & Hodge，1999）发现了类似的结果：儿童对不可信的虚假事件形成虚假记忆的可能性明显低于对看似合理的虚假事件的虚假记忆。

认为只有似是而非的事件才能成为虚假记忆的观点，与洛夫特斯及其同事的早期研究以及关于一些极不可信的虚假记忆的研究背道而驰，这些虚假记忆已经被成功植入，如关于撒旦仪式和被外星人绑架的记忆（Mack，1994）。洛夫特斯及其同事（Mazzoni et al，2001）进行了几项实验，在这些实验中，他们发现，通过让实验人员向被试提供虚假反馈，可以使不可信的事件变得更可信：被试读到的文章讲述了不可信的事件，就像它们真的发生在其他人身上一样。虚假反馈包括告诉被试他们对恐惧问卷的回答与经历过虚假事件的人一致，就像善意的治疗师可能会向客户建议，某些焦虑和感觉是遭受虐待的人的典型情况一

样。这些操作非常成功，以至于被试不仅对这些事件产生了虚假记忆，甚至与他们自己早先否认童年经历的说法矛盾。研究人员得出结论，在人们可能将自己对虚假事件的想法和幻想解读为真实记忆之前，必须经历以下两个过程：

1. 必须使事件看起来尽可能可信。

2. 向个人提供信息，让他们相信事件可能发生在自己身上。

由此看来，报告此种记忆的人的个性也很重要。在一项研究中，研究人员将声称被外星人绑架（不可信事件）的人与没有此类记忆的对照组进行了比较，以衡量虚假记忆回忆和虚假再认。那些报告自己被外星人绑架而后恢复了记忆的人比对照组更有可能回忆或再认虚假事件（Clancy et al.，2002）。其他预测虚假回忆和再认反应更高的变量包括催眠易感性、抑郁症状以及表现出怪异行为和拥有不寻常信念的倾向，如相信前世回归或晶体的愈合能力等。

概念地图 6.6~6.9

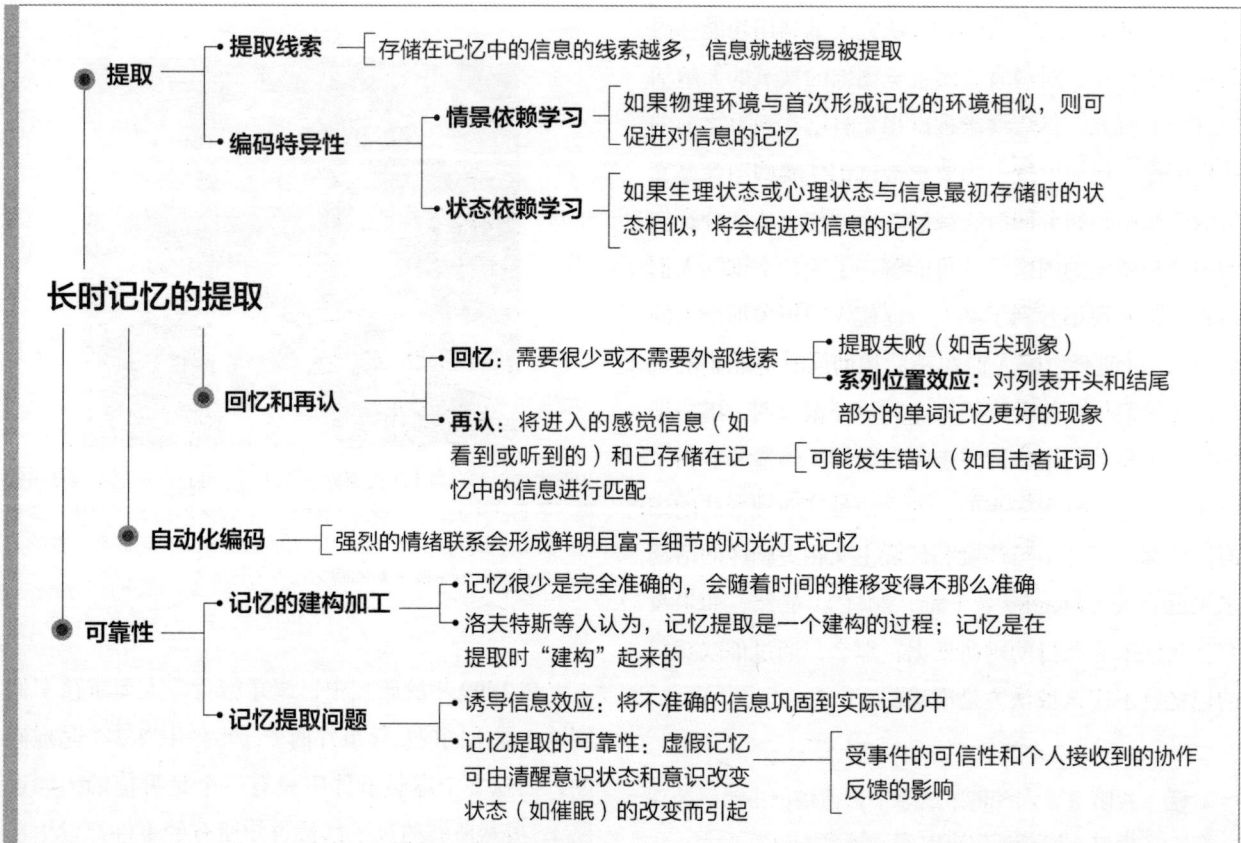

随堂小考

1. 为了确保很好地从记忆中提取相关概念，心理学期末备考的最佳场所是心理学教室。这属于____。

   A. 系列位置效应   B. 编码特异性

   C. 舌尖现象   D. 自动化编码

2. 雅克林列了一张购物清单，但不小心忘在家里了。雅克林记住了清单开头和结尾的内容，但记不清中间的内容了。这属于____。

   A. 编码特异性   B. 系列位置效应

   C. 舌尖现象   D. 闪光灯式记忆

3. 多项选择题一般依赖于____，而论文依赖于____。

   A. 复述；回忆   B. 复习；复述

   C. 回忆；再认   D. 再认；回忆

4. 费利莎可以非常详细地回忆起婚礼的当天以及当天发生的一切。心理学家可能会对这些特殊的闪光灯式记忆说些什么呢？

   A. 这些记忆在一定程度上可能是由情绪时刻释放的激素增强的

   B. 这些记忆应该会持续 15 ～ 20 年

   C. 这些记忆异常准确

   D. 这些记忆会被存储为非陈述性记忆

5. 在洛夫特斯 1978 年的研究中，被试观看了事故的幻灯片。后来，一些被试被问到了一个关于"让行"标志的问题，而实际的幻灯片有"停车"标志的图片。当呈现这些不准确的信息时，被试通常会做出怎样的反应？

   A. 大多数人纠正了洛夫特斯的错误，并回忆起自己看到了一个"停车"标志

   B. 许多人开始同时看到"停车"标志和"让行"标志

   C. 当面对相互冲突的信息时，许多被试的记忆的整体准确性会下降

   D. 被试会感到困惑，但很短暂的，此时他们回忆事件的准确性又恢复了

6. 让人相信虚假事件实际上是真实的关键因素是，确保虚假信息____。

   A. 尽可能可信

   B. 在事件结束后尽快呈现

   C. 由被认为值得信赖的消息来源呈现

   D. 在事件发生后 24 小时内但不晚于 15 天内呈现

科学探究和批判性思维
补充剂对记忆的影响

落实 APA 学习目标 2.1：利用科学推理解释心理现象；APA 学习目标 2.3：参与创新性思考与综合性思考以及问题解决

越来越多的人开始服用各种补充剂，来改善自己的记忆力，以此来预防甚至缓解阿尔茨海默病，以及预防其他形式的认知衰退。但是，科学是如何看待这些补充剂的呢？它们真的有效吗？它们有害吗？以下是一些较受欢迎的补充剂以及相关检验研究。

银杏补充剂　银杏补充剂是从银杏叶中提取的精华。几千年来，东方人一直使用这种补充剂来改善

健康。你可能会认为，人们长时间使用的任何东西都一定有效，对吗？但不妨思考一下人们继续使用与实际健康结果几乎没有关系的膳食补充剂的其他可能的原因。例如，它是一种文化习惯和传统。由于安慰剂效应，人们服用银杏补充剂后可能会认为自己感觉更好或思维更好【连接学习目标1.9】。要真正了解银杏是否真的对记忆有积极影响，唯一的方法就是进行科学研究。

那么，相关研究如何呢？在过去的 10 多年中，大量研究有力地表明银杏补充剂无法改善健康人的记忆力或预防与阿尔茨海默病等痴呆相关的记忆问题

（Birks & Evans，2009；Cooper et al.，2013；Laws et al.，2012；Mancuso et al.，2012；Snitz et al.，2009）。对当前研究的大量综述确实发现，对于已经有痴呆症状的人来说，银杏补充剂可能会减缓包括记忆在内的认知能力的下降（Tan et al.，2015）。结论是：除非你真的患有痴呆，否则不要服用银杏补充剂；即使需要服用，也应该先监测自己是否会产生不良反应。实际上，这种补充剂可以改变胰岛素水平，使出血更难止住，增加瘀伤，模糊视力，导致胃部不适，影响味觉，甚至会导致液体潴留等。

椰子油和鱼油补充剂 另一种受欢迎的补充剂是椰子油，它是一种从高饱和脂肪的椰子肉中提取的物质。虽然有许多关于这种补充剂的健康声明，但我们要检测的是以下这种说法：食用椰子油可以治疗甚至治愈阿尔茨海默病。这一说法基于以下观点，即阿尔茨海默病患者大脑中的神经元无法正确利用葡萄糖

（血糖），导致脑细胞"挨饿"。椰子油本应为这些细胞提供一种替代能源，但目前的科学证据的结果好坏参半（Connor et al.，2012；Naqvi et al.，2013）。

那么，服用椰子油安全吗？椰子油是一种饱和脂肪，由于胆固醇含量高，因此此可能会导致卒中、心脏病和痴呆风险的增加。如果你未患有阿尔茨海默病或其他痴呆症状，服用椰子油除了影响血液检测外，可能并没有多大的作用。

鱼油补充剂在帮助减缓阿尔茨海默病患者的认知功能减退方面稍好一些，但对健康人的作用可能微乎其微（Connor et al.，2012；Daiello et al.，2014）。改善记忆力并可能预防或推迟任何痴呆症状的最安全的建议可能就是保持精神活跃（Naqvi et al.，2013）。可以经常玩填字游戏，经常阅读，这些活动有助于保持相关神经元的活性。

◉ 遗忘：我们刚才说了什么

💬 为什么我们会忘记一些事情呢？为什么我们会忘记某些事情而不是另一些呢？

在生活中的某一时刻，大多数人会出现记忆困难，尤其是记忆很久以前的事情。假如你几乎都能记住生命中每一天发生的事，那会怎么样呢？布拉德·威廉姆斯（Brad Williams）就拥有这种罕见的能力，他被称为"人类谷歌"。实际上，布拉德患有一种被称为超忆症的疾病。患有超忆症的人不仅拥有惊人而罕见的回忆个人过去具体事件的能力，而且还会花异常多的时间来思考个人过去。布拉德几乎可以回忆起他经历过的所有新闻事件或个人事件，尤其是具体的日期，甚至当天的天气。

你可能会认为，能够像布拉德·威廉姆斯那样记住一切太棒了。但需要提醒一点的是，超忆症患者虽然能记起几乎所有的事情，但他们无法忘记事情，这令他们很苦恼。对人类的思维过程来说，遗忘能力几

乎与记忆力一样重要。心理学领域的奠基人之一威廉·詹姆斯曾说："如果我们什么都记得，在大多数情况下，我们应该会生病，就好像我们什么都不记得一样。"（James，1890，2002）。所以适应性遗忘很重要，即人们能够抑制不需要的信息，从而更容易记住需要的信息（Kuhl et al.，2007；MacLeod，1998；Nairne，2015；Wimber et al.，2015）。

A. R. 卢里亚（A. R. Luria）是著名记忆学家，他的一位患者 S 先生曾经历过类似的问题。S 先生是一位表演助记员，他在几分钟内就能记住一长串数字，让观众大吃一惊。但是，S 先生发现自己无法忘记它们，他也无法轻易地将重要的记忆和琐碎的记忆分开。每次当他看见某个物体或阅读某个单词时，相应的刺激图像就会涌入他的脑海。后来，他发明了一种"忘记"事情的方法：将它们写在纸上，然后将纸烧毁（Luria，1968）。

如果 S 先生的经历可以作为一个指标的话，那么对于人的理智来说，遗忘能力似乎很有必要。但人们忘记事情的速度有多快？人们有没有更难或更容易忘记的事情？

艾宾浩斯与遗忘曲线

6.10 描述什么是遗忘曲线

赫尔曼·艾宾浩斯（Hermann Ebbinghaus）是最早研究遗忘的研究人员之一。由于他不希望通过任何语言联想来帮助记忆，因此他创建了包含几个"无意义音节"的列表，这些音节可以发音，但没有意义，如 GEX 和 WOL。他记住了一份音节清单，等待了一段时间后，他试图从记忆中提取这份清单，并将每次的结果绘制成图表，结果形成了一个现代人熟悉的曲线：**遗忘曲线**（curve of forgetting）。这条曲线清晰地表明，在学习音节清单后的第一个小时内，遗忘

很快发生了，之后逐渐减缓（见图 6-7）。换句话说，刚学习完后忘得最快。遗忘曲线也可以应用于其他类型的信息。虽然有意义的信息被遗忘的速度要慢得多，也不够彻底，但测试遗忘时得到的模式是相似的（Conway et al.，1992）。

在早期的研究中，艾宾浩斯发现，不应试图将自己想要记住的信息"灌输"到大脑中，这一点很重要。研究发现，与集中练习或试图一次学习一大堆知识相比，隔开学习时间，或称**分散练习**（distributed practice），将产生更好的信息提取效果。例如，花 3 小时研究心理学教材可能会让你觉得自己做了一件非常辛苦的工作，而且你确实也做到了，然而，你不会记得自己学了多少。但如果你的学习时间被缩短到 30 分钟到 1 小时，然后进行短暂的休息，那么你会记得很多（Cepeda et al.，2006；Dempster & Farris，1990；Donovan & Radosevich，1999；Simon & Bjork，2001）【连接学习目标导论 5 】。

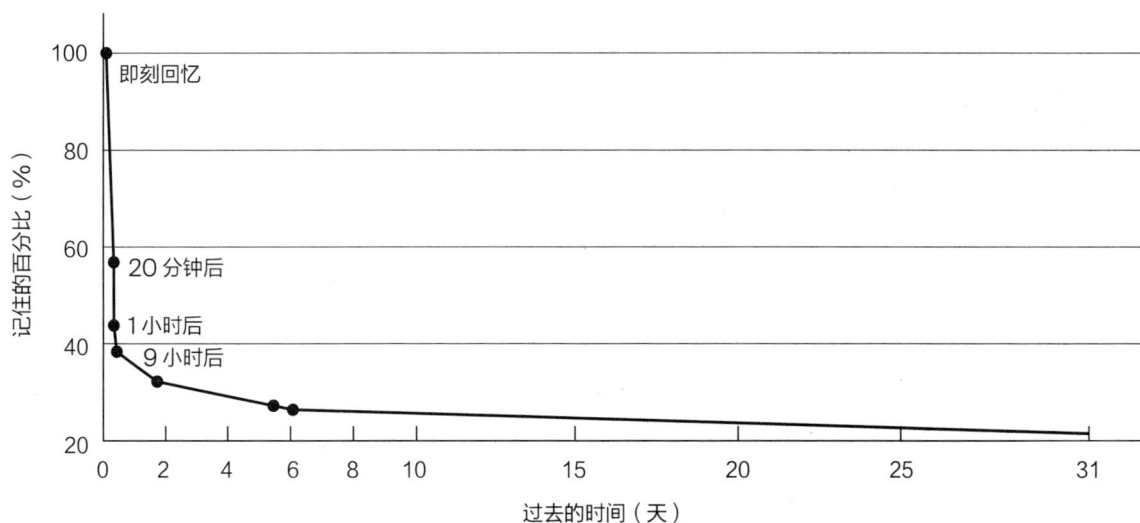

图 6-7 遗忘曲线

艾宾浩斯发现，在学习单词列表后立即从记忆的单词列表中回忆单词的能力最强，1 小时内迅速下降。1 小时后，遗忘就会趋于平缓。

遗忘的原因

6.11 了解遗忘的常见原因

遗忘有若干种原因。本书将探讨关于遗忘的 3 种理论。

编码失败 遗忘最简单的原因之一就是有些东西从一开始就未被编码过。例如，当朋友离开你家时，他可能对你说了些什么，你也可能听到了，但如果你没有注意他说的话，就无法获得感觉记忆。与其说这

是遗忘，不如说是**编码失败**（encoding failure），即无法将信息加工到记忆中。研究人员（Nickerson & Adams，1979）曾开发了一种测试长时记忆的方法，使用的是许多人都很熟悉的标志，见图6-8。你知道图中哪个停车标志是正确的吗？人们几乎每天都会看到停车标志，但有多少人真正仔细地观察过它们，以便将信息编码到长时记忆中？

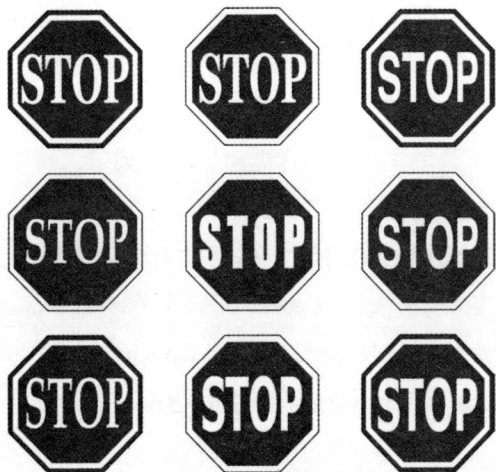

图6-8　停车标志

很多人每天能看到好几次停车标志，但很难分辨出图中哪个停车标志最接近实际情况（最接近的是第2排第3个标志）。

记忆痕迹衰退理论　该理论是较古老的遗忘理论之一，它涉及**记忆痕迹**（memory trace）的概念。记忆痕迹指的是大脑中的一些物理变化，可能发生在神经元中，也可能发生在神经元之间的活动中，而它们均发生在记忆形成之时（Brown，1958；Peterson & Peterson，1959）。随着时间的推移，如果这些痕迹得不到利用，它们可能会**衰退**（decay），消失得无影无踪。这就像当许多人经常从一片草地走过时，慢慢地会"走出"一条小路来，小路上的草被践踏了，可能会变成褐色。但如果人们不再走这条小路了，草会慢慢地重新长出来，小路也会逐渐消失。

感觉记忆和短时记忆的遗忘似乎很容易被解释为衰退：那些在感觉记忆中未能引起注意或在短时记忆中未得到持续复述的信息将会消失。但衰退能很好地

解释长时记忆遗忘吗？当提到长时记忆时，记忆痕迹衰退理论通常被称为**弃用**（disuse），此时"用进废退"这个词就具有了重要的意义（Bjork & Bjork，1992）。虽然长时记忆中的信息因弃用而褪色听起来合乎逻辑，但很多时候，人们可以回忆起自以为早已被遗忘的事物，这说明一定还存在其他因素与长时记忆遗忘有关。

图中这位老人即使在多年后仍能记住图册中的画面，因此记忆痕迹衰退理论不太可能解释长时记忆中的所有遗忘。

干扰理论　长时记忆遗忘的一个可能的解释是，尽管大多数长时记忆可能或多或少永久性地存储于大脑中，但这些记忆并不总能被提取出来，因为其他信息会产生干扰（Anderson & Neely，1995）。即使是可"访问"的记忆也会受到构建加工的影响，这可能会导致回忆的不准确。打个比方来说，你需要的油漆很可能就在储藏室的某个架子上，但由于有太多其他的东西，你看不见也拿不到。对于长时记忆而言，干扰可能来自两个不同的"方向"。

前摄干扰　你是否曾经开过怀挡汽车之后又换成地排挡汽车？如果答案是肯定的，那么当你第一次开排挡新车时，你可能会遇到一些麻烦：你可能会抓住方向盘，而不是伸手去够地排挡。你在"旧"的位置换挡的原因被叫作**前摄干扰**（proactive interference），即"旧"的或以前学过的信息会干扰新信息的学习和随后的提取的倾向，见图6-9。

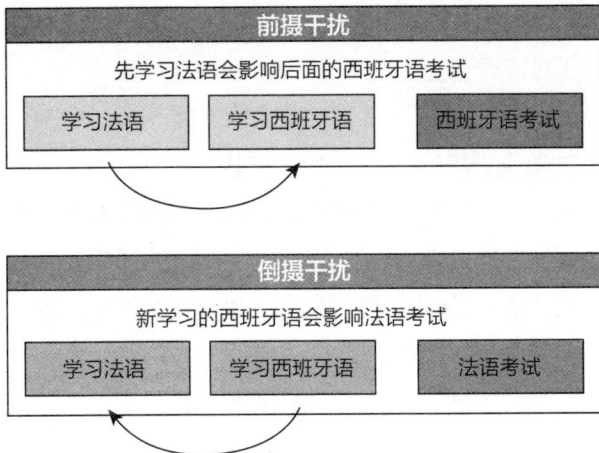

图 6-9　前摄干扰和倒摄干扰

如果一名学生在准备法语考试，之后是西班牙语考试，那么，他可能会遇到两方面的干扰。在参加西班牙语考试时，先前学到的法语信息可能会前摄性地干扰西班牙语信息的学习。但在参加法语考试时，较新学习的西班牙语信息可能会倒摄性地干扰法语信息的提取。

另一个前摄干扰的常见例子发生在人们拥有新的手机号码时。在这种情况下，当人们试图将新手机号码发给朋友时，经常发现自己记住了旧的手机号码或其中的一些数字，而不是新的手机号码。

倒摄干扰　当较新的信息干扰较旧信息的提取时，被称为**倒摄干扰**（retroactive interference）。例如，当你从地排挡汽车又换回怀挡汽车时会发生什么？你可能至少会去接触一两次汽车地板，因为新的开车技能会倒摄性地干扰到记忆旧方法的方式。

在以下每种情况下，干扰是如何进行的？

1. 从美国搬到英国，在英国，人们开车靠左行驶，而不是靠右。
2. 使用新的蓝光播放器一年后，尝试使用旧蓝光播放器上的控件。
3. 从一种手机系统转换到另一种手机系统，如从IOS 系统转换到 Android 系统。

表 6-1 总结了遗忘发生的不同方式。

表 6-1　遗忘的原因

原因	描述
编码失败	信息未进入记忆系统或者未被编码
衰退或弃用	随着时间过去，记忆系统中的信息在消失
前摄干扰	先前存在的信息会干扰新信息的提取
倒摄干扰	新信息会干扰已存储信息的提取

概念地图 6.10～6.11

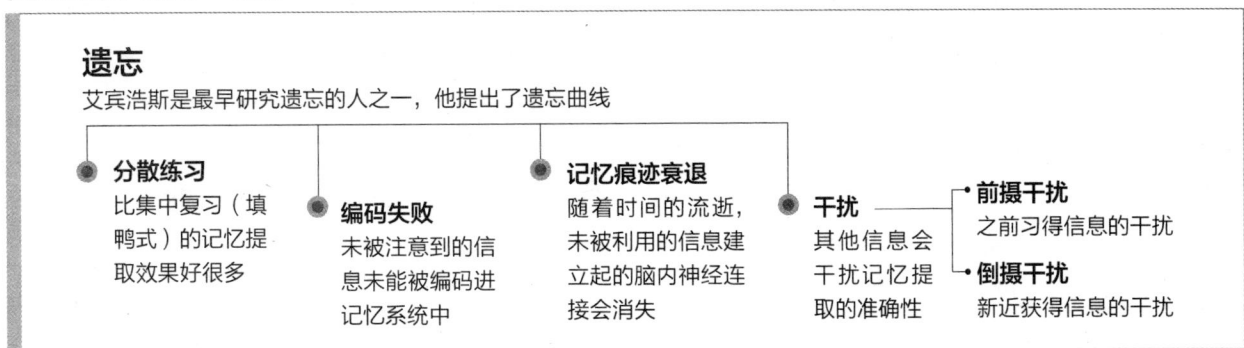

随堂小考

1. 瑞文刚刚学完了心理学老师布置的一系列毫无意义的单词，这是课堂活动的一部分。她在下课时能100% 回忆起来。根据艾宾浩斯的遗忘曲线，瑞文可能会以多快的速度忘记她刚刚学到的大约 40% 的信息？

A. 离开教室后的 20 分钟内

B. 下课后的第一天内

C. 下课近一周后

D. 课程结束近一个月后

2. 母亲要求柯林重复自己刚才说的话，但他说"忘了"，实际上他根本没注意听母亲说的话。这属于遗忘中的____。

A. 干扰　　　　　　　　B. 编码失败

C. 记忆痕迹　　　　　　D. 抑制

3. 尚特尔在西班牙生活过一年。在那段时间，她的西班牙语能力得到了极大的提高。后来她回到了美国，两年过去后，尚特尔觉得自己再也不能去西班

牙旅行了，因为她几乎什么都不记得了。她的问题很可能源于____。

A. 编码失败　　　　　　B. 倒摄干扰

C. 前摄干扰　　　　　　D. 衰退

4. 诺兰买了一部新的智能手机，与他的旧手机属于不同的牌子，所以他花了相当多的时间来操作。问题是，他一直试图用旧方式点击新手机的图标。诺兰的问题很可能源于____。

A. 编码失败　　　　　　B. 倒摄干扰

C. 前摄干扰　　　　　　D. 衰退

● 记忆的神经科学研究

研究人员发现，大脑的特定区域可能是记忆形成的物理场所，而且这些区域对不同类型的记忆存在差异。

记忆的生物学基础

6.12　了解大脑记忆的生物学基础

研究发现，非陈述性记忆似乎存储于小脑中（Boyd & Winstein，2004；Daum & Schugen，1996）。而相关研究明确表明，短时记忆存储在前额叶皮层和颞叶（Goldman-Rakic，1998；Rao et al.，1997）。与恐惧相关的记忆似乎存储在杏仁核（Dębiec et al.，2010）。

至于语义记忆和情景记忆等长时记忆，有证据表明，这些记忆也存储在额叶和颞叶，但与短时记忆并不完全相同，也不在相同的脑区（Binder et al.，2009；Weis et al.，2004）。

💬 所有这些都解释了记忆的"场所"。那么科学家有没有发现，当记忆得以存储时，大脑中发生了什么样的事情或确切的物理变化？

几项研究表明，记忆并不是一个简单的物理变

化过程，它要复杂得多：涉及受点数量的变化，重复刺激（长时程增强）引起的突触敏感性的变化，以及树突的变化，尤其是神经元内蛋白质的变化（Alkon，1989；Kandel & Schwartz，1982；Squire & Kandel，1999）。突触可塑性和记忆存储的改变被归因于以下6种分子机制：cAMP、PKA、CRE、CREB-1、CREB-2和CPEB，它们表示的是从短时记忆到长时记忆的信息变化，适用于非外显记忆和陈述性记忆（Kandel，2012）。除了发生诸多变化外，作为更大回路的一部分，突触功能的变化必须发生在神经元集合之间（Kandel，2012）。总体而言，随着记忆的形成而发生的突触改变、神经元结构的改变、蛋白质合成和其他改变，这些被统称为**巩固**（consolidation）（Deger et al.，2012；Fioriti et al.，2015；Griggs et al.，2013；Hill et al.，2015；Krütner et al.，2012）。巩固某些记忆可能只需要几分钟，比如记住一个新朋友的名字，但对其他一些记忆来说，巩固则可能需要数年时间，比如学习一门新语言（Dudai，2004）。

海马被认为是大脑中负责形成新的长时陈述性记忆的区域，而这一功能最明显的证据之一来自对H.M.这个人的研究（Milner et al.，1968）。

H.M.原名亨利·古斯塔夫·莫莱森（Henry Gustav

Molaison），他在 16 岁时开始患上严重的癫痫发作。11 年后，H.M. 的海马和邻近的内侧颞叶结构在一次实验性手术中被外科医生切除了，医生希望以此阻止 H.M. 的癫痫发作。

H.M. 记得的最后一件事就是被推到手术室，从那时起，他形成新的陈述性记忆的能力严重受损。海马虽然不是问题的来源（H.M. 的癫痫发作虽然减少了，但没有消除），但显然是巩固和存储任何新事实信息能力的来源，因为没有海马，H.M. 完全无法记住新的事件或事实。巩固已经不可能了。H.M. 会随身携带一本杂志，一遍一遍地阅读杂志上的故事，因为对他来说，他每次读到的故事都是全新的。与大多数此类患者一样，H.M. 的非陈述性记忆仍然完好无损，只是新的陈述性记忆丢失了，无论是语义记忆还是情景记忆。

2008 年 12 月，H.M. 去世，享年 82 岁。他的经历和大脑将继续作为资源用于教育学生和神经科学家，因为他在很多年前就同意在他去世后将自己的大脑捐赠出去，用于科学研究。H.M. 的大脑现在已经被切成 2401 片，每片的厚度约等于人头发的直径。

有证据表明，对同一事件的记忆可能涉及海马的不同区域（Collin et al., 2015）。不同区域似乎对应着事件的不同程度的记忆细节，比如记得在上课前看过伴侣发来的短信（很好的细节），或者回忆起下课后出去吃饭的情形（更广泛的事件）。

大脑中另一个参与形成长时记忆的区域是后扣带回，它是位于胼胝体后部附近的皮层区域【连接学习目标 2.11】，可以由此观察到阿尔茨海默病患者的大脑受损情况。该区域与记忆巩固有关，因为研究人员发现，后扣带回不仅在主动复述时能够被激活，以便先记住特定的信息，而且在恢复记忆时也能够被激活（Bird et al., 2015）。

此外，记忆力的改善似乎与记忆提取过程中大脑活动与主动复述时同一区域的活动的相似度有关。后扣带回的主动复述和活动可能会通过帮助连接情景信息和语义信息来增强记忆（Binder et al., 2009；Bird et al., 2015）。

器质性遗忘：当记忆丧失时

6.13　了解遗忘的生物学基础

通过影视剧，许多人了解了压抑的概念，它是一种与心理动机有关的遗忘，在这种情况下，人无法记起创伤事件【连接学习目标 14.7】。但如果是某些生理原因导致的失忆呢？由大脑记忆区域的功能问题引起的严重记忆丧失障碍主要有两种形式。这些问题可能是由脑震荡、创伤导致的脑损伤、酒精中毒（如科萨科夫综合征）或大脑老化紊乱引起的。

逆行性遗忘　既然海马对陈述性记忆的形成很重要，那么，如果它暂时"失联"会发生什么？例如，经历头部受伤的人往往无法回忆起事故本身，有时他们记不起事故发生前最后几小时甚至几天内发生的事。这种类型的遗忘被称为**逆行性遗忘**（retrograde amnesia），即损伤前记忆的丧失（Hodges, 1994）。在这种情况下，忙于进行物理上的改变以允许新的记忆得以存储的巩固过程被打断，从而导致尚未形成的记忆丢失了。

想想看，当你正在计算机上写一篇第二天要交的历史论文。计算机每 10 分钟会自动保存一次文档，但由于你太"高产"了，你在 10 分钟内写了很多内容。突然，停电了！而当电恢复时，你发现，虽然你保存的所有文件仍然完好无损，但历史论文中在停电前 10 分钟写的内容丢失了。这与人的巩固过程被打乱时发生的情况类似。所有处于存储过程中的非永久性记忆都会丢失。

治疗严重抑郁症的方法之一是电休克疗法，几十年来一直为人所用【连接学习目标 15.11】。这种疗法的一种常见的不良反应是记忆丧失，尤其是逆行性遗忘（Meeter et al., 2011；Sackeim et al., 2007；Squire & Alvarez, 1995；Squire et al., 1975）。虽然通过电击诱导癫痫发作的效果似乎显著缓解了抑郁症，但它似乎也扰乱了治疗前形成的记忆的巩固过程。虽然一些研究人员曾发现，对于某些类型的信息，记忆丧失可以追溯到 3 年前（Squire et al., 1975），但之后的研究表明，这种丧失可能不是永久性的（Meeter et al., 2011）。

顺行性遗忘　脑震荡还可能导致像 H.M. 经历的那种更短暂的遗忘，这种遗忘被称为**顺行性遗忘**（anterograde amnesia），即从受伤或疾病开始就失去记忆（Squire & Slate，1978）。患有这种遗忘的人，比如 H.M.，很难记住任何新的东西，这也是老年性痴呆患者最常见的一种遗忘。老年性痴呆是一种以严重健忘、精神紊乱和情绪波动为主要症状的精神障碍。这种痴呆患者除了有顺行性遗忘外，还可能患有逆行性遗忘。如果说逆行性遗忘像由于停电而丢失了计算机中的文档，那么顺行性遗忘就像发现硬盘出了问题——你可以读取硬盘上已经存在的数据，但不能存储任何新的信息。只要你在打开的计算机窗口中查看数据（关注它），你就可以访问它，但一旦关闭该窗口（停止思考），信息就会丢失，因为它从未被传输到硬盘中（长时记忆）。这会导致一些重复性的谈话，比如在 20 分钟的谈话中，患有顺行性遗忘的人会一遍一遍地说同样的话，或者一遍一遍地问同样的问题。

有时，头部受到重击，如在类似图中的交通事故中可能遭受的重击，可能会导致受伤前的记忆丧失，可能丧失几分钟、几小时或几天的记忆，而在某些情况下，甚至会丧失几年的记忆。这就是逆行性遗忘。

阿尔茨海默病　在美国，有近 530 万人患有阿尔茨海默病（Alzheimer's Association，2015）。这种类型的痴呆在成年人和老年人中最常见，占所有痴呆病例的 60% ～ 80%。据统计，在 65 岁以上的人中，每 9 人就有 1 人患有阿尔茨海默病。它已经成为美国第 6 大死因和 65 岁以上人群的第 5 大死因，导致的死亡人数仅次于心脏病和癌症（Alzheimer's Association，2015；Antuono et al.，2001；National Center for Health Statistics，2015）。

顺行性遗忘是指丧失形成新记忆的能力。对遥远过去的记忆可能仍然完好无损，但新的记忆似乎无法形成，如刚认识的人的名字，或者是否吃过药。这就是为什么顺行性遗忘患者（在痴呆中很常见）可能不记得前一天进行的对话或见过的人。

阿尔茨海默病患者的主要记忆问题，至少在一开始是顺行性遗忘。起初，记忆丧失可能相当轻微，但随时间的推移会变得越来越严重，患者对日常任务变得越来越健忘。最终，患者会发生更危险的状况，比如额外服用药物，或者做饭时将食材留在火炉上而忘记处理。随着阿尔茨海默病的发展，逆行性遗忘会出现，患者对过去的记忆似乎开始被"抹去"。这种疾病代价很大，照顾者在照顾正慢慢变成"陌生人"的患者时，经常面临严重的情感压力和经济负担。

阿尔茨海默病的病因尚不完全清楚。虽然大脑开始形成 β - 淀粉样蛋白沉积（斑块）和 tau 蛋白[①]链扭曲（"缠结"）是正常现象，但人们发现，阿尔茨

---

① tau 蛋白是一种发现于神经元中的蛋白质，有多种不同的类型或亚型，对正常神经系统的运行至关重要，最初是在 20 世纪 70 年代被鉴定出来的。——编者注

海默病患者的大脑老化的体征要多得多（Chen et al., 2012; Lim et al., 2012）。参与海马记忆形成的神经递质之一是乙酰胆碱，产生这种化学物质的神经元在疾病的早期阶段会被分解（Martyn et al., 2012）。虽然有一种早发型阿尔茨海默病似乎受到基因的显著影响，并包含几种不同的基因变异，但这种情况似乎不到该疾病总病例的 5%（Alzheimer's Association, 2010; Bertram & Tanzi, 2005; Haass et al., 1995）。而且可悲的是，病因不止一种，而是有很多种，即使没有患阿尔茨海默病的人也无法幸免于其他形式的痴呆，如由卒中、脱水或药物等引起的痴呆（Karantzoulis & Galvin, 2011）。

对于阿尔茨海默病，治疗可以减缓病症但无法阻止或逆转其进程。目前，美国有 5 种药物被批准用于该病的治疗，但减缓症状平均只有 6 ～ 12 个月的时间。目前已知的是，阿尔茨海默病和许多其他形式的痴呆的风险因素是可控的，如高胆固醇、高血压、吸烟、肥胖、2 型糖尿病和运动缺乏，这些都会导致阿尔茨海默病（Alzheimer's Association, 2010; Baumgart et al., 2015）。保持大脑精神活跃也是帮助维持良好认知健康的一种方式。有研究表明，持续的日常学习会刺激脑源性神经营养因子（BDNF），这是一种参与记忆形成的关键蛋白质（L. Y. Chen et al., 2010）。最近的一项研究表明，一种用于治疗糖尿病的药物 AC253 可能帮助恢复受阿尔茨海默病影响的脑细胞的记忆（Kimura et al., 2012），而另一种新药 ORM-12741 也显示出类似的功效（Rouru et al., 2013）。

另外，有人说食用铝制锅碗瓢盆中的食物、使用人工甜味剂阿斯巴甜、用银牙填充物或注射流感疫苗会导致阿尔茨海默病，实际上所有这些说法都是虚构的，都不可信（Alz.org ®：Alzheimer's Association, 2015）。

患有痴呆或创伤性脑损伤的人最终可能会患上顺行性遗忘和逆行性遗忘。在最近的一个个案研究中，一位患有严重脑炎的音乐家记不起过去的生活、朋友或亲戚（逆行性遗忘），也无法再学习新的信息（顺行性遗忘）。然而，他仍然可以拉大提琴、读乐谱，不仅可以演奏他在脑损伤之前演奏的曲子，还可以学习新的曲子（Finke et al., 2012）。这些都是非陈述性记忆的技能，这种记忆通常不会受到遗忘的影响，这表明二者涉及的大脑区域不同。

💬 我曾尝试回忆婴儿时期的事情，但似乎回忆不了太多。这也属于遗忘吗？

婴儿期遗忘 你最早的记忆是什么？事实上，你很可能不记得 3 岁之前发生在自己身上的很多事情。当某人确实声称自己"记得"婴儿时期的某件事时，稍微调查一下就会发现，这种"记忆"实际上是基于家人的告知，根本不属于真正的记忆。这种"制造的"记忆通常具有在记忆中注视自己的感觉，就好像它是一部电影，而人是演员。在真实的记忆中，人会通过自己的眼睛记住某一事件，就像人是摄像机一样。

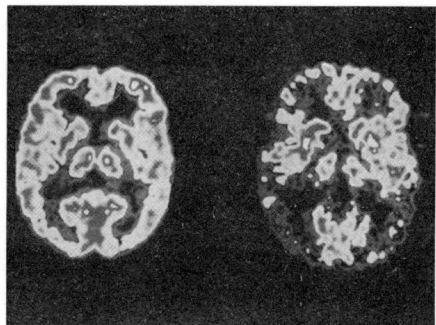

为了追踪阿尔茨海默病导致的细胞死亡，研究人员使用磁共振成像技术扫描了阿尔茨海默病患者和正常的老年被试。通过超级计算机，加州大学洛杉矶分校的研究小组创建了彩色编码地图，并通过新的脑图绘制方法揭示了该疾病的退化序列。灰质丢失的脑波与认知功能的进行性衰退密切相关，而这种变化是该疾病的一种关键特征。其他研究人员利用正电子发射断层扫描技术（如图所示）展示了阿尔茨海默病患者和非阿尔茨海默病患者之间大脑活动的差异。

为什么人们记不住生命中头两三年发生的事情？这与**婴儿期遗忘**（infantile amnesia）有关，它涉及生命最初几年存在的记忆类型。早期记忆往往是内隐的，正如本章前面的内容所说，内隐记忆很难唤醒意识。外显记忆则是一种更具语言和意识特征的记忆形式，直到大约 2 岁以后才真正发展起来，此时，海马发育得更充分，语言技能也更发达（Carver & Bauer，2001）。

　　凯瑟琳·纳尔逊（Katherine Nelson）也将幼儿与他人的社会关系归因于此。当孩子能够与成年人谈

论共同的记忆时，他们开始形成**自传体记忆**（autobiographical memory），即对与个人生活有关的事件和事实的记忆。

概念地图 6.12～6.13

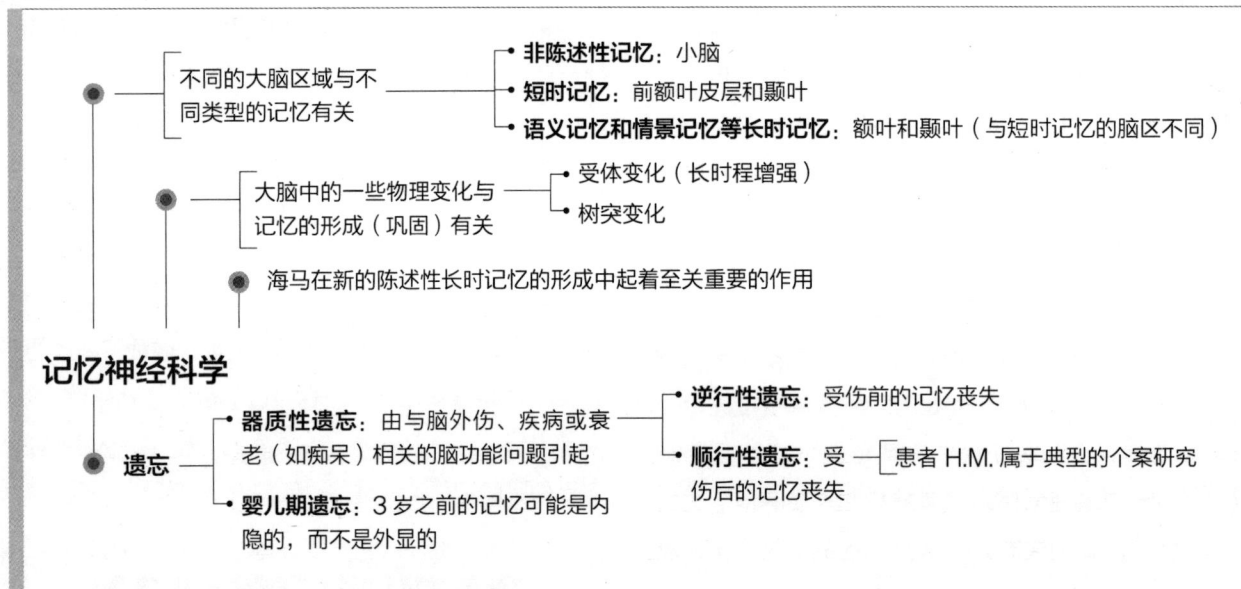

记忆神经科学

- 不同的大脑区域与不同类型的记忆有关
  - **非陈述性记忆**：小脑
  - **短时记忆**：前额叶皮层和颞叶
  - **语义记忆和情景记忆等长时记忆**：额叶和颞叶（与短时记忆的脑区不同）
- 大脑中的一些物理变化与记忆的形成（巩固）有关
  - 受体变化（长时程增强）
  - 树突变化
- 海马在新的陈述性长时记忆的形成中起着至关重要的作用
- 遗忘
  - **器质性遗忘**：由与脑外伤、疾病或衰老（如痴呆）相关的脑功能问题引起
    - **逆行性遗忘**：受伤前的记忆丧失
    - **顺行性遗忘**：受伤后的记忆丧失 —— 患者 H.M. 属于典型的个案研究
  - **婴儿期遗忘**：3 岁之前的记忆可能是内隐的，而不是外显的

随堂小考

1. 尚塔尔非常害怕小丑，因为她在很小的时候被小丑吓坏了。尚塔尔对那次可怕遭遇的记忆很可能与＿＿＿相关。

　A. 小脑　　　　　　　　B. 前额叶皮层

　C. 后扣带回皮层　　　　D. 杏仁核

2. 为了控制癫痫发作，亨利·古斯塔夫·莫莱森被摘除了＿＿＿来控制顺行性遗忘。

　A. 海马　　　　　　　　B. 杏仁核

　C. 额叶　　　　　　　　D. 丘脑

3. 当你记不起创伤性事故之前发生的事情时，你会患上哪种类型的遗忘？

　A. 逆行性遗忘　　　　　B. 顺行性遗忘

　C. 心因性遗忘　　　　　D. 婴儿期遗忘

4. 阿尔茨海默病患者的体内不再容易产生哪种神经递质？

　A. 多巴胺　　　　　　　B. 内啡肽

　C. γ - 氨基丁酸　　　　D. 乙酰胆碱

在日常生活中应用心理学
健康与记忆

6.14　了解睡眠、运动和饮食影响记忆的方式

　　最近的几项研究强调了改善或保持记忆健康的

3 个重要因素：充足的睡眠、适度的运动和高 DHA 饮食。

睡眠 正如在关于意识的章节中所讨论的，睡眠是大脑功能的重要组成部分，尤其是在形成记忆的过程中。最近的研究发现：

1. 无论是在睡眠中还是在清醒时，复述的记忆都更有可能得到巩固，因此稍后会记得更牢（Oudiette et al., 2013）。对于有高价值事物的记忆来说，这并不新鲜，比如与赚更多钱相关的记忆。但研究人员发现，通过将低价值事物的记忆与一种特有的声音配对，然后将该声音回放给睡眠中的被试，低价值事物更容易被回忆起来，甚至比在清醒时播放同样的声音效果更好。睡眠对于复述和巩固一天中想要记住的事物很有必要。

2. 你能在睡觉时学习吗？这一直是许多大学生的希望，他们曾在睡觉时播放课堂录音，但从未奏效。事实证明，其错误不在于试图在睡觉时学习，而在于试图在睡觉时学习新知识。在一项研究中，被试学习了如何演奏两首以前不熟悉的曲子，然后，他们要小睡 90 分钟。在此期间，研究人员为被试播放了他们在慢波睡眠期间练习的一首曲子——慢波睡眠与记忆巩固有关。结果，在被试睡眠期间播放的曲子比没有播放过的曲子更容易记忆（Antony et al., 2012）。

3. 睡眠剥夺会严重干扰海马的功能，而海马是大脑中对形成新记忆至关重要的区域（Basner et al., 2013；Poe et al., 2010）【连接学习目标 2.11】。大学生、医生、护士等典型的睡眠不足人群的生活方式对其记忆没有任何帮助。

4. 睡眠也有助于防止遗忘。我们已经知道，干扰会导致遗忘，那么睡眠能减少干扰也就不足为奇了。研究人员还发现，睡眠可能通过抑制神经递质多巴胺的作用来保护新的记忆。多巴胺是大脑某些区域分泌的一种化学物质，与遗忘有关（Berry et al., 2015）。因此，记得睡好觉，睡觉是为了记忆！

运动 事实证明，即使是短暂的运动也能提高记忆力（Petersen, 2015）。研究人员曾让 50 ～ 85 岁的人观看令人愉悦的图片，比如动物和自然风景的照片（Segal et al., 2012），其中一些人有记忆缺陷。在观看完图片后，50% 的人立即骑了 6 分钟的健身自行车。一小时后，所有人都接受了一项突击回忆测试，测试对象是之前看过的图片。结果，不管记忆受损状况如何，与未骑自行车健身的人相比，骑自行车健身的人的记忆力显著改善。这种记忆力改善的解释可能在于运动过程中释放出的额外的去甲肾上腺素。去甲肾上腺素是在大脑中发现的一种神经递质，它在记忆的形成过程中起着重要作用。

饮食 你听多少人说过鱼是健脑食品？事实证明，它确实很可能是健脑食品，至少在改善记忆力方面的确如此。鱼类，尤其是鲑鱼、蓝鳍与长鳍金枪鱼和剑鱼，富含 DHA，即二十二碳六烯酸，它是一种 omega-3 脂肪酸。在最近的一项研究中，研究人员给实验动物喂食高 DHA 食物，结果发现，与其他实验动物相比，进食高 DHA 食物的实验动物的大脑海马中的 DHA 水平增加了 30%（Connor et al., 2012）。DHA 似乎可以帮助记忆细胞更好地相互沟通，从而改善记忆力。其他富含 DHA 的食物还有亚麻籽、核桃、草饲牛肉和大豆。当然，也可以选择市场上的鱼油补充剂。

深入讨论一下

1. 为什么你认为睡觉时学习新东西不管用？

2. 在饮食中通过使用补充剂来获取 DHA 可能存在何种危险？

⬭ 本章总结

记忆的定义

6.1 了解记忆的 3 个过程

- 记忆可以被定义为一种主动系统，它接收感觉信息，在存储信息时对其进行组织和修改，然后从存储中提取信息。
- 记忆的 3 个过程分别是编码、存储和提取。

6.2 解释不同记忆模型的运作方式

- 在记忆的平行分布加工模型中，信息同时存储在贯穿整个大脑的相互连接的神经网络中。
- 在记忆的加工水平模型中，加工得越充分的信息更有可能被记住。

信息加工模型：3 种记忆系统

6.3 描述感觉记忆的过程

- 图像记忆属于视觉记忆，在这种记忆中，残影或图像将以神经形式持续不到一秒钟。
- 声象记忆是感觉记忆的听觉形式，主要采用回声方式，持续时间可达 4 秒。

6.4 描述短时记忆，区分短时记忆与工作记忆

- 短时记忆是信息在有意识和被使用时被存储的场所。它可以容纳 3 ～ 5 项信息，如果未得到复述的话会持续 30 秒。
- 短时记忆可能会因为复述失败、衰退、类似信息的干扰，以及新信息侵入短时记忆系统而丢失。

6.5 描述长时记忆的过程

- 长时记忆是存储或多或少永久性保存的、容量不受限制且持续时间相对持久的记忆的系统。
- 加工更充分或根据含义加工的信息将得到更有效的存储和提取。
- 非陈述性（内隐）记忆是对技能、习惯和条件反应的记忆。陈述性（外显）记忆是对一般事实和个人经历的记忆，包括语义记忆和情景记忆。

- 内隐记忆很难进入知觉意识；而对于外显记忆，人则能够意识到。
- 长时记忆是以语义网络的形式组织的，即从中心知识展开的相关信息的节点。

长时记忆的提取

6.6 了解线索对记忆提取的影响

- 提取线索指的是与新记忆同时编码的单词、意义、声音和其他刺激。
- 当情景依赖信息被编码为特定记忆的提取线索时，编码特定性就会发生。
- 当生理状态或心理状态被编码为记忆的提取线索时，状态依赖学习就会发生。

6.7 区分回忆和再认的提取过程

- 回忆是一种记忆提取，在此过程中，要提取的信息必须在很少或没有线索的情况下从记忆中被"拉出来"；而再认涉及将信息与存储的图像或事实进行匹配。
- 当信息列表中的第一项和最后一项比列表中间项能更有效地被回忆时，就会出现系列位置效应，可能是首因效应，也可能是近因效应。
- 伊丽莎白·洛夫特斯等人发现，人们会不断地更新和修改自己对事件的记忆，其中一部分包括将后期的信息添加到早期的记忆当中，而后期的信息也可能是错误的，进一步"污染"早期的记忆。

6.8 描述记忆自动化编码为长时记忆的方式

- 对某些类型的信息进行自动化编码，只需很少的工作即可将信息存储在长时记忆中。
- 对特别情绪化或创伤性事件的记忆可能会导致闪光灯式记忆的形成，这种记忆似乎生动而详细，就像在看事件的快照一样，但它并不比其他任何记忆更准确。

6.9　描述记忆提取的建构加工观点如何解释遗忘和虚假记忆

- 在建构加工过程中，记忆是从编码时存储在不同场所的各种信息位和信息片段中构建出来的。
- 事后诸葛亮偏差发生在人们误认为自己知道某个事件的结果时，因为人们对事件本身的记忆包含了对事件真实结果的了解。
- 误导信息效应是指被问及误导性问题或被给予误导性信息的人会将这些信息纳入他们对特定事件的记忆的倾向。
- 虚假记忆综合征是指通过暗示产生的虚假或不准确的记忆，尤其是在催眠状态下。
- 催眠非但无法改善记忆提取，反而更有可能制造虚假记忆。
- 凯茜·佩兹德克及其同事断言，与不可信的事件相比，合理的虚假事件更有可能导致虚假记忆的形成。

遗忘：我们刚才说了什么

6.10　描述什么是遗忘曲线

- 艾斯浩宾发现，信息大多在学习后的一小时内丢失，然后逐渐消失。这就是众所周知的遗忘曲线。

6.11　了解遗忘的常见原因

- 有些"遗忘"实际上属于信息编码失败。
- 记忆痕迹衰退理论假设存在物理记忆痕迹，随着时间的推移，记忆痕迹逐渐衰退。
- 长时记忆遗忘最有可能源于前摄干扰或倒摄干扰。

记忆的神经科学研究

6.12　了解大脑记忆的生物学基础

- 有证据表明，非陈述性记忆存储于小脑中，短时记忆储存于的前额叶皮层和颞叶，而对物体的恐惧记忆最有可能存储于杏仁核。
- 语义记忆和情景记忆也可能存储于额叶和颞叶，但与短时记忆存储在不同的区域。
- 巩固包括记忆形成过程中神经元的物理变化。
- 海马似乎负责形成新的长时陈述性记忆。如果将海马移除，那么大脑存储任何新信息的能力将完全丧失。

6.13　了解遗忘的生物学基础

- 逆行性遗忘患者对过去（受伤前）的记忆会丧失，可能只是几分钟的记忆丧失，也可能是几年的记忆丧失。
- 电休克疗法可能会破坏记忆的巩固，并导致逆行性遗忘。
- 顺行性遗忘患者无法记忆任何新事物，但旧的记忆仍然可以找回。
- 阿尔茨海默病的主要记忆障碍是顺行性遗忘，而随着疾病的发展，逆行性遗忘也可能会发生。
- 阿尔茨海默病有多种原因，许多原因尚未明了。
- 大多数人记不起两三岁之前的事情，这被称为婴儿期遗忘，很可能源于婴儿记忆的内隐性质。

6.14　了解睡眠、运动和饮食影响记忆的方式

- 充足的睡眠、适当的运动和高 DHA 饮食有助于改善记忆。
- 研究表明，睡眠是维持记忆巩固和海马正常功能的关键组成部分；而运动期间释放的去甲肾上腺素似乎可以提高记忆；富含 omega-3 脂肪酸的饮食，尤其是 DHA，可能有助于海马细胞更好地沟通。

◖ 章末测试

1. 关于记忆的过程，最佳描述是：＿＿＿。

A. 发现→使用→存储→再次使用

B. 放入→放入→拿出

C. 感觉→感知→记住→忘记

D. 一系列被动数据文件

2. 根据乔治·斯珀林的观点，图像记忆能力为＿＿＿。

A. 一次看到的一切

B. 所有在一分钟内听到的一切

C. 一秒内感觉到的一切

D. 一生中感知到的一切

3. 哪种类型的记忆系统最能解释"你刚才说什么"现象？

A. 图像记忆系统　　　　B. 声像记忆系统

C. 短时记忆系统　　　　D. 触觉记忆系统

4. 要使信息从图像或声像记忆系统转到短时记忆，必须首先进行＿＿＿，然后再将其主要编码为＿＿＿形式。

A. 无意识选择；听觉

B. 选择性注意；视觉

C. 生物选择；视觉

D. 选择性注意；听觉

5. 你在聚会上被介绍给某人。当你和那个人交谈时，你意识到自己已经忘记了他的名字。在这些信息从短时记忆中消失之前，通常需要多久？

A. 约 0.25 秒

B. 通常不超过 4 秒

C. 通常为 12 ～ 30 秒

D. 短时记忆通常持续一生

6. 早期关于短时记忆能力的研究表明，大多数人大约能记住＿＿＿位的信息。

A.2　　B.3　　C.7　　D.10

7. 玛丽刚刚在聚会上遇到了一位名叫奥斯汀的男士。她想确保自己记得他的名字。她该怎么做？

A. 玛丽应该不断地重复他的名字，以便记住它

B. 玛丽应该将名字的前 3 个字母作为一组来记，然后将其余的字母作为另一组来记

C. 玛丽应该让它更有意义，如她可以提醒自己，这个名字与得克萨斯州的首府同名

D. 玛丽应该创作一首歌来帮助记忆

8. ＿＿＿记忆是关于人们能够做什么或者呈现什么，而＿＿＿记忆则是关于人们知道什么和能够报告什么。

A. 非陈述性；陈述性　　B. 陈述性；非陈述性

C. 语义；非陈述性　　　D. 情景；语义

9. 记忆的语义网络模型表明，访问信息需经过的节点＿＿＿，回忆信息的时间越长。

A. 越少　　B. 越多　　C. 越大　　D. 越复杂

10. 菲尼亚斯走出办公室，将要进会议室。然而，在菲尼亚斯离开办公室后，他忘了自己去会议室的目的是什么。根据编码特异性，菲尼亚斯应该怎么做才能找回丢失的记忆？

A. 菲尼亚斯应该回到办公室，帮助自己回忆忘记的事情

B. 菲尼亚斯应该问问别人："我来这里是为了什么？"

C. 菲尼亚斯应该待在会议室里，简单地放松一下，这样他的记忆就会恢复

D. 菲尼亚斯应该考虑去看医生，因为这种记忆丧失可能是精神疾病的迹象

11. 以下哪项属于再认测试？

A. 简答题　　　　　　　B. 论文

C. 填空题　　　　　　　D. 判断题

12. 在创建幻灯片时，许多公开演讲者会告诉你，演讲要有强有力的开场白以及绝佳的总结和结尾。记忆的哪一方面最能解释这些建议？

A. 平行分布加工模型　B. 组块

C. 精细复述理论　　　　D. 系列位置效应

13. 你的妈妈告诉你在面试时要着装得体，这都是为了留下好的"第一印象"。换句话说，她是在告诉你，人们通常会记住自己第一眼看到的东西。这种信念与记忆的哪种要素相一致？

A. 首因效应　　　　B. 舌尖现象

C. 近因效应　　　　D. 假阳性

14. 伊丽莎白·洛夫特斯的研究表明, 目击者再认非常容易出现心理学家所说的____。

A. 自动化编码　　　B. 假阳性

C. 闪光灯式记忆　　D. 近因效应

15. 某些元素进入长时记忆的趋势很少或根本不需要对其进行编码和组织, 这属于____。

A. 编码特异性　　　B. 自动化编码

C. 闪光灯式记忆　　D. 遗觉象

16. 记住 "9·11" 事件发生时自己身处何地以及做何事的能力属于____。

A. 目击者证词　　　B. 编码特异性

C. 虚假记忆综合征　D. 闪光灯式记忆

17. 在赫尔曼·艾宾浩斯关于记忆和遗忘曲线的经典研究中, 学习音节清单后多久遗忘的最多?

A. 遗忘会即刻发生　B. 1 小时后

C. 5 小时后　　　　D. 9 小时后

18. 你不记得一元硬币上的菊花向左还是向右, 这让你大吃一惊。而想到自己几乎每天都在工作赚钱, 这一点更加令你惊讶。哪种观点最能解释无法回忆这些信息的情形?

A. 编码失败　　　　B. 衰退理论

C. 干扰理论　　　　D. 分散练习效应

19. 亨利·古斯塔夫·莫莱森无法形成新的陈述性记忆, 因为他患有____。

A. 心因性遗忘　　　B. 逆行性遗忘

C. 倒摄性遗忘　　　D. 顺行性遗忘

20. 英语老师给你布置了一项任务: 写下你 1 岁时最美好的记忆。你会对老师说什么?

A. 由于童年令人兴奋, 因此这一时期的记忆格外鲜活

B. 如果学生在 1 岁之前还未发展出说话能力, 他们无法回忆起当时的情景

C. 学生的记忆很详细, 但往往不准确

D. 学生在这么小的年纪很可能回忆不起当时的情景

第7章 认知

批判式思考 你更倾向于依靠直觉还是深思熟虑？你的思维过程和决策策略是如何根据情况变化的？

◐ 为什么要研究思维的本质

要想完全理解我们是如何做事情的，如学习、记忆和表现，我们就需要理解自己的思维方式。那么，我们究竟是如何组织想法的？如何将想法传达给他人？"智力"是什么意思？为什么有些人比其他人学习得更快？本章将解答这些问题。

学 习 目 标

7.1	了解心理表象参与思维加工的方式	**7.9**	解释智力障碍、超常和情绪智力
7.2	了解概念和原型影响思维的方式	**7.10**	评价遗传和环境对智力发展的影响
7.3	了解解决问题和做决策的方法	**7.11**	了解语言的不同元素和结构
7.4	了解问题解决的 3 个常见障碍	**7.12**	解释语言发展的模式
7.5	了解创造性发散思维的特征	**7.13**	评估语言是否影响人们的思维方式
7.6	比较智力本质的不同理论	**7.14**	概述动物交流和语言能力的研究
7.7	比较智力测验的几种方法	**7.15**	了解改善认知健康的方法
7.8	了解评估测验质量的方法		

思维方式

"思考"到底是什么意思？人们时刻都在思考，也在随时谈论它，如"你在思考什么呢？""让我思考一下。"

思维（thinking），或称**认知**（cognition），可以定义为人加工信息时大脑中正进行的心理活动：组织信息、理解信息及与他人交流信息。思维包括记忆，但并不局限于此。人在思考时，不仅能意识到大脑中的信息，也正在做相关决策，将这些信息与其他信息进行比较，并通过这些信息来解决问题。在不知道自己如何或为何做某事或思考某事时，你可能会只做简单的回应，那你这么做的频率是多少？对于你所专注的事情和决策，又有多少意识的参与？

通常，人的思维方式有两种，分别被称为系统 1 和系统 2，指的是我们思考和加工信息的方式（Kahneman，2011；Stanovich & West，2000）。系统 1 包括快速决策和使用认知捷径，它是由先天能力和个人经验引导的。系统 2 相对较慢，但分析性和规则性强，且更依赖正规的教育经验。总的来说，思维必须由这两个系统之间的相互作用来支配。

此外，思维不仅仅包括口头的"意识流"。当人们思考时，人们的脑海中往往会浮现图像和文字。

心理表象

7.1 了解心理表象参与思维加工的方式

第 6 章提到，短时记忆是以声音和视觉图像的形式进行编码的，从而形成关于世界的记忆图像。因此，**心理表象**（mental image），即代表物体或事件的、具有类似图像特征的形象，成了思维加工的几种工具之一。

举一个关于心理表象的有趣例子。召集几个人，然后让他们尽可能快地说出自己所住的房子有几扇窗户。通常，第一个给出答案的人比之后给出答案的人报告的窗户数量要少，而且，大多数人都会认真地在脑中"查寻"，就像只有他们能看到某个图像一样。

如果问他们，他们会说，为了确定窗户数量，他们会想象自己住的房子，并从房子外"经过"，然后数窗户。

💬 这么说，窗户越多就意味着人的头脑需要花更多的时间来计数吗？在我看来，在头脑中"经过"大房子比"经过"小房子要花更长的时间。

研究人员也是这么认为的。他们发现，相对于小而简洁的心理表象，更大且覆盖范围更广的心理表象需要花更长的时间（Kosslyn et al.，2001；Ochsner & Kosslyn，1994）。在某项研究（Kosslyn et al.，1978）中，研究人员要求被试观看一张想象之岛的地图（见图 7-1）。地图上有几个标记，如一间茅屋、一处湖、一片草地。待被试观看这张地图并记住以后，研究人员要求他们想象岛上的一个明确的地点，如茅屋，然后"寻找"另一个地点，如湖。当他们在"心理上"到达第二个地点时，他们会按一个键，以记录反应时间。结果发现，地图上这两个地点的"心理距离"越远，被试扫描第二个地点的图像所花的时间越长。被试明显地表现出能够"看见"自己的心理表象，就像观看真实存在的地图一样。

另外，人们甚至能够在心理上旋转或转动图像（Shepherd & Metzler，1971）。斯蒂芬·科斯林（Stephen Kosslyn）问了被试如下的问题："青蛙有嘴唇和粗短的尾巴吗？"结果他发现，大多数被试都报告说自己看到了一只青蛙，他们先是看到了它的脸（"没有嘴唇"），然后在心里旋转青蛙图像，让它背向自己，再"放大"青蛙图像来寻找粗短的尾巴（"是的，青蛙有粗短的尾巴"）。

关于心理旋转研究的一个非常重要的方面是，我们倾向于在头脑中使用心理表象，就像与真实的物体交互一样。当我们在脑海中旋转物体或以其他方式与脑海中的图像交互或接触时，这并不是即时的，而是需要时间的，就像我们用手旋转真实的物体一样。

在大脑中，创造心理表象与看到真实图像的过程几乎是相反的。对于真实的图像，信息从眼睛传递到枕叶的视觉皮层，然后由大脑皮层的其他区域进行加工或解读，这些区域会将新信息与已经存在于记忆中的信息进行比较【连接学习目标 2.12】。创造心理表象时，大脑皮层中与存储的知识相关的区域会将信息发送到视觉皮层，在此处，图像会在"心灵的眼睛"中被感知（Kosslyn et al.，1993；Sparing et al.，2002）。正电子发射断层扫描显示，在形成图像的过程中，视觉皮层区域会被激活，这为视觉皮层在心理表象中的作用提供了证据（Kosslyn et al.，1993，1999，2001）。

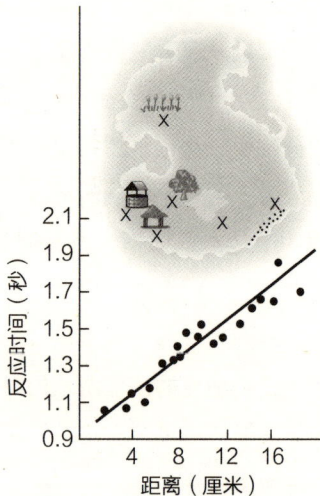

图 7-1　科斯林的想象之岛

在科斯林 1978 年的研究中，被试从想象之岛上的一个地点移动到另一个地点时需要按键。当想象的两个地点相距较远时，被试需要花更长的时间。

资料来源：Kosslyn et al.（1978）。

通过功能性磁共振成像，研究人员已经能够观察到在视觉心理表象任务中激活的大脑区域与涉及视觉感知的实际任务之间的重叠（Ganis et al.，2004）。在这两类任务中，激活的区域包括额叶皮层（认知控制）、颞叶（记忆）、顶叶（注意和空间记忆）和枕叶（视觉加工）。然而，这两类任务在这些区域的活动程度并不相同。例如，视觉皮层的活动在感知时比想象时更强烈，这表明感觉输入比记忆输入更容易激

活该区域。总的来说，一个重要的发现是，在视觉想象过程中被激活的区域是在视觉感知过程中被激活的区域的子集，在额叶和顶叶区域的相似性最大，而非在颞叶和枕叶区域。这意味着什么？简单地说就是，视觉表像和视觉感知的过程之间存在共性，但并不完全重叠，正如作者指出的那样，更大的重叠不在颞叶及枕叶区域，这些区域通常被认为是执行视觉性质的任务时最有可能重叠的区域（Ganis et al.，2004）。

概念和原型

7.2　了解概念和原型影响思维的方式

💬　心理表象不是思考的唯一方式吧？

心理表象仅仅是心理表征的形式之一。思维加工的另一个方面是**概念**（concept）的运用。概念通常代表一类物体、事件或活动。人们可以通过概念来思考物体或事件，而不必思考所有具体的例子。例如，人们在思考"水果"时不用思考世界上所有的水果，这需要花费诸多精力和时间。通过概念的形式进行思考，我们可以彼此交流。例如，如果我向你提到"鸟"，你知道我在指什么，即使我们想的可能是不同种类的鸟。

概念不仅包含人们思考的物体或事件的重要特征，而且通过它，人们也能够辨认相同属性的新物体或新事件。例如，狗有各种体形、模样、颜色，毛发长度也不同，但大多数人很容易就能辨认出狗，即使是以前从未见过的特殊品种的狗。

概念的定义非常严格，比如"正方形"的概念是：四边相等、四个角都是直角的四边形。像这种有特定规则或特征定义的概念被称为**形式概念**（formal concept），它是非常严格的。数学中充满了形式概念，如几何图形包括三角形、正方形、矩形、多边形和线等。而在心理学中，则有双盲实验、睡眠阶段和条件刺激等。这些概念中的每一个都必须符合真实示例的具体特征。

💬 那些不太容易符合规则或特征的事物呢，如某个事物具有某个概念的某些特征，但不具有全部特征？

人们的生活中也包括不能明确定义的对象、事件和活动等形式概念，如当被问及什么是"交通工具"时，人们的脑海中会立刻浮现出汽车和卡车，但雪橇或木筏呢？这两个物体不太容易立即被想到，但它们符合"交通工具"的一些特殊规则。这就是**自然概念**（natural concept），即人们形成的概念不是一套严格规则的结果，而是在现实世界中对这些概念的体验结果（Ahn，1998；Barton & Komatsu，1989；Rosch，1973）。

形式概念的定义充分明了，而自然概念的定义则是"模糊的"（Hampton，1998）。但自然概念也很重要，它能帮助人们以一种比学校教的正式概念更少结构的方式来理解周围环境，也是解释环境和日常生活中可能发生之事的基础。

鸭嘴兽被归为哺乳动物，但它们与鸟类有共同的特征，比如有蹼的脚和喙，还会下蛋。鸭嘴兽就是一个"模糊"的自然概念的例子。本图由戴夫·沃茨（Dave Watts）提供，源自自然图片库（Nature Picture Library）。

当说到"水果"时，你首先想到的是什么？很可能是一种你常见的水果，比如苹果、梨或橘子。除非你来自热带地区，否则你脱口而出"番石榴""木瓜"或"榴莲"的可能性较小。在美国，苹果是**原型**（prototype）的一个很好的例子。原型是一个与概念的定义特征密切匹配的概念（Mervis & Rosch，1981；Rosch，1977）。例如，果实是甜的，长在树上，有种子，通常是圆的——所有这些都非常像苹果的特征。但它们也与椰子的特征也很像，不过，许多美国人从未见过椰子树。所以，对水果有不同体验的人，会产生不同的水果原型。

图中这两种动物都是狗，它们都有皮毛、四条腿、一条尾巴，但相似之处仅此而已。被我们称为"狗"的动物有诸多不同，那"狗"的原型是什么？

💬 那生活在热带地区的人呢？他们关于水果的原型会有所不同吗？其他文化中的人对水果的原型也会有所不同吗？

事实上，更有可能的情况是，原型是根据人们对物体的接触程度发展而来的。因此，生长在长有许多椰子树的地区的人可能认为椰子比苹果更具有原型，而生长在美国西北部的人更可能将苹果视为一种原型水果（Aitchison，1992）。此外，文化对原型的形成也很重要。对不同文化背景下的概念原型的研究发现，中国台湾和美国等不同文化背景下的原型，比佛罗里达州内相似文化背景下的原型存在更大的差异和变化（Lin et al.，1990；Lin & Schwanenflugel，1995；Schwanenflugel & Rey，1986）。

那么，原型是如何影响人的思维的呢？人们倾向于观察概念的潜在例子，并拿它们与原型进行比较，以了解二者的吻合程度有多大，这就是为什么大多数人需要更长的时间来思考是否应该将橄榄、西红柿看作是水果——因为它们都不甜，而甜通常是水果的原型的一个主要特征（Rosch & Mervis，1975）。通常，我们会通过认知过程的组合，包括概念、原型和心理表象来识别日常生活中的物体。

无论何种概念，都是人们处理每天"轰炸"自身感知的所有信息的一种方式，人们因此能组织周围世界的信息。组织可以采取图解的方式，即关于事物、地点、事件和人的心理泛化，如对"图书馆"的图解可能包括书和书架；或者采取脚本的形式，即对熟悉的活动顺序的图解，如"看电影"可能包括到电影院、买票、买零食、找到座位等。概念不仅能帮助人们思考，它也是问题解决的重要工具。可以说，概念是人们每天在不同情境中经历的一种思维。

问题解决和决策

7.3 了解解决问题和做决策的方法

💬 问题解决无疑是大学生活的重要组成部分。那么，解决问题有"最佳"方法吗？

读下面一段话，然后找出解决问题的方法：将一枚硬币投入一只瓶子里，然后用软木塞塞住瓶口。在不拔开软木塞、不打碎瓶子的情况下，怎样才能将硬币从瓶子里取出来？（解决方案见后文）

正如前文所述，图像和概念是用来解决问题和做决策的心理工具。对于上面提出的问题，你可能会试着创造"硬币在瓶子里"的图像。当通过特定的思维和行动才能达到目标时，即为**问题解决**（problem solving）。问题可以包括如何使食谱减半、如何理解复杂的数学公式及决定在大学主修哪一门课程等。问题解决其实是**决策**（decision making）或识别、评估和筛选的一个方面。为了解决问题，人们能够通过不同的方式来思考。

尝试错误（机械式解决方案） 解决问题的其中一种方法是**尝试错误**（trial and error），简称试误，它是一种**机械式解决方案**（mechanical solution）。尝试错误指的是尝试多种方法，直至找到合适的解决方法。例如，萨莉娜忘记了自己的网上银行的 PIN 码，如果她记得一些常用的 PIN 码的话，她可以一个一个地试，直到找到正确的那个。机械式解决方案也可

能涉及死记硬背，或通过一组习得的规则来解决问题。例如，小学生解决单词问题就是如此。死记硬背的一种类型是利用算法。

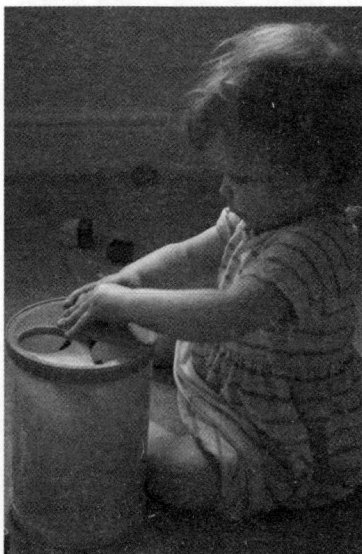

图中这个孩子可以一块一块地试，直到找到合适的为止。这是一个尝试错误学习的例子。

算法 算法（algorithm）是指解决特定问题的详细的、循序渐进的过程。如果存在正确的解决方案，且有足够的时间，那么通过算法就能够找出正确的解决方案。数学公式就属于算法。当图书馆管理员排列书架上的书籍时，常常用到算法。例如，在每组分类中，他们会以字母表的顺序来排列书籍。许多智力玩具，如魔方，都包含一组步骤，如果步骤正确，就能够找出解决方法。但算法常常并不总是那么实用。例如，如果萨莉娜不记得常用的 PIN 码，她可能会尝试从 0 ～ 9 中尝试所有的 4 个数字组合，最终找出正确的 PIN 码，不过这可能会花费数年的时间。相对而言，计算机能够以非常快的速度运行，因此系统性的搜索算法是计算机程序中非常有用的部分。

启发法 人类不如计算机的运行速度快，需要其他方法来缩小可能的解决方案的范围，其中一种方法是**启发法**（heuristic），也被称为"经验法则"，能够应用于多种情境。算法非常详细，能够找出解决方案，而启发法是基于以前经验的有根据猜测，能帮助

缩小问题可能的解决方案范围。例如，如果一名大学生正通过文字加工程序写论文，他想知道怎样将其格式化，这时，他可以读一读指导手册来寻找帮助，这一过程将花费一些时间。他还可以通过网络来搜索解决方案，这种方法可以减少寻找答案的信息量。

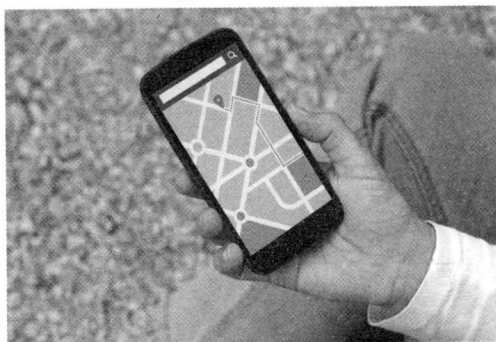

智能手机和其他便携式电子设备都有导航功能。思考一下：使用或过度使用这些工具会如何影响我们自身的导航能力？

代表性启发法 启发法与算法一样常常有效吗？在许多情况下，用启发法比用算法更快，但与算法不同的是，通过启发法并不一定能找到正确的解决方案——提高速度的同时就会降低准确率。例如，用于对象分类的**代表性启发法**（representativeness heuristic）包含简单的假设：与特定类别的成员拥有相同特征的任何物体或人也属于此类别。当用代表性启发法对植物进行分类时，它非常好用，但当应用于人时，则不太适用。例如，所有黑皮肤的人都是非洲人吗？所有红头发的人脾气都不好吗？所有金发碧眼的人都来自瑞典吗？懂得要点了吗？代表性启发法能被用来（或误用）创建或维持刻板印象（Kahneman & Tversky，1973；Kahneman et al.，1982）。

可得性启发法 另一种可能导致出现不想要的结果的启发法是**可得性启发法**（availability heuristic），它是基于我们对事件发生的频率或可能性的估计，而该事件又是基于我们回忆相关信息的容易程度或考虑相关示例的容易程度（Tversky & Kahneman，1973）。例如，想象一下，在你读完本书英文版之后，估计一下书中有多少单词以字母 k 开头，又有多少单词的第

3 个字母是 k。你认为哪种更常见，是以 k 开头的单词还是第 3 个字母是 k 的单词？另外，二者的比例是多少？以字母 k 开头的单词或以 k 作为第 3 个字母的单词，你更容易想到哪个？阿莫斯·特沃斯基（Amos Tversky）和丹尼尔·卡尼曼（Daniel Kahneman）也提出了类似的问题。在涉及 152 名被试的问题中，有 5 个辅音（k，n，l，r，v）出现在第 3 个字母位置的频率要高于出现在首字母位置。69% 的被试表示，首字母为 k 的单词更常见，与第 3 个字母为 k 的单词的平均估计比例为 2∶1，而实际上，第 3 个字母为 k 的单词量是首字母为 k 的单词的 2 倍。你能举个例子来说明自己可能已经使用了可得性启发法，但它并不管用吗？

逆向思维 在很多情况下，有用的启发法是从目标开始逆向思考。例如，假如你想知道去镇上的新咖啡店的最短路线，你的目标是：找到咖啡店。从你家到那里可能有几条路，有些路比其他的近。假设你知道咖啡店的地址，确定最短路线的最佳方法是通过互联网地图、GPS 或智能手机查找咖啡店的位置，并根据不同的方式（步行或开车）来比较不同的路线。过去，人们常常会使用地图，并"手动"比较路线！思考一下：技术是促进还是阻碍了问题解决的某些方面？如果是促进了的话，使用技术来解决一些问题的好处是什么呢？

💬 如果是写学期论文呢？逆向思维并不会提供多大的帮助吧？

子目标 最好将目标分解成多个子目标，当每个子目标都实现之后，最终的解决方案也就更接近目标了。例如，写学期论文似乎并不容易，此时不妨将它分解成几个步骤：选择主题，研究主题，组织已收集的资料，一次写一个部分，等等【连接学习目标导论 7】。其他启发法的例子还包括通过制作图表来帮助组织问题信息，或一步一步地测试问题的可能解决方案，并排除无效的方案。

💬 有时，我不得不一步一步地寻找问题的答案，但有时，答案似乎突然就"蹦"进了我的脑海。为什么有些答案很容易就能想到？

顿悟 问题的解决方法突然出现在脑海中的情形，即被称为顿悟。第 5 章讨论的苛勒与黑猩猩的合作，证明即使是动物也可以通过顿悟来解决问题【 连接 学习目标 5.11 】。对人类来说，顿悟常常在"啊哈！"瞬间产生——似乎解决方案在一瞬间出现了。人可能会意识到某个问题与另一个已知如何解决的问题相似，或者可能会想到某个物体可以有不同的用途，比如用一角硬币当螺丝刀。

还记得前面提到的"硬币在瓶子里"问题吗？要将硬币从瓶子里取出来，但又不拔开软木塞或打破瓶子，答案其实很简单：将软木塞塞进瓶子里，然后摇出硬币。"啊哈！"

顿悟并不是一个魔法过程，尽管它看起来像魔法。通常，大脑只是简单地重新组织问题，有时是在人思考其他事情时（ Durso et al.，1994 ）。

以下这个问题可以通过顿悟来解决：玛莎和马乔里同年同月同日生，同父同母，但他们不是双胞胎。这怎么可能？思考一下。（答案在"心理定势"版块）

总之，思维是一个复杂的过程，涉及心理表象和各种组织日常生活事件的概念。问题解决是一种特殊类型的思维，通过许多工具来解决不同类型的问题，如尝试错误、算法和启发法。

问题解决和决策存在的问题

7.4 了解问题解决的 3 个常见障碍

通过顿悟解决问题并不总是有效的。有时，问题的解决方案并不明了，原因在于问题的"成分"组织得并不好，或者人们沉浸在某种思维定式中了，阻止了问题的解决。这种思维形式或多或少地会自动发生，在人们还未意识到其影响的情况下就影响人们解决问题的尝试。以下是一个经典的例子。

两条绳子挂在天花板上，由于相距太远，人握住一条绳子后无法再握住另一条（见图 7-2）。旁边有一张桌子，桌子上有一把钳子。需求将两条绳子拴在一起。该如何解决这个问题？（解决方案见后文。）

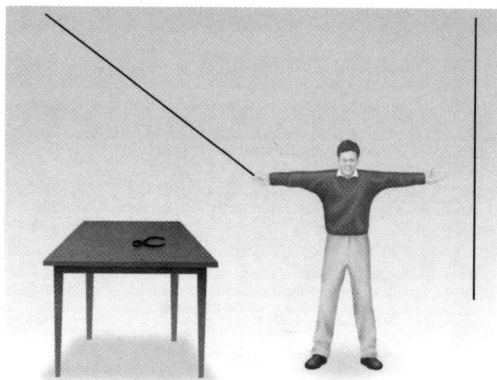

图 7-2 绳子问题

如图所示，在无法同时够到两条绳子的情况下，怎么才能将它们系在一起？

人们可以意识到自己试图以无法找到解决方案的方式解决问题的自发倾向，并在意识到这一点时，放弃"旧"的方法，转而采用更合适的问题解决方法。通常，问题解决会遇到以下 3 个最常见的障碍。

功能固着 功能固着（ functional fixedness ）的字面意思是"固定在功能上"，它指的是解决问题时仅根据事物的典型用途对其进行思考。例如，你有没有曾经到处找过螺丝刀来修理房子？实际上，你手边就有一些可以用来拧紧螺丝的东西，比如黄油刀、钥匙，甚至是口袋里的一角硬币。由于人们倾向于只从烹饪、开锁或消费的角度来对待这些物品，因此有时会忽略它们不太明显的可能的用途。前面提到的绳子问题就是功能固着的一个例子。在人们意识到钳子可以用作砝码之前，钳子常常被视为无用之物。

心理定势 功能固着实际上是一种**心理定势**（ mental set ），即人们倾向于坚持用过去有效的问题解决模式。过去有效的问题解决方法通常是人们一开始尝试使用的方法，而对其他的可能性，人们经常犹豫不决，甚至根本想不出。如图 7-3 所示，你能否解决这个问题呢？人们从小就被教导要守规矩，而那种

所谓"可靠的"方法并无助于解决这一问题。（解决方案见后文）

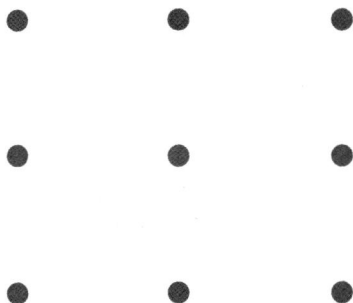

图 7-3　点问题

你能否笔尖不离纸一笔画 4 条线，且不走重复路线，将图中所有的 9 个点连起来吗？

回答前面关于顿悟的问题：玛莎和马乔里是三胞胎中的两个。明白了吗？

证实性偏差　有效决策或问题解决的另一个障碍是**证实性偏差**（confirmation bias），即倾向于寻找符合自己信念的证据，而忽略任何相反的证据。它类似于心理定势，只不过其"定势"是一种信念，而不是解决问题的方法。例如，相信超感知能力的人倾向于记住少数支持其信念和心理预测的研究，同时会忽视那些没有证据或预测未成功的案例。他们只记得那些证实了超感知能力存在的事情。

再比如，那些自认为擅长多任务处理且可以边开车边打电话或边发短信的人，可能倾向于记住自己的个人经历，但不记得任何交通事故或他们能意识到的未遂过失。

对大脑感觉处理的一项最近的研究发现，当面对多种感觉信息来源时，人们实际上会在高需求的情况下变得超负荷，并出现因注意力不集中而导致的暂时性失明或失聪。在一项研究中，研究人员发现，当面对非常苛刻的视觉任务时，被试失去了检测听觉信息的能力（Molloy et al., 2015）。

尽管人们很容易将自己想象成"超级工作者"，但研究表明，事实并非如此。例如，在驾驶模拟器上测试时，如果必须成功完成两项涉及注意力的任务，97% 以上的人在表现不受显著影响的情况下无法做到这一点。进行双任务时，只有 2.5% 的人能够顺利完成（Watson & Strayer, 2010）。研究还表明，根据自我报告显示，那些最可能在开车时打电话的人，在测试中实际上最不擅长多任务处理（Sanbonmatsu et al., 2013）。据估计，在美国，至少 27% 的交通事故是由于司机在开车时打电话和 / 或发短信造成的（National Safety Council, 2015）。

图中这起事故造成 25 人死亡，130 多人受伤。而在事故发生前，火车司机正在发短信。

创造力

7.5　了解创造性发散性思维的特征

到目前为止，我们只讨论了有逻辑的、非常简单的思维。但人们是如何产生新想法的，就是以前没人想过的事情？

并不是每一个问题都能用现有的信息或用这些信息的逻辑规则来解答。有时，我们需要用全新的角度去看待问题，或用不寻常的、创造性的解决手段去应对。这种思维方式被称为**创造力**（creativity），即通过用新的方法将观点或行为结合起来以解决问题（Csikszentmihalyi, 1996）。

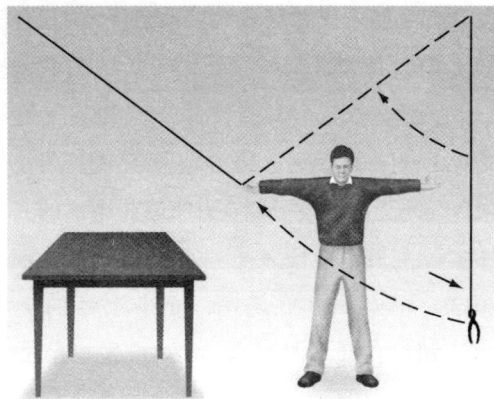

绳子问题的解决方法：用钳子作为钟摆来摆动另一条绳子，使它更靠近。

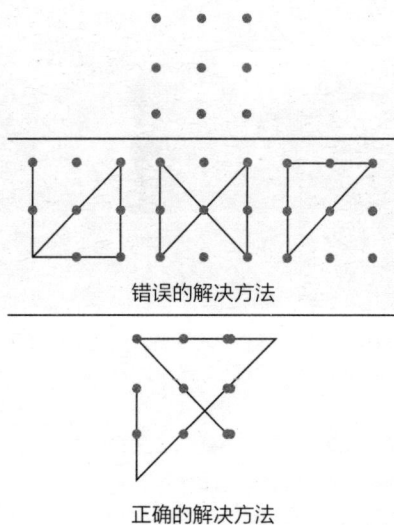

错误的解决方法

正确的解决方法

解决点问题的方法：解决这个问题时，由于心理定势，人们会认为所有的点代表一个"框"，在画线时会局限于"框"里。其实，唯一的方法如图中最下面的方案所示。这样，线会跳出点"框"，即真正地跳出框框思维。

　　到目前为止，已讨论过的问题解决的逻辑方法是基于**辐合思维**（convergent thinking）的。由于辐合思维，人们会认为问题只有一个答案，通过运用以前的知识和逻辑，所有的思维最终指向那个唯一的答案。例如，铅笔和钢笔有哪些共同之处？对于这个问题，我们可以列出的二者共有的特征有：都能用来写字、形状相似，等等。辐合思维对于常规的问题解决能起作用，但当问题需要更具创造力的解决方案时，它的用处就不大了，这时就需要用到另一种思维方式了。

　　发散思维（divergent thinking）是辐合思维的反面。通过发散思维，人从一个点开始，并基于这一点提出许多不同的或存在分歧的想法或可能性（Finke，1995）。例如，如果有人问："铅笔能干什么的？"进行辐合思维的人的答案可能是"写作"。但如果这么问："你能想出铅笔的几种不同的用途？"答案是多方面的：写作、戳洞、作为风筝尾端的重物或武器等。发散思维不仅被认为是创造力的产物，也被认为是智力的产物（Guildford，1967）。

　　拥有创造性发散思维的人有什么特征呢？创造性思维领域的理论家通过研究极具创造力的人的习惯发现，对于这些人来说，发散思维最富有成效的时期往往出现在他们做一些或多或少具有自发性的任务或活动时，如散步时或游泳时（Csikszentmihalyi，1996；Gardner，1993a；Goleman，1995）。这些自发性的任务或活动会占用一部分注意力过程，而剩余部分则被用来进行创造性思维。人不把所有注意力都集中在问题上，这实际上是有好处的，因为进行发散思维的人经常在警觉意识之下的水平上建立联结和联系，这样点子就可以自由地产生，而不会受更高的心理过程的"审查"（Goleman，1995）。换句话说，如果将部分注意力放在散步上，那么就可以让大脑的其他部分"悄悄接近"更具创造力的解决方案和想法。

　　进行发散思维的人显然不太容易遇到问题解决的障碍，如功能固着。假如他们被困在办公室里，没有雨伞，此时天突然下起雨来，大多数人会怎么做呢？有多少人会想到用透明的乙烯基手提袋作为临时雨伞呢？

　　在年轻人的教育中，创造性发散思维往往是一个被忽视的话题。虽然有些人的确天生更有创造力，不过开发人的创造力也是有可能的。创造力是很重要的。通常，在写研究论文时找到合适的主题，许多学生都难以做到。跨文化研究（Basadur et al.，2002；Colligan，1983）发现，发散思维和问题解决的能力在日本文化或美国奥马哈原住民文化中很难被教授。因为在这两种文化中，许多领域的创造力通常得不到重视，人们更倾向于坚持已确立的文化传统，比如几个世纪以来毫无变化的传统舞蹈。要成为更具发散思维的人，可尝试表 7-1 的方法。

识，且善于运用心理表象。

2. 富有创造力的人不怕与众不同，他们比许多人更乐于接受新体验，且往往比别人有更生动的梦境和白日梦。

3. 富有创造力的人重视独立性。

4. 富有创造力的人通常会在工作上标新立异，但在其他方面则不然。

表 7-1　如何激发发散思维

方法	步骤
头脑风暴	在短时间内产生尽可能多的想法，直到所有的想法都被记录下来，再判断各自的优点
记日记	随身携带日记本，记下脑中出现的想法，或携带录音设备，记录点子和想法
自由写作	写下或记录下关于某主题你所有能想到的东西，直到所有的信息都以某种方式记录下来，再进行修改或校对，随后进行组织
思维导图	从一个中心思想开始，然后由此想到其他相关的想法，再用线条画一幅图，形成关于这一思想及其联结的心理表象

许多人都有这样的想法：具有创造力的人与其他人有点不同，如认为某些艺术家和音乐家是怪人。但事实上，富有创造力的人是十分正常的。在米哈里·希斯赞特米哈伊（Mihaly Csikszentmihalyi）看来：

1. 富有创造力的人通常对很多事物都有广泛的知

一名在观众面前演奏的 DJ。想一下：哪些创意方面适合 DJ 的工作呢？

概念地图 7.1~7.5

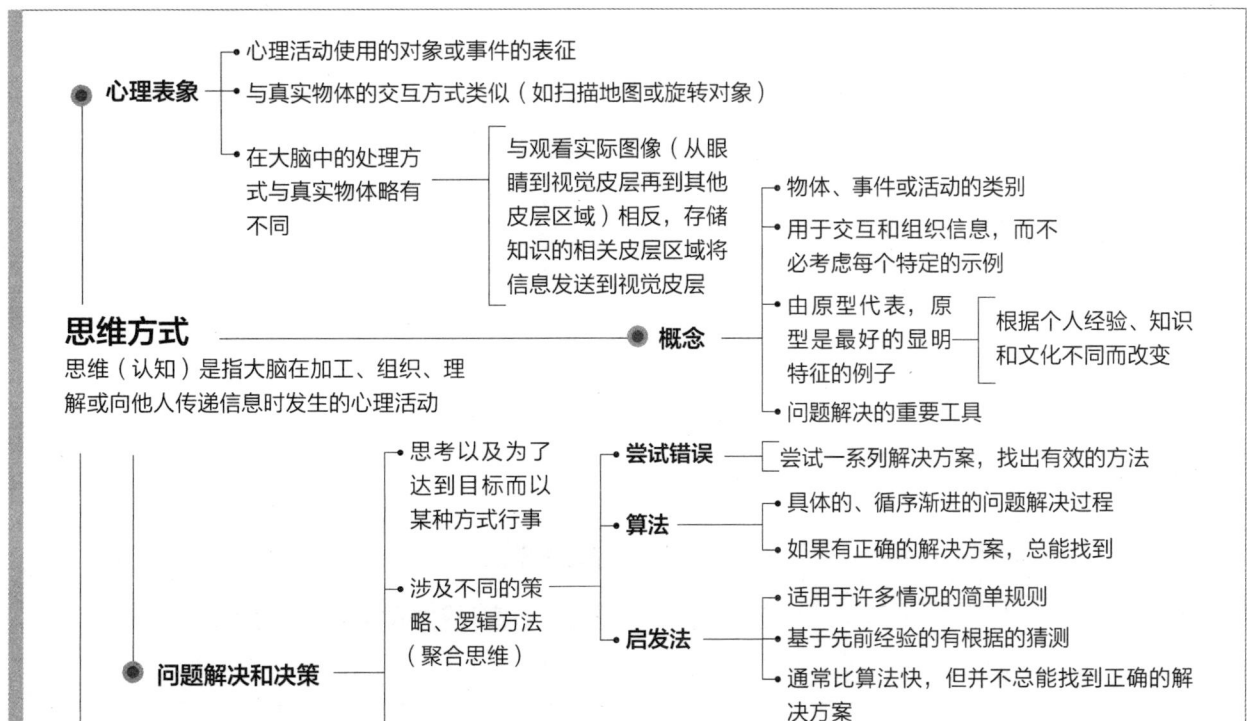

心理表象
- 心理活动使用的对象或事件的表征
- 与真实物体的交互方式类似（如扫描地图或旋转对象）
- 在大脑中的处理方式与真实物体略有不同 —— 与观看实际图像（从眼睛到视觉皮层再到其他皮层区域）相反，存储知识的相关皮层区域将信息发送到视觉皮层

思维方式
思维（认知）是指大脑在加工、组织、理解或向他人传递信息时发生的心理活动

概念
- 物体、事件或活动的类别
- 用于交互和组织信息，而不必考虑每个特定的示例
- 由原型代表，原型是最好的显明特征的例子 —— 根据个人经验、知识和文化不同而改变
- 问题解决的重要工具

问题解决和决策
- 思考以及为了达到目标而以某种方式行事
- 涉及不同的策略、逻辑方法（聚合思维）

尝试错误
- 尝试一系列解决方案，找出有效的方法

算法
- 具体的、循序渐进的问题解决过程
- 如果有正确的解决方案，总能找到

启发法
- 适用于许多情况的简单规则
- 基于先前经验的有根据的猜测
- 通常比算法快，但并不总能找到正确的解决方案

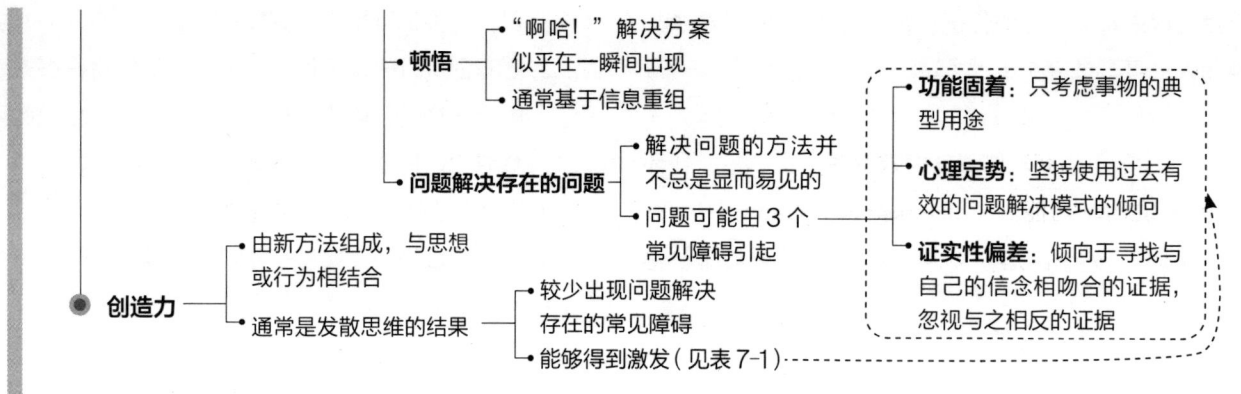

顿悟 ── "啊哈！"解决方案似乎在一瞬间出现
── 通常基于信息重组

问题解决存在的问题 ── 解决问题的方法并不总是显而易见的
── 问题可能由 3 个常见障碍引起

功能固着：只考虑事物的典型用途

心理定势：坚持使用过去有效的问题解决模式的倾向

证实性偏差：倾向于寻找与自己的信念相吻合的证据，忽视与之相反的证据

创造力 ── 由新方法组成，与思想或行为相结合
── 通常是发散思维的结果 ── 较少出现问题解决存在的常见障碍
── 能够得到激发（见表 7-1）

随堂小考

1. 思维是____。

A. 涉及加工、组织、理解和交流信息的心理活动

B. 自发的、无指导性的、无意识的精神活动

C. 人的记忆能力

D. 除记忆外的所有精神活动

2. 当要求美国人设想一种有趣而快捷的旅行方式时，他们通常会想到跑车。在这个例子中，跑车被认为是____。

A. 原型　　　　　　　B. 形式概念

C. 自然概念　　　　　D. 心理表象

3. 洗澡时，米格尔突然想到工作中某个问题的解决方案。后来，有人问他是如何解决这个问题的，米格尔说："我脑子里似乎突然就想到了答案。"米格尔的经历属于____。

A. 机械式解决方案 .　B. 启发法

C. 算法　　　　　　　D. 顿悟

4. 艾丽西亚正要离开办公楼，却发现天在下雨。她回到办公室，从橱柜里拿出一个垃圾袋。她用剪刀将袋子剪开，将头和手臂穿过袋子，这样她就不会淋湿了。艾丽西亚将垃圾袋当作临时雨衣，她克服了____这一障碍。

A. 功能固着　　　　　B. 证实性偏差

C. 创造力偏差　　　　D. 证实性固着

5. 兰德尔认为，外星人目前生活在海洋深处。当他在网上搜索相关信息时，他会忽略任何质疑其信仰的网站，只访问支持其信仰的网站。这种行为属于____。

A. 功能固着　　　　　B. 证实性偏差

C. 创造力偏差　　　　D. 证实性固着

6. 下列哪项是鼓励创造性发散思维最佳方法？

A. 出去散步或从事其他自发性的活动

B. 盯着一张白纸，直到想出新的创新性解决方案

C. 同时从事多项活动

D. 强迫自己想一些新的有创意的事情

◉ 智力

"聪明"是什么意思？它和智力的意思一样吗？答案很可能取决于当前的任务或环境。

智力理论

7.6　比较智力本质的不同理论

智力在某些测验上仅仅是一个分数吗？又或者是一种与世界相处的实用知识？它能让人取得好成绩、

经济成功或社会成功吗？对于这些问题，问 10 来个人，你可能会得到 10 来种不同的答案。心理学家通过结合诸多观点，将**智力**（intelligence）定义为：人从经历中学习、获取知识、有效利用资源以适应新环境或解决问题的能力（Sternberg & Kaufman，1998；Wechsler，1975）。这些都是人们在自己的文化中得以生存的特质。

虽然我们大体上为智力下了定义，但人们对组成智力概念的特定知识和能力持有不同的观点。接下来，我们将对智力相关能力的性质和数量存在意见分歧的不同理论加以讨论。

斯皮尔曼的 g 因素 查尔斯·斯皮尔曼（Charles Spearman）将智力看作是两种不同的能力：推理和解决问题的能力被称为 **g 因素**（g factor），代表一般智力（general intelligence），而音乐、商业、艺术等领域中与特定任务相关的能力被称为 **s 因素**（s factor），

代表特殊智力（specific intelligence）。传统的智力测验测量的很可能是 g 因素，但斯皮尔曼认为，一种类型的智力优势能够预测整体优势。虽然斯皮尔曼的早期研究发现了一些特殊智力的支持证据，但其他研究人员（Guilford，1967；Thurstone，1938）认为他过度简化了智力的概念。后来，人们开始认为智力是许多因素的组合。实际上，J. P. 吉尔福德（J. P. Guilford）曾提出智力有 120 种类型。

加德纳的多元智能理论 后来，有一些提出存在几种智力的理论家，其中之一就是霍华德·加德纳（Howard Gardner）[1]。尽管许多人将"理性""逻辑"和"知识"看作是同一种能力，但加德纳认为它们是智力的不同方面，此外还存在其他几种能力。最初，加德纳列出了 7 种不同类型的智力，后来又增加了第 8 种，再后来他又试探性地提出了第 9 种（Gardner，1998，1999b），见表 7-2。

表 7-2　加德纳提出的 9 种智力

智力类型	描述	职业示例
言语、语言	运用语言的能力	作家、演讲家
音乐	作曲、演奏音乐的能力	音乐家，包括读不懂音乐符号但能表演和作曲的人
逻辑／数学	有逻辑地思考和解决数学问题的能力	科学家、工程师
视觉／空间	理解物体空间定位的能力	飞行员、航天员、艺术家、航海家
运动	控制身体运动的能力	舞蹈家、运动员
人际	对他人敏感，理解他人动机的能力	心理学家、管理者
内省	理解情绪及其对行为影响的能力	各种以人为本的职业
自然主义者	识别自然模式的能力	农民、景观设计师、生物学家、植物学家
存在主义者（候选智力）	通过询问人生、死亡和人类存在的终极现实等问题，看到人类世界宏观蓝图的能力	博物学家、哲学家

资料来源：Gardner，1998，1999b。

"多元智能"这一概念有很大的吸引力，尤其对教育工作者而言。然而，一些人认为，能为多元智能概念提供证据的科学研究很少（Waterhouse，2006a，2006b），而另一些人则声称确实存在证据（Gardner

---

[1] 霍华德·加德纳被称为"多元智能理论之父"，他是哈佛大学的教育学家、心理学大师。他的经典著作《智能的结构》出版后，多元智能随之风靡全球，被心理学界誉为哥白尼式的革命。而他的另一部经典著作《多元智能新视野》则是多元智能理论的新发展和新实践。这两本书均已由湛庐文化策划，浙江人民出版社出版。——编者注

& Moran，2006）。一些批评家认为，这种智能只不过是不同的能力，它们不一定与通常所说的智力是一回事（E. Hunt，2001）。

斯滕伯格的智力三元论　罗伯特·斯滕伯格（Robert Sternberg）提出智力有 3 种，被称为**智力三元论**（triarchic theory of intelligence），包括**分析性智力**（analytical intelligence）、**创造性智力**（creative intelligence）和**实践性智力**（practical intelligence）。分析性智力指的是将问题分解为组成部分或对问题进行分析以解决问题的能力，它是一种通过智力测验和学术成就测验来衡量的智力，有些人喜欢称之为"书本智慧"。创造性智力指的是处理全新的不同概念并找出问题解决新方法的能力，换句话说就是发散思维；它也指能够自发性地处理某些信息，从而释放认知资源来处理新事物的能力（Sternberg，2005）。实践性智力被很好地描述为"街头聪明人"，即能够在生活中利用信息与人相处的能力。实践性智力水平高的人知道如何机智地处世，如何操纵情境以为我所用，以及如何利用内部信息提高成功的概率。

实际上，在计划和完成实验时，这 3 种智力可能都会用得到。例如：

- 分析性智力：对实验所得数据进行统计分析。
- 创造性智力：设计实验。
- 实践性智力：从捐赠者那里得到实验赞助。

实践性智力已成为人们非常感兴趣和重点研究的课题。斯滕伯格发现，实践性智力可以预测生活中的成功，但与学术（分析性）智力的关系相当低。然而研究发现，当实践性智力被用于补充标准化测试时，大学、中学和小学的课程由于包含个体范围不同，其受益的领域也不同（Sternberg，2015）。

卡特尔 - 霍恩 - 卡罗尔智力理论　另一个具有影响力的智力理论实际上是基于多名理论家的工作成果，即雷蒙德·卡特尔（Raymond Cattell）、约翰·霍恩（John Horn）和约翰·卡罗尔（John Carroll）（Flanagan & Dixon，2013；McGrew，2009；Schneider & McGrew，2012）。有趣的是，卡特尔是斯皮尔曼的学生，而霍恩是卡特尔的学生（Schneider & McGrew，

2012）。卡特尔认为，智力是由晶体智力和流体智力组成的，晶体智力代表获得的知识和技能，而流体智力则是指在不熟悉的情况下解决问题和适应的能力。霍恩对卡特尔的研究进行了拓展，并添加了基于视觉和听觉的加工、记忆、加工速度、反应时间、定量技能和读写技能的其他能力（Flanagan & Dixon，2013）。而基于对 460 多个研究数据的广泛分析，卡罗尔建立了认知能力的三层结构模型，它与卡特尔和霍恩的晶体智力和流体智力模型非常吻合，因此又提出了一个新的理论，即卡特尔 - 霍恩 - 卡罗尔智力理论，简称 CHC 智力理论（McGrew，2009）。

CHC 智力理论框架的一个组成部分是一般智力，它还包括 16 种广泛的能力，包括基于大脑的一般因素，由流体推理、短时记忆、长时记忆存储和提取、加工速度、反应和决策速度以及心理运动速度等构成（见图 7-4）。其中，有 4 种能力是基于卡特尔对晶体智力的描述，即综合知识、特定领域的知识、读写和定量知识。其他能力与感觉系统及其各自的初级皮层和联合皮层区域有关，如视觉加工、听觉加工、嗅觉能力、触觉能力、动觉能力和心理运动能力（Schneider & McGrew，2012）。

在所有的智力理论中，CHC 智力理论被认为是研究最多、经验支持最多、最全面的（Flanagan & Dixon，2013）。事实上，许多新的智力评估和早期评估的修订都是由 CHC 智力理论驱动的（Keith & Reynolds，2010）。

神经科学理论　大脑与智力密切相关，而不同水平的特定认知能力一直是研究的主题，一些研究人员认为，大脑额叶和顶叶区域扮演了最重要的角色，这一理论即顶额叶整合理论（Parieto-Frontal Integration Theory，P-FIT）（Jung & Haier，2007）【**连接**学习目标 2.11 和 2.12】。研究人员对该理论进行了拓展，并提出其他区域也发挥着关键作用，如后扣带回皮层、岛叶皮层和特定的皮层下区域（Basten et al.，2015）。就特定的认知能力而言，工作记忆与流体智力有关，即人在第一次遇到新问题或挑战时就能适应并处理它们的能力，而不必依赖于已经拥有的知识。工作记忆

本身就是对各种高级认知功能的促进因素【连接学习目标 6.4 】。当对流体智力进行测量时，工作记忆中的个体差异似乎影响最大，如记忆能力、注意控制和从长时记忆提取项目的能力。总的来说，为成功的认知加工可靠地保存相关信息的能力显得至关重要（Colom et al.，2015；Unsworth et al.，2014，2015）。

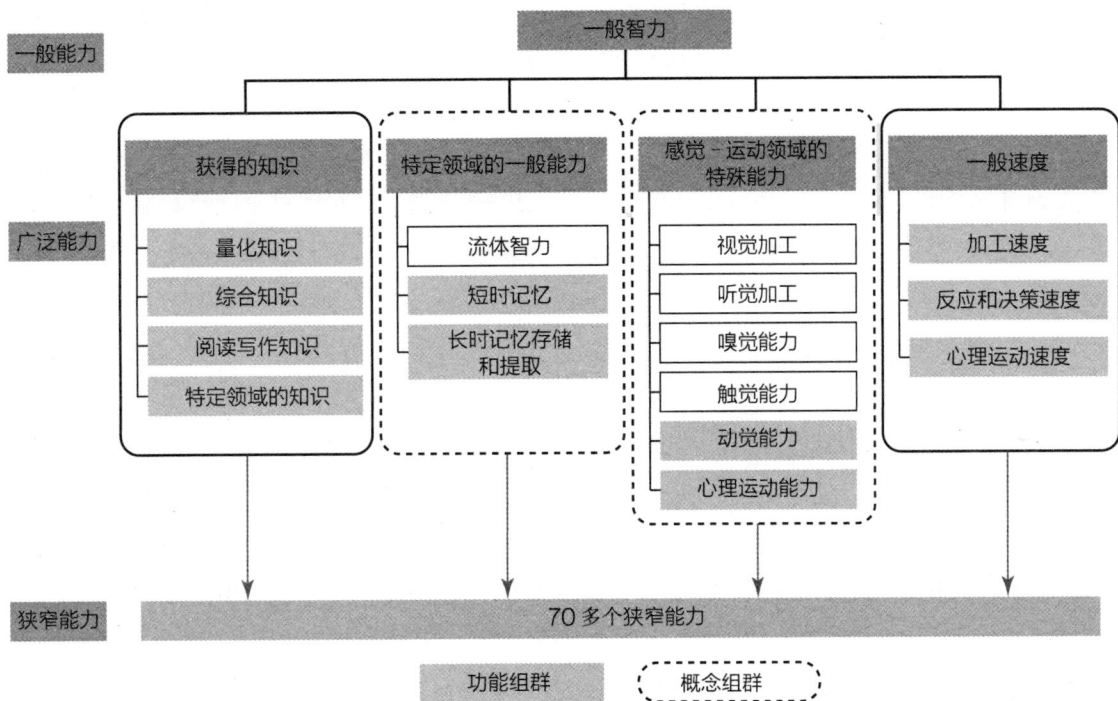

图 7-4　CHC 智力理论

智力测验

7.7　比较智力测验的几种方法

智力测验的历史跨越了整个 20 世纪，本章接下来的内容不时地会提到一些争议和误用。智力测验的完整发展史至少需要一章的内容来叙述，因此，本章仅讨论一些为人熟知的测验，还会介绍这些测验的形成过程。

💬 智力好像不容易用测验进行测量。那智力测验究竟是怎么进行的呢？

对智力进行测验，这种想法的出现还不到一个世纪。在法国，教育人员曾发现，相对于其他学生，一些学生在学习方面需要更多的帮助。从那时起，智力测验就开始出现了。他们认为，如果有方法能够发现这些学生的特殊性，那么相对于更有能力的学生而言，可以为这些学生提供不同的教育方式。

比奈心理能力测验　最初，法国教育部请法国心理学家阿尔弗雷德·比奈（Alfred Binet）设计一种正式的智力测验，用于帮助发现那些无法与其他儿童一样快速高效学习的儿童，以便让他们接受更合适的教育。最终，比奈和他的同事西奥多·西蒙（Théodore Simon）共同设计出了一种测验，它不仅能够用于区分学习快慢的儿童，也能用于区分不同年龄的儿童（Binet & Simon，1916）。他们注意到，学得快的儿童能给出年龄较大的儿童才能给出的问题答案，而学得慢的儿童则会给出年龄较小的儿童给出的典型答案。比奈认为，测验的关键成分在于儿童的心理年龄（mental age，MA），即儿童能成功地回答特定水平问题的平均年龄。

斯坦福－比奈智力量表和IQ 刘易斯·特曼（Lewis Terman）是斯坦福大学的一名研究人员，他采用了德国心理学家威廉·斯特恩（William Stern）的方法，将心理年龄和实际年龄（chronological age，CA）与经过翻译和修订的比奈测验进行了比较。斯特恩的公式是用心理年龄除以实际年龄，然后用结果乘以100，以去掉小数点。其结果被称为**智商**（intelligence quotient），即IQ。

$$IQ = MA/CA \times 100$$

例如，如果一名10岁的儿童进行这种测验，得到的心理年龄是15岁，即能够回答15岁的儿童能够回答的问题，那么这名儿童的IQ就是：

$$IQ = 15/10 \times 100 = 150$$

智商测验的优势在于，测验人员可以比较不同年龄段的人的智力水平。不过，虽然这种方法对孩子很有效，但当人的实际年龄超过16岁时，它就毫无意义了，因为人一旦长大成人，针对特定年龄段的问题就失去了效力。例如，为30岁和40岁的人设计的问题之间有什么不同？如今，大多数智力测验，如斯坦福－比奈智力量表第5版（SB5；Roid，2003）和韦克斯勒智力测验（Wechsler test，简称韦氏智力测验），使用年龄组来代替。教育工作者经常使用SB5来决定是否要将学生安排到特殊教育项目中，包括残疾学生和特殊学生。很多孩子在二年级或七八岁时都会进行这种测验。SB5包括对智力、语言和非语言领域的得分进行总体评估，所有这些评估都由5个主要认知能力的领域组成：流体推理、知识、整体思维加工、视觉空间加工和工作记忆（Roid，2003）。测验项目因任务和难度而异，通常不同年龄的孩子都能通过，包括在模板的匹配孔中插入正确的形状（2岁）、数字倒转或倒着重复4个数字（9岁），以及通过定义单词表中的20个单词来测试词汇量（Average adult；Roid，2003）。

韦氏智力测验 尽管斯坦福－比奈智力测验现已是第5版了，且针对不同年龄段的人提出了不同的问题，但它并非目前流行的唯一智力测验。实际上，戴维·韦克斯勒（David Wechsler）是第一个为特定年龄组设计一系列测验的人。起初，斯坦福－比奈智力测验是为儿童设计的，但却被用于成人，韦克斯勒对此很不满，于是他开发了专门针对成人的智力测验。后来，他又专门为学龄儿童、学龄前儿童以及低年级儿童设计了测验。韦氏成人智力量表（WAIS-IV；Wechsler，2008）、韦氏儿童智力量表（WISC-V；Wechsler，2014）以及韦氏学前和小学智力量表（WPPSI-IV；Wechsler，2012）是当前该测验的3个版本。在美国，这些测验比斯坦福－比奈智力量表更常用。在早期的版本中，这些测验与斯坦福－比奈智力量表的另一个不同之处在于，它同时具有语言和行为（非语言）量表，并提供了智力的总分——斯坦福－比奈智力测验最初仅由语言项目组成。虽然仍使用语言和非语言项目，但韦氏智力测验现在提供了智力部分和指数得分相关的认知领域。表7-3列出了韦氏成人智力量表4项指标中每一项的抽样项目。

表7-3 韦氏成人智力量表抽样项目

项目类别	项目描述
语言理解指数	
相似性	圆形和三角形有什么相似之处？锯子和锤子有什么相似之处？
词汇	"河马"是什么？"像"是什么意思？
信息	蒸汽由什么构成？胡椒是什么？《汤姆·索亚历险记》的作者是谁？

续表

项目类别	项目描述
知觉推理指数	
组块设计	看完图案或设计后，试着将小方块排列在相同的图案中
矩阵推理	在观看不完整的矩阵模式或系列后，选出能完成该矩阵或系列的选项
视觉谜题	观看已完成的拼图，然后从一组选项中选择三个组件，在指定时间内重建拼图
工作记忆指数	
数字广度	回忆数字列表：一些列表是正向的，一些列表是反向的；回忆按升序排列的混合列表
算术	将 18 个高尔夫球平均分给 3 个人，每人能得到多少个？如果 2 支笔的成本是 0.15 美元，那么 12 支笔的成本是多少？
加工速度指数	
符号搜索	在规定时间内，观察一组符号，然后找出特定的目标符号
编码	学习具体数字的不同符号，然后用正确的符号填空（计时测验）

说明：与韦氏成人智力量表第 4 版（2008）类似的模拟项目及其描述。

编制测验：测验的好坏

7.8　了解评估测验质量的方法

通常，并不是所有的测验都是好的测验。在人未发生较大的改变时，一些测验对处于不同场合的同一个人无法得出相同的结果，还有一些测验事实上根本无效。这些测试均是不可靠的。那么，该如何评估测验可靠与否呢？

信度和效度　信度（reliability）指的是对于相同的人或相同的群体而言，每次测验都会产生一致的结果。例如，如果尼古拉斯今天进行了一项人格测验，等到约一个月后再次进行同一测验，如果测验可信，那么结果应该是非常相似的。还有些测验可能易于使用，甚至很可信，但它们事实上无法测出应该测量的内容，这样的测验也是无用的。这种测验被认为是无效（不真实的）测验。

效度（Validity）是测验实际测量其应该测量的事物的程度，它也反映了得分在多大程度上能准确反映现实生活中预期的技能或结果，即生态效度（ecological validity），而不仅仅是测验或评估状况下的有效性。例如，我们希望通过驾照考试的人也能在真正上路时安全地开车。当评估一项测验时，需要考虑特定的测验分数意味着什么，以及与什么情况或什么人进行比较。

举一个虚拟的斯塔沃特教授的例子。斯塔沃特教授相信智力与人打高尔夫球的分数有关。假设他制作了一个基于高尔夫球分数的成人智力测验，我们需要通过什么方式来确定这一测验的好坏呢？

标准化　首先，我们想看看斯塔沃特是如何对他的测验的进行标准化的。标准化是指对一大批人进行测验的过程，这些人代表了测验针对的人。标准化的一个方面是建立一致且标准的测验管理方法。所有被试将在相同的条件下参与测验。因此，斯塔沃特将会让被试在相同的天气条件下、在相同的高尔夫球场上打相同数量的高尔夫球。标准化的另一个方面涉及对照组，其分数将用于比较单项测验结果。标准化组是从测验对象中随机选择的，与所有样本一样，它必须代表该人群【链接学习目标 1.8 和 A.1】。例如，如果一项测验是为儿童设计的，那么需要对随机选择的大量儿童样本进行测验。

常模　标准化组的分数被称为常模，所有参与测验的人都将与这一标准进行比较。大多数智力测验都遵循正态分布，即分数最接近平均值，而离平均值越远，其出现的频率就越低（见图 7-5）【链接学习目标 A.2，A.3 和 A.4】。

在韦氏智力测验中，正态曲线每个部分的百分比代表该部分的分数与测验平均值的标准差之比。标准差指的是平均值的平均变化【连接学习目标 A.4】。

在斯塔沃特的高尔夫球测验案例中，斯塔沃特可能会将一个确定的高尔夫球分数作为平均分数，并将其理解为平均智力。在高尔夫球测验中得分极好和极差的人都将与平均分数进行比较。

通常，通过正态曲线可以对智力分数进行更加精确地评估，比斯特恩的 IQ 计算公式更理想。测验设计人员用**离差智商分数**（deviation IQ score）取代了早期智力测验采用的智商，离差智商分数是基于正态曲线分布的（Eysenck, 1994）：假设智商围绕着平均智商 100 和特定标准差 15 左右进行分布。测验不同，标准差可能会发生变化。例如，130 的智商比平均智商高两个标准差，而 70 的智商比平均智商低两个标准差。在每个案例中，个人分数会与总体平均分数进行比较。

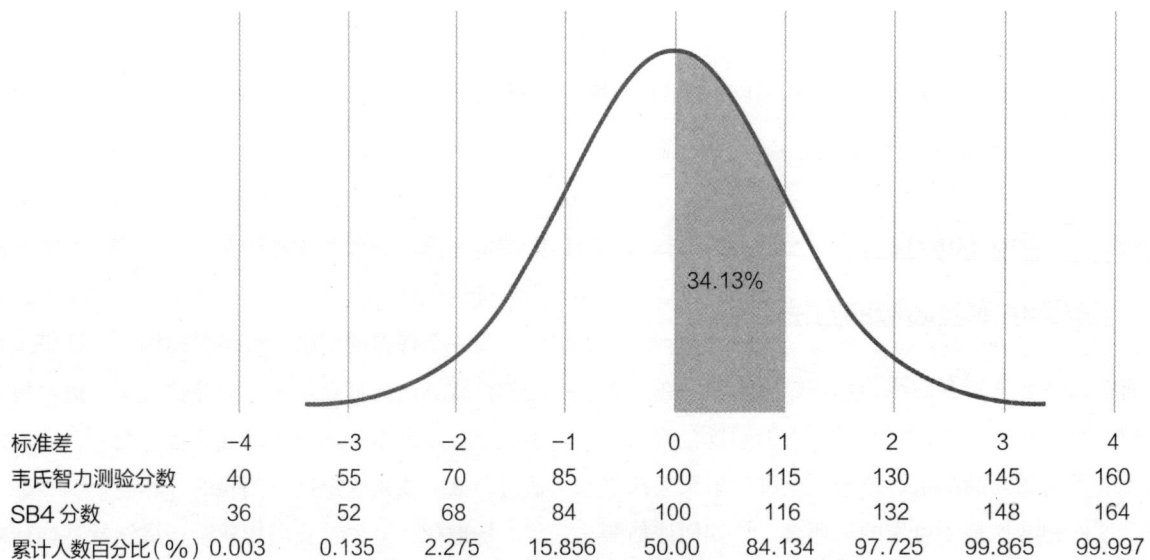

标准差	-4	-3	-2	-1	0	1	2	3	4
韦氏智力测验分数	40	55	70	85	100	115	130	145	160
SB4 分数	36	52	68	84	100	116	132	148	164
累计人数百分比（%）	0.003	0.135	2.275	15.856	50.00	84.134	97.725	99.865	99.997

图 7-5　智力的正态曲线

正态曲线各部分的百分比代表与平均值的每个标准差相比，该部分的分数的百分比。图中纵线表示平均值一个标准差，平均值设为 100。例如，在韦氏智力测验中，智商为 115 的人比平均值高出一个标准差，而曲线下方的面积表明 34.13% 的人在测验中的得分在 100 到 115 之间【连接学习目标 1.8 和 A.2，A.3，A.4】。

注：图中为斯坦福 - 比奈智力测验第 4 版的平均值和标准差。

至于效度和信度，斯塔沃特的测验结果很差。如果将斯塔沃特的测验结果与其他已确立的智力测验进行比较，二者之间可能没有任何关系。高尔夫球分数与智力之间没有关系，因此这种测验是无效的、不真实的智力测验。

此外，在信度方面，斯塔沃特的测验可能会对一些人非常有效，但对其他人无效。比较出色的、合格的高尔夫球手每次打高尔夫球时得分都相近，对于他们而言，这项测验是相对可靠的。但对其他人而言，尤其是对那些不常打高尔夫球的人来说，他们每次的得分之间变化可能很大。对于这些人而言，这项测验非常不可靠。如果一项测验对一些人不可靠，那么它并不是好的测验。

不过，效度不可靠的测验仍然可能具有信度。例如，假如由于某些原因，斯塔沃特选择用身高来测量智力，那么，对于成人来说，他们的分数常常是一样的，因为从青少年晚期开始，人的身高就不再会发生太大改变了。但反过来就不一定了。假如一项测验不可信，它就无法准确测量需要测量的事物。例如，成人的智商是相对稳定的。如果某项测验测量某一成人的智商时，每次的分数都不同，那么这项测验明显无效。

💬 每次智力测验都能得到相同的分数，并不意味着该分数代表真正的智力，对吧？

对的。再来回顾一下智力的定义：人从经历中学习、获取知识、有效利用资源以适应新环境或解决问题的能力。如何确定何为"有效利用资源"？每个人都能获得相同的资源吗？每个人的"世界"都是一样的吗？智力测验虽然是有效的测量手段，但并不一定能测量所有的智力行为，也无法准确测量所有群体。

图中这两位女性显然来自不同的文化背景，那么她们是如何在智力的定义问题上达成一致的呢？

智力测验和文化偏见　智力测验是由人们对世界的理解和设计测验的资源决定的，但并非每个人都来自相同的"世界"。人们成长于不同的文化中，甚至成长于不同的经济环境中。来自与设计人员相同环境的人都可能在某项测验中表现不佳，更别说通过不熟悉的语言或方言编写的测验来实施的难度了。在早期的移民中，来自非英语国家的人在智力测试上得分很低，在某些情况下，他们会因此被拒绝进入美国（Allen，2006）。

设计不带文化偏见的智力测验非常困难。文化偏见指的是智力测验反应测验设计人员的语言、方言、背景和文化的倾向。与来自不同文化或社会经济背景的人相比，来自与测验设计人员相同文化背景甚至社会经济背景的人明显具有优势，因此这并不公平（Helms，1992）。例如，假如对生活在亚洲文化中的人进行根据传统西方文化设计的测验，那么这一测验

的许多项目对他们而言可能毫无意义。举例来说，如以下这一问题：下列 5 种事物中，哪一种与其他 4 种不一样？

狗——猫——汽车——鸟——鱼

通常，答案被定为"汽车"，因为它是其中唯一一种不是活物的事物。但若让一个日本孩子回答，他可能会选择鱼，因为其他事物都没有生活在海洋里。这个孩子的测验分数可能不高，但并不意味着他不聪明。

1971 年，阿德里安·达夫（Adrian Dove）设计了一项智力测验，指出了文化偏见的问题。达夫是一位非裔美国社会学家，他创立了达夫文化公平一般智力测验，试图证明不同背景的孩子之间存在着显著的语言/方言障碍。该测验中的问题源于 20 世纪六七十年代美国东南部的非裔美国人文化。任何不了解这种文化的人，包括来自其他地区的非裔美国人，很可能得分很低。重点就在于：测验是由来自特定文化和特定背景的人创建的。测验创建者认为是常识的问题和答案可能与其自身经历有关，但与其他文化、背景或社会经济水平的人无关。

之后，人们曾试图创建一种尽可能不受文化影响的、适用于更广泛人群的智力测验。许多测验设计人员得出如下结论：不可能创建出完全没有文化偏见的测验（Carpenter et al.，1990）。因此，他们只能努力创建至少能保证文化公平的测验。这些测验使用的方法不会对那些文化与大多数人不同的人造成不利影响。在"文化公平"测验中，许多项目需要使用非语言能力，比如旋转物体，而不是与文化相关的语言知识。其中一个例子是瑞文渐进矩阵测验（Raven's Progressive Matrices）。该测验由一系列包含抽象模式的项目组成，这些项目以 2×2 或 2×3 矩阵的形式出现，进行测验的人必须从这些项目中找出最适合完成模式的缺失部分（见图 7-6）。然而，尽管这一测验一度被认为在很大程度上不存在文化偏见，或至少是文化公平的，但它也无法幸免于文化的影响，如年龄、世代群体和教育似乎都会影响人的表现（Brouwers et al.，2009；Fox & Mitchum，2013）。

图7-6　瑞文渐进矩阵测验示例

瑞文渐进矩阵测验中的一个项目摹本。图中下方的哪张图片是上方图案中缺失的部分？

批判式思考　如果让你创建智力测验，为了减少文化偏见，你会在智力测验中设置什么样的问题？

💬 既然智力测验有这么多缺陷，为什么人们还在用它们呢？

智力测验的用处　智力测验通常对预测学业成功和工作表现有效（Sackett et al.，2008），尤其对于正态曲线两端得分的人来说，这可能更真实。而对于那些智商处于平均范围内的人来说，预测价值就不那么清晰了。学校对学生进行的各种测验常常类似于智力测验，因此，在智力测验中表现出色的人在其他类型的学术导向测验中往往也很出色，如美国大学入学考试（ACT）、研究生入学考试（GRE）和实际的大学考试。这些测验与智力测验非常相似，但它们是针对一群人进行的，而不是针对个人的。然而，研究表明，自我调节技能或动机水平可能会影响智力的测量，并且引发人们对智商分数可能不是学业或工作成功的无偏预测因素情况的担忧（Duckworth et al.，2011；

Duckworth & Seligman，2005；Nisbett et al.，2012）。

此外，智力测验在神经心理学中也起着重要作用。受过专业训练的心理学家会通过智力测验和其他形式的认知和行为测验来评估神经行为障碍，即由于大脑损伤或功能障碍而导致的认知和行为受损（National Academy of Neuropsychology，2001）。作为职业的一部分，神经心理学家会在诊断中通过智力测验来跟踪患有此类障碍的个体进展轨迹，并监控可能的恢复状况，如头部损伤、学习障碍、神经心理疾病等【连接学习目标 B.5 】。

神经心理学家经常与创伤性脑损伤患者打交道。许多创伤性脑损伤可能是永久性的，影响到患者及其所爱的人的日常生活。根据脑损伤的区域和创伤的严重程度，可能的后果包括思维困难、语言障碍、记忆问题、注意力持续时间缩短、头痛、睡眠障碍、沮丧、情绪波动和人格改变。这些结果不仅会对正式的智力测验产生负面影响，损伤造成的缺陷也会影响患者的思维、问题解决和认知能力。

轻度创伤性脑损伤或脑震荡，指的是头部受伤后几分钟到几小时内大脑功能的损伤。脑震荡可能出现长达 30 分钟的意识丧失、"眼冒金星"、头痛、头晕，有时还伴有恶心或呕吐（Blumenfeld，2010；Ruff et al.，2009），对事故前后发生的事情的遗忘也是一种主要症状，而且更有可能是顺行性遗忘【连接学习目标 6.5 和 6.13】。

通常，神经心理学家和其他健康专家对反复脑震荡的影响和头部损伤的长期影响特别感兴趣，因为记忆问题和人格变化等潜在问题可能要到多年以后才会显现出来。在美国，橄榄球是一项可以延长职业生涯的运动，但运动员退役后，他们患抑郁、痴呆或其他神经系统疾病的风险可能会增加，这催生了人们对职业橄榄球运动员的持续研究（Guskiewicz et al.，2007；Hazrati et al.，2013；G. Miller，2009）。研究发现，曾发生过 3 次及以上脑震荡的橄榄球运动员出现严重记忆问题的可能性是普通人的 3 倍，患轻度认知障碍的可能性是普通人的 5 倍，而这通常是阿尔茨海默病的前兆。

慢性创伤性脑病是一种与重复性脑震荡相关的进行性脑部疾病。在最近的一项研究中，研究人员对 66 名参加过接触性运动的人的大脑进行了检查，其中 21 人的大脑发生了与慢性创伤性脑病一致的变化和病理。而对 198 名未进行过接触性运动的人的研究中，未检测到慢性创伤性脑病信号，甚至包括 33 名发生过一次脑震荡的人，也未检测到该信号（Bieniek et al.，2015）。

为了保护球员，现代橄榄球头盔设计得更科学了，能进一步减少对头部正面和侧面的影响。

智力的个体差异

7.9　解释智力障碍、超常和情绪智力

智力测验的另一个用途是确定那些异于平均智力的人群。其中一部分人被称为"天才"，他们的智力分数处于智力正态曲线的右端；而另一部分人由于各种原因，被认为存在智力缺陷，他们的分数处于正态曲线平均值以下。

智力障碍　智力障碍（intellectual disability），即**智力发育失常**（intellectual developmental disorder），以前被称为智力迟钝或发育迟缓，是一种神经发育障碍，有多种定义。患者会表现出智力缺陷，这通常与智商得分比正态曲线的平均值低两个标准差有关，比如在平均值为 100、标准差为 15 的测验中低于 70。另外，患者的适应性行为明显低于该年龄人群的水平。适应性行为即能够独立生活的技能，如工作、与他人良好地沟通，以及自我照料技能，如能在很少或没有帮助的情况下穿衣、吃饭和洗澡等。通常这些缺陷须从发育阶段开始。智力障碍发生的概率约为 1%（American Psychiatric Association，2013）。

💬　专业人士如何确定一名儿童是否有智力障碍呢？智商测验是主要方法吗？

诊断　旧版的《精神障碍诊断与统计手册》主要依赖智商测验来诊断智力迟钝及其严重程度。但当一个人的智商接近范围下限时，智商测验就不那么有效了，此时，适应性生活技能在多个生活领域的重要性及智力迟钝的严重程度取决于个人的适应功能水平和支持水平（American Psychiatric Association，2013）。因此，《精神障碍诊断与统计手册》第 5 版（American Psychiatric Association，2013）对智力障碍的诊断是基于智力功能缺陷，由标准化的智力测验和临床评估来确定的，这涉及 3 个领域的适应性功能，包括概念领域，如记忆、推理、语言、阅读、写作、数学和其他学术技能；社会领域，如共情、社会判断、人际沟通及其他影响交友和维护友谊的技能；实践领域，如自

我管理技能，即影响个人护理、工作职责、教育、资金管理和其他领域等（American Psychiatric Association, 2013）。其症状也须在发育阶段开始出现。

智力障碍可能很轻微，也可能很严重。根据《精神障碍诊断与统计手册》第 5 版（American Psychiatric Association, 2013），轻度智力障碍的个体在学龄前在概念领域可能不会存在缺陷，而到了学龄期，学习困难变得明显起来；成年人则可能是相当具体的思考者。在社会领域，他们有被操纵的风险，因为与同龄人相比，他们的社会判断和人际交流并不成熟。在实践领域，他们有能力在适当的支持下独立生活，但在更复杂的生活技能方面可能需要帮助，如医疗决策、法律问题或成立家庭（American Psychiatric Association, 2013）。这类人占智力障碍人群的绝大多数。此外，智力障碍还有中度、重度和严重智力障碍之分。在概念领域，有严重智力障碍的人除了简单的匹配和分类任务存在困难外，其学习能力也非常有限；而且在社会领域，他们的沟通能力非常差，不过他们可能会认出家庭成员和其他看护者，并与他们进行非语言交流。在实践领域中，他们可能通过观察或协助来参与，但在所有护理领域中，他们可能会完全依赖他人（American Psychiatric Association, 2013）。所有这些技能缺陷很可能是由多种生理缺陷或感觉缺陷造成的。

病因 智力障碍是由什么导致的呢？不健康的生活条件是原因之一，它会影响大脑发育，如由于食入油漆碎片而导致的铅中毒（Lanphear et al., 2000）、接触多氯联苯①（Darvill et al., 2000）、产前接触汞（Grandjean et al., 1997）以及其他有毒物质（Eriksson et al., 2001；Eskenazi et al., 1999；Schroeder, 2000）。其他原因还包括大脑发育不全或其他与贫困相关的健康风险，如营养不良及由于得不到足够的卫生保健而造成的健康后果，或由于典型的文化和教育经验问题而缺乏精神刺激。

智力障碍的生物原因则包括唐氏综合征【连接学习目标 8.3】、胎儿酒精综合征和脆性 X 染色体综合征。胎儿酒精综合征是早期胚胎暴露于酒精环境中而诱发的疾病，患儿的智力水平低于平均水平，且与智力障碍相关（Olson & Burgess, 1997）。而对于脆性 X 染色体综合征，患者（通常为男性）的第 23 对 X 染色体上的某个基因存在缺陷，导致大脑发育所需的蛋白质缺乏。根据这种基因损伤的严重程度，脆性 X 染色体综合征的患者可能会出现轻度到重度或严重的智力障碍（Dykens et al., 1994；Valverde et al., 2007）。

导致智力障碍的原因还有很多（Murphy et al., 1998），如出生时氧气缺乏，某些疾病对子宫中胎儿产生损害以及传染病、孕妇使用药物等，甚至儿童期的疾病和事故也能导致智力障碍。

图中的中年男士名叫杰克，患有智力障碍。杰克生活在美国阿肯色州的一个小镇，在当地的一座教堂做助祭。人们很喜爱他，也很尊敬他，他过着非常充实和快乐的生活。杰克还患有唐氏综合征，但他在生活中成功地找到了适合自己的位置。

有一点需要牢记：智力障碍会影响一个人的智力能力和适应性行为。不过，患有智力障碍的人和任何人一样，能对爱和感情做出反应，也与所有人一样需要爱和朋友。智商仅仅是人的特征之一，爱心、友好、体贴、富有同情心等品质同样重要，不应该被低估。

---

① 多氯联苯属于致癌物，容易造成脑、皮肤及内脏等疾病，还会影响多种系统。常作为绝缘油、润滑油及多种工业产品的添加剂。——编者注

超常 有 2% 的人位于智力正态曲线的右端，他们通常拥有 130 或更高的智商。对于这些人，有一个专业术语：**超常**（gifted），而智商在 140～145 的人通常被称为超高智商者或天才。

💬 我听说，天才有时很疯狂、很奇怪。天才，尤其是智商很高的人，真如人们所说的"不正常"吗？

长期以来，人们对那些非常聪明的人抱有很多错误的看法，比如认为超常的人都很古怪、不善社交、身体虚弱、易患精神疾病，所以有了电影界的"疯狂科学家"和文学界的"邪恶天才"等称呼。

1921 年，刘易斯·特曼发起了一项开创性研究，扭转了这些看法。特曼选择了 1528 名儿童参与到一项纵向研究中【连接学习目标 8.1】，包括 857 名男孩和 671 名女孩，他们的智商通过斯坦福－比奈智力测验测得，在 130 到 200 之间。这项研究（Terman & Oden，1947）的早期发现表明，超常的人具有良好的社会适应能力，通常是熟练的领导者。此外，他们在身高、体重和外表吸引力方面也都高于平均水平。这一发现终结了"天才身体虚弱"的迷思。特曼不仅证明了天才儿童并非更容易患精神疾病，还证明了实际上他们比智力一般的人更能抵抗精神疾病。只有那些智商最高的人（IQ 在 180 以上）在儿童时期会出现一些社会和行为适应问题（Janos，1987）。

后来，人们将特曼的被试称为"特曼人"，他们在成年后也很成功。他们比同龄人获得了更高的学位，在职业和经济上都有更高的成就——至少，研究中的男性在职业上取得了成功，因为当时的女性通常无法从事家庭以外的职业。研究人员李左（Li Zuo，音译）和邦尼·克拉姆德（Bonnie Cramord）对特曼研究中的一些天才进行了研究，以观察他们青少年时期的身份形成是否与后来的职业成功有关【连接学习目标 8.11】，结果发现，大多数成功的"特曼人"实际上成功地获得了一致的自我意识，

而那些不那么成功的"特曼人"却并未如此。有关特曼研究的更多信息，参见后文的"心理学经典研究"。

刘易斯·特曼坐在桌前的照片（摄于 1942 年）。特曼将职业生涯的大部分时间用来研究高智商的儿童，他是首位用"超常"这一术语来描述那些儿童的人。

琼·弗里曼（Joan Freeman）曾写了一本名为《超常儿童的成长》（*Gifted Children Grownup*）的书（Freeman，2001），书中描述了英国 210 名超常儿童和非超常儿童的纵向研究结果。这项研究的一个更有趣的发现是，那些被"逼迫"在幼年取得成就的超常儿童，比同龄人更早地参加考试，但长大后往往会感到失望，并不幸福。弗里曼指出，不同的生活条件是超常的人能否成功、适应和健康的一个主要因素。

然而，另一项纵向研究（Torrance，1993）发现，无论是超常的学生还是超常的成年人，他们在生活中的成功比智力和高学术成就更重要。这项研究表明，喜欢自己的工作、对生活有目标感、精力充沛和坚持不懈，也是非常重要的因素。如果说"天才精神不稳定"的说法是一种迷思，那么相信天才总会取得成功的观点也一样——特曼在最初的研究中也发现了这一点。

心理学经典研究
特曼的"特曼人"

特曼的纵向研究至今仍有研究价值。特曼本人死于 1956 年，其他几位研究人员之后一直在追踪其余的"特曼人"（Holahan & Sears，1996），包括罗伯特·西尔斯（Robert Sears），他是最早的"特曼人"之一，死于 1989 年。

作为成年人，"特曼人"相对来说比较成功。在 20 世纪 50 年代，他们的平均年收入是 10 556 美元，而当时全英的平均年收入仅为 5 800 美元。他们中的大多数人大学毕业，许多人获得了更高的学位。他们从事的职业包括医生、律师、企业高管、大学教授、科学家，甚至还有一位著名的科幻作家和一位奥斯卡获奖导演。

到 2000 年，只有约 200 名"特曼人"还活着。尽管这项研究存在一些缺陷，但它仍然是一代人最重要、最丰富的数据来源之一。特曼的研究实际上是首次真正意义上的纵向研究【连接学习目标 8.1】。科学家已经取得了关于第二次世界大战的影响或人格特质影响个人生活的数据，这些数据是通过被试数年来填写的问卷获得的。

特曼和同事奥登通过将"成功"定义为从事与自己的智力技能相关的工作或运用自己的智力技能，将小组中最成功的 100 名男性与最不成功的 100 名男性进行了比较。结果发现，与不成功的男性相比，成功的男性挣钱更多，在事业上更有声望，更健康，离婚或酗酒的可能性也更小。由于这两组人的智商分数相对相等，因此生活中成功的差异一定源于其他因素。特曼和奥登发现，成功的成年"特曼人"与其他"特曼人"有以下 3 个方面的不同：他们更有目标导向，更执着地追求目标，更自信。

那么，特曼研究的缺陷是什么呢？其中一个缺陷是，由于特曼是从学校老师和校长那里获得反馈信息来获得被试的，而未进行随机选择，因此从一开始，被试群体就可能存在偏差。老师和校长很少推荐制造麻烦的学生或与众不同的学生，尤其是在 1921 年。"特曼人"最初的群体几乎全部由居住在城市中的中产阶级白人儿童组成，大多数是男性。只有 2 名非洲裔美国人，6 名日裔美国人和 1 名印第安人。

另一个缺陷是特曼干涉了"特曼人"的生活方式。"在任何好的研究中，研究人员都应该避免亲自参与被试的生活，以减少对结果产生偏见的可能性。"但特曼似乎发现保持客观几乎是不可能的（Leslie，2000）。对许多"特曼人"来说，特曼成了他们的代理父亲。

不过，尽管存在缺陷，但特曼的开创性研究确实实现了他最初的目标，即消除了 20 世纪早期存在的关于天才的迷思：超常儿童和超常成人并不比其他任何群体更容易患精神疾病或做出奇怪的行为，同时，他们均有失败和成功的经历。显然，天才并不是影响人生成功的唯一因素，个性和经历也很重要。例如，"特曼人"中最富有的 2% 的孩子的家庭，他们的图书室平均有 450 本书。这一迹象表明，这些孩子的父母重视书籍和学习，也更容易成为教师、专家、医生和律师。这些超常儿童在成长过程中的经历与那些不太重视阅读、父母的职业水平较低的家庭中的孩子有很大的不同。

深入讨论一下

1. 在特曼和奥登的研究中，哪些问题可能与"成功"的定义相关？

2. 回想第 1 章【连接学习目标 1.10】中研究伦理的讨论，在参与这项研究时，特曼可能犯了哪些违反伦理的错误？

3. 如果超常儿童在经济更合理、更注重教育的环境中成长，那么教育系统应如何努力养育超常儿童？政府是否应该参与超常计划？

情绪智力 有些人很有"书本智慧",但缺乏常识,对于这些人,又该如何看待?有这样一些人,尽管他们拥有所谓的智力,但他们在生活中似乎从未取得过成功。的确,不是每个具有智力水平的人都能在生活中取得成功(Mehrabian,2000),有时,最成功的是那些在常规学术环境中表现不佳的人。

为什么有些成绩不好的人在生活中取得了成功,而有些在学校表现良好的人在"真实"世界中不能成功?对此的一种解释是,成功依赖于一定程度的**情绪智力**(emotional intelligence),即能准确地认识和管理自己情绪的能力,以促进思考,达到特定的目标,并且能够理解他人的感受(Mayer & Salovey,1997;Mayer,Salovey,et al.,2008)。

情绪智力的概念最初是由彼得·萨洛维(Peter Salovey)和约翰·迈耶(John Mayer)提出的,后由丹·戈尔曼(Dan Goleman)进行了推广(Mayer & Salovey,1997;Salovey & Mayer,1990)。虽然最初戈尔曼认为情绪智力对人生成功的影响比传统智力更重要,但他与其他人均以各种不同的方式使用了这一术语,不过与最初提出的方式不同,而且其中一些人的说法没有科学证据的支持,如某研究因缺乏效度和适用性而受到了批评。此外,情绪智力与自尊心强和乐观不同。情绪智力水平高的人能够自我控制愤怒、冲动和焦虑等情绪。此外,理解他人感受的共情能力也是情绪智力的一个组成部分。共情是一种能意识到自己的情绪和敏感性,即使面对挫折也要坚持以及自我激励的能力(Mayer & Salovey,1997;Salovey & Mayer,1990)。

💬 这些听起来很棒,但如何测量情绪智力呢?

在一项研究中,研究人员要求 321 名被试阅读其他人写的文章,并猜测他们在写作时的感受(Mayer & Geher,1996)。研究的假设是,善于将想法与感受联系起来的人有高度的共情和情绪智力。通过评估被试的情感判断与群体共识的一致性以及非参与者的真实情感报告,研究人员发现,那些更准确地判断出写

作者情感经历的被试在共情测验中得分更高,而在防御性测验中得分更低。此外,他们取得的 SAT 分数(自我报告)也更高。迈耶和他的同事得出结论:情绪智力不仅是一个有效且可衡量的概念,它与一般智力也存在联系,即情绪智力水平很高的人从传统意义上来看也更聪明(Mayer et al.,2000)。另外,无论是儿童还是成年人,情绪智力水平越高,越容易形成更好的社会关系、更好的家庭和亲密关系,在他人看来也更积极,且容易拥有更高的学术成就、更成功的工作,并能拥有更好的幸福感(Mayer,Roberts,et al.,2008)。

支持情绪智力在现实世界中的作用的另一个研究来自医学领域。研究表明,情绪智力水平高的医学生在医患关系或与对待患者态度相关的课程中表现得更好(Libbrecht et al.,2014)。对于这些医学生而言,与理解他人情绪的能力相比,成功似乎更多地与个人调节自我情绪的能力有关。也有证据表明,情绪智力与医生的能力和医患互动的改善有关,包括沟通能力的加强及对患者更有爱心等(Arora et al.,2010)。

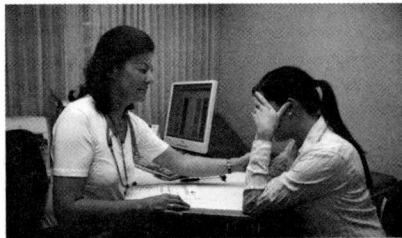

情绪智力包括共情,也就是理解他人感受的能力。图中这位医生(左)不仅能够倾听患者诉说的问题,而且能够通过面部表情、肢体语言和手势来表明自己了解患者的感受。

智力的先天 - 后天问题

7.10 评价遗传和环境对智力发展的影响

人生来就具有所拥有的"聪明才智"吗?还是说经验和学习在智力发展中起着重要作用?在人类发展领域,先天(遗传或基因)和后天(环境)对人格特征的影响一直是争论不休的话题,而智力是其中一个被密切关注的特征【连接学习目标 8.2】。

双生子研究 研究人员曾试图将基因的作用从环境中分离出来，但存在的问题是：完美的对照实验既不实际也不道德。然而，研究人员发现，他们能够从自然实验中了解一些现象，所谓自然实验即自然界存在的可进行考查的情境。双生子研究就是这种情境下的一个例子。同卵双胞胎最初来自同一个受精卵，他们拥有相同的遗传基因，因此，他们之间任何一种特征差异都应该是由环境因素造成的。异卵双胞胎则来自两个不同的受精卵，因此他们的遗传物质与任何两个普通的兄弟姐妹一样多【连接学习目标 8.3 】。通过比较这两类共同抚养（相似环境）和分开抚养（不同环境）的双胞胎的智商，并与其他相关的人进行比较，研究人员能够得到大体的结论，即知道遗传能在多大程度上影响人的智力，见图 7-7。从图中可以很容易地看出，基因的亲缘程度越高，这些人的智商分数之间的相关性就越强。基因相同的双胞胎显示出 0.86 的相关性，这一事实意味着环境在决定人的智力的某些方面起着一定的作用。如果遗传是唯一的因素，那么基因相同的双胞胎之间的相关系数应该是 1.00。同时，研究人员已经确定，智力的估计**遗传率**（heritability），即由遗传因素引起的人群中智商变化的比例约为 50%（Plomin & DeFries，1998；Plomin & Spinath，2004）。此外，遗传因素的影响会随着年龄的增长而增加，但基因组或遗传因素保持不变。同一组基因的影响也会随着年龄的增长而增加（Posthuma et al.，2009）。

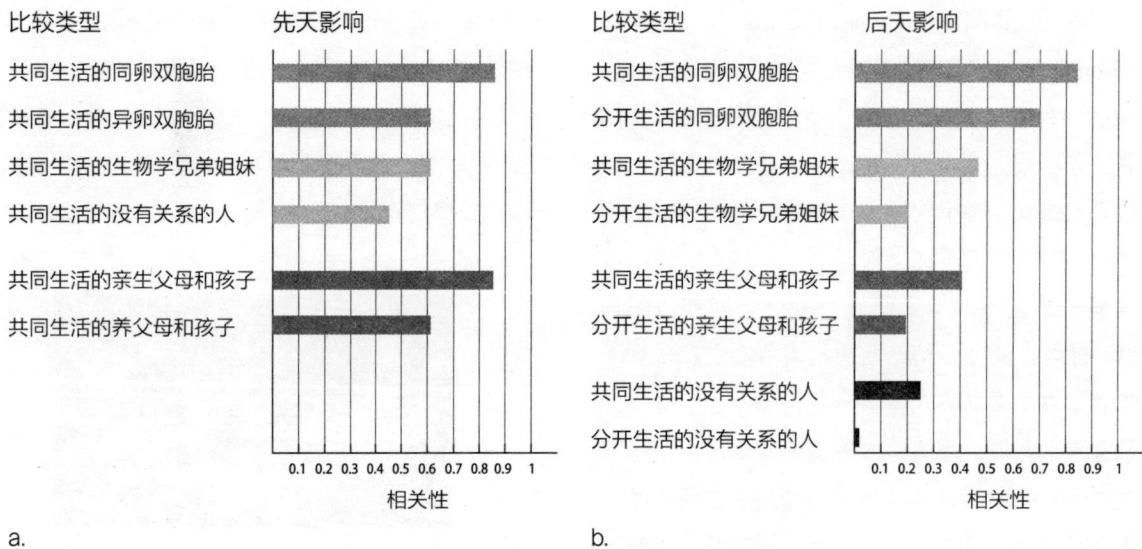

图 7-7 各种关系的个体之间智商分数的相关性

a 图中，基因相关的程度看起来决定了各项比较的智商分数之间的一致性（相关性）。例如，即使生活在相同的环境中，同卵双胞胎的智商也比异卵双胞胎更相似。b 图中，与其他关系的人相比，同卵双胞胎的智商更相似，而生活在相似环境中的同卵双胞胎的智商相似性则更高。

💬 这么说，如果同卵双胞胎的相关系数是 0.86，那么是否意味着 86% 的智力由遗传决定？

尽管同卵双胞胎之间的相关性高于 50% 的估计概率，但这种相似性并不完全源于双胞胎的遗传相似性。因为在同一家庭长大的双胞胎所处的环境显然也非常相似，即使是在领养研究中被分开抚养的双胞胎，通常也会被安排在社会经济条件和种族背景相似的家庭中，甚至比人们想象的还要相似。所以，当基因相似的双胞胎在相似的环境中长大，他们的智商分数自然也相似。然而，随着时间的推移，环境的影响变得不那么明显了，而遗传的影响增加了。当孩子长到十一二岁时，环境的影响在智力差异上只占 20%（Posthuma et al.，2009）。此外，环境的影响在青少年时期往往不再是一个因素，而随着遗传的影响越来越大，有人提出，到 65 岁时，智力的遗传率可能高达 91%（Posthuma et al.，2009）。

需要了解的一件事是，遗传率的估计只适用于群体的智商变化，而不适用于个人。由于不同的人在经历、教育和其他非遗传因素上的差异太大，因此无法准确预测一组特定基因对个人的影响。只有人与人之间的一般性差异才能用于基因影响研究（Dickens & Flynn，2001）。通常，基因总是与环境因素相互作用，而在某些情况下，如极端环境中，遗传特征都有可能被改变，如严重营养不良的儿童的生长模式。环境的丰富性也可以改善结果。此外，家庭的社会经济地位也会受到基因的影响，而且，人在婴儿期到青春期的社会经济地位与智力发展呈正相关（Trzaskowski et al.，2014；von Stumm & Plomin，2015）。一些观察表明，在现代化国家中，随着时间的推移，智商分数会一代一代地稳步提高，这一现象被称为弗林效应（Flynn，2009）。

批判式思考 如何确定吹奏长笛的能力是不是一种高度遗传的特性？假如你想提高自己的长笛吹奏水平，但有人告诉你音乐能力是遗传的，你该放弃吗？

钟形曲线及对统计误解 影响智力测验表现的遗传差异的另一个因素是种族观念。在大多数研究中，"种族"这一术语被用作代表具有相同肤色和面部特征的一种方式，但这种分类方式值得质疑。与肤色相比，群体在文化背景、教育经历、社会经济地位等方面会表现出更多相似性。1994 年，理查德·赫恩斯坦（Richard J. Herrnstein）和查尔斯·默里（Charles Murray）出版了一本存在争议的书《钟形曲线》（*The Bell Curve*），在这本书中，赫恩斯坦和默里犯了几个统计错误，并且忽视了环境和文化的影响。

首先，他们假设智力测验的确能够测量智力。正如前文曾讨论的，智力测验是存在文化偏见和社会经济偏见的。其次，仅仅意识到消极刻板印象就会导致一个人在智力测验中得分很低，这种反应被称为**刻板印象威胁**（stereotype threat）（Steele & Aronson，1995）。因此，他们真正发现的是种族和智商之间存在相关，而并非种族与智力之间存在相关。此外，他们假设智力本身受遗传影响且遗传率因素占 80%，但目前估计的智力遗传率只有 50%（Plomin & DeFries，1998；Plomin & Spinath，2004）。

还有一点，赫恩斯坦和默里也未能理解一个事实，即遗传率仅能说明一群人内部的不同，而无法说明群体间或个体间的不同（Gould，1981）。因此，估计遗传率仅用于分析处于相似环境中的一组群体。

《钟形曲线》指出，日裔美国人在智力上存在遗传优势，但该书的作者忽视了文化价值观的影响。事实上，许多日裔美国家长会花很多时间和精力辅导孩子做功课。

他们的另一个发现是，日裔美国人的智商处于顶端水平，并将其归因于种族和基因特征。他们似乎忽视了日裔美国父母对教育和成就的高度重视所带来的文化影响（Neisser et al.，1996）。一些科学家（Beardsley，1995；Kamin，1995）的结论是，没有科学证据能表明不同种族群体之间的智力存在遗传差异。由于不同种族有不同比例的特定血型，可以作为相同祖先判断的统计评估，因此通过血型测试进行种族分组发现，种族和智商之间没有显著关联（Neisser et al.，1996）。

概念地图 7.6～7.10

智力
从经验中学习、获取知识、有效利用资源以适应新环境或解决问题的能力

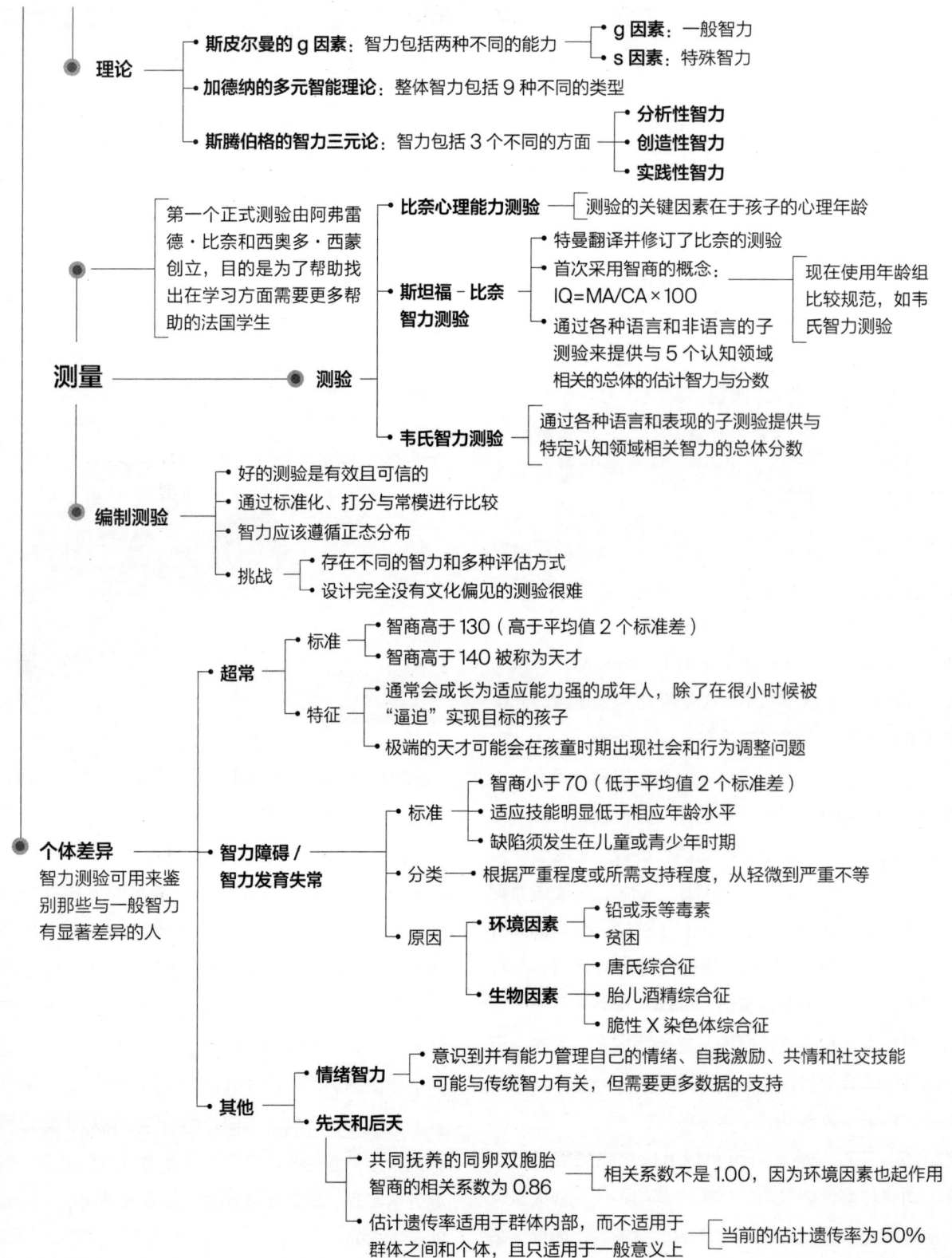

理论
- **斯皮尔曼的 g 因素**：智力包括两种不同的能力
  - **g 因素**：一般智力
  - **s 因素**：特殊智力
- **加德纳的多元智能理论**：整体智力包括 9 种不同的类型
- **斯腾伯格的智力三元论**：智力包括 3 个不同的方面
  - **分析性智力**
  - **创造性智力**
  - **实践性智力**

测量

测验

第一个正式测验由阿弗雷德·比奈和西奥多·西蒙创立，目的是为了帮助找出在学习方面需要更多帮助的法国学生

- **比奈心理能力测验**——测验的关键因素在于孩子的心理年龄
- **斯坦福 - 比奈智力测验**
  - 特曼翻译并修订了比奈的测验
  - 首次采用智商的概念：$IQ=MA/CA\times100$——现在使用年龄组比较规范，如韦氏智力测验
  - 通过各种语言和非语言的子测验来提供与 5 个认知领域相关的总体的估计智力与分数
- **韦氏智力测验**——通过各种语言和表现的子测验提供与特定认知领域相关智力的总体分数

编制测验
- 好的测验是有效且可信的
- 通过标准化、打分与常模进行比较
- 智力应该遵循正态分布
- 挑战
  - 存在不同的智力和多种评估方式
  - 设计完全没有文化偏见的测验很难

个体差异
智力测验可用来鉴别那些与一般智力有显著差异的人

- **超常**
  - 标准
    - 智商高于 130（高于平均值 2 个标准差）
    - 智商高于 140 被称为天才
  - 特征
    - 通常会成长为适应能力强的成年人，除了在很小时候被"逼迫"实现目标的孩子
    - 极端的天才可能会在孩童时期出现社会和行为调整问题
- **智力障碍 / 智力发育失常**
  - 标准
    - 智商小于 70（低于平均值 2 个标准差）
    - 适应技能明显低于相应年龄水平
    - 缺陷须发生在儿童或青少年时期
  - 分类——根据严重程度或所需支持程度，从轻微到严重不等
  - 原因
    - **环境因素**
      - 铅或汞等毒素
      - 贫困
    - **生物因素**
      - 唐氏综合征
      - 胎儿酒精综合征
      - 脆性 X 染色体综合征
- **其他**
  - **情绪智力**
    - 意识到并有能力管理自己的情绪、自我激励、共情和社交技能
    - 可能与传统智力有关，但需要更多数据的支持
  - **先天和后天**
    - 共同抚养的同卵双胞胎智商的相关系数为 0.86——相关系数不是 1.00，因为环境因素也起作用
    - 估计遗传率适用于群体内部，而不适用于群体之间和个体，且只适用于一般意义上——当前的估计遗传率为 50%

随堂小考

1. 在加德纳看来，有效的心理咨询师和管理者很可能拥有较高的____智力。

   A. 言语 / 语言　　　　B. 视觉空间

   C. 人际　　　　　　　D. 自我认知

2. 在斯滕伯格看来，哪种智力与学业成功的关系较弱，在课堂上最难以衡量？

   A. 实践性智力　　　　B. 创新性智力

   C. 分析性智力　　　　D. 言语性智力

3. 贝克尔教授设计了一个智力测验。为了验证这一测验，贝克尔教授应该____。

   A. 同一组至少做两次测验，以保证准确性

   B. 从设计测验的人群中选择样本群体

   C. 只选择大学教授参与测验，这样他们就可以评论测验中的问题

   D. 努力确保测验测量该度量的东西

4. 对于不同的文化，测验设计者的目标应该是____。

   A. 创建没有文化偏见的测验

   B. 创建文化公平的测验

   C. 创建没有文化问题的测验

   D. 创建一系列不同文化的测验

5. 在最近的研究中，一些研究人员认为，衡量人际关系和事业成功的更准确的方法是____。

   A. 智商　　　　　　　B. 情绪智力

   C. 遗传研究　　　　　D. 压力调查

6. 下列哪项属于刻板印象威胁？

   A. 若阿金认为智力测验对拉美裔美国人不公平，他的智商分数似乎反映了一些事情

   B. 茉莉觉得自己必须在智力测验中胜出

   C. 蒂安娜认为，任何测验都既典型又存在偏见

   D. 马利克相信考试是公平的，但又认为自己必须出类拔萃，以免被朋友定型

🖰 语言

在第 6 章中，我们讨论了语言对记忆的影响。接下来，我们将探讨语言及其对认知的影响。

语言分析水平

7.11 了解语言的不同元素和结构

语言（language）是一种组合符号系统，如单词，人们可以造出无限多有意义的语句，以便与他人交流。语言不仅能使人们相互交流，而且能使人们表达自己内心的思想活动。换句话说，语言是思维的一个非常重要的部分。世界各地的语言结构有着共同的特点，包括语言中存在的声音、单词含义、单词顺序、单词转换规则、短语和句子的意义以及与他人进行实际交流的规则。

语法　语法（grammar）是支配语言结构和使用的规则系统。根据著名语言学家诺姆·乔姆斯基（Noam Chomsky）的说法（Chomsky, 2006; Chomsky et al., 2002），人类有一种天生的能力，能通过语言习得装置（language acquisition device, LAD）来理解和产生语言。他将语言习得装置定义为一个包含人类语言图式的先天"程序"。孩子将听到的语言与这个图式相匹配后，语言会按照一个经过充分研究的序列发展起来（Chomsky, 1957, 1964, 1981, 1986）。由于人类可以通过模仿、强化和塑造来学习特定的语言，如英语、西班牙语、汉语等【连接学习目标 5.5、5.9 和 5.13】，因此，按照乔姆斯基的观点来看，语言语法的复杂性在某种程度上与处在发育中的大脑"连接"有关。最近的研究支持了乔姆斯基的观点，证明了语言理解存在的层次发展和相关的潜在大脑改变过程（Ding et al., 2015）【连接学习目标 2.13】。语言习

得装置会"听"婴儿世界的语言输入，然后开始产生语言声音，最终形成跨语言的单词和句子模式。下一节将会更详细地讨论此模式【**连接**学习目标 7.12】。

语法包括音素（语言的基本声音）、词素（词语形成研究）、句法（词语顺序规则）、语义学（确定词义和时态规则），以及语用学（语言的实际社会期望和用途）。

音素 音素（phoneme）是语言中最基本的声音单位。如"car"中的"a"，但尽管它与"day"中的"a"是同一个字母，但二者却是两个完全不同的音素，区别在于"a"在两个单词中的发音。音素不仅仅是发单个字母的方式，"th""sh""au"也属于音素。不同语言的音素也不同，对于那些试图学习外语的人来说，最大的问题之一就是同时听和发外语音素的能力。婴儿出生时就具有识别所有音素的能力（Werker & Lalonde，1988），但约9个月后，这种能力会退化，婴儿只能识别其接触的语言的音素（Boyson-Bardies et al.，1989）。

词素 词素（morpheme）是语言中最小的意义单位。例如，单词"playing"由两个词素组成：play 和 ing。

句法 句法（syntax）是一套将单词和短语组合成语法正确的句子的规则系统。句法非常重要，因为简单的变动就能使句意完全相反。例如，"John kidnapped the boy"（约翰绑架了男孩）与"John, the kidnapped boy"（约翰是那个被绑架的男孩）含义不同，尽管两个句子中的4个单词是相同的（Lasnik，1990）。

语义学 语义学（semantics）用于确定词义和时态规则。句意相同的句子可以有不同的语法，如"Johnny hit the ball"（约翰尼击中球了）和"The ball was hit by Johnny"（球被约翰尼击中了）。

语用学 语言的**语用学**（pragmatics）与他人交流的实际方面有关，也与语言的社交细节有关。简单地说，语用学涉及如何轮流对话、使用手势强调某一点或表明需要更多信息以及对不同人说话的不同方式等知识（Yule，1996）。例如，成年人与孩子的说话方式不同于与其他成年人的说话方式，对于孩子，他们会使用更简单的词汇。成年人和儿童在与婴儿说话时都使用较高的音调和许多重复性的短语，这种以儿童为导向的语言对儿童语言的发展起着重要的作用。语言语用学的一部分包括知道在与他人交流时该使用哪种节奏和重音，即语调。当与婴儿说话时，成年人和儿童会使用高音高并重读某些单词，同时会改变音调。某些语言对语调非常敏感，如日语，这意味着，改变某些单词的重音或音高或音节可能会完全改变单词的意思（Beckman & Pierrehumbert，1986）。

语言发展

7.12 解释语言发展的模式

语言发展是儿童认知发展的一个非常重要的里程碑，因为语言使得儿童能用文字而非图像来思考，以及提问、表达自己的需求和愿望及形成概念（L. Bloom，1974；P. Bloom，2000）。

婴儿期的语言发展受到婴儿听到的语言的影响，这是一种被称为"儿童导向语言"的说话方式，即成年人和大一点的孩子对婴儿和非常小的孩子说话的方式，他们通常带有高音高、重复性及歌唱式的语言模式。婴儿和蹒跚学步的幼儿会更密切地关注这种说话方式，这为护理人员和婴儿之间的对话创造了学习机会（Dominey & Dodane，2004；Fernald，1984，1992；Kuntay & Slobin，2002）。其他研究人员也在研究婴儿对手势和动作的使用（Behne et al.，2005；Lizskowski at al.，2006；Moll & Tomasello，2007；Tomasello et al.，2007）。婴儿的理解能力似乎远远超过了他们所能说的话语，这一现象被称为"接受－生产滞后"（Stevenson et al.，1988）。例如，他们可能只会说一两个单词，但他们能从父母和其他人那里理解更长的句子。

实际上，无论孩子生活在什么样的文化中，将学习哪种语言，他们都会经历语言发展的几个阶段（Brown，1973），如表 7-4 所示。

表 7-4　语言发展的不同阶段

1. **咕咕声**：约 2 个月大时，婴儿开始发出类似元音的声音

2. **牙牙学语**：约 6 个月大时，婴儿在元音中加入辅音，发出牙牙学语的声音，有时听起来几乎像真正的语言。6 个月后，如果是失聪儿童，他们的牙牙学语实际上会减少，而原始的手势符号和手势的使用会增加（Petitto & Marentette，1991；Petitto et al.，2001）

3. **单词语言**：1 岁之前或约 1 岁时，大多数孩子开始说实际的单词。这些单词都是典型的名词，似乎代表了整个短语的意思。因此，它们被称为表句词。例如，当一个孩子会说"牛奶"时，他的意思可能是"我想要喝牛奶"或"我喝了牛奶"。

4. **电报式语言**：约一岁半时，蹒跚学步的孩子开始将名词、动词和形容词等单词串在一起，形成简短的句子，如"宝宝吃东西""妈妈去"和"狗狗去拜拜"，这些都是电报式语言的例子。此时，孩子只使用包含句意的词

5. **整句语言**：随着孩子进入学龄前阶段，他们开始学习使用语法术语，并增加句子中的单词数量。到 6 岁左右，他们的说话几乎与成人一样流利。不过与成人相比，他们知道的单词数量仍然有限

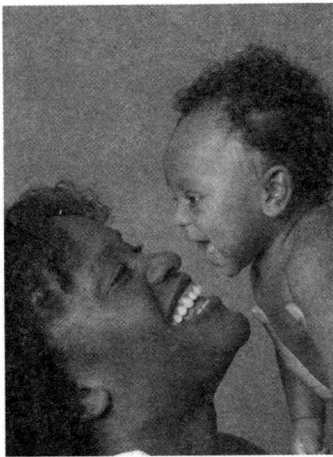

语用学涉及交际的实践方面。图中这位年轻的母亲先说话，然后停下来等待婴儿的反应。通过这种方式，婴儿正在学习轮流学习，这是语言发展的一个重要方面。成年人和婴儿玩游戏也有助于语言的发展。

语言和思维的关系

7.13　评估语言是否影响人们的思维方式

就像对先天和后天的相对重要性有不同的看法一样，研究人员也一直在争论语言和思维的关系：到底是语言影响思维，还是思维影响语言？

语言与思维关系的两种理论　两位非常有影响力的心理学家，让·皮亚杰（Jean Piaget）和列夫·维果茨基常常争论语言和思维的关系（Duncan，1995）。皮亚杰认为，概念先于并有助于语言的发展。例如，在能够学习单词"妈妈"之前，儿童必须有"妈妈"的概念或心理图式。皮亚杰注意到，学龄前儿童会花许多时间与自己谈话——甚至在与另一个儿童玩的时候。每个儿童都会谈论一些与其他儿童谈论的内容毫不相干的事情，皮亚杰将这个过程称作集体独白（collective monologue）。皮亚杰认为这种非社会性的语言是非常自我中心的，即仅仅关注自己的想法，不考虑听者。随着儿童有更多的社会生活，自我中心减弱，这种非社会性的语言模式将减少。

然而，维果茨基的观点则正好与之相反。他认为，语言事实上有助于概念的形成，也有助于儿童学习控制行为，包括社会行为（Vygotsky，1962，1978，1987）。在维果茨基看来，单词有助于概念的形成：只要孩子学习了"妈妈"这个单词，与"妈妈"相关的各种元素都会和这个单词连接在一起，如温暖、柔软、食物、安全等。维果茨基还认为，学龄前儿童自我中心的讲话实际上是他们形成思维和控制行为的一种方式。这种"私人谈话"是儿童计划其行为和组织行动的一种方法，以此获得目标。因为对于部分学龄前儿童来说，与其他儿童进行社交需要许多的自控和行为调节，随着儿童在学龄前有更多的社交活动，私人谈话事实上在增加。这与皮亚杰的假设相反。实际情况似乎支持维果茨基的观点：儿童，尤其是聪慧的儿童，在学习如何与其他儿童进行社交或处理困难的任务时，会进行更多的"私人谈话"（Berk，1992；Berk & Spuhl，1995；Bevens & Berk，1990）。

语言相对假说　语言控制和影响思维的假设得到了许多理论家的认可，少数著名心理学家除外，如皮亚杰。这类假设最为熟知的一个版本是萨丕尔－沃夫假说，它源于两位心理学家：爱德华·萨丕尔（Edward

Sapir）及其学生本杰明·沃夫（Benjamin Lee Whorf）。此假说认为，任何文化中的思维加工与概念是由该文化的语言决定的（Sapir，1921；Whorf，1956），它后来**被称为语言相对假说**（linguistic relativity hypothesis），即语言（相对而言）控制思维加工和概念。也就是说，一个人使用的词汇会决定他认识世界的方式。

沃夫用来支持这一观点的最著名的例子之一是因纽特人，即生活在北极的美国土著人。据说，因纽特人比其他文化中的人有更多形容雪的词汇，一种说法是有 23 个不同的单词，另一种说法是有数百个。不过，这种轶事式的说法被证明是错误的，与其说是事实，不如说是神话（Pullum，1991）。事实上，说英语的人也有很多不同的关于雪的词汇，如雨夹雪、雪泥、雪末、雪尘、黄雪等。

那么，存在关于语言相对假说的证据吗？萨丕尔和沃夫都未能提供任何科学证据来支持他们的主张，不过，还有其他研究人员的大量研究。例如，在一项研究中，研究人员假设，语言中颜色的名称能够影响成长于该语言环境中的个体对颜色的区分和感知。研究发现，基本的颜色词汇直接影响人对颜色的再认（Lucy & Shweder，1979），但关于颜色感知的一个早期系列研究发现了相反的效应（Rosch-Heider，1972；Rosch-Heider & Olivier，1972）。在这项研究中，达尼部落（Dani tribe）仅仅有两种颜色的名字，但他们感知所有颜色的能力与以英语为母语的人没有不同。更多的最新研究（Davies et al.，1998a，1998b；Laws et al.，1995；Pinker & Bloom，1990）支持了埃莉诺·罗施（Eleanor Rosch）和卡尔·海德（Karl Heider）的发现以及**认知普适主义**（cognitive universalism）理论，即概念是普适的且能影响语言的发展，而非语言相对性。

其他研究则表明，虽然语言相对假说可能不适用于像罗施－海德研究中那样的精细感知辨别力，但它可能适合用来解释更高层次的概念。在一项研究中，研究人员向学龄前儿童展示了两只动物的照片（Gelman & Markman，1986）。照片上有一只火烈鸟和一只蝙蝠。研究人员告知孩子们，火烈鸟给自己的宝宝喂捣碎的食物，而蝙蝠给自己的宝宝喂牛奶。然后，研究人员给孩子们看一张乌鸦（blackbird，看起来更像蝙蝠而非火烈鸟）的照片。研究人员告诉其中一半的孩子乌鸦是鸟，但未告诉另一半的孩子。后来，当被问及乌鸦是如何喂宝宝时，那些被告知乌鸦是鸟的孩子比其他孩子更有可能说乌鸦给宝宝喂捣碎的食物，这表明，学龄前儿童是根据类别成员而不是感知相似性来推断乌鸦的喂食习惯的。"bird" 这个词帮助那些孩子将乌鸦"放在"了适当的更高级别的类别中。

关于语言和思维关系的研究仍在继续，似乎它们支持语言相关性，以及语言如何塑造我们对空间、时间、颜色和物体的思考（Boroditsky，2001，2009），甚至连犯罪行为也会受到影响，包括在如何管理犯罪等问题上做出的重要决定（Thibodeau & Boroditsky，2013，2015）。然而，研究人员并未达成一致意见，其中一些研究提供了支持，但其他重新解释数据的研究未能通过复制，或对原始研究提供了批评证据，所以，某些发现仍然存在问题（J. Y. Chen，2007；Kako，2007）。

不过，心理学家无法否认语言对问题解决、认知和记忆的影响。有时，一个问题可以简单地通过不同的方式来表述，使解决方案变得明显，而记忆【连接学习目标 6.5】自然是按照语言的语义来存储的。语言当然也会影响他人的感知，如"电脑怪才"和"软件工程师"可用于形容同一个人，但显然前者不那么讨人喜欢，而且二者给人的印象也不一样。另外，试图确定语言影响思维还是思维影响语言，可能就像试图确定先有鸡还是先有蛋一样。

一家埃塞俄比亚餐厅的早餐。说到"早餐"，它对你来说意味着什么？

语言的动物研究

7.14 概述动物交流和语言能力的研究

💬 我听说可以教黑猩猩使用手语，是真的吗？还是说黑猩猩只是像马戏团或动物园里的动物一样在表演把戏？

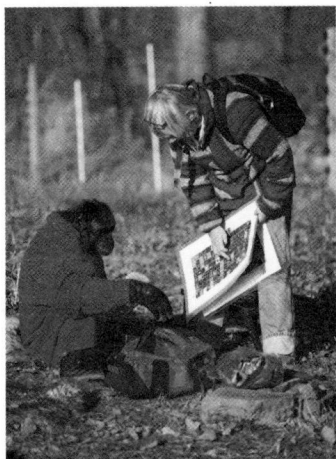

休·萨维奇·朗博（Sue Savage-Rumbaugh）博士正在和一只名叫 Kanzi 的倭黑猩猩一起工作。

关于动物和语言，目前存在两个问题。第一个问题是：“动物能交流吗？”第二个问题是：“动物会使用语言吗？”第一个问题的答案肯定是“是”。动物有很多种交流方式，它们会使用声音，如响尾蛇发出的“嘎嘎”声，愤怒的狗发出的警告声。还有一些动物会使用身体行为，如一只蜜蜂通过“舞蹈”告诉其他蜜蜂花粉的来源在哪里（Gould & Gould，1994）。而第二个问题的答案则要复杂得多，因为语言被定义为对符号的使用，而符号是代表其他东西的事物。语言属于符号，手势也属于符号。动物使用手势是本能的，这意味着它们受基因的控制。蜜蜂“舞蹈”完全是出于本能，狗吼叫也一样。在人类的语言中，符号的使用是非常愉快和自愿的，而不是出于本能。对于抽象的符号，在人们赋予其意义之前，它们是没有意义的。虽然乔姆斯基提出的语言习得装置可能会让一些人认为人类的语言是出于本能的，但应该注意的是，婴儿在很短的时间内就能有意识地发出语音。

那么，人们可以教动物使用抽象符号吗？已经有人尝试教一些动物（灵长类动物和海豚）使用手语了——动物缺乏发声结构来形成说话的单词，但许多这类尝试都不是“好的科学”。其中最成功的是 Kanzi 的实验，不过也不乏批评。Kanzi 是一只被训练在键盘上敲抽象符号的倭黑猩猩（Savage-Rumbaugh & Lewin，1994）。而实际上，Kanzi 并不是该项研究的最初被试，他的母亲 Matata 才是得到训练的被试。但 Matata 并没有学会很多符号，而 Kanzi 看着母亲“使用”键盘，通过观察，Kanzi 似乎学会了如何使用符号。有人估计，Kanzi 能听懂大约 150 个英语口语单词。与 Kanzi 说话的训练员不在其视野之内，所以 Kanzi 对身体上的暗示或符号没有反应。Kanzi 已经能够正确地遵循复杂的指令，达到了 2 岁孩子的水平（Savage-Rumbaugh et al.，1998）。后来的一份报告表明，Kanzi 与其同父异母的妹妹 Pan-Banisha 最终掌握了 480 个符号的工作词汇，并能理解多达 2 000 个英语单词（Roffman et al.，2012）！然而，除了基于视频记录的轶事报道外，研究中几乎没有数据得以发表。不过确实有研究表明 Kanzi 在不同的坐姿下发出的声音似乎有一致的意义（Taglialatela et al.，2003）。针对这些声音，研究人员在分析了近 100 个小时的关于 Kanzi 日常活动的录像后，识别出了 4 种发音，分别代表香蕉、葡萄、果汁和 yes 这个单词。不过，4 种发音不能构成一门完整的语言。

此外，其他关于海豚（Herman et al.，1993）和鹦鹉（Pepperberg，1998，2007）的研究也取得了一些成功。但这些属于真正的语言吗？答案似乎是“是”，但有条件，因为迄今为止，所有取得成功的动物都无法与 3 岁人类儿童的语言发展水平相比（Pinker，1995）。然而，语言学家仍在争论：如果这些动物不学习如何使用句法，将单词组合成语法正确的句子，并且理解“女孩吻了男孩”和“男孩吻了女孩”等句子之间的区别，它们是否真的在学习语言？到目前为止，还没有确凿的证据表明，任何接受过语言训练的动物能够掌握句法（Demers，1988；Johnson，1995；Pinker，1995）。

概念地图 7.11～7.14

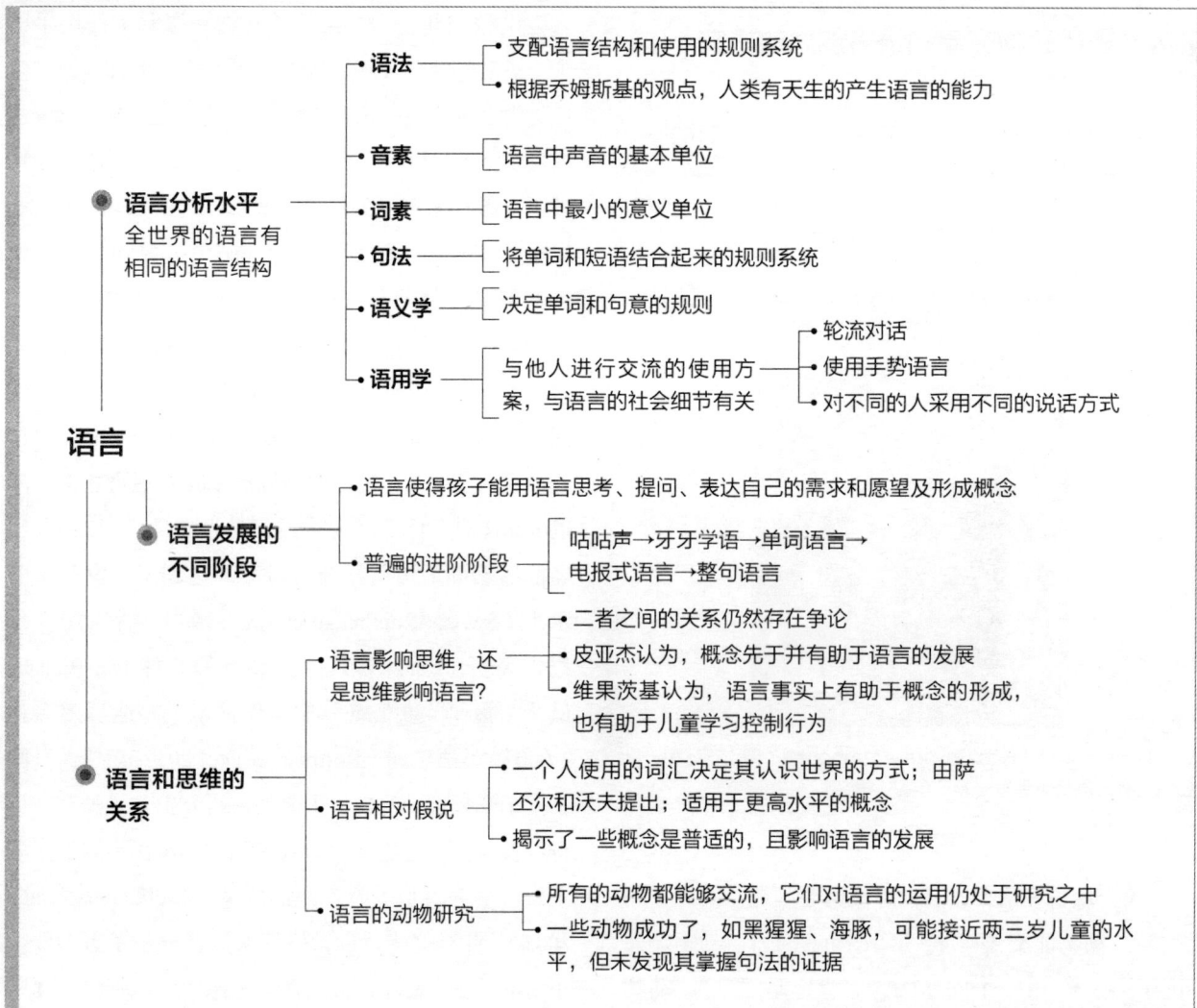

语言分析水平
全世界的语言有相同的语言结构

- **语法**
  - 支配语言结构和使用的规则系统
  - 根据乔姆斯基的观点，人类有天生的产生语言的能力
- **音素** —— 语言中声音的基本单位
- **词素** —— 语言中最小的意义单位
- **句法** —— 将单词和短语结合起来的规则系统
- **语义学** —— 决定单词和句意的规则
- **语用学** —— 与他人进行交流的使用方案，与语言的社会细节有关
  - 轮流对话
  - 使用手势语言
  - 对不同的人采用不同的说话方式

语言

语言发展的不同阶段
- 语言使得孩子能用语言思考、提问、表达自己的需求和愿望及形成概念
- 普遍的进阶阶段 —— 咕咕声→牙牙学语→单词语言→电报式语言→整句语言

语言和思维的关系
- 语言影响思维，还是思维影响语言？
  - 二者之间的关系仍然存在争论
  - 皮亚杰认为，概念先于并有助于语言的发展
  - 维果茨基认为，语言事实上有助于概念的形成，也有助于儿童学习控制行为
- 语言相对假说
  - 一个人使用的词汇决定其认识世界的方式；由萨丕尔和沃夫提出；适用于更高水平的概念
  - 揭示了一些概念是普适的，且影响语言的发展
- 语言的动物研究
  - 所有的动物都能够交流，它们对语言的运用仍处于研究之中
  - 一些动物成功了，如黑猩猩、海豚，可能接近两三岁儿童的水平，但未发现其掌握句法的证据

随堂小考

1. 语言中声音的基本单位是＿＿＿。

   A. 语法　　B. 词素　　C. 句法　　D. 音素

2. 根据诺姆·乔姆斯基的说法，语言习得设备是＿＿＿。

   A. 允许人们学习外语的环境实体

   B. 大脑中允许我们学习语言的生物元素

   C. 许多人可以用来理解婴幼儿语言的学习方法

   D. 大脑在青春期发育的一部分，青少年和成年人由此能够提出问题并与他人交流

3. 研究人员认为，到＿＿＿时，每个人都有能力理解所有语言的音素。

   A. 3个月大　　　　　　　B. 9个月大

   C. 2岁　　　　　　　　D. 7岁

4. ＿＿＿认为语言有助于概念的发展，而＿＿＿认为，要形成语言，首先须发展概念。

   A. 维果茨基；皮亚杰

   B. 乔姆斯基；萨丕尔和沃夫

   C. 皮亚杰；罗施和海德

   D. 萨丕尔和沃夫；维果茨基

5. "爸爸去拜拜"属于＿＿＿。

   A. 电报式语言　　　　　B. 牙牙学语

   C. 表句词　　　　　　　D. 咕咕声

科学探究和批判性思维

双语者的认知优势

落实 APA 学习目标 2.1：利用科学推理解释心理现象；APA 学习目标 2.3：参与创新性思考与综合性思考以及问题解决

在这个不断增长、相互联系的世界里，越来越多的人不止会说一种语言（Bialystok et al., 2009）。只会说一种语言的人被称为"单语者"，而会说两种语言的人被称为"双语者"。除了加强交流外，据报道，会说一种以上语言的人有更多的认知储备，更不容易出现与年龄相关的生理问题，甚至更不容易出现某些类型的自我中心偏见（Calvo et al., 2015；Rubio-Fernandez & Glucksberg, 2012）。

许多研究表明，与单语者相比，双语者还拥有其他的认知优势。这些优势源于他们能成功地管理一种以上语言活动的能力，一些研究报告了这些人的神经心理学功能的变化，另一些研究则报告了他们的大脑结构和连通性的变化（Hervais-Adelman et al., 2011；Kroll et al., 2014；Olulade et al., 2015；Pliatsikas et al., 2015）。这些认知优势超越了一般的语言技能，被认为可以带来更好的整体认知表现以及多种增强的执行功能，包括更好的抑制控制和冲突监控，以及更有效的心理定势转移（von Bastian et al., 2015）。

然而，尽管多年来人们进行了许多研究，但并非每个人都同意双语者具有这样的认知优势。一些研究未能复制以前的结果，或报告不一致，或并未显示出双语者有任何优势（Paap & Greenberg, 2013；Von Bastian et al., 2016）。此外，还有人指出，与双语认知优势相关的阳性结果，其方法学存在问题、样本量较小，甚至存在发表偏倚（de Bruin et al., 2015；Paap, 2014；Paap et al., 2014）。

在日常生活中应用心理学

身心训练与认知健康

7.15 了解改善认知健康的方法

你也许听说过"用进废退"这个说法，并且还可能会认为它只针对维持身体健康的情况。但它不仅局限于此，因为这一说法也适用于维持认知健康的能力。正如身体活动和身体锻炼之间存在一些不同，心理活动和心理训练之间也存在不同。

近些年来，不少计算机化的大脑训练项目和工具被投入市场。另外，媒体上也有许多聚焦于人们能做的特定的计算机化大脑训练，来提高人们的认知健康。其中，有一些很有科学依据且提供了切实利益的可能性，另一些则只是为了利益，实际上并无用处。

对有些人而言，通过认知训练来练习具体的心理技能，似乎能够对之后检验到的相同技能有所帮助。然而，总体而言，研究尚未发现它对未经训练的脑区能带来好处（A. M. Owen et al., 2010）。正如保持身体活力并不会让人成为奥林匹克比赛的运动员，而提高认知健康，可能还得操作得当并聚焦于认知训练。

💬 前文不是刚提到大多数技能是无法转化的？

没错，有些确实无法转化，但就像身体锻炼一样，如果你选择了正确的方法，你也能提高一些高阶的认知功能。

在一项研究中，人们发现，对一组精神分裂症患者来说，对听觉感知这项基本技能要求越来越高的计算机化认知训练是有益的（M. Fisher et al., 2009）。这些患者之后在言语工作记忆和整体认知任务等更高层次的技能方面表现出了显著的提高。虽然认知训练组最初接受为期 10 周的日常训练，但 6 个月后，研究人员对一些被试进行研究时发现，某些进步仍然很明显，在 6 个月的评估点上，总体进步与生活质量的提高呈正相关（Fisher et al., 2009）。然而，最近的一项研究表明，虽然对精神分裂症患者进行计算机化的注意力、记忆和执行训练可能会提高他们在任务中的表现，但这种改善不会转移到其他测量或现实生活情境中（Gomar et al., 2015）。

除了临床人群外，一些研究表明，挑战性的、适应性的工作记忆训练可能会提高年轻人和老年人的认知技能和流体智力（Au et al., 2015; Jaeggi et al., 2008; Karbach & Verhaeghen, 2014）。其他研究人员认为，工作记忆训练可以提高相关任务的工作记忆能力，但在流体智力的测量方法上，这些改进并没有出现（Harrison et al., 2013）。事实上，在一般情况下，关于认知训练的可能效果仍然存在很多争论。尽管有一些研究支持这种努力，但不一致的研究表明，工作记忆训练并非有效，且几乎没有证据表明这种训练可以提高智力（Melby-Lervag & Hulme, 2016, 2015; Redick, 2015）。

那么，当研究人员继续调查认知训练的可能结果时，我们还能做些什么来改善大脑和心理健康呢？锻炼！这里指的是体育锻炼。体育活动，尤其是有氧健身已多次被证明与认知功能提高有关。积极的体育生活方式和更好的有氧健身与青春期前儿童拥有更好的

执行控制和记忆过程有关（Chaddock et al., 2010; Hillman et al., 2009），会在以后的生活中产生更好的教育结果，改善年轻人的情感和视觉空间记忆能力（Åberg et al., 2009; Stroth et al., 2009），还能增加老年人海马的体积（Erickson et al., 2009），而且对认知能力下降或受损的高危人群，尤其是女性，是很有用的干预措施（Baker et al., 2010）。

有规律的有氧运动至少有一个可能的好处：促进或维持大脑额叶、颞叶和顶叶等关键区域之间的功能连接（Voss et al., 2010）。向大脑输送的氧气和血液的增加起着关键作用。其他好处还包括与情绪相关的神经递质水平的提高，包括 5- 羟色氨、去甲肾上腺素和多巴胺，以及海马等特定脑区的神经发生（Ratey & Hagerman, 2008）。此外，研究人员还发现，仅有氧运动 6 周的中年人的海马神经元的髓鞘化就出现了增加（Thomas et al., 2015）。然而，这些结果均是暂时的，如果 6 周不运动，那么一切又将恢复到运动前的水平。换句话说：要坚持运动！

因此，与其说"用进废退"，不如说是"对心脏或身体有益的东西对大脑也有益"。

深入讨论一下

1. 除了与工作记忆有关的训练之外，还有哪些脑力集中训练可能有助于维持大脑健康？

2. 医生是否应该建议有兴趣维持或改善认知功能的患者进行有氧运动？心理学家如何处理患有情绪障碍或焦虑障碍的个体或存在注意力问题的客户？

3. 这些信息对那些正在减少或取消体育教育要求的学校可能会有什么影响？与高中时相比，体育活动减少了的大学生又怎么样了呢？

◉ 本章总结

思维方式

- 思维（认知）是大脑在组织、存储、交流或处理信息时发生的心理活动。

7.1　了解心理表象参与思维加工的方式

- 心理表象表征物体或者事件，具有类似图片的质量。

7.2　了解概念和原型影响思维的方式

- 概念是表征一系列事件、物体或活动的。
- 原型是概念的一个示例，它与概念的定义特征很匹配。

7.3　了解解决问题和做决策的方法

- 问题解决包括以特定的方式思考和行动，以达到目标。
- 机械式解决方案包括尝试错误和死记硬背。
- 算法是一种死记硬背的解决方法，通过这种方法，人们遵循逐步求解的过程来解决某些类型的问题。
- 启发法或"经验法则"是一种缩小问题可能解决方案范围的策略。
- 顿悟是对问题解决方案的突然感知。

7.4　了解问题解决的 3 个常见障碍

- 功能固着是一种倾向，即认为物体只具有其原本的用途，因此未将其视为解决其他问题的可能工具。
- 心理定势指的是人们倾向于用过去有效的问题解决策略。
- 证实性偏差是指人们倾向于寻找与自己信念相吻合的证据，而忽略任何与之相反的证据。

7.5　了解创造性发散思维的特征

- 发散思维包括想出尽可能多的不同答案。这是一种创造力，即以新的方式组合想法或行为。
- 有创造力的人通常善于创造心理表象，他们知识渊博，不怕与众不同，重视独立性，在工作中往往标新立异，不过在其他领域则不然。

智力

7.6　比较智力本质的不同理论

- 智力是一种理解世界的能力，是一种逻辑思维能力，同时也是一种面对挑战或问题时有效利用资源的能力。
- 斯皮尔曼提出了一般智力，也称 g 因素，作为推理和解决问题的能力；而特殊智力，也称 s 因素，包括特定领域的解决特定任务的能力，如音乐、商业或艺术。

- 加德纳提出了 9 种不同类型的智力，从言语、语言、数学到人际和个人内部的智力。
- 斯腾伯格提出了 3 种智力类型：分析性智力、创造性智力和实践性智力。
- 卡特尔 - 霍恩 - 卡罗尔智力理论包括一般智力、16 种广泛能力，以及各个广泛领域内的许多狭窄能力。
- 特定的大脑区域和大脑功能与不同的智力能力存在关联，一些研究表明，额叶和顶叶区域扮演着最重要的角色。

7.7　比较智力测验的几种方法

- 斯坦福 - 比奈智力测验得出的 IQ 分数，曾经是用人的心理年龄除以实际年龄再乘以 100 得出的，而现在则是将分数与标准的常模进行比较。
- 韦氏智力测验从语言和非语言的子测验中得出 4 个指标分数，并得出智力的总分数。

7.8　了解评估测验质量的方法

- 信度、效度和标准化都是构建智力测验的重要因素。
- 离差智商分数是基于正态曲线得出的，根据平均值的偏差定义了不同的智力水平。
- 智力测验经常由于存在文化偏见而受到批评。
- 神经心理学家在护理患有创伤性脑损伤和其他脑功能损伤的个体方面发挥着重要作用。
- 脑震荡或轻度创伤性脑损伤影响了许多运动员的生活。

7.9　解释智力障碍、超常和情绪智力

- 智力障碍是智商低于 70 的神经发育状况，对于特定年龄的人来说，他们在概念领域、社会领域和实践领域的适应性行为存在严重缺陷。症状首先出现于发育时期。
- 智力障碍的 4 个级别分别是轻度、中度、重度和严重。这取决于适应性功能的水平以及个体需要的支持程度。
- 智力障碍的原因包括环境因素、染色体和遗传障碍以及饮食缺乏。

- 超常的人是指智商处于正态曲线右端（IQ 为 130 及以上）的人。
- 情绪智力包括能够达到目标，并通过对自己情绪的准确认识和有效管理而进行富有成效的思考。它还涉及理解他人感受的能力。
- 刘易斯·特曼进行了一项纵向研究，该研究表明，在很大程度上，超常儿童长大后会成为成功人士。
- 刘易斯·特曼的研究被批评缺乏客观性，因为特曼过多地介入了被试的生活，甚至到了代替他们进行干预的地步。

7.10 评价遗传和环境对智力发展的影响

- 随着基因关联性的增加，人们发现，智商分数之间的相关性更强。目前智力遗传率估计为 50%。
- 1994 年，赫恩斯坦和默里发表了《钟形曲线》，该书对智力遗传率提出了广泛的批评。

语言

7.11 了解语言的不同元素和结构

- 语言是组合符号的系统，可以创造出无限多有意义的语句，并能用来与他人交流。
- 语法是支配语言的规则系统，包括音素、词素、句法、语义学和语用学。

7.12 解释语言发展的模式

- 语言发展的各个阶段分别是：咕咕声、牙牙学语、单词语言（表句词）、电报式语言和整句语言。

7.13 评估语言是否影响人们的思维方式

- 萨丕尔和沃夫最初提出，语言控制且有助于思维过程和概念的发展，这一观点被称为语言相对假说。
- 其他研究人员发现了概念是普适的、直接影响语言发展的证据，这被称为认知普适主义。

7.14 概述动物交流和语言能力的研究

- 对黑猩猩、鹦鹉和海豚的研究，在一定程度上成功地证明了动物可以发展一种基本的语言，包括一些抽象概念。
- 仍存争议的是，缺乏相应的证据来证明动物可以学习句法，有些人认为这意味着动物无法真正学习和使用语言。

7.15 了解改善认知健康的方法

- 特定的脑力锻炼可能有一些有限的好处，如涉及工作记忆的锻炼，其中，以有氧健身为代表的体育锻炼对提高认知功能极其重要。

章末测试

1. 研究人员发现，"观看"更大或覆盖更广的心理表象要比更小或更简约的心理表象花费____时间。
   A. 更长的　　　　　B. 更短的
   C. 相同的　　　　　D. 一半的

2. 研究表明，我们在脑海中形成心理表象的方式同我们与实际物体互动的方式____。
   A. 有点像　　　　　B. 很像
   C. 根本不像　　　　D. 很随机，且完全不同

3. 一位心理学家让人们想象一个圆。接着，他让人们画出自己想象的圆。比较图片时，几乎所有的圆看起来都一样。圆通常符合一组特定且严格的规则，这属于____。
   A. 形式概念　　　　B. 自然概念
   C. 模糊概念　　　　D. 原型

4. 尝试错误有时被称为____。
   A. 算法　　　　　　B. 启发法
   C. 经验法则　　　　D. 机械式解决方案

5. 约翰和凯伦买了一栋新房子，但地下室还没完工。为了确定该怎样安排地下室，他们先将胶带放在地板上，用于"布置"墙壁和房间的位置。这种问题解决的过程被称为____。
   A. 代表性启发法　　B. 尝试错误

C. 逆向思维　　　　　　　D. 算法

6. 某天上班期间，波琳的耳环不小心掉在了地板上，后来，她找到了耳环但耳堵却找不到了。为避免耳环丢失，波琳用一小块橡皮擦将耳环固定住了。用橡皮擦固定耳环，表明波琳克服了____。

A. 心理定势　　　　　　　B. 功能固着

C. 证实性偏差　　　　　　D. 转换偏见

7. 下面哪个问题更容易让人产生发散思维？

A. "什么是'衣架'？"

B. "'衣架'的英语单词怎么拼？"

C. "你能想到'衣架'有多少种用途？"

D. "'衣架'通常是什么样子的？"

8. 根据霍华德·加德纳的观点，以下哪种智力最有可能出现在农民、园艺师和生物学家身上？

A. 自然主义者　　　　　　B. 视觉／空间智力

C. 存在主义者　　　　　　D. 运动智力

9. 根据斯腾伯格的说法，"书本智慧"是另一种谈论____智力的方式。

A. 分析性　　　　　　　　B. 创造性

C. 实践性　　　　　　　　D. 情绪性

10. 下列哪项测验最先出现？

A. 韦氏智力测验

B. 斯坦福-比奈智力训验

C. 美国大学入学考试

D. 比奈心理能力测验

11. 达文波特博士给了所有学生 45 分钟的时间来完成心理测验，无论学生上了 50 分钟、75 分钟还是 3 小时的课。这保证了测验的____。

A. 信度　　　　　　　　　B. 效度

C. 常模　　　　　　　　　D. 标准化

12. 与将智力年龄与实际年龄进行比较相比，大多数现代智力测验都使用____。

A. 斯特恩公式　　　　　　B. 同龄组比较常模

C. 创造力评估　　　　　　D. 情绪评估

13. 所有测验设计人员的目标都是____文化偏见。

A. 最大化　　　　　　　　B. 消除

C. 最小化　　　　　　　　D. 隐藏

14. 米勒博士正在研究成长于贫穷的社会经济条件下的孩子。他们均来自不重视教育或社会参与的家庭，晋升机会实际上并不存在。许多孩子营养不良，暴露于各种环境毒素中，并在没有充分或及时卫生保健的情况下发生过多次感染。这些孩子存在什么样的风险？

A. 智力障碍　　　　　　　B. 基因缺陷

C. 有机诱导剥夺　　　　　D. 情绪智力提高

15. 托马斯医生发现，患者威廉的第 23 对 X 染色体上的一个基因存在缺陷，导致威廉大脑发育所需的一种蛋白质缺失。威廉很可能患有____。

A. 唐氏综合征

B. 呆小症

C. 脆性 X 染色体综合征

D. 胎儿酒精综合征

16. 在特曼对超常儿童的研究中，心理健康问题和人际关系问题只发生在智商在____的儿童身上。

A. 150 或更高　　　　　　B. 180 或更高

C. 100 或更低　　　　　　D. 45 或更低

17. 有些人在学校表现不好，但在生活和职业选择上却取得了成功，最可能的原因在于____。

A. 呆小症　　　　　　　　B. 音素

C. 智商　　　　　　　　　D. 情商

18. 弗林效应的理论依据是什么？

A. 在现代化国家里，智力分数稳步上升。

B. 由于过度依赖技术，智力分数正在下降。

C. 与教育体系的进步相比，智力分数相对稳定。

D. 智力分数没有意义，应该被抛弃。

19. 爱德华·萨丕尔和本杰明·沃夫提出了____的概念，这一概念反映在他们的语言相对假说中。

A. 语言控制思维

B. 思维控制语言

C. 语言和思维独立发展

D. 语言和思维互相影响

20. 认知普适主义____语言相对假说。

A. 反对　　　　　　　　　B. 支持

C. 增加证据支持　　　　　D. 轻视

第 8 章　毕生发展

批判式思考　从青少年早期到现在，你变化了多少？你和同龄人有什么相同之处？你自己又有什么独特之处？

◎ 为什么要了解人的发展

　　了解人是如何发展的有助于我们了解自己现在如何以及老了之后会怎样。在生物、环境和社会互动的影响下，从受孕那一刻起，我们每个人都在改变的道路上前行，走向所有人的共同终点。而这条道路上的跌宕起伏将我们塑造成独一无二的个体。本章将探讨对人生的发展道路产生影响的各种因素。

学　习　目　标

8.1　比较发展研究的几种方法	8.9　了解青少年期的生理变化
8.2　了解遗传因素和环境因素对人的发展的影响	8.10　了解青少年期的认知发展和道德发展
8.3　了解染色体和基因在性状传递和疾病遗传中的作用	8.11　了解青少年的个人身份探索如何影响与他人的关系
8.4　了解受精的过程及双胞胎的形成	8.12　了解成年期的生理变化和健康问题
8.5　了解孕期的 3 个发育阶段	8.13　了解成年期记忆力的变化
8.6　了解婴儿期和儿童期的生理和感觉变化	8.14　应用埃里克森的理论来解决成年期常见的社会心理问题
8.7　比较认知发展的两种理论，解释孤独症谱系障碍	8.15　比较 4 种老化理论
8.8　了解人格、人际关系和自我概念在婴儿期和儿童期的发展	8.16　了解库布勒 - 罗斯的死亡和濒死理论及其相关批评
	8.17　比较死亡和濒死的跨文化差异

了解人的发展

从生命的语境来说，**人的发展**（human development）是对人从受孕到死亡的科学研究。本章将涉及本书中几乎所有其他章节的主题，如人格、认知、生物学过程和社会互动。不过，所有这些主题都将以人的发展过程中发生的变化为背景进行论述。

研究设计

8.1　比较发展研究的几种方法

正如第 1 章中提到的，人的发展的研究受年龄问题的影响。在任何实验中，暴露于自变量的被试应该被随机分配到不同的实验条件中。研究发展的挑战在于，被试的年龄应该始终是自变量，但被试不可能同时处于不同的年龄组。

研究与年龄相关的变化需要如下特殊的设计：**纵向设计**（longitudinal design），即对研究中的一组人在不同年龄阶段的情况进行追踪和评估；**横断设计**（cross-sectional design），即在同一时间对研究中几个不同的年龄组进行研究；**聚合交叉设计**（cross-sequential design），它是纵向设计和横断设计的结合（Baltes et al., 1988；Schaie & Willis, 2010）。

纵向设计的优势在于，当变化发生在同一个人身上时，通过它能观察到与年龄相关的实际变化。它的缺点在于，很多年一直追踪被试需要花费大量的时间、金钱和精力，而且被试的退出、失去兴趣或死亡会导致数据流失。与纵向设计相比，横断设计具有速度快、成本相对低廉、易于实现等优点。横断设计的主要缺点在于，研究不再比较不同年龄的同一个体，而是比较不同年龄的不同个体，在发展研究中，年龄组之间的差异常常会成为一个问题。例如，如果通过比较 30 岁和 80 岁的人的智商分数来了解年龄增长对智力的影响，那么除了年龄增长的影响外，这两个年龄段的人的不同的教育经历和机会可能也会影响智商分数。这被称为**同辈效应**（cohort effect），即当一群人在相同的时期或拥有相同的生活经历时，如在同一

时间段出生或共同经历了特定的历史事件，会对发展产生特殊的影响。表 8-1 列举了横断设计、纵向设计和聚合交叉设计的实例比较。

在研究人的发展的过程中，发展心理学家提出了许多关于年龄相关变化的理论。不过，有些理论存在争议。

表 8-1　3 种发展研究设计的比较

横断设计		
不同年龄的被试在同一时间点进行比较，以确定与年龄相关的差异	第一组：20 岁	2014 年结束
	第二组：40 岁	
	第三组：60 岁	
纵向设计		
相同的被试在不同年龄进行研究，以确定与年龄相关的变化	第一次：20 岁	1974 年结束
	第二次：40 岁	1994 年结束
	第三次：60 岁	2014 年结束
聚合交叉设计		
在不同的时间点对不同年龄的被试进行比较，以确定与年龄相关的差异和变化	第一次	2014 年结束
	第一组：20 岁	
	第二组：40 岁	
	第二次	2019 年结束
	第一组：25 岁	
	第二组：45 岁	

先天与后天

8.2　了解遗传因素和环境因素对人的发展的影响

先天（nature）是指遗传，即遗传特征对人格、生理发育、智力发育和社会互动的影响；而**后天**（nurture）指的是环境对这些方面的影响，包括父母的教养方式、物质环境、经济因素以及任何可能对发展产生影响的因素，这些影响通常并非来自人的内心。

💬 "那么，像希特勒这样的人是生来就如此，还是发生了什么事情导致他变成了那样？"

人格和行为究竟有多少是由先天决定的，又有多少是由后天决定的？这个问题很关键，且答案相当复杂。此外，像希特勒或贾哈尔·萨纳耶夫（Dzhokhar Tsarnaev）①这样的人，是由于基因不好、父母养育不当，还是儿时的人生经历改变导致他们变成了那样的人？史蒂芬·霍金这样的天才在多大程度上源于基因遗传？他的家庭教养起了什么作用？还是说他的认知能力是遗传和环境影响的独特结合？经过多年的科学研究，大多数发展心理学家现在都认同，对大多数人而言，人的一切都是先天和后天相互作用的产物（Davis et al., 2012；Insel & Wang, 2010；Polderman et al., 2015；Ridley, 1999；Sternberg & Grigorenko, 2006）。不过，这并不意味着先天与后天之争不复存在。例如，智力在遗传和学习方面的先天与后天之争仍然是一个热门话题。一些研究人员和社会学家认为基因的影响很大（Bouchard & Segal, 1985；Herrnstein & Murray, 1994；Jensen, 1969；Johnson et al., 2007；Kristensen & Bjerkedal, 2007），而其他人认为文化、经济、儿童早期营养和教育机会产生的影响更大（Gardner et al., 1996；Gould, 1996；Rose et al., 1984；Wahlsten, 1997）。

行为遗传学（behavioral genetics）研究领域的研究人员试图确定有多少行为是遗传的结果，又有多少是由于个人的经验导致。行为遗传学家通过多种方法来确定这一点，包括对家庭、双胞胎和领养的研究。

发展的基本构建模块

8.3　了解染色体和基因在性状传递和疾病遗传中的作用

任何关于人的一生发展的研究都必须从观察人体细胞中所含的复杂物质开始，这些细胞携带着生命本身的指令。

染色体、基因和 DNA　遗传学（genetics）是遗传的科学。要了解基因是如何传递人类特征和性状的，需要知道几个基本术语。

DNA（deoxyribonucleic acid，**脱氧核糖核酸**）是一种非常特殊的分子，虽然它是物质的最小分子，但它仍然具有该物质的所有性质。DNA 由两条很长的糖－磷酸链组成，每一条都由一种叫作胺或碱基的特殊化学元素以特定的方式连接在一起（见图 8-1）。胺是一种有机结构，包含构成发色、肌肉和皮肤等有机生命蛋白质的遗传密码，并控制着每个细胞的生命。每个 DNA 片段都包含一个特定的胺序列，被称为**基因**（gene）。基因位于**染色体**（chromosome）这种杆状结构上，而染色体则位于细胞的细胞核内。

人体的每个细胞都包含 46 条染色体，卵细胞和精子除外。其中 23 条染色体来自母亲的卵细胞，另外 23 条来自父亲的精子。人的大多数特征是由 22 对常染色体决定的，而最后一对染色体决定了人的性别，这对染色体被称为性染色体。两条 X 染色体表示女性，一条 X 染色体和一条 Y 染色体表示男性。

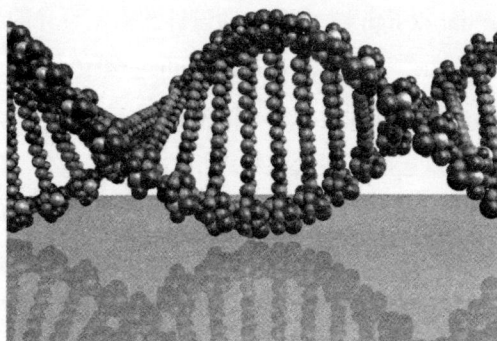

图 8-1　DNA 分子模型

在 DNA 分子模型中，构成"扭曲梯子"状侧面的两条链由糖和磷酸盐组成。连接两条链的"梯子"的梯级是胺。胺含有用于构建构成有机生命蛋白质的遗传密码。

46 条染色体可以成对排列，每对染色体中的一条来自母亲，另一条来自父亲。为了方便理解，接下

---

① 2013 年波士顿马拉松爆炸案的罪犯之一。

来我们只考虑其中的一对。

在这对染色体中，假设每条染色体上都有一个影响发色的基因。人的发色将由这对染色体上的两个基因决定，分别来自父母双方。如果这两个基因都控制棕色头发，那么显然人的头发就是棕色的，对吗？而如果这两个基因都控制金色头发，那么人的头发就是金色的。

弗兰克和欧内斯特

"我讨厌做 DNA 分子。要记住的东西太多了！"

©1986 Thaves. Reprinted with permission. Newspaper dist. by NEA, Inc.

💬 "那如果一个基因控制棕色头发，另一个控制金色头发呢？"

答案取决于每个基因的性质。有些基因在影响性状方面更活跃，它们被称为**显性基因**（dominant gene）。显性基因总是表现在可观察的性状上，如发色。拥有控制棕色发色的显性基因的人，不管其他基因是什么，这个人的头发都是棕色的，因为棕色在所有发色中占主导地位。

有些基因在影响性状方面不那么活跃，只有与另一个不那么活跃的基因配对时，才会在可见性状上表达出来。而当与显性基因配对时，这些基因倾向于"退居幕后"或消失，因此它们被称为**隐性基因**（recessive gene）。金色头发是最具隐性特征的发色，只有当一个人从父母双方那里得到金色头发的基因时，它才会作为一种特征表现出来。

💬 "那红色头发呢？另外，为什么有些人有混合的头发颜色，比如带草莓色的金发？"

事实上，性状的遗传模式非常复杂。在多基因遗传过程中，几乎所有的性状都受到不止一对基因的影响。有时，某些基因倾向于与其他基因组合在一起，比如影响金色头发和蓝眼睛的基因。其他基因也具有同样的显性或隐性特征，它们会在有机体中结合这些特性。例如，与金发和红发有关的基因是隐性的。当一个孩子从父母那里继承了其中一个基因，而不是另一个影响发色的基因，那么这些基因可能会混合在一起，形成一个草莓色和金色的组合色。

遗传和染色体问题 一些由遗传决定的疾病是由隐性基因携带的。当一个孩子从父母双方那里继承了某个隐性基因时，隐性基因携带的疾病也就被遗传了。以这种方式继承的疾病包括囊性纤维化（呼吸道和消化道疾病）、镰状细胞性贫血（血液病）、泰伊-萨克斯二氏病（神经系统疾病）和苯丙酮尿症。患有苯丙酮尿症的婴儿在出生时就无法分解苯丙氨酸。苯丙氨酸是一种控制肤色和发色的氨基酸。如果一个人的苯丙氨酸水平升高，就会导致脑损伤，如果不及时治疗，可能会导致严重的智力障碍。图 8-2 以苯丙酮尿症为例说明了显性基因和隐性基因两种基因遗传的典型模式。

有时，染色体本身就是问题所在。例如，虽然每个卵细胞和精子分别应该只有 23 条染色体，但在这些细胞的产生过程中，一条染色体可能会进入其他细胞，导致这个细胞只有 22 条染色体，而另一个细胞有 24 条染色体。如果两个细胞中的任何一个幸存下来，那么，缺失或多余的染色体可能会在发育过程中造成严重的问题（American Academy of Pediatrics，1995；Barnes & Carey，2002；Centers for Disease Control and Prevention，2009c；Gardner & Sutherland，1996）。

染色体异常的例子如唐氏综合征，即患者的染色体上多了一条 21 号染色体，又称 21-三体综合征（Barnes & Carey，2002；Hernandez & Fisher，1996；Patel et al.，2015）。而当第 23 对性染色体中多了一条性染色体时，一些染色体疾病就会发生，如克莱恩费尔特综合征（Klinefelter's syndrome），即患者的第 23

对性染色体组成是XXY，原本是男性，但由于多了一条X染色体，患者会表现出男性性征减弱、乳房增大、肥胖和身高过高（Bock，1993；Frühmesser & Kotzot，2011）；还有特纳综合征（Turner's Sydrome），即患者第23对性染色体上少了一条X染色体，结果只有一条X染色体（Ranke & Saenger，2001），这样的女性往往非常矮小，无法生育，且性发育不全（American Academy of Pediatrics，1995；Cramer et al.，2014；Hong et al.，2009；Rovet，1993）。

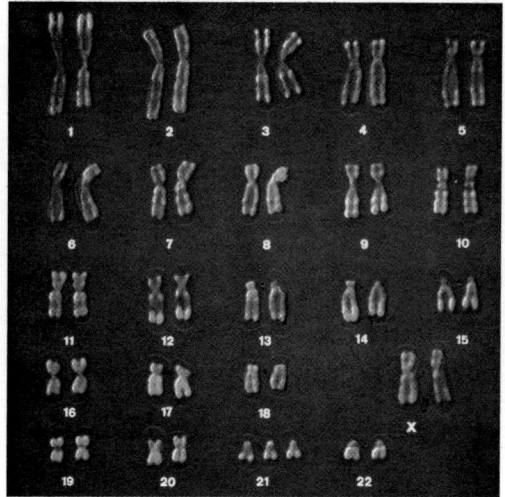

唐氏综合征是一种由多余的第21号染色体引起的智力障碍。

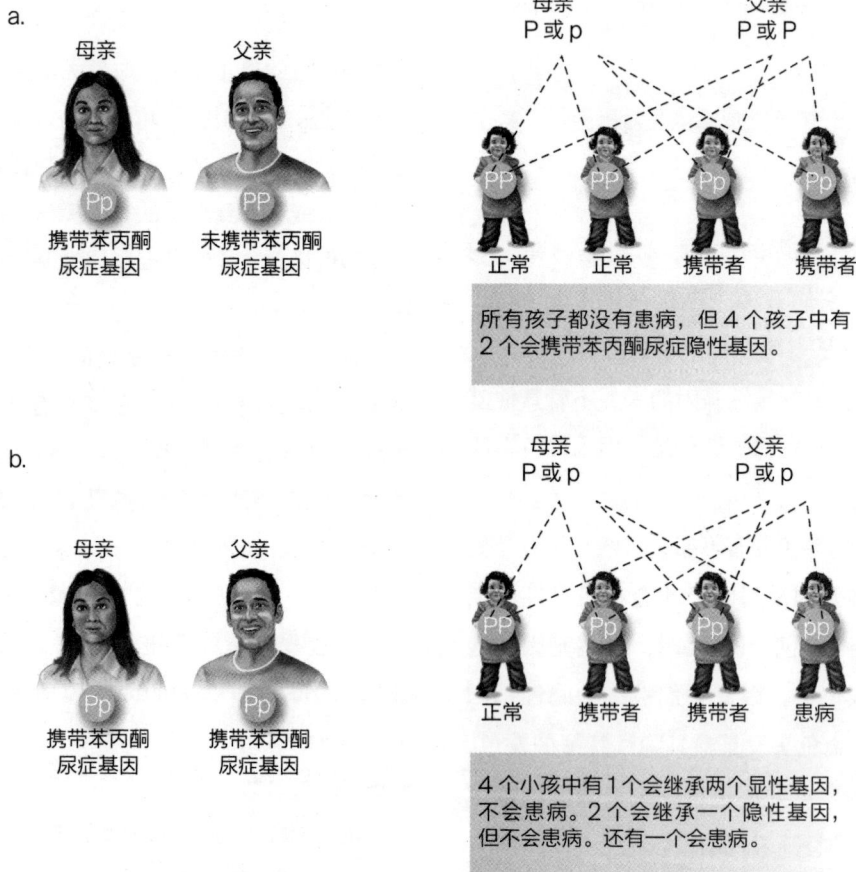

a.

母亲
携带苯丙酮尿症基因
Pp

父亲
未携带苯丙酮尿症基因
PP

母亲
P或p

父亲
P或P

正常 Pp　正常 Pp　携带者 Pp　携带者 Pp

所有孩子都没有患病，但4个孩子中有2个会携带苯丙酮尿症隐性基因。

b.

母亲
携带苯丙酮尿症基因
Pp

父亲
携带苯丙酮尿症基因
Pp

母亲
P或p

父亲
P或p

正常 Pp　携带者 Pp　携带者 Pp　患病 pp

4个小孩中有1个会继承两个显性基因，不会患病。2个会继承一个隐性基因，但不会患病。还有一个会患病。

图8-2　显性基因、隐性基因与苯丙酮尿症

如图a所示，如果父母中只有一方携带苯丙酮尿症基因，他们的子女可能是该基因的携带者，但不会患病。而如果父母双方都是苯丙酮尿症基因携带者，如图b所示，那么孩子有25%的概率会患病。

概念地图 8.1~8.3

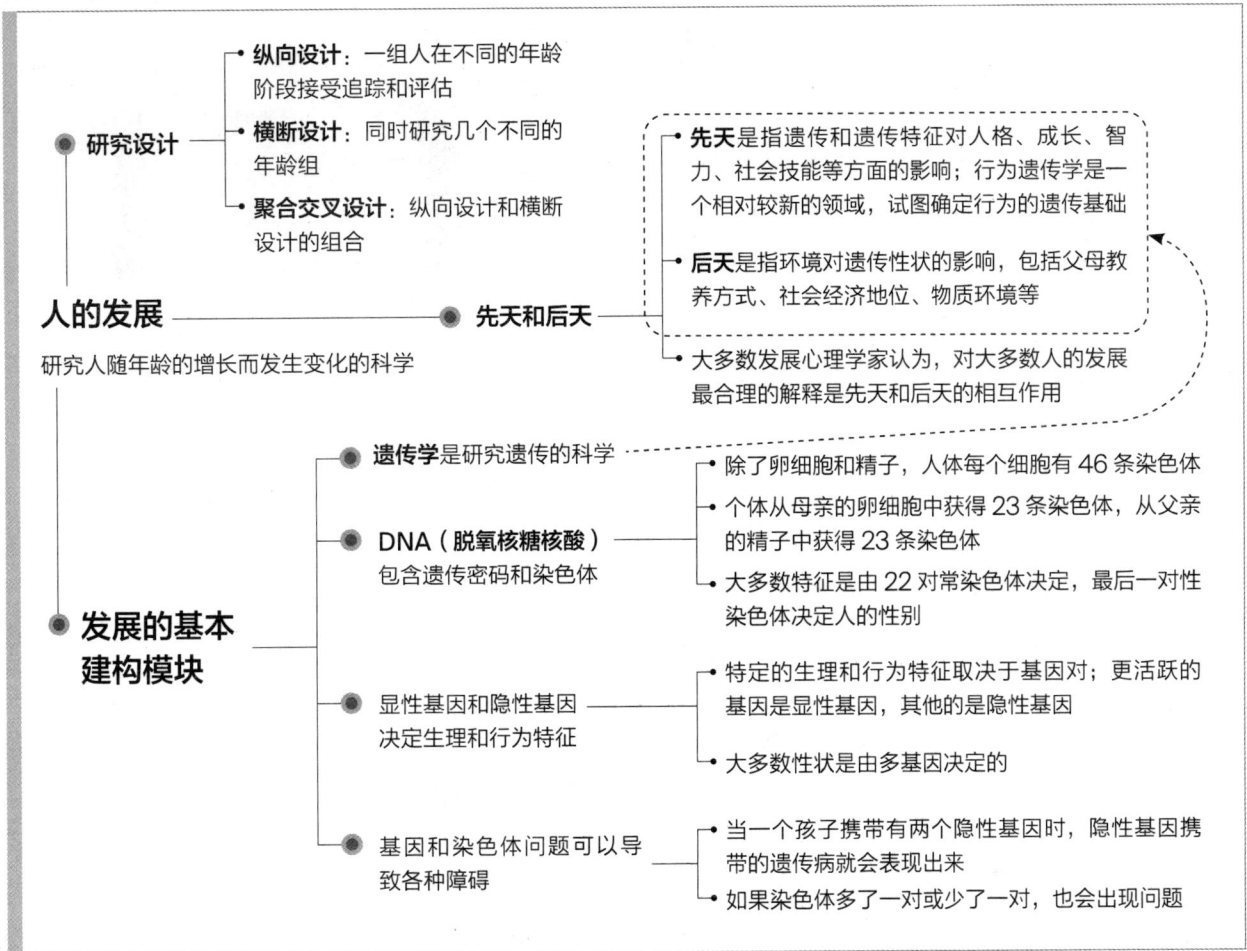

- **人的发展**
  研究人随年龄的增长而发生变化的科学

  - **研究设计**
    - **纵向设计**：一组人在不同的年龄阶段接受追踪和评估
    - **横断设计**：同时研究几个不同的年龄组
    - **聚合交叉设计**：纵向设计和横断设计的组合

  - **先天和后天**
    - **先天**是指遗传和遗传特征对人格、成长、智力、社会技能等方面的影响；行为遗传学是一个相对较新的领域，试图确定行为的遗传基础
    - **后天**是指环境对遗传性状的影响，包括父母教养方式、社会经济地位、物质环境等
    - 大多数发展心理学家认为，对大多数人的发展最合理的解释是先天和后天的相互作用

- **发展的基本建构模块**
  - **遗传学**是研究遗传的科学
  - **DNA（脱氧核糖核酸）** 包含遗传密码和染色体
    - 除了卵细胞和精子，人体每个细胞有 46 条染色体
    - 个体从母亲的卵细胞中获得 23 条染色体，从父亲的精子中获得 23 条染色体
    - 大多数特征是由 22 对常染色体决定，最后一对性染色体决定人的性别
  - **显性基因和隐性基因** 决定生理和行为特征
    - 特定的生理和行为特征取决于基因对；更活跃的基因是显性基因，其他的是隐性基因
    - 大多数性状是由多基因决定的
  - **基因和染色体问题可以导致各种障碍**
    - 当一个孩子携带有两个隐性基因时，隐性基因携带的遗传病就会表现出来
    - 如果染色体多了一对或少了一对，也会出现问题

随堂小考

1. 在____设计中，一组人会在不同的年龄阶段接受追踪和评估。

   A. 纵向　　　　　　B. 横断

   C. 聚合交叉　　　　D. 交叉纵向

2. 由于出生和成长于一个智能手机时代，学生们经历的认知和社会变化被称为____。

   A. 实验组　　　　　B. 对照组

   C. 主要影响　　　　D. 同辈效应

3. 布兰迪天生一头金色头发。据此，我们可以推测：____。

   A. 布兰迪的父母中至少有一方携带有隐性金色头发基因

   B. 布兰迪的父母一定都携带有隐性金色头发基因

   C. 布兰迪的父母一定都携带有显性棕色头发基因

   D. 布兰迪的父母都没有携带隐性金色头发基因

4. 当一组基因组合在一起时，结果可能是多个性状表现为一个显性性状。对此最好的解释是____。

   A. 显性遗传　　　　B. 隐性遗传

   C. 多基因遗传　　　D. 胺

5. 下列哪项是由于隐性遗传导致的疾病？

   A. 特纳综合征　　　B. 囊性纤维化

   C. 克莱恩费尔特综合征　D. 唐氏综合征

孕期发育

从受孕到婴儿出生大约需要 9 个月的时间，在此期间，单个细胞发育成了一个完整的婴儿。也正是在这段时间里，许多事物会对发育中的婴儿产生积极或消极的影响。

受精

8.4 了解受精的过程及双胞胎的形成

当一个卵细胞和一个精子在**受精**（fertilization）过程中结合，形成的单细胞将有 46 条染色体，该细胞被称为**受精卵**（zygote）。正常情况下，受精卵会开始分裂，首先分裂成 2 个细胞，接着是 4 个，然后是 8 个，依此类推，每个新细胞也都有 46 条染色体，因为 DNA 分子在每次分裂之前都会产生自己的复制品。这个分裂过程叫作有丝分裂。最终，大量的细胞"组成"了一个婴儿。有时，这种分裂过程并不完全是这样进行的，因而会导致双胞胎或多胞胎的形成。

事实上存在两种双胞胎（见图 8-3）。通常所说的同卵双胞胎实际上是**单卵双胞胎**（monozygotic twins），即两个婴儿来自同一个受精卵。在分裂过程的早期，大量的细胞完全分裂成两个独立的团块，每个团块将发育成一个独立的婴儿。这两个婴儿拥有相同的性别、相同的特征，因为他们拥有相同的 46 条染色体。另一种类型的双胞胎的形成更多的是时间上的巧合，常见于年龄较大的女性以及来自特定种族的女性（Allen & Parisi，1990；Bonnelykke，1990；Imaizumi，1998）。一位女性一次可能产生一个以上的卵细胞，或者在怀孕之后的排卵期又产生一个卵细胞。如果两个卵细胞受精，那么这位女性可能会生下异卵双胞胎，即**双卵双胞胎**（dizygotic twins），即来自两个受精卵。也可能生下三胞胎或多胞胎（Bryan & Hallett，2001）。这种情况更容易发生在那些服用助孕药物的女性身上。

多胎妊娠的风险通常很高，可能会导致早产和胎儿出生体重过轻，这两种因素都可能导致孩子身体和认知方面的长期残疾。一些婴儿可能无法存活，医生也可能会建议放弃一些婴儿，以增加其他婴儿存活的机会（Qin et al.，2015；Wilkinson et al.，2015）。这一问题受到**生物伦理学**（bioethics）领域的关注，该领域主要研究生物学和医学的新进展带来的伦理和道德问题，以及这些进展该如何在政策和实践方面发挥作用（Muzur，2014；Qin et al.，2015）。

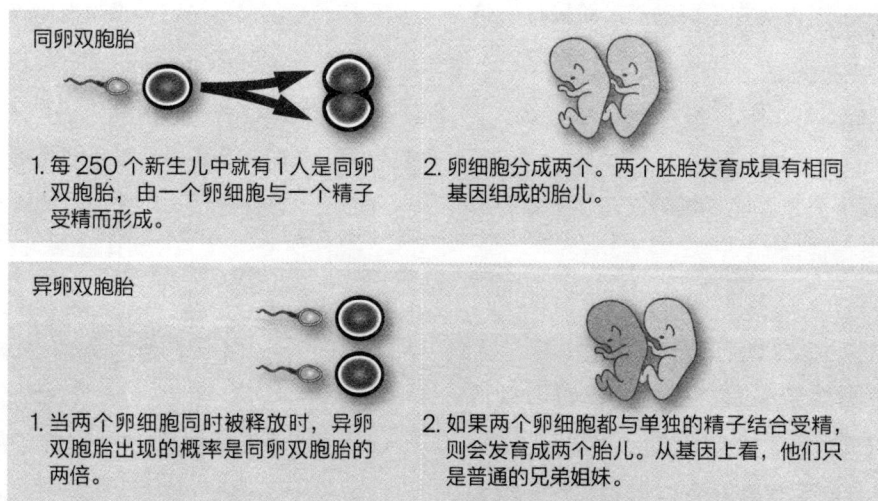

同卵双胞胎

1. 每 250 个新生儿中就有 1 人是同卵双胞胎，由一个卵细胞与一个精子受精而形成。

2. 卵细胞分成两个。两个胚胎发育成具有相同基因组成的胎儿。

异卵双胞胎

1. 当两个卵细胞同时被释放时，异卵双胞胎出现的概率是同卵双胞胎的两倍。

2. 如果两个卵细胞都与单独的精子结合受精，则会发育成两个胎儿。从基因上看，他们只是普通的兄弟姐妹。

图 8-3 同卵双胞胎和异卵双胞胎

因为同卵双胞胎来自同一个受精卵，所以它们又被称为单卵双胞胎。而来自两个不同受精卵的异卵双胞胎被称为双卵双胞胎。

对发展心理学家来说，双胞胎为研究先天和后天对人发展的影响提供了重要视角。研究人员可能会寻找出生时就被分开抚养的同卵双胞胎，尽管他们在不同的环境中长大，但他们在所有方面都很相似。需要指出的是，在特定的文化中，孩子的成长环境不一定有很大的不同，所以双生子研究并不是一个完美的方法。研究人员还可能将被收养的儿童与养父母（环境影响）和亲生父母（遗传影响）进行比较【连接学习目标 13.12 】。

批判式思考　　如果可以选择孩子的遗传特征，那么这种发展会产生什么样的伦理和实际问题？

发育阶段

8.5　了解孕期的 3 个发育阶段

通常，持续 9 个月的孕期会发生很多变化。虽然许多人认为是"3 月期"，但怀孕实际上包括以下 3 个阶段。

胚芽期　一旦受精完成，受精卵就开始分裂并向下移动到子宫。子宫是一种肌肉器官，它将容纳并保护发育中的有机体。这一过程大约需要一周的时间，而在随后大约一周的时间里，大量的细胞会形成一个空心球，牢牢地附着在子宫壁上。这两周的时间被称为**胚芽期**（germinal period）。胎盘也是在这个时期开始形成的。胎盘是一种特殊的器官，能为发育中的婴儿提供营养并过滤掉产生的废弃物。此时，脐带也开始发育，将有机体与胎盘连接起来。

💬 一大堆细胞是如何发育成一个有眼睛、鼻子、手、脚等器官的婴儿的呢？这些不同的器官又是如何从同一个原始单细胞发育而来的呢？

在胚芽期，这些细胞开始分化，或发展为特化细胞，为构成人体皮肤细胞、心肌细胞等各种细胞做准备。这些细胞中最重要的也许是干细胞。在需要产生更多细胞之前，干细胞处于不成熟状态。研究人员正利用脐带中发现的干细胞来培养新的器官和组织，用于进行移植或修复神经损伤（Chen & Ende，2000；Ding et al.，2015；Holden & Vogel，2002；Lu

& Ende，1997）【连接学习目标 2.4 】。

胚胎期　发育中的有机体一旦牢牢地附着在子宫上，就被称为**胚胎**（embryo），**胚胎期**（embryonic period）开始。该时期将从怀孕后第 2 周持续到第 8 周，在此期间，细胞将继续分化，发育成婴儿的各种器官和结构。到这一时期结束时，胚胎大约有 2.5 厘米长，有原始的眼睛、鼻子、嘴唇、牙齿、胳膊和腿，还有跳动的心脏。虽然此时所有器官都未能发育完全或其功能未发育完全，但它们几乎都已经存在了。

关键期　一旦胚胎开始通过胎盘从母亲那里获得营养，它就很容易受到伤害。母亲的疾病、所用的药物和其他毒素，都可能通过胎盘传递给发育中的婴儿。由于母亲和胚胎之间的这种直接联系，加上胎儿的所有主要器官都处在形成过程中，因此这一**关键期**（critical period）的影响很明显。在此期间，一些环境因素对婴儿的发育产生的影响通常是致命的。例如，手臂和腿的结构发育只在其发育时受到影响（3 ～ 8 周），而心脏的结构在该阶段早期受到影响最大（2 ～ 6 周）。中枢神经系统（2 ～ 5 周）、眼睛（3 ～ 8 周）、牙齿和上腭（7 ～ 12 周）也可能出现其他生理和结构问题。

产前风险　药物、化学物质、病毒等任何物质或其他可导致先天畸形的因素都被称为**致畸因素**（teratogen）。表 8-2 列出了一些常见的致畸因素及其对发育中的胚胎可能会产生的负面影响。

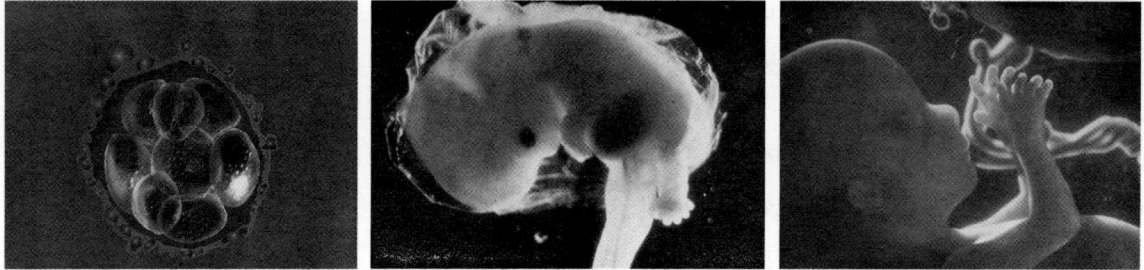

孕期的 3 个阶段分别是胚芽期（持续约 2 周）、胚胎期（2～8 周）和胎儿期（持续约 8 周，直至妊娠结束）。

酒精是最常见的致畸因素之一。孕妇在怀孕期间饮酒，尤其是在关键的胚胎期，可能会导致**胎儿酒精谱系障碍**（fetal alcohol spectrum disorder，FASD），胎儿会出现一系列生理和心理缺陷，如发育不良、面部畸形和脑部损伤（Dörrie et al., 2014；Esper & Furtado, 2014；Rangmar et al., 2015）。在西半球的国家中，孕妇在怀孕早期接触酒精是导致婴儿智力障碍的主要原因（Abel & Sokol, 1987；Caley et al., 2005）。那么，怀孕期间喝多少酒是安全的呢？答案是："一点儿也不要喝！"

胎儿期 胎儿期（fetal period）是指从受孕后大约第 8 周到胎儿出生的一段发育迅速的时期。发育中的生物体即**胎儿**（fetus）的身高增加了约 20 倍，体重从 2 个月时的约 28 克增加到出生时的平均 3 000 克。虽然器官在胚胎期完成了大部分分化，但仍在继续发育并发挥功能。此时，致畸因素更有可能影响器官的生理功能而非结构。例如，中枢神经系统的功能在整个胎儿期都很脆弱，眼睛和性器官也是如此。

表 8-2 常见的致畸因素

致畸因素	对胎儿发育的影响
麻疹、腮腺炎和风疹	失明、耳聋、心脏缺陷、脑损伤
大麻	易怒、神经质、惊恐；婴儿易受惊扰和惊吓
可卡因	身高变矮，婴儿出生时体重过轻，呼吸困难、癫痫、学习障碍；婴儿难以安抚
酒精	胎儿酒精综合征（智力障碍、发育迟缓、面部畸形）、学习障碍，头比正常人小
尼古丁	流产，婴儿出生时体重过轻、死产、身材矮小、智力障碍、学习障碍
汞	智力障碍、失明
维生素 A（高剂量）	面部、耳朵、中枢神经系统和心脏等方面的缺陷
咖啡因	流产，婴儿出生时体重过轻
弓形体病	脑肿胀、脊椎异常、耳聋、失明、智力障碍
高温的水	神经管缺陷的风险增加

资料来源：March of Dimes Foundation（2009）；Organization of Teratology Information Specialists（2011）；Shepard, T. H.（2001）。

在最后的几个月，脂肪发育和身体生长仍在继续，直到第 38 周结束。38 周时，胎儿已达足月。大多数婴儿在母亲孕期达到 38～40 周出生。38 周之前出生的婴儿被称为早产儿，可能需要生命支持才能存活。如果早产过早，婴儿在以后的生活中可能会遇到诸多问题，尤其是如果婴儿出生时体重不足 2.5 公斤的话，这种问题尤为严重。那么，婴儿能多早出生并存活下来呢？具备生存能力的胎儿的胎龄（在子宫外生存）是 22 ～ 26 周，相应的生存概率为 10% ～ 85%（National Commission for the Protection of Human Subjects of Biomedical and Behavioral Research，2006）。如果婴儿被安置于先进的新生儿保健设施监护中，存活率会提高（Rysavy et al.，2015）。

流产或自然流产最可能发生在前 3 个月，因为此时胎儿的器官正在形成并开始发挥作用（Katz，2007；Speroff et al.，1999）。实际上，约 15% ～ 20% 的妊娠会以流产告终，其中许多都发生得很早，孕妇甚至可能不知道自己怀孕了（Doubilet et al.，2013；Hill，1998；Medical Economics Staff，1994；Nelson et al.，2015）。流产很可能是由于胚胎或胎儿发育过程中的遗传缺陷导致的，婴儿因此无法存活。

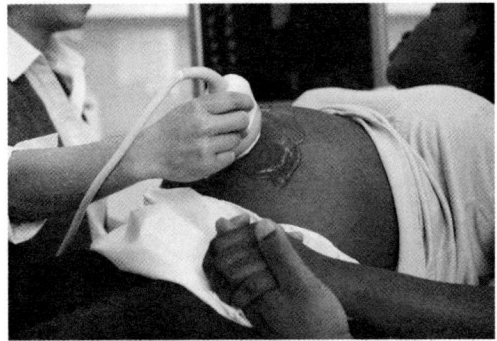

图中这位孕妇正接受超声检查。超声检查通过高频声波来创建图像或超声波图，由此医生可以观测到胎儿出现的任何生理畸形并准确测量胎龄，但不会对孕妇或胎儿造成危险。

概念地图 8.4 ~ 8.5

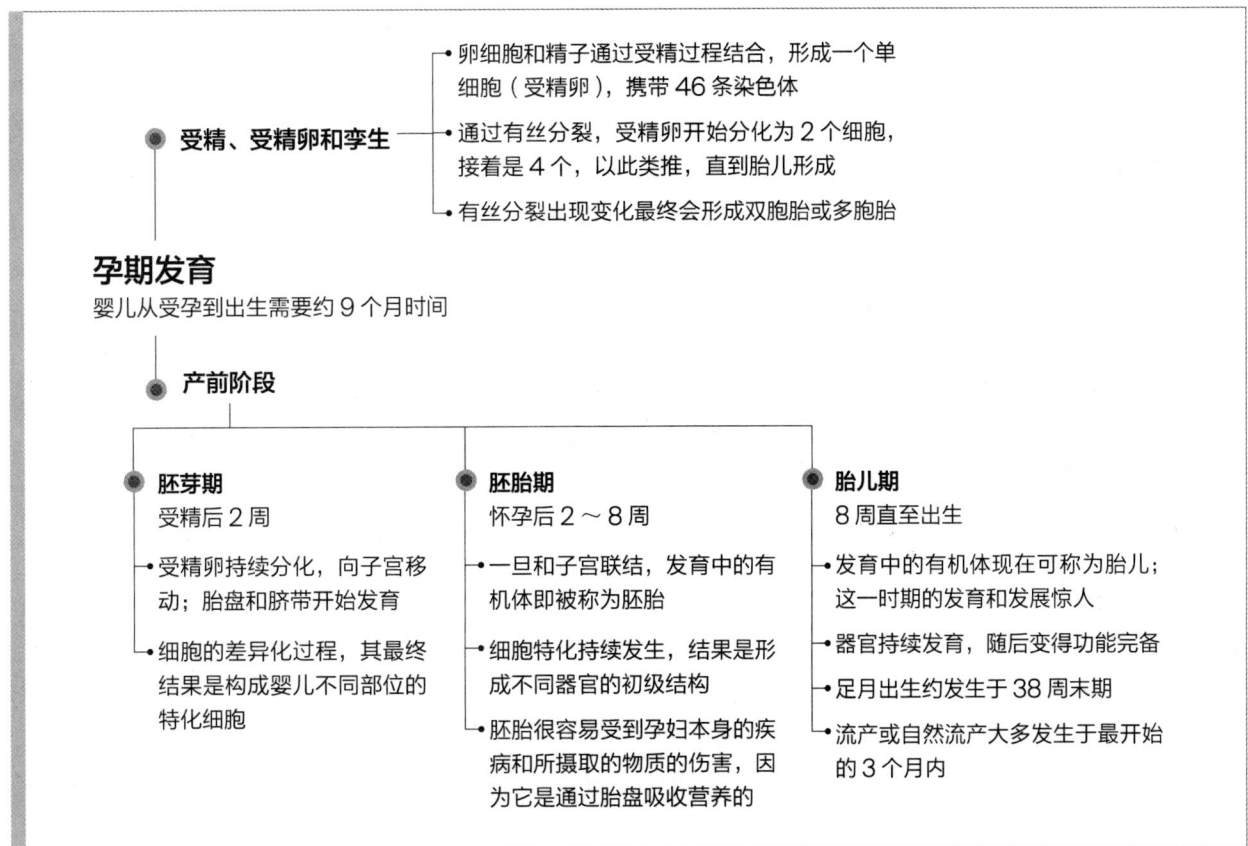

- **受精、受精卵和孪生**
  - 卵细胞和精子通过受精过程结合，形成一个单细胞（受精卵），携带 46 条染色体
  - 通过有丝分裂，受精卵开始分化为 2 个细胞，接着是 4 个，以此类推，直到胎儿形成
  - 有丝分裂出现变化最终会形成双胞胎或多胞胎

孕期发育
婴儿从受孕到出生需要约 9 个月时间

- **产前阶段**

  - **胚芽期**
    受精后 2 周
    - 受精卵持续分化，向子宫移动；胎盘和脐带开始发育
    - 细胞的差异化过程，其最终结果是构成婴儿不同部位的特化细胞

  - **胚胎期**
    怀孕后 2 ～ 8 周
    - 一旦和子宫联结，发育中的有机体即被称为胚胎
    - 细胞特化持续发生，结果是形成不同器官的初级结构
    - 胚胎很容易受到孕妇本身的疾病和所摄取的物质的伤害，因为它是通过胎盘吸收营养的

  - **胎儿期**
    8 周直至出生
    - 发育中的有机体现在可称为胎儿；这一时期的发育和发展惊人
    - 器官持续发育，随后变得功能完备
    - 足月出生约发生于 38 周末期
    - 流产或自然流产大多发生于最开始的 3 个月内

随堂小考

1. 怀孕的前两周叫作____。

  A. 胎儿期   B. 胚胎期

  C. 胎盘期   D. 胚芽期

2. 下列哪种情况不会发生在胚芽期?

  A. 分裂的细胞群移向子宫

  B. 发育中的器官受到胎盘毒素的影响

  C. 大量的细胞形成一个空心球

  D. 细胞开始分化

3. 受关键期影响最明显的是____。

  A. 胚芽期   B. 胚胎期

  C. 胎儿期   D. 妊娠期

4. 智力障碍和失明可能是____对发育中的胎儿产生影响的结果。

  A. 酒精   B. 咖啡因

  C. 可卡因   D. 汞

◐ 婴儿和儿童发育

在婴儿期和儿童期,人的身体快速成长发育,运动技能、认知能力发展明显,感觉系统同样发育迅速。

生理发展

8.6 了解婴儿期和儿童期的生理和感觉变化

婴儿出生后不久,就会开始出现一些变化。呼吸系统开始发挥作用:肺部充满空气,将氧气输入血液。由于脐带被切断,血液现在只能在婴儿体内循环。体温是由婴儿自己的活动和身体脂肪(充当隔热层)来调节的,而不再由羊水来调节。消化系统适应子宫外的生活所需的时间最长。这是婴儿身体脂肪过多的一个原因,脂肪能提供能量,直到婴儿能够自己吸收足够的营养。这就是为什么在出生后的第一周大多数婴儿的体重会减轻一些。

  💬 婴儿到底能做什么呢? 他们一开始就知道周围发生的事吗?

事实上,令人惊讶的是,婴儿能做的事情比研究人员过去认为的要多得多。很多早期的研究都是针对刚出生的婴儿进行的,这些婴儿的母亲在分娩过程中进行了全身麻醉,使得他们出生后仍然昏昏欲睡。而昏昏欲睡的婴儿往往反应不佳。从早期开始,研究人员就开发出了研究婴儿无法用语言表达事物的方法。其中两种常见的方法分别是偏好选择和习惯化。偏好选择会假设:婴儿花在刺激上的时间越长,他们对刺激的偏爱程度就越高(Fantz, 1961)。习惯化是指婴儿(和成人)对不变的刺激不再关注的倾向【连接学习目标3.3】。例如,通过让婴儿接触不变的声音或图像,研究人员可以等婴儿变得习惯(移开视线)后改变刺激。如果婴儿做出了反应(反习惯),就说明他们能够检测到这种变化(Columbo & Mitchell, 2009)。

反射 婴儿出生后就能够与世界互动了。婴儿天生具有一组非自愿的行为模式,即反射。在婴儿能够学习更复杂的互动方式之前,反射有助于婴儿生存。图 8-4 显示的是婴儿的 5 种反射。儿科医生通过此类反射来确定婴儿的神经系统是否能正常运作。

运动发育 从出生到 2 岁左右,婴儿在运动技能方面有很大的发展。图 8-5 显示了婴儿期的一些主要生理里程碑,其中的年龄范围是基于大量婴儿样本的平均值。婴儿出现里程碑的时间可能早于或晚于平均值,但仍被认为是正常发育。

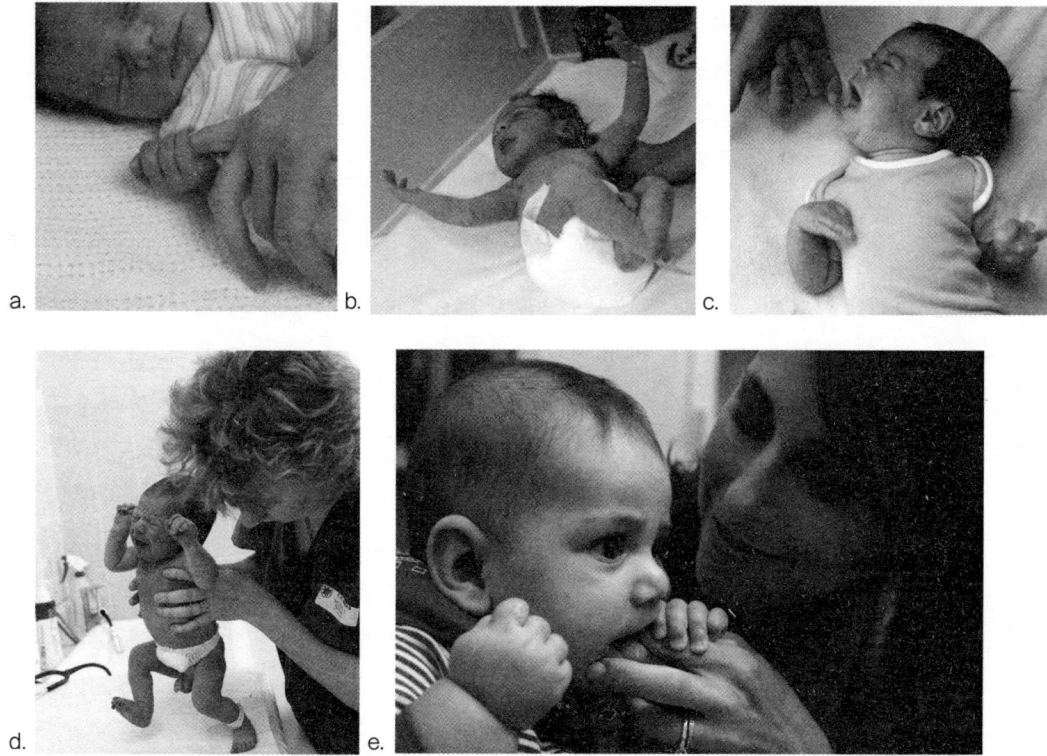

a.抓握反射；b.惊跳反射（也称拥抱反射）；c.觅食反射（当你触摸婴儿的脸颊时，他会转向你的手，然后张开嘴，寻找乳头）；d.踏步反射；e.吸吮反射。

图 8-4　婴儿的 5 种反射

图中这些反射可以用来检测婴儿神经系统的健康状况。如果反射不存在或不正常，可能意味着婴儿出现了脑损伤或其他神经问题。

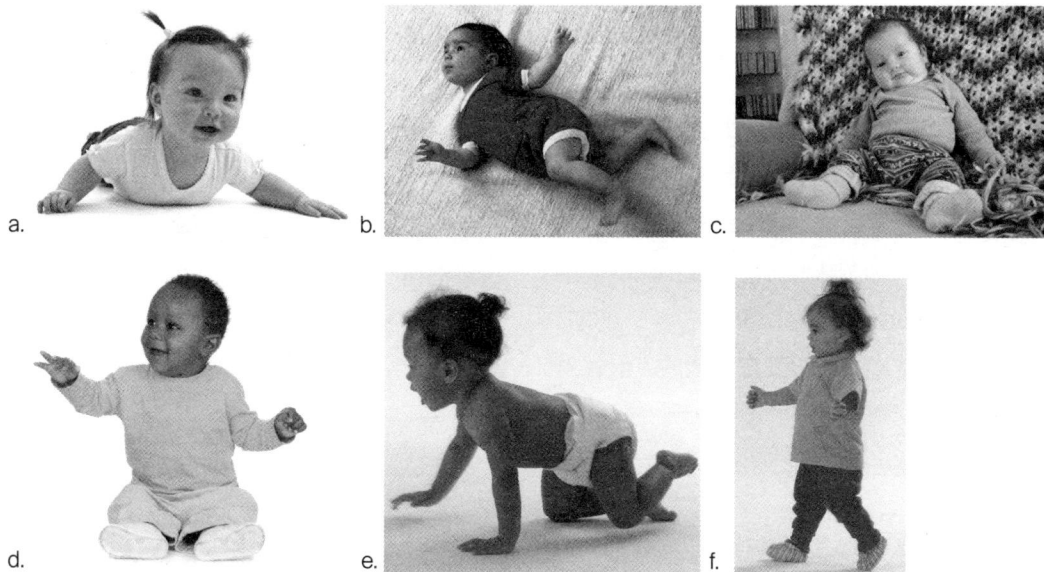

a.抬头挺胸（2～4个月）；b.滚动（2～5个月）；c.支撑着坐起来（4～6个月）；d.不需要支持坐起来（6～7个月）；e.爬行（7～8个月）；f.行走（8～18个月）。

图 8-5　婴儿的 6 种运动里程碑

当婴儿对自己身体肌肉的主动性控制更强大时，运动"里程碑"就形成了——通常是从身体上部向下部发展，如对颈部肌肉的控制发生在早期，而对于腿和脚的控制发生在后期。

大脑发育　出生时，婴儿的大脑由超过 1 000 亿个神经元组成。从出生到 3 岁，大脑的重量增加了 3 倍，神经元迅速而广泛地生长，其中大部分增长源于新的树突、轴突末端的生长和突触连接数量的增加（Nelson，2011）。令人惊讶的是，婴儿出生后的大脑发育需要损失一些神经元，这被称为突触修剪，即未使用的突触连接和神经元会被清除，为功能连接和细胞让路（Couperus & Nelson，2006；Graven & Browne，2008；Kozberg et al.，2013；Zhan et al.，2014）。这个过程类似于为花园除草——除掉杂草，为想留下的植物腾出空间。

💬 "我听说刚出生的婴儿的听力和视力都不是很好，是真的吗？"

感觉发育　虽然婴儿的大部分感觉能力在出生时就已经相当发达了，但有些感觉能力需要更长的时间才能达到完全发育。通过习惯化等方法，研究人员发现，婴儿的触觉是最发达的——如果你了解到婴儿在孕妇怀孕的最后几个月里与子宫发生了多少皮肤接触，对此就很容易理解了。婴儿的嗅觉也高度发达，事实上，母乳喂养的婴儿在出生后几天内就能分辨出自己母亲的乳香和他人母亲的乳香。

婴儿的味觉也几乎发育完全。婴儿在出生时就表现出对甜食的偏好（母乳非常甜），到 4 个月大时就形成了对咸味的偏好，这可能是由于接触了母亲皮肤上的咸味。不过，酸味和苦味则可能会使婴儿呕吐或做出恐惧的表情（Ganchrow et al.，1983）。

婴儿的听觉在出生前是可以发挥功能的，但在出生后可能需要一段时间才能完全发挥，因为其听觉通路中遗留的孕妇子宫内的液体还未被完全清除。从出生开始，新生儿似乎对高音（女性的声音）和低音（男性的声音）特别敏感。

婴儿在出生时功能发展最欠缺的感觉是视觉。眼睛是一个相当复杂的器官【连接学习目标 3.4】。视杆细胞在婴儿出生时就已经发育得很好了，它们主要分辨黑白两色，但"视力"很差，而视锥细胞主要分辨彩色，"视力"很敏锐，还需要大约 6 个月的时间才能发育完全。因此，在约 2 个月大之前，与感知强烈对比的光线和暗色调相比，新生儿的色彩感知能力相对较差（Adams，1987），视力相当"模糊"，与近视差不多。新生儿的晶状体保持固定不变，直到支撑它的肌肉发育成熟。在此之前，新生儿无法将仅有的一点注意力从近处转移到远处。因此，新生儿实际上有一个固定的视觉距离，18 ～ 25 厘米，这正好是哺乳时母亲的脸到婴儿的脸的距离（Slater，2000；von Hofsten et al.，2014）。

通过测量婴儿观察某些视觉刺激的时间，研究人员发现，新生儿在出生时存在视觉偏好（Fantz，1961），婴儿更喜欢看复杂的图形而不是简单的图形，更喜欢看三维图形而不是二维图形，最喜欢的视觉刺激是人脸。由于婴儿更喜欢人声和人脸（DeCasper & Fifer，1980；DeCasper & Spence，1986；Fantz，1964；Maurer & Young，1983；Morii & Sakagami，2015），因此他们更容易与照顾他们的人建立联系，这有助于以后的语言发展。婴儿对三维事物的偏爱表明他们具有深度知觉。下面的心理学经典实验为这一假设提供了证据。

心理学经典实验
视崖实验

埃莉诺·吉布森（Eleanor Gibson）及其同事迈克尔·沃克（Michael Walk）想知道婴儿是否能够感知三维世界，因此他们设计了一项实验——视崖实验（Visual Cliff Experiment），来测试婴儿的深度感知能力（Gibson & Walk，1960）。他们构建了一张特殊的桌子（见图 8-6），桌子的一侧设有一个大的落差。桌子从顶部到地板上的表面都有图案，图案的不同大小是一个深度的线索——还记得吗？在大

小不变的情况下，如果某事物看起来小，人们就会认为它离得远【链接学习目标 3.14】。整张桌子被一块透明的玻璃盖住，这样婴儿就可以安全地被放在上面或爬过深侧。

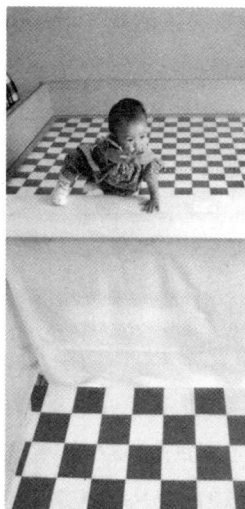

图 8-6　视崖实验

在视崖实验中，桌子被分为浅侧和深侧，用玻璃覆盖。当婴儿低头看向深侧时，地板上图案的方块看起来比浅侧的要小，这形成了对深度的视觉提示。请注意，右图的小女孩似乎非常不愿意越过桌子的深侧，而是做手势让人抱她。

在这项研究中，接受测试的婴儿的年龄在 6～14 个月之间。他们被放在桌子中间，然后，他们的母亲会鼓励他们爬过浅侧或深侧。大多数婴儿（81%）拒绝爬过深侧区域，尽管他们可以用手触摸到该区域，也能感觉出它是固体的。当鼓励他们爬过去时，他们会感到心烦意乱，似乎很害怕。吉布森和沃克认为这是深度知觉概念的早期迹象。

深入讨论一下

1. 19% 的婴儿确实爬过了视崖的深侧，但这是否就意味着这些婴儿无法感知深度？

2. 其他哪些因素可以用来解释 19% 的婴儿不愿意爬过深侧区域的原因？

3. 这项实验存在伦理问题吗？

4. 鸭子根本不会被眼前的悬崖困扰，你能说出为什么吗？

认知发展

8.7　比较认知发展的两种理论，解释孤独症谱系障碍

当婴儿长到 1 岁时，他们的体重比出生时增加了 2 倍，身高也增加了约 30 厘米。在前两年，他们的大脑重量增加了 2 倍，达到成人大脑重量的 75%。

5 岁时，他们的大脑已经达到成人重量的 90%。这种增长使得**认知发展**（cognitive development）的巨大进步成为可能，包括思维、问题解决和记忆的发展。

皮亚杰的理论：认知发展的 4 个阶段　我们将在本章中讨论检验认知发展的 3 种方法之一，它来自让·皮亚杰的著作。让·皮亚杰是早期的研究学者，他从对婴儿和儿童的仔细观察中得出了自己的理论，

尤其是观察他自己的 3 个孩子。皮亚杰对理解儿童如何看待周围世界做出了重大贡献；他的理论改变了人们通常认为的儿童思维是"小大人思维"的观点，让人们认识到儿童思维实际上与成年人思维有很大的不同。皮亚杰认为，当孩子经历新的情况和事件时，他们会形成心理概念或**图式**（scheme）。例如，如果珊迪指着一张苹果的图片告诉她的孩子"这是一个苹果"，那么她的孩子就会形成一个类似于这张图片的"苹果"图式。皮亚杰还认为，孩子首先会根据他们已经掌握的图式来理解新事物，这一过程被称为**同化**（assimilation）。孩子在看到一个橘子时也可能会说"苹果"，因为橘子和苹果都是圆的。得到纠正后，孩子可能会改变苹果的图示，包括"圆形"和"红色"。改变或调整旧图式以适应新信息和新经验的过程就是**适应**（Piaget，1952，1962，1983）。

　　皮亚杰还提出，从婴儿期到青春期，认知发展有 4 个不同的阶段，见表 8-3（Piaget，1952，1962，1983）。

　　感觉运动阶段　感觉运动阶段（sensorimotor stage）是皮亚杰认知发展的第一个阶段，聚焦从出生到 2 岁的婴儿。在这个阶段，婴儿通过感觉和运动能力来了解周围世界。起初，婴儿在出生时只拥有与物体和人互动的无意识反射。随着感觉和运动能力的发展，他们开始有意识地通过抓、推、品尝等方式与物体互动。婴儿通常会从简单的重复动作（如抓脚趾）发展到复杂的模式（如对形状进行区分）。

　　在感觉运动阶段结束时，婴儿已经完全发展出**客体恒常性**（object permanence）的感觉，即认识到物体在看不见的时候也存在。举个例子，躲猫猫游戏可以教导婴儿认识到妈妈的笑脸总在她的手后面。这一点很重要，它是发展语言和抽象思维的关键一步，因为单词本身就是看不见的事物的符号。符号思维是一种通过文字等符号来表达思想中物体的能力。这一阶段结束时，2 岁的孩子就可以通过简单的符号来思考和计划行动了。

表 8-3　皮亚杰认知发展的不同阶段

阶段	年龄	认知发展
感觉运动阶段	从出生到 2 岁	孩子通过感觉和运动能力来探索世界。他们发展出客体恒常性，并理解了概念和心理表象代表的是物体、人和事件
前运算阶段	2～7 岁	年幼的孩子可以通过文字或图片在心里描绘和提及物体和事件，他们还可以模拟。然而，他们无法维持或有逻辑地进行推理，也无法同时考虑某个物体的多种特征
具体运算阶段	7～12 岁	处于这一阶段的孩子能够维持、逆转思维，并根据物体的多种特征对其进行分类。他们也可以有逻辑地进行思考，并能理解类比，但只能是具体的事件
形式运算阶段	12 岁到成年	人们在这一阶段可以对假设事件或情况进行抽象推理，思考逻辑的可能性，使用抽象类比，并能系统地检查和测试假设。但并非每个人最终都能以这些方式进行推理

💬 "为什么小孩总是很容易相信圣诞老人和牙仙的故事？"

　　前运算阶段　前运算阶段（preoperational stage，2～7 岁）是语言和概念发展的时期。处于此阶段的孩子可以在他们的世界里自由地活动，不再仅仅依靠感觉和运动能力，他们现在可以提问，能更充分地探

索周围环境。他们可以玩模拟和假扮游戏，因为此时他们可以通过象征思维来理解，如一串木块可以模拟一列火车。然而，他们在某些方面仍存在局限，如其中一个局限是他们还没有逻辑思维的能力——他们可以使用简单的心理概念，但缺乏理性和逻辑。他们相信一切都是活着的，都有和自己一样的感觉，即所谓的万物有灵论，因此他们可能会因为撞到椅子而向椅

子道歉。他们也倾向于相信自己看到的都是真实的，因此当这个年龄的孩子在书中、电视上或商场里看到圣诞老人时，对他们来说圣诞老人就变得真实了。不过他们没有想过圣诞老人是如何在一个晚上到每个孩子的家里，或者为什么他送来的玩具和自己上周在商店里看到的一样。

另一个局限是**自我中心主义**（egocentrism）。这一阶段的孩子无法通过别人的眼睛而只能通过自己的眼睛看世界，对他们来说，其他人必须看到自己看到的东西，对自己重要的东西对其他人也必须重要。例如，当 2 岁的希巴第三次爬出婴儿床后，母亲对她说："我今晚不想再在客厅里看到你！"后来，希巴出现在母亲面前时用手捂着眼睛。在她看来，如果她看不见母亲，母亲也看不见她。自我中心主义并不等同于自私或以自我为中心。例如，4 岁的贾马尔想送给祖母一个玩偶作为生日礼物，由于这是他想要的，因此他也会以自我为中心，但完全是无私的。

记住，处于这一阶段的孩子也会被事物的"外观"征服。例如，当一个孩子抱怨自己的馅饼比哥哥的小时，如果将他的馅饼切成两块，那么他可能会很高兴，因为现在他认为自己比哥哥拥有"更多"的馅饼。他只关注了馅饼的数量，而不是实际的量。只关注某个对象的一个特征而不考虑所有特征，这被称为**中心化**（centration）。在图 8-7 的硬币示例中，处于这一阶段的孩子只关注上一行硬币的长度，而忽略了硬币的数量。这些孩子常常无法理解改变事物的外观并不会改变其本质，其中一个原因就是中心化。理解改变某事物的外观不会改变其数量、体积或质量的能力被称为**守恒**（conservation）。

守恒类型	初次展示	变化	问题	前运算阶段孩子的回答
数量	两行相同的硬币	其中一行硬币的间距增加	哪一行硬币比较多？	长的那行

图 8-7　守恒实验

在这项实验中，硬币被分成两等份。当上面一行的硬币间距增大时，还未发展出守恒概念的孩子会集中在上面一行，并认为这一行的硬币更多。

处于前运算阶段的孩子在理解守恒方面存在困难，不仅因为他们只将注意力集中在事物的一个特征上，比如馅饼的数量，还因为他们无法"在心理上逆转"行为。这种前运算思维的特征叫作**不可逆性**（irreversibility）。例如，如果一个处于前运算阶段的孩子看到液体从一个矮而宽的杯子倒进一个高而窄的杯子里，他会认为高而窄的杯子里装的液体更多。孩子之所以未能"维持"（conserve）倒入高而细的玻璃杯中形态不同的液体，不仅是因为他只注意杯子中液体的高度，还因为他无法想象若将高而窄的杯子里的水倒回矮而宽的杯子后液体的容积会与之前一样。

类似地，这一阶段的孩子也会认为，当一个黏土球滚成一根黏土"绳子"时，它的质量会变得更大。

具体运算阶段　具体运算阶段（concrete operations stage，7 ～ 12 岁）的孩子最终能够形成守恒概念，并能进行可逆的思考。当孩子能够考虑任何给定事物的所有相关特征时，他们就不再会出现中心化。他们开始更理性地思考圣诞老人或牙仙等"信仰"，并提出问题，最终对童年早期的幻想得出自己更理性的结论。他们在学校里学习各种各样的科学知识，包括数学，并且确信自己比父母知道得更多。

在上科学课的孩子。这些处于具体运算阶段的孩子已经开始能够有逻辑地进行思考，解决许多在前运算阶段不可能解决的问题。

处于这一阶段的孩子的主要局限是无法有效地处理抽象概念。抽象概念指的是没有客体、不具体且不可触的事物。例如，"自由"就是一个抽象概念。人们可以为它下定义，也可以很好地理解它的意思，但没有什么"事物"可以让人们指着说："这是自由。"而具体概念，即处于这一阶段的孩子理解的那种概念，是关于物体、书面规则和真实事物的，孩子们需要看到它、触摸它，或至少在头脑中"看到"它，才能理解它。

形式运算阶段　皮亚杰认知发展的最后一个阶段叫作**形式运算阶段**（formal operational stage，12岁至成年），在此阶段，孩子的抽象思维成为可能。他们不仅能够理解没有物理现实的概念，还能深入到假设思维中，或者思考可能性，甚至不可能性，如"如果每个人都能和睦相处呢？""如果让女性来管理国家，战争会减少吗？"

不过，皮亚杰认为，并非每个人最终都能到达形式运算阶段。研究表明，在美国，只有大约50%的成年人能到达这一阶段（Sutherland，1992）。那些没有到达这一阶段的成年人倾向于使用一种更实际、更现实的思维，这种思维适合他们特定的生活方式。然而，大学生需要通过形式运算思维来帮助他们在专业生涯中取得成功，因为大多数大学课程要求批判性思维、问题解决的能力，以及基于形式运算技能的抽象思维（Powers，1984）。

其他人还提出了形式运算阶段之外的另一个阶段，即在年轻人身上发现的相对性思维阶段，尤其

是那些在大学里遇到多样性挑战了自己"非黑即白"的思维方式的年轻人（LaBouvie-Vief，1980，1992；Perry，1970）。通过这种思维，年轻人认识到所有的问题都不能用纯逻辑来解决，人们对于一个问题可以存在多种观点。

评估皮亚杰的理论　在皮亚杰看来，儿童是周围环境的积极探索者，他们致力于发现周围环境中的事物和有机体的特征。教育家已将皮亚杰的理论实践化，他们让孩子按照自己的节奏学习，"亲身"体验物体，并对孩子进行相应的认知水平的概念教学（Brooks & Brooks，1993）。不过，皮亚杰的理论也受到了一些批评。例如，一些研究人员认为，皮亚杰的认知发展理论并不完全正确，因为思维的变化是连续且渐进的，而不是从一个阶段突然跳到另一个阶段（Courage & Howe，2002；Feldman，2003；Schwitzgebel，1999；Siegler，1996）。还有人指出，学龄前儿童并不像皮亚杰认为的那样自我中心（Flavell，1999），且客体恒常性的发展比皮亚杰认为的要早得多（Aguiar & Baillargeon，2003；Baillargeon，1986）。

维果茨基的理论：存在的重要性　俄罗斯心理学家列夫·维果茨基在发展心理学方面的开创性工作对俄罗斯的学校教育产生了深远的影响，他的理论引起了全世界范围内的兴趣，且这种兴趣仍在不断增长（Bodrova & Leong，1996；Duncan，1995）。维果茨基也对儿童的认知发展进行过研究，但与皮亚杰不同的是，他更强调他人在认知发展中的作用（Vygotsky，1934/1962，1978，1987）。皮亚杰强调儿童与事物的互动是认知发展的一个主要因素，维果茨基则强调儿童与他人的社会和文化互动的重要性，通常是技能更高的儿童和成人。维果茨基认为，在他称作**支架式教学**（scaffolding）的过程中，当别人通过提出引导性的问题和提供概念的例子来提供帮助时，孩子的认知能力就会发展。在这一过程中，技能更高的人在学习过程的最开始会为学习者提供很多的帮助，而随着学习者技能的提高，他们将逐渐停止帮助（Rogoff，1994）。

图中的女孩正帮助弟弟学习读书。关于认知发展，维果茨基认为，获得拥有技能之人的帮助有助于认知能力的提高。

维果茨基还提出，每个发育中的儿童都存在一个**最近发展区**（zone of proximal development，ZPD），这是孩子单独完成任务与在老师的帮助下完成任务的区别所在。例如，假如珍妮自己可以做四年级的数学题，而在老师的帮助下可以成功地做六年级的数学题，那么她的最近发展区大约是 2 年，这是她可以独自完成任务与在他人的帮助下完成任务的差距；同龄的苏茜可以和珍妮一样熟练地做四年级的数学题，甚至与她在传统的智力测验中得分相同，但如果苏茜在老师的帮助下只能完成五年级的数学题，那么苏茜的最近发展区只有 1 年，没有珍妮那么宽。虽然两人都很聪明，但人们可能会认为珍妮在智商方面比苏茜有更高的潜力。这可能是一种更好的思考智力的方式：不是关注你知道什么，而是关注你能做什么。

其他研究人员已将维果茨基的社会学习重点应用到儿童对个人（自传式）事件记忆发展的研究上，结果发现，儿童从与父母的早期对话中学习了由文化决定的个人故事结构和目的，这一过程始于父母给年幼的孩子讲故事。随着语言能力的提高，孩子会重复故事中的元素，并在五六岁左右进入最后阶段，这时他们完全创造了个人故事——这是支架式教学的一个很好的例子（Fivush et al.，1996；Fivush & Nelson，

2004；Nelson，1993）。在皮亚杰看来，孩子的自言自语是一种自我中心的表现，而维果茨基则认为私人谈话是孩子将内心想法说出来和认知发展的一种方式。即便是成年人，当通过与自己谈话能解决特定问题时，人们仍然会这样做。基于维果茨基的思想，人们将合作学习应用于教育中，在合作学习中，学生分组合作来完成共同的目标。而在互惠教学中，教师会教授阅读的基本策略，直到学生自己拥有能够教授他人的能力。可参见第 7 章对婴儿和儿童时期的语言发展阶段的详细描述【连接学习目标 7.12】。

孤独症谱系障碍　在结束婴儿期认知发展的话题之前，我们来简短地讨论一个热点话题：孤独症谱系障碍的潜在原因。孤独症谱系障碍是一种神经发育障碍，它实际上包含了一系列先前的疾病，这些疾病可能有同样广泛的病因，它们会导致人们在思维、感觉、语言和社交技能方面出现问题（American Psychiatric Association，2013；Atladóttir et al.，2009；Johnson & Myers，2007；Lai et al.，2015；Schuwerk et al.，2015）。

需要提到的一个术语是心理理论，它指的是一个人不仅能理解自己的心理状态，如信仰、意图和欲望，而且还能理解他人的信仰、意图和欲望可能与自己不同（Baron-Cohen et al.，1985）。相关研究表明，孤独症患者的主要问题之一是他们没有心理理论，因此对他人拥有自己的观点无法理解（Baron-Cohen et al.，1985；Kimhi，2014；Korkmaz，2011）。

孤独症的确切病因尚不清楚，但关于孤独症可能的病因的谣言和错误信息已在互联网上流传多年（Mitchell & Locke，2015）。错误信息的主要来源始于 1998 年。当时，英国胃肠病学家安德鲁·韦克菲尔德（Andrew Wakefield）与其他作者共同发表了两项研究结果，这两项研究似乎将麻疹、腮腺炎和风疹三联疫苗（MMR 疫苗）与儿童孤独症和肠道疾病联系了起来（Wakefield et al.，1998）。专家审核了韦克菲尔德的研究质量，很快，专家和其他人谴责了韦克菲尔德的研究不够充分且危险（Fitzpatrick，2004；Judelsohn，2007；Matthew & Dallery，2007；Novella，2007；Stratton et al.，2001a，2001b）【连接学习目标

1.8 和 1.9 】。然而，在韦克菲尔德的文章发表后，很多父母拒绝为孩子接种麻疹疫苗，这导致麻疹开始流行起来。尽管大量研究始终未能证明 MMR 疫苗与孤独症之间存在任何联系，但关于这种联系的迷思仍然存在（Burns，2010；Gilberg & Coleman，2000；Johnson & Myers，2007；Madsen et al.，2002；Mars et al.，1998；Taylor et al.，1999；Thompson et al.，2007）。2004 年，其他作者正式撤回了 1998 年关于 MMR 疫苗与儿童孤独症和肠道疾病关系的论文。2009 年，韦克菲尔德被查出伪造数据，并于 2010 年 5 月被吊销行医执照（Meikle & Bosley，2010）。

社会心理发展

8.8　了解人格、人际关系和自我概念在婴儿期和儿童期的发展

　　婴幼儿的心理和社会发展包括人格、人际关系和性别意识的发展。虽然这些过程始于婴儿期，但在许多方面，它们将一直持续到成年期。

　　💬 "为什么有些孩子总是很消极、爱抱怨，有些孩子则很可爱，性格也好？"

　　气质　婴儿表现出不同人格的途径之一就是通过**气质**（temperament），即在出生时就已经确定了的行为和情感特征，所谓的人格即与众不同的持久特征。研究人员（Chess & Thomas，1986；Thomas & Chess，1977）确定了婴儿的 3 种基本气质类型：

1. 容易型：容易型的婴儿会有规律地作息，有规律地醒来、睡觉和吃饭，并能适应变化。容易型的婴儿通常都很快乐，而且一旦产生不良情绪，他们很容易被安抚。
2. 困难型：困难型的婴儿几乎是容易型婴儿的对立面。困难型婴儿的时间表往往不规律，对任何形式的变化都很不满。他们通常都很喧闹、活跃，往往易怒，而不是快乐。
3. 迟缓型：这种气质的婴儿不那么易怒，安静，比困难型的婴儿更有规律，但他们适应变化的速度很慢。如果改变是逐渐发生的，这些婴儿将会逐渐与新的人物和环境变得熟悉起来。

　　当然，并不是所有的婴儿都能完全被归入这 3 种气质类型中的一种，有些孩子可能是两种甚至三种气质类型的混合。就像斯特拉·切斯（Stella Chess）和亚历山大·托马斯（Alexander Thomas）等研究人员发现的那样。即便如此，纵向研究显著地表明，这些气质类型可以持续到成年，并受到遗传的显著影响（Kagan，1998；Kagan et al.，2007；Korn，1984；Scarpa et al.，1995；Schwartz et al.，2010），不过，它们在某种程度上也会受到婴儿成长环境的影响。例如，爱吵闹且活跃的父母可能不会认为困难型的婴儿难相处，而如果父母本身喜欢变化和吵闹，那么他们可能会认为迟缓型的孩子难相处。前一类婴儿所处的情况是，他的气质与父母的气质非常接近，拟合度很好；而后一类不怎么活跃的婴儿的气质与父母的气质拟合度不佳（Chess & Thomas，1986）。不匹配的人很难形成依恋关系，这是一个重要的社会心理情感纽带，我们将在下文进行讨论。

　　依恋　在婴儿和主要照顾者之间形成的情感纽带称为**依恋**（attachment）。依恋是婴儿的社会和情感生活中的一项极其重要的发展，通常在婴儿生命的前 6 个月内形成，并在接下来的 6 个月内以多种方式出现，如陌生人焦虑（对陌生人的警惕）和分离焦虑（害怕与照顾者分开）。虽然婴儿通常主要依恋母亲，但他们也可以依恋父亲和其他照顾者。

　　依恋类型　玛丽·安斯沃思（Mary Ainsworth）曾创建了一个特殊的实验设计来测量婴儿对照顾者的依恋，她称之为 "陌生情境"（strange situation），即让婴儿面临母亲和陌生人离返的一系列情况（Ainsworth，1985；Ainsworth et al.，1978）。通过这种方式，安斯沃思和她的一位同事确定了 4 种依恋类型：

1. 安全型：安全型依恋的婴儿在和母亲进入房间后，很快就愿意从母亲的膝盖上下来。他们愉快地探索着，并会回头看着母亲，时不时地跑向母亲，有点像与母亲 "商量"。当陌

生人进来时，只要母亲在附近，这些婴儿虽然很警惕，但也很平静。当母亲离开时，他们会很沮丧；当母亲返回时，他们会很高兴并靠近母亲，且很容易得到安抚。

2. 回避型：与安全型依恋的婴儿相反，回避型依恋的婴儿虽然在一定程度上愿意探索，但他们没有与母亲进行"商量"并将母亲作为探索基地，他们既不看陌生人也不看母亲，而且对母亲的缺席和返回反应也很小，似乎没有兴趣。

3. 矛盾型：矛盾即对某件事有复杂的感觉。在安斯沃思等人的研究中，矛盾型依恋的婴儿会紧紧地抱着母亲，不愿去探索，无论母亲在不在，都会因陌生人的出现感到非常沮丧。当母亲离开时，他们很难安抚；当母亲返回时，他们会在要求抱起自己的同时又将母亲推开或踢母亲，对母亲的返回也反应不一。

4. 混乱型：在随后的研究中，其他研究人员（Main & Hesse，1990；Main & Solomon，1990）发现，一些婴儿似乎无法决定对母亲的返回应做出什么反应，即混乱型依恋，这类婴儿会接近母亲，但他们的视线会看向别处，好像害怕进行眼神接触。一般来说，这些婴儿看起来很害怕，他们脸上会露出茫然和沮丧的表情。

不同依恋类型的婴儿的母亲的行为各不相同，这一点毫不奇怪。安全型依恋的婴儿的母亲对婴儿充满爱心、热情，对婴儿的需求敏感，并会对婴儿的沟通尝试做出反应。回避型依恋的婴儿的母亲反应迟钝，麻木不仁，会冷漠地拒绝。矛盾型依恋的婴儿的母亲试图做出回应但前后并不一致，对婴儿的行为不敏感，经常与婴儿谈论一些与婴儿当时所做的完全无关的事。混乱型依恋的婴儿的母亲会虐待或忽视婴儿。

然而，依恋不一定是母亲单独行为的结果。婴儿的气质在影响母亲的反应方面可能发挥了重要作用（Goldsmith & Campos，1982；Skolnick，1986）。例如，困难型的婴儿很难被安抚，他们的母亲可能是为了避免与婴儿进行不必要接触，就像研究中的回避型依恋的婴儿的母亲一样。

尽管研究中的观察者在陌生情境实验之前，已经观察了婴儿在熟悉环境下的反应，但人们仍然对该研究提出了批评，主要集中于人造环境的设计上，并怀疑婴儿和母亲在更熟悉的依恋情感中是否会有不同的表现（Ainsworth，1985）。其他研究发现了支持安斯沃思基于家庭的依恋评估中发现的结果（Blanchard & Main，1979），也发现了支持依恋类型的概念和依恋在生命前 6 年的稳定性的证据（Lutkenhaus et al.，1985；Main & Cassidy，1988；Owen et al.，1984；Wartner et al.，1994）。此外，即使是成人关系也受依恋的影响，如那些回避型依恋的人往往与不同的伴侣有着浅薄而短暂的关系，而那些矛盾型依恋的人往往会反复与同一个人分分合合（Bartholomew，1990；Hazan & Shaver，1987；Schroeder，2014）。

对依恋的影响 随着日托越来越被人们接受并变得越来越普遍，许多父母开始担心日托对依恋的影响。心理学家杰伊·贝尔斯基（Jay Belsky）及其同事（Belsky，2005；Belsky & Johnson，2005；Belsky et al.，2007）研究了婴儿在日托中的依恋关系，并得出结论：尽管较高质量的日托很重要（所谓"高质量"即儿童与照料者比例较小，照料者的更替率较低且接受了儿童护理技术和理论教育），尤其对认知发展来说很重要，然而，包括依恋在内的积极发展，更多的是与孩子在家里接受的养育方式有关。

尽管依恋存在着文化差异，比如美国的母亲往往会等孩子表达需求后，才会试图满足孩子，而日本的母亲更喜欢"预见"孩子的需求（Rothbaum et al.，2000），但依恋似乎并没有受此影响，尽管敏感性不同。

在其他文化中发现类似的依恋类型的证据表明，有必要将依恋视为与他人建立关系的重要的第一步，这可能会为随后所有关系的建立打下基础（Agerup et al.，2015；Hu & Meng，1996；Keromoian & Leiderman，1986；Nievar et al.，2015；Posada et al.，2013；Stefanovic-Stanojevic et al.，2015）。接下来，让我们来了解一下关于这一问题的第一批研究之一，它探究了形成依恋所需的关键因素。

心理学经典研究
哈洛的接触舒适

一开始研究依恋的发展时，心理学家起初假设孩子对母亲依恋的发生是因为母亲与对原始冲动的满足感有关，如饥饿和口渴。当食物这种初级强化物被呈现时，母亲总是在场，所以母亲成为产生愉悦的次级强化物【连接学习目标 5.5 】。

心理学家哈里·哈洛（Harry Harlow）认为，依恋不仅仅受食物供应的影响。他通过幼年恒河猴进行了多项依恋研究（Harlow, 1958），并注意到，实验室里的猴子喜欢待在用来排列笼子的软布垫上。于是，哈洛设计了一项研究来检查他所谓的接触舒适（contact comfort）的重要性，即猴子看起来对柔软的东西存在依恋。

哈洛在 8 只幼年恒河猴出生后不久就将它们分离出来，并将它们放在一个笼子里，里面有两位替代品"母亲"。这些替代品实际上是木头，一根包裹着柔软的布料，另一根则由铁丝构成，它们都是从内部加热的。对一半的猴子来说，铁丝"母亲"拿着奶瓶，而另一半则是由柔软布料"母亲"拿着奶瓶。哈洛记录了每只猴子与每位"母亲"相处的时间。如果将猴子与替代品"母亲"相处的时间作为依恋的指标，那么通过学习理论可以预测，这些猴子会花更多的时间在任何一位喂养自己的替代品"母亲"身上。

但结果显示，无论哪位"母亲"喂自己，所有的幼猴都会将更多的时间花在柔软布料"母亲"身上。事实上，所有猴子都很少花时间与铁丝"母亲"待在一起，即使它有奶瓶。哈洛和他的同事得出结论，"接触舒适是基本情感或爱的一个重要的变量"（Harlow,

1958, p. 574）。

哈洛的研究是对接触在依恋过程中的重要性的最早研究之一，并且至今仍是人的发展的重要研究课题。

图中的铁丝"母亲"为这只幼年恒河猴提供了食物，但这只猴子却将所有的时间都花在柔软布料"母亲"身上。哈洛认为，这证明了接触舒适在依恋中的重要性。

深入讨论一下

1. 虽然柔软布料"母亲"温暖且柔软，并且似乎提供了接触舒适，但你认为通过这种方法饲养的猴子在与其他猴子接触时会表现正常吗？它们会做何反应？

2. 对于那些用奶瓶喂养婴儿而不是母乳喂养的人类母亲来说，哈洛的研究可能意味着什么？

我是谁：自我概念的发展 婴儿在生命开始时并不知道自己与周围环境是相分离的，也不知道自己与社会中的其他人是相分离的，他们只有**自我概念**（self-concept），即人对自身的印象，它基于人与生活中其他重要人物的互动。当婴儿体验周围世界时，他们会慢慢地学会将"我"从物质环境和世界中其他人那里分离出来。

有一种方法可以证明孩子自我意识的不断增

强，那就是所谓的点红实验（rouge test）：在孩子的鼻尖上涂上一点红色的胭脂或口红，然后将他们带到镜子前面。6 个月到 1 岁多一点的婴儿会伸手触摸镜子中的图像，就好像在对另一个婴儿做出反应（Amsterdam，1972；Courage & Howe，2002），有些婴儿甚至会爬到或走到镜子另一边去寻找"那个婴儿"。15 ~ 18 个月大时，婴儿在看到镜子中的图像时会开始摸自己的鼻子，这表明婴儿意识到镜子中的图像是自己的（Nielsen et al.，2006）。随着孩子的成长，自我概念逐渐涉及性别（"我是男孩"或"我是女孩"）、外表（"我有棕色的头发和蓝色的眼睛"），以及童年中期的人格特征和群体成员身份（Stipek et al.，1990）。

💬 我听说，不应该在孩子每次哭的时候抱起他——如果这么做，可能会宠坏孩子。

埃里克森的理论 事实上，很多人不仅听说过这个"建议"，还会付诸行动，如经常忽视婴儿的哭声，实际上这对婴儿来说是一件非常糟糕的事情。当一个不到 6 个月的婴儿哭泣时，这是一种本能反应，意味着照料者要满足孩子的需求，如饥饿、口渴、疼痛，甚至孤独。研究表明，在最初几个月，如果婴儿在饥饿时能得到喂养，在弄湿衣物时有人帮忙换，那么当他们到 1 岁时，相较于那些有被关注需求（如饥饿、疼痛等）但被照料者经常忽略的婴儿，这些婴儿会形成更安全的依恋（Brazelton，1992；Heinicke et al.，2000）。心理动力学理论家埃里克·埃里克森强调了社会关系在人格发展中的重要性，他肯定不同意让婴儿"哭个够"，不过，对于已经吃过饭、换过衣服、打过嗝的婴儿，偶尔让他们哭一哭也不会损害依恋。

埃里克森曾接受过弗洛伊德精神分析的训练，但他后来逐渐相信，在发展中，社会互动比弗洛伊德认为的性发育更重要。他认为，发展分为连续性的 8 个阶段，即埃里克森八阶段理论，其中前 4 个阶段发生在婴儿期和儿童期（Erikson，1950；Erikson & Erikson，1997）【连接学习目标 13.2】。埃里克森的理论的每个阶段都是一个情感危机，或者说人格转折点，每个阶段的危机都必须成功地得到解决，这样一来，人的心理才能得到正常而健康的发展。

埃里克森关注的是婴幼儿和儿童与周围环境中重要人物的关系，如父母、老师，甚至同龄人。表 8-4 总结了埃里克森八阶段理论中每个阶段的冲突以及对未来发展的一些影响（Erikson，1950；Erikson & Erikson，1997），尤其应注意前 4 个阶段。

表 8-4 埃里克森八阶段理论

阶段	发展危机	危机得到成功解决	危机未得到成功解决
婴儿期（新生儿到 1 岁）	信任 vs. 不信任：婴儿学习到一种基本的信任感，而这取决于他们的需求是如何得到满足的	如果婴儿对食物、舒适和情感的需求得到了满足，他们就会对人产生一种信任感，并期待他们的需求将来也能得到满足	如果婴儿对食物、舒适和情感的需求没有得到满足，他们就会产生一种不信任感，也就不会期望自己的需求在未来得到满足
儿童期（1 ~ 3 岁）	自主 vs. 害羞和怀疑：幼儿开始明白他们可以控制自己的行为	成功控制自己行为的幼儿会发展出独立性	试图独立却受阻的幼儿会产生自我怀疑和失败的羞耻感
学前期（3 ~ 5 岁）	主动 vs. 内疚：学龄前儿童在发展自我控制能力时学会对自己的行为负责	如果学龄前儿童成功地控制了自己的反应和行为，他们就会觉得自己有能力，并发展出主动性	如果学龄前儿童无法控制自己的反应和行为，他们就会感到不负责任和焦虑，并产生内疚感
学龄期（5 ~ 12 岁）	勤奋 vs. 自卑：学龄期儿童必须在学术世界和社会世界中学习新技能。他们将自己与他人进行比较以测量其成败	当儿童觉得他们在学习技能上取得了成功时，他们就会发展出勤奋的感觉，他们会觉得自己有能力，并会提高自尊心。	当儿童失败或觉得他们在学习技能上失败时，他们会觉得自己不如别人

续表

阶段	发展危机	危机得到成功解决	危机未得到成功解决
青春期 （13～20多岁）	同一性 vs. 角色混乱：青少年必须决定他们是谁、相信什么以及想成为什么样的成年人	能够定义自己的价值观、目标和信仰的青少年会发展出稳定的自我同一性	无法定义自己，仍然感到困惑，可能会将自己与他人隔离开来，或者试图像其他人一样，而不是自己
成年早期 （20～30多岁）	亲密 vs. 孤独：年轻人面临的任务是找到可以在一段持续的、亲密的私人关系中与之分享自己同一性的人	成功地找到某个人并与其分享同一性，会发展出一种建立在心理亲密上的令人满意的关系	找不到分享对象（通常是因为他们还没有形成稳定的同一性来分享），会孤立自己，即便是拥有一些与他人的弱连接，也会感到孤独
成年期 （40～50多岁）	繁衍 vs. 停滞：该项任务的重点是找到一种方法，成为一个有创造力、有生产力的人，并培养下一代	能够专注于下一代，富有成效和创造力，并能为未来留下遗产	无法将注意力放在自己之外，停滞不前，以自我为中心，感觉自己无法做出改变
成熟期 60岁及以上	自我整合 vs. 绝望：该阶段的任务包括接受生命的终止，达到一种整合感，接受生命本来的样子	能够接受自己的生活，接受自己做过和没做过的事情，并能够"放下"遗憾，会有一种完满感，会轻松地将死亡视为完整人生的最后阶段	无法实现同一性、获得亲密感或繁衍，无法释怀自己的遗憾，会有一种做事太迟，死亡来得太早的感觉

资料来源：Erikson, 1950。

概念地图 8.6～8.8

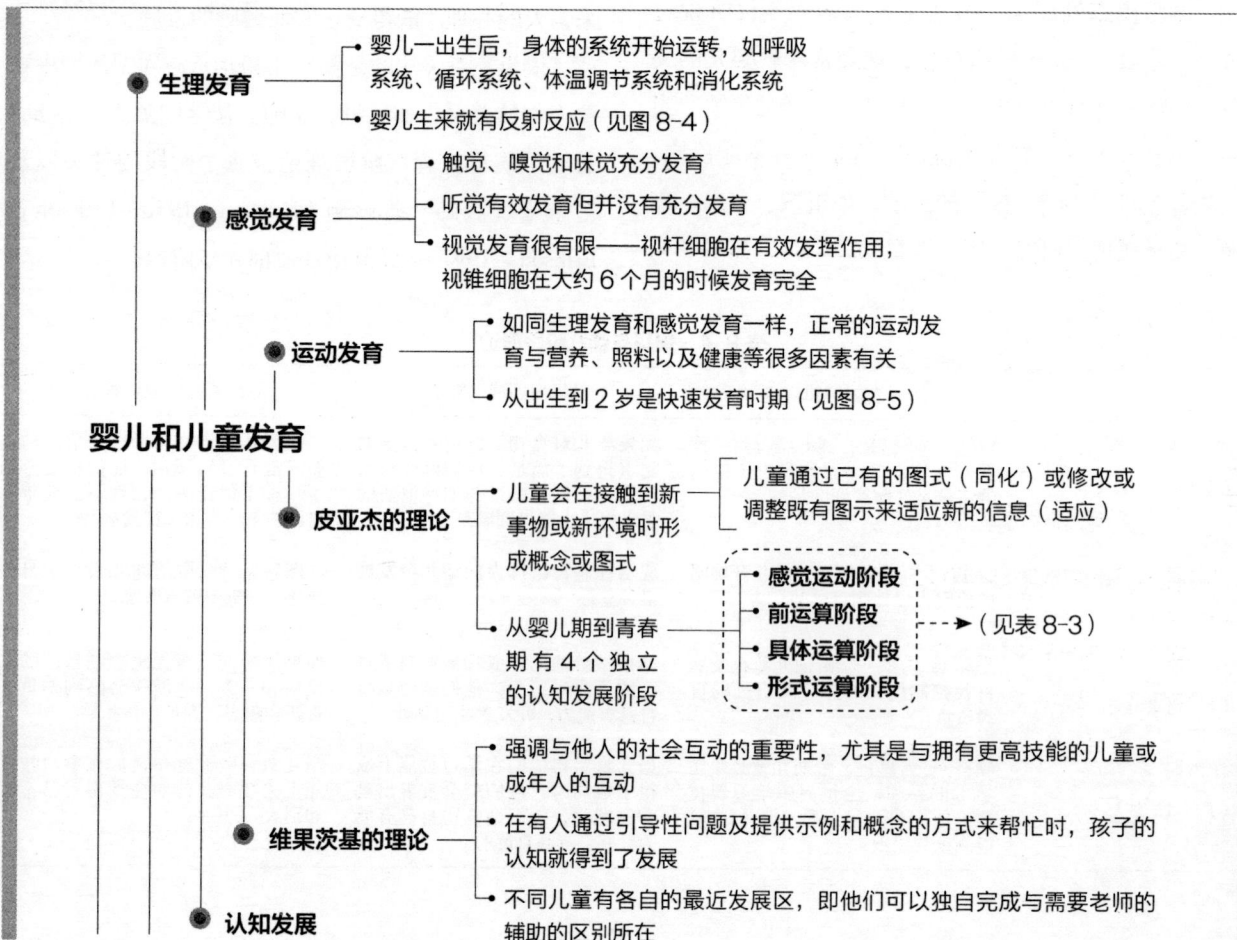

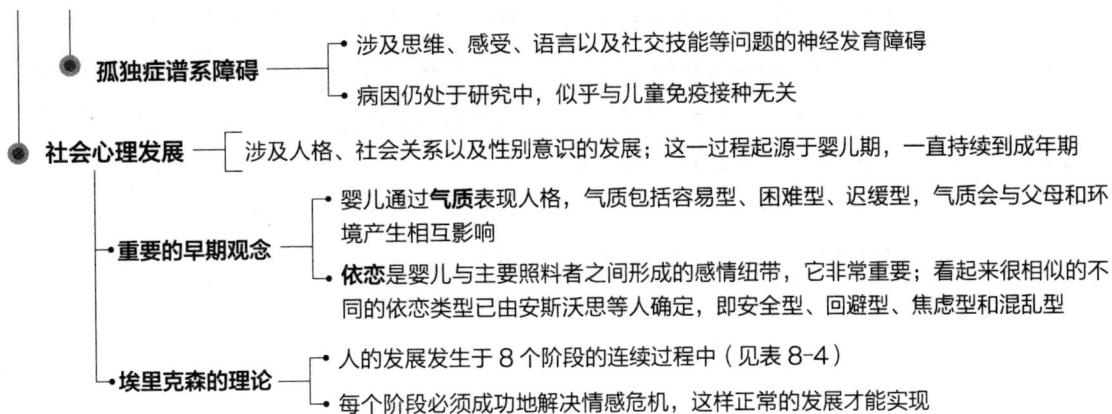

- 孤独症谱系障碍 ——
  - 涉及思维、感受、语言以及社交技能等问题的神经发育障碍
  - 病因仍处于研究中，似乎与儿童免疫接种无关
- 社会心理发展 —— 涉及人格、社会关系以及性别意识的发展；这一过程起源于婴儿期，一直持续到成年期
  - 重要的早期观念 ——
    - **气质**：婴儿通过**气质**表现人格，气质包括容易型、困难型、迟缓型，气质会与父母和环境产生相互影响
    - **依恋**是婴儿与主要照料者之间形成的感情纽带，它非常重要；看起来很相似的不同的依恋类型已由安斯沃思等人确定，即安全型、回避型、焦虑型和混乱型
  - 埃里克森的理论 ——
    - 人的发展发生于 8 个阶段的连续过程中（见表 8-4）
    - 每个阶段必须成功地解决情感危机，这样正常的发展才能实现

随堂小考

1. 研究人员研究新生儿发育的一种方法是测量婴儿持续关注不变刺激的时间。这种方法是____。

   A. 适应　　　　　　　B. 习惯化

   C. 纵向研究　　　　　D. 横断设计

2. 根据皮亚杰的理论，孩子在哪一阶段刚刚发展出守恒的能力？

   A. 感觉运动阶段　　　B. 前运算阶段

   C. 具体运算阶段　　　D. 形式运算阶段

3. 维果茨基将____定义为，在给定的任务中，随着学习者能力的提升其所得帮助会减少的过程。

   A. 支架式教学　　　　B. 习惯化

   C. 最近发展区　　　　D. 元记忆

4. 根据安斯沃思的说法，当一个婴儿黏着母亲，并对母亲的离开表示不开心、渴望被抱起但同时会踢和推开母亲时，他会表现出了____依恋。

   A. 安全型　　　　　　B. 矛盾型

   C. 回避型　　　　　　D. 混乱型

5. 哈里·哈洛的研究表明，发展依恋最重要的因素是____。

   A. 喂养　　　　　　　B. 身体接触

   C. 心理挑战　　　　　D. 睡眠

6. 根据埃里克森的观点，一个人有能力控制自己的行为并发展出独立性发生在哪一阶段？

   A. 信任 vs. 不信任　　B. 自主 vs. 羞耻和怀疑

   C. 主动 vs. 内疚　　　D. 繁衍 vs. 停滞

科学探究和批判性思维
疫苗接种和群体免疫

落实 APA 学习目标 2.1：利用科学推理解释心理现象；APA 学习目标 2.3：参与创新性思考与综合性思考以及问题解决

现在，你可能会认为，人们应该很清楚疫苗接种不会导致孤独症或其他问题，而且事实上疫苗接种是一件好事。但遗憾的是，仍然存在一个很大的问题，即很多人没有给他们的孩子接种预防致命疾病的疫苗，因为他们听信流言，阅读错误信息。2015 年 12 月，新闻媒体报道了澳大利亚的一所小学暴发了水痘，这所小学因对不想给孩子接种疫苗的家长很"宽容"而出名（Campbell，2015）。该校的疫苗接种率只有73%，而周边社区的接种率为92%。该校320名学生中至少有80人（约25%）受到影响，包括一些已经接种过疫苗的人——不过他们只会出现轻微的水痘症状。由于许多未接种疫苗的儿童也在上学，因此这一特定人群失去了群体免疫。所谓群体免疫，即随着时间的推移，当一个群体的绝大多数成员对某种特定疾病产生免疫时，该群体就获得了免疫（Plotkin et al.，2011）。

彩图8直观地演示了疾病传播和群体免疫的形成过程。如图中所示，当一个群体没有获得群体免疫时，仅仅少数人携带疾病，甚至只有一个人携带疾病，疾病就可以在整个群体中传播。这就是著名的"伤寒玛丽"医学实例中发生的情况。在这个实例中，一名携带伤寒病毒的女性将这种疾病传播给了大量雇主及其家人。随着群体中越来越多的人获得免疫，疾病的传播开始降低。当群体中大多数人都接种了疫苗，疾病的传播将被最小化，群体免疫形成。

为什么这些孩子的父母不给孩子接种疫苗呢？首先，这些孩子的父母不会批判式思考。回想一下本书第1章的在日常生活中运用心理学的内容【连接

学习目标1.12】。批判性思维的第一个标准是：很少有"真理"不需要经过检验。例如，经过多年良好的研究和测试，疫苗与孤独症之间的联系已经很清楚了：二者之间没有联系（Burns，2010；CDC，2004，2011，2013；Gilberg & Coleman，2000；Johnson & Myers，2007；Madsen et al.，2002；Mars et al.，1998；Offit & Bell，1998；Stratton et al.，2001a，2001b；Taylor et al.，1999；Thompson et al.，2007）。

其次，参与反疫苗运动的人得到的信息并非来自科学而严谨的研究，而是来自奇闻轶事和网络。批判性思维的第二个标准是：并非所有的证据都有效。评价、趣闻和网上的信息都不是良好的证据。

另外，参加反疫苗运动的名人很多。这些人虽然没有真正的专业知识，在此问题上缺乏权威，但他们有能力接触到很多人，而这些名人的"粉丝"非常愿意相信他们。批判性思维的第三个标准是一个经常被遗忘的标准：权威人士或拥有丰富专业知识的人的观点不一定都是正确的，正如前文提到的韦克菲尔德的灾难证明的那样。证据最重要，就免疫接种而言，证据很明显了，所以，应该给孩子接种疫苗。

◉ 青少年期

青少年期（adolescence）是指从13岁到20岁初的人生时期，此时，年轻人在生理上已不再是孩子，但也不是独立自给的成年人。

在过去，青少年期一直被定义为"十几岁"，包括从13岁到19岁，但青少年并不一定是由实际年龄决定的，它还涉及一个人如何处理生活中的问题，如工作、家庭和人际关系。因此，虽然有明确的开始年龄，但青少年期的结束在不同个体上可能或早或晚。

生理发展

8.9　了解青少年期的生理变化

💬 青少年期不就是身体发生了变化吗？

青少年期开始的最明显的标志是**青春期**（puberty）的开始，即主要表现在第一性征（如阴茎或子宫等性器官的生长）和第二性征（生理变化，如乳房和体毛的发育）上的生理变化，这些都是在性发育达到

顶峰时发生的【连接学习目标 10.1】。青春期是达到适当的基因决定年龄时，垂体刺激的一系列复杂的腺体活动的结果。甲状腺促进了生长速度，而肾上腺和性腺刺激某些特征的生长，如体毛、男性的肌肉组织和女孩的月经周期（Grumbach & Kaplan，1990；Grumbach & Styne，1998）。发育期通常始于快速生长期的 2 年后，女孩的快速生长期大约在 10 岁左右，男孩大约在 12 岁左右。

除了身高的增长外，与性别相关的生理特征也会发生明显的变化。事实上，青春期的孩子的生长发育速度接近于胎儿的发育速度【连接学习目标 10.2】。

大约 4 年后，青春期的变化就相对完成了。不过，大脑的发育会一直持续到 20 岁出头，而部分负责冲动控制、决策、组织和信息理解的大脑前额叶皮层，直到 25 岁左右才发育成熟（Somerville et al.，2013）。这样就很容易理解为什么青少年可能会参与危险行为，即使他们明知道有危险。

认知发展

8.10　了解青少年期的认知发展和道德发展

💬 如果我没记错的话，青少年应该处于皮亚杰理论的形式运算阶段。那么，为什么许多青少年不能像成年人那样思考呢？

虽然青少年的认知发展不如生理发育那么明显，但仍然代表着青少年对自己、对同龄人、对人际关系以及对周围世界的看法发生了重大变化。

修订的皮亚杰形式运算　青少年，尤其是那些接受了正规高中教育的青少年，他们可能会进入皮亚杰理论的最后阶段——形式运算阶段，在这一阶段，抽象思维成为可能。青少年开始思考假设情景，从而形成一幅关于"理想"世界的图景。

皮亚杰的理论对儿童教育产生了巨大的影响，同时也促进了关于儿童认知发展的研究（Hopkins，2011；Satterly，1987）。不同文化中的孩子通常会以

皮亚杰描述的方式来理解世界，不过，不同的孩子开始理解世界的年龄不同。

尽管在向成人的思维方式发展，但青少年还未完全摆脱自我中心的思想。然而，在人生的这一阶段，他们的自我中心主义表现在对关注的事物有了自己的想法。他们进行了大量的内省（转向内心），可能会认为自己的思想对他人与对自己一样重要。青少年的这种自我中心主义以个人神话和假想观众两种方式出现（Elkind，1985；Galanaki，2012；Lapsley et al.，1986；Rai et al.，2014；Vartanian，2000）。

许多青少年自认为很独特，很特殊，觉得坏事不会发生在自己身上。这种个人神话可能会导致一些非常危险的行为，如图中这个年轻人正在做的事情。

在**个人神话**（personal fable）中，青少年会花很多时间思考自己拥有的想法和感受，并认为自己很特殊，独一无二，在这之前没人有过这样的想法和感受。"你们就是不理解我，我和你们不一样"是青少年普遍存在的感觉。这种个人神话并非没有危险的一面。由于青少年觉得自己独一无二，可能还会觉得自己在某种程度上受到保护，免遭周围世界的危险，因此他们可能不会采取必要的预防措施，这可能导致意外怀孕、在赛车时严重受伤或死亡、酒驾或边开车边发短信，甚至吸毒等。"这不会发生在我身上，我很特殊"是青少年普遍存在的冒险性想法。

假想观众（imaginary audience）在青少年中主要表现为极端的自我意识。他们相信每个人都在观察

自己，并认为自己是他人世界的中心，就像他们是自己世界的中心一样。这就解释了为什么很多青少年都有强烈的自我意识，他们非常在意他人对自己的外表和行为的看法。

道德发展　青少年期认知发展的另一个重要方面涉及青少年对"对""错"的认识。哈佛大学教授劳伦斯·科尔伯格（Lawrence Kohlberg）是一位发展心理学家，受到皮亚杰等人的影响，他通过观察不同年龄的人对陷入道德困境的人的反应，提出了道德发展的理论。图 8-8 是一个有关道德困境的例子。科尔伯格提出道德发展有 3 个阶段，所谓道德即对正确和错误行为的认识。表 8-5 对此进行了总结，并提供了相应的示例。虽然这些阶段与特定的年龄组有关，但青少年和成年人都可以出现在所有阶段。例如，青少年犯罪倾向于前习俗道德。

科尔伯格的理论一直被批评为以男性为导向且存在西方文化偏见，尤其在于他的研究只使用男性被试（Gilligan，1982；Snarey，1985）。后来，卡罗尔·吉利根（Carol Gilligan）提出，男性和女性对道德的看法不同：男性倾向于将带来公平或公正结果的行为视为道德行为，而女性倾向于将非暴力且伤害性最小的行为视为道德行为。对于道德思维中存在的性别差异，早期研究并没有发现一致性的支持证据（Walker，1991），但最近的研究表明，男性比女性更愿意认同"为了更大的利益而接受有害行为"这一想法（Friesdorf et al.，2015）。这一发现似乎支持吉利根的提议。对科尔伯格的理论的另一种批评是，科尔伯格对道德发展的评估涉及询问人们在假想的道德困境中应该采取的做法。当人们面临真正的现实困境时，他们所说的和实际所做的往往是两回事。

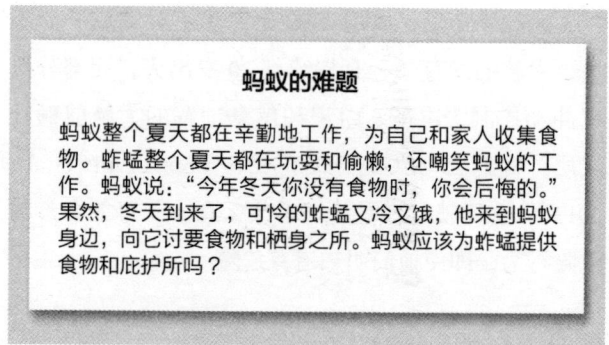

蚂蚁的难题

蚂蚁整个夏天都在辛勤地工作，为自己和家人收集食物。蚱蜢整个夏天都在玩耍和偷懒，还嘲笑蚂蚁的工作。蚂蚁说："今年冬天你没有食物时，你会后悔的。"果然，冬天到来了，可怜的蚱蜢又冷又饿，他来到蚂蚁身边，向它讨要食物和栖身之所。蚂蚁应该为蚱蜢提供食物和庇护所吗？

图 8-8　道德困境示例

表 8-5　科尔伯格道德发展的 3 个阶段

道德水平	对规则的理解	示例
前习俗道德（preconventional morality） 非常年幼的孩子	行为道德建立在结果的基础上；得到奖励的行为是正确的，受到惩罚的行为是错误的	孩子从父母的钱包里拿了钱而未被发现，他并不认为这种行为是错误的
习俗道德（conventional morality） 较大的孩子、青少年和大多数成年人	符合社会规则的行为在道德上是正确的，不符合社会规则的行为是错误的	孩子指责乱丢垃圾的父母，因为他看到标志上写着不要这样做
后习俗道德（postconventional morality） 约 20% 的成年人	道德由个人经验和判断来决定，即使这种判断与社会规则不一致	丈夫帮助垂死的妻子自杀以结束其痛苦，即使社会认为这种行为是谋杀

社会心理发展

8.11　了解青少年的个人身份探索如何影响与他人的关系

青春期的人格和社会关系的发展主要与寻找自我意识或个人认同的一致感有关。

埃里克森理论的同一性 vs. 角色混乱　根据埃里克森的观点，青少年必须面对的社会心理危机是**同一性与角色混乱**（identity versus role confusion）。在这一阶段，青少年必须在众多的生活价值观和信仰中做出选择，比如政治信仰、职业选择和婚姻（Feldman，2003），他们必须从中找到一致的自我意识。埃里克森认为，成功地解决前 4 个阶段冲突的青少年更有可能成功"装备"自己，以抵抗来自同龄人从事不健康或非法活动的压力，并在青少年时期找到自己的身份。而那些进入青春期不那么成功的青少年，会对他人缺乏信任，感到内疚和羞耻，缺乏自尊，依赖他人。同辈压力对那些拼命想要"融入"、想要拥有某种身份的青少年来说相当有效，他们认为除非自己符合同辈群体的期望和要求，否则他人不会想要和自己在一起。他们会扮演父母眼中的模范儿童，老师眼中的好学生，朋友眼中的"酷"少年，不过，他们会对自己扮演的角色中到底哪一个代表了自己的身份感到困惑。

亲子冲突 即使对大多数最终成功找到一致的自我意识的青少年来说，他们也会与父母发生冲突。许多研究人员认为，一定程度的叛逆和冲突是摆脱从童年期养成的对父母的依赖并成为自立的成年人的必要步骤（Bengston，1970；Lynott & Roberts，1997）。

虽然许多人认为这些冲突很激烈，可能导致非常严重的行为，但事实上，大多数的亲子冲突源于一些琐碎的问题，如发型、衣着、音乐品位等。在真正重大的道德问题上，大多数父母和青少年会惊讶于他们的一致性（Giancola，2006）。

你能从这张图中看出同辈压力的影响吗？大多青少年之所以开始吸烟，是因为朋友的劝诱，认为这样做会让自己看起来更成熟。由于同辈压力，青少年还可能会做出哪些其他的行为呢？

概念地图 8.9 ~ 8.11

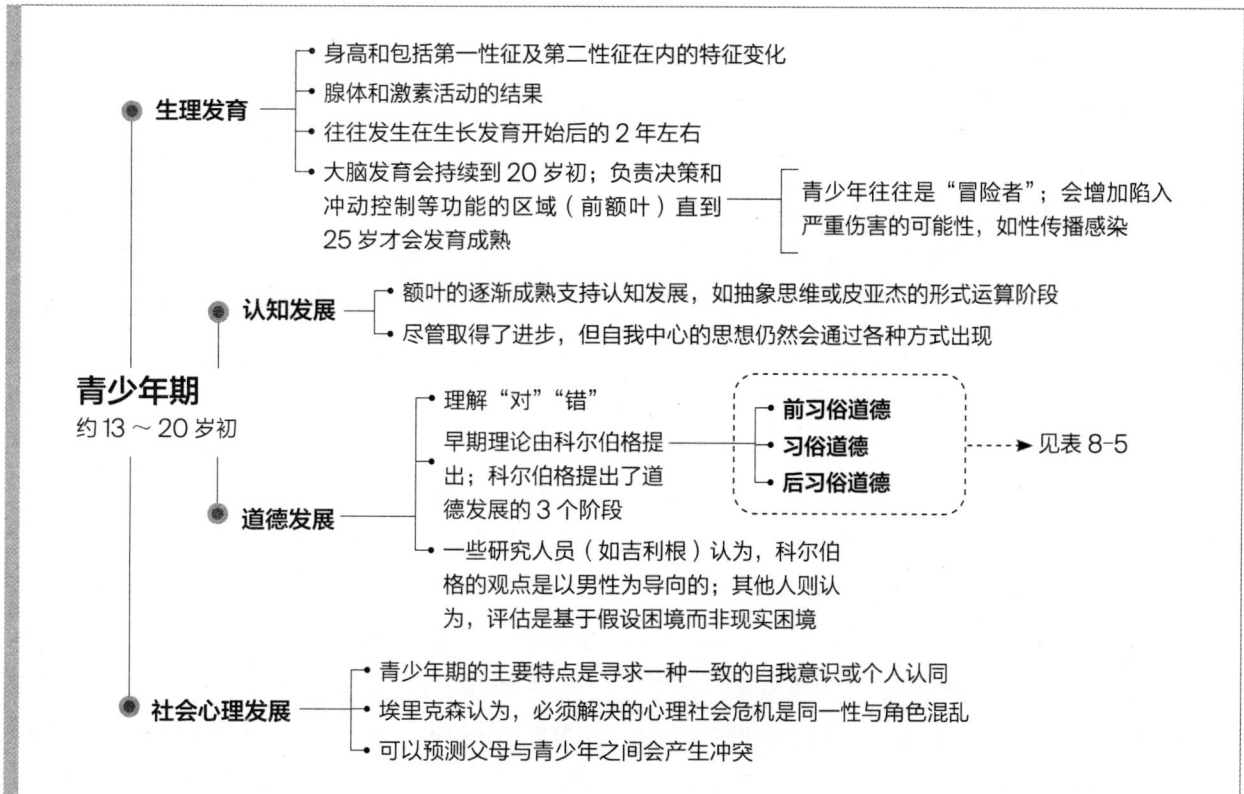

青少年期
约 13 ~ 20 岁初

- **生理发育**
  - 身高和包括第一性征及第二性征在内的特征变化
  - 腺体和激素活动的结果
  - 往往发生在生长发育开始后的 2 年左右
  - 大脑发育会持续到 20 岁初；负责决策和冲动控制等功能的区域（前额叶）直到 25 岁才会发育成熟 —— 青少年往往是"冒险者"；会增加陷入严重伤害的可能性，如性传播感染

- **认知发展**
  - 额叶的逐渐成熟支持认知发展，如抽象思维或皮亚杰的形式运算阶段
  - 尽管取得了进步，但自我中心的思想仍然会通过各种方式出现

- **道德发展**
  - 理解"对""错"早期理论由科尔伯格提出；科尔伯格提出了道德发展的 3 个阶段 —— 前习俗道德／习俗道德／后习俗道德 ┈➤ 见表 8-5
  - 一些研究人员（如吉利根）认为，科尔伯格的观点是以男性为导向的；其他人则认为，评估是基于假设困境而非现实困境

- **社会心理发展**
  - 青少年期的主要特点是寻求一种一致的自我意识或个人认同
  - 埃里克森认为，必须解决的心理社会危机是同一性与角色混乱
  - 可以预测父母与青少年之间会产生冲突

随堂小考

1. 男孩的生理变化，如体毛的出现和生长，属于＿＿。

    A. 第一性征　　　　　　　B. 第二性征

    C. 青少年期的最后阶段　D. 后习俗道德的标志

2. 在已经发展出＿＿的青少年身上，"这不会发生在我身上，我很特殊"是一种普遍态度。

    A. 自我概念　　　　　　B. 假想观众

    C. 个人神话　　　　　　D. 前习俗道德

3. 以科尔伯格的理论，约 20% 的成年人处于＿＿道德阶段。

    A. 前习俗　　　　　　　B. 习俗

    C. 后习俗　　　　　　　D. 初始

4. 根据埃里克森的观点，青少年期的任务是＿＿。

    A. 找到一致的自我意识

    B. 培养主动性

    C. 与他人建立亲密关系

    D. 培养勤勉感

5. 假设科林要与父母争论，且不同意他们的观点。那么，科林通常会与父母争论以下哪个话题？

    A. 政治信仰　　　　　　B. 宗教信仰

    C. 社会价值观　　　　　D. 衣着品位

☯ 成年期和老化

💬　成年期究竟是从什么时候开始的？

成年期可以看作是人生的一个阶段，从 20 岁初一直到死亡。

成年期的确切起始时间并不太容易确定。在一些文化中，人们认为青春期过后很快就到了成年期（Bledsoe & Cohen，1993；Ocholla-Ayayo et al.，1993）。有些人认为成年期始于高中毕业，而另一些人则认为成年期始于大学毕业，还有人将其定义为一个人在工作和家庭上完全独立于父母且能自给自足的时间点，按这种说法，有些人直到 30 多岁才成年。

现在，许多发展心理学家经常探讨**成年初显期**（emerging adulthood），它是指从青少年期晚期到 20 多岁的一段时间，主要针对那些没有孩子、没有独立住房、经济未独立的人，多见于发达国家（Arnett，2000，2013；Azmitia et al.，2008；Greeson，2013；Nelson et al.，2008）。

关于自我身份、价值观和职业生涯准备花费的时间越来越长，再加上经济低迷，许多同龄年轻人发现，现在他们无法轻易地脱离家庭，而如果是在几十年前，他们可能已经工作和养家了。

生理发展

8.12　了解成年期的生理变化和健康问题

成年期可以分为至少 3 个阶段：成年早期、成年中期和成年晚期。

生理老化　成年早期的生理变化相对较小。从好的方面来说，20 多岁是身体最健康、感觉最敏锐、心智最坚定、认知能力最成熟的时期。从坏的方面来说，即使在 20 岁出头，老化迹象就已经开始显现了。颈部和眼睛周围的脂腺开始出现功能退化，因此，到 20 岁后期和 30 岁初期，这些部位开始出现皱纹。30 岁可能不会出现明显的变化，但视力和听力开始下降，到 40 岁左右，一些人可能会用到双焦眼镜，因为此时晶状体变硬，无法通过改变形状来转移焦点。听力损失可能出现在四五十岁，但通常直到六七十岁才变得明显，这时可能需要戴助听器。

在 40 多岁，大多数成年人不再像青少年期和成年早期那样担忧，都能够经历一段时间的安全期与稳定期，但身体老化仍在继续：皮肤开始出现更多皱纹，头发变灰或减少，视力和听力进一步下降，体力

父母或其他亲戚，而自己出去玩乐的人，可能无法将注意力集中在他人的需求上，他们只关注自己的需求。

💬 什么样的父母才是最好的呢：是非常严格的还是非常随和的？

教养孩子是大多数中年人的生活中非常重要的一部分。戴安娜·鲍姆林德（Diana Baumrind）概述了 3 种基本的教养方式，每一种方式都可能与其所教养的孩子的某些性格特征有关。事实上，将教育风格与孩子的需求相匹配可能是最重要的。

专制型教养（authoritarian parenting）往往过于关注规则。这种父母严厉、死板、控制欲强、固执己见、要求完美，并倾向于体罚孩子。在这种教养方式下长大的孩子往往缺乏安全感，胆小、孤僻、愤愤不平。到了青少年期，他们经常会以非常消极和自我毁灭的方式来反抗父母的权威，如犯罪、吸毒或婚前性行为（Baumrind，1991，2005；Sleddens et al.，2011）。

如果父母对孩子的行为要求甚少，即为**放任型教养**（permissive parenting），它又包括两种类型：**放任忽视型教养**（permissive neglectful parenting）和**放任溺爱型教养**（permissive indulgent parenting）。放任忽视型教养的父母根本不关心孩子，会忽视孩子，让孩子做任何想做的事，直到孩子干扰到自己。此时，这种关系可能会变成一种虐待。而放任溺爱型教养的父母似乎对孩子过于关心，允许孩子以任何方式行事，并拒绝对孩子的行为设限或提出任何形式的服从。在这两种放任型教养下成长的孩子往往自私、不成熟、依赖他人，且缺乏社交技能，通常不受同龄人欢迎（Baumrind，1991，2005；Dwairy，2004；Sleddens et al.，2011）。

权威型教养（authoritative parenting）包括将严格的行为限制与爱、温暖、情感、尊重和愿意倾听孩子的观点相结合。权威型教养的父母很民主，允许孩子参与规则制定，但仍保有最终决策的权力。他们对孩子的惩罚往往是无形的，如限制、不加理会或剥夺特权。权威型教养的父母会给孩子设置清晰

易懂的限制，当孩子越界后，他们允许孩子进行解释，然后会商定正确的处理方式。在这种教养方式下长大的孩子往往独立自主（Baumrind，1991，2005；Dwairy，2004；Sleddens et al.，2011；Sorkhabi，2005；Underwood et al.，2009）。

埃里克森理论的自我整合 vs. 绝望：对待死亡　随着人们进入成年晚期，由于生理老化和难以忽视的生命终点的接近，生活变得更加紧迫。埃里克森认为，在这一时期，人们会回首曾经的生活，这一过程被称为生命回顾。通过生命回顾，人们必须处理错误、遗憾和未完成的事情。当人们回顾过去，觉得生活相对充实，能够接受遗憾和损失，那么人们就会产生一种**自我整合**（ego integrity）或完整感。整合是身份或自我的最终完成。如果留下许多遗憾和未完成的事情，人们会感到失望或绝望，并对那些永远不会完成的事情感到深深的遗憾，因为时间已经不多了。

生理老化和心理老化

8.15 比较 4 种老化理论

💬 为什么人会变老？是什么让我们经历如此多的生理变化？

关于生理老化的原因有很多理论，一些理论强调细胞结构的生物学变化，而另一些则关注外部压力对身体组织和功能的影响。

细胞时钟理论　细胞时钟理论是生物学基础理论之一（Hayflick，1977）。该理论认为，细胞修复损伤的再生次数被限制了。支持这一理论的证据是端粒的存在，端粒是染色体末端的结构，每次细胞繁殖时会缩短（Martin & Buckwalter，2001）。如果端粒过短，细胞就无法进行繁殖，损伤会累积，从而导致老化。这听起来就像汽车的保修期到了。

磨损理论　该理论强调外界的影响，如压力、体力消耗和身体损伤等。该理论认为，人体的器官和细胞组织由于反复使用和滥用而损耗殆尽。受损的组织会累积并导致老化。例如，胶原蛋白是一种天然的有

弹性的组织，能使皮肤具有弹性。随着年龄的增长，胶原蛋白会被"磨损"，变得越来越没有弹性，皮肤就会变得松弛，同时会起皱纹（Cua et al., 1990；Kligman & Balin, 1989）。这一过程就像随着时间的推移，内衣或腰带的弹性会下降一样。

自由基理论　自由基理论实际上是磨损理论的最新版本，它从生物学角度解释了随着时间的推移，细胞所受的损伤。自由基是带有不稳定电子（阴性粒子）的氧分子，它们会在细胞周围跳跃，从其他分子中"窃取"电子，从而增加对细胞内部结构的破坏。随着年龄的增长，越来越多的自由基会造成越来越多的伤害，从而导致老化（Hauck & Bartke, 2001；Knight, 1998）。

💬 我听说大多数老年人只是想一个人静一静。是真的吗？

更好地变老和保持心理健康的一个方法是保持活跃和参加活动。图中这位老年男性（最右）以教师助手身份在与学生一起做志愿者，这不仅能让他感觉自己有价值，还能帮助他保持思维敏捷，并与社会互动。

活跃理论　活跃理论（activity theory）提出，老年人在以某种方式保持活跃时，会更积极地适应老化（Havighurst et al., 1968）。即使退休了，人也可以通过其他方式来保持活跃和经营生活。有的老年人会去医院或学校做志愿者，有的开始新的爱好或将全部时间投入到原有的爱好之中，有的与他人保持友谊并继续参与社交活动……研究证明，以上这样的老年人比那些退出社交活动的老年人更快乐、更长寿。与老年人自愿退出社交活动的观点相反，实际上许多老年人的退出根本不是自愿的，他们之所以不参与社交活动，往往是因为其他人不再邀请他们，不再将他们纳入自己的生活。

死亡和濒死阶段

8.16　了解库伯勒－罗斯的死亡和濒死理论及其相关批评

看待死亡的过程有几种方式，其中一种比较著名的理论是由伊丽莎白·库伯勒－罗斯（Elisabeth Kübler-Ross）提出的，她对濒死者及其照顾者进行了深度采访。

库伯勒－罗斯的理论认为，人们在面对死亡时会经历以下5个反应阶段（Backer et al., 1994；Kübler-Ross, 1997）：否认，即人们拒绝相信对死亡的诊断是真实的；愤怒，即对死亡本身真实性的愤怒和对改变事物的无助感；乞求，即临死之人试图与医生等人做交易；沮丧，即由于经历过的损失（如失业或丧失尊严）和尚未经历过的"损失"（如不能看到孩子长大）而产生的悲伤；接受，即接受不可避免的事情，并静待死亡。

显然，有些人没有时间经历所有这些阶段，甚至无法按照这一顺序经历（Schneidman, 1983, 1994）。有些理论家不同意这种阶段论的观点，他们认为死亡过程是一系列的起起伏伏，同时伴随着希望的时高时低，最终被绝望或怀疑的情绪取代（Corr, 1993；Maciejewski et al., 2007；Schneidman, 1983, 1994；Weisman, 1972）。也有一些人提出质疑，他们认为，特定的疾病或状况及其治疗，临终诊断前的个人人格，以及其他生活史等因素，共同造成了濒死过程的独特性与不可预测性（Kastenbaum & Costa, 1977；Zlatin, 1995）。实际上，过于严格地坚持阶段理论的危险在于，人们可能会觉得面对死亡有"正确"的方式和"错误"的方式，而实际上每个人的死亡过程都是独特的。事实上，与死亡和濒死过程相关的态度和仪式在不同的文化中是不同的，可见本章的"在日常生活中应用心理学"的内容。

批判式思考 对于处理某人死亡时的平息（宽慰）做法，你有什么看法？你认为有必要吗？

概念地图 8.12～8.16

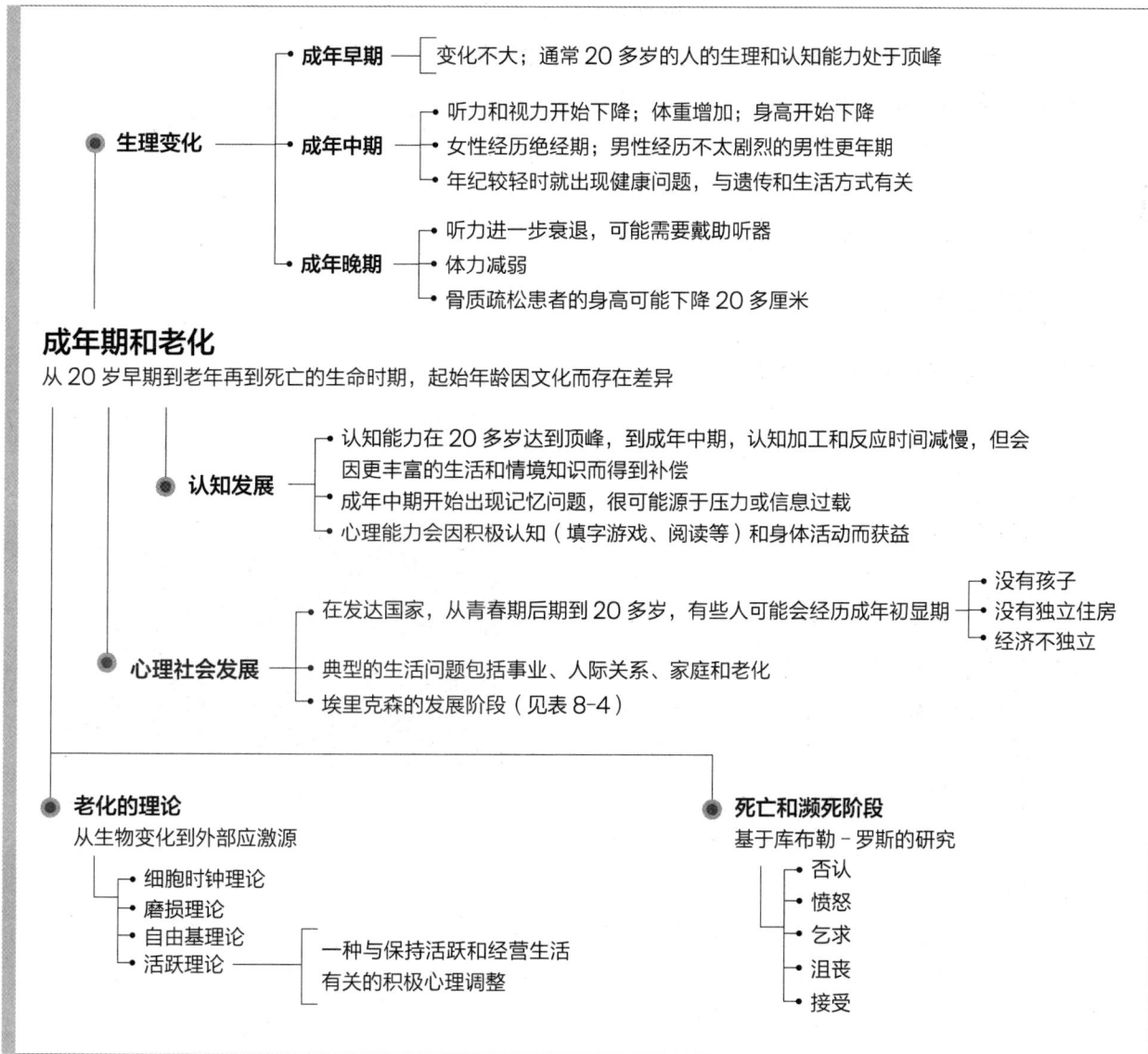

```
                            ┌─ 成年早期 ──── 变化不大；通常20多岁的人的生理和认知能力处于顶峰
                            │
                            │              • 听力和视力开始下降；体重增加；身高开始下降
          生理变化 ────────┼─ 成年中期 ── • 女性经历绝经期；男性经历不太剧烈的男性更年期
                            │              • 年纪较轻时就出现健康问题，与遗传和生活方式有关
                            │
                            │              • 听力进一步衰退，可能需要戴助听器
                            └─ 成年晚期 ── • 体力减弱
                                           • 骨质疏松患者的身高可能下降20多厘米

成年期和老化
从20岁早期到老年再到死亡的生命时期，起始年龄因文化而存在差异

                            • 认知能力在20多岁达到顶峰，到成年中期，认知加工和反应时间减慢，但会
          认知发展 ──────    因更丰富的生活和情境知识而得到补偿
                            • 成年中期开始出现记忆问题，很可能源于压力或信息过载
                            • 心理能力会因积极认知（填字游戏、阅读等）和身体活动而获益

                                                                        ┌─ 没有孩子
                            • 在发达国家，从青春期后期到20多岁，有些人可能会经历成年初显期 ──┼─ 没有独立住房
          心理社会发展 ──                                                └─ 经济不独立
                            • 典型的生活问题包括事业、人际关系、家庭和老化
                            • 埃里克森的发展阶段（见表8-4）

  老化的理论                                      死亡和濒死阶段
  从生物变化到外部应激源                           基于库布勒－罗斯的研究
       ┌─ 细胞时钟理论                                  ┌─ 否认
       ├─ 磨损理论                                      ├─ 愤怒
       ├─ 自由基理论                                    ├─ 乞求
       └─ 活跃理论 ── 一种与保持活跃和经营生活           ├─ 沮丧
                      有关的积极心理调整                 └─ 接受
```

随堂小考

1. 随着年龄的增长，康拉德发现自己越来越难记住某些单词或新朋友的名字。对这种记忆变化最有可能的解释是____。

   A. 阿尔茨海默病　　　　B. 老化

   C. 压力　　　　　　　　D. 遗传

2. 埃里克森认为，成年早期的主要任务是____。

   A. 完成学业　　　　　　B. 寻找伴侣

   C. 开始职业生涯　　　　D. 照顾年迈的父母

3. 根据鲍姆林德的说法，哪种教养类型的父母最有可能会说："我说什么就是什么！"

   A. 专制型教养　　　　　B. 权威型教养

   C. 放任忽视型教养　　　D. 放任溺爱型教养

4. 哪种老化理论可以比作汽车保修期到期前的有限维修次数？

A. 磨损理论　　　　B. 细胞时钟理论

C. 自由基理论　　　D. 活跃理论

5. 根据研究，许多老年人不再参与社区活动的原因是___。

　A. 没人请他们参加　　B. 他们常常不能参加

　C. 他们不希望卷入其中　D. 他们已死亡

6. 绝症患者拒绝写下最后的遗愿和遗嘱，因为他们相信如果这么做了，就是承认他们将会死亡。他们处于死亡时的哪一反应阶段？

　A. 乞求　　　　　　B. 愤怒

　C. 沮丧　　　　　　D. 否认

在日常生活中应用心理学

跨文化死亡观

8.17　比较死亡和濒死的跨文化差异

在 1987 年的电影《公主新娘》（*The Princess Bride*）中，米纳克尔·麦克斯这一角色说："你的朋友只是碰巧快死了。快死了和完全死亡之间有很大的区别。快死了意味着还有一口气。"事实证明，这种牵强附会的"快死了"想法在其他文化中并非闻所未闻。西方人认为，人不是死了就是活着，而在某些文化中，按照西方人的标准，一个人明明还活着，但却以死去的方式被哀悼，像许多美国土著文化一样。接下来，我们来了解 3 种不同的文化及其对死亡和濒死的看法，你可以将其与自己的文化中常见的死亡和葬礼仪式进行对比。

- 在印度富裕的印度教家庭里，即使在医院里，濒死的人也会被家人环绕。此外，许多访客会照料这个濒死的人，而访客进出房间的流量相当恒定。一旦这个人去世，葬礼的准备工作就开始了，可能需要将近两周的时间。死者的遗体不会被送到殡仪馆，而是被带回家，直到葬礼当天火化。在葬礼准备期间，访客和家人会在死者的家里进进出出，他们会准备大量的食物（素食）以备食用。直到葬礼那天，床垫一直都放在地板上，除了年老体弱的人，所有的人都睡在那里；死者的遗体也放在地板上。家人最终会为遗体进行清洗，以备包裹并前往火葬场（Parkes et al.，1997）。信仰印度教的人相信，死者的灵魂

会在更高或更低的层次上转世，这取决于死者生前的生活方式。

一名印度教男性死者的遗体被洗净裹好后，由家人送往火葬场。

- 在北夏延文化中，死亡仅仅被认为是身体的终结，而一个人的自我及其夏延族的本性将继续存在。非常幼小的人和非常老的人被认为是"接近精神的"：婴儿刚从非物质世界来，老人将要返回非物质世界。夏延族人和印度教人一样，也相信轮回，因此许多婴儿被视为祖先的活化身。他们认为死亡本身是一个漫长的过程，一个人的精神的各个方面会在不同的时间离去。第一次"离去"会导致濒死者的行为和精神活动发生变化，但这个人仍然能够行走和交流。第二次"离去"导致人的感觉丧失，然后是意识丧失，最后是呼吸停止。最后一次"离去"的本质是生命原则：先被赐予婴儿而最终离去的生命。这

一生命原则一直存在于骨骼中，直到骨骼碎裂成灰尘。因此，一些夏延人相信骨骼可以再次复活（Strauss，2004）。

- 在纳瓦霍文化中，人们认为死去的人处在阴间。因此，一个死人有可能拜访活人。这种情况很可怕，因此活人尽量避免看死人，只有少数人允许触摸或处理尸体。濒死的人通常会被带到一个远离其他人的地方，只有一两个非常亲近的亲戚陪伴，因为这么做是冒着接触邪恶灵魂的风险。如果一个人死在自己家里，那么他的家会被毁掉，此后谁也不准住在那里。在死亡时，两个人准备埋葬尸体，但在仪式之前，他们必须脱下衣服，只穿软鞋，再用灰烬覆盖自己，以保护自己免受邪恶灵魂的伤害。然后，他们清洗尸体并为

其穿衣。另外两个人挖坟墓。只有这四个人参加葬礼，且葬礼会尽快举行，通常是在死者死后第二天。这些人用肩膀扛着尸体走向坟墓，并警告其他人远离该地，然后将死者及其所有财物一起埋葬。泥土会被填回坟墓，所有的脚印都要被扫除，甚至挖坟墓的工具也都会被毁掉（Downs，1984）。

深入讨论一下

1. 如果你参加过葬礼的话，它是如何影响你和你的人生观的？在死者死亡和/或葬礼安排之前的日子里，有什么带有文化特色的装饰吗？

2. 印度教家庭的葬礼习俗与夏延族有何不同，又有何相似之处？北夏延和纳瓦霍这两种文化有何不同？

◯ 本章总结

了解人的发展

8.1 比较发展研究的几种方法

- 发展研究中使用的 3 种特殊方法分别是纵向设计、横断设计和聚合交叉设计。

8.2 了解遗传因素和环境因素对人的发展的影响

- 行为遗传学是研究遗传（先天）和环境（后天）对人的发展的影响的科学。大多数发展心理学家认为，发展是先天和后天相互作用的结果。

8.3 了解染色体和基因在性状传递和疾病遗传中的作用

- 显性基因决定性状的表达，而隐性基因只有在与另一种影响同一性状的隐性基因配对时才能表达。几乎所有的性状都是基因共同作用的结果，这一过程被称为多基因遗传。
- 染色体疾病包括唐氏综合征、克莱恩费尔特综合征等，而遗传疾病包括苯丙酮尿症、囊性纤维化、镰状细胞性贫血和泰伊-萨克斯二氏病。

孕期发育

8.4 了解受精的过程及双胞胎的形成

- 已受精的卵细胞被称为受精卵，会分裂成许多细胞，最终形成胎儿。
- 当受精卵分裂成两个独立的细胞团时，会形成同卵双胞胎，一个受精卵将会发育成与另一个受精卵完全相同的胎儿。
- 异卵双胞胎是在母体排出多个卵子并且至少有两个受精而形成的，或者是母体在已怀孕的情况下再次排卵时形成。

8.5 了解孕期的 3 个发育阶段

- 胚芽期指的是怀孕的前 2 周，在此期间分裂的细胞团会进入子宫。
- 胚胎期开始于受孕 2 周后，结束于第 8 周。胎儿的重要器官和结构在这一时期形成，由于致畸因素可能对胎儿发育产生不利影响，因此这一时间是关键期。
- 胎儿期是从第 9 周开始直到婴儿出生。在这一时

期，胎儿会急剧生长，身高和体重增加，器官继续充分功能化。

婴儿及儿童发育

8.6　了解婴儿期和儿童期的生理和感觉变化

- 新生儿调整的 4 个关键系统分别是呼吸系统、消化系统、循环系统和体温调节系统。

- 婴儿天生具有反射能力，这有助于他们在进行更复杂的学习之前生存下来。这些反射包括吸吮反射、觅食反射、惊跳反射、抓握反射和踏步反射。

- 除了视觉以外，婴儿在出生时的其他感觉都相当发达。大约 6 个月大之前，婴儿视力模糊，缺乏全色知觉。运动技能在婴儿期和幼儿早期快速发展。

8.7　比较认知发展的两种理论，解释孤独症谱系障碍

- 皮亚杰的认知发展阶段理论包括感觉运动阶段（与世界的感觉和身体互动）、前运算阶段（语言成为探索工具）、具体运算阶段（逻辑思维成为可能）以及形式运算阶段（理解抽象概念和发展假设思维）。

- 维果茨基认为，在支架式教学的过程中，孩子在更有技能的同伴或成年人的帮助下学得最好。最近发展区是指孩子在没有帮助的情况下完成任务与在有帮助的情况下完成任务的心理年龄之间的差异。

- 孤独症谱系障碍是一种神经发育障碍，包括思维、感觉、语言和社交技能等方面的障碍。

- 一些父母和其他害怕让孩子接种疫苗以抵御危险疾病的人，并没有理解批判性思维的基本原理。

8.8　了解人格、人际关系和自我概念在婴儿期和儿童期的发展

- 婴儿气质的 3 种基本类型分别是容易型（有规律、适应能力强和快乐）、困难型（没有规律、适应能力差和易怒）和迟缓型（需要逐渐适应变化）。

- 4 种依恋的类型分别是安全型、回避型（独立）、抗拒型（不稳定依恋）和混乱型（不安全的依恋，有时被滥用或忽视）。

- 哈洛对幼年恒河猴的经典研究表明了依恋过程中接触舒适的重要性，这与认为依恋只是将母亲与食物传递联系起来的一种功能的早期观点相矛盾。

- 在信任 vs. 不信任阶段，婴儿必须从看护者身上获得的可预测感和信任感，否则就有可能形成不信任的天性；在自主 vs. 害羞和怀疑阶段，幼儿需要在生理上变得独立。

- 在主动 vs. 内疚阶段，学龄前儿童正在发展情感和心理独立性；在勤奋 vs. 自卑阶段，学龄儿童获得了能力并发展了自尊。

青少年期

8.9　了解青少年期的生理变化

- 青少年期是人从 13 ～ 20 岁初期的人生阶段，在这段时间里，人的生理发育达到完善。

- 青春期大约持续 4 年的时间，在这段时间，性器官和系统完全发育成熟，同时，体毛、乳房、月经、声音低沉等第二性征和身高突增开始出现。

8.10　了解青少年期的认知发展和道德发展

- 青少年有两种自我中心主义，即个人神话和假想观众。

- 科尔伯格提出了道德发展的 3 个阶段，分别是前习俗道德、习俗道德和后习俗道德。吉利根等人认为科尔伯格的观点是以男性为导向的。

8.11　了解青少年的个人身份探索如何影响与他人的关系

- 在埃里克森的同一性 vs. 角色混乱危机中，青少年的任务是从其扮演的所有角色、价值观和未来中获得一致的自我意识。

成年期和老化

8.12　了解成年期的生理变化和健康问题

- 成年期开始于 20 岁初期，结束于死亡，可以分为成年早期、成年中期和成年后期。

- 20 多岁是身体健康的高峰期；到了 30 多岁，老化迹象变得更加明显；到了 40 多岁，视力可能出现问题，体重可能增加，体力可能下降，身高开始下降。

- 女性经历的生殖系统的生理衰退，被称为绝经期，在 50 岁左右结束，此时女性的生育能力走到尽头。男性在 40 多岁时开始经历男性更年期，睾酮和其他雄激素水平下降，但变化不太剧烈。
- 许多健康问题都是在成年中期开始的，如高血压、皮肤癌、关节炎等，其中最常见的死因是癌症、心脏病和卒中。

8.13　了解成年期记忆力的变化

- 反应时间减慢，但智力和记忆力保持相对稳定。

8.14　应用埃里克森的理论来解决成年期常见的社会心理问题

- 埃里克森认为成年早期的危机是亲密 vs. 孤独，在这种情况下，年轻人必须建立亲密关系，通常是与伴侣。
- 成年中期的危机是繁衍 vs. 停滞，中年人的任务是帮助下一代渡过危机，或通过教养和指导，或为下一代留下遗产。
- 鲍姆林德提出了 3 种教养方式：专制型教养（严格和固执己见）、权威型教养（一致和严格，但温暖而灵活）和放任型教养（要么冷漠和不关心孩子的日常活动；要么纵容孩子，不愿为孩子设限）。
- 埃里克森认为的最后一场危机是自我整合 vs. 绝望。

在这场较量中，老年人必须面对死亡。

8.15　比较 4 种老化理论

- 细胞时钟理论建立在细胞的繁殖次数有限这一观点上；一旦达到这一极限，受损细胞就会开始累积。
- 磨损理论认为，随着时间的推移，身体组织的反复使用和滥用会导致它无法修复所有的损伤。
- 自由基理论认为，带有不稳定电子的氧分子在细胞周围移动，破坏了细胞结构。
- 研究表明，保持活跃、积极参与对老化具有积极的调节作用；这是活跃理论的部分内容。

8.16　了解库布勒-罗斯的死亡和濒死理论及其相关批评

- 对死亡和濒死的 5 个反应阶段分别是否认、愤怒、乞求、沮丧和接受。

8.17　比较死亡和濒死的跨文化差异

- 在富裕的印度教家庭中，濒死之人会被家人和朋友包围。然后，人们会为他举行将近两周的葬礼。
- 在北夏延文化中，死亡被视为生命周期的一部分，会发生在 3 个阶段之中。
- 在纳瓦霍文化中，人们认为死者在阴间活动，而与尸体接触被严格限制，因为人们害怕将恶灵吸引到生者的世界。

章末测试

1. 许多在 20 世纪 30 年代大萧条中幸存下来的美国人的思想和态度改变了他们的余生。这是属于＿＿＿。
   A. 同辈效应　　　　B. 文化群体
   C. 纵向群体　　　　D. 横断群体
2. 如果一个人携带一个形成蓝色眼睛的基因，而实际上他的眼睛是棕色的，这说明蓝色眼睛一定是一种＿＿＿特征。
   A. 显性　　B. 隐性　　C. 伴性　　D. 多基因
3. 对于＿＿＿患者而言，其第 23 对染色体由 XXY 组成，导致男性性征减少，身高过高。
   A. 苯丙酮尿症　　　　B. 唐氏综合征

   C. 克莱恩费尔特综合征　D. 特纳综合征
4. 以下哪项表示的是同卵双胞胎的受精过程？
   A. 一个卵细胞与两个不同的精子受精
   B. 一个卵细胞分裂，然后与两个不同的精子受精
   C. 一个卵细胞与一个精子受精，然后分裂
   D. 两个卵细胞与同一个精子受精
5. 在需要产生更多细胞之前，婴儿身体的哪一部分会处于不成熟状态？
   A. 子宫　　B. 干细胞　　C. 脐带　　D. 胎盘
6. 根据今天的科学和医学，婴儿可存活的时间从什么时候开始？

A. 8～12 周　　　　B. 12～18 周

C. 22～26 周　　　　D. 28～36 周

7. 卡恩博士测量了婴儿莉迪亚观察某个特定刺激的时间，这种技术被称为____。

　　A. 优先注视法　　　　B. 去习惯化

　　C. 习惯化　　　　　　D. 刺激分化

8. 婴儿一般在多大时能翻身？

　　A. 2 个月　　B. 5 周　　C. 8 个月　　D. 12 个月

9. 对婴儿大脑的研究揭示了科学家所说的突触修剪现象。这一过程中发生了什么？

　　A. 大脑通过移除部分临近骨骼来建立额外的神经连接

　　B. 未使用的突触连接和神经元被清除，为新细胞让路

　　C. 新细胞会"改写"旧细胞，并最终改变其功能

　　D. 直到大脑中形成足够的物理空间，新细胞才会产生

10. 在皮亚杰看来，哪一阶段孩子能够理解守恒？

　　A. 感觉运动阶段　　　B. 前运算阶段

　　C. 形式运算阶段　　　D. 具体运算阶段

11. 在皮亚杰看来，哪一阶段的孩子变得有能力进行抽象推理？

　　A. 感觉运动阶段　　　B. 前运算阶段

　　C. 形式运算阶段　　　D. 具体运算阶段

12. 哪种气质类型的婴儿的睡眠和饮食作息非常规律？

　　A. 迟缓型　　　　　　B. 容易型

　　C. 困难型　　　　　　D. 焦虑型

13. 在陌生情境实验中，____依恋的婴儿在母亲离开房间后会哭，在母亲回来时很高兴。

　　A. 安全型　　　　　　B. 回避型

　　C. 抗拒型　　　　　　D. 混乱型

14. 对于青少年和年轻人从事危险行为这一事实，最有可能的解释是：____。

　　A. 这种行为源于同伴施加的巨大压力

　　B. 这种行为实际上是由遗传决定的

　　C. 这种行为可能是由于体内激素水平不平衡造成的

　　D. 这种行为可能是由于前额叶皮层发育不完全造成的

15. 萨曼莎走进一间教室时，发现里面有两名学生在谈话。这两名学生停止讨论后，萨曼莎确信他们一定在谈论她。这种信念属于____。

　　A. 假想观众　　　　　B. 个人神话

　　C. 抽象自我中心主义　D. 形式运算

16. 以下哪种认知变化在成年中期最明显？

　　A. 记忆开始发生变化　B. 问题解决能力下降

　　C. 听力开始下降　　　D. 头发开始变白

17. 在青少年期养成独立和自力更生的习惯，最有可能源于____教养。

　　A. 专制型　　　　　　B. 权威型

　　C. 放任忽视型　　　　D. 放任溺爱型

18. 根据埃里克森的观点，成年晚期的危机是____。

　　A. 同一性 vs. 角色混乱　B. 繁衍 vs. 停滞

　　C. 亲密 vs. 孤独　　　　D. 自我整合 vs. 绝望

19. 以下哪种老化理论认为不稳定的氧分子会在弹跳时"窃取"电子，从而对周围的细胞造成伤害？

　　A. 细胞时钟理论　　　B. 磨损理论

　　C. 自由基理论　　　　D. 活跃理论

20. 基普担心自己会失去理智，因为他发现自己对一个死于车祸的朋友很生气。根据库布勒－罗斯的研究，你会告诉他：____。

　　A. 这种愤怒带有自我毁灭性质，而且不健康

　　B. 愤怒通常是你真实悲伤情绪的一张面具

　　C. 对死者的愤怒是不正常的，你可能需要心理咨询

　　D. 愤怒是对死亡的正常反应，而不是精神疾病的征兆

PSYCHOLOGY ⑤

第 9 章　动机和情绪

批判式思考　作为忙碌的大学生，你是如何保持对于成功的动机的？

🔵 为什么要学习动机和情绪

学习动机除了能帮助我们理解自己为什么做某事，还能帮助我们理解为什么自己的注意力发生变化之后，行为也会随之变化。情绪是我们做出一切行为的影响因素之一，它影响我们的人际关系、我们的健康状况以及重要决策过程。在本章中，我们将探索行为背后的动机以及情绪的起源和影响。

学 习 目 标

9.1 区分内部动机和外部动机	9.6 确定影响饥饿的生理和社会因素
9.2 找出早期本能理论和驱力降低理论的关键要素	9.7 认识导致肥胖的部分因素
9.3 解释三类需求的特征	9.8 描述情绪的三个要素
9.4 确定动机的唤醒理论和诱因理论的关键要素	9.9 区分情绪的常识理论、詹姆斯－兰格理论、坎农－巴德理论和面部反馈理论
9.5 描述马斯洛的需求层次理论和自我决定理论是如何解释动机的	9.10 确定情绪的认知唤醒理论和认知调节理论的关键要素
	9.11 总结 GTD 方法的五个步骤

☯ 理解动机

有些人安于现状，而有些人却奋发图强；有些人想要成就伟业，而有些人则享受普通的生活。是什么激励人们去做当下正在做的事情？究竟什么是动机？

动机的定义

9.1　区分内部动机和外部动机

动机（motivation）是开始引导活动并使其保持下去，从而使生理或心理需求得到满足的过程（Petri，1996）。动机的词源来自拉丁语中的"movere"，意思是"行动起来"。动机促使人们做他们正在做的事。例如，一个人看电视时感到饿了，对食物的生理需求使他／她站起来、走进厨房寻找食物。对饥饿的生理需求使这个人行动（站起来）、引导（去厨房），并且保持（找到吃的或者去做饭吃）。当然，饥饿只是个例子。孤独可能使我们打电话给朋友或者去一个有人的地方；追求上进使很多人去上大学；早上起床上班也是受到去工作才能有房住有饭吃的动机驱使。

动机可以划分为两类。有时人们去做某事是为了获得一些外部奖赏或者为了避免出现不愉快的后果，例如，有些人去上班挣钱是为了避免房和车之类的财产的损失【连接学习目标5.5】。在**外部动机**（extrinsic motivation）中，一个人采取某个行动，其结果与自身无关（Lemos & Verissimo，2014；Ryan & Deci，2000）。类似的例子还有，孩子得到了好成绩就给他钱，给员工奖励以使他更努力工作，给餐馆服务员小费以便得到更好的服务。孩子、员工和服务员工作或学习是为了外在的或者外部的奖励。与之相反，在另一种动机——**内部动机**（intrinsic motivation）中，人的行为本身是有趣的、有回报的、有挑战性的，或者能以某种内在方式令人满意。至于行为的结果和努力程度因动机类型而异。心理学家特雷莎·阿马比尔（Teresa

Amabile）发现，孩子的创造力受到其动机类型的影响。与内在动机对照组儿童的创造力水平相比，外在动机实验组作品中的创造力水平偏低（Amabile et al.，1976）。

早期动机理论

9.2　找出早期本能理论和驱力降低理论的关键要素

早在心理学创立之初，研究人员和理论学家就开始了对动机的研究。和很多其他的早期研究一样，对于动机的研究开始也关注过许多不同的领域。几十年过去了，一些方法已经鲜有人问津，一些则不断得到修改，也有一些新的方法面世。让我们来看看早期的一些理论。

本能和进化的理论　早期关于动机的解释，关注生物决定论以及人和动物共有的天生行为模式，也就是**本能**（instinct）。进化理论学家提出，正如动物受本能驱动会迁徙、筑巢、交配和保护领地，人类也受到类似本能的影响（James，1890；McDougall，1908）。例如，人类繁衍的本能导致了性行为，保护领地的本能可能引发攻击行为。

1908年，威廉·麦独孤（William McDougall）就提出了人类的18种本能，包括好奇、逃跑、攻击和获取财物等。随后，心理学家持续不断地往这个清单上添加不同的本能，至今大概有上千种。但是除了给这些本能命名外，早期理论再无其他成果。早期理论中有很多的描述，如"经常服从的人们拥有服从这个本能"，但并没有解释这些本能为什么会存在于人类当中（如果真的有）（Petri，1996）。

本能理论之所以不再被关注是因为它只能描述却无法解释人类的行为。但是本能理论也有重要的意义，即让心理学家意识到一些人类行为受到遗传因素的影响，这一观点在今天的人类行为研究中依然占据中心位置。例如，认知和行为特征的基因研究认为，遗传因素对于人类诸如认知、气质和人格等方面的变异负一半以上的责任，并且这些变异受到多个而非单个基因或者遗传因素的影响（Kempf & Weinberger，2009；Plomin et al.，1994；Plomin & Deary，2015；Plomin & Spinath，2004）。

驱力降低理论　关于动机的另外一种解释关注需求和驱力。**需求**（need）是对某些生物体生存所必需的物质（如食物和水）的需要。生物体有了某种需求，会导致生理的紧张和唤醒，然后驱使这个生物体采取某些行动以满足需求、缓解紧张。这种紧张被称为**驱力**（drive）（Hull，1943）。

驱力降低理论（drive-reduction theory）指出了内在生理状态和外部行为之间的联系。在这个理论中，有两种驱力。**原始驱力**（primary drive）是指身体生存所需的，如饥饿和口渴；而**习得性（次级）驱力** [acquired（secondary）drive] 是从经验和条件反射中学习而来的，如对于金钱、社会赞赏的需求或者戒烟者总习惯嘴里放一些东西。这些应该听起来很熟悉，因为在第 5 章有关驱力的内容里中介绍过初级和次级强化物的概念。初级强化物满足原始驱力，次级强化物满足习得性（次级）驱力。【连接学习目标5.5】。

这个理论还引出了**内稳态**（homeostasis）的概念，也就是身体有保持内在稳定状态的倾向。身体的内稳态可以被看作是恒温器，恒温器使室内温度保持在恒定水平，内稳态对人体而言也是如此。原始驱力出现时，机体处在失衡的状态，于是人们采取行动以使机体恢复到平衡，也就是内稳态的状态。例如，当贾罗德的身体需要食物时，他会感到与这个需求相对应的饥饿感并处于紧张 / 唤醒的状态，接下来他将靠吃一些食物恢复到内稳态，即采取行动减少饥饿的驱力（见图 9-1）。

驱力降低理论虽然可以清楚说明人们采取行动以降低需求造成的紧张，但是无法解释人类的所有动机。为什么人们在不饿的时候也会吃东西？而且人们

不总是试图降低其内在唤醒度，有时甚至会试图提升它。蹦极、跳伞、攀岩、看恐怖电影，这些受不少人青睐的活动都是增加内在紧张和唤醒状态的。如果人们不是为了降低某些需求或者重回内稳态，那么为什么做这些事情？答案是复杂的：因为有不同类型的需求，唤醒带来的影响存在不同的诱因，或者各种形式的行为具有不同程度的重要性。以下理论探讨动机中的这些因素。

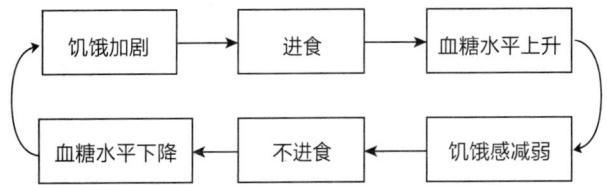

图 9-1　内稳态

在内稳态中，身体保持生理的平衡状态。例如，图中显示了饥饿感的加剧（一种不平衡的状态）如何驱使一个人产生进食行为。进食行为提升了血糖水平，使得饥饿感下降。在一段时间的不进食之后，血糖水平又下降，再次刺激产生饥饿内驱力，然后整个循环重复。

a. 人类机体需要水分，尤其是一个人像图中这位男士一样，工作劳累或者处于压力状态时更需要水分，这是机体的生存需求。根据驱力降低理论，喝水是原始驱力，还有哪些需求是原始驱力？

b. 一些人受驱力作用，在没有生理需求的情况下也会从事艰辛的、有挑战性的活动。如果驱力是通过学习获得的，则被称为习得性驱力或者次级驱力。满足次级驱力会产生次级强化物。那么让这位登山者去攀岩的强化物是什么？

心理需求理论

9.3 解释三类需求的特征

显而易见，动机与需求有关。驱力降低理论讨论需求，其他的动机理论也包含需求的概念。在许多理论中，大多数需求是需要被满足的一些内在生理驱动（如饥饿和口渴）的结果，也有部分理论考察心理需求。

麦克莱兰理论：亲密、权力和成就需求 哈佛大学心理学家麦克莱兰（David C. McClelland）提出了一个动机理论，该理论强调了其他理论不太看重的三种心理需求的重要性：亲密、权力和成就。

根据麦克莱兰理论，人类有友好的社会交往需求和与其他人建立关系的需求，也就是**亲密需求**（need for affilia-tion，nAff）。这种需求较高的人希望获得他人的喜爱，需要被人看重。这使得有高亲密需求的人可能成为很好的合作伙伴，而其中成就高的人很可能成为团队的佼佼者。

第二种心理需求是**权力需求**（need for power，nPow）。权力不只是达到某个目标，而是要控制其他人。有高权力需求的个体想影响他人并对他人产生影响力。不管他们的观点是否可行，他们仍希望被采用。地位和名誉于他们而言很重要，因此他们穿华服、住豪宅、开名车、吃大餐。高成就者可能不需要用钱来证明其成就，但是高权力需求者则可能把拥有钱财（或车子、房子、珠宝、其他"玩具"）看成是拥有最多玩具的人获胜般的成就。

成就需求（need for achievement，nAch）是指强烈的成功实现目标的愿望，包括实际目标和具有挑战性的目标。具有高成就需求的人会寻找别人能对其进行评估的事业和爱好，因为他们在实现目标之余，也需要获得关于他们表现的反馈。虽然他们中的许多人会名利双收，但也有一些人只是想要挑战，更关注个人的成功而不是物质的充裕。成就动机与学业、事业的成功以及一个人作品的质量、数量密切相关（Collins et al.，2004；Gillespie et al.，2002；Hoferichter et al.，2015；Spangler，1992）。

批判式思考 这一部分讨论的三种类型的需求如何与政客的目标相联系，其中的某些需求会比其他需求更重要吗？

许多像坎耶·维斯特（Kanye West）和金·卡戴珊（Kim Kardashian）一样富有的人尽管不需要，但仍不停地买新房子、新公司、新衣服、新汽车以及其他东西。这些行为都是权力需求的典型，这种权力需求在人际关系，如与配偶、雇员或者朋友的关系中如何表达呢？

人格与成就需求：卡罗尔·德韦克关于动机的自我理论 动机和人格心理学家卡罗尔·德韦克（Carol Dweck）关于动机的自我理论提出，成就需求与人格因素密切相关，包括一个人如何看待自己（一个人对自己、自己的能力的信念以及自己与别人的关系）可以影响其对于自身行动成败的认知（Dweck，1999；Nussbaum & Dweck，2008）。这个概念与一个旧的、名为自我控制点的概念有关，认为对自己的生活事件有控制权的人被称为内控者，感到生活被其他有力量的因素比如运气、命运控制的人被称为外控者（A.P. MacDonald，1970；Rotter，1966）。

德韦克积累了大量的实证研究，特别是在教育领域。她发现，人们关于自我的理论能够影响其成就动机以及失败后继续努力的意愿（Dweck，1986；

Dweck & Elliott，1983；Dweck & Leggett，1988；Elliott & Dweck，1988；Yeager et al.，2014）。研究表明，人们能够形成两种关于智力的信念系统中的一种，而这又反过来影响他们的成就动机。那些相信智力固定且不可改变的人经常表现为外控者，导致他们很容易放弃或者会努力避免失败（Dweck & Molden，2008）。他们容易发展出习得性无助，倾向于停止继续尝试，因为过去的失败已经使他们相信自己不可能成功【连接学习目标 5.12】。他们的目标可能是"看起来很好"和"看，至少我做得比他好"。例如，他们在面对大型考试时可能会缺考，即使这样会使补考时的分数更低。然而，这并不意味着持这种观念的学生总是失败的。

事实上，德韦克的研究显示，有长期成功史的学生在一次大的失败后获得习得性无助的风险最高，因为之前的成功让他们对自己固有的智商水平充满自信。例如，比起一个从来没有取得过任何奖励的学生，另一个总是获得 A 的学生在一次获得 C 之后更有可能变得抑郁，拒绝做家庭作业，觉得前途黯淡。

另一种类型的人认为智力是可变的，能够被经验塑造，并能够通过努力一点一点地提升。这些人倾向于表现为内控者，相信自己的行为和努力可以提升智力（Dweck & Molden，2008）。抱着提高智力的目标，他们努力发展新的策略并且积极参与新的任务。他们被激励去掌握任务并且不允许失败毁掉他们的自信，也不允许失败妨碍他们屡败屡战。

基于上述和其他的研究，德韦克建议家长和老师表扬孩子们所做的努力和他们使用的方法，而不仅仅是表扬其成功和能力。家长和老师不要说"你是对的，你很聪明"，而应该说"你真的努力思考了"或"那是一个很好的解题思路"。过去，家长和老师都认为赞扬是好的，批评是坏的，批评可能会伤害孩子的自尊。德韦克相信，有建设性的批评，即赞扬努力和使用的方法，相比于无尽的表扬，对孩子的自尊能产生更好的影响。如果无区别地给予无尽的表扬，表扬就会失去意义（Gunderson et al.，2013）。

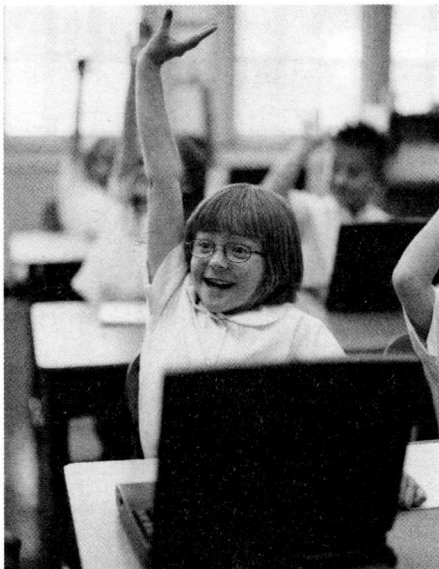

许多人受到既现实又有挑战性目标的需求的驱使。这个小女孩似乎迫切地想要回答老师的提问，老师的积极反馈有助于激发这个小女孩的成就需求。

唤醒和诱因理论

9.4　确定动机的唤醒理论和诱因理论的关键要素

关于人类动机的另外一种解释涉及另外一种需求——刺激需求。**刺激寻求动机**（stimulus motive）是非习得性的，但是可以增加刺激，如好奇、玩耍和探索。另外，我们做某些事情的动机与行动之后获得的奖赏或激励有关，例如，我们在不饿的时候也会吃东西仅仅因为食物非常美味。这是一种典型的习得性行为。

唤醒理论　在**唤醒理论**（arousal theory）中，据说存在一个最优的或最佳的或理想的紧张水平。如果唤醒度太高（如严重的考试焦虑）或者太低（如疲劳），则任务绩效会受损。对于很多任务来说，中等程度的唤醒度是最好的。虽然耶基斯和多德森提出**耶基斯－多德森定律**（Yerkes-Dodson law）（Teigen，1994；Yerkes & Dodson，1908）时针对的是刺激强度，而不是唤醒水平，但是任务表现和唤醒程度的关系在这一定律中已经得到了解释（Winton，1987）。

运动心理学家和社会心理学家都发现唤醒效果受

到任务难度的影响：容易的任务达到最佳表现需要较高的唤醒度，而较难的任务需要的唤醒度则较低（见图 9-2）。运动心理学家可以与运动员合作，帮助运动员进入特定的觉醒区域（既不太低也不太高）和精神集中的状态，以最大限度地提高他们的运动技能和表现。

社会心理学家还研究了他人在场对个体绩效的促进或损害【连接学习目标 12.1】。例如，想象教室里某人在和旁边的同学说话。对许多人来说，直接与他人交谈是一件很容易的事情，没有阻碍且不会犯错。然而，让同一个人站起来，面向整个教室的学生讲话，她的唤醒度会急剧上升。许多处于类似情况下的人会发现，自己无法将单词组合在一起形成连贯的句子或正确地发音，甚至可能舌头打结。所有这些都是因为他们的唤醒度太高了。

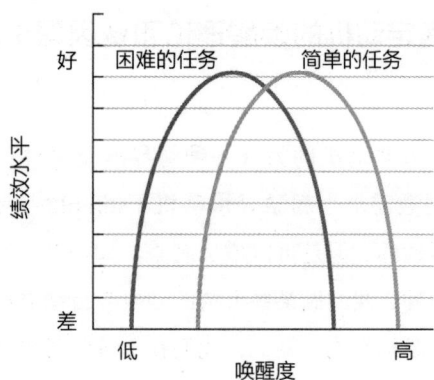

图 9-2　唤醒度和绩效水平

任务绩效的最优唤醒度取决于任务的难度。对于简单的任务，一般在高唤醒度下表现更好；对于困难的任务，一般在低唤醒度下表现更好。

那么，保持最佳的唤醒度可能意味着减少或制造紧张情绪（Hebb，1955）。例如，性欲低的丈夫或妻子可能会选择与配偶吵架。经历考试焦虑的学生可能会通过减少焦虑的方法来提高考试成绩；不焦虑的学生可能学习动力不足，考试成绩差。许多唤醒理论家认为，对于大多数人来说，正常情况下最佳的唤醒度是在中间的某处，既不太高也不太低。

💬 如果人们应该在中间的某处寻求某种程度的唤醒，为什么有些人喜欢做蹦极这样的事情？

尽管一般人需要的是中等程度的唤醒水平，但是也有一些人需要程度更高或者更低的唤醒水平。需要更高唤醒度的人被称作**感觉寻求者**（sensation seeker）（Lauriola et al.，2014；Zukerman，1979，1994）。感觉寻求者似乎需要比其他人更复杂和更多样的感觉体验，这些需要并不总是与危险有关。例如，在感觉寻求量表上，在外国求学的学生比在本国求学的学生的得分更高（Schroth & McCormack，2000）。感觉寻求也与气质有关【连接学习目标 8.8】。表 9-1 是一个典型的感觉寻求量表的样题。

在某项研究中，研究人员发现 2 岁的孩子就表现出感觉寻求的特征（Putnam & Stifter，2002）。90 名儿童参与了这项研究，其中包括 6 个月、12 个月、24 个月和 25 个月大的孩子。在针对最年幼的一组被试的测验中，给孩子们两组玩具：（1）木块、盘子、杯子；（2）闪光灯、玩具传呼机、上发条的龙。第一组玩具是低强度刺激，第二组玩具是高强度刺激。那些更快地去拿玩具特别是拿高强度刺激玩具的儿童是高感觉寻求者。

感觉寻求者的这种倾向是天生的吗？虽然人们很容易认为 6 个月大的孩子还没有什么可以影响其人格的经历，但实际上，前 6 个月的很多经历可能影响他们未来的选择。例如，被移动的时候，非常小的婴儿可能因为把手伸到某处导致疼痛。这个经历可能影响婴儿未来把手放到一些其他地方的意愿。这个过程是最简单的操作性条件反射【连接学习目标 5.5】。在一项历时 4 年的纵向研究中，研究人员发现在电子游戏中积极表现出高度冒险行为的青少年更有可能参与到冒险事件中，并且在感觉寻求水平上的得分会有所提高（Hull et al.，2012）。

其他人在场也可能会对结果产生影响。对于青少年群体来说，一群同龄人可能比孤身一人做出更危险的决定，这是同辈压力的一部分（Albert et al.，2013；Chein et al.，2011；Smith et al.，2014；

Willoughby et al.，2013）。最近的一项研究对 18 ～ 22 岁的青春期晚期男性在三种情况下的决策进行了一系列测试，三种情况分别为单独一人、一组 4 名同龄男性、一组 3 名同龄男性和 1 名 25 ～ 30 岁的年长男性（Silva et al.，2016）。当单独测试或与年长男性一起测试时，被试表现出相同水平的冒险行为，但在同年龄组测试中，被试明显表现出更高的冒险性。似乎只要有一个年长的男性在场就足以抵消在同辈压力下增加的风险。

这看起来有趣吗？如果回答是肯定的，那么你在感觉寻求量表上的得分可能相对比较高。

表 9-1　朱克曼 - 库尔曼（Zuckerman-Kuhlman）人格问卷样题

题目	感觉寻求
我有时做一些疯狂的事只是为了开心	高
我更喜欢那些有出人意料之举的朋友	高
我是一个冲动的人	高
在做复杂的工作前，我都会订订详细的计划	低
在做事情之前，我总是先想想要怎么做	低

资料来源：Zuckerman, M.（2002）。

诱因理论

💬 去年的感恩节，我吃掉了所有能吃的食物后，我的婶婶又带来了很美味的馅饼，尽管我一点都不饿，但还是禁不住诱惑，把它们都吃掉了。当我们没有驱力或需求去做某些事情的时候，是什么让我们去做的呢？

诚然，有时身体上没有需求，但人们仿佛感受到了需求一样，仍然吃、喝或做出反应。即使那块馅饼不是缓解饥饿的必要手段，但它非常有诱惑力，不是吗？而且在过去的一些场合，这类馅饼很美味，很值得一吃，所以现在人们报以同样的期待。这个馅饼被赋予美味和甜蜜的期望，变成了一个诱因。**诱因**（incentive）是吸引人们行动的事物。

在**诱因理论**（incentive approach）中，行为被解释为外部刺激及其奖赏属性。这些奖赏属性独立于任何需求或唤醒水平而存在，并能够仅仅依靠诱因引发人们的行动。因此，诱因理论实际上，至少部分是基于第 5 章关于学习的原理【**连接**学习目标 5.5】。

就其本身而言，诱因理论不能够解释所有行为背后的动机。当今许多理论学者把动机视为内在需求或驱力的推动和外部奖赏刺激的拉动共同作用的结果。例如，一个人很饿（推动），但他却可能选择糖果而非芹菜来满足需求。糖果对于许多人而言可能有更大的吸引力，因为与芹菜相比，糖果有更大的拉力。坦白讲，对大部分人而言，几乎任何东西都比芹菜更有"拉动"效果。

人本主义取向的相关理论

9.5　描述马斯洛的需求层次理论和自我决定理论是如何解释动机的

研究动机的一些最终方法本质上是人本主义的。马斯洛使用的是经典的人本主义方法之一，更现代的方法则以自我决定理论为代表。

马斯洛的需求层次理论　最早的人本主义理论基于亚伯拉罕·马斯洛（Abraham Maslow）的研究成果。马斯洛提出，人类一共有几种层次的需求，这些需求必须在最高层次的人格成就实现之前努力得以满足。根据马斯洛的理论，很少有人能达到**自我实现**（self-actualization）。在自我实现层次，人们已经满足了低级需求并且最大限度地发挥了其所有的潜力。

这些需求既包括基础性缺失的需求，如对食物或水的需求，也包括对成长的需求，如对交友和自我感觉良好的需求（Maslow，1971；Maslow & Lowery，1998）。对于一个想要达到自我实现的人来说，基本的需求一定要首先被满足，因为自我实现是发展性需求的最高级别。图 9-3 采用金字塔这一典型的方式将马斯洛提出的一系列需求呈现出来，金字塔的底部是生存的最基本需求，顶部是最高需求。这种排列方式被称为层次。唯一比自我实现更高级别的需求是追求卓越，是一种超越自我的精神意义上的探索，马斯洛在提出其层次理论数年后，补充了这一需求。

随着人生阅历的增长，人们向这个金字塔上方不断移动，获得智慧和处理不同状况的知识。但是生活环境的突变可能使人们回到更低级的需求层次。上下波动时有发生，甚至是这个小时到下个小时，人也有可能在不同的需求层次上。人生中达到或者暂时达到自我实现层次的时间是很短暂的，这个短暂的时间被称为**巅峰体验**（peak experience）。对于马斯洛而言，个人发展和自我实现的过程是让巅峰体验一次又一次发生的驱力。

💬　这个理论具有普适性吗？

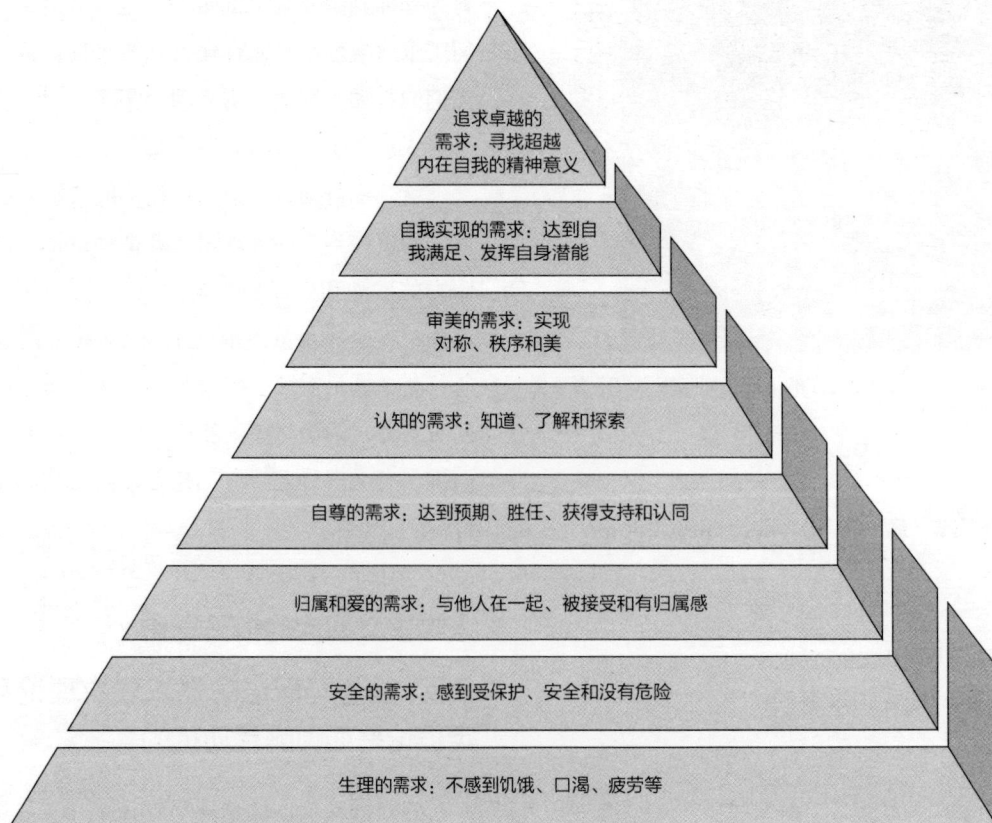

图 9-3　马斯洛的需求层次理论

马斯洛提出人类在满足自我实现和追求卓越的更高需求之前，必须先满足生理和安全等更基本的需求。

马斯洛的理论对管理领域产生了很大的影响力（Heil et al.，1998），并且为修订的层次引入了新的概念和观点【连接学习目标 8.7】。尽管影响深远，但马斯洛的理论也不乏批评者。有几个问题被其他人特别指出，最严重的就是缺乏科学实证的支持（Drenth et al.，1984）。像弗洛伊德一样，马斯洛的理论是基于自己对人的观察，而不是基于任何以观察或研究得出的数据。虽然很多人都说，他们在饥饿的时候除了吃什么都想不起来，但在许多人的生活当中也有例外，在转向高级需求之前低级需求不一定必须被满足（Drenth et al.，1984）。例如，历史上的艺术家和科学家在生理需求没有得到满足的条件下也创作出了伟大的作品，即实现了自我实现的需求。

在电影《火星救援》（The Martian）中，马特·达蒙（Matt Damon）的角色意外地被困在火星上，必须找到一种方法维持 4 年的生存。他最关心的是如何生产出足够的食物，但他同时也会定期录音，需要感觉到有人可能会听到他的声音的希望。一旦生理上的需求得到满足，对陪伴的需求就变得更强烈了。

此外，马斯洛的研究成果是基于对美国人的观察得出的。跨文化研究表明，他理论中的需求顺序并不总是适用于其他文化，尤其是那些比美国文化更倾向于避免不确定性的文化，比如德国和日本。在这些国家，安全需求对动机的决定性比自我实现需求强得多（Hofstede，1980；Hofstede et al.，2002）。这意味着，在这些文化中人们更看重工作安全感，而不是工作满意度，如从事有趣味性或挑战性的工作。在瑞典和挪威等生活质量重于个人成就的国家，社交需求可能比自我实现需求更重要（Hofstede et al.，2002）【连接学习目标 13.13】。

这个日本商人的动机与其他国家和文化的人有什么区别？

其他理论家发展并完善了马斯洛的层次理论（Alderfer，1972；Kenrick et al.，2010）。道格拉斯·肯里克（Douglas Kenrick）和他的同事们建议对马斯洛最初的层次理论加以修改，涉及进化生物学、人类学和心理学的各个方面。他们的修改包含了内部动机与环境威胁和机会之间的动态关系（Kenrick et al.，2010）。这个修正版同样遭到了批评，并引发了新的思考。肯里克理论的某些部分遭到了质疑，包括它关注进化层面而不是人类文化影响方面（Kenrick et al.，2010），以及它将自我实现从金字塔顶端和整个层次体系中去掉而作为一个独立的动机（Peterson & Park，2010）。正如动机有很多方面一样，对需求层次的修正或讨论也需要考虑各种各样的意见和观点。

"这是正确的答案，比尔，但恐怕你什么也没赢。"

自我决定理论　与马斯洛的需求层次理论类似的另一个动机理论是理查德·瑞安（Richard Ryan）和爱德华·德西（Edward Deci）的**自我决定理论**（self-determination theory，SDT）。在这个理论中，有三种与生俱来的和普遍存在的需求，帮助人们获得对自我和世界的完整认知以及与他人的健康关系。这三种需求是：自主需求，即控制自己的行为和目标的需求，也就是自我决定；能力需求，即掌控人生中挑战性任务的需求；关系需求，即在与他人的关系中要有归属感、亲密感和安全感的需求。这些需求在几种人格理论中是共通的，关系需求与马斯洛的归属感和爱的需求类似，而自主和能力需求是埃里克森人格发展理论中的重要方面【连接学习目标8.7】。

瑞安、德西和他们的同事相信，如果一个人能有实现目标并发展与他人关系的支持性环境，那么这些需求将会得到最好的满足（Deci et al.，1994；Ryan & Deci，2000）。而这些需求的满足不仅可以促进心理的健康成长，而且可以提高个体的内在动机，因为采取的行动可以得到内在的奖赏或者获得内在的满足。已有证据显示，当一个人不仅从他人那里得到积极反馈，并且在自己认为很难的任务中取得成功从而感觉有能力，同时有自主的感觉，或者说他/她的行动是自主决定的而不是受到他人控制的时候，个体的内在动机会增加或者提升（DeCharms，1968；Deci & Ryan，1985；Evans，2015；Hancox et al.，2015；Ryan et al.，2012；Silva et al.，2014）。

此前研究显示，一个人的行为受到外在奖赏，会对其内在动机产生不利影响（Deci et al.，1999），而其他研究则显示这种负面影响只存在于那些不感兴趣的任务中（Cameron et al.，2001）。如果任务对一个人是充满趣味的，比如可能任务指导者或是管理者已经说明了任务的重要性和未来的价值，外部的奖赏至少在短期内可以提高内部动机。目前的大量研究更倾向于后一种观点（Evans，2015；Rigby et al.，2014；Silva et al.，2014）。该领域的研究人员还使用了fMRI等技术，考察大脑尤其是腹内侧前额叶在内部和外部动机中的作用（Marsden et al.，2014；Murayama et al.，2015）。

💬 但我们有时做事情不是受到两种动机的影响吗？

通常情况下，人们做事都是受到内在和外在动机的双重影响。例如，大部分老师工作既是为了挣钱养家糊口——外部动机，也是因为感受到在帮助孩子未来成为更好的人而工作，这种感觉会让他们感觉良好——内部动机。

这三种需求的普适性如何？美国和英国之类的个人主义文化中，强调个体的需求高于群体的需求，提倡独立和自强；而日本和中国之类的集体主义文化中，强调紧密的社会联系，提倡相互依存和合作。跨文化的研究表明，在不同的文化背景下，自主、能力和归属感的需求同样重要（Chirkov，2009；Chirkov et al.，2011；Ryan et al.，1999；Sheldon，2012）。

概念地图 9.1~9.5

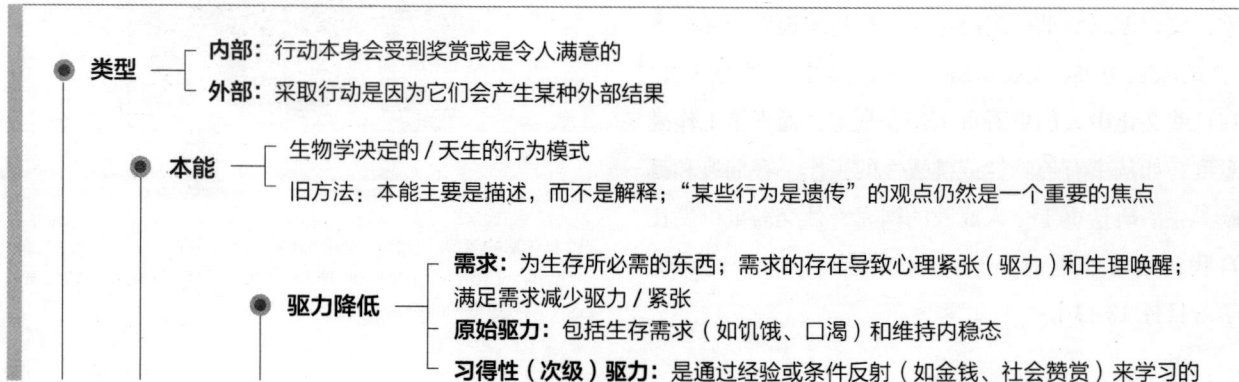

- **类型**
  - **内部**：行动本身会受到奖赏或是令人满意的
  - **外部**：采取行动是因为它们会产生某种外部结果
- **本能**
  - 生物学决定的/天生的行为模式
  - 旧方法：本能主要是描述，而不是解释；"某些行为是遗传"的观点仍然是一个重要的焦点
- **驱力降低**
  - **需求**：为生存所必需的东西；需求的存在导致心理紧张（驱力）和生理唤醒；满足需求减少驱力/紧张
  - **原始驱力**：包括生存需求（如饥饿、口渴）和维持内稳态
  - **习得性（次级）驱力**：是通过经验或条件反射（如金钱、社会赞赏）来学习的

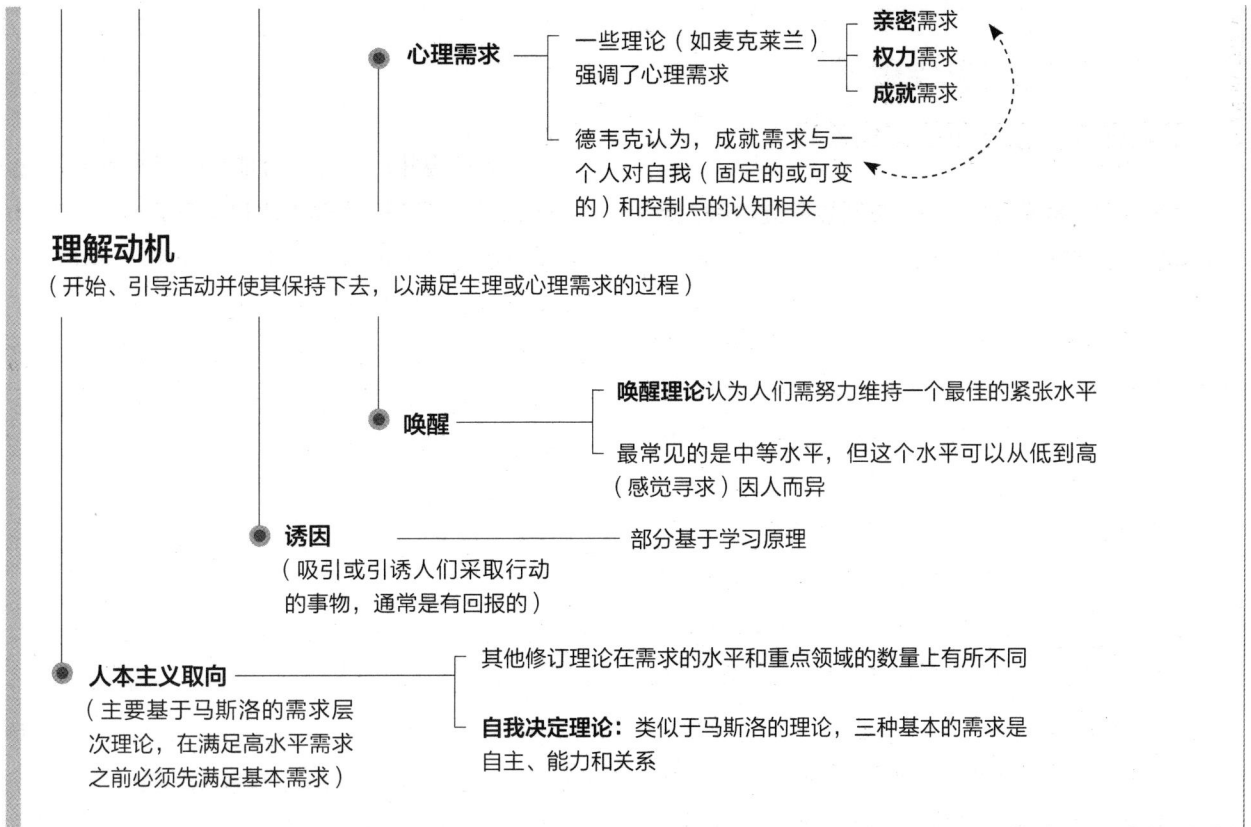

心理需求 ── 一些理论（如麦克莱兰）强调了心理需求 ─┬─ **亲密**需求
　　　　　　　　　　　　　　　　　　　　　　　　　　├─ **权力**需求
　　　　　　　　　　　　　　　　　　　　　　　　　　└─ **成就**需求
　　　　　├─ 德韦克认为，成就需求与一个人对自我（固定的或可变的）和控制点的认知相关

理解动机

（开始、引导活动并使其保持下去，以满足生理或心理需求的过程）

唤醒 ─┬─ **唤醒理论**认为人们需努力维持一个最佳的紧张水平
　　　└─ 最常见的是中等水平，但这个水平可以从低到高（感觉寻求）因人而异

诱因 ──────── 部分基于学习原理
（吸引或引诱人们采取行动的事物，通常是有回报的）

人本主义取向 ─┬─ 其他修订理论在需求的水平和重点领域的数量上有所不同
（主要基于马斯洛的需求层次理论，在满足高水平需求之前必须先满足基本需求）
　　　　　　　└─ **自我决定理论：**类似于马斯洛的理论，三种基本的需求是自主、能力和关系

随堂小考

1. 如果一个人的行为是为了得到与他分离的结果，这就是所谓的____。

　A. 内部动机　　　　　　B. 外部动机

　C. 驱力降低动机　　　　D. 本能动机

2. 什么动机理论在很大程度上依赖于内稳态的概念？

　A. 本能理论　　　　　　B. 关系需求理论

　C. 驱力降低理论　　　　D. 成就需求理论

3. ____需求高的人想被别人喜欢并成为优秀的团队成员。

　A. 成就　　　　　　　　B. 关系

　C. 权力　　　　　　　　D. 情绪

4. 就唤醒和任务难度而言，简单的任务通常需要一个____的唤醒度，而困难的任务则需要一个____的唤醒度。

　A. 高，低　　　　　　　B. 低，高

　C. 高或低，中等　　　　D. 低，低

5. 在马斯洛的理论中，人们多久能达到自我实现的状态？

　A. 大多数人在成年前达到自我实现的状态

　B. 大多数人在青少年期结束时达到自我实现的状态

　C. 很少，尽管在人的一生中有很多次短暂的自我实现

　D. 没有人能达到终极境界，我们的动机就在于如何努力实现它

6. 在瑞安和德西的自我决定理论中，实现一个人对自主、能力和关系的需求的关键是什么？

　A. 本能动机

　B. 周围人的支持

　C. 通常由遗传驱动的动机

　D. 不想失败的强烈愿望

科学探究和批判性思维
用表扬来激励孩子的文化差异

落实 APA 学习目标 2.5：在科学探究中融入社会文化因素

　　在西方文化，特别是美国的教育体系中，父母和孩子的共识是要表扬孩子的成就，而不使用太多的负面反馈和批评（Trumbull & Rothstein-Fisch，2011）。这种注重正面强化所基于的逻辑是，表扬会提升学生的自尊，而过分的批评可能会损害其自尊。在个人主义文化背景下的美国，这种做法看起来确实很有效。但是如果学生来自不同的文化背景，如更加集体主义的亚洲和拉丁文化，事情就完全不同了。正所谓：甲之蜜糖，乙之砒霜。

　　在集体主义文化中，集体利益高于个人利益。来自这些文化的学生被挑选出来接受表扬，特别是在其他同学面前被"提升"到高于同伴的位置，可能会感到非常不舒服。这样的表扬不但没有起到激励的作用，甚至可能适得其反，导致学生成绩低下，只是为了降低其"知名度"，也就是被表扬的次数（Geary，2001；Markus & Kitayama，1991；Rothstein-Fisch & Trumbull，2008；Trumbull & Rothstein-Fisch，2011）。

　　一项研究发现，学习英语的拉丁裔学生对导师给予他们的大量表扬反应非常消极，这种积极的鼓励令他们感到不舒服，而不是受到鼓舞（Geary，2001；Trumbull & Rothstein-Fisch，2011）。还有研究发现，与加拿大学生相比，日本学生对自己的表现更挑剔，对负面反馈也更灵敏（Heine et al.，2001）。与典型的学习理论所预测的相反，在面对差异较大的文化期望时，积极强化的好处并不总是如预期的那样。

批判式思考　表扬效果的文化差异是否可能影响除教育以外日常生活的其他领域？

饥饿与饮食

　　解决饥饿问题是我们最主要的需求之一。当今，人们的饮食习惯已经成为新闻节目、脱口秀和科学研究的主要问题和经常性讨论的话题。无数的药品、补品和治疗方法可以帮助一些人吃得更少，而另一些人吃得更多。

　　饮食不再只是一种减少原始驱力的基本的生存行为，对许多人来说，它也是一种娱乐，许多饮食经历的诱人表现和社会环境是强有力的激励因素。

饥饿的生理和社会成分
9.6　确定影响饥饿的生理和社会因素

💬　我们为什么吃？是什么让我们最先感到饥饿？

　　实际上，饥饿驱力涉及几个因素。沃尔特·坎农（Walter Cannon）认为，胃收缩或"饥饿痛"会引发饥饿，胃内食物的存在会阻止胃的收缩，缓解饥饿感（Cannon & Washburn，1912）。奇怪的是，在很多情况下，空腹并不是决定性因素。虽然胃确实有感觉感受器，会在食物堆积时对伸展的胃部肌肉的压力做出反应，并向大脑发送信号，表明胃已经饱了（Geliebter，1988），但那些已经切除了胃的人仍然会感到饥饿（Janowitz，1967）。

激素影响　影响饥饿的一个因素似乎是进食开始后发生的胰岛素反应。**胰岛素**（insulin）和**胰高血糖素**（glucagon）是胰腺分泌的激素，用来控制全身的脂肪、蛋白质和碳水化合物的水平，包括葡萄糖，即血糖的水平。例如，胰岛素会降低血液中的葡萄糖水平，而胰高血糖素会提高这一水平。通常在开始进食后胰岛素大量释放，血糖水平随之下降，引起更多的饥饿感。碳水化合物，特别是那些简单或高度精炼的碳水化合物，如食糖、水果饮料、白面粉、白面包或面食等，导致胰岛素水平比食用其他食物更高，因为这些食物在同一时间释放出大量的葡萄糖。高血糖导致更多胰岛素的释放，从而导致血糖水平降低，增加食欲，产生暴食倾向。这是许多提倡摄入低碳水化合物饮食背后的基本原则。这类饮食的支持者认为，如果人们控制碳水化合物的摄入，就可以控制胰岛素反应，防止产生更强的饥饿欲望。

近年来，一种叫作**瘦素**（leptin）的激素被认为是控制食欲的因素之一。瘦素释放到血液中，同时向下丘脑发出信号，表明身体已经有足够的食物，自然食欲降低，饱腹感增加。瘦素受体的基因异常和瘦素抵抗可能在肥胖中起重要作用（Dubern & Clement，2012；Pan et al.，2014）。

下丘脑的作用　胃和胰腺只是饥饿涉及的两个身体部位。在第 2 章中，下丘脑控制包括饥饿在内的多种动机刺激的作用被认为是其影响垂体的结果。但下丘脑本身有不同的区域，受体内葡萄糖和胰岛素水平的控制，似乎可以控制进食行为。

当葡萄糖水平升高时，腹内侧下丘脑（VMH）可能参与停止进食反应（Neary et al.，2004）。一项研究显示，位于下丘脑底部和中央的 VMH 区域受损的老鼠不会停止进食，直到它们严重超重（Hetherington & Ranson，1940）（有这种损伤的老鼠的照片见图 9-4）。

然而，它们并非饥不择食，相反还相当挑剔，只吃对它们有吸引力的食物（Feryuson & Keesey，1975；Parkinson & Weingarten，1990）。事实上，如果它们可获取的所有食物都没有吸引力，它们就不会变得肥胖，在某些情况下甚至会体重减轻。

图 9-4　肥胖的实验室老鼠

左边的大鼠由于其腹内侧下丘脑被故意破坏，结果是老鼠不再能接收吃饱的信号，持续吃、吃、吃，所以达到了高度肥胖水平！

下丘脑位于外侧的另一部分被称为外侧下丘脑（LH），似乎在胰岛素水平升高时会影响进食的开始（Neary et al.，2004）。这一区域被破坏导致老鼠拒绝进食直到饿死。只有在强制进食的条件下，它们才会吃东西，然而体重仍然会减轻（Anand & Brobeck，1951；Hoebel & Teitelbaum，1966）。下丘脑的这两个区域都参与了食欲素 A——一种参与食欲控制的神经肽的生成，它是神经元用来交流的一种小的蛋白质样分子。

体重调定点和基础代谢率　显然，下丘脑对饮食行为的作用是复杂的。一些研究人员认为，下丘脑通过影响身体试图维持的特定体重水平，称为**体重调定点**（weight set point）（Leibel et al.，1995；Nisbett，1972）。下丘脑受损确实会显著地提高或降低体重调定点，导致体重急剧下降或增加。

新陈代谢，即身体燃烧可用能量的速度，以及运动也在体重调定点中起着一定的作用。毫无疑问，有些人天生就具有较快的新陈代谢能力，他们可以敞开吃而不会长胖；另一些人新陈代谢较慢，可能吃正常量甚至低于正常量的食物，也会增重或很难减肥（Bouchard et al., 1990；Higginson et al., 2016）。有些人发誓只要看一眼蛋糕就会体重增加！有规律、适度的运动有助于抵消新陈代谢的减慢和随之而来的体重调定点的增加（Tremblay et al., 1999）。

一个人休息时身体燃烧能量的速率被称为**基础代谢率**（basal metabolic rate，BMR），并与体重调定点直接相关。如果一个人的BMR降低，就像在成年期和活动水平降低时一样，消耗相同数量的卡路里，他的体重调定点就会提高。图9-5显示了普通男女的

BMR随年龄从10岁到80岁的变化。请注意，随着年龄的增长，BMR下降的幅度会加大。青少年通常有很高的BMR和活动水平，因此，有较低的体重调定点，这意味着他们可以吃远超过相同身形的成年人的食物，而体重不增加。但当他们长大后，BMR开始下降。成年人应该减少每天摄入的卡路里并且增加运动量。但随着收入水平的提高和工作需求的增加，成年人会吃得更多，活动更少。只是将十几岁时的饮食习惯保持下来，过度的体重增加已经近在眼前了，对一些易胖人士而言，过度的体重增加可能是超乎想象的。

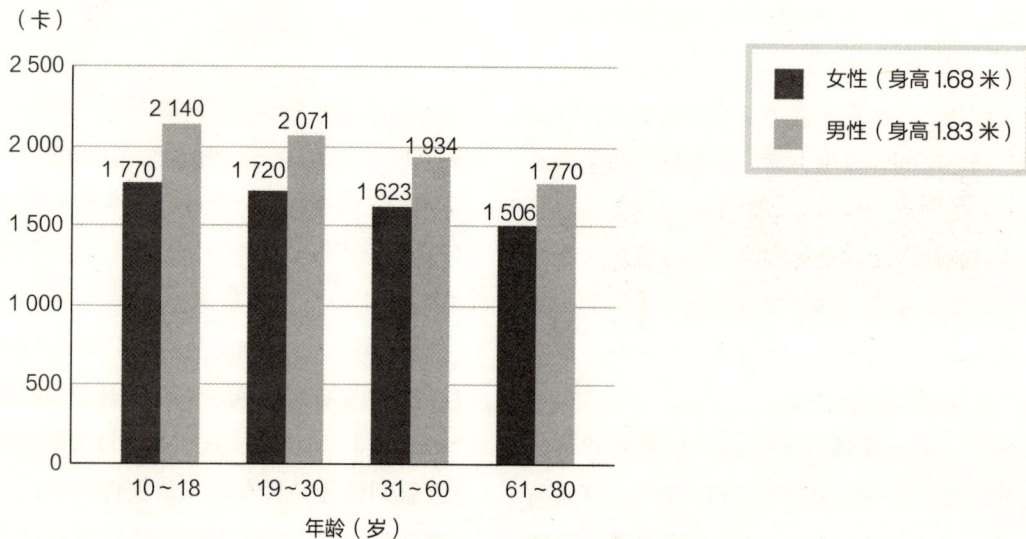

（卡）

年龄（岁）	女性（身高1.68米）	男性（身高1.83米）
10~18	1 770	2 140
19~30	1 720	2 071
31~60	1 623	1 934
61~80	1 506	1 770

图9-5 男人和女人的平均基础代谢率

如果你想计算自己的BMR，有很多网站可以使用，只要输入如身高、年龄、体重和活动水平等数据，系统就能根据标准公式就会自动计算BMR。

饥饿的社会成分 人们通常在不饿的时候也会吃东西。各种各样的社交暗示告诉人们吃饭，比如在特定的时间吃早餐、午餐和晚餐的习俗。这种"惯例"很大程度上是经典条件反射的结果【连接学习目标5.2】。身体在一天中的某些时候会对饥饿产生条件反射，通过与进食行为的联系，一天中的这些时间会成为饥饿的条件刺激。有时，一个人早餐吃得晚了，到

中午时仍然会"感到"饥饿，只是因为时钟说"是时候吃饭了"。人也会对美食的诱惑做出反应。很多时候，人们刚吃完一顿大餐，还会被甜点车上那块看起来很美味的芝士蛋糕吸引。

面对压力，食物有时也可以作为一种安慰性的日常生活方式，从不愉快的事情中立即逃离（Dallman et al., 2003）。罗丁发现，造成饥饿的胰岛素水平可能会在进食前增加，类似于巴甫洛夫的狗在进食前就开始分泌唾液。就像在一天中的某个时间会有饥饿感一样，这种生理现象也可能是经典的条件反射造成

的。过去，食用具有一定视觉和感官特征的食物会导致胰岛素分泌达到峰值，这种配对发生得如此频繁，以至于现在只要看或闻到食物，就会在食物被吃掉之前达到峰值（Stockhorst，1999）。这也许可以解释为什么有些人（因为他们更关注食物的外在特征而不是内在的饥饿感，所以他们被称为"外在的人"）对这些外在信号的反应更灵敏，他们对食物的预期产生的胰岛素更多，远超那些非外在的人或者受外界信号影响较小的人（Rodin，1985）。

a. 文化因素在"人们为什么吃"中起着重要作用。研究发现，日本的女性会受饥饿和社会需求的驱动而进食，这次家庭聚会中吃饭时的互动就说明了这一点。

b. 美国女性可能因为抑郁或者其他情绪原因进食，而不仅仅是为了充饥或作为社会状况的一部分。图中的女人不需要碗、餐桌和其他人（除非猫也算）的陪伴来激发她的食欲，就说明了这一点。

文化和性别也在决定饥饿和饮食习惯方面起到了一定作用。在一项研究中，对来自美国和日本的男性和女性做了关于饮食习惯的问卷调查。尽管在两种文化中，男性吃什么不存在显著差异，但美国女性更容易因情绪原因而进食，例如抑郁症，日本女性则更有可能因为饥饿信号或社会需求而进食（Hawks et al.，2003）。在同一项研究中，与日本男性和女性相比，来自美国的男性和女性在看电视或看电影时更容易进食。在研究人们为什么吃和在什么情况下吃时，必须同时考虑到文化和性别的因素。

肥胖

9.7　认识导致肥胖的部分因素

如果全世界的人都能吃到各自所需的食物，并且能够保持健康和正常的体重，就太好了。但对许多人来说情况并非如此。有些人的体重远远超标，而另一些人的体重则轻得多。

一些适应不良的饮食问题，包括神经性厌食症、神经性贪食症和暴食症，在《精神障碍诊断和统计手册（第五版）》中被归类为临床（精神）障碍（American Psychiatric Association，2013）。书中是心理专家用于诊断疾病及其症状的清单，这些疾病将在后面的章节中讨论【在线学习目标 14.11】。

在这一章中，我们将讨论肥胖问题。为什么有些人会变得这么胖？是不是只是因为吃得太多了？

导致肥胖的因素有很多。肥胖的实际定义各不相同：一些定义认为体重超过其理想体重的20%或更多为肥胖；一些定义认为该数值在20%～30%的人为超重，30%或更高的为肥胖；其他人则说，男性肥胖率超过理想体重20%，女性肥胖率超过理想体重30%为肥胖。不管怎样定义，肥胖的一个重要因素是遗传。似乎有几组基因——有些在不同的染色体上，有可能影响一个人是否肥胖（Barsh et al.，2000）。如果某个家庭有肥胖史，每个家庭成员都有肥胖的风险，这是没有肥胖家族史的人肥胖风险的两倍或三倍（Bouchard，1997）。激素也起作用，特别是瘦素，它在控制食欲方面起着重要作用。尽管不能完全解释，但是瘦素产生或检测的问题可能会导致暴饮暴食（Friedman & Halaas，1998）。在一项研究中，肥胖和非肥胖小鼠的瘦素作用均被阻断，两组小鼠在进食量或体重增加上没有差异，研究人员由此得出结论，瘦素活性受损可能不像先前认为的那样，是导致肥胖的重要原因（Ottaway et al.，2015）。

当然，导致肥胖的另一个因素是暴饮暴食。在全球范围内，随着发展中国家经济实力的增强，食品供应趋于稳定，肥胖率出现急剧上升趋势（Barsh et al.，2000）。食物变得更加多样化和诱人，种类的增加与超出了生理需要的饮食的增加有关（Raynor & Epstein，2001）。在工业化社会中，工人在工作场所花费的时间越多，在家做饭的时间就越少，外出就餐的动力也越大（Chou et al.，2004）。当"外出就餐"的选择包含快餐和软饮料时，肥胖率就会增加，这种情况经常发生。总之，随着工业化的深入和受西方生活方式的影响日渐增大，这些生活方式的消极方面，如肥胖，也在增加。在过去的20年里，发展中国家的肥胖率增加了两倍。具体来说，在那些采纳西方低运动率和暴饮暴食生活方式的国家，肥胖率增加成了一种趋势，特别是经常摄入那些便宜但脂肪和卡路里含量都高的食物。在中国，以及中东、东南亚和太平洋诸岛的许多国家，10%～25%的儿童超重，另外2%～10%的儿童肥胖（Hawley et al.，2014；Hawley & McGarvey，2015；Hossain et al.，2007）。

压力也会导致肥胖。例如，一项研究发现，军人的女儿似乎有更高的饮食失调风险，包括肥胖，这种风险可能与较高的抑郁率有关（Schvey et al.，2015）。与压力有关的是我们的睡眠如何，睡眠障碍也是体重增加的一个因素（Roane et al.，2015）【连接 第4章科学探究和批判性思维：体重增加与睡眠】。

如前所述，随着年龄的增长，人的新陈代谢会减慢。除了不改变年轻时的饮食习惯，随着收入的提高，人们还经常增加食物的摄入量，从而导致体重的增加，甚至可能导致肥胖。美国是世界上肥胖率最高的国家：现在美国有三分之一的人口是肥胖者（Flegal et al.，2012；Friedman，2000，2003；Marik，2000；Mokdad et al.，2001；Ng et al.，2014；Ogden et al.，2014）。

随着肥胖率的不断上升，这类家庭在美国变得越来越普遍。这个家庭的成员有多少超重是饮食不当和缺乏锻炼导致的，又有多少可能是生物遗传因素造成的？

概念地图 9.6～9.7

● **饥饿**
- 受胰岛素反应影响；胰岛素（通常在开始进食后释放更多）会降低血液中的葡萄糖水平，导致血糖降低和饥饿感增加；胰高血糖素会提高葡萄糖水平
- 当葡萄糖水平升高时，腹内侧下丘脑区可能参与停止进食；当胰岛素水平升高时，外侧下丘脑区似乎会影响进食开始
- 人的体重调定点和基础代谢率与下丘脑有关，瘦素似乎会影响食欲
- 饥饿和饮食行为受社会暗示、习俗、文化和性别的影响

人们为什么吃

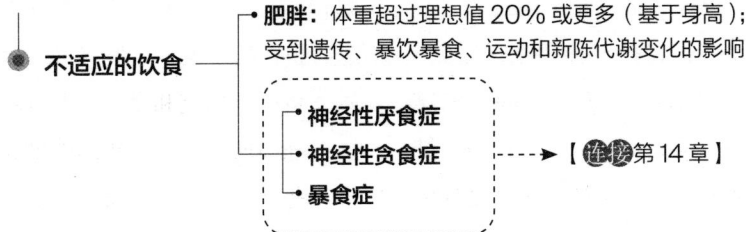

不适应的饮食 ┬ **肥胖：**体重超过理想值 20% 或更多（基于身高）；受到遗传、暴饮暴食、运动和新陈代谢变化的影响

┌─ **神经性厌食症**
├─ **神经性贪食症** ┄┄▶ 【连接第 14 章】
└─ **暴食症**

随堂小考

1. 损害大鼠的____可以让其饿死，而损害它们的____可以让其一直吃。

  A. 胰腺，胃　　　　　　B. 肝，肾

  C. 腹内侧下丘脑，外侧下丘脑

  D. 外侧下丘脑，腹内侧下丘脑

2. 如果卡路里摄入量保持不变，随着基础代谢率的降低，体重调定点会____。

  A. 下降　　　　　　　　B. 上升

  C. 保持不变　　　　　　D. 上下波动

3. 杰曼在上午 10 点吃了早餐，但他在上午 11 点半就饿了，那是他通常的午饭时间。什么最能说明他早餐后 90 分钟的饥饿疼痛？

  A. 遗传　　　　　　　　B. 社会压力

  C. 经典条件反射　　　　D. 自我实现

4. 在采用西方饮食和锻炼生活方式的文化中，过去 20 年来肥胖率____。

  A. 保持相对稳定　　　　B. 略有下降

  C. 增加了两倍　　　　　D. 增加了三倍

◖ 情绪

本章首先概述了驱动人类行为的动机。但人们的行为不仅仅是行为，每一个行为都包含人们的感受。人是充满感情或情绪的，虽然情绪可能是内在的过程，但其还是有外在的身体迹象的。本章的这一节将探讨人类的情绪，以及这些情绪是如何与思维、行为相联系的。

　● 感受在我们的日常生活中扮演了怎样的角色？到底是什么引起了感受？

情绪的三个要素

9.8　描述情绪的三个要素

拉丁语词根 mot 的意思是"移动"，是我们在本章中反复使用的动机和情绪这两个词的来源。**情绪**（emotion）可以被定义为意识的"感觉"方面，其特征是三个要素：某种生理唤醒、某种向外界揭示情感的行为和对情感的内在意识。

情绪的生理要素　生理上，当一个人经历某种情绪时，交感神经系统就会产生一种唤醒【连接学习目标 2.5】：心率加快，呼吸急促，瞳孔扩大，口腔干燥。想想你上次生气的时候，再想想你上次害怕的时候，身体症状不是很相似吗？尽管面部表情在不同的情绪反应中确实有所不同（Ekman，1980；Ekman et al.，1969；Ekman & Friesen，1978），但仅凭生理反应很难区分具体是哪种情绪。然而，在实验室里，研究人员借助仪器通过测量心率、血压和皮肤温度，发现不同的情绪可能与不同的生理反应有关：悲伤、愤怒和恐惧比厌恶更能引起心率的增加；与快乐相比，厌恶时皮肤电导的增加更高；与恐惧相比，愤怒与血管指标的相关更高，如舒张压升高（Larsen et al., 2008；Levenson，1992；Levenson et al., 1992）。

　　于 20 世纪初面市的测谎仪是一种"谎言探测"测试，其理念是说谎会产生不同于说真话的生理反应（Bell & Grubin，2010；Iacono，2001）。这个假设已经被证明是错误的：说谎话和说真话之间没有特定的、独特的生理反应差异。在对最初的测谎仪进行了改进后，例如使用了一些只有警察、受害者和嫌疑人才应该知道的知识问题（隐藏信息测试，简称 CIT），测试结果的有效性仍存在很大争议（Ben-Shakhar et al., 2015；Palmatier & Rovner，2015；Vrij，2015）。虽然它可能在说服嫌疑人承认其罪行方面是一个有用的工具，但它实际上只能检测生理上的相关情绪，而不能检测具体的谎言，在美国的法庭上并不能作为有罪或无罪的证据。

　　大脑的哪些部分与情绪的各个方面有关？正如第 2 章中所述，杏仁核是位于大脑两侧边缘系统内的一个小区域，它与人类和动物的恐惧、快乐等情绪有关（Breiter et al., 1997；Davis & Whalen，2001；Fanselow & Gale，2003；Hurlemann et al., 2010；Ritchey et al., 2011），也参与人类情绪的面部表达（Morris et al., 1998）。大鼠的杏仁核受损后，它们不能对新事物形成经典条件反射——恐惧，很明显它们不记得什么是恐惧了（R.J. Davidson et al., 2000；Fanselow & Gale，2003）。损伤杏仁核对人类也会产生相似的影响（LaBar et al., 1995），并会影响通过观察他人面部表情来确定其情绪的能力（Adolphs & Tranel，2003）。

　　关于杏仁核在情绪中发挥的作用，很多研究结果都来自约瑟夫·勒杜（Joseph LeDoux）博士和他的许多同事和学生的工作。杏仁核是个复杂的结构，有许多不同的核和分支，其作用主要表现在恐惧条件反射的研究上（LeDoux & Phelps，2008）。恐惧条件反射在将行为与大脑功能联系起来方面非常有用，因为它会导致刻板的自主和行为反应。这基本上是一个经典的条件反射过程，通过听觉刺激（条件刺激）与足部电击（无条件刺激）相结合，以引起自主和行为条件反射（LeDoux，1996；LeDoux & Phelps，2008）。

　　勒杜的研究为大脑处理情绪信息和杏仁核的作用提供了许多见解（见图 9-6）。情绪刺激通过快速、粗糙的皮质下"低级"通路和缓慢但更复杂的皮质"高级"通路到达杏仁核（LeDoux，1996，2007；LeDoux & Phelps，2008）。直接路径允许我们在知道真正的刺激是什么之前对可能有危险的刺激做出快速反应，但是通过间接皮层路径（特别是前额叶皮层的处理）提供的意识，我们可以越过直接路径，控制我们的情绪反应（LeDoux，1996；LeDoux & Phelps，2008；Öhman，2008）。

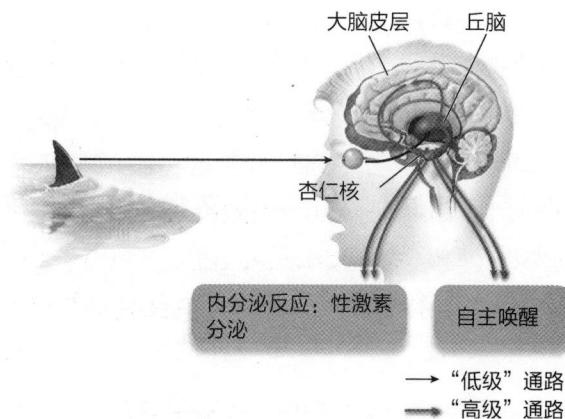

大脑皮层　丘脑

杏仁核

内分泌反应：性激素分泌　　自主唤醒

→ "低级"通路
⇒ "高级"通路

图 9-6　"低级"通路和"高级"通路

当我们接触到一个可以引起情绪反应的刺激（如鲨鱼）时，神经信号通过两条路径到达杏仁核。"低级"通路是大脑皮层下的，是一条在我们意识到刺激之前对刺激做出快速反应的更快、更简单的通路；而"高级"通路是皮质通路，速度更慢，也更复杂，但它能让我们认识到威胁，并在需要时用意识对情绪反应作控制。在这个例子中，"低级"通路大喊："危险！"而我们在"高级"通路说"是鲨鱼"之前就已做出了反应。

　　勒杜的研究还提供了一种机制来理解与焦虑或恐惧有关的心理障碍【连接学习目标 14.4】。直接路径可能是焦虑性障碍患者的主要通路，而间接的、皮质通路不能覆盖由直接通路引发的进程。这将导致我们无法控制焦虑或消除已经感到的恐惧（LeDoux，1996；LeDoux & Phelps，2008）。

　　除了杏仁核，大脑的其他皮质下和皮质区也参与情绪信息的处理（Frank et al., 2014；Treadway et al., 2014）。研究表明，情绪的作用可能会因大脑不同半球的参与而有所不同。其中一个研究领域是额叶。研究发现，积极的情绪与大脑的左额叶有关，而消极的情绪如悲伤、焦虑和抑郁等似乎与右额叶有关（R.J. Davidson，2003；Garland et al.，2015；Geschwind & Iacoboni，2007；Heilman，2002）。在使用 EEG 的研究中【连接学习目标 2.9】，左额叶的活动与愉快的情绪有关，而右额叶的活动与消极的情绪有关（R.J. Davidson，2003）。此外，在接受冥想训练的个体中发现了左额叶活动的增加。对于本研究的被试而言，左额叶活动的增加与他们焦虑的减轻以及免疫系统的增强有关。（Garland et al.，2015；R.J. Davidson et al.，2003）

把别人的面部表情理解为一种特定情绪的能力，似乎也是大脑的一侧强于另一侧。研究人员发现，当人们被要求识别他人脸上的情绪时，右半球比左半球更活跃，尤其是女性（Voyer & Rodgers，2002）。这种差异儿童时期开始时较弱，成年期更为明显。与成人相比，儿童识别消极情绪与积极情绪的能力都较弱（Barth & Boles，1999；Lane et al.，1995）。这一发现与早期的研究结果一致，右半球负责面孔识别（Berent，1977；Ellis，1983）。

其他类型的情绪处理涉及大脑其他区域。有人告诉过你要控制自己的情绪吗？根据你控制情绪的方式不同，不同的大脑区域扮演主要角色，但是在策略之间有一定程度的重叠。例如，一些常用的情绪调节的策略包括分心、重新评估和控制情绪对决策的影响。这三种策略都利用了外侧前额叶皮质和前扣带回皮质，正如之前讨论的，杏仁核可能也发挥了作用（J.S. Beer，2009）。

然而，分心似乎受到前扣带回皮质活动的支持，而重新评估则受到外侧眶额皮质活动的支持；两者都伴随着杏仁核活动的降低（J.S. Beer，2009）。此外，与在决策过程中对情绪的自发控制相比，分心和重新评估通常会涉及更多的大脑区域。通常，与情绪控制相关的脑区和负责控制非情绪信息的脑区相同（J.S. Beer，2009；Buhle et al.，2014；Etkin et al.，2011）。

情绪的行为：情绪表达　当被情绪控制时，人们会怎么做？面部表情、肢体动作和行为都表明了一个人的感受。皱眉、微笑、悲伤的表情加上手势、身体的转动和语言，都能产生对情绪的理解。人们打斗、奔跑、亲吻、叫喊，还有无数其他的动作，都源于他们的情绪。

尽管面部表情的某些方面似乎是通用的，但不同文化之间，面部表情可能有所不同。图 9-7 中是一些通用的面部表情。达尔文是最早提出情绪是进化的产物这一理论的人之一，他指出，世界上所有的人，无论其文化是什么，都会做出相同的面部表情，因为面部肌肉的进化是为了向旁观者传达特定的信息。例如，一张愤怒的脸会向旁观者发出信号，表明他们应该表现出顺从，或者来打一架。尽管达尔文的观点与 20 世纪初期和中期的行为主义运动并不相符，后者将环境而不是遗传作为行为的原因，但后来其他研究人员发现，至少有 7 种基本情绪具有普遍性，这给予心理学中的进化观点以更多的支持（Ekman，1973；Ekman & Friesen，1969，1971）【连接学习目标 1.3】。即使是生来就失明的孩子也可以在某些特定的情况下产生恰当的面部表情，而无须从他人身上看到这些表情。这有力地支持了这样一种观点，即情绪表达的基础是生物学，而不是学习（Charlesworth & Kreutzer，1973；Fulcher，1942）。

保罗·埃克曼（Paul Ekman）和华莱士·弗里森（Wallace Friesen）在研究中发现，许多不同文化的人，包括日本人、欧洲人、美国人和新几内亚的前部族，至少可以识别 7 种面部表情：愤怒、恐惧、厌恶、快乐、惊讶、悲伤和蔑视（Ekman & Friesen，1969，1971）。尽管情绪和相关的面部表情似乎是共通的，但情绪表达的确切时间、地点和方式可能由文化决定。**情绪表达规则**（display rule）在每一种文化中都不同，它是在社会环境下习得的控制情绪表达的方式（Ekman，1973；Ekman & Friesen，1969）。例如，日本人对在公共场合表达情绪有着严格的社会规则，他们始终冷静、平和、镇定，至少在外人面前情绪不会外露。但如果是在更私密的场合，如家长在家里责骂孩子，成年人的面部表情也很容易被其他文化的人认作"愤怒"。情绪是普遍的，它在脸上的表达方式也是普遍的，但是否表达则取决于习得的文化规则。

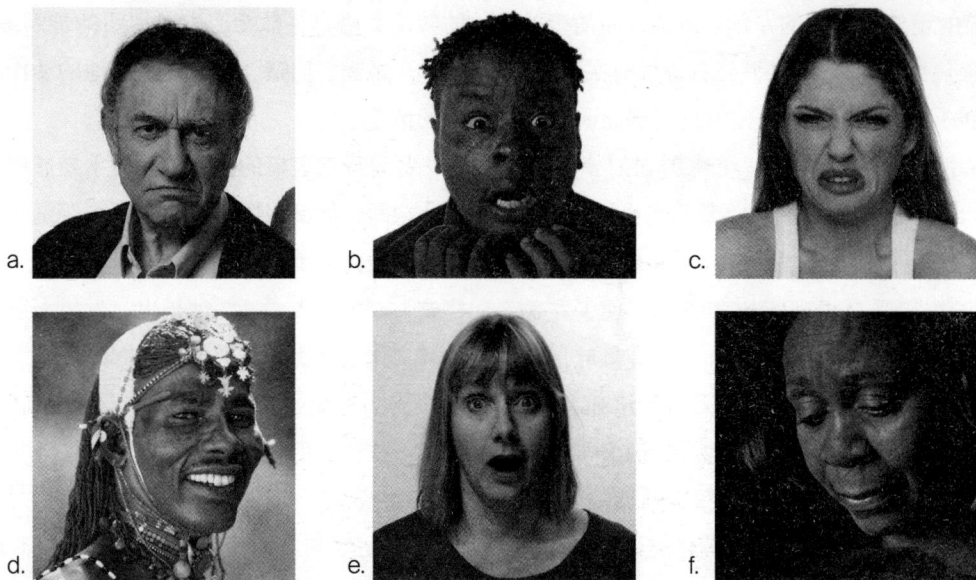

图 9-7　情绪的面部表达

面部表情是共通的。例如，这些表情在全球多种文化背景下都被识别为：愤怒、恐惧、厌恶、快乐、惊讶和悲伤。虽然引发这些情绪的情境可能因文化而有所差异，但特定情绪的表达仍然惊人地相似。

个人主义文化和集体主义文化的情绪表达规则是不同的。例如，美国的文化是个人主义的，日本的文化是集体主义的，两种情绪表达规则之间的差异至少有一部分可能是文化差异导致的（Edelmann & Iwawaki，1987；Hofstede，1980；Hofstede et al.，2002）【连接学习目标 13.13】。

男性和女性的情绪表达规则也不同。研究人员通过观察男孩和女孩的情绪表达规则发现，男孩不愿意在社交场合谈论感情，而女孩则被期望和鼓励这样做（Polce-Lynch et al.，1998）。研究人员通过观察职场中成年人愤怒的表达发现，虽然地位等因素使调查结果有些复杂，但女性通常比男性更不愿意表达负性情绪（Domagalski & Steelman，2007）。

哭泣也是一种情绪行为，哭泣的原因有很多，比如悲伤、郁闷、愤怒，甚至快乐。虽然大多数人都不喜欢哭，但有很多人认为"好好哭一场"能让他们好受些。在一项研究中，研究人员研究了被试在观看了两部感人至深的电影后以及在观影一段时间后哭泣对的情绪影响（Gračanin et al.，2015）。他们发现，哭的人和没有哭的人之间有一个惊人的区别：虽然没有哭的人的情绪不会立即受到影响，但哭的人的情绪会立即出现轻微的缓和，而延迟一段时间之后，积极的情绪会增加。这或许可以解释为什么很多人在哭过之后都声称感觉"好多了"。

主观体验：给情绪加标签　情绪的第三个要素是，通过贴标签的方式来解释主观感受，如愤怒、恐惧、厌恶、快乐、悲伤、羞耻、兴趣等。另一种标记这个要素的方法称为"认知要素"，因为标记过程是检索以前类似经历的记忆，感知情绪的背景，并提出解决方案——情绪标签。

如果是在公共场合而不是在家里，这个家庭的情绪表达规则会有什么不同？

一个人给主观感受所贴的标签，至少在一定程度上是受其语言和文化影响的习得反应。不同文化背景的人可能会形成不同的标签。例如，在一项研究中（J.L. Tsai et al.，2004），研究人员发现，那些仍然沿袭传统中国文化的美籍华人更倾向于在描述情绪时使用与身体感觉（如头晕眼花）和社会关系（如友谊）相关的标签，而那些美国化程度更高的美籍华人和欧裔美国人，则更倾向于使用直接的情绪词汇（如喜欢或爱）。

在另一项研究中，主观幸福感也显示出了文化差异（Kitayama & Markus，1994）。在这项研究中，日本学生和美国学生将一种普遍的积极情绪与完全不同的环境联系了起来。就日本学生而言，积极的状态更多地与友好或社会参与的感觉联系在一起；美国学生则将他们积极的状态更多地与社交无关的情绪联系在一起，比如自豪感。这一发现进一步反映了集体主义和个人主义文化之间的差异。从事跨文化情绪研究的

心理学家的一个主要目标是，试图理解他人心理和情绪状态的含义，而不用研究人员的语言或思维方式对其进行错误或误导的解释（Shweder et al.，2008）。

早期情绪理论

9.9　区分情绪的常识理论、詹姆斯－兰格理论、坎农－巴德理论和面部反馈理论

💬　三个要素中哪个是最重要的？

早期的心理学认为，特定的情绪感受首先会引起生理反应，然后诱发行为反应。根据这个观点，即情绪的常识理论，我们在路上遇见一只咆哮的狗，首先会激起生理唤醒，之后是逃跑的行为。也就是说，因为害怕，人们才有生理唤醒（见图9-8）。

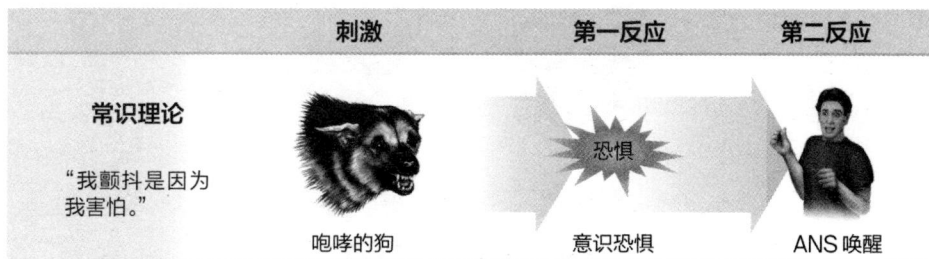

	刺激	第一反应	第二反应
常识理论 "我颤抖是因为我害怕。"	咆哮的狗	恐惧 意识恐惧	ANS 唤醒

图 9-8　情绪的常识理论
在情绪的常识理论中，刺激（咆哮的狗）引起恐惧的情绪，然后通过自主神经系统引起生理的唤醒，此处表现为颤抖。

詹姆斯－兰格情绪理论　威廉·詹姆斯（William James）是心理学早期【连接学习目标 1.1】功能主义的建立者，他不同意上述常识理论的观点。他相信情绪成分的发生顺序是不同的。几乎同时，丹麦的一位生理和心理学家卡尔·兰格（Carl Lange）也提出了与詹姆斯相似的情绪解释，于是人们用他们的名字一起命名这个理论——**詹姆斯－兰格情绪理论**（James-Lange theory of emotion）（见图9-9）。

在这个理论中，某种刺激（如一只咆哮的狗）激发了生理反应。这种反应是交感神经系统的"战或逃"的唤醒，于是产生了心率加快、口干舌燥、呼吸急促等身体感觉。詹姆斯和兰格认为，生理唤醒导致

了某种情绪标签（恐惧）。简单地说，"我被唤醒了，所以恐惧。""我的脸红了，所以我很窘迫。""我的胃在颤动，所以我紧张。""看他的时候，我的心跳加快了，所以我喜欢他。"

那些脊髓受损使得交感神经系统无法正常工作的人们又怎样呢？虽然按照詹姆斯－兰格情绪理论，这些人应该展现出较弱的情绪反应，毕竟于他而言引发情绪的唤醒不存在了，但是事实并非如此。一些关于脊髓损伤患者的研究报告显示，这些人在受伤后可以产生与受伤前同等甚至更强烈的情绪反应（Bermond et al.，1991；Chwalisz et al.，1988）。

坎农－巴德情绪理论　生理学家沃尔特·坎农

（Walter Cannon）和菲利普·巴德（Philip Bard）认为，情绪和生理唤醒几乎同时发生。坎农是交感神经系统方面的专家，他认为被不同情绪唤醒的生理反应区别不大，并不能明确区分为不同的情绪。巴德发展了这个观点，他认为进入大脑的感觉信息是同时传入（通过丘脑）大脑皮层和交感神经系统的相应器官的。因此，恐惧和身体反应是同时经历的，而非一前一后。"我害怕，同时有生理唤醒并逃走了！"（见图9-10）

图9-9　詹姆斯-兰格情绪理论

在詹姆斯-兰格情绪理论中，刺激首先导致生理唤醒，然后被解释为一种情绪。

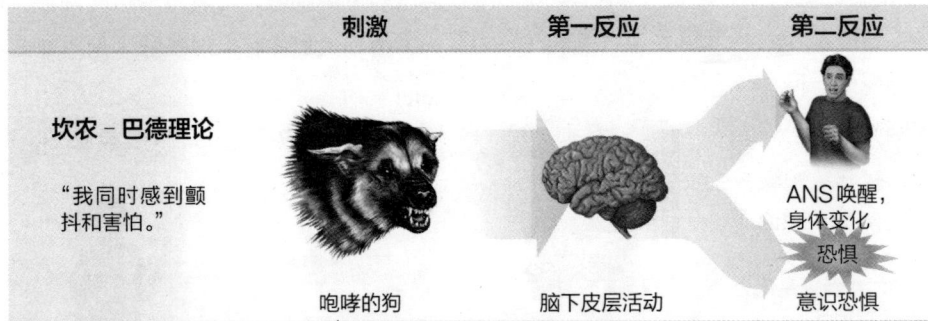

图9-10　坎农-巴德情绪理论

在坎农-巴德情绪理论中，刺激导致大脑活动，然后大脑发出信号唤醒身体，同时解释情绪。

这就是著名的**坎农-巴德情绪理论**（Cannon-Bard theory of emotion），但其也有缺陷，卡尔·莱什利（Karl Lashley）认为，丘脑必须足够精细复杂，才能理解所有可能的人类情绪，并将它们传递到大脑皮层和身体的特定区域。似乎大脑的其他区域也必须参与到情绪反应过程之中。对脊髓损伤被试的研究表明，情绪能够在脱离受交感神经支配的器官给大脑皮层的反馈的情况下被感知，这也被作为批判詹姆斯-兰格情绪理论的证据，最初还支持了坎农-巴德情绪理论：人们不需要从那些器官得到反馈来感受情绪。但是，有其他可选的路径提供了从这些器官到皮层的反馈，比如脑神经之一的迷走神经（LeDoux，1994），这个反馈通路的存在削弱了坎农-巴德理论的可信度。

面部反馈假说：微笑，你将感觉更好　达尔文在1898年出版的《人与动物的情感表达》一书中指出，面部表情是作为一种传达意图的方式进化而来的，例如威胁或恐惧，这些表情在一个物种中是普遍存在的，而不是仅限于一种文化。他还相信（正如詹姆斯-兰格理论所说），当这种情绪在脸上自由表达时，情绪本身会得到强化，也就是说微笑越多，感觉越幸福。

心理学家提出了一种情绪理论，与达尔文的许多初始想法是一致的。这一理论被称为**面部反馈假说**（facial feedback hypothesis），它假设面部表情向大脑提供与所表达情绪相关的反馈，这一反馈不仅强化了情绪，而且也引发了情绪（Buck，1980；Ekman，1980；Ekman & Friesen，1978；Keillor et al.，2002）（见图9-11）。

图 9-11 情绪的面部反馈理论

在情绪的面部反馈理论中，像这只咆哮的狗这样的刺激会引起唤醒和面部表情，然后面部表情向大脑提供有关情绪的反馈，然后大脑会解释这种情绪，也可能使其更加强烈。

💬 这是不是意味着我不会因为快乐而笑，而是因为微笑所以快乐？

正如老歌所唱，"摆出一张快乐的脸"，是的，根据面部反馈假说，这样你会感到更快乐。然而，有一项研究对这一假说的有效性提出了一些质疑。如果面部反馈假说是正确的，那么完全面瘫的人应该无法以正常的方式体验情绪。但一项针对这类人的个案研究显示，尽管她瘫痪的脸上无法表达情绪，但她仍可以同其他人一样，对旨在刺激情绪反应的幻灯片做出情绪反应（Keillor et al.，2002）。显然，实际的面部表情在多大程度上决定了情绪体验，这一问题还没有得到充分的解决。

情绪的认知理论

9.10 确定情绪的认知唤醒理论和认知调节理论的关键要素

早期理论讨论的是情绪和身体反应，但对这些成分的心理解释呢?

认知唤醒理论 斯坦利·沙赫特（Stanley Schachter）和辛格（J.E. Singer）在他们的**认知唤醒理论（双因素理论）**（Cognitive arousal theory / two-factor theory）中提出，情绪发生之前必定会发生两件事：生理唤醒和基于周围环境线索的唤醒标签。这两件事同时发生，导致了情绪的标签（见图 9-12）。

图 9-12 情绪的认知唤醒理论

沙赫特和辛格的认知唤醒理论类似于詹姆斯－兰格理论，但是增加了唤醒的认知标签元素。在这个理论中，刺激会导致生理的唤醒和基于周围环境的唤醒标签，从而导致情绪反应的体验和标签。

例如，一个人在散步时遇到一只咆哮的狗，此时身体唤醒（心跳加速，睁大眼睛）伴随着这一定是恐惧的想法（认知）。只有这样，他才会体验到恐惧情绪。换言之，"我是在一只吓人的狗面前被唤醒的，因此，我必须害怕。"这个理论的证据可以在一项经典的心理学实验中找到，下面的"心理学经典研究"专栏有详细阐述。

心理学经典研究
愤怒和快乐的人

1962 年，沙赫特和辛格设计了一个实验来验证他们的理论，即情绪是由生理唤醒和唤醒标签（或认知解释）共同决定的。男性被试需要回答一份对某种新型维生素的反应的问卷。事实上，他们被注射的肾上腺素能引起一系列的生理反应，如心率加快、呼吸急促、面色绯红——所有强烈的情绪反应都会有这些生理反应。

然后每名被试在两种实验条件中选择其一。在一种实验条件下，一名伪装成被试的实验者开始抱怨实验者，撕掉问卷后，怒气冲冲地走了。在另一种实验条件下，一名伪装的实验者则表现得非常高兴，几乎是到了忘乎所以的程度，把玩屋里的一些东西。作为实验的一部分，"愤怒"的人和"快乐"的人是两种条件下的可操纵部分。

实验结束以后，两类被试被要求描述自己的情绪。看见了"愤怒"的人的被试将他们的唤醒解释为生气，但是看见了"快乐"的人的被试将他们的唤醒解释为快乐。实际上，唤醒的真实原因是肾上腺素，而唤醒的身体症状是一样的。唯一的不同是，两组被试遭遇了不同的实验环境。沙赫特和辛格的理论准确地预测了结果：生理唤醒在作为某种情绪被经历以前必须要有认知的解释。

尽管这一经典实验激发了大量的研究，但大部分研究并没有为情绪的认知唤醒理论找到更多确实的证据（Reisenzein, 1983, 1994）。不过这个理论确实引起了人们对认知在决定情绪上所起的重要作用的注意。认知对情绪的作用在一些更现代的情绪理论中已经被重新审视过了，本章的剩余部分将有阐释。

深入讨论一下

1. 在正常状态下（即非药物作用下）观察他人情绪会如何影响自己的情绪状态？

2. 根据沙赫特－辛格的理论，你与某人第一次约会时，应该选择看喜剧还是悲剧？

3. 在这个实验中，实验者操纵的自变量是什么？因变量是什么？

4. 这个实验中存在欺瞒，被试没有被告知他们接受注射药物的真相。这种欺瞒可能会产生什么道德问题？如今，实验员如果希望获得伦理委员会的支持以进行这项实验，会遇到什么问题？

拉扎勒斯和认知调节理论　正如"心理学经典研究"专栏提到的，沙赫特和辛格的研究强调了认知在情绪决定中的重要性。一种现代版本的认知情绪理论是理查德·拉扎勒斯（Richard Lazarus）的**认知调节理论**（cognitive-meditational theory）。这个理论指出，任何情绪经历最重要的部分都是人们如何解释或评价这个引起情绪的刺激。调节意味着"介于两者之间"，在这一理论中，认知评估通过介入刺激和对刺激的情绪反应来进行调节。

仍以那个半路遇见恶犬的人为例，根据拉扎勒斯的理论，对情况的评估先于生理唤醒和情绪体验。如果狗被关在围栏中，评估的结果可能是"没有威胁"。最可能的情绪是烦躁，生理唤醒也会很轻微。如果狗没有被关起来，评价的结果可能是"危险的动物"，随之而来的是生理唤醒和恐惧的情绪体验。换言之，是对唤醒的解释导致了恐惧的情绪，解释是第一位的，而非沙赫特－辛格理论中的标签。

当然，并不是每个人都同意这一观点。一些研究人员认为，对于情境的情绪反应几乎是瞬间发生的，几乎没有时间让认知评估首先发生（Zajonc, 1998）。其他研究人员发现，大脑能够在意识思维起作用之前对生理威胁做出反应（Kihlstorm et al., 2000）。如前所述，杏仁核可以让我们在意识到自己在对什么做出反应之前先引发情绪反应（LeDoux, 1996, 2007; LeDoux & Phelps, 2008）。

💬　哪个理论是正确的？

人类情绪是如此复杂，所以所有的理论都在一定程度上有正确之处。在某些情况下，认知评估可能有时间调节体验到的情绪（如坠入爱河），而在其他情况下，必须先要行动，再思考和感受（见图 9-13）。

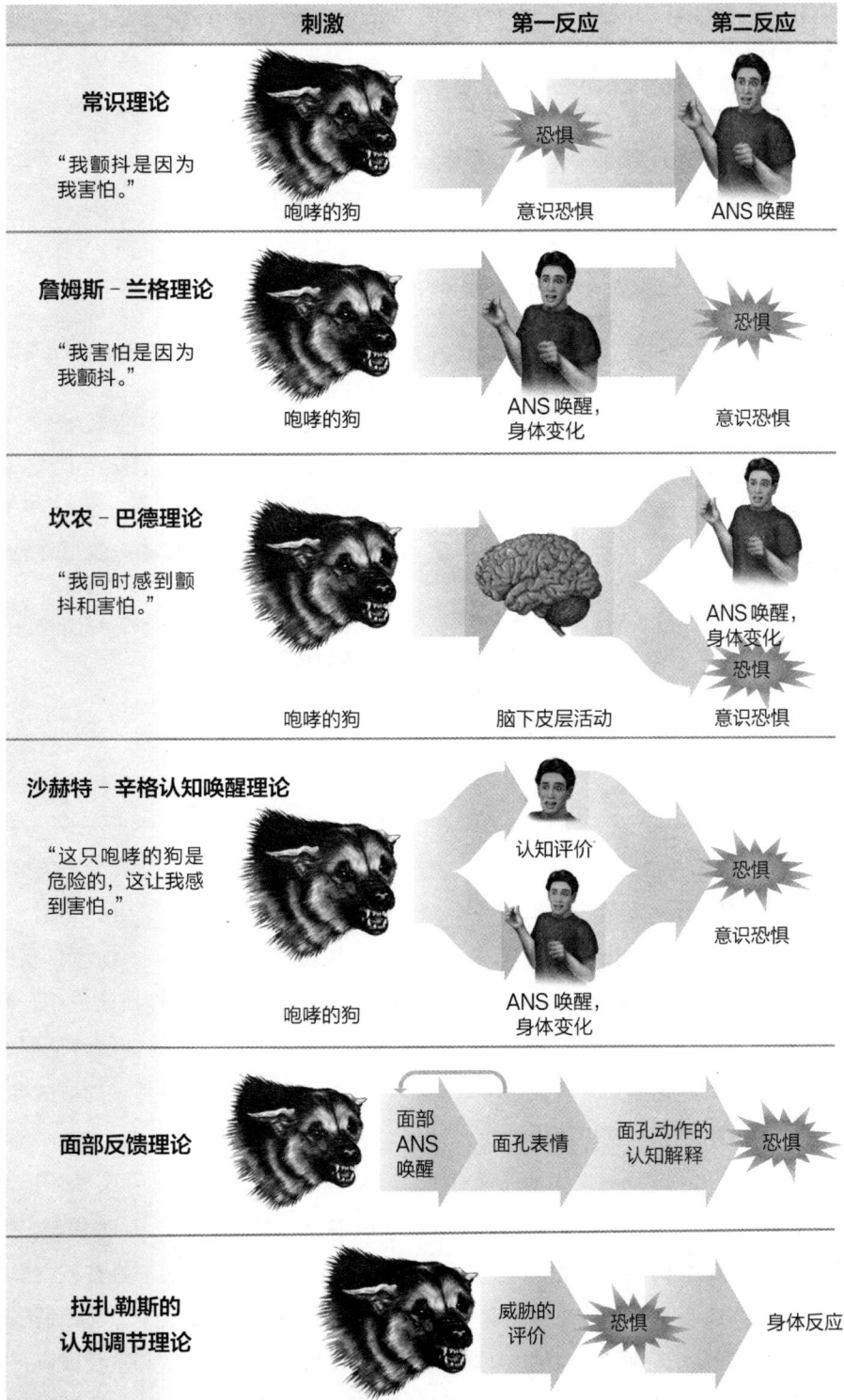

常识理论

"我颤抖是因为我害怕。"

咆哮的狗　意识恐惧　ANS 唤醒

詹姆斯－兰格理论

"我害怕是因为我颤抖。"

咆哮的狗　ANS 唤醒，身体变化　意识恐惧

坎农－巴德理论

"我同时感到颤抖和害怕。"

咆哮的狗　脑下皮层活动　ANS 唤醒，身体变化　恐惧　意识恐惧

沙赫特－辛格认知唤醒理论

"这只咆哮的狗是危险的，这让我感到害怕。"

咆哮的狗　认知评价　ANS 唤醒，身体变化　恐惧　意识恐惧

面部反馈理论

咆哮的狗　面部 ANS 唤醒　面孔表情　面孔动作的认知解释　恐惧

拉扎勒斯的认知调节理论

咆哮的狗　威胁的评价　恐惧　身体反应

图 9-13　情绪理论的比较

上图代表着前文描述的 6 种不同的情绪理论。

批判式思考   你认为这些情绪理论中哪一种是最正确的？为什么？

概念地图 9.8～9.10

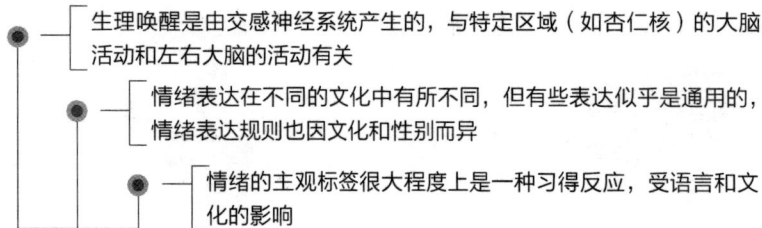

生理唤醒是由交感神经系统产生的，与特定区域（如杏仁核）的大脑活动和左右大脑的活动有关

情绪表达在不同的文化中有所不同，但有些表达似乎是通用的，情绪表达规则也因文化和性别而异

情绪的主观标签很大程度上是一种习得反应，受语言和文化的影响

情绪
意识的感受方面，具有某种生理唤醒、向外界表达情感的一些行为以及对情感的内部察觉

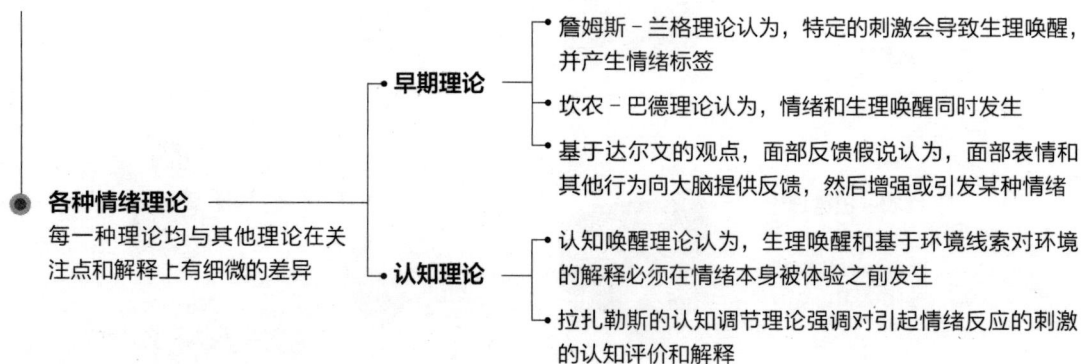

各种情绪理论
每一种理论均与其他理论在关注点和解释上有细微的差异

早期理论
- 詹姆斯－兰格理论认为，特定的刺激会导致生理唤醒，并产生情绪标签
- 坎农－巴德理论认为，情绪和生理唤醒同时发生
- 基于达尔文的观点，面部反馈假说认为，面部表情和其他行为向大脑提供反馈，然后增强或引发某种情绪

认知理论
- 认知唤醒理论认为，生理唤醒和基于环境线索对环境的解释必须在情绪本身被体验之前发生
- 拉扎勒斯的认知调节理论强调对引起情绪反应的刺激的认知评价和解释

随堂小考

1. 下列哪一项不是情绪的三要素之一？
   A. 生理唤醒　　　　　　B. 行为反应
   C. 客观体验　　　　　　D. 主观体验

2. "我尴尬是因为我脸红了"是对哪个情绪理论的最好诠释？
   A. 坎农－巴德　　　　　B. 詹姆斯－兰格
   C. 沙棘特－辛格　　　　D. 情绪的常识理论

3. "我认为情绪和生理唤醒几乎是同时发生的"最有可能是哪个理论的观点？
   A. 坎农－巴德　　　　　B. 詹姆斯－兰格
   C. 沙棘特－辛格　　　　D. 弗洛伊德或埃里克森

4. 一天在学校，有人在大厅里把你撞倒，引起了你的愤怒。然而，当你和朋友一起踢足球时，如果你被击倒了，你却不会愤怒。什么理论最能解释我们如

何标记每一种情况并选择合适的情绪来表达？
   A. 詹姆斯－兰格　　　　B. 沙棘特－辛格
   C. 坎农－巴德　　　　　D. 面部反馈假说

5. 在沙棘特和辛格的经典研究中，被注射肾上腺素并处于愤怒条件下的被试将他们的生理唤醒解释为____；处于快乐条件下的被试将他们的生理唤醒解释为____。
   A. 愤怒，快乐　　　　　B. 快乐，愤怒
   C. 快乐，快乐　　　　　D. 愤怒，愤怒

6. 艾琳随时随地都在笑。她在教室里笑得很开心，引得她的同学们也笑起来，让他们感到更快乐。以下哪种情绪理论最能解释这种效应？
   A. 詹姆斯－兰格　　　　B. 认知调节
   C. 沙棘特－辛格　　　　D. 面部反馈假说

在日常生活中应用心理学
动机不足时怎么办

9.11 总结 GTD 方法的五个步骤

我们已经讨论了各种行为开始或者维持的方法，那么你如何保证完成需要完成的任务或履行做出的承诺？很多大学生觉得，很难跟上所有的课堂作业和项目，也很难记住所有需要做的事情或者什么时候去做。第一次做某事时你很可能提不起兴趣，跟上任务节奏就更有挑战性了。正因为如此，如果动机不足以帮助你完成事情，那么你还能做些什么来保证自己完成需要做的事情？

在过去几年里，人们开发出了很多时间和任务管理系统，每个系统对应动机的不同方面，有细微的差异。一个系统建议，你首先需要找出关键方面或生活中的重要领域（如家庭、教育、事业等）；其次是利用那些关键分类对你的待办事项进行排序，以重要性或你需要去做的顺序去排列；最后，跟踪每一项任务并将它们标记在你的日历上。这对部分人有效，但对其他人来说，这些步骤可能比他想做或他需要做的事情还多。

戴维·艾伦（David Allen）撰写的《尽管去做：无压工作的艺术》（*Getting Things Done: The Art of Stress-Free Productivity*）一书和他的 GTD 方法学，能够为许多需要帮助的人提供指导，从而把事情做得更好。想想那些大学一年级期末成绩低于预期的学生。有了像 GTD 这样的方法，许多人可能在第一年就提高了获得更大成功的机会。

GTD 方法包括五个步骤，通过这五个步骤的实践可以将你的日常转变成实际的结果，确定你可以采取的"下一步行动"，以获得并保持对任务和承诺的控制。GTD 方法的五个步骤是：

1. 捕获一切吸引你注意的事情，将其从你的头脑中取出，集中放在某一位置。这个位置可以是文件夹、笔记本、电脑程序、电子表格、一套

索引卡片等。

2. 加工并定义你可以执行的事情，并确定下一步行动。例如，用明确的行动步骤"确定主题、收集文章、跟同学确定讨论会"替代"写研究文章"。

3. 组织信息并根据你需要的时间和方式对它们进行类别或情境的提示。例如，如果你需要给同事发邮件或信息，那么你可能需要手机或电脑。手机或电脑就是你需要的情境。

4. 每周对你的计划、下一步的行动和新的项目进行回顾，因为想要把事情做完，你必须明确需要做什么。

5. 在合适的情境或时间范围内去进行下一步。

你如何记录所有的课堂作业、约会和截止日期？

以上摘自戴维·艾伦的《尽管去做：无压工作的艺术》和《尽管去做 Ⅱ：平衡工作与生活的艺术》（*Making It All Work*）。在这个讨论中，我们只强调了一种方法的各个方面，优先保证所有需要做的事情。还有很多时间和任务管理系统和工具可供使用，

在此不一一介绍了【**选读**学习目标导论 2】。找到最适合你的方法或策略会让你更有可能获得成功，不只针对现在在学校读书的阶段，还包括以后的个人和职业生涯。现在多花一些时间去研究有效的策略，有助于你组织能力的提升并保持按时完成任务的正规。如果你这样做了，下次再遇到动机和情绪不足以让你去做需要做的事情时，你会很乐于完成的。

深入讨论一下

1. 除了一堆清单和可能完成的事情，持续跟进你参与的任务和项目还会获得什么收益？

2. 在使用时间或任务管理系统时，你可能会遇到什么困难或障碍？

● 本章总结

理解动机

9.1 区分内部动机和外部动机

- 动机是一个过程，通过这个过程，开始、指导活动并使其持续下去，从而满足生理和心理需求。

- 当人们因行为本身令人满意或有回报而采取行动时，就会产生内部动机；而当人们因行为而获得外部回报（如金钱）时，就会产生外部动机。

9.2 找出早期本能理论和驱力降低理论的关键要素

- 本能方法认为，人类的某些行为是本能激发的，而本能是人和动物天生的行为模式。

- 驱力降低理论指出，当一个有机体有需求（如饥饿）时，需求会导致心理紧张，从而促使有机体采取行动，满足需求并缓解紧张。

- 原始驱力涉及身体的需要，而习得性（次级）驱力是通过经验习得的。内稳态是身体保持稳定状态的趋势。

9.3 解释三类需求的特征

- 亲密的需求是希望与他人有友好的社会交往和关系，以及希望得到他人的高度重视。

- 权力的需求关系到对他人的控制和影响。地位和威望对有这种需求的人很重要。

- 成就的需求是一种成功实现兼具现实性和挑战性目标的强烈愿望。

- 情绪的自我理论将成就的需求与控制点的概念联系起来。相信自己、控制自己的生活会激发更多的尝试，即使在面对失败时依然如此。那些认为自己无法掌控自己生活的人更容易产生习得性无助。

9.4 确定动机的唤醒理论和诱因理论的关键要素

- 在唤醒理论中，一个人需要保持最佳的唤醒水平。比其他人需要更高唤醒度的人被称为感觉寻求者。

- 在诱因理论中，外部诱因可能是非常有价值的，即使在没有动力的情况下，它也会激励人采取行动。

9.5 描述马斯洛的需求层次理论和自我决定理论是如何解释动机的

- 马斯洛提出了一个需求层次理论，从基本生理需求开始，到追求卓越需求结束。在满足更高的需求之前，必须满足基本的需求。

- 自我决定理论（SDT）是一种动机模式，其中三个基本需求被视为个人成功发展的必要条件，分别是自主的需求、能力的需求和关系的需求。

饥饿与饮食

9.6 确定影响饥饿的生理和社会因素

- 饥饿的生理因素包括来自胃和下丘脑的信号以及胰岛素分泌的增加。

- 当基础代谢率降低时，体重调定点增加，体重增加的可能性变大。

- 饥饿的社会成分包括何时进食的社会暗示、文化习俗和食物偏好，以及将食物视为安慰或逃避手段。

- 有些人可能是"外在的人"，他们通过分泌胰岛素来对预期的饮食做出反应，从而增加肥胖的风险。

9.7　认识导致肥胖的部分因素

- 遗传和激素因素可以影响肥胖。
- 饮食不适应可能导致肥胖。
- 美国三分之一的人口是肥胖者。

情绪

9.8　描述情绪的三个要素

- 情绪是意识的"感觉"方面，包括生理、行为和主观（认知）因素。
- 生理唤醒与交感神经系统的激活有关。
- 杏仁核在情绪处理中起着关键作用。

9.9　区分情绪的常识理论、詹姆斯－兰格理论、坎农－巴德理论和面部反馈理论

- 情绪常识理论指出，情绪首先产生体验，导致生理反应，然后是行为反应。
- 詹姆斯－兰格理论指出，刺激激发生理反应，然后导致对情绪的标记。
- 坎农－巴德理论认为，当丘脑向大脑皮层和交感神

经系统的器官发送感觉信息时，生理反应和情绪体验是同时发生的。
- 在面部反馈假说中，面部表情向大脑提供关于情绪表达的反馈，从而强化了情绪。

9.10　确定情绪的认知唤醒理论和认知调节理论的关键要素

- 在沙棘特和辛格的认知唤醒理论中，生理唤醒和对唤醒的实际解释都必须发生在情感被体验之前。这种解释是基于环境线索的。
- 在情绪的认知调节理论中，情绪的认知成分（解释）先于生理反应和情绪本身。

9.11　总结 GTD 方法的五个步骤

- 时间或任务管理系统可以帮助完成特定任务和一般目标。
- 完成任务（GTD）方法的步骤包括捕获、处理、组织、回顾和执行承诺的任务。
- 动机和情绪有时不足以促使人类行为的产生。

◆ 章末测试

1. 伊莱喜欢木雕。尽管和他同龄的十几岁的朋友都不感兴趣，但他经常花几个小时创作不同的作品。他对这项工作的喜爱完全是私人的，作品也很少向他人展示。很多人会把他的动机称为____。

    A. 本能　　　　　　B. 唤醒

    C. 外部动机　　　　D. 内部动机

2. 贾丝明买新衣服时常常需要朋友的意见。她的需要就是____驱力的一个例子。

    A. 原始　　　　　　B. 次级

    C. 天生　　　　　　D. 本能

3. 促使心理学家考虑内稳态在动机中的价值的是____方法。

    A. 唤醒　　　　　　B. 驱力降低

    C. 本能　　　　　　D. 诱因

4. 就需求而言，属于生理的动机理论是____，基于心理的动机理论是____。

    A. 驱力理论，本能理论

    B. 生物理论，驱力理论

    C. 驱力理论，麦克莱兰的需求理论。

    D. 权力需求，驱力理论

5. 多迪总是在寻找新的爱好，尤其是能引人注意、令人兴奋的爱好。在公司，多迪不断地请客户提供反馈，以便他可以知道自己需要做什么才能做到最好。多迪的____需求非常高。

    A. 成就　　　　　　B. 亲密关系

    C. 权力　　　　　　D. 注意

6. 卡罗尔·德韦克动机理论的一个重要组成部分是____。

A. 对自己的看法

B. 对经典条件反射的理解及其对动机的影响

C. 遗传在生物动机中的作用

D. 对情绪的理解

7. 根据唤醒理论，人们能够被激发到____水平的唤醒点。

　　A. 最高　　　　　　　B. 最优

　　C. 最容易　　　　　　D. 最快

8. 根据马斯洛的理论，巅峰体验是____。

　　A. 某人瞬间达到自我实现状态的那个点

　　B. 某人达到追求卓越的点

　　C. 一个人的需求层次开始发挥作用的时候

　　D. 某人必须从层次结构中下移以满足未获满足的先前需求的点

9. 雅各布相信他掌握着自己的命运。他觉得他和别人的友谊是牢固的。但他仍然觉得有必要掌控自己生活和职业生涯中的许多挑战。根据自我决定理论，雅各布仍在努力完成哪个阶段？

　　A. 自主　　　　　　　B. 能力

　　C. 关系　　　　　　　D. 归属

10. 瘦素是一种涉及____的激素。

　　A. 控制食欲　　　　　B. 控制新陈代谢

　　C. 消化高脂食物　　　D. 神经传递

11. 大脑中的____一旦受到损伤，就会导致老鼠不停吃东西。

　　A. 腹内侧垂体　　　　B. 外侧海马

　　C. 腹内侧下丘脑　　　D. 外侧下丘脑

12. 身体试图保持的体重水平为____。

　　A. 基础代谢率　　　　B. 体重调定点

　　C. 基本设定点　　　　D. 体重代谢率

13. 研究表明，____的女性更有可能因为身体告诉她们饿了而进食。

　　A. 饥饿的　　　　　　B. 美国的

C. 意大利的　　　　　D. 日本的

14. 狄龙的家族有肥胖史，他肥胖的风险是没有家族肥胖史的人的____。

　　A. 相同　　　　　　　B. 2～3倍

　　C. 5倍　　　　　　　D. 更低

15. 勒杜涉及情绪的生理学研究集中在大脑的哪一部分？

　　A. 丘脑　　　　　　　B. 海马

　　C. 前额叶皮层　　　　D. 杏仁核

16. 面部表情的研究告诉我们，面部表情是____。

　　A. 一个地区所固有的，所以不同的国家有所不同

　　B. 一种文化所固有的，所以不同的文化有所不同

　　C. 习得的

　　D. 共通的

17. 什么是情绪表达规则？

　　A. 理解一种文化在什么时候、什么条件下可以表达情绪

　　B. 了解当某人对某一情况不熟悉时可以表达什么样的行为

　　C. 理解孩子在大人面前的行为

　　D. 理解如何隐藏情绪

18. 哪种情绪理论认为情绪通常发生在唤醒和行为之前？

　　A. 常识理论　　　　　B. 沙赫特－辛格理论

　　C. 坎农－巴德理论　　D. 詹姆斯－兰格理论

19. 哪种情绪理论在很大程度上依赖于认知和标记？

　　A. 常识理论　　　　　B. 沙赫特－辛格理论

　　C. 坎农－巴德理论　　D. 詹姆斯－兰格理论

20. 戴维·艾伦完成任务（GTD）方法的第一步骤是____任何你关注的事情。

　　A. 回顾　　　　　　　B. 做

　　C. 捕获　　　　　　　D. 组织

第 10 章　性与性别

你的性别定义受到哪些文化期待的影响？你在哪些方面遵从这些性别定义，又在哪些方面反抗它们？

◐ 为什么要学习性与性别

人类的性行为不仅肩负着繁衍种族的重任，并且是人类行为最重要的动力之一。性别是指个体对自己是男性或女性的心理认同，它不仅影响着人们如何看待自己，也影响着个体与他人的关系，如朋友、爱人和同事，还影响着他人如何看待个体。

学 习 目 标

10.1 区别第一性征和第二性征

10.2 解释性征是如何发育的

10.3 辨析心理、生物、环境和文化对性别的影响

10.4 比较性别角色发展的不同理论

10.5 描述男性和女性在认知、社会行为和人格上的差异

10.6 识别性反应周期的四个阶段

10.7 概述早期和近期人类性行为调查的结果

10.8 了解性取向发展的影响因素

10.9 描述常见的性传播感染的成因和症状

⊙ **性征：性的生理层面**

在讨论性别和性别认同之前，先了解人类性系统的生理结构及其功能或许会有所帮助。这些结构因性别不同而不同，并且在个体生命的不同时期发育成熟。在阅读下一节时，请记住生理上的性（sex）不同于性别（gender），后者是个体对自己是男性或女性的心理认同。性与生物学相关，而性别是对行为的社会期待，这种期待因文化而异，随着社会对男性和女性行为规范的改变，它也会发生改变。

第一性征和第二性征

10.1　区别第一性征和第二性征

性器官由两部分组成，一部分是出生时已有的结构，称为**第一性征**（primary sex characteristic），另一部分是青春期发育的结构，称为**第二性征**（secondary sex characteristic）。青春期指的就是童年中晚期和青少年期，性器官和生殖系统发生生理变化的时期【<u>连接</u>学习目标 8.9】。

第一性征　第一性征与人类的生殖活动直接相关。这些身体特征虽然要到青春期才发育完全，但早在婴儿出生时就已存在了。如图 10-1 所示，女性的第一性征包括**阴道**（vagina，连接子宫口和身体外部的管道）、**子宫**（uterus）和卵巢（女性性腺）。男性的第一性征包括**阴茎**（penis，男性排尿和输出男性生殖细胞——精子的器官）、睾丸（男性性腺）、**阴囊**（scrotum，包裹睾丸的囊状结构），以及**前列腺**（prostate gland，分泌精液的腺体）。

第二性征　第二性征在青春期得到发育，仅间接参与人类的生殖活动。这些特征有助于区别男性和女性，并有吸引异性的作用，从而确保性行为和生殖活动的发生。在许多情况下，它们也是生殖活动必需的生理条件。

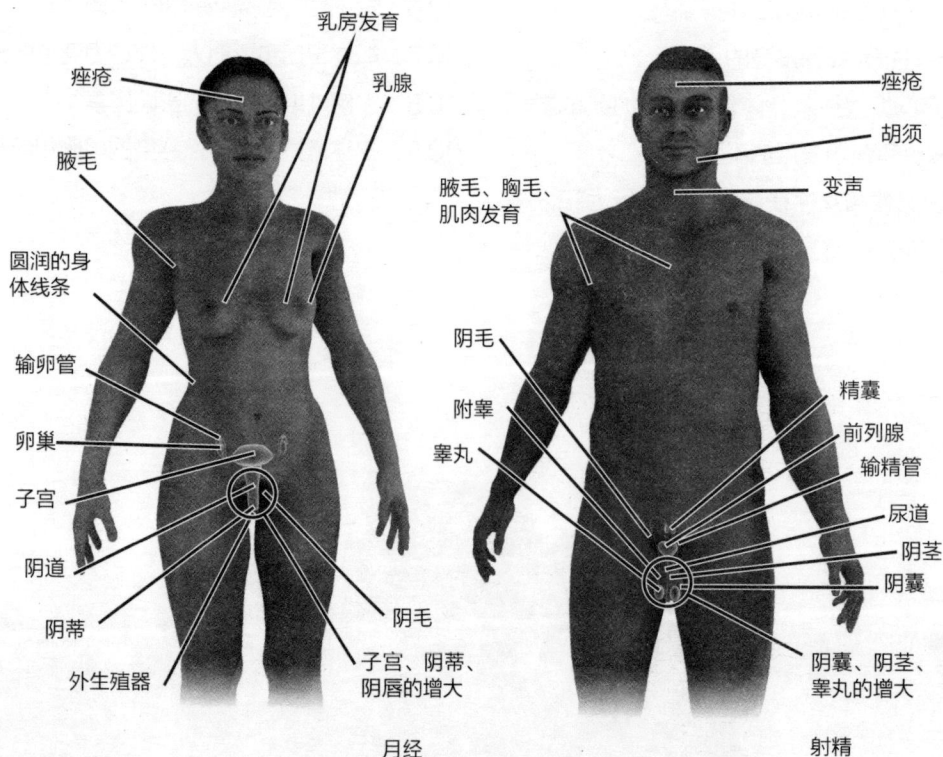

图 10-1　女性与男性的性器官

女性和男性的第一和第二性征如图所示。第一性征在胎儿期发育，第二性征在青春期发育。

女性的第二性征　女性的第二性征是一段快速生长期，一般开始于 10 ～ 12 岁，并在初次月经后一年左右结束。月经期间，在未怀孕的情况下，子宫内的血液和组织会通过阴道排出。第一次月经的周期又叫作**初潮**（menarche），美国等发达国家女性的平均初潮一般在 12 岁左右。较为发达的国家，女性的初潮也较早，这一现象与更好的医疗保障和营养有关。同时，与后一代的身高和体重比前一代要高类似，初潮的提前也是一种长期趋势，在很长一段时间内发生改变（Bellis et al.，2006；Roche，1979）。然而，更好的健康状况并不是影响初潮提前的唯一因素。家庭冲突、父亲角色的缺失和逐渐升高的离婚率等各种形式的压力，也是青春期提前的原因（Gluckman & Hansom，2006；Parent et al.，2003）。女生初潮提前和男生提前产生精子，使得儿童怀孕的年龄比以往认为的要更小（Wellings et al.，2001）。青春期怀孕不仅会对年轻母亲的身体造成很大伤害，还有严重的负面社会影响，如贫穷、虐待和忽视儿童，以及被迫辍学等（Kirchengast，2009）。

女性的其他第二性征包括快速生长期后两年内乳房变大，臀部变宽便于胎儿通过骨盆，阴毛的生长，以及脂肪在臀部和大腿的沉积。一些第二性征还包含第一性征的生长发育，它们一般发生在女性乳房中的**乳腺**（mammary gland）能够为婴儿分泌乳汁，以及月经周期开始之后（Biro et al.，2013；Kreipe，1992；Lee，1995）。

男性的第二性征　男性的第二性征包括声音变得低沉，胡须、胸毛和阴毛的出现，以及皮肤纹理变得粗糙。这些改变同时伴随着身高的大幅增长，一直持续到女性快速生长期结束之后。男性的快速生长比女性晚大约两年，但男性的身高会持续增长到青春期晚期。这一时期两性的喉部（也称音箱，voice box）都会增大，但男性的增大程度远远超过女性，以至于可以在脖子的皮肤下看到它的部分组织，也就是俗称的喉结。男性的第一性征在青春期也会发生改变，包括开始产生精子（首次遗精发生在 14 岁之后）以及阴茎和睾丸的生长，这让男性能够正常进行性行为和生殖

活动（Kreipe，1992；Lee，1995；Song et al.，2015）。

女孩的青春期，包括快速生长，要比男孩早两年左右。图中这对年轻舞伴都是 13 岁，但他们在身高上的差异非常明显。

性征的发育

10.2　解释性征是如何发育的

💬 身体怎么知道应该发育出什么性征？有些婴儿不是天生具有两性的性器官吗？

当胚胎在子宫内生长时，第一性征在胚胎细胞内染色体和激素的作用下开始发育。怀孕 5 周左右时，胚胎中形成了两个叫作性腺的器官。在性腺附近同时发育出两组导管，沃尔夫管（可以形成雄性性器官）和米勒管（可以形成雌性性器官）。此时，性腺还未分化为雄性或雌性，胚胎既可能发育为雄性，也可能发育为雌性。起决定作用的是染色体：如果第 23 对染色体中含有 Y 染色体，Y 染色体上的一个基因就会导致性腺分泌睾酮这种雄性激素，又叫**雄激素**（androgen）。[雌性激素又称**雌激素**（estrogen）]。睾酮使沃尔夫管发育为雄性性器官，并使米勒管退化。如果第 23 对染色体含有两个雌性染色体或 X 染色体，由于 Y 染色体缺乏，不会释放睾酮，性腺便会发育为卵巢，分泌雌激素。于是，米勒管发育为雌性性器官，而沃尔夫管退化。

在极少数情形下，婴儿出生时的性器官并不明显，既非男性，亦非女性。具有此种情况的人被称作**雌雄间体**（intersex），意为"在两性之间"，约

占总人口的 1.7%（Blackless et al., 2000；Dreger, 1998，1999）。一个人的体内同时具有卵巢和睾丸的情况极为罕见。更常见的是，胎儿在子宫中生长的关键时期，与另一性别相关的染色体或激素影响了外生殖器的发育（Hutcheson & Snyder, 2004）。激素异常的几种常见情形包括雄激素不敏感（基因组成为男性的个体对雄激素表现出抗性）、先天性肾上腺皮质增生（多种基因状况所导致的肾上腺激素分泌不足），以及双氢睾酮不足（导致一种特定雄激素的缺乏）（Wiesemann et al., 2010；Wisniewski et al.,

2000；Wolfe-Christensen et al., 2012）。在这种情况下，女性的阴蒂看起来更像是阴茎，或者阴茎可能小到看起来像阴蒂。现在许多内科医生、心理学家和其他专家认为，对具有间体性特征的婴儿实行性别重新分配手术是不必要的（Wiesemann et al., 2010）。性别认同并非生物概念，现行观念认为雌雄间体个体应当在确定了性别认同之后，再做出是否进行手术的决定，毕竟此类手术可能对日后的性功能有负面影响（Creighton et al., 2001；Crouch et al., 2004；Kraus, 2015）。

概念地图 10.1~10.2

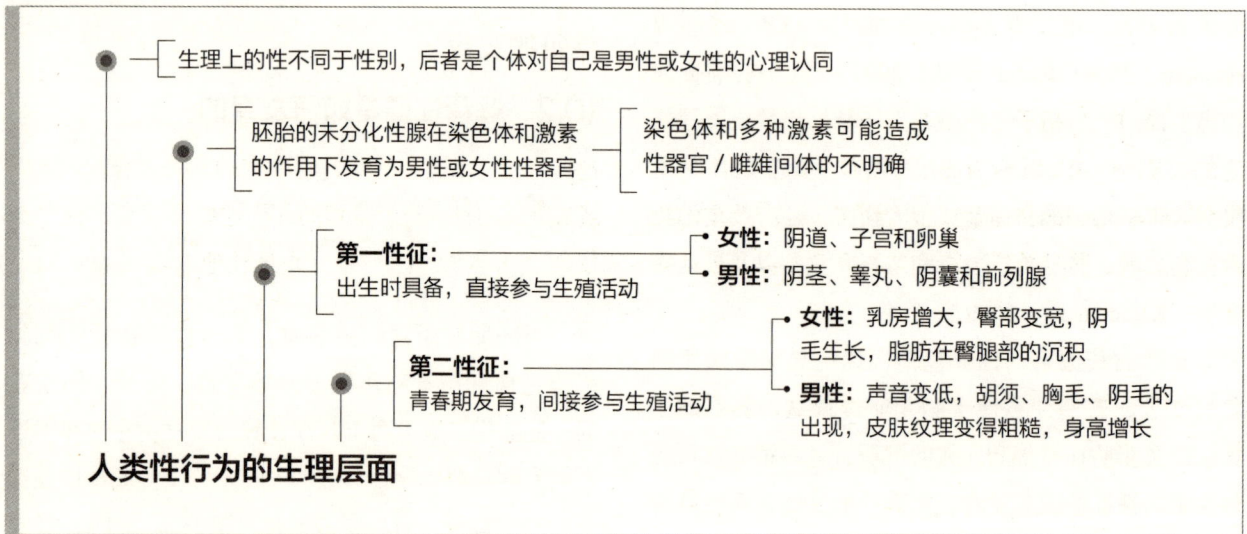

- 生理上的性不同于性别，后者是个体对自己是男性或女性的心理认同
  - 胚胎的未分化性腺在染色体和激素的作用下发育为男性或女性性器官
    - 染色体和多种激素可能造成性器官 / 雌雄间体的不明确
    - **第一性征：** 出生时具备，直接参与生殖活动
      - **女性**：阴道、子宫和卵巢
      - **男性**：阴茎、睾丸、阴囊和前列腺
    - **第二性征：** 青春期发育，间接参与生殖活动
      - **女性**：乳房增大，臀部变宽，阴毛生长，脂肪在臀腿部的沉积
      - **男性**：声音变低，胡须、胸毛、阴毛的出现，皮肤纹理变得粗糙，身高增长

人类性行为的生理层面

随堂小考

1. 青春期发育的性别结构属于＿＿＿。

　A. 第一性征

　B. 第二性征

　C. 第一性征或第二性征

　D. 第一或第二性征，取决于文化

2. 下面的哪一项属于第二性征？

　A. 子宫　　　　　　B. 乳房增大

　C. 阴茎　　　　　　D. 卵巢

3. 下面哪一项与胚胎发育成男性无关？

　A. 雄激素　　　　　B. 沃尔夫管

　C. 米勒管　　　　　D. 睾酮

4. 雌雄间体群体＿＿＿。

　A. 通常同时具有卵巢和睾丸

　B. 极为罕见，占出生婴儿的百万分之一

　C. 具有男性和女性的混合性特征

　D. 患有性别认同障碍，但生理正常

性别：性的心理层面

性的定义是男性或女性的生理特征，而**性别**（gender）的定义则是男性或女性的心理层面。对于个人来说，其身处社会群体和文化的期待、人格的发展以及认同感都受到性别观念的影响。

性别认同

10.3　辨析心理、生物、环境和文化对性别的影响

性别角色（gender role）是文化对男性或女性个体行为的期待，包括该文化中与特定性别相关的态度、行为和人格特征（Tobach，2001；Unger，1979）。**性别特征形成**（gender typing）是人们习得其文化对男性和女性行为的偏好和期待的过程。个体**性别认同**（gender identity，身为男性或女性的感觉）的发展过程，同时受到生物因素和环境因素（父母养育子女和其他教养行为的形式）的影响，至于哪一类因素的作用更大仍然存在争议。

心理影响　像生理的性一样，性别认同并不总是直截了当的，也并非全是男性阳刚而女性阴柔。人们的性别认同不总是与他们的外表相符，甚至与决定他们是男性或女性的性染色体也不匹配（Califia，1997；Crawford & Unger，2004；White，2000）。这些人通常被称为跨性别者（transgender）。许多知名人士都属于跨性别群体，如前奥运会运动员凯特琳·詹娜（Caitlyn Jenner）、女演员拉弗恩·考克斯（Laverne Cox）以及同性恋权益活动家查兹·博诺（Chaz Bono）。

生物、环境因素和心理因素都影响着个体的性别认同。患有性别焦虑这种综合征的个体，会感受到性别不协调，感觉他或她占据的身体是另一性别的，或是任何与他们的自我认同不一致的性别，并且因为这种性别不协调苦恼不已（APA，2013）。最后一部分至关重要：我们需要认识到，许多或许是大多数的跨性别人士对他们的性别转变并没有太多的苦恼，因而他们没有性别焦虑（APA，2013）。事实上，一个人

一旦完成了性别转变，其心理和情绪往往会变得更加稳定。苦恼通常来自那些无法或不愿接受改变的人。

虽然引发性别焦虑的原因还不甚清楚，但是有证据表明胎儿期影响和童年早期经历都可能是原因（Stein，1984；Ward，1992；Zhou et al.，1995）。有些患有性别焦虑的人强烈地感觉他们的性别是错误的，于是通过手术获得了他们本应属于的性别的第一性征和/或第二性征；还有更多的人则选择接受激素治疗，或接纳他们的身份。那些选择通过手术或激素疗法转变生理性别的人通常被称作变性人。

许多美洲土著部落长久以来一直承认其社会中有男性 winkte（拉科他语中 winyanktehca 一词的缩写，意为"像女人一样或有双重灵魂的人"）这一角色的存在。其他部落对此有不同的称呼，如 berdache 或 nadleehe，但概念是相同的。这些部落在传统上不仅接受这些不同的个体，并且让他们在社会结构中占据重要的地位，如孩童的照料者、厨师、服饰的修补者和制作者等（VanderLaan et al.，2013）。winkte 还会举行特定的宗教仪式，为打猎赐福（Medicine，2002）。虽然有些 winkte（现在常用于称呼有双重灵魂的人）在取向上可能是同性恋，但许多人并不是，而是属于跨性别群体。不幸的是，随着部落的现代化，逐渐融入以欧洲为主导的美国文化中，美洲土著对 winkte 和其他有双重灵魂的人的宽容态度正逐渐改变，取而代之的是对这类群体的恐惧和敌对的态度（Gilley，2006；Medicine，2002）。

在当今的文化中，跨性别作为一种性别认同才刚刚开始被人们所接受，许多跨性别者仍然时常面临嘲笑、歧视和虐待，导致压力诱发的问题——如进食障碍和自杀等的风险增加（Diemer et al.，2015；Haas et al.，2014）【链接学习目标 14.9 和 14.11】。

另一种性别错置的情形是拟娩综合征，有怀孕伴侣的男性可能会经历一种"怀孕共情"。比如，妻子临产时他可能会体验到生理疼痛。西方文化中的男性由于父亲角色的转变，其拟娩体验正变得更加常见。

拟娩综合征有几种可能的解释。有的观点认为，这是一种精神疾病，或许源自对怀孕妻子所享有的高度关注的嫉妒。其他人指出，拟娩综合征伴随着真实的生物变化。一项研究表明，这些男性产生了一种通常与乳汁分泌有关的女性激素（Storey et al.，2000）。这可能是他们应对即将到来的父亲角色的方式。或者，这可能与他们的情绪敏感性、对个人苦恼的易感性有关（Kazmierczak et al.，2013）。无论是什么原因，拟娩综合征都是一种看似挑战了传统性别角色的迷人特例。

生物影响　今天的大多数研究人员都赞同生物学在性别认同中所起的重要作用，至少在性别认同和行为的特定方面是如此（Diamond & Sigmundson，1997；Money，1994；Reiner，1999，2000）。在一项研究中，25 名基因构成为男性，但出生时生殖器不明确的婴儿被施以性别转变手术，并以女性身份抚养长大。成长为儿童和青少年后，他们偏好运动类的男性游戏。其中有 14 个孩子公开宣称自己是男孩（Reiner，2000；Reiner & Gearhart，2004）。

性别受到哪些生物因素的影响呢？除了明显的生殖器外部特征以外，男性和女性之间也存在激素差异。一些研究人员认为，胚胎发育时期接触这些激素不仅会导致性器官的形成，而且会使婴儿在行为表现上更倾向于某一性别。

性别外貌僵化似乎是许多学龄前儿童都会经历的一个发展阶段。女孩一定要穿裙子，而且裙褶越多越好，尽管几周前她们还很乐意穿裤子；男孩则拒绝穿任何看起来"女孩子气"的衣服。关注此类行为普遍性的研究人员发现，三分之二的女孩和近一半的男孩都会经历严格遵守性别类型服饰和玩具的阶段，无论他们的父母对同类物品持何种态度（Halim et al.，2014）。这一观察结果适用于来自不同种族和不同经济背景的美国儿童。这一阶段是受到生物还是环境因素的影响呢？即使父母尽量避免影响孩子的性别行为，但诸如媒体、学前班、其他儿童、老师和书籍等关于性别角色的刻板印象，几乎是无法控制的。

有几项研究聚焦于出生之前接触过雄激素的女婴，如某些防止流产的药物含有雄性激素。在这些研究中，女孩在童年早期是假小子——偏爱典型"男性化"的玩具，喜欢摔跤和打斗，并且喜欢和男孩而不是其他女孩玩耍（Berenbaum & Snyder，1995；Money & Mathews，1982；Money & Norman，1987）。然而，当她们长大之后，在对婚姻和母亲角色的期许中会变得更为典型"女性化"。这批研究人员认为，这一现象是教养战胜激素影响的证据。

💬　她们的假小子天性是受到了雄性激素的影响吗？

这点很难证明，因为这些女孩的父母被告知他们的宝宝在胎儿期接触了雄性激素，因此可能产生了雄性激素将影响他们的孩子的设想。这些女孩很小的时候完全有可能被允许甚至被鼓励表现得更加"阳刚"，因为父母期望如此。随着日渐长大，她们生活于老师、朋友和媒体对性别角色的期待之中，就可能导致她们从早年的"男性化"行为风格转而变得更贴近女性的刻板印象。

另一项研究考查了男性和女性对视觉性刺激的反应，发现男性和女性报告的被色情图片唤醒的程度虽然类似，但他们的大脑反应却截然不同（Hamann et al.，2004）。使用一种名叫功能性磁共振成像（fMRI）的大脑扫描技术，研究人员发现，男性在观看图片时，边缘系统（与情绪和性反应相关的脑区）中的杏仁核和下丘脑的反应比女性强烈【链接学习目标2.11】。研究人员总结，男性大脑的这种强烈反应可能是自然选择的结果，因为早期的人类男性越快地识别出具有生殖优势的女性，就有更大的机会交配并把自己的基因传给子孙后代。

环境影响　如前文所述，出生前接触过雄激素的女孩即使在早期会受到这些激素的影响，随后的女性化"回归"至少部分地受到社会压力的影响。大部分文化对男性和女性所扮演的角色（即性别角色）有特定的期待，而不遵循这些期待的个体往往要承受巨大的压力。假小子（tomboy）一词通常来说不是一种诋毁，但是形容行为举止阴柔的男性的词汇却往往极具侮辱性，比如说娘娘腔（sissy）就不是个好词。研究表明虽然父母双方都会影响孩子的性别特征形成，但与关心女儿是否表现出女性化行为相比，父亲总是更关心儿子是否表现出男性化行为（Kane，2006；Lytton & Romney，1991）。

批判式思考　你认为当今的媒体是如何刻画男性和女性的？强势？弱势？不能自理？电视、广告和电影在这方面是否有所不同？

文化和性别　文化对个人而言同样也是环境因素。虽然早期的跨文化研究表明文化差异对性别角色的影响很小（Best & Williams，2001），但是近期的研究表明，近几十年间，具有不同"性格"的文化发生了变化。那些更加个人主义和生活水平更高的文化正在变得越来越不传统，尤其是这些文化中的女性。研究表明，不那么富裕的集体主义文化中的性别观念似乎更传统，即便在这些文化中，女人的传统程度也比男性要小（Forbes et al.，2009；Gibbons et al.，1991；Li & Fung，2015；Shafiro et al.，2003）。其他研究发现，在荷兰、德国、意大利和英国等国家，对于性别角色和性别行为的观念表现出最强的非传统性；而诸如尼日利亚、巴基斯坦和日本等亚非国家中这方面的传统观念最为盛行（Best，2013；Best & Williams，2001）。通常被研究人员视为非传统国家的美国，在研究中处于中间位置，这可能是由于这个多文化国家中的诸多亚文化存在巨大差异。环境因素，即使是以文化的形式出现，在影响性别行为方面也起着部分或主导作用。

尽管亚洲文化中对于男性和女性在社会中所扮演的角色存在更加传统的观念，但在这些文化中，性别角色也正在变得越来越灵活，正如上图中国教室里的男性幼儿园老师所示。这些国家中性别角色发生改变可能的原因有哪些？

性别角色发展

10.4　比较性别角色发展的不同理论

孩子是如何习得其社会或文化性别角色期待的相关知识的？这种知识又如何导致了性别认同的发展？虽然弗洛伊德【**连接**学习目标 13.2】等早期心理动力学理论家认为，儿童在解决童年早期性别冲突的过程中自然会习得身份认同，但许多现代理论家关注的是性别认同与行为发展的学习和认知过程。

社会学习理论　社会学习理论强调通过对榜样的观察和模仿进行学习，并将性别角色的发展归因于这些过程。儿童观察他们的同性父母的表现并模仿其行为。儿童模仿了恰当的性别行为，就会受到积极关注的强化作用；而不恰当的性别行为要么被忽略，要么被积极劝阻（Bussey & Bandura，1999；Fagot & Hagan，1991；Mischel，1966；Wiggert et al.，2015）。

孩子发展出性别的概念后，就会开始模仿那些和自己相像的人的行为。

当然，父母并不是孩子唯一的性别榜样。除了哥哥姐姐、亲戚朋友、老师和同龄人外，孩子还会接触到电视和其他媒体上的男性和女性行为。实际上，电视、电影、电子游戏和童书往往充斥着十分传统的男性和女性角色。例如，在许多书籍中，医生是男性，而护士是女性，相反的情况则很少。虽然不少童书、电视节目和电子游戏努力在非传统职业的男女性角色上区别于以往，但是仍有许多作品保留了传统的性别角色（Ivory，2006；Miller & Summers，2007；Wohn，2011；Zosuls et al.，2011）。

性别图式理论　性别图式理论（gender schema theory）将社会学习理论和认知发展结合了起来（Bem，1987，1993）。在这个基于皮亚杰图式概念【链接学习目标 8.7】的理论中，儿童发展出了关于男性和女性的图式，或称心理模式，这和他们发展出"狗""鸟""大"等概念的图式相同。随着大脑的成熟，他们逐渐能够分辨不同的概念。例如，"狗"起初可能是任何有四条腿和一条尾巴的东西，但当儿童遇到狗和其他动物并被得到指导后，"狗"的概念就变得非常具体了，"狗"的图式也就更加明确了。

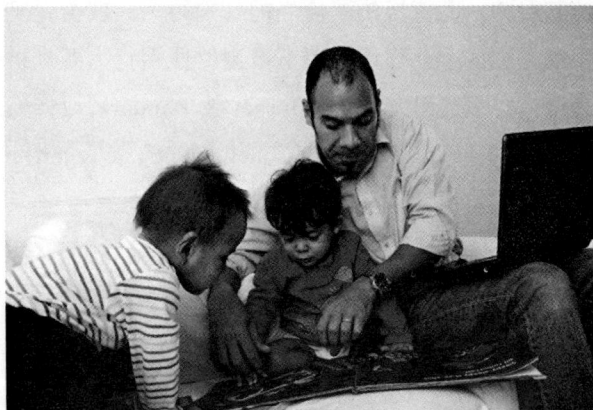

这位父亲可能在他儿子的成长过程中以什么方式影响他们的性别认同？

同理，儿童也会发展出有关"男孩"和"女孩"的图式。这一图式一旦形成，儿童就可以将自己识别为"男性"或"女性"，并开始注意这一图式中的其他成员。他们会注意到其他"男孩"和"女孩"的行为并进行模仿。他们与父母玩耍，并留意到父亲和母亲行为上的不同之处（Lindsey et al.，2010）。与社会学习理论中单纯的模仿和强化不同，这一理论认为，儿童将行为组织在"男孩"或"女孩"的图式周围，进而掌握性别角色的行为。这一理论的证据有，婴儿在一岁之前就可以区分男性和女性的面孔和声音（Martin，2000），这表明婴儿已开始围绕这两个概念来组织对世界的认识；学龄前的外貌僵化期，他们将和外貌相关的概念纳入性别图式后，男孩可能会拒绝穿粉色系的衣服，女孩则只想穿公主裙（Halim et al.，2014）。

性别刻板印象　刻板印象（stereotype）是基于肤浅特征而形成的关于个体或群体的观念。**性别刻板印象**（gender stereotype）则是将不同特征和特定的性别一一对应，而不考虑性别以外的其他因素。

男性刻板印象通常有以下特征：有攻击性、有逻辑、果断、冷静、感觉迟钝、不善养育、急躁以及有机械方面的天赋。女性刻板印象通常有以下特征：不合逻辑、善变、情绪化、敏感、天生有养育本能、有耐心，并且对机械一窍不通。这些刻板印象既有积极的，也有消极的特征，而且它们大多基于社会对男女的看法，而非实际的生物差异。

一些研究人员认为，接受任何形式的刻板印象，即使是积极的刻板印象，也会导致**性别歧视**（sexism），即对男性或女性的偏见。一些研究人员（Glick & Fiske，2001；Hammond et al.，2016）声称，对积极刻板印象的接纳会导致**善意性别歧视**（benevolent sexism），这种偏见更容易被社会所接受，但仍然导致男女被区别对待。比如，不是所有男人都擅长和机械打交道，也不是所有女人都是天生的养育者。积极刻板印象将男性视作强壮的、应该保护女性，也就是说女性是柔弱的、需要被保护；同样地，将女性看作天生养育者的积极刻板印象，意味着男性缺少柔情。这些刻板印象虽然对所形容的性别有"讨好"的意味，却可能对另一性别造成伤害。任何刻板印象，无论是消极的还是积极的，都在持续强调性别不平等，从而加重了歧视，这个过程显然是有害的。

批判式思考　试举一例，说明在你的生活中有哪些善意性别歧视。

双性化　心理学家桑德拉·贝姆（Sandra Bem）提出了**双性化**（androgyny）的概念（1975，1981），用来描述那些在人格上同时反映了男性和女性特征的人，无论其性别为何。这使得他们在日常行为和职业选择上更加灵活。贝姆认为，被性别刻板印象约束的人往往在解决问题的选择上有所限制，因为他们受到了"恰当"的男性或女性行为的束缚。另外，双性化者则可以根据情形做决定，而无须受限于性别。

举个不那么合适的例子，一个男人经历磨难不得不单独抚养他的三个小孩。如果他是一个对男性刻板印象很"受用"的人，他可能会缺乏独自一人将孩子抚育成人的信心。然后他可能会匆忙地开始下一段感情，因为下个女人可以成为孩子的"妈妈"。同样，一个离异的"传统"女性可能会认为抚养儿子和修剪草坪是很困难的事。研究人员比较了传统男性、传统女性和双性化者在面对生活中充斥的负面事件时的抑郁程度，发现双性化者报告的抑郁程度仅为传统男性的 1/2，仅为传统女性的 1/3（Roos & Cohen，1987）。图 10-2 展示了这项研究的结果。随后的几项研究结果都类似，表明双性化者可能对压力有更好、更高效实用的应对技巧（Cheng et al.，2014；Prakash，et al.，2010）。

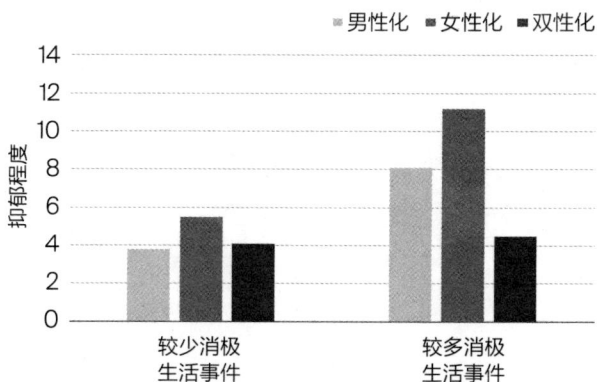

演员蒂尔达·斯文顿（Tilda Swinton）对双性化的概念一直很感兴趣，并常以双性化的穿衣风格露面。

■男性化　■女性化　■双性化

图10-2　消极生活事件影响下的抑郁程度

该条形图显示出，在性别角色中表现得阳刚的男性和阴柔的女性，在消极生活事件增多的情况下抑郁程度明显加重。双性化者却不是这样。为什么双性化能够帮助个体更好地适应呢？

性别差异

10.5　描述男性和女性在认知、社会行为和人格上的差异

虽然男性和女性存在明显的生物性差异，甚至影响到大脑中特定结构的大小也有所不同（Swaab et al.，2012；Zilles & Amunts，2012），但男性和女性的行为有什么差异呢？这种差异是由生物性还是社会化造成的，或是受二者共同的影响？

认知差异　研究人员一直认为，女性在语言能力方面得分更高，而男性在数学和空间能力方面得分更高（Diamond，1991；Voyer et al.，1995）。对这些认知功能差异的早期解释聚焦于生理因素，如不同性别的个体使用大脑两个半球的方式，以及激素的差异（Witelson，1991）。然而，有研究明确指出，心理和社会因素可能是造成这些差异的主要原因，因为这些

差异正在日益弱化（Hyde & Plant，1995；Kimura，1999；Miller & Halpern，2014；Voyer et al.，1995；Watt，2000）。尤其是从前认为的男性和女性在数学能力方面的差异，已经被证明其实是因为女性缺乏自信，而并非大脑功能上的生物差异（American Association of University Women，1992，1998；Else-Quest et al.，2010；Goetz et al.，2013；Guo et al.，2015；Sadker & Sadker，1994）。这一本就微乎其微的差距正在随着社会以更平等的方式对待两性而逐渐消失，这也意味着更公平的社会待遇能够减少性别差异。

以往人们认为男孩和女孩在数学方面的差异是生物因素导致的，当今的研究已经证明更可能是心理和社会因素影响的结果。

社会和人格差异 男女不同的交际方式和人格特质，通常被看作是性别差异，实际上是刻板印象的结果。我们很难证明男孩和女孩之间的这些差异不是由成长过程中的社会化导致的。男孩被教育要控制他们的情绪，不能哭，要"坚强"和"有男子气概"；女孩则被鼓励形成情绪依恋，要有感情，并且敞开心扉和他人分享自己的感受。

研究表明，在人际沟通中，男人交流时通常会谈论时事、体育和其他事件，这被称为"报道"的沟通风格。他们经常切换话题，群体中的特定个体会试图掌控谈话的主导权。相比之下，女人之间更倾向于采用"叙述"的沟通风格，她们会透露自己的私人生活，表达关切和同情。她们较少打断对方，努力让每一个人参与对话（Argamon et al.，2003；Coates，1986；Pilkington，1998；Swann，1998）。男人和女人在社交媒体上的交流也有类似的差异，比如推特（Cunha et al.，2014）。另一项使用fMRI技术的研究发现，男人在聆听时只有左脑被激活，而女性两个半球都会被激活，这表明女性会同时注意说话的语调、情绪和叙述的内容（Lurito et al.，2000）。然而，这种差异的存在并不意味着它们是与生俱来的，仅仅受到生物因素的影响。许多专家告诫人们，这些神经功能的差异可能是社会文化影响的结果（Case & Oetama-Paul，2015；Kaiser et al.，2009）。另外，和在大众传媒上看到的不同，人类并不能简单地被描述为拥有"女性"大脑或"男性"大脑（Joel et al.，2015）。

"男人啊！"

概念地图 10.3~10.5

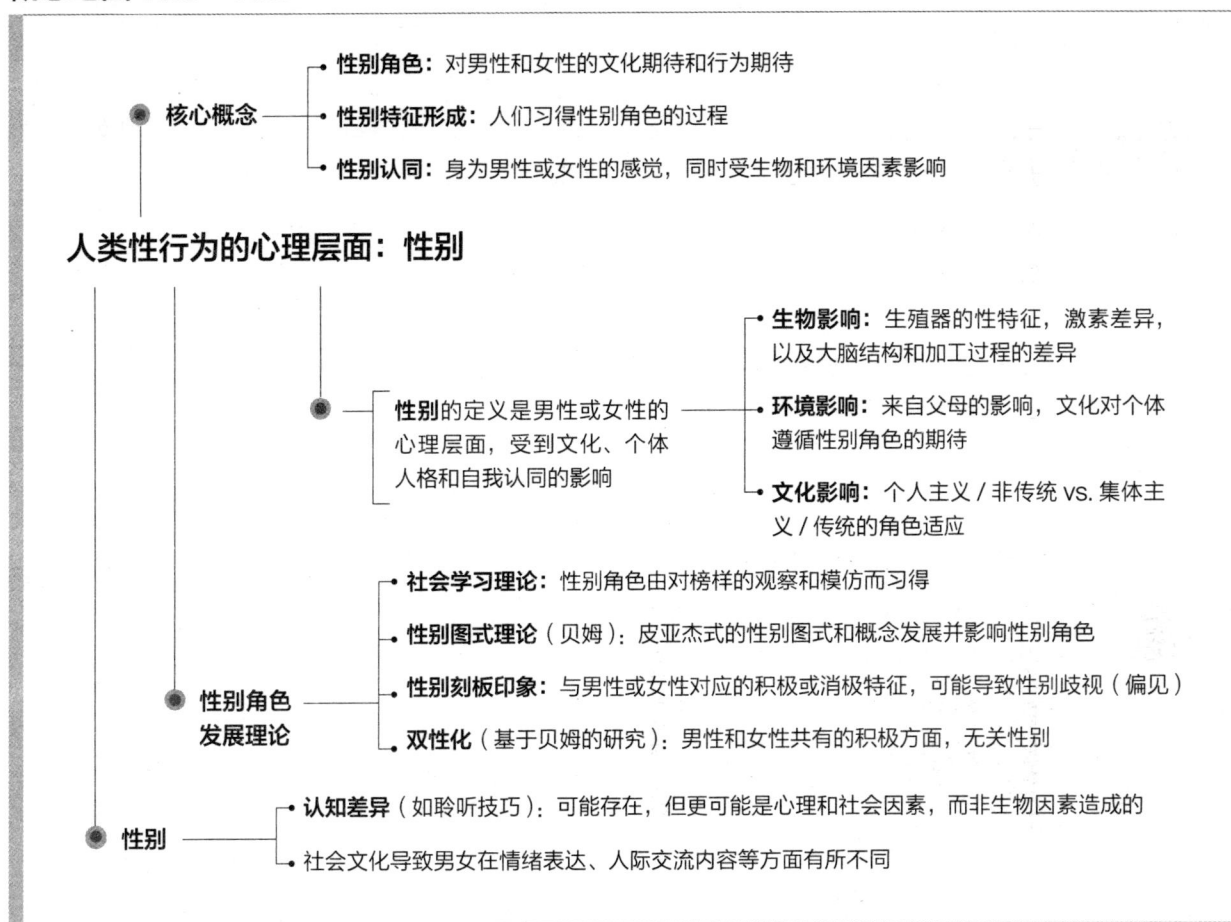

核心概念
- **性别角色：** 对男性和女性的文化期待和行为期待
- **性别特征形成：** 人们习得性别角色的过程
- **性别认同：** 身为男性或女性的感觉，同时受生物和环境因素影响

人类性行为的心理层面：性别

性别的定义是男性或女性的心理层面，受到文化、个体人格和自我认同的影响
- **生物影响：** 生殖器的性特征，激素差异，以及大脑结构和加工过程的差异
- **环境影响：** 来自父母的影响，文化对个体遵循性别角色的期待
- **文化影响：** 个人主义 / 非传统 vs. 集体主义 / 传统的角色适应

性别角色发展理论
- **社会学习理论：** 性别角色由对榜样的观察和模仿而习得
- **性别图式理论**（贝姆）：皮亚杰式的性别图式和概念发展并影响性别角色
- **性别刻板印象：** 与男性或女性对应的积极或消极特征，可能导致性别歧视（偏见）
- **双性化**（基于贝姆的研究）：男性和女性共有的积极方面，无关性别

性别
- **认知差异**（如聆听技巧）：可能存在，但更可能是心理和社会因素，而非生物因素造成的
- 社会文化导致男女在情绪表达、人际交流内容等方面有所不同

随堂小考

1. 人们习得其文化对男性和女性行为的偏好和期待的过程叫作____。
   - A. 性别角色
   - B. 性别特征形成
   - C. 性别认同
   - D. 性别刻板印象形成

2. 那些性别认同和外在生理特征不一致的人又叫作____。
   - A. 雌雄间体
   - B. 雌雄同体者
   - C. 同性恋者
   - D. 跨性别者

3. 亚历克斯看见他的妈妈在搅拌蛋糕配料。过了一会儿，亚历克斯也从橱柜中拿出碗和勺子，假装在搅拌蛋糕配料。这一案例支持了下述哪一种性别发展理论？
   - A. 性别图式理论
   - B. 精神分析理论
   - C. 性别角色理论
   - D. 社会学习理论

4. 下面哪一理论着重强调心理模式的使用？
   - A. 性别图式理论
   - B. 社会学习理论
   - C. 精神分析理论
   - D. 行为理论

5. 卡尔在人们的印象中是强壮和坚韧的，但他也有真诚和关爱的一面。卡拉是热心、善良的，但在需要的时候她也会表现出独立和果断。贝姆会将这样的行为看作____。
   - A. 双性化
   - B. 善意性别歧视
   - C. 图式错误
   - D. 消极刻板印象

6. 研究表明，女性在交流时常常使用____风格，而男性常常使用____风格。

A. 叙述；报道　　　　B. 报道；叙述

C. 阳刚；阴柔　　　　D. 双性化；刻板化

◎ 人类性行为

💬 听说男人和女人对性的体验有所不同，是真的吗？有什么不同呢？

1957 年，妇科医生威廉·马斯特斯（William Masters）和心理学家弗吉尼娅·约翰逊（Virginia Johnson）对 700 名男性和女性志愿者进行了一项有争议的研究（Masters & Johnson，1966）。在当时的历史环境下，人类的性对除青年人之外的人来说，仍然是一个禁忌的话题，而青年人已经开始探索"自由恋爱"，并且比以往的任何时候都更开放地投入婚前性行为当中。马斯特斯和约翰逊发明了测量性活动中的身体反应的仪器。他们用这种仪器测量男女志愿者在真实的性交或自慰时的生理活动。虽然许多保守派和信仰宗教的人士对这一研究表示愤慨，但它仍然是关于人类性反应的最重要的研究之一。

性反应

10.6　识别性反应周期的四个阶段

马斯特斯和约翰逊在他们开创性的研究中确定了性反应周期的四个阶段。男性和女性的这些阶段类似，但也存在一定的差异。此外，阶段之间的过渡并不像各阶段的定义那样容易描述，而在每次性经历中，每一个人在各阶段所花费的时间也各有不同。

阶段 1：兴奋期　第一阶段是性唤起的开始，持续时间从一分钟到几小时不等。其间，脉搏加快，血压升高，呼吸急促，皮肤呈现出红润的色泽，尤其是胸部和乳房周围。女性的阴蒂开始肿胀，阴唇张开，阴道内部变得湿润，为性交做准备。男性的阴茎开始勃起，睾丸提升，阴囊的皮肤收紧。两性的乳头都会变硬和立起，女性尤为如此。

阶段 2：平台期　在性反应的第二阶段，第一阶段已开始的生理变化还在继续。女性的外阴部位因为充血而持续肿胀，阴蒂缩回了阴蒂罩当中但仍然高度敏感，外阴唇变得更红。男性的阴茎勃起程度增加，同时可能释放几滴体液。这一阶段可能仅持续数秒至数分钟。

阶段 3：高潮期　第三阶段是前三个阶段中最短的，包括一系列节律性的肌肉收缩，通常也叫作**性高潮**（orgasm）。女性收缩的是阴道壁的肌肉，可以发生多次，持续时间比男性性高潮略长；子宫也会收缩，产生一种愉悦的感觉。男性阴茎及周围的肌肉收缩会引起**精液**（semen）的释放，精液含有男性的生殖细胞或称精子。男性通常只经历一次强烈性高潮。男性和女性性高潮的时间进程也有所不同，女性的性高潮通常比男性来得要迟，并且需要更多的刺激。

阶段 4：消退期　性反应的最后一个阶段是**消退期**（resolution）。其间身体恢复到性唤起开始前的正常状态。生殖器各部位血管充血的血液开始消退，心率、血压和呼吸都恢复到正常水平。女性的阴蒂回缩，阴唇的颜色恢复正常并且再度闭合。男性的勃起结束，睾丸下垂，阴囊的皮肤变得松弛。此外，男性会经历一个**不应期**（refractory period），在此期间他们无法达到另一个性高潮，不应期的持续时间从数分钟至数小时因人而异。男性年龄渐长，不应期也会越长。女性则不存在不应期，如果有持续刺激可以经历一系列新的性高潮。

请阅读下面的"心理学经典实验"，它更详细地描述了马斯特斯和约翰逊的研究，并且介绍了这项划时代的研究是如何完成的（见图 10-3 和图 10-4）。

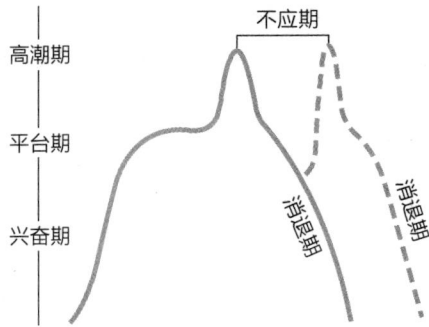

图 10-3　男性的性反应周期

男性会经历性唤起（兴奋期）、持续数秒至数分钟的平台期、高潮期，然后经历一个不应期，在此期间无法达到另一个性高潮。不应期可以持续数分钟、数小时，甚至是一天或者更长时间，并且会随着年龄的增长而增加。不应期过后，才可能有第二次性高潮。最后是消退期，身体会恢复到性唤起以前的状态。

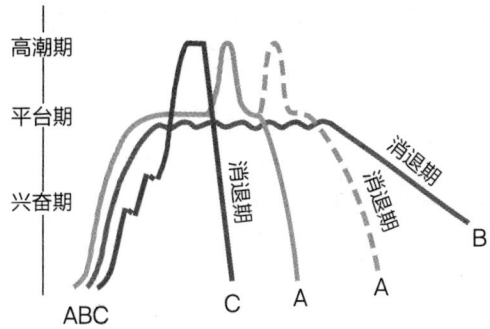

图 10-4　女性的性反应周期

女性有几种不同的性反应模式。在模式 A 中，女性经历了兴奋期、平台期和高潮期，与男性类似。然而，女性并不像男性那样有不应期，因此可以在进入消退期之前经历多次性高潮。在模式 B 中，平台期较长，但没有高潮期。在模式 C 中，女性直接从兴奋期进入高潮期，随之是快速的消退期，而没有经历平台期。

心理学经典研究

第一项人类性反应观察研究

　　威廉·马斯特斯和弗吉尼娅·约翰逊进行了有史以来第一项对人类性行为的直接观察研究。同时代的人们仍然担心对于人类性行为的研究会破坏家庭和社会的结构，因此他们的研究在当时引发了巨大的争议。1954 年，马斯特斯获得了华盛顿大学医学院圣路易斯分校他的系主任的许可。之后，他组建了一个顾问委员会，由警察局长、报纸出版商、数位杰出的宗教领袖以及大学校长组成。他们齐心协力完成了一件在当今媒体看来不可思议的壮举：他们说服媒体对这项关于人类性行为的研究保持沉默，长达 12 年之久（Kolodny，2001）。

　　这样的研究必须谨慎进行，因为就连马斯特斯对研究对象的选择也存在争议。他 1955 年和 1956 年的初步研究完全是针对卖淫者的。他先采访了卖淫者，并观察他们的工作。虽然这项研究从未发表，但他在此期间开始思考什么样的设备更适合在受控的条件下测量人类性反应。马斯特斯和约翰逊一道，设计了在实验室中测量人类性反应的设备。这些机器与测谎仪类似，但其设计和测量的生理反应（如心率、体温）都更加复杂。马斯特斯和约翰逊也以卖淫者和其他志愿者为研究对象，在实验室里采用了摄影和直接观察法进行研究。

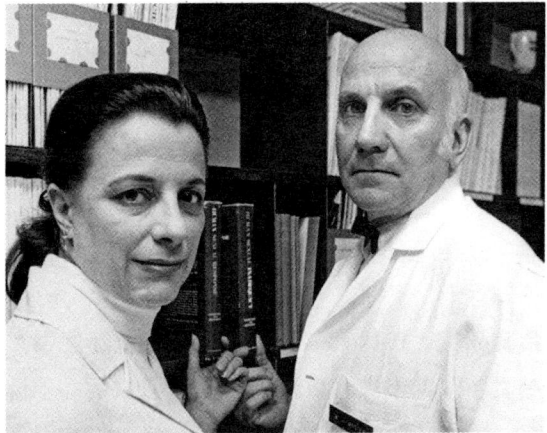

威廉·马斯特斯博士和弗吉尼娅·约翰逊博士通过在实验室条件下测量生理反应来研究人类性行为。他们的研究对象都是志愿者，其中不乏卖淫者，因此研究公开后引起了轩然大波。

　　1966 年出版的《人类性反应》一书是几年以来研究成果的集结。马斯特斯和约翰逊立即变得家喻户晓，这本书也成了畅销书。这是他们 30 多年合作关系的开端。他们的合作不仅改变了许多人对性的正常态度，而且挑战了许多性相关的神话，并开创了性治疗这个领域。尽管直接观察法有影响被试行为的缺点，但马斯特斯和约翰逊的研究仍然是人类性领域最重要的工作之一，他们的成果仍然被性治疗、性教育、不育专家和受孕专家所使用（Kolodny, 2001；Masters, Johnson, & Kolodny, 1995）。

深入讨论一下

1. 今天的研究人员还能够像马斯特斯那样，说服媒体（报纸、杂志和电视）对人类性行为的研究保密吗？

2. 他们的许多研究对象是卖淫者，这一事实可能给研究带来怎样的问题？

3. 从哪些方面来说，这类研究在今天比以前更加容易？

4. 从哪些方面来说，这类研究在今天比以前更加困难？

不同类型的性行为

10.7　概述早期和近期人类性行为调查的结果

马斯特斯和约翰逊聚焦于性活动中的生理反应的同时，其他研究人员开始研究性行为的不同形式。与其说性行为研究是对性活动本身的研究，不如说是对性活动何时、何人、在何种场合进行的研究。虽然在阿尔弗雷德·金赛（Alfred Kinsey）20 世纪中叶的系列研究之前（Kinsey et al., 1948；Kinsey et al., 1953），也有研究人员尝试研究人类性行为，但金赛的原创性研究至今仍是人类参与性活动的不同方式的最重要信息来源之一。

💬 报告的结论是什么？

金赛研究　1948 年，阿尔弗雷德·金赛发表了一份颇具争议的报告，内容是 1938 年以来的关于性行为的一项大规模调查结果（Kinsey et al., 1948）。他的报告中关于自慰、肛交和婚前性行为等行为频率的调查结果令人震惊，人们显然不愿意相信，这么多人已经尝试过非正统的性行为了。金赛认为，性取向不是非此即彼的，也就是说一个人并非要么完全是同性恋者，要么完全是异性恋者；性取向是一个连续统一体，有些人落在比较极端的位置，而另一些人位于中点附近。许多人处在性取向的"中间地带"，这一提法令当时的人们感到难以置信。

阿尔弗雷德·金赛进行了许多像这样的面对面访谈。金赛在场可能对受访者回答性行为相关的问题产生什么影响？

金赛任用训练有素的访谈员，对研究对象进行面对面的访谈，在初始的研究中研究对象均为男性。稍后还有一项研究是专门针对女性的，结果于 1953 年刊发（Kinsey et al., 1953）。研究对象据称来自城市和乡村，囊括了社会经济、宗教和教育背景广泛的志愿者。事实上，研究对象中的绝大部分是受过良好教育、居住在城市的年轻新教徒。金赛的调查结果显示，近一半的男性和不到 20% 的女性曾有过双性经历。16 岁时有过性经验的男性是女性的三倍多（21% 和 6%）。男性进行婚前性行为、婚外性行为和自慰的可能性也比女性高。在参与调查的群体中，10% 的男性和 2%～6% 的女性认为自己主要是同性恋（Gebhard & Johnson，1979，1998）。

尽管金赛的研究数据仍然被引用在许多关于性行为的讨论中，但他最初的研究远算不上完美。正如之前提到的，他的研究对象几乎全是白人、中产阶级并受过大学教育。对于年长者、住在偏远地区的人和受教育程度较低的人，样本数显然不够。一些批评者声称，与"正常"性行为相比，金赛给予了非同寻常或异常的性行为更多的关注（Geddes，1954）。此外，因为金赛的调查使用了自我报告技术，没能逃过这种技术可能存在的夸张、歪曲和错误等其他弊端。最后，面对面访谈可能使一些受访者对某些类型的性行为避而不谈，而另一些受访者则可能夸大其词，从而增加了数据不准确的可能性。

贾纳斯报告　1993 年，塞缪尔·贾纳斯（Samuel S. Janus）博士和辛西娅·贾纳斯（Cynthia L. Janus）博士发表了继金赛与其同事（1948）和马斯特斯与约翰逊（1966）之后的首次关于人类性行为的大型研究报告。这一调查开始于 1983 年，对来自美国 48 个州的 3 000 个人作了抽样。受访者的年龄下至 18 岁，上至 65 岁，并且包括了美国不同婚姻状况、教育背景和地理区域的群体。

贾纳斯报告（Janus & Janus，1993）的结果与金赛的有所不同，但差异并不大。比如，在贾纳斯报告中，表示曾经自慰的男性人数比金赛的研究要少（80%：92%），但女性人数则从金赛研究中的 62% 上升到贾纳斯报告中的 70%。婚前性行为的比例与金赛的研究类似，但贾纳斯报告中男性所报告的婚外性行为比例比金赛研究要低，女性所报告的比例在两项调查中是一致的。贾纳斯报告中自称主要是同性恋者的男性和女性比例均和早先的金赛研究相似。

全美健康与性行为调查　2010 年，印第安纳大学性健康促进中心的研究人员发布了"全美健康与性行为调查"（NSSHB）。该调查基于 5 865 人组成的代表性全美样本，包含年龄跨度从 14 岁至 94 岁的美国青少年和成年人。调查对有关性经历和避孕套使用有广泛而全面的概述（Herbenick et al.，2010）。

参与全美健康与性行为调查的受试者汇报了过去一个月的性行为，其中有 27.9%～68.6% 的男性受试者表示进行了单独自慰。在所有年龄群体中，大部分男性在过去一年曾有过自慰行为，14～15 岁和 70 岁以上的年龄群体除外。20% 的女性在过去一个月曾有过单独自慰行为，70 岁以上的年龄群体除外，40%～72% 的女性在过去一年曾有过自慰行为，其中比例最高的是 18～49 岁的年龄群体（Herbenick et al.，2010）。

在所有年龄的两性群体中，阴道性交比例最高的都是生育年龄群体。然而，在该年龄群体中，有相当数量的个体都表示在过去一年曾经有过单独自慰、同伴侣自慰、口交或肛交行为（Herbenick et al.，2010）。研究人员指出，生育年龄阶段的性行为并不仅仅为了繁衍后代。

在最近的阴道性交中，24.7% 的成年男性和 21.8% 的成年女性表示使用了避孕套。青少年男性和女性的这一比例分别是 79.6% 和 70.2%。避孕套的使用在成年早期显著减少。对所有年龄群体而言，与非正式伴侣性交时的避孕套使用率要明显高于与恋人性交时的使用率。总体而言，避孕套使用率最高的是青少年群体，男性高于女性，黑人和西班牙裔个体的使用率最高（Reece et al.，2010）。

对调查结果的解释　为什么男性的性活跃程度在婚前和婚后都比女性更高？这可能和基因有关。进化论强调，机体会尽最大可能将基因传给后代，而这一过程对男女而言是不同的。罗伯特·特里弗斯（Robert Trivers）提出一个亲代投资理论，来解释男女性行为的不同（Trivers，1972）。一方面，许多物种中的雄性，包括人类，不必投入大量的时间、精力便可以使雌性怀孕，从基因的角度讲，当他们与许多性伴侣进行多次性接触时，可以获得更好的结果。另一方面，雌性动物要为繁殖投入更多的时间和精力，如怀孕、喂养婴儿等，因此当雌性对与之发生性关系的雄性精挑细选时，可以获得更好的结果。

在现实生活中，这意味着男性更青睐年轻、美丽的女性（直接的性吸引是最大的动力），这样他们很可能生育出健康、有吸引力的后代。女性则可能偏好较为年长（年长意味着可能有更多的收入和资源）、工作勤劳和忠诚的男性（Buss，1989，2007；Buss & Schmitt，1993，2011）。男性比女性拥有多个性伴侣的可能性更高，而且这种现象一直会持续到中年；女性一生中的性伴侣数量往往比男性要少（McBurney et al.，2005；Schutzwohl et al.，2009）。异性恋和同性恋的两性都是如此（Peplau & Fingerhut，2007）。男性对性的想法也与女性有所不同，他们的性幻想数量高于女性，种类也更加丰富（Okami & Shackelford，2001），并且比女性更频繁地想到性（Laumann et al.，1994）。然而，有一些证据表明，在性别更加平等的社会和文化中，择偶偏好的差异小得多，这意味着许多择偶偏好的差异可能与性别角色有关，而不仅是生物性的作用（Zentner & Mitura，2012）。

对性行为的调查突出表明，年龄不一定是性活跃的阻碍因素。一项针对 57 ~ 85 岁年龄群体、超过 3 000 人的调查发现，许多人 80 多岁时仍然有性生活（Lindau et al.，2007）。在这项调查中，最常见的阻碍不是缺乏性欲，而是健康问题或缺少伴侣。另一项针对 65 岁以上年龄群体、1 939 名西班牙人的调查发现，超过 62% 的男性和 37% 的女性依然有性生活；性生活中止的发生率的确会随着年龄渐增，但往往是因为"伴侣身体有恙""鳏（寡）居"或"缺乏性兴趣"（Palacios-Ceña et al.，2011）。

如前所述，调查研究也存在问题。一个可能的问题在于提出"您在多少岁时发生了第一次性行为？"

这个问题时。一项研究报告称，对"发生性行为"或"有过性行为"的理解因人而异（Sanders et al.，2010）。在一份涵盖了 18 ~ 96 岁的样本中，30% 的人不认为口交是性行为。几乎占到受访者四分之一的老年人认为，阴茎 - 阴道性交不算是性行为。一些人认为，没有达到性高潮就不算是性行为。被调查群体对"发生性行为"的真正含义没有达成一致，通过调查方法研究性行为的研究人员应当对这一潜在的问题保持清醒。

我们每天使用的科技产品也会对性行为造成影响，如下一模块中的"科学探究和批判性思维"所示。

性取向

10.8 了解性取向发展的影响因素

性取向（sexual orientation）指一个人对异性或同性的性吸引和爱慕。研究人员试图回答的更重要的问题之一是，性取向到底是学习和经验的产物，还是生物性的产物。

性取向的类别 最常见的性取向是**异性恋**（heterosexual），即人们受到异性的性吸引，男性会被女性吸引，而女性会被男性吸引。希腊语中 hetero 一词意为"其他"，所以 heterosexual 意为"其他性别"或受到其他性别的吸引。在所有文化中，异性恋都是社会可以接受的性行为形式。

同性恋（homosexual）会受到同性成员的性吸引，这种性取向的准确百分比很难估计。希腊语中 homo 一词意为"相同"。同性恋群体在大多数文化中会受到歧视、偏见和不公平待遇，因此他们很可能在性取向问题上撒谎，以避免这种负面待遇。一项全美调查估计，18 岁以上的人口中约有 1.8% 的男性和 1.5% 的女性认为自己是同性恋，这意味着他们的性取向完全或主要是同性恋（Ward et al.，2014）。

💬 如果一个人既有过同性经历又有过异性经历，
是否意味着他是双性恋者？

一个**双性恋者**（bisexual）可能是男性也可能是
女性，他们会同时被双性吸引。在上述的美国全国性
调查中，仅有 0.4% 的男性和 0.9% 的女性认为自己
是双性恋者（Ward et al.，2014）。需要指出的是，许
多人在确定自己的性取向之前会尝试不同的性行为；
一次双性经历并不会使一个人成为双性恋者，正如一
次同性经历并不会使一个人成为同性恋一样。

双性恋者并不一定同时与男性和女性保持性关
系，受不同性别吸引的程度也可能随着时间而改变。
许多双性恋者并不按照他们的意愿行事，而是选择与
一位伴侣建立长期的一夫一妻制关系。

有些人不认为自己是异性恋、同性恋或双性恋，
而是将自己定义为无性恋。他们不被任何性别所吸
引，或是缺乏对性活动的兴趣（Prause et al.，2004）。
在英国进行的一项研究表明，约有 1% 英国人认为自
己是无性恋（Bogaert，2006）。显然，性取向并不像
人们所认为的那样清晰。

性取向的发展　虽然前面已经提到，异性恋在不
同的文化中都是被社会接纳的，但在一些文化中，同
性恋和双性恋是不被接受的，因而在这些文化中存在
着偏见、歧视、骚扰，甚至更糟的情况。虽然这些
文化中的一部分态度已经开始朝着积极的方向转变
（Loftus，2001；Pew Research Center，2013；Tucker
& Potocky-Tripodi，2006），但是全盘接受这些不同
于异性恋的性取向仍然有很长的路要走。

年轻人正在形成自我认同和性取向的过程中，当
他们发现自己是同性恋、双性恋或跨性别者时，往
往会困惑不已。这些青少年在药物滥用、危险性行
为、进食障碍、自杀想法和受欺凌等方面的风险比他
们的异性恋同龄人更高（Coker et al.，2009；Kattari
& Hasche，2016；Ward et al.，2014；Zhao et al.，
2010）。当个体的自我认同不但是同性恋者，还是另
一意义上的社会弱势群体（如居住在美国的亚裔美国
人或太平洋岛民）时，他们所面临的压力将更为复杂

（Hahm & Adkins，2009）。因为在这些年轻人的家族
起源的文化中，传统价值观认为同性恋会使家族受
辱、蒙羞。

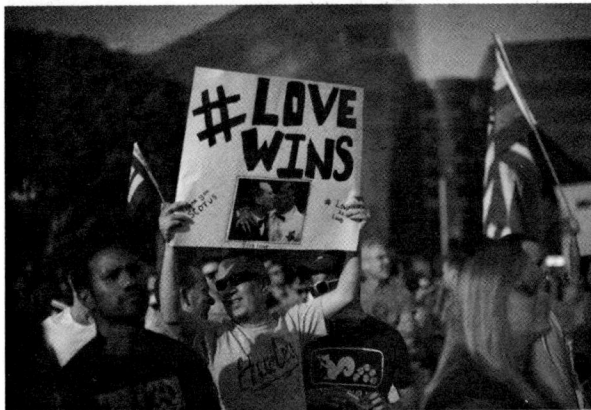

同性恋是在许多文化中都面临歧视和偏见的一种性取向。

💬 性取向是什么的产物，环境因素？生物因素？
还是两者兼而有之？

对于异性恋和同性恋人群来说，这都是一个颇具
争议性的话题（Diamond，1995）。如果同性恋是成
长和环境等的产物，那么它便是可以被改变的，如此
一来，同性恋者须被迫在"正常"和"异常"之间做
出选择。如果同性恋是生物性的，是怀孕期间基因或
激素的产物，那么它就会被看作无法改变的，和婴儿
出生时是男是女一样。同性恋是生物性的观点可能会
引发一些不稳定因素：如果同性恋不是一种选择或习
得的行为模式，那么社会就不能期望或要求同性恋者
改变其性行为或性取向。这样，同性恋就成为一个多
样性的议题，而非社会无法接受的行为。一项针对大
学生的调查显示（Elliott & Brantley，1997），大部分
女性相信她们是在高中/大学时知道自己是同性恋或
双性恋的，而大部分男性相信他们是在初中/高中时
知道自己是同性恋或双性恋的。

过去的几十年里，多位科学家进行了大量的研
究，内容涉及同性恋和异性恋男性的大脑生理差异、
基因对性取向的影响，以及影响性取向的产前因素
等。最早的研究之一发现，怀孕女性如果在妊娠期的

第 3 ～ 6 个月（这一阶段，生殖器的性别差异开始形成）遭遇严重的压力事件，她们生出的男孩是同性恋的概率明显更高（Ellis et al., 1988）。另一项研究发现，对于随汗液释放的、以睾酮为基底的信息素（腺体分泌的化学物质）的反应，同性恋男性和异性恋女性类似，但和异性恋男性之间差异较大（Savic et al., 2005）。一项近期的研究发现，虽然还未发现同性恋的传递受到任何基因的直接影响，但是一些能够遗传的基因"开关"，很可能是同性恋在家族中流传的原因（Rice et al., 2012）。这种"开关"叫作遗传标记，决定了我们基因中的信息在何时、何地、以何种程度表达出来。在胎儿期的发育过程中，有一些性别特异性的遗传标记控制着胎儿的性特征。这些性特征不仅包括性器官的发育，还包括性别认同和性伴侣偏好。正常情况下，每一代的表观遗传标记都是全新的，但偶尔它们会被遗传给下一代。当后一种情况发生时，情况可能会与预期有出入，这种反转就包括性取向的转变。

出生顺序也是该领域的研究对象。相关研究表明，一名男性的哥哥越多，他就越可能是同性恋（Blanchard, 2001；Currin et al., 2015；Kishida & Rahman, 2015；McConaghy et al., 2006）。研究者就此提出的假设认为，随着每个男孩的出生，他们的母亲逐渐形成了一种对 Y 染色体的"抗体"，这些抗体透过胎盘影响了后来出生的男孩的性取向（Skorska et al., 2015）。

最后，一项对异性恋和同性恋男女进行的神经影像研究发现，异性恋男性和同性恋女性在神经方面具有相似性，同性恋男性和异性恋女性在神经方面具有相似性，而它们相互间则存在不同（Savic & Lindström, 2008）。一项较新的大脑偏侧化研究发现，在同性恋男性、异性恋男性和异性恋女性中，同性恋男性在识别面部情绪时的大脑偏侧化与异性恋女性类似，而与异性恋男性存在差异（Rahman & Yusuf, 2015）。

性取向受到基因影响的相关证据越来越令人信服。对那些有同卵双胞胎、异卵双胞胎或领养兄妹的同性恋男性和女性的研究表明，他们的同卵双胞胎中有 52% 也是同性恋，而异卵双胞胎的这一比例是 22%，领养兄妹的这一比例是 11%（Bailey & Pillard, 1991）。在一项聚焦于同性恋女性的类似研究中，48% 的同卵双胞胎也是同性恋，而 16% 的异卵双胞胎、6% 的领养兄妹也是同性恋（Bailey et al., 1993）。顺着类似思路的，其他研究也得到了支持性的结果（Bailey et al., 2000；Dawood et al., 2000；Ngun & Vilain, 2014；Sanders et al., 2015）。然而，对这些研究发现应该持谨慎态度。对双胞胎的研究很难排除环境的影响。即使是分别抚养长大的双胞胎，也往往生长于类似的环境中，因此不能完全排除学习和经验对性取向的影响。

一些研究认为，同性恋可能通过 X 染色体上携带的基因传递，因此可以由母亲传给儿子，而不能由父亲传给儿子。迪安·哈默（Dean Hamer）和其合作者发现（Hamer et al., 1993），40 对同性恋兄弟中有 33 对的 X 染色体上存在一个特殊区域（在一个名叫 Xq28 的位置），每一对兄弟在该区域内的数百个基因完全一致，而他们 X 染色体上的其他基因可能存在不同。这表明这些兄弟从母亲的 X 染色体那里继承了一系列基因，可能对他们的性取向负有责任。这些发现也得到了其他研究的支持（Hu et al., 1994；Sanders et al., 2015；Turner, 1995）。

对同性恋男性的行为学研究发现，他们在儿童时期就表现得更"女性化"（Bailey & Zucker, 1995；Lippa, 2010）。贝利和朱克 1995 年的研究发现，四分之三的成人同性恋男性都曾是"女性化"的男孩，即对体育和野蛮行为没兴趣、想变成女孩或大家都认为他是"娘娘腔"。这一概率远高于一般男性人群。研究人员认为这些结果进一步证明了性取向有其生物学基础。当然，童年期的行为差异也可能是社会环境中的关注和其他形式的强化的结果，毕竟任何行为的成因都很难将环境影响和生物影响区分开。可以确定的是，在未来很长一段时间内，性取向的成因还将持续地作为研究和争议的焦点。

概念地图 10.6～10.8

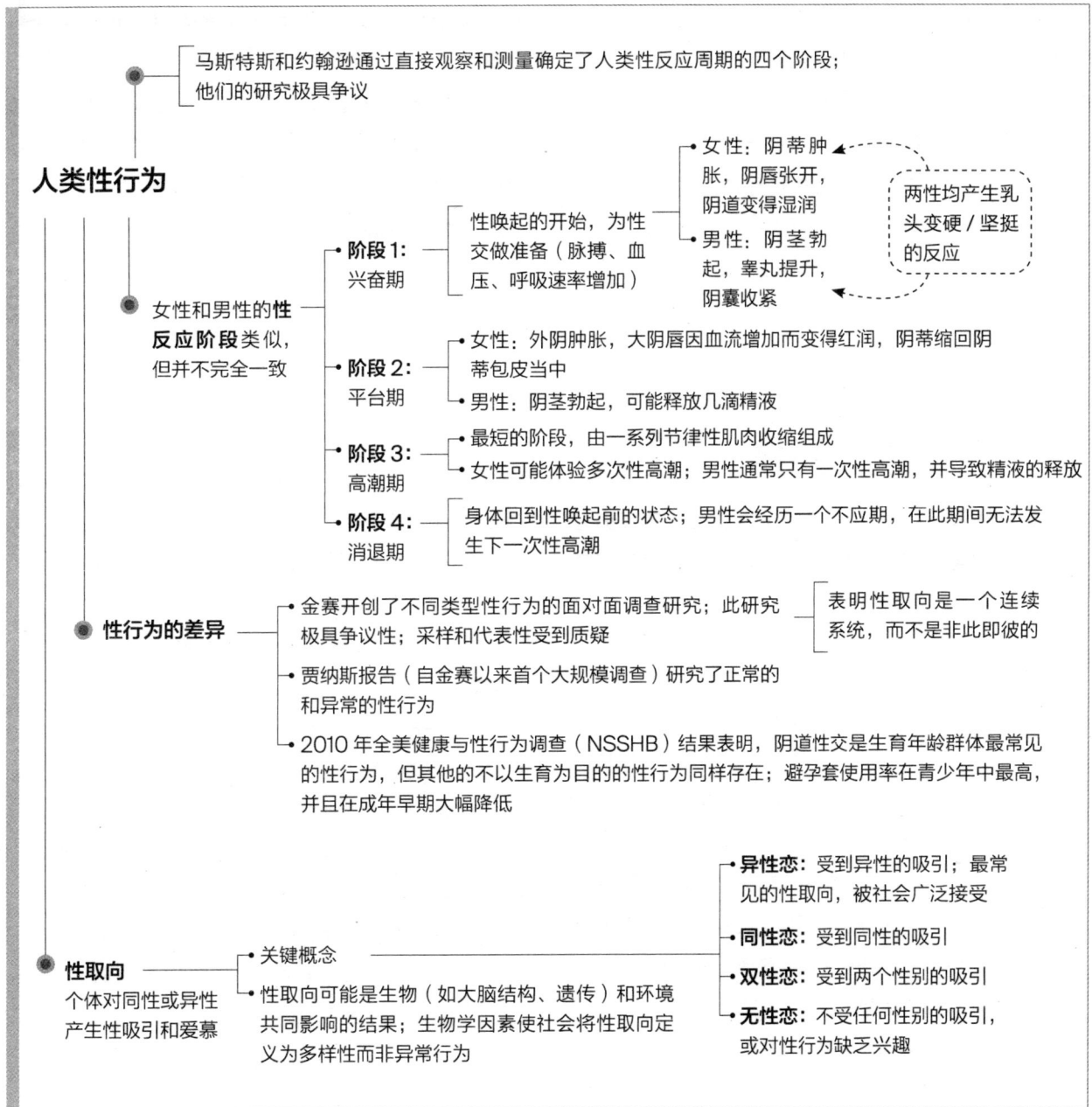

马斯特斯和约翰逊通过直接观察和测量确定了人类性反应周期的四个阶段；他们的研究极具争议

人类性行为

女性和男性的**性反应阶段**类似，但并不完全一致

阶段 1：
兴奋期

性唤起的开始，为性交做准备（脉搏、血压、呼吸速率增加）

- 女性：阴蒂肿胀，阴唇张开，阴道变得湿润
- 男性：阴茎勃起，睾丸提升，阴囊收紧

两性均产生乳头变硬／坚挺的反应

阶段 2：
平台期

- 女性：外阴肿胀，大阴唇因血流增加而变得红润，阴蒂缩回阴蒂包皮当中
- 男性：阴茎勃起，可能释放几滴精液

阶段 3：
高潮期

- 最短的阶段，由一系列节律性肌肉收缩组成
- 女性可能体验多次性高潮；男性通常只有一次性高潮，并导致精液的释放

阶段 4：
消退期

身体回到性唤起前的状态；男性会经历一个不应期，在此期间无法发生下一次性高潮

性行为的差异

- 金赛开创了不同类型性行为的面对面调查研究；此研究极具争议性；采样和代表性受到质疑 ── 表明性取向是一个连续系统，而不是非此即彼的
- 贾纳斯报告（自金赛以来首个大规模调查）研究了正常的和异常的性行为
- 2010 年全美健康与性行为调查（NSSHB）结果表明，阴道性交是生育年龄群体最常见的性行为，但其他的不以生育为目的的性行为同样存在；避孕套使用率在青少年中最高，并且在成年早期大幅降低

性取向
个体对同性或异性产生性吸引和爱慕

- 关键概念
  - **异性恋：** 受到异性的吸引；最常见的性取向，被社会广泛接受
  - **同性恋：** 受到同性的吸引
  - **双性恋：** 受到两个性别的吸引
  - **无性恋：** 不受任何性别的吸引，或对性行为缺乏兴趣
- 性取向可能是生物（如大脑结构、遗传）和环境共同影响的结果；生物学因素使社会将性取向定义为多样性而非异常行为

随堂小考

1. 下列哪一个是人类性反应周期的第一阶段？

　A. 兴奋期　　　　　　　B. 平台期

　C. 高潮期　　　　　　　D. 消退期

2. 哪一性反应阶段通常时间最短？

　A. 兴奋期　　　　　　　B. 平台期

　C. 高潮期　　　　　　　D. 消退期

3. 在金赛的原始研究中，大约有____的女性自称主要是同性恋，而____的男性自称主要是同性恋。

　A. 6%，21%　　　　　　B. 2%，22%

　C. 6%～14%，46%　　　D. 2%～6%，10%

4. 下列哪一项是对金赛研究的批评？

   A. 研究是不完整的

   B. 研究中的部分问题措辞不准确

   C. 研究是在仓促中完成的

   D. 研究样本存在不足

5. 罗伯特·特里弗斯的亲代投资理论认为，____在早年对性活动的欲望是____的结果。

   A. 男性，社会压力   B. 男性，进化

   C. 女性，生物学顾虑   D. 女性，心理压力

6. 一项研究发现，老年性生活频率降低的主要原因是____。

   A. 性兴趣的衰退

   B. 更难找到合适的伴侣

   C. 认为老年性生活和性幻想是不健康的

   D. 将精力投放在其他任务上的欲望

科学探究和批判性思维

色情短信和青少年性行为

落实 APA 学习目标 2.4：解释、设计和实施心理学基础研究；APA 学习目标 2.5：在科学探究中融入社会文化因素

对许多人来说，很难想象没有手机的生活是怎样的。手机几乎就是一台掌上电脑，不仅可以用来打电话，还可以上网、看电影、做其他事情，包括向他人发送具有露骨性暗示的短信和图片，在年轻一代中这一现象尤其常见。这种现象被称为色情短信（sexting）[①]现象。色情短信现象并不局限于青少年，想想近年来因为色情短信而陷于窘境的公众人物有多少便可知了。一项研究表明，色情短信可能对青少年性行为的频率产生影响。

作为一项为期六年的研究的组成部分，研究者杰夫·坦普尔博士和崔惠贞（Hye Jeong Choi，音）博士研究了得克萨斯州东南部一组高二和高三的不同种族青少年的调查数据。这些调查均为匿名的，要求青少年回答关于其性行为的相关问题（Temple & Choi，2014）。涉及短信的问题有：

1. "你是否曾经要求他人向你发送他们的裸照？"

2. "是否曾有人要求你通过短信或邮件发送自己的裸照？"

3. "你是否曾经通过短信或邮件向他人发送你的裸照？"

实验参与者还回答了和性行为有关的问题。他们如果回答"有过"性行为，那么还会被问到避孕套使用、过去一年的性伴侣数量以及性行为前的酒精和毒品使用频率等问题。

结果：在高二时曾向别人要求色情短信（问题1）的青少年在高三时发送色情短信的概率是那些从未向别人要求色情短信的青少年的 4.55 倍。在高二时曾经被他人要求发送色情短信（问题2）的青少年在高三时发送色情短信的概率是那些从未被要求过的青少年的 5.35 倍。在高二时曾经发送过色情短信（问题3）的青少年在高三时有性生活的概率是没有发过色情短信的青少年的 1.32 倍。然而，色情短信和日后的危险性行为没有关系（见图10-5）。

从这些数据中，我们能够得出色情短信和性行为之间关系的什么结论？色情短信现象表明了什么样的社会期待？

[①] 该词是性（sex）和短信（texting）的结合。——译者注

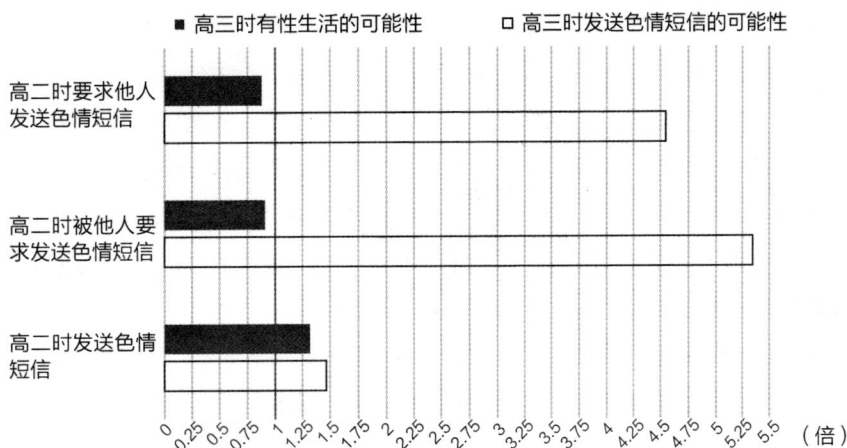

■ 高三时有性生活的可能性　　□ 高三时发送色情短信的可能性

图 10-5　色情短信和青少年性行为的关联度

◐ 性健康

人类性系统的健康受到生理、社会文化和心理的影响，也可能是这些因素共同作用的结果。我们将在第 14 章详细讨论性功能障碍（性行为或性功能的生理运行问题），下面一节的重点是传染病。【连接学习目标 14.12】。

性传播感染

10.9　描述常见的性传播感染的成因和症状

无保护性接触的结果之一是可能会染上**性传播感染**（sexually transmitted infection，STI），这种感染主要通过性接触传播。表 10-1 列出了一些较常见的性传播感染及其成因。一些性传播感染会影响性器官本身，而另一些则有着更广泛甚至危及生命的影响。细菌感染一般可以用抗生素进行治疗，而病毒感染则很难治疗，而且往往无法治愈。即使是细菌感染不及时治疗也可能造成严重的后果，而某些细菌感染很难被发现，因为至少有一个性别的症状不那么明显。例如，衣原体是最常见也很容易治疗的性传播感染，但它在女性身上可能无法检出，因为很少或几乎没有症状。但是如果不及时治疗，衣原体会引发盆腔炎（PID），从而破坏子宫内膜、输卵管以及卵巢和其邻近结构。在美国，10% 的女性在分娩期会感染衣原体（Miller & Graves，2000）。

表 10-1　常见的性传播感染

性传播感染	成因	症状
衣原体（chlamydia）	体细胞内的细菌感染	睾丸肿胀，有分泌物，小便时有灼烧感；女性可能没有症状
梅毒（syphilis）	细菌感染	生殖器表面或内部溃疡，可能扩散至身体其他部位和大脑
淋病（gonorrhea）	在温暖潮湿的身体部位（口腔、肛门、喉咙、生殖器）迅速繁殖的细菌感染	男性阴茎有臭味，分泌物浑浊，小便时有灼烧感；女性宫颈发炎红肿，有少量阴道分泌物
生殖器疱疹（genital herpes）	单纯疱疹病毒	生殖器表面溃疡；瘙痒、灼烧、悸动，溃疡出现前该部位会有针刺感
尖锐湿疣（genital warts）	人乳头瘤病毒（HPV）	生殖器上长有疱疹
艾滋病（AIDS）	人类免疫缺陷病毒（HIV）	免疫系统严重失调，最终崩溃

值得欣慰的是，现在已经有了针对人乳头瘤病毒（HPV）这类性传播感染的疫苗。一些人乳头瘤病毒可能导致癌症，因而预防十分必要。目前已经有三种预防性传播感染病毒的疫苗获批用于治疗（Centers for Disease Control and Prevention，2015）。

毋庸置疑，人尽皆知的一种性传播感染就是**艾滋病**（AIDS），又称**获得性免疫缺陷综合征**（acquired immune deficiency syndrome）。艾滋病是由病毒感染引起的，具体来说是人类免疫缺陷病毒（HIV）引起的。艾滋病病毒携带者不一定是艾滋病患者，但将来有患上艾滋病的风险。艾滋病病毒会破坏身体的免疫系统，使身体在机会性感染面前变得脆弱，这类感染在健康的免疫系统中无害，但在免疫系统薄弱时细菌或病毒就会致病。当艾滋病病毒携带者受到某种机会性感染，或者其免疫系统 T 细胞的数量低于某一水平时，这个人就被称为艾滋病患者（Folkman & Chesney，1995）。

这些年轻人正在参加一个社区艾滋病诊所的咨询服务。他们不一定患有艾滋病。这个特殊小组组建的目的，是向这些男性和其他类似的人传授如何预防艾滋病病毒感染。由于目前还没有治愈的方法，因此预防是抵御艾滋病的最好方法。请记住，艾滋病可以影响所有性取向的男性和女性。

💬 我听说了很多关于人们如何感染艾滋病的故事，真实的情况是怎样的呢？

艾滋病病毒可以从一个感染者传染给另一个人，即使前者看起来是正常的。疾病控制预防中心（CDC）和世界卫生组织（WHO）指出，艾滋病病毒可能通过以下方式传播：

- 无保护的阴道、口腔或肛门性接触
- 共用受污染的针头、注射器或药物溶液
- 怀孕、分娩和母乳喂养
- 职业接触（意外的针刺伤，或接触受污染的血液或其他体液）
- 输血或器官移植（这在美国极为罕见）

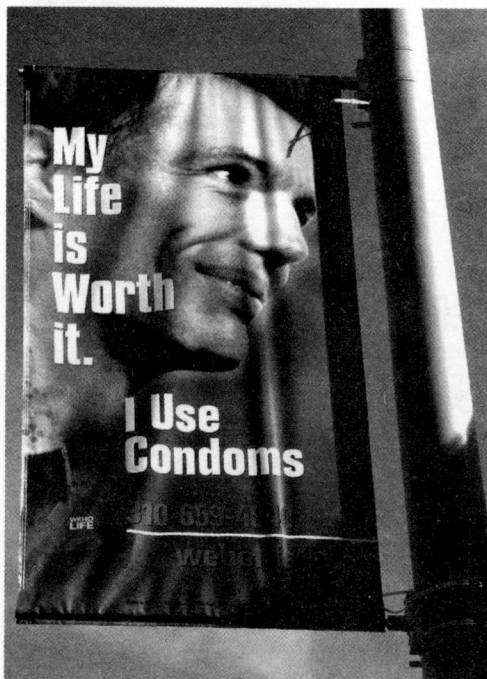

几年前，没人敢在公开场合给避孕套打广告。不安全性行为的后果包括意外怀孕，以及严重但不一定危及生命的性传播感染。在艾滋病病毒的猛烈进攻下，安全性行为有了全新的含义。

艾滋病病毒可以通过血液、阴道分泌物、精液、母乳和其他含有血液的体液由感染者传染给未感染者。在美国，无保护的阴道或肛门性交和与感染者共用针头是最常见的艾滋病病毒传播方式（Centers for Disease Control and Prevention，2010a，2015）。虽然母亲可能通过分娩或母乳喂养将病毒传染给孩子，但是这种情况并不常见。环境极为重要。在非洲的部分地区以及世界的其他区域，人们会鼓励感染艾滋病病毒的母亲用母乳喂养，尤其是在她服用抗反转录病毒（ARV）药物，以及孩子在出生后接受抗反转录病毒治疗的情况下，因为婴儿死于不清洁饮用水或营养不良的概率要比通过母乳喂养染上艾滋病病毒的风险大得多（World Health Organization，2010，2012）。

许多关于艾滋病病毒的说法是荒诞的，没有任何科学证据或相关案例证明艾滋病病毒可以通过眼泪或普通唾液传播，虽然病毒有可能通过口交传播。但亲吻受感染者不会造成感染，除非吻得很深且任何一方存在口腔溃疡或牙龈出血的情况。更加令人不安的是，艾滋病病毒可能在母亲将预先嚼过的食物喂给小孩时传染给小孩（这一习俗存在于许多国家和文化中，包括美国）。但这种情况并不常见，艾滋病病毒通常不能通过唾液传播；在这份报告中，要么母亲的口腔有溃疡或发炎，要么婴儿的口腔中有出牙造成的创口（Guar，2008）。

截止到 2014 年底，美国确诊艾滋病的人数估计已达到 50 万以上（Centers for Disease Control and Prevention，2014）。美国有超过 120 万人是艾滋病病毒携带者，其中近 13% 的人不知道自己被感染了。这个数字仍可能被严重低估，因为很多艾滋病病毒感染未上报或被诊出。

对于艾滋病的治疗在过去的十年间有了长足的进步，这在一定程度上延长了艾滋病病毒携带者和艾滋病患者的预期寿命（Centers for Disease Control，2013）。高效抗反转录病毒疗法（简称 HAART）是一种强大的"鸡尾酒"疗法，它结合了至少三种甚至更多的药物，旨在减少血液中的病毒直到无法被检出的水平。虽然还不能治愈艾滋病，但这一疗法可以延长从感染艾滋病病毒发展到获得性免疫缺陷综合征的时间，改善免疫系统健康（Cohen et al.，2011；Dieffenbach & Fauci，2011）。

艾滋病给其他文化也造成了灾难性的打击。目前世界上受影响最严重的区域是撒哈拉以南的非洲国家，截至 2013 年底有近 2 470 万人感染了艾滋病病毒，占全世界感染总人数的近四分之三（Joint United Nations Programme on HIV/AIDS，UNAIDS，2014）。仅 2013 年一年，这些国家有 110 万人死于艾滋病（UNAIDS，2009）。

概念地图 10.9

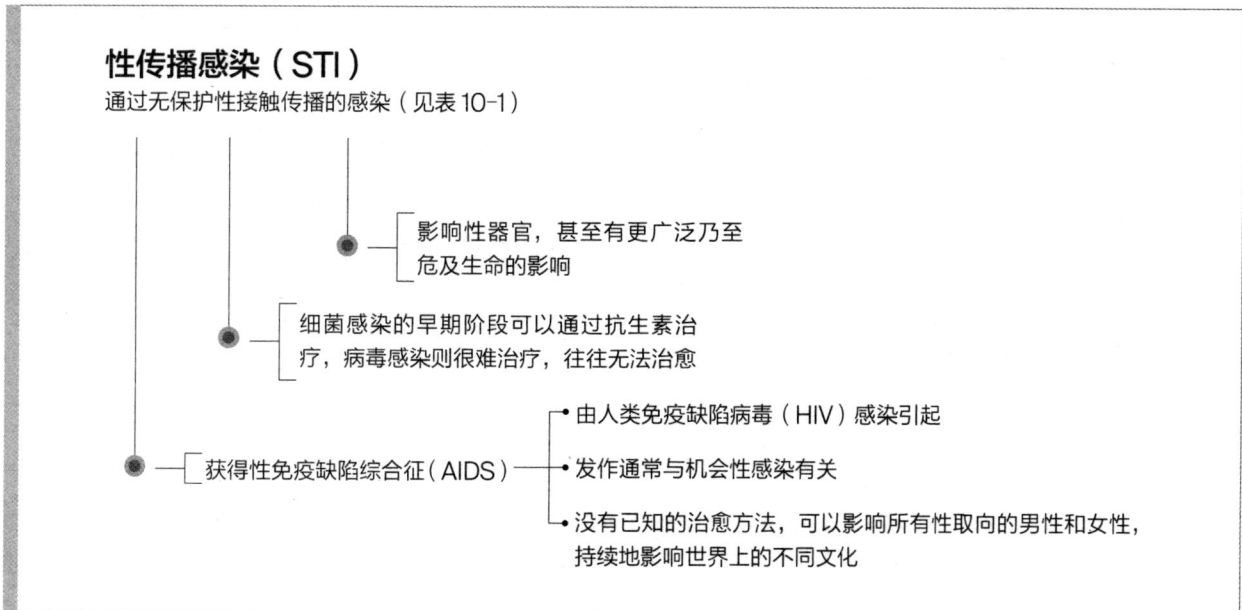

性传播感染（STI）
通过无保护性接触传播的感染（见表 10-1）

- 影响性器官，甚至有更广泛乃至危及生命的影响
- 细菌感染的早期阶段可以通过抗生素治疗，病毒感染则很难治疗，往往无法治愈
- 获得性免疫缺陷综合征（AIDS）
  - 由人类免疫缺陷病毒（HIV）感染引起
  - 发作通常与机会性感染有关
  - 没有已知的治愈方法，可以影响所有性取向的男性和女性，持续地影响世界上的不同文化

随堂小考

1. 下面哪一项不是通过性传播感染的?

　A. 梅毒　　　　　　　　B. 淋病

　C. 念珠菌病　　　　　　D. 衣原体

2. 哪一种性传播感染在不接受治疗的情况下可能引起盆腔炎?

　A. 梅毒　　　　　　　　B. 淋病

　C. 念珠菌病　　　　　　D. 衣原体

3. 人乳头瘤病毒（HPV）是引起男性和女性患____的原因。

　A. 衣原体　　　　　　　B. 梅毒

　C. 尖锐湿疣　　　　　　D. 获得性免疫缺陷综合征

4. 人类免疫缺陷病毒可能通过下列哪种方式传染给另一个人?

　A. 亲吻

　B. 接触被感染者的泪液

　C. 接触被感染者的唾液

　D. 接触被感染者的血液

⊖　本章总结

性征: 性的生理层面

10.1　区别第一性征和第二性征

• 女性的第一性征包括阴道、子宫和卵巢。

• 男性的第一性征包括阴茎、阴囊、睾丸和前列腺。

10.2　解释性征是如何发育的

• 青春期发育的性器官称为第二性征,女性的第二性征包括快速生长期、月经初潮、乳房发育、臀部变宽、阴毛生长、脂肪沉积,以及子宫、阴道和卵巢的进一步发育。

• 男性的第二性征包括喉结增大,声音变得低沉,胡须和胸毛、阴毛的出现,皮肤变得粗糙,以及身高的大幅增长。

性别: 性的心理层面

10.3　辨析心理、生物、环境和文化对性别的影响

• 性别是指个体认为自己是男性或女性的心理层面。

• 性别角色是文化对男性或女性个体行为和人格的期待。

• 性别特征形成是人们习得其文化中合乎性别角色的过程。

• 性别认同是一个人身为男性或女性的感觉。

• 性别认同的形成受到激素和染色体等生物因素的影响,以及父母教养、环境和文化等环境因素的影响。

10.4　比较性别角色发展的不同理论

• 社会学习理论认为,性别认同是通过对合乎性别规范的行为的强化,以及对性别角色的模仿而形成的。

• 性别图式理论认为,性别认同是一种逐渐发展的心理图式,其影响因素包括大脑发育,以及对男性或女性行为的观察在图式周围的整合。

• 性别刻板印象是基于他人的性别身份来指定特征,而不是基于真实情况。

• 双性化描述了那些不局限于男性或女性的刻板特征,而是同时具有一般认为属于男性和女性角色的特征。

10.5　描述男性和女性在认知、社会行为和人格上的差异

• 男性和女性在认知上的不同包括男性在数学和空间能力上的优势,以及女性在语言能力上的优势。这些差异现在比从前小。

• 社会教育男性和女性使用不同的互动模式和情绪表达形式。男性倾向于用“报道”的风格与对方交谈,而女性倾向于用“叙述”的风格与对方交谈。

人类性行为

10.6　识别性反应周期的四个阶段

- 马斯特斯和约翰逊发现了人类性反应周期的四个阶段：兴奋期、平台期、高潮期、消退期。

10.7　概述早期和近期人类性行为调查的结果

- 阿尔弗雷德·金赛在 20 世纪 40 年代末至 20 世纪 50 年代初进行了一系列关于性行为的调查，调查结果中关于美国人普遍性行为类型的内容有争议，包括同性恋、婚前性行为和婚外性行为。
- 在 20 世纪 90 年代中期，贾纳斯夫妇发表了一项美国性行为大型调查的结果。他们的调查结果和金赛的差别不大，但比起金赛的研究，他们调查了更多种类的性行为和影响性行为的因素。
- 全美健康与性行为调查（NSSHB）的结果发表于 2010 年。结果显示，美国人的性行为会随着年龄的增长而发生变化，阴道性交是从成年早期至成年晚期最常见的性行为方式。自慰在年轻人和老年人中更加常见，而口交和肛交在各个年龄群体中均有发生。男性的避孕套使用率比女性高。总体而言，避孕套使用率最高的是青少年群体。

10.8　了解性取向发展的影响因素

- 研究表明，同性恋和异性恋人群存在生物差异，可能受到了基因的影响。

性健康

10.9　描述常见的性传播感染的成因和症状

- 性传播感染会影响性器官和生殖能力，并且可能导致疼痛、外形损毁甚至死亡。
- 常见的细菌类性传播感染包括衣原体、梅毒和淋病。这些感染可以用抗生素治疗。
- 病毒类性传播感染包括生殖器疱疹（由单纯疱疹病毒引起，该病毒也是感冒疮的成因）和尖锐湿疣（由人乳头瘤病毒引起）。这两种感染都无法治愈，并且可能引起并发症，例如癌症风险的增加。
- 获得性免疫缺陷综合征（AIDS）由人类免疫缺陷病毒（HIV）感染引起，这种病毒通过血液、阴道分泌物、精液或母乳传播。无保护性行为或与感染者共用针头是最常见的感染途径。艾滋病病毒的传染也可能通过受感染母亲的怀孕、分娩、母乳喂养，职业接触，以及接受被污染的血液或器官移植。
- 艾滋病会破坏免疫系统，增加身体受感染的风险，久而久之会导致死亡。

章末测试

1. 第一性征____。

　A. 包括阴毛和腋毛的生长

　B. 总是从青春期开始发育

　C. 男性和女性具有一致性

　D. 直接参与人类生殖活动

2. 在美国，月经初潮的平均年龄一般是____岁。

　A. 10　　　　　　　　B. 12

　C. 13　　　　　　　　D. 14

3. 如果胚胎的性腺由于性染色体上 Y 基因的存在而分泌睾酮，那么____将会发育，而____将会退化。

　A. 米勒管，沃尔夫管　　B. 沃尔夫管，米勒管

　C. 卵巢，睾丸　　　　　D. 睾丸，卵巢

4. 雌雄间体人是____。

　A. 与男性和女性发生性关系的人

　B. 同性恋的别称

　C. 出生时性器官模棱两可的人

　D. 异性恋的别称

5. 安妮卡的妈妈希望安妮卡长大之后成为一个大家庭的母亲。这种对安妮卡的期待可以看作是对她的____的例子。

A. 性别角色　　　B. 性别特征形成

C. 性别认同　　　D. 性别恒常

6. 达拉对一个亲密的朋友说，她经常有强烈地想要变成另一个性别的欲望，这种欲望如此强烈，以至于她的日常工作和社会生活受到困扰。用以形容这种情况的名词是____。

A. 雌雄同体　　　B. 跨性别

C. 雌雄间体　　　D. 性别焦虑

7. 在社会学习理论中，性别认同由____导致。

A. 一个孩子学习到他们是"女孩"或"男孩"

B. 观察和模仿

C. 出生之前的生物变化

D. 无意识动力

8. 珍妮弗的阿姨试图向她解释和男孩在操场上跑来跑去不是"淑女"的举动。这种陈述是____的例子。

A. 双性化　　　　B. 性别特征形成

C. 角色发展　　　D. 性别刻板印象

9. 平台期出现在____。

A. 阶段 1　　　　B. 阶段 2

C. 阶段 3　　　　D. 阶段 4

10. 不应期是一个____的时期。

A. 女性无法发生另一次高潮

B. 男性无法发生另一次高潮

C. 男性开始性唤起

D. 女性无法被性唤起

11. 下列哪一项研究因为收集信息的方式而备受争议？

A. 金赛报告

B. 贾纳斯报告

C. 马斯特斯和约翰逊的研究

D. 萨维奇有关性取向的研究

12. 金赛报告表明在 16 岁之前有过性行为的男性是女性的____。

A. 2 倍　　　　　B. 4 倍

C. 10 倍　　　　 D. 3 倍

13. 亲代投资理论旨在解释____。

A. 为何男性比女性性活动更加频繁

B. 为何女性受到男性的性吸引

C. 为何配偶相遇并共同生活

D. 为何老年人的性活动减少

14. 对于遗传标记的研究提供了有关同性恋的____解释。

A. 遗传学　　　　B. 心理学

C. 社会学　　　　D. 行为学

15. 一些研究表明，男性更可能成为同性恋，如果他有很多的____。

A. 姐姐　　　　　B. 哥哥

C. 社会支持　　　D. 睾酮

16. 性健康可能受到____的影响。

A. 器质性因素

B. 器质性和社会文化因素

C. 器质性、心理和社会文化因素

D. 主要是遗传因素

17. 下面哪一种性传播感染最终可能影响大脑？

A. 生殖器疱疹　　B. 衣原体

C. 梅毒　　　　　D. 淋病

18. 布兰登的阴茎上有一些疼痛的溃疡，周围有严重的瘙痒和灼烧感。布兰登可能患有____。

A. 生殖器疱疹　　B. 衣原体

C. 梅毒　　　　　D. 淋病

19. 艾滋病病毒可能通过下面哪一种途径传播？

A. 接触受污染的血液或含有受污染血液的其他体液

B. 和艾滋病阳性的人共享饮料

C. 接触到艾滋病患者的泪液

D. 通过握手，尤其是在艾滋病患者出汗的情况下

20. 艾丽西亚惊恐地发现，她昨晚的约会对象是艾滋病病毒携带者。虽然他们没有发生性行为，但是在晚上结束时快速地接了个吻，这个吻被她公寓里的电话铃声打断了。除了在下次约会时和约会对象讨论她的担忧之外，艾丽西亚还应该做什么保护措施？

A. 她应该立即去看医生，因为亲吻可能导致艾滋病病毒的传播

B. 她只有在出现症状的情况下才应该去看医生

C. 她应该保持冷静，因为压力有助于艾滋病病毒的传播

D. 她应该试着放下担忧，因为亲吻并未被证明是艾滋病病毒传播的有效方式；同时，如果她有忧虑或问题的话，可以咨询医生或其他健康从业者

第11章　压力与健康

批判式思考　你生活中常见的压力来源是什么？你是如何应对或缓解压力的？

◐ 为什么研究压力与健康

压力与健康有什么关系？压力并不罕见，相反，它是每个人每天都会体验到的。这一章将会探讨日常生活中压力的来源、会让压力体验增强或减弱的因素以及压力是怎样影响身体和心理健康的。最后，我们将讨论应对日常压力的各种方法，以及生活中可能引发压力的特殊经历。

学 习 目 标		
11.1 区分恶性应激和良性应激	**11.9**	确定影响压力体验的社会文化因素
11.2 确定三种可能导致应激的外部事件	**11.10**	区分以问题为中心和以情绪为中心的压力应对策略
11.3 确定应激涉及的心理因素		
11.4 描述一般适应综合征的各个阶段	**11.11**	解释社会支持系统是如何影响个体的压力应对能力的
11.5 解释压力是如何影响免疫系统的		
11.6 描述心理学的一个分支——健康心理学	**11.12**	描述压力应对的文化差异
11.7 概述拉扎勒斯的压力认知评价理论	**11.13**	解释宗教信仰是如何影响压力应对的
11.8 解释人的个性和态度是如何影响压力体验的	**11.14**	定义正念冥想并描述其在应对压力中的作用

⚪ 应激与应激源

生活变化万千。每个人每天都要面对各种类型的挑战，一些人认为决定穿什么衣服出门是一种挑战，而另一些人觉得日常最大的挑战是开车去上班或上学。首先需要做出决定，之后还要根据决定做出适应性的调整。有时，生活中会出现对幸福感有威胁的事件，如事故、与老板吵架、考试不及格和失业等。面对这些挑战、威胁和变化，我们必须做出反应。

应激与应激源的关系

11.1　区分恶性应激和良性应激

应激（stress）是个体在面对自认为有威胁或有挑战性的事件时做出的生理、认知和行为反应的总称。

应激的表现形式千差万别。生理问题可能包括身体疲乏、睡眠障碍、经常感冒、胸闷、恶心等。人在压力下可能会出现的异常举止有：踱来踱去、暴食、经常哭、烟酒过量或通过打砸来发泄不满。压力会使人产生焦虑、抑郁、恐惧、敌意、愤怒和挫败感等情绪问题。心理问题有注意力、记忆、决策力困难，还有缺乏幽默感。

💬 我经常体验到压力！

大多数人在日常生活中会体验到不同程度的压力，而大学生需要面对如指定阅读、论文、备考、择业、人际关系和截止日期等诸多情境和事件，每个变化和调整都能引发压力。同一个事件，有人视为威胁，有人看作机会，压力产生的影响自然不同。比如，你和你的朋友都有一个在学期的最后三周写一篇 10 页长的论文来获得额外学分的机会，你们会有什么不同的反应？引发应激的事件称为**应激源**（stressors）。应激源可能来自个体内部，也可能来自外部，程度从相对轻微到严重不等。

小到在便利店购物时过道受阻，大到处理龙卷风或飓风之后的一片狼藉，这些事件均可能成为应激

源。应激源可能如飓风、火灾、坠机、战斗般是严重致命的，也可能仅仅像遇到行程延误、粗鲁的人、车钥匙丢失等情况，令人反感和烦躁。有的父母会因为青春期的孩子晚归而胡思乱想、备感压力。这类应激源是想象出来的。

应激源分为两类：**恶性应激**（distress），是遭遇不愉快的压力时产生的；**良性应激**（eustress），来自同样需要做出适应或改变的积极事件。正如结婚、升职、怀孕这些都是积极的事件，均需要个体对自己的习惯、责任甚至是生活方式做出重大改变。汉斯·塞利（Hans Selye）于 1936 年提出了"良性应激"一词，描述同样需要个体适应的积极事件带来的压力体验。

参加考试只是大学生面对的许多可能的应激源之一。大学生活中的哪些方面让你倍感压力？面对同一应激源，不同学生的压力体验是否相同？

后续研究人员又对"良性应激"做了改进，将其定义为可以改善个体健康和提升幸福感的最优压力。第 9 章中的"唤醒理论"就是基于这一完善后的理念，即一定程度的压力或唤醒对切实地感受生理和心理的良好状态是必要的（Zuckerman，1994）【连接学习目标 9.4】。此处的唤醒可以等同于良性应激。很多学生表示少许的焦虑或压力会激励他们学习，是有益的。如果不是为了备考，很多学生不会努力学习，甚至根本不学习。研究表明，适度的压力可以提高我们的记忆力。然而，压力过大会让学生连刚学完的东西都记不住，这是为什么呢？显然，对于考试的过度焦

虑，会干扰个体的学习能力和考试时的检索能力，这已经是恶性应激了。两种应激源的差异不仅表现在焦虑程度上，还体现在个体对考试情境的解释上。对一个人来说是良性应激，对另一个人可能就成了恶性应激，尽管它们产生的身体反应相似。如果个体对应激源抱有积极的认知，就会产生积极的反应（Fevre et al.，2006；Sarada & Ramkumar，2014）。大小不一、好坏各异的若干事件，都会引起过度劳累的感觉。下一节我们来看看生活中的大小事情是怎样影响我们全部的压力体验的。

环境应激源

11.2　确定三种可能导致应激的外部事件

压力源于生活。它可能来自烦人的隔壁邻居，也可能是由生活中的巨变引起的。让我们来看看日常生活中压力的各种起因。

灾难（catastrophe） 在龙卷风中失去家园是灾难应激源的其中一种。灾难不可预知、规模庞大，并会给个体带来巨大的压力和威胁。战争、飓风、洪灾、火灾、飞机失事等都是灾难。2001 年 9 月 11 日，针对美国世贸中心的恐怖袭击事件就是灾难典型的例子。

研究发现，近 8% 的居住地靠近世贸中心的人患上了严重的应激障碍，10% 的人在恐怖袭击 2 个月后还有抑郁症的症状（Galea et al.，2002）。4 年后对同一批人的研究发现，他们中的应激障碍患者增加了近 14%，而且先前诊断的应激障碍依然存在（Pollack et al.，2006）【连接学习目标 14.5】。关于灾难的其他事例有 2005 年 8 月 29 日发生的卡特里娜飓风，2012 年 10 月 22—29 日的桑迪飓风，2015 年的尼泊尔地震和袭击了中国和菲律宾的台风（Kessler et al.，2006；Stewart，2012；Swenson & Marshall，2005）。

一些研究表明，灾难性事件不仅会影响事件的亲历者，还会影响参与事件的孕妇肚子里的孩子。这种产前压力不仅会带来早产这样的短期后果，还会产生长期的影响，例如，对胎儿的智力水平及健康状况产生不良影响（Cao-Lei et al.，2014；Eriksson et al.，2014；Raposa et al.，2014；Witt et al.，2014）。

重大生活变故 万幸的是，大多数人无须面对上文提到的那类重大灾难。然而日常生活中的压力也不可避免，并且不只是失业这样的消极事件会带来压力。生活中的一些重大事件，比如结婚或上大学，都需要个体做出调整和改变。而这类调整和改变在该领域早期的研究者眼中，正是压力的核心（Holmes & Rahe，1967）。

《社会再适应评价量表》（SRRS） 托马斯·霍姆斯（Thomas Holmes）和理查德·拉厄（Richard Rahe）于 1967 年提出一种观点：任何需要人们改变、适应或调整生活方式的日常事件都可能造成压力。同塞利一样，他们假设失业之类的消极事件和升职之类的积极事件都以一定的方式要求个体做出调整，所以这两种事件都与压力有关。霍姆斯和拉厄选取了一个近 400 人的样本，设计了《社会再适应评价量表》（Social Readjustment Rating Scale，SRRS）（见表 11-1），该量表要求被试把每个与生活中重大事件相关的变化加起来，以反映体验到的压力程度。

被试汇总了过去 12 个月发生在他身上的每个事件的分数之后——重复事件的分数也计算在内，最终的结果为评定被试体验到的压力程度提供了很好的依据。研究人员发现，该量表上某些分数范围与生病或发生意外的风险增加有关。需要注意的是，下文的表 11-1 不是包含 43 个项目的原版的 SRRS，所以不能用于计算压力分数。

患病或者发生意外的风险会随着分数的增加而增加。如果一个人的分数不低于 300 分，那么在不久的将来他生病或发生事故的可能性非常高（Holmes & Masuda，1973）。生病不仅包括生理上的，比如高烧、溃疡、偏头痛，也有心理上的。有研究人员发现 SRRS 上列出的生活事件对重度抑郁的预测非常有效（Kendler & Prescott，1999）。

米勒和拉厄在 1997 年修订了 SRRS（Miller & Rahe，1997），用于研究 30 年间个体对事件评价的变化。他们发现，原始列表上和总体压力有关的许

多条目，与 1967 年版本的等级相比，相关度上升了
45%。造成这一结果的原因可能包括性别角色、经济
和社会规范等方面的变化。

压力怎么会使个体发生事故？关于工作场所中压
力和事故之间关系的很多研究发现，个体在压力状态
下更容易分心，警惕性下降，所以发生事故的风险也
更高（Hansen，1988；Sherry et al.，2003）。

表 11-1　《社会再适应评价量表》的条目样例

重大生活事件	生活变故分数（分）
丧偶	100
离婚	75
分居	65
牢狱之灾	63
亲密的家庭成员死亡	63
自己受伤或生病	53
结婚	50
失业	47
复婚	45
怀孕	40
好友死亡	37
转行	36
与配偶争论次数的变化	36
重大抵押	31
取消抵押或贷款	30
开始或结束学业	26
居住条件的变化	25
工作时间或环境的变化	20
居住地、学校或休闲场所的变化	19
社交活动的变化	18
小型抵押或贷款	17
度假	13
圣诞节	12
轻度犯罪	11

资料来源：Holmes & Rahe（1967）。

《大学生压力量表》（CUSS）　SRRS 最初的设计
似乎更适合那些已经事业有成的人。为了更适合大学
生，有很多版本的 SRRS 采纳了大学生更有可能经历
的事件。《大学生压力量表》（College Undergraduate
Stress Scale, CUSS）（Renner & Mackin，1998）就是
其中之一。这个量表与 SRRS 最原始的版本有很大
的不同，因为量表中罗列和评定的条目对大学生而
言更平常并且更有可能发生。其中既有一些较高压
力的条目，包括强奸、密友的死亡、感染性病、期
末考试不及格等；也有一些较低压力的条目，包括
同伴压力、想家、上课打盹、升级的压力和约会
问题等。

💬 CUSS 中有"上课打盹"的条目，可是在课
堂上睡觉怎么会紧张呢？只有在课堂上睡觉被
教授抓到的时候才会感到紧张，不是吗？

即使在课堂上睡觉没有被教授发现，你也会错过
记录课堂笔记。你有可能需要借朋友的笔记，找足够
的钱去复印，尝试读懂朋友的笔记，这些都可能让你
紧张。事实上，SRRS 和 CUSS 上罗列的所有事件之
所以会产生压力，不仅因为这些事件会让情绪紧张，
还因为事件本身会导致很多细节问题，需要个体去改
变、适应和调整，在这一过程中个体可能会产生挫
败、延迟的感觉。例如，丧偶被评定为得分为 100 的
重大生活变故，因为它要求个体做出重大调整，以适
应新生活。调整的过程涉及许多极其琐碎的事件，如
做葬礼计划、处理配偶遗留的衣物、发讣告、给所有
发来慰问信的人回信、处理保险问题等。换句话说，
重大生活变故会制造出一大堆琐事。

批判式思考　你觉得大学生活中哪些方面的压力最大？为什么一些人比另一些人更有压力呢？

困扰　提到日常生活中的应激源，我们很自然地会想到重大灾难或变故，其实我们体验到的日常压力大多数来自小的挫折、延迟、敌意、纷争等诸如此类的烦恼。这些日常的烦恼就是**困扰**（hassle）（Lazarus，1993；Lazarus & Folkman，1984）。生活经历重大变故就像是向池塘里扔一块石头，会溅起很大的水花，很快石头就沉入水中不见了，剩下的只是石头引发的在水面逐渐扩散开来的波纹。这些"波纹"就是重大变故带来的困扰。

拉扎勒斯和福尔克曼（Folkman）在1984年设计了一个"困扰量表"，其中有"放错或弄丢东西"和"烦人的邻居"这样的条目。填写量表的个体要针对量表上的每一个条目对他们产生的影响进行评定，评分的等级为0（没有琐事或没发生琐事）到3（非常让人烦心的琐事）。尽管SRRS中的重大生活变故对个体生理和心理健康有长期的影响，但是日常生活中的小麻烦、延迟和敌意这类会在当下影响健康和幸福感的事件，对于头疼、感冒和背痛等短期疾病的预测效果更佳（Burks & Martin，1985；DeLongis et al.，1988；Dunn et al.，2006）。有研究人员发现，261位体验过头疼的被试，相比生活事件量表的得分，测量日常困扰的数量和程度的量表得分预测头疼的效果更好（Fernandez & Sheffield，1996）。因此研究人员认为，对头疼的最佳预测不是日常困扰的数量，而是个体感知到的困扰的严重程度。

研究表明，个体的发展阶段不同，困扰可能有不同的来源（Ellis et al.，2001）。在这项研究中，研究人员随机选择了270名3～75岁的被试。要求被试分别核对与"坏日子"和"好日子"相关的日常困扰和快乐清单，并根据频次和严重程度对每个困扰进行排序。对3～5岁的孩子来说，被取笑是最大的困扰；而6～10岁时最大的困扰是成绩差。11～15岁的孩子因为吸毒备感压力，稍大的青少年（16～22岁）更关注学校和工作中遇到的问题。成年人认为最大的应激源是解决家庭成员之间的矛盾，老年人则表示缺钱会令他们紧张。

在同一项研究中，研究人员还有意外发现：与孩子和年轻人相比，老年人更易受诸如购物、预约医生和坏天气等困扰的影响。可能对于年轻人而言，购物是一种社交机会；而老年人却觉得充满威胁：因为身体原因，他们可能需要别人开车陪他们，否则无法独自去购物，这样一来，他们要比年轻人多花了很多时间和精力；心理上，因为财力不足，购物自然被视为威胁，而且做决定对老年人来说也可能引发不快。

学龄前儿童认为被同龄人取笑是他们每天最大的困扰。这个男孩可能就是因为受到其他孩子的嘲笑而心烦意乱。这个年龄段的孩子还会遇到什么困扰？

心理应激源

11.3　确定应激涉及的心理因素

前文提到了几种特定的应激源（如婚姻、汽车问题等），人们发现造成这些事件的心理原因可分为几类。

压力　当外界对个体的行为有迫切的需要或期望时，个体就会感受到**压力**（pressure）。当人们意识到他们必须更努力、更快或做得更多时，压力就出现了，比如在截止日期前赶工或为期末考试而学习。

最常见的压力形式是时间压力。尽管有些人声称"有压力才有更好的工作表现"，但实际上压力会对人的创造力产生负面影响。心理学家特雷莎·阿马比尔在实际工作环境中收集的结果表明，在时间压力下，试图提出创造性和革新性想法的员工的创造力会急剧下降，尽管他们认为自己付出了努力，已经很有成效了（Amabile et al.，2002）。

不可控性　另一个增加压力的因素是个体对特定

事件和情况的控制程度。一个人的控制力越低，压力就越大。研究人员在临床和实验室研究中都发现，在某种情况下缺乏控制力确实会加重应激障碍的症状（Breier et al., 1987; Henderson et al., 2012）。

研究员罗丁和兰格对一家养老院的老年人进行的一项研究（Langer & Rodin, 1976; Rodin & Langer, 1977）发现，那些对自己的生活有更多控制权的老年人（如，能够随意选择活动和时间）比对照组的老年人更有活力、更活跃、更善于交际。心理健康诊所的员工如果对政策变化有更多的投入和控制权，会比那些认为自己几乎没有控制权的员工承受更小的压力（Johnson et al., 2006）。最近的一项研究发现，如果退休是人们自己选择的，而不是被迫的，无论退休的进程是快是慢，退休者都会体验到更多的快乐和更少的压力（Calvo et al., 2009）。

由于缺乏控制而导致的压力增加也解释了不可预测性和压力之间的关系。当潜在的压力不可预测时，比如警察这个职业，人们感受到的压力就会增加。不可预测的情况就是不可控的，这部分解释了压力的增加（Zucchi et al., 2009）。在一项研究中，老鼠要么在发出警告声音之后被电击，要么在没有预警的情况下被电击。结果，接受不可预测电击的老鼠出现了严重的胃溃疡（Weiss, 1972）。

如果老人院和疗养院的居民可以选择自己想参加的活动，如这个健身班，他们的身心都会受益。居民可能会经历哪些其他控制手段？

挫折　当人们要实现预期的目标或满足某种确定的需求而遭到阻挠时，**挫折**（frustration）就会出现。作为一种应激源，挫折可能是外在的，比如车抛锚了、心仪的工作没能应聘成功、东西被偷了等。损失、拒绝、失败或延迟都是外部挫折的来源。

挫折有大小之分。挫折的严重性取决于目标或需求的重要性。一个人只是为了开心而去商场购物却遇到交通堵塞，和一个人火急火燎地赶去商场购买重要的周年礼物却被堵在路上，很明显前者的挫折感要小。

内部挫折，也称个人挫折，发生在目标或需求因为内部或自身的特点而无法实现时。例如，一个想当宇航员的人，发现严重的运动缺陷使他或她无法实现目标；一个人想成为职业篮球运动员，但他的身高只有 1.5 米，这一身体特点使他很难达成目标；一个人想当工程师，却对数学一窍不通，同样很难达成目标。

面对挫折，有几种典型的反应。第一种是坚持，即继续努力地去克服任何导致挫折的因素。坚持可能需要付出更大的努力或改变应对的方式。比如，一个人把硬币投进自动售货机但是饮料没有出来，可能有两种反应：（1）用力地再按一次按钮；（2）再多按几次按钮，希望机器有所回应。如果两种反应都无效的话，很多人可能会拍打或踢自动售货机。

侵犯（aggression），或者是意图伤害或破坏的活动，是对挫折的另外一种反应。行为学领域的早期研究人员提出了挫折与侵犯之间的联系，即挫折－侵犯假说（Dollard et al., 1939; Miller et al., 1941）【**连接**学习目标 12.15】。虽然他们认为某种形式的挫折几乎总是出现在侵犯之前，但并不意味着挫折必然会导致侵犯。事实上，侵犯是对挫折的一种频繁而持续的反应，但很少是第一反应。在对挫折－侵犯假说做新的阐述的过程中，理查德·伯科威茨（Richard Berkowitz）指出，挫折会使个体产生一种内在的"侵犯准备"，但侵犯不会真正发生，除非存在特定的外部线索。比如，如果令人受挫折的人为力量看上去过于强大，远超过了受挫者本身的力量，此时就不太可能出现侵犯的结果。

💬　好吧，如果惹你生气的人比你强壮，你不可能做出侵犯的反应，那还能做什么？

首先，可以试着和那个令你沮丧的人讲道理。和某人讲道理是坚持的一种方式。试图"绕过"问题是人们应对挫折的另一种方式。还有一种可能性是将挫折感发泄到威胁性低、更容易获得的目标身上，即**替代侵犯**（displaced aggression）。任何曾经因为工作或学习受挫而对另一个人（如配偶、父母、孩子）大喊大叫的人，都经历过替代侵犯。他真正要反抗的应该是他的老板、老师，是任何直接导致他受挫的人或事。但是，这种反抗的风险太高，所以转而侵犯另一个威胁性较小、较弱的目标。例如，失业和经济困难十分令人沮丧，因为这阻碍了一个人的正常生活和获得财富的过程。在一项研究中，男性失业者和单亲父母是与虐待儿童高度相关的两个因素（Gillham et al.，1998）。失业也是与受虐待妇女被谋杀高度相关的因素，它会使受虐待妇女被谋杀的风险增加4倍（Campbell & Wolf，2003）。上述两项研究都是针对儿童和妇女这一更弱的目标做出替代侵犯的例子。弱势目标往往会成为替罪羊或替代侵犯的习惯性目标，包括宠物、孩子、配偶，甚至是被认为力量较小的少数群体【连接学习目标12.10】。

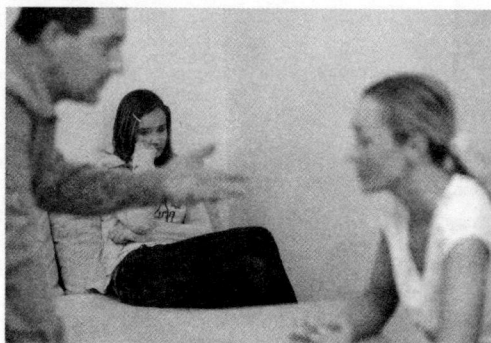

图中的父母正在争吵，他们的女儿在旁边闷闷不乐。在某些情况下，经历过这种挫折的孩子可能会对兄弟姐妹或宠物做出侵犯，这是一种替代侵犯。

应对挫折的另一种可能的反应是**逃跑或退缩**（escape or withdrawal），有离开、辍学、辞职或结束关系等方式。有些人会在心理上逃跑或退缩，于是变得冷漠（漠不关心或不再对情况采取行动）、爱幻想（这种逃避是暂时的），或吸毒。显然，逃跑或退缩会引发更多的问题。有些人将目光转向了最终的逃脱：自杀。

冲突　当你发现自己在为两种或两种以上相互竞争且互不相容的欲望、目标或行动左右为难时，你就陷入了冲突之中。不同形式的冲突，取决于不相容的欲望、目标或行动的性质。

双趋冲突　在**双趋冲突**（approach-approach conflict）中，人对两个目标都想要达到，因为它们都很吸引人。这类冲突通常被称为"双赢局面"，相对容易解决，也不会产生很大压力。因为这两个目标都是可取的，唯一的压力就是二选一：得到一个而失去另一个。例如，在巧克力蛋糕和酸橙馅饼之间选一个作为饭后甜点，或者在很多正式对象中选择一个去舞会约会。

双避冲突　**双避冲突**（avoidance-avoidance conflict）的压力要大得多，需要在两个或多个不愉快的目标或事件之间选择。这种类型的冲突很常见，很多短语如"进退两难""左右为难""刚出虎穴又入狼窝""两败俱伤"等都描绘了这种冲突。害怕拔牙的人要面对牙痛和去看牙医的冲突。因为所有选择都是令人不快的，所以有人通过推迟决策来逃避选择（Tversky & Shafir，1992）。例如，在冒险做手术和忍受痛苦的冲突中，有些人会等待，希望疼痛可以自行消失，这样他们就不用选择了。

趋避冲突　**趋避冲突**（approach-avoidance conflict）与前两种略有不同，它只涉及一个目标或事件。这个目标或事件既有积极的一面又有消极的一面，显得既有吸引力又没有吸引力。比如，对任何人来说，结婚都是一个重大的决定，既有积极的一面，如有归属感、共享美好时光和相互陪伴，也有消极的一面，如可能意见不合、产生经济纠纷等。这类冲突可能是所有冲突类型中压力最大的，导致很多人犹豫或无法决定该支持还是该反对。决定写本书时，笔者就经历了严重的趋避冲突。一方面，写作会带来金钱、名望以及尝试新事物的机会；另一方面，写作需要大量的时间和精力，会占用生活中其他方面的时间和精力。再举一例，某人升职去一个他不喜欢的城市，但会获得高收入和地位。

这对夫妻刚刚买下他们的第一座房子，这对很多年轻人来说是一种成年礼。成为房子主人的决定，是拥有隐私和物产与需要抵押贷款之间的一种趋避冲突。

💬 如果需要在两件各有利弊的事情之间做选择，该怎么办？

多重趋避冲突 在两个既有积极方面又有消极方面的目标之间做选择，叫作**双重趋避冲突**（double approach-avoidance conflict）。例如，一个人可以在乡村或城市买房子，乡村的房子有私人空间、空气清新还安静，但是通勤要花费许多时间；城市里的房子离上班的地点近，但是也有污染、噪声和拥挤的街道等问题。每一种选择都各有优缺点。这种冲突容易让人摇摆不定。类似的例子还有在两个人中选择一个去约会，或是在两个专业之间做选择。

在日常生活中，**多重趋避冲突**（multiple approach-avoidance conflict）相当常见。在这种冲突中，人会面临两个以上的选择和目标，决策就变得更加困难、更有压力。对许多大学生而言，选定某所学校或某个专业就属于这种类型的冲突。

这四种冲突的总结见表 11-2。

表 11-2 四种冲突

冲突类型	定义	例子
双趋冲突	当一个人必须在两个想要的目标之间进行选择时产生的冲突	你可以选择去意大利或者英国，但只能二选一
双避冲突	当一个人必须在两个不想要的目标之间进行选择时产生的冲突	你既不喜欢打扫浴室，也不喜欢打扫厨房，但必须二选一
趋避冲突	当一个人在一个既有有利的一面也有有害的一面的目标面前必须做出选择或不选择的决定时产生的冲突	你想要养只宠物做伴，但又不喜欢帮它收拾
多重趋避冲突	当一个人必须在多个各有利弊的目标之间做出选择时产生的冲突	你必须决定上哪所大学：离家近的那所更便宜，离朋友也近，但在学术上不那么理想；另一个州的大学在学术上很有挑战性，对未来就业也更有利，但学费昂贵，而且离朋友和家人都很远

概念地图 11.1～11.3

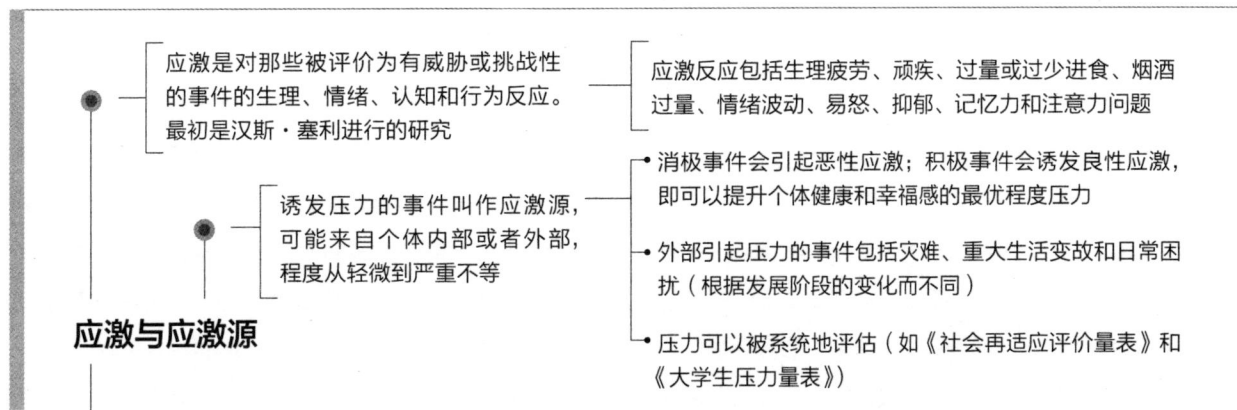

- 应激是对那些被评价为有威胁或挑战性的事件的生理、情绪、认知和行为反应。最初是汉斯·塞利进行的研究
  - 应激反应包括生理疲劳、顽疾、过量或过少进食、烟酒过量、情绪波动、易怒、抑郁、记忆力和注意力问题

- 诱发压力的事件叫作应激源，可能来自个体内部或者外部，程度从轻微到严重不等
  - 消极事件会引起恶性应激；积极事件会诱发良性应激，即可以提升个体健康和幸福感的最优程度压力
  - 外部引起压力的事件包括灾难、重大生活变故和日常困扰（根据发展阶段的变化而不同）
  - 压力可以被系统地评估（如《社会再适应评价量表》和《大学生压力量表》）

应激与应激源

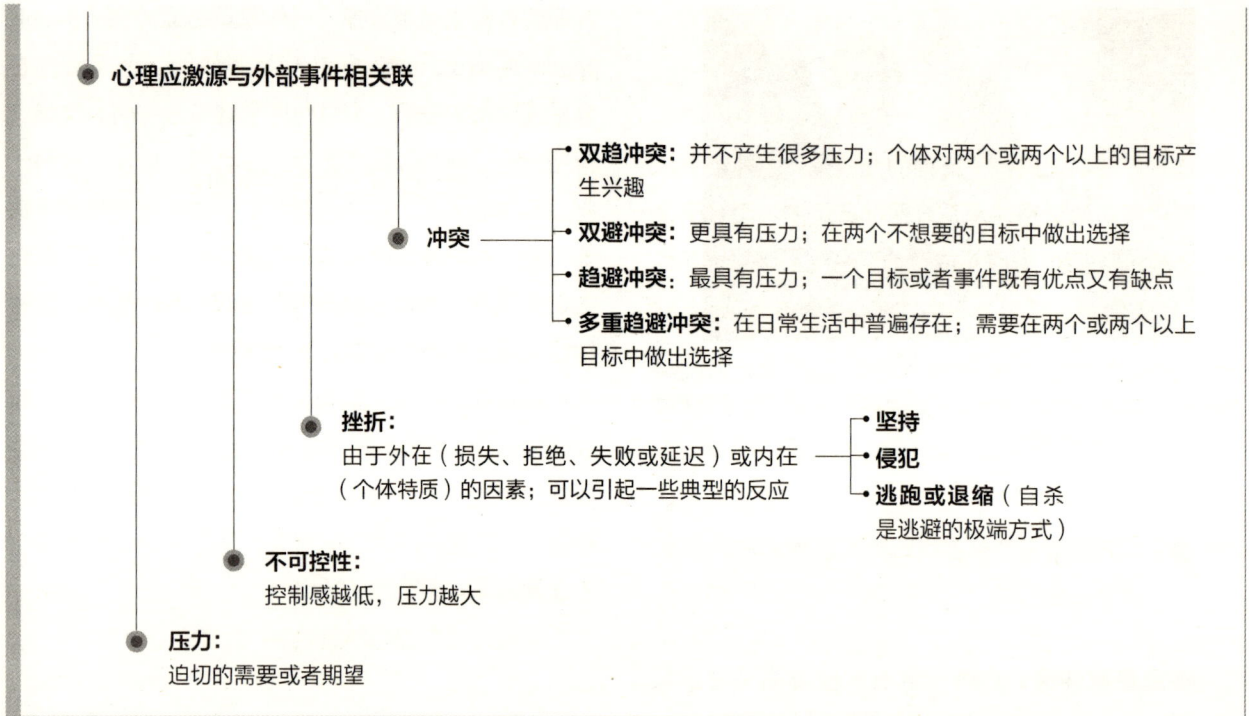

● **心理应激源与外部事件相关联**

冲突
- **双趋冲突**：并不产生很多压力；个体对两个或两个以上的目标产生兴趣
- **双避冲突**：更具有压力；在两个不想要的目标中做出选择
- **趋避冲突**：最具有压力；一个目标或者事件既有优点又有缺点
- **多重趋避冲突**：在日常生活中普遍存在；需要在两个或两个以上目标中做出选择

挫折：
由于外在（损失、拒绝、失败或延迟）或内在（个体特质）的因素；可以引起一些典型的反应
- **坚持**
- **侵犯**
- **逃跑或退缩**（自杀是逃避的极端方式）

不可控性：
控制感越低，压力越大

压力：
迫切的需要或者期望

随堂小考

1. 研究表明，_____是人们积极促进健康和幸福感所需的最佳压力，这与_____理论相符。

A. 强度，认知一致性　　B. 恶性应激，生物本能

C. 良性应激，唤起　　　D. 良性应激，马斯洛的

2. 《社会再适应评价量表》（SRRS）是如何确定其结果的？

A. SRRS 要求用户主观评估其压力水平

B. SRRS 检查饮食和家族病史，以确定个人的整体健康风险

C. SRRS 记录积极和消极的具体生活事件，以确定个人目前的压力水平

D. SRRS 专门研究人们经历的所有灾难

3. 如果有的话，谁会认为购物是日常的困扰，并因此有压力？

A. 青少年　　B. 20 ～ 30 岁的人　　C. 老人

D. 在任何年龄段，困扰都会给人压力，研究发现，在任何年龄段，购物都不会带来压力或困扰

4. 一家零售商店向其员工宣布，在对员工的人事记录进行为期两周的随机调查后，半数员工将被解雇。目前没有进行业绩评估或个别面谈。在接下来的两周里，许多员工都在争吵、打架，而且客户服务做得很差。哪些方面的压力最有可能导致这些行为？

A. 压力与冲突　　　　　B. 不可控性和挫折

C. 压力和挫折　　　　　D. 不可控性和冲突

5. 莉萨想在下一部校园音乐剧中担任主角，但据说，她没有音乐天赋，而且唱歌也很难听。莉萨可能最终也会意识到她缺乏唱歌的能力。这是一种_____挫折。

A. 内部的　　　　　　　B. 外部的

C. 不能接受的　　　　　D. 非本质的

6. 结婚有时被认为是一种独特的应激源。一方面，有很多好的方面，比如找到那个特别的人，长期的承诺，有时甚至是共同的收入。另一方面，人会感到独立性的丧失，以及对"这是不是正确的选择"的疑问及恐惧。因此，结婚是一种_____冲突的例子。

A. 双趋冲突　　　　　　B. 双避冲突

C. 趋避冲突　　　　　　D. 双重趋避冲突

压力的生理、认知和社会心理因素

第 2 章中对负责自主的、无意识的和维持生命活动的自主神经系统进行了详细的介绍。自主神经系统由交感神经和副交感神经系统两部分组成。面对压力时，交感神经系统（"战斗或逃跑"系统【连接学习目标 2.5】）会激活，表现为心率加快、消化减慢或停止，能量被输送到肌肉帮助应对压力。压力结束后，副交感神经系统使身体恢复到正常。这两种系统，包括边缘系统中的许多神经结构（Gianaros & Wager，2015；Seo et al.，2014），在一个关于人体对压力的生理反应的经典理论"一般适应综合征"中占有重要地位。

一般适应综合征

11.4　描述一般适应综合征的各个阶段

内分泌学家汉斯·塞利是压力及其对人体影响研究领域的奠基人。他研究了面对应激源时身体的一系列生理反应，称为一**般适应综合征**（general adaptation syndrome，GAS），它分为三个阶段，如图 11-1 所示（Selye，1956）。

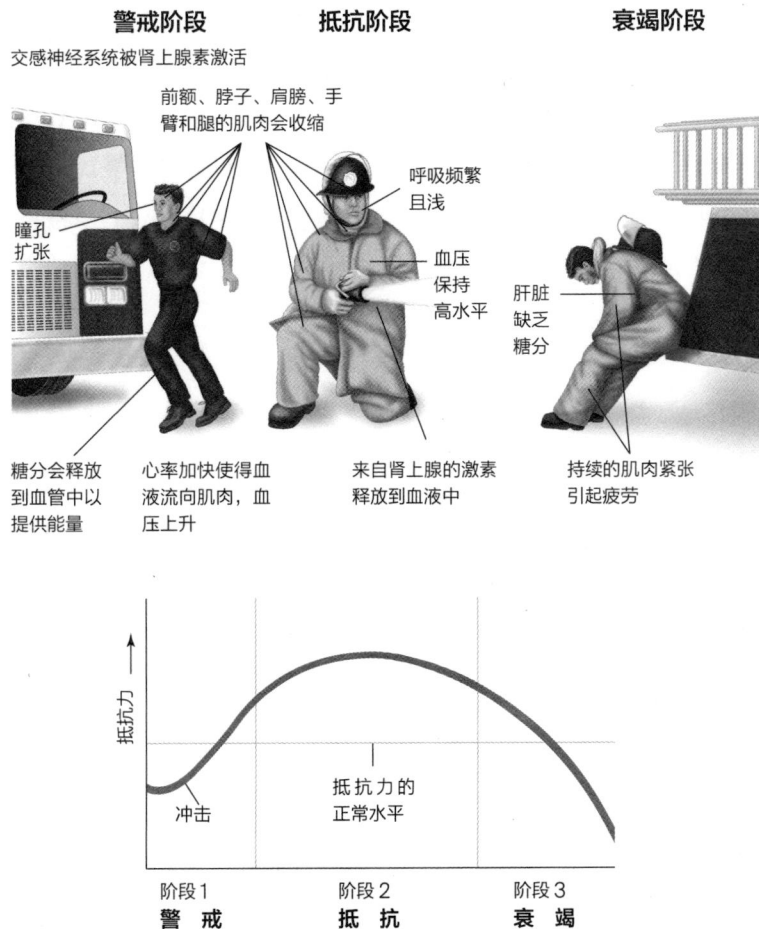

图 11-1　一般适应综合征

上图显示了一般适应综合征三个阶段中每个阶段对压力的生理反应。下图显示了个体抵抗压力的能力和三个阶段中的每个阶段间的关系。在警戒阶段，交感神经系统迅速被激活，抵抗力会有所下降。但是紧接着机体会调动自己的防御系统，抵抗力又会迅速增加。在抵抗阶段，身体的抵抗力会大大增强，使用能量直到压力结束或能量耗尽。在衰竭阶段，机体没有能量来抵抗，疾病或者死亡的风险增加。

- **警戒：** 当身体第一次对应激源做出反应时，交感神经系统被激活，肾上腺释放激素，心率、血压和血糖供应上升，产生能量爆发，通常表现为发烧、恶心和头疼。

- **抵抗：** 随着压力的持续，身体进入交感神经分支活动，继续释放应激激素帮助身体击退和抵抗应激源。警戒阶段的症状减轻，人类或动物的感觉可能会好些。这个阶段会一直持续到压力结束或者机体能量耗尽。研究人员发现，机体在压力状态下释放的一种激素——去甲肾上腺素，似乎会影响大脑对疼痛的处理。所以在压力下个体有可能会经历一种"痛觉缺失"（对疼痛不敏感），比如在撞到手臂或腿部时（Delaney et al., 2007）。

- **衰竭：** 机体的能量耗尽，衰竭就开始了。如果缺乏外界帮助，衰竭可能引发压力相关的疾病（如高血压或免疫功能减弱），或者导致机体的死亡（Stein-Behrens et al., 1994）。压力结束时，副交感神经系统会被激活，身体开始为其补充能量。

人在一生中会经历很多次警戒阶段和抵抗阶段，以适应生活的需要（Selye, 1976）。只有衰竭阶段持续分泌的应激激素会导致最有害的应激影响。塞利的这部分研究证实了压力和某些"适应病症"之间的联系。这些"适应病症"中最常见的是溃疡和高血压。

免疫系统与压力

11.5 解释压力是如何影响免疫系统的

正如塞利指出的那样，**免疫系统**（immune system）会受到压力的影响。免疫系统是指机体的细胞、器官和化学物质对疾病和外界伤害做出反应的系统。**心理神经免疫学**（psychoneuroimmunology）关注的是诸如应激、情绪、思维学习和行为等心理因素对机体免疫系统的影响（Ader, 2003；Cohen & Herbert, 1996；Kiecolt-Glaser, 2009；Kiecolt-Glaser et al., 1995，1996，2002）。该领域的研究人员发现，压力引发的免

疫系统反应与感染引发的反应相同（Maier & Watkins, 1998）。当免疫细胞或白细胞受到感染时，免疫细胞会产生特定的酶和其他化学物质（包括抗体），白细胞包围着细菌或其他传染性物质，并将化学物质和酶释放到血液中。这些化学物质会激活迷走神经上的受体部位，迷走神经是连接身体和大脑的最长的神经。这些受体部位的激活向大脑发出身体患病的信号，大脑借助免疫系统的进一步激活做出反应。

压力会激活同一系统，不同的是开始于大脑而非血管。实验动物与其他的动物隔离开或被电击时，它们的脑内会发生与上述相同的化学变化（Maier & Watkins, 1998）。就像塞利一般适应综合征的抵抗阶段，这种对免疫系统的启动，可以更好地对抗压力的影响。

激素也能帮助免疫系统抵抗压力。研究发现，一种名为脱氢表雄酮（DHEA）的激素，可帮助动物抵抗压力，还可以通过调节边缘系统的海马，帮助人类提高压力耐受性（Morgan et al., 2009）【在线学习目标2.11】。

💬 所以，压力增加了免疫系统的活动？但是压力为什么会引起如高血压这样的疾病？

压力对免疫系统的积极作用仅发生在压力不是持续的、慢性的情况下。如果压力持续不断，那么机体的能量会耗尽，进入一般适应综合征的衰竭阶段（Kiecolt-Glaser et al., 1987，1995，1996；Prigerson et al., 1997）。某项研究对两类大学生做了比较，分别是正在经历一系列考试压力的大学生和相似的但是处于没有考试的放松阶段的大学生（Deinzer et al., 2000）。考试实验组大学生用于对抗疾病的免疫系统化学物质的水平显著低于放松对照组的大学生，考试结束14天之后仍是如此。可见，压力对免疫系统功能的抑制在压力结束后也会继续。

早期的应激反应是有益的，而持续下去则不然，其中一个原因可能是应激反应是为短期反应而"设计"的，如逃离捕食者（Sapolsky, 2004）。这符合

进化论。强烈的身体和激素活动并不意味着真的要持续下去。现代社会压力无处不在。个体在不危及生命安全的情况下，如果持续处于应激反应状态，会导致免疫系统的崩溃（见图 11-2）。

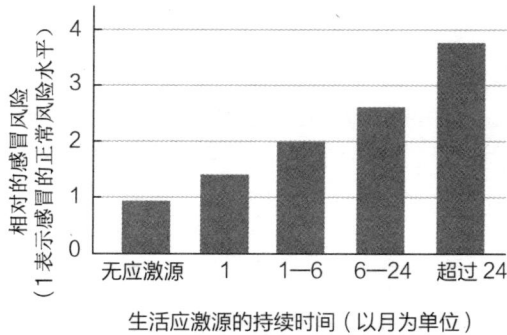

图 11-2　压力持续时间和疾病

图中感染感冒病毒的风险随着接触应激源的持续时间的增加迅速增加。尽管应激反应在最初是有益的，但是持续的压力会对免疫系统造成消极影响，使得机体更容易患感冒等疾病。

资料来源：Cohen et al.（1998）。

很明显，压力会影响免疫系统和整体的健康，背后的原因一直是该领域研究的主题。当身体组织受到细菌感染、高温、有毒物质、身体损伤等的伤害时，炎症反应就会发生。受损的细胞会释放化学物质，然后血管向周围组织渗漏液体，从而导致肿胀或炎症。这种炎症是免疫系统对入侵物质做出的反应，其作用是阻止其进入身体的其他组织。研究人员现在发现，炎症可能就是压力对健康产生的负面影响。一项早期研究（Cohen et al.，1991）发现，与没有压力的人相比，处于心理压力下的人更容易感染感冒病毒。持续的压力会使得控制炎症反应的化学物质皮质醇失效。这会增加炎症反应，从而增加感冒的可能性。一项近期的研究（Cohen et al.，2012）表明，长期的压力会造成个体调节炎症的能力下降，而较高的炎症水平与许多疾病有关，如关节炎、心脏病、糖尿病和癌症（Hildreth，2008；Pashkow，2011；Rakoff-Nahoum，2006）。

心脏病　任何能削弱免疫系统的也能对其他生理系统产生负面影响。压力已被证明会使人们患**冠心病**（coronary heart disease，CHD）的风险升高，冠心病是一种蜡状物质在心脏动脉中积聚而成的斑块。压力会影响免疫系统化学物质的释放，如细胞因子、参与炎症过程的小蛋白等（Frostegard，2013；Tian et al.，2014）。压力还会影响肝脏功能，当交感神经系统被激活时，肝脏没有随之被激活，自然没有机会清除血液中的脂肪和胆固醇，从而导致动脉堵塞，最终可能导致心脏病发作或卒中。近期的一项研究调查了中年男性的压力、饮食和生活方式，并检测了是否存在导致心脏病发作的生物危险因子：肥胖、高血糖、高甘油三酯和低水平的高密度脂蛋白（俗称"好胆固醇"）。研究发现应激和应激激素的产物与这四种因子（见图 11-3）密切相关：个体在工作环境和家庭生活中承受的压力越大，越有可能出现这些危险因子（Brunner et al.，2002）。

其他研究也得出了类似的结论。一项针对"9·11"恐怖袭击后遭受急性应激的人的心脏健康的研究发现，在袭击后的 3 年内，心脏病的发病率上升了 53%（Holman et al.，2008）。另一项大规模的研究发现，由于压力对自主神经系统和腺体的负面影响（Chandola et al.，2008），工作压力与冠心病、抑郁症、睡眠障碍以及缺乏体育锻炼等不健康习惯的风险增加之间存在明显的关系，这些都不利于冠状动脉的健康（Emeny et al.，2012，2013）。可以说，长期的压力对心脏不好。

糖尿病　与上面提到的情况类似，体重问题也与压力有关。糖尿病是一种慢性疾病，部分与体重过度增加有关，特别是 **2 型糖尿病**（Type 2 diabetes）[①]。当胰腺胰岛素水平随着体重的增加而降低时，就会发生 2 型糖尿病。研究表明，胰岛素抵抗与免疫系统细胞因子水平升高有关。而压力会增加这种细胞因子的释放（Tian et al.，2014）。适当的饮食、锻炼和减肥对 2 型糖尿病患者有好处，但也可能需要接受药物治疗。一般来说，2 型糖尿病多发于老年，但随着儿童肥胖率的上升，更多的儿童诊断出患有 2 型糖尿病。

---

① 1 型糖尿病是一种自身免疫性疾病，与胰腺不能分泌足够的胰岛素有关，需要药物治疗，通常在 40 岁之前确诊。

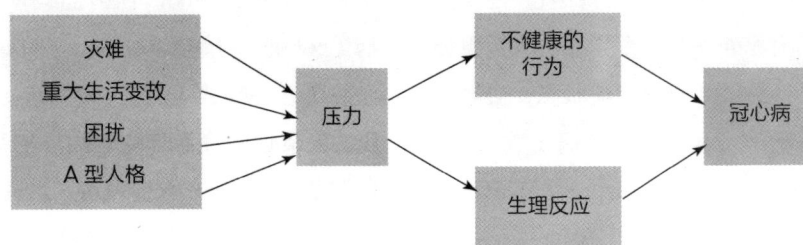

图 11-3　压力和冠心病

左面的方格表示的是不同的压力来源（A 型人格是指野心勃勃、总是在工作，且常有敌意的人）。除了有生理反应伴随着应激反应，处于压力之下的人更有可能出现不健康的行为，如过度进食、嗜酒或滥用药物、回避锻炼、有愤怒或挫折情绪。这些行为会增加罹患冠心病的概率。

糖尿病虽然可控，但它仍是一种严重的疾病。有证据表明糖尿病与阿尔茨海默病的患病风险增加有关（Sanz et al.，2009），但也有研究发现患有糖尿病的阿尔茨海默病患者记忆丧失的速度似乎比非糖尿病的患者要慢。还有几项正在进行的研究表明，中年人的智力下降与 2 型糖尿病有关。当然，与中年人的智力下降相关的除了 2 型糖尿病（Nooyens et al.，2010），还有压力的因素（Reynolds et al.，2010）。

后续的研究表明，过度的压力会增加患糖尿病的风险。瑞典一项为期 35 年的研究监测了 7 500 名没有糖尿病或冠心病病史的男性的健康和压力因素（Novak et al.，2013）。与没有压力或只有周期性压力的男人相比，那些自称长期处于家庭生活或工作生活压力下的男人患糖尿病的概率要高 45%。另一项研究发现，工作场所的高压力水平可以准确预测谁会患上糖尿病（Toker et al.，2012），尤其是那些社会支持水平低的人。

癌症　癌症不是单一疾病，而是可能会影响身体任何部分的疾病集合。正常的细胞会按照基因的指示进行分裂、繁殖以及停止分裂，但癌细胞不同，它会不停地分裂，由此产生的肿瘤会影响它们侵袭的器官和系统的正常功能，导致器官衰竭，最终杀死有机体。

尽管压力本身不会致癌，但其对免疫系统的抑制作用使癌症不受控地增长的可能性提高了（Le et al.，2016）。一种名为**自然杀伤细胞**（natural killer cell）的免疫细胞，其主要功能就是抑制病毒和破坏肿瘤细胞（Chan et al.，2014；Herberman & Ortaldo，1981）。而有证据表明压力会抑制自然杀伤细胞的释放，使生理系统很难对抗肿瘤细胞的生长（Chan et al.，2014；Zorilla et al.，2001）。压力状态下人体会分泌肾上腺素，而肾上腺素会干扰能抑制癌细胞生长的蛋白质（Sastry et al.，2007）。另有研究表明，压力与肾上腺素和去甲肾上腺素的分泌有关，长此以往这类激素会使基因向机体细胞发出错误的指令，例如，端粒受损——端粒是在染色体终端控制细胞繁殖次数的结构。这些错误常年累积，可能使细胞生长失控，从而导致肿瘤的生长，最终发展为癌症（Kiecolt-Glaser et al.，2002）。

压力也会影响癌症的治疗效果。在一项以植入人类前列腺癌细胞的小鼠为对象的研究中，当小鼠保持冷静和无压力时，用药物摧毁癌细胞、抑制肿瘤生长是有效的；但当小鼠有压力时，药物则无效（Hassan et al.，2013）。

一个可能的好消息是：一项研究发现，与工作相关的压力似乎与结肠癌、肺癌、乳腺癌、前列腺癌没有关系（Heikkila et al.，2013）。这项长达 12 年的研究中，10 万多名参与者中有 5% 患上了癌症，但与工作相关的压力和患癌症的风险之间并无关联。

其他健康问题　受压力影响的疾病不只有心脏病和癌症。研究表明，长期处于家庭压力下的儿童比其他儿童更易发烧生病（Wyman et al.，2007）。奇怪的是，同一项研究发现，压力似乎会提升孩子自然杀伤细胞的释放，这种情况与成人完全相反。一项对研究和科学文献的回顾发现，压力是引发很多疾病的助推因素，其中包括心脏病、抑郁症和艾滋病（Cohen et al.，2007）。另一项研究发现，中年时面对较多的工作压力可能会使人在老年时出现身心残疾的概率升高（Kulmala et al.，2013）。

健康心理学

11.6　描述心理学的一个分支——健康心理学

在过去的三十年里，人们越来越意识到健康问题及其与我们做什么、吃什么、见什么人、如何思考的关系。这成为心理学的一个分支研究的问题，即**健康心理学**（health psychology），它关注的是我们的身体活动、心理特征和社会关系如何影响我们的整体健康和患病率【连接学习目标 B.6】。专攻这一领域的心理学家通常是临床或咨询心理学家，与医院或诊所的医生合作，当然也有健康心理学家主要从事教学和研究工作。一些健康心理学家关注工作场所的健康问题和公共卫生问题，如通过疫苗接种或营养教育预防疾病；另一些人则更关注为社会各阶层提供服务的医疗保健项目（Marks et al.，2005）；还有一些人关注压力对认知功能的影响，如记忆力和注意力（Aggarwal et al.，2014；Korten et al.，2014；Munoz et al.，2015；Olver et al.，2015）。

健康心理学家试图了解人们的行为（如吸毒、乐观、个性或饮食类型）如何对其抵御疾病的能力或增加患病的可能性产生影响。他们还想了解贫困、财富、宗教、社会支持、个性甚至种族等因素是如何影响健康的。临床健康心理学是健康心理学的一个分支，其研究重点是利用研究人员在该领域获得的知识来帮助人们发现健康的生活方式、保持健康，并预防或治疗疾病（Boll et al.，2002）。完善医疗保健系统是临床健康心理学家的另一个目标。健康心理学和行为心理学也有联系，后者是医学、心理学以及许多与健康相关的科学领域的结合（Christensen & Nezu，2013；Miller，1983）。在这个高度关注健康的新时代，健康心理学必将成为未来研究的生力军。健康心理学家可能关注的一个重要领域是替代药物的心理效应，正如"科学探究和批判性思维"所阐述的那样。

压力的认知因素

11.7　概述拉扎勒斯的压力认知评价理论

压力对身体和免疫系统的影响只是它对日常生活影响的一部分。认知因素，如个人如何理解压力事件，可以影响压力的这一作用。

认知心理学家拉扎勒斯提出了一种压力的认知观点，叫作情绪的认知评价理论，即个体如何认识和评价应激源是影响应激走向的主要因素（Lazarus，1991，1999；Lazarus & Folkman，1984）【连接学习目标 9.10】。拉扎勒斯认为，评估应激源的威胁或伤害程度以及个体应该如何应对应激源有两个步骤（见图 11-4）。

评估应激源的第一步叫作**初级评价**（primary appraisal），包括评价应激源的严重程度，并将其分类为威胁（未来可能有害的）、挑战（需要面对或对抗的），或已经发生的伤害或损失。如果应激源被认为是威胁，那么个体有可能会产生消极情绪，进而影响应对威胁的能力。例如，一个没有读课文或记笔记的学生肯定会把即将到来的考试视为一种威胁。如果应激源被视为挑战，那么个体有可能会寻找方法应对挑战，这是相对更为积极、压力更小的方法。例如，一个学生认真学习、阅读并有所准备，那么即将到来的考试对他来说可能就是一个取得好成绩的挑战。

把应激源视为挑战而不是威胁，个体对应激源的应对更有可能成功；相反，把应激源视为一种挫折或想象有可能失败、被拒绝，更有可能导致应激反应增强，产生消极情绪和应对的无力感（Folkman，1997；Lazarus，1993）。所以，要积极思考！

出现潜在的应激源

初级评价
（这一事件对幸福感有怎样的影响？）

认为应激源无害
或是一种挑战

认为应激源是
潜在有害的

无压力　　生理反应　　次级评价
（我是否有
应对应激源
的资源？）

情绪反应

权衡应对策略

认为拥有
应对资源

认为缺乏
应对资源

用既有的
应对资源

压力

寻找新的反应模式
或新的资源

保持压力
状态

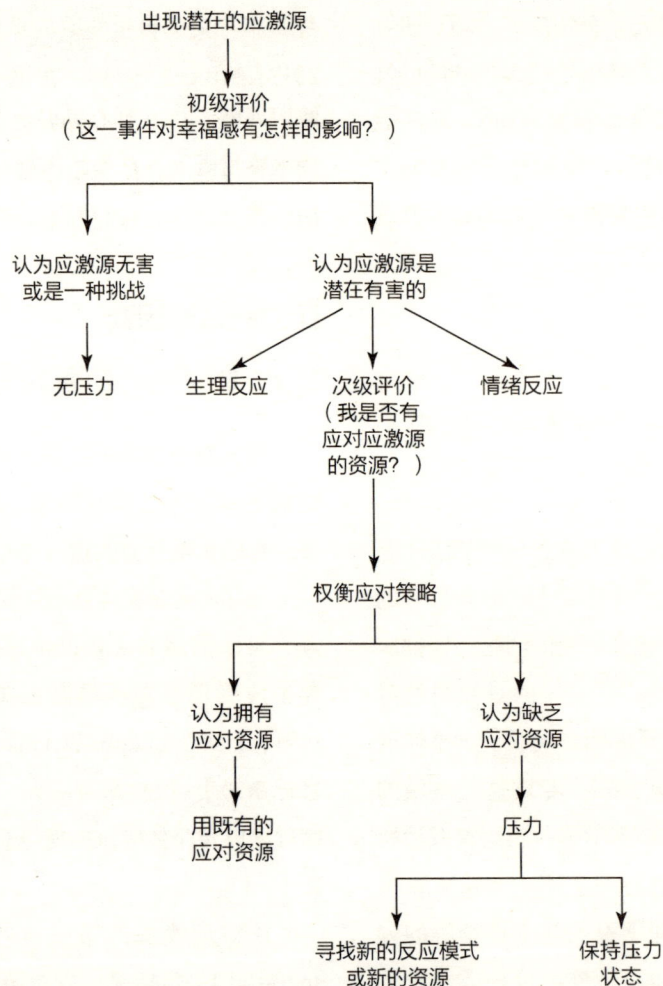

图 11-4　应对应激源

根据拉扎勒斯的认知评价方法，在认知上有两步决定了潜在应激源对个体的影响。初级评价决定应激源是否是威胁。如果它被
认为是威胁的话，除了身体和行为反应之外，还会发生次级评价。次级评价中个体会评估有多少可用的应对应激源的资源，如
时间、金钱、体能等。资源不足会导致压力增加，并有可能会开发出新的应对压力的资源。

在**次级评价**（secondary appraisal）中，面对切实的威胁或伤害，个体肯定会估计他可以用于应对应激源的资源，如社会支持、金钱、时间、精力、能力或潜在资源，具体取决于威胁本身。如果个体认为他的资源是适当或丰富的，他感受到的压力会比资源缺乏的情况更低一些。仍以学生和即将到来的考试为例，一个时间充裕并且能理解考试相关材料的学生，和一个时间有限并且感到自己不太可能理解考试相关材料的学生相比，显然前者感到的压力更小。

认知评价方法的另一项内容是认知重评法（Jamieson et al., 2012, 2013）。研究人员发现，指导正在经历压力的被试重新评估其压力唤起，有助于将压力唤起的负面影响转化为更积极的影响。在一项研究中，被试需要参加一个公开演讲（Jamieson et al., 2012）。演讲之前，被试分别处于三种条件下：第一种没有指示；第二种为安慰剂指令，声明应对压力的最好方法是忽略压力的来源；第三种是唤起重评的指示，告知被试压力唤起的原因，并鼓励把唤醒视为一种工具，帮助他们应对压力。例如，不要把心跳加速看作是恐惧的表现，而是把它理解为心脏向器官和组织供血，为应对情况在做准备。结果表明，与其他两组相比，重新评估的被试明显不会去寻找威胁的线索。后续研究发现（Jamieson et al., 2013），唤醒重评也有助于被试从压力中恢复，与没有接受重新评价指示的被试相比，他们能更快地恢复正常的生理反应。显然，"兴奋"和"压力"之间有很大的区别。

压力的人格因素

11.8 解释人的个性和态度是如何影响压力体验的

一个人如何评价应激源和其个性有很大的关系。个性是人们思考、感受和与他人互动的独特且相对稳定的方式。具有某些个性特征的人，如具有攻击性或天生高度焦虑的人，他们给自己制造的压力，可能会超过压力本身。早在 20 世纪 30 年代，心理学家已经确定，个性特征是预测健康的主要因素。始于 1932年的一项纵向研究发现，个性对于长寿而言和基因、生理、生活方式几乎同等重要（Lehr & Thomae, 1987）。也有研究发现，活到 90 岁甚至超过 100 岁的人，往往更加放松、随和、开朗活跃。拥有相反个性的人，例如好斗、固执、呆板和紧张的人，通常不会活到平均寿命（Levy et al., 2002）。

个性类型 积极的和消极的个性特征与两种人格类型相关，这两种人格类型与人们如何应对压力以及某些个性特征对冠心病的影响有关。应该注意的是，个性比较复杂，很难用几个类型简单概括，以下的类别只是用一种简单的方式来综合相关特征。

A 型人格和 B 型人格 1974 年，医学博士迈耶·弗里德曼（Meyer Friedman）和雷·罗森曼（Ray Rosenman）出版了一本叫作《A 型人格行为和心脏》（*Type A Behavior and Your Heart*）的书。这本书是长达 30 年的关于特定个性特征和冠心病之间关系研究的结果（Friedman & Kasanin, 1943; Friedman & Rosenman, 1959; Rosenman et al., 1975）。此后，无数的研究人员开始探讨弗里德曼所称的 A 型人格和 B 型人格之间的关系。

A 型人格（Type A personality）的人是工作狂。他们好胜心强，野心勃勃，讨厌浪费时间并且易怒；经常感到压力，总是试图同时做几件事情；大多很成功但并不满足。他们似乎总是想要走得更快、做得更多，同时很容易对小事耿耿于怀。典型的 A 型人很难彻底放松，度假时也在工作，他们会带着笔记本电脑去海边或在车里打电话聊工作。

相比之下，**B 型人格**（Type B personality）的人没有那么强的竞争性和动力；随和，不轻易发怒，看起来很放松、很平和。B 型人如果带一本书去沙滩，可能是用来盖脸而非阅读。

1961 年，"西部协作团体研究"（Western Collaborative Group Study）评估了 3 500 名男性，并对他们进行了为期 8 年的跟踪研究（Rosenman et al., 1975）。比如，被试要对"我可以毫无罪恶感地休息"之类的表述做出赞成与否的回答。表示明确赞同的是 B 型人。研究结果表明，A 型男性罹患心脏病的概率是 B 型男性的 3 倍（见图 11-5）。

"他总是乘以 60 分钟。"

弗雷明汉心脏研究（Framingham Heart Study）发现，A 型职业女性罹患冠心病的概率是 B 型职业女性的 4 倍（Eaker & Castelli, 1988）。有专门的研究把 A 型人格和心脏病的关键因素聚焦到了一个个性特征：敌意（Fredrickson et al., 2000; Matthews et al.,

2004；Williams，1999；Williams et al.，1980）。研究人员使用《明尼苏达多相人格测验》——一个旨在寻找包括敌意在内的某些特征的人格测试【连接学习目标 13.14】，调查了 424 名因冠心病接受过手术的患者，发现心脏病的存在与 A 型人格和敌意都有关。其中，敌意是心脏动脉硬化更强有力的影响因素（Williams，2001；Williams et al.，1980）。

许多研究都支持敌意和冠心病风险增加之间有联系这一结论。一项针对 4 000 名年轻人的敌意水平和心脏病风险的研究发现，在 5 年的随访研究中，敌意的增加与高血压有关，而高血压是引发心脏病的主要危险因素（Markovitz et al.，1997）。另一项关于年轻人愤怒和早发心脏病风险的研究发现，30 多年间，与愤怒和敌意水平较低的人相比，年轻时就表现出高敌意水平的人，更容易罹患早发心血管疾病，尤其是心脏病（Chang et al.，2002）。类似的研究发现，在大学年龄段的男性和女性中，敌意与心脏病风险的增加显著相关，尤其是在中年之后敌意水平上升的情况下（Brondolo et al.，2003；Siegler et al.，2003）。

即便孩子也逃脱不了敌意-心脏病的联系。一项研究发现，在敌意评估上得分更高的儿童和青少年在最初敌意评估 3 年后，更有可能出现肥胖、抗胰岛素性、高血压和甘油三酯水平上升等生理变化（Raikkonen et al.，2003）。

💬 那么，那些不动声色，选择默默承受的人呢？那样不是对健康有害的吗？

C 型人格 C 型人格（Type C personality）是研究人员特莫肖克（Temoshok）和德雷埃尔（Dreher）（1992）提出的一种人格类型，它与高癌症发病率相关。C 型人往往心情愉悦，并试图保持平静，但他们很难表达情绪，尤其是消极的情绪。他们倾向于内化愤怒，在失去挚爱或希望破灭后会感到绝望。他们常常很孤独。这些个性特质与癌症紧密相连，他们患恶性肿瘤的可能性较高（Eysenck，1994；Temoshok & Dreher，1992）。就像敌意会使 A 型人的心血管面临高风险一样，C 型人内化的消极情绪有可能增加有害应激激素的水平，削弱免疫系统，使身体的复原力变差。

需要注意的是，人格类型理论近年来遭到了质疑。许多人认为它们过于简单，毕竟人很难归入一种或另一种类型。尽管如此，与这些类型相关的许多个性特征似乎与压力和寿命有关。例如，A 型人的许多特征都与一种被称为神经质的人格描述相符，这类人易焦虑、喜怒无常和情绪紧张【连接学习目标 13.10】。最近的一项纵向研究表明，这些特征与早逝的风险增加有关，因为具有这些特征的人有不良的健康习惯，如饮食不适应、酗酒、吸烟和缺乏锻炼等（Mroczek et al.，2009）。

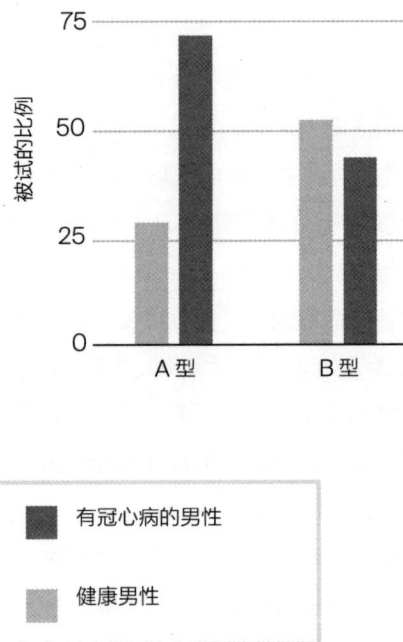

图 11-5 个性和冠心病

这两组竖条中，左面的一组代表 A 型男性。注意，A 型男性跟健康男性相比，他们有两倍多的可能性会罹患冠心病。右侧的一组代表的是 B 型男性。跟 A 型男性相比，B 型男性健康得多，并且患冠心病的人数更少。

资料来源：Miller et al.（1991，1996）。

H 型人格 并不是所有的 A 型人都易得心脏病。实际上，有些人不仅没被压力打垮，反而靠着压力成长起来。这就是 **H 型人格**（hardy personality，**即**

顽强型人格），这一概念是心理学家苏珊娜·科巴萨（Suzanne Kobasa）在 1979 年提出的。H 型人不同于普通的、充满敌意的 A 型人，也不同于那些由于压力遭受更多负面影响的人，这种差异表现在下面三个方面：

- H 型人对自己的价值观、信仰、认同感、工作和家庭生活有强烈的责任感。
- H 型人也会觉得他们掌控着自己的生活和发生在自己身上的事情。
- H 型人与非 H 型人的差别在于初级评价时对事情的解释不同。当事情出了岔子时，H 型人不会畏惧或逃避问题，相反他们会正面迎战，寻找解决之法。

为什么这三个特征降低了压力的负面影响？责任感使人更愿意做出牺牲和直面困难。想想看，你有没有做过讨厌的工作？那种情况下，一点小的挫折和障碍都让人紧张，对吧？再想想做你喜欢的事情，虽然也无法避免挫折和困难，但貌似也没那么糟，对吗？

接下来说控制，正如本章前面介绍的那样，不可控性是压力增加的主要原因之一。把事件看作是挑战而不是困难，同样会改变个体所经历的压力水平。这就像坐过山车，如果是你自己要坐过山车，那就很好玩；但如果是别人逼你坐，可就截然不同了。

H 型人格的特征甚至可能有遗传因素。最近研究人员发现，感到痛苦和死亡风险增加之间似乎存在着生化联系；某些个体可能存在着一种基因变异，这种变异实际上切断了上述的生化联系，使其在生物学上更具适应力或更有耐受性（Cole et al., 2010）。

上面谈到的四种人格类型可以总结如下：如果生活给了你一堆柠檬：

- A 型人会被激怒并将柠檬扔回去，其间会有轻微心脏病发作。
- C 型人不会说什么，但是会生闷气。
- B 型人会把所有的柠檬放在一起，做成柠檬水。
- H 型人会把所有柠檬放在一起，做成柠檬水卖

出去。然后把它变成特许经营，赚上几百万。（记住，微笑有好处！）

归因方式：乐观主义者和悲观主义者　除了人格类型，还有其他个人因素会影响人们对压力的反应，其中之一是人们对生活中发生的事情的态度。

乐观主义者（optimist）总是倾向于寻找积极的结果。悲观主义者则似乎在期待最坏的情况发生。对于乐观主义者而言，杯子是半满的；对于悲观主义者而言，杯子是半空的。研究人员发现，乐观与长寿、免疫系统功能增强有关。梅奥诊所对悲观主义者和乐观主义者进行了长达 30 年的纵向研究，发现悲观主义者的死亡率更高，也有更多的身心健康问题、痛苦更多、社会活动能力更差、精力更差（Maruta et al., 2002）。与悲观主义者相比，乐观主义者早逝的风险降低了 50%，而且更加平和、冷静、快乐（Maruta et al., 2002）。另一项研究发现，保持乐观与更高水平的辅助性 T 细胞（指导和增强免疫系统功能的一种免疫细胞）和更高水平的自然杀伤细胞相关（Segerstrom et al., 1998；Segerstrom & Sephton, 2010；Sin et al., 2015）。社会学习心理学家马丁·塞利格曼（Martin Seligman）提出了习得性无助的概念【@学习目标 5.12】，并开创了积极心理学运动。塞利格曼指出了乐观主义影响人寿命的四种方式：

1. 乐观主义者不太可能产生习得性无助，即停止继续尝试过去受阻的目标的倾向。
2. 乐观主义者比悲观主义者更有可能通过预防来保证自己的健康，如定期看医生、健康饮食、坚持锻炼，因为他们相信自己的行为会对自己的未来产生影响。这是 H 型人的一个特征。
3. 与悲观主义者相比，乐观主义者抑郁的可能性要小得多。因为抑郁对免疫系统有负面影响，与死亡率相关。
4. 乐观主义者的免疫系统的功能比悲观主义者的更强，可能是因为他们的心理压力更小。

塞利格曼还发现，乐观主义者比悲观主义者更成功。乐观的政治家赢得的选举更多，乐观的学生成绩更好，乐观的运动员得到的奖牌更多。至于如何变得

更乐观，本章最后的"在日常生活中应用心理学"提供了一些建议。

Z 型行为

压力的社会文化因素

11.9 确定影响压力体验的社会文化因素

正如前面提到的，日常生活中的大部分压力来自与他人打交道或遵守社交规则。例如，过于拥挤就是一种常见的应激源，道路上的过度拥挤很可能引起路怒症（AAA Foundation，2009；Jeon et al.，2014）。路怒是司机对其他司机进行攻击的一种犯罪行为，会导致重伤甚至死亡。导致生活充满压力的两个突出的社会因素是贫穷和工作压力，第三个因素与我们生活、工作和娱乐的文化有关。

贫穷　生活贫穷会导致压力的增加。没有足够的钱来保障生活最基本的需求，会对成人和儿童造成巨大的压力。如过度拥挤、缺乏医疗保障、缺乏产前护理导致残疾率上升、环境嘈杂、患病率上升（如儿童哮喘）、暴力和药物滥用（Aligne et al.，2000；Bracey，1997；Evans & Kim，2013；Leroy & Symes，2001；Park et al.，2002；Renchler，1993；Rouse，1998；Schmitz et al.，2001）。

工作压力　一个人有工作且收入不错，也无法避免来自工作的压力。这类压力的典型来源有工作超负

荷、工作缺乏变化或毫无意义、没有决策权、工作时间长、工作环境恶劣、种族主义、性别歧视和工作缺乏安全保障等（Murphy，1995）。

工作压力导致的症状与其他压力是一样的，有头痛、高血压、消化不良和其他生理症状；焦虑、易怒、抑郁和其他心理症状；以及暴饮暴食、吸毒、工作表现差和家庭关系变化等行为症状（Anschuetz，1999；Chandola et al.，2006）。

无论是独自一人还是在家人和朋友的陪伴下，有规律的锻炼都会增强免疫系统的功能，帮助人们对自己的健康产生一种掌控感。有控制感可以减少压力，也有助于免疫系统的正常运作。

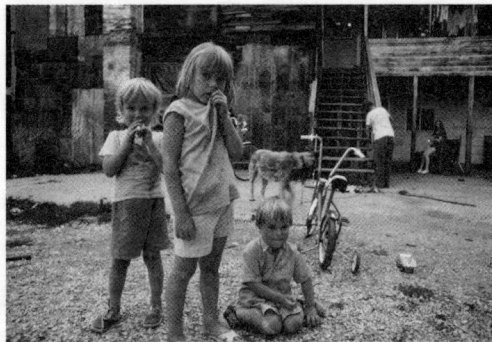

贫穷会导致很多问题，成人和孩子都会经历压力水平的上升。例如，图中的这些孩子由于温饱问题尚未解决，可能会面临营养不良、疾病和暴力风险。

💬　有时候我感到我受够了学校和老师安排的作业，这与工作压力类似吗？

工作压力的一个更严重的影响是心理倦怠。**心理倦怠**（burnout）是长期压力或挫折导致的个体思想、情绪和行为上的消极变化，使得身心俱疲（Bakker et al.，2014）。心理倦怠的表现有极度不满、悲观、工作满意度下降、想辞职。尽管心理倦怠多与工作压力有关，但当大学生活中的学期论文、考试、作业等压力变得难以承受时，大学生也会产生心理倦怠。当一个人处于职业倦怠的危险中时，如果他工作环境中所属的社会群体能为他提供支持和动力，让他在筋疲力尽的情况下继续工作，那么与心理倦怠相关的情绪衰竭就能减轻（Halbesleben & Bowler，2007；Li et al.，2015）。

文化如何影响压力　当一个人不得不生活在一种不同的文化中时，他必然会感受到很大的压力。文化适应是指适应一种新的、不同的但却是主流的文化的过程（Sam & Berry，2010；Sodowsky et al.，1991）。个体需要改变以适应主流文化而产生的压力，叫作**文化适应压力**（acculturative stress）（Berry & Kim，1998；Berry & Sam，1997）。文化适应压力更明显的一些来源包括对偏见和歧视的处理。

少数群体适应主流文化的方式也会影响个体所经历的压力程度（Berry & Kim，1988；Ramos et al.，2015）。有一种适应方式是融合，个人在试图保持原有文化认同的同时，与主流文化中的大多数成员建立积极的联系。例如，一个融入群体的人会在家里以及直系亲属中保持大量原有文化的传统，但在着装以及某些特质上会服从主流文化。选择这种方式融入主流文化的人体验到的文化适应压力很低（Ramdhonee & Bhowon，2012；Rudmin，2003；Ward & Rana-Deuba，1999）。

在同化过程中，少数族群放弃了原有的文化身份，完全采用主流文化的方式。在早期的美国，很多移民被美国主流文化同化，他们甚至把自己的名字改得听起来更"美国化"。同化引起中等程度的压力，主要源于文化模式的缺失和其他未选择同化的本族群成员的排斥（LaFromboise et al.，1993；Lay & Nguyen，1998；Rudmin，2003）。隔离是指少数群体试图保持原有文化的身份认同，拒绝主流文化的方式。少数文化群体成员拒绝学习主流文化的语言，与

原文化的其他人生活在一起，并只和原文化中的人交往。美国的"唐人街"就有这样的例子，那里有些居民不会说英语，而且很少走出自己的社区。隔离会引起较高的文化适应压力，如果隔离是强迫的（来自主流群体的歧视）而不是自愿的（自我强制退出主流文化），压力会更大。

文化适应压力最大的可能是那些选择边缘化的人，他们既不保持和原有文化的接触，又不加入主流文化。他们几乎活在两种文化的夹缝中，感觉不属于任何一种文化。许多美洲土著可能就有自己被边缘化了的感觉，既不属于原来的部落，也不属于主流文化。边缘化的人既没有熟悉文化带来的安全感，又没有接受主流文化的归属感，很有可能会丧失身份认同感，感觉与其他人隔离开了（Roysircar-Sodowsky & Maestas，2000；Rudmin，2003）。显然，被边缘化的人几乎没有社会支持系统来帮助他们应对日常生活的压力和重大的生活变化。

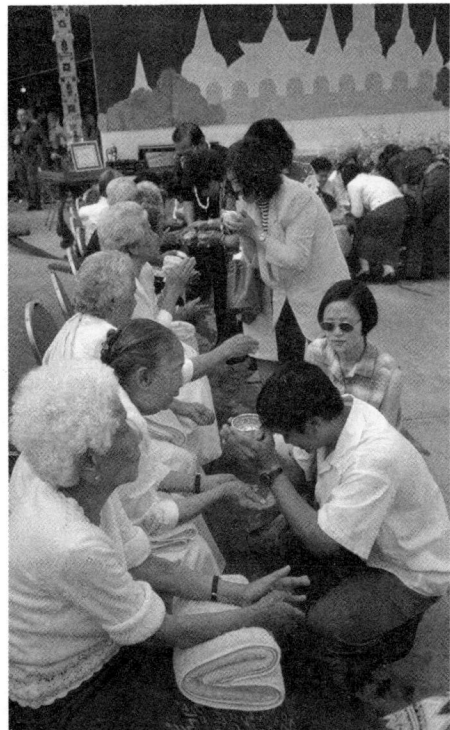

傣族人会通过在年长者的手掌上洒水来庆祝新年。尽管他们的穿着跟生活在加利福尼亚州洛杉矶市的其他居民一样，但他们仍保留着自己旧有文化的传统。这就是典型的融合。

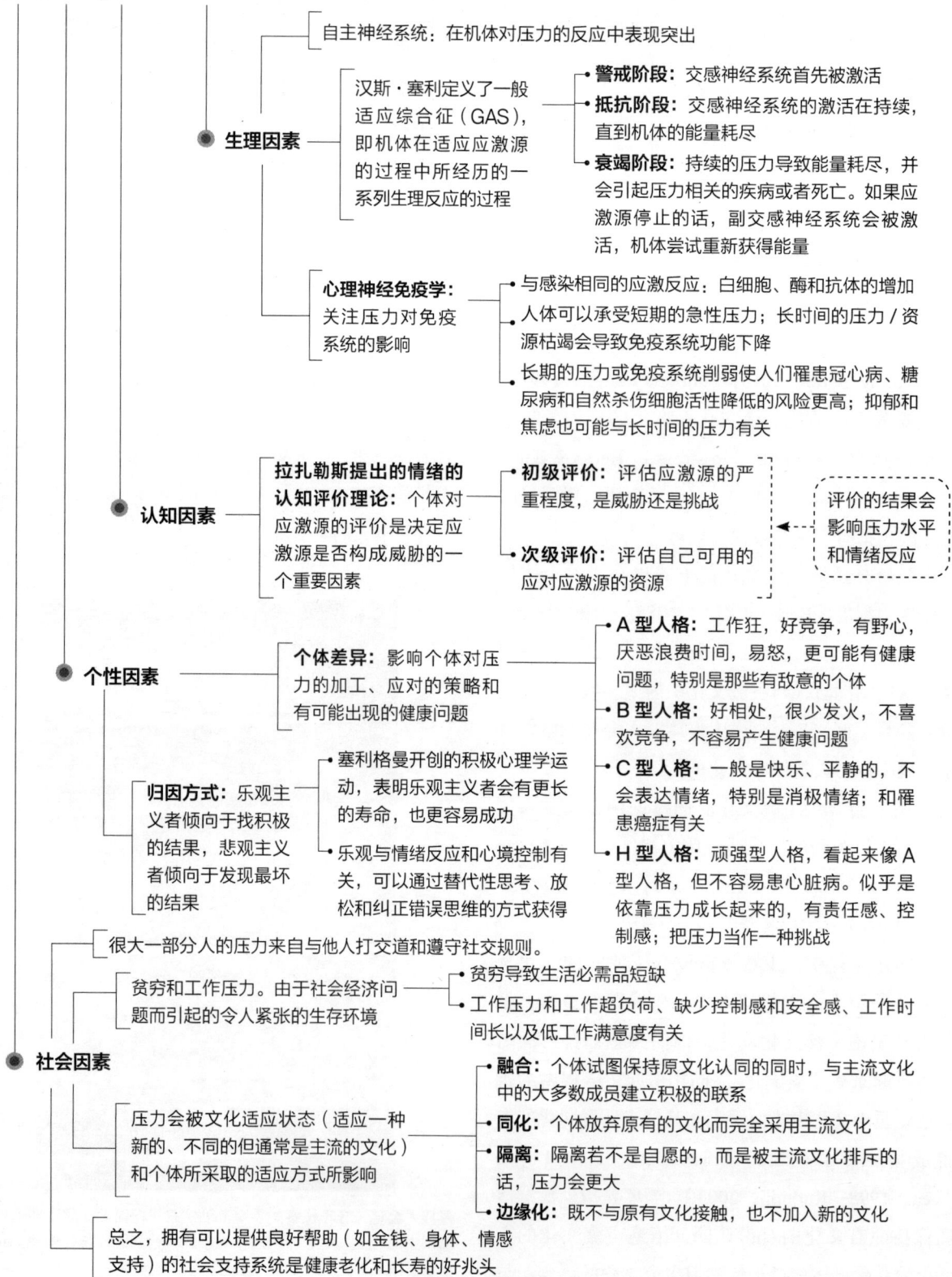

概念地图 11.4～11.9

压力和健康

- **生理因素**
  - 自主神经系统：在机体对压力的反应中表现突出
  - 汉斯·塞利定义了一般适应综合征（GAS），即机体在适应应激源的过程中所经历的一系列生理反应的过程
    - **警戒阶段**：交感神经系统首先被激活
    - **抵抗阶段**：交感神经系统的激活在持续，直到机体的能量耗尽
    - **衰竭阶段**：持续的压力导致能量耗尽，并会引起压力相关的疾病或者死亡。如果应激源停止的话，副交感神经系统会被激活，机体尝试重新获得能量
  - **心理神经免疫学**：关注压力对免疫系统的影响
    - 与感染相同的应激反应：白细胞、酶和抗体的增加
    - 人体可以承受短期的急性压力；长时间的压力／资源枯竭会导致免疫系统功能下降
    - 长期的压力或免疫系统削弱使人们罹患冠心病、糖尿病和自然杀伤细胞活性降低的风险更高；抑郁和焦虑也可能与长时间的压力有关

- **认知因素**
  - **拉扎勒斯提出的情绪的认知评价理论**：个体对应激源的评价是决定应激源是否构成威胁的一个重要因素
    - **初级评价**：评估应激源的严重程度，是威胁还是挑战
    - **次级评价**：评估自己可用的应对应激源的资源
    - 评价的结果会影响压力水平和情绪反应

- **个性因素**
  - **个体差异**：影响个体对压力的加工、应对的策略和有可能出现的健康问题
    - **A 型人格**：工作狂，好竞争，有野心，厌恶浪费时间，易怒，更可能有健康问题，特别是那些有敌意的个体
    - **B 型人格**：好相处，很少发火，不喜欢竞争，不容易产生健康问题
    - **C 型人格**：一般是快乐、平静的，不会表达情绪，特别是消极情绪；和罹患癌症有关
    - **H 型人格**：顽强型人格，看起来像 A 型人格，但不容易患心脏病。似乎是依靠压力成长起来的，有责任感、控制感；把压力当作一种挑战
  - **归因方式**：乐观主义者倾向于找积极的结果，悲观主义者倾向于发现最坏的结果
    - 塞利格曼开创的积极心理学运动，表明乐观主义者会有更长的寿命，也更容易成功
    - 乐观与情绪反应和心境控制有关，可以通过替代性思考、放松和纠正错误思维的方式获得

- **社会因素**
  - 很大一部分人的压力来自与他人打交道和遵守社交规则。
  - 贫穷和工作压力。由于社会经济问题而引起的令人紧张的生存环境
    - 贫穷导致生活必需品短缺
    - 工作压力和工作超负荷、缺少控制感和安全感、工作时间长以及低工作满意度有关
  - 压力会被文化适应状态（适应一种新的、不同的但通常是主流的文化）和个体所采取的适应方式所影响
    - **融合**：个体试图保持原文化认同的同时，与主流文化中的大多数成员建立积极的联系
    - **同化**：个体放弃原有的文化而完全采用主流文化
    - **隔离**：隔离若不是自愿的，而是被主流文化排斥的话，压力会更大
    - **边缘化**：既不与原有文化接触，也不加入新的文化
  - 总之，拥有可以提供良好帮助（如金钱、身体、情感支持）的社会支持系统是健康老化和长寿的好兆头

随堂小考

1. 一般适应综合征的哪个阶段伴随着交感神经系统的激活？

    A. 警觉 　　　　　　　B. 抵抗

    C. 衰竭 　　　　　　　D. 终止

2. 根据拉扎勒斯的理论，当有人问自己"我该如何应对这种潜在的有害应激源"时，这是专注于____评估。

    A. 初级 　　　　　　　B. 次级

    C. 第三 　　　　　　　D. 最低的

3. 格雷格为了约会提前 20 分钟到达，而阿伦在约定时间前几分钟到达。当格雷格稍微有点生气地指出这一点时，阿伦很随意地回答："嘿，我到了。"我们可能认为格雷格更有____个性，而阿伦更有____个性。

    A. A 型，B 型 　　　　B. A 型，C 型

    C. B 型，C 型 　　　　D. C 型，A 型

4. 奥利维娅觉得她掌控了自己的生活，并致力于实现自己的目标。她需要具备什么品质才能被认为是顽

强型人格的人呢？

    A. 面对问题时感到担忧

    B. 面对威胁表现出冷酷无情

    C. 能够控制她的愤怒

    D. 将事件视为挑战而不是问题

5. 德文是一名全日制大学生，他已经三年没有休过假了。他发现自己越来越累，没完没了的论文、考试和小组项目似乎压得他喘不过气来。他没有精力去做项目，也不怎么努力学习，弄不明白到底是怎么回事。德文正在经历什么？

    A. 只是感受到压力 　　B. 文化适应压力

    C. 心理倦怠 　　　　　D. 良性应激

6. 华金从尼加拉瓜搬到美国。她开始学习英语，并改变了自己的姓氏，让自己的名字听起来更像美国人，也不再保持任何原文化的习俗和穿着。华金利用的是哪种形式以融入主流文化？

    A. 融合 　　B. 同化 　　C. 隔离 　　D. 边缘化

科学探究和批判性思维
治愈的幻觉——"顺势疗法"

落实 APA 学习目标 2.1：利用科学推理解释心理现象；APA 学习目标 2.3：参与创新性思考与综合性思考以及问题解决

　　19 世纪末，传统医学仍在使用极为可疑且往往有害的做法，如放血、净化（给予患者灌肠剂和诱发腹泻、呕吐的物质）以及汞的使用（Hall，2014）。许多患者的死亡也就不足为奇了。这时出现了一位医生，名叫塞缪尔·哈内曼，他真心想找到一种更安全的方法来治疗他的患者。被称为**顺势疗法**（homeopathy）的替代疗法技术诞生，它是通过引入微量的物质达到对疾病的治疗，但微量物质会导致患者的症状加重，这是哈内曼自己的亲身经历。他服用了一些用于治疗疟

疾的金鸡纳树树皮后，出现了疟疾症状。据此，他认为如果某种物质导致健康的人出现疾病症状，那么该物质也可以用于治疗患者的同一症状（Hahnemann，1907；Hall，2014）。这是顺势疗法的第一定律——"以毒攻毒"。这显然只是基于经验而没有实际研究的一种假设。还记得批判性思维的第一个标准吗？"很少有不需要检验的真相。"【**连接**学习目标 1.12】。

　　他的第二定律——无穷小定律，需要将他的治疗稀释到实际上不会引起症状的水平，他相信这样不仅会使治疗更安全，而且更有效。同样，这是他的信念，而不是经过客观测试和仔细检查的研究结果。基于这两个定律，顺势疗法领域诞生了。尽管19 世纪著名的医师奥利弗·温德尔·霍姆斯（Oliver

Wendell Holmes）在那个世纪后期批判了这种做法，但顺势疗法仍然在发展壮大，并且已经成为一桩大生意（Holmes，1892）。

充分的证据表明顺势疗法无效（Ernst，2002，2012；Maddox et al.，1988；Sehon & Stanley，2010；Shelton，2004）。顺势疗法中那些被认为可以达到治疗目的的药物其实只是由水、糖丸或甘油制作而成的，根本没有效果。正如哈丽雅特·霍尔（Harriet Hall）博士在她的专栏文章《怀疑论者》中指出的那样。

如果咖啡使您保持清醒，则淡咖啡将使您入睡。稀释越多，效果越强。如果您一直稀释到一点儿咖啡都没有了，它就更浓了。水会以某种方式记住咖啡。如果您将水滴到糖丸上并使水蒸发，那么水的记忆会以某种方式转移到糖丸中，而咖啡的记忆会以某种方式使其起到安眠药的作用（Hall，2014）。

这听起来很荒谬，不是吗？按照这个逻辑，你不需要在汽车的散热器中注满防冻剂，因为你放进去的水一定在某个时候接触过冰；或者说所有喝过水的人都对霍乱有抵抗力，因为所有饮用水在某种程度上都受到了霍乱病媒的污染（Atwood，2001）。尽管有一些研究声称，有证据可以证明顺势疗法在疾病治疗方面的有效性，但对这些研究进行科学系统的回顾发现，这些研究的设计、实施和报告方式存在许多缺陷（Ernest，2002，2012）。比如大家忽略了关于治疗结果的合理和可能的解释，比如安慰剂效应【连接学习目标1.9】，比如随着时间的流逝，疾病可能自愈，比如暗示的力量以及均值回归效应等，换句话说，事情会在长期内趋于平衡【连接学习目标A.3】。事实上，人们通常对治疗疾病的方法并不太在意。这真的太糟糕了，因为对疗法进行一点儿批判性思考就能省下很多钱。

批判式思考　许多人尝试过一些很疯狂的方法来治疗痤疮、口臭、打嗝和其他类似的疾病。你曾经尝试过的最奇怪的方法是什么？有用吗？是什么促使你去尝试的？

⊖ 应对压力

💬 我在担心考试、工作和恋爱关系，感到压力很大。人们是如何面对生活中的压力的？

到目前为止，本章介绍了什么是压力、可以放大压力影响的因素以及压力对身体健康的影响。想要有效地应对压力，先要了解自己可以控制的因素，才能做出改变。

压力应对策略

11.10　区分以问题为中心和以情绪为中心的压力应对策略

应对策略（coping strategy）是人们可以采取的，用以掌握、容忍、减少或最小化压力影响的行为，包括行为策略和心理策略。本章稍后会讨论关于压力问题的药物疗法，以及催眠、冥想等非药物治疗方式，现在，我们先来看看其他一些应对压力的方法【连接学习目标4.9】。

以问题为中心的应对策略　一种应对方式是努力消除或改变应激源本身。人们试图通过自己的行为消除压力的来源或降低压力的影响，这种应对方式被称为**以问题为中心的应对策略**（problem-focused coping）（Folkman & Lazarus，1980；Lazarus，1993）。一个学生可能无法理解某教授所讲的内容。这个教授学识渊博，却不能以学生能理解的方式讲授课程的内容。以问题为中心的应对策略对这个学生而言就是课后与教授沟通或求助于自己的同学，还可以跟存在同样问题的同学组成学习小组。

以情绪为中心的应对策略　以问题为中心的应对策略可以很好地解决问题，却不是唯一的解决办法。大多数的人会同时采用以问题为中心的应对策略和**以情绪为中心的应对策略**（emotion-focused coping）来处理可控的压力事件（Eschenbeck et al.，2008；Folkman & Lazarus，1980；Lazarus，1993；Stowell et al.，2001）。以情绪为中心的应对策略是改变一个人对应激源的感受，使其可以更有效地解决问题。仍以之前的那个学生为例，他很有可能会将这件事情告诉他的朋友，聊到他足够冷静，能以更直接的方式解决问题。以情绪为中心的应对策略同样适用于不可控的应激源或是以问题为中心的应对策略不起作用的情况。一些人使用以情绪为中心的应对策略可能是将应激源当作挑战而不是威胁，从而把它界定为小问题、在本子上写下自己的担忧或者干脆忽视整个问题。

观众观看的显然是一部有趣的电影，是观众喜欢看的电影类型。这类喜剧的成功在很大程度上要归功于人类对笑的需要。笑能帮助我们应对生活中的许多压力。

💬 忽视它？这不会使事情变得更糟吗？

确实，当一个人可以积极地去解决问题时，忽视问题并不是上策。但是，当应激源不能改变或消除或者主要问题就是个体对应激源的担心时，忽视问题就是一个不错的策略了。以患有心脏病的个体为被试的研究发现，与忽视问题的人相比，那些担心未来心脏病发作的人更有可能感受到创伤后应激障碍的一些症状，如做噩梦或睡眠不好，这两个因素都会增加心脏病发作的概率（Ginzburg et al.，2003）【连接学习目标 14.5】。

善用幽默也是以情绪为中心的应对策略的一种形式。正如老话说的"笑是良药"，最近一项关于大笑的研究发现，大笑通过增加自然杀伤细胞来完善免疫系统的功能。在这个研究中，被试要看 1 个小时的幽默视频。视频开始 10 分钟、视频开始后 30 分钟、视频结束后 30 分钟和视频结束后 12 小时，分别采集被试的血液样本。结果发现，自然杀伤细胞的活动有显著增加，在视频观看完 12 个小时后，接近半数的免疫系统的其他细胞和系统的活性还在持续（Berk et al.，2001）。

另一项研究发现，笑声不仅可以显著提高健康型激素的水平，只是期待一次积极而幽默的大笑也能显著降低潜在的有害激素水平（Berk et al.，2008；Svebak et al.，2010）。还有研究发现，重复的、快乐的笑声会让身体做出反应，就好像进行了适度的锻炼一样，从而可以增强积极情绪和免疫系统的活动，降低坏胆固醇和血压，提高好胆固醇，减少应激激素，甚至可以改善老年人的短期记忆（Bains et al.，2012；Berk et al.，2009）。

冥想　冥想（meditation）是一系列的心理练习，旨在重新集中注意力并达到意识上的出神状态【连接学习目标 4.1】。冥想会使人进入一种放松的状态，有助于应对压力情境下的生理反应。适当冥想后，人的脑电波会发生变化，包含更多的 θ 波和 α 波（表示深度放松），但几乎没有 δ 波，表明睡眠较深（Lagopoulos et al.，2009）。

你是否有过这样的经历：盯着外面的空间、墙上或桌子上的某个小点看时，大脑在过去的几分钟内一片空白？

这种状态就是**集中式冥想**（concentrative meditation），也是大众最为熟知的一种冥想形式。在集中式冥想时，将注意力集中在一些重复的或不变的刺激上，比如一个点或自己的心跳声，帮助人们忘记日常的困扰和琐事，从而让身体放松。赫伯特·本森（Herbert Benson）发现，冥想会使人进入一种放松状态：血压下降，与放松有关的 α 波增多，夜间分泌的促进睡眠的褪黑素增加（Benson，1975；Benson et al.，1974a，1974b）。

研究表明，冥想是一种放松和降压的好方法，对于青少年和成年人、男性和女性均适用（Barnes et al.，1997；Rainforth et al.，2007；Schneider et al.，1995；Wenneberg et al.，1997）。另有研究表明，集中式冥想会降低慢性疼痛的水平（Brown & Jones，2010；Kabat-Zinn et al.，1986），减轻焦虑、抑郁和敌意的症状（Kabat-Zinn et al.，1985），降低患心脏病的风险（Schneider et al.，2012），降低癌症患者的压力水平（Speca et al.，2000）。而降低癌症患者的压力水平，将增加患者康复的可能性，并降低癌症复发的概率。本章末尾的"在日常生活中应用心理学"详细介绍了以佛教实践为基础的集中式冥想步骤（但与任何特定的宗教信仰无关），简单易学。

冥想不是唯一的放松方式，读一本好书、洗个热水澡，或者简单地休息一下都能放松。专家推荐了一些缓解压力的方法（Anspaugh et al.，2011；Mayo Clinic，2016），一种是渐进式肌肉放松：先把注意力集中在紧张的肌肉上，然后放松每一个肌肉群，通常从脚开始，慢慢向上延展，目的是帮助人们认识到紧张的肌肉与放松的肌肉之间的差异；另一种方法是形象化，发挥自己的想象力，使用尽可能多的感官去到一个平静、和睦的地方。

社会支持与压力应对

11.11　解释社会支持系统是如何影响个体的压力应对能力的

💬 经常听到"社会支持系统"这个词，它到底是什么？

社会支持系统（social-support system）是由朋友、家庭成员、邻居、同事和其他能够提供帮助的人组成的网络。这种帮助可以采取建议、物质或金钱支持、信息、情感支持、爱和感情或陪伴的形式。研究一致表明，拥有良好的社会支持系统有利于个体应对压力：与没有此类支持的人相比，拥有良好社会支持系统的人死于疾病或伤害的可能性较小（Kulik & Mahler，1989，1993）。有良好社会支持系统的乳腺癌患者往往能够更好地应对疼痛和其他病症（Kroenke et al.，2012）。良好的社会支持系统还可以帮助人们更好地思考：一个人的群体联系越多，他的认知健康状况就越好（Haslam et al.，2016）。

婚姻就是一种社会支持，是健康衰老和长寿的良好预测器（Gardner & Oswald，2004；Vaillant，2002）。社会支持对免疫系统有积极的影响（Holt-Lunstad et al.，2003）。它已经被证明可以改善患有狼疮的人的心理健康和身体机能。狼疮是一种慢性炎症，可以影响人体的几乎所有部位（Sutcliffe et al.，1999；M. M. Ward et al.，1999）。社会支持对癌症患者和艾滋病患者也有同样的效果（Carver & Antoni，2004；Gonzalez et al.，2004）。思考对健康也有积极影响。最近的一项研究发现，产生温暖、愉悦和乐观情绪的人往往具有更好的健康状况，研究人员相信，这种联系很可能是由于这些人的社交更广泛（Kok et al.，2013），增加的社会支持网络将对他们的健康产生了积极的影响。

社会支持可以使应激源的威胁性看起来没那么强烈，因为有这种支持的人知道他们会获得帮助。和别人谈论令人害怕或沮丧的事情可以帮助人们更现实地看待威胁，例如，和有类似经历的人交谈可以帮助人们正确看待事情（Townsend et al.，2014）【连接学习目标 15.6】。孤独和抑郁的负面情绪很少发生在有社会支持的人身上（Beehr et al.，2000；Weisse，1992）。朋友、父母和老师等多重支持的存在，可以显著降低青少年的孤独感，缓解他们的社交焦虑（Cavanaugh & Buehler，2016）。另外，积极的情绪对健康有着决定性的有益影响，能帮助人们更快更有效地从应激状态中恢复过来（Tugade & Frederickson，2004）。在朋友和家人的陪伴下，更容易产生积极的情绪。

　　还有一种理论认为，性别在应对压力方面起着不同的作用。男性通过"战斗或逃跑"反应来应对压力，女性则往往采取更具社会导向性的行为。如果有一个真正的敌人，女性可能会尝试与该敌人成为朋友并消除威胁；如果没有真正的敌人，她们会寻求家人或朋友的社会支持（Taylor et al., 2000；Taylor, 2006）。这种倾向和交友理论可能是基于男女之间的基因差异。一项研究表明，SRY 基因（仅在 Y 染色体上发现的一种决定男性性别特征的蛋白质）会引起"战斗或逃跑"反应（Lee & Harley, 2012）。研究人员认为，应对压力时女性使用的是不同的基因机制。随着基因研究的深入，这项研究会走向何方还有待观察。

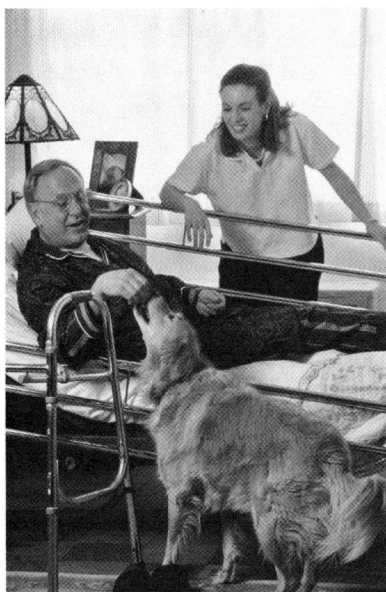

一个人有社会支持，就更容易应对疾病。图中，一名志愿者和她的狗正在医院探望康复中的男子。动物陪伴也是社会支持的一部分，养宠物的人能更快地从疾病和压力中恢复过来（Allen et al., 2002）。

文化与压力应对

11.12　描述压力应对的文化差异

　　想象这样一个场景：你开车经过某地，看到一个老人在认真地打磨一个大的木头箱子。你很好奇，便上前和老人交谈，老人说这个大箱子是他为自己准备的棺材，他用了很长时间来制作和护理它。他不恐惧死亡，也不觉得自己的做法很奇怪。你会有什么反应？

　　如果你和老人一样来自越南的农村，你就会觉得这没什么。对越南文化中的老年人而言，考虑死亡以及与死亡有关的东西，比如棺材，并不像西方文化中那么让人紧张。事实上，不同于西方社会，压力在越南并不是一个常用词（Phan & Silove, 1999）。

　　在越南文化中，应对压力的方式可能包括宗教仪式、请教算命师或吃一些特殊的食物（Phan & Silove, 1999）。在许多亚洲文化中，常见的减压工具是冥想，包括太极这种冥想运动（Yip, 2002）。

　　其他文化差异的例子有：在面对强势的成年人（即将打针的医生、生气的老师等）时，泰国儿童使用以情感为中心的应对策略的可能性是美国儿童的两倍（McCarty et al., 1999）。不同于哥伦比亚和澳大利亚的青少年，北爱尔兰的青少年在面对社会问题（如对战争的恐惧、社区暴力）的压力时往往会自责，但也会更多地使用社会 / 情感支持（Frydenberg et al., 2001）。哥伦比亚青年倾向于使用以问题为中心的应对策略，以及精神支持和采取社会行动。在亚文化中，也有不同的应对方式。研究人员在"9·11"后对居住在纽约的亚裔美国人、非洲裔美国人和西班牙裔美国人进行了采访，非洲裔美国人和西班牙裔美国人报告他们会通过参加教堂礼拜或其他宗教形式来做出应对，亚裔美国人称这一事件是他们无法控制的事情（Constantine et al., 2005；Kuo, 2011）。不同文化的人在社交网络上的参与程度也不同。

　　显然，文化是个体处理压力的方式的重要影响因素，甚至是决定压力程度的一个重要因素。精神健康专家在处理个体的压力调节问题时，应尽量将个体的文化背景和当前环境考虑进去。

宗教与压力应对

11.13　解释宗教信仰是如何影响压力应对的

　　对更高权力的信仰也可以给面对压力的人巨大的

安慰。宗教信仰可以通过几种方式影响人们体验到的压力程度和应对压力的能力（Hill & Butter，1995；Pargament，1997）。

首先，大多数有明确宗教信仰的人都从属于一个宗教组织，会参与日常的宗教活动，例如，在犹太教会堂、清真寺、寺庙或教堂服务。这种成员身份可能是个体社会支持系统中重要的组成部分。因为有宗教伙伴和精神上的神的存在，他们在痛苦的时候不会感到孤单（Koenig et al.，1999）。

宗教仪式和习俗会帮助人坦然地接纳自己的弱点、失败或不足（Koenig et al.，2001）。这些仪式包括忏悔罪过或面对压力时的祈祷。最后，宗教信仰可以赋予那些原本没有明显意义和价值的事情以意义。例如，把死亡视为通往天堂的途径，或把在天灾中损失的家园看作让自己不要那么看重物质的警醒。

很多宗教也鼓励健康的行为和饮食习惯：更明智地饮食，限制或放弃使用酒精、烟草和其他药物，认

可一夫一妻制等。一些研究声称，拥有宗教信仰的人比没有信仰的人更长寿【连接学习目标1.7】。注意，这只是一个相关研究，并不能得出宗教信仰导致预期寿命延长的结论（Hummer et al.，1999；Koenig et al.，1999；Lambert et al.，2013；Strawbridge et al.，1997；Thoresen & Harris，2002）。

这些秘鲁村民正在一个公墓里悼念自己逝去的亲人。亡灵节不但是对死者的纪念，也是对生者的庆祝，生者借此对于生命中最不可控的事情——死亡获得一定的控制感。其他文化的人用什么仪式来应对死亡呢？

批判式思考　你通常用什么方法来减压？你认为它们有多有效？为什么？

概念地图 11.10～11.13

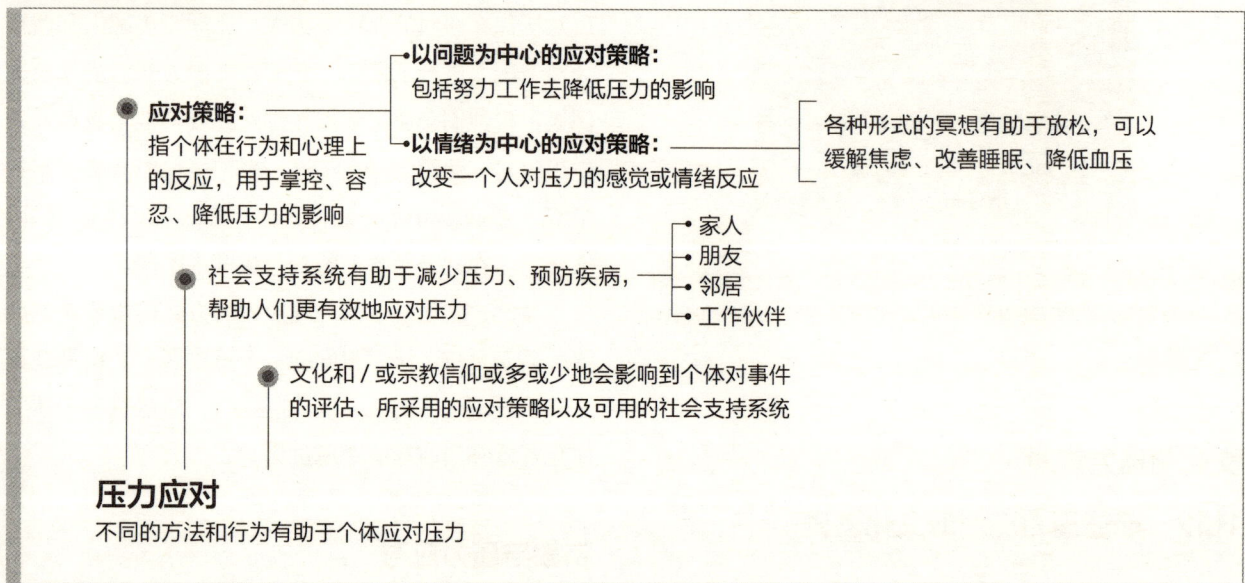

应对策略： 指个体在行为和心理上的反应，用于掌控、容忍、降低压力的影响

- **以问题为中心的应对策略：** 包括努力工作去降低压力的影响
- **以情绪为中心的应对策略：** 改变一个人对压力的感觉或情绪反应 —— 各种形式的冥想有助于放松，可以缓解焦虑、改善睡眠、降低血压

社会支持系统有助于减少压力、预防疾病，帮助人们更有效地应对压力
- 家人
- 朋友
- 邻居
- 工作伙伴

文化和/或宗教信仰或多或少地会影响到个体对事件的评估、所采用的应对策略以及可用的社会支持系统

压力应对
不同的方法和行为有助于个体应对压力

随堂小考

1. 旺达说，当她觉得无法控制自己的问题或者担心这些问题时，她就会忽略这些问题。关于这种方法，研究表明了什么？

   A. 即使仅偶尔使用此方法，也可能有害

   B. 仅当你是 B 型性格时，此方法才有用

   C. 当无法消除应激源或担心应激源导致问题时，此方法很好

   D. 这种方法很危险，因为必须处理应激源，才能让人的感觉更好

2. 关于笑对缓解压力的作用的研究告诉了我们什么？

   A. 笑可以缓解即时压力，但效果仅持续几分钟

   B. 笑已被证明可以帮助激活免疫系统

   C. 现实中的笑对人的整体压力水平几乎没有影响

   D. 笑实际上会对身体产生负面影响

3. 简单地说，太极是什么类型的减压方式，它是把精神集中在特定的身体运动上？

   A. 乐观　　　　　　　　B. 冥想

   C. 人格类型　　　　　　D. 渐进式肌肉放松

4. 冥想、渐进式肌肉放松和形象化引导是应对压力的____策略。

   A. 非常有效　　　　　　B. 基本上无效

   C. 以情感为中心　　　　D. 以问题为中心

5. 如果有的话，宗教对人的压力有什么影响？

   A. 尚没有证据证明宗教会影响人的压力

   B. 宗教实际上会增加人的压力

   C. 宗教可以减轻年轻人的压力，但不能减轻老年人的压力

   D. 宗教可以通过多种方式帮助人们有效地应对压力

在日常生活中应用心理学

正念冥想如何影响压力应对

11.14　定义正念冥想并描述其在应对压力中的作用

前文提到的集中式冥想形式，又称**正念冥想**（mindfulness meditation），其基础是佛教哲学，有时也被称为"静坐冥想"。在这种冥想中，人们有意识、有目的地关注瞬间的体验"展开"，而不做判断或评估（Hozel et al., 2011; Simkin & Black, 2014）。一般冥想和正念冥想有助于减轻压力，增加幸福感和改善情绪健康（Creswell et al., 2014; Tang et al., 2015）。

有些人认为冥想就是无所事事，甚至只是另一种形式的睡眠，但是"无所事事"实际上需要一些学习和练习，并不像想象中的那样容易。

正念冥想通常始于双腿交叉坐在坐垫上或坐在椅子，上背部挺直。（有说法称，当你笔直坐着时，你的能量会"流动"得更顺畅。）找一个很适合你，安静且不会被打扰的地方。眼睛闭着或聚焦在离鼻尖几厘米的位置，这样可减少分心。你的注意力应集中在身体功能上，如在呼吸时腹部向内和向外移动，或者感知你的呼吸通过鼻子时的声音和意识。一开始你可能会走神，没关系，不要评判，记住这一点。你只需要重新专注于呼吸，呼吸不仅能让你集中注意力，还能让你放松。

一般来说，一开始最好是短时间练习：每天 10 分钟。当你能够更好地了解此时此刻的情况时，你会更加了解那一刻你的想法、情绪和行动。

深入讨论一下

1. 专注于有规律的呼吸还有什么好处？

2. 专注于自己身体的动作而不是物体或其他，有什么好处？

◐ 本章总结

应激和应激源

11.1 区分恶性应激和良性应激

- 应激是发生被认定为有威胁或有挑战性的事件时，个体做出的生理、认知和行为反应。
- 应激的消极影响是恶性应激。良性应激是人们保证功能正常发挥所需的最优程度的压力。

11.2 确定三种可能导致应激的外部事件

- 像洪水和飞机坠毁这样的灾难会引起个体高水平的应激，包括急性应激障碍和创伤后应激障碍。
- 重大生活变故因为需要个体适应调整而会导致压力产生。重大生活变故对个体健康会产生慢性影响，会增加事故发生的风险。
- 困扰是人们体验到的日常生活中的挫折和困扰，对人们的身体健康有影响。

11.3 确定应激涉及的心理因素

- 应激的四个来源是压力、不可控性、挫折和冲突。
- 挫折可以是内在的也可以是外在的，会导致坚持、侵犯、逃跑或退缩。

压力的生理、认知和社会心理因素

11.4 描述一般适应综合征的各个阶段

- 自主神经系统中的交感神经系统对压力事件做出反应，而副交感神经系统在压力结束之后，帮助机体恢复到正常的功能状态。
- 一般适应综合征是个体对压力的反应，包括三个阶段：警戒、抵抗和衰竭。

11.5 解释压力是如何影响免疫系统的

- 就像检测到某种疾病或身体组织被入侵，压力会引起免疫系统的反应，进而增强免疫系统的功能。
- 压力持续增加，免疫系统就开始衰退。

11.6 描述心理学的一个分支——健康心理学

- 健康心理学关注身体和社会活动以及心理特征对健康和疾病发生率的影响。
- 临床健康心理学是研究人员通过研究以促进健康和保健的一个子领域。

11.7 概述拉扎勒斯的压力认知评价理论

- 认知评价理论认为人们如何看待压力可以部分决定人们面对压力的紧张程度。
- 评价应激源的第一步叫作初级评价，在这一步人们会判定一个事件是不是有威胁性或挑战性的，还是没有任何压力。威胁性事件比挑战性事件更让人感到紧张。
- 评价应激源的第二步叫作次级评价，在这一步人们会评估自己拥有的应对应激源的资源，比如时间、金钱和社会支持。

11.8 解释人的个性和态度是如何影响压力体验的

- A 型人格的个体有野心、有时间意识、充满敌意并且易怒，所以他们有罹患冠心病的风险，主要是由于他们的敌意和易怒。
- B 型人格的个体是悠闲且随和的，在患冠心病的可能性上，男性 B 型人格的个体仅是男性 A 型人格的 1/3；对于工作的女性，B 型人格的女性罹患冠心病的可能性是 A 型人格女性的 1/4。
- C 型人格的个体是愉悦的，但是很压抑，他们内化了自己的消极情绪。
- H 型人格的个体没有 A 型人格个体的敌意和易怒，相反他们似乎是依靠压力成长起来的。
- 与悲观主义者相比，乐观主义者会更加关注积极的结果，因此体验到更少的压力。

11.9 确定影响压力体验的社会文化因素

- 一些社会因素会成为压力的来源，并增强压力的影响。例如，贫穷、工作压力以及融入一种与自己原有文化不同的主流文化。
- 心理倦怠发生在工作压力很大以至于个体产生了消极的想法、情绪和行为，同时对现有工作极度不满，并且想要放弃的情形下。

- 文化适应的四种方法是：融合、同化、隔离和边缘化。
- 社会支持系统对帮助人们应对压力很重要。

应对压力

11.10　区分以问题为中心和以情绪为中心的压力应对策略

- 以问题为中心的应对策略用于问题可以被排除或改变，使得问题不再令人紧张，或压力的影响已被降低的情况。
- 以情绪为中心的应对策略经常和以问题为中心的应对策略一起使用，来改变个体对应激源的情绪反应。
- 冥想会产生一种放松的状态，进而降低压力情境下的生理反应。
- 集中式冥想指个体关注内部的一些重复刺激，如自己的呼吸。

11.11　解释社会支持系统是如何影响个体的压力应对能力的

- 社会支持系统是由朋友、家人、邻居、同事和其他可提供帮助的人组成的网络。事实证明，拥有社会支持系统可以减轻压力，帮助人们预防疾病，并更有效地应对压力。

11.12　描述压力应对的文化差异

- 不同的文化对压力的认识不同，所以应对压力的方式也因文化类型而异。

11.13　解释宗教信仰是如何影响压力应对的

- 有宗教信仰的人可以更好地应对压力事件。

11.14　定义正念冥想并描述其在应对压力中的作用

- 正念冥想可以减轻压力对人们的影响，并改善人们的心理和身体健康。
- 正念冥想的方法包括在安静的区域中保持笔直的姿势，并专注于自己的呼吸和当下的体验。

▶ 章末测试

1. 迪安担忧三周后的期末考试，这促使他不断学习，随着考试的临近，他的担心减轻了。在此例中，迪安的担忧以及采取的行为可以看作是____。

　A. 心理倦怠　　　　　B. 抑郁

　C. 恶性应激　　　　　D. 良性应激

2. 研究发现，恶性应激基于的动机理论是____。

　A. 马斯洛的理论　　　B. 唤醒理论

　C. 生物学理论　　　　D. 归属需要理论

3. 造成大量压力和威胁感的不可预测的大规模事件称为____。

　A. 重大生活变故　　　B. 灾难

　C. 困扰　　　　　　　D. 大麻烦

4. 在《社会再适应评价量表》上得分超过 300 表明一个人有____生病或者发生意外的经历。

　A. 很高的风险　　　　B. 平均风险

　C. 低风险　　　　　　D. 没有风险

5. 除了情绪紧张之外，如果在《社会再适应评价量表》和《大学生压力量表》上的得分都显示有压力，表明他们____。

　A. 面临很大的困扰　　B. 会患心脏病

　C. 会遭受灾难　　　　D. 会产生轻度压力障碍

6. 研究表明，日常困扰的数量和严重程度是对以下哪方面的有力预测？

　A. 糖尿病　　　　　　B. 头疼

　C. 抑郁　　　　　　　D. 心脏病

7. 根据以前的研究，哪个人群最有可能将缺钱当作生活中最大的日常困扰？

　A. 孩子　　　　　　　B. 青少年

　C. 青年　　　　　　　D. 老年

8. 一般认为时间压力会对什么产生负面影响？

A. 创造力   B. 抑郁

C. 可预测性   D. 挫折

9. 迈克尔被从高中篮球队解雇了。他告诉他的朋友，他被裁员是因为教练不喜欢他，但是他的密友知道真正的原因是他几乎没有练习过。这种情况下，迈克尔的借口是____挫折的原因，他逃避练习又是____的原因。

A. 个人，外在   B. 外在，个人

C. 内在，外在   D. 个人，内在

10. 吉娜的丈夫因与老板发生争执而负气回家。随后，吉娜的丈夫对她大吼大叫。最终，吉娜发现自己除了感到沮丧外，没来由她对着自己最小的孩子大吼大叫。吉娜发现自己出现了____。

A. 逃避   B. 退缩

C. 替代侵犯   D. 投射

11. 埃丽卡对自己的工作感到非常沮丧，最终决定辞职。我们把这种处理挫折的方法叫作什么？

A. 替代侵犯

B. 以情绪为中心的应对策略

C. 逃避或退缩

D. 回避

12. 基南试图决定是和他的一个朋友去拉斯维加斯还是与其他朋友去迈阿密海滩度过春假，这两个都是他过去很喜欢去的地方。基南的情况属于什么冲突？

A. 双趋冲突   B. 双避冲突

C. 趋避冲突   D. 多重趋避冲突

13. 在塞利理论的哪个阶段，死亡是一个可能的结果？

A. 警戒   B. 抵抗

C. 反应   D. 衰竭

14. 根据理查德·拉扎勒斯的说法，决定如何应对压力就是____的例子。

A. 初级评价   B. 次级评价

C. 正式评价   D. 第三评价

15. 乔琳很少带工作回家，她宁愿把工作的烦恼留在办公室。她有点无忧无虑，不像办公室中的其他女性那样野心勃勃。她尽可能地抽时间休假。同时，她也比较随和，不会乱发脾气，喜欢避免冲突。以下有关乔琳的陈述中最有可能是？

A. A 型人格   B. B 型人格

C. C 型人格   D. 她患心脏病风险较高

16. 阿兹里尔似乎能在压力下成长，并且能很好地控制自己的生活。他可能是____人格。

A. A 型人格   B. B 型人格

C. C 型人格   D. 顽强型人格

17. 孔从中国搬到了美国。尽管她的打扮和举止像美国人，但她仍然保留了许多中国文化传统，比如周末参加传统的中国舞蹈课。这属于____。

A. 同化   B. 隔离

C. 融合   D. 边缘化

18. 加里在心理学和统计学方面遇到了麻烦。他去了学校的学术帮助中心进行辅导，并花了很多时间在家里解决问题。这属于____。

A. 以问题为中心的应对策略

B. 以情绪为中心的应对策略

C. 防守策略

D. 内部应对

19. 为了缓解压力，珍妮经常闭上眼睛，设想自己在日落时安静的海滩上。在当众讲话之前，这种办法通常可以帮助她放松。这种方法属于____。

A. 放松   B. 集中式冥想

C. 渐进式肌肉放松   D. 形象化

20. 下面哪个人是最不善于应对压力的？

A. 玛丽安，一个虔诚的人

B. 卡丽，一个工作努力但没什么兴趣爱好的人

C. 杰丽，缺少朋友，并且家人住的地方离她很远

D. 拉里，一个非常渴望成功的人

第12章 社会心理学

批判式思考 你的行为是如何被别人影响的？无论社会环境如何，你的某些行为和想法是否能保持一致？

◐ 为什么要学习社会心理学

如果人们生活在与他人完全隔绝的环境中，就没有理由去研究他人对个体和群体行为的影响了。但人类是社会性生物，我们与别人一起生活，一起工作，一起娱乐。周围的人影响着我们的信仰、价值观、决策、设想以及我们如何看待自己和他人。为什么一些人会对另一些人产生偏见？为什么我们会听命于一些人而不是另一些人？是什么让我们喜欢、爱和恨别人？社会心理学的研究能提供所有这些问题的答案。

学 习 目 标

12.1 了解影响人们从众的因素	**12.10** 区分偏见与歧视
12.2 解释我们的行为是如何受到他人影响的	**12.11** 阐述习得与克服偏见的理论和方法
12.3 对比三种顺从的技巧	**12.12** 了解人际吸引的相关因素
12.4 了解让人们更易服从的因素	**12.13** 阐述斯滕伯格理论中不同类型的爱
12.5 认识态度的三个组成部分以及态度的形成	**12.14** 解释攻击行为是如何由生物学和学习决定的
12.6 描述如何改变态度	**12.15** 了解影响人们助人行为的因素
12.7 解释当态度与行为不一致时人们的反应	**12.16** 定义社会神经科学
12.8 描述人们如何形成对他人的印象	
12.9 阐述解释自己和他人行为的过程	

◐ 社会影响

在第 1 章中，我们把心理学定义为对行为和心理过程，包括对人们的思考和感觉的科学研究。**社会心理学**（social psychology）不仅关注行为和心理过程，还关注我们生存的社会，因为我们身处与他人相关的环境并在很多方面受到影响。社会心理学是研究人们的想法、行为和感觉如何影响社会群体以及受其影响的科学。

我们生活的世界里也生活着其他人。对于一个呱呱坠地的婴儿来说，成人对他的行为、个性和成长都会产生影响。人每天都会与他人有互动，这些互动为直接或间接地影响每个人提供了大量的机会。行为、感受和思想受到影响的这个过程就是**社会影响**（social influence）。社会影响的形式多种多样。人们可以影响他人，使其认同自己的行为或思想，使其在更愿意做某事的情况下，同意做另一件事，以及使其服从权威。他人的存在，无论是真实的还是只是暗示的，都可以影响人们做事情的成与败。

从众

12.1　了解影响人们从众的因素

你是否曾有过这种经历：当某些人在向上看时，你自己向上看的冲动也变得十分强烈，甚至当你意识到时自己已经在向上看了？这种恶作剧总是能够成功，它清楚地证明了**从众**（conformity）的力量：改变自己的行为，以与他人的行为更匹配。

1936 年，社会心理学家穆扎弗·谢里夫（Muzafer Sherif）进行了一项研究，他让被试进入一个昏暗的房间，房中只有一个光点。在这样的条件下，光点似乎会因为微小而不自觉的眼球移动而移动【连接学习目标 3.3】。被试并不知道这种效应，而是报告说光源会移动几厘米到几米的距离。当一名实验者安排的假被试给出估计值时，最初的被试会调整自己对移动量的估计，与前者越来越接近（Sherif，1936）。这项关于从众的早期实验受到了质疑，因为判断是模棱两

可的：光源本身并没有移动，所以任何合理的估计听起来都没错。如果判断是基于更具体、更确切的测量，被试还会如此摇摆不定吗？

"当然，我跟随着羊群，而不是无脑地盲从，请注意，这是出于对共同体这个概念深深的且矢志不渝的尊重。"
©The New Yorker Collection 2003 Alex Gregory from cartoonbank.com. All Rights Reserved.

从众的第一个经典研究是所罗门·阿希（Solomon Asch）于 1951 年进行的。7 名被试在一间屋子中被告知参加一个视觉判断实验。他们分别看了两张白色卡片，一张上有 1 条线段，另一张上有 3 条长度不同的线段。被试需要判断第二张卡片上的哪条线段与第一张卡片上的那条最相近（见图 12-1）。

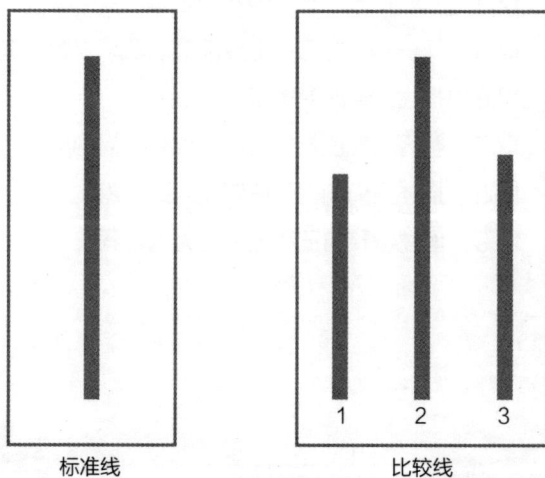

标准线　　　　比较线

图 12-1　阿希研究中采用的刺激物

阿希关于从众的著名研究首先向被试呈现了标准线段，随后呈现了 3 条比较线段，然后请被试说出哪条线段与标准线段最相似。你会选择哪条呢？如果你是这些被试中的一个，你前面的人都说第三条更相似，你的答案是否会发生变化？
资料来源：Asch（1956）。

实际上，7 个人中只有倒数第二个是真正的被试，其他人都是研究者的同盟，他们会选同一条但不正确的线段。听到其他人错误的答案后，这名真正的被试会改变自己的答案，与大家保持一致吗？令人吃惊的是，被试在超过 1/3 的时间里选择与其他人一致的答案。阿希还发现，同盟的数量很重要：随着同盟数量的增加，从众效应会增强，直到达到 4 名同盟；同盟超过 4 名，从众效应就不会继续增强了（Asch，1951）。在 1956 年的实验中阿希发现，只要有一名同盟给出了正确答案，从众效应就会大大减弱，很明显，如果被试知道至少有一个人的答案和自己一致，他自己看到的证据就战胜了从众带来的压力。

美国随后的研究发现，被试的从众效应并没有那么强。这也许表明，阿希的从众效应是 20 世纪 50 年代美国的时代特征和文化导致的（Lalancette & Standing，1990；Nicholson et al.，1985；Perrin & Spencer，1980，1981）。但在另一些文化中，从众效应与阿希的研究很相近（Neto，1995）。还有研究人员在集体主义文化中发现了更强的从众效应，比如在日本和津巴布韦（Bond & Smith，1996；Kim & Markus，1999）。这些文化差异只有在面对面交流是任务一部分的情况下才会出现。一项研究表明，当阿希的实验在网上进行时，被试可以交流但不会看见彼此，这时文化差异消失了（Cinnirella & Green，2007）。

💬　那么性别呢？哪种性别会更从众？

研究表明，只有在非私人化的情况下，性别差异才会存在。如果是私下回答，那么男女从众效应一样；如果需要公开回答，那么女性的从众程度会比男性的更强（Eagly，1987；Eagly et al.，2000；Eagly & Carli，2007）。这种影响可能源于社会化，女性的随和和支持性更明显。实际上从众的性别差异很小。

为什么人们感觉有必要从众呢？可能的一个原因是正常社会影响，从众可能让我们更容易被别人接受

（Hewlin，2009；Kaplan & Miller，1987）。我们用别人的行为和态度作为衡量"正常"的"标尺"，然后判断自己是如何违背这个"正常"的。你有没有因为一个没听懂的笑话而和别人一起笑？这就是正常社会影响。另一个原因是信息社会影响：当处于一种不清楚或模棱两可的情况下时，我们会从他人那里得到如何表现的提示（Isenberg，1986）。在这种情况下，周围人的行为为我们提供了我们应该如何行动的信息，于是我们服从他们的行动。另一种可能的解释是，一些人可能会混淆自己的行为和他人的行为，从而导致这种行为的"心理平均"（Kim & Hommel，2015）。

群体行为

12.2　解释我们的行为是如何受到他人影响的

2010 年 4 月 20 日，位于墨西哥湾的"深水地平线"石油钻井平台发生了一起爆炸。石油流入了墨西哥湾三个月，但对环境的影响毫无疑问地将会持续好多年。那么群体思维是否适用于这种情况呢？

正如阿希的经典研究所表明的那样，社会影响在群体内人们的行为中清晰可见。从众只是群体影响个人行为的方式之一，还有其他的方式。

群体思维的危害　在纽约世贸中心遭恐怖袭击之后不久，布什政府迅速决定入侵伊拉克。虽然有些顾问认为这次行动是个错误，但是没人愿意站出

来挑战群体的决定。现在很多人把这个决定视为**群体思维**（groupthink）的典型例子。当群体成员感到保持群体凝聚力比实事求是地考虑问题更重要时，群体思维就会产生（Hogg & Hains，1998；Janis，1972，1982；Kamau & Harorimana，2008；Schafer & Crichlow，1996）。同类的例子还有 1912 年泰坦尼克号的沉没（负责设计和建造该船的团体认为它不会沉没，甚至没有在船上配备足够的救生艇），1986 年挑战者号的失事（有些人知道航天飞机存在问题，但是没人提出应该推迟发射）以及 2010 年的墨西哥湾石油泄漏事件。

为什么会形成群体思维呢？社会心理学家欧文·贾尼斯（Irving Janis）最早提出了这个概念，并列举了群体思维的几个"征兆"。例如，群体成员会觉得团队不会出错，道德上是正确的，而且总会成功，并产生一种坚不可摧的幻觉。群体成员也会对那些不同意群体观点的人形成刻板印象，认为那些人的观点一无是处。他们会对个别成员施压，使其与群体观点一致，阻止那些可能持反对意见的人发言，甚至进行自我审查，保证群体的思维不被干扰。这些自封的"思想卫士"努力保护群体的领导者不受相反观点的影响（见表 12-1）。

表 12-1　群体思维的特征

特征	描述
坚不可摧	成员觉得他们不会失败
合理化	成员会曲解警示信号，并相互帮助合理化他们的决定
缺乏自省	成员认为自己不会做出不道德的选择，所以不会检查选择的道德含义
刻板印象	成员刻板地认为敌人是软弱、愚蠢、不可理喻的
压力	成员相互施压，避免有人质疑主流观点
缺乏分歧	没有成员表达与群体想法不同的观点
自欺欺人	成员沉浸在共同幻想中，认为他们都同意群体的决定
孤立性	成员阻止外部意见进入群体，即使那些意见可能有用

资料来源：Janis（1972，1982）。

可以通过一些手段来减少群体思维（Hart，1998；McCardey，1998；Moorhead et al.，1998）。例如，领导要保持公正，团队应征求群体外人员的意见；投票应该匿名进行而非举手表决，同时明确群体成员对群体决策是负有责任的。

批判式思考　想象一下这种情况：即使你不同意朋友的行为，但还是选择顺从。根据阿希的研究和对群体思维的研究，说说你不反对的理由是什么。

群体极化　曾经被称为"风险转移"现象的**群体极化**（group polarization）是指参与群体讨论的成员与未参与群体讨论的个人相比，倾向于采取更极端的立场和风险更高的行动（Bossert & Schworm，2008；Moscovici & Zovalloni，1969）。当陪审团试图在民事审判中决定惩罚性赔偿金时，群体极化表现得很明显。研究发现，如果陪审团成员在审议之前单独赞成相对较低的赔偿金额，在审议之后，该金额通常会进一步减少。如果个别陪审员赞成更严厉的处罚，审议过程会产生更高的赔偿金额（MacCoun & Kerr，1988）。对在线论坛如社交网络群组中提供的信息，群体极化会变得更加明显，因为群组成员只接触符合其世界观的信息（Hansen et al.，2013）。群体极化既有正常社会影响，也有信息社会影响。

社会助长与社会惰化　社会影响可能影响个体在群体中表现的成败。对任务难度的界定似乎决定了他人在场的特殊效果：如果把任务看作是简单的，他人在场就会表现得更高效；如果把任务看作是困难的，他人在场便会产生消极影响。来自他人的积极影响叫作**社会助长**（social facilitation），消极影响叫作**社会阻碍**（social impairment）（Aiello & Douthitt，2001；Michaels et al.，1982；Zajonc，1965）。

在社会助长和社会阻碍中，他人的存在会使唤醒增加（Rosenbloom et al.，2007；Zajonc，1965，1968；Zajonc et al.，1970）。当他人的存在产生了足够多的刺激来改善表现水平时，社会助长便会发生。但当任务难度大时，他人的存在会产生过高水平的唤醒，会产生社会阻碍【连接学习目标 9.4】。

有趣的是，懒惰的人和别人做同样的工作时效果并不好，当他们独自完成时却能做得很好。这种现象叫作**社会惰化**（social loafing）（Karau & Williams，1993，1997；Latané et al.，1979；Suleiman & Watson，2008）。原因是懒惰的人在一群人中工作时更容易偷懒，因为不太可能单独评估个人。但独自工作时，评价的重点只在个人身上，工作无法转移给别人，懒惰的人自然更努力。

社会惰化基于一种假设：进行群体工作时，个体的责任感会显著减少。一项研究表明，这种假设可能适用于美国人，而秉持相互依赖的文化观点的中国人，倾向于认为群体中每个个体对于群体结果与整个群体都负有同样的责任（Menon et al.，1999）。因此，中国人可能不像美国人那样表现出社会惰化。

去个体化　身处群体中时，群体中的每一个人往往都有一种**去个体化**（deindividuation）的倾向，即个人认同感和个人责任感的降低（Diener et al.，1980）这可能导致个体在群体中缺乏自控能力，而单独行动时，这种情况就不太可能发生。群体中的人们会感到某种程度上的匿名性，因此更容易冲动行事。参考暴乱中人们的行为，甚至在像三 K 党这样的组织的行为中，就可以看到去个体化。本章后面讨论的斯坦福监狱实验是一个关于去个体化的非常好的例子（Zimbardo，1970，1971；Zimbardo et al.，2000）。网络游戏中的玩家习惯匿名玩游戏，研究表明，这种匿名性会导致更大程度的去个体化，从而导致更多的作弊和其他网络越轨行为（Chen & Wu，2013）。同时还会出现拖曳（trolling），即在网络社区发布具有煽动性的评论（Buckels et al.，2014）。如果不是匿名的，网络巨魔不太可能说出他们所发布的内容。2014年，一场针对女性玩家，特别是少数女性游戏开发

商的骚扰活动开始使用 Twitter 标签的 "Gamergate"（Chess & Shaw，2015；Heron et al.，2014）。骚扰包括匿名的强奸威胁和死亡威胁。

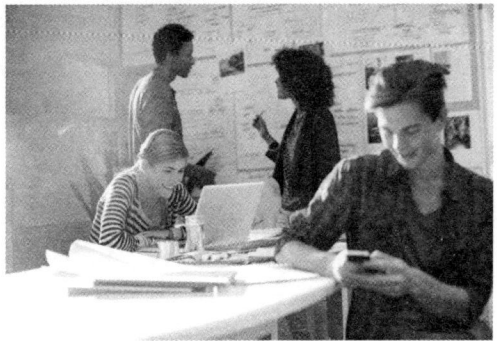

在这张图片中，其他人在工作，而前面这位男士却沉迷于他的手机，这就叫作社会惰化。你认为那些正在工作的同事会如何看他？

顺从

12.3　对比三种顺从的技巧

> 我有个朋友从电视购物频道买到的东西不是不值这个价钱，就是没想象中的好用，那人们为什么还会如此迷恋这种购物模式呢？

推销商品本质上是一个心理过程。实际上，**消费心理学**（consumer psychology）就是研究如何让人们买下别人卖的东西的学科【连接学习目标 8.7】。电视购物广告不是人们试图让另一些人做预期的事情的唯一方法。**顺从**（compliance）指人们因为某些个人或群体的要求或者指示而改变自身行为。提出要求的个人或群体不一定是真正的权威。服从是指权威确实存在，并且也是行为改变的原因时的情况，这是本章的下一节要讨论的。

人们会使用许多技巧来让其他人顺从，这些技巧清楚地表明了顺从与市场营销之间的关系，它们是推销员常常使用的。

登门槛技巧　邻居让你帮忙照看他的房子，他要外出度假一段时间。你同意了，心想，小事一桩。之后，邻居问你是否能帮他浇一下花。这个

请求需要你付出时间和精力，你会答应吗？如果你和大部分人一样，那么很可能会同意第二个请求。在同意一个小要求后，面对一个大要求人们很可能会同意，因为他们已经同意了小的，并想与先前的行为保持一致（Cialdini et al., 1995; Dillard, 1990, 1991; Freedman & Fraser, 1966; Meineri & Guéguen, 2008）。这叫作**登门槛技巧**（foot-in-the-door technique），其中第一个小要求是敲门砖。推销员确实曾把脚伸进门让屋主无法关门，以便能继续推销，这个技巧因此得名。

留面子技巧　与登门槛技巧相反的是**留面子技巧**（door-in-the-face technique）（Cialdini et al., 1975）。使用这种技巧时，先提出一个较过分的要求，通常会遭到拒绝；之后紧跟着提出一个较小的、更合理的要求，通常会被接受。举一个例子，如果邻居请你照顾他家的猫和狗，在你拒绝之后，他问你是否至少可以照料一下他的花，你通常会同意。回顾前文关于抽象思维和具体思维的讨论【连接学习目标8.7】，一个具体的思考者看一面美国国旗，会看到它的材质和红白相间的条纹；一个抽象的思考者看着同一面国旗，可能会思考自由的概念。在一项研究中，留面子技巧被证明对具体的思考者有效，抽象的思考者不太可能迎合这种技巧（Henderson & Burgoon, 2013）。这可能是因为抽象思考者在拒绝较大的要求时，已经对自己有了更全面的认识，他们愿意"自私"到底，从而更有可能把较小的要求也拒绝了。

低球技巧　另一种在市场推广中常见的技巧叫作**低球技巧**（lowball technique）（Bator & Cialdini, 2006; Burger & Petty, 1981; Weyant, 1996）。一旦一个要求得到同意，这个要求的代价便会增加。此处的代价不只是钱，也可能是时间、努力或其他什么。例如，买车人答应以很低的价格买一辆车之后，附加的费用会接踵而至：延长保修期、附加选择、税费等，这些都使得购买者花的钱比预算多得多。

顺从的文化差异　人们对这些技巧的敏感性存在文化差异。以留面子技巧为例，研究表明，与集体主义文化（比如日本）相比，个人主义文化（比如美国）中的人更可能同意第二个要求。与个体主义文化相比，集体主义文化中的人更少关注自己的行为是否与先前的一致，因为他们较少关注自己的内在动机，而个体主义文化中的人更关注他们的内在动机和一致性（Cialdini et al., 1999; Petrova et al., 2007）【连接学习目标13.13】。

顺从和从众的概念在邪教行为中也起着重要作用，这两个概念都会影响人们对邪教活动的批判性思考。

服从

12.4　了解让人们更易服从的因素

顺从与服从不同，顺从是指因为他人的要求而改变自己的行为；**服从**（obedience）是指在权威人物的命令下改变自己的行为。推销员并没有力量真去强迫顾客，真正有权威的人比如警察、教师或者工作负责人是有社会力量的，他们有权要求人们做出某些行为。

人们会在多大程度上服从权威的指令呢？什么因素会影响服从？对此研究人员们已经研究好多年了。这些答案不仅对研究人员很重要，对于世界各地的人都很重要，尤其是对那些遭受纳粹德国士兵侵犯的平民，毕竟那些士兵只是"听命行事"。

米尔格拉姆的电击实验　社会心理学家斯坦利·米尔格拉姆（Stanley Milgram）为此做了一项经典研究。他在阿希关于从众的研究的基础上，试图弄清楚社会影响会在多大程度上影响行为，这比判断卡片上线条的长度更有意义。他设计了心理学历史上最著名，甚至可以说是臭名昭著的实验。

通过在本地报纸上刊登广告，米尔格拉姆招募了一些人，被试被告知将会参加一项实验，以检验惩罚对于习得行为的影响（Milgram, 1963, 1974）。虽然实验有几种不同的形式，但基本假设是一样的：被试相信他们被随机分配扮演"教师"或"学生"的角色，其实"学生"是演员，他们已经提前知晓了实验情境。"学生"的任务是记忆简单的成对单词。

"教师"坐在机器前操控电击，改变电击的级别（见图 12-2 ）。"学生"每犯一次错误，"教师"便被要求增加 15 伏的电击电压。实际上并没有受到电击的"学生"按照之前的计划，表现出不适、要求结束实验、尖叫甚至失去意识或是死去（表 12-2 展示了"学生"的反应）。由于"教师"渐渐不愿继续实施电击，穿着白色实验服的实验者会说出"实验要求你继续"或"你必须继续"之类的话，并且提醒"教师"，实验人员会对"学生"的安全负全责。

表 12-2　电击实验中学生扮演者的脚本样例

电击的电压（V）	"学生"的反应
120	"哎哟！来人，让我出去，我完了！拜托，我有心脏病，我不想再继续下去了。"
150	"够了，够了！我不要参加这个实验了，现在就放我出去！"
300	（背景中听到痛苦的尖叫声）"我不要继续了，你不能把我留在这里。放我出去，放我出去！"
330	（痛苦的尖叫声越来越大）"放我出去，放我出去，我的心脏，我的心脏！我胸口疼，放我出去，让我出去，你无权这样做！让我出去！"

资料来源：Milgram（1963, 1974）。

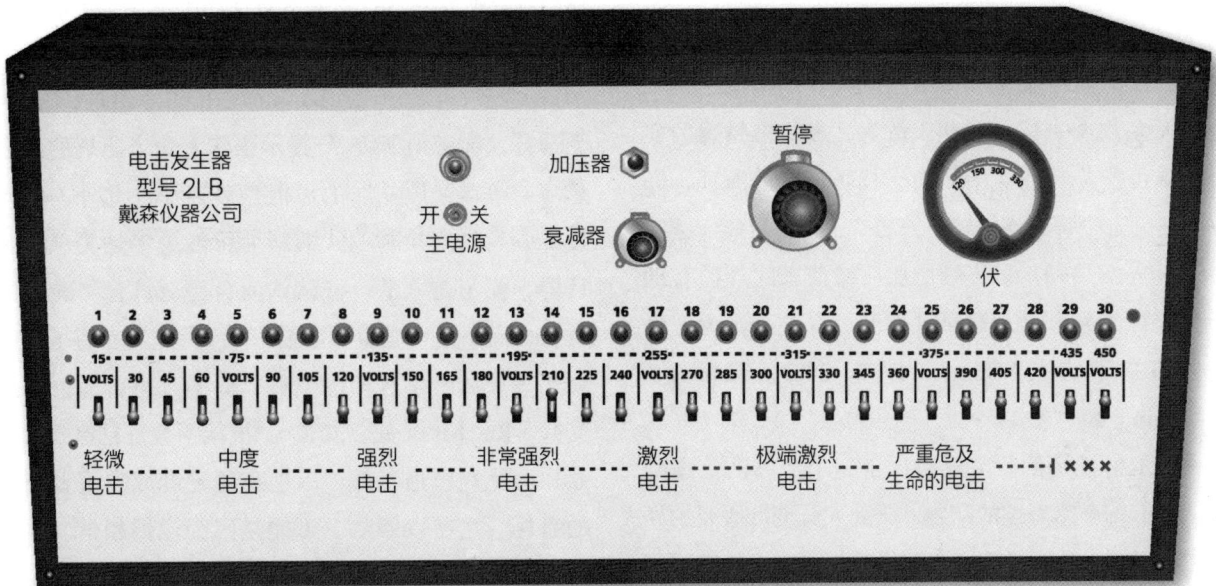

图 12-2　米尔格拉姆的经典实验

在米尔格拉姆关于服从的经典实验中，被试要控制一个这样的面板，每个被试（"教师"）被要求对另一个人（"学生"，只能接受电击）实施电击。假如你是被试，你觉得到什么程度时你会拒绝继续实验？

多少被试会继续实施他们认为真实的电击呢？米尔格拉姆在实验前采访了精神病学家、大学生和其他成人，了解他们对被试实施电击程度的猜测。每个人都预计，在达到某个点后，被试将会拒绝实施电击，并且大部分人相信，在电压达到 150 伏左右"学生"首次提出抗议时，被试中的大多数人将会拒绝继续。没有人相信会有被试使用最高电压。

他们猜对了吗？远远没有。在第一组实验中，65% 的"教师"一直把电压升到了最高的 450 伏，

尽管有许多人表现出了明显的不适，并请求停止。那些提出抗议并最终停止的"教师"，竟然没有一个人是在电压达到 300 伏之前停止的。

💬 发生了什么？这些人是虐待狂吗？为什么他们会持续电击？

没人能比研究人员米尔格拉姆更困惑了。他原本不相信实验会展现出服从权威的巨大效果，但这些数

据似乎并不是从居住在这一区域的虐待狂中得出的随机的结果。在美国和其他一些国家，这些实验重复进行了很多次，使用最高电击水平的被试占比始终保持在 61% ～ 66%（Blass，1999；Slater et al.，2006）。

💬 太不可思议了，不敢相信我们竟然能对他人做出这种事情！

对米尔格拉姆研究的评价　研究人员寻找了可能与高度服从有关的特定人格特质，但是并没有发现能够预测出与米尔格拉姆实验相似的实验中是否会服从的任何个人或者群体特质（Blass，1991）。那些一直提高电击水平的人不一定更有依赖性，或是更易被他人控制；他们在服从或者不服从权威的情境下，只是像大多数人一样。一些人认为，米尔格拉姆的实验结果可能是与前文中留面子技巧相同的原理，即被试在电击中每次增加较小的功率，就更可能继续实验（Gilbert，1981）。逐渐增加后续请求的规模有助于改变行为或态度，被试可能已经将自己视为遵循实验者指示的人（Burger，1999，2009；Cialdini & Goldstein，2004）。

米尔格拉姆的研究还引出了一个严肃的伦理问题：为了一个感兴趣的问题，研究人员进行研究的界限在哪里？一些人认为，米尔格拉姆研究中的被试可能仅仅因为研究人员的要求而受到了自尊伤害和严重的心理压力，毕竟他们愿意施加足够杀死另一个人的电击（Baumrind，1964）。米尔格拉姆对这种批评做出了回应，实验后，他对被试进行了跟踪调查，发现 84% 的被试为自己参与了这个实验而感到高兴，只有 1.3% 的人表示对参加这个实验而感到很遗憾。一年之后的精神病随访检验也没有发现被试存在外伤或

心理创伤。即便这样，大部分心理学家认为，在当前的道德规范之下，此类研究再也不该有了【**连接**学习目标 1.10】。

近年来，有一项复制米尔格拉姆研究的尝试，尽管电击仅限于 150 伏电压（Burger，2009）。联邦政府要求在 150 伏电压下结束这项研究，并询问被试是否应该继续下去。不管被试的回答如何，研究都在那一刻结束了。结果表明，与米尔格拉姆的研究相比，被试服从的可能性只是稍微弱了些。

其他研究表明，这些研究可能并不像大多数人所描述的那样，真正检验的是"服从"。2009 年一项后续的复制研究发现，当实验者使用的四个提示语达到最高频率时，没有一个被试继续实验（Burger et al.，2011）。唯一容易被视为实际命令的提示语是："你别无选择，你必须继续。"提示语作为命令出现的次数越多，被试"服从"的可能性就越小。此外，有人提出，米尔格拉姆范式的结果可能更多是关于社会认同，而不是服从。被试认为自己更符合实验者的身份，而不是"学生"，他们的行为方式表明了他们对更重要的科学程序的支持，而不是对普通公众的支持（Reicher et al.，2012）。被试不是盲目地服从命令，而是积极地工作，以达到领导者或实验者制定的目标。之所以服从，可能是因为他们相信，在权威人士的帮助下，他们所做的事是正确的（Frimer et al.，2014；Haslam & Reicher，2012；Reicher et al.，2012）。他们是正派的人，做了一些可怕的事情，因为他们相信从长远来看他们的做法是正确的。

这些可能的重新表述无疑将为社会心理学家提供更多的方法，以便在未来进一步研究服从这个复杂的课题。

概念地图 12.1~12.4

● **从众** ─┬─ 一些经典的研究表明，个体会改变他们的行为以符合群体的行为
为迎合他人而改变　　└─ 可能受到私人化、是否面对面接触、性别、文化等因素的影响
自己的行为

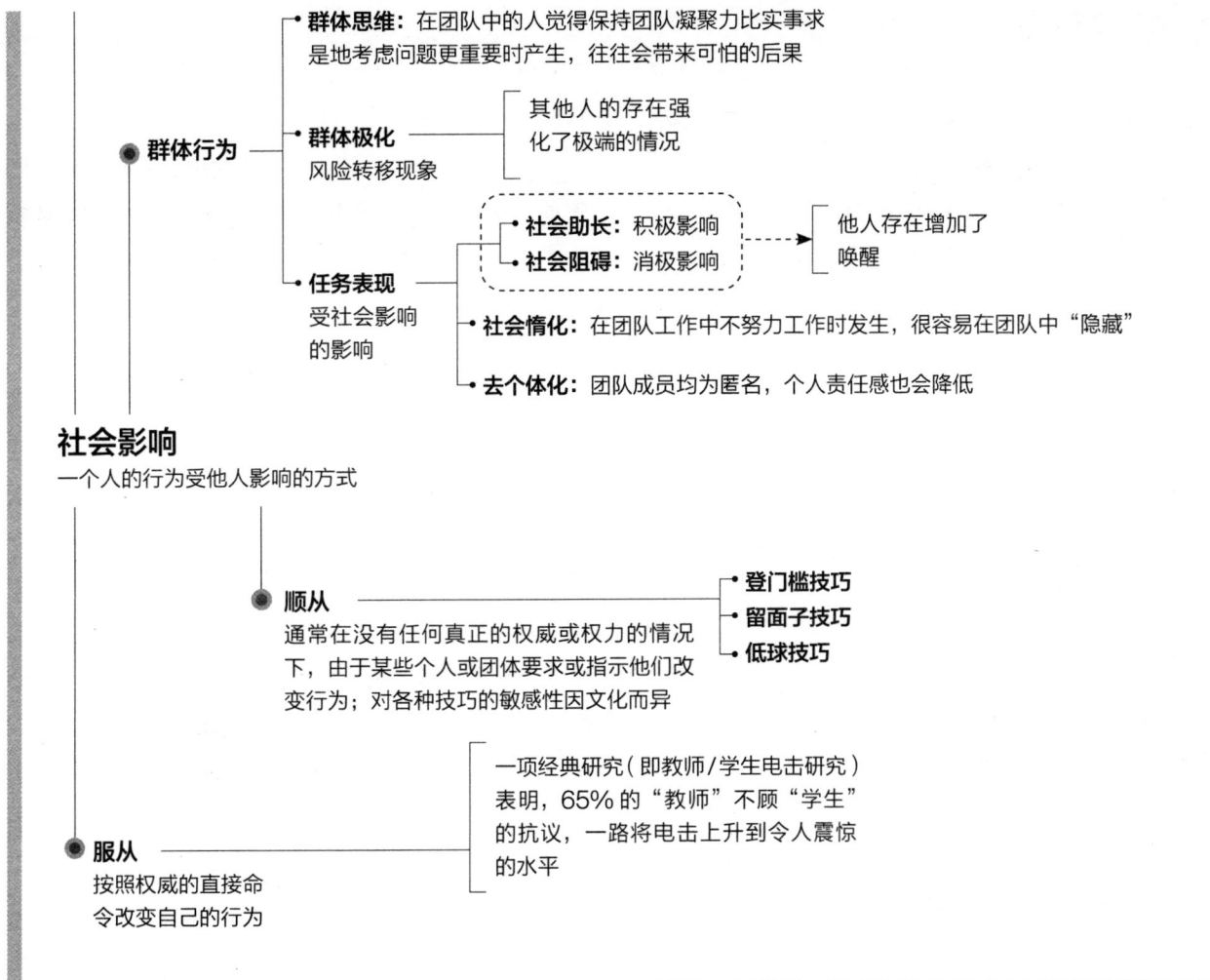

群体行为

- **群体思维**：在团队中的人觉得保持团队凝聚力比实事求是地考虑问题更重要时产生，往往会带来可怕的后果
- **群体极化**
  风险转移现象 —— 其他人的存在强化了极端的情况
- **任务表现**
  受社会影响的影响
  - **社会助长**：积极影响
  - **社会阻碍**：消极影响 ----> 他人存在增加了唤醒
  - **社会惰化**：在团队工作中不努力工作时发生，很容易在团队中"隐藏"
  - **去个体化**：团队成员均为匿名，个人责任感也会降低

社会影响
一个人的行为受他人影响的方式

- **顺从**
  通常在没有任何真正的权威或权力的情况下，由于某些个人或团体要求或指示他们改变行为；对各种技巧的敏感性因文化而异
  - **登门槛技巧**
  - **留面子技巧**
  - **低球技巧**

- **服从**
  按照权威的直接命令改变自己的行为 —— 一项经典研究（即教师/学生电击研究）表明，65%的"教师"不顾"学生"的抗议，一路将电击上升到令人震惊的水平

随堂小考

1. 在阿希的研究中，当____时，从众效应会降低。
   - A. 至少有四个同盟者在场
   - B. 至少有一个同盟者同意被试的意见
   - C. 参与者是男性
   - D. 参与者有很高的自尊心

2. 以下哪一项不能有效地减少群体思维？
   - A. 卡罗琳希望她的团队公开举手表决，支持或反对她的商业计划
   - B. 凯伦公开邀请所有团队成员，甚至团队之外的人提供意见
   - C. 安妮娜提醒她的团队，每个人都要为团队的最终决定负责
   - D. 朱亚妮塔努力保持对所有想法的公正评判，不管它们是什么

3. 去个体化的关键之一是____。
   - A. 群体极化
   - B. 群体保护
   - C. 从众
   - D. 匿名

4. 康纳和朋友们出去活动需要 20 美元。他向母亲要 50 美元，母亲给了他 30 美元。最后，康纳得到的比计划多 10 美元。康纳用了什么技巧？
   - A. 登门槛技巧
   - B. 留面子技巧
   - C. 低球技巧
   - D. 有计划的服从

5. 斯坦利·米尔格拉姆研究的后续研究发现，____"教师"的电击会达到致命的程度。
   - A. 小于 30%
   - B. 40%
   - C. 65%
   - D. 80%

◯ 社会认知

社会认知（social cognition）关注人们看待他人的方式以及这些认知如何影响对他人的行为。在这个部分，我们会重点讨论人们如何看待他人、形成对他人的第一印象，以及如何解释他人和自己的行为。

态度

12.5　认识态度的三个组成部分以及态度的形成

社会认知研究的其中一个领域关注**态度**（attitude），即对他人行为和看法的形成和影响。态度可被定义为一种针对某个观点、人、物体或情况的积极或消极的反应倾向（Triandis，1971）。这种倾向从人们与他人一起工作和生活的经验发展而来，能够影响人们对于这些观点、人、物体或情况的行为方式，也包括观点、信仰和偏见。实际上，在真正接触这些东西之前，态度影响着人们看待这些东西的方式（Petty et al.，2003）。

> 💬 态度怎么能对尚未发生的事情产生影响呢？

态度不是天生的，是人通过经验和与他人的接触，甚至是通过父母、老师和其他重要人物的直接指导而习得的。因为态度是对事物积极或消极的评价，所以在进入新的环境、遇见新的人或接触到新观点的时候，人们可能就有了"既定的看法"——喜欢或不喜欢、同意或不同意等（Eagly & Chaiken，1993；Petty et al.，2003；Petty & Briñol，2015）。例如，在品尝某些食物之前，孩子就已经有了自己的想法，仅仅因为食物是"绿色的"。他们可能之前吃过绿色的食物但是不喜欢，于是面对任何绿色的食物都会倾向于不喜欢，不管有没有尝过。

态度的 ABC 模型　态度有三个不同的组成部分（见图 12-3）。本书的其他章节对这些组成部分多有提及，人们的思维、感觉和行为方式组成人的个性和特质。通过特定术语来描述这三个概念，心理学家提出了一种简便的方式来描述态度的三个组成部分（Eagly & Chaiken，1993，1998；Fazio & Olson，2003）。

情感成分　态度的情感成分是一个人对物体、人或环境的感觉。情感在心理学中指的是"情绪"和"感觉"，因此情感成分就是情绪成分。比如，有些人可能觉得乡村音乐有趣且令人振奋。

行为成分　态度的行为成分是一个人对人、物体或环境所采取的行动。比如，一个觉得乡村音乐很有趣的人很可能会收听乡村音乐电台，买乡村音乐唱片或者去听乡村音乐的演唱会。

认知成分　态度的认知成分是一个人对人、物体或环境的思考方式。这些想法或认知包括与态度对象有关的信念和观点。比如，乡村音乐爱好者可能认为乡村音乐优于其他形式的音乐。

> 💬 如果知道一个人对某物的想法和感受，就能预测他的行为吗？

奇怪的是，在许多的对照研究中，态度预测实际行为的能力很差。几十年的研究结果表明，人们说的和做的往往截然不同（van de Garde-Perik et al.，2008；Wicker，1971）。研究发现，只有在特定的条件下，态度才能预测行为。例如，在一项研究中，研究人员发现，调查中随机抽取的样本声称自己深知保护环境的重要，并且愿意花更多的钱买绿色蔬菜和水果，当对同一样本的购买习惯进行调查时发现，只有在收入水平较高地区的杂货店才能看到人们购买绿色食品，这些消费者有财力"在嘴上花点钱"（A. Clarke et al.，1999）。住在其他地区的人给出了他们认为社会期望的答案，但实际上，低收入影响了他们的行为。

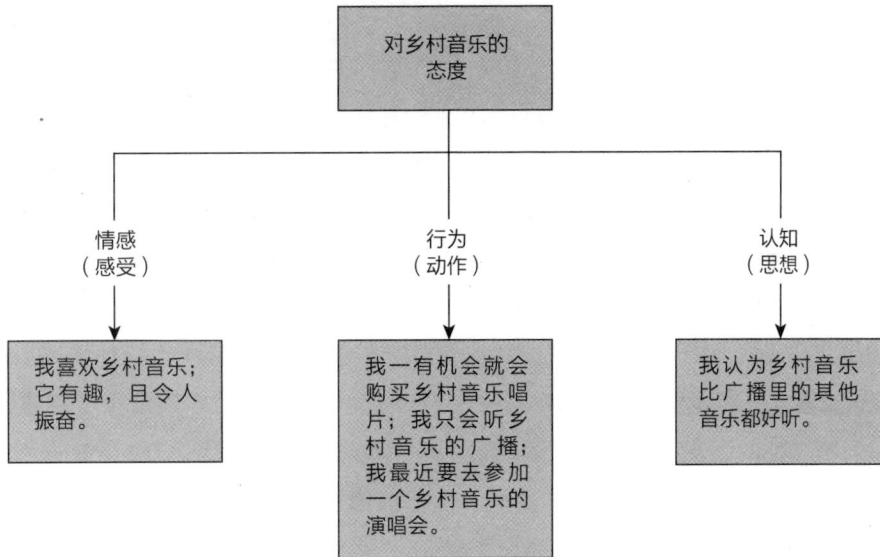

```
                        对乡村音乐的
                           态度

        情感                 行为                  认知
       （感受）             （动作）              （思想）

   我喜欢乡村音乐；      我一有机会就会        我认为乡村音乐
   它有趣，且令人        购买乡村音乐唱        比广播里的其他
   振奋。                片；我只会听乡        音乐都好听。
                        村音乐的广播；
                        我最近要去参加
                        一个乡村音乐的
                        演唱会。
```

图 12-3　态度的三个组成部分

态度包括个体对于某些事物的感觉、想法，以及所选择的行为方式。如果你喜欢乡村音乐，可能会认为乡村音乐是好音乐，也愿意听这种音乐、购买这种音乐作品，甚至去看演出。这三个组成部分会相互影响。

许多人相信使用有机产品可以保护环境。一项研究则表明，只有那些花钱购买这些价格更贵的产品的人，才真正在实践这一点。

影响态度对行为作用的另一个因素是态度本身的具体程度。人们可能对某件事持一种普遍的态度，而在实际行为中没有反映这种态度。比如，医生普遍认为：人们应该尽其所能地保持和促进自身的健康，但是许多医生仍抽烟、缺乏锻炼，经常睡眠不足。一种具体的态度，如"锻炼对我的健康很重要"，更可能引发锻炼行为（Ajzen，2001；Ajzen & Fishbein，

2000）。即使在模拟游戏中，玩家在虚构的医疗环境中控制角色对健康行为做出具体的决定，也已被证明对玩家的医疗态度有积极的影响（Kaufman et al.，2015）。

有些态度比其他态度强，强的态度更有可能预测行为。比如，与下定决心戒烟的人相比，因为健康状况不佳而戒烟的人对二手烟的态度可能更强烈。特定情境下特定态度的重要性或显著性也会对行为产生影响，态度越重要，行为与态度的一致性可能越高。比如，反对抽烟的人更可能与在医院中违反规定的抽烟者发生冲突，而不是与室外的抽烟者（Eagly & Chaiken，1998）。

态度形成　态度的形成是多种因素共同作用的结果，其中只有一个共同点，即它们都是学习的形式。

直接接触　态度形成的一种方式是与态度的对象人物、想法、情境和客体直接接触。比如，一个孩子第一次吃迷你卷心菜时不喜欢它的味道，便会对迷你卷心菜形成消极的态度。

直接指令　态度形成的另一种方式是通过父母或者其他人的直接指令。比如，父母会告诉孩子，吸烟有害健康。

与他人互动　有时，态度的形成是因为周围的人有这种态度。比如，如果一个人的朋友都认为吸烟很酷，那么这个人也可能认为吸烟很酷（Brenner，2007；Eddy et al.，2000；Hill，1990；Shean et al.，1994）。

替代性条件作用（观察学习）　许多态度是通过观察他人对各种人、事、物的行为和反应而习得的。正如母亲对狗有恐惧，孩子也可能会产生相似的恐惧【连接学习目标 5.3】。喜欢古典音乐的父母养育的孩子长大后可能也会持有相似的态度。

态度不仅受到个体直接接触的周围世界的影响，也受到教育系统（许多态度可以通过学校学习和读书获得）以及社交网站、报刊、电视和电影等大众媒体的影响，广告商和营销专家都深谙此理（Gresham & Shimp，1985；MacKenzie et al.，1986；Visser & Mirabile，2004）。

说服：态度的改变

12.6　描述如何改变态度

💬 人们习得的态度未必都是好的，对吗？那么态度能够改变吗？

态度是后天习得的，自然也能通过新的学习而改变。想要改变人们态度的人、公司以及其他组织比比皆是。这都是**说服**（persuasion）的艺术，即一个人试图通过辩论、请求或解释来改变另一个人的信仰、观点、立场和行为的过程。说服不是一件简单的事，其成功与否受到以下几种因素的影响：

- **来源**：交流者是传递信息的人。被认为是专家的人以及可靠、有吸引力、与接收信息者相似的人会得到更多的重视（Eagly & Chaiken，1975；O'Keefe，2009；Petty & Cacioppo，1986，1996；Priester & Petty，1995）。

- **信息**：实际的信息应该是清晰有序的（Booth-Buterfield，1996）。通常将一个观点的正反面都告知那些尚未有过接触的听众是有效的

（Crowley & Hoyer，1994；O'Keefe，2009；Petty & Cacioppo，1996；Petty et al.，2003）。旨在激发恐惧的信息，如果恐惧水平适度并提供了如何避免恐惧后果的信息，会更有效（Kleinot & Rogers，1982；Meyrick，2001；Petty，1995；Rogers & Mewborn，1976）。最近的研究表明，当恐惧信息不仅提供如何避免后果的信息，而且强调后果的严重性时，更高程度的恐惧信息可能非常有效，尤其对女性群体而言（Tannenbaum et al.，2015）。

- **目标受众**：目标受众的特点对于信息的有效性也很重要。比如，听众的年龄可能就是一个因素。研究人员发现，与老年人相比，青少年晚期到 20 多岁的年轻人更易被说服（O'Keefe，2009；Visser & Krosnick，1998）。

- **媒介**：接收信息的方式也很重要。例如，在电视上看到和听到一位政治家的演讲，其效果可能与在报纸或网络上读到的大相径庭。电视报道的视觉冲击尤其重要，因为它提供了一个机会，使信息的来源被视为有吸引力的。

一个人受影响的程度也与其处理信息的方式有关。说服的**精细加工似然模型**（elaboration likelihood model）（Briñol & Petty，2015；Petty & Cacioppo，1986）假设，人们要么对其听到的信息的细节进行精细加工，要么根本不进行精细加工而更关注信息的长度、传递者以及传递者有无吸引力等表面特征。该模型假设了两种加工方式：**中央路径加工**（central-route processing），即更关注信息的内容本身；**边缘路径加工**（peripheral-route processing），即依靠信息内容之外的外围线索，如信息源的专业知识、信息的长度以及其他和信息内容无关的因素。边缘路径加工模式使得人们不再关注信息本身，而是根据这些边缘线索作出决策（Briñol & Petty，2015；Petty & Cacioppo，1986；Stiff & Mongeau，2002）。例如，有一次，我参加陪审团小组时，有位女性投"有罪"票，只是因为被告有"诡诈的眼神"，而与任何证供无关。

批判式思考　假如你被要求制作一个电视广告来销售新产品。根据你对影响说服的因素的了解，你打算如何说服顾客？

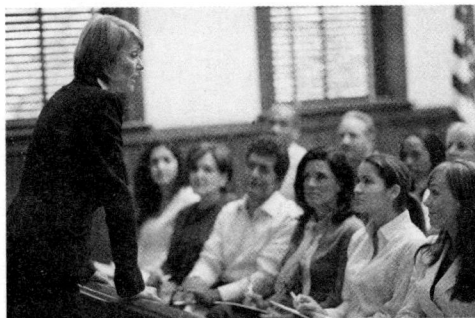

法庭上的陪审员如何理解和处理那些被给定的信息，将会决定审判的结果。那些仔细聆听涉及审判的人们所说的话的陪审员，使用的是中央路径加工。然而，有一些陪审员更易被律师、被告和证人的外貌、衣着打扮、吸引力和语调所吸引。当人们被信息以外的因素说服时，就称为边缘路径加工。

认知失调：当态度与行为发生冲突

12.7　解释当态度与行为不一致时人们的反应

💬 如前所述，有时人们所言和所行非常不同。有一次，我指出一个朋友的言行不一，结果把他惹毛了。他为什么这么生气？

当人们发现自己的所言所行与他们自认为的聪明、善良或有道德不符时，就会经历一种被称为**认知失调**（cognitive dissonance）的不适感（Aronson，1997；Festinger，1957；Kelly et al.，1997）。当人们面对其所言所行是愚蠢、不道德或不合逻辑的事实时，就会经历认知上的不一致。例如，他们可能会有"我很聪明"的认知，但也有"做了件蠢事"的认知，这就导致了失调——不一致或是缺少一致性。

认知失调带来的压力和唤醒是令人不安的，于是人们就有了通过某些改变来减轻或是消除不安的动机。人们能够通过三种基本途径减轻认知失调：

1. 改变冲突的行为，使其与态度一致。
2. 改变存在冲突的认知，以使行为合理化。
3. 形成新的认知，以使行为合理化。

以拉里为例，他是一名大学毕业生，也是一个烟民。一方面，他受到的教育告诉他吸烟危害很大，会导致肺部疾病、癌症甚至死亡。另一方面，他喜欢抽烟，抽烟能让他平静下来，帮助他缓解压力，再加上他已经深度成瘾，很难戒掉了。他的态度（抽烟有害健康）与行为不一致，因此正在经历认知失调。他知道自己需要做些什么来走出困境。

如果选择第一种减轻认知失调的方法，不管多难，拉里都会戒烟。只要他在努力改变冲突行为，失调就会减轻。如果戒不掉烟呢？他可能会认为抽烟并不像人们所说的那么糟，改变他最初的冲突认知，这是第二种方法。他也可能形成一种新的态度，认为抽"淡"一点的香烟就能降低风险，使抽烟这个行为合理化，这是第三种方法。

斯坦福大学的心理学家利奥·费斯廷格（Leon Festinger）和同事詹姆斯·卡尔史密斯（James Carlsmith）在 1959 年进行了一项经典的实验。实验中，男性志愿者要连续一个多小时进行一项非常无聊的工作：整理木轴和转动木钉。一小时后，实验者要求被试让接下来要参加实验的女性志愿者相信这个任务是非常有趣的，对这群被试来说，这无疑是在撒谎。一半被试的报酬是 1 美元，另一半的报酬是 20 美元。20 世纪 50 年代末，20 美元可以说是一笔巨款：当时的人均年收入是 5 000 美元，平均的购车价格为 3 000 美元，汽油每加仑 25 美分。

在进行这项研究时，很多研究人员预测，报酬多的人会更喜欢这个任务，因为他们的撒谎行为得到了更多的强化物——20 美元。事实是，报酬为 1 美元的被试自己更相信这个任务是有趣的。原因就是认知失调。只得到 1 美元的被试对于自己为区区 1 美元就对别人撒谎而感到不安。因此，他们找到了不说谎的办法：承认这个任务真的很有趣！得到 20 美元报酬的被试没有经历认知失调，他们知道自己为了得到一大笔钱而撒谎，这些钱足以让他们将自己的行为合理化。虽然大部分人不想被认为是骗子，但能拿到足够多的钱给汽车油桶加满 3 ～ 4 次油，就足以让人说出看似无害的小谎了。那些只得到 1 美元的人不得不改变他们对于这个任务的态度，这样他们就没有说谎，从而保持诚实的自我形象（见图 12-4）。

引发物	态度 *
1 美元	+1.35
20 美元	-0.5
对照组	-0.45

* 基于 -5 至 +5 量表，-5 意味着"非常无聊"，+5 意味着"非常有趣"。

图 12-4 认知失调：对任务的态度

在完成一项枯燥的任务后，被试将得到 1 美元或 20 美元的报酬，并要说服其他等待的被试这项任务很有趣。令人惊讶的是，那些获得了 1 美元报酬的被试似乎改变了态度，认为任务很有趣，而获得 20 美元报酬的被试对任务的评价则与对照组没有差异。
资料来源：Festinger & Carlsmith（1959）。

有证据表明，4 岁以下的儿童处理认知失调的基本策略似乎与年长的儿童和成人不同。研究人员通过让 4 岁和 6 岁儿童完成赚取贴纸的任务来进行比较（Benozio & Diesendruck，2015）。在一个小组中，两个年龄段的孩子都要努力工作才能拿到贴纸；而在另一个小组中，任务非常简单。他们赚取的贴纸也有两种，一种是非常理想的时下最热的动画人物贴纸，另一种是不吸引人的，像是男孩拿到的植物或公主贴纸。每个孩子赚到 10 张贴纸后，要玩一个游戏。在这个游戏中，他们必须决定要给在视频中看到的孩子多少张贴纸。后来实验改进为让他们给一个盒子贴纸，以避免可能的社会问题。虽然两个年龄组送出的漂亮贴纸都比较少，但如果获取难度大的话，6 岁的孩子送出的不好看的贴纸则要少得多。这表明，年长的孩子改变了他们的认知，改变了对贴纸的渴望，就像费斯廷格和卡尔史密斯经典研究中的成年人一样。与那些容易赚到的贴纸相比，年幼的孩子送出的贴纸更不吸引人。这表明他们选择改变自己的冲突行为，

而不是认知。也许改变一个人的认知需要比年幼的孩子更成熟的大脑。

认知失调理论在过去 50 年里受到了其他可能的解释的挑战。达里尔·贝姆的自我知觉理论认为，人们并不是经历消极的紧张，而是在观察自己的行为后推断出自己的态度（Bem，1972）。认知失调的研究依然在继续进行，其中不少人关注的是人们在经历认知失调时可能参与活动的脑区。这些研究发现，当人们为了减轻失调而做出决策并付诸实践时，负责语言和决策的左侧前额叶特别活跃（Harmon-Jones，2000，2004，2006；Harmon-Jones et al.，2008，2011）。这个神经学发现并不令人惊奇，毕竟减轻认知失调主要是人们"劝说"自己采取或放弃某种行为的过程。但耶鲁大学的研究人员在 4 岁的儿童和卷尾猴身上都发现了认知失调存在的惊人证据，这两个群体一般被认为尚未发展出高水平的思维能力——那种解决认知失调需要使用的高水平思维能力（Egan et al.，2007；Egan et al.，2010）。难道猴子和学龄前儿童比我们想象的更复杂？或者解决认知失调的过程比先前认为的更简单？显然，关于认知失调尚有很多问题需要解答。

印象形成

12.8 描述人们如何形成对他人的印象

某人第一次见到另一个人，是对对方做出初步评价和判断的第一次机会。第一次机会在印象的形成中是非常重要的，是一个人对另一个人最初认识的形成。**印象形成**（impression formation）包括把另一个人归类，对那个人可能的行为得出结论，这些全都是预测。从某种意义上讲，第一次见到另一个人时，观察者经历了一个类似于第 7 章中讨论过的概念形成过程。印象形成是另一种社会认知。

印象形成存在首因效应：人们第一次见到某人时会形成关于对方的印象并将保持下去，即便之后可能会有关于那个人的不同信息出现（DeCoster

& Claypool，2004；Lorenzo et al.，2010；Luchins，1957；Macrae & Quadflieg，2010）。因此老话说得很对：第一印象很重要。

社会分类 人们见到陌生人时会将其划归某个类别或群体。基于观察者的经验，分类通常会根据这个陌生人与其他人或群体的共同特点来进行。**社会分类**（social categorization）几乎不需要意识的参与就可以发生（Macrae & Bodenhausen，2000；Vernon et al.，2014）。虽然这是一个自然的过程（人类是天生的分类者【连接学习目标 7.2】），但有时也会出现问题。如果分类的特点很肤浅，且与某些观点不正确地联系起来，比如"红头发等于坏脾气"，社会分类就会导致刻板印象。刻板印象是人们主观相信某个特定的社会类别中的所有成员都具有共同的特点（Fiske，1998）。刻板印象虽然不总是消极的，但通常非常狭隘，会导致人们对他人的错误判断以及错误对待。刻板印象与首因效应叠加，可见第一印象有多么重要。第一印象不仅比之后得到的任何其他信息都重要，还包含了很难改变的刻板印象（Hall et al.，2013；Hilton & von Hipple，1996；Hugenberg & Bodenhausen，2003）。

💬 这么说，不使用社会分类会更好。

中国上海的招聘会现场，数千名应聘者满怀希望地等待获得一次面试的机会。在任何面试中，留下美好的第一印象都是很重要的。在上千名的竞争者中，那些穿着得体、打扮讲究的人更有可能获得面试机会。

社会分类的确在他人的认知中占有重要地位。它可以让人们获取大量有用的信息，帮助人们记住和组织关于他人特点的信息（Macrae & Bodenhausen，2000）。避免陷入消极刻板印象的陷阱的方法是，意识到刻板印象的存在，并运用一点批判性思维："他身上有许多穿孔，但并不意味着他过于咄咄逼人，这仅仅表明他有很多穿孔而已。"

内隐人格理论 人们对其他人进行归类的方法是基于所谓的内隐人格理论。**内隐人格理论**（implicit personality theory）是人们对不同类型的人、人格特点和行为在儿童期是如何相互联系并形成的一系列假设（Dweck et al.，1995；Erdley & Dweck，1993；Plaks et al.，2005）。比如，许多人有一种内隐人格理论，认为快乐的人是友好的，安静的人是害羞的。虽然这些假设或信念并不总是正确，但它们的确起到了帮助组织图式或心理模式的作用。这些图式或心理模式，在此处代表一个人对某种类型的人的信念。（在这里，图式的概念类似皮亚杰提出的复杂图式【连接学习目标 8.7】。）当人们对与自己不同的人只有有限的经验时，以这种方式形成的图式很容易变成刻板印象，尤其是在肤浅的方面，比如肤色或者其他身体特征（Levy et al.，1998）。

有一种测试被用来测量构成内隐人格理论的内隐态度，称为内隐联想测试或 IAT（Greenwald & Banaji，1995；Greenwald et al.，1998）。这种由计算机进行的测试测量了某些概念对之间的关联程度。例如，计算机屏幕的一侧显示"愉快"一词，另一侧显示"不愉快"一词，中间是可能与这两个类别中的一个或另一个相关联的其他词。被试需要尽快按键将单词进行分类，计算机测量反应时间。经过多组词的比较，反应时长的差异揭示了内隐态度（Nosek et al.，2007）。

有证据表明，内隐人格理论可能存在文化和个体差异。比如一项研究发现，美国人和中国人对个体人格的可塑性持有不同的内隐人格理论。美国人认为人格是相对固定不变的，而中国人认为人格具有可变性（Chiu et al.，1997）。

归因

12.9　阐述解释自己和他人行为的过程

社会认知的另一个方面是，人们需要解释他人的行为。当见到某些人正在做你不能理解的事时，你脑海中可能会涌现大量的解释："他可能病了，或者看到了一些我看不见的东西。"想知道人们为什么做某事似乎是人类的天性，这样我们就知道该如何对待他们，以及把谁当作榜样。如果没有明确的答案，人们倾向于给出自己的理由。人们也需要对自己的行为做出解释。这种需求非常强烈，以至于如果解释不够充分，就会导致认知失调。解释自己和他人行为的过程叫作**归因**（attribution）。

行为的原因　**归因理论**（attribution theory）最早是由社会心理学家弗里茨·海德（Fritz Heider）提出的，它不仅解释了为什么事情会发生，而且解释了为什么人们会选择对他们行为的特定解释。基本上有外部原因和内部原因两种解释。

当行为的原因被假定为来自外部，如天气、交通、教育机会等，就叫作**情境归因**（situational cause）。它认为观察到的行为是由个体当时所处的任意环境所造成的。比如，约翰迟到了，可能是因为交通堵塞和汽车故障。

另一方面，当行为的原因被假定为来自个体内部时，叫作**本性归因**（dispositional cause）。在这种情况下，人的内在人格特点被视为观察到的行为的原因。比如，把约翰的行为归于本性原因的人可能会认为，约翰迟到是因为其个性中有不守时的特点。

归因中也存在情绪因素。比如，研究人员发现，在幸福的婚姻中，配偶的行为产生积极影响时会被归于内因（"他这么做是为了我好"），消极影响就会被归于外因（"他今天一定很不顺"）。但如果婚姻不幸福，则会出现相反的归因："他很和气，是因为想从我这里得到些什么"或者"他很暴躁，是因为天性如此"（Fincham et al.，2000；Karney & Bradbury，2000）。

💬 还有没有其他因素决定人们使用哪种归因方式呢？比如，是什么决定了人们如何解释某些他们不认识的人的行为？

基本归因错误

最著名的归因偏见是**基本归因错误**（fundamental attribution error），指人们在观察他人行为时，高估了个体内在特质对行为的影响、低估了环境影响的倾向。在解释自己的行为时，我们使用情境归因而不是本性归因的倾向被称为行为人－观察者偏见，因为我们是行为人，不是观察者。换句话说，人们倾向于根据对象是什么人来解释他人的行为，而非寻找外在的原因，比如社会影响和情境（Blanchard-Fields et al.，2007；Harman，1999；Jones & Harris，1967；Leclerc & Hess，2007；Weiner，1985）。又比如，听说了米尔格拉姆"电击"实验的人们倾向于认为实验中的"教师"有问题，而不是在情境中解释他们的行为。

💬 为什么我们会这么做？为什么不用外部原因解释别人的行为？

人们观察自己时，非常清楚情境对自己行为的影响。比如，迟到的约翰确实是开车去上班的，他知道交通堵塞和汽车故障是他迟到的原因——毕竟他就是当事人。但是其他观察约翰行为的人并没有机会看到所有可能的情境影响，只有约翰本人可以关注，因此会认为约翰迟到是其内在人格缺陷造成的。

其他研究表明，当学生有机会对作弊行为进行归因时，他们会产生基本归因错误和行为人－观察者偏见：其他人作弊是因为他们不诚实，但自己作弊则会被归因为情境（Bogle，2000）。

能够减少这种犯错的倾向吗？可以采用以下几种策略。一种策略是，留意有多少人正在做同样的事。作为一名大学教授，学生迟到的现象时有发生。如果是同一个学生屡次迟到，可以认为这个学生不守时，这是本性归因。如果许多学生都迟到了，假设就应该改成"一定是哪儿出了问题",这是情境归因。换句话说,如果很多人都这么做,很可能是外部因素导致的。

另一种策略是,想象一下在同样的情境下你会怎么做。如果你认为你也会这么做,行为的原因可能是情境性的。人们还应该努力寻找那些并不明显的原因。比如,如果约翰看起来"精疲力竭",那么假设可能是"有些事让他压力很大","有些事"可能是交通堵塞。

在美国文化中存在基本归因错误(Jones & Harris,1967),同样的错误会在与美国文化截然不同的其他文化,比如日本出现吗?这是研究人员增田(Masuda)和北山(Kitayama)提出的问题,他们让美国和日本的被试朗读预先写好的态度陈述。之后,被试要给出他们关于目标真实的态度看法。美国被试犯了典型错误,认为目标的态度与陈述的态度一致;但日本被试认为,目标的态度可能与陈述的态度不同,因为目标有可能是在社会责任的驱使下写下这段陈述的。日本社会是集体主义文化,日本人可能会写文章以取悦老师或者雇主,却不一定表达作者的态度。有关归因的跨文化研究进一步支持了基本归因错误并不普遍存在的观点(Peng et al.,2000)。米勒和许多其他研究人员的工作有力地表明,在更强调相互依赖的集体主义文化下,中国人、日本人和韩国人倾向于假定外在情境因素比内部本性因素对他人行为负有更多责任(Blanchard-Fields et al.,2007;Cha & Nam,1985;Choi & Nisbett,1998;Choi et al.,1999;Lee et al.,1996;Morris & Peng,1994;Morris et al.,1995;Norenzayan et al.,1999)。这个结果与美国和其他个人主义西方文化中常见的基本归因错误恰好相反。

年龄也是一个人成为基本归因错误牺牲品的可能因素之一。一些研究发现,与年轻人相比,老年人更倾向于将他人的行为归为内因(Blanchard-Fields & Horhota,2005;Follett & Hess,2002;Leclerc & Hess,2007)。

研究发现,动机归因也可能造成群体之间的冲突(Waytz et al.,2014)。这项研究比较了中东的以色列人和巴勒斯坦人以及美国的共和党人和民主党人。这些群体持续经历着大量的敌意、冲突,以及不愿改变长期持有的信仰。在研究中,被试需要对其他人参与冲突的动机进行评分。研究人员发现,双方都觉得自己的动机是爱,而对方的动机是恨。研究人员称这种想法为动机－归因不对称,他们认为这至少是一个很难达成妥协和谈判的原因,因为对方恨你,你认为他们不合理,谈判就无法实现。

概念地图 12.5~12.9

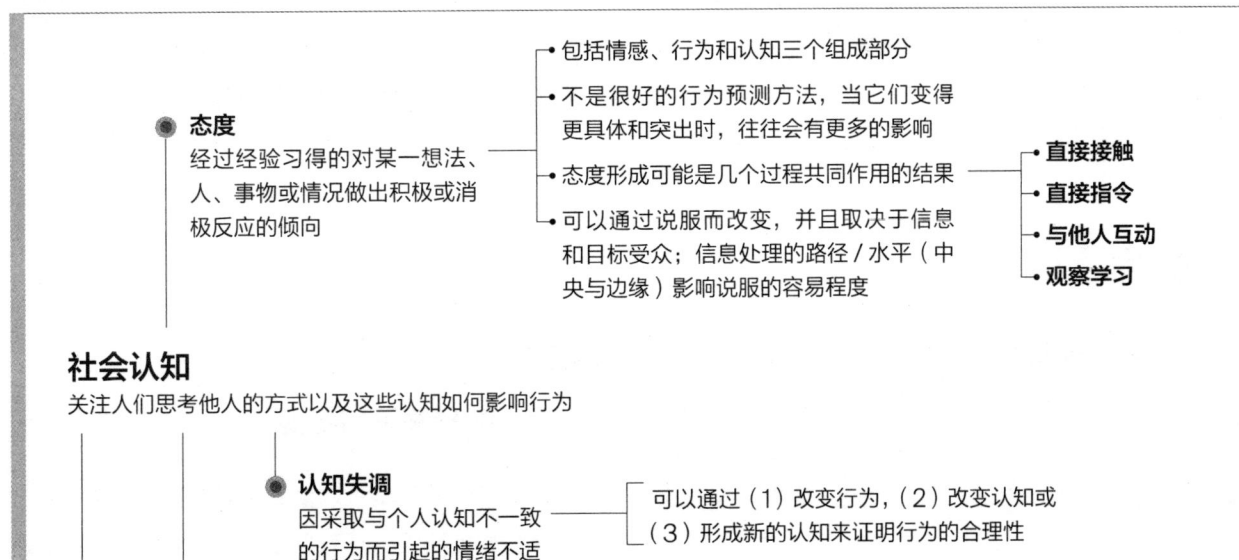

态度
经过经验习得的对某一想法、人、事物或情况做出积极或消极反应的倾向

- 包括情感、行为和认知三个组成部分
- 不是很好的行为预测方法,当它们变得更具体和突出时,往往会有更多的影响
- 态度形成可能是几个过程共同作用的结果
  - **直接接触**
  - **直接指令**
  - 与他人互动
  - 观察学习
- 可以通过说服而改变,并且取决于信息和目标受众;信息处理的路径/水平(中央与边缘)影响说服的容易程度

社会认知
关注人们思考他人的方式以及这些认知如何影响行为

认知失调
因采取与个人认知不一致的行为而引起的情绪不适

可以通过(1)改变行为,(2)改变认知或(3)形成新的认知来证明行为的合理性

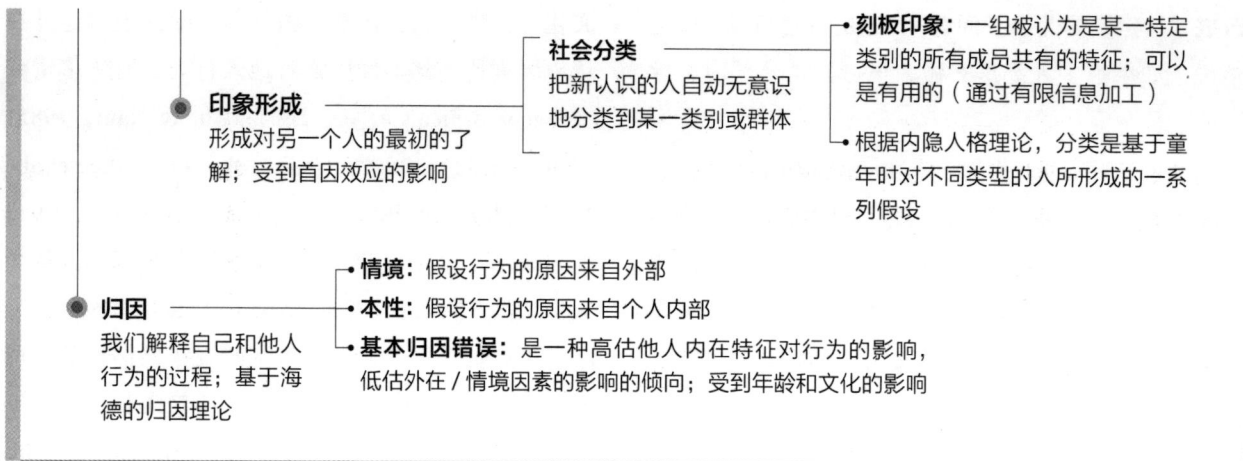

社会分类
把新认识的人自动无意识地分类到某一类别或群体

印象形成
形成对另一个人的最初的了解；受到首因效应的影响

刻板印象：一组被认为是某一特定类别的所有成员共有的特征；可以是有用的（通过有限信息加工）

根据内隐人格理论，分类是基于童年时对不同类型的人所形成的一系列假设

归因
我们解释自己和他人行为的过程；基于海德的归因理论

情境：假设行为的原因来自外部
本性：假设行为的原因来自个人内部
基本归因错误：是一种高估他人内在特征对行为的影响，低估外在/情境因素的影响的倾向；受到年龄和文化的影响

随堂小考

1. 以下哪项代表态度的情感成分？

    A. "我喜欢去俱乐部，这让我很高兴！"

    B. "今晚，我们要去市中心的那家新俱乐部。"

    C. "在俱乐部外面看人很有趣。"

    D. "我今晚要穿一套新衣服去俱乐部。"

2. 艾琳讨厌蛇，尽管她从来没有被蛇咬过或接近过蛇。当在花园里遇到蛇，甚至是在看一部有蛇的电影或电视节目时，她看到母亲非常害怕，自己也很害怕。艾琳对蛇的态度很可能是通过____获得的。

    A. 直接接触　　　　　B. 直接指令

    C. 与他人互动　　　　D. 替代性条件作用

3. 一个朋友告诉你："我不喜欢今天的环保意识演讲。首先，时间太长了，更不用说演讲的人用聚苯乙烯杯喝水，还开着一辆巨大的越野车。"你的朋友可能在用什么样的处理方法？

    A. 中央路径加工　　　B. 边缘路径加工

    C. 认知路径加工　　　D. 视觉路径加工

4. 科哈纳认为，每个微笑的人一定会永远快乐，而安静的人天生害羞。这些假设是____。

    A. 刻板印象　　　　　B. 内隐人格理论

    C. 归因理论　　　　　D. 态度

5. 卡莱布上班总是迟到，他的朋友把这归因于卡莱布的懒惰。这是一个____归因的例子。

    A. 情境　　　　　　　B. 本性

    C. 时代　　　　　　　D. 肤浅

6. 无意识地犯了基本归因错误的人怎么解释斯坦利·米尔格拉姆的服从研究？

    A. 在研究中，被试受到米尔格拉姆和他的团队的影响很大

    B. 在研究中，被试希望得到高度的积极强化

    C. 研究的被试想成为米尔格拉姆小组的一员

    D. 研究的被试一定是那种喜欢伤害别人的人

◎ 社会互动

社会影响和社会认知是社会心理学三个主要研究领域中的两个。第三个领域涉及与他人的社会互动和人际关系，人际关系包括普通关系和亲密关系；社会互动包括偏见与歧视、喜欢与爱、攻击、亲社会行为。

偏见与歧视

12.10　区分偏见与歧视

前文已经谈过刻板印象是如何通过使用关于某个人或某群体的肤浅信息而形成的。个体对特定社会群

体成员持有的不受支持且常为消极的刻板印象，叫作**偏见**（prejudice）。

　　偏见态度导致某一特定社会群体的成员在要求平等待遇的情况下被区别对待，叫作**歧视**（discrimination）。偏见是一种态度，歧视是这种态度可能导致的行为。虽然可以通过制定法律来减少歧视行为，却不能用同样的方法禁止持有某些态度。换句话说，歧视能够被控制，在某些情况下能够被消除，但是造成歧视的偏见态度却不能被轻易地控制或消除。

在标志性的 1954 年关于种族隔离的最高法院判决之后（Brown v. the Board of Education of Topeka），美国学校开启了融合模式，允许非裔美国学生和白人学生一起上学。废止种族隔离法案的目的在于制止歧视，但偏见的态度仍然存在，某种程度上来说，今天仍然存在。法院可以立法反对种族歧视，但要改变偏见的态度却很难。

始于 2013 年的"黑人的命也是命"运动，已经成了一种提倡变革的力量，特别是在警察如何看待黑人的问题上；该活动还提倡改变对所有人的歧视性待遇。

偏见和歧视的类型　偏见有很多种，由偏见导致的歧视也有很多种。比如年龄歧视，即针对老年人或者青少年的偏见；性别歧视、种族歧视，即针对不同种族群体成员的偏见；对不同宗教信仰的人、不同经济水平的人、过胖或过瘦的人或不同性取向的人的偏见等。偏见也可能因个体或者群体的划分而有所不同。所有社会都存在**内群体**（in-group）和**外群体**（out-group），或者"我们"和"他们"的对立。内群体是某个个体所认定的同类，外群体是所有其他人（Brewer，2001；Hewstone et al.，2002；Tajfel & Turner，1986）。内群体和外群体的形成始于儿童期（Ruble et al.，2004），一直持续到成年。

　　一旦内群体建立，针对外群体的偏见和歧视很快就会出现（Brewer，2001；Forsyth et al.，2014），从而对外群体成员造成压力和其他负面影响。外群体成员经常根据一些肤浅的特征，如肤色或者发色，形成刻板印象。刻板印象一旦形成，就很难消除（Cameron et al.，2001；Hamilton & Gifford，1976）。微侵略，是主流文化成员对少数族群成员看似轻微的侮辱和负面交流，这加重了歧视。微侵略并不明目张胆地使用种族或性别偏见的说法，而是采用更微妙的说法，重复一种刻板的观念，或是将歧视的现实最小化（Sue，2010）。例如，一位职业女性被主管告知需要改变发型，因为其发型不专业，这可能被视为她经受了主管的微侵略。

替罪羊　当有其他压力如战争、经济困难或其他不幸存在时，群体间的冲突会加剧。此时，寻找替罪羊的需求就变得强烈了。替罪羊是内群体成员消极情绪和挫败感的发泄目标，它既可以是个人也可以是个群体，且通常是外群体的成员。"替罪羊"一词来自古老的犹太传统，他们会在一只山羊头上戴上象征所有人的罪恶的标志，然后将其放入荒郊野岭以赎罪。

　　替罪羊往往是力量最弱的人，或是某个区域的新移民。这就是许多社会心理学家认为 1992 年春的暴乱会在洛杉矶发生的原因，当时臭名昭著的罗德尼·金事件发生了。金是一名非裔美国人，他被从车里拖到街上，遭到四个警察的毒打，过程被路人录了下来。四名警察在使用致命武器袭击罪的审判中被判无罪后，一系列暴力事件发生了（Knight，1996）。令人不解的是，大量的暴动并非发生在白人警察居多的区域和非裔聚居地，而是在亚裔和亚洲新移民居住的地区。此处的亚洲人，刚刚搬到一个新的区域，群体的社会力量和影响最小。因此，暴动者没有把不满发泄在应该直接负责的人身上，而是发泄在了力量最弱的群体上（Chang，2004；Kim & Kim，1999）。"9·11"事件之后，尽管暴行是一个激进团体所为，但生活在以非穆斯林为主的国家里的许多穆斯林可能也被看作是类似的人。

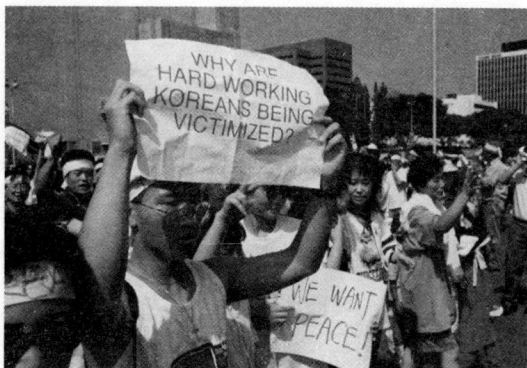

上图为韩国示威者反对1992年的洛杉矶黑人暴乱。那场暴乱在声名狼藉的罗德尼·金事件的审判后爆发，共持续了6天，造成42名民众被杀和700栋建筑被毁，且多数位于韩国和其他亚裔美国人居住的社区。洛杉矶的亚裔美国人成了此次暴乱中的替罪羊。

习得与克服偏见

12.11　阐述习得与克服偏见的理论和方法

正如心理学经典研究所说，即便是儿童，在合适的条件下也能产生偏见。与父母、老师、其他孩子交往的态度，以及各种形式的媒体只是孩子们习得和发展偏见的几种方式。

偏见的起源　所有的偏见仅仅是习得的问题，还是有其他因素在起作用？目前已有一些解释偏见的起源和持续存在的理论。在**社会认知理论**（social cognitive theory）中，偏见被视为一种态度，同其他态度的形成一样，通过直接的指导、模仿以及其他社会影响而习得。

现实冲突理论　偏见的**现实冲突理论**（realistic conflict theory）认为，强化的偏见和歧视与内群体与外群体之间冲突的加剧有紧密的联系，尤其当内外群体正在寻找共同的资源，比如土地或者工作的时候（Horowitz，1985；Taylor & Moghaddam，1994）。古往今来这种例子有很多，如早期的十字军和穆斯林之间的冲突、犹太人和德国人之间的冲突、土著居民与殖民者之间的冲突。接下来将讲述一个经典的心理学研究，它表明了内群体和外群体的形成是多么容易，偏见与歧视又来得多么迅速。

心理学经典研究

棕眼睛和蓝眼睛

1968年，在艾奥瓦州的一个小镇上，马丁·路德·金（Dr. Martin Luther King, Jr.）遇刺之后，一位名叫简·埃利奥特（Jane Elliot）的二年级老师试图给她的学生上一堂关于偏见与歧视的课。她把学生分成两组：棕眼睛的和蓝眼睛的。

开课的第一天，蓝眼睛的孩子们获得了特殊的待遇，比如额外的休息时间、可以先离开去吃午饭。她还告诉蓝眼睛的孩子们，他们比棕眼睛的孩子们优越，同时告诉棕眼睛的孩子们不用介意那多几分钟的

午饭时间，因为那是浪费时间。她还把蓝眼睛的孩子们与棕眼睛的孩子们分开（Peters，1971）。

埃利奥特试图对棕眼睛的孩子们提出批评，很快她发现，蓝眼睛的孩子们也开始批评和轻视他们，而且攻击很恶毒。一天下来，蓝眼睛的孩子们感到自己更出众，棕眼睛的孩子们则很痛苦，他们的测验分数也降低了。两天之后，埃利奥特把棕眼睛的孩子们换成了被优待的群体，前两天的情况再次出现了，只是这次是反过来的：蓝眼睛的孩子们感到低人一等，他

们的测验分数也下降了。

　　测验分数能够反映出谁遭受了差别对待，这是令人震惊的事实，从而引出了偏见和歧视对外群体刻板印象下的儿童教育的影响问题。孩子们竟如此愿意歧视自己的同学，其中一些还是他们以前的好朋友。威廉·彼得斯指导的影片《分裂的课堂》（*A Class Divided*）记录了这个实验，在影片中，当年参加了实验的学生在 15 年之后重新提起这次实验时说，他

们相信这次关于偏见和歧视的早期经验帮助他们在今后的日子里减少了偏见。

深入讨论一下

1. 这个实验是否会令你产生不适感？

2. 成年人在类似的实验中会做出怎样的反应？

3. 埃利奥特的行为存在道德争议吗？

4. 如果实验持续更长的时间，孩子们的人格和表现会发生什么改变？

社会认同理论　在**社会认同理论**（social identity theory）中，三个过程可以解释一个人对特定社会群体认同的形成以及认同带来的态度、观念和行为（Tajfel & Turner，1986；Richard et al.，2015）。第一个过程是本章前面讨论过的社会分类。就像人们会对他人进行分类（如黑人和白人、学生和老师等），以帮助组织关于他人的信息一样，人们也对自己进行社会分类，以决定他们自己的作为。社会认同理论的第二个过程是认同，即一个人**社会认同**（social identity）的形成。社会认同是自我概念的一部分，包括将自己看作社会分类中特定社会群体的成员，通常是内群体的成员。社会认同理论的第三个过程是**社会比较**（social comparison）。费斯廷格认为，人们会在自己与他人的比较中提高自尊："好吧，至少我比那个人强。"外群体成员的比较更便利些。社会认同的三个过程，至少部分是通过与一个群体，特别是一个小群体的互动形成的（Thomas et al.，2016）。

社会比较就是将你自己与他人进行比较，以维护自己的自尊心。你觉得这些年轻女孩在想什么？

　　关于偏见，社会认同理论有助于解释人们为什么需要对他人进行分类和形成刻板印象，从而产生"我们对他们"的内群体意识，针对的是外群体。通过看轻他人来增强自尊的需要可能是偏见产生的部分原因。

刻板印象易损性　如前所述，刻板印象是一个人对其他群体成员的普遍看法。它不仅会影响人们看待他人的方式，也会影响人们看待自己和表现的方式（Snyder et al.，1977）。**刻板印象易损性**（stereotype vulnerability）指一个人对其他人刻板印象的了解会对其行为产生的影响（Osborne，2007；Steele，1992，1997）。研究发现，当人们得知他人对自己群体的刻板印象时，可能会为自己的行为是否支持了这种刻板印象而恐惧。这种恐惧会导致焦虑和自我意识，以一种**自我实现预言**（self-fulfilling prophecy）或期望会对结果产生影响的方式对他们的表现产生负面影响。

　　刻板印象易损性与刻板印象威胁高度相关，在刻板印象威胁中，受刻板印象作用的群体成员会很焦虑，时刻警惕不让刻板印象被其行为所证实（Abdou et al.，2016；Hartley & Sutton，2013；Hyde & Kling，2001；Steele，1999）【链接学习目标 7.10】。在一项研究中，研究人员对白种人和非裔美国人进行了很高难度的语言测试（Steele & Aronson，1995）。一半的非裔美国人需在答卷前填写其种族，使他们清楚地意识到自己的少数族群身份。与没有被问到这个问题的被试相比，他们的测验分数显著偏低，错误更

多、反应更慢、回答的问题更少，表现出更多的焦虑（Steele & Aronson，1995）。

在女性（Gonzales et al.，2002；Steele，1997；Steele et al.，2002）以及学术环境中的运动员（Yopyk & Prentice，2005）中也发现了与刻板印象威胁类似的影响。最近的一项研究发现，有些人可以通过不同的社会身份认同来克服刻板印象威胁，例如，一个女性在参加数学考试时认同自己是"大学生"，而不是"女性"，因为后者通常被刻板地认为在数学方面有缺陷（Rydell & Boucher，2010）。然而，这只对那些自尊心相当高的女性有效。

克服偏见 克服偏见的最佳策略是教育：通过各种方式来了解与你不同的人。了解他人最好的方式是与其直接接触，别把他们视为"局外人或是陌生人"。群际接触在大学里很常见，例如，不同背景的师生在一起生活、工作和学习。因为有相同的经历（期中、期末等），来自不同背景的人们努力寻找共同点，逐步建立友谊，了解彼此的文化、种族和宗教差异。

群际接触是克服偏见最好的方式之一。人们在一起工作，就像学生在多元教室里学习一样，能在共同基础上逐渐了解彼此。你还记得你第一次和与你不同的人沟通时的场景吗？那次交流如何改变了你的看法？

等位相交 一项叫作"强盗之洞"的著名研究（Sherif et al.，1961）发现，社会群体间的接触在某些条件下可能会适得其反。实验是在一个叫作"强盗之洞"的夏令营中进行的。22 个年龄为 11 岁和 12 岁的白人男孩被分成两组，每个组各住一间屋子，并在日常活动中彼此分开。第二周内群体关系形成之后，研究人员让两组进行了高竞争性的活动。群体冲突很快就发生了，出现了辱骂、打架等敌对行为。

第三周，研究者让两组一起进行愉快的非竞争性活动，希望他们能够合作。但是，两组利用这个机会采取了更多的敌对行为。两组被迫一起解决一系列研究人员故意制造的危机几周之后，孩子们才放下敌意，建立了友谊。处理危机时，孩子们进入了**等位相交**（equal status contact）的情境。在这种情境中，两组地位平等，没有优劣之分。等位相交已被证明可以减少偏见和歧视，同时进行持续的积极合作。当所有群体在力量和地位上平等时，个人与另一个群体的合作才会对减少偏见产生积极影响（Pettigrew & Tropp，2000；Robinson & Preston，1976）。

"拼图教法" 让不同背景的人进行合作性交往的一种可能的途径是，任务的成功取决于群体中拥有不同能力和地位的每一个人的通力合作。如果每个人手头都有解决问题所需的信息，就使得人们必须彼此依靠才能完成共同目标（Aronson et al.，1978）。通常情况下，学校的班级不是按照这样的思路组织的，而是更具有竞争性，因而更容易导致不同能力和背景的人之间发生冲突。

在**"拼图教法"**（jigsaw classroom）中，学生必须齐心协力以达成某个目标。每个学生都会得到一块"拼图"，即解决问题和达成目标所需的信息（Aronson et al.，1978；Clarke，1994），然后与群体的其他成员分享各自的信息。不同学生之间的互动增加了，学生更可能将彼此视为合作伙伴并建立友谊关系，而不是给其他人贴上外群体的标签加以区别对待。这个技巧对大学生和较低年级的学生都有用（Johnson et al.，1991；Lord，2001）。

人际吸引

12.12　了解人际吸引的相关因素

偏见解释了人们不喜欢彼此的原因，那么心理学家如何解释人们喜欢另一些人的原因呢？

那些受人喜爱并且有吸引力的人通常有一些"规律"。喜欢或者渴望与他人建立关系叫作**人际吸引**（interpersonal attraction），关于这个主题，人们做过大量研究。人际吸引的影响因素包括外在的生理特征，如外表美丽和亲近感，也包括内在的个性因素。

外表吸引力　关于人们会被什么因素吸引这一问题，常会被提到的是外表吸引力。有研究表明，外表吸引力是影响人们选择想要进一步了解的人的主要因素之一，虽然其他因素到后期可能会变得更加重要（Eagly et al.，1991；Feingold，1992；White，1980）。

接近性　人们在身体上越接近，例如在一起工作或者生活，越可能发展关系。接近指身体上接近他人。人们从身边的人中选择朋友和爱人，而这一选择范围很大程度上由接近度决定。

有一个关于接近的重要性的理论，是从反复接触新刺激物的观点入手的，有时被称为单纯的接触效应。人们与某些东西（如一首歌、一张图片或一个人）接触得越多，就会越喜欢它。这就是人们常说的"日久生情"。当人们的身体互相接近时，反复接触可能会增加他们对彼此的吸引力。

相似性　就像外表吸引力不能保证关系的长久发展，接近也不能保证吸引力的存在。人们往往喜欢那些在某些方面与自己相似的人。他人的态度、信仰、兴趣等方面与自己的共同点越多，人们就越可能被其吸引（Hartfield & Rapson，1992；Moreland & Zajonc，1982；Neimeyer & Mitchell，1998）。

相似性作为人际关系中的一个因素，在确认一个人的信仰和态度方面是有意义的。当态度和信仰相同的人做出相同的行为时，人们便会强化自己观念的正确性和有效性。

💬 不是有句俗语叫"异性相吸"吗？人们有时不是也会被与自己不同的人吸引吗？

"异性相吸"有其合理性。有人发现，同与自己互补的人建立关系可能非常有益（Carson，1969；Schmitt，2002）。但是研究并不支持这个观点。使人们相互吸引并维持关系的是相似性而不是互补性（Berscheid & Reis，1998；McPherson et al.，2001）。

喜好互惠　最后，人们往往喜欢那些喜欢他们的人，这是一个简单而有力的观点，称为**喜好互惠**（reciprocity of liking）。在一项实验中，研究人员对大学生进行配对（Curtis & Miller，1986），他们都不认识彼此。研究人员从每一对中随机选择一名成员，告知关于与其配对的学生对其态度的一些信息。研究人员引导部分目标学生相信配对的学生喜欢他们，而另一些目标学生相信配对的学生不喜欢他们。当配对的学生被允许再次见面和聊天时，相信配对的学生喜欢自己的人会表现得更友好，也愿意透露更多自己的信息，更赞同对方，表现得更热情。其他学生也会越来越喜欢他们，喜欢产生了更多的喜欢。

喜欢一个人而不被对方喜欢的唯一情况，是个人的自我价值感较低。在这种情况下，当你发现某人喜欢你，但你甚至不喜欢自己时，你就会怀疑其动机。这种不信任会导致你不友好地对待对方，从而使对方在某种自我实现预言中更不友好地对待你（Murray et al.，1998）。

在线人际关系　在友谊和"喜欢"的讨论中，社交网络的重要性不得不提。例如，研究发现大学生对社交网站的选择可能与种族认同、民族认同有关（Duggan et al.，2015）。Facebook 似乎是使用最广泛的平台，不考虑学生被试的种族和民族，有 71% 的被试使用 Facebook。但在其他在线平台上，白人学生更喜欢兴趣/爱好分享网站 Pinterest，而拉丁美洲和非裔美国学生更喜欢照片分享网站 Instagram（Duggan et al.，2015）。

在中国，最受欢迎的社交网站之一是 QQ 空间（截至本书作者写作时），但与美国的 Facebook 用户相比，QQ 空间（截至本书作者写作时）的中国用户在该网站上花费的时间更少，联系人也更少，而且似乎认为它的使用没那么重要（Jackson & Wang，2013）。考虑到此类社交网站的自我推广力度，集体主义文化背景下，提倡与他人联系而非个人独立的中国用户使用此类资源的可能性偏低，似乎并不奇怪。

另一项研究发现，已经经历过积极社交关系的年轻人会使用社交网站来增强这些关系，这与传统观点——社交能力低下的人会被网络匿名性所吸引相反（Mikami et al.，2010）。事实上，那些适应能力较差的人要么不使用社交网站，要么以更消极的方式使用社交网站，如过度的恶言恶语、充满敌意的言论、咄咄逼人的手势，或张贴不讨人喜欢和带有暗示性的照片。

人们管理社交网络的方式也可能存在性别差异。最近的一项研究发现，女性比男性拥有更多的"朋友"，做更多的交易，并且更可能与提出交友请求的人"交朋友"（Szell & Thurner，2013）。研究还发现，女性上网的风险比男性小。男性与更多的接触者交谈，与其他男性"交朋友"的可能性比女性小。他们对女性的交友请求反应很快。

爱情三角理论

12.13　阐述斯滕伯格理论中不同类型的爱

字典里对爱的定义为由于亲属关系、个人关系、性吸引、钦佩或者共同兴趣而对另一个人产生的强烈感情。

💬 但是这些关系并不完全相同，我爱家人和朋友的方式不一样。

心理学家普遍认为爱有不同的种类。心理学家罗伯特·斯滕伯格（Robert Sternberg）提出了一种理论，他提出了爱情的三个主要元素，以及它们相互组合能够产生的不同种类的爱（Sternberg，1986，1988b，1997a）。

爱的三元素　斯滕伯格认为，爱情由三种基本元素组成：亲密、激情和承诺。

在斯滕伯格看来，亲密是一个人对另一个人的亲近感或与他人产生密切情感联系的感觉。它不是生理上的，而是心理方面的。友情也是一种亲密关系，因为他们向彼此透露了大部分人可能不知道的事情，他们能感到彼此间有强烈的情感联系，并且喜欢对方的存在。

激情是指一个人对另一个人的情感唤起和性唤起，它是爱情的生理部分。不只是性，牵手、充满爱意的眼神和拥抱都是激情的表现。

承诺是一个人对一段关系所做的决定。短期决定可能是"我想我恋爱了"；长期决定可能是"我想要和这个人共度余生"。

爱情三角形　两个人之间的爱情关系可能包括一个、两个或者所有三个元素的不同组合。这些组合可以产生七种不同形式的爱情，它们是浪漫之爱、喜欢之爱、伴侣之爱、空洞之爱、愚蠢之爱、迷恋之爱和完美之爱。

在斯滕伯格的理论中，最常见和研究得更多的两种爱情形式是浪漫之爱和伴侣之爱。亲密和激情结合在一起，会产生我们熟悉的**浪漫之爱**（romantic love），有时也被称作激情之爱（Bartels & Zeki，2000；Diamond，2003；Hartfield，1987）。浪漫之爱往往是长久关系的基础。在许多西方文化中，理想的关系是从喜爱开始，然后随着激情的加入而变成浪漫之爱，最后许下诺言成为更长久的爱情形式。

亲密和承诺结合在一起，会产生**伴侣之爱**（companionate love）。这种爱表现为人们彼此喜欢、情感上紧密联结、理解对方的动机并承诺要一起生活，经常出现在婚姻关系中。经历了多年养育子女和支付账单的生活后，身体的激情减少了，伴侣之爱通常会成为维系婚姻的纽带（Gottman & Krokoff，1989；Steinberg & Silverberg，1987）。在许多非西方文化中，伴侣之爱被认为是更明智的。以协调为基础的配偶选择经常由父母或者媒人，而非夫妻本身做出（Duben & Behar，1991；Hortacsu，1999；Jones，1997；Thornton & HuiSheng，1994）。

最后，当三种元素都具备时，夫妻就拥有了完美之爱，这是许多人视为终极目标的理想的爱情形式。当婚姻中激情减少时，这种爱也可能演变成伴侣之爱。

攻击

12.14　解释攻击行为是如何由生物学和学习决定的

对他人的暴力是社会交往的另一种形式。当一个人伤害或是试图伤害他人时，无论是用语言还是用行动，心理学家都称其为攻击。导致攻击行为的一个常见的原因是挫折。当人们不能达到期望的目标时，就会产生挫折感。攻击作为应对挫折的反应时，就是挫折-攻击假设（Berkowitz，1993；Miller et al.，1941）。许多挫折都可能导致攻击行为。例如，疼痛产生的消极感觉通常是强烈且不可控的，会导致挫折，并对就近的目标进行攻击行为（Berkowitz，1993）。噪声、过热、二手烟的刺激甚至难闻的味道都能导致人们的攻击行为（Anderson，1987；Rotton & Frey，1985；Rotton et al.，1979；Zillmann et al.，1981）。

挫折不是攻击行为的唯一来源。包括弗洛伊德在内的许多早期研究人员认为，攻击是一种人类本能，是死亡本能中的一部分。著名社会生物学家康拉德·洛伦兹将攻击视为促进我们物种生存的战斗本能。从进化角度看，那些在保护自己的领地、资源和后代方面最成功的早期人类更具攻击性，他们基因中的这一特性也就保留了下来（Buss，2009b；Cosmides & Tooby，2013）。但如果攻击是所有人类的本能，攻击的文化差异就应该比实际的情况更小。毕竟本能行为是不受环境影响的。现代研究试图将攻击解释为一种生物现象或习得行为。

攻击性与生物学　有证据表明，人类的攻击行为至少有一部分是有基因基础的。对双胞胎的研究已经证明，同卵双胞胎中一个脾气暴躁，另一个可能也是。与异卵双胞胎相比，同卵双胞胎在性格方面有更高的一致性（Miles & Carey，1997；Rowe et al.，1999）。这可能是基因的作用，一个基因或基因复合体

可能影响了特定环境条件下对攻击性的反应易感性。

第二章中曾提到，攻击性反应似乎是由脑部的特定区域控制的。刺激动物和人类的额叶、杏仁核和边缘系统的其他结构【连接学习目标 2.11】，会引发攻击性反应（Adams，1968；Albert & Richmond，1977；LaBar et al.，1995；Scott et al.，1997；Yang et al.，2010）。得克萨斯州优秀的狙击手查尔斯·惠特曼（Charles Whitman），在 1966 年杀死了他的母亲和妻子，又射杀了 12 个人之后，被执法人员打死。死前他留下了一张纸条，要求检查其大脑。尸检发现，有一个肿瘤压迫着他的杏仁核（Lavergne，1997）。

一些化学因素也会影响攻击。男性性激素睾酮与人类高水平的攻击性有关（Archer，1991）。这也许有助于解释为什么暴力犯罪者多是年轻、健壮的男性。他们通常都有高水平的睾酮和低水平的血清素（Alexander et al.，1986；Brown & Linnoila，1990；Coccaro & Kavoussi，1996；Dabbs et al.，2001；Robins，1996）。谷氨酸和血清素作为大脑中的神经递质，也可能在攻击行为中起作用（Takahashi et al.，2015）。

有些人在过量饮酒后会表现得很暴力，酒精对上述大脑中的化学物质有影响吗？

酒精的确对攻击行为有影响。从心理上讲，酒精会放松抑制过程，使人们在尚未喝醉时就不太能控制自己的行为。从生物学上讲，酒精会影响许多神经递质的功能，特别是与血清素的减少有关（Virkkunen & Linnoila，1996）。【连接学习目标 2.3】。在一项研究中，被试需要对一个看不见的"对手"施加电击，类似于米尔格拉姆的电击实验。对电击的实际反应是计算机模拟的，但被试相信，这些反应来自真实存在的人。被试获得的信息是，这是一项对反应时间和学习能力的测验（Bushman，1997）。他们在饮酒前后分别参加了实验。结果是，他们在饮酒后会更积极地实施更强烈的电击。

攻击与社会学习　虽然挫折、基因、化学物质甚至药物都能够在某种程度上影响攻击行为，但人类的

攻击行为也是可以习得的。攻击的社会学习理论认为，攻击行为是通过观察榜样的攻击行为然后加以强化习得的，这个过程叫作观察学习（Bandura，1980；Bandura et al.，1961）【连接学习目标 5.13】。此处的榜样可以是父母、兄弟姐妹、朋友、电视上或电脑游戏中的人物。

社会角色的力量　有证据表明，扮演特定的**社会角色**（social role），如士兵，也能导致攻击行为的增加。社会角色是处于特定社会地位的人被期望的行为模式。比如，"医生"是一种社会角色，应该穿白大褂、问特定的问题、开处方等。1971 年，著名的社会心理学家菲利普·津巴多（Philip Zimbardo）在斯坦福大学进行了一项影响深远的实验，并以视频形式做了完整记录：大约 70 名年轻男性志愿参加为期两周的实验，其中大部分是大学生。他们被告知会随机分到一种社会角色：狱警或囚犯。"狱警"有统一的制服，在不使用暴力的前提下，保证对"监狱"的控制。"囚犯"在真正的监狱做了登记，然后被蒙上双眼，运送到"监狱"，实际上这是校园里的一个地下室。第二天，囚犯发动了一场叛乱（非实验内容），但很快就被狱警镇压了。之后，狱警变得越来越有攻击性，用羞辱来控制和惩罚囚犯。例如，囚犯被迫用手清洗马桶。实验的研究人员不得不释放了五名因情绪激动而身体不适的囚犯。整个试验在第六天被叫停了（Zimbardo，1971）。

这张照片显示了在津巴多著名的斯坦福监狱实验中，一名"狱警"正在对一名"囚犯"进行搜查。参与实验的学生深陷他们任务中的角色，津巴多不得不在六天后叫停了实验，比原定的研究时间少了一半。

该实验的结论重点强调了社会角色如"狱警"，对普通人的影响。历史上充满了特定社会角色对他人行径恶劣的例子，不久之前就有一个。

2003 年伊拉克战争期间，一名美军陆军预备役将军被停职，研究者开展了与其相关的虐囚事件的调查。2003 年 10 月到 12 月，调查人员发现，驻扎在阿布格莱布监狱的陆军军警对伊拉克战俘实施了大量残忍、具有羞辱性和其他骇人听闻的虐待（Hersh，2004）。被曝光的残忍行径包括向裸露的被拘留者泼冷水，用扫帚柄或椅子殴打他们，对他们发出强奸威胁和一起真实的强奸案件。正常人怎么会做这种事？斯坦福监狱研究中的"狱警"也是正常人，但是当穿上制服变身为狱警时，社会角色便彻底地改变了他们的行为。阿布格莱布监狱是否也有类似的因素？那里狱警的行为不是正式、受控的研究，因此需要更多的研究来判断这种情况下社会角色能多种大程度上影响行为。

阿布格莱布监狱，一名美国士兵正在虐待伊拉克战俘。对这一严重虐囚事件的调查发现，监狱中存在大量残暴无度的美军虐囚行为。

毋庸置疑，受虐待的儿童有接触强大的攻击原型的经历。当施虐的父母从孩子那里得到他们想要的东西时，他们的攻击行为也会得到强化。受虐待的人可能会变成施虐者，是一种普遍的观点，但大部分遭受虐待的儿童并没有成长为施虐者——事实上，只有 1/3 受到虐待的儿童变成了施虐者（Glaser et al.，2001；

Kaufman & Zigler，1993；Oliver，1993）。一些受到虐待的儿童接受帮助并克服了童年受到伤害的影响，也有一些儿童会退缩，将自己孤立起来（Dodge et al.，1990）。

正如米尔格拉姆服从性研究所讨论的，有证据表明，被试可能只是做了一件可怕事情的正派人，因为他们相信权威人物总体上做了一件好事（Frimer et al.，2014；Reicher et al.，2012）。

💬 听说暴力电视节目会使孩子变得更有攻击性，是真的吗？

媒体暴力和攻击　班杜拉的早期研究中，儿童观看了一段攻击者的视频，这是最早探究媒体暴力对儿童攻击行为影响的尝试之一（Bandura et al.，1963）【连接学习目标5.13】。此后，研究人员探讨了电视和其他媒体中的暴力对不同年龄段儿童的攻击行为产生的影响。结论都是相似的：接触了高水平媒体暴力的儿童比没有接触的儿童更具有攻击性（Anderson et al.，2010；Baron & Reiss，1985；Bushman & Huesmann，2001，2006；Centerwall，1989；Geen & Thomas，1986；Huesmann & Miller，1994；Huesmann et al.，1997；Huesmann et al.，2003；Villani，2001）。这些研究发现了几个因素，包括儿童的正常攻击倾向（攻击性更强的儿童喜欢看更有攻击性的节目）、开始接触暴力节目的年龄（年龄越小，受到的影响越大）。父母的养育方式也有影响，在那些不容忍攻击行为和没有体罚的家庭里，电视对攻击的影响会降低。研究还表明，在一项为期一年的小学生研究中，父母对暴力媒体的监控降低了打架的可能性（Gentile & Bushman，2012）。

人们纷纷指责暴力电子游戏导致儿童特别是青少年的暴力行为。美国发生的校园枪击案，至少在一定程度上被归罪于对暴力电子游戏的模仿。这一点在1999年科罗拉多州的利特尔顿校园枪击案中格外明显，涉案的两个男孩不仅玩过两名枪手杀死无法还击的人的电子游戏，还拍摄了自己身穿军服射杀学校运动员的视频。此后不到一年，他们就杀死了13名同学，打伤了23人（Anderson & Dill，2000）。在一项研究中，二年级男生被允许玩攻击性或者非攻击性的电子游戏。之后，玩过暴力电子游戏的男生对周围的事物和玩伴表现出了更多的语言和身体攻击（Irwin & Gross，1995）。

在对媒体暴力和儿童攻击行为间联系的大量研究的元分析中，社会心理学家克雷格·安德森（Craig Anderson）及其同事发现了明确且一致的证据：即便短期接触媒体暴力也会使孩子们进行身体和言语攻击、攻击性想法和情绪的可能性增加（Anderson et al.，2003）。近期更大规模的研究提供了额外的支持（Anderson et al.，2010；Bushman & Huesman，2006）。值得注意的是，有些研究人员质疑攻击的测量方法、分析过程和发现的不同结果（Adachi & Willoughby，2011；Ferguson，2015；Ferguson & Kilburn，2010）。但是暴力电子游戏确实与增加的攻击水平有关，对儿童和青少年都成立（Anderson，2003；Anderson & Bushman，2001；Anderson et al.，2008；Bartlett et al.，2008；Ferguson et al.，2008；Przybylski et al.，2014）。有关不等于因果，一些研究人员认为，我们可以根据观察到的风险因素、结果、媒体暴力接触的实验研究以及预防措施的积极作用来进行因果推断（Bushman et al.，2016【连接学习目标1.7】）。

亲社会行为

12.15　了解影响人们助人行为的因素

另一种更积极的人类社会交往形式是**亲社会行为**（prosocial behavior），或称社会理想行为，有利于他人而非给他人带来伤害。

利他行为　利他行为（altruism）是一种亲社会行为，它几乎总是让人们对他人产生良好的感觉，会不求回报或不顾自身安全地帮助有困难的人。人们不会对母亲冲进着火的屋子去救孩子的行为感到惊奇，却会怀疑冒着生命危险救助陌生人者的动机。

社会生物学家是研究动物和人类社会组织进化和遗传基础的科学家，他们认为利他行为是一种保留遗传物质的方式，甚至不惜以生命为代价。这就是为什么某类雄性蜘蛛愿意成为其刚刚受精的雌性配偶的"晚餐"，以确保它们的基因通过后代得以延续（Koh，1996）。这也是为什么母亲或者父亲会冒着生命危险去救一个孩子。

但人们为什么会冒着生命危险去帮助陌生人呢？原因之一可能在于大脑的结构。利用脑成像技术，研究人员发现，做出利他选择的个体，其被称为颞顶交界（TPJ）的大脑区域更大，特别是在右半球（Morishima et al.，2012）。这一脑区在决策过程中也更为活跃，它涉及帮助个人的更大成本。

可是，为什么人们有时会在自身不受威胁的情况下拒绝提供帮助？

人们为什么不提供帮助 1964年3月13日凌晨3点15分左右，温斯顿·莫斯利在凯瑟琳·"基蒂"·吉诺维斯的公寓停车场看到她，捅了她一刀，然后离开，大约半小时后，又回来在公寓门口强奸并刺死了她。《纽约时报》的一名记者在关于此案的报道中称，至少有38人从公寓窗户听到或看到了致命袭击的一部分，一直到袭击结束，这些人中没有一人报警（Delfiner，2001；Gado，2004；Rosenthal，1964）。这件事激怒了公众，从此成为旁观者效应的标志性事件。

近年来，这一重大事件的真相被曝光，细节可能比最初报道的更为复杂。根据审判记录，这两起袭击发生的时间比最初认为的要近得多。在第一次袭击中，一个男人在窗口喊道："别碰那个女孩！"于是莫斯利逃走了。据说在第一次袭击后，另一名男子报了警，但没有通话记录。第二次袭击发生在公寓大楼的入口——一个隐蔽得多的地方，当时可能只有几个目击者。此时，另一名目击者索菲亚·法拉去给基蒂做急救之前，让一位朋友报警，并抱着受害者直到救护车来（Cook，2014；Manning et al.，2007）。尽管有人呼救，至少有一个人来帮助基蒂，但仍有目击者袖手旁观。一名男子打开了自己靠近第二次袭击入口处的公寓门，看到袭击后关上了门（Cook，2014）。

很多人为旁观者的冷漠和缺乏同情心而愤慨。为什么那些人只是站着、看着或者听着？社会心理学家解释说，对基蒂的求救声没有反应并非因为冷漠或者缺乏同情心，而是因为其他人在场。

43年后的2007年6月23日，27岁的拉珊达·卡洛威在一次便利店冲突中被刺死。有人打报警电话花了2分钟。监控录像拍下了这起事件，其中有5名顾客跨过她流血的身体仍在购物。一位顾客还停下来给躺在地板上奄奄一息的卡洛威女士拍照（Hegeman，2007）。当他人在场或被假定在场时，个体会受到社会心理学两个基本原则的影响：旁观者效应和责任分散。

旁观者效应（bystander effect）是指随着旁观者数量的增加，旁观者帮助受害者的可能性会降低。此处对旁观者的界定是：看到了某个事件的发生并在足够近的距离能够提供帮助的人。如果只有一个人在旁观，那他提供帮助的可能性比有其他人在场时要大，每增加一个旁观者都会降低其提供援助的可能性（Darley & Latané，1968；Eagly & Crowley，1986；Latané & Darley，1969）。在基蒂的例子中，有38个旁观者，却没有一个人帮忙。有证据表明，只有六七个人目睹了袭击的一部分，而其他人则听到了一些人所说的恋人的争吵。显然，没有人从头到尾目睹了整个事件，而袭击的大部分实际上发生在没有目击者的听证会上（Rasenberger，2006）。不过，没有一个人报警。

社会心理学家比布·拉坦（Bibb Latané）和约翰·达利（John Darley）做了几个关于旁观者效应的经典实验。在一个实验中，被试在一个开始充满烟雾的房间里填写问卷。一些被试独自在房间里，而另一种情况下，房间里有三个被试。第三种情况下，一名被试和两名假被试在房间里，假被试被指示在注意到烟雾后忽视它。在"一名被试"的情况下，3/4的被试离开房间报告烟雾。在"三名被试"的情况下，只有略多于1/3的被试报告了烟雾情况，而只有1/10与假被试在同一房间的被试报告了烟雾情况（见图12-5）。

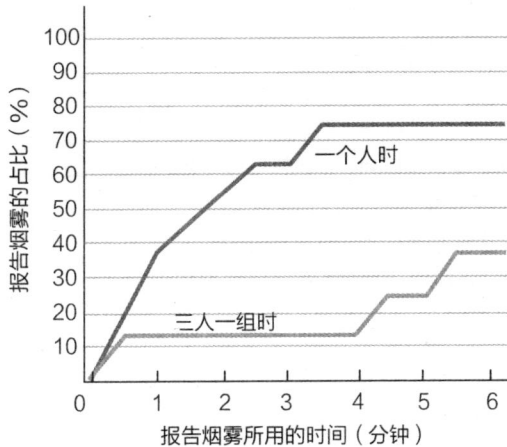

图 12-5　旁观者效应中的要素

在一个经典实验中，当房间开始充满烟雾时，被试正在填写调查问卷。如图所示，报告烟雾所花费的时间和报告烟雾人数的占比都取决于这一时刻在屋里的人数。与有三名被试相比，独自一人的被试更可能报告烟雾，而且更迅速。

资料来源：Latané & Darley（1969）。

💬 为什么旁观者的数量至关重要？

责任分散（diffusion of responsibility）是指由于他人在场而使得一个人无须对某种作为或不作为负责的现象（Leary & Forsyth，1987）。责任分散是一种归因形式，人们觉得他们行动（或不行动）是因为其他人的行动（Glassman & Hadad，2008）。与普遍的观点相反，旁观者不采取行动不是因为冷漠或缺乏对受害者的关心，而是非常关心。"我只是听从命令""其他人在做""那里有许多人，我想他们会做些什么"都是在类似情况下做的陈述。基蒂和卡洛威没有获得任何帮助，是因为有太多潜在的"帮助者"，听到呼救的人中没有一个负责干预，因为他们确信其他人肯定在为此做什么。

利他行为中的 5 个决策点　在决定提供帮助之前，人们经历了什么样的决策过程？决定何时需要提供帮助的条件有哪些？拉坦和达利认为，旁观者在决定帮助他人之前必须面对几个认知决策点（见表 12-3），这些决策点在 40 多年后仍被认为是有用的。

表 12-3　是否提供帮助：5 个决策点

决策点	描述	影响决策的因素
注意	意识到可能存在紧急情况	听到尖叫声或呼救声
确定紧急情况	将这些线索解释为紧急情况的信号	撞击的巨响与车祸有关，肯定有人受伤了
承担责任	个体承担行动的责任	一个旁观者比其他人在场时更可能采取行动
计划行动方案	决定如何帮助和可能需要的技能	觉得自己具备所需技能的人更可能提供帮助
采取行动	实际帮助	帮助的代价（如对自身的威胁）不能超过帮助的回报

除了表 12-3 中列出的之外，还有其他一些因素能够影响人们提供帮助的决策。例如，情境越模棱两可，被确定为紧急情况的可能性就越小。尤其当情境较为模糊时，如果附近有其他人，旁观者可能会依据他人的反应来判断情况是否紧急。由于所有的旁观者可能都会这么做，于是没有人提供帮助，这个情况极有可能被认为是非紧急情况。

另一个因素是旁观者的情绪。心情好的人更有可能去帮助他人，但奇怪的是，如果帮忙会破坏好心情，他们就不太可能提供帮助。受害者的性别也是一个因素，如果旁观者是男性，女性受害者比男性受害者更可能得到帮助；如果旁观者是女性，情况就不同了。外表有吸引力的人更有可能得到帮助。看起来"罪有应得"的受害者获得帮助的可能性也很小。比如，躺在马路边衣衫褴褛且看上去喝醉了的男性，很容易被忽略，但如果他穿得西装革履，人们就有更大可能停下来帮忙。受害者和旁观者之间的种族差异也降低了提供帮助的可能性（Richards & Lowe，2003；Tukuitonga & Bindman，2002）。

概念地图 12.10～12.15

社会互动

偏见与歧视

- 社会认知理论认为，偏见是人与人之间形成的一种态度
- 现实冲突理论认为，当资源有限时，偏见和歧视与寻求共同资源的群体之间的冲突程度密切相关
- 社会认同理论认为，在社会群体中，分类、认同和比较这三个过程负责人认同的形成
- 刻板印象易损性（对他人刻板印象的了解）会导致自我实现预言，如果一个人的行为可能符合刻板印象，当情境焦虑发生时，刻板印象威胁也会产生
- 偏见可以通过教育、等位相交和共同努力来克服（如"拼图教法"）

偏见
对社会群体成员的不受支持的、消极的刻板印象（如年龄歧视、性别歧视、种族主义等）

歧视
当偏见的态度导致一个社会群体的成员在要求平等待遇的情况下被区别对待

存在于内群体和外群体中 —— **替罪羊**（以挫败感和消极情绪为目标）通常发生在外群体的成员身上

人际吸引 —— 喜欢或渴望与他人建立关系；可能受到各种因素的影响

- **外表吸引力**
- **接近性**
- **相似性**
- **喜好互惠**

爱
由于亲属关系、个人关系、性吸引、钦佩或共同兴趣而对他人产生的强烈感情

斯滕伯格爱情理论中爱的元素和不同类型

- 三元素
  - **亲密**
  - **激情**
  - **承诺**
- 三类型
  - **浪漫**（亲密和激情）
  - **伴侣**（亲密和承诺）
  - **完美**（亲密、激情和承诺）

攻击
一个人口头上或身体上伤害或试图伤害另一个人；通常是挫折的产物

- 攻击可能部分归因于遗传学，并可由大脑功能（杏仁核激活）和内外化学物质（如睾酮、酒精）的变化触发
- 很多攻击行为都受到学习的影响，但不完全确定
  - 社会学习理论部分解释了社会角色（特定社会情境下的预期行为）决定了许多行为（如津巴多的斯坦福监狱研究）
  - 童年遭受虐待并不一定意味着长大后会成为施虐者
  - 短期接触媒体暴力（电子游戏、电视、电影）与身体和语言攻击以及攻击性思维和情绪的增加有关

亲社会行为或社会理想行为，有益于他人

- **利他主义** 不求回报且经常冒着个人风险帮助他人
- 可能会受到帮助者的情绪和受害者的性别、外表吸引力或"公正奖励"的影响；种族差异会降低帮助的可能性
- 拒绝帮助他人可能受到他人在场（旁观者效应／责任分散）的负面影响，而不是冷漠或缺乏同情心；也会受到个人对情况评估的影响

随堂小考

1. 偏见是____，歧视是____。

    A. 信念；知觉   B. 知觉；信念

    C. 行为；态度   D. 态度；行为

2. 杰威尔和埃米在当地社区学院上夜校时成了朋友。杰威尔后来发现埃米实际上是学院的老师，感到很震惊。随后，杰威尔拒绝与埃米交谈，从而结束了他们的友谊。这是一个关于偏见和歧视理论的什么例子？

    A. 刻板印象理论   B. 内群体 / 外群体理论

    C. 现实冲突理论   D. 社会认知理论

3. 关于异性相吸，研究怎么看？

    A. 虽然违背了相似性的概念，但它是真实的，研究可以证明

    B. 异性相吸实际上是更接近的一个例子，尽管研究表明，异性可能而且经常是相互吸引的

    C. 研究指出，异性相吸无法解释

    D. 研究不支持这一观点，而是提供了互补性的解释

4. 根据斯滕伯格的爱情三角理论，哪个元素是生理层面的？

    A. 亲密   B. 激情   C. 承诺   D. 关心

5. 当人们无法达到某个目标时，可能会产生挫折感，而挫折感最终会变成____。

    A. 攻击   B. 痛苦   C. 困惑   D. 抑郁

6. 以下哪种情况可能不会导致旁观者效应？

    A. 你在一个大城市遇到一个人躺在繁忙的人行道上

    B. 你看到有人在音乐会上昏倒了

    C. 你开车经过一个车祸现场，那里聚集了一群人

    D. 当你独自一人在当地的公园散步时，发现有人躺在人行道上

在日常生活中应用心理学

窥视社交大脑

12.16 定义社会神经科学

随着科学家们开发出更好的技术来研究大脑的运作，许多心理学领域的研究都能够找到人类行为的神经基础。社会心理学也不例外，对我们的身体和大脑在社会行为中如何工作的研究被称为**社会神经科学**（social neuroscience）（Cacioppo & Berntson，1992）。在利他主义的讨论中，颞顶交界区（TPJ）被视为大脑中参与亲社会行为的区域之一（Morishima et al.，2012）。这项研究是通过功能性磁共振成像（fMRI）完成的，这是一种大脑扫描技术，不仅可以检查活体大脑的结构，还可以检查其在各种任务和活动中的功能【连接学习目标2.9】。

位于颞叶和顶叶交汇处的 TPJ 也是参与竞争行为的关键神经结构。研究人员将人与计算机或其他人进行对比，发现当人试图预测人类对手而不是计算机对手的行为时，TPJ 是活跃的（Carter et al.，2012）。对非人灵长类动物的研究强调了前额叶皮层的重要性，前额叶是大脑中位于额叶最前端的区域。这项研究结果表明，灵长类动物在前额叶的三个不同部位做出共享行为的决定（Chang et al.，2013）。人们只能猜测，人类的共享决策至少同样复杂，甚至更复杂。

所有这些以及更多的研究揭示了，我们的大脑中有特定的结构和位置用于社交交往和决策。很重要的一点是，我们要尽可能多地了解"社交大脑"，但其中最主要的是了解可能与大脑的社交区域有关的疾病和症状（Adolphs，2010）。以孤独症为例，这是

一种发育障碍，它包括社交功能受损；患有阿尔茨海默病、帕金森病和亨廷顿病的个体，都有社交功能受损。许多心理障碍还包括异常的社会行为、抑郁、各种人格障碍和焦虑障碍等。了解这些功能紊乱是如何在大脑中发生的，是改变这种行为的一大步。社会心理学家曾经通过观察外部行为来研究人类的互动，现在社会神经科学家则在研究社交大脑中最亲密的活动。

深入讨论一下

1. 你能想到其他扰乱社会行为的疾病或紊乱吗？
2. 把非人灵长类动物的行为和人类的行为相提并论有什么不足？

● 本章总结

社会心理学是研究人的思想、情感与行为是如何受到他人真实、想象或暗示的存在的影响的科学。

社会影响

12.1 了解影响人们从众的因素

- 阿希使用一组比较线和一条标准线进行从众实验，发现被试约 1/3 的时间与群体观点一致，随着假被试人数增加到 4，从众效应逐渐增强，但只要有一个同盟给出了正确答案，从众效应便会下降。
- 跨文化研究发现，与个体主义文化相比，集体主义文化表现出了更多的从众效应。从众效应中并不存在性别差异，除非处于非私人化的情境，在这种情况下，女性比男性更易从众。

12.2 解释我们的行为是如何受到他人影响的

- 当决策群体认为保持群体凝聚力比实事求是地考虑问题更重要时，就会产生群体思维。群体思维最小化的方法是让群体成员对群体决策负责。
- 与个人相比，当成员采取更极端的立场并承担更大的风险时，就会出现群体极化。
- 一个人在一项相对容易的任务中的表现因他人的存在而得到改善的现象叫作社会助长。当一个人在一项相对困难的任务中的表现受到他人在场的负面影响时，这被称为社会阻碍。
- 当一个懒惰的人能够在一群人中工作时，这个人的表现往往不如单独工作时好，这种现象被称为社会惰化。

- 当团队成员感到匿名和个人对自己的行为不负责任时，就会出现去个体化。

12.3 对比三种顺从的技巧

- 顺从指人们因某些个人或群体的要求或者指示而改变自己的行为。
- 常见的使他人顺从的三种技巧是登门槛技巧、留面子技巧和低球技巧。

12.4 了解让人们更易服从的因素

- 服从指按照权威人物的直接命令改变自己的行为。
- 米尔格拉姆的电击实验发现，65% 的人服从权威，即便他们知道自己在伤害别人，甚至可能杀死另一个人。

社会认知

12.5 认识态度的三个组成部分以及态度的形成

- 态度是对观点、人、物体或情况的一种积极或消极的反应倾向。
- 态度的三个组成部分是情感成分、行为成分和认知成分。
- 除非态度很具体或很强烈，否则不能很好地预测行为。
- 与人、情况、物体和观点的直接接触有助于形成态度。
- 可以通过父母和他人的直接指导形成态度。
- 与持有某种态度的人互动会帮助个体形成同样的态度。

可以通过观察他人对观点、人、物体或情况的行为和反应形成态度。

12.6 描述如何改变态度

- 说服是一个人试图通过辩论、请求或解释改变另一个人的信仰、观点、立场和行为的过程。

- 说服的关键因素是信息的来源、信息本身和目标受众。

- 在说服的精细加工似然模型中，中央路径加工指人们对信息的内容本身进行加工，边缘路径加工指依靠信息内容之外的外围线索，如信息源的专业知识、信息的长度以及其他和信息内容无关的因素对信息进行加工。

12.7 解释当态度与行为不一致时人们的反应

- 认知失调是指一个人的行为与态度不一致时产生的不适和痛苦。

- 通过改变冲突的行为、改变冲突的认知或形成一个新的认知来使行为合理化，可以缓解认知失调。

12.8 描述人们如何形成对他人的印象

- 印象形成是一个人对另一个人的最初印象的形成。

- 印象形成中的首因效应意味着，即便面对相反的证据时，对一个人的第一印象保持不变。

- 印象形成是社会认知的一部分，是人们用来理解周围世界的心理过程。

- 社会分类是一种社会认知过程，即用观察者过往的经验，根据这个陌生人和其他人或其他群体的共同特征，将其归入某个类型或群体。

- 社会分类的一种形式是刻板印象，分类依据的特点很肤浅，且被认为适用于该类型中的所有成员。

- 内隐人格理论是人们对不同类型的人、人格特点和行为在儿童期是如何相互联系的一系列假设。

- 图式是一种心理模板，代表一个人对某一特定类型的人的信念。图式可以变成刻板印象。

12.9 阐述解释自己和他人行为的过程

- 归因是解释自己和他人行为的过程。

- 情境归因根据周围环境或情境中的因素解释行为。

- 本性归因根据被观察者的内在人格特征解释行为。

- 基本归因错误指人们过高地估计了个体内在特质对行为的影响，过低地估计了环境影响的倾向。

社会互动

12.10 区分偏见与歧视

- 偏见是个体对特定社会群体成员持有的消极态度。某一社会群体因偏见而被区别对待时，歧视就发生了。

- 偏见有许多种形式，包括年龄歧视、性别歧视、种族歧视以及针对过胖或过瘦的人的偏见。

- 内群体是个体所认同的同类，外群体是这一群人以外的其他所有人，常成为偏见的对象。

- 替罪羊指把偏见和歧视直指那些社会力量和影响较弱的外群体成员的倾向。新移民往往是内群体成员挫败感和愤怒的替罪羊。

12.11 阐述习得与克服偏见的理论和方法

- 社会认知理论认为，偏见是通过直接指导、模仿和其他社会影响而习得的一种态度。

- 现实冲突理论认为，群体间的冲突会加剧偏见和歧视。

- 社会认同理论认为，个体在特定群体中自我认同的形成有三个过程：社会分类（可能会参照其他群体）、社会认同（个体对特定社会群体的归属感）、社会比较（在自己与他人的比较中提升自尊）。

- 刻板印象易损性指其他人对其所属群体的刻板印象对个体产生的影响。

- 意识到刻板印象的人可能无意中做出某些行为，使得刻板印象成为自我实现预言。

- 当人们必须共同努力来解决一个问题时，偏见和歧视会减少，因为每个人都对解决问题很关键，从而形成了一种相互依存的关系。在教育中，这种技巧被称为"拼图教法"。

12.12 了解人际吸引的相关因素

- 人际吸引指喜欢或渴望与他人建立关系。

- 人们倾向于与身体接近的人建立关系。

- 人们会被在某些方面与自己相似的人吸引。

- 人们也可能会被与他们不同的人吸引，作为对彼此欠缺之处的补偿性支持。
- 人们往往喜欢那些喜欢他们的人，这种现象叫作喜好互惠。
- 特定社交网站的使用可能部分取决于种族认同和民族认同。网站的使用方式受性别和当前社会关系状况的影响。
- 爱是由于亲属关系、个人关系、性吸引、钦佩或者共同兴趣而对他人产生的强烈感情。

12.13　阐述斯滕伯格理论中不同类型的爱

- 斯滕伯格认为，爱的三元素是亲密、激情和承诺。
- 浪漫之爱是亲密加激情，伴侣之爱是亲密加承诺，完美之爱包括了三元素。

12.14　解释攻击行为是如何由生物学和学习决定的

- 攻击指试图伤害或伤害某人的行为，无论是行为上的还是语言上的。挫败感常常会导致攻击。
- 对攻击产生影响的生物学因素包括基因、杏仁核和边缘系统、睾酮、血清素水平。
- 社会角色对攻击有重要影响。社会学习理论认为，攻击行为可以通过直接的强化和模仿榜样的攻击行为而习得。

- 研究认为，暴力电视、电影和电子游戏都能够通过增加攻击倾向和提供攻击行为的榜样来刺激攻击行为。

12.15　了解影响人们助人行为的因素

- 亲社会行为是一种益于他人的行为。
- 利他行为是个体不求回报、经常不顾自身安危地帮助他人的一种亲社会行为。
- 旁观者效应意味着，相比有多人在场，当附近只有一个或者几个人时，受害者得到帮助的可能性更大。周围人越多越不可能得到帮助。
- 当有其他人在场时，所有旁观者的责任分散，减少了个体提供帮助的可能性。
- 研究人员拉坦和达利发现，在紧急情况下，与其他人在场相比，单个旁观者更可能提供帮助。
- 做出帮助决策的五个步骤：注意、确定紧急情况、承担责任、计划行动方案和采取行动。

12.16　定义社会神经科学

- 社会神经科学是研究生物过程如何影响社会行为的科学。研究使用功能性磁共振成像和其他成像技术来发现大脑中参与社交活动的区域。

● 章末测试

1. 索尔承认他顺从是为了让别人喜欢他。这被称为____。
   A. 顺从　　　　　　　B. 服从
   C. 信息社会影响　　　D. 正常社会影响

2. 以下哪一个是群体思维？
   A. 总统选举　　　　　B. 共产主义衰落
   C. 邪教成员集体自杀　D. 泰坦尼克号沉没

3. 现在很多企业都要求员工团队合作，相信一个由4～5名员工组成的团队可以完成4～5名以上个人的单独工作。这是一个什么概念的例子？
   A. 社会助长　　　　　B. 社会阻碍
   C. 社会惰化　　　　　D. 社会懒惰

4. 玛丽亚的邻居找到她，让她领养三只被母亲遗弃的小猫。玛丽亚拒绝收养三只，但同意收养一只小猫。邻居对玛丽亚使用了什么顺从技巧？
   A. 登门槛　　　　　　B. 留面子
   C. 低球　　　　　　　D. 双倍登门槛

5. 斯坦利·米尔格拉姆实验的后续研究表明，教师愿意提供潜在的致命电击，可能更多的是____的结果。
   A. 从众　　　　　　　B. 顺从
   C. 社会身份　　　　　D. 去个体化

6. 鼓励父母和孩子坐下来坦诚地谈论毒品的公益信息，是哪种态度的形成？

A. 直接接触　　　　　B. 直接指令

C. 替代性条件作用　　D. 观察学习

7. 研究人员发现，信息中＿＿程度的恐惧会使它变得更有效，特别是在与＿＿相联系的时候。

　　A. 最大；关于如何防止可怕后果的信息

　　B. 最小；威胁

　　C. 中等；威胁

　　D. 中等；关于如何防止可怕后果的信息

8. 桑迪是一名被控从体育用品商店偷枪的被告的陪审员。被告口才不太好，背景也很差，但桑迪仔细听取了庭审的证据，并据此做出了决定。桑迪正在使用＿＿加工。

A. 中央路径　　　　　B. 边缘路径

C. 认知路径　　　　　D. 视觉路径

9. 如果拉尚达在她的态度和行为之间经历了一种认知失调，下面哪一项能帮助她减少这种不舒服的感觉？

A. 不断思考不匹配　　B. 保持现有的态度

C. 与他人讨论不一致　D. 改变她的行为

10. 杰拉德穿着打补丁的蓝色牛仔裤、破 T 恤和凉鞋去面试。他的头发没理，几天没刮胡子了。显然，杰拉德对＿＿一无所知。

A. 认知失调　　　　　B. 态度形成

C. 印象形成　　　　　D. 群体思维

11. 如果行为被认为是内在人格特质引起的，这叫作＿＿。

A. 情境归因　　　　　B. 本性归因

C. 基本归因错误　　　D. 行为者 - 观察者偏差

12. 托马斯喜欢"和男人们待在一起"。托马斯最认同的人被称为＿＿。

A. 参照群体　　　　　B. 内群体

C. 外群体　　　　　　D. 他人群体

13. "强盗之洞"实验表明了战胜偏见中＿＿的价值。

A. 拼图教法　　　　　B. 等位相交

C. 次要目标　　　　　D. 刻板印象易损性

14. 薇薇安和史蒂夫是在工作中认识的。起初他们只是朋友，但随着时间的推移，他们陷入了爱河，或者如薇薇安告诉她朋友的那样："史蒂夫正越来越喜欢我！"根据对人际吸引的研究，最有可能的解释是＿＿。

A. 暴露　　　　　　　B. 个人魅力

C. 命运　　　　　　　D. 喜好互惠

15. 根据斯滕伯格的说法，以亲密和激情为基础，但还没有承诺的一对，他们的爱情形式叫作＿＿之爱。

A. 伴侣　　　　　　　B. 浪漫

C. 情感　　　　　　　D. 完美

16. 攻击源于社会角色的概念是基于什么心理学理论？

A. 人本主义　　　　　B. 学习

C. 精神分析　　　　　D. 认知

17. 社会心理学家将邻居不帮助凯瑟琳·"基蒂"·吉诺维斯的原因归为哪两个因素？

A. 旁观者效应和利他行为

B. 攻击行为和责任分散

C. 利他行为和责任分散

D. 旁观者效应和责任分散

18. 卡拉知道，如果出现紧急情况，她只需报警就能帮助别人。她会在决策过程中的哪一步提供帮助？

A. 注意　　　　　　　B. 确定紧急情境

C. 承担责任　　　　　D. 采取行动

19. 社会神经科学领域最有可能研究以下哪一项？

A. 大脑的哪些部分影响社交行为

B. 遗传对社交行为的影响

C. 头部创伤对发展人际关系的影响

D. 朋友在解决冲突方面的影响

第 13 章　人格理论

　你在哪些方面与你的兄弟姐妹相似，又在哪些方面不同？你的人格是如何被所处的环境塑造的？

◗ 为什么要学习人格

人格是对"你是谁"——你的态度和反应的总结，包括身体和情感两方面。它是每个人区别于世上任何其他人的原因。在对人类行为的研究里怎么能不包括我们是谁以及我们如何成为这样的人的探讨呢？

学 习 目 标

13.1　根据弗洛伊德的理论，解释心理和人格是如何构成的

13.2　区分人格发展的五个性心理发展阶段

13.3　描述新弗洛伊德学派是如何修正弗洛伊德的理论的

13.4　评价弗洛伊德理论对现代人格理论的影响

13.5　比较班杜拉和罗特的学习理论

13.6　评价人格的行为和社会认知观的优势和局限

13.7　描述罗杰斯等人本主义者是如何解释人格的

13.8　评价人本主义人格观的优势和局限

13.9　描述用特质概念化人格的早期尝试

13.10　确定人格五因素模型的五个特质维度

13.11　评价人格特质观的优势和局限

13.12　解释双生子研究和收养研究在行为遗传学领域是如何被应用的

13.13　概述人格遗传率的研究现状

13.14　认识使用行为评估、访谈和人格量表来测量人格的优缺点

13.15　认识使用投射测验测试人格的优缺点

13.16　了解人格的生物学基础

心理动力学视角

人格（personality）是人在一生中思考、行动和感受的独特方式。人格不能与**性格**（character）混为一谈，性格是指对一个人的品行或道德行为的价值判断；人格也不能与气质混淆，气质是指一个人天生的持久性特征，如易怒和适应性。性格和气质都是人格的重要组成部分。每个成年人的人格都是其气质和家庭历史、文化以及成长史的结合（Kagan，2010）。

人格是心理学的一个研究领域，它通过多种方法来解释人的特征行为。尽管对人格的研究至少可以追溯到公元前 4 世纪（Dumont，2010），但并没有关于人格的单一解释，主要是因为人格很难被精确、科学地测量，因而出现了不同的人格理论。总体而言，它们都倾向于探究人格的来源，如个人行为倾向或情境变量，这两者都会对人格产生有意或无意的影响（Mischel & Shoda，1995）。人格的来源相互重叠且相互影响，如生物、发展、社会和文化因素相互作用。一些观点受到早期心理学流派的影响，如建构主义、机能主义、格式塔、学习或认知观点。此外，人格理论和观点也可能受到来自进化、社会适应、动机和信息处理等新思想的影响（Buss，2009a，2011；Higgins & Scholer，2010；McAdams & Olson，2010；Mischel & Shoda，1995）。我们首先从基本层面着手，聚焦于几种传统的人格观点，就从西格蒙德·弗洛伊德的理论开始吧。

西格蒙德·弗洛伊德（1856—1939）是心理动力学运动的奠基人。他的患者坐或斜靠在图中的沙发上面，而弗洛伊德则坐在椅子上倾听他们，发展他的人格精神分析理论。

弗洛伊德的人格观

13.1 根据弗洛伊德的理论，解释心理和人格是如何构成的

不了解弗洛伊德和他的患者生活的世界，就很难理解弗洛伊德关于人格的思想的形成。弗洛伊德在维多利亚时代的欧洲出生和长大，那是一个性压抑的时代。当时的人被教会告知，性只限于婚姻中，且是为了生育后代，享受性爱是罪恶的。不过有趣的是，男性若偶尔不能控制自己的"动物"需求，也情有可原，作为好丈夫，他会和妻子生育几个孩子，然后到情妇那里寻求性满足，不让他贞洁的妻子受影响。女性，尤其是上层社会的女性，则是不应该有性欲望的。难怪弗洛伊德的许多患者都是富有的女性，她们的问题源于性需求得不到满足或者性压抑。从弗洛伊德和他的患者的文化背景来看，他对异常行为的性解释的痴迷也就能够理解了。

弗洛伊德认为，意识有不同的分层。他相信无意识心理会影响行为，这一观点发表在《日常生活的精神病理学》（Freud，1901）上，震惊了整个维多利亚时代的世界。

心理的结构 弗洛伊德认为，心理分三个部分：前意识、意识和无意识（Freud，1900）。心理中存在的当前意识和前意识心理包含人容易觉察到的记忆、信息或者事件，都是显而易见的。**无意识心理**（unconscious mind，也称"潜意识"）才是弗洛伊德时期专家真正的分歧点。弗洛伊德从理论上说明，心理的一部分始终隐藏着，只在梦中以象征形的符号出现，或在人们不知道自己为什么会这样做的事情中显现。弗洛伊德认为，即使人们努力从无意识心理中提取记忆，记忆也不会直接出现。因此，弗洛伊德指出，无意识心理是人们行为和人格中最重要的决定因素。

弗洛伊德的人格划分 基于对患者的观察，弗洛伊德认为，人格可以分为三个部分，每个部分存在一个或多个意识层面（见图 13-1）。人格的这三个部分

的发展与相互作用的方式成了他理论的核心（Freud，1923，1933，1940）。

本我：感觉对了就去做 人格中最初且最原始的部分，存在于婴儿身上的是**本我**（id）。"id"是拉丁语单词，意思是"它"。本我是人格中天生的、完全无意识的、追求快乐且与道德无关的部分，包括所有基本的生物本能，如饥饿、口渴、自我保护和性等。

💬 等一下，弗洛伊德认为婴儿有性驱动？

是的，他认为婴儿有性驱动。这让他的同事和维多利亚时代的同胞们感到震惊和愤怒。他所谓的"性驱动"其实是"快感驱动"，即寻求愉悦感的需要。人类似乎是寻欢作乐的生物，连婴儿都会通过吸吮和咀嚼任何能进入他们嘴里的东西来寻求快乐。事实上，婴儿刚出生的样子为本我提供了一个很好的例证。婴儿要求高、不理智、无逻辑且冲动。他们希望自己的需要立即得到满足，而不关心别人的需要或愿望。需要注意的是，婴儿的行为貌似符合弗洛伊德的本我概念，却并不能证明本我的存在，只是意味着弗洛伊德提出了本我的概念，以解释他所知道的婴儿的特征。

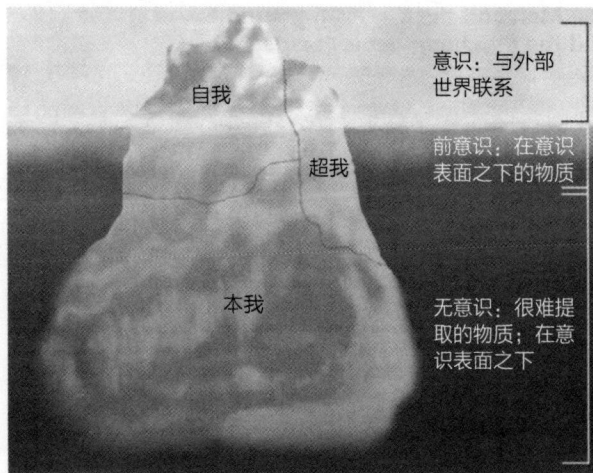

图13-1 弗洛伊德的人格观

这座冰山代表心理的三个部分。冰山表面可见的部分是意识。表面之下是前意识，还没有进入意识。隐藏在最下方的是无意识心理，包括无意识的情感、记忆、思想和冲动这些不容易进入意识的东西。人格三部分中的两个（自我和超我）存在于意识的三个层次中，而本我完全在无意识心理中。

弗洛伊德把对这种需要的满足称为**快乐原则**（pleasure principle），即不计后果且立即满足需要的渴望。快乐原则可以简单地概括为："你感觉对了就去做。"

自我：执行主管 人们通常会尽快满足婴儿的需求。饿了给他们喂食，尿了给他们换尿布，哭了就照顾他们。但是随着婴儿逐渐长大，成人开始不再满足他们的所有要求。有些东西他们不能触碰或拥有，有些东西他们必须学会等待，如食物。弗洛伊德会说，现实已经露出了它丑陋的面目，本我根本无法处理必须等待或者得不到想要的东西这一现实。更糟糕的是，放纵本我可能会受到惩罚。

根据弗洛伊德的理论，为了应对这一现实，出现了人格的第二部分——**自我**（ego）。"ego"源于拉丁语的"我"，主要是有意识的，且比本我更理性、更有逻辑、更精明。自我的工作原理是**现实原则**（reality principle），即在不会导致负面结果的前提下满足本我的需求。这就意味着自我有时会拒绝本我的要求，否则后果可能是痛苦的或不愉快的。

例如，婴儿在父母反对的情况下还是会去拿某个东西，而一个自我发展的小孩，在听到父母说"不"的时候，会为了避免处罚而不去拿那个东西，但是可能在父母看不见的时候去拿。现实原则可以简单地阐释为："感觉对了就去做，前提是你能逃脱惩罚。"

💬 如果每个人都按快乐原则行事，世界会一团糟。在弗洛伊德的理论中，人们是如何辨别是非的？

超我：道德监察人 弗洛伊德将人格的第三个也是最后一个部分称为**超我**（superego），即人格的道德中心。超我，也是拉丁语，意思是"超越自我"，它会随着学龄前儿童对规则、习惯和社会期许的学习而发展。超我包含**良心**（conscience），良心是人格的一部分，当人们做错事时良心会使其感到内疚或道德焦虑。直到良心发展起来后，孩子才有是非意识。注意，良心"conscience"和意识"conscious"是不同的。它们可能音形相似，但代表的概念完全不同。

　　天使、魔鬼和我：人格三部分如何协同工作　看过动画片的人可能都会以动画的形式看待人格的三个部分——本我是个小魔鬼，超我是个天使，而自我是夹在中间的人或者动物，试着决定该做什么。所以，本我提出要求，超我对如何满足这些要求提出限制，自我必须制订计划来安抚本我并满足超我。有时本我或超我不按常理出牌，导致自我的很大焦虑。这种持续的冲突状态就是弗洛伊德人格运作的观点；只有当这种冲突产生的焦虑失控时，紊乱行为才会出现。注意，尽管在这个例子中自我被描绘成魔鬼，但自我并不是"邪恶的"，它关注的只是生存和即时满足而已。

　　心理防御机制（psychological defense mechanism）是通过无意识地扭曲人们对现实的感知来处理焦虑的方式。这些防御机制主要是由弗洛伊德的女儿、精神分析学家安娜·弗洛伊德（Anna Freud）概述和研究的（Benjafield，1996；A. Freud，1946）。要使人格的三个部分发挥作用，它们之间的冲突就需要被控制。弗洛伊德认为，防御机制就是处理这种冲突引起的焦虑的重要工具之一。表 13-1 中列出了防御机制及其定义和示例。

表 13-1　心理防御机制

防御机制与定义	示例
否认：拒绝接受或承认有威胁的情况	雷娜塔拒绝承认她儿子在最近的军事部署中被杀
压抑：将威胁或冲突事件及情形从有意识的记忆中排除	查理小时候曾遭受过性虐待，但他根本不记得了
合理化：为不可接受的行为编造可接受的借口	"如果我不吃早饭，稍后吃那块蛋糕就不会影响我节食。"
投射：把自己不可接受的想法投射到别人身上，好像这些想法属于他们而不是自己	玛丽亚被她姐夫所吸引，但她否认这一点，并相信是姐夫被她所吸引
反应生成：形成与威胁或不可接受的实际想法相反的情绪反应或态度	凯尔不自觉地被奇安吸引，但表面上他却对同性恋极度厌恶
置换：如果针对的是真正的目标而不是威胁较小的替代目标，表达就有威胁的感觉	桑德拉被老板训了一顿，回家后愤怒地和丈夫吵了一架
退行：退回到儿童模式，以应对压力	父母带回一个新婴儿后，四岁的布莱恩开始尿床
认同：努力像别人一样来处理自己的焦虑	萨曼莎非常崇拜学校里最受欢迎的女孩埃米莉，并试图模仿她的行为和衣着
补偿（替代）：试图通过在其他领域变得更优秀来弥补不足的领域	伊桑不擅长运动，所以他全力以赴成为一名学习尖子生
升华：将社会不可接受的欲望转化为社会可接受的行为	莱德很有攻击性，于是成了一个混合武术斗士

人格发展的阶段

13.2　区分人格发展的五个性心理发展阶段

💬　本我是与生俱来的，人格的其他两个部分是后天发展的，具体是多久以后？又是什么时候完成的？

　　弗洛伊德认为，人格的发展发生存在一系列的**性心理发展阶段**（psychosexual stages），这些阶段是由孩子的性发展所决定的。在每一个阶段，不同的性欲区或者身体产生愉悦感的区域变得非常重要，并会成为冲突的根源。未完全解决的冲突会导致**固着**（fixation），或者让人在一定程度上卡在某个发展的阶段。孩子的生理会成熟，但其情绪或心理可能会停留在早期固着的阶段。

　　口唇期（前 18 个月）第一阶段是**口唇期**（oral

stage），因为性欲区是嘴。根据弗洛伊德的说法，这一阶段的冲突可能源于断奶过度。太早或者太晚断奶可能导致对儿童口唇需求的满足过多或过少，从而导致与口唇期固着成人人格有关的行为和人格特质：暴饮暴食、烟瘾大、话痨、咬指甲、嚼口香糖、过度依赖和乐观（需求满足过多）或者过度激进和悲观（需求被拒绝）。

肛门期（18 ~ 36 个月）弗洛伊德认为，当儿童开始蹒跚学步时，性欲区从嘴移到了肛门，因为此时儿童可以从自主决定憋住或释放排泄物中获得极大的愉悦。因此这一阶段被称为肛门期（anal stage）。

很明显，弗洛伊德认为这一阶段的冲突主要是如厕训练，即要求儿童在特定的时间以特定的方式上厕所。这种对现实的入侵是这一阶段中刺激自我发展过程的一部分。如厕训练过于严苛而导致的肛门期固着有两种表现形式。公开反抗的孩子会拒绝上厕所，根据弗洛伊德的理论，这类孩子在成年之后会形成肛门排泄型人格，即将混乱看作是个人控制的表达，且具有某种破坏性和敌意。而有些孩子害怕弄得一团糟，于是被动地拒绝排泄或者憋住不排泄。毕竟没有混乱就不会有惩罚。这类孩子长大后，吝啬、固执，且过分整洁。这种类型被称为肛门控制型人格。

性器期（3 ~ 6 岁）孩子逐渐长大，性欲区转移到了生殖器。这时孩子已经意识到了两性间的差异，而且大多数孩子还进行了完全正常的生殖器自我刺激或自慰。可以想象，维多利亚时代的父母见到孩子自慰时会有多么恐惧。那个时代的人认为，自慰会导致各种各样的罪恶，包括精神疾病。

性好奇的觉醒和对生殖器的兴趣是弗洛伊德所谓的**性器期**（phallic stage）的开始。phallic 这一词来源于希腊语"phallos"，意思是"阴茎"。弗洛伊德认为，当男孩发现邻家的小女孩没有阴茎时，他们会产生一种失去阴茎的恐惧，被称为"阉割焦虑"；而女孩则会因为缺少阴茎而产生"阴茎嫉妒"。如果你觉得这是对男性解剖学的一种奇怪关注，那么请记住，当时的西方世界是非常男性化和以男性为主导的。幸运的是，几乎所有的精神分析学家早就放弃了阴茎嫉妒的概念（Horney，1939，1973；Slipp，1993）。性器期的冲突集中在儿童性感觉的觉醒上。弗洛伊德认为，基本上在这一阶段，男孩在对母亲产生性吸引力的同时，又对父亲产生嫉妒，这种现象被称为**恋母情结**（Oedipus complex）或俄狄浦斯情结。俄狄浦斯是希腊悲剧中的一位国王，他在无意间杀死了父亲，并娶了母亲。

与其说性吸引力是成年男性对女性的吸引力，不如说它是一种性好奇心，与男孩对母亲的爱和喜欢交织在一起。当然，男孩对父亲的嫉妒会导致焦虑和恐惧，担心父亲这个强大的权威人物可能会很生气，做出可怕的事情——还记得阉割焦虑吗？为了应对这种焦虑，到性器期结束时会发生两件事。男孩会抑制对母亲的性感觉并认同父亲——认同是对抗焦虑的防御机制之一。男孩试图在各个方面模仿父亲，把父亲的言谈举止、价值观和道德信仰当成自己的，这样父亲就不会对男孩生气了。女孩也会经历相似的过程，称为**恋父情结**（Electra complex）。父亲是她们的情感对象，母亲是她们的竞争对手。认同会促使超我发展，即对同性别父母的道德价值观的内化。

出了问题怎么办？如果孩子没有认同同性别的父母，或者不同性别的父母鼓励孩子的性吸引，就会产生固着。性器期的固着通常表现为成年后不成熟的性态度。弗洛伊德认为，固着在性器期的人，通常会表现出混乱的性行为，并且特别虚荣。虚荣心是为了掩饰因解决复杂问题失败而产生的低自我价值感，道德性行为的缺失则来源于认同的失败和超我的发展不足。此外，固着在此阶段的男性可能是"妈宝男"，永远长不大；而同类的女性会找比她们大得多、形象与父亲类似的人结婚。

潜伏期（6 岁至青春期）在性器期结束时，孩子以另一种防御反应——压抑，将对异性的性感觉推入了无意识。6 岁到青春期开始的这段时间，孩子会隐藏或者使性感觉潜伏，所以这一阶段被称为**潜伏期**（latency）。在这一阶段，孩子在智力、身体和社交方面都得到了成长和发展，但性方面没有。男孩只和男孩玩，女孩只和女孩玩，并且每个人都认为异性很可怕。

生殖期（青春期之后） 青春期开始后，曾经被压抑的性感觉就不容忽视了。身体发生变化，性驱动再次进入意识，只是性驱动不再以父母为目标。相反，性好奇和性吸引的焦点成了其他青少年、名人或其他的崇拜对象。弗洛伊德将人格发展与性发展联系起来，**生殖期**（genital stage）在弗洛伊德的人格理论中就是最后的阶段，也是进入成人社会的开端，开始出现性行为。

新弗洛伊德学派

13.3　描述新弗洛伊德学派是如何修正弗洛伊德的理论的

起初，弗洛伊德的观点遭到许多的医生和心理学家的抵制和嘲笑。最终，一些早期的精神分析学家反对弗洛伊德对生物学尤其是对性的强调，脱离了对精神分析理论的严格解释，相反，将**精神分析**（psychoanalysis）这一弗洛伊德用来阐释无意识心理的作用、人格的发展以及在此基础上进行治疗的术语的焦点转移到了社会环境的影响上【复核学习目标1.2】。同时，他们保留了许多弗洛伊德的原始概念，如本我、自我、超我和防御机制。这些早期的精神分析学家成了**新弗洛伊德学派**（neo-Freudian），或者"新的"弗洛伊德精神分析学家。本节将简要介绍一些著名的新弗洛伊德学派代表人物。

荣格　卡尔·古斯塔夫·荣格（Carl Gustav Jung）不同意弗洛伊德关于无意识心理的本质的观点。荣格认为，无意识心理所承载的远不止是个人的恐惧、冲动和记忆；除了弗洛伊德所描述的**个人无意识**（personal unconscious），还有**集体无意识**（collective unconscious）（Jung，1933）。

荣格认为，集体无意识是一种"物种"记忆——对古代恐惧或主题的记忆，在许多民间故事和文化中都存在。这些集体的、普遍的人类记忆被荣格称为**原型**（archetype）。有许多原型，其中最著名的两个是"阿尼玛／阿尼姆斯"（男性的女性面／女性的男性面）和"影子"（人格的阴暗面，西方文化称其为魔鬼）。一个人向世界展示的人格被称为"人格面具"。

阿德勒　阿尔弗雷德·阿德勒（Alfred Adler）也不同意弗洛伊德对性在人格发展中重要性的过分强调。阿德勒在 1954 年提出：和所有年幼无助的孩子一样，当面对比自己更强大、更优越的成人时，所有人都会产生自卑感。对阿德勒来说，驱动人类所有努力、情感和想法的，不是对快乐的追求，而是对优越感的追求。在阿德勒的理论中，补偿防御机制十分突出（见表 13-1），它是指人们试图努力在另一个领域取得优势以克服生活中某一领域的自卑感。

阿德勒还提出了一个理论，认为孩子的出生顺序影响人格。当弟弟或妹妹受到所有人关注时，长子或长女就会产生自卑感，他们往往会通过表现优异来获得过度补偿。排行居中的孩子稍微容易一些，他们在支配小一点的孩子的同时，从被忽视的大一点的孩子那里获得优越感。他们通常很有竞争力。小一点的孩子理应被娇惯且受保护，但是由于他们不像哥哥或姐姐那样自由和负有责任，也会感觉自卑。一些研究人员找到了支持阿德勒出生顺序理论的证据（Stein，2001；Sulloway，1996），有些甚至将出生顺序和职业选择联系了起来（Leong et al.，2001；Watkins & Savickas，1990），但也有研究人员认为，阿德勒这一理论的一些研究方法过于草率，且研究人员存在与出生顺序相关的偏见（Beer & Horn，2001；Freese et al.，1999；Ioannidis，1998）。

霍妮　卡伦·霍妮（Karen Horney）不同意弗洛伊德关于两性差异的观点，尤其是阴茎嫉妒的观点。她用自己的"子宫嫉妒"概念反驳说，男人觉得有必要通过在其他领域努力取得成功来补偿其不能生孩子的缺陷（Burger，1997）。

相比性，霍妮更关注孩子的**基本焦虑**（basic anxiety），即孩子出生在一个比他们更大、更强大的世界所产生的焦虑。当父母给予他们爱、感情和安全感时，孩子会克服这种焦虑，而那些在没有足够安全感环境下长大的会形成**神经症人格**（neurotic personality），在处理人际关系时会适应不良。霍妮认为，通过接近他人来克服焦虑的孩子，会变得依赖性强和黏人；通过反对别人来克服焦虑的孩子，会变得好斗、苛求和残忍；第三种应对焦虑的方式是，退出人际关系，远离他人。

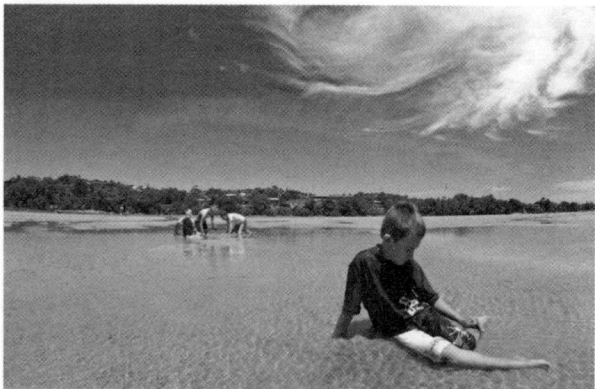

霍妮认为的儿童处理焦虑的三种方式中，这个孩子会采用哪种？

埃里克森 埃里克·埃里克森（Erik Erikson）是一名艺术老师，通过与安娜·弗洛伊德一起学习而成为精神分析学家。他也反对弗洛伊德对性的强调，转而强调在生命的每个阶段都很重要的社会关系。埃里克森的八阶段理论在第 8 章中有过详细探讨【**连接**学习目标 8.8】。

💬 听起来这些学派都是通过抛弃弗洛伊德的一些原创思想而出名的，弗洛伊德还值得研究吗？

对弗洛伊德与心理动力学观点的新思考

13.4 评价弗洛伊德理论对现代人格理论的影响

虽然弗洛伊德的精神分析理论与当今性随处可见的世界关系不大，但他的许多概念仍然有用，且仍然是许多现代人格理论和心理动力学观点的基础。防御机制的概念得到了一些研究的支持，并在临床心理学中作为描述人们防御行为和非理性思维的一种方法仍然很有用。无意识心理的概念也有一些研究的支持。

批判式思考 你认为心理动力学理论的哪些方面在当下仍有意义？有没有一个新弗洛伊德学派吸引了你？如果有，为什么？

与弗洛伊德同时期的人认为，无意识心理指导行为这一观点很奇怪，但现代研究人员不得不承认，常规意识之外的意识的确会对人类行为产生影响。尽管许多这类研究发生在催眠和阈下知觉领域（Borgeat & Goulet, 1983; Bryant & McConkey, 1989; Kihlstrom, 1987, 1999, 2001），但也有研究人员关注内隐记忆和内隐学习的概念（Frensch & Runger, 2003）【**连接**学习目标 6.5】。

现在也许是指出弗洛伊德理论中一个非常重要问题的好时机：他没有做任何实验来得出关于人格的结论。他的理论是基于其对许多患者的观察，即个案研究。根据患者对童年和生活经历的详细记忆，他对患者的行为和回忆进行了解释，从而发展了他的精神分析理论。他可以自由地解释患者所说的童年的事情是幻想还是事实，取决于这些记忆与他发展的理论的吻合程度。例如，弗洛伊德的许多患者声称，他们曾被自己的父亲、兄弟或其他亲近的家庭成员性侵。弗洛伊德显然无法接受这些记忆是真实的，并认定它们是虚幻的，从而将其作为俄狄浦斯冲突的基础。当面对来自德国同事的公开和专业批评时，他修正了最初对患者虐待记忆的看法，认为其是真实的（Masson, 1984）。

弗洛伊德对患者问题的诊断大多基于对梦的解释【**连接**学习目标 4.7】和对患者自由联想（谈论任何事情，无须担心负面反馈）结果的解读。这些信息的"来源"常被批责是含糊不清的，且没有科学支持其解释的有效性。信息来源的不明确使弗洛伊德能够让患者的话和回忆更贴近自己喜欢的解释，同时也增加了他提供的建议和解释改变患者实际记忆的可能性。毫无疑问，治疗过程中，患者处于一种非常容易被暗示的精神状态中（Grünbaum，1984）。

对弗洛伊德理论的另一种批评涉及精神分析理论所基于的人们的梦、回忆和评论。弗洛伊德的患者几乎都是生活在性压抑的维多利亚时代的富有奥地利女性。批评者指出，他的理论是建立在这样一个有限的客户群体的观察基础上的，这增加了他强调性是人格中所有问题根源的可能性，因为这个特定社会阶层和特定时代的女性常常在性方面感到沮丧。弗洛伊德很少有不符合这一描述的客户，因此他的理论在性挫败方面是有偏见的（Robinson，1993）。

尽管当今大多数专家对弗洛伊德的理论持怀疑态度，但他对现代社会的影响仍不容忽视。弗洛伊德的概念对文学、电影甚至儿童动画都产生了影响。即使是从没有学习过心理学课程的人都熟悉弗洛伊德最基本的一些概念（如防御机制）。他也是最早强调童年经历对人格发展重要性的理论家之一，尽管他从没有广泛地研究儿童问题。

直到最近几十年，人们才有了必要的工具来检验无意识心理这一概念。于是，人们只能设想，在基于人脑研究和社会变化的当下，弗洛伊德将会如何修订他的理论。

概念地图 13.1~13.4

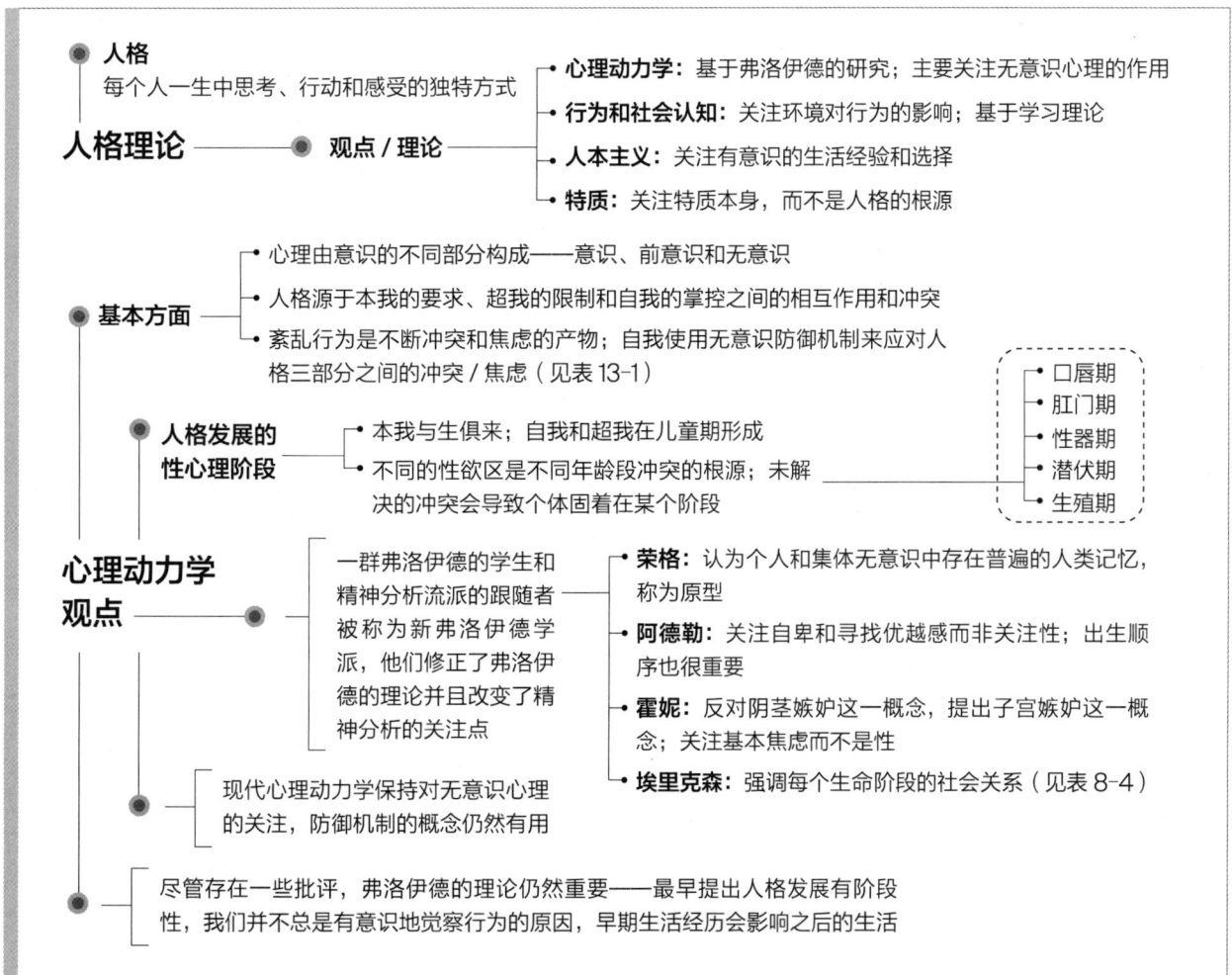

随堂小考

1. 请你通过解释其行为、典型的感受和他们的想法来描述你最好的朋友，你会描述他们的____。

　　A. 气质　　　　　　　　B. 人格

　　C. 性格　　　　　　　　D. 心理

2. 弗洛伊德认为，____心理是人类行为和人格中最重要的决定因素。

　　A. 前意识　　　　　　　B. 意识

　　C. 良心　　　　　　　　D. 无意识

3. 弗洛伊德认为，人格的哪一部分完全埋藏在人的内心深处？

　　A. 自我　　　　　　　　B. 超我

　　C. 本我　　　　　　　　D. 良心

4. 性好奇的觉醒和对生殖器的兴趣是发生在弗洛伊德所说的____。

　　A. 口唇期　　　　　　　B. 肛门期

　　C. 性器期　　　　　　　D. 潜伏期

5. 陶的许多朋友喜欢在万圣节装扮成魔鬼、吸血鬼和僵尸。根据卡尔·荣格的理论，这表达了什么样的原型？

　　A. 阿尼玛　　　　　　　B. 阿尼姆斯

　　C. 人格面具　　　　　　D. 影子

6. 哪个新弗洛伊德学派认为人格主要是儿童时期处理焦虑的产物？

　　A. 卡伦·霍妮　　　　　B. 埃里克·埃里克森

　　C. 卡尔·荣格　　　　　D. 阿尔弗雷德·阿德勒

◎ 行为和社会认知视角

在弗洛伊德的理论震惊西方世界的同时，另一种心理学观点的影响也广为人知。第 5 章中详细讨论了经典条件反射和操作性条件反射。行为主义者（使用条件反射原理来解释动物和人类行为和反应的研究人员）和社会认知理论家（强调社会和认知因素对学习的影响的研究人员）对人格有截然不同的看法。

学习理论

13.5　比较班杜拉和罗特的学习理论

对行为主义者而言，人格不过是一系列习得的反应或**习惯**（habit）（DeGrandpre，2000；Dollard & Miller，1950）。在沃森和斯金纳最严格的传统观念中，人或动物所做的一切都是对某种刺激的反应，这种刺激要么是条件反射的，要么是以某种方式强化的。

　　💬　那么，奖励特定行为的模式如何最终成为某种人格模式的一部分呢？

传统的行为主义者可能这样解释害羞的人格：从儿童时期开始，一个人可能会受到父母十分严厉的纪律约束（刺激）。避免引起父母的注意可能会减少惩罚和责骂，所以回避反应就被消极强化——通过远离视线和保持安静来避免"坏事"和惩罚。之后，这个孩子可能会将回避反应推广到其他权威人物和成人如老师身上。这样，害羞的模式（习惯）就会形成。

当然，当今的许多学习理论家不仅仅使用经典条件反射和操作性条件反射来解释被称为人格的行为模式的发展。**社会认知学习理论家**（social cognitive learning theorist）强调他人行为影响和个人期望对学习的重要性，认为观察学习、建模和其他认知学习技巧可以形成人格模式【连接学习目标 5.12】。

阿尔伯特·班杜拉（Albert Bandura）的社会认知理论是研究得较为深入的学习理论之一，包括认知过程对行为的影响。**社会认知视角**（social cognitive view）认为，行为不仅受外界刺激和反应模式的影响，还受预期、判断、记忆等认知过程和通过模仿榜样进行学习的影响。你可能还记得班杜拉使用波波玩偶来研究"观察学习"的工作【连接学习目标 5.13】。

班杜拉的交互决定和自我效能　班杜拉认为，在决定构成人格的行为模式时，有三个相互影响的因素：环境、行为本身和个人或认知因素——个人从早期经验中带入情境的（见图 13-2）。这三个因素通过互惠或交互相互影响。班杜拉称这种关系为**交互决定**（reciprocal determinism）。

图 13-2 中，环境包括实际的物理环境、在场或不在场的其他人以及在这些环境中强化的可能性。行为的强度和频率不仅受环境影响，还会影响环境。人会将先前的强化反应（人格）和心理过程（如思维和预期）带入情境。

具体过程如下：理查德走进一间坐满了学生的教室，老师不在场。（这就是环境。）理查德的部分个性特征包括通过大声讲话和讲笑话来吸引其他同学的注意，这些办法在过去对他十分有效（过去的强化是他的部分认知过程，或者是期待他的行为未来会得到回报）。过去，没有权威人物在场时他总能获得更多的关注。他可能起初是开始说话和讲笑话，如果从其他同学那里获得他所期待的反应，这种行为就会继续。如果老师走进来（环境改变），他的行为就会改变。如果其他同学不笑，他的行为也会改变；将来理查德可能不会再以这种方式行事，因为他对回报的预期（认知因素的个人变量）不同了。

班杜拉谈到的一个更重要的个人变量是**自我效能**（self-efficacy），即个人在任何特定环境下对自身努力能力实现目标的有效期待（Bandura，1998）。自我效能不同于自尊，自尊是一个人对自己价值观的积极评价。

个人的自我效能可以高也可以低，取决于过去类似情况下的经历（成功或失败）、别人对其能力的评价，以及他们对自身能力的评价。例如，菲奥娜有机会写一篇有额外学分的论文来提高她的心理学成绩，如果她的自我效能高，她会很乐意去做：以前她的论文取得过好成绩，老师告诉她，她写得很好，她也知道自己可以写一篇好论文。班杜拉认为，自我效能高

的人更执着并期望成功，而自我效能低的人会预计失败，回避挑战（Bandura，1998）。

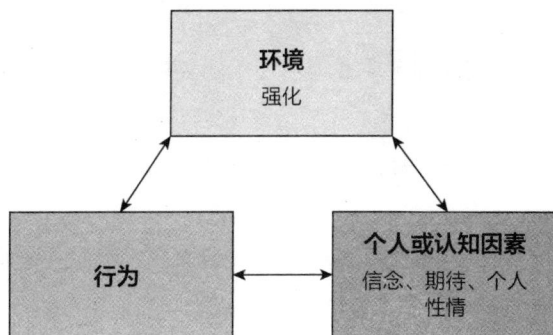

图 13-2　交互决定

班杜拉的交互决定模型认为，有三个因素影响行为：环境，包括物理环境和强化的可能性；个人（过去获得奖励的个人/认知特征）；行为本身，在特定的时间和场合可能会或不会获得强化。

罗特的社会学习理论：期待　朱利安·罗特（Julian Rotter）基于桑代克效应定律的动机基本原则提出了一个理论：人们被激励去寻找强化、避免惩罚。他把人格看作一组相对稳定的对不同情况的潜在反应。过去某种特定的反应方式导致了强化或者愉悦的结果，这种反应方式就会成为反应模式，也就是学习理论家所说的"人格"的一部分。

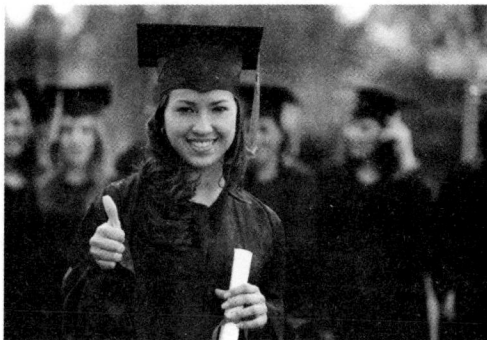

根据罗特的理论，这名年轻女子最可能经历的控制点形式是什么？

在罗特看来，一种非常重要的反应模式是**控制点**（locus of control），即人们认为自己对生活中的事件和后果有无控制权的倾向性【连接学习目标 9.3】。

认为自己的行为和决定直接影响结果的人被称为内控型，而认为自己的生活主要受更强大的他人、运气或者命运控制的人被称为外控型（MacDonald，1970；Rotter，1966）。罗特将内控型高的人与高成就动机（希望在任何任务中获得成功）的人格特征联系了起来。那些轻易放弃的人或将其生活事件归咎于外部原因的人会陷入习得性无助和抑郁中（Abramson et al.，1978，1980；Gong-Guy & Hammen，1980）。

与班杜拉一样，罗特也认为各种因素的交互作用能决定行为模式，最终形成人格。罗特认为，有两个关键因素影响个人在特定情形下以特定方式行动的决定：期待和强化值。**期待**（expectancy）与班杜拉的自我效能非常相似，指的是特定行为会导致强化结果的个人主观感觉。对成功的高期待与自我效能高相似，都是基于过去成功和失败的经验。强化值是指个体对特定强化物的偏好超过所有其他可能的强化结果。对我们特别有吸引力的事物或环境比其他可能的强化因素具有更高的强化值。

对行为与社会认知观的新思考

13.6 评价人格的行为和社会认知观的优势和局限

行为主义对人格形成的解释有其局限性。经典理论在解释行为时没有考虑心理过程，也没有重视社会对学习的影响。人格的社会认知观不同于传统的行为主义，它包含了社会和心理过程及其对行为的影响。与精神分析不同，这一理论的概念可以而且已经在科学条件下得到了检验（Backenstrass et al.，2008；Bandura，1965；Catanzaro et al.，2000；DeGrandpre，2000；Domjan et al.，2000；Skinner，1989）。一些最新的研究调查了人们的期待如何影响他们对自己消极情绪的控制。尽管一些批评家认为，人格和行为太过复杂，无法解释为认知和外部刺激相互作用的结果，但也有人指出，这一观点促进了基于学习理论的治疗方法的发展，这种治疗方法对于改变不良行为是有效的【连接学习目标 15.4】。

概念地图 13.5～13.6

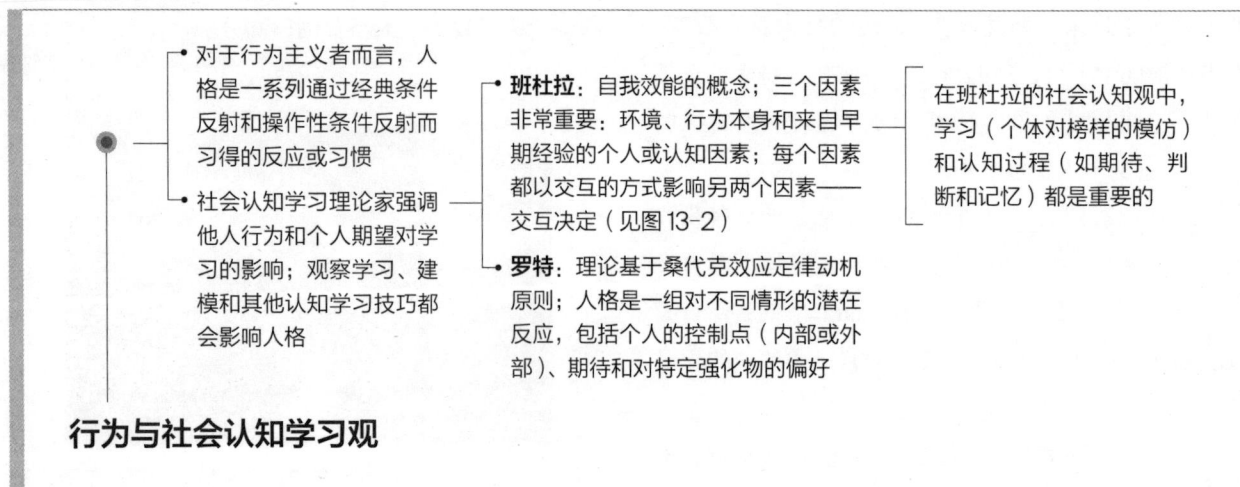

- 对于行为主义者而言，人格是一系列通过经典条件反射和操作性条件反射而习得的反应或习惯
- 社会认知学习理论家强调他人行为和个人期望对学习的影响；观察学习、建模和其他认知学习技巧都会影响人格

- **班杜拉**：自我效能的概念；三个因素非常重要：环境、行为本身和来自早期经验的个人或认知因素；每个因素都以交互的方式影响另两个因素——交互决定（见图 13-2）
- **罗特**：理论基于桑代克效应定律动机原则；人格是一组对不同情形的潜在反应，包括个人的控制点（内部或外部）、期待和对特定强化物的偏好

在班杜拉的社会认知观中，学习（个体对榜样的模仿）和认知过程（如期待、判断和记忆）都是重要的

行为与社会认知学习观

随堂小考

1. 行为理论认为，人格主要包括____。

  A. 无意识的力量   B. 习得的反应

  C. 生物学特性   D. 个人的选择

2. 阿尔伯特·班杜拉认为，____是在任何特定情况下，个人对实现目标的努力有效性的期望。

A. 自我形象　　　　　B. 自尊

C. 自我意识　　　　　D. 自我效能

3. 你上课迟到了，心理学教授正在解释一个人格理论家是如何把人格看作对不同情况的相对稳定的潜在反应。你马上就知道你的教授是在说____。

A. 朱利安·罗特　　　B. B. F. 斯金纳

C. 阿尔伯特·班杜拉　　D. 约翰·沃森

4. 尼娜对自己的新事业——摄影很满意，同时非常重视建设性的批评，因为这样她就能解决一些特殊的问题。根据朱利安·罗特的说法，尼娜有一个____。

A. 强烈的自我概念　　B. 真实的自我

C. 内部控制点　　　　D. 外部控制点

人本主义视角

正如第 1 章讨论的那样，在 20 世纪中叶，除了弗洛伊德心理动力学理论强调冲突和动物需求的悲观主义，以及行为主义对行为外部控制的强调，还产生了心理学中的第三种力量：**人本主义视角**（humanistic perspective）。

罗杰斯与人本主义视角

13.7　描述罗杰斯等人本主义者是如何解释人格的

以卡尔·罗杰斯（Carl Rogers）和亚伯拉罕·马斯洛（Abraham Maslow）等心理学家为首的人本主义视角，希望心理学关注使人具有独特人性的东西，比如主观情绪和选择自己命运的自由。在第 9 章中，马斯洛的人格理论已得到了充分的论述，因而在本章，对人本主义人格观的论述将集中在卡尔·罗杰斯的人格理论上。

马斯洛和罗杰斯都认为，人类总是在努力实现他们的天赋和能力，以实现遗传潜力的最优可能。这种自我实现的努力被称为**自我实现倾向**（self-actualizing tendency）。人类自我实现的一个重要工具是自我形象或**自我概念**（self-concept）的发展。自我概念是建立在他人的描述以及**自我**（self）意识如何反映在生命中重要人物（如父母、兄弟姐妹、同事、朋友和老师）的言行之上的。

"它总是'坐''歇''靠'，从不'思考''创新''做自己'。"

现实自我和理想自我　　自我概念的两个重要组成部分是现实自我（个人对构成自我实现的基础的特征、特质和能力的真实感知）和理想自我（对自己应该成为或者想成为的形象的感知）。理想自我主要来自生命中那些重要而有意义的人，尤其是我们小时候的父母。罗杰斯认为，当现实自我和理想自我非常接近或相似时，人们会感到有能力；但是当现实自我和理想自我不匹配时，就会产生焦虑和神经质行为（见图 13-3）。

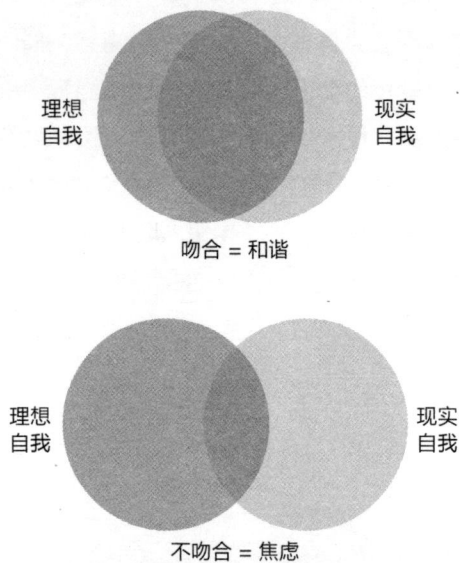

图 13-3　现实自我和理想自我

罗杰斯认为，自我概念包括现实自我和理想自我。现实自我是一个人对自身特征和能力的真实感知，而理想自我是一个人对自己希望成为或应该成为什么样的人的感知。当理想自我和现实自我非常相似（匹配）时，人会体验到和谐和满足。当两个自我不匹配时，人会产生焦虑，并可能做出神经质的行为。

自我的这两部分开始时相差不大，就更有可能匹配。当一个人对现实自我有现实的看法，而理想自我实际上可以实现时，通常就不存在不匹配的问题。当一个人的自我观被扭曲或者理想自我无法实现时，就会出现问题。另外，一个人生活中的重要人物（可能是好的，也可能是坏的）如何对这个人，会极大地影响到现实自我和理想自我之间的匹配度或一致性。但随着个体的发展，他们会更少寻求别人的赞成和反对，而更多关注自己的内心，以决定自己的生活方式是否令自己满意（Rogers，1951，1961）。

条件积极关注和无条件积极关注　罗杰斯将**积极关注**（positive regard）定义为来自个人经历中重要的人（父母、钦佩的成人、朋友和老师）的温暖、情感、爱和尊重。积极关注对人们应对压力和努力实现自我的能力至关重要。罗杰斯认为，没有附加条件的**无条件积极关注**（unconditional positive regard）或者爱、情感和尊重，对人们充分探索自我潜力是必须

的。遗憾的是，一些父母、配偶和朋友给予的是**条件积极关注**（conditional positive regard），即爱、情感、尊重和温暖取决于或者看似取决于你是否做了他们希望做的事情。

举个例子：萨莎是大一新生，她想成为一名数学老师、计算机程序员或者小学老师。卡伦也是大一新生，她知道自己以后会成为一名医生。萨莎的父母告诉她，她想做什么自己决定，无论如何他们都会爱她；而卡伦的父母在她很小的时候就清楚地告诉她，他们希望她成为一名医生，她从小就明白，如果她选择其他职业，就会失去父母的爱和尊重。萨莎的父母给予孩子的是无条件积极关注，而卡伦的父母（无论他们是否有意这样做）给予孩子的是条件积极关注。卡伦显然不像萨莎那样，有开发自己潜能和能力的自由。

对罗杰斯而言，一个人在自我实现的过程中，能积极开发潜能和能力，体验现实自我和理想自我的匹配，就是一个**机能健全者**（fully functioning person）。机能健全者能触及自己的感受和能力，能够相信内在的要求和直觉（Rogers，1961）。要成为一个机能健全者，就需要无条件积极关注。在罗杰斯看来，卡伦不可能是一个机能健全者。

💬　什么样的人是机能健全者？它和自我实现是一回事吗？

这两个概念高度相关，但也有一些细微的区别。马斯洛认为，自我实现是人们一直努力想要达到的目标【链接学习目标 9.5】。在罗杰斯看来，只有机能健全者才能达到自我实现的目标。机能健全是自我实现过程中必不可少的一步。马斯洛列举了几个他认为自我实现的人：阿尔伯特·爱因斯坦、甘地和埃莉诺·罗斯福。马斯洛认为，这些人具备创造力、自主、公平等自我实现的特质。在罗杰斯看来，这些人相信自己的真实感受和内心需求，而不是随大流。

这对自豪的父母正在给予他们的女儿无条件积极关注。

对人本主义人格观的新思考

13.8 评价人本主义人格观的优势和局限

人本主义人格观描绘了一幅非常美好的图景。一些批评者认为,这些图景过于乐观了,忽视了人性的消极方面。例如,人本主义理论能解释缺乏良心和道德天性的反社会人格的发展吗?人本主义者能够解释恐怖主义背后的动机吗?

人本主义理论的某些方面很难进行科学的验证,

所以有人认为这一理论与其说是一种心理学解释,不如说是一种关于人类行为的哲学观点。尽管面临挑战,人们如何看待自己仍然是心理学和人格研究诸多方面的核心(Leary & Toner, 2015)。总的来说,人本主义理论最大的影响是发展了旨在促进自我成长和帮助人们更好地了解自己和他人的治疗方法。例如,从心理治疗和治疗师变量的角度来看,罗杰斯的无条件积极关注的观点与来访者感知到的治疗师的移情水平之间似乎存在一致关系,这对改善来访者的自我评价和来访者与他人的关系有积极的促进作用(Watson et al., 2014)【连接学习目标 15.3】。

积极心理学的一些前提都源于人本主义心理学。"积极心理学"一词最早由马斯洛在 1954 年提出,当时他强调心理学需要关注人的潜能而不是问题(Maslow, 1954)。有人指出,相关的观点也可以追溯到威廉·詹姆斯的作品及其后来者(Froh, 2004; Taylor, 2001)。然而,积极心理学领域是最近才出现的,它致力于理解人类在困难时期是如何奋发向上的,并侧重于培养积极经验的主观感受,是一门涉及个人和群体因素的科学(Seligman & Csikszentmihalyi, 2000)。积极心理学与人本主义心理学之间一直存在着争论,主要是关于研究方法的选择和一些哲学上的细微差别,其实二者有许多共同点,都关注人的潜能、优势的识别以及作为人的积极意义(Mahoney, 2005; Seligman, 2005; Snyder & Lopez, 2005; Waterman, 2013)。

概念地图 13.7~13.8

人本主义视角
(被称为心理学中的第三种力量;基于罗杰斯和马斯洛的大量研究工作)

- **罗杰斯**:认为人们总是在努力实现其内在潜能和能力(自我实现倾向)
- **自我概念**:基于个人对他的现实自我和理想自我的看法;当二者接近或相似时,人们感到有能力;当二者不匹配时,就会出现焦虑和神经质行为
- **自我实现**:通过积极关注实现,特别是无条件积极关注
- 当现实自我和理想自我一致时,这个人就被认为是机能健全且能够达到自我实现目标的人

随堂小考

1. 在罗杰斯看来，实现内在能力和需求的努力叫什么？
    A. 功能完备的　　　　　B. 自我实现倾向
    C. 现实自我　　　　　　D. 自我概念

2. 卡尔·罗杰斯所说的"机能健全者"是什么意思？
    A. 努力发现现实自我的人
    B. 致力于发现理想自我的人
    C. 一个在他或她的现实自我和理想自我之间体验到匹配的人，他或她相信自己内心的直觉和渴望
    D. 发现自我效能的人

3. 以下关于自我概念的陈述哪一个是错误的？
    A. 它是建立在别人告知的基础上的
    B. 它是自我意识在他人言行中的反映
    C. 它是人类自我实现的重要工具
    D. 它的形成完全基于一个人对自己的看法

4. 卡伦的父母告诉她，他们希望她成为一名医生，就像她的父亲和祖父一样。他们告诉她，如果她选择其他职业，他们将不再支持和尊重她的选择。根据罗杰斯的观点，卡伦的父母给了她____。
    A. 无条件积极关注　　　B. 条件积极关注
    C. 无条件消极关注　　　D. 条件消极关注

◎ 特质理论

到目前为止，讨论的理论都是试图解释人格是如何发展的，或者个体的内外因素是如何影响人格的。这些理论也可以为心理学家和其他专业人士提供一些关于人格如何改变的线索。然而，并非所有的人格理论都有相同的目标。

早期探索：描述人的特征

13.9　描述用特质概念化人格的早期尝试

特质理论（trait theory）较少关注对人格发展和人格变化的解释，而更关注对人格的描述以及基于这种描述的预测行为。**特质**（trait）是始终如一、持久的思维、情感或行为的方式，特质理论试图用个人的特质来描述人格。

奥尔波特　戈登·奥尔波特（Gordon Allport）的作品中有他对构成人格的特质的举例和描述（Allport & Odbert, 1936），这是最早的尝试之一。奥尔波特和他的同事奥德波特（H. S. Odbert）逐字翻字典，寻找可能表述特质的词，找到了大约 1.8 万个，去掉同义词之后缩减到 200 个。奥尔波特认为（虽然没有科学依据），这些特征字面上是与神经系统相联系的，以指导人在不同情形下的行为，且每个人的特质"群"都是独一无二的。虽然奥尔波特缺乏证据支持，但行为遗传学家已经找到了对人格特质受遗传影响的证据，这些发现将在后文进行讨论。

卡特尔和《16 项人格因素问卷》　200 个特质词仍然是个庞大的词库。雇主怎么才用一份 200 个特质词的列表来判断一个潜在员工的人格呢？这就需要一种更简洁的方式来描述人格。雷蒙德·卡特尔（Raymond Cattell）定义了两种类型的特质：**表面特质**（surface trait）和**根源特质**（source trait）。表面特质就像奥尔波特发现的那些，是容易被其他人看见的人格特质。根源特质是构成表面特质的更基本的特质。如害羞、安静和讨厌人群都是表面特质，都与更基本的根源特质——**内向性**（introversion）有关，是一种回避过度刺激的倾向。

卡特尔使用统计技术在因素分析中寻找分类和共同性，发现了 16 个根源特质（Cattell, 1950, 1966）。加上后来他发现的 7 个根源特质，总共 23 个（Cattell & Kline, 1977）。他基于 16 个根源特质（见

图 13-4）开发了评估问卷《16 项人格因素问卷》（简称 16PF）（Cattell，1995）。这 16 个根源特质被看作特质维度或连续统一体，每一端有两个对立的特质，中间有许多不同程度的特质。例如，一个人的得分越接近"稳重／外向"维度的"稳重"一端，就比那些得分在中间或者在对立端的人越稳重。

图 13-4　卡特尔的自我报告问卷

使用卡特尔 16PF 自我报告量表等工具可以描述从事不同职业的个体的人格特征。以飞行员和作家为例，与作家相比，航空公司的飞行员往往更尽责、更放松、更自信，且敏感度较低；作家则更富有想象力，更善于抽象思考。

资料来源：Cattell（1973）。

现代特质理论：大五人格模型

13.10　确定人格五因素模型的五个特质维度

16 个特质描述一个人的人格还是太多了。之后研究人员曾尝试将特质的数量减少到可控的程度，几组研究人员得出了或多或少相同的 5 个特质维度（Botwin & Buss，1989；Jang et al.，1998；McCrae & Costa，1996）。这 5 个维度被称为**五因素模型**（five-factor model）或**大五人格模型**（Big Five），代表了人类人格的核心描述，即理解什么是让我们做出选择的唯一必要维度。

如表 13-2 所示，这 5 个特质维度可以用首字母缩略词"OCEAN"来记忆，其中每个字母都是这 5 个人格维度词的首字母。

- **开放性**（openness）可以极为恰当地描述一个人希望尝试新事物，乐于接受新体验。那些希望维持现状和不想改变的人在开放性方面得分较低。
- **尽责性**（conscientiousness）指一个人的组织和动机，在这方面得分高的人是那些守时和对财物认真仔细的人。在这方面得分低的人，可能经常在重要的社交场合迟到，或者借的东西忘记归还或归还时有所损坏。
- **外倾性**（extraversion）是卡尔·荣格最早使用的一个术语，他认为所有人分为两种人格类型：**外向者**（extravert）和**内向者**（introvert）。外向者是活泼、善于交际的，而内向者更爱独处且不喜欢成为关注的焦点。
- **宜人性**（agreeableness）指一个人的基本情感风格，可能是随和、友好、令人愉悦的（在量表的高分端）或者脾气暴躁、易怒且难相处的（在低分端）。
- **神经质**（neuroticism）是指情绪的稳定性。过度担忧、过度焦虑和喜怒无常的人在这方面得分高，而脾气温和、冷静的人得分低。

罗伯特·麦克雷（Robert McCrae）和保罗·科斯塔（Paul Costa）提出，这 5 个特质并不互相依赖。换句话说，知道一个人在外倾性上的得分并无法得知其他 4 个维度得分的信息，这一点为人格描述提供了很多变化。

除了对人格的描述外，五因素模型的预测能力也得到了大量的支持。这些特质预示着生活中许多不同的结果，比如我们对自己的感觉、我们的身心健康、我们在学校和工作中的成功，以及我们社会行为

的方方面面（Ozer & Benet-Martinez，2006）。例如，五因素模型的各个方面都与认知有关。在老年人中，开放性与个体认知能力的总体水平正相关，也与语言能力、情景记忆和流体智力正相关（Curtis et al.，2015）。相比之下，尽责性较低但神经质较高的人患阿尔兹海默症的风险更大（Terracciano et al.，2014）。

表 13-2 大五人格模型

高分特征	因素（Ocean）	低分特征
创造性、艺术性、好奇心、想象力	开放性（O）	传统的、脚踏实地的、缺乏创造性的、不适合的
有条理、可靠、整洁、雄心勃勃的	尽责性（C）	不可靠、懒惰、冷漠、粗心大意、随意的
健谈、乐观、善于交际、深情的	外倾性（E）	沉默寡言、喜爱独处、待在幕后的
脾气好、可信任、乐于助人的	宜人性（A）	粗鲁、不合作、易怒、好斗、求胜心切的
忧虑、不安全、焦虑、喜怒无常的	神经质（N）	冷静、安全、放松、稳定的

资料来源：McCrae & Costa（1990）。

对特质观的新思考

13.11 评价人格特质观的优势和局限

一些理论家发现，不同情形下人格特质的表达方式并不总是相同的。社会认知理论家沃尔特·米歇尔（Walter Mischel）强调，存在一种**特质-情境的交互作用**（trait-situation interaction），在这种交互中，任何特定情况下的特殊环境都会影响特质的表达方式（Mischel & Shoda，1995）。例如，一个外向者可能会在聚会上大笑、与陌生人交谈、讲笑话。如果在葬礼上，这个人仍然是善交谈的，但却不会讲笑话和大笑。然而，五因素模型为人格结构的分类提供了一个维度方法（与分类方法相反），这与最新的《精神障碍诊断与统计手册》第 5 版中讨论的诊断人格障碍的可能替代方法一致【连接学习目标 14.3】。

五因素模型的组成部分是许多研究的主题。例如，开放性作为一个相关的特质与智力联系在一起，一些五因素研究人员便使用"开放性/智力"这个标签来识别这两个子因素（Allen & DeYoung，2016）。

两者都与认知探索有关，开放性/智力较高的个体比较低的个体在追求、理解和利用信息方面的能力和倾向更强（DeYoung et al.，2014）。进一步作为一种复合特征来研究时，开放性似乎与言语智力有关，而智力似乎与一般智力、非言语智力和言语智力有关（DeYoung et al.，2014）【连接学习目标 7.6】。

尽管存在区域差异，但来自 56 个国家的跨文化研究已经在世界所有主要文化区域发现了这 5 个特质维度的证据（Schmitt et al.，2007）。此外，这些维度似乎不仅在大多数语言和文化中是明显或可识别的，而且在自我评价或观察者评估时也是一致的（Allik et al.，2013；McCrae & Terracciano，2005）。这种文化共性引出了大五人格模型的起源问题：是因为这些文化的儿童教养方式足够相似而导致了这人格五因素，还是因为这五个因素的遗传成分超越了文化差异？下一部分会讨论大五人格模型遗传基础的证据。本章末尾的"在日常生活中应用心理学"专栏将重点介绍大脑成像和人格神经科学提供的关于这些维度的见解。

概念地图 13.9～13.11

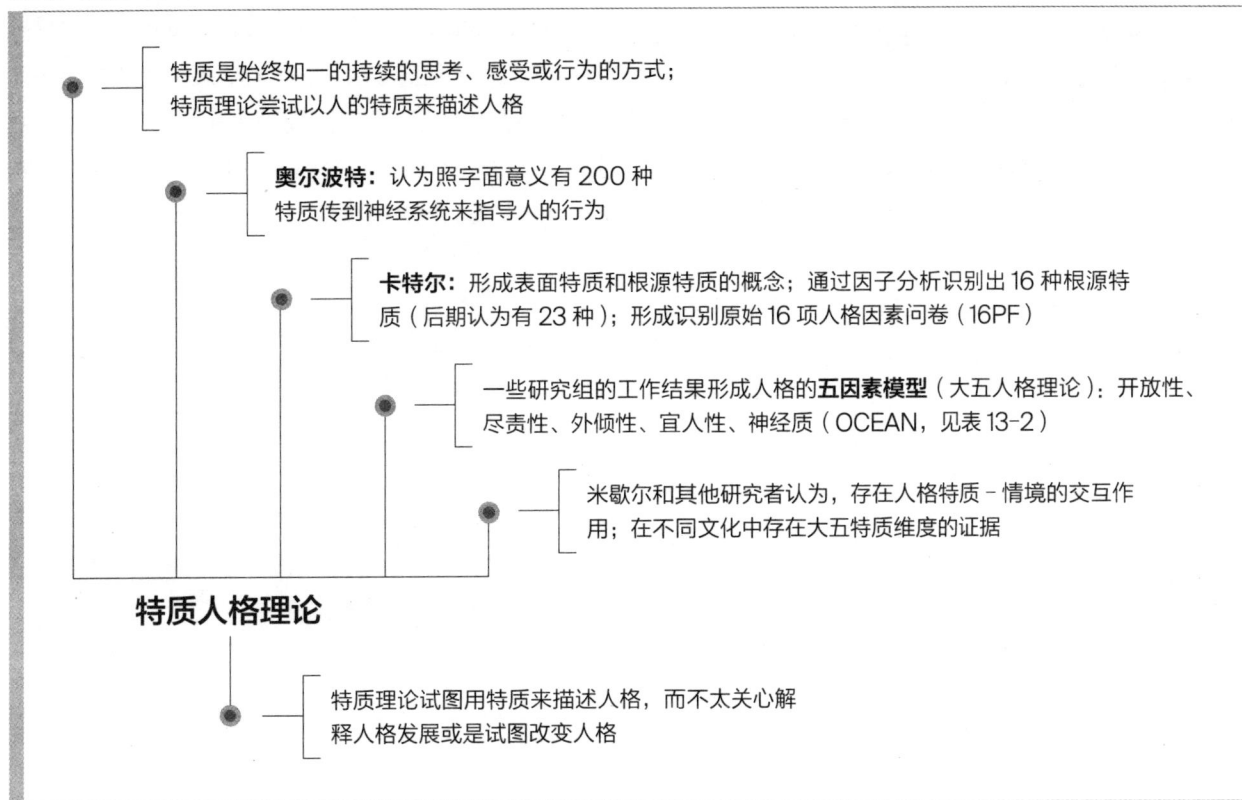

```
┌─────────────────────────────────────────────────────────────────┐
│   特质是始终如一的持续的思考、感受或行为的方式；                  │
│   特质理论尝试以人的特质来描述人格                                │
│                                                                   │
│      奥尔波特：认为照字面意义有 200 种                            │
│      特质传到神经系统来指导人的行为                               │
│                                                                   │
│         卡特尔：形成表面特质和根源特质的概念；通过因子分析识别出 16 种根源特 │
│         质（后期认为有 23 种）；形成识别原始 16 项人格因素问卷（16PF）  │
│                                                                   │
│            一些研究组的工作结果形成人格的五因素模型（大五人格理论）：开放性、 │
│            尽责性、外倾性、宜人性、神经质（OCEAN，见表 13-2）       │
│                                                                   │
│               米歇尔和其他研究者认为，存在人格特质 - 情境的交互作  │
│               用；在不同文化中存在大五特质维度的证据              │
│                                                                   │
│   特质人格理论                                                    │
│                                                                   │
│            特质理论试图用特质来描述人格，而不太关心解             │
│            释人格发展或是试图改变人格                             │
└─────────────────────────────────────────────────────────────────┘
```

随堂小考

1. 特质理论不太关心____，而更关心____。

    A. 改变人格；预测人格

    B. 描述人格；解释人格发展

    C. 预测人格；改变人格

    D. 预测行为；改变人格

2. 同事需要向新经理描述你，他们在描述中最有可能使用的特征是____。

    A. 共同特质　　　　　　B. 首要特质

    C. 根源特质　　　　　　D. 表面特质

3. 卡特尔对因素分析的研究和使用本质上缩小了诸多不同的特征来描述人格的各个方面，使之成为____种根源特质。

    A. 10　　　　　　　　B. 16

    C. 5　　　　　　　　D. 2

4. 在大五人格模型理论中，"E"代表的是____。

    A. 同理心　　　　　　B. 能量

    C. 外观的　　　　　　D. 外倾性

◉ 人格、遗传与文化

💬 我们的人格有多少是遗传的结果？

你最近一次和家人在一起是什么时候？是团聚吗？还是第一次见到你另一半的家人？不同家庭成员在交流、说话或行为上有什么共同点吗？本节将探讨人格的"自然"面，或者说我们的某些人格与父母和亲密关系的联系程度。

行为遗传学：人格的生物学

13.12　解释双生子研究和收养研究在行为遗传学领域是如何被应用的

　　行为遗传学（behavioral genetics）致力于研究个人的人格在多大程度上取决于遗传特质。动物饲养员很早就知道，对某些有特定理想特质的动物进行选择性育种，不仅可以改变动物的体型、毛色和其他生理特征，还能改变动物的气质（Isabel，2003；Trut，1999）。正如本章前面所述，气质是一个人与生俱来的特征，因此在很大程度上由生物学决定。如果动物的气质可以通过操纵遗传特性加以影响，再进一步就可以假设，与人的气质有关的人格特征同样也可能受遗传的影响。

　　动物饲养员比研究基因对人类行为影响的研究人员有优势，因为他们能够控制特定动物的交配以及动物的生长环境。人类研究在伦理和实践方面都不能进行这种控制，所以必须依靠自然和偶然的"实验"，对双胞胎和被收养者进行研究。

　　双生子研究　第 8 章讨论了同卵双胞胎和异卵双胞胎的区别【连接学习目标 8.4】。如前所述，同卵双胞胎拥有 100% 相同的遗传物质，它们来自同一个受精卵，而异卵双胞胎只有大约 50% 相同的遗传物质，就和其他兄弟姐妹一样多。通过比较同卵双胞胎和异卵双胞胎，尤其是双胞胎在不同环境下长大的情况，研究人员可以发现遗传对不同特质的影响，包括人格（见图 13-5）。

　　很多人都听说过"吉姆"双胞胎——詹姆斯·亚瑟·斯普林格和詹姆斯·爱德华·刘易斯的故事，这一对同卵双胞胎刚出生就被分开了。39 岁时，斯普林格和刘易斯成为明尼苏达大学心理学家托马斯·布查德（Thomas Bouchard）研究的第一对双胞胎，布查德研究了分开抚养的同卵双胞胎和异卵双胞胎之间的异同（Bouchard et al.，1990）。

　　这两个詹姆斯非常相似。他们对机械制图和木工都有兴趣，他们抽烟喝酒的量是一样的，甚至都娶了叫贝蒂的女人，并且有一个叫琳达的前妻。这些相似

性很容易归因于他们共同的基因。但是，斯普林格和刘易斯都是在俄亥俄州由社会经济背景相似的父母抚养长大的——他们之间的相似性有多大可能是因为这些条件呢？

詹姆斯·爱德华·刘易斯和詹姆斯·亚瑟·斯普林格，因英文名詹姆斯的昵称是吉姆，他俩又被称为"吉姆"双胞胎。这是他们与刘易斯养母的合影。尽管在出生后不久就被分开，39 岁时才重聚，但他们在人格和个人习惯上表现出许多相似之处。虽然遗传学可以解释其中的部分相似之处，但还有哪些因素也会起作用呢？

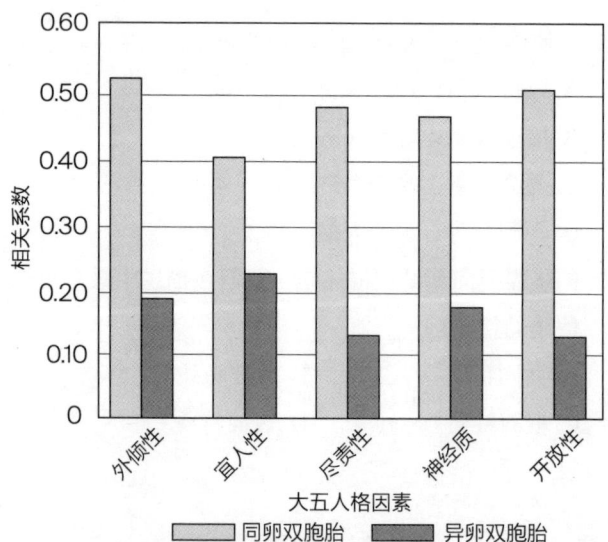

图 13-5　同卵双胞胎和异卵双胞胎的人格

同卵双胞胎和异卵双胞胎表达大五人格模型的方式不同。最近来自 696 对双胞胎的数据表明，同卵双胞胎在五大因素上的自我评价相关系数约为 0.45，而异卵双胞胎的相关系数约为 0.22。这些发现支持了人格的某些方面是基于基因的观点。

资料来源：Kandler et al.（2010）。

明尼苏达大学双生子研究的结果显示，同卵双胞胎比异卵双胞胎或者无关的人在智力、领导能力、遵守规则的倾向和坚持传统文化期望的倾向上更相似（Bouchard，1997；Finkel & McGue，1997）。他们在教养、同理心、自信（Neale et al.，1986）以及进取心（Miles & Carey，1997）上也更接近。即使在不同环境中长大的双胞胎仍然存在这些共性。

收养研究　行为遗传学家的另一种工具是研究养子女和他们的收养家庭以及出生家庭。如果研究不同环境中长大的基因相同的双胞胎能够帮助我们理解遗传对人格的影响，对成长在相同环境中不相关的人的研究则能够帮助我们理解环境的影响。通过比较养子女与他们的养父母和兄弟姐妹，以及在可能的情况下比较养子女与没有抚养他们的亲生父母，研究人员可以发现环境和遗传对人格的影响。

收养研究证实了双生子研究的结果：人格发展中遗传是重要因素，无论成长环境是否相同（Hershberger et al.，1995；Loehlin et al.，1985；Loehlin et al.，1998）。例如，通过这类研究，有人提出害羞（Plomin et al.，1988）和进取（Brennan et al.，1997）存在遗传基础。

人格遗传率的研究现状

13.13　概述人格遗传率的研究现状

遗传研究的一个重要方面是遗传率的概念，即群体中某些性状可以归因于遗传影响的程度，以及个体遗传变异对观察行为差异的影响程度【连接学习目标 7.10 和 8.3】。有研究发现，五因素模型中的 5 个人格因素在不同文化中的遗传率接近 50%（Bouchard，1994；Herbst et al.，2000；Jang et al.，1996；Loehlin，1992；Loehlin et al.，1998）。人格与精神病理学的关系也正在通过基因技术进行研究（Plomin & Spinath，2004）。结合明尼苏达大学双生子研究和其他研究结果（Lubinski，2000；Lykken & Tellegen，1996；Plomin，1994），遗传学和人格的研究表明，人格特质的变异有 25% ～ 50% 是由遗传决定的（Jang et al.，1998）。这也意味着环境的影响显然占了人格特质变化的一半左右。

尽管这 5 个因素在不同的文化中都有发现，但并不意味着文化对人格没有影响。有关此主题的更多信息，请参阅下面的"心理学经典研究"。

心理学经典研究
吉尔特·霍夫斯塔德的文化人格四维度

20 世纪 80 年代初，组织管理专家吉尔特·霍夫斯塔德（Geert Hofstede）对跨国公司 IBM 的员工开展了大量工作价值观的研究（Hofstede，1980；Hofstede et al.，2002）。研究调查了全球 64 个国家的员工。霍夫斯塔德分析了收集到的数据，发现了随着文化变化的 4 个基本的人格维度。

个人主义 / 集体主义：个人主义文化倾向于个体间联系松散，人们只关心自己和其直系亲属。这种文化的成员通过共同的活动和兴趣交朋友，可能属于许多不同的松散社会组织，高度重视自主、变革、年轻、个人安全和平等。在集体主义文化中，人们一出生就根深蒂固地属于一个强大的群体，典型的大家庭包括祖父母、叔叔阿姨、堂兄弟姐妹，高度重视对家庭的忠诚，对家庭的关心重于自我关心。群体成员仅限于几个对个人有深远影响的永久群体。这种文化的价值观是责任、秩序、传统、敬老、群体安全、尊重群体地位和层级。美国、英国是个人主义文化的典范，日本、中国、韩国、墨西哥和中美洲则更为集体主义。

权力距离：这个维度是指一个文化中权力较弱的成员接受甚至期望文化中的权力掌握在少数精英手中而不是均匀分布。菲律宾、墨西哥、许多阿拉伯国家和印度等国的这类期望较高，而奥地利、瑞典、澳大利亚、英国和美国等国家的权力距离较低。

男性化/女性化：指一种文化如何分配男性和女性角色，这一维度在一种文化中男性的差异大于女性的。"男性化"文化是自信的和竞争性的，针对的更多是男性而非女性；"女性化"文化是谦逊和充满关怀的。在"女性化"国家中，男性和女性都有相似的关怀价值；但在"男性化"国家中，女性不像男性那么有主见和竞争力，导致"男性化"国家的性别差异很大。日本、奥地利、委内瑞拉、意大利、瑞士、墨西哥、爱尔兰、牙买加、美国、英国和德国被认为是"男性化"国家，而瑞典、挪威、荷兰、丹麦、哥斯达黎加、南斯拉夫、芬兰、智利、葡萄牙、泰国和危地马拉被认为更女性化。

避免不确定性：一些文化对不确定、模棱两可和无组织的情况很宽容。不容忍不确定性和缺乏组织的文化，往往有严格的规则和法律，有诸多安全措施倾向于唯一真理的哲学/宗教信仰；更接受不确定性的

文化，对不同的观点更为宽容，规则更少，允许许多不同宗教信仰并存，且比那些避免不确定性国家的人更少焦虑和情绪化。避免不确定性的国家有希腊、葡萄牙、危地马拉、乌拉圭、比利时、萨尔瓦多共和国、日本、南斯拉夫和秘鲁，而对不确定性更容忍的国家有新加坡、牙买加、丹麦、瑞典、爱尔兰、英国、马来西亚、印度、菲律宾、美国、加拿大和印度尼西亚。

注意，科斯塔和麦克雷的大五人格模型不一定与霍夫斯塔德的维度存在竞争关系。霍夫斯塔德的维度是文化人格特质，而大五人格模型是针对个体的。

深入讨论一下

1. 你的文化是否被归入了这些维度？如果是，你同意赋予你的文化的人格维度吗？

2. 如果你的文化没有被归入任何人格维度，你认为你的文化会落在哪个维度上？

概念地图 13.12～13.13

人格与行为遗传学

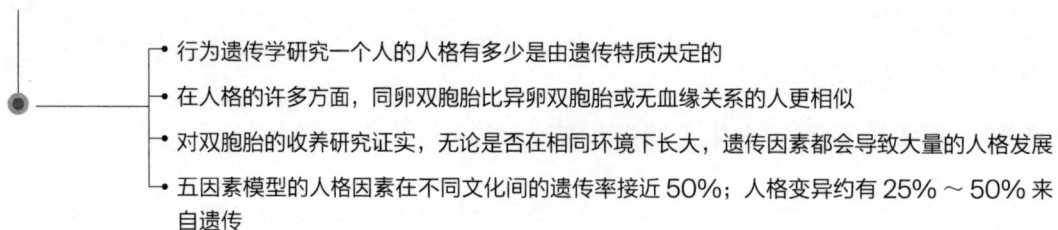

- 行为遗传学研究一个人的人格有多少是由遗传特质决定的
- 在人格的许多方面，同卵双胞胎比异卵双胞胎或无血缘关系的人更相似
- 对双胞胎的收养研究证实，无论是否在相同环境下长大，遗传因素都会导致大量的人格发展
- 五因素模型的人格因素在不同文化间的遗传率接近50%；人格变异约有25%～50%来自遗传

随堂小考

1. 行为遗传学在研究人的人格特质方面有什么主要的缺陷？

   A. 行为遗传学家无法对人类被试进行对照研究

   B. 行为遗传学家无法科学地验证任何事情

   C. 行为遗传学家不能对动物进行研究，只能对人类进行研究

   D. 行为遗传学家通过长期观察单个个体进行研究，从而减缓了他们收集数据的速度

2. 在明尼苏达双生子研究中，与异卵双胞胎相比，同卵双胞胎的以下哪些特质或特征没有更相似？

   A. 智力　　　　　　　B. 领导力

   C. 离婚倾向　　　　　D. 同理心

3. 关于遗传和人格之间的关系，收养研究教会了我们什么？

　　A. 收养研究是一个新的研究领域，尚未提供任何关于遗传对人格影响的信息

　　B. 收养研究已经证实，人格会受到基因的强烈影响

　　C. 收养研究并没有支持许多行为遗传学研究，因此要质疑人格可能受遗传学影响的观点

　　D. 收养研究的结果自相矛盾，一些研究强烈支持遗传对人格的影响，而另一些研究则认为遗传对人格没有任何影响

4. 一些研究发现，就人格的五因素模型而言，不同文化间的遗传率接近____。

　　A. 20%　　　B. 30%　　　C. 40%　　　D. 50%

科学探究和批判性思维
人格、家庭和文化

落实 APA 学习目标 2.5：在科学探究中融入社会文化因素

　　想象一下：你和家人在你很小的时候就移民到美国了。在你的记忆中，你们一直在美国生活。你将英语作为主要语言，尽管父母为了努力维护家庭的文化传统，在家里仍然说母语。你的父母努力工作以创造一个安全的家，他们看重努力工作、奉献精神和自力更生。

　　你现在上大学了，经济很紧张。尽管你已经努力省钱了，但鉴于家庭资源有限，无法帮你应对新出现的支付学费、书本费和生活用品的挑战，与此同时，你还要平衡家庭、兼职工作的需求，并保证学业成绩。简言之，举步维艰。

　　你们学院为有需要的学生开办了食品储藏室。虽然纠结许久，你还是决定过去看看。食品储藏室里有现成的和新鲜的食物，包括水果和蔬菜。尽管你的人格承认有时需要外部援助，但你的父母永远不会去食品储藏室，更不会接受任何来自别人的帮助。

　　这会给你的自我意识带来什么挑战？

　　你如何解决这种冲突？

　　这种批判性思维特征部分是基于一个实际大学生的经历。

🌐 人格评估

　　💬 面对各种不同的人格理论，人们如何发现自己拥有什么样的人格？

　　正如人们所期待的，测量或评估人格的方法因发展这些方法的人格理论不同而各异。然而，大部分心理专家在对来访者进行人格评估时并不一定只限于一种理论观点，而是倾向于采用更为折中的观点，即不同理论中选择最符合特定情境的部分观点的方法，而非仅用一种理论来解释一种现象。事实上，从多个角度剖析行为，往往更能够洞悉一个人的行为，远胜于只从一个视角来看待行为。许多专业人员不仅会采用不同的观点，还使用不同的评估技术。即便如此，特定类型的理论家经常使用某些特定的技术，如表 13-3 所示。

　　人格评估也因评估的目的不同而不同。例如，有时研究人员可能对被试进行某种人格测试，以根据特

定的人格特质对被试进行分类。对于那些只想更了解
自己人格的人，有一些现成的人格测试可以使用。最
后，临床与咨询心理学家、精神病学家和其他心理专
家会使用人格评估工具来诊断人格障碍【连接学习目
标 14.15】。

行为评估、访谈和人格量表

13.14　认识使用行为评估、访谈和人格量表来测量人格的优缺点

　　如上文所述，测量或评估人格的方法因发展这些
方法的人格理论不同而各异。它们还因作答模式和提
供的数据类型而有所不同。我们将首先研究为受测者
提供更结构化作答模式的各种方法，以获取更客观的
数据。

表 13-3　什么人使用哪种方法？

评估类型	最可能被哪些人应用
行为评估	行为和社会认知治疗师
直接观察	
评定量表	
频率计数	
访谈	精神分析学家、人本主义治疗师
人格量表	特质理论家
《16 项人格因素问卷》	
《大五人格量表》	
《迈尔斯－布里格斯类型量表》	
《艾森克人格问卷》	
《凯尔西气质类型调查问卷 II》	
《加利福尼亚心理量表》	
《明尼苏达多相人格量表（第 2 版重组表）》	
投射测验	精神分析学家
罗夏墨迹测验	
主题统觉测验	

行为评估　通常，行为主义者不想"窥视心灵"。
他们认为，人格仅仅是对环境中的刺激习得的习惯性
反应，因而更愿意观察真实世界中人们的行为。

　　在**直接观察**（direct observation）时，心理学家
观察来访者的日常行为，最好是在家庭、学校或工作
场所之类的自然情境中。治疗师在教室观察发现，只
有在被要求完成涉及精细运动能力的事情（如画画或
写作）时，孩子才会发脾气，那么可推测出这个孩子
在这些技能上有困难，因此通过发脾气来逃避任务。

　　行为治疗师和其他评估人员常采用的方法还有评
定量表和频率计数。在**评定量表**（rating scale）中，
由评估者或是来访者对特定行为进行打分（Nadeau et
al.，2001）。在**频率计数**（frequency count）中，评
估者在指定的时间范围内对特定行为的频率计数。教
育工作者使用评定量表和频率计数来诊断行为问题，
如通过不同年级的社会技能水平诊断注意缺陷多动障
碍（ADHD）和人格方面的问题。

　　访谈　在调查过程中，一些治疗师提出问题并记
录答案，这种方式叫作**访谈**（interview）【连接学习
目标 1.6】。这种访谈不同于工作访谈，可能是没有
条理的，会随着来访者和心理学家之间的谈话自然进
行。其他专业人士可以使用半结构式访谈，其中有具
体的问题，并根据个人的回答来指导后续项目，类似
于决策树或流程图。

　　💬 访谈是一种自我报告的过程吗？

　　是的，在心理学家与来访者的访谈中，来访者必
须报告他们内心深处的感受、冲动和担忧——一切只
有他们自己才知道的事情。

　　人格量表　特质理论家通常对人格的描述更感兴
趣。他们更愿意使用**人格量表**（personality inventory）
这一评估方法。人格量表是一种有标准问题和只需提
供"是""否"和"不确定"等特定答案的问卷。问
卷的标准化（问题总是不变的）和没有开放式答案，
使得这类评估比投射测验（后面将讨论的一种更主观
的评估方式）更加客观可信，尽管它们仍是一种自我

报告（Garb et al., 1998）。

《明尼苏达多相人格量表（第2版重组表）》 到目前为止，它是最常见的人格量表，简称 MMPI-2-RF，专门测试人格和精神病理学中的异常行为和思维模式（Ben-Porath & Tellegen, 2011；Butcher & Rouse, 1996；Butcher et al., 2000, 2001）。目前的量表由 338 个陈述句组成，如"我经常很紧张"或者"我总感觉有人要害我"。参加测试的人必须回答"是""否"或"不确定"。MMPI-2-RF 有 12 个高阶量表和临床量表、10 个效度量表，以及许多针对特定问题（如家庭问题、攻击性、焦虑等）的量表。每个量表测试一种特定类型的行为或思维模式。这些行为和思维模式包括相对轻度的人格问题，如过度担忧和害羞，以及更严重的紊乱，如精神分裂症和抑郁症【连接学习目标 14.10 和 14.13】。

除了评估人格或精神病理学之外，MMPI-2-RF 还可用于其他目的。除了作为一种有价值的心理健康工具之外，它还被用于职业指导和工作筛选。对于高风险环境下的特定工作，人们可能需要比提供简历、工作申请和参加面试更复杂的方式来确定谁才最适合这份工作。例如，结合申请程序的其他要求，有研究支持使用 MMPI-2-RF 筛选潜在的警察（Tarescavage et al., 2015）。

💬 如何判断一个人是否在人格量表上诚实作答了？

所有精心设计的心理量表中都有效度量表，旨在确定作答的人是否诚实。例如，对测试中特定题目的回答能反映出人们是想让自己看起来比实际情况更好还是更糟；某些题目在测试中重复出现，形式稍有不同，任何试图在测试中"造假"的人都很难对这些题目做出前后一致的回答（Butcher et al., 2001）。比如，对于陈述"我总是很开心"一个人选择"是"，这表明他试图让自己看起来比实际更好。如果效度量表中的几个问题他都是这样回答的，表明这个人不诚实。事实上，一些效度量表非常有效，即使是专家也

很难假装有特定疾病的症状。例如，一组在评估和治疗严重抑郁症方面既有专业知识又有丰富经验的心理健康专家，也无法在 MMPI-2 上成功地伪造严重抑郁症（Bagby et al., 2000）。

其他常用的量表 另一种常见的人格量表是在本章前面讲过的卡特尔的 16PF。科斯塔和麦克雷将其进一步修订为《大五人格量表》（NEO-PI-R），该量表基于人格特质的五因素模型，目前仍在使用。最新版本的是 NEO-PI-3，它更容易阅读，便于青少年使用，并且有了新的规范（McCrae et al., 2005；McCrae & Martin et al., 2005）。

另一种常用的量表是《迈尔斯－布里格斯类型量表》（MBTI）。它是基于荣格的观点，考察人格的四个维度：感觉/直觉（S/I）维度、思维/情感（T/F）维度、内向/外向（I/E）维度和感知/判断（P/J）维度。这四个维度对于每个人都可能不同，从而导致 16（4×4）种可能的人格类型：ISTJ、ISTP、ISFP、ISFJ 等（Briggs & Myers, 1998）。迈尔斯－布里格斯类型量表常用于评估人格，以帮助人们了解自己最适合的职业。尽管 MBTI 在商业和职业咨询中得到了广泛的应用，但它仍有一些显著的局限性。MBTI 的效度和信度都受到质疑，有人建议使用更可靠的评估，特别是在员工选择和工作分配时（Pittenger, 2005）【连接学习目标 7.8】。

其他常用的人格测试包括《艾森克人格问卷》（EPQ）（Eysenck & Eysenck, 1993），《凯尔西气质类型调查问卷Ⅱ》（Keirsey, 1998）和《加利福尼亚心理量表》（CPI）（Gough, 1995）。

评价行为评估、访谈和人格量表 我们讨论了各种旨在提供客观回答和数据的结构化评估技术，各有优缺点。如，自我报告数据（如调查）和访谈存在同样的问题。受测者可能撒谎、歪曲事实、记错，或者给出他们认为可接受的答案，而不是真实的信息；访谈者本身可能有偏见，根据自己的信仰体系或偏见来解释受访者所说的话。弗洛伊德就是这么做的，因为他拒绝相信他的患者在孩提时代确实受到过性骚扰，宁愿把这些信息解释为患者的幻想（Russell, 1986）。

访谈的另一个问题是**晕轮效应**（halo effect），即在第一次见面时对某人形成喜欢或者不喜欢的印象，之后那个人的所有言行都被解释为与印象相符——正面或负面。晕轮效应可以发生在任何社会情境中，包括心理学家和来访者的访谈中。第一印象真的很重要，由于着装、容貌或者其他一些无关紧要的特征而给人留下好的第一印象后，那个人的头上似有一个"晕轮"，此后不会做错任何事（Lance et al., 1994; Thorndike, 1920）。这种情况的负面印象被称为"尖角效应"。

行为评估的问题包括观察者效应（一个人的行为受被观察者的影响）和观察者偏见，后者可以通过设立多名观察者并将他们的观察结果相互关联来控制【连接学习目标1.6】。与其他观察方法一样，外部环境是不可控的。对来访者的特定行为进行观察的人，可能在观察时间内看不到这一行为，这就像技工在检查车辆时，车的一些问题似乎从未出现过一样。

人格量表优于访谈和投射测试的地方在于，量表是标准化的（即每个人拿到的问题完全相同，答案的评分也完全相同）。事实上，对量表的回答通常用电脑操作，观察者偏见和解释偏好不可能出现。然而，在不同的评分程序中，计算机评分提供的诊断建议可能存在一些差异（Pant et al., 2014）。一般来说，人格量表的效度和信度比投射测验要高（Anastasi & Urbina, 1997; Lilienfeld et al., 2000; Wood et al., 2010）。

但是，人格量表也有一些问题。例如，效度量表是防止作弊的很好的工具，但它们并不完美。有些人能够改变自己的反应模式，并以他们认为更符合社会要求的方式做出反应（Anastasi & Urbina, 1997; Hicklin & Widiger, 2000）。尽管量表编制者的意图是好的，但个人对特定问题的回答也可能有所不同，因为问题可能会被不同的人以不同的方式理解（Lilienfeld et al., 2015），并且很可能受到文化的影响（Kagan, 2010）。还有一些问题与人性有关：一些人习惯选择特定答案而不是仔细分析陈述，而另一些人可能只是对陈述感到厌倦而随机选择答案。

批判式思考 招聘者是否应该要求未来的员工进行人格测试？为什么或者为什么不？这样的要求在某些职业中是否更有意义？如果有，可能是什么职业？

投射测验

13.15 认识使用投射测验测试人格的优缺点

你看过云的"形状"吗？你可能看到的是一座房子，而另一个人可能会把同一片云看成马。云既不是房子也不是马，但却可以被看成房子或马，这取决于做解释的人。这就使云成为一种模棱两可的刺激——一种能够以多种方式被解释的东西。

就是通过这种方式，精神分析师和其他一些心理学家给来访者呈现模棱两可的视觉刺激，要求来访者告诉他们看到了什么，希望来访者将无意识的关注投射到视觉刺激上，并呈现给分析师。采用这种方法的测试被称为**投射测验**（projective test）。这些测试能用于考察来访者的人格，也常用作发现人格问题的诊断工具。

罗夏墨迹测验 比较著名的一个投射测验是**罗夏墨迹测验**（Rorschach inkblot test），由瑞士精神科医生赫尔曼·罗夏（Hermann Rorschach）于1921年开发。测验包括10幅墨水斑点图，5幅是白色背景的黑色墨水图，5幅是白色背景的彩色墨水图（类似于罗夏墨迹的图像见图13-6）。

被测者在看完每一幅墨迹图后，要简单地说出他们觉得墨迹像什么。通过使用预先确定的类别和人们通常的反应（Exner, 1980），心理学家对关键因素进行评分，如何描述墨迹的颜色、形状、图形以及对整体或细节的反应。

罗夏测试了上千幅墨迹，最终缩减到现在使用的 10 幅。这种测验常被用于描述人格、诊断心理障碍和预测行为（Watkins et al., 1995；Weiner, 1997）。然而，随着其他投射技术的普遍使用，罗夏墨迹测验在一些评分方法和整体有效性上产生了争议（Lilienfeld et al., 2000）。

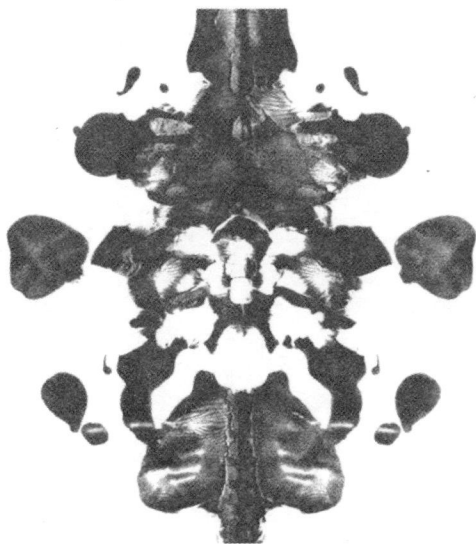

图 13-6　罗夏墨迹测验示例

罗夏墨迹的复制品。被测者要告诉访谈者他从这一墨迹中看到了什么。答案没有正误之分，但是能反映出被测者无意识的担忧。你从这个墨迹中看到了什么？

主题统觉测验　心理学家亨利·默里（Henry Murray）和他的同事在 1935 年开发（Morgan & Murray, 1935）的**主题统觉测验**（thematic apperception test, TAT）包括 20 张黑白图片。测验时，要求来访者讲一个关于图片中人物的故事，图中的人物都故意画成处在模棱两可的情境中（见图 13-7）。之后，精神分析师对来访者所讲的故事进行分析，寻找对陈述的揭示性解释和来访者投射到图片人物中的自身问题。

这只是两个比较著名的投射测验，其他的投射测验还有句子完成测验、画人测验和房-树-人测验。在句子完成测验中，给来访者一系列句子的开头，如"我希望我妈妈……"或者"我几乎每天都感觉……"，

然后要求来访者完成句子。在画人测验和房-树-人测验中，则要求来访者画指定的项目。

图 13-7　主题统觉测验示例

看这张照片，它暗示了你什么故事？那个人是谁？他为什么要爬绳子？

💬 怎么知道解释是否正确呢？这难道不是有很大的犯错空间吗？

投射测验的问题　投射测验的本质非常**主观**（subjective），对来访者答案的解释几乎是一门艺术。这当然不是科学，也无法确定其准确性。因此它的问题在于信度和效度。在第 7 章中，信度是指一个测试针对相同的人或群体而言，每次测验都会产生一致的结果，效度是指测试能测量到它所希望测量的东西的程度【**性核**学习目标 7.8】。投射测验没有固定的评分标准，信度、效度都很低（Gittelman-Klein, 1978；Lilienfeld, 1999；Lilienfeld et al., 2000；Wood et al., 1996）。例如，一个人对罗夏墨迹测验的回答可能一天一变，这取决于来访者的心境和前一天晚上可

能看到的恐怖电影。

投射测验听上去有些过时了，但是许多临床心理学家和精神科医生仍在使用（McGrath & Carroll，2012）。一些心理学家认为，这些测验的最新版本以及类似的测验仍然具有使用价值和有效性（Choca，2013；Meyer & Kurtz，2006；Weiner，2013），尤其是当来访者对这些测验的回答被作为进一步挖掘来访者回忆、担忧和焦虑的起始点时。

概念地图 13.14～13.15

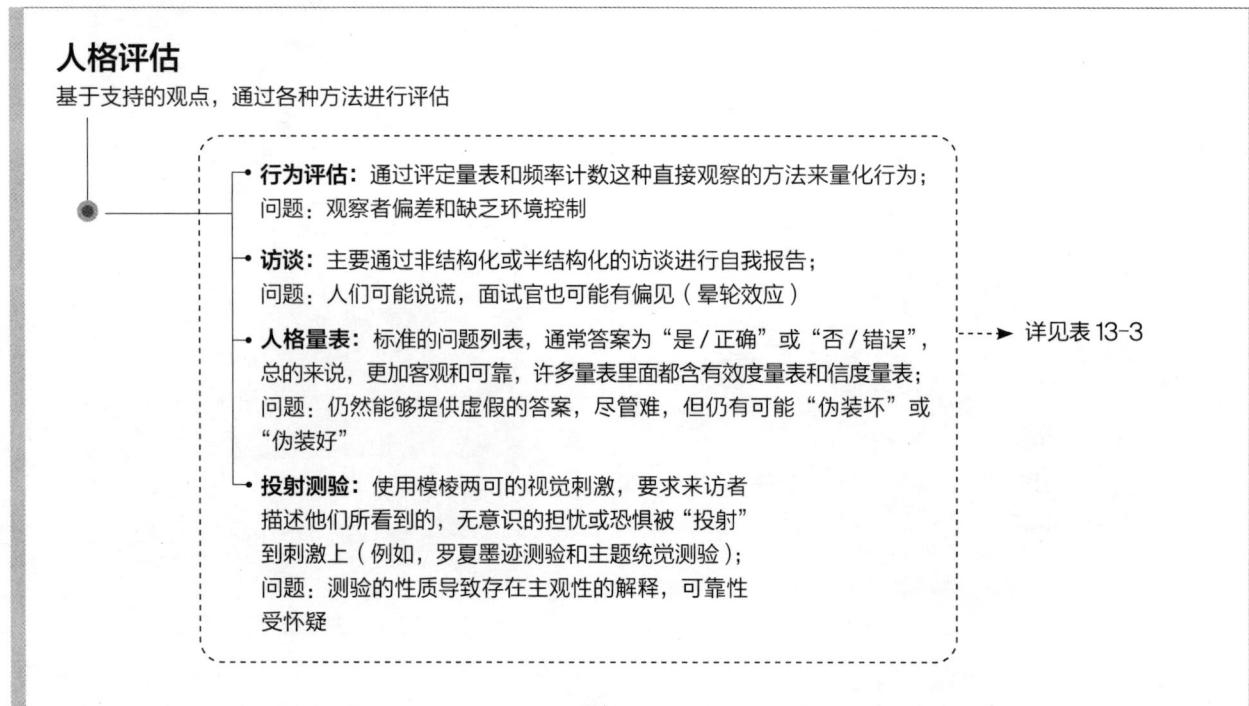

人格评估
基于支持的观点，通过各种方法进行评估

- **行为评估：** 通过评定量表和频率计数这种直接观察的方法来量化行为；
  问题：观察者偏差和缺乏环境控制

- **访谈：** 主要通过非结构化或半结构化的访谈进行自我报告；
  问题：人们可能说谎，面试官也可能有偏见（晕轮效应）

- **人格量表：** 标准的问题列表，通常答案为"是／正确"或"否／错误"，总的来说，更加客观和可靠，许多量表里面都含有效度量表和信度量表；
  问题：仍然能够提供虚假的答案，尽管难，但仍有可能"伪装坏"或"伪装好"   ----▶ 详见表 13-3

- **投射测验：** 使用模棱两可的视觉刺激，要求来访者描述他们所看到的，无意识的担忧或恐惧被"投射"到刺激上（例如，罗夏墨迹测验和主题统觉测验）；
  问题：测验的性质导致存在主观性的解释，可靠性受怀疑

随堂小考

1. 以下哪个属于晕轮效应？
   A. 泰伦斯无意中注意到来访者戴着自己母校的戒指，在测试中，他对来访者的行为评价会稍高
   B. 詹姆斯不信任所有的老师，不管是新来的老师还是给他上过很多节课的老师
   C. 玛德琳似乎总是喜欢最后一个面试者，因为她对他们印象最深
   D. 艾琳只有在自己做了评估并从她的两个专家同事那里收集信息后才会给出诊断

2. 频率计数和评定量表对评估____特别有用。
   A. 内部思维过程　　　B. 可观察的行为

   C. 自我效能　　　　　D. 个人价值观

3. 以下哪项人格评估最适合客观地识别异常的行为或思维模式？
   A. 个人访谈　　　　　B. MBTI
   C. MMPI-2-RF　　　　D. TAT

4. 效度量表的作用是什么？
   A. 确定一个人是否给出了准确的回答
   B. 确定受试者的真实感受
   C. 有助于更好地解释人格测试的结果
   D. 提供异常行为的诊断和积极的治疗

在日常生活中应用心理学
人格的生物学基础

13.16　了解人格的生物学基础

1796 年，德国内科医生弗朗兹·约瑟夫·高尔（Franz Joseph Gall）博士根据人的头骨形状提出了一种人格特质理论。这一理论在 19 世纪非常流行，被称为颅相学。高尔认为，大脑的某些区域负责人格的某些方面，而颅骨本身会根据这些特征中的哪一个占主导地位而凸出（Finger，1994；Simpson，2005）。随着心理学成为独立的学科，基于非科学思想的颅相学，很快就被划入伪科学的范畴。

奇怪的是科林·德扬（Colin DeYoung）博士及其同事的一项研究（DeYoung et al.，2010）似乎也表明，大脑的某些区域确实与某些人格特征有关。具体来说，德扬博士和他的同事认为有证据证明大五人格模型中的 4 个人格特征的生物学基础，它们分别是外倾性、神经质、宜人性和尽责性。参与他们研究的 116 名志愿者，首先填写一份关于大五人格模型的问卷，然后接受了结构磁共振成像技术扫描，以确定大脑特定区域的体积。研究发现，一名被试的人格特征接近群体平均水平，其大脑图像被用作对比其他被试扫描结果的参考图像。

外倾性这一人格特质与内侧眶前额皮质（额叶下方、眼睛正上方）的体积较大有关。大脑的这个区域与识别奖励信息的价值有关。神经质与对威胁、惩罚和负面情绪作出反应的几个区域的脑容量较低有关，前额叶背内侧皮质（朝向前额叶皮质的顶部和中部）和左后海马的体积都有所减小。神经质还与中扣带回皮质（边缘系统的皮质成分）的脑容量增加有关，并与错误检测和对疼痛的反应有关。宜人性与理解他人行为意图和精神状态的大脑区域相关，具体表现为高宜人性个体的大脑中后扣带回皮质区域的体积较大，而其左侧颞上沟区域的体积较小。尽责性似乎与左侧前额叶皮层有关，该皮层位于额叶的一侧，参与计划、工作记忆和行为的自愿控制。研究人员也研究了与第五大性格特征——开放性相关的领域，但没有发现任何显著差异。

随着人格神经科学的进步，以及人们对大脑功能和大脑处理信息过程的深入了解，研究人员对以往人格理论的修正和新人格理论的建立都得以实现了。例如，德扬博士提出了控制论的大五理论（DeYoung，2015）。这一理论通过观察与大脑结构相关的特征和适应性特征来研究人格，以及观察个人的生活环境如何影响其个人目标、策略和个人诠释（DeYoung，2015）。

尽管人格神经科学取得了一些进展，但研究人员仍呼吁谨慎行事。有些研究是用小样本进行的，为了平衡这一点，研究人员需要利用元分析技术尝试把数百项较小研究的结果进行综合，以及进行更大样本量的研究（Yarkoni，2015）。更多的研究和元分析将继续帮助我们理解人格与大脑的物理结构和功能之间的联系。不再需要颅骨膨大凸出！

深入讨论一下

1. 我们使用人格评估来预测就业、婚姻和稳定性等，如果脑部扫描成为人格评估的一部分，对未来意味着什么？

2. 如果人格特质与大脑结构有如此紧密的联系，人格的可塑性又说明了什么呢？人们能改变自己的性格和行为吗？

● 本章总结

人格理论

- 人格是个体思考、感受和行动的独特方式。它虽不同于性格和气质，但也包括这些方面。
- 人格研究的四个传统视角是心理动力学、行为主义（包括社会认知理论）、人本主义和特质视角。

心理动力学视角

13.1　根据弗洛伊德的理论，解释心理和人格是如何构成的

- 心理包含意识、前意识和无意识三个部分。无意识可以在梦中显现。
- 人格由本我、自我和超我这三个部分组成。
- 本我遵循快乐原则，自我遵循现实原则。
- 超我是人格的道德中心，包含良知，是道德焦虑的根源。
- 本我的要求与超我的规则和限制之间的冲突导致了自我的焦虑，人们运用防御机制来处理这种焦虑。

13.2　区分人格发展的五个性心理发展阶段

- 人格的发展经历了一系列的性心理发展阶段：口唇期（本我支配）、肛门期（自我发展）、性器期（超我发展）、潜伏期（性压抑期）和生殖期（性感觉在适当的条件下重新觉醒）。
- 恋母情结和恋父情结（对异性父母的性"迷恋"）在性器期引发焦虑，通过获得同性父母的认同来解决。
- 当冲突在某个阶段没有得到完全解决，导致成人的性格特征反映出儿童时期的不足时，固着就会产生。

13.3　描述新弗洛伊德学派是如何修正弗洛伊德的理论的

- 新弗洛伊德学派改变了精神分析的焦点，以符合他们自己对人格的解释，导致了更现代的版本——心理动力学的观点。

- 荣格发展了一种集体无意识理论。
- 阿德勒提出自卑感是人格背后的驱动力，并发展了出生顺序理论。
- 霍妮提出了一个基于基本焦虑的理论，并否认了阴茎嫉妒的概念。
- 埃里克森发展了一种基于社会关系而非性关系的理论，涵盖了整个生命周期。

13.4　评价弗洛伊德理论对现代人格理论的影响

- 目前的研究已经证实了防御机制和无意识思维概念的存在，这种无意识思维可以影响有意识的行为，但其他概念无法进行科学研究。

行为和社会认知视角

13.5　比较班杜拉和罗特的学习理论

- 行为主义者将人格定义为一系列习得的反应或习惯。
- 人格的社会认知视角包含交互决定的概念，其中环境、人的特征和行为本身都是相互作用的。
- 自我效能是一个人根据以前的经验、他人的意见和感知到的个人能力，认为某一行为能够有效完成的一种特征。
- 控制点是人格的一个决定因素。在这个决定因素中，一个人要么假设自己的行为直接影响了事件从而强化自己的经历，要么假设这些事件和强化是运气、命运或其他有能力的人造成的结果。
- 人格这一潜在的行为模式，取决于个人对成功的期待和感知到的潜在强化物的价值之间的相互作用。

13.6　评价人格的行为和社会认知观的优势和局限

- 传统的行为主义人格理论有科学依据，但被批评过于简单。
- 班杜拉的社会认知理论和罗特的社会学习理论解释了个体认知过程和社会影响对人格的影响。

人本主义视角

13.7　描述罗杰斯等人本主义者是如何解释人格的

- 人本主义是反对精神分析的消极性和行为主义的确定性的结果。

- 卡尔·罗杰斯提出，自我实现取决于自我概念的恰当发展。

- 自我概念包括现实自我和理想自我。这两个因素不匹配或不一致时，会导致焦虑和行为紊乱。

- 在一个人的生活中，来自重要他人的无条件积极关注有助于形成自我概念，并使现实自我和理想自我达到和谐一致，从而形成机能健全者。

13.8　评价人本主义人格观的优势和局限

- 人本主义理论的某些方面较难通过研究来评价。

- 尽管存在明显的挑战，但人本主义理论方法在治疗情境中仍然有效。这一理论还导致了促进自我成长和增进对自我和他人理解的疗法。

特质理论

13.9　描述用特质概念化人格的早期尝试

- 特质理论家描述人格特质以预测行为。

- 奥尔波特最初列出了约 200 个特质，并认为这些特征是神经系统的一部分。

- 卡特尔用一种叫作因素分析的方法将特征的数量减至 16～23 个。

13.10　确定人格五因素模型的五个特质维度

- 研究人员得出了五个跨文化研究所支持的特质维度，称为大五人格模型或五因素模型。这五个因素是开放性、尽责性、外倾性、宜人性和神经质。

- 特质可用于预测各种生活结果，包括职业、学业和工作的成功、身体和心理健康。

- 某些特质似乎与认知和智力的不同方面有关。

13.11　评价人格特质观的优势和局限

- 有研究认为，某些特征的表达会因情境或背景而异。

- 继续研究各种因素。例如，一些五因素研究人员使用开放性／智力的标签来识别认知和智力潜在的不同层面。

人格、遗传与文化

13.12　解释双生子研究和收养研究在行为遗传学领域是如何被应用的

- 行为遗传学是研究遗传与人格之间的关系的领域。

- 研究同卵双胞胎和异卵双胞胎，他们或一起长大或被分开抚养，有助于研究人员调查遗传学和环境对人格发展所起的作用。

- 对双胞胎或非双胞胎兄弟姐妹的收养研究也提供了有用的信息。

13.13　概述人格遗传率的研究现状

- 对双胞胎和收养儿童的研究发现，遗传因素对许多人格特征有影响，包括智力、领导能力、传统主义、教养、移情、自信、神经质和外倾性。

- 跨文化研究发现，在许多不同文化中，人格特质的五因素模型得到了支持。

- 未来的研究将探讨育儿方式和遗传对五种人格因素的影响程度。

人格评估

13.14　认识使用行为评估、访谈和人格量表来测量人格的优缺点

- 访谈主要由心理分析师和人本主义者使用，包括结构化或非结构化访谈。访谈的缺点可能包括晕轮效应和访谈者对解释的偏见。

- 行为评估主要由行为主义者使用，包括直接观察、评定量表和频率计数。行为评估的缺点是可能有观察者效应，它会导致被观察者的行为发生变化；另一个问题是观察者对来访者有偏见。

- 人格量表通常由特质理论家编制，并提供特定人格特质的详细描述。NEO-PI-3 是基于五因素模型，而 MMPI-2-RF 是用来检测异常人格的。

- 人格量表包含效度量表，以防止缩小或夸大症状，或"假装不好"，但此类措施并不完美。

13.15   认识使用投射测验测试人格的优缺点

- 投射测验基于投射的防御机制，被精神分析学家使用。投射测验包括罗夏墨迹测验和主题统觉测验。
- 投射测验可以帮助治疗师找到和来访者对话的起点，但由于可靠性和有效性低而受到质疑。

13.16   了解人格的生物学基础

- 人格神经科学是一个不断发展的研究领域，与大五人格模型的某些特质相关的大脑结构的差异已经通过结构磁共振成像技术得到确认。

⌖ 章末测试

1. 如果用易怒或适应性描述孩子的性格特征，心理学家会说这些不是他们的人格，而是他们的____。

   A. 性格 　　　　　　 B. 意识

   C. 心情 　　　　　　 D. 气质

2. 根据弗洛伊德的说法，快乐原则是____的工作方式，而____通常被认为是人格的执行董事。

   A. 本我；自我 　　　 B. 自我；超我

   C. 超我；本我 　　　 D. 超我；自我

3. 听说两个相互看不顺眼的同事结婚了，你非常震惊。弗洛伊德认为，什么防御机制最能解释他们先前的行为？

   A. 投射 　　　　　　 B. 反应生成

   C. 压抑 　　　　　　 D. 退行

4. 四岁的布兰登常陪父亲修剪草坪。今年，布兰登要了一台割草机作为生日礼物。弗洛伊德会说，布兰登开始了一个____来解决恋母情结导致的冲突。

   A. 补偿 　　　　　　 B. 认同

   C. 升华 　　　　　　 D. 否认

5. 教授解释了为什么所有的女性都有内在男性化的一面来增加其个性。这个概念被称为____。

   A. 阿尼玛 　　　　　 B. 阿尼姆斯

   C. 影子 　　　　　　 D. 根源特质

6. 根据阿德勒的说法，有弟弟、妹妹的长子往往是____。

   A. 成就超群的 　　　 B. 有竞争力的

   C. 娇生惯养的 　　　 D. 充满自卑感的

7. 卡伦·霍妮对人的个性的研究集中在____。

   A. 儿童时期的焦虑

   B. 青春期的生物学变化

C. 婴儿时期出现的基于特质的特征

D. 成年后的环境影响

8. 坎迪丝相信命运会帮她找到适合与自己一起生活的人。根据罗特的说法，她有____。

   A. 外部控制点 　　　 B. 内部控制点

   C. 强自我效能 　　　 D. 觉察的控制感

9. 凯莎工作很努力，因为她相信这能增加升职的机会。根据朱利安·罗特的理论，她的努力就是____的例子。

   A. 强化值 　　　　　 B. 期待

   C. 原型 　　　　　　 D. 潜伏期

10. 社会认知人格观与心理动力学人格观相比，其主要优势是什么？

    A. 社会认知观试图解释人们如何成为他们自己

    B. 社会认知观强调幼儿在人格发展中的重要性

    C. 社会认知观完全能够解释人类行为的所有复杂性

    D. 社会认知观有一些概念是可以科学检验的

11. 哪种心理学视角关注每个人有意识的生活经历和选择在人格发展中的作用？

    A. 特质 　　　　　　 B. 行为

    C. 人本 　　　　　　 D. 心理动力学

12. 美国军队的一句古老格言是"尽你所能"。这很符合卡尔·罗杰斯的____。

    A. 无条件积极关注 　 B. 移情

    C. 自我实现倾向 　　 D. 现实与理想的自我

13. 罗杰斯认为，现实自我和理想自我的不匹配通常会促使个体____。

    A. 努力缩小这种差距

B. 导致焦虑和神经质的行为

C. 使人们更好地理解其无意识的动机

D. 引起无条件积极关注

14. 希尔医生开会总迟到，上课经常迟到 5 ~ 10 分钟，也会让学生在办公时间在门口等长达 30 分钟。使用五因素模型，希尔博士在哪个维度的得分会很低？

A. 自给自足　　　　B. 开放性

C. 宜人性　　　　　D. 尽责性

15. 为了解释一个人的人格，特质理论家们将目光投向了____。

A. 儿童早期的情感创伤

B. 父母给予某人的爱、温暖和情感

C. 早期对某些行为的奖惩经验

D. 个人所具有的性格特征

16. 对人格特质遗传性的研究发现____。

A. 几乎没有证据支持人格可以通过基因遗传的观点

B. 有证据支持这样一种观点，即人格可以通过基因遗传，但只发生在高度发达的国家

C. 有证据支持某些人格特征可以通过基因传递

D. 强有力的证据表明人格是由基因遗传的

17. 作为特定投射测验的一部分可能需要的示例，____要求来访者看图片讲述一个故事，____要求来访者报告他们在一张模棱两可的图片中看到的内容。

A. 罗夏墨迹测验；TAT

B. MMPI-2-RF；TAT

C. MMPI-2-RF；NEO-PI-3

D. TAT；罗夏墨迹测验

18. 以下哪种评估最可靠？

A. 主观测验　　　　B. 投射测验

C. 人格量表　　　　D. 观察研究

19. ____是基于五因素模型，而____是基于雷蒙德·卡特尔的工作。

A. NEO-PI-3；16PF　　B. MBTI；NEO-PI-3

C. MMPI-2-RF；MBTI D. 16PF；MMPI-2-RF

20. 人格神经科学是一个新兴的领域，它为人格的各个方面与____可能的关系提供了证据。

A. 大脑结构和功能

B. 单个神经元的结构和功能

C. 头骨的形状和大小

D. 神经质

第 14 章　心理障碍

批判式思考　你是否质疑过一个人的思维或者行为方式是否正常？你怎么知道一个行为是正常的还是异常的？

◔ 为什么要学习异常行为和思维

异常的心理过程就在我们身边，这引出了许多问题：一个人应该如何对它们做出反应？应当如何给予帮助？哪种人会患心理疾病？这会发生在你周围的人身上吗？回答这些问题的关键是要了解异常行为和思维意味着什么，哪些思维和行为方式是和"正常"路径不同的。

学 习 目 标

14.1　解释不同时期我们对异常行为和思维的定义

14.2　理解用于解释心理障碍的模型

14.3　描述如何诊断并对心理障碍做分类

14.4　区分不同类型的焦虑障碍及其症状

14.5　描述强迫症及应激相关障碍的含义和症状

14.6　总结焦虑、强迫症及应激相关障碍产生的潜在原因

14.7　区分分离性遗忘症、分离性漫游和分离性身份识别障碍

14.8　总结分离性障碍产生的潜在原因

14.9　描述不同的心境障碍，包括重性抑郁症和双相情感障碍

14.10　总结心境障碍产生的潜在原因

14.11　了解神经性厌食症、神经性贪食症和暴食障碍的症状和风险因素

14.12　描述性功能障碍的类型、成因和治疗

14.13　区分精神分裂症的阳性和阴性症状

14.14　简述生物和环境因素对精神分裂症的影响

14.15　区分不同的人格障碍

14.16　总结人格障碍产生的潜在原因

14.17　找出克服考试焦虑的不同方法

◑ 何为异常

> 💬 我曾听说过其他人做的一些"疯狂"或"奇怪"的事情。心理学家如何确定一个人是有心理疾病而不仅仅是古怪呢?

"异常行为"到底意味着什么? 思维或心理过程什么时候是适应不良的? 异常或适应不良是与什么相比的? 谁来决定什么是正常的,什么是不正常的? 这个词现在是什么意思?

异常概念的演变

14.1　解释不同时期我们对异常行为和思维的定义

对异常行为和心理障碍的研究被称作**精神病理学**(psychopathology)。定义异常是一个复杂的过程,随着时间的推移,我们对于什么是异常的看法已经发生了明显的变化。

心理障碍简史　考古学家发现,在公元前 3000 年的人的头骨上有小的穿孔,这些孔是人们活着的时候留下的。许多孔显示了愈合的证据,意味着那些人在这个过程中幸存了下来。虽然用环钻术,即在活人的头骨上钻孔以缓解脑内液压的方法当今仍在使用,但在古代,这样做更大的可能是为了从可怜的受害者身上释放"恶魔"(Gross, 1999)。

这些人的头骨铸型显示出环钻的迹象,这是在活人的头骨上钻孔,也许是为了释放那些让人们的行为或思想古怪、不安的"恶魔"。一些被如此对待的人幸存了下来,因为一些孔有愈合的迹象。
资料来源: New York Public Library/Science Source。

一个名叫希波克拉底(公元前 460—公元前 377 年)的希腊医生对这一观点提出了挑战,他认为身体和心理的疾病都是身体重要体液失衡的结果。虽然他的观点也不正确,但他是被记录下来的第一个试图用生物过程来解释异常思维或行为的人。

时间继续推进,中世纪的人们相信精灵附体是异常的原因之一。治疗方式是宗教式的:驱魔,或者通过宗教仪式正式驱逐魔鬼(Lewis, 1995)。文艺复兴时期,恶魔附身的观念(被附身者被看作是祭品)让位于对巫术的信念,精神疾病患者可能被认为是巫师,并被处死。

快进到当下,心理障碍总是从医学模式来考虑,它们可以根据不同症状加以诊断,包括病因、进程、预后等方面(Kihlstrom, 2002)。继而,心理障碍可以像许多身体疾病一样被治疗,有些可能被"治愈",而其他心理障碍则需要终身注意。虽然大量心理学视角在本质上不是医学视角,但诊断和治疗的想法在众多视角间搭建了桥梁。本章会集中介绍心理障碍的类型及其可能的原因。在下一章,我们会更多地关注心理治疗和疗法【链接第 15 章:心理疗法 】。

如何定义异常　定义异常行为、异常思维或者异常不像看起来那么简单。简单的说法是,异常行为就是不正常的行为,异常思维就是不正常的思维,但这到底是什么意思呢? 这很复杂,你将看到决定异常所要考虑的不同标准。

统计或者社会规范偏差　定义正常和异常的一种方式是统计学。经常出现的行为将被认为是正常的,罕见的行为将被认为是异常的,或者有多少行为或思维是背离社会规范的。比如,在一个不允许裸体的社会里,拒绝穿衣服可能是罕见的,且会被视为异常。但是背离社会规范的行为(变异)并不总是被贴上消极或异常的标签。例如,在美国,一个人决定成为僧侣并生活在修道院里可能被认为是不寻常的行为,当然也不是社会所认为的规范行为,但这不是异常的。

情境背景(situational context),即一个人行为

的社会或环境背景，可能也会对行为或思维的标记方式产生影响。比如，一个男子来到治疗师处，抱怨有人在监听他的电话、监视他所有的行为，治疗师的第一个想法可能是这个人正处在被迫害思维中。但是如果他随后说他在一个证人保护计划中，这些抱怨就变得完全不同和可以理解了。

主观不适　异常的一种信号是当个体在从事特定行为或思维过程时会体验到大量的**主观不适**（subjective discomfort）或情绪困扰。例如，一个害怕走出家门的女性可能会在她尝试离开家时体验到极大的焦虑和无法离开的痛苦。然而，所有可能被视为异常的思维或者行为并不一定会给有这些思维或行为的人造成主观不适——比如，连环杀手在杀人之后并不会经历情感痛苦，一些紊乱的行为中也不含有任何情绪表现。

无法正常工作　不允许一个人融入社会或者正常工作的思维或者行为可能也会被视为异常。这些可能被称为**适应不良**（maladaptive），意思是指一个人很难适应日复一日的生活要求。适应不良的思维或者行为可能最初有助于个人的应对，但会产生有害或者破坏性的影响。例如，用割伤自己来缓解焦虑的女性确实会在一开始得到缓解，但却伤害了自己。适应不良的思维和行为是定义异常的关键因素。

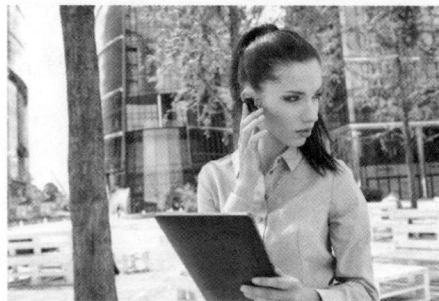

你是否曾觉得一个人在自言自语，然后意识到他 / 她其实在打电话？还有哪些公共行为会因为背景或者环境不同而变化？

批判式思考　在当今科技日益发展的时代，你能想到一些新的标准来定义异常行为或思维吗？

异常的工作定义

💬　心理学家如何定义什么是异常呢？

为了清楚地了解异常，有必要把刚才讨论的所有因素都考虑进去。在确定心理功能或者行为是否异常时，心理学家和其他心理学专业人士一定会考虑几个不同的标准（至少要满足其中两个标准才能形成异常的诊断）：

1. 思维或者行为是否不同寻常，比如，面对陌生人时感到极度恐慌，或者在没有任何压力的情况下感到严重抑郁？

2. 这种想法或行为是否违反社会规范？（记住，社会规范会随着时间的推移而改变。例如，同性恋曾被认为是一种心理障碍，而不是性取向的变异。）

3. 行为或心理功能是否会导致严重的主观不适？

4. 是思维过程或行为适应不良，还是其导致了功能丧失？

5. 这种思维过程或行为是否会造成对自己或他人的危险，比如试图自杀或无故攻击他人？

包含这五项标准中至少两项的异常行为或思维最

好用**心理障碍**（psychological disorder）来表述。心理障碍是指会给人们带来巨大的痛苦，使他们伤害自己或他人，或损害他们在日常生活中功能的行为模式或心理功能。

注意要区分异常和精神疾病有何不同。只有心理专家才能诊断疾病，并为患有精神疾病的人制订最佳治疗方案。律师和法官有时负责决定法律应如何处理在精神疾病影响下所犯的罪行。心理学家和精神科医生能确定某些想法或行为是否异常，但不能确定某个人是否精神失常。在美国，精神病不是心理学术语，而是法律术语，用来辩称精神病患者在犯罪时不应该为其行为负责，因为他在犯罪时无法分辨是非。这样的论证被称为精神病辩护。

异常的模型

14.2　理解用于解释心理障碍的模型

💬　是什么导致了心理障碍？

对异常行为和思维的识别取决于观察它的"镜头"或视角。不同的视角决定了混乱的行为或思维是如何被解释的。我们将在第 15 章看到，同样的观点影响着心理障碍的治疗。

生物模型　生物模型（biological model）认为，心理障碍有生物学或医学上的原因（Gamwell & Tomes，1995）。该模型解释了神经递质系统缺陷、遗传问题、脑损伤和功能障碍或这些原因的某些组合所导致的焦虑、抑郁和精神分裂症等疾病。例如，前文提到的特质理论和五因素理论【连接学习目标 13.10 和 13.11】，有越来越多的证据表明，基本的人格特质同时受到遗传、经验、教养甚至跨文化的影响（Bouchard，1994；Herbst et al.，2000；Jang et al.，1996；Loehlin，1992；Loehlin et al.，1998）。例如，五大人格因素之一的神经质，很容易看出在神经质上得分高的人，将有更大的可能患焦虑性精神障碍。

心理模型　虽然对心理障碍的生物学解释有一定

影响力，但它们并不是解释心理障碍的唯一方式，甚至不是第一种方式。第 13 章讨论了几种不同的人格理论，它们不仅可以用来描述和解释人格的形成，也可以用来描述和解释思维、行为障碍和人格异常。

心理动力学视角：隐藏问题　例如，以弗洛伊德及其追随者的研究为基础的心理动力学模型【连接学习目标 13.3 和 13.4】，认为是潜意识中压抑的威胁性想法、记忆和顾虑导致了思维和行为混乱（Carducci，1998）。这些被压抑的想法和冲动试图重新出现，紊乱的功能发展成为保持这些想法被压抑的一种方式。根据这一观点，一个女人如果有想要和她的姐夫睡觉这类不可接受的想法，可能会觉得"肮脏"，而且每次这些想法被她意识到时，她都会强迫自己洗手，象征性地让自己摆脱那些"肮脏"的想法。

行为主义视角：学习问题　行为主义者将人格定义为一系列习得的反应，他们毫不费力地将混乱行为解释为习得行为，就像正常行为一样（Skinner，1971；Watson，1913）。例如，当埃玛还是小孩时，一只蜘蛛掉在她的腿上，她被吓得尖叫。母亲对她关怀备至。埃玛之后每次看到蜘蛛，都会尖叫，引起关注。行为主义者会说埃玛对蜘蛛的恐惧是经典条件反射，还有所有的关注都在强化她的尖叫反应【连接学习目标 5.2 和 5.5】。

认知视角：思维问题　认知心理学家（cognitive psychologist）研究人们思考、记忆和心理组织信息的方式，他们认为功能适应不良是由不合逻辑的思维模式造成的（Mora，1985）。认知心理学家可能会把埃玛对蜘蛛的恐惧解释为思维扭曲："所有的蜘蛛都是邪恶的，它们会咬我，我会死的！"埃玛独特的思维模式让她比那些思维更具逻辑性的人更易患抑郁症和焦虑症。

社会文化视角　一种文化中正常的东西可能在另一种文化中是不正常的。从异常的**社会文化视角**（sociocultural perspective）来看，异常的思维或行为（与正常的思维或行为一样）被视为家庭影响、所属社会群体、家庭和社会群体所处的文化背景下行为塑造的产物。特别是当心理专业人员试图评估和治疗不同文化的人员时，他们必须处理异常思维或行为中的文化差异。**文化相对性**（cultural relativity）指的是需要考虑文化的独特性，在这种文化中，患者被培养成能够正确诊断和治疗疾病的人（Castillo，1997）。例如，在大多数传统的亚洲文化中，精神疾病往往被视为会给家庭带来耻辱的事情。它可能被视为有遗传性，从而影响其他家庭成员的婚姻机会；它也可能被视为源于家庭祖先在过去犯的错（Ritts，1999；Ying，1990）。这导致许多患有抑郁症或精神分裂症的亚洲人报告的是身体症状，而不是情绪或精神症状，因为身体疾病更容易被社会接受（Fedoroff & McFarlane，1998；Lee，1995；Ritts，1999）。

文化的概念化及其对心理功能和心理障碍的影响可以用三个概念来解释：**文化综合征**（cultural syndrome）、忧患文化习语和文化解释或感知的原因（American Psychiatric Association，2013）。文化综合征在文化中可能或可能不被视为一种疾病，但仍然是公认的一组明显的痛苦的症状或特征。忧患文化习语是指在特定的文化背景下用来描述痛苦或苦恼的词汇或短语。文化解释或感知的原因是文化定义的解释症状或疾病的来源或原因的方式（American Psychiatric Association，2013）。

重要的是要考虑到其他背景和影响因素，如社会经济地位和教育水平。另一个意识领域应该是初级语言，如果适用的话，还应该有文化适应程度（适应或融入另一种文化）。一段时间以来，心理社会功能一直是诊断过程的一部分，但传统上，人们更多关注的是明确的病理症状，而不是影响个体整体功能水平的环境因素（Ro & Clark，2009）。例如，在一项研究中，与没有移民背景的墨西哥裔大学生相比，有移民务农背景的墨西哥裔大学生表现出更多的焦虑和抑郁症状（Mejía & McCarthy，2010）。移民务农的性质与非移民家庭所面临的压力不同。

生物－心理－社会视角　近年来，生物、心理和社会文化对异常的影响已不再被视为独立的原因。相反，这些影响相互作用，导致各种形式的障碍。例如，一个人可能有一种遗传性疾病倾向，如焦虑症，除非家庭和社会环境在适当的时间产生适当的压力，否则可能不会发展成完全的疾病。稍后我们会看到这个观点是如何具体应用于精神分裂症的理论的。如何接受一种特定的文化是一种特定的障碍也将在确定障碍的确切程度和形式方面发挥作用。这就是所谓的障碍的**生物－心理－社会模型**（biopsychosocial model），它已经成为一种非常有影响力的看待精神和身体之间联系的方式。

研究发现，与没有移民背景的墨西哥裔大学生相比，有移民务农背景的墨西哥裔大学生表现出更多的焦虑和抑郁症状。

疾病的诊断与分类

14.3　描述如何诊断并对心理障碍做分类

你是否曾经有过这样的经历：问一个小孩子或者回忆年幼的自己在面对别人对感觉不舒服的询问——"怎么了？"时，小朋友会给出各种各样的回答，如肚子痛、哎哟、嘘嘘。由于他们的描述语言和成人不同，你可能不知道他们到底哪里不舒服，尤其是当你看不出他们在哪里或为什么受伤的时候。这同样适用于理解和治疗心理障碍。拥有一套共同的术语和系统地描述心理和行为症状的方法，不仅对正确的识别和诊断很重要，而且对心理专业人员和其他保健提供者之间的交流也至关重要。

DSM-5　一个国际资源是世界卫生组织（WHO）的《国际疾病分类》（ICD），已出到第 10 版（ICD-10）。在美国，帮助心理专业人士诊断心理障碍的普遍资源是 1952 年首次出版的《精神障碍诊断与统计手册》（DSM）。随着我们对心理障碍的认识和思维方式的改变，DSM 已被多次修订。2013 年发布的最新版本是《精神障碍诊断与统计手册》第 5 版（DSM-5；American Psychiatric Association，2013）。它还包括疾病组织的变化，用于描述疾病及其症状的术语的修改，并讨论在手册的未来版本中对某些疾病进行维度评估的可能性。DSM 在为临床医生提供诊断精神疾病的描述和标准方面很有用，但也存在争议。

DSM-5 描述了大约 250 种不同的心理疾病。每一种疾病都是根据其症状、疾病发展的典型路径以及为诊断该疾病必须满足的特定标准清单来描述的。手册的前几版将疾病和被诊断者的相关事实分为五个不同的类别或轴，而 DSM-5 对所有疾病使用同一种轴，并规定了关于个人的重要和相关事实（American Psychiatric Association，2013）。

20 类可诊断的精神障碍，包括抑郁障碍、焦虑障碍、精神分裂症谱系和其他精神障碍、摄食和进食障碍，以及多动症之类的神经发育障碍（American Psychiatric Association，2013）。其他类别包括人格障碍、智力残疾、创伤和压力相关障碍，以及强迫症和相关障碍。

虽然根据症状和标志对心理障碍进行分类诊断是多年来流行的方法，但它并不是思考心理障碍的唯一方法。事实上，随着神经成像、遗传学和认知科学的持续进步，美国国家精神卫生研究所（NIMH）呼吁通过启动他们的研究领域标准（RDoC）项目，改变我们思考和研究疾病的方式。这个项目促进整合所有进展以及其他类型的信息的研究，为一个新的分类心理疾病的系统提供知识库（Insel，2013）。RDoC 项目的研究矩阵是一个由多个领域组成的框架，每个领域包含一些可度量和相关的想法或结构。例如，"负价系统"就是一个领域，它包含恐惧、焦虑和失落等概念。该矩阵的目的是提供一种方法，一种基于遗传学、神经科学和行为科学的更现代的研究方法，以便更好地对疾病进行概念化和测量（Cuthbert，2014；Insel & Cuthbert，2015；见图 14-1）。

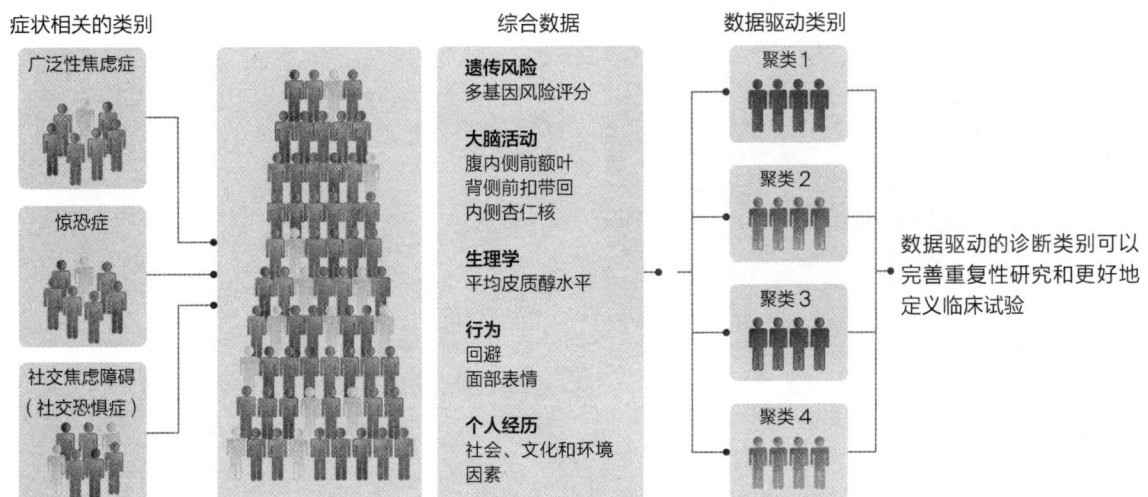

图 14-1　RDoC 研究矩阵示例

RDoC 项目的假设应用。对患有各种症状的焦虑症的个体用不同的方法并在不同的领域进行检查，以确定特定的有数据基础的聚类和种类。

资料来源：Insel & Cuthbert, 2015 and information from the RDoC Matrix。

心理障碍有多普遍

💬 听起来有很多可能的障碍，但大多数人不会有这些问题，对吧？

事实上，心理障碍比大多数人想象的更普遍。根据不同的调查方法、取样的群体和提出的问题，对患病率的估计可能有所不同。例如，对同一调查数据的不同分析表明，美国18岁以上的成年人中有26.2%～32.4%患有精神障碍（Harvard Medical School，Department of Health Care Policy，2007；Kessler et al.，2005）。最近，美国毒品使用与健康调查的数据显示，2014年约有4 360万18岁以上的美国成年人（或18.1%）患有某种精神疾病（不包括发育障碍和物质使用障碍）。幸运的是，同样的调查显示，只有大约4.1%的美国成年人患有严重的精神障碍（Center for Behavioral Health Statistics and Quality，2015）。总的来说，每一年都有超过五分之一的美国成年人会出现心理障碍。

据统计，这群人中每五个就有一个可能患有某种心理障碍。

据统计，在美国和加拿大，精神障碍是导致残疾的主要原因之一（National Institute of Mental Health，2010）。事实上，同时患有一种以上的精神障碍是很常见的，比如抑郁症患者可能也有物质使用障碍，或者焦虑症患者可能也有睡眠障碍。例如，2014年，在2 020万患物质使用障碍的美国成年人中，大约

有39.1%的人符合另一种心理障碍的标准（Center for Behavioral Health Statistics and Quality，2015）。表14-1列出了美国部分心理障碍的百分比。请注意，最近美国毒品使用与健康调查的数据并没有提供所有障碍的流行信息。本表数据是基于以前数据的估计。

表14-1　美国每年发生的心理障碍

障碍的类别	特定的障碍	美国人口百分比和受影响的人数 *
双相情感障碍和抑郁症	所有类型	9.5%或2 230万
	重度抑郁症	6.7%或1 570万
	持续性抑郁症（心境恶劣）	1.5%或350万
	双相情感障碍	2.6%或610万
焦虑、强迫和创伤相关的障碍	所有类型	18.1%或4 250万
	特定恐惧症	8.7%或2 040万
	社交焦虑障碍（社交恐惧症）	6.8%或1 600万
	惊恐症	2.7%或630万
	广场恐惧症	0.8%或190万
	广泛性焦虑症	3.1%或730万
	强迫症	1%或230万
	创伤后应激障碍	3.5%或820万
精神分裂症	所有类型	1.1%或260万

* 根据2010年美国人口普查数据，18岁以上的成年人每年受影响的百分比和人口中的大致数字。
资料来源：National Institute of Mental Health（2016）。Table uses terminology from both the DSM-IV and DSM-5（American Psychiatric Association，2000，2013）。

标签的利弊　DSM-5列出了各种疾病及其相应的症状，帮助心理专家诊断患者，并为患者提供解释其病情的标签。在心理诊断和治疗领域，像抑郁、焦虑和精神分裂症这样的标签非常有用：它们在心理健康界形成了一种共同语言，使心理专业人员能够清晰有效地相互交流。标签建立了所有专业人员都能识别和理解的不同诊断类别，帮助患者接受有效的治疗。

然而，标签也有其危险性，至少是有过分偏见的。1972年，研究人员大卫·罗森汉恩（David Rosenhan）让健康的参与者进入精神病院并声称他们听到了声音。所有被罗森汉恩称为"假患者"的参与

者都被送进了医院，并被诊断为精神分裂症或躁郁症（现在称为双相情感障碍）。这些假患者一旦入院，就不再假装生病，而是像往常一样行事，但医院工作人员对这些假患者正常行为的解释却被精神疾病的标签扭曲了。例如，医院工作人员将一名假患者与其家人和朋友相对正常的关系描述为心理障碍的证据，而另一名假患者记笔记的习惯则被认为是一种病态行为。即使精神疾病的实际症状消失了，这些假患者被诊断并贴上的标签依然有效。罗森汉恩的结论是，心理标签是持久和强大的，不仅影响其他人如何看待精神患者，而且影响患者如何看待他们自己（Rosenhan, 1973）。

　　在描述各种类别和类型的疾病之前，有一个特别提醒：在这些疾病中很容易看到自己。医科学生往往认为，他们所研究的某些罕见的外来疾病的所有症状自己身上都有。研究异常行为的心理学学生也认为自己有某种心理障碍，这种问题被称为"心理学学生综合征"。问题是，种类繁多的心理障碍其实是人类行为的普通变异走到了极端。例如，有些人天生爱担心，他们到处寻找可能出错的事情，这并没有使他们混乱，而是使他们成为悲观的忧虑者。直到担忧给他们带来巨大的痛苦，使他们伤害自己或他人，或损害他们在日常生活中的功能时，才会成为一种障碍。所以，如果在下面的讨论中"看到"你自己，甚至你的朋友和家人，不要惊慌，你们可能都没事。

概念地图 14.1~14.3

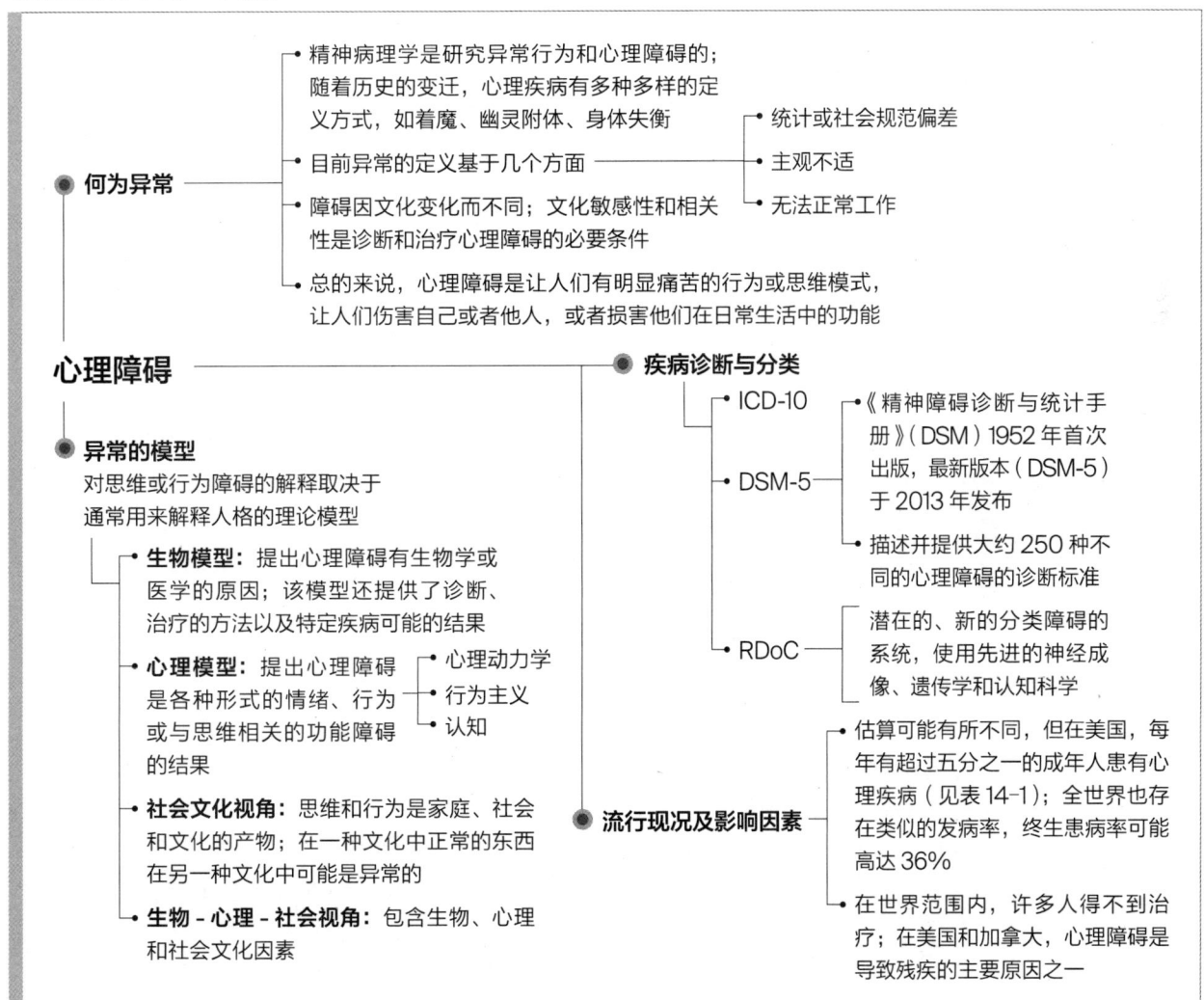

心理障碍

何为异常
- 精神病理学是研究异常行为和心理障碍的；随着历史的变迁，心理疾病有多种多样的定义方式，如着魔、幽灵附体、身体失衡
- 目前异常的定义基于几个方面
  - 统计或社会规范偏差
  - 主观不适
  - 无法正常工作
- 障碍因文化变化而不同；文化敏感性和相关性是诊断和治疗心理障碍的必要条件
- 总的来说，心理障碍是让人们有明显痛苦的行为或思维模式，让人们伤害自己或者他人，或者损害他们在日常生活中的功能

异常的模型
对思维或行为障碍的解释取决于通常用来解释人格的理论模型
- **生物模型**：提出心理障碍有生物学或医学的原因；该模型还提供了诊断、治疗的方法以及特定疾病可能的结果
- **心理模型**：提出心理障碍是各种形式的情绪、行为或与思维相关的功能障碍的结果
  - 心理动力学
  - 行为主义
  - 认知
- **社会文化视角**：思维和行为是家庭、社会和文化的产物；在一种文化中正常的东西在另一种文化中可能是异常的
- **生物 - 心理 - 社会视角**：包含生物、心理和社会文化因素

疾病诊断与分类
- ICD-10
- DSM-5
  - 《精神障碍诊断与统计手册》（DSM）1952 年首次出版，最新版本（DSM-5）于 2013 年发布
  - 描述并提供大约 250 种不同的心理障碍的诊断标准
- RDoC
  - 潜在的、新的分类障碍的系统，使用先进的神经成像、遗传学和认知科学

流行现况及影响因素
- 估算可能有所不同，但在美国，每年有超过五分之一的成年人患有心理疾病（见表 14-1）；全世界也存在类似的发病率，终生患病率可能高达 36%
- 在世界范围内，许多人得不到治疗；在美国和加拿大，心理障碍是导致残疾的主要原因之一

随堂小考

1. 希腊医生希波克拉底是如何治疗精神疾病患者的？

　　A. 他会在患者的头盖骨上钻一个洞来释放压力，这个过程现在被称为环钻

　　B. 他专注于纠正体液失衡

　　C. 他会让人进行被称为驱魔的宗教仪式

　　D. 他会试图去理解患者的无意识状态和在那里起作用的驱力

2. 莉萨刚被解雇了，因为她上班总是迟到两小时。她解释说，她必须经常开车回家，以确保所有的门都锁好了，且电器都关了。从____定义来讲，莉萨的情况是异常的。

　　A. 适应不良　　　　　　B. 情境背景

　　C. 社会偏差　　　　　　D. 主观不适

3. 在美国，"精神病"是____常用的术语。

　　A. 心理学家　　　　　　B. 精神科医生

　　C. 社会工作制度　　　　D. 法律制度

4. 埃利奥特结婚近 40 年后丧偶，他深信再没有人会爱他了。他的非理性思维使他患上了抑郁症，他很少出门。什么观点最能解释他的行为？

　　A. 心理动力　　　　　　B. 认知

　　C. 行为　　　　　　　　D. 生物

5. 下列哪个概念与 DSM-5 对文化相关疾病的检查没有特定的关系？

　　A. 文化综合征

　　B. 忧患文化习语

　　C. 文化解释或感知的原因

　　D. 文化束缚

◯ 焦虑及相关障碍：过度的担忧

　　本节我们将介绍主要症状是过度或不切实际的焦虑障碍。除了焦虑症，我们还将讨论许多与焦虑症状相关的疾病，包括强迫症、创伤后应激障碍和急性应激障碍。它们在之前的几版 DSM 中被归类为焦虑症，然而在 DSM-5 中属于不同的类别。强迫症属于"强迫及相关障碍"的范畴，而创伤后应激障碍和急性应激障碍则属于"创伤及应激相关障碍"（American Psychiatric Association，2013）。

焦虑障碍

14.4　区分不同类型的焦虑障碍及其症状

　　焦虑障碍（anxiety disorder）包括以过度或不切实际的焦虑为主要症状的障碍。焦虑的形式可以很具体，比如对某个特定物体的恐惧，也可以非常普遍，比如一个人感到焦虑却不知道原因（见表 14-2）。

💬 每个人不都有焦虑的时候吗？是什么使它成为一种障碍？

　　每个人都会焦虑，有些人有时会非常焦虑。而焦虑障碍的焦虑要么是过度的，要么是不现实的。期末考试即将来临，如果没有认真学习，那么学生的焦虑是可以理解的，也是现实的。但是，如果一个认真学习的学生，每次考试都考得很好，而且准备充分，仍然过分担心能否通过考试，那他就表现出一种不切实际的焦虑。有关考试焦虑的更多信息请参阅本章"在日常生活中应用心理学"部分的内容。

　　自由浮动性焦虑（free-floating anxiety）指的是似乎与任何现实的、具体的、已知的因素无关的焦虑，通常是一种焦虑障碍的症状（Freud，1977）。

　　恐惧症：当恐惧失控时　一种具体的焦虑障碍是**恐惧症**（phobia），对某些事物的非理性且持续的恐

惧。"某些事物"可能是一个物体或一个情境，也可能涉及社会交往。例如，人在走路时，突然遇到一条活蛇，会感到害怕，并采取措施避开。大多数人不一定会避开书中蛇的图片，但有蛇恐惧症的人会。避开一条活蛇是合理的，但避开蛇的图片就不一样了。

社交焦虑障碍（社交恐惧症）　社交焦虑障碍（social anxiety disorder，又称社交恐惧症）是一种害怕与他人交往或身处社交场合的疾病，是最常见的恐惧症之一（Kessler et al.，2012）。患有社交焦虑障碍的人害怕别人的负面评价，所以总是避免可能导致尴尬或羞辱的情况。因此，他们非常自觉。社交恐惧症的常见类别有怯场、害怕公开演讲和害怕在公共厕所里小便。患有社交恐惧症的人小时候通常都有害羞的经历也就不足为奇了（Sternberger et al.，1995）。

特定恐惧症　特定恐惧症（specific phobia）是对某些物体或特定情况的非理性恐惧，比如对狗的恐惧或对身处狭小封闭空间的恐惧［**幽闭恐惧症**（claustrophobia）］。其他特定的恐惧症包括害怕注射（注射恐惧症）、害怕牙科工作（牙科手术恐惧症）、害怕血液（血液恐惧症）、害怕洗澡（洗澡恐惧症）、恐高［**恐高症**（acrophobia）］。

许多人在不得不在公众面前讲话时会紧张。害怕公开演讲是一种常见的社交恐惧症。你曾经经历过这样的恐惧吗?

广场恐惧症　第三种恐惧症是**广场恐惧症**（agoraphobia），这是一个希腊语词汇，字面意思是"害怕广场"。它是一种对所处空间或环境的恐惧，在此情境中，一旦出了问题，就很难或不可能逃离（American Psychiatric Association，2013）。另外，焦虑可能存在于不止一种情况中。如果一个人在五种情况中至少对两种感到焦虑，就被诊断为广场恐惧症。这五种情况分别是：乘坐公共汽车或飞机这样的公共交通工具，在桥上或停车场这样的开放空间，在杂货店或电影院这样的封闭空间，排队或者像在音乐会上一样挤在人群中，或者独自出门（American Psychiatric Association，2013）。

💬　如果一个人有广场恐惧症，他可能很难上班或去商店，对吧?

确实如此。有特定恐惧症的人通常可以毫不费力地避开物体或情境，有社交恐惧症的人可能只是避开与人面对面接触的工作或情境；患有广场恐惧症的人无法避免恐惧症的根源，因为它存在于现实世界之外。严重的广场恐惧症会使家变成监狱，他被困在里面，无法去工作、购物或从事任何需要出门的活动。

惊恐障碍　14 岁的达里娅正在科学课上看电影。突然，她觉得耳朵里好像塞了棉花，视线模糊。她很冷，出了一身汗，无缘无故地感到极度害怕。她的心怦怦直跳，确信自己要死了。坐在她后面的朋友看到她脸色苍白，想问她怎么了，但达里娅说不出来。她惊恐发作，动弹不得。

达里娅的症状是典型的**惊恐发作**（panic attack）的症状，是一种突然出现的极度恐慌，伴有各种身体症状：心跳加速，呼吸急促，感觉"灵魂出窍"，听力和视力下降，出汗，口干舌燥（Kumar & Oakley-Browne，2002）。许多惊恐发作的人认为自己是心脏病发作，会感到疼痛和恐慌。这些症状是由惊恐引起的，而无关任何实际的身体疾病。从心理学上来讲，惊恐发作的人处于一种恐惧的状态，认为死亡正在发生，许多人可能觉得需要逃离。惊恐发生得很突然，没有任何预兆。有些惊恐发作会持续半个小时之久，但也有些只持续几分钟，大多数发作在 10 ～ 15 分钟内达到顶峰。

惊恐发作并不罕见，尤其是对少女和年轻成年女性而言（Eaton et al.，1994；Hayward et al.，1989，2000；Kessler et al.，2007）。研究人员还发现，有证据表明，在青春期、青年期和中年，吸烟会大大增加惊恐发作的风险（Bakhshaie et al.，2016；Johnson et al.，2000；Zvolensky et al.，2003）。无论如何，只有当惊恐发作反复发生，并引起持续的焦虑或行为改变时，才会成为**惊恐障碍**（panic disorder）。许多人试图找出导致惊恐发作的原因，然后尽可能地避免。如果开车导致惊恐发作，他们就不开车；如果在人群中导致惊恐发作，他们就不去人群聚集的地方。

广泛性焦虑障碍

💬 杞人忧天会成为一种障碍吗？

前文提到的自由浮动性焦虑没有确切的焦虑来源，**广泛性焦虑障碍**（generalized anxiety disorder）患者可能会经历这种焦虑。在这种焦虑中，过度的焦虑和担忧（预期忧虑）会持续超过 6 个月。患有这种障碍的人也可能对一些事件或活动（如工作或学校表现）感到焦虑。这些焦虑没有特定的来源，而且即使努力尝试，他们也无法控制这种感觉。

患有这种障碍的人只是普通的忧虑者（Ruscio et al.，2001）。他们过分担心钱、孩子、生活、朋友、狗，以及其他人认为无须担心的事情。他们紧张、急躁、容易疲倦，而且很难集中注意力。他们有肌肉疼痛和睡眠问题，且易怒，这些都是有压力的迹象。广泛性焦虑障碍常与其他焦虑症和抑郁症一起出现。

表 14-2　焦虑障碍及其症状

焦虑障碍	定义	实例 / 症状
社交焦虑障碍	害怕与他人交往或身处可能导致负面评价的社交场合	怯场、害怕公开演讲、害怕在公共厕所小便、害怕和别人一起吃饭
特定恐惧症	对物体或特定情况或事件的恐惧	对动物、自然环境如雷雨天，打针 / 受伤、特殊情况如飞行的恐惧
广场恐惧症	害怕处于难以或不可能逃离的地方或情况	乘坐公共交通工具、开放空间、封闭空间、在人群中
惊恐障碍	惊恐发作反复发生，并引起持续的焦虑或行为改变的一种障碍	各种身体症状：心跳加速、头晕、呼吸急促、感觉迟钝，伴有无法控制的恐惧感
广泛性焦虑障碍	指一个人感到焦虑和担忧厄运来临，并伴有 6 个月或更长时间的身体压力症状的一种障碍	担心无须担心的情况、人或物体，感到紧张，肌肉疼痛，有睡眠问题，注意力难以集中

强迫症及应激相关障碍

14.5　描述强迫症及应激相关障碍的含义和症状

正如前文所述，尽管焦虑是一种常见的症状，但下列障碍在 DSM-5 中不再被归类为焦虑障碍。强迫症现在属于"强迫症及相关障碍"的范畴，而创伤后应激障碍和急性应激障碍则属于"创伤与应激相关障碍"（American Psychiatric Association，2013）。

强迫症　有时候，人们脑子里闪过一个念头挥之不去，就像在脑海里单曲循环的歌一样。如果这个特别的念头引起了大量的焦虑，它就可能会成为**强迫症**（obsessive-compulsive disorder，OCD）的基础。强迫症是一种反复出现侵入性思维（强迫思维，例如，担心手上有细菌）的疾病，伴随着一些重复的、仪式化的行为或精神行为（强迫行为，如反复洗手、计数等）。

强迫是为了降低由念头引起的焦虑（Soomro，2001）。

💬 我认识一个刚生完孩子的人，她头几天晚上都和孩子待在一起，检查孩子是否有呼吸——这是强迫症吗？

大家都在等着艾伦算出每口饭要花多少钱。

不是的。很多父母一开始都会经常检查孩子的呼吸。每个人偶尔都会有一些强迫性思维，或者一些让他们感觉更好的小仪式。区别在于，一个人是喜欢（但不是必须）执行仪式，还是觉得必须执行仪式，如果不这样做就会感到极度焦虑。你可能会在捡垃圾后洗一两次手，但如果你必须洗一千次手以防生病，情况就完全不同了。失败或无法成功完成强迫行为而造成痛苦是强迫症的一个显著特征。

急性应激障碍（ASD）和创伤后应激障碍（PTSD）
一般和特定的应激源都在第 11 章"压力和健康"中讨论过。急性应激障碍和创伤后应激障碍这两种与创伤和应激源相关的疾病，与暴露于显著的创伤性应激源有关。9·11、卡特里娜飓风、2013 年 4 月波士顿马拉松爆炸案、2015 年巴黎恐怖袭击和尼泊尔地震、2016 年布鲁塞尔、奥兰多和尼斯恐怖袭击后人们所经历的创伤、严重压力和焦虑可能导致**急性应激障碍**（acute stress disorder，ASD）。急性应激障碍的症状通常在创伤事件发生后立即出现，包括焦虑、游离症状（如情感麻木／缺乏反应、无视周围环境、游离性

遗忘）、反复做噩梦、睡眠障碍、注意力不集中等，以及在事件发生后长达一个月的时间里，人们似乎在梦中或闪回中"重温"事件发生的时刻。一项已发表的研究收集了卡特里娜飓风撤离者在一个主要紧急避难所的调查信息，发现 62% 的取样符合急性应激障碍的标准（Mills et al.，2007）。

急性应激障碍的相关症状持续超过 1 个月，这种疾病就被称为**创伤后应激障碍**（posttraumatic stress disorder，PTSD）。在同一项研究中（Mills et al.，2007），研究人员得出结论，在所有的取样中，有 38% ～ 49% 的人有患上创伤后应激障碍（PTSD）的风险，而这种风险在灾难发生两年后仍然存在。此外，虽然急性应激障碍的发病通常在创伤事件之后，但创伤后应激障碍的症状可能要到事件发生 6 个月或更久之后才会出现（American Psychiatric Association，2013）。这些应激障碍的治疗包括心理治疗和使用药物来控制焦虑【**连接**学习目标 15.10 和 15.13 】。

逃离战乱国家的难民可能会经历什么样的压力和创伤？

研究人员发现，女性患 PTSD 的风险几乎是男性的两倍；如果创伤经历发生在女性 15 岁之前，这种可能性还会增加（Breslau et al.，1997，1999）。然而，女性和男性退伍军人往往有类似的 PTSD 症状，至少在与军事相关的应激源方面（King et al.，2013）。儿童与成人遭受的压力产生的影响可能不同。严重的 PTSD 与患有该障碍的儿童的海马体积的缩小有关（Carrion et al.，2007）。在形成新的长期陈述性记忆时，海马至关重要【**连接**学习目标 2.11、6.5 和 6.12 】，海马体积缩小可能会对这些儿童的学习和治疗效果产

生不利影响。大脑不同区域之间联系的变化，尤其是那些参与调节恐惧的区域，也可能会影响到为恢复所做的努力（Keding & Herringa，2015）。

有些过往会成为人们经历的创伤性事件。例如，自 2001 年以来，参战的军人患 PTSD（自我报告）的比例增加了两倍（Smith et al.，2008）。一项对年长的退伍军人长达7年的研究（Yaffe et al.，2010）发现，患有 PTSD 的人患痴呆症的概率（10.6%）高于没有患 PTSD 的人（仅为 6.6%）。压力的增加会使情况恶化。曾为战俘的退伍军人患痴呆症的风险比不是战俘的退伍军人高出 75% 以上（Meziab et al.，2014）。

最后，ASD 和 PTSD 患者对周围世界的认知可能不同。一项针对在英国伦敦南部急诊室接受治疗的袭击和机动车事故幸存者的研究表明，与未被诊断为患有 ASD 和 PTSD 的创伤幸存者相比，患有 ASD 或 PTSD 的人更易识别与创伤相关的图片，而非中性图片。此外，这种对创伤相关信息的优先处理，可能在 PTSD 患者身上更显著（Kleim et al.，2012）。功能性磁共振成像研究表明，PTSD 患者与联想学习和启动相关区域的大脑加工能力增强了（Sartory et al.，2013）【连接学习目标 6.5】。

焦虑及相关障碍的成因

14.6 总结焦虑、强迫症及应激相关障碍产生的潜在原因

人格发展的不同观点为这些障碍提供了不同的解释。例如，心理动力学模型将焦虑视为一种危险信号，被压抑的冲动或冲突正威胁着要浮出水面（Freud，1977）。恐惧症被看作是一种置换，在这种置换中，恐惧的对象只是一个象征，象征着他或她的潜意识深处埋藏的东西——恐惧的真正根源。对刀的恐惧可能意味着对自己攻击倾向的恐惧，对高度的恐惧可能隐藏着想要跳下去自杀的欲望。

行为和认知因素 行为主义者认为，焦虑的行为反应是后天习得的。例如，恐惧症只不过是一种经典的条件性恐惧反应，就像小阿尔伯特的情况一样

（Rachman，1990；Watson & Rayner，1920）【连接到学习目标 5.3】。认知心理学家认为，焦虑症是非逻辑、非理性的思维过程的结果。患有焦虑症的人表现出的一种非理性思维方式（Beck，1976，1984），是通过**放大化**（magnification）或者通过将情况解释得比实际情况更有害、更危险或更尴尬来夸大事实。例如，惊恐障碍的患者可能会把心跳加速解释为心脏病发作的信号，而不是短暂的兴奋。

焦虑障碍不仅影响成人，也影响儿童。

认知行为心理学家可能认为，焦虑与另一种被称为**全或无思想**（all-or-nothing think）的扭曲思维过程有关。在这种思维过程中，个体认为他或她的表现必须是完美的，否则将是彻底的失败。**过度概化**（overgeneralization，一个单一的消极事件被解释为无休止的失败模式）、在没有事实依据的情况下得出结论、**缩小化**（minimization，很少或根本不强调一个人的成功或积极的事件和特征）是非理性思维的其他例子。最近一项针对消防员这一反复遭受创伤的职业的研究表明，根据特定需求调节情绪的认知灵活性可以保护人们不患上 PTSD（Levy-Gigi et al.，2016）。

生物因素 越来越多的证据表明，生物因素会导致焦虑障碍。包括广泛性焦虑障碍、惊恐障碍、恐惧症和强迫症在内的几种障碍往往与家族有关，表明这

些疾病有遗传基础。此外，PTSD 的遗传因素似乎既影响发展为该障碍的风险，也影响个体卷入潜在危险情况的可能性（Hyman & Cohen，2013）【连接学习目标 2.9】。功能性神经成像研究显示，相比于非恐惧症患者，对蜘蛛图片做出反应的恐惧症患者，其边缘系统的一个区域——杏仁核更为活跃（LeDoux，2003；Rauch et al.，2003），患有 PTSD 和社交焦虑障碍个体的杏仁核也更活跃，表明对刺激的过度调节和夸张反应通常会引起最小的恐惧相关反应（Hyman & Cohen，2013）【连接学习目标 2.11、6.12 和 9.8】。结构神经成像研究也很有帮助【连接学习目标 2.9】，特定的大脑区域，即右腹前扣带回（在右侧扣带回的底部和前部）和左额下回的灰质减少与多种焦虑症有关（Shang et al.，2014）。一项针对 6 种不同心理障碍个体的研究发现，脑灰质的减少发生在扣带回背前部（顶部和前部）和左右脑岛（Goodkind et al.，2015）。

文化因素　焦虑障碍在世界各地都有发现，尽管在不同的文化中，其具体的表现形式可能有所不同。例如，在一些拉丁美洲文化中，焦虑表现为神经失调或"神经攻击"，此时人可能会突然哭泣、无法控制地大喊大叫、有灼热感，并且在语言上和身体上都变得非常有攻击性。这些神经攻击通常发生在一些压力事件，比如爱人死亡之后（American Psychiatric Association，2013）。一些本质上属于恐惧症类型的综合征是某些文化特有的。例如，在中国和一些南亚、东亚国家，缩阳症主要是担心生殖器萎缩（Pfeiffer，1982）；对人恐惧症，大多发现于日本，表现为过度的恐惧和焦虑，在这种情况下人们担心自己会在公共场合做一些不恰当或令人尴尬的社交行为，如脸红、凝视或有异常的体味（Kirmayer，1991）。惊恐障碍在美国和欧洲部分地区的青少年和成年人中发病率相似，但在亚洲、非洲和拉丁美洲国家发病率较低；在美国，土著的发病率明显较高，而拉丁美洲裔、非洲裔、加勒比黑人和亚裔美国人的发病率明显要低于非拉丁美洲白人（American Psychiatric Association，2013）。

概念地图 14.4～14.6

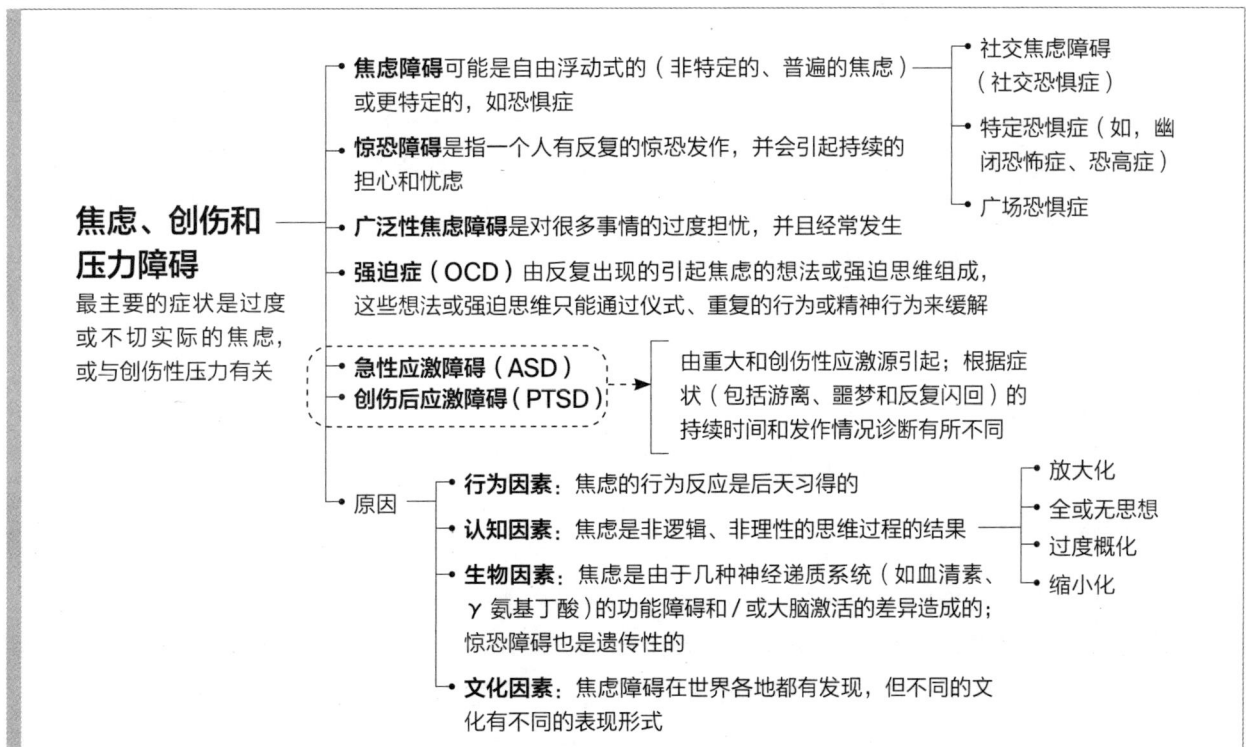

随堂小考

1. 谁最有可能被诊断为恐惧症?
   A. 布里安娜在跑步中差点被蛇咬之后很害怕蛇
   B. 卡莉斯塔在看完一部关于她所在地区发现的毒蛇的纪录片后很害怕蛇
   C. 詹妮弗病态地怕蛇，甚至拒绝看蛇的图片
   D. 卡莉斯塔和詹妮弗的行为都符合恐惧症

2. 阿梅莉亚最近生了第一个孩子。她说她经常去孩子的卧室检查他是否还有呼吸。这算是强迫症吗?
   A. 如果阿梅莉亚继续这种行为超过 1 或 2 天，将符合强迫症
   B. 如果阿梅莉亚和她的丈夫都有这种行为，就符合强迫症
   C. 如果阿梅莉亚喜欢经常检查她的孩子是否有呼吸，就是强迫症
   D. 只要阿梅莉亚没有被强迫去检查，如果不检查，她也没有严重的焦虑，就不是强迫症

3. 桑迪参加了 2013 年 4 月的波士顿马拉松赛，两枚炸弹在终点附近被引爆，造成 3 名观众死亡。在马拉松比赛后大约两周的时间里，桑迪无法入睡，也无法集中精神，常常会想起听到炸弹爆炸的那一刻。桑迪可能被诊断为什么疾病?
   A. 急性应激障碍　　　B. 创伤后应激障碍
   C. 恐惧症　　　　　　D. 惊恐障碍

4. 梅拉妮刚刚得知了她的心理学课成绩，分数是 89，也就是 B。她这学期所有的作业都是 A，但她对考试成绩很不满意。"这可能是有史以来最糟糕的事情了。"她对她最好的朋友凯莎哀叹道，而凯莎只是翻了个白眼。认知心理学家会认为梅拉妮正在使用一种叫作＿＿＿的认知扭曲。
   A. 全或无思想　　　　B. 过度概化
   C. 放大化　　　　　　D. 缩小化

◯ 分离性障碍：身份的改变

正如不同的诊断有时会出现症状重叠一样，各种疾病也可能与类似的情况或现象有关。如前所述，暴露于创伤是 ASD 和 PTSD 的关键组成部分，两者都可能包括游离症状。游离在分离性障碍中扮演着十分突出的角色，游离症状出现在日常生活的许多方面，而不仅仅发生在回忆创伤事件本身或创伤时间时（American Psychiatric Association，2013）。

分离性障碍的类型

14.7　区分分离性遗忘症、分离性漫游和分离性身份识别障碍

分离性障碍（dissociative disorder）包括意识、记忆或个人认同感的断裂或分离。这种分离是很容易理解的，人们有时开车去某个地方，当你问他们是如何到达那里时，他们根本不记得这段旅程。这种"自动驾驶"发生在熟悉且经常行驶的路线上。意识的一部分思考工作、学校或其他头脑中最重要的事情，而较少的意识集中在开车，在路标和红灯前停下来，在需要转弯时。这种意识注意力的分裂与分离性障碍非常相似。不同的是，在这些障碍中，分离是更加明显和不自觉的。

分离性遗忘症与分离性漫游　在分离性遗忘症中，个体记不住个人信息，如自己的名字或特定的个人事件，这类信息包含在情景记忆中【连接学习目标 6.5】。分离性遗忘症听起来像是逆行性遗忘，但其原因不同。在逆行性遗忘中，记忆丧失通常是由身体损伤引起的，比如头部受到撞击。而分离性遗忘症的原因是心理上的，而不是身体上的。"打击"是精神上的，而不是身体上的。此类记忆丧失通常与压力或情感创伤有关，如强奸或童年虐待（Chu et al.，1999；Kirby et al.，1993），并不能简单地用健忘来解释。

它可能是一小段时间内记忆的丧失，也可能是过去个人记忆的完全丧失。例如，一名士兵可能记得参加过战斗，但不记得目睹过朋友被杀；一个人可能会忘记他或她的整个人生。这些记忆通常会重新出现，有时很快，有时会经过很长时间。分离性遗忘症时不时伴随分离性漫游发生。拉丁词 fugere 的意思是"飞翔"，是"漫游"一词的来源。一个人突然离家出走（分离性漫游），之后就不记得那次旅行，甚至不记得身份等个人信息，就会出现分离性漫游症。个人可能会对身份感到困惑，有时甚至会在新的地方接受一个全新的身份（Nijenhuis，2000）。这种分离性漫游通常发生在情感创伤之后，在灾难或战争时期更为常见。

分离性遗忘症和分离性漫游的典型案例。爱德华·莱特哈特，他更喜欢叫自己无名氏，在 2009 年于华盛顿的西雅图被发现。在拍摄这张照片时的采访中，他说，自从他走出西雅图一个公园后的近七周时间里，他的记忆在慢慢地流逝，他不知道自己是谁，也不知道自己是怎么到那里的。新闻报道称，同年晚些时候，他又在新墨西哥州的拉斯维加斯被发现，同样不知道自己是谁，是怎么到那里的。

分离性身份识别障碍　最具争议性的分离性障碍是**分离性身份识别障碍**（dissociative identity disorder，DID），以前人们称它为多重人格障碍。在这种障碍中，一个人的身体里似乎存在着两个或更多不同的人格。其中可能有一个"核心"人格，通常对其他人格一无所知，他是那个经历"断片"或记忆和时间缺失的人。漫游在分离性身份识别障碍中很常见，核心人格会在陌生的地方或在别人用其他名字称呼他的时候经历"觉醒"的不安（Kluft，1984）。

随着几本著名书籍的出版及其改编的电影的上映，分离性身份识别障碍变得众所周知了。在整个 20 世纪 80 年代，心理学专家开始以惊人的速度诊断这种疾病——"多重人格"。根据一些研究人员的说法，当时的"多重人格"已经成为 20 世纪后期的一种"时尚"障碍（Aldridge-Morris，1989；Boor，1982；Cormier & Thelen，1998；Showalter，1997）。虽然分离性身份识别障碍的诊断一直具有争议并且是详细审查的要点，许多（但不是所有的）专业人士怀疑先前诊断的有效性，但也有些人不这么认为。

一些研究表明，DID 不仅是一个有效的诊断类别，还可能同时出现在其他障碍如边缘型人格障碍中，并且伴随大脑功能的特定变化（Dorahy et al.，2014；Ross et al.，2014；Schlumpf et al.，2014）。分离症状和特征在其他文化中也有发现。东南亚和太平洋岛国文化中有一种叫作杀人狂的病，患病的人会突然处于非常激动和暴力的出神状态，通常与这种状态持续期间内的记忆缺失有关（Hagan et al.，2015；Suryani & Jensen，1993）。然而，在一些文化中，尽管出现了分离症状，但这些症状本身并不总被视为压力或问题的来源（van Duijl et al.，2010）。

分离性障碍的成因

14.8　总结分离性障碍产生的潜在原因

心理动力学理论认为，对威胁性或不可接受的想法和行为的压制是所有精神障碍的核心防御机制，尤其是分离性障碍似乎有很大一部分是由压抑引发的遗忘。在心理动力学的观点中，记忆的丧失或从压力或创伤事件中分离出意识是适应性的，因为它可以减少情感上的痛苦（Dorahy，2001）。

对分离性障碍的认知解释和行为解释是相互关联的：当一个人想到令人不安的经历或想法时，他可能会感到内疚、羞愧或焦虑，并开始避免去想这些事情。这种"思想回避"会因焦虑和不愉快感觉的减少而得到负面强化，最终成为一种"不去想"这些事情的习惯。这类似于许多人在面对不愉快的事情时的反应，如注射或痛苦的手术，又如进行根管治疗。在这种情况下，他们"想的是别的事情"。他们故意不去想此刻发生在自己身上的事情，痛苦的体验就减少了。患有分离性障碍的人可能只是比其他人更擅长这种"不思考"。

同时，考虑一下对一个患有分离性障碍的人来说积极强化的可能性，即来自他人的关注和专业人士的帮助。塑造法也可能在某些分离性障碍病例的发展中发挥作用。治疗师可能会在无意中更多地关注谈论"感觉像别人一样"的患者，这可能会鼓励患者说出更多这样的感觉，甚至详细描述这些感觉。

解离可能也有一些生物来源。研究人员发现，人格解体/现实解体障碍（一种分离性障碍，患者感觉与自己、自己的身体和周围环境的分离）患者负责身体意识的大脑相关区域的活动要比没有这种障碍的人低（Simeon et al.，2000）。PET 和 fMRI 的证据表明，当存在不同的"人格"时，患有分离性身份识别障碍的人的大脑活动显著异于常人（Reinders et al.，2001；Schlumpf et al.，2014；Tsai et al.，1999）。也有可能 DID 患者形成的记忆更详细，因此在记忆唤起方面表现得更好（García-Campayo et al.，2009）。

概念地图 14.7～14.8

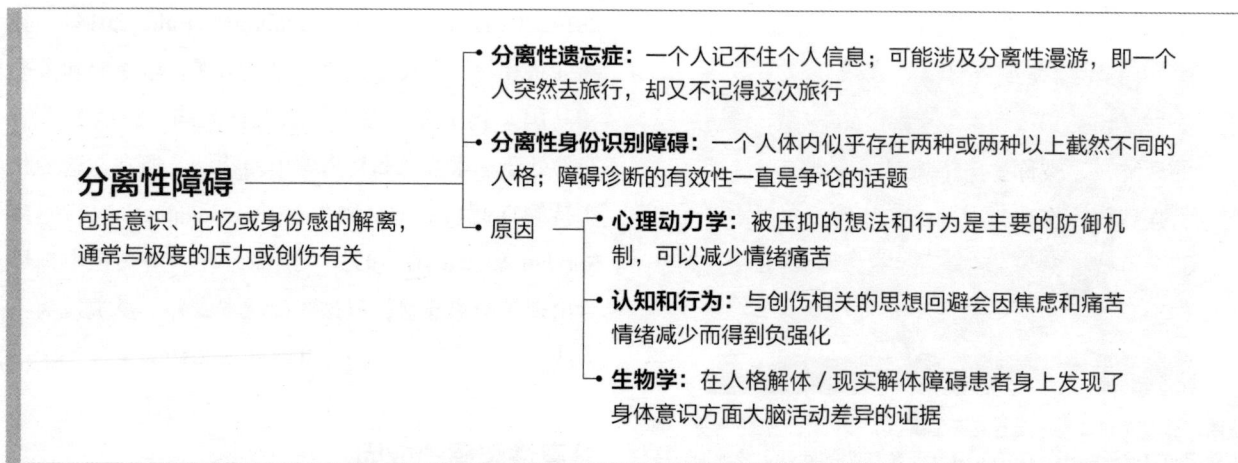

分离性障碍
包括意识、记忆或身份感的解离，通常与极度的压力或创伤有关

- **分离性遗忘症：** 一个人记不住个人信息；可能涉及分离性漫游，即一个人突然去旅行，却又不记得这次旅行
- **分离性身份识别障碍：** 一个人体内似乎存在两种或两种以上截然不同的人格；障碍诊断的有效性一直是争论的话题
- 原因
  - **心理动力学：** 被压抑的想法和行为是主要的防御机制，可以减少情绪痛苦
  - **认知和行为：** 与创伤相关的思想回避会因焦虑和痛苦情绪减少而得到负强化
  - **生物学：** 在人格解体/现实解体障碍患者身上发现了身体意识方面大脑活动差异的证据

随堂小考

1. 分离性遗忘症和逆行性遗忘的主要区别是什么？
   A. 逆行性遗忘症患者通常遭受过某种形式的脑外伤
   B. 患有分离性遗忘症的人通常有记忆丧失病史，且似乎是遗传的
   C. 那些患有分离性遗忘症的人之前大脑有损伤，这反过来又会导致记忆丧失
   D. 逆行性遗忘症患者常常遭受过痛苦的心理创伤

2. 富兰克林在另一个城镇的流浪者收容所的小床上醒来。他不知道自己身在何处，也不知道自己是如何来到这里的。当人们说他叫自己安东尼时，他很困惑。这很可能是分离性＿＿＿的表现。
   A. 遗忘症
   B. 伴随漫游的遗忘症
   C. 身份识别障碍
   D. 多重人格

3. 考登博士认为，贾米森的分离性障碍可能是由于他思考能力的明显增强，而与他的创伤性童年无关。考登博士运用了什么心理学观点？
   A. 心理动力学视角
   B. 生物学视角
   C. 认知和行为视角
   D. 进化视角

4. 分离症状和特征在许多不同的文化中都有发现。例如，在东南亚和太平洋岛国的文化中，人们有时会经历一种出神的状态，伴随躁动和暴力倾向，称为＿＿＿。
   A. 对人恐惧症
   B. 缩阳症
   C. 杀人狂
   D. 惊骇症

● 心境障碍：情感的影响

你最近一次感到沮丧和悲伤是什么时候？最近的一段兴奋或欢乐时光呢？这些都是日常事件或环境的结果并会随之改变吗？想象一下，如果这种情绪持续的时间更长，在生活事件中更持久，如果你不能确定这种情绪的来源或原因，这种体验将如何影响你的生活？当人经历心境障碍时，通常就是如此。

重性抑郁症和双相情感障碍

14.9　描述不同的心境障碍，包括重性抑郁症和双相情感障碍

在心理学中，**情感**（affect）是指"情绪（emotion）"或"心境（mood）"。**心境障碍**（mood disorder）是情绪的紊乱，也被称为情感障碍。虽然人类的情感从深刻、强烈的悲伤和绝望到极度的快乐和兴奋范围很大，但在正常情况下，人们处于极端情绪之间，既不太悲伤也不太快乐，但很满足（见图 14-2）。当压力或其他因素把一个人推向一个或另一个极端时，心境障碍就会产生。心境障碍可以是相对轻微或中度的（偏离"平均水平"较小），也可以是极端的（存在

于整个范围的两端）。我们将在这里一起讨论心境障碍，注意在 DSM-5 中，心境障碍可以在"双相情感障碍及相关障碍"或"抑郁障碍"中找到。

重性抑郁症　一种极度抑郁的情绪突然出现，或者对当时的情况来说过于严重，或者没有任何外部原因导致悲伤，就被称为**重性抑郁症**（major depressive disorder）。在图 14-2 中，重性抑郁症表现为极端悲伤。患有重性抑郁症的人每天大部分时间都处于抑郁状态，很少或没有任何活动，感觉疲惫，睡眠困难或睡得太多，食欲和体重显著变化，经历过度的内疚感或觉得自己一无是处，注意力难以集中。一些患有这种疾病的人还有妄想性，可能会出现幻觉。这些症状大多每天都会发生，且会持续出现在一天的大部分时间中（American Psychiatric Association，2013）。

有些抑郁症患者可能会有死亡或自杀的想法，甚至有自杀意图。自杀致死是抑郁症最严重的消极后果。它已成为美国 15 ～ 34 岁年轻人死亡的第二大原因，超过 90% 的自杀与心理障碍有关，其中抑郁是最可能的死因（Centers for Disease Control and Prevention，2015；Hyman & Cohen，2013）。

| 极端悲伤 | 轻微悲伤 | 中性情绪 | 轻微喜悦 | 极端喜悦 |

图 14-2　情绪的范围

大多数人在一天或几天的时间里会体验一系列的情绪，如轻微的悲伤、平静的满足，或轻微的高兴和快乐。而有心境障碍的人会经历极端的情绪，因此是不正常的。

重性抑郁症是最常见的心境障碍，女性的发病率是男性的 1.5 ～ 3 倍（American Psychiatric Association，2013）。在不同的文化中也是如此（Kessler et al.，2012；Seedat et al.，2009）。人们对这种性别差异提出了许多可能的解释，包括女性不同于男性的激素结构（月经、怀孕期间和之后的激素变化、更年期等）以及女性在文化中所扮演的不同社会角色（Blehar & Oren，1997）。研究发现，激素的影响几乎没有得到

支持，激素和其他生物因素在抑郁症中的作用也还不清楚。此外，研究还发现，两性抑郁发病率的差异正在减小，在大学生和单身人士身上这种差异甚至是不存在的，因此有人认为，性别角色和社会因素如婚姻状况、职业类型和孩子的数量相比生物因素，在导致抑郁症的患病率的性别差异方面可能更为重要（McGrath et al.，1992；Nolen-Hoeksema，1990；Seedat et al.，2009；Weissman & Klerman，1977）。

与男性相比，女性也更倾向于沉思，或反复关注负面情绪，这可能也是导致抑郁症和焦虑症患病率存在性别差异的一个促成因素（Krueger & Eaton, 2015; Nolen-Hoeksema, 2012）。

有些人只是在一年中的某些时候会抑郁，特别是，似乎会在冬季开始，随着春季和夏季的到来而消失。季节性情感障碍（SAD）是由于身体对冬季低水平光照的反应引起的（Partonen & Lonnqvist, 1998）。尽管使用了这个术语，但最近的研究表明，可能不存在因季节而变化的抑郁症分类，于是对是否继续使用这一诊断提出了疑问（Traffanstedt et al., 2016）。

双相情感障碍　重性抑郁症有时被称为单相障碍，因为情绪问题只存在于情绪范围的一端或一个"极点"。当一个人经历了从严重抑郁到**躁狂**（manic）发作（过度兴奋、精力充沛和兴高采烈）的情绪周期时，这个人被认为患有**双相情感障碍**（bipolar disorder）（American Psychiatric Association, 2013）。然而，虽然人可能会经历两个极端的情绪周期，但在某些情况下，可能只会经历从正常到躁狂的情绪，可能会也可能不会经历被称为双相 I 型情感障碍的抑郁发作。在躁狂发作期，患者是极度快乐或狂喜的，但这种情绪毫无理由。烦躁、易怒、不能坐着或保持不动，以及看似有无限的精力也很常见。这个人在别人看来可能很傻，当不允许他执行在躁狂状态下产生的宏伟计划（有时是妄想）时，他可能会变得好斗。此时他的语速可能很快，会迅速从一个话题跳到另一个话题。奇怪的是，处于狂躁状态的人往往非常有创造力，直到由于缺乏组织性而使其创造性尝试变得毫无用处（Blumer, 2002; McDermott, 2001; Rothenberg, 2001）。在双相 II 型情感障碍中，正常情绪的跨度与重度抑郁和轻度躁狂的发作相互穿插，轻度躁狂是一种情绪水平升高，但低于完全躁狂的水平或严重程度（American Psychiatric Association, 2013）。

💬 这听起来像是对一个过度活跃孩子的描述——不能坐着不动，不能集中注意力，这两种疾病有关联吗？

这个问题的答案实际上是一场持续多年争论的一部分。注意缺陷多动障碍（ADHD）和青少年双相情感障碍的发病似乎存在联系（Carlson et al., 1998），但在患有 ADHD 的儿童中，只有一小部分会发展成双相情感障碍。最近的研究发现，在双相情感障碍患者的亲属中 ADHD 的患病率明显更高，而在 ADHD 患者的亲属中双相情感障碍的患病率也更高（Faraone et al., 2012）。双相情感障碍的症状包括非理性思维和其他 ADHD 中不存在的躁狂症状（Geller et al., 1998）。这两种疾病会混淆是它们都有过度活跃（过度运动和无法集中注意力）的症状。在一项研究中，研究人员根据学习成绩和一系列神经学测试，将患有双相情感障碍和 ADHD 的儿童与仅患 ADHD 的儿童进行了比较（Henin et al., 2007）。他们发现，这两组人的反应非常相似，在信息处理能力方面有同样的缺陷，只有一个例外：与患 ADHD 的儿童相比，患有两种疾病的儿童在信息处理速度方面表现更差。研究人员得出结论，在双相情感障碍儿童身上经常观察到的神经功能缺陷更有可能是由于 ADHD 而不是双相情感障碍本身。双相情感障碍儿童似乎也比 ADHD 儿童有更严重的情绪和行为问题（Ferguson-Noyes, 2005; McDougall, 2009）。

心境障碍的成因

14.10　总结心境障碍产生的潜在原因

抑郁症和其他心境障碍的解释来自行为、社会认知、生物学理论以及遗传学的观点。

行为理论家将抑郁与习得性无助联系起来（Seligman, 1975, 1989）。而社会认知理论家则指出了思维的扭曲，比如夸大消极事件，弱化积极的、好的事件（Beck, 1976, 1984）【连接学习目标 5.12】。从社会认知的角度来看，抑郁的人会不断产生消极的、自我挫败的想法，使他们更加抑郁，陷入绝望的恶性循环。在对经历过不能自已的痛苦事件的人的研究发现，习得性无助与这种自我挫败的想法和抑郁的增加有关（Abramson et al., 1978, 1980）。这种联系并不一定意味着消极的想法会导致抑郁，可能是抑郁增加了消极想法的可能性（Gotlib et al.，2001）。一项研究发现，比较抑郁和非抑郁的青少年，抑郁组面临的风险因素与社会认知环境强相关，如女性或少数民族成员、生活贫困、经常使用药物（包括烟草和酒精）、从事违法行为（Costello et al.，2008）。相比之下，那些非抑郁的青少年更有可能来自双亲家庭，自尊感较强，感到与父母、同伴和学校有联结。显然，面对歧视、偏见和贫穷时的习得性无助可能与这些青少年的抑郁有关。研究还发现，当治疗师专注于帮助患者改变其思维方式时，与只专注于改变行为的疗法相比，抑郁症会得到更显著的改善。这些结果支持了扭曲思维作为抑郁症根源的认知解释（Strunk et al.，2010）。

心境障碍的生物学解释集中在大脑化学物质如血清素、去甲肾上腺素和多巴胺的影响上，用于治疗抑郁症和躁狂症的药物无论单独使用还是联合使用通常会影响这三种神经递质的水平（Cohen，1997；Cummings & Coffey，1994；Ruhe et al.，2007）。和其他心理障碍一样，神经成像也提供了与情绪相关的大脑区域的信息。在大脑中与情绪、情绪行为调节和注意力相关的区域的灰质减少出现在有忽视或身体、情绪或性虐待史的个体身上（Lim et al.，2014）。最近一项针对不同心理障碍的调查发现，大脑中几个区域的灰质减少存在差异。回顾第 2 章对不同大脑区域的介绍。除了在各种障碍中发现的背侧前扣带回和双侧岛叶皮质的减少外，抑郁症患者的海马和杏仁核也有更多的减少（Goodkind et al.，2015）。另一项研究

发现，在 33 名青少年女性中，右侧内侧眶额区和右侧额叶中央前区、左侧前扣带回和双侧岛叶皮质的灰质基线厚度预测了未来重性抑郁症的发病（Foland-Ross et al.，2015）。对于皮质下结构，研究人员发现，相比对照组，重性抑郁症（MDD）和双相情感障碍（BD）患者的尾状核（基底神经节的一部分）更小；而相比对照组和 BD 患者，MDD 患者在腹侧间脑（包括下丘脑）的体积更大（Sacchet et al.，2015）。功能性神经成像还发现，与对照组相比，这些大脑区域的许多功能发生紊乱，其中一些区域更为活跃，另一些区域则不那么活跃。更复杂的是，活动改变的方向在未成年抑郁症患者身上和成年抑郁症患者不同（Miller et al.，2015；Su et al.，2014）。

基因也在这些疾病中起作用。更严重的心境障碍不是对一些外界压力或焦虑的反应，而是来自人的身体内部，同时，心境障碍在基因相关个体中出现的概率更高，强烈表明遗传可能在这些疾病中扮演了重要角色（Barondes，1998；Farmer，1996）。一些心境障碍可能存在共同的基因，但实际的比例是不同的。例如，双相情感障碍的遗传风险比单相抑郁症更高（Hyman & Cohen，2013；McMahon et al.，2010）。超过 65% 的双相情感障碍患者至少有一位近亲患有双相情感障碍或重性抑郁症（Craddock et al.，2005；National Institute of Mental Health Genetics Workgroup，1998；Sullivan et al.，2000）。双生子研究表明，如果同卵双胞胎中的一个患有重性抑郁症或双相情感障碍，另一个也患心境障碍的概率为 40% ～ 70%（Muller-Oerlinghausen et al.，2002）。

概念地图 14.9～14.10

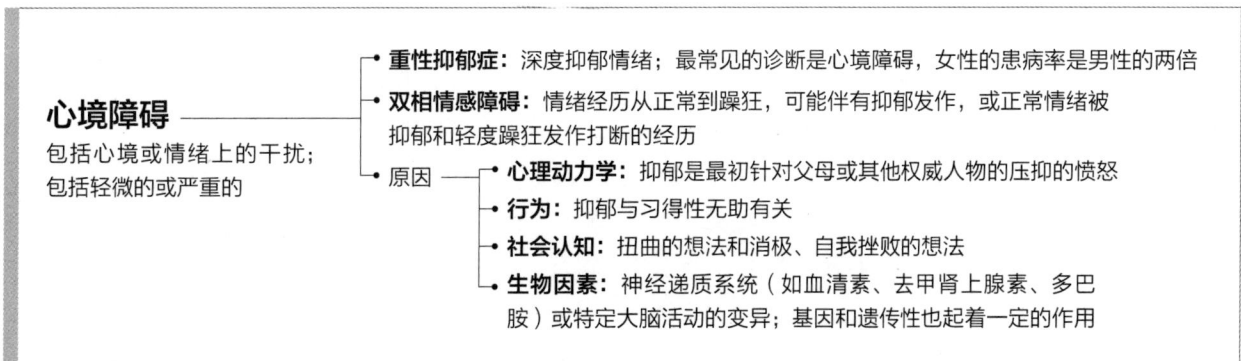

心境障碍
包括心境或情绪上的干扰；包括轻微的或严重的

- **重性抑郁症**：深度抑郁情绪；最常见的诊断是心境障碍，女性的患病率是男性的两倍
- **双相情感障碍**：情绪经历从正常到躁狂，可能伴有抑郁发作，或正常情绪被抑郁和轻度躁狂发作打断的经历
- **原因**
  - **心理动力学**：抑郁是最初针对父母或其他权威人物的压抑的愤怒
  - **行为**：抑郁与习得性无助有关
  - **社会认知**：扭曲的想法和消极、自我挫败的想法
  - **生物因素**：神经递质系统（如血清素、去甲肾上腺素、多巴胺）或特定大脑活动的变异；基因和遗传性也起着一定的作用

随堂小考

1. 乔治发现自己一天中的大部分时间都很沮丧。他总是很累，但睡得很少。他突然有一种毫无价值的感觉，而且这种感觉在现实中毫无根据。乔治可能被诊断为什么疾病？

   A. 季节性情感障碍　　B. 急性抑郁障碍

   C. 重性抑郁症　　　　D. 双相情感障碍

2. 研究表明，女性重性抑郁症发病率的增加可能有____基础。

   A. 性别角色、社会因素和情绪处理

   B. 激素的差异

   C. 生理差异

   D. 遗传

3. 什么障碍似乎与双相情感障碍有关？

   A. 心境恶劣　　　　　B. 环境心境

   C. 恐惧症　　　　　　D. 多动障碍

4. 心境障碍的生物学解释集中在几种不同的大脑化学物质的影响上，而用来治疗这些障碍的药物就是作用于这些不同的神经递质系统。下列哪一种化学物质与心境障碍无关？

   A. 血清素　　　　　　B. 多巴胺

   C. 去甲肾上腺素　　　D. 褪黑素

◎ 进食障碍和性功能障碍

到目前为止，我们已经讨论了主要与情绪、焦虑、压力和创伤有关的障碍。现在我们将转向稍有不同的障碍类型，首先是进食障碍，然后是性功能障碍。

进食障碍

14.11 了解神经性厌食症、神经性贪食症和暴食障碍的症状和风险因素

有许多不同的障碍与食物的摄入有关，或者在某些情况下与非营养性物质有关，或者与消除身体废物有关。这些在 DSM-5 的"进食障碍"一栏中都有。

进食障碍的类型　我们将专门讲述三种进食障碍：神经性厌食症、神经性贪食症和暴食障碍。

神经性厌食症　**神经性厌食症**（anorexia nervosa），通常被称为**厌食症**（anorexia），是指一个人（通常是年轻人和女性）减少进食导致体重明显偏低或低于最低限度的状态。对于成年人来说，这可能使身体质量指数［BMI；体重（公斤）/ 身高（米）²］小于 18.5（American Psychiatric Association，2013），甲状腺和肾上腺分泌异常，心肌变弱，心律改变。厌食症

的其他生理影响还包括腹泻、肌肉组织损失、睡眠不足、低血压和女性月经不足。

有些厌食症患者会在别人面前吃东西（而贪食症患者则倾向于尽可能偷偷地暴饮暴食），然后强迫自己呕吐或服用大剂量的泻药。他们常常痴迷于锻炼和为别人精心烹制美食，而自己却什么都不吃。他们看待自己的体形极度扭曲，他们看到的是脂肪，而其他人看到的只是皮肤和骨骼。

神经性贪食症　**神经性贪食症**（bulimia nervosa），通常被称为**贪食症**（bulimia），是指个体形成的"暴饮暴食"的循环，或一次暴饮暴食，然后用不适当的方法来避免体重增加（American Psychiatric Association，2013）。大多数贪食症患者都会有"清除"行为，比如在暴食后故意呕吐或滥用泻药，有些人则可能使用其他不恰当的方法来避免体重增加，比如在暴食后一两天禁食或过度锻炼（American Psychiatric Association，2013）。贪食症与厌食症有一些相似之处：受害者通常是女性，过分沉迷于自己的外表，过度饮食，甚至在自己明显不胖的时候还认为自己很胖。但是患有贪食症的人通常比患有厌食症的人发病的时间要长一些——20 岁出头，而不是青春期早期。患有贪

食症的人通常可以保持正常体重，使得这种疾病很难被发现。正常与障碍最明显的区别是，贪食症患者会进食，而且会过量进食，单次暴食摄入的平均热量为 3500 卡路里，一天最高摄入可达 50 000 卡路里（Humphries，1987；Mitchell et al.，1981；Oster，1987）。一个典型的暴食可能包括一加仑冰激凌、一包饼干和一加仑牛奶，所有这些都要尽快吃完。

💬 既然患有贪食症的人如此担心体重增加，他们为什么要暴食呢？

暴食本身可能是由焦虑或抑郁情绪、社会压力、对体重或形象的感觉或尝试节食后的强烈饥饿引起的。贪食一旦开始，由于自控能力的缺乏或损害，就会持续下去，个体无法控制何时停止进食或进食多少。在试图控制体重时吃一块饼干可能会导致贪食，既然节食已然失败，为什么不全力以赴呢？这种思维过程是全或无思想认知扭曲的又一例证。

人们可能会认为贪食症对健康的危害没有厌食症那么大，毕竟患贪食症的人不会饿死。但贪食症会带来很多严重的健康后果：严重的蛀牙和侵蚀食道内壁的酸度呕吐，唾液腺肿大，钾、钙、钠可能严重失衡，过度使用泻药损害肠道，心脏病，疲劳和癫痫发作（Berg，1999）。

暴食障碍　暴食障碍（binge-eating disorder）也包括不受控制的暴饮暴食，但它与贪食症的主要区别在于，暴食障碍患者不会清除或使用其他不适当的方法来避免体重增加（American Psychiatric Association，2013）。

进食障碍的成因　厌食症、贪食症和暴食障碍的原因还没有完全弄清楚，但面临最大危险因素的似乎是青少年或年轻女性（Keel & Forney，2013）。对食物及其奖赏价值的敏感性的增加可能在贪食症和暴食障碍中起作用，而神经性厌食症可能和对食物的恐惧与焦虑有关，这几种障碍都与相关大脑结构的活动或功能改变有关（Friedrich et al.，2013；Kaye et al.，2009；Kaye et al.，2013）。研究还在继续调查进食障

碍的遗传因素，因为它们占厌食症、贪食症和暴食障碍风险的 40% ~ 60%，尽管有几种基因牵涉其中，但确切的基因尚未确定（Trace et al.，2013；Wade et al.，2013）。

尽管许多研究人员认为进食障碍尤其是厌食症，是一种文化综合征，只出现在痴迷于瘦的文化中，就像许多西方文化一样，但进食障碍也存在于非西方文化中（Miller & Pumariega，1999）。两种文化的不同之处在于这些障碍的发病率。例如，与非西班牙裔白人女性相比，中国和华裔美国女性患进食障碍的可能性要小得多（Pan，2000）。为什么华裔美国女性在接触了西方文化中对瘦的痴迷之后，更不容易患上进食障碍呢？潘认为，无论中国的文化因素如何保护中国女性不患上进食障碍，这些文化因素对美籍华裔女性可能仍然有着强大的影响力。

这位年轻的模特不仅瘦，按照医学标准，她可能会被贴上厌食症的标签。"以瘦为美"的心态主导了时装设计领域，这是西方文化把非常瘦的女性视为美丽和令人向往的一个主要表现。图中的模特与当年的性感偶像玛丽莲·梦露相去甚远，据传她穿 12 号的衣服。

研究其他文化中的厌食症和贪食症的一个问题是，在其他文化中，挨饿的行为可能与西方文化中的目的完全不同。例如，厌食症的一个关键是对肥胖的恐惧，这种恐惧是许多其他文化中没有的。然而，这

些文化中的女性却因为其他社会公认的原因而让自己挨饿，如宗教斋戒或不寻常的营养观念（Castillo，1997）。

　　厌食症和贪食症在非裔美国女性中也很少发生，但这种状况似乎正在改变。研究人员发现，在所有社会经济水平的年轻非裔美国女性中，厌食症和贪食症的发病率都在上升（Crago et al.，1996；Mintz & Betz，1988；Pumariega & Gustavson，1994）。与女性相比，

批判式思考　　在那些之前并没有受到这些因素影响的文化中，各种媒体和互联网的激增如何影响进食障碍的发展？

　　进食障碍的治疗　　如何治疗进食障碍？如果厌食症导致的体重下降严重（比正常体重低40%或更多），可能会导致脱水、严重的化学失衡和器官损伤。在此之前应住院治疗。在医院里，患者的生理需求将得到满足，甚至在极端情况下会采取强制喂食。心理咨询也是医院治疗的一部分，可能持续 2～4 个月。那些患有厌食症的人，如果没有因严重的营养不良而处于危险之中，可以在医院以外的地方接受治疗。心理治疗策略可能包括支持性临床管理、人际关系治疗、认知行为治疗、团体治疗或以家庭为基础的治疗（Hay，2013）【连接学习目标 15.6】。完全康复的预后并不像预期的那样乐观；在所有接受治疗的厌食症患者中，只有 40%～60% 会康复。对于一些体重确实增加的厌食症患者来说，心脏和其他身体系统受到的损害可能仍然很严重，以致有可能会过早死亡（Neumarker，1997）。总的来说，厌食症的估计死亡率是所有进食障碍中最高的，远远高于其他任何心理障碍（Arcelus et al.，2011）。

　　贪食症的治疗有许多与治疗厌食症相同的措施。此外，使用抗抑郁药物也有帮助，尤其是那些影响血清素水平的药物，如 SSRI（Mitchell et al.，2013）。与厌食症患者相比，贪食症患者的预后更乐观。心理学家主导的认知行为疗法是最好的实证支持疗法，并且有一些指导性自助方法的证据也在出现（Hay，2013）。认知治疗师非常直接，强迫患者看到其信念

在进食障碍的青少年男性患者中，患厌食症的可能性要大于贪食症。他们也可能有过多动症的病史（Welch et al.，2015）。在跨性别者中，患进食障碍的比例也很高（Diemer et al.，2015；Haas et al.，2014）。如果临床医生没有意识到这些疾病的影响可能不限于典型的白人、年轻的中产阶级到中上层的女性，那么缺乏对非白人或非西方人群进食障碍的重要体征和症状的关注可能会让这些疾病得不到治疗，直到为时已晚。

在"白天"是站不住脚的，并帮助他们形成新的、更有建设性的方式来思考他们自己及其行为【连接学习目标 15.5】。暴食障碍的治疗可能会使用一些与厌食症和贪食症相同的策略，还会增加肥胖患者的体重管理问题。

性功能障碍和性问题

14.12　描述性功能障碍的类型、成因和治疗

　　性功能障碍（sexual dysfunction）指的是性功能或与性行为的实际生理活动有关的问题。性功能障碍涉及性活动的三个可能领域：性欲、性唤起和性反应。

💬　这样的问题有多普遍，它们不是很少见吗？

　　来自世界各地的调查结果表明，40%～45% 的女性和 20%～30% 的男性至少有一种性功能障碍，而且随着年龄的增长，这一比例还会上升（Lewis et al.，2010），实际数字可能更高。如第 1 章所述，做调查研究的障碍之一是人们并不总是说实话【连接学习目标 1.6】。如果一个人要在性问题上撒谎，最有可能的谎言（或歪曲的事实）是否认或尽量弱化这些问题。

DSM-5 中包含了各种生理性功能障碍。性欲或性唤起障碍包括女性性欲 / 性唤起障碍和男性性欲减退障碍。与性交行为有关的障碍包括勃起障碍和生殖器 - 盆腔疼痛 / 渗透障碍。与达到性高潮的时间或能力有关的障碍包括早泄、女性性高潮障碍和延迟射精（American Psychiatric Association，2013）。

有些性功能障碍源于生理因素，即众所周知的器官因素。其他的可能由纯粹的社会文化因素或心理因素造成。然而，身体和心理相互影响，它们并不是相互排斥的（Lewis et al.，2010）。

有机因素包括身体问题，如疾病、药物副作用、手术影响、身体残疾，甚至使用非法和合法药物，如可卡因、酒精和尼古丁。糖尿病、癌症或卒中等慢性疾病也属于这类因素。

社会文化对性态度和性行为也存在影响，可能是导致性功能障碍的心理压力来源。在美国和其他一些西方文化中，人们可能接受过来自父母的教导（包括直接和间接的教导），这些教导影响了他们对性和性活动负面态度的形成，比如对手淫的负面态度。

心理压力还包括个人心理问题，如自卑、对性行为表现的焦虑、抑郁、对自己身体形象的自我意识、焦虑障碍或有过性虐待或性侵犯史。导致性功能障碍的另一个心理压力来源是性伴侣之间的关系。性功能障碍可能只是这段关系潜在问题的外在症状。

所有性功能障碍的治疗包括药物治疗、心理治疗、激素治疗、减压、性治疗和行为训练。至今仍在普遍使用的一种技术，是马斯特斯和约翰逊推荐的一种称为"感官聚焦"的早泄治疗技术，即夫妻中的每个成员都参与一系列的练习，目的是在性唤起和性活动的不同阶段将注意力集中在自己的感官体验上。男性勃起障碍现在常用药物治疗（Kukula et al.，2014）。

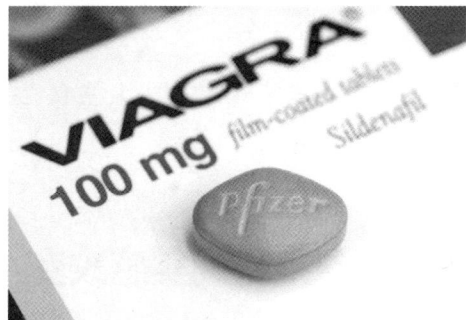

有多种药物旨在治疗男性勃起障碍。

概念地图 14.11~14.12

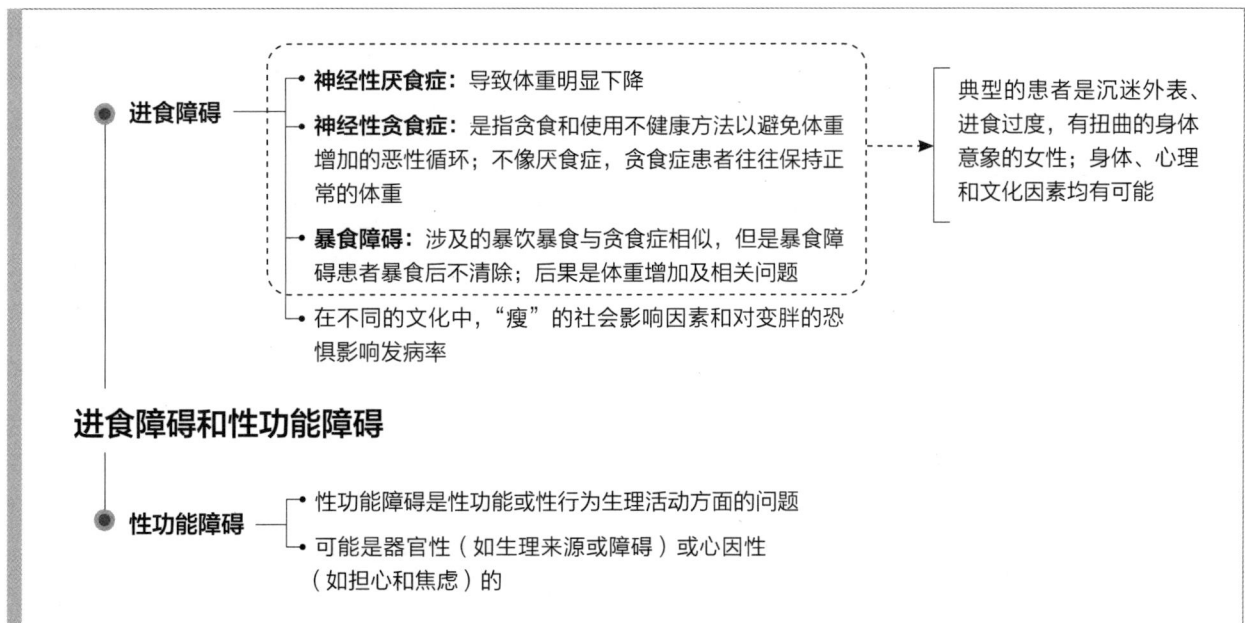

- **进食障碍**
  - **神经性厌食症：** 导致体重明显下降
  - **神经性贪食症：** 是指贪食和使用不健康方法以避免体重增加的恶性循环；不像厌食症，贪食症患者往往保持正常的体重
  - **暴食障碍：** 涉及的暴饮暴食与贪食症相似，但是暴食障碍患者暴食后不清除；后果是体重增加及相关问题
  - 在不同的文化中，"瘦"的社会影响因素和对变胖的恐惧影响发病率

  → 典型的患者是沉迷外表、进食过度，有扭曲的身体意象的女性；身体、心理和文化因素均有可能

进食障碍和性功能障碍

- **性功能障碍**
  - 性功能障碍是性功能或性行为生理活动方面的问题
  - 可能是器官性（如生理来源或障碍）或心因性（如担心和焦虑）的

随堂小考

1. 奥利维娅是一个被诊断患有神经性厌食症的青少年。接受治疗的厌食症患者康复的比例是多少?

   A. 40% ~ 60%　　　　　B. 70% ~ 80%

   C. 80% ~ 90%　　　　　D. 大约 95%

2. 以下哪一项最能描述神经性贪食症和神经性厌食症的区别?

   A. 厌食症患者不像贪食症患者那样有严重的健康风险

   B. 贪食症患者可能体重正常,而厌食症患者往往严重低于预期的体重

   C. 众所周知,厌食症患者有时会像贪食症患者那样暴饮暴食

   D. 厌食症往往在成年早期发生,而贪食症往往在青春期早期开始

3. 研究人员认为,40% ~ 60% 的厌食症、贪食症和暴食障碍的风险是由____造成的。

   A. 遗传因素　　　　　B. 激素因素

   C. 环境因素　　　　　D. 心理因素

4. 性功能障碍的主要原因是什么?

   A. 压力　　　　　　　B. 性变态

   C. 遗传　　　　　　　D. 经济状况

5. 调查显示,大约____的女性和____的男性至少有一种性功能障碍。

   A. 10%; 25%

   B. 40% ~ 45%; 20% ~ 30%

   C. 80%; 50%

   D. 10% ~ 20%; 30% ~ 40%

◎ 精神分裂症:现实感改变

精神分裂症曾被称为早发性痴呆,这是一个以拉丁语为基础的术语,意思是"未到一定年龄就失去理智",瑞士精神病学家厄根·布洛伊勒(Eugen Bleuler)将其重新命名为精神分裂症,以便更好地说明精神分裂症患者身上发生的大脑中思想、情感和行为上的分裂(Bleuler, 1911; Möller & Hell, 2002)。因为这个词字面上的意思是"分裂的思想",它经常与分离性身份识别障碍相混淆,后者曾被称为"多重人格"。

精神分裂症的症状

14.13　区分精神分裂症的阳性和阴性症状

如今,**精神分裂症**(schizophrenia)被描述为一种长期的**精神病**(psychotic)(涉及与现实的严重分裂),无法区分什么是真实,什么是幻想,以及思维、情感、行为和感知的混乱。这种障碍通常发生在青少年晚期或 20 岁出头,同时影响男性和女性,在不同的文化中是一致的。

精神分裂症包括几种不同的症状。思维障碍是一种常见的症状,被称为**妄想**(delusion)。虽然妄想在精神分裂症患者并不是最突出的,但它是大多数精神分裂症患者拥有的症状。妄想是人们对世界的错误认知,即使有证据证明他们的妄想是错误的,也无法改变这种固定不变、不可动摇的妄想。常见的精神分裂症妄想包括迫害妄想,即认为别人试图以某种方式伤害他们;参考错觉,即相信其他人、电视人物,甚至书籍都在和他们说话;影响错觉,即相信自己被外部力量控制,如魔鬼、外星人或宇宙力量;以及夸大妄想(宏大妄想),即相信自己是强大的人,可以拯救世界或有特殊的使命(American Psychiatric Association, 2013)。

仅凭妄想思维还不足以被确诊为精神分裂症,还必须有其他症状(American Psychiatric Association, 2013)。常见的有语言障碍,精神分裂症患者会不停地编造、重复单词或句子,根据声音将单词串在一起(称为叮

当声，如"进屋、虱子、老鼠、老鼠和奶酪、请、打喷嚏"），并在说话或思考时会突然中断。精神分裂症患者的思维也会受到严重的干扰，他们很难将自己的思维以一种有逻辑的方式联系起来，而在该病的晚期，他们可能会用一种毫无意义和杂乱的单词和短语来表达，有时也被称为乱语症。注意力问题也出现在许多精神分裂症患者身上。他们似乎很难"筛选"出并不真正需要的信息和刺激，因此也无法专注于相关的信息（Asarnow et al.，1991；Luck & Gold，2008）。

精神分裂症患者也可能会产生**幻觉**（hallucination），他们会听到或看到一些并不存在的东西或人。幻听更常见，它也是诊断精神分裂症的关键症状之一（Kuhn & Nasar，2001；Nasar，1998）。与触觉、嗅觉和味觉相关的幻觉并不常见，但也有可能发生。情绪障碍也是精神分裂症的一个重要特征。**情感贫乏**（flat affect）是指一个人很少或不会表现出情感的状态。情绪也可能是过度的和／或不恰当的，例如，一个人可能会在应该哭泣或悲伤时大笑。人的行为也可能变得杂乱无章，极其古怪；可能对外界没有反应，或者一动不动，连续几个小时保持奇怪的姿势，或者非常激动地四处乱走。两种极端，要么过度运动，要么完全不运动，这都属于**紧张症**（catatonia）。

约翰·纳什博士是一位著名的数学家，1994 年获得了诺贝尔经济学奖。然而，他的名声更大程度上是因为他曾患有精神分裂症，有过迫害妄想。他一度相信外星人试图通过报纸联系他（参考错觉）。2001 年罗素·克劳主演的电影《美丽心灵》（*A Beautiful Mind*）讲述了纳什的人生故事，以及他非凡的精神分裂症康复之旅。

描述精神分裂症症状的另一种方法是将症状

与正常功能的关系进行分组。**阳性症状**（positive symptom）似乎反映了正常功能的过度或扭曲，如幻觉和妄想。**阴性症状**（negative symptom）似乎反映了正常功能的下降，如注意力不集中或缺乏情感（American Psychiatric Association，2013）。根据美国精神病学会 2013 年的研究，诊断为精神分裂症至少有两种或更多的下列症状经常出现，并至少持续 1 个月：妄想、幻觉、语无伦次、阴性症状、严重紊乱或紧张行为，其中至少有一种症状是妄想、幻觉或语无伦次。

精神分裂症的成因

14.14　简述生物和环境因素对精神分裂症的影响

试图解释精神分裂症的原因时，生物学模型和理论占了上风，因为它似乎最有可能是由遗传和环境因素共同造成的。这是精神分裂症的神经发育模型，或神经发育假说（Rapoport et al.，2005；Rapoport et al.，2012）。对精神分裂症的生物学解释已经有大量的研究，它们指向遗传起源，产前影响［如母亲怀孕期间经历的病毒感染、大脑炎症、化学影响（多巴胺、GABA、谷氨酸和其他神经递质）］，以及大脑的结构性缺陷（额叶缺陷、神经元退化和白质完整性降低）（Brown & Derkits，2010；Cardno & Gottesman，2000；Gottesman & Shields，1982；Harrison，1999；Kety et al.，1994；Nestor et al.，2008；Rijsdijk et al.，2011；Söderlund et al.，2009）。当安非他明使用者开始出现类似精神分裂症的精神病症状时，多巴胺首先被怀疑。安非他明的副作用之一是增加大脑中多巴胺的释放。用于治疗精神分裂症的药物会降低大脑中负责某些阳性症状区域的多巴胺活性。然而，事情并没有那么简单。精神分裂症患者的前额叶皮层（大脑中负责计划和组织信息的区域）产生的多巴胺水平低于正常水平（Harrison，1999），这导致注意力缺陷（Luck & Gold，2008）和思维组织不良，即精神障碍的阴性症状。

对精神分裂症生物学解释的进一步支持来自对不

同文化中精神分裂症发病率的研究。如果精神分裂症主要是由环境因素引起的，那么精神分裂症的发病率应因文化而不同。移民和移民子女之间存在一些差异，但每 1 000 人中约有 7 ～ 8 人在一生中会患上精神分裂症，无论他们的文化背景如何（Saha et al.，2005）。

家庭、双胞胎和收养研究提供了强有力的证据，证明基因是传播精神分裂症的主要途径。在精神分裂症患者的血亲中，患精神分裂症风险最高的是同卵双胞胎。同卵双胞胎的遗传物质完全相同，患精神分裂症的风险系数约为 50%（Cardno & Gottesman，2000；Gottesman & Shields，1976，1982；Gottesman et al.，1987）。异卵双胞胎的遗传物质有 50% 是相同的，他们患精神分裂症的风险约为 17%，和父母一方患有精神分裂症的孩子一样。随着血缘关系渐远，患病风险也随之降低（见图 14-3）。然而，双生子研究并不是完美的工具。同卵双胞胎共享一个子宫，但产前或产后环境不一定完全相同，这导致一些人在解释 50% 这个数字时格外谨慎；但即使是分开抚养的双胞胎，也

常常是在相似的环境中长大的（Davis et al.，1995）。

精神分裂症和抑郁症已经被认为可能适用于对玛丽·托德·林肯的诊断，她是亚伯拉罕·林肯总统的妻子和遗孀。然而，据报道，她经历了各种各样的疾病，这也可以解释她古怪的行为、性格和情绪变化。

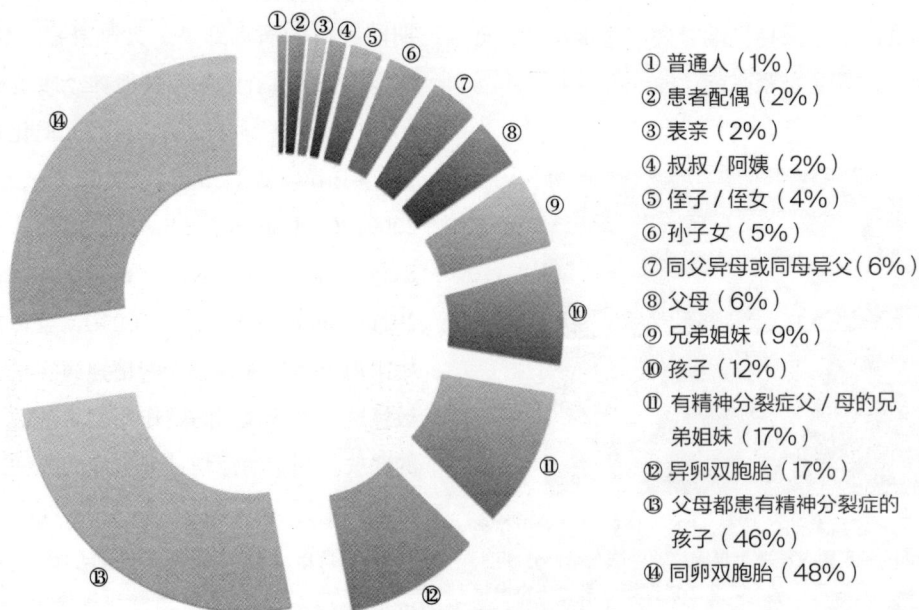

① 普通人（1%）
② 患者配偶（2%）
③ 表亲（2%）
④ 叔叔 / 阿姨（2%）
⑤ 侄子 / 侄女（4%）
⑥ 孙子女（5%）
⑦ 同父异母或同母异父（6%）
⑧ 父母（6%）
⑨ 兄弟姐妹（9%）
⑩ 孩子（12%）
⑪ 有精神分裂症父 / 母的兄弟姐妹（17%）
⑫ 异卵双胞胎（17%）
⑬ 父母都患有精神分裂症的孩子（46%）
⑭ 同卵双胞胎（48%）

图 14-3　遗传学和精神分裂症

这张图显示了一种明确的模式：遗传相关程度越高，相关联个体患精神分裂症的风险就越高。唯一与同卵双胞胎（他们的基因完全相同）有相似风险的是父母都患有精神分裂症的人。

资料来源：Gottesman（1991）。

收养研究的结果也支持精神分裂症的遗传基础说（Sullivan，2005；Tienari et al.，2004）。在一项研究中，患有精神分裂症的被收养者的生物学亲属和收养亲属与背景和条件相似但没有精神分裂症的被收养者的对照组进行了比较（Kety et al.，1994）。患有精神分裂症的被收养者有患有精神分裂症的亲属，但仅限于他们的生物学亲属中。将精神分裂症被收养者的生物学亲属与对照组的生物学亲属进行精神分裂症患病率的比较，前者的患病率是对照组的 10 倍（Kety et al.，1994）。这表明最强的遗传风险可能与在发育过程中突触修剪的基因有关。在拥有这种基因的精神分裂症患者中，这一过程在青春期似乎出现了偏差，导致神经元之间许多的连接被切断了（Sekar et al.，2016）。

💬 同卵双胞胎中的一个有这种基因，另一个不应该也有这种基因吗？为什么另一个患病的比例是 50%？

如果精神分裂症完全是由基因决定的，那么同卵双胞胎患精神分裂症的风险将是 100%，而不仅仅是 50%。显然，环境对精神分裂症的发生发展有一定的影响，因此**应激 - 易损模型**（stress-vulnerability model）假定具有精神分裂症基因"标记"的人易患精神分裂症，除非他们在发展的关键时期，如青春期暴露在环境或情绪压力下，否则不会患病（Harrison，1999；Weinberger，1987）。这就可以解释为什么一对双胞胎中可能只有一个患上精神分裂症，而他们都带有精神分裂症的遗传标记，因为受影响的那个的生活压力与保持健康的那个不同。在压力下，免疫系统会被激活。最近的一项研究发现，在新近发作的精神分裂症（该病的早期阶段）中，大脑的免疫系统会分泌出大量的抗炎症物质，这表明大脑可能受到了感染（Söderlund et al.，2009）。这就引出了精神分裂症有一天可以用消炎药进行治疗的可能性。

结构和功能神经成像都提供了精神分裂症如何影响大脑或者精神分裂症患者的大脑是如何运作的信息。在一项研究中，研究人员使用弥散张量成像（DTI）【连接学习目标 2.9】以及其他神经测试发现，与健康对照组的被试相比，患有精神分裂症的被试大脑的两个特定区域存在结构差异（Nestor et al.，2008）。一个叫作扣带束（CB）的白质束位于扣带回下面，连接边缘系统的一部分；另一个连接额叶和颞叶。精神分裂症患者的束内神经元轴突上的髓鞘有明显减少，这使得大脑的这些区域向其他细胞传递神经信息的效率降低，导致记忆力和决策能力下降。对大脑各区域之间功能连接差异的研究为精神分裂症及其症状提供了新的信息（Schilbach et al.，2016；Shaffer et al.，2015）。测量皮质厚度、追踪灰质和白质体积的变化，也为精神分裂症和其他疾病的大脑发育异常模式提供了有价值的信息（Gogtay et al.，2008；Gogtay & Thompson，2010；Goldman et al.，2009；Goodkind et al.，2015）。

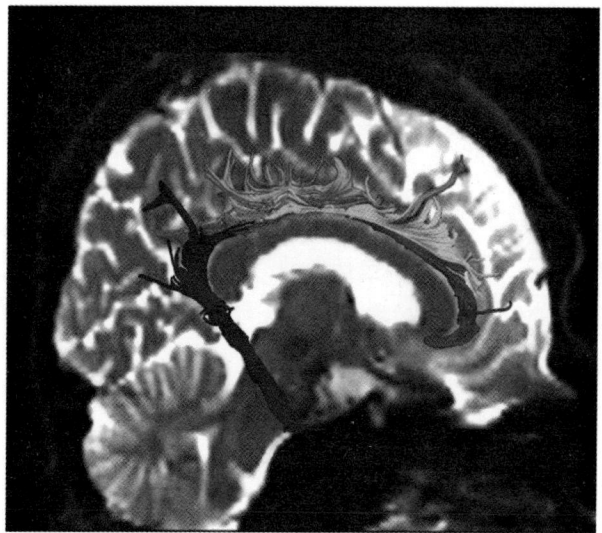

内斯特等人使用弥散张量成像研究精神分裂症。被检查的两个大脑区域是扣带束（CB，由连接边缘系统的扣带回下面的纤维组成）和钩束（UF，连接额叶和颞叶的神经纤维）。上图显示的是扣带束。对于精神分裂症患者而言，CB 和 UF 纤维通路中神经元的髓鞘明显减少，使其在信息传递方面的效率降低，导致记忆力和决策能力下降。

概念地图 14.13～14.14

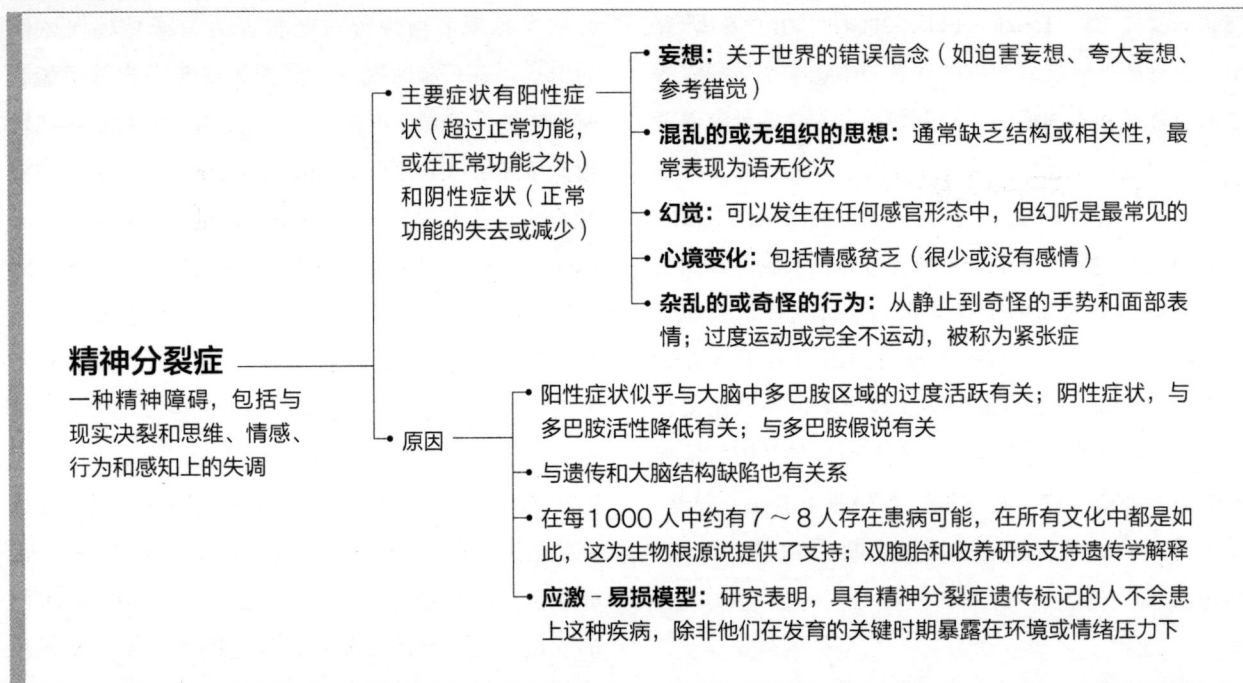

精神分裂症
一种精神障碍，包括与现实决裂和思维、情感、行为和感知上的失调

├ 主要症状有阳性症状（超过正常功能，或在正常功能之外）和阴性症状（正常功能的失去或减少）
- **妄想：** 关于世界的错误信念（如迫害妄想、夸大妄想、参考错觉）
- **混乱的或无组织的思想：** 通常缺乏结构或相关性，最常表现为语无伦次
- **幻觉：** 可以发生在任何感官形态中，但幻听是最常见的
- **心境变化：** 包括情感贫乏（很少或没有感情）
- **杂乱的或奇怪的行为：** 从静止到奇怪的手势和面部表情；过度运动或完全不运动，被称为紧张症

├ 原因
- 阳性症状似乎与大脑中多巴胺区域的过度活跃有关；阴性症状，与多巴胺活性降低有关；与多巴胺假说有关
- 与遗传和大脑结构缺陷也有关系
- 在每1000人中约有7～8人存在患病可能，在所有文化中都是如此，这为生物根源说提供了支持；双胞胎和收养研究支持遗传学解释
- **应激－易损模型：** 研究表明，具有精神分裂症遗传标记的人不会患上这种疾病，除非他们在发育的关键时期暴露在环境或情绪压力下

随堂小考

1. 大卫相信一部流行科幻剧中的人物正在秘密地给他发送信息。这是____妄想的一个例子。

   A. 迫害　　　　　　　B. 参考

   C. 影响　　　　　　　D. 夸大

2. 哈尔多尔博士有几位精神分裂症患者，他们表现出与人们可能认为的正常功能相关的过度或扭曲的特征，具体症状包括各种幻觉和多种妄想。根据DSM-5，这些被称为____。

   A. 情感贫乏　　　　　B. 阳性症状

   C. 阴性症状　　　　　D. 紧张症

3. 查尔斯患有精神分裂症多年，现在住在一个集体治疗机构。一天，一名护士走近并悄悄地告诉他，他的妹妹当天早上去世了，她已经与癌症抗争了好几

   个月。查尔斯没有明显的面部反应，用一种非常单调的声音说："好的。"护士对查尔斯听到这一可怕的消息缺乏反应并不感到惊讶，因为她知道____是精神分裂症患者常见的症状之一。

   A. 叮当声　　　　　　B. 模仿言语

   C. 情感贫乏　　　　　D. 持续言语

4. 研究精神分裂症潜在病因的神经成像发现，与非精神分裂症患者相比，精神分裂症患者大脑中有一个叫作____的区域，其神经元轴突上覆盖的髓鞘有明显减少。

   A. 扣带束　　　　　　B. 纹状核

   C. 壳核　　　　　　　D. 丘脑外侧膝状核

◐ 人格障碍：我很好，你奇怪

　　人格障碍与其他心理障碍的不同之处在于，人格障碍不仅影响人生活的一个方面，如高于正常水平的焦虑或一系列扭曲的信念，而且影响人的整个生活适应。这种障碍是人格本身，而不是人格的一个方面。

尽管人格障碍会影响整个人，目前的研究表明，它们并不总是像人们曾经认为的那样是终身性质的。

人格障碍的分类

14.15 区分不同的人格障碍

在**人格障碍**（personality disorder）中，人的行为模式和与他人交往的方式会过于僵化、适应不良（American Psychiatric Association, 2013）。这种僵化以及无法适应社会需求和生活变化，使得患有人格障碍的人很难融入他人或拥有相对正常的社会关系。DSM-5 列出了三种基本类别中 10 种主要的人格障碍类型（American Psychiatric Association, 2013）：那些被视为奇怪或反常的人（偏执型、分裂样、分裂型），那些行为非常戏剧化、情绪化或不稳定的人（反社会型、边缘型、表演型、自恋型），还有那些主要情绪是焦虑或恐惧的人（回避型、依赖型、强迫型）。这些类别分别被标记为 A 组、B 组、C 组。

反社会型人格障碍 反社会型人格障碍（antisocial personality disorder，ASPD）是研究得最多的人格障碍之一。患有 ASPD 的人顾名思义是 "反社会" 的。反社会的人可能会习惯性地违反法律、违反规则、撒谎，无视他人的权利和感受而利用他人。患有 ASPD 的人可能易怒或有攻击性。这些人可能不遵守承诺或其他义务，总是不负责任。他们也可能看起来漠不关心或能够为利用或伤害他人找借口。一般来说，他们借了钱或物，但懒得去偿还；他们是冲动的，无论是在社会上还是在工作中，往往是非常自私的，以自我为中心，且好支使人。在 ASPD 患者中存在明显的性别差异，确诊的男性比女性多得多（American Psychiatric Association, 2013）。

边缘型人格障碍 边缘型人格障碍（borderline personality disorder，BLPD）患者与他人的关系紧张且相对不稳定。他们冲动，自我意识不稳定，非常害怕被抛弃。生活目标、职业选择、友谊，甚至性行为都可能发生迅速而剧烈的变化。亲密的个人关系和浪漫关系的特征是从理想化到妖魔化的极端变化。抑郁期并不罕见，有些人可能会过度消费、滥用药物、或有自杀行为（自杀未遂可能是对关系中的他人加以操纵的一部分）。在亲密关系中，情绪通常是不恰当和过度的，带有自毁倾向，伴随着长期孤独和破坏性愤怒（American Psychiatric Association, 2013）。女性患这种疾病的概率几乎是男性的三倍（American Psychiatric Association, 2013）。

人格障碍的成因

14.16 总结人格障碍产生的潜在原因

认知行为理论家讨论如何通过强化、塑造和建模的过程来学习特定的行为。更多的认知解释包括人格障碍者形成的信仰系统，例如偏执、极端的自我重要性，以及对无法应对偏执、自恋和依赖人格的恐惧。

有一些证据表明人格障碍与遗传因素有关（Reichborn-Kjennerud, 2008）。与那些没有血缘关系的人相比，患有反社会、精神分裂和边缘型精神障碍的人的近亲更有可能患这些精神障碍（American Psychiatric Association, 2013；Kendler et al., 2006；Reichborn-Kjennerud et al., 2007；Torgersen et al., 2008）。对亲生父母患有反社会型人格障碍的儿童进行的收养研究表明，这些儿童患这种疾病的风险更高，尽管他们是在不同的环境中由不同的人抚养长大的（American Psychiatric Association, 2013）。一项纵向研究将 3 岁儿童的性格与成年后的反社会倾向相关联。在后续研究中发现，那些恐惧和压抑程度较低的儿童更有可能在 28 岁时表现出反社会的人格特征（Glenn et al., 2007）。

人格障碍的其他原因也已经被提出。与其他人相比，反社会型人格在面对压力或威胁的情况时，情绪反应迟钝，这可能是他们不怕被抓的原因之一（Arnett et al., 1997；Blair et al., 1995；Lykken, 1995）。这种反应迟钝似乎与反社会型人体内低于正常水平的应激激素有关（Fairchild et al., 2008；Lykken, 1995）。

家庭关系和沟通障碍也与人格障碍有关，特别是与反社会型人格障碍有关（Benjamin, 1996；Livesley, 1995）。儿童期的虐待、忽视、过分严格的教育、过度保护的养育和父母的拒绝都被认为是可能的原因，这使得人格障碍的发展成为一个复杂的问题。可以肯定地说，许多有助于形成普通人格的因素（遗传、社会关系和教养）也会造成人格障碍。

概念地图 14.15～14.16

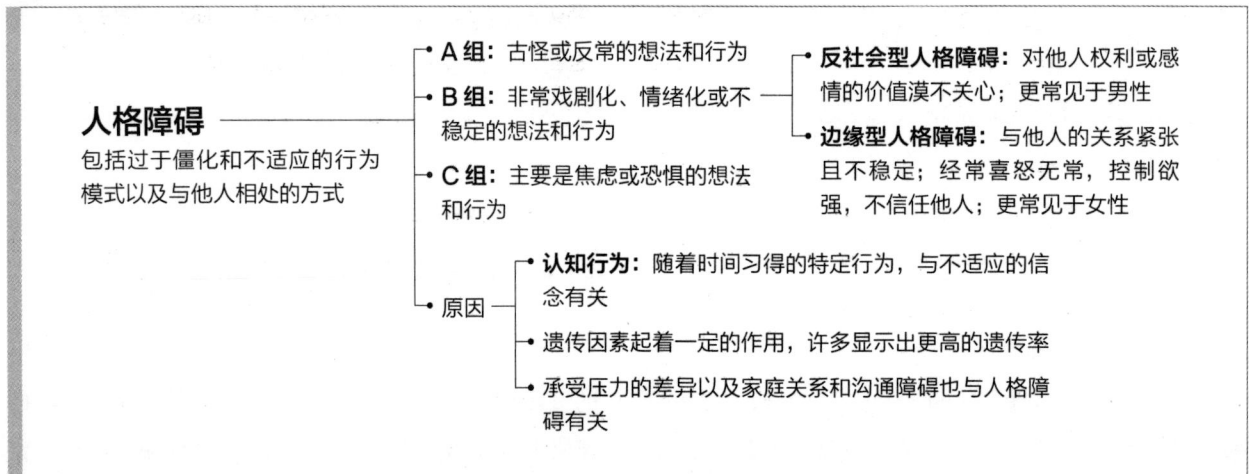

人格障碍
包括过于僵化和不适应的行为模式以及与他人相处的方式

- **A 组**：古怪或反常的想法和行为
- **B 组**：非常戏剧化、情绪化或不稳定的想法和行为
  - **反社会型人格障碍**：对他人权利或感情的价值漠不关心；更常见于男性
  - **边缘型人格障碍**：与他人的关系紧张且不稳定；经常喜怒无常，控制欲强，不信任他人；更常见于女性
- **C 组**：主要是焦虑或恐惧的想法和行为
- 原因
  - **认知行为**：随着时间习得的特定行为，与不适应的信念有关
  - 遗传因素起着一定的作用，许多显示出更高的遗传率
  - 承受压力的差异以及家庭关系和沟通障碍也与人格障碍有关

随堂小考

1. 下列哪项不是反社会型人格障碍的准确描述？
   A. 大多数有这种障碍的人是女性
   B. 大多数有这种障碍的人是男性
   C. 患有这种障碍的人很少或根本不会对他们的犯罪行为感到内疚
   D. 有这种障碍的人总是不负责任，不信守承诺

2. 研究表明，____人格障碍在女性身上更常见，而____人格障碍在男性身上更常见。
   A. 反社会型；边缘型　　B. 边缘型；分裂型
   C. 分裂型；反社会型　　D. 边缘型；反社会型

3. 反社会型人格障碍患者的一种可能的生理原因是____。

   A. 缺乏与伦理道德规则相关的适当短期记忆，这是由于海马功能缺陷造成的
   B. 低于正常水平的应激激素
   C. 前额皮质突触修剪增加
   D. 杏仁核对外部刺激的敏感性增强

4. 由于边缘型人格障碍患者所经历的情感类型和程度不同，他们的人际关系往往具有____特点。
   A. 家庭幸福
   B. 长期稳定
   C. 强烈的情绪、冲动和相对不稳定
   D. 长期的无聊

科学探究和批判性思考

科学思考有关心理障碍的更多信息

落实 APA 学习目标 2.2：展示心理学的信息素养

　　我们已经讨论了几个引发了不同程度争议的领域的研究，原因也各不相同；已经了解了有关儿童多动症和双相情感障碍的可能合并症，也读过关于心理障碍的遗传学研究。这些知识会如何影响你的个人行为

或对疾病本身或其影响的人的思考？虽然这些话题肯定会引发许多伦理问题，但请从心理信息和心理素养的角度来考虑每一个问题。

作为 ADHD 或双相情感障碍儿童的家长，你希望了解哪些信息？如果你是一个心理障碍者的配偶或伴侣，那么遗传方面的知识会如何影响你生孩子的决定，或者你希望对已有的孩子注意些什么？

本章引用和总结了多项研究成果。如果想要了解更多关于可能的疾病或遗传的贡献，哪些信息来源最有用？你从哪里找到或获得这些资源？你会在每个方面寻找什么具体信息？与个人陈述相比，客观数据有哪些特点？你知道怎样解释图表吗？你如何确定信息是否相关？它能概括你目前的情况吗？

批判式思考　在回顾了上面最后一段提出的问题之后，确定你想要的至少两个信息源，以及希望从中获得什么数据。

在日常生活中应用心理学
消除考试焦虑

14.17　找出克服考试焦虑的不同方法

想象一下这样的场景：你坐下来准备期中考试，感觉自己已经准备就绪。但当考试近在眼前时，嗯，你可能开始感到有点紧张，手心会出汗，胃可能会疼；当你看到第一个问题时，大脑会变得一片空白！

这些都是考试焦虑的常见症状，个人对考试或评估中可能出现的消极后果的体验，伴随一系列认知、情感和行为症状（Zeidner & Matthews，2005）。认知症状可能包括过度担心考试，无论多么努力学习都觉得会表现不佳，甚至发现一开始就很难学习。在参加考试时，你可能会发现自己不明白某些指示或问题，看着题目时"一片空白"，或者不能集中精力在面前的考试上，因为你一直在走神。情感或情绪症状可能是在考试之前和 / 或考试期间的身体紧张和高度的生理唤醒，包括手心出汗、胃部不适、呼吸困难等。行为症状可能包括拖延、缺乏学习技能，或者干脆不学习。

考试焦虑虽然不是一种临床病症，但多年来已经给无数学生带来了巨大的压力和痛苦。还记得"心理学学生综合征"吗？你可能没有任何我们在这一章中讨论过的心理障碍，但是极有可能经历过一两次考试焦虑。在轻度焦虑升级之前解决它们通常比较容易，本节的主要目的是帮助你实现这一点。

那么，如果你经历了考试焦虑，想要控制自己的焦虑，能做些什么呢？首先，确定你为什么想要在考试中取得好成绩。你是真的想展示自己对知识的理解，还是只是想通过考试？试着找到一个好好考试的内在动力，而不是仅仅依靠外在的原因。即使你在参加一个并不喜欢的科目的考试，试着找出你想要完成的事情，把注意力从仅仅获得及格分数的目标上转移开。

其次，制订一些策略来控制你在考试前和考试期间的认知状态和行为。复习我们在本书导论提到的学习技巧【《链接》学习目标导论 5】。如前所述，如果你准备充分，就不太可能担心。避免死记硬背，充分利用分布式练习的附加效果。这些信息和建议，将帮助你管理你的任务和时间。定期安排学习时间，避免或限制干扰（电子邮件、电话、短信、电视、吵闹的室友，诸如此类的因素似乎可以让你从学习中解脱出来，但会让你无法达到预定的目标）。你已经读过关于记忆的章节了（至少你应该读过！），知道了把学习间隔开来，在多个学习阶段使用有意义的、精心的复述，比考试前一晚全力以赴地死记硬背效果要好得多【 链接 学习目标 6.5、6.10 和 6.11 】。

对待考试的方式会对你的考试体验和考试期间的自我管理产生重大影响（Davis et al., 2008）。不要把注意力集中在你有多紧张和你有多确定自己什么都记不住上，而应把这种想法转过来，意识到你为考试投入了多少精力（Dundas et al., 2009）。在这种情况下，积极的自我暗示是很有价值的（这也是认知疗法在工作中一个很好的例子）。最近的一项研究表明，能力启动（想象一个人在相关任务中取得成功）降低了考试焦虑和考试成绩之间的关系（Lang & Lang, 2010）。此外，不要把注意力放在整个考试上，而是要控制自己，一次回答一个问题，先回答你知道的问题，这样可以建立信心，帮助你通过考试；还要控制你的身体，尽量保持放松和正常呼吸。如果你分心了，有意识地把自己引导回下一个问题。不知不觉间，你就完成了整场考试——好样的！

深入讨论一下

1. 你经历过考试焦虑吗？你用什么方法来控制你的焦虑？

2. 除了这里列出的因素，还有哪些因素可能影响考试时的焦虑感？

● 本章总结

何为异常

14.1 解释不同时期我们对异常行为和思维的定义

• 精神病理学是对异常行为和心理障碍的研究。

• 在古代，人们会在患者的头上挖洞，释放邪灵，这个过程被称为"环钻"。希波克拉底认为，精神疾病源于身体四种体液的不平衡。文艺复兴早期，精神疾病会被贴上女巫的标签。

• 异常可以被描述为统计上罕见的思维或行为，偏离社会规范，引起主观不适，无法正常工作或导致一个人对自己或他人是危险的。

• 在美国，精神病是一个法律术语，不是一个心理学术语。

14.2 理解用于解释心理障碍的模型

• 异常的生物模型假定精神疾病是由神经系统的化学或结构故障引起的。

• 心理动力学理论家认为，异常的思维和行为源于被压抑的冲动和冲突，它们正努力变得有意识。

• 行为学家认为，异常的行为或思维是后天习得的。

• 认知理论家认为，异常的行为来自非理性的信念和不合逻辑的思维模式。

• 社会文化视角将所有的思维和行为都概念化为家庭、社会群体和文化背景下学习和塑造行为的产物。

• 文化相对性是指在诊断一个来自另一种文化的人是否患有疾病时，需要考虑另一种文化的规范和习俗。

• 生物-心理-社会模型将异常思维和行为视为生物、心理、社会和文化综合影响的结果。

14.3 描述如何诊断并对心理障碍做分类

• 《精神障碍诊断与统计手册》第 5 版（DSM-5）是一本关于心理障碍及其症状的手册。

• 每年有超过五分之一的美国成年人确诊患有某种心理障碍。

• 诊断标准为卫生保健提供者提供了一种通用语言，但也可能使提供者倾向于以特定的方式思考他们的患者。

- 与分类诊断方法不同，研究正在建立跨大脑、行为、认知和遗传因素的精神病理学维度评估。

焦虑及相关障碍：过度的担忧

14.4　区分不同类型的焦虑障碍及其症状

- 焦虑障碍是以过度的、不切实际的焦虑为主要症状的疾病。
- 恐惧症是一种非理性的、持续的恐惧。恐惧症有三种类型：社交焦虑障碍（社交恐惧症）、特定恐惧症和广场恐惧症。
- 惊恐障碍是指突然的、反复发作的、毫无理由的强烈恐慌，所有的身体症状都可能发生在交感神经系统的唤醒上。
- 广泛性焦虑障碍是一种持续 6 个月或更长时间的强烈且不切实际的焦虑状态。

14.5　描述强迫症及应激相关障碍的含义和症状

- 强迫症是一种强迫性的、反复出现的想法，会引发焦虑和一种强迫性的、仪式化的、重复性的行为或精神行为，以减少焦虑。
- 重大的创伤性应激可导致急性应激障碍或创伤后应激障碍。诊断根据持续时间和发病情况而有所不同，但包括焦虑、分离、噩梦和闪回等症状。

14.6　总结焦虑、强迫症及应激相关障碍产生的潜在原因

- 对焦虑和相关疾病的心理动力学解释指出，被压抑的冲动和欲望正试图进入意识，产生由异常行为控制的焦虑。
- 行为主义者认为，混乱的行为是通过操作性条件反射和经典条件反射习得的。
- 认知心理学家认为，过度的焦虑来自不合逻辑、非理性的思维过程。
- 焦虑相关疾病的生物学解释包括神经系统的化学失衡，尤其是血清素和 GABA 系统。
- 遗传传播可能是导致相关人群产生焦虑相关障碍的原因。

分离性障碍：身份的改变

14.7　区分分离性遗忘症、分离性漫游和分离性身份识别障碍

- 分离性障碍包括意识、记忆或两者的割裂。这些障碍包括有或没有漫游的分离性遗忘症和分离性身份识别障碍。

14.8　总结分离性障碍产生的潜在原因

- 心理动力学的解释指向记忆的压抑，将分离视为对抗焦虑的一种防御机制。
- 认知和行为方面的解释将分离性障碍视为一种回避学习。生物学解释指出，负责身体感知的大脑区域的活动水平低于正常水平。

心境障碍：情感的影响

14.9　描述不同的心境障碍，包括重性抑郁症和双相情感障碍

- 心境障碍，也称情感障碍，是一种严重的情绪障碍。
- 重性抑郁症的发作相当突然，是极度的悲伤和绝望，通常没有明显的外部原因。它是最常见的心境障碍，女性比男性更常见。
- 双相情感障碍的特征是情绪变化，可能从正常到躁狂，伴有或不伴有抑郁发作（双相 I 型情感障碍），或伴有重度抑郁和轻度躁狂间歇性发作（双相 II 型情感障碍）。

14.10　总结心境障碍产生的潜在原因

- 学习理论将抑郁与习得性无助联系起来。
- 认知理论认为，抑郁是扭曲的、不合逻辑的思维的结果。
- 心境障碍的生物学解释着眼于大脑中血清素、去甲肾上腺素和多巴胺系统的功能。
- 心境障碍更容易出现在基因相关人群中，基因关系越近的人患心境障碍的风险越高。

进食障碍和性功能障碍

14.11 了解神经性厌食症、神经性贪食症和暴食障碍的症状和风险因素

- 不良进食问题包括神经性厌食症、神经性贪食症和暴食障碍。

- 遗传、对食物奖励价值的敏感性增加，或与食物相关的焦虑、大脑功能的改变，以及身为女性，都会增加被诊断为进食障碍的风险。

14.12 描述性功能障碍的类型、成因和治疗

- 性功能障碍是性功能方面的问题，可能是由生理问题、人际关系或社会文化问题、心理问题引起的，并能影响性欲、性唤起和性反应。

- 这些功能障碍包括女性性欲／性唤起障碍、男性性欲减退障碍、勃起障碍、生殖器－盆腔疼痛／渗透障碍、早泄、女性性高潮障碍和延迟射精。

精神分裂症：现实感改变

14.13 区分精神分裂症的阳性和阴性症状

- 精神分裂症是思想、情感和行为的分裂。这是一种长期存在的分不清现实与幻想的精神疾病。

- 精神分裂症的症状包括妄想（对世界的错误信念）、幻觉、情绪障碍、注意力障碍、言语障碍和思维障碍。

- 阳性症状是与大脑某些部分多巴胺活动增加相关的过度行为，而阴性症状是与大脑其他部分多巴胺活动减少相关的行为缺陷。

14.14 简述生物和环境因素对精神分裂症的影响

- 精神分裂症的生物学解释集中在多巴胺、大脑结构缺陷和遗传影响上。随着遗传亲缘关系的增加，患精神分裂症的风险也急剧增加，其中同卵双胞胎患

精神分裂症的风险最高。

人格障碍：我很好，你奇怪

14.15 区分不同的人格障碍

- 人格障碍是一种过于僵化的、不适应的行为模式，它妨碍人正常的社会交往和人际关系。

- DSM-5列出了三大类人格障碍中的10种主要类型。

- 在反社会型人格障碍中，患者会不断地侵犯他人的权利。

- 边缘型人格障碍指一个人黏人、喜怒无常、人际关系不稳定，并有身份认同问题。

14.16 总结人格障碍产生的潜在原因

- 认知学习理论家认为，人格障碍是一系列后天习得的行为，已成为早期习得的适应不良的坏习惯。人格障碍患者的信念体系被认为是不合逻辑的。

- 人格障碍患者的生物学亲属更易患上类似的疾病，这为此类疾病的遗传基础提供了支持。

- 生物学解释认为，反社会型人格障碍患者低于正常水平的应激激素是其对威胁性刺激反应迟钝的原因。

- 其他可能导致人格障碍的原因包括家庭沟通和关系障碍、童年虐待、忽视、过分严格的教育、过度保护的养育和父母的拒绝。

14.17 找出克服考试焦虑的不同方法

- 考试焦虑是一个人对考试或评估中可能出现的消极后果的体验。

- 应对考试焦虑的方法有找到一个内在的动机，制订学习和控制情绪反应的策略，关注积极的方面而不是消极的方面。

⚉ 章末测试

1. 人们"驱魔"的最有可能的原因是什么？

    A. 缓解大脑的液体压力

    B. 检查大脑，看看出了什么问题

    C. 释放邪灵

D. 使身体的体液恢复平衡

2. 1972 年，一架载有秘鲁橄榄球队的喷气式飞机在积雪覆盖的安第斯山脉上空坠毁，许多队员靠吃死者的尸体活了两个多月。心理学家为他们同类相食的行为辩护，因为这是他们在没有食物的情况下能够存活这么长时间的唯一方式。他们的行为最好用什么定义来分类？

　　A. 统计学　　　　　　B. 主观不适

　　C. 适应不良　　　　　D. 情境背景

3. 下列哪一个是文化相对性的例子？

　　A. 韩医生认为，他的患者听到声音是由于生物的而不是心理的原因

　　B. 虽然霍华德博士认为催眠是理解所有障碍的最好方法，但他的同事们并不认同这种观点

　　C. 虽然明都医生知道他的患者亚纪相信她的焦虑有生物学的原因，但在进一步了解她的家庭出身时，他怀疑其中也有心理的原因

　　D. 罗兰医生用行为疗法治疗所有 10 岁以下的患者

4. DSM-5 使用了多少个轴来帮助心理健康专业人员进行诊断？

　　A. 1　　　　　　　　B. 2

　　C. 4　　　　　　　　D. 5

5. 注射恐惧症，也被称为害怕接受注射，是一个____的例子。

　　A. 强迫症　　　　　　B. 社交恐惧症

　　C. 焦虑发作　　　　　D. 特定恐惧症

6. 阿伦讨厌去餐厅，因为他担心自己会坐在餐厅的最里面，万一有紧急情况跑不出去。这可能是一种____症状。

　　A. 社交恐惧症　　　　B. 特定恐惧症

　　C. 广场恐惧症　　　　D. 幽闭恐惧症

7. 当丽娅和朋友们一起登上飞往墨西哥的飞机去度假时，她突然感到一阵强烈的恐惧。她的心跳加速，开始头晕，并确信她将死于飞机失事。后来她没有继续旅行，3 小时后飞机安全抵达墨西哥。丽娅体验到的是____。

　　A. 抑郁发作　　　　　B. 惊恐发作

　　C. 惊恐症　　　　　　D. 广场恐怖症

8. 柯比医生一直在与 9 岁的洛伦会面，她的家人在一场龙卷风中失去了一切。第一次就诊时，洛伦被诊断为患有急性应激障碍。在柯比医生 2 个月的随访中，洛伦仍然有很多相同的症状。柯比医生应该怎么做？

　　A. 柯比医生将把洛伦的诊断从急性应激障碍改为创伤后应激障碍

　　B. 柯比医生将把洛伦的诊断从急性应激障碍改为广泛性焦虑障碍

　　C. 柯比医生将继续治疗急性应激障碍至少 6 个月

　　D. 柯比医生应该告诉洛伦，她的病已经治好了，以加快她的康复速度

9. 2012 年桑迪飓风等自然灾害的幸存者可能会经历____更高的发病率。

　　A. 双相情感障碍　　　B. 创伤后应激障碍

　　C. 人格障碍　　　　　D. 精神分裂症

10. 卡尔文非常担心自己的大学教育被浪费了，因为他找不到理想的工作。此外，他认为自己的未来全完了，因为他在工作面试中表现不佳。卡尔文解释说："我必须在面试中取得好成绩。它必须是完美的，但事实并非如此！"认知行为心理学家该如何对这种扭曲的思维过程进行分类呢？

　　A. 放大化　　　　　　B. 过度概化

　　C. 全或无思想　　　　D. 缩小化

11. 分离性遗忘症与逆行性遗忘的区别在于____。

　　A. 分离性遗忘症是一种典型的心理疾病

　　B. 逆行性遗忘已被证明实际上并不存在

　　C. 分离性遗忘症是由对头部的物理打击导致的

　　D. 逆行性遗忘是由心理创伤引起的

12. 人格解体 / 现实解体障碍是一种分离性障碍，已被发现可能是分离体验的____基础。

　　A. 生物　　　　　　　B. 心理动力

　　C. 行为　　　　　　　D. 认知

13. 哪种类型的抑郁是最常见的心境障碍？

　　A. 双相情感障碍　　　B. 躁狂症

　　C. 季节性情感障碍　　D. 重性抑郁症

14. 行为理论家认为抑郁与＿＿＿有关，而社会认知理论家指出是由于＿＿＿。

　　A. 扭曲的想法；习得性无助

　　B. 生物异常；扭曲的想法

　　C. 无意识的力量；习得性无助

　　D. 习得性无助；扭曲的想法

15. 患有贪食症的人通常会辩解说，既然已经吃了一次，他们的节食计划就被打乱了，所以不妨继续吃下去，吃很多。这种非理性思维就是＿＿＿认知扭曲的一个例子。

　　A. 过度概化　　　　　B. 全或无思想

　　C. 放大化　　　　　　D. 缩小化

16. 暴食障碍与神经性贪食症的区别是暴食障碍患者＿＿＿。

　　A. 通常情况下，在清除食物之前少吃很多

　　B. 一般情况下不清除他们吃的食物

　　C. 只有在几次暴食后才清除食物

　　D. 经常采取厌食症的方法来摆脱自己所吃的食物

17. 性功能障碍和问题的可能原因是＿＿＿。

　　A. 器官因素

　　B. 器官和社会文化因素

　　C. 器官、心理和社会文化因素

　　D. 遗传因素为主

18. 当你第一次作为护理人员活动时，你走进了一个男人的家，这个男人用铝箔覆盖了家里的墙壁和天花板，以避免他的大脑受政府控制思想射线的伤害。这是一个＿＿＿妄想的例子。

　　A. 迫害　　　　　　　B. 参考

　　C. 影响　　　　　　　D. 夸大

19. 罗德尼被诊断患有精神分裂症。他很少笑，在任何情况下都很少流露情绪。心理学家把这种特征称为＿＿＿。

　　A. 紧张症　　　　　　B. 情感贫乏

　　C. 阳性症状　　　　　D. 阴性症状

20. 什么神经递质最先被认为是导致精神分裂症的原因？

　　A. GABA　　　　　　B. 血清素

　　C. 肾上腺素　　　　　D. 多巴胺

21. 科琳发现自己被她的心理学老师吸引了。她经常去他的办公室只是为了离他近一点。他没有回应她的求爱，科琳最终告诉他，她有自杀的想法，这样他就会花时间来劝导她。什么样的人格障碍最适合描述科琳的想法和行为？

　　A. 边缘型人格障碍　　B. 分裂样人格障碍

　　C. 分裂型人格障碍　　D. 反社会型人格障碍

第 15 章　心理治疗

批判式思考　　对于想要尝试心理障碍特定疗法的人来说，哪些信息可能最有用？

◐ 为什么要学习心理障碍的治疗

心理治疗的方法几乎与心理障碍的种类一样多。能否正确匹配治疗方法和心理障碍决定了患者能否痊愈。了解可供选择的治疗方法以及它们与不同心理障碍之间的关系非常重要，有助于做出明智的决定，以尽可能地实现身心健康。

学 习 目 标

15.1 描述心理障碍的治疗是如何随着历史演变的	**15.6** 比较不同形式的团体治疗
	15.7 了解团体治疗的优点和缺点
15.2 描述精神分析和心理动力学疗法的基本要素	**15.8** 总结验证心理疗法有效性的研究
	15.9 确定影响心理治疗效果的因素
15.3 确定个人中心疗法和格式塔疗法的基本要素	**15.10** 将用于治疗心理障碍的药物进行分类
	15.11 解释电休克疗法和精神外科如何用于心理障碍的治疗
15.4 解释行为治疗师如何利用经典条件反射和操作性条件反射来治疗行为障碍	
	15.12 认识心理治疗的一些新技术
15.5 总结认知和认知行为疗法的目标和基本要素	**15.13** 描述如何将虚拟现实应用于心理治疗

◑ 心理障碍治疗的过去和现在

15.1　描述心理障碍的治疗是如何随着历史演变的

正如第 14 章所讨论的，尽管某些心理障碍是心理或社会原因导致的，但直到 18 世纪末期，患严重精神疾病的人有时仍被认为是恶魔或邪灵附体，而让他们摆脱邪灵的"治疗"是危险而致命的。即便在思想更为"开明"的过去 200 年里，精神病患者也并不总是能接受人道的治疗。

💬 我看过关于精神病院的电影，即使到现在，那里也不是人待的地方，过去的情况该有多糟？人们又是如何对待那些患者的亲属的？

真正意义上有组织地致力于精神病患的治疗始于 16 世纪中叶的英国。伦敦的伯利恒医院（后来被称为"疯人院"）被改建为精神病患者的收容所（意为"安全的地方"）。事实上，早期的收容所并不比监狱好多少，患者被绑在床上。"治疗"包括放血（经常会导致患者死亡或终身无法自理）、殴打、冰水浴（患者被淹没直到失去知觉或癫痫发作）以及以净化灵魂的名义对患者催吐（Hunt, 1993）。所谓的净化或清洁是为了除去患者身体中的杂质，使其思想和灵魂更好地运作。

直到 1793 年，人们才开始以友善和引导的方式（又被称作"道德治疗"）而非惯常的殴打或严酷的身体净化来对待精神病患者。与此同时，菲利普·皮内尔（Philippe Pinel）在法国巴黎比塞特收容所亲自解除了患者身上的锁链，开启了人性化地治疗精神病患者的运动（Brigham, 1844; Curtis, 1993）。

我们可以将主要的**疗法**（therapy）（旨在使人们感觉更好、机能更有效的治疗方法）分为两类。一类主要基于心理学理论和技术：人们告诉治疗师他们的问题，治疗师倾听并试着帮助他们理解这些问题或协助他们改变与问题相关的行为。另一类则是使用医疗手段来控制症状。在实际应用中，很多有效的治疗策略或治疗方案都是二者的结合。正如心理障碍从不是单一"病因"导致的（Maxmen et al., 2009），不同的心理疗法经常交替使用或者结合生物医学方法进行干预。此外，许多心理学专家并不局限于使用单一的技术，而是用**折中法**（eclectic），即采用多种治疗方法或技术，以便更好地满足来访者的需要。临床心理学和咨询心理学领域充满了多样性，其从业者具有丰富的教育和培训经验【连接学习目标 B.5】。

这幅法国艺术家罗伯特·弗勒里（Robert Fleury）的著名画作，展现的是巴黎精神病妇女收容所中，法国精神病医生菲利普·皮内尔下令取下患者身上的锁链。皮内尔是最早呼吁人性化地治疗精神病患者的精神病医生之一。

心理疗法（psychotherapy）通常是指个人、夫妻或小团体直接与治疗师合作，探讨他们的担忧或问题。大多数心理疗法的目标是帮助有心理健康问题和心理障碍的个体更好地认识自己（Goin, 2005; Wolberg, 1977）。了解个体的动机和行为被称为领悟，因此，以领悟为目标的心理疗法称为**领悟疗法**（insight therapy）。更倾向于改变行为而非领悟行为原因的疗法称为**行动疗法**（action therapy）。许多心理学专家都会采用领悟和行动相结合的治疗方式。

另一种主要的治疗方法是在医学治疗进程中运用生物学的治疗手段改善个体的行为障碍。**生物医学疗法**（biomedical therapy）包括使用药物、手术、电击以及非侵入式刺激技术。重要的是要了解，生物医学疗法通常可以消除或缓解心理障碍的症状，而心理疗法则试图解决与心理障碍相关的问题，二者结合起来使用，可以相互促进（Maxmen et al., 2009）。例如，当需要使用药物治疗时，个体服用适当的药物，症状将得到更好的控制，他们也将更易从心理疗法中受益。同时，心理疗法而非药物治疗将帮助患者了解心理障碍的症状，促进调适、应对策略的使用以及积极应对心理障碍及其相关的结果（Maxmen et al., 2009）。

第 14 章介绍了美国国家精神卫生研究所（NIMH）的研究领域标准项目（RDoC）【连接学习目标 14.3】。RDoC 项目的目标与试图根据大脑、认知和行为功能对心理障碍进行分类的尝试一致。与其简单地将抑郁症患者诊断为"精神障碍"，心理专家还可以更好地了解作为功能紊乱的子集的相应症状和特征，能够更好地确定有效的治疗策略（Insel & Cuthbert, 2015）。已有人尝试寻找各种诊断之间的共同因素。这种"跨诊断"因素可能包括多种心理障碍共有的症状或者脑区的内化与外化类型（Goodkind et al., 2015；krueger & Eaton, 2015）。总而言之，这些方法将来在改善诊断和治疗方面具有巨大潜力。

概念地图 15.1

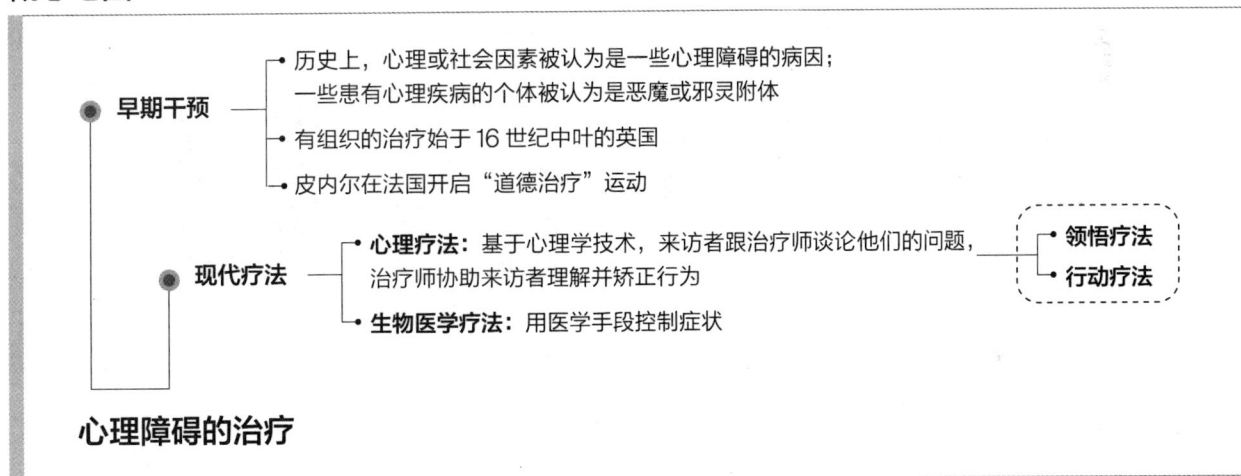

心理障碍的治疗

- **早期干预**
  - 历史上，心理或社会因素被认为是一些心理障碍的病因；一些患有心理疾病的个体被认为是恶魔或邪灵附体
  - 有组织的治疗始于 16 世纪中叶的英国
  - 皮内尔在法国开启"道德治疗"运动
- **现代疗法**
  - **心理疗法：**基于心理学技术，来访者跟治疗师谈论他们的问题，治疗师协助来访者理解并矫正行为
    - **领悟疗法**
    - **行动疗法**
  - **生物医学疗法：**用医学手段控制症状

随堂小考

1. 最早倡导人性化治疗运动的治疗师之一是＿＿＿。

　A. 罗伯特·弗勒里　　　B. 菲利普·皮内尔

　C. 西格蒙德·弗洛伊德　D. 约瑟夫·布鲁尔

2. 试图更多地了解来访者动机的疗法被称为＿＿＿。

　A. 领悟疗法　　　　　　B. 行动疗法

　C. 生物医学疗法　　　　D. 精神分析

3. 因为一些个人问题，德韦恩决定寻求心理治疗。在与某治疗师电话沟通时，他请治疗师描述她所使用的治疗方法。"我不局限于单一的理论或方法，"治疗师说，"我采用＿＿＿的方式，根据每一位来访者的需要综合使用多种疗法。"

　A. 折中　　　　　　　　B. 格式塔

　C. 超理论　　　　　　　D. 非理论

4. 下列哪一种疗法不是书中提到的帮助人们改善整体机能的主要疗法？

　A. 领悟疗法　　　　　　B. 行动疗法

　C. 生物医学疗法　　　　D. 回归疗法

领悟疗法

我们将从两类领悟疗法开始讨论心理疗法：心理动力学疗法和人本主义疗法。尽管这些疗法使用的方法不同，但都致力于认识个体的动机和行为。

心理动力学疗法：心理疗法的开端
15.2　描述精神分析和心理动力学疗法的基本要素

💬 精神分析到底是怎样的？我听过很多关于它的故事，但它究竟是什么样的？

在某种意义上，弗洛伊德将 16 世纪的身体净化理念提升到了不同的水平。弗洛伊德认为的净化是除去个体潜意识中的"杂质"，他认为是这些"杂质"导致了患者的心理和神经障碍。潜意识中的杂质包括紊乱的想法、不被社会接受的渴望和不道德冲动；它们源于本我，本我是人格结构中无意识的部分，被基本的生存需求和快乐原则所驱动【连接学习目标 13.1】。

"你觉得你为什么要穿过马路？"
©The New Yorker Collection 1990 Arnie Levin from cartoonbank. com. All Rights Reserved.

精神分析疗法　弗洛伊德认为患者使用这些无意识的思想来防止焦虑，而这些思想很难进入意识层面。弗洛伊德设计了一种技术来帮助患者感到放松和开放，使患者在无须担心尴尬或被拒绝的情况下探索其内心最深处的感受。这种方法被称为精神分析疗法，它是一种领悟疗法，着重揭示导致情绪和行为障碍的无意识冲突、欲望及冲动（Freud, 1904a, 1904b；Mitchell & Black 1996）。这就是弗洛伊德版本的精神分析最初使用长沙发的原因，弗洛伊德认为人们躺在沙发上更容易放松，并且更有依赖性、更孩子气，也就更容易获取童年早期的记忆。另一个好处是，弗洛伊德坐在患者身后，在沙发的一头做记录。由于患者看不到他的反应，也就不会被他的反应所影响。

弗洛伊德还使用另外两种技术揭示患者潜意识中被压抑的信息。这两种技术分别是梦的解析以及让患者自由地谈论任何想到的事。

梦的解析　梦的解析，即对患者所讲的梦境元素进行分析，这构成了弗洛伊德精神分析疗法的很大部分【连接学习目标 4.7】。弗洛伊德相信，被压抑的信息经常会在梦境中浮现，尽管是象征性的。梦境中的显性内容是真实的梦境和梦中发生的事件，而**隐梦**（latent content）是这些事件背后隐藏的象征意义，若被正确地解读，就可以揭示导致神经障碍的无意识冲突（Freud, 1900）。

自由联想　另一种揭示潜意识想法的技术是弗洛伊德的同事约瑟夫·布鲁尔（Josef Breuer）发明的（Breuer & Freud, 1895）。布鲁尔鼓励他的患者不必担心受到负面评价或责备，可以自由地说出浮现在脑海中的任何想法。患者一旦开始谈论，就会流露出一些看似无关紧要的想法，而这些想法在布鲁尔看来就隐藏着潜意识的内容。弗洛伊德采纳了**自由联想**（free association）的方法，他相信通过这种方法，被压抑的冲动和其他信息会"冲破藩篱"到达意识层面，并最终被表达出来。

阻抗和移情　弗洛伊德的精神分析疗法还包括**阻抗**（resistance，患者不愿意继续谈论某些特定的话题）和**移情**（transference，治疗师成为过往患者生活中父母权威的象征）。治疗师也会经历反移情，即治疗师对患者产生了移情反应。这种反应并不总是对患者有益。在所有的治疗方法中，同行和专业的督导有助于治疗师发现提供有效的治疗的潜在问题。

评价精神分析和心理动力学疗法 弗洛伊德最初的理论基于对患者陈述的解读，因存在若干缺陷而被批评，这一点已在第 13 章中讨论过。这些缺陷包括他的主张缺乏科学研究的实证支持，他不愿意承认患者揭露的一些不能被纳入他的理论体系的事，以及他固执地认为性和性欲问题是几乎所有神经障碍的核心。

今天的精神分析师极少使用弗洛伊德原来的方法，毕竟需要耗时几年才能见效。沙发不见了，来访者（这一术语对求助者有支持的积极作用，避免使用可能意味着"疾病"的"患者"一词）可能与治疗师面对面地坐着，也可能站着或来回走动。现代的精神分析师会采用**指导性疗法**（directive），他们会在疗程初期进行提问、提供一些有帮助的行为建议、给出观点或解释，以加快治疗的进程，而非在来访者表露想法前都保持沉默。今天的精神分析师也不再将本我作为行为的驱力，而是更注重自我或自我意识对所有行为的驱动，也更关注基本的关系问题，比如，治疗师和来访者的关系（McWilliams, 2016; Prochaska & Norcross, 2014）。一些精神分析师更关注移情的过程而非传统精神分析中的其他方面，从而产生了一种更普遍的方法——**心理动力学疗法**（psychodynamic therapy）。心理动力学疗法的疗程通常比传统的精神分析要短。

即便如此，心理动力学技术也需要来访者足够聪明，能够有效地表达自己的想法、感受以及思想。极度孤僻或患严重精神障碍的个体并不适合这种形式的心理疗法。患有非精神调节障碍如焦虑、躯体形式障碍或分离性障碍的个体更有可能从心理动力学疗法中获益。

人际关系治疗 人际关系治疗（interpersonal psychotherapy, IPT）是一种针对抑郁症的领悟疗法，它注重个体与他人的关系，以及情绪与日常生活事件的相互影响（Bleiberg & Markowitcz, 2008）。该疗法基于阿道夫·迈耶（Adolph Meyer）和哈里·斯塔克·沙利文（Harry Stack Sullivan）的人际关系理论以

及约翰·鲍尔比（John Bowlby）的依恋理论，侧重于人际关系及其功能（Bleiberg & Markowitcz, 2008）。它是从心理动力学思想发展出来的少数理论之一，也确有研究支持其在治疗抑郁症方面的有效性，尤其是当它结合药物使用时（Mufson et al., 2004; Reynolds et al., 1999）。尽管人际关系治疗有这样的起源，但它却并未被视为心理动力学疗法，因为它结合了人本主义和认知行为疗法的元素，成了真正的折中疗法。

心理疗法通常是一对一进行的，来访者和治疗师共同探讨各种问题，以获得深层的领悟进而改变不良的行为。

人本主义疗法：人非圣贤，孰能无过

15.3 确定个人中心疗法和格式塔疗法的基本要素

与心理动力学疗法不同，人本主义疗法并不关注无意识的、隐藏的冲突，而是关注有意识的、主观的情绪体验和人们的自我感觉，关注日常生活的即时体验而非童年的早期经历（Cain & Seeman, 2001; Rowan, 2001; Schneider et al., 2001）【连接学习目标 1.3】。人本主义疗法强调个体选择的重要性和个体改变自己行为的潜能。基于人本主义理论的两种最常见疗法是卡尔·罗杰斯（Carl Rogers）的个人中心疗法和弗里茨·皮尔斯（Fritz Perls）的格式塔疗法，它们都属于领悟疗法。

罗杰斯的个人中心疗法 第 13 章讨论了罗杰斯人格理论的基本要素，特别强调自我的重要性（Rogers, 1961）。简要地回顾一下，罗杰斯提出每个人都有现实自我（人们如何看待自己实际的特质和能力）和理

想自我（人们认为自己应该是什么样的）。现实自我和理想自我越一致，个体的幸福感就越高，社会适应也就越好。为了使两个自我更加一致，人们需要获得无条件积极关注，即无条件的爱、温暖、尊重和感情。如果人们认为自己所获得的爱和感情是有条件的，其理想自我就会因条件所限而很难实现，导致两个自我不一致，很难感到幸福。

💬　那么，解决不幸福的关键就是使现实自我与理想自我更接近吗？治疗师如何才能做到这一点？

罗杰斯认为，治疗师的目标就是给予缺乏无条件积极关注的个体这种关注，并且帮助他们认识到现实自我和理想自我间的差异。他还认为，在治疗中个体需要完成大部分的工作，在治疗师提供的温暖和谐的氛围中谈论自己的问题和担忧，他将这种治疗关系中的个体称为"来访者"而非"患者"，使得治疗关系更加平等。罗杰斯的治疗是**非指导性的**（nondirective），因为是来访者自己完成了治疗的大部分工作，而治疗师只是扮演听众的角色。然而，治疗师也帮助个体转移或分配注意力去专注那些未得到充分处理的感受（Prochaska & Norcross，2009）。后来，"来访者"甚至变成了更中性的"当事人"。罗杰斯的疗法现在被称为**个人中心疗法**（person-centered therapy），因为当事人自己才是治疗过程的中心。

基本要素　罗杰斯认为，在成功的当事人-治疗师关系中有三个关键因素。

• 真诚
治疗师必须以诚恳、开放、诚实的态度回应当事人，以表现其**真诚**（authenticity）。对于一些治疗师来说，"隐藏"在治疗师的角色背后更容易，精神分析师就经常这么做。在个人中心疗法中，治疗师必须不带评判地包容个体的差异。

• 无条件积极关注
个人中心疗法的另一个要素是治疗师必须为当事人创造温暖、可接纳、毫无批判性的治疗环境。即使当事人与治疗师存在差异，仍然尊重当事人及其感受、价值观和目标，这被称作无条件积极关注。

• 共情
最后，治疗师需要透过当事人的视角感知世界。治疗师要能够通过一种称为**共情**（empathy）的方式来理解当事人的感受和经历。这需要治疗师仔细倾听当事人并试着体会当事人的感受。另外，治疗师也必须避免将自己与当事人的感受混淆（如反移情）。

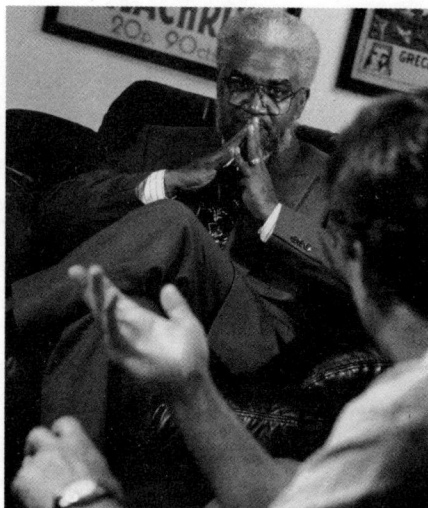

采用罗杰斯个人中心疗法的治疗师倾听来访者的表述，平静地接纳来访者所说的一切，与来访者的共情也很重要。

个人中心疗法的治疗师主要通过澄清的方式做出回应，并努力理解当事人的经历。**反映**（reflection）是治疗师采用的一种技术，通过当事人不间断地谈论自己的问题而获得领悟，而不被治疗师的解释和可能的偏见所干扰。从字面意义上来说，反映就是对当事人陈述的镜像反馈。以下是罗杰斯与某位当事人的治疗实例（Meador & Rogers，1984，P.143）：

当事人：我的存在对别人毫无意义，过去是这样，以后也会是这样。

罗杰斯：你这样觉得？你觉得你的存在对自己、对他人毫无意义，以后也不会有什么意义，你觉得自己毫无价值，是吗？这种感觉真糟。你就是觉得自己一点用都没有，是吗？

当事人：是的。

动机式访谈 个人中心疗法的一种变体是动机式访谈，简称 MI（Miller & Rollnick，2002），哈尔·阿科维茨（Hal Arkowitz）和威廉·米勒（William R.Miller）将其描述为"个人中心疗法的扭曲"。与个人中心疗法相反，动机式访谈有明确的目标——减少对改变的矛盾心理，并增加内在动机来实现这种改变（Arkowitz & Miller，2008）。正如最初设想的那样，动机式访谈的四个原则分别是表达共情、发展来访者当前行为与价值观之间的差异、忍受阻抗以及促进来访者的自我效能（Miller & Rollnick，2002）。尽管基础相同，但动机式访谈有所更新，现在包括四个主要过程：与来访者建立治疗联盟，关注咨询的目标和方向，唤醒和激发来访者改变的动机，以及当来访者做好准备时如何实施改变（Miller & Arkowitz，2015；Miller & Rollnick，2013）。阻抗的观念被重塑了，着重于区分不带来改变的保持性谈话和带来提升的改善性谈话（Corbett，2016；Miller & Rollnick，2013）。尽管动机式访谈最初是为了治疗成瘾且确实有效，但它在治疗焦虑和情绪障碍方面也有用（Arkowitz & Miller，2008；Barlow et al.，2013），而且在生理和心理健康方面的应用也在增加（Corbett，2016）。

格式塔疗法 另一种基于人本主义观点的疗法是**格式塔疗法**（Gestalt therapy）。该疗法的创始人弗里茨·皮尔斯认为，问题的根源在于人们隐藏了自己重要的感受。例如，如果个体人格中的某一部分不能被社会所接纳，那么他就会将这部分人格隐藏在社会能接纳的假"面具"背后。和罗杰斯理论中现实自我和理想自我不一致一样，在格式塔理论中当内部自我与面具不一致时，个体就会感到不幸福和适应不良（Perls，1951，1969）。

💬 格式塔疗法和个人中心疗法听起来很像，只有一些表述上的细微差别。二者到底有什么不同？

由于这两种疗法都基于人本主义，因而显得很像。但个人中心疗法是非指导性的，来访者说出自己的担忧，借助治疗师少量的指导，最终洞悉问题的症结所在。格式塔疗法的治疗师却极具指导性，经常直面来访者所陈述的内容，他们并不只是简单地反映来访者的陈述，还会通过一系列有计划的活动来引导来访者，帮助他们更好地了解自己的感受并为自己过去和现在的选择负责。有计划的活动包括来访者与自己的冲突体验对话，为自己的每种感受辩护。来访者可以跟一把空椅子说话，将自己真实的感受表达给椅子所代表的人；或者扮演与自己有冲突的父母或他人，使自己能从他人的角度看问题。在治疗时，格式塔治疗师既关注来访者的生活事件，也关注来访者的肢体语言。与关注"隐藏的过去"的精神分析不同，格式塔疗法关注的是"被否认的过去"。格式塔治疗师不谈论潜意识。他们认为，一切都可以被意识到，但有些人可能会直接拒绝"承认"某些感受或拒绝处理过去的问题。通过观察来访者的肢体语言、陈述的和未陈述的感受及其生活事件，治疗师得以认识来访者的全貌。

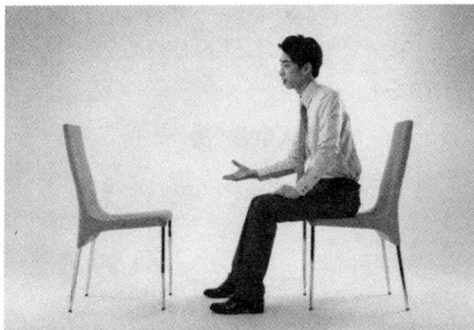

在格式塔疗法中，来访者对着空椅子说话很常见。空椅子代表来访者过去生活中的某个人，来访者与他有一些尚未解决的问题，现在正是来访者解决这些问题的机会。

评价人本主义疗法 人本主义疗法不仅被用来治疗心理障碍，还被用于帮助人们进行职业选择、婚姻咨询和处理职场问题。个人中心疗法更是可以作为一种"非干预"疗法，因为它是非指导性的：治疗师不会说来访者没有说过的话，因而其错误解读的可能性很低。但是，遗漏信息或未对某些内容做出反馈可能会成为错误的来源。

如第 13 章所述，人们如何看待自己是诸多心理疗法的核心（Leary & Toner, 2015）。许多治疗方法得益于人本主义中来访者与治疗师的关系，包括罗杰斯无条件积极关注的概念以及治疗师对来访者的共情程度（Angus et al., 2014；Goldfried, 2007；Watson et al., 2014）。与精神分析和心理动力学疗法一样，人本主义疗法有它的缺陷。关于人本主义疗法的研究，至少就其早期的研究而言，显然过于倚赖个案研究了。人本主义疗法的治疗对象也必须是聪明、具备语言能力并能有逻辑地表达自己想法、感受和经历的，这使得该疗法在治疗更严重的心理障碍如精神分裂症时缺乏实用性，至少不会成为首选。然而，一些研究数据依然显示了它的前景，表明人本主义疗法对精神分裂症及其他精神障碍可能有效（Elliott et al., 2013）。另外，人本主义疗法给来访者的行为带来大幅改变，且能维持相当长的一段时间，从某种意义上说，其统计效果与其他疗法相当。并且，对某些特定的情况，如中度抑郁、围产期抑郁以及人际关系问题，人本主义疗法也被证明有积极的疗效（Angus et al., 2014；Elliott et al., 2013）。

概念地图 15.2～15.3

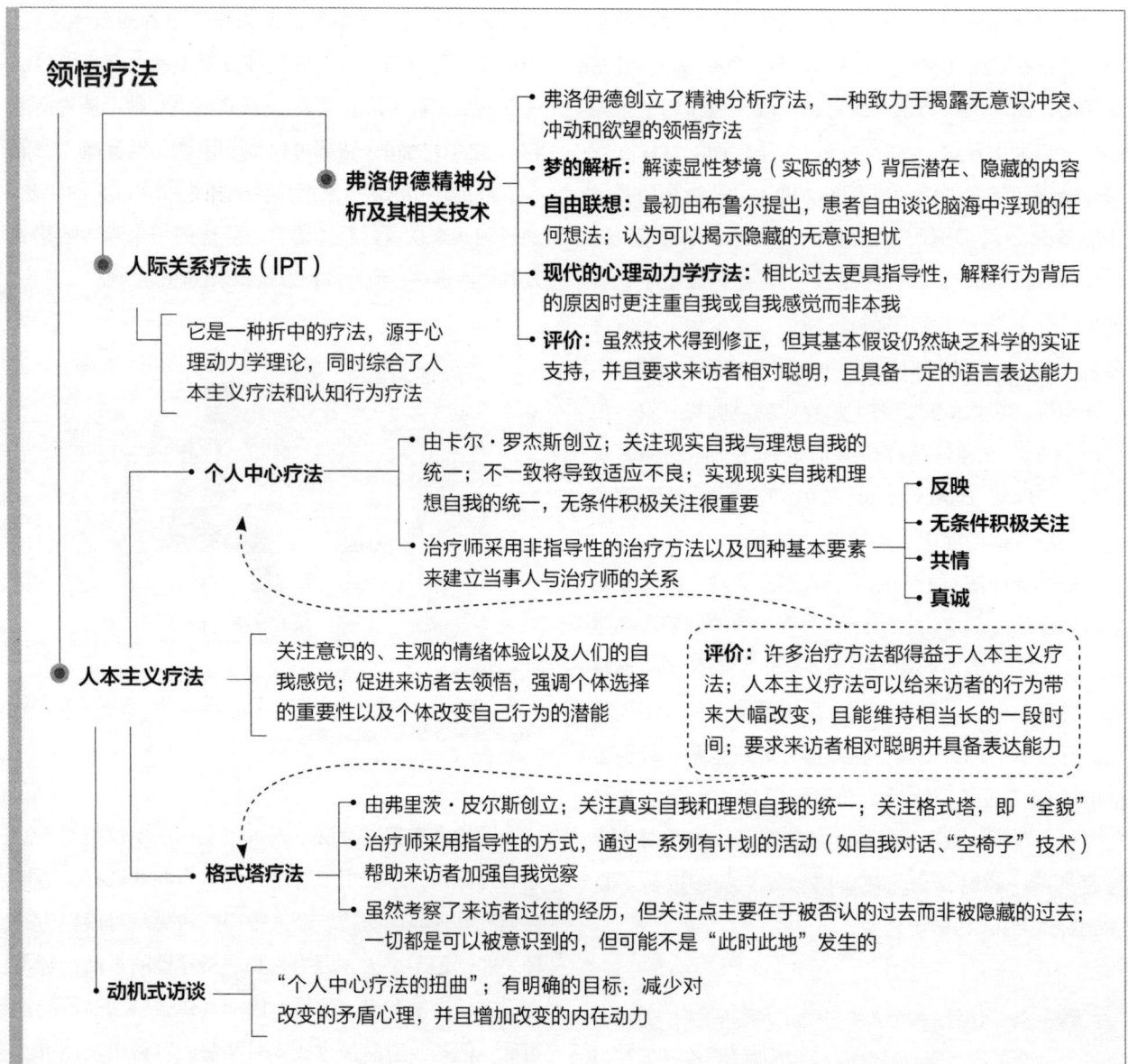

领悟疗法

弗洛伊德精神分析及其相关技术
- 弗洛伊德创立了精神分析疗法，一种致力于揭露无意识冲突、冲动和欲望的领悟疗法
- **梦的解析**：解读显性梦境（实际的梦）背后潜在、隐藏的内容
- **自由联想**：最初由布鲁尔提出，患者自由谈论脑海中浮现的任何想法；认为可以揭示隐藏的无意识担忧
- **现代的心理动力学疗法**：相比过去更具指导性，解释行为背后的原因时更注重自我或自我感觉而非本我
- **评价**：虽然技术得到修正，但其基本假设仍然缺乏科学的实证支持，并且要求来访者相对聪明，且具备一定的语言表达能力

人际关系疗法（IPT）
- 它是一种折中的疗法，源于心理动力学理论，同时综合了人本主义疗法和认知行为疗法

个人中心疗法
- 由卡尔·罗杰斯创立；关注现实自我与理想自我的统一；不一致将导致适应不良；实现现实自我和理想自我的统一，无条件积极关注很重要
- 治疗师采用非指导性的治疗方法以及四种基本要素来建立当事人与治疗师的关系
  - **反映**
  - **无条件积极关注**
  - **共情**
  - **真诚**

人本主义疗法
- 关注意识的、主观的情绪体验以及人们的自我感觉；促进来访者去领悟，强调个体选择的重要性以及个体改变自己行为的潜能

评价：许多治疗方法都得益于人本主义疗法；人本主义疗法可以给来访者的行为带来大幅改变，且能维持相当长的一段时间；要求来访者相对聪明并具备表达能力

格式塔疗法
- 由弗里茨·皮尔斯创立；关注真实自我和理想自我的统一；关注格式塔，即"全貌"
- 治疗师采用指导性的方式，通过一系列有计划的活动（如自我对话、"空椅子"技术）帮助来访者加强自我觉察
- 虽然考察了来访者过往的经历，但关注点主要在于被否认的过去而非被隐藏的过去；一切都是可以被意识到的，但可能不是"此时此地"发生的

动机式访谈
- "个人中心疗法的扭曲"；有明确的目标：减少对改变的矛盾心理，并且增加改变的内在动力

随堂小考

1. 尽管"移情"适用于多种疗法，但它主要与＿＿疗法相连。

   A. 行为
   B. 人本主义
   C. 生物医学
   D. 心理动力学

2. 动机式访谈是哪种疗法的变体？

   A. 心理动力学疗法
   B. 格式塔疗法
   C. 个人中心疗法
   D. 团体治疗

3. 埃灵顿博士对来访者使用指导性的治疗方法。他密切关注来访者的肢体语言，以及被来访者否认的过去。埃灵顿博士使用的是哪种疗法？

   A. 人本主义疗法
   B. 格式塔疗法
   C. 团体治疗
   D. 行为疗法

4. 人本主义疗法对下列哪种情况最不奏效？

   A. 莉拉妮是一位缺乏自信的大学教授
   B. 凯拉是一位职业音乐家，感到自己没有价值，并患有抑郁症
   C. 米兰达是一位公司高管，有明显的妄想症，并且幻听
   D. 费莉西娅是一名家庭主妇，被童年时的创伤记忆所困扰

⟳ 行动疗法

领悟疗法致力于认识行为背后的动机，而行动疗法则侧重于改变行为本身。行为疗法通过使用学习的技术改变个体行为，认知疗法则试图改变个体适应不良的想法。

行为疗法：用学习改善行为

15.4 解释行为治疗师如何利用经典条件反射和操作性条件反射来治疗行为障碍

💬 上一章讨论了行为主义者看待异常行为的视角非常不同，他们认为异常行为是后天习得的。那么行为主义者会对其进行治疗吗？

确实，行为主义的观点认为所有"正常"或"异常"的行为都是通过经典和操作性条件反射过程所习得的。不同于心理动力学疗法和人本主义疗法，**行为疗法**（behavior therapy）是基于行动而非领悟，其目标是利用人（和动物）学习新反应的方法来改变行为。他们认为异常或不良的行为并不是其他问题的症状，它们本身就是症结所在。既然是学习导致了问题，那新的学习就可以矫正它（Onken et al., 1997；Skinner, 1974；Sloan & Mizes, 1999）。

基于经典条件反射的疗法 经典条件反射是将引起特定反应的刺激与新的中性刺激进行配对，进而产生非自主反应的学习过程。经过多次配对，新的中性刺激也会引起特定的反应【连接学习目标 5.2 和 5.3】。通过经典条件反射，旧的不良行为被良性行为代替。基于这种学习原理的治疗技术可以治疗多种心理障碍，如恐惧症、焦虑症和强迫症。

使用学习技术来改变不良行为和强化良性行为已有很长的历史（Hughes, 1993；Lovaas, 1987；Lovaas et al., 1966）。最初这项技术被称为行为矫正，修订后被称为应用行为分析。新的名称更好地强调了对需要矫正的行为进行功能分析，然后使用条件反射来对其加以矫正。

系统脱敏疗法 在**系统脱敏疗法**（systematic desensitization）中，治疗师指导来访者通过一系列步骤减轻恐惧和焦虑，这种疗法通常用来治疗恐惧障碍，它由三个步骤组成。首先，来访者必须通过深度肌肉放松训练学会放松。其次，来访者和治疗师共同建立一个事物或场景的列表，从来访者恐惧程度最低的条目开始，一直到来访者最恐惧的条目。最后，在治疗师的引导下，来访者从表中恐惧最低的条目开始，在放松的状态下，看着它、想着它或真正地面对

它。通过将旧的条件刺激（恐惧的事物）与新的放松反应（放松反应与恐惧引起的情绪状态和生理唤醒不相容）进行匹配，可以减轻或消除恐惧。随后，个体对恐惧列表（称作恐惧等级）中的下一个条目重复这些步骤，直到恐惧完全消失（见表15-1）。计算机的虚拟现实技术也可以用于脱敏治疗（Rothbaum et al.，1995）。

表15-1　恐惧等级

情境	恐惧程度
被兔子咬伤	100
抚摸兔子的头	90
抚摸兔子的背	80
抱着兔子	70
抚摸别人抱着的兔子	60
看着信任的人抱着兔子	50
和兔子共处一室	40
想象抚摸兔子	30
看兔子的图片	20
看动画影片《拯救小兔》	10

项目按照恐惧程度排列，从最恐惧的（恐惧程度=100）到最不恐惧的（恐惧程度=0）。

厌恶疗法　另一种采用经典条件反射来减少吸烟或暴饮暴食等不良行为发生频率的疗法，是通过引导来访者将某个厌恶的（不愉悦的）刺激与造成不良反应的刺激进行配对，这种疗法被称作**厌恶疗法**（aversion therapy）。例如，想要戒烟的人可能会寻求快速吸烟法的帮助。在这种治疗中，治疗师允许来访者吸烟，但必须每5～6秒就吸一口烟。由于尼古丁有毒，如此快速地吸烟会导致恶心、眩晕，会让人感到不愉快。

💬 你能用厌恶疗法帮助患有恐惧症的人吗？

因为恐惧症本身已经很不愉悦了，因此厌恶疗法并不是治疗恐惧症最有效的方法。尽管系统脱敏疗法是治疗恐惧症最常用的方法之一，但见效较慢。

暴露疗法　在精心控制的条件下，引导来访者进入令他们感到焦虑或恐惧的情境的行为技术称为**暴露疗法**（exposure therapy）。暴露可以通过多种途径实现，以促进新的学习。它可以是真实场景，让来访者暴露在与焦虑相关的刺激中；也可以是想象的场景，让来访者想象相关的刺激；甚至可以是基于虚拟现实技术的虚拟场景（Najavits，2007）。（更多关于虚拟现实技术在心理学中的应用，请查阅本章末尾的"在日常生活中应用心理学"。）

例如，昌顺患有社交焦虑障碍（在韩国男性中较少见，终生发病率仅为0.1%；Sadock et al.，2007）。若是真实场景的暴露，他就得参加社交活动；若是想象场景的暴露，会要求他想象参加社交活动的情景；若是虚拟场景的暴露，他可以借助虚拟现实技术体验一次社交活动，如参加晚宴。

在暴露疗法中，恐惧刺激的引入可以是渐进式的，也可以是突然的。渐进或分级式的暴露需要来访者和治疗师建立像系统脱敏疗法一样的恐惧等级；暴露的过程也类似于系统脱敏疗法，从最不恐惧的事件开始，直到最恐惧的事件。如果暴露是快速而强烈的，则是从最恐惧的事件开始，这种方法称为**满灌疗法**（flooding）（Gelder，1976；Olsen，1975）。满灌疗法需在完全可控的条件下使用，像分级式暴露一样，它通过防止来访者逃离或回避（如不允许昌顺离开聚会）来消除条件化的恐惧反应。

眼动脱敏和再加工法，或称**EMDR**，是基于暴露疗法，有时用于创伤后应激障碍的治疗方法。按照最初的构想，该方法涉及短暂和重复的想象式满灌，认知再加工和对恐惧事件的脱敏，快速眼动或其他双向刺激（Shapiro，2001，2012）。然而，这种疗法颇有争议，因为它并非源于心理学理论或是其他治疗技术的改进版，而是源于创立者的个人观察，同时研究表明快速眼动或其他双向刺激的作用微乎其微（Lilienfeld et al.，2015；Resick et al.，2008）。

基于暴露原理针对创伤后应激障碍的疗法是延长

暴露（PE），它涉及暴露疗法和认知行为疗法【连接学习目标 15.5】。该疗法包括四个基本部分：了解 PTSD 和常见的创伤反应，学会以放松和平静的方式呼吸，反复暴露于诱发焦虑的真实活动、事物、情境或地点之中，多次长时间地暴露于创伤记忆中（Foa et al.，2007）。与其他许多治疗创伤的方法一样，该疗法的目标是帮助人们接触其害怕或回避的记忆和刺激，以克服焦虑并能处理与创伤相关的情绪（Foa et al.，2007；Ruzek et al.，2014）。初步的研究表明，延长暴露和成功缓解 PTSD 可能导致大脑结构如前扣带回皮质的良性改变（Helpman et al.，2016）。

暴露和反应阻止法（EX/RP）或暴露和仪式阻止法，是治疗强迫症最有效的策略之一（Bornheimer，2015；Fisher & Wells，2005；Lilienfeld et al.，2013；Strauss et al.，2015）。它立足于行为理论，以暴露疗法为核心，与延长暴露一样，也具有认知行为疗法的特点【连接学习目标 15.5】。简单来说，该疗法鼓励强迫症患者有规律地、渐进式地将自己暴露于引发其强迫性思维的事物中，同时阻止他们典型的强迫行为或过程（Strauss et al.，2015）。该方法除了对患有强迫症的成年人有效，对青少年也有效（Kircanski & Peris，2015）。

基于操作性条件反射的疗法　操作性条件反射技术是指通过强化、消退、塑造和模仿等技术来改变自主行为的发生频率【连接学习目标 5.8、5.9、5.13 和 5.14】。心理障碍的治疗目标是减少不良行为的发生频率，增加良性行为的发生频率。

采用操作性条件反射治疗行为障碍的优势之一是，这种治疗通常能快速见效，而不需要像领悟疗法那样等上好几年。因为该疗法将控制行为（而非首先找出行为障碍背后的原因）作为目标，操作和其他行为技术就变得非常实用了。有一个老笑话说，有一个人总觉得自己的床底下藏着东西，行为主义治疗师将床腿都锯掉，一夜之间他就好了。

模仿　模仿（modeling），即通过对榜样的观察和模仿进行学习，这在第 5 章中讨论过。模仿作为一种疗法源于阿尔伯特·班杜拉（Albert Bandura）的研究，他指出，有特定的恐惧或缺乏社会技能的个体可以通过观察别人（榜样）如何处理这些恐惧或表现出的社会技能来学习（Bandura et al.，1969）。**参与者榜样作用**（participant modeling）中，榜样一步步、渐进地演示良性行为。治疗师鼓励来访者也一步步、渐进地模仿榜样（Bandura，1986；Bandura et al.，1974）。这个榜样可以是与来访者同处一室的人，也可以是视频中的人。例如，榜样首先接近一只狗，然后触碰它，接着爱抚它，最后拥抱它。怕狗的儿童（或成人）观看这一过程，然后重复榜样示范的这些步骤。

行为治疗师可以为家长或其他人提供实施行为治疗技术的建议和示范。一旦个体知道要怎么做，模仿就变得相当容易。模仿在帮助儿童克服牙科恐惧（Klorman et al.，1980；Ollendick & King，1998）、社交退缩（O'Connor，1972）以及恐惧症（Hintze，2002）等方面非常有效，还可以帮助孤独症儿童在与乐高游戏材料的互动中提高其社交能力（LeGoff，2004）。

使用强化技术　强化是指通过反应后的愉快结果（正强化）或不愉快刺激的消除（负强化）来增强反应。这两种强化都可以成为治疗行为障碍的基础。

代币法中的代币可以用来交换食物、糖果、款待或特权。来访者可以通过适宜的行为表现或完成行为目标赚取代币，后期可以用代币交换他们想要的东西。来访者也会因不适宜的行为而损失代币。这种交易系统就是代币经济【连接学习目标 5.9】。代币法已经被成功用于矫正精神病院中相对失常个体的行为，比如精神分裂症患者或抑郁症患者（Dickerson et al.，1994；Glynn，1990；McMonagle & Sultana，2002）。

基于强化的另一种方法是与来访者建立**相倚合约**（contingency contract）（Salend，1987）。这一合约是治疗师与来访者（或教师与学生、家长与孩子）之间的正式协议，其中明确规定了双方的责任和目标。这样的合约在治疗特定问题时十分有效，如药物成瘾（Talbott & Crosby，2001）、教育问题（Evans & Meyer，1985；Evans et al.，1989）和进食障碍（Brubaker & Leddy，2003）。货币相倚合约在减肥项目中很有效

（Sykes-Muskett et al.，2015）。因为协议中的任务、惩罚和报酬都是明确且一致的，双方都清楚履行或不履行合约的后果，因此这种形式的行为治疗相当有效。保持一致性是使用奖惩来塑造行为的最有效工具之一【连接学习目标 5.6 和 5.7】。

使用消退技术　消退是通过移除强化刺激来降低特定反应的发生频率。在改变行为时，操作性的消退经常指的是当个体表现出不适当的或不良的行为时，就不再关注他。对儿童来说，不予关注可能就是一种**"计时孤立"法**（time-out），使儿童摆脱环境中的强化刺激（Kazdin，1980）。对成人而言，房间里的其他人拒绝认可某一行为就能降低这一行为发生的频率。

相倚合约对于塑造各种理想的行为很有用。在使用的过程中，明确的期望和执行的一致性是促使其成功的关键因素。

行为激活　行为激活是一种基于操作性条件技术，已成功应用于抑郁症治疗的干预手段。抑郁症患者通常只与有限的人交往，或只参与有限的一些活动。这种回避行为限制了他们从社交活动或愉悦经历中得到积极强化的机会。行为激活引导个体重新回到日常生活环境和常规事务中，以增加获得积极强化的机会（Dimidjian et al.，2006；Ekers et al.，2014；Forman，n. d.）。治疗师与来访者一起安排活动，包括日常活动监测、活动安排以及其他方式来重塑来访者的生活环境，从而增加激活行为的可能性，减少回避和抑郁行为并增加积极强化（Manos et al.，2010；Puspitasari et al.，2013）。

评价行为疗法　对某些特定的行为障碍，如尿床、暴饮暴食、药物成瘾及恐惧反应等，行为疗法可能比其他疗法更有效（Burgio，1998；Wetherell，2002）。尽管行为疗法可以改善特定的症状，但是它对某些问题行为的疗效并不理想（Glynn，1990；McMonagle & Sultana，2002）。虽然暴露和反应阻止法通常能成功治愈强迫症，但某些与认知相关的症状，如执行功能缺陷，可能会干扰这种疗法的效果（Snyder et al.，2015）。要让个体在社会中正常地生活，控制症状是很重要的一环，行为疗法能相对快速而有效地消除或大幅减轻症状。但是某些行为治疗范式的建立和持续实施并不容易，需要一步步来，直到适应性的行为得以维持并能泛化到其他情况或环境中，比如家庭环境和个人所处的文化环境（Prochaska & Norcross，2014）。有些行为疗法更易于实施，也不需要大量的培训就能取得成功。例如，行为激活是干预抑郁症的有效手段，它实施起来相对简单，连非专业人士都可以操作；它的短期疗效等同于或优于抗抑郁药物，也比认知疗法的效果好（Dimidjian et al.，2006；Ekers et al.，2014）。此外，适用于强迫症的暴露和反应阻止法、适用于 PTSD 的延长暴露和其他暴露疗法可以被加强，比如同时暴露在两种恐惧刺激面前以促进暴露期间的学习（Culver et al.，2015）。

认知疗法：思考即信念

15.5　总结认知和认知行为疗法的目标和基本要素

认知疗法（cognitive therapy）（Beck，1979；Freeman et al.，1989）由阿伦·贝克（Aaron T. Beck）提出，关注如何帮助人们改变思维方式。认知治疗师关注导致适应不良行为的扭曲思维和不现实的信念，而非行为本身（Hollon & Beck，1994），尤其关注与抑郁相关的思维扭曲（Abela & D'Allesandor，2002；McGinn，2000）。认知疗法的目的是帮助来访者以更客观、更科学的方式审视自己的信念和假设的真实性，以及对自己和他人行为的归因方式【连接学习目标12.9】。然后来访者就能识别自己扭曲的消极思维，并用更积极的、更有益的思维来替代它们。由于认知疗法关注的是改变思维而不是对原因的深度探查，所以这种疗法主要是一种行动疗法。

💬 不切实际的信念有哪些？

贝克的认知疗法

认知疗法关注的是思维的扭曲【连接学习目标13.5】。下面是一些常见的可以引起消极感受和不切实际信念的思维扭曲：

- **任意推断**（arbitrary inference）：指的是毫无证据就"妄下结论"。任意指的是根据一时的心血来潮就做决定。例如："苏西取消了我们的午餐约会，我打赌她一定在跟别人约会！"
- **选择性思维**（selective thinking）：指的是个体只关注某个方面的情况而忽略其他可能使情况不那么糟糕的事实。例如，彼得的老师表扬了他的论文，但指出他需要检查一下标点符号。彼得就认定他的论文很差劲，老师根本不喜欢它，而忽视其他的赞扬和正面评价。
- **过度概化**：个体根据偶然发生的事件得出泛化的结论，并且假定这一结论适用于与原始事件无关的生活所有方面。例如，"老板冲我大喊大叫，男朋友要和我分手，把我赶出公寓——我是个彻底的失败者。"
- **放大或缩小**（magnification and minimization）：个体过分关注坏的事情而忽视好的事情。例如：一名学生在其他考试中都取得了好成绩，但最后一门得了 C，于是认为自己在大学不会成功。
- **个人化**（personalization）：个体为与自己无关的事情负责或承担罪责。例如：当桑迪的丈夫因工作原因而情绪不佳时，桑迪觉得他是在生自己的气。

认知治疗师尽力帮助来访者审视自己的信念，并检验这些信念的正确性。第一步就是在治疗师和来访者最初的交谈中识别出不合逻辑或不切实际的信念。然后治疗师引导来访者针对这一信念提出问题，比

如："我的这一信念始于什么时候？""这一信念的依据是什么？"

💬 这些问题看起来像不像第 1 章提到的批判性思维？

认知疗法实际上就是一种针对自己的想法和信念的批判性思维。由于认知心理学是从行为主义派生出来的【连接学习目标 1.3 和 1.4】，认知疗法中也含有行为主义的元素，从而衍生出了**认知行为疗法**（cognitive-behavioral therapy，CBT）。

"已经快 5 分钟了，麦迪逊还没有回复我在社交平台上的好友请求。她肯定不喜欢我……"
你会经常不检验实际的证据或整个事情的全貌就下结论吗？

认知行为疗法类似于行为主义，关注现在而非过去，同时假定人们与世界的互动不仅仅是对外部刺激的简单、自动的反应。人们观察世界以及周围的人，然后根据这些观察或认知形成假设和推论，并决定如何回应（Rachman & Hodgson，1980）。认知行为疗法认为，心理障碍源于不合逻辑、非理性的认知，将其转变为理性、逻辑的思维模式就能缓解心理障碍的症状，因此它是一种行动疗法。认知行为疗法包含三个基本要素：认知影响行为、认知可以改变、认知的改变带来行为的改变（Dobson & Block，1988）。认知行为治疗师可能也会使用行为主义治疗师的一些手段帮助来访者改变其行为。下面是认知行为疗法的三个基本目标：

1. 帮助来访者缓解症状，解决问题；
2. 帮助来访者制定可以解决将来问题的策略；

3. 帮助来访者将非理性、挫败式的思维模式转变为更理性、自助、积极的思维模式。

埃利斯与理性情绪行为疗法（REBT） 阿尔伯特·埃利斯（Albert Ellis）创立了另一种认知行为疗法，称为**理性情绪行为疗法**（rational emotive behavior therapy，REBT），该疗法教导来访者以更理性、更有益的陈述来挑战自己的非理性信念（Ellis，1997，1998）。以下是一些非理性信念的例子：

- 大家都应该爱我并认可我（否则，我就是差劲和不可爱的）。

- 当事情没有按我所想或所计划的方式发展时就变得很恐怖，我会因此变得很不安。这是我不能接受的！

💬 我偶尔也会有这样的感觉。为什么说它们是非理性的呢？

它们有一个共同点：全或无。真的能够让所有人都喜爱自己吗？事情全然按照自己的计划发展现实吗？理性情绪行为疗法挑战这些"全或无"的想法，帮助人们明白即使不"完美"，生活也可以很美好。在理性情绪行为疗法中，治疗师扮演指导性的角色，当来访者陈述类似上面的观点时，治疗师就会挑战来访者，同时为来访者布置家庭作业、使用行为技术矫正行为，并与来访者就非理性的观点进行辩论。

评价认知疗法和认知行为疗法 相比典型的领悟疗法，认知疗法和认知行为疗法费用更低，因为它们的疗程较短。和行为疗法一样，来访者不用深入地挖掘问题的潜在原因。基于认知的疗法直接针对问题本身，帮助来访者更直接地处理症状。事实上，学者们对认知疗法的批评与行为疗法一样，认为它们只治疗症状而不关注病因。需要指出的是，从认知的视角来看，适应不良的思维就是问题的原因，而不仅仅是症状。这些疗法中也存在潜在的偏差，因为治疗师需要判断哪些信念是理性的，哪些不是（Westen，2005）。

尽管如此，认知疗法和认知行为疗法对许多障碍的治疗很有成效，如失眠、抑郁、应激障碍、进食障碍、焦虑障碍、人格障碍，结合其他疗法甚至可以治疗某些精神分裂症（Barlow et al.，2007；Beck，2007；Clark et al.，1989，2009；DeRubeis et al.，1999；Holcomb，1986；Jay & Elliot，1990；Kendall，1983；Kendall et al.，2008；McGinn，2000；Meichenbaum，1996；Mueser et al.，2008；Resick et al.，2008；Savard et al.，2014；Trauer et al.，2015；Turk et al.，2008；Young et al.，2008）。作为行为主义的分支，认知行为疗法所基于的学习原则是有实证支持的（Barlow et al.，2007；Masters et al.，1987）。目前为止提到的不同心理疗法的总结见表 15-2。

表 15-2　心理疗法的特点

疗法的类型（核心人物）	目标	方法
心理动力学疗法（弗洛伊德）	领悟	致力于通过梦的解析、自由联想、阻抗和移情来揭示无意识冲突
人本主义疗法	领悟	
个人中心疗法（罗杰斯）		非指导性的疗法；来访者完成大部分的谈话；主要包括真诚、无条件积极关注和共情
格式塔疗法（皮尔斯）		指导性的疗法；治疗师用引导性的问题和角色扮演帮助来访者接纳他们所有的感觉和经历
行为疗法（华生、琼斯、斯金纳、班杜拉）	行动	基于经典条件反射和操作性条件反射的原理；不关注行为背后的原因，旨在矫正行为
认知疗法（贝克）	行动	
认知行为疗法（多位代表人）		旨在通过帮助来访者更理性、更有逻辑地思考来克服问题
理性情绪行为疗法（埃利斯）		挑战来访者非理性的信念，帮助来访者重建思维方式

概念地图 15.4~15.5

行为疗法 ——
一种行动疗法，假设所有正常和异常行为都是后天习得的；应用行为分析包括功能分析和学习技术，以达到增加良性行为、减少不良行为的目的

- **基于经典条件反射的技术进行刺激配对**
  - **系统脱敏疗法**
  - **厌恶疗法**
  - **暴露疗法：** 以真实或想象的形式，渐进或突然（满灌）地将个体暴露在引发焦虑的刺激中

- **基于操作性条件反射的技术——强化、消退、塑造和模仿**
  - **参与者榜样作用**
  - **代币法（强化）**
  - **相倚合约（强化）**
  - **"计时孤立"法（消退）**

- **评价：** 对特定的行为问题（如尿床、暴饮暴食、药物成瘾、恐惧反应）比其他疗法更有效

行动疗法

认知疗法 ——
关注改变人们思维方式的行动疗法；强调识别引起适应不良行为及情绪问题的扭曲、不切实际的信念，并将其转变为更积极、更有益的想法

- **贝克的认知疗法** 指出了几种常见的思维扭曲：
  - **任意推断（妄下结论）**
  - **选择性思维**
  - **过度概化**
  - **放大或缩小**
  - **个人化**

- **认知行为疗法（CBT）：** 使用认知的方法，兼具行为主义的要素

- **理性情绪行为疗法（REBT）：** 由阿尔伯特·埃利斯所创立；教导来访者挑战自己非理性的信念，并用更理性、更有益的信念替代

- **评价：** 与领悟疗法相比，疗程更短且花费较少；治疗症状而非症状的原因，这既是它的特点，也是质疑所在；在治疗多种心理障碍方面十分有效，包括抑郁症、焦虑障碍和人格障碍

随堂小考

1. 行为疗法基于____，而心理动力学疗法和人本主义疗法则是基于____。
   - A. 领悟；行动
   - B. 行动；领悟
   - C. 理性；医学
   - D. 医学；行动

2. 卡利博士帮助来访者学习深度放松。接下来，他让来访者根据由低到高的焦虑等级列出他们恐惧的事物。最后，他让来访者慢慢地暴露在他们所恐惧的事物面前，并协助他们控制自己的焦虑。这种疗法被称为____。
   - A. 厌恶疗法
   - B. 系统脱敏疗法
   - C. 满灌疗法
   - D. 恐惧疗法

3. 威廉博士使用暴露疗法治疗来访者。来访者 A 正在面对引发她焦虑的情景，来访者 B 被要求想象一个自己害怕的场景。治疗来访者 A 的方法叫作____暴露，治疗来访者 B 的方法叫作____暴露。
   - A. 虚拟场景；真实场景
   - B. 想象场景；虚拟场景
   - C. 真实场景；想象场景
   - D. 虚拟场景；真实场景

4. 下列哪种疗法在多种情况下均能成功塑造良性行为并矫正问题行为？
   - A. 代币法
   - B. 厌恶疗法
   - C. 系统脱敏疗法
   - D. 满灌疗法

5. 妮科尔的治疗师告诉她，是她任意推断的思维模式导致了抑郁。下列哪个属于妮科尔任意推断的例子？

A. 妮科尔放大她的糟糕经历，淡化生活中美好的一面

B. 妮科尔倾向于直接跳到结论，甚至不需要证据来支持她的信念

C. 妮科尔过分关注某一负面情况，忽略其他不那么负面的情况

D. 妮科尔倾向于过度泛化某件坏事，并认为她的整个生活都很失败

◎ 团体治疗

除了来访者和治疗师一对一的个体治疗外，还有一种选择是**团体治疗**（group therapy）。团体治疗是将有相似问题的来访者聚集起来，在一个治疗师的指导下讨论他们的问题（Yalom，1995）。

团体治疗的类型

15.6　比较不同形式的团体治疗

团体治疗有多种形式。在团体情境中，尽管个人中心疗法、格式塔疗法和行为疗法似乎比心理动力学疗法和认知行为疗法更有效，但治疗师仍可以采用领悟或认知行为的治疗风格（Andrews，1989）。

除了治疗方式的多样性以外，团体构成也有所不同。团体可能由有关联的个体组成，也可以在没有治疗师参与的情况下由无关的人组成。他们的目的是分享各自的问题并为彼此提供社会和情感支持。

家庭咨询　团体治疗的一种形式是**家庭咨询**（family counseling）或**家庭治疗**（family therapy），在这种治疗中，所有正在经历某些问题（如婚姻问题、儿童管教问题或同胞竞争问题）的家庭成员作为一个团体接受治疗师的指导。治疗师偶尔也会单独约见一名或多名家庭成员，但真正让家庭成员打开心扉实现沟通要在团体情境中才能完成（Frankel & Piercy，1990；Pinsof & Wynne，1995）。家庭成员包括祖父母、姨姑叔舅、姻亲和核心成员。家庭治疗将家庭视为相互作用的"部分"组成的整体或系统。没有哪一个人是问题的症结所在，家庭系统中的每个人都是问题的一部分：他们正在经历和强化这些问题，或者他们的作为或不作为导致了问题的产生。

在家庭治疗中，治疗师通常会与家庭的所有成员会面，找出家庭中的问题所在，如不同家庭成员之间的冲突。

家庭治疗的目标就是发现家庭成员间不健康的互动和沟通方式，并将其转变为更健康、更有建设性的互动。家庭治疗师的工作对象不止家庭，还有夫妻——目标是改善夫妻间的沟通，帮助他们学习更好地解决问题的方法，增加夫妻间的亲密感和亲近感（Christensen et al.，1995；Heavey et al.，1993）。

自助小组　许多人可能觉得治疗师从未经历过药物成瘾之类的问题，自然不能理解自己的处境；那些有过成瘾经历并成功克服的人才能提供真正有用的帮助。另外，治疗师常常供不应求，他们进行团体治疗也要收取费用。多种原因使得人们选择在没有治疗师参与的情况下与自己有相似问题的人会面。这样的团体被称为**自助小组**（self-help group）或**支持小组**（support group），通常围绕某个特定的问题组成。一些自助小组如戒酒互助匿名会、暴食者匿名会和戒毒匿名会，不定期地在全美各地聚会。几乎所有能想到的情况，如焦虑、恐惧、父母患有痴呆症、家有问题儿童、抑郁和压力等，都有数不清的小型支持小组。自助小组的优势在于它们是免费的，并能提供团体

治疗所能提供的社会和情感支持（Bussa & Kaufman，2000）。自助小组没有领导，由志愿者安排每月或每周会面。负责组织会面的也是小组成员，他和其他人一样，有同样的问题。

在自助小组中，小组的领导不是专家或治疗师，而是小组成员。他们和其他人有一样的问题，这也是这类项目的优势，因为面对经历同样困境的人时，人们更容易建立信任，敞开心扉。

评价团体治疗

15.7　了解团体治疗的优点和缺点

团体治疗可以为无力负担一对一心理治疗的个体提供帮助。因为团体治疗师可以同时约见多个来访者，花费自然比一对一的治疗要少。同时，团体治疗让治疗师和来访者都有机会看到来访者与他人的互动方式。

团体治疗的另一个优势在于，它让来访者从与他有相似甚至相同问题的人那里得到社会和情感支持。这一点非常重要。研究发现，接受团体治疗的乳腺癌患者相比于只接受一对一治疗或不接受心理治疗的患者有更高的存活率和康复率（Fawzy et al.，1993；Spiegel et al.，1989）。另一项研究表明，因乌干达战争而抑郁的非洲少女接受团体治疗后抑郁症状明显减轻了（Bolton et al.，2007）。

团体治疗并不适用于所有情况，它也有劣势。在团体治疗中，来访者必须共享治疗师的时间。相比更会表达和更爱社交的人来说，在社交场合会感到不适或在他人面前羞于表达的人可能觉得团体治疗的效果有限。此外，治疗师不再是唯一知道来访者秘密和恐惧的人，这可能使一些来访者不愿自由地表达。极度害羞的人可能在团体环境中难以表达自己，但也有例外，比如基于认知行为的团体治疗对社交焦虑障碍的治疗很有成效（Heimberg & Becker，2002；Turk et al.，2008）。患有妄想症且没有得到控制的精神障碍患者，如精神分裂症患者，可能无法接受团体治疗。

一项关于一对一治疗和团体治疗疗效的比较研究发现，团体治疗只对长期治疗有效，并且当治疗目标是提升社交能力而非减少错觉和幻觉等奇怪症状时，其疗效更佳。同时要注意，团体治疗可以与一对一治疗和生物医学疗法结合使用。

概念地图 15.6～15.7

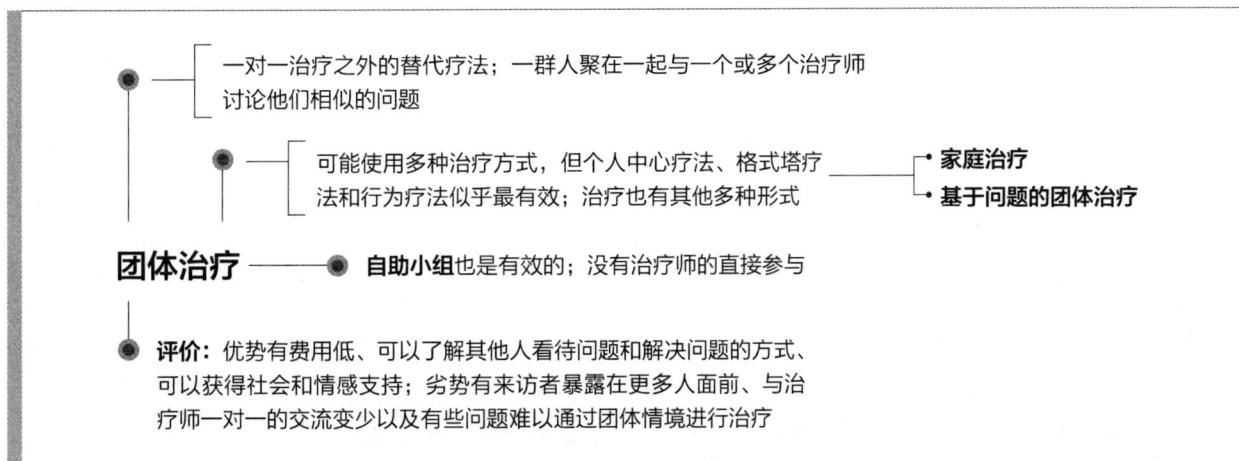

- 一对一治疗之外的替代疗法；一群人聚在一起与一个或多个治疗师讨论他们相似的问题
  - 可能使用多种治疗方式，但个人中心疗法、格式塔疗法和行为疗法似乎最有效；治疗也有其他多种形式 —— **家庭治疗**、**基于问题的团体治疗**
- **团体治疗** —— **自助小组**也是有效的；没有治疗师的直接参与
- **评价：** 优势有费用低、可以了解其他人看待问题和解决问题的方式、可以获得社会和情感支持；劣势有来访者暴露在更多人面前、与治疗师一对一的交流变少以及有些问题难以通过团体情境进行治疗

随堂小考

1. 对于某些问题，如果你所在的社区没有治疗师，下列哪一项可能是有效的？

　　A. 家庭治疗　　　　　　B. 团体治疗

　　C. 自助小组　　　　　　D. 心理动力学疗法

2. 艾瑞卡和威廉与他们的孩子马克西米安和斯特拉正寻求心理学家的帮助，以处理他们家庭中的难题。治疗师会不时地与他们当中的某一个人而不是所有的人进行交谈。这个团体正在接受什么治疗？

　　A. 家庭治疗　　　　　　B. 团体治疗

　　C. 自助小组　　　　　　D. 心理动力学疗法

3. 凯瑟琳每周举行一次匿名戒酒者会议，每次参加的成员有几十位。另外，每周都有新成员加入，也有上周参加的成员未再出现。下列哪种可能最符合凯

瑟琳的情况？

　　A. 凯瑟琳可能从未有过药物成瘾的问题

　　B. 凯瑟琳可能是有执照的心理学家

　　C. 凯瑟琳可能是有执照的精神科医生

　　D. 凯瑟琳过去可能经历了一些与酗酒有关的问题，并且她可能不是一个专业的治疗师

4. 下列哪一项不是团体治疗的明显优势？

　　A. 团体治疗比一对一治疗费用低

　　B. 团体治疗可以为有相似经历的人提供社会支持

　　C. 团体治疗适合所有人，因此它更"适合"那些深陷个人困境的人

　　D. 团体治疗可以为有相似经历的人提供情感支持

〇 判断心理疗法的效果

💬　目前有很多心理疗法，它们真的有用吗？

1950 年代，汉斯·艾森克（Hans Eysenck）最早开展了心理疗法有效性研究。他的结论是：接受心理疗法的个体的康复率并不比未接受治疗的高，时间的推移完全可以解释所有的康复。

有效性研究

15.8　总结验证心理疗法有效性的研究

艾森克的经典调查在临床和咨询心理学界引发了很大的争议。其他研究人员也开始进行研究，希望能反驳艾森克的观点。对一些控制良好的研究的回顾发现，不同的心理疗法在有效性上没有差异（Luborsky et al.，1975）。这就意味着心理疗法可能同样有效，也可能同样无效。（注意：许多心理学家采用的是折中的治疗方法，使用不止一种心理治疗技术。）

那些想要判断治疗是否对采访者有效的非实证研

究会被实验者偏见（治疗师期望疗法有效，同时也对疗法的有效性进行评估）、自我报告信息不准确以及安慰剂的期待效应等因素困扰（Seligman，1995；Wampold，1997）【连接学习目标 1.9】。

研究表明，接受心理治疗的个体相信自己确实因治疗而受益（*Consumer Reports*，1995；Hunsley et al.，2014；Kotkin et al.，1996）。美国《消费者报告》（*Consumer Reports*）邀请曾接受过或正在接受心理治疗的读者评价他们所接受的心理治疗的有效性。下面是该研究以及其他类似研究的结果（Lambert & Ogles，2004；Seligman，1995；Thase，1999）：

• 75% ～ 90% 的人觉得心理疗法对其有益。

• 个体接受治疗的时间越长，效果就越好。

有研究发现，某些疗法对特定的心理障碍更有效（Clarkin et al.，2007；Hollon et al.，2002），但却没有一种疗法最有效或适用于所有问题。总的来说，有证据表明心理疗法是有效的，且对不同年龄群体、不同的心理障碍、不同背景的来访者都有效果（American

Psychological Association，2013；Campbell et al.，2013；Chorpita et al.，2011）。

接受治疗后的 7 个小矮人

威廉、克里斯、本、理查德、尼尔、杰森、罗杰

尽管心理疗法通常是通过来访者与治疗师面对面的交谈实现的，但因通信技术的发展也出现了其他形式的心理咨询或治疗。某些干预方式基于电话或电子邮件，也有些属于网络治疗。基于互联网、在线治疗、在线咨询、电子治疗、网络治疗以及远程咨询指的是基于互联网远程提供的心理治疗或心理健康干预。这种治疗方式可能费用较低或最低，为偏远或农村地区难以找到治疗师的人提供了治疗机会，可以在线访问支持小组，以及相对匿名等优点，但它也有风险。

和面对面的干预方式一样，来访者需要确认治疗师具备相应的心理治疗培训和资质。治疗师需要具备远程咨询的培训和经验，能够说明远程咨询的相对风险和益处，包括咨询师不在的情况下应采取什么措施（American Counseling Association，2014；Jencius，2015）。

网络和技术的使用带来了其他的挑战。来访者和咨询师都应注意社交媒体的使用，避免产生"虚拟的个人关系"（American Counseling Association，2014；Jencius，2015；Kaplan，2016）。正如咨询师和来访者避免多重社交关系以维持职业的界限一样，社交媒体的广泛使用，使得咨询师需要更加注意避免模糊个人与职业的边界（Kaplan，2016）。

有效疗法的特点

15.9　确定影响心理治疗效果的因素

💬 有某种问题的人怎么知道应该寻求哪种治疗师的帮助呢？如何选择适合自己的疗法？

有时候很难说你或你认识的人是否需要专业帮助，如果需要，应该到哪里寻求帮助。

就像我们之前提到的，当代许多心理学专家会采用折中的治疗方法，他们会综合多种疗法或转换方法以满足来访者的需要或解决特定的问题。

共同要素法　共同要素法是一种现代的折中主义方法，关注不同疗法取得成效的共同要素（Norcross，2005）。这些要素被视为疗效的来源，而不是不同疗法间的具体差异。成功的心理治疗最重要的因素可能是来访者和治疗师的关系，即**治疗同盟**（therapeutic alliance）。这种关系应该充满关怀、温暖和接纳，具有共情、相互尊重和理解的特征。治疗师需要为来访者提供一个安全的环境，以便让来访者释放情绪，说出自己的想法和担忧，并帮助来访者理解自己为什么会有这种感觉，为来访者提供感觉更好的方法。其他影响治疗效果的常见因素包括为来访者提供宣泄（释放压抑的情绪）、学习和实践新的行为方式，以及经历积极体验的机会（Norcross，2005）。

循证治疗　为寻找特定心理障碍最有效的治疗方法而进行的研究正在兴起。某些治疗方法不仅可能对特定的心理障碍无效，甚至可能是危险或有害的。尤其在医疗保健管理和预算紧张的情况下，来访者更能通过有循证支持的疗法受益。实证支持或**循证治疗**（evidence-based treatment，EBT）是指带来了良好结果或治疗变化的技术或干预措施（Barlow et al.，2013；Kazdin，2008）。循证实践包括系统地审视评估到干预相关的有效信息（American Psychological Association，2005，2013；Hunsley & Mash，2008；Kazdin，2008；Nathan & Gorman，2007）。循证治疗或实证支持治疗的例子包括暴露疗法、认知行为疗法、治疗创伤后应激障碍的认知加工（Ehlers et al.，

2010；Hajcak & Starr, n.d.；Najavits, 2007；Resick et al., 2008），治疗惊恐障碍和广场恐惧症的认知行为疗法（Barlow et al., 2007；Craske & Barlow, 2008）、治疗社交焦虑的认知行为团体治疗（Turk et al., 2008）、治疗抑郁症的认知疗法（Young et al., 2008）、治疗精神分裂症的抗精神病药物（Sharif et al., 2007）和治疗抑郁症的人际关系疗法（Bleiberg & Markowitcz, 2008）。

心理治疗的神经影像学证据　越来越多的研究开始关注神经影像学在评估心理治疗方面的潜在应用。这些研究着眼于治疗引起的脑结构和功能的变化，并为特定的患者提供个性化治疗方案的潜在可能性。这种方式的施行以及在消费者中广泛推广仍需假以时日，但它确实是一个令人兴奋的研究领域，可能改善许多患者的治疗方案。广义来说，心理治疗改变了个体大脑中负责消极情绪、情绪调节、恐惧和奖赏的脑区的活动（Fournier & Price, 2014）。神经影像学基于治疗前的脑活动情况，阐释重性抑郁症患者对心理或药物治疗的反应。研究表明，脑岛代谢低的抑郁症患者对认知行为疗法反应最好，而抗抑郁药物对脑岛代谢高的患者效果最好（McGrath et al., 2013）。

心理治疗中的文化、种族和性别因素　考虑如下情景（adapted from Wedding, 2004）：

> K 是一个 24 岁的韩裔美国人。她和父母住在一起，她的父母都在韩国出生和长大，成年后才搬到美国。K 因为缺乏独立空间而感到沮丧和不开心，于是她去寻求治疗师的帮助。因为她想要嫁的人不是韩裔，父亲愤怒不已。于是她的治疗师立即训练她的决断力，并进行角色扮演为她面对父亲做准备。但 K 并没有如约进行第二次会谈，这让治疗师很失望。

这个真实的例子表明，当治疗师与来访者的种族或文化背景不同时，治疗关系存在一定的问题。文化的差异使治疗师难以理解来访者问题的本质，来访者也无法在这种不能满足自身需求的治疗中获益（Matsumoto, 1994；Moffic, 2003；Wedding, 2004）。不同文化和种族的群体有不同的价值观。比如，怎么能奢望来自中上层家庭、受过良好教育的白人女性治疗师理解西班牙贫困地区青春期男孩的问题呢？二者的性别、种族和经济背景都非常不同。

在 K 的例子中，治疗师错误地认为改善 K 的状况的关键在于让她在家中尤其是在父亲面前更自信、更独立。这种西方的观点与韩国文化的价值观背道而驰。韩国文化强调相互依存而非独立；家庭摆在首位，服从长辈很重要，而"做自己的事情"是不被接受的。K 真正的问题可能是对自己处境的负罪感和对父亲的愤怒。她渴望得到帮助来解决家庭问题和自己的感受，并不是变得更独立。

要让治疗有效，来访者必须坚持接受治疗直到获得成功。K 在第一次治疗后就没有再来过。这也是来访者和治疗师的文化、种族背景不一致时可能产生的问题之一。在 K 的例子中，治疗师将自己的价值观投射到来访者身上，未能与来访者达到共情，甚至不能了解来访者真实的感受，从而导致来访者放弃治疗。针对这类情况的研究发现，少数民族或种族群体放弃治疗的比例显著高于来自主流群体的来访者（Brown et al., 2003；Cooper et al., 2003；Flaherty & Adams, 1998；Fortuna et al., 2010；Sue, 1977, 1992；Sue et al., 1994；Vail, 1976；Vernon & Roberts, 1982）。

传统的心理疗法主要是在西方的个人主义文化中发展起来的，应用于集体主义、相互依存的文化时需要做出一些调整。例如，日本心理学家岩壁茂（Shigeru Iwakabe）博士指出，许多心理疗法（如心理动力学疗法和人本主义疗法）中典型的"谈话治疗"在面对日本来访者时可能需要改为非谈话疗法，采用一些非言语的任务（如绘画），因为许多传统的日本人不愿意公开谈论自己的隐私（Iwakabe, 2008）。

💬 性别差异很重要吗？是不是女性更偏爱女性治疗师，男性更愿意与男性治疗师交流？

针对性别和治疗关系的研究各式各样。对于中产阶级的白人来说，男性和女性似乎都更偏爱女性治疗师（Jones et al., 1987）。如果治疗师与来访者是同一性别，非裔美国人很可能放弃治疗（Vail, 1976）。亚洲男性来访者似乎偏爱男性治疗师，而亚洲女性来访者同男性或女性治疗师维持治疗同盟关系的时间相同（Flaherty & Adams, 1998；Flaskerud, 1991）。

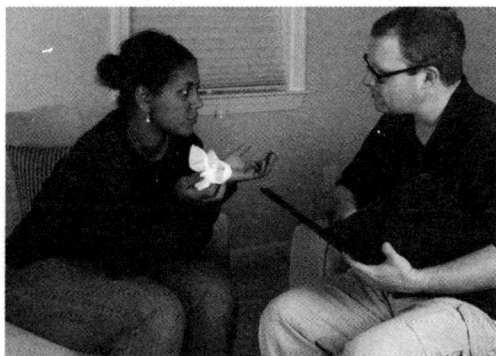

当治疗师和来访者的种族或文化背景不同时，有效治疗关系的建立可能受到怎样的影响？

当来访者和治疗师的文化或种族不同时，要实现有效的治疗存在多种阻碍（Sue & Sue, 2016）：

- 文化价值观：包括是以个人或他人为中心，语言/情感/行为的表现力，来访者和咨询师的沟通方式，领悟力，自我披露，科学实验主义，以及心理和身体功能的区别（Sue & Sue, 2016）。不同的文化价值观会导致治疗师无法建立共情关系（Sattler, 1977；Wedding, 2004）。

- 社会阶层价值观：社会阶层包括贫困和治疗阶层偏见的影响，对时间表的遵守，处理问题的模糊态度，寻找长期目标（Sue & Sue,

2016）。来自贫困家庭的来访者可能有治疗师无法理解的价值观和经历（Wedding, 2004）。

- 语言：标准英语的使用，对口头交流的重视（Sue & Sue, 2016）。治疗师和来访者讲不同的语言会影响对对方的理解和心理测试（Betancourt & Jacobs, 2000；Lewis, 1996）。

- "美国"文化假设：特定的价值观各有不同，"美国"价值观不能被假定。差异表现在身份、关系、家庭角色（个人主义与集体主义，核心家庭与大家庭）、与自然的关系、时间取向、与他人的关系以及活动等方面（Sue & Sue, 2016）。

- 沟通风格：不同文化和种族的言语与非言语交流都不同。沟通风格对实际交流的内容有着巨大的影响，如来访者和治疗师的身体距离、手势的使用、眼神交流以及个人空间的使用（Sue & Sue, 2016）。在一些文化中，人们可以接受长时间的沉默，其他文化中的人却不这么认为；直接的眼神接触在一些文化中是可取的，而在有些文化中被视为一种冒犯；就连情绪的面部表达也有差别，比如，微笑表达幸福在美国文化中很普遍，而在一些中国人和日本人中克制面部表情可能更常见（Sue & Sue, 2016）。

美国精神病学会为心理专业人士提供了涉及文化问题和文化综合征方面的指导【连接学习目标 14.2】。所有治疗师都需要努力意识到文化差异、文化综合征和可能的性别问题，社会政治问题也应予以关注（Sue & Sue, 2016）。了解不同群体的特征很有必要，但治疗师需要谨慎利用这些信息，以防出现过度概化或对来访者形成刻板印象（Sue & Sue, 2016）。

概念地图 15.8~15.9

- 有效性的研究并不容易，因为疗法的理论、技术和起效时间等都不同；一些治疗师折中（使用各种技术）的倾向也是一个挑战

- 共同要素法：关注不同疗法中取得疗效的共同要素
- 来访者从循证治疗中获益，循证治疗（EBT）是指识别出适合特定疾病的治疗方法

疗法的有效性和治疗的成功与否往往与治疗师和来访者的关系（治疗同盟）、安全感以及治疗时间的长短有关

在治疗中应该考虑文化、种族和性别因素，它们不仅会影响治疗同盟，也会影响对问题的认识和治疗方案的选择

判断心理疗法的效果

随堂小考

1. 卡文迪什医生正在尝试与她的来访者建立治疗同盟。她具体该做什么呢？

   A. 她应该更多地了解她正在治疗的心理障碍

   B. 她应该更具对抗性，让来访者意识到自己的问题

   C. 她应该更有同理心和关怀

   D. 她应该公开商讨她的病例，以确保治疗质量

2. 研究表明非裔美国来访者偏好____的治疗师，亚洲男性偏好____治疗师。

   A. 不同性别；男性　　　　B. 相同性别；女性

   C. 同一文化；西班牙　　　D. 女性；白人

3. 研究显示网络疗法的有效性怎么样？

   A. 这是一种潮流，研究表明网络疗法相对而言不怎么有效

   B. 网络疗法对于那些不方便找到治疗师的人有效

   C. 研究表明许多来访者将聊天室当作网络疗法的一部分，通常会在 1 ～ 2 次后放弃治疗

   D. 目前还没有足够的研究表明网络疗法是否有效

4. ____是指在对照研究中发现的已经取得疗效或治疗变化的技术或干预措施。

   A. 友好来访者　　　　B. 保险批准

   C. 临床有效　　　　　D. 循证治疗

科学探究和批判性思维

心理治疗有效吗

落实 APA 学习目标 2.4：解释、设计、实施心理学基础研究

你已经学习了多种心理治疗方法，请设计一项实验研究 A 疗法和 B 疗法对心理障碍 X 的效果。

研究心理疗法的有效性存在诸多问题。在对照研究中，实验组接受特定的心理疗法，列入候补名单的人成为对照组；但这并不理想。一方面，对照组并未获得治疗师的关注，因此缺少了期待治疗效果引发的安慰剂效应（Shapiro & Shapiro, 1997）。另一方面，并非所有的疗法都能在同等的时间段内起效。例如，再简短的精神分析所需的时间也比行为疗法要长。从短期研究来看，行为疗法显然更有效。行动疗法中的行为疗法与领悟疗法评估疗效的方式是不同的：在行为疗法中，不良行为的减少有客观的测量标准，但是获得领悟力、控制感、自我价值、自尊等却不那么容易被评估（Shadish et al., 2002）。

假定你的研究假设是："对于 X 障碍，A 疗法比 B 疗法更有效，而且 A 疗法和 B 疗法的效果都比不接受治疗要好。"你如何评价这些疗法？你会用哪种研究方法来说明因果关系？你如何实施这些疗法及其效果？你需要什么样的数据来验证你的假设？

例如，假设 A 疗法由 10 次 50 分钟一对一的认知行为治疗组成；B 疗法包括 10 次基于认知行为疗

法的线上学习模块，每次大约需要 45 分钟。尽管整个过程都有心理学家监督，但与心理学家之间没有直接的互动。

根据提供的信息，你需要什么数据？如何收集这些数据？你可能需要确保你的研究对象有与 X 障碍相似的症状，可能的话最好没有其他的疾病。关于治疗组和对照组你需要注意什么？最好是两组的人口学特征要相似，包括年龄、受教育程度、社会经济地位、性别等。你会随机将被试分配到三个组吗？你从哪里招募被试？每组需要多少被试？理想的情况下，每组需要至少 30 人。每组人数应该大体相当【连接学习目标 A.1 和 A.5】。

假设你发现 A 疗法或 B 疗法对 X 障碍有积极的疗效。研究结束后，你将如何安置对照组的被试？一种方案是为对照组的被试提供研究中的疗法。如果研究假设得到证实，A 疗法比 B 疗法更有效时，你会为对照组的被试提供哪种疗法？还是让他们自己选择？在这种情况下，你可以同时提供两种疗法，说明每种疗法的益处让他们选择，并让他们决定他们更喜欢哪种疗法。

无论研究结果如何，你将如何与其他的心理学同行交流研究结果？如何与公众分享？如何与选修普通心理学课程的学生分享？基于被证实的研究假设，或其他的研究发现或者研究发现的组合，你分享信息的方式是否会有所不同？

批判式思考　回顾上述问题后，请描述你将如何与非心理学专业的同学分享 A 疗法和 B 疗法的结果。你分享的最关键点是什么？

生物医学疗法

正如受过精神分析训练的治疗师更可能采用心理动力学疗法进行心理治疗，对人格和行为持生物学观点的治疗师在治疗行为障碍时更可能采用医学手段。即使不是生物学导向的心理治疗师也可能在合作医生的监督下将心理治疗与药物相结合。与医生一样，精神病学家几乎会不可避免地秉持生物学观点，因此除了自身偏好的心理治疗技术之外，他们更常使用生物医学疗法（直接影响身体和大脑的生理功能）。生物医学疗法包括药物疗法、休克疗法、外科手术或无创刺激技术。

心理药理学

15.10　将用于治疗心理障碍的药物进行分类

用药物控制和缓解心理障碍症状被称为**心理药理学**（psychopharmacology）。这些药有时单独使用，但通常会与一些心理疗法结合使用，这样效果更好（Kearney & Silverman, 1998；Keller et al., 2000）。有 4 种基本的药物用于治疗精神障碍、焦虑障碍、心境障碍的躁狂发作和抑郁症。

抗精神病药物　用于治疗精神病症状，如幻觉、妄想和怪异行为的药物被称为**抗精神病药物**（antipsychotic drug）。这些药分为两类，经典、典型的抗精神病药物和新的非典型抗精神病药物。最早研发的典型抗精神病药物为氯丙嗪。第一代抗精神病药物会引起"神经衰弱"或精神运动迟缓和情绪低落，因为它对神经系统的副作用被称为神经安定药（Julien et al., 2011；Preston et al., 2008；Stahl, 2013）。表 15-3 列出了几种典型和非典型的抗精神病药物及其副作用。

典型的抗精神病药物通过阻断大脑中特定的多巴胺受体（即 D2 受体），从而减弱多巴胺在突触传导中的作用（Julien et al., 2011；Preston et al., 2008；

Stahl，2013）。然而，由于它们阻断了一些与精神病无关的多巴胺通路，持续使用这类药物可能会引发问题。这些问题包括与帕金森病类似的运动障碍，有时被称为锥体外症状，以及迟发性运动障碍。迟发性运动障碍是长期治疗引起的综合征，停用典型的抗精神

病药物后，症状依旧会持续。这种障碍的症状表现为面部及舌头的运动，如反复伸出舌头、做鬼脸、不停地咀嚼，反复不自觉的抽搐或手臂和腿部的舞蹈式动作（Julien et al.，2011；Preston et al.，2008；Stahl，2013）。

表15-3　心理药理学中使用的药物类型

类别	治疗领域	副作用	例子
抗精神病：典型的抗精神病药物	阳性（过度）症状如妄想和幻觉	运动异常，迟发性运动障碍	氯丙嗪、氟哌利多、氟哌啶醇
抗精神病：非典型的抗精神病药物	精神病的阳性和阴性症状	比典型的抗精神病药物的副作用少；氯氮平可能造成严重的血液障碍	利培酮、氯氮平、阿立哌唑
抗焦虑：弱安定剂	焦虑症状和恐惧反应	轻微镇静作用；身体依赖倾向	阿普唑仑、劳拉西泮、安定
抗躁狂	躁狂行为	毒素累积倾向	锂盐、抗惊厥药
抗抑郁：单胺氧化酶抑制剂（MAOI）	抑郁	体重增加、便秘、口干、眩晕、头痛、困倦、失眠、某些性功能障碍	异丙烟肼、异卡波肼、苯乙肼硫酸盐、硫酸苯环丙胺
抗抑郁：三环类抗抑郁药	抑郁	皮疹、视力模糊、低血压、体重增加	丙咪嗪、脱甲丙咪嗪、阿米替林、多塞平
抗抑郁：选择性血清素再吸收抑制剂（SSRI）	抑郁	恶心、神经紧张、失眠、腹泻、皮疹、兴奋、焦躁、某些性功能障碍	氟西汀、舍曲林、帕罗西汀

非典型的抗精神病药物也会抑制多巴胺，但它重点抑制那条导致精神问题的多巴胺通路。同时，这些药物会阻碍或部分阻碍特定的血清素受体，其副作用较小，有时甚至能改善精神分裂症的阴性症状（Julien et al.，2011；Preston et al.，2008；Stahl，2013）。尽管有效，非典型的抗精神病药物也可能有多余的副作用，如体重增加、糖尿病、血脂水平和心率的改变（Julien et al.，2011）。比如，氯氮平可能在极少部分人身上引起免疫系统的白细胞严重减少。因此，使用氯氮平时需要密切监测患者的血液，氯氮平虽不是治疗的首选，但经常会在其他抗精神病药物无效时使用（Stahl，2013）。

新型的非典型抗精神病药物包括多巴胺部分激动剂，它影响多巴胺的释放而不是阻断大脑中的多巴胺受体和其他对多巴胺和血清素有促进或拮抗作用的药物（Stahl，2013）。（激动剂具有促进作用，拮抗剂有抑制或降低的效果。）与谷氨酸的活动有关的药物也在研究中【连接学习目标2.3】。

💬 人们通常要服用这些抗精神病药物多长时间？

在某些情况下，精神病发作可能只持续几个月或几年的时间，因此只需要在那段时间接受药物治疗。但大部分的情况是，个体必须终生服药，尤其在青春期或成年早期开始发作的精神分裂症。长期服用抗精神病药物尤其是较老的典型药物与认知功能衰退（如记忆力减退和镇定状态）有关，这可能是由于药物本身的化学作用引起的。新型的非典型抗精神病药物不仅副作用更少，而且对认知过程的影响也更小（Julien et al.，2011；Stahl，2013）。

抗焦虑药物　传统**抗焦虑药物**（antianxiety drug）是弱安定剂或苯二氮卓类药物，如阿普唑仑、劳拉西泮和安定。这些药物都有镇定的作用，口服适当的剂量后 20～30 分钟就能缓解焦虑症状（Preston et al.，2008）。这类药物可能会有许多副作用，但最主要的担忧还是潜在的成瘾风险，以及人们可能通过大量服药来"逃避"，造成药物滥用（National Institute on

Drug Abuse，2002 ）。

情绪镇定药物 多年以来，治疗双相情感障碍和躁狂发作的药物一直是锂盐，它是一种金属化学元素的盐形式（碳酸锂），可以平复双相情感障碍的高潮和低谷。治疗师一般会建议双相情感障碍复发的个体维持一定水平的锂治疗。锂会影响神经元和肌肉细胞中钠离子的运输，但还不清楚它是如何影响情绪的。尽管锂的使用与体重增加相关，但这些副作用很快会消失。在服用锂的同时需要控制饮食，因为饮食中低水平的钠会使锂达到有毒的水平，这一原理就像苏打、茶和咖啡中的咖啡因一样，它们可以带走人体内的水分。

通常用来治疗癫痫的抗惊厥药物如卡马西平、丙戊酸（双丙戊酸钠）和拉莫三嗪也可以用来治疗躁狂。这些药物和锂盐一样在控制情绪起伏方面很有效，同时可以和锂盐结合使用（Bowden et al.，2000；Thase & Sachs，2000）。一些非典型的抗精神病药物作为情绪镇静剂，可以单独使用，或与抗惊厥药物结合使用（Julien et al.，2011；Preston et al.，2008；Stahl，2013）。

抗抑郁药物 和其他的科学研究一样，最初用于治疗抑郁的药物原本是用来治疗其他障碍的。例如，异丙烟肼在 20 世纪 50 年代早期用来治疗结核病，当时发现该药物对情绪有积极的作用，因此它成了现代第一种**抗抑郁药物**（antidepressant drug）（López-Muñoz & Alamo，2009）。这种药物是最早的单胺氧化酶抑制剂（MAOI），这种抑制剂是抗抑郁药物的一种，它会抑制单胺氧化酶的活动。单胺氧化酶是大脑的"清洁工"，其主要功能是分解去甲肾上腺素、血清素和多巴胺这三种主要参与情绪控制的神经递质。在正常情况下，神经递质完成了情绪控制的"工作"后，多余的部分就会被分解。而抑郁时，这些神经递质需要更多的时间来完成自己的"工作"，MAOI就会通过抑制酶的活动来为它们提供足够的时间。

现在常用的 MAOI 是异卡波肼、苯乙肼亚硫酸盐和硫酸苯环丙胺。这些药物也有一些副作用：体重增加、便秘、口干、眩晕、头痛、困倦、失眠以及性

功能障碍。在大部分情况下，这些副作用会随着治疗的持续而减少或消失。尽管某些 MAOI 在服用时没有饮食禁忌，但通常来说服用 MAOI 的人应谨慎食用熏制、发酵或腌制的食物，谨慎饮用某些饮料和服用其他药物。因为 MAOI 与这些东西结合使用可能会导致严重的高血压（Stahl，2013）。提前采取预防措施非常重要，某些药物间的反应可能十分普遍，有时甚至是致命的。所以，服用 MAOI 时应与专业的医疗人士保持密切联系，以防药物间产生不良的相互作用（Julien et al.，2011；Preston et al.，2008；Stahl，2013）。

第二种抗抑郁药物称为三环类抗抑郁药，这种药物是在治疗精神分裂症的过程中发现的（López-Muñoz & Alamo，2009）。三环类抗抑郁药因其分子结构由三个环组成而得名，它通过抑制血清素和去甲肾上腺素重新进入神经元的突触小泡来增强神经系统中这两种神经递质的活性【连接学习目标 2.3】。常见的三环类抗抑郁药有丙咪嗪、脱甲丙咪嗪、阿米替林和多塞平。这些药物的副作用与 MAOI 相似，也会随着疗程的推进而减少，但它的副作用还包括皮疹、视力模糊、低血压和体重增加（Julien et al.，2011；Preston et al.，2008；Stahl，2013）。

MAIO 和三环类抗抑郁药对三种关键神经递质作用的影响，促使研究人员尝试开发更具针对性的药物，让副作用更少。随后，研发出了选择性血清素再吸收抑制剂（SSRI），该药只会抑制血清素的再吸收过程。它能有效发挥抗抑郁作用，且副作用较小，与早期的抗抑郁药物相比更为安全。但 SSRI 与另外两类抗抑郁药物一样，可能需要 2 ～ 6 周才能起效。人们较为熟知的 SSRI 是氟西汀、舍曲林和帕罗西汀。还有一些正在研究中的抗抑郁药，包括血清素 - 去甲肾上腺素再吸收抑制剂（SNRI）、血清素部分激动剂 / 再吸收抑制剂（SPARI）、去甲肾上腺素 - 多巴胺再吸收抑制剂（NDRI）、选择性去甲肾上腺素再吸收抑制剂（NRI）和血清素拮抗剂 / 再吸收抑制剂（SARI）。

也有研究人员正在研究低于麻醉剂量的氯胺酮作为抗抑郁药的潜在用途，因为它对抗抑郁能立刻

起效并有减少自杀念头的作用（Stahl，2013）。虽然药效不是很持久，但它能在几个小时内起效，对某些人能持续数天甚至一周（DiazGranados，Ibrahim，Brutsche，Ameli，et al.，2010；DiazGranados，Ibrahim Brutsche，Newberg et al.，2010；Zarate et al.，2006；Zarate et al.，2012）。除了快速药效之外，它似乎还能促进突触再生并改善慢性疼痛（Duman & Aghajanian，2012）。类似氯胺酮的药物因其潜在的抗抑郁效果，也正在研究中。氯胺酮本身是一种麻醉剂，有时会因其产生的分离和致幻效果而被滥用，甚至有人在性侵中使用。

有人担心，相比没有接受治疗的患者，服用新型抗抑郁药的儿童和青少年自杀的风险可能会增加。最近的元分析给出了相互矛盾的观点，一些数据表明自杀风险会增加，而其他数据则不支持自杀风险的增加（Gibbons et al.，2012；Hetrick et al.，2012）。风险增加可能是因为药物缓解了抑郁的症状，而自杀的念头和行为并没有减少。不管怎样，都应谨慎对待，尤其是正在服用新型抗抑郁药的儿童和青少年。

抗抑郁药还有其他的用途，近几年来治疗焦虑的苯二氮䓬类药物的使用有所减少，医生和治疗师开始使用抗抑郁药治疗焦虑及相关的障碍如惊恐症、强迫症和创伤后应激障碍。尽管抗抑郁药需要 3～5 周才能起效，但它们并没有像弱镇静剂那样被滥用，并且副作用较少。

总体而言，当今许多心理学专家认为，将心理疗法和医学治疗（尤其是药物疗法）相结合能更有效地治疗许多疾病。治疗重性抑郁症时通过药物缓解患者的症状，同时需要与他们谈论症状和药物治疗时的感受。心理疗法结合抗抑郁药物比单独使用药物更有效，可能比单独的心理疗法效果也更好（Craighead & Dunlop，2014）。但是，认知行为疗法与药物结合并不一定更有效，因为认知行为疗法本身比其他疗法的效果更好，改善的空间也有限（Craighead & Dunlop，2014）。精神分裂症等精神障碍患者也能从综合疗法中获益，治疗策略从家庭和社区支持计划到个人或团体的认知行为疗法，都被证明是有价值的精神药理学

联合疗法（Stahl，2013）。然而，至少对重性抑郁症患者来说，综合疗法不应成为默认疗法，因为有些个体仅仅对某种治疗反应较好，而且综合治疗比较昂贵（Craighead & Dunlop，2014）。

电休克疗法和精神外科

15.11　解释电休克疗法和精神外科如何用于心理障碍的治疗

如本章开头所述，治疗心理障碍的方式和医疗手段多种多样，并且某些治疗方法优于其他方法。但是，有些方法被不加区别地随意使用时是无效的，甚至弊大于利。这种状况已经有所改变了，当其他的治疗无效时，生物医学替代疗法是有效的，有时甚至是最佳方案。

电休克疗法　许多人惊奇地发现，**电休克疗法**（electroconvulsive therapy，ECT）至今仍被用于治疗严重抑郁。ECT 是对个体头部的一侧或两侧进行电击，导致身体抽搐或惊厥以及大脑中神经递质的大量释放的疗法（American Psychiatric Association Committee on Electroconvulsive Therapy，2001）。电休克疗法可以立即改善情绪，它不仅被用于对药物治疗或心理治疗无反应或不能接受药物副作用的重度抑郁患者，也用于治疗对其他疗法反应不佳的几种重度障碍，如精神分裂症和重度躁狂症（APA Committee on Electroconvulsive Therapy，2001；Pompili et al.，2013）。

在 20 世纪 30 年代，医生就在研究诱发癫痫在治疗精神分裂症中可能产生的作用，在这些早期实验中癫痫是通过一种药物——樟脑诱发的。意大利研究人员乌戈·切莱蒂（Ugo Cerletti）和卢西奥·比尼（Lucio Bini）最早用电击诱发癫痫来治疗精神分裂症患者，仅仅经过 11 次治疗患者就完全康复了（Endler，1988；Fink，1984；Shorter，1997）。很快，医生就开始用 ECT 来治疗各种重度心理障碍了。因为电击的强烈程度足以使个体在大部分时间里失去意识，所以早期的电击并不使用麻醉剂。骨折、咬断舌头和牙齿断裂等"副作用"并不罕见。

如今 ECT 的使用被严格控制且更人性化。它只用于治疗重度障碍，而且在美国大多数州都需要书面的知情同意书。对药物或心理疗法都无效且有自杀可能或已经尝试过自杀的重度抑郁患者，ECT 最有效。ECT 比抗抑郁药物发挥效用的时间更短，因此在防止患者自杀方面十分重要（APA Committee on Electroconvulsive Therapy，2001）。尽管 ECT 与临床症状之间的关系尚不清楚，但也有研究表明电击疗法增加了大脑某些区域灰质的体积和皮质的厚度，如海马、杏仁核及与情绪和记忆相关的脑区（Bouckaert et al.，2015；Sartorius，et al.，2015）【连接学习目标 2.1】。但是，ECT 仍然不能被认为是一种"治愈疗法"，它只是一种让重度抑郁患者的心理状态能够回应其他形式的治疗或心理治疗的方法。接受 ECT 的患者很有可能会复发，持续地治疗是一种重要的治疗策略（Nordenskjold et al.，2011；Petrides et al.，2011）。

💬 电休克疗法有哪些副作用？之前不是提到这一疗法会影响记忆吗？

ECT 确实有一些不良的副作用，副作用的持续时间不尽相同。ECT 也确实会影响记忆，因为它会破坏信息的固化，阻碍长时记忆的形成【连接学习目标 6.12】。它会造成逆行性遗忘，即对近期发生的事件失去记忆，也会导致顺行性遗忘，即对新材料的迅速遗忘（APA Committee on Electroconvulsive Therapy，2001；Lisanby et al.，2000；Weiner，2000）。逆行性遗忘可以延伸到治疗前的几个月和治疗后的几个星期，旧的记忆会随着时间的推移而恢复，而顺行性遗忘更为暂时，治疗后几个星期就消除了。如今在使用 ECT 时，治疗师会尽可能地减少副作用：ECT 前会给予患者肌肉松弛剂，以减少痉挛的影响，并对患者进行短时麻醉；有的 ECT 甚至会使用超速脉冲，它虽然对认知的影响较小，但治疗的结果与其他方法有所不同（Tor et al.，2015）。虽然 ECT 有一定的疗效，但其应用并不统一。在美国，ECT 的使用存在

种族差异：与白人相比，抑郁的非裔美国人不太可能选择或接受 ECT 治疗，而且 ECT 的总体使用似乎也在下降（Case，Bertollo，Laska，Price et al.，2013；Case，Bertollo，Laska，Siegel，et al.，2012）。

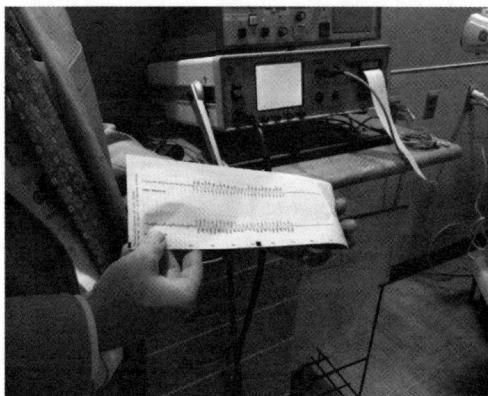

用电休克疗法（ECT）治疗前、治疗中、治疗后都会监测大脑活动。ECT 是在头部的一侧或双侧进行电击诱发癫痫发作。ECT 能迅速改善情绪，对其他疗法失效或不能容忍其他疗法副作用的重度抑郁患者最为有效。

精神外科 正如外科手术需要切开身体一样，**精神外科**（psychosurgery）也需要切割大脑通过移除或破坏脑组织来消除心理障碍的症状。最早和最著名的精神外科技术之一是**前额叶切除术**（prefrontal lobotomy），即切断大脑前额叶和其他部分的联系。葡萄牙精神病学家安东尼奥·埃加斯·莫尼兹（Antonio Egas Moniz）博士于 1935 年发明了这一技术，他因对精神外科的贡献而获得了诺贝尔医学奖（Cosgrove & Rauch，1995；Freeman & Watts，1937）。沃尔特·弗里曼（Walter Freeman）和詹姆斯·沃茨（James W. Watts）对莫尼兹的技术进行了改进，发展出经眼眶额叶切除术，将类似于冰锥的脑白质切除器从眼窝后面的位置插入大脑，然后切断大脑纤维。这项技术得到了广泛的应用，不幸的是在治疗精神疾患的过程中，有时会被过度使用。

💬 我一直以为脑叶切除术会让大部分人的情况变得更糟，它不是会剥夺人的情绪什么的吗？

早期的一些脑叶切除术确实让患者不那么激动、焦虑，且更少妄想，也有很多患者没能在切除术中活下来（实际上有大约 6% 的患者死亡），还有一些患者的人格发生了消极的变化，如变得冷漠、缺乏情绪反应、智力迟钝和幼稚。幸运的是，随着以氯丙嗪为首的抗精神病药物的发展，以及对脑叶切除术严重的副作用的长期研究，最终脑叶切除术这种精神外科技术不再被使用了（Cosgrove & Rauch，1995；Swayze，1995）。过去几十年中接受切除术（以及采用切除术治疗疾病）的名人有约翰·肯尼迪（John F. Kennedy）的妹妹罗斯玛丽·肯尼迪（轻度智力障碍）和剧作家田纳西·威廉姆斯（Tennessee Williams）的姐姐罗丝·威廉姆斯（精神分裂症）。

左边的女性是约翰·肯尼迪总统的妹妹罗斯玛丽·肯尼迪，右边的男性是她的父亲、美国驻英国大使约瑟夫·肯尼迪。拍下这张照片后 6 年，由于轻度智力障碍和越来越难以控制的行为，罗斯玛丽被迫接受了经眼眶额叶切除术。手术的后果是悲惨的，她一直待在看护机构直到 2005 年 1 月 7 日去世。

💬 现在不再使用脑叶切除手术了，还有其他的精神外科技术吗？

脑叶切除术没有了，但有一种不同的、更为现代的技术叫作**双侧扣带前回毁损术**（bilateral anterior cingulotomy），这种技术利用磁共振成像【连接学习目标 2.9】，将电极引导到大脑中的扣带回区域。这个区域连接额叶和控制情绪反应的边缘系统。电极间的电流活动，可以破坏非常小的特定区域的脑细胞。这个过程被称为损伤【连接学习目标 2.8】。扣带回切除术相对罕见，只在不得已的情况下使用。但是，它已经被证明在某些重性抑郁症和强迫症的治疗中有疗效，这些患者对其他疗法均无反应（Nuttin et al.，2014）。由于扣带回切除术是刻意造成永久性的脑损伤，在术前应尝试其他所有可能的治疗方式；另外，不同于早期的脑叶切除术，只有在患者完全知情的情况下才能进行手术（Nuttin et al.，2014）。鉴于这种侵入式的手术并非对所有人都有疗效，目前正在进行的研究希望能更好地预测这种治疗对哪些人有效，对哪些人可能无效（Banks et al.，2015）。

新兴技术

15.12　认识心理治疗的一些新技术

第 2 章讨论了影响脑活动的非侵入式新技术，包括重复性经颅磁刺激（rTMS）即对大脑皮层施加磁脉冲、经颅直流电刺激（tDCS）即通过头皮电极向大脑传输极低振幅的直流电。这些新的激动人心的技术正被视为各种心理障碍可能的治疗方案，或者帮助研究人员更好地理解 PTSD、抑郁、卒中、脊髓损伤、ADHD 以及其他许多疾病背后的大脑机制（Adeyemo et al.，2012；Benito et al.，2012；Boggio Rocha et al.，2009；Cristancho et al.，2013；Helfrich et al.，2012；Nitsche et al.，2009）。

第 2 章重点介绍的另外一项技术是脑深部电刺激（DBS）。rTMS 和 tDCS 都是非侵入式的，但 DBS 不是，而且 DBS 只在其他方法都无效时才会使用。DBS 被视为抑郁症和强迫症的一种治疗方式（Denys et al.，2010；Holtzheimer et al.，2012），有证据表明它还可以改善抑郁症患者的某些神经心理功能（Moreines et al.，2014）。令人兴奋的是，DBS 用于治疗对其他疗法反应不佳的慢性神经性厌食症患者的研究正在开展，初步的结果表明，某些患者在治疗后体重指数、情绪、焦虑症状有所改善（Lipsman et al., 2013）。关于 DBS 在慢性肥胖治疗方面的初步研究也在进行（Val-Laillet et al., 2015；Whiting et al., 2013）。

脑深部电刺激（DBS）是一种侵入式的治疗方法，有时在其他疗法都失效时使用。它会植入一个脉冲发生器，将电刺激发送到特定的脑区。

概念地图 15.10 ~ 15.12

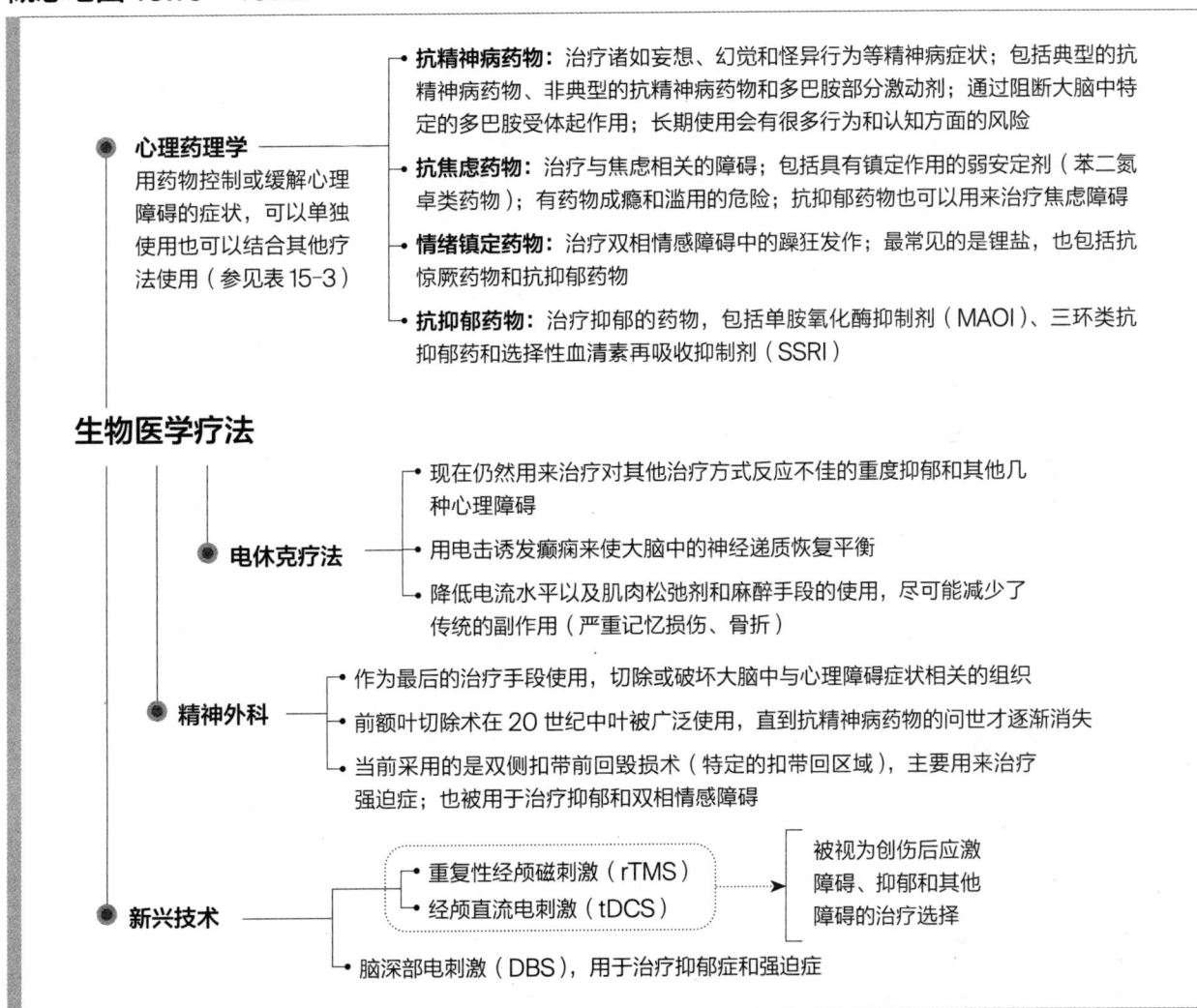

心理药理学
用药物控制或缓解心理障碍的症状，可以单独使用也可以结合其他疗法使用（参见表 15-3）

- **抗精神病药物**：治疗诸如妄想、幻觉和怪异行为等精神病症状；包括典型的抗精神病药物、非典型的抗精神病药物和多巴胺部分激动剂；通过阻断大脑中特定的多巴胺受体起作用；长期使用会有很多行为和认知方面的风险
- **抗焦虑药物**：治疗与焦虑相关的障碍；包括具有镇定作用的弱安定剂（苯二氮卓类药物）；有药物成瘾和滥用的危险；抗抑郁药物也可以用来治疗焦虑障碍
- **情绪镇定药物**：治疗双相情感障碍中的躁狂发作；最常见的是锂盐，也包括抗惊厥药物和抗抑郁药物
- **抗抑郁药物**：治疗抑郁的药物，包括单胺氧化酶抑制剂（MAOI）、三环类抗抑郁药和选择性血清素再吸收抑制剂（SSRI）

生物医学疗法

电休克疗法
- 现在仍然用来治疗对其他治疗方式反应不佳的重度抑郁和其他几种心理障碍
- 用电击诱发癫痫来使大脑中的神经递质恢复平衡
- 降低电流水平以及肌肉松弛剂和麻醉手段的使用，尽可能减少了传统的副作用（严重记忆损伤、骨折）

精神外科
- 作为最后的治疗手段使用，切除或破坏大脑中与心理障碍症状相关的组织
- 前额叶切除术在 20 世纪中叶被广泛使用，直到抗精神病药物的问世才逐渐消失
- 当前采用的是双侧扣带前回毁损术（特定的扣带回区域），主要用来治疗强迫症；也被用于治疗抑郁和双相情感障碍

新兴技术
- 重复性经颅磁刺激（rTMS）
- 经颅直流电刺激（tDCS）
  → 被视为创伤后应激障碍、抑郁和其他障碍的治疗选择
- 脑深部电刺激（DBS），用于治疗抑郁症和强迫症

随堂小考

1. 为什么抗抑郁药物会替代抗焦虑药物来治疗焦虑症？

　A. 抗抑郁药物更具成本效益

　B. 抗焦虑药物可能会上瘾，副作用较多

　C. 抗焦虑药物越来越不那么有效

　D. 抗焦虑药物实际上不存在了

2. 长时间使用抗精神病药物引起的副作用被称为＿＿＿，其特征是不自觉的面部和舌头运动（如做鬼脸、不停咀嚼）、反复非自主的抽搐或手臂和腿部的舞蹈式动作。

　A. 粒细胞缺乏症　　　　B. 迟发性运动障碍

　C. 联觉　　　　　　　　D. 恶性神经疾病

3. 当今的电休克疗法通常在治疗＿＿＿时非常有效。

　A. 分离性身份识别障碍　B. 精神分裂症

　C. 轻度焦虑　　　　　　D. 重度抑郁

4. 一种新的被称为脑深部电刺激（DBS）的技术在治疗＿＿＿方面颇具有前景。

　A. 其他治疗失效的神经性厌食症

　B. 恐惧症

　C. 人格障碍

　D. 躁狂症

在日常生活中应用心理学

虚拟现实疗法

15.13　描述如何将虚拟现实应用于心理治疗

虚拟现实是由计算机软件生成和模拟的三维环境。想象你正在玩电子游戏，但不是透过屏幕看着你的角色，而是沉浸在游戏设计者创造的视听世界中，通过角色的眼睛看、耳朵听。这种游戏肯定非常有趣，虚拟现实在治疗心理疾病方面也有非常实际的用途。

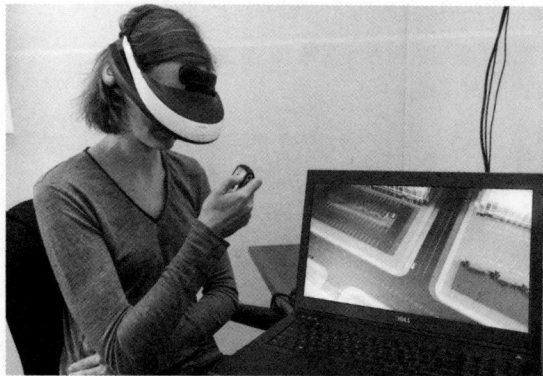

虚拟现实技术可以让患者暴露在恐惧的事物和情境中，也有令恐高症患者感到苦恼的场景。

虚拟现实作为治疗方式的主要用途之一就是与暴露疗法结合使用。以恐惧症为例，暴露疗法是将个体暴露在他所恐惧的对象面前，阻止其回避，最终达到消除个体条件化的恐惧反应。使用虚拟现实可以确保治疗对象无法避免暴露，因为他／她所恐惧的动物的形象和声音、开放的空间，或其他恐惧涉及的一切都呈现在他／她的面前。例如，一项研究考察了结合虚拟现实的暴露疗法对蜘蛛和蟑螂等特定小动物恐惧的治疗效果（Botella et al., 2016）。被试戴着虚拟现实的护目镜与蜘蛛和蟑螂进行互动，对照组的被试则接触真正的蜘蛛和蟑螂。结果显示，两组被试的情况都得到了显著的改善（Botella et al., 2016）。

创伤后应激障碍（PTSD）是另一类得益于虚拟现实心理治疗的心理健康问题。这种疾病的比例正在上升（伴随着第 14 章提到的世界大事和其他类似的应激源，心理学家预计 PTSD 病例的数量将继续上升），而传统的疗法并不总是有效。尽管这是一个相对较新的领域，但有证据表明，在治疗 PTSD 方面虚拟现实心理治疗与传统的暴露疗法一样有效，而且对那些不希望采用传统暴露疗法的来访者尤其有吸引力（Goncalves et al.，2012；Motraghi et al.，2015）。

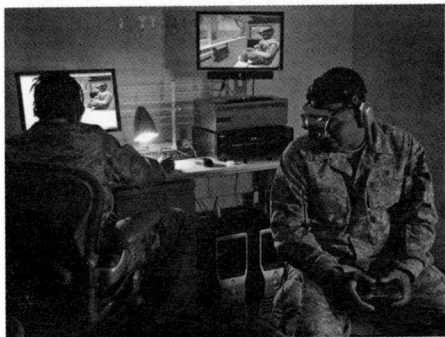

对于许多患创伤后应激障碍的士兵来说，虚拟现实心理治疗是有效的。

虚拟现实的另一个优势在于它可以提供生动逼真的图像，尤其适合那些在暴露疗法中不能娴熟地想象困扰他们场景的患者。它还有便携的优势。目前，一些手持的虚拟现实设备可以用于治疗 PTSD，如地震、海啸、飓风和其他世界性大灾难的幸存者。

深入讨论一下

1. 你能想到还有哪些心理障碍可能受益于虚拟现实心理治疗？

2. 你能想出这种疗法有什么缺点吗？

本章总结

心理障碍治疗的过去和现在

15.1　描述心理障碍的治疗是如何随着历史演变的

- 16 世纪中叶，精神病患者开始被关进收容所中。当时的治疗是严酷的且往往是有害的。

- 菲利普·皮内尔因倡导人性化对待精神病患者而闻名于世，他解除了法国巴黎比塞特收容所中患者身上的锁链。

- 心理疗法就是让个体与心理专家谈论自己的问题。

- 领悟疗法的目标在于认识个体的动机和行为，而行为疗法的目标在于矫正紊乱的行为。

- 生物医学疗法通过医学手段来改变行为。

领悟疗法

15.2　描述精神分析和心理动力学疗法的基本要素

- 西格蒙德·弗洛伊德开创了精神分析疗法，旨在释放个体潜意识中隐藏的、被压抑的渴望和担忧。

- 精神分析疗法利用梦的解析、自由联想、积极和消极的移情以及阻抗来帮助患者揭示他们无意识的担忧。

- 弗洛伊德最初的治疗方法因为缺乏实证支持以及他在解释患者陈述时的个人偏好而招致批评。

- 现代心理动力学流派的治疗师修正了这一技术，使它耗时更短、更直接，而且他们不像弗洛伊德那样关注本我和性。

15.3　确定个人中心疗法和格式塔疗法的基本要素

- 人本主义疗法关注有意识的思维和主观体验，帮助来访者获得领悟。

- 个人中心疗法是非指导性的，治疗师会提供一个充满支持的环境让来访者能够自由谈论自己的问题和想法。

- 个人中心疗法的三个基本要素是来访者感受到治疗师的真诚、无条件积极关注和共情。

- 格式塔疗法更具指导性，意图帮助来访者意识到自己的感受并为自己所做的选择负责。

- 格式塔治疗师尝试着帮助来访者面对被他们否认的过去，在治疗中通过身体语言和其他非语言线索来了解来访者真实的想法。

- 人本主义疗法也缺少实证支持，并且更适合聪明、具有良好表达能力的患者。

行动疗法

15.4 解释行为治疗师如何利用经典条件反射和操作性条件反射来治疗行为障碍

- 行为疗法是一种行动疗法，治疗师不关注思维的过程，只关注异常或紊乱的行为，并通过经典或操作性条件反射技术矫正行为。
- 基于经典条件反射的疗法包括系统脱敏疗法、厌恶疗法和暴露疗法。
- 基于操作性条件反射的疗法包括模仿、强化、消退及行为激活。
- 行为疗法在治疗特定行为障碍时非常有效，比如尿床、药物成瘾和恐惧症，它也可以帮助改善与更严重障碍有关的行为症状。

15.5 总结认知和认知行为疗法的目标和基本要素

- 认知疗法的目标是帮助来访者认识到自己的思维是扭曲的、自己的某些信念可能是不正确的。
- 思维扭曲包括任意推断、选择性思维、过度概化、放大或缩小以及个人化。
- 认知行为疗法是一种行动疗法，目标是改变个体不合逻辑或扭曲的思维。
- 认知行为疗法的三大目标是消除症状并解决问题、制定适用于将来问题的解决策略以及帮助个体改变非理性、扭曲的思维模式。
- 理性情绪行为疗法是一种指导性的疗法，治疗师会直接挑战来访者的非理性信念，经常与来访者辩论，甚至会为来访者布置家庭作业。
- 虽然认知行为疗法在治疗抑郁、应激障碍和焦虑方面似乎很成功，但是它也因为只关注症状但忽视行为障碍的原因而受到批评。

团体治疗

15.6 比较不同形式的团体治疗

- 团体治疗可以运用多种心理治疗的风格，治疗对象可能是一个家庭的所有成员，比如家庭咨询。
- 团体治疗也可以在没有专业治疗师参与的情况下以自助或支持小组的形式开展，这类小组由患有相同或相似障碍的个体组成。
- 团体治疗对于不能负担一对一治疗费用、能从团体治疗中获得很多社会和情感支持的个体最为有效。

15.7 了解团体治疗的优点和缺点

- 团体治疗的优势包括成本低、可以与有相似问题的人交流、与他人有社会交往以及从有相似障碍或问题的人那里获得社会和情感支持。团体治疗对于社交焦虑的治疗也非常有效。
- 团体治疗的劣势包括需要与团体中的其他人共享治疗师的时间、缺乏私密的环境揭示问题以及患有重度精神障碍的个体无法忍受团体的环境。

判断心理疗法的效果

15.8 总结验证心理疗法有效性的研究

- 艾森克早期对来访者的调查表明，不管来访者有没有接受治疗，他们的情况都会随时间的推移而改善。
- 对接受治疗群体的调查发现，心理治疗的效果比没有治疗要好。
- 调查显示，接受治疗后，75% ~ 90% 个体的情况得到了改善；个体接受治疗的时间越长，情况改善得越好；单独的心理疗法和与药物结合使用的效果一样好。
- 某些形式的心理疗法在治疗特定障碍时比其他疗法更有效，但是并没有一种心理治疗技术对所有障碍都有效。
- 有效的治疗应该将来访者与其特定问题相匹配，治疗师和来访者之间应该建立治疗同盟，并且提供保护性的环境让来访者表达他的情绪和想法。
- 当治疗师和来访者的文化、种族或性别不同时，可能因文化或种族价值观、社会经济地位差异、性别角色和信念的不同而产生误解。
- 当治疗师与来访者的背景不同时，语言、文化价值观、社会等级以及非语言交流会影响治疗的效果。
- 网络疗法是在互联网上进行的心理治疗，为无法找到治疗师的人提供了选择。

15.9 确定影响心理治疗效果的因素

- 大多数的疗法都得益于治疗师和来访者之间建立了有效的治疗同盟。
- 获得大量研究支持的疗法被称为实证支持或循证治疗。
- 神经影像学正被用来潜在地识别有效治疗的机制和结果。

生物医学疗法

15.10 将用于治疗心理障碍的药物进行分类

- 生物医学疗法包括使用药物、诱发癫痫以及手术来消除或控制心理障碍的症状。
- 抗精神病药物用于控制幻觉、妄想以及怪异行为，主要包括典型抗精神病药物、非典型抗精神病药物以及多巴胺部分激动剂。
- 抗焦虑药物用于治疗焦虑相关的障碍，包括苯二氮卓类药物和某些特定的抗抑郁药物。
- 抗躁狂药物用于治疗双相情感障碍，包括锂盐和某些特定的抗惊厥药物。
- 抗抑郁药物用于治疗抑郁，包括单胺氧化酶抑制剂（MAOI）、三环类抗抑郁药和选择性血清素再吸收抑制剂（SSRI）。

15.11 解释电休克疗法和精神外科如何用于心理障碍的治疗

- 电休克疗法（ECT）用于治疗重度抑郁、双相情感障碍和精神分裂症，治疗涉及肌肉松弛剂、短时麻醉的使用以及在控制条件下诱发癫痫。
- 最早的精神外科技术之一是前额叶切除术——前额叶与其他部分的联系被切断，产生的影响包括症状的消失、情绪反应的缺乏和心理功能迟钝。
- 现代精神外科治疗包括双侧扣带前回毁损术，用以治疗那些其他疗法失效的重度抑郁、双相情感障碍和特定类型的强迫症。

15.12 认识心理治疗的一些新技术

- 正在兴起的心理治疗新技术包括重复性经颅磁刺激（rTMS）、经颅直流电刺激（tDCS）和脑深部电刺激（DBS）。

15.13 描述如何将虚拟现实应用于心理治疗

- 虚拟现实疗法基于计算机模拟的环境，可以用于治疗恐惧症、PTSD。相比于让来访者直接暴露在引发焦虑的刺激面前，这种疗法的风险相对较小。
- 虚拟现实治疗作为一种暴露治疗，其实施系统特别有用。

◖ 章末测试

1. 克拉拉准备去找治疗师，以便了解为什么她和所有的朋友都是自残式的关系。这种类型的治疗称为____疗法。

   A. 领悟　　　　　　　B. 行动

   C. 行为　　　　　　　D. 生物医学

2. 根据弗洛伊德的观点，梦的隐含意义是____内容。

   A. 压抑的　　　　　　B. 隐性的

   C. 显性的　　　　　　D. 性的

3. 通过使用____，个人中心疗法的治疗师向来访者表达了他们正在尝试理解来访者的经历。

   A. 反映　　　　　　　B. 无条件积极关注

   C. 共情　　　　　　　D. 真诚

4. 动机式访谈与个人中心疗法的区别是什么？

   A. 动机式访谈有明确的目标，以减少对改变的矛盾心理并增加内在的动力来促进改变的发生，而传统的个人中心疗法不是

   B. 动机式访谈关注无意识动机，而传统的个人中心疗法关注自我

   C. 动机式访谈允许来访者自由谈论任何事情，而传统的个人中心疗法更为直接

D. 动机式访谈是一种行为治疗技术，而个人中心疗法是生物医学疗法

5. 下列哪个来访者可能从人本主义疗法中获益最少？
   A. 科林，很聪明但对自我形象感到困惑
   B. 科尔，非常健谈，乐于谈论自己的感受
   C. 科琳，喜欢探索大脑的运作方式
   D. 科迪，很难将他的想法和感受用符合逻辑的方式表达出来

6. 贝拉因为气球可能突然发出响声而感到恐惧。为了克服这种恐惧，她必须坐在满是气球的房间里，治疗师逐个刺破气球发出响声。过了一会儿，贝拉意识到她的恐惧是不合理的，甚至开始去扎气球。这种治疗技术称为____。
   A. 系统脱敏疗法　　　B. 厌恶疗法
   C. 满灌法　　　　　　D. 消退法

7. 梅根的女儿凯拉害怕狗。梅根带凯拉去见治疗师，让治疗师帮助她克服恐惧。当治疗师将一条狗带进来时，梅根很惊讶。起初，治疗师向凯拉演示如何接近狗并抚摸它，但不要去抓它的尾巴，凯拉在一旁观看。最后，治疗师要求凯拉走近狗，并模仿她刚刚观察到的行为。经过几次治疗，凯拉不再对狗感到恐惧。治疗师使用的是什么技术？
   A. 虚拟暴露　　　　　B. 厌恶疗法
   C. 满灌法　　　　　　D. 参与者榜样

8. 玛丽亚与女儿佐伊坐在一起，写下佐伊每天的待办事项、完成后将获得的奖赏以及未完成需要面对的惩罚。这最像是哪种技术？
   A. 代币法　　　　　　B. "计时孤立"法
   C. 消退法　　　　　　D. 相倚合约法

9. 无论是儿童还是成人，对于许多的不良行为使用____或某种形式的"计时孤立"都非常有效。
   A. 任意推断　　　　　B. 消退法
   C. 正强化　　　　　　D. 负强化

10. 斯蒂芬收到女朋友的短信，她说今晚必须加班。斯蒂芬立即推断他的女朋友是在与她的同事约会。贝克认为斯蒂芬具有哪种类型的认知扭曲？
    A. 任意推断　　　　　B. 选择性思维

C. 过度概化　　　　　D. 个人化

11. 德温的妻子回家后因工作的缘故而生气，德温立即觉得是他做错了什么。这种非理性思维是____的典型表现。
    A. 过度概化　　　　　B. 个人化
    C. 任意推断　　　　　D. 选择性思维

12. 拉塔尼娅倾向于将负面事件的重要性不成比例地放大（夸大），而忽略相关的积极事件（缩小）。哪种治疗技术最能帮助拉塔尼娅？
    A. 团体治疗
    B. 虚拟治疗
    C. 双侧扣带前回毁损术
    D. 理性情绪行为疗法

13. 哪种治疗方法要求治疗师直面来访者的非理性信念？
    A. 个人中心疗法　　　B. 前额叶切除术
    C. 理性情绪行为疗法　D. 认知重构

14. 家庭治疗是一种团体治疗，____。
    A. 非专业人士带领选定的有相似问题的家庭成员
    B. 整个家庭参与其中，因为没有哪个单独的人是问题所在
    C. 家庭成员见面是为了找出在家庭动力系统中造成问题的人
    D. 心理专家治疗自己的家庭成员

15. 如果菲尔普斯博士作为治疗师使用折中治疗的方式，那么她到底在做什么？
    A. 菲尔普斯博士倾向于将潜意识作为治疗的源头
    B. 菲尔普斯博士倾向于依靠行为疗法对来访者进行治疗
    C. 菲尔普斯博士仅仅使用最新、最有创意的治疗方法
    D. 菲尔普斯博士根据情况使用一种或多种治疗方法

16. 关于心理障碍的治疗，许多心理专家认为药物与____结合使用效果最好。
    A. 电休克疗法　　　　B. 心理疗法
    C. 精神外科　　　　　D. 脑深部电刺激

17. 典型的抗精神病药物通过阻碍____神经递质起作用。

    A. 去甲肾上腺素　　　　B. 血清素

    C. 多巴胺　　　　　　　D. 肾上腺素

18. 布拉德利为了控制他的精神分裂症，多年来一直服用抗精神病药物。他的脸部、嘴唇、腿部和身体会反复、不自觉的抽搐。这些副作用组成一种综合征，被称为____。

    A. 氯丙嗪引起的蹒跚步态

    B. 神经衰弱

    C. 迟发性运动障碍

    D. 精神病综合征

19. 基拉正在参加重度和自杀性抑郁症的药物治疗试验，她被给予____，尽管其药效很短，但似乎能立即见效。

    A. 氯胺酮　　　　　　　B. 锂盐

    C. 丙戊酸钠　　　　　　D. 帕罗西汀

20. 在双侧扣带前回毁损术中，____。

    A. 大脑前侧与后侧被切开

    B. 细电极被用于破坏一小部分的脑组织

    C. 电击用于刺激特定的大脑区域

    D. 将药物注入大脑，破坏大面积的脑组织

附录 A 心理学中的统计

为什么要学习统计学

心理学是一门科学，科学家必须有方法来描述、总结和分析系统观察和实验收集到的数据。统计学使研究人员能够以一种有意义、合乎逻辑的方式来完成这些工作。

学 习 目 标

A.1 解释为什么统计学对心理学家和心理学专业学生非常重要

A.2 描述代表数据模式的图表类型

A.3 理解 3 种集中量数，并解释分布形态是如何影响它们的

A.4 确定用于验证数据中变异性的统计类型

A.5 描述如何用推断统计来确定数据组间的巨大差异是由某个变量还是由随机变化导致的

A.6 解释统计学是如何用一个分数预测另一个分数的

什么是统计学

A.1 解释为什么统计学对心理学家和心理学专业学生非常重要

许多心理学专业的学生都会好奇为什么心理学领域要使用如此复杂的数学。答案很简单，心理学家都是以研究成果为依据的。既要收集数据，也要分析数据。统计学为我们完成这些任务提供了工具。

收集的数据对心理学家来说有两种用途：一是总结研究或实验的信息；二是对数据进行判断和决策。他们对团体间的差异感兴趣，也对一组变量与另一组变量的关系感兴趣。

统计学（statistics）是数学的分支，着重从样本中收集和解释数据（Agresti & Finlay，1997；Aron et al.，2005）。**样本**（sample）通常是从大量的人群中随机地挑选出的一组人。如果要问男性青少年的平均身高是多少，你只计算了所在高中的平均数，这个平均数就是一个统计量。

统计分析是一种试图解释存在于几乎所有数据中的误差的方法。心理学只是使用下述统计方法的众多领域之一。

在此附录中，我们将讨论如何描述数据——组间是否有差异、两个变量间是否有关联。这些是心理统计学的基本思想。技术越进步，思想就越开放和先进。许多心理学专业的学生对使用统计学感到惊讶。然而，统计学对心理学研究很重要，如果你用心学习，不自我设限，会发现没那么难。为什么它这么重要？虽然你不是每天都会使用统计学的心理学家，但所有的心理学家都必须阅读和理解他人的研究，且理解研究的统计分析方法在说什么很关键。这里有一个实用的提示：相比那些没能掌握研究技术的学生，拥有良好研究和统计技术的学生能获得更多的职位以及赚到更多的钱。在当今世界，你需要掌握所有能掌握的技能和知识，统计学和研究设计就是真正有用的技能。

随堂小考

1. ＿＿＿是数学的分支，关注从样本中收集和解释数据。

　A. 统计学　　　　　　B. 心理测量学

　C. 概率　　　　　　　D. 系数

2. 在一个研究中使用统计分析的主要优势是什么？

　A. 它允许你检验研究开始时提出的假设

　B. 它让你试图解释存在于几乎所有数据中的误差

　C. 当你是一个研究人员时，它可以让你证明你有能力去检验和解释研究结果

　D. 它让你的研究设想获得机构评审委员会批准，然后发表研究

3. 下列哪一个是心理学研究统计的基本问题？

　A. 行为是由"天性"还是"后天培养"决定的

　B. 人们一般的行为是"好"还是"坏"

　C. 所有的行为是否都有一个共同的基础

　D. 组与组之间是否有差异，两个变量之间是否相关

描述统计

描述统计（descriptive statistics）是一种组织和总结数字以便于人们理解的方法。

有两种主要的描述统计类型：

- 集中量数。集中量数是用来总结数据并给出一个在样本中似乎有代表性的分数。
- 差异量数。差异量数用于表明数据的分布情况。比如它们是紧密结合还是广泛分布？

在讲述这两种量数之前，我们先来看看次数分布的概念，以便对实际的描述统计有更好的理解。

心理学家开始研究项目的一种方式就是去查看数据，但仅看一列数字并没有什么帮助。因此我们要制作一个图或一个表，然后从中寻找模式。

次数分布

A.2　描述代表数据模式的图表类型

次数分布（frequency distribution）是在一张表格或图形中，展示不同数字、分数在特定分数段出现的频次。例如，假设你有一个 30 人的样本，相当于一些心理学班级的规模。你问他们每天喝多少杯水。你可以把答案呈现为表 A-1 所示那样。

表 A-1　次数分布表

每天喝水的杯数	30 人中的人数（频次）
1	0
2	1
3	2
4	4

续表

每天喝水的杯数	30 人中的人数（频次）
5	5
6	6
7	5
8	4
9	2
10	1

通过这个表就能清楚地看到，多数人每天喝 4～8 杯水。表很有用，特别是在处理小数据集时。有时，更直观的展示方式能够更好地"描绘"数据的模式，即研究人员用图来描绘次数分布的数据。一种常见的图是**直方图**（histogram），也叫柱状图。图 A-1 展示了与表 A-1 相同的数据在直方图中的样子。另一种用于次数分布的图是**多边形图**（polygon），或线形图。图 A-2 用多边形图展示了相同的数据。

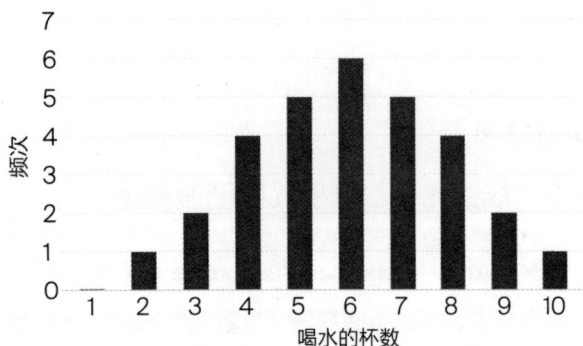

图 A-1 直方图

直方图，或称柱状图，提供了一种从次数分布中查看数据的直观方法。在这个图中，柱的高度表示大部分人每天喝 4～8 杯水（由中间 5 个较高的柱子表示）。

正态曲线 次数多边形图使研究人员能方便地看出一组数据的形状。例如，图 A-2 显示的是人们喝水的杯数，很容易看出图中央位置有大约 6 杯（集中趋势），但 4 杯以下和 8 杯以上的数据急剧下降（变异性），我们的次数多边形图有一个高点，两边逐渐降低。

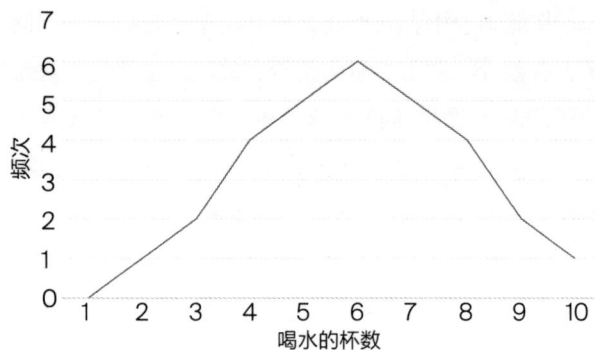

图 A-2 多边形图

多边形图是一种线形图，能以与柱状图类似的方式表示次数分布中的数据，但更便于观察数据集的形状。

这种常见的次数分布叫作**正态曲线**（normal curve），它有一种非常特殊的形状，有时叫作钟形曲线。如图 A-3 所示，这几乎是一个完美的正态曲线，但生活中的许多东西并不那么完美。正态曲线被用作测量很多东西的模型，比如智力、身高或体重，但是这些测量只能接近完美分布（假设测量了大量的人）。正态曲线如此有用的原因之一是，它与集中趋势量数和差异量数有特别的联系，这就是人们熟知的标准差。

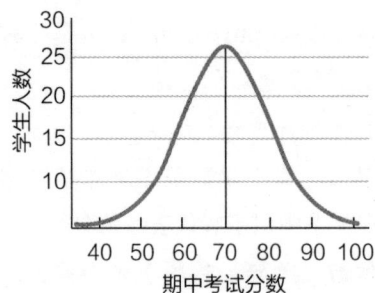

图 A-3 正态曲线

正态曲线，由于其独特的形状也被称为钟形曲线，用于描绘人口中智力或体重这种特定的特征。曲线上的最高点通常代表分布的平均分数。

其他分布类型：偏态和双峰 分布在形状上并不总是正态的。有些分布被称为偏态。当具有最高频次的中心分数的两边不均匀时，偏态就发生了，分数集中朝向分布的某一边。例如，如果我们的研究揭示，不同班级中大部分人每天喝 7～8 杯水，没有人喝超过 8 杯水，那会怎么样？如图 A-4 所示的次数多边形图反映了这种不同的分布。

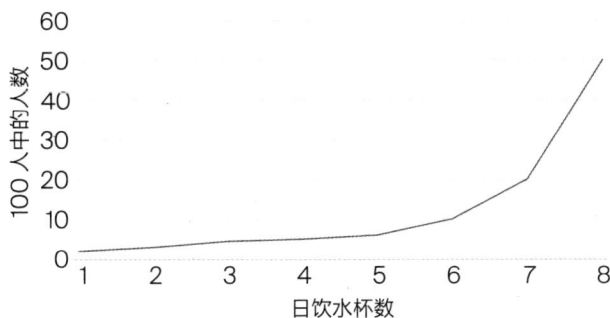

图 A-4 次数多边形

偏态分布是那些具有最高频次的分数出现在分布的一个尾端或另一个尾端，像这个次数多边形图表示的那样，大部分人每天至少喝 7～8 杯水。

在这种情况下，分数积累在高端，大部分人每天喝 7～8 杯水。图 A-5 所示是一个**偏态分布**（skewed distribution）。根据分数集中的位置，偏态分布分为正偏态和负偏态。集中于高分段的叫**负偏态**（negatively skewed）。集中于低分端的叫**正偏态**（positively skewed）。延长尾部的方向决定了它是正偏（尾部朝右）的还是负偏（尾部朝左）的。这里有一个例子。你认为霍比特人（《指环王》中的小矮人）和 NBA 球员（通常很高）的身高分布会是怎样的？图 A-5 中所示的高度的次数分布是否合适？

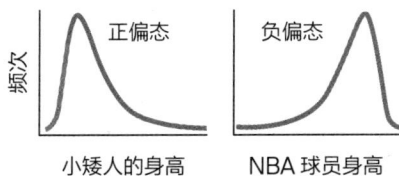

图 A-5 偏态分布

这些次数多边形图展现了分布如何在两种不同方向偏斜。左边的图代表了霍比特人身高的次数分布为正偏态，因为"尾部"向右，或正方向；而右边的图展现了 NBA 球员的身高分布，为负偏态——尾部向左。

一些次数多边形图有两个顶点而不是一个（图

A-6），这叫作**双峰分布**（bimodal distribution）。在这个例子中，我们有一个 10 分随堂测验的分数分布，一组学生做得不错，而另一组学生则不太好。双峰分布常常表示在一个多边形图中有两个单独的组。男性和女性的身高分布会是什么样的？

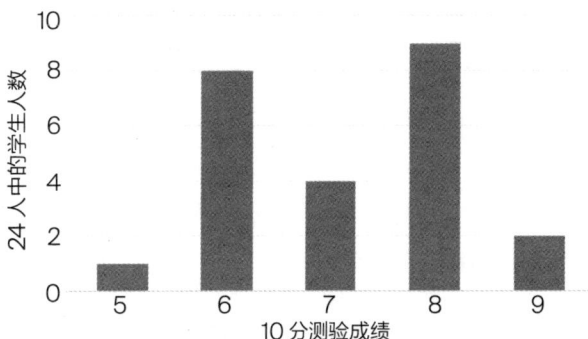

图 A-6 双峰分布

在一个双峰分布中，图中有两个而非一个顶点。例如，这幅展示随堂测验分数的图中，有两个"最常见"的分数——6 和 8。这极有可能代表了两组学生，一组的成绩比另一组好。

集中量数

A.3 理解 3 种集中量数，并解释分布形态是如何影响它们的

次数分布是观察数据的好方法，但也有许多其他方法。有没有什么方法能总结数据？一个方法是找出可能的"典型"分数，或某个中心数，其他所有的分数围绕着它下降。这种总结被称为**集中量数**（measures of central tendency），或者最能够代表次数分布中心部分的数字。集中量数有三种不同类型：平均数、中位数和众数。

平均数 最常用来衡量集中趋势的指标是**平均数**（mean），即次数分布中数据的算术平均数——把某个集合中的所有数字相加，然后除以数字的个数。这通常是教师计算学生绩点的方法。比如，罗谢尔已经获得的测验分数是 86、92、87 和 90，教师将其相加为 86+92+87+90=335，然后用 335 除以 4（分数的个数）得到平均数，即平均绩点 88.75。下面是平均数的计算公式：

$$平均数 = \Sigma X/N$$

这个公式是什么意思呢？

- Σ 读作 "sigma"，是一个希腊字母，也叫作求和符号。
- X 代表一个分数，罗谢尔的成绩就用 X 表示。
- ΣX 意味着把所有 X 相加，即 ΣX=86+92+87+90=355。
- N 代表分数的个数，在这里有 4 个成绩。
- 然后用分数的总和（ΣX）除以 N 得到平均数，即：

$$平均数 = \Sigma X/N = 355/4 = 88.75$$

如果一组分数聚集在平均数周围，没有显著高于或低于平均数的极端分数，那么平均数是发现集中趋势的好方法。

你可能听到或读到过一个叫"均值回归"的概念，它描述了在整个测量过程中对变量的测量会趋于均值（Stigler，1997）。例如，如果第一次测量结果非常高，之后的测量将会更靠近平均数和平均测量。这就是研究人员想要重复多次测量而非仅依赖初次结果的原因之一，否则会导致他们从数据中得出错误的结论。

中位数

💬 印象中我的老师会"扭曲"测验成绩。在只有一个同学成绩很好、其他人都考得很差的时候，总成绩就会很低。这就是你说的极端不同的分数吗？

是的，只要有极端分数存在，平均数就不管用了，就像全班只有两个学生得到了 100 分而其他人都在 70 分或以下。你想在这种情况下得到更真实的集中量数，就需要一个不会被极端分数影响的量。**中位数**（median）就是这样一个量。中位数是分数按大小顺序排列后中间的那个数字。一半分数比中位数大，另一半分数比中位数小。如果分布中包含奇数个分数，中位数就是正中间的那个数；如果分数的个数是偶数，中位数就是中间两个数字的平均数。中位数也是第 50 个百分点。表 A-2 所示就是中位数的例子。

这一组 IQ 的平均数是 114.6，但中位数是 101（埃文的 102 与费希娅的 100 这两个中间数字的平均数）。看起来好像没有太大差异，但实际上是 IQ13.5 分左右的变化——一个挺大的差异。另外，想想某一特定区域的收入指标。如果这个地方的大部分人年薪为 35 000 美元，但有一小部分极端的富人每年能赚 1 000 000 美元，毫无疑问，年收入的平均数将使这个区域的收入看起来比真实的经济状况要好得多。中位数对此类数据的集中趋势会有更准确的测量。

表 A-2　10 个人的智力测验分数

姓名	艾莉森	本	卡罗尔	丹尼斯	埃文	费希娅	乔治	哈尔	英加	杰伊
IQ	160	150	139	102	102	100	100	100	98	95

众数　众数（mode）是另一种集中趋势的度量，用出现次数最多的分数代表。在表 A-2 的数字中，众数是 100，因为 100 在分布中出现的次数比其他数字多，有 3 个人是这个分数。这是对集中趋势最简单的测量，在某些情况下也比平均数有用，特别是当有两组频繁出现的分数时。例如，假设老师注意到上次考试的成绩分为两组，大约 15 名学生得了 95 分，另外 14 名学生得到了 67 分。平均数和中位数会给出一个介于两组分数之间的数字，比如 80 分。这个数字能提供给老师的信息比众数少得多，因为这种情况是**双峰**（bimodal），即有两个差异明显且非常频繁的分数（另一个示例如图 A-6 所示）。

集中量数和分布形态　当分布是正态或趋近正态的情况下，平均数、中位数和众数是相同或非常相似的。当分布是非正态时，就需要多解释一下了。

偏态分布　如果分布呈偏态，则平均数会被拉向尾端，众数仍然是最高点，中位数在两者之间。看一个例子。图 A-7 呈现了一个公司的薪水分布：少数人薪水很低，大部分人薪水中等，老板们薪水很高。这张图表给我们呈现了集中量数的一个正偏态分布。正如之前提到的，对于这样的分布，中位数是最好的集中量数。如果分布呈负偏态（尾部朝左），那么集中量数的顺序将颠倒过来。

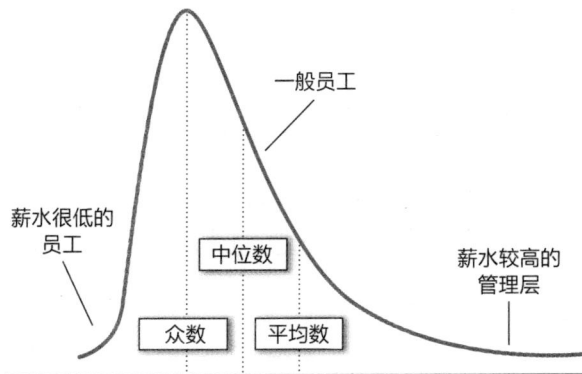

图 A-7　正偏态分布

在偏态分布中，一端的高分将会使平均数被拉向尾部，使得对这种分布集中趋势的度量效果变差。例如，在这张图中，许多工人只挣到极少的钱（由众数代表），仅有一小部分人挣得很多（尾部）。在这种情况下，平均数比众数要高，因为少数的高分拉偏了平均数。中位数是更好的集中量数，因为它不受分布中极端高分或低分的影响。

双峰分布　如果数据呈双峰分布，那么集中量数将没什么用。你需要去弄清楚为什么一个分布中出现了两个群组。

差异量数

A.4　确定用于验证数据中变异性的统计类型

描述统计也能确定分布中分数的变化或与集中趋势的差异有多大。**差异量数**（measures of variability）用来了解分数彼此之间有多么"分散"。分数越集中在中央分数周围，差异量数就越小；分数与中央分数的差异越大，差异量数也就越大。

差异性的度量有两种方法。比较简单的方法是计算一组分数的**全距**（range），即这组分数中最高分和最低分之间的差距。当分布中存在极端分数时，差异量数中全距的使用在某种程度上会受到限制。例如，在表 A-2 中，这些 IQ 分数的全距是 160-95=65。如果只看这些数字，就会发现，除了三个最高分 139、150 和 160 外，其他分数没有太大的差异。

另一种常用的差异量数与正态曲线有关，称为**标准差**（standard deviation）。它是离差平方的算术平均数的平方根。求标准差的数学公式看似复杂，其实不过是用每个分数减去平均数，把得到的值平方（因为一些数值是负的，平方能去掉负值），将所有这些平方值加起来除以分数的个数，这个数的平方根就是标准差了。在 IQ 的例子中，它将这样计算：

$$标准差公式\ SD = \sqrt{\left[\sum (X-M)^2 / N\right]}$$

10 个 IQ 分数的平均数（M）是 114.6。以下为标准差的计算方法：

1. 用每个分数减平均数得到离差分数→（X–M）
2. 把每个离差分数进行平方→（X–M）^{2}
3. 把它们加起来→$\sum$（X–M）^{2}
4. 然后除以分数的个数 N 得到方差→$\sum$（X–M）$^2/N$
5. 最后，求和的平方根→$\sqrt{\left[\sum (X-M)^2 / N\right]}$

表 A-3 展示了标准差的计算过程，可以看到这组数据的标准差等于 23.5，它表示的是，这组数据很大程度上偏离了集中趋势——数据中存在一些不一样的分数，或者在这个特例中有三个明显不同的分数。

表 A-3　求标准差

分数	离差（$X \pm M$）	方差
160.00	45.40	2 061.16
	（计算方法：160 – 114.60 = 45.40）	（计算方法：45.40^2 = 2 061.16）

续表

分数	离差（$X \pm M$）	方差
150.00	35.4	1 253.16
139.00	24.4	595.36
102.00	-12.60	158.76
102.00	-12.60	158.76
100.00	-14.60	213.16
100.00	-14.60	213.16
100.00	-14.60	213.16
98.00	-16.60	275.56
95.00	-19.60	384.16
（$\sum X$）=1 146.00	（$\sum X - M$）= 0.00	$\sum (X-M)^2$ =5 526.40
$M = (\sum X)/N$= 1 146/10 = 114.60		$SD = \sqrt{\left[\sum (X-M)^2/N\right]}$
		$= \sqrt{5\ 526.40/10} = 23.5$

这个程序看起来非常复杂，但使用计算机和计算器只需输入几个数字再按几个键就能算出标准差。

标准差与正态曲线有什么关系？一起来回看第 7 章图 7-5 这一经典的 IQ 分数分布。测验设计者设定的平均数为 100，标准差为 15。它是一个钟形曲线，通过真正的正态分布曲线，研究人员可以准确地知道落在偏离平均数的每个标准差间的部分占总体的比重有多大。图中平均数之上的一个标准差占总体的 34.13%，IQ 分数为 100～115。平均数之下的一个标准差（-1）有着完全一样的 34.13%，分数为 85～100。这意味着总体的 68.26% 落在了偏离平均数的一个标准差内，或说是分布中央的一个平均"分散"。例如，"天才"被定义为 IQ 分数在平均数两个标准差之上的人。在韦氏智力量表上，这意味着他们有 130 或者更高的 IQ，因为韦氏的标准差是 15。但如果人们按照斯坦福–比奈第 4 版来界定天才，IQ 分数就必须是 132 及以上，因为这个测试的标准差是 16 而非 15。当前版本是于 2003 年出版的斯坦福–比奈第 5 版，现在它的平均数为 100，标准差为 15。

虽然正态分布的"尾部"似乎触到了图形的底端，但理论上它们会一直延伸至无穷，永远不会触及图形的底端。然而，实际上任何形成正态分布的统计测量中，都会有 99.72% 的人群落在高于或者低于平均数的 3 个标准差之内。因为标准差和正态曲线之间的关系不会变，凡是接近正态分布的分数或数据组都可以进行比较。这个过程是通过计算 Z 分数（z score）来完成的，它表明了你离平均数的标准差数量，可以用分数减去平均数再除以标准差获得。例如，如果你的 IQ 分数为 115，你的 Z 分数将会是 1.0，如果你的 IQ 分数为 70，你的 Z 分数将会是 -2.0。因此，在任何测验中，如果你的 Z 分数为正，表明你成绩相对较好。一个负的 Z 分数意味着你做得不太好。Z 分数的公式是：

$$Z = (X-M)/SD$$

随堂小考

1. 科佩洛沃斯基博士为他的心理学导论课程设置了一次考试。由于选课学生超过了 500 人，他很难通过每个学生的分数来评价结果。如果他想知道得 A、B 等成绩的学生有几个，下面哪一种是计算机程序能提供给他的最好方法？

　　A. 集中量数　　　　　B. 平均数

　　C. 次数分布　　　　　D. 相关系数

2. 由于其特别的形态，人们也把正态分布称为____曲线。

　　A. 钟形　　　　　　　B. 正偏态

　　C. 负偏态　　　　　　D. 多峰

3. 亚伦刚刚收到他化学课的第三次考试成绩，分数为 90。由于他的成绩从学期开始后就在稳步上升，因此他很开心。第一次考试他是 80 分，第二次 85 分。下面哪一个分数代表了三次考试的均值？

　　A. 80　　　　　　　　B. 85

　　C. 88　　　　　　　　D. 255

4. 如果想知道一个数据组中单独的一个分数会落在远离均值的几个标准差内，下面哪种方法最有用？

　　A. T 分数　　　　　　B. Z 分数

　　C. 变异系数　　　　　D. 方差测定

推断统计

统计学中的描述性方法用于组织和总结数字或分数。但是，如果想要比较不同的数字组或分数组之间是否由某些东西导致了巨大的差异，而这些差异不是由偶然变化引起的，要用什么方法呢？

统计显著性

A.5　描述如何用推断统计来确定数据组间的巨大差异是由某个变量还是由随机变化导致的

推断统计（inferential statistics）包含了许多统计技术，使研究人员可以确定有意义的研究结果与仅仅是随机变化产生的研究结果之间的差异。推断统计也能使研究人员根据研究结果作出结论或推断，以及判断这些研究结果是仅适用于研究所涉及的特定动物或人，还是能够被普遍应用或推广到被试所属的更大群体。

例如，切尔扬（Cheryan et al.，2009）研究了当暴露于男性化或非男性化的环境中时，男女学生对计算机科学的态度不同。研究中有很多无法完全控制的变量，甚至不能把被试随机分配到两种条件中【连接

学习目标 1.1】。例如，不能保证随机分配能解释女性参与者的干扰作用，她们可能真的喜欢在其中一个测试条件中看到的科幻玩具、海报和比萨。也许男性和女性间发现的任何差异不是由于研究中的变量，而是纯粹的运气或偶然性导致的。

任何对两组或多组数据的比较分析中，组内总是存在误差（例如，一组内的被试不会是完全一样的），组间同样如此（实验组和对照组是由不同的被试构成的，两组间的差异完全不是由实验者操纵的）。研究人员想要证明两组数据间巨大的差异是实验操作引起的，而非仅存在于组内和组间的随机差异，就不得不使用能把这些随机变化也考虑进去的统计方法。这就需要使用推断统计。

推断统计还可以让研究人员确定他们对实验结果有多大把握。前面讲过，观察、调查和个案研究等其他类型的寻找关系的研究，经常使用描述统计进行分析，特别是相关性。但是实验会探究关系产生的原因，研究人员想得到一些证据来证明实验结果确实如他们所想的那样。

推断统计方法有许多不同的类型。采用哪种方法取决于实验设计，如自变量和因变量的数量或实验

组的数量。所有的推断统计都有一个共同点：它们寻找在不同组的测量中具有**统计显著性**（statistically significant）的差异。统计显著性是检验差异的一种方法，它能确定这些差异有多大可能是真实存在的，而不是由人与动物在进行各种活动时行为中的随机变异导致的。

　　一个经典研究调查了内部和外部动机哪个更能影响儿童的创造力，特蕾莎·阿马比尔博士 1982 年的研究结果表明，与只是为了玩而创造拼贴画的孩子相比，被承诺了奖励（外部奖赏）的孩子的拼贴画创造力更低【连接学习目标 9.1】。但两组间创造力分数的差异是真实存在的呢，还是仅仅源于孩子们艺术创造过程中的随机变化呢？阿马比尔博士使用了推断统计的方法对结果进行检验，统计结果表明差异太大以至于不可能仅是随机变化导致的，这意味着结果是显著的——他们很可能存在真实的差异。怎么可能呢？显著性检验给研究人员提供了他们的实验结果是由随机误差而非实验操纵所导致的概率。例如，一种叫 **t 检验**（t-test）的检验方法会把孩子们的艺术作品分数放进一个公式中，得到一个单独的值（t），以评估两个组平均数间的差异由纯属偶然或运气所导致的概率。这个数字会与一个值进行比较，这个值存在于可能的 t 值表里，它会告诉研究人员结果源于偶然或运气的概率。如果通过计算获得的值大于表里的值，就会得出一个表里的数据有关联的概率，这个概率用字母 p 来表示，它会告诉研究人员偶然性所导致的差异的概率。在阿马比尔博士的例子中，概率是 $p < 0.05$，这意味着单独由偶然性导致的可能性在 100 次中少于 5 次。这一结果的另一种说法是，两组儿童创造力的差异有 95% 的概率是真实存在而非偶然因素引起的。因此，她说研究发现了**显著差异**（significant difference），即这个差异并非是偶然发生的。

　　有许多种检验组间是否存在差异的统计方法。如果你读过期刊论文，可能遇到过这些常见问题：

- t 检验——确定两个平均数是否有差异。
- F 检验或方差分析——确定三个或者更多的平均数之间是否有差异，能够一次评价多于一个的自变量。
- χ^2 检验或卡方检验——比较组间比例的频率来确定是否有差异。比如，公司中女性的比例很低，这表示可能存在歧视。

　　如果你上过统计课，就知道大部分分析是由计算机完成的，不需要手动计算。

　　我们已经讨论过相关系数。让我们看看心理学家如何用它从一个变量对另一个变量进行预测【连接学习目标 1.9】。

相关系数

A.6　解释统计学是如何用一个分数预测另一个分数的

　　"相关"用于测量两个或多个变量之间的关系。例如，如果想知道 SAT 美国学业能力倾向测验的分数是否和平均绩点相关，需要找到一群人的 SAT 分数和平均绩点，代入一个数学公式，最后产生一个数值，它就是**相关系数**（correlation coefficient）。相关系数代表了关系的方向和强度。我们已在第 1 章中讨论了相关的细节，也强调了相关并不意味着一个变量与另一个变量有因果关系。

　　💬　相关系数的公式很复杂吗？

　　其实并不复杂，即：

$$r = \frac{\sum Z_X Z_Y}{n}$$

r 是相关系数，代表了两个变量间关系的方向和强度。Z_X 和 Z_Y 是每个分数的 Z 分数，表示一个分数偏离了平均数多少个标准差。计算每个被试的 Z_X 和 Z_Y，将其相乘再相加，然后除以被试的数量。下面有一个基于原始分数看起来很复杂的公式：

$$r = \frac{\sum XY - \dfrac{\sum X \sum Y}{N}}{\sqrt{\left(\sum X^2 - \dfrac{(\sum X)^2}{N}\right)\left(\sum Y^2 - \dfrac{(\sum Y)^2}{N}\right)}}$$

别担心。你能够使用计算器或计算机上常见的统计程序、电子表格来进行计算。让我们看下面两个分数组的例子：一组是绘画能力测试的分数，从 1（差劲）到 5（优秀）；另一组是使用同样评分标准的写作能力测试（表 A-4）。

如果我们把数据组代入计算器或电子表格，就会发现 r（相关系数）等于 0.86，这表明存在一种强相关。继续学习统计学，你将知道如何去看相关系数在统计上是否显著，同时我们挑选被试时并没有运气的成分。在我们的例子中，r 是非常显著的，并且由偶然导致结果的可能性只有 1%！

记住，相关系数在 +1.0 ～ –1.0 的范围内取值，r 值越接近这两个值，相关就越强。正值的 r 代表正相关，负值的 r 代表负相关【连接学习目标 1.9】（见图 1-3）。

我们试图通过示例理解两个分数间是否有相关。

使用不同的技术，还可以理解三组或更多组分数间的相关。最常用的方法是多元回归。

表 A-4　绘画和写作能力测试分数

学生序号	绘画（X）	写作（Y）
学生 1	3	5
学生 2	1	2
学生 3	2	3
学生 4	4	4
学生 5	1	3
学生 6	4	6
学生 7	2	3
学生 8	3	4
学生 9	5	5
学生 10	1	2

随堂小考

1. ____统计包含了许多统计技术，使研究人员可以确定有意义的研究结果与仅仅是随机变化产生的研究结果之间的差异。

　A. 推断　　　　　　　B. 参数

　C. 预测　　　　　　　D. 描述

2. 安德鲁在对三个不同的被试组进行测试，试图分析三个组间的差异。换句话说，他想知道每个组的平均数是否有显著差异。他将用下面的哪种方法进行计算？

　A. Z 检验　　　　　　B. t 检验

　C. F 检验　　　　　　D. χ^2 检验

3. 贝莉在做一个相关研究，验证她所在的小镇下雨的频率和每天中午的气压之间的关系。她算出了代表这两个变量间关系的相关系数。这个系数一般被概括为小写字母____。

　A. c　　　　　　　　B. r

　C. p　　　　　　　　D. e

4. 如果一个研究人员想证明他的发现描绘了被试组之间的显著差异，应该使用下面哪一个统计陈述呢？

　A. $p \leqslant 0.05$　　　　B. $r = \pm 1.00$

　C. $t \geqslant 2.50$　　　　D. $z \leqslant 100$

● 本章总结

什么是统计学

A.1　解释为什么统计学对心理学家和心理学专业学生非常重要

- 统计学是数学的分支，包括收集、描述和解释数值型数据。

- 比起那些缺乏统计技术的学生来说，理解研究过程和研究中统计方法的学生更容易受到许多大学和商业机构的青睐。

描述统计

- 描述统计是组织和总结数据并使其可被理解的方法。

A.2　描述代表数据模式的图表类型

- 次数分布是表示一组分数模式的图或表，可以是表、柱状图或直方图、线形图或多边形图。
- 正态曲线是一种特殊的次数多边形图，它的分布是对称的，以平均数、中数和众数为最高点。

A.3　理解 3 种集中量数，并解释分布形态是如何影响它们的

- 集中量数是找到数据分布中最有代表性数据的方法，包括平均数、中位数和众数。

A.4　确定用于验证数据中变异性的统计类型

- 差异量数可以提供一组数字间差异的相关信息，包括全距和标准差。

推断统计

A.5　描述如何用推断统计来确定数据组间的巨大差异是由某个变量还是由随机变化导致的

- 推断统计是包括两组或两组以上数值型数据的统计分析，用于降低测量中出现误差的概率并确定研究结果的统计显著性。

A.6　解释统计学是如何用一个分数预测另一个分数的

- 相关系数是代表两个变量间关系的强度和方向的数字。

● 章末测试

1. 多边形图和直方图是____的例子。
   - A. 次数分布
   - B. 相关
   - C. 推断统计
   - D. 众数

2. 一个图表显示，在一个班中超过 80% 的学生要么成绩为 A，要么成绩为 B，描述这个图表的方法是____。
   - A. 正态分布
   - B. 正偏态
   - C. 负偏态
   - D. 钟形

3. 心理学老师用直方图表示期中考的成绩。在图表中，成绩 B 和 D 是高频数，你还可以怎样描述结果？
   - A. 这是一个正态曲线
   - B. 这是一个双峰图
   - C. 这是一个典型的钟形图
   - D. 这个图表不能用来精确表示结果

4. 平均数、中位数和众数都是____量数。
   - A. 相关
   - B. 推断统计
   - C. 变量
   - D. 集中

5. 假设下面是你们班第一次心理学考试的成绩：71，71，71，73，75，76，81，86，97。分数的中位数是多少？

   - A. 71
   - B. 75
   - C. 9
   - D. 700

6. 假设下面是你们班第一次心理学考试的成绩：71，71，71，73，75，76，81，86，97。众数是多少？
   - A. 71
   - B. 75
   - C. 9
   - D. 700

7. 在正态曲线中，____
   - A. 平均数、中位数和众数都在最高点
   - B. 平均数在最高点，而中位数和众数在平均数两边
   - C. 中位数在最高点，而平均数和众数在中位数两边
   - D. 标准差在曲线最高点

8. ____是组织和概括数字以便使它们更好理解的方法，然而____让研究人员对结果做出了结论。
   - A. 描述统计；推断统计
   - B. 推断统计；描述统计
   - C. 相关研究；平均数统计
   - D. 推断统计；平均数、中位数和众数

9. 怀特博士发现，他的 t 检验结果在 $p < 0.05$ 水平上显著。这表明他能____。
   - A. 有理由相信结果不是偶然

B. 有理由相信结果是偶然的

C. 5% 确定结果不是偶然

D. 95% 确定结果不是偶然

10. 你最好的朋友告诉你，他的研究得到的相关分数是 14.6。从他的结果中你能推断出什么？

　　A. 你朋友的研究显示了一个小的相关，因为 14.6 接近 0

B. 你朋友的研究显示了正的 14.6，因此存在一种正相关

C. 你朋友的研究还不确定。你还需要比 14.6 更多的相关分数来看是否有统计显著性

D. 你朋友的分析有问题，相关分数的范围为 -1.00 ～ +1.00

附录 B 应用心理学与心理学职业生涯

为什么要学习应用心理学

不同的心理学家在不同领域中学习、工作。初期的心理学家探索的是控制人类意识的加工过程，现在的心理学家则更多地将研究中获得的信息和原理应用到人们的现实生活中。为什么要了解心理学职业生涯？由于涉及许多不同的重点领域，心理学职业生涯可以是多种多样和令人兴奋的。心理学不仅仅是帮助心理不健康的人，它还有很多其他方面的工作。

密苏里州斯普林菲尔德欧扎克技术与社区学院的约翰·甘本（John Gambon）教授像其他老师一样开始上课。几分钟后，两个学生冲进来并向他扔了两个水球，然后一边跑，一边对着教授骂骂咧咧。教授湿透了，他让学生记下刚才他们看到和听到的一切。几分钟后，他整理好文件，邀请那两名扔水球学生的"同伙"回到教室。

当他念出学生的记录时，许多学生意识到他们在识别肇事者时犯了错误。学生经常把肇事者的发色、身高、面部特征甚至穿着搭配搞错，更重要的是，将近 90% 的学生称他们听到那两个人大喊："这都是因为上周五的事！"当学生们知道真相时，许多人对他们在识别这两个人时的总体偏差感到震惊。

这样的事情对甘本教授来说并不陌生。他曾在一些案件的审判中担任顾问，以准确识别一些受到质疑的人。他参与过几起杀人案、袭击案、非法入侵案和持械抢劫案。

正如心理学家伊丽莎白·洛夫特斯所描述的那样，他的演示说明了目击者的指认总体上是不可靠的【连接学习目标 6.7】。影响目击者准确性的因素有武器是否存在（人们更倾向于关注武器而不是袭击者的身体特征）、一天中的时间、疲劳程度、从目击犯罪到回忆时的时间间隔。显然，人们对目击者辨认存在固有的缺陷。

以上正是法律心理学在做的事，它只是心理学应用于日常生活问题的众多领域之一。本附录将介绍应用心理学的多个领域，以及当今心理学研究人员可以从事的职业。

学 习 目 标

B.1 定义应用心理学

B.2 描述不同类型的心理学专业人士，并了解他们的教育背景和受到的训练

B.3 列出心理学硕士研究生可以从事的职业

B.4 列出心理学本科生可以从事的职业

B.5 认识心理学的一些专业领域

B.6 描述心理学如何与其他职业相互影响

B.7 解释工业与组织心理学和人因心理学如何帮助我们工作

B.8 描述工业与组织心理学领域的历史和发展

B.9 了解运动心理学家使用的技巧

什么是应用心理学

B.1　定义应用心理学

应用心理学（applied psychology）指的是用心理学研究结果解决现实问题。心理学专业人士包括心理医生、心理学家和精神问题社工（如本附录后面所述），他们可以进行测试或使用其他类型的评估手段，然后给出一份计划来解决人们所关注的任何问题。关于约翰·甘本的开场介绍可以看到，他在心理学方面的训练和特殊知识使他能够作为专家证人出庭作证。这是心理学工具的实际应用，即专业意义上的"应用"心理学。

> 在我看来，心理学可以在很多不同的领域发挥作用，不止在教育领域。事实上，这正是每一章结尾的"在日常生活中应用心理学"部分的内容。

本书的每一章（甚至附录）都以心理学在现实生活中的应用结尾。应用心理学涉及许多不同的领域，它们有一个共同的目标，即把心理学运用到实践中。

许多领域都可以认为是应用心理学，包括心理学最广泛的领域之一——临床与咨询心理学。例如，健康心理学家研究压力对身心的影响；教育和学校心理学家探索改善学生学习的方法，并将发现应用到课堂中；运动心理学家帮助运动员为比赛做好心理准备；人因心理学家研究人与机器的相互作用；法律心理学家研究法律系统下的心理问题；工业与组织心理学家研究工作环境问题。此外，环境心理学家研究人们与工作环境、社会环境以及学校、家庭和其他建筑的交互作用。这些环境不仅包括物理结构，还包括在这些环境中生活、工作和娱乐的特定人群。其他心理学家研究影响人们购买某产品的因素，分析营销产品的最佳办法，并总结出典型的消费者购买习惯。

本附录包括心理学专业人士的不同角色信息和不同职业所需的教育类型的信息，并对心理学中许多专门领域进行了简要概述。其余部分简要探讨了如何在不同的生活领域应用心理学，如环境、法律、教育、军事、体育和工作。

随堂小考

1. ＿＿＿心理学是指用心理学研究结果解决现实问题。

 A. 应用   C. 务实

 B. 练习   D. 学术

2. 以下哪类心理学家可能对研究工作环境最感兴趣？

 A. 职业心理学家 B. 健康心理学家

 C. 精神问题社工 D. 工业与组织心理学家

3. 夏洛特设计了一种用于自动变速汽车的新型变速箱。在向各大汽车制造商推广之前，她想确认此设计是否对司机有利，以下哪类心理学家会与夏洛特讨论她的设计？

 A. 环境心理学家 B. 工业与组织心理学家

 C. 人因心理学家 D. 机械心理学家

心理学职业生涯

大多数人认为心理学是一个具有潜力的职业，并对这个职业有以下几种看法：要帮助人们解决问题，这个人必须是心理学家，所有的心理学家都是医生，所有的心理学家都为精神病患者提供咨询。这些观点都不完全正确。

心理学专业人士的类型

B.2 描述不同类型的心理学专业人士，并了解他们的教育背景和受到的训练

从事心理学工作的专业人士有几种，他们接受不同的训练，重点不同，目标不同。

精神问题社工 精神问题社工接受过社会工作方面的培训，通常拥有社会工作专业（M.S.W.）的硕士学位，还可能在其工作地获得了执业资格，成为执业临床社会工作者（LCSW）。

他们更关注对精神障碍产生影响的环境条件，如贫困、拥挤、压力和滥用药物。他们会提供心理治疗（和来访者讨论他们的问题）。他们还常在有其他类型心理学工作者的临床环境工作。

精神科医生 精神科医生拥有医学博士（M.D. 或 D.O.）学位，是专门诊断和治疗心理疾病的医生。精神科医生和其他专攻急救医学、老年疾病、婴儿和儿童或任何其他医学领域的医生一样，能够为患者开处方和实施疗程。他们接受过诊断和治疗精神分裂症、抑郁症或极度焦虑等精神疾病的特殊训练。因为是医生，他们倾向于从生物心理学的角度来看待这些疾病的成因和治疗方法。

心理学家 心理学家没有医学学位，却要接受高强度的学术训练，他们在选择具体的专业领域前会学习很多不同的心理学领域。心理学家通常是博士（Ph.D）或心理学博士（Psy.D）。

💬 博士和心理学博士有什么区别？

博士是一种学位，通常意味着几乎在所有学科中进行了深度学习，包括心理学、语言学、教育学、哲学、科学和许多其他学科。它非常注重研究。获得博士学位需要先拥有硕士学位，还需要完成博士学位本身的课程，即一篇字数与一本书相当的毕业论文——一本其所关注领域的学术著作，甚至可以出版成书。

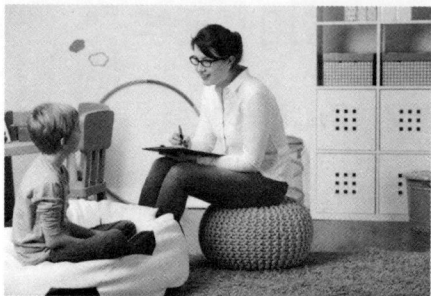

心理学家在许多不同的环境中专攻不同的领域。

心理学博士是 20 世纪 70 年代末发展而来的一种学位，它较少关注研究，更多关注心理学原理的实际应用（Peterson，1976，1982）。除了像博士学位要求的课程外，它还需要完成一篇论文但不是毕业论文，这篇论文不是学生设计和执行的研究报告，而是一篇大的学期论文。每年的心理学博士项目都要求学生实习，获得在督导的帮助下观察并最终实施治疗的实践经验。

与精神科医生不同，心理学家通常没有处方权或执行医疗程序的权利。美国一些州正在寻求立法改革，允许学习过开药的心理学家拥有精神药物的处方权。这种特权最早由美军获得，美国心理学会从 1984 年就一直在游说这一举措，背后的原因是，有关精神卫生服务的费用和接受心理健康服务的延误。如果一个人去看心理医生，之后还需要去精神科医生那里开处方，费用可能会高得吓人。不同地区的精神科医生数量不等，这就造成了这些医生提供精神卫生服务的延误，有时会导致得不到帮助的患者自杀率上升。尽管军队或印第安卫生部门的一些心理学家已经可以开药，但截至 2016 年 5 月，美国只有四个州和一个地区（新墨西哥州、路易斯安那州、伊利诺伊州、艾奥瓦州和关岛）成功地向心理学家提供了处方权。

一些心理学家使用多种技术和方法提供咨询或治疗【连接学习目标 15.2-15.7】，也有许多心理学家根本不做心理咨询。有些心理学家只从事评估工作，有些在高校教书，有些则在机构或行业做研究，还有一

些同时从事教学和研究工作（他们之中有些是教学、研究、咨询和临床实践相结合）。其他心理学家参与设备和工作场所的设计、开发教学方法，或担任企业或法院系统的顾问。截至 2013 年，在美国，活跃的心理学家人数保持稳定，女性人数不断增加，多样性亦有所增加，尽管少数族群的代表性不如博士或专业人员的总体水平高（American Psychological Association，2015）。

虽然成为一名心理学家需要博士学位，但许多职业生涯都可以从 4 年的大学中受益，以此作为职业生涯的基础，或者继续攻读心理学硕士学位。

心理学硕士的职业

B.3　列出心理学硕士研究生可以从事的职业

虽然获得心理学硕士学位的人通常不能像获得博士学位的人那样从事相同水平的独立研究或实践，但他们仍然可以在心理学的多个领域工作。如果从事临床、咨询、学校心理健康评估工作，他们可以直接在博士生的指导下工作。一些人则在该领域之外从事需要研究或分析技能的工作，如在卫生、工业和政府工作。

对于那些对咨询或治疗感兴趣的人，美国许多州允许拥有培训和督导经验的心理学硕士获得无督导的咨询执照。不同的州可能会有不同的职称，但一些职称和领域是与硕士水平的工作相关的，包括婚姻和家庭治疗师（LMFT）、专业顾问（LPC）、精神健康顾问（LMHC）或临床社会工作者（LCSW）。这些人可能在一个大的组织工作或独立工作。此外，一些拥有心理咨询硕士学位的人获得了各种级别学校辅导员的资格认证或执照后，可以在小学、初中或高中工作。

心理学学士的职业

B.4　列出心理学本科生可以从事的职业

虽然只拿到心理学学士学位的人不能被称为心理学家，也不能在私人诊所提供心理治疗，但有许多职业适合这类人。自 1970 年以来，美国颁发了 100 多万个心理学学士学位，从 2000 年开始，这个数字每年都在增长（Landrum，2009；Snyder & Dillow，2010）。拥有心理学学士学位的人可以灵活适应多种不同的职业（Landrum，2009；Landrum & Davis，2007；Schwartz，2000）。美国心理协会和其他机构的调查显示，虽然许多人会从事与健康相关或社会领域的工作，但也有人从事研究开发或研究管理、行政、商业、教育和教学、专业服务、销售或管理（Grocer & Kohout，1997；Landrum，2009）等工作。

许多拥有心理学学士学位的人从事与健康相关或社会领域的工作，比如这位与母亲和孩子一起工作的社会工作者。

其他可能的职业包括市场研究员、社工和沟通专家（Landrum & Davis，2007；Schwartz，2000）。心理学强调批判性思维和经验观察，训练人们适应各种潜在的工作环境和要求。心理学是一个很好的专业，即使你打算在其他领域从事研究工作，如商业、法律、儿童护理、教学和管理等，它们也与心理学相关。

专业领域

B.5　认识心理学的一些专业领域

💬 有些心理学家从事教学或研究，他们具体做什么研究呢？

心理学家可以在许多不同的领域投入精力。他们做实验、调查、观察等，为自己关注的领域收集更多的信息，以便为当前的理论寻找支持，或提出新的理论。让我们来看看心理学家可能擅长的一些领域。

临床心理学　虽然不是所有的心理学家都做咨询或治疗，但仍有很多心理学家在做。**临床心理学**（clinical psychology）是与精神病学最为相似的领域，在这一领域，专业人员通常与较严重的精神疾病患者打交道。它也是心理学家数量最多的领域。临床心理学家和精神病学家一样，诊断和治疗患者的精神障碍。然而，临床心理学家不能开药或进行药物治疗（当然，除了前面讨论的例外情况），而是依靠倾听或观察来访者的问题，可能还会进行一些心理测试，然后对来访者的行为提供解释或指导其对具体的行为做出积极的改变。

咨询心理学　**咨询心理学**（counseling psychology）类似于临床心理学，这类心理学家也负责诊断和治疗心理问题。不同的是，心理咨询师通常与相对健康的人一起工作，这些人有轻微的精神疾病或问题，比如适应大学生活、婚姻、家庭生活、工作问题等。截至2008年，受访的心理医生中，近73%认为自己是临床心理学家或咨询心理学家（Michalski et al.，2010）【连接学习目标1.4】。

发展心理学　**发展心理学**（developmental psychology）是一个关注变化和发展的研究领域。发展心理学家感兴趣的是人们思考方式的变化、人们与他人的关系，以及人们在整个生命周期中感觉的变化。这些心理学家在高校等学术机构工作，可能在不同的发展领域进行研究，但是不提供心理治疗【连接学习目标8.1】。

实验心理学　**实验心理学**（experimental psychology）涵盖几个不同的领域，如学习、记忆、思维、感知、动机和语言。这些心理学家的关注点是对不同领域里的人和动物进行实验研究。他们多在学术机构工作，尤其是大型的大学【连接学习目标1.4】。

社会心理学　社会心理学是一个研究人类行为如何受他人影响的领域。例如，社会心理学家研究的领域包括偏见、态度改变、攻击行为和人际吸引。虽然

大多数社会心理学家在学术机构从事教学和研究工作，但也有一些在联邦机构和大企业从事实践（应用）研究。事实上，许多社会心理学家都是实验心理学家，他们在现实环境而不是实验室进行实验，以捕捉人们的自然反应。毕竟当人们身处人为环境中时，其行为往往是有意识的，且不是研究人员想看到的【连接学习目标12.1】。

人格心理学　**人格心理学**（personality psychology）关注的是人与人之间的人格差异。这类心理学家可能会研究遗传对人格的影响，研究人们的相似之处和不同之处，观察人格的发展并进行人格评估。他们尝试构建一种新的理论去解释人格是如何运作和发展的。人格心理学家在科研机构中从事研究和教学工作【连接学习目标13.1】。

生理心理学　**生理心理学**（physiological psychology）是一个研究行为的生物学基础的领域。许多专业人士现在把这个领域称为行为神经科学或生物心理学。生理心理学家研究大脑、神经系统以及人体的化学物质如激素和大脑中的化学物质对人类行为的影响。他们研究药物使用和潜在的遗传影响对某些异常和正常人类行为的影响，如精神分裂症或智力问题。大多数生理心理学家像实验心理学家一样，在学术机构工作【连接学习目标2.1】。

神经心理学　**神经心理学**（neuropsychology）是探索大脑系统和行为之间联系的一个领域。神经心理学家可能从事研究，更侧重于患有各种神经、医学、神经发育、精神疾病个体的评估、诊断、治疗和康复（National Academy of Neuropsychology，2001）【连接学习目标7.8】。

比较心理学　**比较心理学**（comparative psychology）是一个专门研究动物和动物行为的领域。通过将动物行为与已知的人类行为进行比较，比较心理学家可以对理解人类行为做出贡献。对动物行为的研究也有助于人们学会如何善待动物，与动物和谐共存。比较心理学家可以在大学的动物实验室工作，也可以对动物的自然栖息地进行观察和研究。

这些领域的心理学家可能从事探索人类行为基本

原理的研究（基础研究），或者从事旨在解决当前实际问题的研究（应用研究）【连接学习目标 1.4】。还有许多心理学家将重点几乎完全集中在应用研究，这些领域通常与应用心理学有关。

心理学应用于各行各业

B.6　描述心理学如何与其他职业相互影响

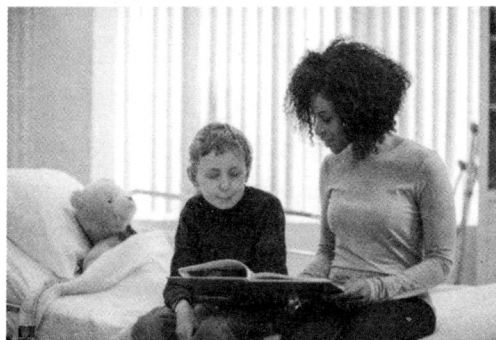

这位女士是一位健康心理学家。通过读故事书，她正在帮助这个年轻的患者了解更多自己身体的状况并解决他的一些恐惧心理。

从事心理学工作的个人可以在许多领域发挥重要作用。一些领域是某些专业领域的延伸，另一些领域则需要具有一般技能以及具有特定技能的心理学专业人士。

心理学与健康　健康心理学研究人类行为模式、应激反应与身体健康的关系，目标是在预防和治疗疾病的同时改善和帮助维持良好的健康。例如，健康心理学家可能会制订计划帮助人们减肥或戒烟。压力管理技术也是这个领域的一个重点。健康心理学家可以在医院、诊所、医学院、卫生机构、学术机构或私人诊所工作。

一项研究（Kerwin et al., 2010）发现，老年妇女的肥胖与她们的记忆功能下降存在联系，特别是臀部赘肉较多的女性（梨形身材），而腰部赘肉较多的女性（苹果形身材），情况就不那么严重了。这项研究控制了其他健康变量，如糖尿病、心脏病和卒中。这是健康心理学家进行研究的一个很好的例子。健康心理学家研究的其他领域包括乐观态度对疾病发展的影

响、精神压力与健康之间的联系，以及通过提高健康和希望水平来预防疾病【连接学习目标 11.5 和 11.6】。

心理学与教育　教育心理学（educational psychology）是研究人类学习的领域。随着对学习基本方面的逐渐了解，教育心理学家开发了有助于学习过程的方法和材料。例如，教育心理学家设计了教孩子阅读的语音方法。这类心理学家可能拥有教育学博士学位（Ed.D.），而不是博士学位，他们通常在学术机构工作。

教育心理学家可以进行哪些类型的研究？在 2016 年 8 月出版的《教育心理学》杂志中举了几个例子：教师情绪衰竭对学生教育效果的影响；工作记忆和数学成绩的发展变化；幼儿园准备对 2 ～ 5 年级拉丁裔儿童成就的预测作用；评估以学校为基础的干预措施，以减少政治暴力期间的创伤后症状和多元文化不容忍。

学校心理学家经常通过测试来评估孩子的成就、智力、心理健康水平。

学校心理学（school psychology）与教育心理学有联系，但又完全不同。教育心理学家可以研究和开发新的学习方法，而学校心理学家可以把研究或那些方法的结果应用到实际的学校系统中。学校心理学家直接与孩子打交道。他们通过做测验和其他形式的评估，给孩子制订针对性的计划或诊断出教育问题，如阅读障碍、注意力缺陷、多动症。他们可能担任老师、家长和教育管理者的顾问。尽管当悲剧发生在学校时，心理辅导的作用很大，但对学生进行心理辅导

实际上只是学校心理学家工作中相对较小的一部分。当发生同学意外或悲剧性死亡之类的创伤性事件，或更大程度的悲剧时，如过去十年美国发生的多起校园枪击事件，学校心理学家通常会为学生提供帮助和咨询。

心理学和运动　运动心理学（sports psychology）是一个相对新兴但发展迅速的领域，其主要目的是帮助运动员和其他参与体育活动的人在心理上而不仅仅是身体上做好赛前准备。这个领域的观点是，出色的体能不足以保证成功；相反，大脑必须通过设定明确的短期目标和积极的想法，使目标可视化并停止消极的想法，以及其他基于认知视角的技术来为比赛做好准备。例如，一位运动心理学家可能会让一位一直在击球准确性方面有问题的高尔夫球手进行形象化练习，在心理上看到他自己一次又一次地把球击下球道。运动心理学家多在体育组织工作，可能拥有私人诊所或做咨询工作（有关运动心理学中使用的技术的更多信息，请参见本附录末尾的"在日常生活中应用心理学"一节。）

心理学与军事　在军队中，心理学家的工作范围很广，从评估、教学、管理、研究到提供心理健康服务。这个领域的心理学家的种类可能包括临床、咨询、实验、工业与组织或人因等，以及与心理学专业相关的任何领域。简而言之，他们将心理技能应用于军事环境中人的问题，与军人及其家人一起工作（American Psychological Association, Division 19, 2016）。一个令人痛心的例子是，与伊拉克和阿富汗冲突有关的武装部队中自杀率上升，这对军人和军人家属的心理健康维护提出了前所未有的要求（Berman et al., 2010）。

心理学与法律　心理学家经常以各种方式参与到法律领域。社会心理学家经常在犯罪行为领域做研究，还会跟律师或法院工作人员探讨一些问题，如目击者证词的可信度、陪审团选拔、影响决策的因素。发展心理学家会参与到对儿童和青少年证词准确性和作用的判断中并关注离婚父母在争夺监护权时孩子的需要。认知心理学家可以成为评估目击者记忆和证词

准确性的专家，以及确定证人或被告所作陈述的真伪。临床心理学家可直接为犯人提供服务，评估他们的智力和精神状况，以决定其是否应接受审判。

这里提到的所有法律事务中涉及心理学的形式都可以被认为是**法律心理学**（forensic psychology）领域的一部分。法律心理学是一门与法律制度相关的心理学实践，它涉及对犯罪证据的审查和对犯罪活动的执法调查。一些法律心理学家为法律系统的人员如律师或法官提供信息和建议，有些担任专家证人（如开篇故事中的约翰·甘本教授），有些在监狱系统为罪犯提供心理诊断和咨询，还有一些对刑事被告进行心理测试（如测谎）。法律心理学家可以帮助判断陪审员哪些是最佳的，哪些是最差的，从而在审判中帮助原告或被告。他们一般自己做临床或心理咨询，还从事其他咨询工作，或者在司法系统内做警察心理学家或全职陪审团专家。

心理学与社区　社区心理学（community psychology）是一个既关注个人又关注社区的领域，通常涉及不同层面的问题，包括个人、团体、社区和组织。这个领域的重点是促进健康和预防各级常见社会问题。社区心理学旨在了解一定背景下的人类行为，并认识到人类多样性在推动变革中的作用。宣传是个人在这一领域的关键角色，他们致力于促进社会公平正义，直接影响生活各方面的措施和政策，例如，人人平等的机会、防止暴力和积极公民身份。社区心理学家参与各种各样的生活活动，如参与促进心理健康、身体健康、教育干预或工作政策。

心理学与环境　心理学原理应用于解决实际问题的另一个广泛领域是环境管理。环境心理学（environmental psychology）是一门研究人类行为与环境（比如办公室、商店、学校、宿舍或医院）关系的学科。因为这一领域的研究人员关心的是特定环境下的人类行为，所以研究通常不是在实验室，而是在特定环境下开展的。环境心理学家可以与其他专业人士如城市规划师、经济学家、工程师和建筑师合作，帮助这些专业人士规划最高效的建筑、公园、住宅和绿化。

随堂小考

1. 萨莎博士在一家医院工作，经常到急诊室帮助患有严重精神疾病的人。她经常开精神药物来帮助这些患者稳定病情。以下哪个学位是萨莎博士最有可能获得的？

A. 教育学博士学位　　　　B. 博士学位

C. 医学博士学位　　　　　D. 心理学博士学位

2. 罗谢尔获得了硕士学位，决定不攻读博士学位了。她很想为来访者提供咨询和治疗，但不希望整个职业生涯都有人监督。经过几年的培训和合适的督导，她已经获得了一个学位，将允许她从事这项工作。以下哪项可能不是罗谢尔现在拥有的头衔？

A. 儿童心理学家

B. 专业顾问（LPC）

C. 精神健康顾问（LMHC）

D. 婚姻和家庭治疗师（LMFT）

3. ____心理学家主要关注的是人们思考方式的变化、人们与他人的关系，以及人们在整个生命周期中的感受。他们通常在学术机构工作，比如高校，且在不同的领域做研究。他们一般不做心理咨询。

A. 咨询　　　　　　　　B. 发展

C. 社会与文化　　　　　D. 环境

4. 坎特伦德博士的整个职业生涯都在与黑猩猩打交道，研究它们的行为与人类行为的相似与不同。他可能是一名____心理学家。

A. 生理　　　　　　　　B. 动物

C. 法律　　　　　　　　D. 比较

◎ 心理学与工作

工作是许多人生活不可缺少的部分。人们花在工作上的时间通常比花在家庭或社交活动上的时间要多。应用心理学最大的分支之一是研究心理学如何在管理、生产力、士气以及其他工作领域中帮助人们。

工业与组织心理学和人因心理学

B.7　解释工业与组织心理学和人因心理学如何帮助我们工作

工业与组织心理学［industrial/organizational（I/O）psychology］关心人与工作环境的关系。工业与组织心理学家可以为人员选择提供帮助，管理工作绩效评估，设计工作时间表，帮助员工更轻松地适应新的工作时段，或者设计新的工作场地以提高士气和生产力。这个领域的心理学家研究整个组织的行为。他们经常被公司和企业雇佣来参与员工的招聘与评估工作。他们会研究和开发提高工人生产效率的方法。他们可能在商业、政府机构和学术机构工作。表 B-1 简要地列出了一些他们所在的专业领域。

人为因素工程师是一种特殊的工业与组织心理学家，他们专注于人体工程学，或者设计人们使用的机器、家具和其他设备，使其更实用、舒适和合理。

表 B-1　工业与组织心理学领域

工业领域	组织领域
工作分析	工作团队的社会行为
工作薪酬及评估	工作满意度
高效管理的重要特征	人格特征与工作表现
人员招聘、选拔和安置	管理者和员工之间的关系
职业培训	领导特征与培训
工作条件检查	消费心理学
面试与测试	动机问题
绩效考核与反馈	冲突管理

人因心理学（human factors psychology）由研究人类和机器交互的研究人员和设计者组成。他们一般在一些电器设计、飞机控制和计算机或其他机械设

备操作公司工作。例如，最新的苹果手机拇指如何轻松触摸整个屏幕的广告，或者符合人体工程学的椅子，这些很可能是人为因素工程师参与设计或测试的产品。

在工业与组织环境中工作的心理学家将心理学原理和理论应用于工作场所。例如，马斯洛的人本主义理论和需求层次【连接学习目标9.5】对管理领域产生了巨大的影响（Heil et al.，1998）。道格拉斯·麦格雷戈提出两种不同的管理风格（McGregor，1960），他认为传统且低效的"X理论"（员工缺乏动力，需要管理和指导）与马斯洛的低层次和较新的需求有关，高效的管理风格"Y理论"（工人希望工作，并希望工作有意义）则与高层次需求相关。

人因心理学家设计了更实用、更舒适的机器供人们使用。例如，设计这种键盘的目的是降低手腕疼痛的风险，提高打字的准确性。

重要历史和当下发展

B.8 描述工业与组织心理学领域的历史和发展

工业与组织心理学在20世纪初由沃尔特·D. 斯科特（Walter D. Scott）创立，他师从首个心理学实验室创始人、著名心理学家威廉·冯特。斯科特将心理学原理应用于招聘、管理和广告（Schultz & Schultz，2004）。他还写了第一本将心理学应用于工业和广告的书——《广告理论与实践》（*The Theory and Practice of Advertising*，Scott，1908）。新兴的工业与组织心理学领域的另一位早期人物是雨果·闵

斯特伯格（Hugo Münsterberg），他也是冯特的学生，对祈祷的力量和目击者的证词等一些领域展开研究（Hothersall，1995）。闵斯特伯格写了一本关于目击者证词的书叫《目击者视角》（*On the Witness Stand*，1907），1913年又写了一本《心理学与工业效能》（*Psychology and Industrial Efficiency*）。

工业与组织心理学在第一次世界大战中变得重要起来，因为军队需要测试新兵的智力。心理学家罗伯特·耶克斯（Robert Yerkes）后来也因在比较心理学的开创性研究而闻名，他在与类人猿工作时，开发出了陆军甲种测验和陆军乙种测验。陆军甲种测验用来测试识字的士兵，陆军乙种测验则用来测试不识字的士兵（McGuire，1994；Yerkes，1921）。

20世纪20年代中期，埃尔顿·梅奥（Elton Mayo）为西部电力公司进行的一系列研究拓宽了这一领域（Franke & Kaul，1978；Parsons，1992；Roethlisberger & Dickson，1939）。这些研究首次将工作场所视为一种社会系统，而不仅仅是一条生产线。这些研究表明，允许员工参与决策不仅能提高员工的士气，还能减少员工因工作场所变化而引发的抵触情绪，而不能简单地将员工视为生产设备的一部分。这些研究为其他人研究如何提高员工管理和生产水平开辟了道路。例如，谷歌是为员工创造好的工作环境和提供各种津贴的先行者之一。2012年和2013年，它都被《财富》杂志评为最适合工作的公司（《财富》杂志"2013年度最佳雇主"）。从免费的美食，到现场的洗衣店和干洗店，以及室内外的娱乐设施，谷歌致力于为员工创造一个亲密的环境（Mangalindan，2012）。管理理论和策略也可以应用于其他类型的环境，如大学。目前，工业与组织心理学家的另一类工作是与NASA合作，为了2030年的火星之旅做准备（Novotney，2013，March）。他们正在研究改进宇航员团队选拔和训练的方法，因为宇航员们将忍受比以往更长、更远、近3年的太空旅行。他们正在研究的一些领域包括提升复原力、适应力和群体凝聚力，尤其关注宇航员居住的地方缺乏隐私性并且拥挤的问题。

随堂小考

1. 爱尔兰博士是一位工业与组织心理学家，他刚刚被一家大型电子产品生产公司聘用。他在那里的工作有许多不同的职责。以下哪项不太可能是他的工作重点？

   A. 帮助员工构想自己的工作表现

   B. 帮助招聘

   C. 管理工作绩效评估

   D. 设计新的工作区域以提高士气和生产力

2. 下列哪一项是人因心理学家在设计中最关注的？

   A. 一种新的人体工程学椅子，可以减少腿部和背部的肌肉疲劳

   B. 一个新的智能手机应用程序，可以追踪你的支出

   C. 一本为没有时间做饭的单亲父母准备的食谱

   D. 一张为大学生显示最近的商店及其各种商品的地图清单

3. 最早的工业与组织心理学家之一____，师从威廉·冯特，并且写了一本名为《广告理论与实践》的书。

   A. 基思·恩格霍恩　　　B. 威廉·詹姆斯

   C. 沃尔特·D.斯科特　　D. 罗伯特·耶克斯

在日常生活中应用心理学
运动心理学家如何帮助运动员取得好成绩

B.9　了解运动心理学家使用的技巧

当表现不如预期，或者在实现新目标的道路上遇到障碍时，运动员就会感到沮丧。下面的技巧是为了帮助运动员克服障碍、获得最佳成绩而设计的。同样的技巧也适用于表演、音乐表演、专业演讲、教学或其他需要在别人面前表现的工作。

1. 可视化：在这项技术中，运动员试图在头脑中"看到"自己的表现，就像在场边观看一样。

2. 表象/心理预演：类似于可视化，表象可以用来在头脑中排练。然而不同于想象自己在场的可视化技术，表象/心理预演是一个人在头脑中从自己的角度去"感觉"和"看"。这有助于在赛前充分调动肌肉。

3. 干扰脱敏：运动员可以通过训练来避免外界干扰，如观众的喊叫声。

4. 思维阻断：人们经常对将要发生的事持消极和自我否定的态度，"我不行"就是一个典型的例子。运动心理学家训练运动员停止这种想法，用更积极的内容替换："我能做到。我以前做过，很简单。"

5. 信心训练：运动心理学家可以帮助有需要的运动员建立自信和自尊。因为运动员的一大障碍就是对自己的能力缺乏信心。

6. 注意力训练：运动员可以通过催眠、集中冥想或类似的心理技巧来训练自己集中注意力。

7. 放松训练：运动员可以通过训练使用特殊的呼吸方法、肌肉拉伸和其他放松策略，以降低赛前的焦虑和紧张。

8. 自生训练：自生本质上是指"来自自我内部"。从这个意义上说，自生训练是帮助运动员了解自己对压力的生理反应。一旦知道了自己身体的反应，运动员就能控制这些反应，比如学习减慢心率或降低焦虑。

9. 培养可行的目标和期望：运动心理学家教导运动员，设定目标很重要，但设定不切实际的目标可能会导致倦怠、沮丧和失败感。运动心理

学家帮助运动员调整他们的期望和目标，使之更切合实际。

10. 提高团队凝聚力：运动心理学家也可能与整个运动队合作，帮助他们成为一个整体，并作为一个有机体发挥作用，同时为每个运动员提供支持。

深入讨论一下

1. 还有哪些职业可以从这些技巧中受益？
2. 比赛之外是否有其他因素会破坏团队凝聚力？

右边的运动心理学家正在帮助红袜队球员大卫·奥尔蒂斯克服比赛受伤的沮丧情绪。

◯ 本章总结

什么是应用心理学

B.1 定义应用心理学

- 应用心理学指的是用心理学原理和研究结果解决现实问题。

心理学职业生涯

B.2 描述不同类型的心理学专业人士，并了解他们的教育背景和受到的训练

- 不同类型的心理专业人士受教育和培训程度不同。如精神病学家、精神社会工作者和心理学家。
- 心理学家拥有博士或者心理学博士学位。

B.3 列出心理学硕士研究生可以从事的职业

- 心理学硕士研究生可以在博士研究生的指导下工作，如果获得许可，还可以独立工作，或者在私人单位和教育机构工作。

B.4 列出心理学本科生可以从事的职业

- 心理学本科生可以从事教育、统计咨询、行政和商业工作，以及健康服务。

B.5 认识心理学的一些专业领域

- 专业领域包括临床和咨询心理学、发展心理学、实验心理学、社会心理学、人格心理学、生理心理学、神经心理学和比较心理学。

B.6 描述心理学如何与其他职业相互影响

- 健康心理学旨在探索人类行为（包括压力因素）与身体健康之间的关系，目标是预防和治疗疾病。
- 教育心理学家研究人类学习的过程，以开发新的技术和方法；学校心理学家在学校应用这些方法，从事管理评估、岗位分配、教育问题咨询和诊断等工作。
- 运动心理学家帮助运动员为比赛做好心理准备。
- 在军队中工作的心理学家几乎代表了心理学的所有子领域，他们的工作对象为军人及其家属。
- 心理学家可担任法律事务的专家证人，协助挑选陪审团，为被告或囚犯提供临床咨询，或在法律心理学领域制作各类罪犯的人格档案。
- 社区心理学家帮助解决社会问题，并努力促进居民和大型社区的心理健康。
- 环境心理学研究的是人类行为与发生这种行为的自然环境之间的关系。

心理学与工作

B.7 解释工业与组织心理学和人因心理学如何帮助我们工作

- 工业与组织心理学家关心人如何在工作环境中工作

并受到影响。

- 人因心理学属于工业与组织心理学，其重点关注人类和机器之间的相互作用，设计出在科研机构或工厂使用的机器。

B.8　描述工业与组织心理学领域的历史和发展

- 此领域始于 20 世纪，它将心理学原理应用于招聘、管理和广告领域。

B.9　了解运动心理学家使用的技巧

- 运动心理学家运用许多技巧来帮助运动员提高成绩，这些技巧包括可视化、形象化、思维阻断、信心训练、放松训练和提高团队凝聚力。

章末测试

1. 下列哪个职业拥有医学学位？

　A. 临床心理学家　　　　B. 精神科医生

　C. 精神问题社工　　　　D. 咨询心理学家

2. 伊莱恩一直想成为一名心理学家。她想帮助人们解决问题，成为伊莱恩博士。但她对进行科研或成为一名医生没有兴趣。她最适合攻读什么样的学位呢？

　A. 心理学硕士学位　　　B. 博士学位

　C. 心理学博士学位　　　D. 社会工作硕士学位

3. 特罗克塞尔博士对偏见的力量、态度改变、攻击行为和青少年人际吸引等问题进行了科学研究。所以他的专业方向很可能是____心理学。

　A. 社会　　　　　　　　B. 人格

　C. 比较　　　　　　　　D. 发展

4. 卡文迪什博士是一名用动物做实验的____心理学家，她的科研方向是动物学习、记忆和语言。

　A. 实验　　　　　　　　B. 比较

　C. 发展　　　　　　　　D. 社会

5. 哪种心理学家最有可能为中学生制定反欺凌大纲？

　A. 实验　　　　　　　　B. 临床

　C. 法律　　　　　　　　D. 教育

6. 在与职业运动员一起工作时，运动心理学家可能会关注运动员的哪些方面？

　A. 力量和敏捷性训练　　B. 注意力和放松

　C. 记忆和动机　　　　　D. 知觉和问题解决

7. 路易斯博士研究的主题是拥挤。她总想知道，为什么电梯里有 8～10 个人会觉得拥挤，而在 2 000 多人参加的大型体育赛事上却不会如此。所以她是什么心理学家？

　A. 发展　　　　　　　　B. 生理

　C. 社会　　　　　　　　D. 环境

8. 哪种心理学家最关心如何使夜班员工工作满意度最大化？

　A. 工业与组织心理学家

　B. 临床心理学家

　C. 法律心理学家

　D. 环境心理学家

9. 苏珊娜正在重新设计一种新型飞机的控制系统，这样飞行员就可以在黑暗中通过感觉来辨别不同的仪器。她可能是____心理学家。

　A. 工业与组织　　　　　B. 人因

　C. 实验　　　　　　　　D. 军事

10. 思维阻断、心理预演和专注训练是____心理学家的技巧。

　A. 实验　　　　　　　　B. 临床

　C. 运动　　　　　　　　D. 军事

PSYCHOLOGY ⑤

致 谢

我要感谢我的丈夫乔·切卡莱丽，感谢他对我的爱和支持，使我得以花了大量时间来撰写和编辑这本教科书。我的孩子，艾尔和丽兹，也忍受了我的零散工作时间和频繁的旅行，我同样该感谢他们。

还要感谢许多人的支持！非常感谢编辑组的艾琳·米切尔和迪克森·穆斯勒怀特给予的支持和建议！特别感谢玛吉·韦普尔斯、德比·多伊尔和凯特·斯图尔特的精彩营销活动。鲁米娜、布莱尔·布朗和凯瑟琳·福特共同设计了本书。衷心感谢副刊经理戴安娜·墨菲以及我的副刊作者杰森·斯皮尔曼、艾伦·斯温克尔和编辑公司，你们太棒了！

非常感谢所有的老师和学生在过去的五个版本中为本教材及其发展做出的贡献！感谢数以百计的人对本书内容所做的评论，参加焦点小组，评估学习工具，并以许多其他方式提供了反馈和帮助。谢谢你们！

特别感谢朱莉·斯瓦西，我们的策划编辑，他为我们量体裁衣，使这个版本的整个编辑过程变得更加流畅。我们爱你，朱莉！我们知道你即将进入一个新的岗位，祝你一切顺利，我们会想念你的。

还要感谢詹妮弗·史蒂文森，她在编辑过程的"后台"接手了朱莉的家务活，做得非常棒！

当然，我也不能忘记诺兰·怀特，我的合著者、朋友和高级专家。他在神经心理学和临床心理学方面的专业知识是十分宝贵的资源，他修改了一半的章节和所有的概念地图，让这个版本出类拔萃！从心底里谢谢你，伙计！

给我的寄养"孙子"娜娜·桑迪一个拥抱！

桑德拉·切卡莱丽
海湾州立学院
佛罗里达州巴拿马城

我想表达我个人的感谢：

谢谢我的妻子和最好的朋友——利亚，还有我们的好孩子——塞拉、亚历克西斯和兰登，感谢你们在漫长的工作时间和多次缺席中给予的爱和耐心。没有你们，我什么都做不了。

谢谢我的主要作者和合作者桑德拉·切卡莱丽！感谢你的友谊、支持、帮助和建议，并继续成为我希望与之合作的最出色的导师和写作搭档！

谢谢我的学生们！感谢你们的启发、鼓励以及你们教给我的所有东西！谢谢学生和教师的用户以及本文的评论员，感谢你们的支持和一直以来有用的意见和建议！

感谢佐治亚学院心理科学系的朋友和同事们！感谢你们的鼓励、不断的讨论和反馈！特别感谢李·吉利斯、约翰·林赛和格雷格·贾维一路上的投入和支持。感谢沃尔特·艾萨克、克里斯蒂娜·丹迪和戴安娜·杨，感谢你们的贡献和愿意成为"随叫随到"的评论家！

谢谢佐莉·斯瓦西和艾琳·米切尔！感谢你们的指导、创意、合作以及出色表现！

谢谢詹·史蒂文森！感谢你的参与和出色的工作！

谢谢帕梅拉·韦尔丁、卡罗琳·芬顿、梅丽莎·萨科、玛吉·韦尔普斯、德比·多伊尔、凯特·斯图尔特、迪克森·穆斯勒怀特、斯蒂芬妮·哈灵顿以及所有其他 Pearson 的相关员工，谢谢你们的贡献，谢谢你们继续为我们带来如此美好的体验！

诺兰·怀特
佐治亚州立学院大学
米利奇维尔，乔治亚州

PSYCHOLOGY ❺

术语表

absolute threshold 绝对阈限 当刺激出现时，一个人能有意识地觉察到 50% 次数的最低刺激水平。

accommodation 调节 深度知觉的单眼线索；大脑通过对晶状体厚度变化的信息来判断物体的远近。

acculturative stress 文化适应压力 由于需要改变并且适应主流文化而在一个人身上产生的压力。

acquired（secondary）drive 习得性（次级）驱力 从经验和各种条件中学习到的驱力，如金钱或社会赞赏。

acrophobia 恐高症 对高度的恐惧。

action potential 动作电位 神经冲动的释放，包括轴突内电荷的逆转。

action therapy 行动疗法 主要目标是直接改变失调或不合适行为的疗法。

activation-information-mode model（AIM）激活 - 信息 - 模式模型 梦的激活 - 整合假说的修订版，认为人在清醒时接触的信息能影响梦的整合。

activation-synthesis hypothesis 激活 - 整合假说 认为梦是由大脑皮层的高级中枢产生的，用于解释 REM 睡眠阶段脑干皮层细胞的激活。

activity theory 活跃理论 老化调整理论，认为老年人如果可以通过某些方式保持活跃，如做志愿者、发展兴趣爱好，会活得更加快乐。

acute stress disorder（ASD）急性应激障碍 一种由于暴露于主要应激源而导致的障碍，伴随焦虑症状、解离、噩梦反复、睡眠失调、注意力集中问题、在梦中重新体验灾难或在灾难发生一个月内还会出现闪回。

adaptive theory 适应性理论 动物和人类在进化过程中形成的睡眠模式，在捕食者最活跃时睡觉以避开它们。

adolescence 青少年期 生命中 13 ～ 20 岁早期的时间段，在此期间，年轻人在生理上已不再是儿童，但也不算是独立、可以自给自足的成年人。

adrenal gland 肾上腺 位于肾脏上方的内分泌腺，可分泌 30 多种不同的激素来处理应激事件，调节盐分摄取，为青少年期影响性发育的性激素提供次级来源。

aerial/atmospheric perspective 空气透视 单眼深度线索；一个物体看起来越朦胧，观察者就会认为它越远。

affect 情感 该一术语在心理学领域指的是"情绪"或"心境"。

afferent（sensory）neuron 传入（感觉）神经元 将感觉信息传递给中枢神经系统的神经元。

afterimage 视觉后像 即使在移除了最初刺激之后，人还能在较短的时间内感到视觉图像的存在。

aggression 侵犯 旨在进行伤害或破坏的行为；打算伤害或杀害另一个个体的行为。

agonist 激动剂 模仿或增强下一个细胞受体上神经递质效应的化学物质，可增强或减弱该细胞的活性。

agoraphobia 广场恐惧症 对身处难以逃离的地点或情境的恐惧。

agreeableness 宜人性 一个人的情绪风格，从随和、友善和令人喜爱到脾气暴躁、易怒和不愉快等不同程度。

AIDS or acquired immune deficiency syndrome 艾滋病或获得性免疫缺陷综合征 由性传播的病毒性障碍，会损害免疫系统且由于身体无法与复杂传播对抗以至于最终导致死亡。

alcohol 酒精 多种植物性物质发酵或蒸馏后制成的化学物质。

algorithm 算法 解决某类问题的非常具体的、一步一步的解决流程。

all-or-none **全或无**　神经元被完全激活或完全不被激活的现象。

all-or-nothing thinking **全或无思想**　认为个体的表现必须是完美的，否则结果就会完全失败的一种倾向。

alpha wave **α波**　表明大脑在进行放松或浅睡眠的脑波。

altered state of consciousness **意识改变状态**　与清醒意识状态相比，心理活动的模式或性质发生转变的状态。

altruism **利他行为**　不求回报且经常不顾自身安全地做出的亲社会行为。

amphetamine **安非他明**　在实验室合成、而非在自然界中发现的一种兴奋剂。

amygdala **杏仁核**　位于海马附近的脑结构，在恐惧反应和对恐惧的记忆中起作用。

anal stage **肛门期**　弗洛伊德性心理发展的第二阶段，大约发生在18～36个月，在这一阶段，肛门是性欲区，如厕训练是冲突的来源。

analytical intelligence **分析性智力**　在问题解决过程中，将问题分解为部分的能力，或者分析的能力。

androgen **雄激素**　雄性激素。

androgyny **双性化**　不论其真实性别，拥有大部分积极的男性和女性特征的人格。

andropause **男性更年期**　中年男性性激素和生育系统的逐渐变化。

anorexia nervosa（anorexia）**神经性厌食症（厌食症）**　一个人减少进食以至于体重显著变低，或小于最低预期体重的现象。在成人中，很可能与BMI<18.5有关。

antagonist **拮抗剂**　阻断或降低细胞对其他化学物质或神经递质的反应的化学物质。

anterograde amnesia **顺行性遗忘**　受伤或精神创伤那一刻之后的记忆丢失，或是不能形成新的长时记忆。

antianxiety drug **抗焦虑药物**　用来治疗和平复焦虑反应的药物，典型的是弱安定剂。

antidepressant drug **抗抑郁药物**　用来治疗抑郁和焦虑的药物。

antipsychotic drug **抗精神病药物**　用来治疗幻觉、妄想和其他怪异行为等精神病症状的药物。

antisocial personality disorder（ASPD）**反社会型人格障碍**　一个人不顾他人的权利或感受而利用他人，经常表现出冲动或鲁莽的行为，而不考虑这种行为的后果。

anxiety disorder **焦虑障碍**　主要症状类型是过度且不切实际的焦虑。

applied behavior analysis（ABA）**应用行为分析**　功能分析和行为矫正的现代术语，通过各种塑造技术获得想要的行为或反应。

applied psychology **应用心理学**　使用心理学思想来解决现实世界的问题。

applied research **应用研究**　关注于发现解决现实世界问题解决方案的研究。

approach-approach conflict **双趋冲突**　当一个人必须在两个他想要的目标之间进行选择时产生的冲突。

approach-avoidance conflict **趋避冲突**　当一个人必须在一个既有有利一面也有有害一面的目标面前做出选择或不选择的决定时产生的冲突。

arbitrary inference **任意推断**　个人不根据任何证据就推出结论的思维扭曲。

archetype **原型**　荣格提出的集体的、普遍的人类记忆。

arousal theory **唤醒理论**　一种动机理论，认为人存在一个最佳（最好的或理想的）的紧张水平，通过增强或降低刺激来保持这种唤醒度。

association area **联合区**　位于大脑皮层各个叶中的区域，与高级心理过程一样，负责对信息进行协调和解释。

attachment **依恋**　婴儿和主要照顾者之间的情感联结。

attitude **态度**　积极或消极地对待人、客体、观点或情境的反应倾向。

attribution **归因**　解释自己和他人行为的过程。

attribution theory **归因理论**　关于人们怎样归因的理论。

auditory canal **耳道**　从耳郭通向鼓膜的短通道。

auditory nerve **听神经**　由内耳中的毛细胞伸出的轴突组成的神经束。

authenticity **真诚**　治疗师对来访者的诚恳、开放和诚实的回应。

authoritarian parenting **专制型教养**　一种教养方式，采用这种教养方式的父母非常固执且过于严格，很少对孩子表现出温情。

authoritative parenting **权威型教养**　一种教养方式，采用这种教养方式的父母将温暖、情感与对儿童行为的稳固限制相结合。

autobiographical memory **自传体记忆**　对与个人生活有关的事件和事实的记忆。

automatic encoding **自动化编码**　在几乎没有或没努力编码时，特定类型信息进入长时记忆的倾向。

autonomic nervous system（ANS）**自主神经系统**　周围神经系统的一部分，由控制各种不随意肌、器官和腺体的神经构成。

availability heuristic **可得性启发法**　人们评估某事件的发生频率或可能性是基于该事件回忆相关信息时的容易程度或想到相关事例的容易程度。

aversion therapy **厌恶疗法**　一种将不良行为与厌恶刺激建立联系来减少行为的发生频率的行为疗法。

avoidance-avoidance conflict **双避冲突**　当一个人必须在两个他不想要的目标之间进行选择时产生的冲突。

axon **轴突**　管状结构，能将来自胞体的神经信息传递到轴突末端并与其他细胞进行"交流"。

axon terminal **轴突末端**　神经元轴突分支膨大的末端，专门用于细胞间的交流。

basal metabolic rate（BMR）**基础代谢率**　当机体休息时身体消耗能量的速率。

basic anxiety **基本焦虑**　当儿童出生后进入更广大、更强大的成人世界时产生的焦虑。

basic research **基础研究**　聚焦于将信息加入科学知识库的研究。

behavioral genetics **行为遗传学**　致力于发现人格特征的基因基础的研究领域。

behaviorism **行为主义**　只关注可观察的行为的行为科学。

behavior modification **行为矫正**　运用学习技巧来矫正或改变不良行为，并增加适宜的行为。

behavior therapy **行为疗法**　基于经典条件反射或操作性条件反射规律的行为疗法，目标在于改变失调行为，不关心行为障碍的根源。

benevolent sexism **善意性别歧视**　会导致不公平对待的积极的性别刻板印象。

benzodiazepine **苯二氮䓬类药物**　降低焦虑且能减轻压力的药物。

beta wave **β波**　表示心理活动的更小或更快的代表性脑波。

bilateral anterior cingulotomy **双侧扣带前回毁损术**　一种精神外科手术，在磁共振成像仪的引导下，将一根电极插入大脑的扣带回区域，用电流破坏该区域的脑组织。

bimodal **双峰**　分布中有两个峰的情况。

bimodal distribution **双峰分布**　有两个而不是一个高点的次数分布。

binge-eating disorder **暴食障碍**　一个人在一餐中吃得过多或大吃大喝大量食物，但不像神经性厌食症，个体之后不会催吐或使用其他不健康的方式去避免体重的增加。

binocular cue **双眼线索**　通过双眼来知觉深度的线索。

binocular disparity **双眼视差**　双眼深度知觉线索，两只眼中物体成像的差别，距离越近、越小的物体差异越大。

bioethics **生物伦理学**　由生物和医学新进展引发的伦理和道德的研究。

biofeedback **生物反馈**　利用生物条件的反馈造成无意识反应，如有意识地控制血压和放松度。

biological model **生物模型**　将想法或行为的成因解释为人体化学、结构或基因系统等方面的生物变化的模型。

biological preparedness **生理准备**　动物学习某种联结的倾向，如味觉和厌恶。由于这样的学习具有生存价值，因此仅一次或几次的配对出现就可以形成。

biological psychology or behavioral neuroscience **生物心理学或行为神经科学**　神经科学的分支，关注心理过程、行为和学习的生物学基础。

biomedical therapy **生物医学疗法**　直接影响机体和大脑生物功能的疗法；采用生物学或医学的方法来减轻症状的心理障碍疗法。

biopsychological perspective **生物心理学视角**　一种将人和动物的行为归因于体内生物性事件的视角，这些事件包括基因、激素和神经系统活动的影响。

biopsychosocial model **生物－心理－社会模型**　一种将异常想法或行为看作由生物、心理、社会和文化因素结合和相互作用的结果的观点。

bipolar disorder **双相情感障碍**　在有或没有抑郁发作时，心境从正常到躁狂的周期（双相Ⅰ型障碍），或重度抑郁发作和轻度躁狂发作穿插于正常心境中的一段时间（双相Ⅱ型障碍）。

bisexual **双性恋（者）**　受到两种性别吸引的个体。

blind spot **盲点**　视网膜上的一个区域，3层视网膜细胞的轴突无法达到此处以形成视神经；对光线不敏感。

borderline personality disorder（BLPD）**边缘型人格障碍**　个体的非适应性的行为模式，表现为情绪化、不稳定、缺乏清晰的自我认同且常在亲密关系中伴随一种自残、长期孤独和破坏性愤怒的模式来依附于他人。

bottom-up processing 自下而上加工　通过对细小特征的分析来建立完整的知觉。

brightness constancy 明度恒常性　即使在光线条件发生变化时，对一个物体明度的知觉总是恒定的。

Broca's aphasia 布罗卡失语症　布罗卡区损伤引起的现象，患者无法流畅地说话，发音错误且说话吞吞吐吐。

bulimia nervosa（bulimia）神经性贪食症（贪食症）　一个人发展出周期性的"大吃大喝"或一次性吃过量食物，然后使用不健康的方法来避免体重增加。

burnout 心理倦怠　由于持久的压力或挫败而产生的思想、情绪和行为上的消极变化，会导致精疲力竭的感觉。

bystander effect 旁观者效应　其他人在场时，对是否做出帮助行为的决定会随旁观者的增加而减少。

caffeine 咖啡因　一种温和的兴奋剂，存在于咖啡、茶和许多其他植物性物质中。

Cannon-Bard theory of emotion 坎农-巴德情绪理论　认为生理反应和情绪是同时发生的理论。

case study 个案研究　研究单一个体的大量细节的研究。

catastrophe 灾难　不可预知的、大规模的事件，它们会引起对适应和调整以及战胜威胁体验的强烈需要。

catatonia 紧张症　范围从雕像般的静止到精力充沛的、疯狂的运动和讲话的爆发为主的行为失常。

central nervous system（CNS）中枢神经系统　神经系统的一部分，包括脑和脊髓。

central-route processing 中央路径加工　涉及注意信息内容本身的信息加工类型。

centration 中心化　在皮亚杰的理论中，它指的是幼儿只关注物体的一个特性而忽略其他相关特性的倾向。

cerebellum 小脑　位于脑桥后的较低部位，控制和调节不随意、快速及精细的活动，且可能有一定的认知功能。

cerebral hemisphere 大脑半球　大脑左右两侧皮层上的两部分。

cerebrum 大脑　位于脑的上部，包括两个大脑半球及其连接的结构。

character 性格　对一个人品行或道德行为的价值评价。

chromosome 染色体　紧密缠绕在一起的链状遗传物质，包含 DNA。

circadian rhythm 昼夜节律　以 24 小时为周期的身体节律。

classical conditioning 经典条件反射　学习对一个刺激做出无意识的反应，该刺激不同于能够正常引起反应的原始、自然的刺激。

claustrophobia 幽闭恐惧症　对身处狭小密闭空间的恐惧。

clinical psychology 临床心理学　心理学的一个分支，心理学家会诊断和治疗患有轻度到严重心理障碍的人群。

closure 封闭性　一种格式塔知觉原则；使不完整图形变得完整的倾向。

cocaine 可卡因　一种天然物质，从古柯植物的叶子中萃取获得。

cochlea 耳蜗　内耳中形似蜗牛的结构。

cognitive arousal theory（two-factor theory）认知唤醒理论（双因素理论）　认为生理唤醒和基于环境线索对唤醒的分类发生在体验情绪之前的一种情绪理论。

cognitive-behavioral therapy（CBT）认知行为疗法　通过让来访者学习更加理性和逻辑性的思维方式来帮助其克服各种问题的行动疗法。

cognitive development 认知发展　思维、问题解决和记忆的发展。

cognitive dissonance 认知失调　人们发现自己做的事、说的话与自己的态度不一致时感到的不适或痛苦感。

cognitive-meditational theory 认知调节理论　认为刺激一定要被个体解释（评估）才能导致生理反应和情绪反应的产生。

cognitive neuroscience 认知神经科学　研究思考过程中大脑和神经系统的生理变化的科学。

cognitive perspective 认知视角　心理学中关注记忆、智力、知觉、问题解决和学习的一种现代视角。

cognitive psychologist 认知心理学家　研究人们思考、记忆以及在头脑中组织信息方式的心理学家。

cognitive therapy 认知疗法　关注帮助来访者识别思维扭曲并用更现实、有益的思维替代那些扭曲、不现实的信念的疗法。

cognitive universalism 认知普适主义　认为观念是普适的且会影响语言发展的理论。

cohort effect 同辈效应　当一群人拥有共同的时间或共同生活经历时对发展产生的影响。

collective unconscious 集体无意识　荣格对人类所有成员都共享的记忆所起的名字。

College Undergraduate Stress Scale（CUSS）大

学生压力量表 对大学生在一年间由重大生活事件导致的压力水平的测量评估。

community psychology 社区心理学 心理学的一个分支，心理学家在各个层次上提供服务，包括个人、团体和社区，侧重于促进社会福利和预防社会问题。

companionate love 伴侣之爱 由亲密和承诺构成的一种爱的类型。

comparative psychology 比较心理学 心理学的一个分支，心理学家会研究动物及其行为，为的是与人的行为进行比较。

compensation（substitution）补偿（替代） 个体通过在另一方面变得更强来弥补某一方面不足的防御机制。

compliance 顺从 由于其他人的指引或要求而使某人的行为产生改变。

computed tomography（CT）电子计算机断层扫描 使用计算机来控制大脑中 X 射线的一种脑成像方法。

concentrative meditation 集中式冥想 目标是将注意力集中到一些重复的或不变的刺激上，使人们忘记日常的琐事和细节，从而放松身体。

concept map 概念地图 有组织的可视化知识表征，包含各种概念及其与其他概念间的关系。

concept 概念 代表一类物体、事件或者活动的观点。

concrete operations stage 具体运算阶段 认知发展理论第 3 阶段。在这一阶段，学龄儿童可以进行逻辑思考，但不具备抽象思维能力。

conditional positive regard 条件积极关注 只有当一个人做积极关注给予者希望的事情时才给予的积极关注。

conditioned emotional response（CER）条件性情绪反应 对学过的刺激产生的经典条件性的情绪反应，如对狗的恐惧或在看到有诱惑力的人时产生情绪反应。

conditioned response（CR）条件反应 在经典条件反射中，对条件刺激做出的习得性反应。

conditioned stimulus（CS）条件刺激 通过与原始的无条件刺激配对出现，引起习得性反应的刺激。

conditioned taste aversion 条件性味觉厌恶 对一种特别的味觉形成恶心或厌恶反应，因为这种味觉伴随着厌恶反应，仅一次联系就可以形成。

cone 视锥细胞 位于视网膜后的视觉感受器，负责感知颜色和清晰度。

confirmation bias 证实性偏差 个体会寻找能支持自己观点的证据同时忽视任何相反证据的倾向。

conformity 从众 为了迎合其他人而改变自己的行为。

conscience 良心 超我的一部分，依据行为的接受程度产生的内疚感。

conscientiousness 尽责性 个人对组织的关心和对他人的体贴；可信任性。

consciousness 意识 人在任意时刻对周围一切事物的觉察。

conservation 守恒 在皮亚杰的理论中，它指的是理解简单改变物体外形不会改变物体本质的能力。

consolidation 巩固 记忆形成后神经元中发生的结构或功能方面的改变。

constructive processing 建构加工 指在记忆提取过程中，更新的信息会改变、改进或影响提取到的记忆内容。

consumer psychology 消费心理学 心理学的一个分支，研究市场中消费者的习惯。

contiguity 接近原则 一种格式塔知觉原则；指的是将两个先后发生的接近的物体知觉为有联系的倾向。

contingency contract 相倚合约 治疗师和来访者（或教师和学生）之间签署的正式的书面协议，其中清楚注明了行为改变、奖励和惩罚的目标。

continuity 连续性 一种格式塔知觉原则；指的是将事物简单地知觉为连续的模式而非复杂、断开的模式的倾向。

continuous reinforcement 连续强化 对每个或每次正确反应进行的强化。

control group 对照组 实验中不接受自变量处理，可能接受安慰剂处理的被试。

conventional morality 习俗道德 科尔伯格道德发展第 2 阶段，在这一阶段，儿童的行为受到社会规范的约束。

convergence 辐合 双眼深度知觉线索；指的是两只眼睛为了对一个物体聚焦而在眼眶中的旋转过程。越近的物体辐合越大，越远的物体辐合越小。

convergent thinking 辐合思维 一种思维类型，认为一个问题只有一个答案，通过以前的知识和逻辑，所有的思考方向最终将通向唯一的答案。

coping strategy 应对策略 人们可以用来掌握、容忍、降低或最小化压力影响的行为。

coronary heart disease（CHD）冠心病 在心脏动脉

中一种蜡状物质斑块的形成。

corpus callosum 胼胝体 连接大脑左右半球的厚神经元条带。

correlation 相关 对两个变量间关系的测量。

correlation coefficient 相关系数 能够代表两个变量间关系的强度和方向的数，可通过相关公式算出。

cortex 大脑皮层 覆盖在大脑的最外部，由紧密连接的神经元构成，负责高级思维加工和感觉输入的解读。

counseling psychology 咨询心理学 心理学的一个分支，心理学家帮助有适应问题的人群。

creative intelligence 创造性智力 处理新的、不同的概念并想出解决问题新方法的能力。

creativity 创造力 用新方法将各种观点或行为结合起来以解决问题的加工过程。

critical period 关键期 在这一时期内，特定的环境因素能对胎儿的发展产生影响。

critical thinking 批判性思维 对各种主张做出理性的判断。

cross-sectional design 横断设计 在同一时间点对不同年龄组的被试进行研究的实验设计。

cross-sequential design 聚合交叉设计 最初使用横断设计研究被试，同时也进行长期的追踪和评估的实验设计。

cult 邪教 任何有着某种信仰和身份的特定宗教或哲学体系的人群。

cultural relativity 文化相对性 将行为发生的文化背景特点纳入考虑的需要。

cultural syndrome 文化综合征 在特定文化中出现的一系列痛苦症状，还不确定是否能将它们看作文化内的疾病。

curve of forgetting 遗忘曲线 一种呈现独特模式的曲线图，在该模式中，遗忘会在学习一列材料后的第一个小时内迅速发生，之后会逐渐减少。

cybertherapy 网络疗法 在网络上提供的心理治疗。也被称作在线、互联网治疗或咨询。

dark adaptation 暗适应 从明处进入暗处时眼睛恢复对暗刺激敏感性的现象。

decay 衰退 在没有利用记忆痕迹的时间内，随着时间的流逝记忆会不断丧失。

decision making 决策 涉及在众多替代物中进行识别、评估和选择的认知加工。

declarative（explicit）memory 陈述性（外显）记忆 长时记忆的一种类型，包括能意识到的信息和已知的信息。

deindividuation 去个体化 在一个团体内出现的个人身份认同、自我约束和对个人责任感知的减少。

delta wave δ波 长而慢的脑波，代表了最深的睡眠阶段。

delusion 妄想 个体持有错误信念且拒绝接受表明其错误的证据。

dendrite 树突 神经元中像树枝一样的结构，能接收来自其他神经元的信息。

denial 否认 一种个体拒绝承认或认出威胁情境的心理防御机制。

dependent variable 因变量 实验中的变量，代表实验中可测量到的被试的反应或行为。

depressant 镇静剂 削弱神经系统功能的药物。

depth perception 深度知觉 对世界进行三维知觉的能力。

descriptive statistics 描述统计 一种组织和汇总数字来确定某种模式的方法。

developmental psychology 发展心理学 心理学的一个分支，心理学家研究人的变化，包含人的思考、与他人建立关系和老去时的感觉。

deviation IQ score 离差智商分数 智力测量的一种类型，假设智商围绕着均值100及标准差约15进行分布。

diffusion 扩散 分子从高密度区域向低密度区域移动的过程。

diffusion of responsibility 责任分散 由于其他人的存在，人对某种作为或不作为不负责，认为他人应该一同承担这一责任。

directive 指导性疗法 治疗师主动提出对来访者陈述的解释并可能提出特定行为或行动建议的疗法。

direct observation 直接观察 专家观察来访者在诊所或自然情景中的日常行为的评估方法。

discrimination 歧视 因为对他人所在的群体存在偏见而对其区别对待。

discriminative stimulus 辨别刺激 为了获得强化，能够提供给有机体做出某种特定反应的线索的任何刺激，如"停车"符号或门把手。

displaced aggression 替代侵犯 对那些具有较少威胁或更容易利用的目标发泄情绪。

displacement 替代 从一个威胁目标重新转向一个较少

威胁目标的一些感觉。

display rule 情绪表达规则 在社会环境中习得的控制情绪表达的方式。

dispositional cause 本性归因 把人格或性格等内部因素归为行为的原因。

dissociation 解离 意识知觉的分离状态。

dissociative disorder 分离性障碍 包括意识知觉、记忆、自我认同或其组合的割裂的一种障碍。

dissociative identity disorder（DID）分离性身份识别障碍 在一个身体内存在两种或多种不同人格的障碍。

distress 恶性应激 不愉快且不受欢迎的应激源的影响。

distributed practice 分散练习 通过在学习间隔加入休息时间，安排要记住的材料的学习。

disuse 弃用 消退的另一种形式，指不被利用的记忆最终会衰退或消失。

divergent thinking 发散思维 一种思维类型，一个人从一个点开始，然后基于这个点想出许多不同的想法或可能性。

dizygotic twins 双卵双胞胎 又叫异卵双胞胎，两个卵细胞分别与两个精子结合，在子宫中同时形成两个受精卵而产生的双胞胎。

DNA（deoxyribonucleic acid）基因（脱氧核糖核酸） 包含有机体遗传物质的特定分子。

dominant gene 显性基因 积极控制性状表现的基因。

door-in-the-face technique 留面子技巧 先提出一个较过分的要求，遭到拒绝之后紧接着提出第二个较合理的要求。

double approach-avoidance conflict 双重趋避冲突 当一个人必须在两个各自均有积极和消极方面的目标之间做出抉择时产生的冲突。

double-blind study 双盲研究 实验者和被试都不知道被试属于实验组还是对照组的研究。

drive 驱力 当需求驱使个体采取行动来满足需求和减少紧张感时产生的一种心理紧张和生理唤醒。

drive-reduction theory 驱力降低理论 一种对动机的解释，假设行为是由心理需求引起的，这种需求会导致内部驱力推动有机体来满足需求、降低紧张和唤醒。

drug tolerance 耐药性 在重复使用某种药物后导致药效降低，需要更高剂量的药物才能达到相同的药效。

echoic memory 声象记忆 听觉感觉记忆，只持续2～4秒。

eclectic 折中法 结合许多不同方法或技术中的一部分而形成的治疗方法。

educational psychology 教育心理学 心理学的一个分支，心理学家关注对人类学习的研究和新学习技术的发展。

efferent/motor neuron 传出（运动）神经元 将中枢神经系统的信息传递到身体各个肌肉的神经元。

ego 自我 人格的一部分，由处理现实的需要发展而来；通常是有意识的、理性的和逻辑的。

egocentrism 自我中心主义 指无法通过任何其他人的视角来看世界。

ego integrity 自我整合 由经历了整段人生引发的一种完整感，是一种对后悔释然的能力；也即自我最终的完成状态。

eidetic imagery 遗觉象 保持视觉记忆30秒或更长时间的能力。

elaboration likelihood model 精细加工似然模型 一种说服模型，指人们对说服信息是否进行精细加工，那些做了精细加工的人的行为比没做的人要更具有预测性。

elaborative rehearsal 精细复述 通过将新信息与已知内容结合来增加信息检索的线索数量的方法。

electroconvulsive therapy（ECT）电休克疗法 用以治疗重度抑郁的生物医学疗法，通常会在个体头部的一侧或双侧放置电极，让足以造成个体癫痫或惊厥的电流在电极间传递。

electroencephalogram（EEG）脑电图 对颅骨下大量大脑皮层神经元电活动的记录，常使用头皮电极。

embryo 胚胎 受精后第2周至第8周发育中的有机体的名称。

embryonic period 胚胎期 受精后的第2周至第8周，在此期间，胚胎会发育出主要器官和机体结构。

emerging adulthood 成年初显期 没有孩子、没有独立住房和经济未独立的群体从青春晚期到20多岁的一段时间，要出现在发达国家。

emotion 情绪 意识的"感觉"方面，具有特定的生理唤醒、向外部世界表达情绪的特定行为，以及对情感的内部觉察。

emotional intelligence 情绪智力 意识到并管理自己的情绪以促进思考和实现目标的能力，以及理解他人情绪的能力。

emotion-focused coping 以情绪为中心的应对策略　通过改变对应激源的情绪反应来改变应激源对自己影响的应对策略。

empathy 共情　治疗师理解来访者感受的能力。

encoding 编码　个体将感觉信息转变成大脑的存储系统可利用的形式的心理加工过程。

encoding failure 编码失败　未能将信息加工到记忆中。

encoding specificity 编码特异性　一种倾向，如果在记忆最初形成时可用的相关信息（如环境或生理状态）在记忆提取时可用，那么信息的记忆将得到改善。

endocrine gland 内分泌腺　直接将激素分泌到血液的腺体。

environmental psychology 环境心理学　心理学的一个分支，关注人们如何与其所处的物理环境互动和如何受其影响。

enzymatic degradation 酶催降解　通过改变神经递质的结构以阻止其对受体起作用。

episodic memory 情景记忆　陈述性记忆的一种，包括他人不易获得的个人信息，如日常活动或事件。

equal status contact 等位相交　两个群体间的接触，在这个过程中两个群体的地位平等，没有出现一组比另一组更有力量的情况。

escape or withdrawal 逃跑或退缩　真的离开应激源或者以幻想、药物滥用或冷漠等心理退缩方式逃避应激源。

estrogen 雌激素　雌性激素。

eustress 良性应激　积极事件的影响，或人们用于提升个体健康和幸福感的最优程度的压力。

evidence-based treatment (EBT) 循证治疗　也称为实证支持的治疗；指在控制实验的各种研究中，人们已经发现的能产生疗效和想要的变化的各种干预、策略或技术。

evolutionary perspective 进化视角　一种关注全人类共同心理特征的生物学基础的视角。

excitatory synapse 兴奋性突触　拥有能激活接收细胞的神经递质的突触。

expectancy 期待　特定行为会引起强化结果的个人主观感受。

experiment 实验　刻意操纵变量来观察行为结果是否有相应的改变，从而确定因果关系。

experimental group 实验组　实验中接受自变量影响的被试。

experimental psychology 实验心理学　心理学的一个分支，心理学家主要进行有关学习、记忆、思维、知觉、动机和语言的研究和实验。

experimenter effect 实验者效应　实验者对研究的期待会在无意中影响研究结果的倾向。

exposure therapy 暴露疗法　在严格控制条件的情况下，将个体暴露于使其感到焦虑或恐惧的刺激中来促进新学习的行为技术。

extinction 消退　随着无条件刺激被移除或缺失（经典条件反射），或强化物被移除（操作性条件反射），习得性反应会被削弱或消失。

extraversion 外倾性　在人格的维度上是指与他人在一起的需要。

extravert 外向者　开朗和善于交际的人。

extrinsic motivation 外部动机　导致人们为了获得外部激励做出某种行为的动机，这种激励与个体是分离的或者是个体外部的。

facial feedback hypothesis 面部反馈假说　假设面部表情提供大脑想要表达的情绪的反馈，从而导致和强化情绪。

family counseling（family therapy）家庭咨询（家庭治疗）　团体治疗的一种方式，家庭成员在心理咨询师或治疗师处集合来解决影响整个家庭的问题。

fertilization 受精　卵细胞和精子的结合。

fetal alcohol spectrum disorder（FASD）胎儿酒精谱系障碍　由怀孕期间饮酒而导致的生理和心理缺陷。

fetal period 胎儿期　从怀孕后的第 8 周直到婴儿出生为止的一段时间。

fetus 胎儿　从受精后的第 8 周直到出生为止的时间内发育中的有机体。

figure-ground 图形－背景关系　感知物体或图形为存在于某一背景中的倾向。

five-factor model（Big Five）五因素模型（大五人格模型）　人格特质的模型，描述了 5 个基本的特质维度。

fixation 固着　特定性心理阶段的冲突没有完全得到解决引起的紊乱，导致人格特质和行为与这一早期阶段有关。

fixed interval schedule of reinforcement 固定间隔的强化程序　一种强化程序，即在可能进行强化之前的时间间隔始终是相同的。

fixed ratio schedule of reinforcement 固定比率的强化程序　一种要求反应强化的次数相同的强化程序。

flashbulb memory 闪光灯式记忆　自动编码的一种，它之所以会发生，是因为未预期事件引发的强烈的情绪联系使得个体可以记住它。

flat affect 情感贫乏　缺乏情绪反应。

flooding 满灌疗法　用以治疗恐惧症和其他应激障碍的技术，将个体快速并完全暴露在诱发恐惧的情景或事物中并防止其回避或逃跑。

foot-in-the-door technique 登门槛技巧　在一个小要求被同意后，紧接着提出一个大要求。

forensic psychology 法律心理学　心理学的一个分支，关注法律系统中的人，包含对罪犯、陪审团选择和鉴定证人的心理评估。

formal operations stage 形式运算阶段　皮亚杰认知发展理论的最后一个阶段，在这一阶段，青少年开始具备抽象思维能力。

free association 自由联想　一种精神分析技术，鼓励患者说出浮现在脑海中的任何事情而不要害怕负面评价。

free-floating anxiety 自由浮动性焦虑　与特定的、已知的来源无关的焦虑。

frequency count 频率计数　对特定行为的频率进行计数的评估方法。

frequency distribution 次数分布　能表示不同数或分数如何出现在特定分数组中的表格或图形。

frequency theory 频率理论　一种关于音高的理论，该理论认为，音高与基底膜的振动速度有关。

frontal lobe 额叶　位于脑前上部的皮层区域，在高级心理过程和决策以及言语流畅性的产生方面起作用。

frustration 挫折　阻碍目标的实现或需要的满足而引发的心理体验。

fully functioning person 机能健全者　触及并信任内心深处强烈愿望和感受的人。

functional fixedness 功能固着　一种问题解决障碍，即仅根据物体的典型功能来思考事物。

functionalism 机能主义　与威廉·詹姆斯有关的早期心理学视角，其研究重点在于探讨思维如何让人们适应、生活、工作和玩乐。

functional magnetic resonance imaging（fMRI）功能性磁共振成像　基于磁共振成像的脑影像方法，通过脑血氧水平的变化对脑区进行功能检查。

fundamental attribution error 基本归因错误　人们高估内部因素而低估了环境因素对行为影响的倾向。

gender 性别　成为男性或女性的心理面貌。

gender identity 性别认同　个体对于自己是男性还是女性的感觉。

gender role 性别角色　对男性或女性的文化期待，包括在该文化中与男性或女性相关的态度、行为和人格特质。

gender schema theory 性别图式理论　性别认同获得理论，该理论认为，儿童发展出成为男性或女性的心理模式或图式，然后围绕这一图式来组织观察到的或习得的行为。

gender stereotype 性别刻板印象　基于性别产生的关于个体或群体的概念。

gender typing 性别特征形成　获得性别角色特征的过程。

gene 基因　DNA 中拥有相同化学元素排列的部分。

general adaptation syndrome（GAS）一般适应综合征　机体对心理应激反应的三个阶段，包括警戒、抵抗和衰竭。

generalized anxiety disorder 广泛性焦虑障碍　个体感受到恐惧和即将来临的厄运并伴有应激的身体症状的一种障碍，且这些症状持续至少 6 个月。

generativity 繁衍　对自己的孩子或下一代提供指导，或通过职业或志愿工作为下一代的健康成长做出贡献。

genetics 遗传学　关于遗传性状的科学。

genital stage 生殖期　弗洛伊德性心理阶段的最后阶段；从青春期开始允许性冲动回到意识中，且个体走向成人的社交或性的行为。

germinal period 胚芽期　受精后的前两周，在此期间，受精卵进入子宫并开始嵌入子宫内壁。

Gestalt psychology 格式塔心理学　早期心理学流派之一，关注知觉和感觉，尤其是对模式和整个图像的知觉。

Gestalt therapy 格式塔疗法　一种指导性领悟疗法，治疗师通过引导性问题和角色扮演等有计划的体验来帮助来访者接受其所有的感受和主观体验。

g factor g 因素　推理和问题解决的能力，或称一般智力。

gifted 超常　大约占人群 2% 的人，落在正态曲线的右端，智商在 130 以上。

glial cell 胶质细胞　为神经元的生长提供支持的细胞，可传递营养给神经元，产生髓鞘质来覆盖轴突，清除废弃物质和死亡的神经元；还会影响信息加工，且在产前发育中能影响新神经元的产生。

glucagon 胰高血糖素 由胰腺分泌的一种激素，通过升高血液中的葡萄糖水平，控制身体中脂肪、蛋白质和碳水化合物的水平。

gonad 生殖腺 即性腺，分泌调节性发育和生殖行为的激素。

grammar 语法 控制语言结构和使用的规则系统。

group polarization 群体极化 一种倾向，即比起没有参与群体讨论的个体，参与群体讨论的成员在某种程度上会采取更加极端的立场和更冒险的行动。

group therapy 团体治疗 治疗或疗法的一种形式，即有相似困扰的来访者与咨询师聚到一起来解决问题。

groupthink 群体思维 当人们更看重维持群体一致性而不是评估群体所关心问题的事实时产生的一种思维类型。

habit 习惯 在行为主义中，它指的是一组被充分学习后自动化的反应。

habituation 习惯化 大脑对恒定不变的刺激不再做出反应的倾向。

hallucination 幻觉 错误的感知觉，如听见并非真实存在的声音。

hallucinogenic 致幻剂 引起错误感觉信息并改变对现实感知的药物。

halo effect 晕轮效应 访谈者因来访者的积极特点影响其对来访者的行为和表达的评价的倾向。

hardy personality H 型人格 没有 A 型人格的敌意和易怒，相反似乎是依靠压力成长起来的一类人。

hassle 困扰 每天生活中的日常烦恼。

health psychology 健康心理学 心理学的一个分支，关注生理活动、心理特征以及社会人际关系如何对个体的整体健康和患病率产生影响。

heritability 遗传率 人群中某些特质的改变在一定程度上很可能受基因的影响；在一定程度上，个体的基因差异会影响到个体可观察到的行为的差异；在 IQ 中，遗传因素导致人群中 IQ 的部分变化。

heroin 海洛因 从具有强成瘾性的鸦片中提取的麻醉药物。

hertz（Hz）赫兹 每秒钟的波动或周期，是频率的度量单位。

heterosexual 异性恋（者） 受到异性吸引的个体。

heuristic 启发法 基于以往经验的有根据的猜测，能帮助缩小问题的可能解决方案的范围。也被称为"经验法则"。

higher-order conditioning 高级条件反射 发生于强的条件刺激和中性刺激配对出现时，以前的中性刺激由此变成次级条件刺激。

hindsight bias 事后诸葛亮偏差 通过对包含更新信息的旧记忆的修正，人们倾向于误以为自己可能已经准确地预测到了某件事的结果。

hippocampus 海马 位于两侧颞叶的弧形结构，负责长时陈述性记忆的形成。

histogram 直方图 一种表示次数分布的条形图。

homeopathy 顺势疗法 通过引入一种在大剂量中会导致疾病的小剂量物质来治疗疾病。

homeostasis 内稳态 机体保持稳定状态的趋向。

homosexual 同性恋（者） 受到同性吸引的个体。

hormone 激素 由内分泌腺分泌出来的进入血液的化学物质。

human development 人的发展 研究人从受孕到死亡的老化过程中发生的变化的科学。

human factors psychology 人因心理学 工业或组织心理学分支，主要研究人与机器彼此交互的方式。

humanistic perspective 人本主义视角 心理学的"第三势力"，关注使人成为独特个人的人格方面，如主观感受和自由选择。

hypnosis 催眠 一种意识状态，人在此种意识状态下容易受暗示的影响。

hypothalamus 下丘脑 位于丘脑下、垂体正上方的小结构，在睡眠、饥饿、口渴和性行为等动机行为中起作用。

hypothesis 假设 根据观察对某一现象做出的猜测性解释。

iconic memory 图像记忆 只持续几分之一秒的视觉记忆。

identification 认同 个体试着变成其他令人欢迎的人来应对焦虑的一种心理防御机制。

identity versus role confusion 同一性 vs. 角色混乱 人格发展阶段之一，在这一阶段，青少年需要找到自我认同感。

id 本我 人格中与生俱来且完全无意识的部分。

imaginary audience 假想观众 青少年常见的一种想法，即认为他人和自己一样也关注着自己的想法和性格。

immune system **免疫系统** 机体的细胞、器官和化学物质对来自疾病、感染或伤害的攻击做出反应的系统。

implicit personality theory **内隐人格理论** 对不同类型的人、人格特点和行为的相互关联所做的一系列假设。

impression formation **印象形成** 一个人对另一个人所形成的第一印象。

incentive approach **诱因理论** 解释动机的一种理论，认为行为是对外部刺激及其可能带来的奖励的反应。

incentive **诱因** 吸引或引诱人们行动的事物。

independent variable **自变量** 实验中由实验者操纵的变量。

industrial/organizational（I/O）psychology **工业与组织心理学** 心理学的一个分支，关注人与工作环境之间的关系。

infantile amnesia **婴儿期遗忘** 3 岁前的记忆无法提取。

inferential statistics **推断统计** 对两个或多个数值数据集进行统计分析来降低测量时出错的可能性，并决定数据集间的差异是否要大于随机变异造成的差异。

information-processing model **信息加工模型** 一种记忆模型，假设在记忆的 3 个阶段中，记忆存储时的信息加工方式与计算机处理内存的方式一样。

in-group **内群体** 个体所认同的社会群体；"我们"。

inhibitory synapse **抑制性突触** 所含神经递质能导致接收细胞停止放电的突触。

insight **顿悟** 对问题各个部分的关系的突然感知，可促使问题解决方法快速出现。

insight therapy **领悟疗法** 一种疗法，其主要目标是帮助人们洞悉自身的行为、思维和感受。

insomnia **失眠** 无法入睡、无法保持熟睡或获得高质量睡眠。

instinctive drift **本能漂移** 使动物的行为恢复到遗传控制模式的倾向。

instinct **本能** 在人类和动物中都存在的由生物层面决定的和天生的行为模式。

insulin **胰岛素** 由胰腺分泌的一种激素，能降低血液中的葡萄糖水平，控制身体中脂肪、蛋白质和碳水化合物的水平。

intellectual disability（intellectual developmental disorder）**智力障碍（智力发育失常）** 与同龄人的能力相比，一个人的行为和认知能力处于早期发展阶段的现象；也可称为发育迟缓。早期被称为精神迟滞。

intelligence **智力** 有效学习他人经验、获得知识和利用资源来适应新环境或解决问题的能力。

intelligence quotient（IQ）**智商** 表示智力测量的数值，由心理年龄除以实际年龄再乘以 100 得出。

interneuron **中间神经元** 脊髓中部的神经元，接收来自传入神经元的信息并通过传出神经元发送命令给肌肉。中间神经元还可构成脑中的大部分神经元。

interpersonal attraction **人际吸引** 对某人的喜爱或者与其发展关系的渴望。

interpersonal psychotherapy（IPT）**人际关系治疗** 一种包含多种方式和侧重人际问题的对抑郁症的治疗形式。

intersex **雌雄间体** 雌雄间性者拥有模糊的性器官，出生时很难通过肉眼确定其真实的性别。

interview **访谈** 人格评估的方法，专家以结构化或非结构化的形式问来访者问题并且允许来访者进行回答。

intimacy **亲密** 基于信任、分享和关爱等能力的一种情感和心理上的亲近，同时还能保持自我。

intrinsic motivation **内部动机** 一种动机类型，个人采取某种行动是由于它本身在其内部态度中具有奖励性或满意性。

introversion **内向性** 人们倾向于回避过度刺激的人格维度。

introvert **内向者** 更喜欢独处而不喜欢成为注意焦点的人。

irreversibility **不可逆性** 在皮亚杰的理论中，它指的是儿童不具备还原操作的能力。

James-Lange theory of emotion **詹姆斯－兰格情绪理论** 认为生理反应导致情绪标签的理论。

jigsaw classroom **拼图教法** 一种教学技术，每个个体只拥有解决问题的一部分信息，这使得分离的个体不得不一起工作来找到解决办法。

just noticeable differences（jnd or difference threshold）**最小可觉差（差别阈限）** 能以 50% 的次数觉察到的两个刺激间的最小差异。

language **语言** 一个连接符号（如单词）的系统，使得可以产生无数有意义的论述，用来与其他人进行交流。

latency **潜伏期** 弗洛伊德性心理发展的第 4 阶段，发生在学龄期，儿童的性欲感觉被抑制，儿童在其他方面得到发展。

latent content **隐梦** 梦境中象征性或隐藏着的意义。

latent learning **潜伏学习** 学习一直处于隐藏状态，直到变得有用时才出现。

Law of Effect 效果律 如果一种行为伴随着愉悦的结果，它将倾向于得到重复；如果一种行为伴随着不愉悦的结果，它将倾向于不会得到重复。

learned helplessness 习得性无助 由于过去重复失败的经历而无法做出从情境中逃离的倾向。

learning 学习 通过经验或练习而在行为上引起的任何相对持久的改变。

learning/performance distinction 学习差异 / 表现差异 学习可以在没有实际表现学习行为的情况下发生。

leptin 瘦素 一种激素，当释放进血液时，给下丘脑传递信号，告知身体已有足够食物，且在增加饱腹感的同时降低食欲。

lesioning 损伤 在大脑中插入一个细小的绝缘电极，通过发送电流来破坏电线末端的脑细胞。

levels-of-processing model 加工水平模型 一种记忆模型，认为根据信息的意义而非仅仅是词或词组的声音或物理特点来加工或进行"深度加工"的信息更容易记住且持续时间更长。

light adaptation 明适应 从暗处进入明处时，眼睛恢复对明亮刺激的敏感性。

limbic system 边缘系统 主要位于大脑皮层之下的一些脑结构群，与学习、情绪、记忆和动机有关。

linear perspective 线条透视 单眼深度知觉线索；平行线出现彼此汇聚的趋势。

linguistic relativity hypothesis 语言相对假说 语言控制思维过程和概念的理论。

locus of control 控制点 人们倾向于认为在他们的生活中要么对事情能控制，要么对事情没有控制。

longitudinal design 纵向设计 在很长的一段时间里对一个或一组被试进行研究的研究设计。

long-term memory（LTM）长时记忆 将所有信息或多或少地永久性保留下来的记忆系统。

lowball technique 低球技巧 先向一个人提出一个较小的要求，之后提高这个要求的成本。

LSD 麦角酸二乙胺 强效人造致幻剂。

magnetic resonance imaging（MRI）磁共振成像 使用无线电波和身体磁场来产生大脑细节图像的脑成像方法。

magnification 放大化 将情境解释得比实际情况更危险、更有害或更重要的一种倾向。

magnification and minimization 放大或缩小 个体将消极事件的重要性过度夸大（放大）而忽视相关积极事件（缩小）的思维扭曲。

maintenance rehearsal 保持性复述 一遍遍在头脑中重复信息，使其可以保持在短时记忆中。

major depressive disorder 重性抑郁症 突然出现的严重抑郁症，似乎没有外部原因，或对当前情况来说过于严重。

maladaptive 适应不良 使个体不能正常应对或适应日常生活的要求和压力的任何事情。

mammary gland 乳腺 乳房组织中的腺体，在女性生育后能产生乳汁。

manic 躁狂 过度兴奋、有活力、愉悦或易怒的品质。

marijuana 大麻 一种温和致幻剂，来源于一种特殊类型的大麻植物的叶子和花朵。

MDMA 摇头丸 既有兴奋效果又有致幻效果的人造致幻剂。

mean 平均数 数字分布的算术平均数。

measures of central tendency 集中量数 最能代表次数分布最典型分数的数字。

measures of variability 差异量数 对一个分布中差异程度或分数如何伸展的测量。

median 中位数 在一个有序分数分布中的中间分数，或两个中间数的均值；第 50 个百分位数

meditation 冥想 为了重新聚焦注意，达到意识上的出神状态而进行的一系列心理练习。

medulla 延髓 脊髓顶端第一个大的膨胀物，构成脑的最低端，在呼吸、吞咽和心跳等生命维持功能方面起作用。

memory 记忆 从感觉中接收信息，并将信息转换成可用形式，之后组织并存储信息，再从存储中提取出信息的动态系统。

memory trace 记忆痕迹 记忆形成时大脑发生的物理变化。

menarche 初潮 第一个月经周期，每月子宫内的血液和组织会脱落，在还没怀孕时为怀孕做准备。

menopause 绝经期 排卵和月经周期停止、女性生育能力结束的时期。

mental image 心理表象 代表物体或事件的心理表征，它具有类似图片的特性。

mental set 心理定势 人们倾向于坚持用过去有效的问题

解决的模式。

microsleep 微睡眠　短暂地入睡且仅维持几秒钟的状态。

mindfulness meditation 正念冥想　一种集中式冥想形式，人们的目标是不评判地完全集中注意到当前时刻。

minimization 缩小化　对个体的成功、积极事件或特质给予少量或不给予关注的一种倾向。

mirror neuron 镜像神经元　当动物或人做出某一动作，或当动物或人看到相同的行为由他者做出时会受到激发的神经元。

misinformation effect 误导信息效应　在事件发生后呈现误导信息来改变事件本身记忆的倾向。

mode 众数　在一个分数分布中出现最多的数。

modeling 模仿　通过对他人的观察和模仿来学习。

monocular cue（pictorial depth cue）单眼线索（图像深度线索）　基于一只眼睛对深度进行感知的线索。

monozygotic twins 单卵双胞胎　一个受精卵分裂出两个独立的细胞群，每一个发展成独立的胚胎。

mood disorder 心境障碍　严重扰乱心境的一种障碍。

morpheme 词素　语言中最小的意义单位。

morphine 吗啡　源于鸦片的麻醉药剂，过去常用来治疗严重疼痛。

motion parallax 运动视差　关于运动物体的知觉，人们感觉离得近的物体比离得远的物体运动得更快。

motivation 动机　促使活动开始、引导并维持，从而使生理或心理需求得到满足的过程。

motor cortex 运动皮层　位于额叶后部，在将动作指令传递到躯体神经系统的肌肉方面起作用。

motor pathway 运动通路　从中枢神经系统进入随意肌的神经，由传出神经元构成。

Müller-Lyer Illusion 缪勒-莱尔错觉　一种错觉类型，两条相同长度的线段由于分别在各自的两端添加了朝外侧的角和朝内侧的角，看起来不再一样长。

multiple approach-avoidance conflict 多重趋避冲突　当一个人必须在多个各自均有积极和消极方面的目标之间做出抉择时产生的冲突。

myelin 髓鞘质　脂肪类物质，由特定的胶质细胞产生，包裹在神经元的轴突上以进行绝缘、保护和加速神经冲动。

narcolepsy 发作性睡病　在没有预兆的情况下，人在一天内立即进入快速眼动睡眠阶段的障碍。

natural killer（NK）cell 自然杀伤细胞　一种负责抑制病毒和摧毁肿瘤细胞的免疫系统细胞。

nature 先天　遗传特征对人格、生理发育、智力发育和社会互动的影响。

need 需求　对机体存活非常重要的物质的需要，如食物和水。

need for achievement（nAch）成就需求　对于成功实现目标有很强的需求，这些目标包括真实的和具有挑战性的。

need for affiliation（nAff）亲密需求　与他人保持友好的社会互动和关系的需求。

need for power（nPow）权力需求　能够控制和影响其他人的需求。

negatively skewed 负偏态　一种分数分布，分数集中在分布的高分端。

negative reinforcement 负强化　通过对非愉悦刺激的消除、逃离或回避，造成对反应的强化。

negative symptom 阴性症状　正常行为减少或缺失、注意力下降、情感贫乏、言语产生障碍等精神分裂症的症状。

neo-Freudian 新弗洛伊德学派　弗洛伊德的追随者形成的一系列有竞争力的心理动力学理论。

nerve 神经　由髓鞘质包裹的、在身体中共同穿行的轴突束。

nervous system 神经系统　一个由特定细胞组成的巨大网络，能传递和接收来自身体各部位的信息。

neurofeedback 神经反馈　为了矫正行为，利用大脑扫描装置提供大脑活动反馈的一种生物反馈形式。

neuron 神经元　构成神经系统的基本细胞，能接收和传递信息。

neuroplasticity 神经可塑性　在经历事件或创伤后对许多细胞结构和功能的持续改变，是脑的一种能力。

neuropsychology 神经心理学　心理学的一个分支，心理学家专攻大脑和行为间关系的研究或临床意义。

neuroscience 神经科学　生命科学的一个分支，研究神经元、神经和神经组织的结构和功能。

neuroticism 神经质　情绪稳定或不稳定的程度。

neurotic personality 神经症人格　在霍妮的理论中用适应不良的方式处理人际关系的人格类型。

neurotransmitter 神经递质　位于突触小泡内的化学物质，其释放会对下一个细胞产生影响。

neutral stimulus（NS）中性刺激　在经典条件反射中，

在条件反射之前对预期反应没有影响的刺激。

nightmare 梦魇　发生在 REM 睡眠阶段的不好的梦。

night terror 夜惊　相当罕见的睡眠障碍，指人们在没有完全清醒的深睡眠过程中经历极端恐惧、叫喊或乱跑的情况。

nondeclarative（implicit）memory 非陈述性（内隐）记忆　长时记忆类型之一，包含对技能、程序、习惯和条件反应的记忆。这些记忆是人们意识不到的，但由于其能影响意识到的行为而内隐地存在着。

nondirective 非指导性疗法　治疗师保持相对中立的态度，当来访者说话时不打断他或采取直接的行动，而是扮演平静无偏见的倾听者的角色。

non-REM（NREM）sleep 非快速眼动睡眠　任何不属于快速眼动睡眠的睡眠阶段。

normal curve 正态曲线　形似钟形的曲线，其中分数围绕均值对称分布，且均值、中数和众数位于曲线相同的点，当曲线从均值处向外扩展时分数下降。

nurture 后天　环境对人格、生理发育、智力发育和社会互动的影响。

obedience 服从　在权威人物的命令下改变自己的行为。

objective introspection 客观反省　检测自己的想法和精神活动的过程。

object permanence 客体恒常性　即使物体不在视野中也认为它存在的认识。

observational learning 观察学习　通过对榜样行为的观察来学习新的行为。

observer bias 观察者偏差　观察者倾向于观察到自己期望看到的事。

observer effect 观察者效应　当人或动物得知自己受到监视以后，会表现得异于寻常。

obsessive-compulsive disorder 强迫症　一种障碍，表现为侵入性的不断重复的思想或强迫观念造成的焦虑，而这种焦虑可以通过进行重复的仪式化行为或心理行为（强迫行为）得到缓解。

occipital lobe 枕叶　脑的一部分，位于两侧大脑半球的后部和底部，包括脑的初级视觉中心。

Oedipus complex/Electra complex 恋母情结 / 恋父情结　发生在性器期的现象，儿童对异性父母产生性吸引且嫉妒同性父母。男性发展出恋母情结，而女性发展出恋父情结。

olfaction（olfactory sense）嗅觉　关于气味的感觉。

olfactory bulb 嗅球　大脑中的两个球状突起，位于鼻窦腔上方和额叶下方，负责接收来自嗅觉感受器细胞的信息。

openness 开放性　人格五因素之一；希望尝试新事情并且乐于接受新的体验。

operant 操作性行为　任何自愿而非由特定刺激引起的行为。

operant conditioning 操作性条件反射　通过对反应的愉悦和不愉悦后果的影响来学习自愿行为。

operationalization 操作化　对于允许被测量的感兴趣变量的特定描述。

opiate 阿片剂　一种阿片类药物，通过结合和刺激神经系统中内啡肽的天然受点来抑制痛觉。

opium 鸦片　从罂粟中提取出的物质，所有麻醉药均是从罂粟中提取的。

opponent-process theory 对立加工理论　一种关于色觉的理论，该理论认为，视觉神经元会被一种色光刺激，而被另一种色光抑制。

optimist 乐观主义者　那些期待积极结果的人。

oral stage 口唇期　弗洛伊德性心理发展第一阶段，出现在生命中的前 18 个月，此时，口腔是性感区且断奶是主要的冲突。

orgasm 性高潮　阴道内壁或阴茎的一系列有节奏的肌肉收缩；是性反应的第 3 个阶段，持续时间最短。

out-group 外群体　个体不认定为同类的社会群体；"他们"。

ovary 卵巢　女性的生殖腺或性腺。

overgeneralization 过度概化　一种思维扭曲，即人仅基于一件事情或一个事件就得出笼统的结论并将这些结论应用到与原始事件无关的事情上；将简单的消极事件解释为无止境的失败的一种倾向。

overlap（interposition）遮挡（插入）　单眼深度知觉线索；如果一个物体的某一部分看起来被另一个物体遮挡，那么观察者会推测位于前面的物体离自己更近。

oxytocin 催产素　由垂体后叶释放的激素，与生殖和亲职行为有关。

pancrea 胰腺　内分泌腺之一；可控制血糖的浓度。

panic attack 惊恐发作　一种突然发生的强烈恐慌，伴有多种应激的身体症状，且常有濒死感。

panic disorder 惊恐障碍　惊恐发作重复出现并导致持续的忧虑或行为改变。

parallel distributed processing model（PDP）平行分布加工模型　一种记忆模型，认为记忆加工是在一个大的神经联结网络中同时发生的。

parasympathetic division 副交感神经系统　自主神经系统的一部分，在身体唤醒后恢复到正常功能状态，负责器官和腺体的日常功能。

parietal lobe 顶叶　脑的一部分，位于两侧大脑半球的上部和后部，包含触觉、温度觉和身体位置觉的中心。

partial reinforcement effect 部分强化效应　一个反应倾向于在部分（非全部）难以消退的正确反应之后被强化。

participant modeling 参与者榜样作用　由一位榜样人物通过详细且渐进的过程来示范想要塑造的行为，并鼓励来访者模仿该榜样的技术。

participant observation 参与观察　一种自然观察，其中的观察者会作为被观察群组中的被试。

PCP 五氯苯酚　用于动物镇静剂的合成药物，能够导致兴奋、镇静、麻醉或迷幻效果。

peak experience 巅峰体验　在马斯洛的理论中指的是在一个人的生命中自我实现暂时得到满足的时刻。

penis 阴茎　男性用来排出尿液及性细胞或精液的器官。

perception 知觉　以某种有意义的方式解释和组织某一时刻所经历的感觉的方法。

perceptual set（perceptual expectancy）知觉定势（知觉期待）　由于受到以往经验或期望的影响，人们会按照特定的方式来感知事物的倾向。

peripheral nervous system（PNS）周围神经系统　由不属于脑和脊髓的神经和神经元组成，贯穿于身体。

peripheral-route processing 边缘路径加工　一种信息加工类型，涉及与信息无关的因素如信息源的外观、信息长度和其他非内容因素。

permissive indulgent parenting 放任溺爱型教养　放任型教养方式之一，采用这种方式的父母过于关注并纵容孩子不加限制的行为。

permissive neglectful parenting 放任忽视型教养　放任型教养方式之一，采用这种方式的父母不关注孩子或其行为。

permissive parenting 放任型教养　一种教养方式，采用这种方式的父母很少（如果有的话）会对孩子做行为上的要求。

personal fable 个人神话　青少年常见的一种想法，即认为自己独一无二且可以不受到伤害。

personality 人格　人们独特且相对稳定的思考、感受和行动的方式。

personality disorder 人格障碍　个体长期且固执地采取会干扰正常社交活动的适应不良行为模式的一种障碍。

personality inventory 人格量表　一种测试，包括要求参加者进行特定、标准化的回答。

personality psychology 人格心理学　心理学的一个分支，心理学家研究人们的人格差异。

personalization 个人化　个体将与自己无关的事件归咎于自己的思维扭曲。

personal unconscious 个体无意识　荣格为弗洛伊德所描述的无意识心理所起的名字。

person-centered therapy 个人中心疗法　基于卡尔·罗杰斯理论的一种非指导性领悟疗法，在治疗中，治疗师只倾听来访者所有的话。

persuasion 说服　一个人试图通过争论、请求或解释来改变另一个人的信仰、观点、立场或行为的过程。

phallic stage 性器期　弗洛伊德性心理发展第三阶段，发生在 3～6 岁，此时，儿童发现了性感觉。

phobia 恐惧症　对某一物体、情境或社会活动不合理且持续的恐惧。

phoneme 音素　语言的基本声音单位。

physical dependence 生理依赖　人的身体脱离特定药物就无法正常运行的情况。

physiological psychology 生理心理学　心理学的一个分支，心理学家研究行为的生物学基础。

pineal gland 松果体　靠近大脑底部的内分泌腺；能分泌褪黑素。

pinna 耳郭　耳朵的可见部分。

pitch 音高　与声波频率相对应的声音的心理体验；频率越高，被感知的音高越高。

pituitary gland 垂体　位于脑中的腺体，能分泌生长激素，影响所有其他能分泌激素的腺体，也被称为主宰腺。

placebo effect 安慰剂效应　在研究中，被试的期望会影响行为的现象。

place theory 位置理论　关于音高的理论，该理论认为，不同音高是由柯蒂氏器上被激活的毛细胞的不同位置决定的。

pleasure principle 快乐原则　本我遵循的原则；需要立即满足且不需要考虑后果。

polygon 多边形图 一个频率分布的线形图。

pons 脑桥 髓质上部较大的膨胀物，能将大脑皮层信息传递给小脑，在睡眠、做梦、身体协调和唤醒等方面起作用。

population 群体 研究人员感兴趣的人或动物的整体。

positively skewed 正偏态 一种分数集中在分布的低分端的分数分布。

positive regard 积极关注 来自生命中重要的人的热情、喜欢、爱和尊重。

positive reinforcement 正强化 通过增加或经历愉悦刺激而引起的对反应的强化。

positive symptom 阳性症状 精神分裂症症状，除了有正常行为外还会发生过度行为，如幻觉、妄想和扭曲的思维。

positron emission tomography（PET）正电子发射断层扫描 一种脑成像方法，将放射性葡萄糖注射进被试体内，同时计算机会编译有颜色编码的脑活动图像。

postconventional morality 后习俗道德 科尔伯格道德发展第 3 阶段，在这一阶段，个体的行为受到道德准则的约束，这些道德准是由个体决定的且可能与普遍的社会规范有冲突。

posttraumatic stress disorder（PTSD）创伤后应激障碍 由于暴露于巨大压力下而导致的障碍，伴有焦虑、解离、噩梦、睡眠问题、闪回和注意力问题，持续时间超过 1 个月；症状可能立刻出现或直到创伤事件发生 6 个月后才出现。

practical intelligence 实践性智力 在生活中通过信息让自己过得好和能使个体获得成功的能力。

pragmatics 语用学 涉及语言的多个方面，包括与他人进行交流的实际方式及语言的社会细节。

preconventional morality 前习俗道德 科尔伯格道德发展第 1 阶段，在这一阶段，儿童的行为受行为结果的约束。

prefrontal lobotomy 前额叶切除术 切断大脑前额叶与其他脑区联系的一种精神外科手术。

prejudice 偏见 人们对特定社会群体成员的消极态度。

preoperational stage 前运算阶段 皮亚杰认知发展理论第 2 阶段，在这一阶段，学龄前儿童学习使用语言作为探索世界的一种方式。

pressure 压力 由于外部力量对个体的行为提出迫切需求或期望而引发的心理体验。

primacy effect 首因效应 对一段材料开始部分的信息比对其后的信息记得更牢的倾向。

primary appraisal 初级评价 评价应激源的第一阶段，涉及评估应激源的严重性和区分应激源为威胁还是挑战。

primary drive 原始驱力 和生理需求有关的驱力，如饥饿和口渴。

primary reinforcer 初级强化物 任何能够满足基本生理需求的自然强化物，如饥饿、口渴或接触等。

primary sex characteristic 第一性征 在婴儿出生阶段就呈现出来的性器官，与人类生殖直接相关。

proactive interference 前摄干扰 一种记忆问题，即旧信息阻止或干扰新信息的学习或提取。

problem-focused coping 以问题为中心的应对策略 试着消除压力来源或通过直接行动来降低压力影响的应对策略。

problem solving 问题解决 必须通过一定的方式进行思考和行动才能达到目标时发生的认知过程。

projection 投射 一种心理防御机制，将不被接受或威胁性的冲动或感受看作是源于其他一些人，通常他们是这些冲动或感受的目标。

projective test 投射测验 呈现给来访者模棱两可的视觉刺激，要求来访者说出任何进入脑中的想法的人格评估。

proprioception 本体感觉 意识到身体和身体各部分在空间和地面上的位置。

prosocial behavior 亲社会行为 使其他人获益的社会理想行为。

prostate gland 前列腺 分泌维持男性生殖细胞或精液的大部分液体的腺体。

prototype 原型 一个关于概念的例子，这一概念十分符合概念的定义特征。

proximity 邻近性 一种格式塔知觉组织原则；指人们倾向于将彼此接近的物体视为同一组的一部分的倾向；物理或地理上的接近。

psychiatric social worker 精神问题社工 在治疗方法方面受过一定训练的社工，关注对精神障碍产生影响的环境条件，如贫困、拥挤、压力和药物滥用。

psychiatrist 精神科医生 从事诊断和治疗心理障碍工作的医生。

psychoactive drug 精神药物 改变思想、知觉和记忆的化学物质。

psychoanalysis 精神分析　基于弗洛伊德理论的一种洞悉疗法，着重揭示无意识冲突；弗洛伊德用来阐释人格理论和基于人格理论的治疗的术语。

psychodynamic perspective 心理动力视角　精神分析的现代版本，更加关注自我感觉的发展以及对隐藏在个体行为背后的动机而非性动机的探索。

psychodynamic therapy 心理动力学疗法　基于精神分析的更新、更普适的治疗方法，注重移情、更短的治疗时间和更有指导性的治疗取向。

psychological defense mechanism 心理防御机制　为了降低压力和焦虑而对个体知觉到的现实的无意识扭曲。

psychological dependence 心理依赖　需要通过药物来延续情绪感或心理满足的感觉。

psychological disorder 心理障碍　任何造成个体明显痛苦、促使个体伤害他人或损害个体日常生活能力的行为模式。

psychologist 心理学家　已获得学术学位，并在一个或多个心理学领域受过专业训练的职业心理工作者。

psychology 心理学　关于行为和心理过程的科学研究。

psychoneuroimmunology 心理神经免疫学　研究应激、情绪、思维和行为等心理因素在免疫系统中产生的影响的科学。

psychopathology 精神病理学　对异常行为和心理障碍的研究。

psychopharmacology 心理药理学　采用药物来控制或缓解心理障碍的症状。

psychosexual stage 性心理发展阶段　由弗洛伊德提出的人格发展五阶段，与儿童性发展有关。

psychosurgery 精神外科　对脑组织进行手术来缓解或控制重度心理障碍。

psychotherapy 心理疗法　将自己的问题与心理学专业人士进行讨论的心理障碍疗法。

psychotic 精神病　指个体无法区分现实和幻想。

puberty 青春期　性发育达到巅峰时体内发生的生理变化。

punishment 惩罚　反应后伴随的任何使该反应更不可能再次发生的事件或客体。

punishment by application 实施式惩罚　通过增加或经历不愉悦刺激来对反应进行惩罚。

punishment by removal 消除式惩罚　通过消除愉悦刺激来对反应进行惩罚。

random assignment 随机分配　将被试随机地分配到实验组或者对照组，以便每个被试被分配到每个组的机会均等。

range 全距　一个分布中最高和最低分之间的差异。

rapid eye movement（REM）sleep 快速眼动（REM）睡眠　眼睛在眼睑下快速运动的睡眠过程，典型体验是做梦。

rating scale 评定量表　对列在量表中的特定行为进行赋值的一种评估。

rational-emotive behavior therapy（REBT）理性情绪行为疗法　直接挑战来访者的不合理信念并帮助他们重建更合理信念的认知行为疗法。

rationalization 合理化　一种个体对不可接受的行为给出可以接受的理由的心理防御机制。

reaction formation 反向形成　心理防御机制，一个人对自己的真实感受形成了一种相反的情绪或行为反应，以隐藏那些真实的感受，不让自己和他人知道。

realistic conflict theory 现实冲突理论　在有限的资源下，两个相互竞争的群体间的偏见和歧视会增加。

reality principle 现实原则　自我遵行的原则；只有在不会产生负面结果时才会满足本我的要求。

recall 回忆　记忆提取的一种形式，即需要极少数外部线索的提示就能将记忆中的信息提取出来。

recency effect 近因效应　对一段材料结尾部分信息的记忆比对前面部分信息的记忆更牢的倾向。

receptor site 受点　树突或肌肉与腺体的特定细胞表面的一种三维蛋白质，只与特定的神经递质结合。

recessive gene 隐性基因　当与一个完全相同的基因配对时，只影响一种特质表达的基因。

reciprocal determinism 交互决定　班杜拉用来解释环境、个人特征和行为这3种因素如何相互作用来决定未来的行为。

reciprocity of liking 喜好互惠　人们有强烈的倾向去喜欢那些喜欢他们的人。

recognition 再认　能够将信息或刺激与记忆中存储的图像或事实进行匹配的能力。

reflection 反映　要求治疗师复述而非解释来访者说的话的一种治疗技术。

reflex 反射　不需要个人控制或选择的一种自发反应。

reflex arc 反射弧　传入神经元、中间神经元与传出神经元的连接，能引起反射行为。

refractory period 不应期　男性在性高潮刚刚结束时无法被再次唤醒达到另一次性高潮的一段时间。

regression 退行　个体对应激情境的反应模式退回到儿童模式的一种心理防御机制。

reinforcement 强化　反应伴随的事件或刺激，能够提高该反应再次发生的概率。

reinforcer 强化物　反应伴随的任何事件或客体能增加该反应再次发生的可能性。

relative size 相对大小　单眼深度知觉线索；当人们期望的一定大小的物体看起来很小时，人们就会认为它离得很远。

reliability 信度　对于相同人群，每次测试都会产生相同分数的倾向。

REM behavior disorder REM 行为障碍　一种相当罕见的睡眠障碍，会导致抑制随意肌运动的机制功能丧失，人会在床上乱动，甚至会起床将噩梦实践出来。

REM rebound REM 回弹　此前夜间缺乏 REM 睡眠而导致的 REM 睡眠量增加。

replicate 复制　重做一项研究或实验来检验能否获得相同的结果，从而证明结果的信度。

representativeness heuristic 代表性启发法　一种启发法，即认为与某个特定类别成员拥有相同特点的任何客体或个人也是该类别中的一员。

representative sample 代表性样本　从一个更大的被试群体中随机选择的被试样本。

repression 压抑　一种个体拒绝去回忆起威胁性情境或不能接受的事件，而将它们推向无意识领域的心理防御机制。

resistance 阻抗　患者不愿意谈论某一特定话题，要么转移话题，要么进入沉默状态。

resolution 消退期　性反应的最后阶段，在这个阶段，身体恢复到正常状态。

resting potential 静息电位　神经元处于无法激活神经冲动的状态。

restorative theory 恢复理论　一种睡眠理论，认为睡眠对身体健康至关重要，可以补充化学物质、修复受损细胞等。

reticular formation（RF）网状结构　穿过并稍微超出延髓中部和脑桥的神经元区域，负责一般注意力、警觉和唤醒。

retrieval 提取　将信息从存储状态变成可用的状态。

retrieval cue 提取线索　用于记忆的刺激。

retroactive interference 倒摄干扰　新信息干扰旧信息提取时出现的记忆问题。

retrograde amnesia 逆行性遗忘　失去创伤或伤害发生点之前或对过去之事的记忆丧失。

reuptake 再摄取　神经递质被移回突触小泡中的过程。

reversible figure 可逆图形　图形和背景可来回转换的视错觉。

rod 视杆细胞　位于视网膜的后面的视觉感受器，对暗光线下的非颜色特征敏感。

romantic love 浪漫之爱　包含了亲密和激情的一种爱的类型。

Rorschach inkblot test 罗夏墨迹测验　使用 10 幅墨水斑点图作为模棱两可的刺激的投射测验。

sample 样本　随机从一个较大的被试群中选取的一组被试。

scaffolding 支架式教学　熟练的学习者为不熟练的学习者提供帮助，并随着不熟练的学习者能力逐渐提高而减少帮助。

scheme 图式　在这种情况下，通过对客体和事件的经验而形成的心理概念。

schizophrenia 精神分裂症　一种严重障碍，主要症状为思维混乱、行为怪诞、出现幻觉以及无法区分幻想和现实。

school psychology 学校心理学　心理学的一个分支，心理学家直接在学校工作，进行评估、教育安置和诊断教学问题。

scientific approach 科学方法　收集数据以减少测量中的偏差和误差的系统。

scrotum 阴囊　内有睾丸的外置皮囊。

secondary appraisal 次级评价　评价应激源的第二阶段，涉及评估一个人应对应激所拥有的资源。

secondary reinforcer 次级强化物　通过与初级强化物配对造成强化效果的任何强化物，如表扬、代币或小红花等。

secondary sex characteristic 第二性征　在青春期得到发展、并非与人类生殖直接相关的性器官。

selective attention 选择性注意　在全部感觉输入中只关注某一刺激的能力。

selective thinking 选择性思维　个体只关注情况的一方

面而忽略其他所有相关方面的一种思维扭曲。

self 自我　个体对自己个人特点和功能水平的意识。

self-actualization 自我实现　根据马斯洛的观点，很少有人能够达到自我实现，因为它需要人们已经满足了低级需求并且最大限度地发挥了他们所有的潜力。

self-actualizing tendency 自我实现倾向　努力实现个人的内在潜能和能力。

self-concept 自我概念　与生命中重要、杰出人物的交往而形成的自我印象。

self-determination theory（SDT）自我决定理论　一种人类动机理论，认为行为发生时的社会背景对行为的动机类型有影响。

self-efficacy 自我效能　在任何特定的环境中，个人对其努力能实现目标的有效性程度的期待。

self-fulfilling prophecy 自我实现预言　个体的预期倾向于影响其行为，会使预期更易实现。

self-help group（support group）自助小组（支持小组）　由具有相似问题的人组成的小组，小组成员的会面中没有治疗师或咨询师参加，小组聚会的目的是讨论、解决问题及获得社会和情感支持。

semantic memory 语义记忆　陈述性记忆的一种，包括在正规教育中学到的语言和信息的一般性知识。

semantic network model 语义网络模型　记忆组织的一种模型，认为信息是以相互联系的方式存储在头脑中的，彼此之间存在联系的概念比彼此之间缺乏联系的概念离得更近一些。

semantics 语义学　决定单词和句义的规则。

semen 精液　男性在性高潮时从阴茎中释放的包含精子的液体。

sensation 感觉　激活感觉器官中特定感受器时发生的过程，即将外界各种形式的刺激转变成大脑的神经信号。

sensation seeker 感觉寻求者　与平均水平相比需要更高唤醒度的人。

sensorimotor stage 感觉运动阶段　皮亚杰认知发展理论第 1 阶段，在这一阶段，婴儿通过感觉和运动能力与环境中的物体进行互动。

sensory adaptation 感觉适应　感受器细胞对恒定不变的刺激变得不再敏感的倾向。

sensory conflict theory 感觉冲突理论　对晕动病的一种解释，即来自眼睛的信息和来自前庭的感觉发生了冲突，导致眩晕、恶心和其他身体不适。

sensory memory 感觉记忆　记忆的第一个系统，来自感官的原始信息被维持的时间非常短。

sensory pathway 感觉通路　将感觉器官的信息传递到由传入神经元构成的中枢神经系统的神经。

serial position effect 系列位置效应　人对完整信息的开头和结尾的记忆比中间部分记得更牢的倾向。

sexism 性别歧视　会导致区别对待的针对男性或女性的偏见。

sexual dysfunction 性功能障碍　性功能问题。

sexually transmitted infection（STI）性传播感染　主要通过性接触来传播的感染。

sexual orientation 性取向　个体对异性或同性成员的性吸引和爱慕。

s factor s 因素　在某些领域比较出色的能力，又称特殊智力。

shape constancy 形状恒常性　即使物体在视网膜上的成像已发生改变，但人仍将其形状解读为恒定的倾向。

shaping 塑造　通过逐次逼近来强化行为中的简单步骤，最终形成期望的复杂的行为。

short-term memory（STM）短时记忆　使用信息时对其维持短暂时间的系统。

significant difference 显著差异　一种数值数据组间的差异，把它看作是由不同因素而非随机变异引起的。

similarity 相似性　一种格式塔知觉原则；指相似的物体容易被知觉为一个整体的倾向。

single-blind study 单盲研究　被试不知道自己是在实验组还是对照组的研究。

situational cause 情境归因　把行为原因归为外部因素，像延期、其他人的行为或一些情境的其他方面。

situational context 情境背景　个体行为的社会或环境背景。

size constancy 大小恒常性　无论某物体离观看者多远，总认为其大小不变的倾向。

skewed distribution 偏态分布　在频数分布中，大部分分数落到分布的一边或另一边。

sleep apnea 睡眠呼吸暂停综合征　个体停止呼吸至少 10 秒的一种睡眠障碍。

sleep deprivation 睡眠剥夺　大量睡眠缺失的情况，会导致注意力和应激方面的问题。

sleep paralysis 睡眠麻痹　随意肌在整个 REM 睡眠阶段不能运动的情况。

sleepwalking（somnambulism）梦游（梦游症）　在深睡眠阶段，人在睡眠过程中移动或走动的现象。

social anxiety disorder（social phobia）社交焦虑障碍（社交恐惧症）　害怕与他人互动或害怕处于可能会带来负面评价的社交情境中。

social categorization 社会分类　根据一个人与自身过去有过交往经验的人的共同特征，将其划归到一个类别中。

social cognition 社会认知　人们用于理解其所处社会环境的心理过程。

social-cognitive learning theorist 社会认知学习理论家　强调他人行为和个人期望对学习的影响的理论家。

social cognitive theory 社会认知理论　通过认知过程理解社会环境的理论。

social-cognitive theory of hypnosis 催眠的社会认知理论　这一理论假定被催眠者并非进入了意识改变状态，而仅仅是在此情况下扮演了一种他们期待的角色。

social-cognitive view 社会认知视角　包括期待、判断、记忆以及榜样模仿等认知过程的学习理论。

social comparison 社会比较　人们将自己与他人进行比较来改善其自尊。

social facilitation 社会助长　对于简单任务，他人的存在对表现产生积极影响的趋势。

social identity 社会认同　自我概念的一部分，包括在社会分类中的特定社会群体成员的自我看法。

social identity theory 社会认同理论　有关特定社会群体中个人身份形成的理论，可通过社会分类、社会认同和社会比较来进行解释。

social impairment 社会阻碍　对于困难任务，他人的存在对表现产生消极影响的趋势。

social influence 社会影响　他人真实的或暗示的存在会直接或间接地影响个体的思想、感受和行为的过程。

social loafing 社会惰化　与他人合作完成简单任务时付出更少努力的趋势。

social neuroscience 社会神经科学　研究生物系统、社会过程和行为之间关系的科学。

social psychology 社会心理学　研究人的思想、感觉和行为如何影响社会团体及如何被社会团体影响的学科；心理学的一个分支，心理学家关注人类行为如何受到他人存在的影响。

Social Readjustment Rating Scale（SRRS）社会再适应评价量表　对个体在一年间由重大生活事件导致的压力水平的评定。

social role 社会角色　处于特定社会地位的个体被期望表现出的行为模式。

social-support system 社会支持系统　由家人、朋友、邻居、同事和其他可以给需要的人以支持、安抚或帮助的人构成的网络。

sociocultural perspective 社会文化视角　关注社会行为和文化之间关系的一种视角；在精神病理学中，该视角认为异常及正常的思维和行为都是在家庭环境、个体所属社会群体以及家庭和社会群体所处文化的背景下学习和塑造的产物。

soma 胞体　神经元的细胞体，主要维持细胞的生命力。

somatic nervous system 躯体神经系统　周围神经系统的一部分，由将感觉信息传递到中枢神经系统并将中枢神经系统的信息传递到随意肌的神经构成。

somatosensory cortex 躯体感觉皮层　位于顶叶前部的皮层区域，负责加工触觉、温觉、身体位置觉等来自皮肤和身体内部受体的信息。

somesthetic sense 躯体感觉　由皮肤觉、运动本体感觉和前庭觉组成的感觉。

source trait 根源特质　在表面特质之下更为基础的特质，形成人格的核心。

spatial neglect 空间忽视症　大部分由大脑右半球顶叶联合区损伤引起的现象，患者无法识别左侧视野内的物体或身体。

specific phobia 特定恐惧症　对物体、特定情境或事件的恐惧。

spinal cord 脊髓　在身体和脑之间传递信息的一系列长束神经元，其作用在于产生非常迅速、决定生死的反射。

spontaneous recovery 自然恢复　在消退发生后，习得反应的再次出现。

sports psychology 运动心理学　心理学的一个分支，心理学家帮助运动员和其他人在心理上做好参加体育活动的准备。

standard deviation 标准差　分布中分数均值的平均方差的平方根；对变异性的度量。

statistically significant 统计显著性　指在数据集中比随机变异能预测到的更大的差异。

statistics 统计学　关于数值、数据收集和解释的数学分支。

stem cell 干细胞　身体所有组织中发现的特定细胞，当一些细胞由于损伤、消耗、分裂而需要替换时，这些细胞就可以产生所需的细胞类型。

stereotype 刻板印象　人们相信某个特定的社会类别中所有成员都具有共同的特点；基于表面且无关的特征产生的关于个体或群体的概念。

stereotype threat 刻板印象威胁　意识到消极行为模式会干扰自认为是某群体成员的人的表现。

stereotype vulnerability 刻板印象易损性　人们意识到与他们的社会团体有关的刻板印象时，会对他们的行为产生影响。

stimulant 兴奋剂　增强神经系统功能的药物。

stimulatory hallucinogenic 兴奋性致幻剂　产生精神兴奋和致幻的混合效果的药物。

stimulus discrimination 刺激分化　停止对类似原始条件反射刺激的刺激做出反应的倾向，因为这种类似的刺激不会与无条件刺激配对出现。

stimulus generalization 刺激泛化　对仅仅类似于会产生条件反应的原始条件刺激的刺激做出反应的倾向。

stimulus motive 刺激寻求动机　非习得的动机，但是会导致刺激增强，如好奇心。

storage 存储　在一段时间之内维持信息的过程。

stress 应激　描述个体对被评价为威胁或挑战事件的生理、认知和行为反应的总称。

stressor 应激源　引起压力反应的事件。

stress-vulnerability model 应激 – 易损模型　一种针对障碍的解释模型。该模型假设，对某种障碍的生物敏感性或易损性会使个体在适当的环境或情绪压力条件下发展出该障碍。

structuralism 建构主义　与威廉·冯特和爱德华·铁钦纳有关的早期心理学视角，研究重点在于思维的结构或思维的基本元素。

subjective 主观　指概念和印象只在特定人的感知中有效，可能会受到偏见、歧视和个人经历的影响。

subjective discomfort 主观不适　情绪上的苦恼或痛苦。

sublimation 升华　将社会上不能接受的冲动和冲动转化为社会上可以接受的行为。

superego 超我　人格的一部分，担当道德中心。

surface trait 表面特质　人格的一方面，容易通过外在行为被他人觉察。

sympathetic division 交感神经系统　自主神经系统的一部分，负责对应激事件和身体唤醒做出反应。

synapse（synaptic gap）突触（突触间隙）　通过显微镜观察到的一个细胞的轴突末端和下一个细胞的树突或胞体之间的充满液体的空间。

synaptic vesicle 突触小泡　突触小体内含有化学物质的囊状结构。

synesthesia 联觉　在错误的大脑皮层区域加工来自不同感觉器官信号的一种障碍，导致某一种感觉被解读成多种感觉。

syntax 句法　将单词和短语结合起来以形成语法正确的句子的规则系统。

systematic desensitization 系统脱敏疗法　一种用以治疗恐惧症的行为技术，要求来访者制订一个有恐惧等级的列表，然后在其关注这些恐惧时教导其放松。

temperament 气质　出生时就已经建立完善的行为特征，分为容易型、困难型和迟缓型；一个人天生具有的持久性特征。

temporal lobe 颞叶　位于大脑两侧太阳穴后的皮层区域，包含负责听觉和有意义言语的神经元。

teratogen 致畸因素　任何可能导致新生儿缺陷的因素。

testis（testicle）睾丸　男性生殖腺或性腺。

texture gradient 纹理梯度　单眼深度知觉线索；随着物体与观察者距离的增加，纹理看起来更小、更精细。

thalamus 丘脑　位于脑部中央，边缘系统的一部分，将脑低级区域的感觉信息传递至大脑皮层内合适的区域，并在一些感觉信息传递至大脑皮层之前对其进行加工。

Thematic Apperception Test（TAT）主题统觉测验　使用 20 张处于模棱两可情境下的人物图片作为视觉刺激的投射测验。

therapeutic alliance 治疗同盟　治疗师和来访者建立的以共情、互相尊重和理解为特点的充满温暖、关心和接纳的关系。

theory 理论　对一系列观察或事实做出的普遍性解释。

therapy 疗法　以使人们感觉更好、机能更有效运作为目标的治疗方法。

theta wave θ 波　表明睡眠早期阶段的脑波。

thinking（cognition）思维（认知）　个体在组织信息、尝试理解信息，或与他人交流信息时大脑中进行的心理活动。

thyroid gland 甲状腺　位于颈部的内分泌腺，能调节新陈代谢。

time-out "计时孤立" 法　一种消退过程，个体从对不良行为提供强化的场景被移除，通常做法是将个体安置在安静的角落或房间里，以远离可能的注意和强化机会。

token economy 代币制　使用被称为代币的物体来强化行为，可以积累代币且可用来交换期望的项目或特权。

top-down processing 自上而下加工　利用先前存在的知识经验来将个体特征组织为统一的整体。

trait 特质　始终如一的持续性思考、感受或行为的方式。

trait-situation interaction 特质－情境的交互作用　假设任意情境下的特殊环境将会影响特质的表达方式。

trait theory 特质理论　努力描述构成人类人格的特征并试图预测未来行为的理论。

transduction 换能　将光等外界刺激转换成神经活动的过程。

transference 移情　在精神分析中，患者或来访者将对过去某些重要人物的积极或消极感受投射到治疗师身上的倾向。

trial and error（mechanical solution）尝试错误（机械式解决方案）　一种问题解决方法，通常会对可能的方案进行逐个尝试，直到找到成功的方法为止。

triarchic theory of intelligence 智力三元论　由斯滕伯格提出的一种理论，认为人有 3 种类型的智力：分析性智力、创造性智力和实践性智力。

trichromatic theory 三色说　有关色觉的理论，认为存在 3 种类型的视锥细胞：红色视锥细胞、蓝色视锥细胞和绿色视锥细胞。

t-test t 检验　一种推断统计分析的类型，当需要看是否进行比较的两个均值有显著差异时使用。

type 2 diabetes 2 型糖尿病　出现在中年人中的典型疾病，当身体对胰岛素的效果产生抵抗力或不再能够分泌足够的胰岛素来维持正常血糖水平时发生。

type A personality A 型人格　指一类有野心、时间紧迫感强、极其勤奋工作并且有很高敌意和愤怒水平，同时易激惹的人。

type B personality B 型人格　指一类放松的、悠闲的、与 A 型人格相比动机和竞争力不强，并且对愤怒很迟缓的人。

type C personality C 型人格　快乐但是压抑自己，倾向于将自己的愤怒和焦虑进行内部调节，并且很难释放情绪的一类人。

unconditional positive regard 无条件积极关注　在以人为中心疗法中治疗师为来访者提供的温暖、尊重和接纳的氛围；在无条件或无附加条件下给出的积极关注。

unconditioned response（UCR）无条件反应　在经典条件反射中，对自然发生或无条件刺激做出的无意识的和非习得的反应。

unconditioned stimulus（UCS）无条件刺激　在经典条件反射中，能够导致无意识和非习得反应的自然发生的刺激。

unconscious mind 无意识心理　一种心理水平，其中的思考、感受、记忆和其他信息不容易或者不会自动被带进意识的层面。

uterus 子宫　婴儿在孕期所成长的地方。

vagina 阴道　连接女性身体外部到子宫口的通道。

validity 效度　测验真正测量到需要测量的事物的程度。

variable interval schedule of reinforcement 变化间隔的强化程序　一种强化程序，每一次试验或事件在可能进行强化之前必须经过的间隔时间都不同。

variable ratio schedule of reinforcement 变化比率的强化程序　一种强化程序，每次尝试或事件所需的强化反应数量都不同。

vestibular sense 前庭觉　对与重力有关的头部和身体在空间中的平衡、位置和运动的认知。

vicarious conditioning 替代性条件反射　通过观看他人的反应而形成无意识反应或情绪的经典条件反射。

visual accommodation 视觉调节　当眼睛聚焦于或远或近的物体时，晶状体厚度的变化。

volley principle 齐射理论　一种音高理论，认为约 400 ～ 4 000Hz 的频率能通过齐射模式来激活或轮流激活毛细胞（听觉神经元）。

waking consciousness 清醒意识　人们的思维、情感和感觉清晰而有组织且能保持警觉的一种状态。

weight set point 体重调定点　身体试图维持的特定水平的体重。

Wernicke's aphasia 韦尼克失语症　韦尼克区损伤引起的现象，患者无法理解或产生有意义的语言。

withdrawal 戒断反应　身体系统缺乏某种成瘾药物而导致的生理反应，包括恶心、疼痛、震颤、偏执和高血压。

working memory 工作记忆　加工短时记忆中信息的活动系统。

Yerkes-Dodson law 耶基斯－多德森定律　该定律表明，当任务简单时，较高的唤醒水平会使任务完成得更好；

当任务困难时，较低的唤醒水平会使任务完成得更好。

zone of proximal development（ZPD）最近发展区
由维果茨基提出，指的是儿童在独立状态下的水平和有教师帮助时的水平之间的差距。

z score Z 分数　一种统计方法，它根据均值与某一得分之间存在的标准偏差数来表示某一得分与均值之间的距离。

zygote 受精卵　卵细胞和精子结合产生的细胞。

2014 年 4 月，国内出版了本教材的第 2 版《心理学最佳入门》；2020 年 1 月出版了第 3 版，书名为《心理学经典入门》；而本书是该教材的第 5 版。第 5 版的内容又回归到与第 2 版相同的章节，两本书都是 15 章，各章节名称虽略有出入，但基本接近，而第 3 版只有 13 章。

与第 3 版相比，第 5 版增加了 2 章内容，分别是第 10 章的"性与性别"和第 11 章的"压力与健康"。第 1 章至第 8 章，两本书的主题基本一致；第 3 版的第 9 章为"动机、压力和情绪"，而第 5 版调整为"动机和情绪"，将"压力"部分的内容移至第 11 章。第 12 章至第 15 章的内容分别对应第 3 版的第 10 章至第 13 章。

《心理学最佳入门》介绍的是高校心理学专业本科生接触到的第一门基础课程——普通心理学或心理学导论的内容，涵盖了心理学的研究目标、研究对象、研究方法以及心理学涵盖的主要研究主题等心理学科的基本问题。普通心理学是心理学专业本科生的基础课和必修课，也是心理学爱好者了解心理学的入门课程。因此，用于普通心理学或基础心理学课程的授课教材历来受到重视。我在 2014 年第 2 版的译者后记中谈了对该教材特点的认识，如今翻译了第 5 版，对该教材特点的体会更深入，也十分愿意将这本教材推荐给相关课程的授课教师和学生，我相信大家会喜欢上的这本教材。

这是一本以"学生为中心"的教材，这一特点贯穿全书。在开始本书正文之前，作者先用了大量篇幅介绍了如何学习、如何阅读、如何听讲、如何考试、如何写论文以及越来越被人们关注的学术道德问题，并针对这些关系学习者学习效果的重要因素进行了"走心"的细致讲解，使读者能够在不知不觉中开始了对日常行为中蕴含的心理学的了解。每一章的内容都站在学生获取知识的角度加以呈现。

首先，从问题导向入手，先提出一个"批判式思考"的问题，让读者一开始就开动脑筋、主动思考，将"批判性思维"训练置于首位，这一点值得所有的教育工作者学习。接着，列出每章的具体"学习目标"清单，使读者在阅读之前就对每章要达成的目标有清楚的了解。每一节内容的呈现采取娓娓道来的叙事风格，通过具体实例或日常思考开始切入要探讨的内容，并逐渐提升到学术表达层面，这样，读者就能容易理解那些学术概念是如何从实际生活中来的。紧接着每节内容之后，马上呈现的是相关内容的概念地图，将所探讨的概念之间的关系以图的形式直观形象地呈现出来，能帮助读者构建"认知地图"。每节结束后呈现的是本节的"随堂小考"，将"学而时习之"的理念贯彻得淋漓尽致。每章都有"在日常生活中应用心理学"的内容，及时将每章内容与实际生活结合起来，是"理论联系实际"的最佳示范，这提升了读者对心理学的兴趣和学习心理学的动机。每章还会介绍一些背景知识，或长或短，犹如主菜之外的甜点，可以调剂学习的趣味。此外，每章结尾都会及时呈现"本章总结"，与每章开头的"学习目标"遥相呼应，而最后的"章末测试"，可供读者自我检查对每章的掌握情况，也为期末考试提供了先导。

2020 年初，新冠病毒肺炎爆发，至今，全世界依然笼罩在对新冠病毒肺炎的恐惧之中。不过，更令人恐惧的则是由病毒引起的人类社会变化的不确定性，给全球人类上了一堂生动的心理学实验课，也让更多的人从客观上对人类自身心理变化更加关注。在隔离期间，我写了多篇随笔，发在公众号"仁杰地灵"上，试图用心理学的一些知识和原理帮助人们缓解由新冠病毒流行带来的压力。

21 世纪以来，以焦虑、抑郁等为典型代表的心理疾病的发生率急剧上升，中国政府也从国家层面发出了《建立社会心理服务体系》的号召。学习心理学，认识自己、认识他人、认识社会，提升生活满意度和幸福感，是人类的共同追求。本教材是学习心理学一个很好的切入点。

我翻译了本教材的作者简介、作者序言（学习结果与评估）、致谢、序言等部分。其他各章节的翻译来自我在南京大学和东南大学的课题组的成员，具体翻译人员如下：第 1 章，胡岑楼（东南大学生物科学与医学工程学院 2018 级博士生）；第 2 章，周维逸（南京大学心理学系 2018 级博士生）；第 3 章，洪焱（南京大学心理学系 2020 级博士生）；第 4 章，刘润祺（南京大学心理学系 2018 级本科生）；第 5 章，朱靖涵（南京大学心理学系 2018 级本科生）；第 6 章，龙芳芳（南京大学心理学系 2019 级博士生）；第 7 章，魏华（东南大学生物科学与医学工程学院 2017 级博士生）；第 8 章，梁仕奕（南京大学心理学系 2017 级本科生）；第 9 章，侯璐璐（南京大学心理学系 2017 级博士生，现为上海师范大学教师）；第 10 章，严严（南京大学心理学系 2016 级本科生，现为英国牛津大学硕士生）；第 11 章，孟瑶（南京大学心理学系 2016 级博士生，现为南京医科大学教师）；第 12 章，陈乐乐（南京大学心理学系 2018 级博士生）；第 13 章，王丁丁（南京大学心理学系 2018 级博士生）；第 14 章，张琴（南京大学心理学系 2017 级博士生）；第 15 章，王芳（南京大学心理学系 2019 级硕士生）；附录 A、术语表，谭阳（南京大学心理学系 2019 级硕士生）；附录 B，郑磊（南京大学心理学系 2020 级硕士生）。全书由我统一审校。

衷心感谢课题组参加翻译的各位！读者如果在阅读过程中遇到翻译错误或不足，请发邮件给我们，以便及时修正。特别感谢湛庐编辑的反复沟通以及对翻译内容的核校！也谢谢各位读者一直以来的大力支持！

周仁来
南京大学心理学系主任
2021 年 3 月 18 日于南大和园

Shutterstock；Dave Watts/Nature Picture Library；第 244 页：Jennie Hart/Alamy Stock Photo；第 245 页：Carmenmsaa/123RF；第 247 页：Hector Mata/AP Images；第 249 页：Everett Collection Inc/Alamy Stock Photo；第 257 页：Ian Cumming/Getty Images；第 259 页：Frederick Breedon/Getty Images；第 260 页：Randy Olson/ Aurora Photos, Inc.；第 261 页：Stanford University Libraries；第 263 页：Lisa S./Shutterstock；第 265 页：jedimaster/Fotolia；第 269 页：Carson Ganci/Design Pics/Corbis；第 270 页：Brian Yarvin/Alamy Stock Photo；第 271 页：Laurentiu Garofeanu/Barcroft USA/Barcoft Media/Getty Images。

第 8 章 第 278 页：Cathy Yeulet/123RF；第 280 页：Pasieka/Science Source；第 281 页：Frank & Ernest reprinted by permission of Tom Thaves；第 282 页：CNRI/Science Photo Library/Science Source；第 286 页：BSIP SA/Alamy；Petit Format/Photo Researchers Inc.；Petit Format/Nestle/Science Source/Photo Researchers,Inc.；第 287 页：Monkey Business Images/Shutterstock；第 289 页：Tudor Photography/Pearson Education；Catchlight Visual Services/Alamy；Elizabeth Crews/The Image Works；BSIP/UIG/Getty Images；Allison Michael Orenstein/Getty Images；Michael Pettigrew/Shutterstock；Elizabeth Crews Photography；Geri Engberg Photography；Gelpi JM/Shutterstock；Jo Foord/Dorling Kindersley；Jo Foord/Dorling Kindersley；第 291 页：Mark Richards/PhotoEdit；第 294 页：Dennis MacDonald/PhotoEdit；第 295 页：Zurijeta/Shutterstock；第 299 页：Nina Leen/The LIFE Picture Collection/Getty Images；第 303 页：shock/Fotolia；第 305 页：Ansgar Photography/ Getty Images；第 307 页：Piti Tan/Shutterstock；第 308 页：Olivier Voisin/Photo Researchers, Inc.；第 310 页：Amble Design/Shutterstock；第 312 页：Yadid Levy/Alamy Stock Photo。

第 9 章 第 317 页：Rocketclips/Fotolia；第 319 页：Norbert Schaefer/Getty Images；第 319 页：Greg Epperson/Shutterstock；第 320 页：JEP Celebrity Photos/Alamy Stock Photo；第 321 页：David Roth/Stone/Getty Images；第 323 页：benng/Shutterstock；第 325 页：Pictorial Press Ltd/Alamy Stock Photo；imtmphoto/Shutterstock；Lee Lorenz/The New Yorker Collection/The Cartoon Bank；第 329 页：Olivier Voisin/Science Source；第 331 页：Camera Press Ltd/Alamy Stock Photo；Ryan McVay/Lifesize/Getty Images；第 332 页：Juice Images/Alamy Stock Photo；第 336 页：Barbara Penoyar/Photodisc/Getty Images；J. Christopher Briscoe/Science Source；vladimirfloyd/Fotolia；Guido Alberto Rossi/AGE Fotostock；Photo Researchers, Inc./Science Source；Cheryl Casey/Shutterstock；imtmphoto/Alamy Stock Photo；第 343 页：Ian Dagnall/Alamy Stock Photo。

第 10 章 第 347 页：Tom Wang/Shutterstock；第 349 页：ZUMA Press, Inc./Alamy Stock Photo；第 353 页：BJI/Blue Jean Images/Getty Images；Jeffrey Blackler/Alamy Stock Photo；第 354 页：Beyond Fotomedia GmbH/Alamy Stock Photo；第 355 页：MARKA/Alamy Stock Photo；第 356 页：Donald Reilly/The New Yorker Collection/The Cartoon Bank；Pixtal/SuperStock；第 359 页：Bettmann/Getty Images；第 360 页：Wallace Kirkland/Getty Images；第 363 页：David McNew/Getty Images；第 368 页：Rachel Epstein/Photo Edit；第 368 页：Bill Aron/PhotoEdit。

第 11 章 第 374 页：Kenneth Man/Fotolia；第 375 页：Lisa F. Young/Alamy Stock Photo；第 378 页：Myrleen Pearson/PhotoEdit；第 379 页：Stockbroker/Alamy；第 380 页：Profimedia International s.r.o./Alamy Stock Photo；第 381 页：Kablonk/SuperStock；第 389 页：Mischa Richter/The New Yorker Collection/The Cartoon Bank；第 392 页：Donald Reilly/The New Yorker Collection/The Cartoon Bank；Jaren Jai Wicklund/Shutterstock；Nathan Benn/Getty Images；第 393 页：Gary Conner/PhotoEdit；第 397 页：Adrian Weinbrecht/Getty Images；第 399 页：David Pollack/Getty Images；第 400 页：Judy Bellah/Alamy Stock Photo。

第 12 章 第 405 页：Scanrail/123RF；第 406 页：Alex Gregory/The New Yorker Collection/The Cartoon Bank；第 407 页：Bloomberg/Getty Images；第 409 页：Tom Merton/Alamy Stock Photo；第 411 页：The University of Akron/Archives of the History of American Psychology；第 415 页：neal and molly jansen/Alamy Stock Photo；第 417 页：Fuse/Getty Images；第 419 页：Xinhua/Alamy Stock Photo；第 423 页：Dmitriy Shironosov/123RF；David Grossman/Alamy Stock Photo；第 424 页：Allan Tannenbaum/Polaris/Newscom；第 425 页：highwaystarz/Fotolia；第 426 页：Bill Aron/PhotoEdit；第 430 页：Philip G. Zimbardo, Inc.；AP Images。

第 13 章 第 440 页：Kabakova Tatyana/Fotolia；第 441 页：Bjanka Kadic/Alamy Stock Photo；第 446 页：Clearviewimages RF/Alamy；第 449 页：Andresr/Shutterstock；第 451 页：Peter Steiner/The New Yorker Collection/The Cartoon Bank；第 453 页：Radius Images/Alamy Stock Photo；第 455 页：Corbis Premium RF/Alamy；Gravicapa/Shutterstock；第 458 页：AP Photos；第 465 页：Bill Aron/PhotoEdit；Noland White, Ph.D.。

第 14 章 第 472 页：nito500/123RF；第 473 页：New York Public Library/Science Source；第 474 页：ZoomTeam/Fotolia；ZoomTeam/Fotolia；第 476 页：David R. Frazier Photolibrary, Inc./Alamy；第 478 页：Rafael Ramirez Lee/Shutterstock；第 481 页：iStockphoto/Getty Images；第 483 页：Cartoonresource/Shutterstock；Mike Fryer/MAG/Alamy Stock Photo；第 484 页：Bernd Vogel/Getty Images；第 487 页：Elaine Thompson/AP Images；第 493 页：Karl Prouse/ Catwalking/Getty Images；第 495 页：Alex Segre/Alamy Stock Photo；第 497 页：Joerg Carstensen Deutsche Presse-Agentur/Newscom；第 498 页：Archive Pics/Alamy Stock Photo；第 499 页：Marek Kubicki, MD, PhD/Psychiatry Neuroimaging Laboratory, Department of Psychiatry, Brigham and Women's Hospital, Harvard Medical School。

第 15 章 第 509 页：Belight/Shutterstock；第 510 页：Charles Ciccione/Photo Researchers, Inc.；第 512 页：Arnie Levin/The New Yorker Collection/The Cartoon Bank；第 513 页：Marcin Balcerzak/Shutterstock；第 514 页：Zigy Kaluzny/Stone/Getty Images；第 515 页：TongRo Images/Alamy Stock Photo；第 520 页：MBI/Alamy Stock Photo；第 521 页：Helder Almeida/Fotolia；第 524 页：Jodi Jacobson/E+/Getty Images；第 525 页：Wavebreakmedia/Shutterstock；第 527 页：Mike Twohy/The New Yorker Collection/The Cartoon Bank；第 529 页：Rob Marmion/Shutterstock；第 535 页：Marty Slagter/The Ann Arbor News/AP Images；第 536 页：Bettmann/Getty Images；第 537 页：Phanie/Alamy Stock Photo；第 538 页：Phanie/Alamy Stock Photo；第 539 页：Z2A1/Alamy Stock Photo。

附录 第 558 页：Photographee.eu/Fotolia；第 559 页：Picture Partners/Alamy Stock Photo；第 561 页：Christopher Futcher/Getty Image；Paul Conklin/PhotoEdit, Inc；第 564 页：Restyler/Shutterstock；第 566 页：Joel Page/AP Images。

未来，属于终身学习者

我这辈子遇到的聪明人（来自各行各业的聪明人）没有不每天阅读的——没有，一个都没有。巴菲特读书之多，我读书之多，可能会让你感到吃惊。孩子们都笑话我。他们觉得我是一本长了两条腿的书。

———查理·芒格

互联网改变了信息连接的方式；指数型技术在迅速颠覆着现有的商业世界；人工智能已经开始抢占人类的工作岗位……

未来，到底需要什么样的人才？

改变命运唯一的策略是你要变成终身学习者。未来世界将不再需要单一的技能型人才，而是需要具备完善的知识结构、极强逻辑思考力和高感知力的复合型人才。优秀的人往往通过阅读建立足够强大的抽象思维能力，获得异于众人的思考和整合能力。未来，将属于终身学习者！而阅读必定和终身学习形影不离。

很多人读书，追求的是干货，寻求的是立刻行之有效的解决方案。其实这是一种留在舒适区的阅读方法。在这个充满不确定性的年代，答案不会简单地出现在书里，因为生活根本就没有标准确切的答案，你也不能期望过去的经验能解决未来的问题。

而真正的阅读，应该在书中与智者同行思考，借他们的视角看到世界的多元性，提出比答案更重要的好问题，在不确定的时代中领先起跑。

湛庐阅读App：与最聪明的人共同进化

有人常常把成本支出的焦点放在书价上，把读完一本书当作阅读的终结。其实不然。

时间是读者付出的最大阅读成本

怎么读是读者面临的最大阅读障碍

"读书破万卷"不仅仅在"万"，更重要的是在"破"！

现在，我们构建了全新的"湛庐阅读"App。它将成为你"破万卷"的新居所。在这里：

● 不用考虑读什么，你可以便捷找到纸书、电子书、有声书和各种声音产品；

● 你可以学会怎么读，你将发现集泛读、通读、精读于一体的阅读解决方案；

● 你会与作者、译者、专家、推荐人和阅读教练相遇，他们是优质思想的发源地；

● 你会与优秀的读者和终身学习者为伍，他们对阅读和学习有着持久的热情和源源不绝的内驱力。

从单一到复合，从知道到精通，从理解到创造，湛庐希望建立一个"与最聪明的人共同进化"的社区，成为人类先进思想交汇的聚集地，与你共同迎接未来。

与此同时，我们希望能够重新定义你的学习场景，让你随时随地收获有内容、有价值的思想，通过阅读实现终身学习。这是我们的使命和价值。

CHEERS

本书阅读资料包
给你便捷、高效、全面的阅读体验

本书参考资料　　　　　　　　　　　　　　　　　　湛庐独家策划

☑ **参考文献**
为了环保、节约纸张，部分图书的参考文献以电子版方式提供

☑ **主题书单**
编辑精心推荐的延伸阅读书单，助你开启主题式阅读

☑ **图片资料**
提供部分图片的高清彩色原版大图，方便保存和分享

相关阅读服务　　　　　　　　　　　　　　　　　　终身学习者必备

☑ **电子书**
便捷、高效，方便检索，易于携带，随时更新

☑ **有声书**
保护视力，随时随地，有温度、有情感地听本书

☑ **精读班**
2~4周，最懂这本书的人带你读完、读懂、读透这本好书

☑ **课　程**
课程权威专家给你开书单，带你快速浏览一个领域的知识概貌

☑ **讲　书**
30分钟，大咖给你讲本书，让你挑书不费劲

湛庐编辑为你独家呈现
助你更好获得书里和书外的思想和智慧，请扫码查收！

（阅读资料包的内容因书而异，最终以湛庐阅读App页面为准）

版权所有，侵权必究

本书法律顾问　北京市盈科律师事务所　崔爽律师

张雅琴律师

图书在版编目（CIP）数据

心理学最佳入门：原书第5版 / (加) 桑德拉·切卡莱丽, (加) 诺兰·怀特著 ; 周仁来等译. --北京：中国纺织出版社有限公司，2021.9

书名原文: Psychology (5th edition)

ISBN 978-7-5180-8867-6

Ⅰ. ①心… Ⅱ. ①桑… ②诺… ③周… Ⅲ. ①心理学—教材 Ⅳ. ①B84

中国版本图书馆CIP数据核字（2021）第184917号

责任编辑：张　宏　　责任校对：韩雪丽　　责任印制：储志伟

中国纺织出版社有限公司出版发行

地址：北京市朝阳区百子湾东里 A407 号楼　邮政编码：100124

销售电话：010—67004422　　传真：010—87155801

http://www.c-textilep.com

中国纺织出版社天猫旗舰店

官方微博 http://weibo.com/2119887771

石家庄继文印刷有限公司印刷　各地新华书店经销

2021年9月第1版第1次印刷

开本：889×1194　1/16　印张：38.5

字数：1049千字　定价：169.00元

凡购本书，如有缺页、倒页、脱页，由本社图书营销中心调换